D1702413

Arbeitspsychologie

Arbeits-
psychologie

Prof. Dr. Dr. h.c. Eberhard Ulich

vdf
vdf Hochschulverlag AG an der ETH Zürich

SCHÄFFER
POESCHEL
Schäffer-Poeschel Verlag, Stuttgart

Bibliografische Information Der Deutschen Nationalbibliothek
Die Deutsche Nationalbibliothek verzeichnet diese Publikation in der Deutschen
Nationalbibliografie; detaillierte bibliografische Daten sind im Internet über
http://dnb.d-nb.de abrufbar.

Das Werk einschliesslich aller seiner Teile ist urheberrechtlich geschützt.
Jede Verwertung ausserhalb der engen Grenzen des Urheberrechtsgesetzes ist ohne Zustimmung
des Verlages unzulässig und strafbar. Das gilt besonders für Vervielfältigungen, Übersetzungen,
Mikroverfilmungen und die Einspeicherung und Verarbeitung in elektronischen Systemen.

1. Auflage 1991
2., verbesserte Auflage 1992
3., überarbeitete und erweiterte Auflage 1994
4., neu überarbeitete und erweiterte Auflage 1998
5., vollständig überarbeitete und erweiterte Auflage 2001
6., überarbeitete und erweiterte Auflage 2005
7., neu überarbeitete und erweiterte Auflage 2011

ISBN 978-3-7281-3370-0   (vdf)
ISBN 978-3-7910-3049-4   (Schäffer-Poeschel)

© vdf Hochschulverlag AG an der ETH Zürich und
Schäffer-Poeschel Verlag für Wirtschaft · Steuern · Recht GmbH, Stuttgart

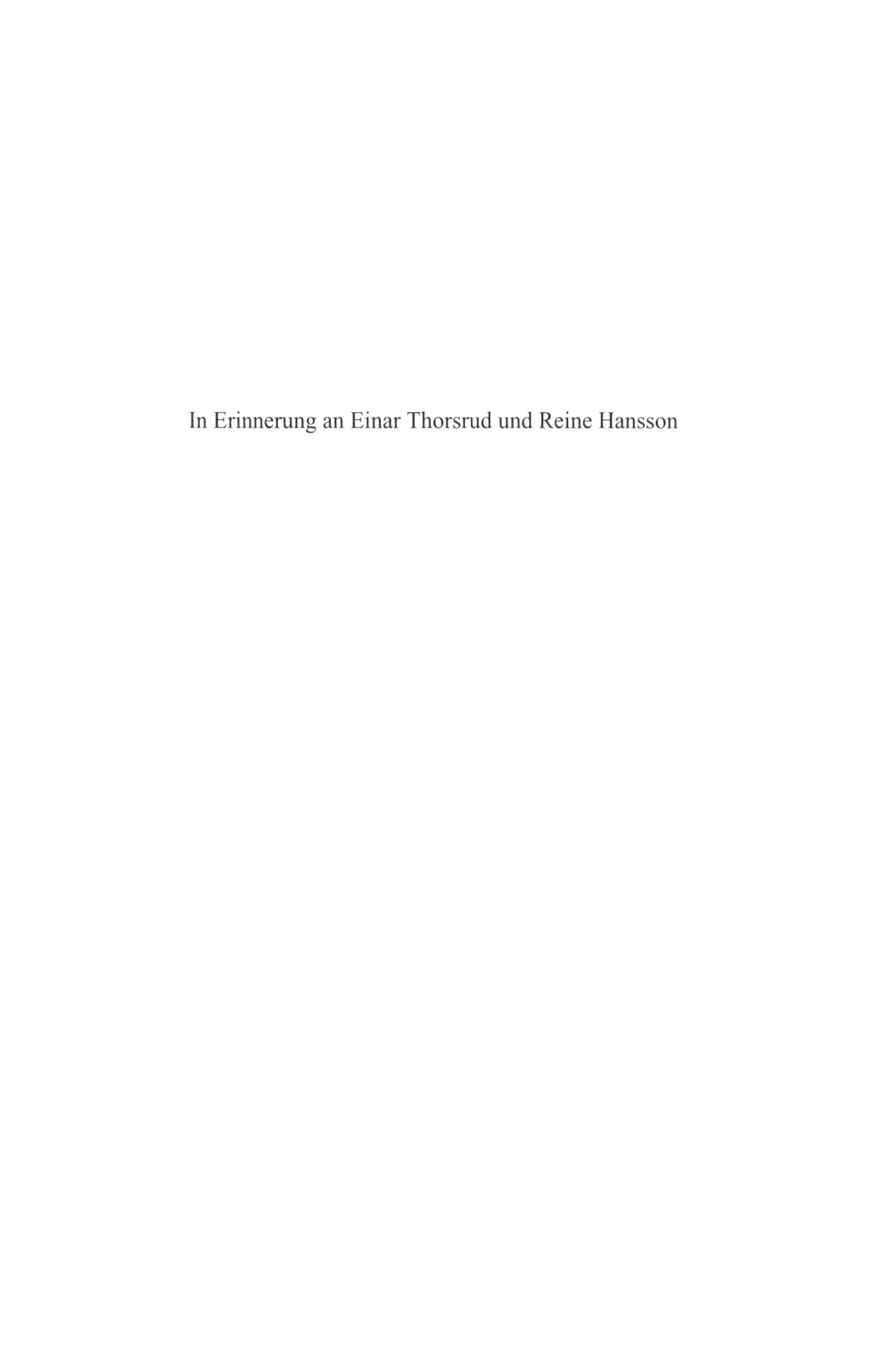

In Erinnerung an Einar Thorsrud und Reine Hansson

Dank

Da ich meine Manuskripte noch immer – beziehungsweise: nach kurzer Unterbrechung wieder – handschriftlich verfasse, war ich auch bei diesem Manuskript auf Unterstützung angewiesen. Alle, die so etwas schon einmal gemacht haben, wissen, dass die Ansprüche von Textautoren mit der Verfügbarkeit technischer und personeller Ressourcen erheblich zunehmen. Margot Käser und Trudi Weiss, die für die Textverarbeitung besorgt waren, hatten gewiss oft genug darunter zu leiden. Ihnen möchte ich an dieser Stelle besonders herzlich danken, für ihre Mitarbeit und ihre Geduld. Dankbar bin ich auch den anderen Kolleginnen und Kollegen am Institut für Arbeitspsychologie, die rund drei Monate lang recht behutsam mit mir umgegangen sind. Dankbar bin ich schliesslich dem Verlag der Fachvereine; die Zusammenarbeit war eine sehr gute Erfahrung.
Endlich danke ich meiner Frau – für alles.

Zürich, im Oktober 1990   Eberhard Ulich

Inhaltsverzeichnis

Vorwort 1

1. Kapitel

   Historische Positionen 7

   1.1 Der Taylorismus und die Psychotechnik 8
   1.1.1 Taylors Konzept und die betriebliche Wirklichkeit 9
   1.1.2 Münsterberg und die Anfänge der Psychotechnik 16
   1.1.3 Lewin und die ‹zwei Gesichter› der Arbeit 20
   1.1.4 Hellpachs Aufgabenbegriff und das Konzept der
         Gruppenfabrikation 23
   1.1.5 Arbeits- und Motivationsbegriff bei Eliasberg 29
   1.1.6 Beiträge zur Professionalisierung der Psychotechnik 30
   1.1.7 Eine neue Position in der Zieldiskussion 35
   1.1.8 Ein Zwischenfazit 38
   1.2 Die Hawthorne-Studien und das Human-Relations-Konzept 40
   1.3 Der Arbeitsinhalt und die Humanisierung der Arbeit 45
   1.3.1 Motivationskonzepte von Maslow, Herzberg und Argyris .. 45
   1.3.2 Ansätze zur Verbesserung der Qualität des Arbeitslebens .. 50
   1.4 Die Komplexität der Wirklichkeit 57
   1.5 Entwicklungen der Technik 59
   1.6 Zusammenfassung und Ausblick 63

2. Kapitel

   Analyse von Arbeitstätigkeiten und Arbeitssystemen ... 65

   2.1 Analyse von Arbeitsaufträgen und Erfüllungsbedingungen 70
   2.1.1 Zum Konzept der soziotechnischen Systemanalyse 79
   2.1.2 Ganzheitliche Betriebsanalyse unter Berücksichtigung von
         Mensch, Technik, Organisation (MTO-Analyse) 85

2.2	Die psychologische Tätigkeitsanalyse	96
2.3	Auswirkungen von Produktionsbedingungen und Arbeitstätigkeiten auf Befinden und Erleben der Beschäftigten	107
2.3.1	Der Job Diagnostic Survey (JDS)	107
2.3.2	Das Verfahren der subjektiven Arbeitsanalyse (SAA)	112
2.3.3	Das Verfahren zur Ermittlung von Regulationserfordernissen in der Arbeitstätigkeit (VERA)	116
2.3.4	Das Verfahren zur Ermittlung der kollektiven Handlungsregulation in Gruppen (VERA-KHR)	122
2.3.5	Die Analyse von Arbeitsbelastungen als Folge von Regulationsbehinderungen (RHIA)	126
2.3.6	Instrument zur stressbezogenen Arbeitsanalyse (ISTA)	133
2.3.7	Weitere Entwicklungen	137

3. Kapitel

Bewertung von Arbeitstätigkeiten ... 141

3.1	Kriterien für die Bewertung von Arbeitstätigkeiten	141
3.2	Das Tätigkeitsbewertungssystem (TBS)	155
3.3	Bewertung geistiger Arbeit	163
3.4	Weitere Entwicklungen	167
3.5	Zur Bedeutung und Bewertung nicht erwerbsbezogener Arbeitstätigkeiten	173
3.5.1	Gemeinnützige Arbeit	177

4. Kapitel

Gestaltung von Arbeitstätigkeiten ... 185

4.1	Strategien der Arbeitsgestaltung	188
4.2	Gestaltungskonzepte	191
4.2.1	Die Studien im englischen Kohlebergbau	192
4.2.2	Die Studien in der indischen Textilindustrie	195
4.2.3	Arbeitssysteme als soziotechnische Systeme	198
4.3	Vom Primat der Aufgabe	201

4.3.1	Das Konzept der Aufgabenorientierung	203
4.3.2	Konzepte der Aufgabenerweiterung	212
4.3.3	Vollständige Aufgaben	217
4.3.4	Gruppenaufgaben	221
4.4	Arbeitsgruppen und Gruppenarbeit	222
4.4.1	Gruppenarbeit	225
4.4.2	Selbstregulation in teilautonomen Arbeitsgruppen	227
4.4.3	Teilautonome Arbeitsgruppen in der Praxis	238
4.4.3.1	Teilautonome Arbeitsgruppen in der Fahrzeugmontage	239
4.4.3.2	Teilautonome Arbeitsgruppen in der Teilefertigung	247
4.4.3.3	Teilautonome Arbeitsgruppen in der Elektronikproduktion	254
4.4.3.4	Teilautonome Arbeitsgruppen im Dienstleistungsbereich	259
4.4.3.5	Multifunktionale Konstruktionsteams und ‹Simultaneous Engineering›	265
4.4.3.6	Exkurs: Produktlebenszyklen und Entwicklungszeiten – die Beschleunigungsfalle	275
4.4.3.7	‹Denkförderliche› Strukturen in Forschung und Entwicklung	276
4.4.4	Zwischenbilanz und ergänzende Überlegungen	281
4.5	Vom ‹one best way› zum Angebot von Alternativen	292
4.5.1	Berücksichtigung interindividueller Unterschiede durch differentielle Arbeitsgestaltung	293
4.5.1.1	Das Konzept	293
4.5.1.2	Anwendungen im Produktionsbereich	296
4.5.1.2.1	Der Fall Schreibmaschinenmontage	298
4.5.1.2.2	Der Fall Flachbaugruppenfertigung	300
4.5.2	Die Bedeutung interkultureller Unterschiede für die Arbeitsgestaltung	304
4.5.3	Ein Kontingenzmodell	311

5. Kapitel

Konzepte für den Einsatz neuer Technologien 315

5.1	Technologie als Option	316
5.2	Technikgestaltung versus Arbeitsgestaltung	322

5.2.1	Technikorientierte versus arbeitsorientierte Gestaltungskonzepte	323
5.2.2	Erfahrungswissen und Mensch-Maschine-Funktionsteilung	326
5.2.3	Relevante Kostenfaktoren	335
5.3	Der Einsatz von Industrierobotern als Beispiel	338
5.3.1	Bewertung nach arbeitspsychologischen Kriterien	339
5.3.2	Beispiele für arbeitsorientierte Gestaltung des Einsatzes von Industrierobotern	345
5.4	Ableitungen für Produktionskonzepte	350
5.4.1	Rechnerunterstützte Produktionssysteme: Ziele und Zielerreichung	350
5.4.2	Exkurs: Lean Production und Business Process Reengineering – ein kritischer Diskussionsbeitrag	353
5.4.3	Die Notwendigkeit ganzheitlicher Restrukturierung	363
5.4.4	Konsequenzen für das CIM-Verständnis	371
5.5	Anmerkungen zur Arbeitssicherheit	377
5.5.1	Von der personorientierten zur bedingungs- und prozessorientierten Betrachtungsweise	377
5.5.2	Von der Unfallverhütung zur Sicherheitsprävention	380
5.6	Gestaltung von Mensch-Rechner-‹Dialogen›	393
5.6.1	Benutzerorientierte Dialoggestaltung	394
5.6.2	Softwareentwicklung als Aufgabengestaltung	400
5.7	Telearbeit – eine Möglichkeit zur Überwindung der Ortsgebundenheit von Arbeit	403
5.7.1	Formen von Telearbeit	404
5.7.2	Bewertung individueller Telearbeit	406
5.7.3	Arbeit im Satellitenbüro	412
5.8	Arbeit im Call Center	417

6. Kapitel

Qualifizierung und Veränderungsbereitschaft 423

6.1	Die Bedeutung von Denkleistungen für die Produktion	423
6.2	Qualifizierung durch Vermittlung kognitiver Regulationsgrundlagen	427

6.3	Qualifizierung durch Arbeitsgestaltung	440
6.3.1	Subjektive Tätigkeitsanalyse – Konzept und Vorgehensweise	444
6.3.2	Subjektive Tätigkeitsanalyse – ein praktisches Beispiel	451
6.3.3	Der Wunscharbeitsplatz	455
6.3.4	Schlussfolgerungen	463
6.4	Widerstand gegen Veränderungen	464

7. Kapitel

Wirkungen von Arbeit 471

7.1	Belastung und Beanspruchung	471
7.2	Ermüdung	475
7.3	Monotonie	481
7.3.1	Zum Begriff der Monotonie	481
7.3.2	Zum Begriff der Gleichförmigkeit	483
7.4	Stress	485
7.5	Arbeitstätigkeit und Persönlichkeitsentwicklung	495
7.5.1	Arbeitstätigkeit und intellektuelle Leistungsfähigkeit	497
7.5.2	Arbeit und Persönlichkeit: Ergebnisse von Längsschnittstudien	501
7.5.3	Exkurs: Arbeit als Re-Integration: Das Projekt «Supported Employment»	506
7.5.4	Arbeitsbedingtes Voraltern	508
7.6	Auswirkungen auf die arbeitsfreie Zeit	514
7.6.1	Zum Begriff der Freizeit	514
7.6.2	Hypothesen zu möglichen Beziehungen zwischen Arbeit und Freizeit	517
7.6.3	Empirische Untersuchungen	519
7.7	Balance zwischen Lebensbereichen – ‹life domain balance›	524
7.7.1	Lebensfreundliche Arbeitszeiten	526
7.7.2	Life domain balance – auch wirtschaftlich interessant	532
7.8	Konsequenzen für die betriebliche Gesundheitsförderung (BGF)	533
7.8.1	Zu den Kosten arbeitsbedingter Erkrankungen	535

7.8.2	Gesundheitliche Auswirkungen prekärer Beschäftigungsverhältnisse	542
7.8.3	Arbeitsschutz und Gesundheitsförderung	545
7.8.4	Gesundheitsförderung und Arbeitsgestaltung	545
7.8.5	Die Bedeutung der Anforderungen	553
7.8.6	Präsentismus	557
7.8.7	Unternehmenskultur und Gesundheit	561
7.8.8	Zum ökonomischen Nutzen betrieblicher Gesundheitsförderung	564

8. Kapitel

Rand- und Rahmenbedingungen 569

8.1	Grösse als Rahmenbedingung für Arbeitsgestaltung und Technikeinsatz	570
8.1.1	Das Dilemma der Grösse	571
8.1.2	Soziale Effekte der Grösse	572
8.1.3	Das Problem der Heterogenität	575
8.2	Die Bedeutung technologischer Veränderungen für die Unternehmenskultur	580
8.2.1	Elemente von Unternehmenskulturen	581
8.2.2	Unternehmenskulturen und neue Technologien	586
8.2.3	Desk sharing: die Veränderung vertrauter territorialer Muster	588
8.2.4	Verunsicherung durch rasche Veränderungen	592
8.3	Arbeitsgestaltung und Entlohnungsproblematik	594
8.3.1	Qualifizierungshinderliche und qualifizierungsförderliche Lohnkonzepte	595
8.3.2	Erfahrungen mit lernorientierten Lohnsystemen	601
8.3.3	Zur Frage der Lohngerechtigkeit	606
8.4	Zeitsouveränität und Teilzeitarbeit – Möglichkeiten einer Flexibilisierung von Arbeitszeiten	609
8.4.1	Randbedingungen und Dimensionen der Zeitdiskussion	609
8.4.2	Modelle der Arbeitszeitflexibilisierung	612
8.4.3	Zur Frage der Wirtschaftlichkeit von Teilzeitarbeit	619
8.4.4	Fazit	622

9. Kapitel

Zukunft der Arbeit – erweiterte Perspektive und spekulativer Ausblick 625

9.1	Zur historischen Entwicklung von Fragen und möglichen Antworten	628
9.2	Frühere Modelle und konkrete Beispiele	635
9.3	Beschäftigungsorientierte Arbeitszeitmodelle	640
9.4	Von der erwerbsorientierten Arbeit zur gesellschaftlich nützlichen Tätigkeit	653

10. Kapitel

Forschungsprojekte 661

10.1	Experimentelle Untersuchungen zur Analyse der Mensch-Computer-Interaktion	661
10.1.1	Fragestellung und Methodik	662
10.1.2	Experimentelle Untersuchung der Benutzungsunterstützung durch ein Hilfesystem	665
10.1.3	Von der systemorientierten zur aufgabenorientierten Lern- und Arbeitshilfe	670
10.2	Psychosoziale Aspekte der Zweischichtarbeit	673
10.2.1	Fragestellung und Methodik	674
10.2.2	Ergebnisse	678
10.2.3	Checklisten zur menschengerechten Gestaltung von Zweischichtarbeit in der Automobilindustrie	684
10.3	Gruppenarbeit in der Motorenmontage	688
10.3.1	Der Projektrahmen	688
10.3.2	Die Rolle der Begleitforschung	689
10.3.3	Die Gruppenarbeit	690
10.3.4	Ergebnisse der arbeitspsychologischen Untersuchungen ...	693
10.3.5	Einige Auswirkungen des Projekts	695
10.4	Gestaltung rechnerunterstützter Integrierter Produktionssysteme (GRIPS)	701

10.4.1	Fragestellung und Methodik	702
10.4.2	Ergebnisse	705
10.4.3	Weitere Folgen	711
10.5	Ansätze zur Optimierung der ärztlichen Tätigkeit im Spital – zugleich ein Beispiel für die Verknüpfung von Beratung und Forschung	713
10.5.1	Keine Beratung ohne Forschung – das eigene Selbstverständnis	713
10.5.2	Art der Tätigkeit und Rahmenbedingungen: ein Problemaufriss	716
10.5.3	Forschung und Beratung – ein Beispiel für eine mögliche Verknüpfung	718
10.5.3.1	Methodisches Vorgehen und ausgewählte Ergebnisse	719
10.5.3.2	Konsequenzen für das Projekt	725
10.5.3.3	Kriterien für den Projekterfolg	728
10.5.4	Konsequenzen für die Forschung	729
10.5.5	Fazit	730
10.6	Arbeitsbedingungen, Belastungen und Ressourcen von Lehrkräften	731
10.6.1	Methodisches Vorgehen und ausgewählte Ergebnisse	731
10.6.2	Konsequenzen für den Alltag	736

Literaturverzeichnis ... 743

Personenregister ... 859

Stichwortregister ... 875

Vorwort

Das hier vorliegende Buch beschäftigt sich mit Arbeit als einer Tätigkeit, durch deren Ausführung der oder die Arbeitstätige zur Schaffung materieller oder immaterieller Werte für sich und/oder andere beiträgt.
SEMMER und UDRIS (1995, 134) definieren Arbeit als «zielgerichtete menschliche Tätigkeit zum Zwecke der Transformation und Aneignung der Umwelt aufgrund selbst- oder fremddefinierter Aufgaben, mit gesellschaftlicher, materieller oder ideeller Bewertung, zur Realisierung oder Weiterentwicklung individueller oder kollektiver Bedürfnisse, Ansprüche und Kompetenzen».
Das bedeutet, dass Arbeit eine Vielzahl unterschiedlicher Tätigkeiten umfasst und sich keineswegs auf die – ihrem Umfang nach abnehmende – Erwerbsarbeit beschränkt. In den Arbeitswissenschaften und auch in der Arbeitspsychologie stand die Beschäftigung mit der Erwerbsarbeit jedoch bislang eindeutig im Vordergrund. Dies hängt nicht nur damit zusammen, dass die Erwerbsarbeit den Lebensalltag der erwachsenen Menschen weitgehend bestimmte, sondern auch damit, dass ihr wichtige Funktionen zugeschrieben wurden.
So hat Marie JAHODA in ihrem 1983 erschienenen Buch «Wieviel Arbeit braucht der Mensch?» über die Bedeutung der Erwerbstätigkeit für die menschliche Existenz in unserer Gesellschaft festgestellt, dass trotz aller Veränderungen ihrer Struktur in den letzten zwei Jahrhunderten zwei Funktionen der Erwerbstätigkeit praktisch unverändert geblieben seien: «Zum einen ist sie das Mittel, durch das die grosse Mehrheit der Menschen ihren Lebensunterhalt verdient; und zum anderen zwingt sie, als ein unbeabsichtigtes Nebenprodukt ihrer Organisationsform, denjenigen, die daran beteiligt sind, bestimmte Kategorien der Erfahrung auf. Nämlich: Sie gibt dem wach erlebten Tag eine Zeitstruktur, sie erweitert die Bandbreite der sozialen Beziehungen über die oft stark emotional besetzten Beziehungen zur Familie und zur unmittelbaren Nachbarschaft hinaus; mittels Arbeitsteilung demonstriert sie, dass die Ziele und Leistungen eines Kollektivs diejenigen des Individuums transzendieren; sie weist einen sozialen Status zu und klärt die persönliche Identität; sie verlangt eine regelmässige Aktivität» (JAHODA 1983, 136).

Später wird noch zu fragen sein, ob diese Funktionen tatsächlich nur der Erwerbsarbeit zuzuschreiben sind oder ob sie auch von anderen (Arbeits-) Tätigkeiten übernommen werden können.

Hauptsächlicher Gegenstand des hier vorliegenden Buches bleibt jedoch die abhängige Erwerbsarbeit in betrieblichen Organisationen. So wichtige andere Arbeitstätigkeiten wie Hausarbeit, Gemeinwesenarbeit oder Eigenarbeit, über die in einigen neueren Publikationen ausführlich berichtet wird, werden hier nur kursorisch behandelt.

Das Buch ist gedacht für Studierende technischer sowie arbeits- und wirtschaftswissenschaftlicher Fachrichtungen, aber auch für betriebliche Praktiker, die mit arbeitspsychologischen Fragestellungen zu tun haben oder sich dafür interessieren.

Der Aufbau des Buches folgt einer Logik, die nicht unbedingt der ‹Leselogik› entsprechen muss. Einer Darstellung historischer Positionen, die sich auf auch heute relevante Fragestellungen konzentriert, folgen drei Kapitel, die sich mit den Hauptaufgaben arbeitspsychologischer Tätigkeit beschäftigen: der Analyse, der Bewertung und der Gestaltung von Arbeitstätigkeiten und Arbeitssystemen nach definierten Humankriterien. Im fünften Kapitel wird über arbeitspsychologische Konzepte für den Einsatz neuer Technologien berichtet, im sechsten über Qualifizierung und Veränderungsbereitschaft als Voraussetzung für die Restrukturierung von Arbeitstätigkeiten. Das siebente Kapitel beschreibt mögliche Wirkungen von Arbeit auf die Arbeitstätigen, das achte beschäftigt sich mit ausgewählten Rand- und Rahmenbedingungen menschlicher Arbeitstätigkeit. Im neunten Kapitel werden mögliche Zukünfte der Arbeit erörtert. Im abschliessenden zehnten Kapitel werden einige, für anwendungsorientierte Arbeitspsychologie typische, Forschungsprojekte dargestellt.

Eine ‹Leselogik› könnte sich – in Abweichung von dieser Reihenfolge – z.B. an der folgenden Fragefolge orientieren:
- Wie kann Arbeit auf Arbeitstätige wirken? → Kapitel 7
- Waren diese Wirkungen auch früher schon bekannt? → Kapitel 1
- Wie lassen sich diese Wirkungen kategorisieren und erfassen? → Kapitel 3
- Wie kann Arbeit zugleich human und effizient gestaltet werden? → Kapitel 4
- Ist das auch beim Einsatz neuer Technologien möglich? → Kapitel 5
- Wie können die erforderlichen Qualifikationen vermittelt und Veränderungsbereitschaften ausgelöst werden? → Kapitel 6
- Welche Rand- und Rahmenbedingungen sind bei Veränderungen zu berücksichtigen? → Kapitel 8

- Wie lassen sich Arbeitstätigkeiten, als Grundlage für die Erarbeitung von Veränderungsvorschlägen, analysieren? → Kapitel 2
- Welche Forschungsmethoden finden in der Arbeitspsychologie Verwendung? → Kapitel 10

Natürlich lassen sich auch andere ‹Leselogiken› denken, die sich an spezifischen Bedürfnissen spezifischer Adressatengruppen oder an bestimmten didaktischen Konzepten orientieren. So könnte man etwa mit den im vierten und fünften Kapitel beschriebenen Gestaltungskonzepten beginnen und Antworten auf dort auftauchende Fragen in anderen Kapiteln suchen.

Zu den ‹Botschaften›, die dieses Buch vermitteln will, gehört die Erkenntnis, dass es heutzutage möglich – und notwendig – ist, Arbeitstätigkeiten und Organisationsstrukturen so zu gestalten, dass sie Humankriterien und langfristig orientierten Kriterien betrieblicher Effizienz zugleich entsprechen. Eine Wirtschaft, die ihre ‹Wirtschaftlichkeit› auf Kosten – oder zu Lasten – der in ihr tätigen Menschen erreicht, entspricht nicht dem Erkenntnisstand und kann schon deshalb nicht als fortschrittlich bezeichnet werden, weil sie einen wichtigen Teil ihrer Ressourcen nicht adäquat zu nutzen gelernt hat.
In diesem Zusammenhang ist es noch immer – und im Zusammenhang mit dem Einsatz neuer Technologien erneut – notwendig, sich mit dem Taylorismus und seinen Folgen auseinanderzusetzen. Peter Drucker hat 1954 darauf hingewiesen, dass Taylors ‹Wissenschaftliche Betriebsführung› zwei ‹Blindflecken› aufweise. Als ersten ‹Blindfleck› nennt er die Auffassung, dass, weil die Arbeitstätigkeit zum Zweck der Analyse in ihre Teilelemente zerlegt wird, «wir sie auch als eine Reihenfolge einzelner Bewegungen organisieren müssen, deren jede möglichst von einem anderen Arbeiter ausgeführt wird … Diese Logik ist falsch. Hier wird ein Grundsatz der Analyse mit einem Grundsatz des Handelns verwechselt. Auseinandernehmen und Zusammensetzen ist zweierlei. Beides miteinander zu verwechseln ist grob unwissenschaftlich» (DRUCKER 1954; dtsch. Übers. 1970, 298).
Als zweiten ‹Blindfleck› nennt Drucker das von Taylor formulierte Prinzip der ‹Trennung von Denken und Tun›: «Wiederum wird hier ein richtiges analytisches Prinzip als Prinzip des Handelns missverstanden. Doch darüber hinaus enthält die Trennung des Planens und Denkens vom praktischen Tun eine zweifelhafte und höchst gefährliche Philosophie, den Gedanken einer Elite, die über das Monopol des Geheimnisses verfügt, wie man das ungewaschene Bauernvolk leitet» (a.a.O., S. 300).

Die mit der Trennung von Denken und Tun systematisch verbundenen Einschränkungen von Handlungs- und Gestaltungsspielräumen können schliesslich
«... zu Störungen im Wohlbefinden und zu andauernden psychischen und körperlichen Beschwerden ...,
... zu einem Abbau der intellektuellen Leistungsfähigkeit, insbesondere der geistigen Beweglichkeit ...,
... zu einem passiven Freizeitverhalten sowie zu geringerem Engagement im politischen und gewerkschaftlichen Bereich ...» führen und sich auch darauf auswirken,
... wie jemand seine Kinder erzieht ...» (VOLPERT 1983a, 83f.).
Das heisst, dass die Nutzung des Menschen als ‹Einzweckwerkzeug› eine Vergeudung menschlichen Potentials – und damit: eine unwirtschaftliche Nutzung betrieblicher Ressourcen – darstellt. Wer dies weiss, ist aufgefordert, zu Veränderungen beizutragen. Die Arbeitspsychologie stellt dafür einiges Wissen bereit.

Vorwort zur dritten Auflage

Wenn ein Buch nach drei Jahren bereits eine dritte Auflage erfährt, so ist dies zunächst – vor allem für die Verlage – eine angenehme Tatsache. Grundsätzlich gilt das natürlich auch für den Autor. Der sieht sich aber zugleich mit der Frage konfrontiert, ob der Erkenntnisfortschritt und die eigenen oder die von anderen mitgeteilten Erfahrungen im Umgang mit dem Buch eine Überarbeitung oder Erweiterung angeraten erscheinen lassen. Beides war hier der Fall, so dass ich das Buch an einigen – eher wenigen – Stellen überarbeitet, einige Kapitel durch neue Abschnitte erweitert und ein neues Kapitel hinzugefügt habe. So habe ich versucht, eine Annäherung an eine ‹gute Gestalt› zu erreichen. Ob dieser Versuch in der knappen Zeit, die zur Verfügung stand, gelungen ist, vermag ich nicht mehr zu beurteilen. Mein Dank gilt wieder Margot Käser und Trudi Weiss, die mit den Veränderungen und Ergänzungen umso mehr zu tun hatten, als die Neuauflage nicht mehr mit dem bisherigen Herstellungsverfahren produziert werden konnte. Dies führte auch zu unerwartet aufwendigen Kooperationserfordernissen mit dem vdf Hochschulverlag an der ETH Zürich, die stets freundschaftlich bewältigt werden konnten.

Zürich, im April 1994   Eberhard Ulich

Vorwort zur sechsten Auflage

Entwicklungen in der Arbeitswelt und in der Gesellschaft, deren Teil sie ist, lassen immer rascher neue Fragen stellen und nach neuen Antworten suchen. Das führt dazu, dass sich die Wissensbestände vergrössern und die Bücher, die versuchen, über diese zu berichten, immer umfangreicher werden. Das gilt auch für die neue Auflage des hier vorliegenden Buches, dessen Umfang seit der ersten Auflage um rund zwei Drittel zugenommen hat.[1] Die Grundstruktur des Buches ist erhalten geblieben. In mehreren Kapiteln finden sich teils kleinere, teils grössere Erweiterungen. Neue Abschnitte über ‹Gemeinnützige Arbeit›, ‹Arbeit im Call Center›, ‹Arbeitsbedingtes Voraltern› und ‹life domain balance› wurden hinzugefügt, der Abschnitt über ‹Betriebliche Gesundheitsförderung› wurde wesentlich erweitert. In das zehnte Kapitel wurde ein weiteres Projekt aufgenommen.
Ich hoffe, dass durch all diese Zusätze und Erweiterungen die angestrebte ‹gute Gestalt› nicht wieder verlorengegangen ist.
Ein besonderer Dank gilt wiederum Dr. Bernd Knappmann vom vdf Hochschulverlag, der die Drucklegung dieser Auflage wie immer freundschaftlich begleitet und dabei mit grosser Geduld auch mancherlei Ungereimtheiten in der Zuordnung von im Text zitierten Publikationen und Literaturverzeichnis entdeckt und korrigiert hat, sowie Frau Dr. Irmhild Ditmer-Knappmann für die Erstellung der Register und Herrn Urs Camenzind für Satz und Umbruch.

Zürich, im Juli 2005   Eberhard Ulich

---

[1] Dankenswerterweise haben die Verlage den Verkaufspreis nicht in gleicher Weise erhöht.

Vorwort zur siebten Auflage

Entwicklungen in der Arbeitswelt und in der Gesellschaft, deren Teil sie ist, lassen immer wieder neue Fragen stellen und nach neuen Antworten suchen. Dabei geht bisweilen vergessen, dass manche Fragen, die schon früher gestellt, und manche Antworten, die schon früher gefunden worden waren, bis heute von ihrer Bedeutung kaum etwas verloren haben. Dass dies bisweilen nicht zur Kenntnis genommen wird, ist ein bedauerlicher Sachverhalt.
Die Grundstruktur des Buches ist erhalten geblieben. Nach wie vor habe ich auch Wert darauf gelegt, andere Autorinnen und Autoren durch die wörtliche Wiedergabe von Textstellen selbst zu Wort kommen zu lassen. Um den Umfang nicht allzu sehr zu erweitern, aber auf eine historische Orientierung auch nicht zu verzichten, finden sich in allen Kapiteln nur kleinere Ergänzungen und Erweiterungen. Neu ist im ersten Kapitel eine knappe Darstellung der Mondragon Corporacion Cooperativa, einem in den Arbeits- und Sozialwissenschaften nach wie vor kaum zur Kenntnis genommenen Beispiel für «Industrielle Demokratie». Neu wurden im vierten Kapitel Auszüge aus der Europäischen Norm EN 614-2 eingefügt, in der die Merkmale gut gestalteter Arbeitsaufgaben festgeschrieben werden. Neu ist auch die Erweiterung der Ausführungen über «Betriebliche Gesundheitsförderung» durch einen Abschnitt zum Präsentismus. Das in den bisherigen Auflagen nach Kapiteln geordnete Literaturverzeichnis wurde – mit rund zweihundert neuen Titeln – zu einem Verzeichnis zusammengefasst.

Für die sorgfältige verlagsseitige Begleitung danke ich Frau Angelika Rodlauer vom vdf Hochschulverlag.

Zürich, im März 2011   Eberhard Ulich

1. Kapitel

Historische Positionen

Manchen neueren wissenschaftlichen Publikationen ist eigen, dass auch dort, wo es sich anbietet oder gar aufdrängt, frühe Arbeiten aus der eigenen Disziplin und deren Nachbargebieten kaum oder gar nicht rezipiert werden. Dafür gibt es gewiss sehr unterschiedliche Gründe.
Die mangelnde Kenntnis früherer Arbeiten kann aber dazu führen, dass aus der Beschäftigung mit solchen Arbeiten möglicherweise resultierende Anregungen für die Entwicklung von Konzepten zur Lösung gegenwärtiger oder erkennbar auf uns zukommender Fragestellungen nicht genutzt werden können.[1]
In diesem Kapitel werden deshalb einige Entwicklungspfade der Arbeitspsychologie skizziert, die auch für das heutige Verständnis arbeitspsychologischer Konzeptbildung noch bedeutsam sind. Weil die älteren Arbeiten teilweise schwer zugänglich und weitgehend unbekannt sind, werden sie hier ausführlicher zitiert, als dies sonst üblich sein mag. Einige der Arbeiten fin-Einige der Arbeiten finden sich in dem kürzlich erschienenen Sammelband «Quellen der Arbeitspsychologie» (SACHSE, HACKER und ULICH 2008).
In den meisten Darstellungen finden sich drei Stufen oder Phasen, die vor allem durch unterschiedliche Vorstellungen vom Menschen gekennzeichnet sind (vgl. VOLPERT 1975, ROSENSTIEL 1980, ULICH 1989a). Die erste Phase ist wesentlich gekennzeichnet durch die Vorstellung vom Menschen als homo oeconomicus (oder: ‹economic man›). Dieses Bild beinhaltet die Grundannahme, der ‹Durchschnittsmensch› sei verantwortungsscheu, handle

---
[1] Auch im neuen Enzyklopädieband ‹Arbeitspsychologie› (KLEINBECK & SCHMIDT, 2010) gibt es kein eigenes Kapitel zur Geschichte der Arbeitspsychologie und insgesamt nur wenige einschlägige Hinweise.

nach der Maxime des grössten Gewinns und sei hauptsächlich durch monetäre Anreize motivierbar. Folgen für die Strukturierung von Unternehmungen waren u.a. weitgehende Arbeits- und Vollmachtenteilung, kleine Leitungsspannen sowie individuelle Anreizsysteme, mit denen zugleich Absprachen über Leistungsbegrenzungen erschwert werden sollten. Der Betrieb wurde in erster Linie als technisches System verstanden, an das es den Menschen anzupassen galt. Im Gefolge der Hawthorne-Untersuchungen findet sich in der zweiten Phase ein Menschenbild, das soziale Motivationen in den Vordergrund rückt und annimmt, der Mensch werde in seinem Verhalten weitgehend von den Normen seiner (Arbeits-)Gruppe bestimmt (‹social man›). Aus der systematischen Förderung von Teamarbeit resultierende Zufriedenheit sollte eine Verbesserung der Leistung bewirken, die zusätzlich durch Gruppenanreizsysteme stimuliert werden sollte. Der Betrieb wurde wesentlich als soziales System verstanden, in dem Informations- und Kommunikationsprozessen besondere Beachtung zu schenken sei. Die dritte Phase ist geprägt durch ein Menschenbild, das davon ausgeht, dass der Mensch vor allem nach Selbstverwirklichung und Autonomie strebt (‹selfactualizing man›). Veränderungen von Arbeits- und Organisationsstrukturen durch Aufgabenerweiterung und Arbeit in teilautonomen Gruppen rücken in den Mittelpunkt arbeitspsychologischer Konzepte. Der Betrieb wird als soziotechnisches System verstanden, dessen Subsysteme nicht je für sich, sondern nur gemeinsam optimiert werden können. Seit Ende der 1970er Jahre wird vermehrt darauf aufmerksam gemacht, dass derartige Menschenbilder die Realität nur unzureichend abbilden und durch Konzepte ergänzt werden müssen, die inter- und intraindividuelle Differenzen berücksichtigen (‹complex man›) und deren Bedeutung für die Arbeitsgestaltung aufzeigen.

1.1 Der Taylorismus und die Psychotechnik

In ihren Ursprüngen wurde die Arbeitspsychologie stark beeinflusst von Entwicklungen im Bereich des Industrial Engineering. Gegen Ende des 19. Jahrhunderts untersuchte der Ingenieur F. W. TAYLOR die Auswirkungen finanzieller Anreizsysteme, des Designs von Werkzeugen und des Layout auf die Arbeitsleistung. Darauf aufbauend entwickelte er ein Konzept, das er als ‹Scientific Management› bezeichnete und das später – als ‹wissenschaftliche Betriebsführung› – zu den Grundlagen auch des deutschsprachigen Arbeitsstudiums zählte.

1.1.1 Taylors Konzept und die betriebliche Wirklichkeit

Das Buch von TAYLOR[2] über «Die Grundsätze wissenschaftlicher Betriebsführung» wurde neu herausgegeben und eingeleitet von VOLPERT und VAHRENKAMP (1977). Da der Taylorismus – für manche unerwartet – in Zusammenhang mit einigen fortgeschrittenen technologischen Entwicklungen erneut an Aktualität gewonnen hat (vgl. etwa BRÖDNER 1985, VOLPERT 1985), lohnt sich die Lektüre auch heute noch – oder wieder.

TAYLOR ging von einer grundsätzlichen Übereinstimmung der Interessen von Arbeitgebern und Arbeitnehmern aus (vgl. Kasten 1.1).

Kasten 1.1: Taylors Annahme einer Übereinstimmung von Arbeitgeber- und Arbeitnehmerinteressen (aus: TAYLOR 1913)

«Fast allgemein hört man die Ansicht vertreten, dass die grundlegenden Interessen des Arbeitgebers und Arbeitnehmers sich unvereinbar gegenüberstehen. Im Gegensatz hierzu liegt einer auf wissenschaftlicher Grundlage aufgebauten Verwaltung als Fundament die unumstössliche Überzeugung zugrunde, dass die wahren Interessen beider Parteien ganz in derselben Richtung liegen, dass Prosperität des Arbeitgebers auf lange Jahre hinaus nur bei gleichzeitiger Prosperität des Arbeitnehmers bestehen kann und umgekehrt; es muss möglich sein, gleichzeitig dem Arbeiter seinen höchsten Wunsch – nach höherem Lohne – und dem Arbeitgeber sein Verlangen – nach geringen Herstellungskosten seiner Waren – zu erfüllen» (TAYLOR 1913, 8).

Folgerichtig gehörte zu den wichtigsten Zielen der «wissenschaftlichen» Betriebsführung die Schaffung einer Arbeitsorganisation, die sowohl eine Erhöhung der Produktivität als auch die Gewährung höherer – und objektiv berechenbarer – Löhne ermöglichen sollte.

---

[2] Frederick Winslow TAYLOR (1856–1915), mit einer Lehre als Modellschreiner und Maschinenmechaniker, Tätigkeiten als Arbeiter und Meister, einem Fernstudienabschluss als Maschineningenieur und Tätigkeiten als Chefingenieur, General Manager und Berater, wurde 1905 Präsident der American Society of Mechanical Engineers, 1906 Ehrendoktor der Pennsylvania University und hielt ab 1908 Vorlesungen an der Harvard Business School.

Die durch den Taylorismus bestimmte erste Phase der Entwicklung von Arbeitswissenschaft und Arbeitspsychologie ist – wie auch das Kastenzitat 1.1 erkennbar macht – wesentlich geprägt durch die Grundannahme, der ‹Durchschnittsmensch› handle nach der Maxime des grössten Gewinns und sei infolgedessen hauptsächlich durch monetäre Anreize motivierbar (‹economic man›). «… rational-economic assumptions classified human beings into two groups – the untrustworthy, money-motivated, calculative mass, and the trustworthy more broadly motivated, moral elite who must organize and manage the mass» (SCHEIN 1980, 53).
Nach MANKIN (1978) wird damit zugleich ein die ersten drei Jahrzehnte der Arbeitspsychologie kennzeichnendes Paradigma erkennbar, das die folgenden Elemente aufweist:

1. Hauptsächlicher Fokus auf dem individuellen Arbeiter als der relevanten Analyseeinheit;
2. Annahme, dass der ‹durchschnittliche› Arbeiter fast ausschliesslich durch monetäre Anreize motivierbar sei;
3. Tendenz, den Arbeiter kaum anders als eine Maschine zu behandeln, deren ‹Ineffizienzen› durch entsprechende Gestaltung von Werkzeugen und Abläufen kompensierbar seien;
4. Einschätzung des Arbeiters als zum Zweck von Produktivitätssteigerungen zu manipulierender Faktor (MANKIN 1978, 4f.).

Diese Annahmen führten – durchaus konsequent – zu einer systematischen Trennung von Kopf- und Handarbeit, die TAYLOR wie folgt begründete: «Alle Kopfarbeit unter dem alten System wurde von dem Arbeiter mitgeleistet und war Resultat seiner persönlichen Erfahrung. Unter dem neuen System muss sie notwendigerweise von der Leitung getan werden in Übereinstimmung mit wissenschaftlich entwickelten Gesetzen. Denn selbst wenn der Arbeiter geeignet wäre, solche wissenschaftlichen Gesetze zu entwickeln und zu verwerten, so würde es doch physisch für ihn unmöglich sein, gleichzeitig an seiner Maschine und am Pult zu arbeiten. Es ist also ohne Weiteres ersichtlich, dass in den meisten Fällen ein besonderer Mann zur Kopfarbeit und ein ganz anderer zur Handarbeit nötig ist» (TAYLOR 1913, 40).
Gegen erbitterten Widerspruch konnten sich die mit Hilfe des von TAYLOR (1911) entwickelten Zeitstudiums und des von GILBRETH (1911) entwickelten Bewegungsstudiums verfeinerten Verfahren der Arbeitsteilung in allen industrialisierten Ländern rasch durchsetzen.

1.1 Taylorismus und Psychotechnik

Folgen für die Strukturierung von Aufbau- und Ablauforganisation waren u.a. weitgehende Vollmachtenteilung und die Einrichtung von Stabsfunktionen, Aufteilung ganzheitlicher Arbeitstätigkeiten in kleinste Tätigkeitselemente, kleine Leitungsspannen sowie individuelle Anreizsysteme, mit denen zugleich Absprachen über Leistungsbegrenzungen erschwert werden sollten. Der Betrieb wurde in erster Linie als System technischer Abläufe verstanden, an die es die Beschäftigten anzupassen galt. Ausserdem wurde angenommen, dass es für jeden Auftrag einen im System verankerten ‹one best way› gebe, der herauszufinden und den Arbeitern zu vermitteln sei. Um den einen besten Weg zu ermitteln und damit zugleich ‹überflüssige› Bewegungen zu eliminieren, wurden sorgfältige Arbeitsablaufstudien durchgeführt. Auf dieser Basis wurden Arbeitsstrukturen entwickelt, die infolge extremer Partialisierung und ständiger Wiederholung gleicher Tätigkeitselemente minimale Anforderungen an die Qualifikation des Arbeiters stellen. Dadurch wurde dessen Anlernzeit auf ein Minimum reduziert und der Arbeiter selbst jederzeit austauschbar (vgl. dazu auch Henry FORD 1922). Die für den Zweck der Leistungs- und Lohnsteigerung relevante Analyseeinheit war der individuelle Arbeiter, dessen ‹Ineffizienzen› durch entsprechende Gestaltung von Werkzeugen und Arbeitsabläufen kompensierbar seien.

Bereits vor dem ersten Weltkrieg setzte der amerikanische Kongress eine «Kommission zur Prüfung der Verhältnisse in der Industrie» ein. Diese Kommission – die aus einem Volkswirtschaftsprofessor, einem Regierungsbeamten und einem gewerkschaftlichen Sachverständigen bestand und in der Rückschau zumeist nach ihrem Vorsitzenden als HOXIE-Kommission bezeichnet wird – untersuchte die Auswirkungen der wissenschaftlichen Betriebsführung in 35 amerikanischen Industriebetrieben (vgl. FREY 1920). Im Bericht von FREY (1920) finden sich zwei Beispiele, die die grotesken Folgen der konsequent zu Ende geführten ‹wissenschaftlichen› Betriebsführung verdeutlichen (vgl. Kasten 1.2 und 1.3).

Kasten 1.2: ‹Wissenschaftliche Betriebsführung› beim Annähen von Knöpfen (aus: FREY 1920)

«Als wir durch eine grosse Fabrik gingen, blieben wir bei einem Mädchen stehen, welches Fäden, die vorher in bestimmte Längen geschnitten waren, einfädelte und wachste. Der Leiter unterrichtete uns darüber, dass vor der Einführung der wissenschaftlichen Betriebsführung jedes Mädchen ihre Nadeln selbst einfädelte, nachdem sie ihn in beliebiger Länge abgeschnitten hatte. Die Methode der wissenschaftlichen Betriebsführung hat jedoch gezeigt, dass dies falsch sei; denn wenn ein Mädchen die Fäden zu kurz schneidet, hat sie ihre Nadel zu oft einzufädeln, wodurch Zeitverlust eintritt. Wenn sie die Fäden aber zu lang schneidet, verliert sie beim Ausziehen der Fäden viel Zeit, bis der Faden kürzer wird. Den Mädchen, welche Knöpfe annähen, wurden deshalb Fäden verschiedener Länge gegeben, und es wurde sorgfältig aufgeschrieben, wie viele Knöpfe jedes Mädchen täglich annähte. Nachdem auf diese Weise die Länge des Fadens bestimmt war, welcher die Mädchen in den Stand setzte, die grösste Anzahl von Knöpfen anzunähen, wurde diese Länge als massgebend gewählt. Auf Grund der theoretischen Annahme, dass ein Mädchen, wenn sie im Nadeleinfädeln geübt ist, dies mit grösserem Erfolge tun kann, als ein anderes, wurden Mädchen ausschliesslich mit dem Einfädeln der Nadeln mit Fäden von festgesetzter Länge beschäftigt. Auf diese Weise wurde die Unterteilung der Arbeit für das Knöpfeannähen bestimmt» (FREY 1920, 22).

Kasten 1.3: ‹Wissenschaftliche Betriebsführung› im Rasiersalon (aus: FREY 1920)

«In einem Barbiergeschäft hat ein Arbeiter für heisses Wasser zu sorgen, ein anderer den Seifenschaum zu machen, ein dritter ihn auf das Gesicht aufzutragen, ein vierter das Messer abzuziehen, ein fünfter zu rasieren, während noch einige andere das Waschen, Trocknen und Einparfümieren des rasierten Gesichtes zu versorgen hatten. Es ist richtig, dass jeder dieser Arbeiter als hoch entwickelter Spezialist bezeichnet werden kann. Aber ein so geringer Grad von Fertigkeit und gewerblicher Erfahrung, wie er sie sich bei seiner Arbeit aneignet, dürfte für ihn, für sein Gewerbe und für die Allgemeinheit von geringem praktischen Wert sein» (FREY 1920, 24).

In einer Kleiderfabrik wurde das Knöpfeannähen noch gründlicher studiert. Ausgehend von der Annahme, dass es dafür eine optimale Armlänge und auch eine optimale Fingerlänge gebe, wurden hier schliesslich für das Annähen von Knöpfen nur noch Frauen eingestellt, deren Arm- und Finger-

1.1 Taylorismus und Psychotechnik

länge dem ermittelten Optimum entsprachen. Im Gegensatz zu den Erwartungen ergaben sich trotz dieser Auswahl interindividuelle Unterschiede in den Leistungen. «Schliesslich wurden in der genannten Fabrik die festgesetzten Längen der Fäden, der Finger und der Arme ausser Acht gelassen, und es wurde jedem Mädchen gestattet, die Länge des Fadens zu wählen, die für sie am geeignetsten war. Der Erfolg war, dass die Mädchen sich offenbar wohler fühlten, weniger überhastet zu arbeiten hatten und in ihrem Interesse sowohl als auch in dem ihrer Arbeitgeber mehr leisten konnten als ihre vorher nach den Beobachtungen ausgewählten Schwestern» (FREY 1920, 23).

Die Beobachtungen der HOXIE-Kommission bestätigten die naheliegende Vermutung, dass mit der systematischen Trennung von Kopf- und Handarbeit in zahlreichen Fällen ein Abbau formaler Qualifizierungsmassnahmen verbunden war. Dadurch wurde zugleich das, nach seinem Autor benannte, Babbage-Prinzip verwirklicht; d.h. der Wert der Arbeitskraft wurde dadurch verbilligt, dass nicht mehr als die für die jeweilige Verrichtung erforderliche Qualifikation gekauft wurde (BABBAGE 1835).

Im Übrigen finden sich in den Mitteilungen der Kommissionsmitglieder interessante Hinweise auf demotivierende Wirkungen inhaltlich einförmiger Arbeit. So kommentierte FREY (1920, 21) Äusserungen eines Unternehmensleiters über mangelnden Ehrgeiz von Arbeitern wie folgt: «Was für ein Ehrgeiz sollte wohl befriedigt werden, wenn jemand während Tagen, Wochen und Monaten ein Stück Metall von gleicher Form einer Maschine zuzuführen hat oder wenn während dieser Zeit stets *eine* Muttersorte (Nr. 47 oder Nr. 73) an ein Automobil anzuschrauben ist, ohne dass der Betreffende eine Gelegenheit findet, in seinem Handwerk aufzusteigen.»

Bei Erich STERN (1921, 86) findet sich eine ähnliche Formulierung: «… was kann der Mensch noch für eine Freude, für eine Befriedigung aus der Arbeit schöpfen, der Jahre, Jahrzehnte hindurch Tag für Tag nichts tut als mit der Doppelallianzsteppstichsohlennähmaschine Sohlen unter Stiefel, die ihm andere vorbereitet haben, näht?»

Im Vorwort zur zweiten Auflage seines Berichtes über die Arbeit der HOXIE-Kommission stellte FREY das Konzept der ‹wissenschaftlichen Betriebsführung› schliesslich grundsätzlich in Frage (vgl. Kasten 1.4, S. 14).

In seinem 1923 erschienenen Buch «Psychologie des Betriebes» stellte LYSINSKI fest, «dass die wirklichen Erfolge des Taylorismus ohne Frage zum grösseren Teil auf die Intensivierung und nur zum kleineren auf die Rationalisierung der Arbeit zurückzuführen sind» (LYSINSKI 1923, 27). Deshalb

> **Kasten 1.4:** Eine frühe Kritik am Konzept der ‹wissenschaftlichen Betriebsführung› (aus: FREY 1920)
>
> «Vieles in diesen Systemen ist von grossem Vorteil für die Fabrikation, soweit es sich darum handelt, das Material in ungestörtem Fortgang durch die Fabrikation hindurch wandern zu lassen – d.h. dass also das Rohmaterial vom Lager bis zum versandfertigen Produkt auf kürzestem Wege sich fortbewegt – damit alle unnötige Arbeit vermieden und die Produktion auf den Raummeter erhöht wird.
> Namentlich versagt die wissenschaftliche Betriebsführung vollständig mit Rücksicht auf die Bewertung des menschlichen Faktors bei der Arbeit.
> Taylor und seine Genossen waren ursprünglich Ingenieure und Mathematiker. Sie wussten wenig, wenn überhaupt etwas, von Volkswirtschaft oder Psychologie. Ihr Produktionssystem arbeiteten sie nach mechanischen und mathematischen Gesetzen aus und nahmen dabei als feststehende Tatsache an, dass die Menschen sich in die Schablone eines starren mechanischen Systems zwingen lassen, und einmal da hineingezwungen, sich naturgemäss einem System anpassen würden, in dem niemand ausser dem Unternehmer Denkarbeit, soweit sie für die Produktion in Frage kommt, tun darf.
> Es wird Sie interessieren zu erfahren, dass seitdem meine Broschüre vor einigen Jahren veröffentlicht worden ist, bedeutende Ingenieure den Ausdruck ‹wissenschaftliche Betriebsführung› fallen gelassen haben, und seitdem niemand mehr behauptet, dass Zeitstudien wissenschaftlich genau sind. Mit anderen Worten, sie beanspruchen nicht mehr, dass ihr System als solches wissenschaftlich ist, und dass Zeitstudien unbedingt zuverlässig sind, obgleich, als ich anfing den Aufbau der wissenschaftlichen Betriebsführung zu untersuchen, sie alle darauf beharrten, dass Zeitstudien auch in Bezug auf die Arbeit, wissenschaftlich ebenso genau seien wie ein mathematisches Gesetz oder eine chemische Formel» (FREY 1920, 4).

bedeute der Taylorismus für die Arbeitenden eine erhebliche Mehrleistung mit potenziell gesundheitsschädigenden Folgen. Darüber hinaus schliesse er «die grosse Gefahr der Vernichtung persönlicher und kultureller Werte in sich» (S. 30) und sei «seinem ganzen Wesen nach berufszerstörend» (S. 32). Auch unter den Mitgliedern der ‹Taylor Society› gab es durchaus andere Positionen. Hier ist insbesondere Mary Parker FOLLETT zu nennen, die sich gegen die strikte Arbeitsteilung äusserte, für Orientierung an der Arbeitsaufgabe und Gruppenarbeit eintrat und «the wish to govern one's own life» als einen der bedeutsamsten Grundzüge der menschlichen Natur bezeichnete (FOLLETT 1918, 1924, GRAHAM 1995). Und bei COPLEY (1923) finden sich Auszüge aus TAYLORS eigenem Manuskript seiner Harvard-Vorlesungen, in dem es u.a. heißt «As I several times before tried to point out, the value of any system of treating or managing workmen should be measured chiefly by the effect which it has in the long run upon the character of the workman as well as upon his prosperity» (TAYLOR nach COPLEY 1923, 326).

Tatsächlich ist kaum zu übersehen, dass die Partialisierung von Arbeitstätigkeiten und die systematische Trennung von Kopf- und Handarbeit einen wesentlichen Teil jener Probleme entstehen liessen, mit denen sich die Arbeitspsychologie seither zu beschäftigen hat.[3] Diese Probleme wurden von den Vorläufern bzw. Begründern der Arbeitspsychologie durchaus gesehen. So stellte Hugo MÜNSTERBERG in seinem Buch über «Psychologie und Wirtschaftsleben» fest, dass die Arbeitsteilung «mancherlei charakteristische Schäden hervorruft, vor allem manche Einschnürung und Verkümmerung der seelischen Ganzheit» (MÜNSTERBERG 1912, 115). Und im Kapitel über die zukünftige Entwicklung heisst es, die «wirtschaftliche Experimentalpsychologie» habe «vielleicht keine höhere Aufgabe als die Anpassung der Berufstätigkeit an die seelische Eigenart der Individuen, mit dem Ziel, das übervolle Mass seelischer Unbefriedigung an der Arbeit, seelischer Verkümmerung und Bedrücktheit und Entmutigung aus der Welt zu schaffen» (a.a.O., 181).

---

[3] Vergleiche dazu aber die Arbeit von HEBEISEN (1999), der sich kenntnisreich mit der Kritik am Taylorismus auseinandersetzt und sich um dessen ‹Rehabilitierung› bemüht. Schliesslich heisst es auch bei FRIELING und SONNTAG (1999, 79): «... Taylor war in seinen Methoden zum Teil fortschrittlicher und humaner orientiert als die derzeitigen Protagonisten des lean managements, ... die sich um die Auswirkungen auf die betroffenen Mitarbeiter weniger kümmern als Taylor dies tat.»

1.1.2 Münsterberg und die Anfänge der Psychotechnik

Das Buch «Psychologie und Wirtschaftsleben» von Hugo MÜNSTERBERG (1863–1916) – einem Deutschen, der an der Harvard University lehrte – entstand aus seiner Verwunderung darüber, dass anlässlich des Deutschen Psychologenkongresses 1912 in Berlin «ein ausführliches Referat über die Fortschritte in der praktischen Verwendung der Psychologie vorgetragen» wurde und «die wirtschaftspsychologischen Fragen dabei ganz unberührt geblieben» waren (aus dem Vorwort). Der aus diesem Anlass entstandene «erste Versuch, das Bild der Wirtschaftspsychologie wenigstens zu skizzieren ...» (a.a.O.) vermittelt auch den heutigen Leserinnen und Lesern einen erstaunlich differenzierten Überblick über die Vielfalt arbeitsbezogener psychologischer Fragestellungen. «Wer Münsterbergs ‹Psychologie und Wirtschaftsleben› differenziert liest, hat auch heute noch einen hervorragenden Abriss über die Probleme der angewandten Psychologie in ihrer industriepsychologischen Form» (RÜEGSEGGER 1986, 74). Neben Fragen der Werbepsychologie – die hier nicht weiter behandelt werden – finden sich in diesem Werk Ausführungen zu heute noch relevanten Themenbereichen wie z.B. Eignung und Auslese, Übung und Anlernen, Leistung und Arbeitsgestaltung, Monotonie und Ermüdung. Diese Fragestellungen werden bezogen auf individuelle Merkmale und interindividuelle Unterschiede behandelt. Ein Drittel des Buches ist der «Auslese der geeigneten Persönlichkeiten» gewidmet: «Im Interesse des ökonomischen Erfolges sowie im Interesse der Persönlichkeitsentwicklung ist für jede wirtschaftliche Arbeitsleistung die geeignete Persönlichkeit zu finden» (MÜNSTERBERG 1912, 86).

Viele später drängend gewordene Fragen fanden hier erste – und zum Teil bis heute keineswegs überholte – Antworten. So stellte MÜNSTERBERG (1912, 115) zum Monotonieproblem fest, «dass der Aussenstehende überhaupt nicht beurteilen kann, wann die Arbeit innere Mannigfaltigkeit bietet und wann nicht». Als Beleg dafür führte er Ergebnisse von Gesprächen an, in denen ‹von aussen› inhaltlich sehr gleichförmig erscheinende Arbeitstätigkeiten von den davon betroffenen Personen als interessant und abwechslungsreich beschrieben wurden (vgl. Kasten 1.5).

Kasten 1.5: Über die Schwierigkeit, Monotonie ‹von aussen› zu beurteilen
(aus: MÜNSTERBERG 1912)

«Ich habe einige Zeit hindurch in jeder grösseren Fabrik, die ich besuchte, mich bemüht, diejenige Arbeit herauszufinden, die vom Standpunkt des Aussenstehenden als die denkbar langweiligste sich darbot, und habe dann die Arbeiter in ausführliche Gespräche gezogen und zu ermitteln gesucht, wieweit die blosse Wiederholung, besonders wo sie sich Jahre hindurch fortsetzt, als Pein empfunden wird. In einem elektrischen Werk mit über 10 000 Angestellten gewann ich den Eindruck, dass die Prämie einer Frau gehörte, welche seit zwölf Jahren tagaus, tagein von früh bis spät Glühlampen in einen Reklamezettel einwickelt, und zwar durchschnittlich diesen Wickelprozess 13 000 mal im Tage vollendete. Die Frau hat etwa 50-millionenmal mit der einen Hand nach der Glühbirne und mit der anderen Hand nach dem Zettelhaufen gegriffen und dann kunstgerecht die Verpackung besorgt. Jede einzelne Glühlampe verlangte etwa 20 Fingerbewegungen. Solange ich die Frau beobachtete, konnte sie 25 Lampen in 42 Sekunden einpacken, und nur wenige Male stieg die Zeit auf 44 Sekunden. Je 25 Lampen füllten eine Schachtel und durch die Schachtelpackung wurde dann auch wieder ein kurzer Zeitraum ausgefüllt. Die Frau war aus Deutschland gebürtig, und es machte ihr offenbar Vergnügen, sich mit mir über ihre Tätigkeit auszusprechen. Sie versicherte mir, dass sie die Arbeit wirklich interessant fände und fortwährend in Spannung sei, wie viel Schachteln sie bis zur nächsten Pause fertigstellen könnte. Vor allem gäbe es fortwährend Wechsel, einmal greife sie die Lampe, einmal das Papier nicht in genau gleicher Weise, manchmal liefe die Packung nicht ganz glatt ab, manchmal fühle sie selbst sich frischer, manchmal ginge es langsam vorwärts, aber es sei doch immer etwas zu bedenken.
Gerade das war im Wesentlichen die Stimmung, die mir meistens entgegenkam. In den gewaltigen McCormick-Werken in Chicago suchte ich lange, bis ich die Arbeit fand, die mir am ödesten schien. Auch hier traf ich zufällig auf einen Deutsch-Amerikaner. Er hatte dafür zu sorgen, dass eine automatische Maschine beim Niederdrücken ein Loch in einen Metallstreifen schnitt, und zu dem Zweck hatte er immer neue Metallstreifen langsam vorwärts zu schieben. Nur wenn der Streifen nicht ganz die richtige Stellung erreicht hatte, konnte er durch einen Hebel

> die Bewegung ausschalten. Er machte täglich etwa 34 000 Bewegungen und führte das seit 14 Jahren durch. Auch er fand die Arbeit interessant und anregend. Im Anfang, meinte er, wäre es manchmal ermüdend gewesen, aber dann später wäre die Arbeit ihm immer lieber geworden.
> Nun habe ich auf der anderen Seite nicht selten auch Arbeiter und Arbeiterinnen gefunden, die, wie es dem Aussenstehenden erscheinen musste, eigentlich wirklich interessante und abwechslungsreiche Arbeit hatten und die dennoch über die langweilige monotone Fabrikarbeit klagten. Alles schien mir deshalb dafür zu sprechen, dass das Gefühl der Monotonie sehr viel weniger von der Art der Arbeit als von gewissen Dispositionen des Individuums abhängt» (MÜNSTERBERG 1912, 116f.).

Die bei der Diskussion der Monotonieproblematik naheliegende Auseinandersetzung mit Fragen der Arbeitsteilung wird allerdings als «selbstverständlich ... ausserhalb des Bereiches unserer gegenwärtigen Betrachtung» liegend bezeichnet (a.a.O., S. 115). Die Begründung dafür findet sich in der Grundauffassung, dass dem Psychologen – wie übrigens auch dem Arzt, dem Techniker, dem Physiker – eine ‹wertfreie› Aufgabenerfüllung zukomme, da er aus seiner Disziplin keine normativen Konzepte ableiten könne: «Welches Ziel das bessere ist, die Heranziehung tüchtiger und arbeitsfreudiger Arbeitskräfte oder die Gewinnung billiger Arbeiter, geht den wirtschaftstechnischen Psychologen nichts an.» Er habe lediglich «mit vollkommener, objektiver Unparteilichkeit» einen bestimmten Kausalzusammenhang zu beschreiben, «nämlich den zwischen bestimmten zur Verfügung stehenden psychologischen Mitteln und gewissen möglichen Zielen. Die Auswahl zwischen den Zielen aber überlässt er denen, die im praktischen Leben stehen» (MÜNSTERBERG 1912, 18f.). Insofern ist es durchaus konsequent, wenn zum Taylorismus nicht eindeutig Position bezogen wird, obwohl dessen – von TAYLOR keineswegs intendierte – Folgen durchaus erkannt wurden.

In seinem 1914 erschienenen Buch «Grundsätze der Psychotechnik» verstand MÜNSTERBERG – ebenso wie William STERN (1903), von dem der Begriff stammte – *Psychotechnik* als Anwendung der Psychologie auf alle Lebensbereiche. Seine eigenen Arbeiten und die bevorzugte Anwendung der Psychotechnik in Produktionsbetrieben führten schliesslich zur Einengung des Begriffs auf den wirtschaftlichen Bereich. ‹Industrielle Psychotechnik› (MOEDE 1930) wurde mehr und mehr gleichgesetzt mit Psychotechnik überhaupt.

1.1 Taylorismus und Psychotechnik

Nicht zuletzt aus seinem wachsenden Unbehagen an der starken eignungsdiagnostischen Orientierung der Psychotechnik schlug GIESE (1927) später eine Einteilung ihrer Anwendungsgebiete in Subjektpsychotechnik und Objektpsychotechnik vor. Gegenstand der Subjektpsychotechnik ist die Anpassung der Menschen an die Arbeitsbedingungen durch Berufsberatung, Auslese, Schulung und Führung. Gegenstand der Objektpsychotechnik ist die Anpassung von Arbeitsbedingungen und Arbeitsmitteln an die «psychologische Natur des Menschen» (GIESE 1927, 6). Folgerichtig vertrat er die Auffassung, «dass im Wirtschaftsleben die Objektpsychotechnik eine wesentlich grössere Rolle spielen muss als die Subjektpsychotechnik» (a.a.O. 123).

Einen ersten Aufschwung nahm die Psychotechnik während des ersten Weltkrieges. JAEGER und STEUBLE (1981, 68) weisen darauf hin, dass sich «unter den Bedingungen kriegswirtschaftlicher Mangelökonomie» eine Reihe von psychotechnischen Tätigkeitsfeldern entwickelte, «deren Gemeinsamkeit darin liegt, dass es um die möglichst schnelle Ersetzung und sparsamste Anwendung menschlicher Arbeitskraft geht in einem Krieg, der Menschen und Material in einem nie dagewesenen Umfang vernichtet». So waren Eignungsuntersuchungen für Angehörige von Spezialtruppen (z.B. Kraftfahrer, Funker, Flugzeugführer, Beobachter) durchzuführen. Mit dem Ziel einer Verkürzung von Anlernzeiten wurden auch Frauen, die die zum Militärdienst eingezogenen Männer ersetzen sollten, entsprechenden Eignungsuntersuchungen unterzogen. «Das darüber hinausführende Problem, die Schulabgänger möglichst schnell und dem Bedarf der verschiedenen Branchen entsprechend dem Produktionsprozess zuzuführen und Zeitverluste durch Fehlentscheidungen zu vermeiden, hatte den Ausbau der Berufsberatung unter Einbeziehung psychologischer Berufseignungsfeststellungen zur Folge» (JAEGER und STAEUBLE, a.a.O.). Schliesslich stellten die Ausdehnung der täglichen Arbeitszeit und die als Folge des damit verbundenen Raubbaus menschlicher Arbeitskraft sinkende Produktivität Fragen nach den Beziehungen zwischen Arbeitszeit und Produktivität sowie nach den Möglichkeiten, zunehmender Ermüdung durch Pausenregelungen entgegenzuwirken. Der Wiederherstellung der Arbeitskraft von Kriegsversehrten dienten einige Hirnverletztenstationen, aus denen nach dem Krieg z.B. die psychotechnischen Institute in Köln (POPPELREUTER) und Halle (GIESE) hervorgingen.

Eine ähnliche Ausgangslage wie in Deutschland ergab sich für die Entwicklung der Psychotechnik in England: «Experimentalpsychologie als Boden, Taylorismus als ‹Türöffner› ... und der erste Weltkrieg als Schrittmacher» (RÜEGSEGGER 1986, 82). Im Vergleich zu Deutschland – und auch zu den

USA – fällt in England die starke staatliche Beteiligung bei der Institutionalisierung der Psychotechnik ebenso auf wie deren Zentralisierung. Diese schlägt sich in der Gründung des Health of Munition Workers Committee (1915), des Industrial Fatigue Research Board (1918), der Industrial Welfare Society (1919) und des National Institute for Industrial Psychology (1921) nieder. In diesen Institutionen wurden zahlreiche ‹klassische› Untersuchungen über Ermüdung und Erholung, Arbeitszeit und Arbeitspausen durchgeführt. Sicher ist es nicht zuletzt diese, von ihm so genannte «angelsächsische Psychotechnik», die Georges FRIEDMANN (1952, 47) zu der folgenden Einschätzung veranlasste: Ohne die industrielle Psychotechnik «wäre niemals der Hilfsarbeiter in den Großserienbetrieben so vielen Beobachtern in seiner Funktion als ein ‹Betriebsmittel unter anderen Betriebsmitteln› sichtbar geworden. Niemals wären ohne die Psychotechnik die beängstigenden Probleme der Entmenschlichung der Arbeit ... auf die Tagesordnung der wissenschaftlichen Forschung und Kenntnis gesetzt worden».

1.1.3 Lewin und die ‹zwei Gesichter› der Arbeit

In einer weitgehend in Vergessenheit geratenen Arbeit beschäftigte sich Kurt LEWIN einige Jahre nach dem ersten Weltkrieg mit der Frage, «wie vom Standpunkt des gerechten Gemeinschaftslebens, vom Standpunkt des Sozialismus aus, zu den Methoden und Zielen der angewandten Psychologie prinzipiell Stellung zu nehmen ist» (LEWIN 1920, 5).[4] Aus dieser Formulierung lässt sich kein grundsätzlicher Widerspruch zu MÜNSTERBERG ableiten. Auch für LEWIN war die angewandte Psychologie «ein Mittel, das von sich aus keine neuen Zwecke setzt, sondern zu vielerlei auch entgegengesetzten Zwecken verwendbar ist» (a.a.O.). Diese Formulierung erfuhr dann noch einmal eine Bekräftigung: «Die Berufs- und Arbeitspsychologie vermag als angewandte Wissenschaft nur eine ihr gesetzte Aufgabe zu erfüllen, nicht aber, sich selbst eine Aufgabe zu setzen» (a.a.O., 6). Demzufolge sind die in dieser Schrift von LEWIN enthaltenen normativen Aussagen aus seinem Menschenbild, nicht aber aus der Psychologie, abgeleitet. Dies scheint auch für seine Ausführungen über ‹Die zwei Gesichter der Arbeit› zu gelten (vgl. Kasten 1.6).

---

[4] Kurt LEWIN (1890–1947) – ein 1933 in die USA emigrierter deutscher Psychologe – ist einer der bedeutendsten ‹Väter› der modernen Psychologie. Besondere Bedeutung haben seine Arbeiten auch für die Entwicklung der soziotechnischen Systemkonzeption gewonnen.

Kasten 1.6: Die ‹zwei Gesichter› der Arbeit (aus: LEWIN 1920)

«Beruf sowohl wie Arbeit treten dem Einzelnen mit zwei verschiedenen Gesichtern entgegen.
Arbeit ist einmal Mühe, Last, Kraftaufwand. Wer nicht durch Renten oder Herrschaft oder Liebe versorgt ist, muss notgedrungen arbeiten, um seinen Lebensunterhalt zu verdienen. Arbeit ist unentbehrliche Voraussetzung zum Leben, aber sie ist selbst noch nicht wirkliches Leben. Sie ist nichts als ein Mittel, ein Ding ohne eigenen Lebenswert, das Gewicht hat nur, weil es die Möglichkeit zum Leben schafft, und zu bejahen ist nur, sofern es solche schafft. Wie man nicht lebt, um zu essen, sondern isst, um zu leben, so arbeitet man wohl notgedrungen, um zu leben, aber man lebt nicht, um zu arbeiten ... Darum Arbeit so kurz und so bequem wie möglich! Also ökonomischste Gestaltung des Arbeitsprozesses. Aller Fortschritt in Arbeitsdingen gehe auf Erleichterung der Arbeitsmühe und Erhöhung ihrer Leistungsquote, sein Ziel sei möglichste Befreiung vom Zwang zur Arbeit durch Herabdrücken ihrer zeitlichen Ausdehnung und ihres Gewichtes den andern Lebensdingen gegenüber auf ein Minimum. Wenn die Arbeit dazu gleichförmiger und einseitiger werden muss, so schadet das nichts, solange es ihrer Produktivität keinen Abbruch tut. Denn aller positiver Wert kommt dieser Arbeit nur indirekt zu, nur durch die wirtschaftlichen Vorteile, die sie dem Arbeitenden bietet. Sie ist eine Last ohne eigenen Wert, nichts als Mittel.
Demgegenüber das andere Gesicht der Arbeit:
Die Arbeit ist dem Menschen unentbehrlich in ganz anderem Sinne. Nicht weil die Notdurft des Lebens sie erzwingt, sondern weil das Leben ohne Arbeit hohl und halb ist. Auch vom Zwange der Notdurft befreit, sucht jeder Mensch, der nicht krank oder alt ist, eine Arbeit, irgendein Wirkungsfeld. Dieses Bedürfnis nach Arbeit, die Flucht vor dauerndem Müssiggang, die bei zu kurzer Arbeitszeit zur Arbeit ausserhalb des Berufes treibt, beruht nicht auf blosser Gewohnheit zu arbeiten, sondern gründet sich auf den ‹Lebenswert› der Arbeit. Es ist die gleiche überindividuelle Qualität der Arbeit, die den Arbeitenden veranlasst saubere, solide, ‹gute› Arbeit zu leisten, auch wenn weniger gute Arbeit keinen sachlichen oder persönlichen Nachteil brächte. Diese Fähigkeit der Arbeit, dem individuellen Leben Sinn und Gewicht zu geben, wohnt irgend wie jeder Arbeit inne, ob sie schwer oder leicht, abwechslungs-

> reich oder monoton ist, sofern sie nur keine Scheinleistungen hervorbringt wie das sinnlose Hin- und Herstapeln von Holz in Gefängnishöfen; sie kommt freilich verschiedenen Arbeiten in sehr verschiedenem Masse zu. Weil die Arbeit selbst Leben ist, darum will man auch alle Kräfte des Lebens an sie heranbringen und in ihr auswirken können. Darum will man die Arbeit reich und weit, vielgestaltig und nicht krüppelhaft beengt. Darum sei Liebe zum Werk in ihr, Schaffensfreude, Schwung, Schönheit. Sie hemme die persönliche Entwicklungsmöglichkeit nicht, sondern bringe sie zur vollen Entfaltung. Der Fortschritt der Arbeitsweise gehe also nicht auf möglichste Verkürzung der Arbeitszeit, sondern auf Steigerung des Lebenswertes der Arbeit, mache sie reicher und menschenwürdiger» (LEWIN 1920, 11f.).

LEWIN kam zu dem Schluss, dass es nicht «oder doch nur in einem unendlichen Prozesse» möglich sei, alle unerfreuliche Arbeit «in Arbeit mit eigenem Lebenswert» zu verwandeln. Zur Lösung der daraus entstehenden Probleme stellt er eine interessante Überlegung an: «Man kann entweder fordern, dass jeder gleichmässig ein gewisses Quantum dieser unangenehmen Arbeit übernimmt, oder kann für weniger angenehme Arbeiten durch Gewährung von grösserer Freizeit oder auf andere Weise einen Gegenwert zu schaffen versuchen u.a.m.» (LEWIN 1920, 15).

Im Taylorismus sah LEWIN eine «Entwürdigung der Arbeit durch ins Extrem getriebene Arbeitsteilung ohne Rücksicht auf die Seele des Arbeitenden, kurz einen ‹Verbrauch› des Arbeiters im Dienste der Produktion gemäss den für Maschinen geltenden Abnützungs- und Amortisationsberechnungen» (a.a.O., 17).[5] Damit eine Ausbreitung des Taylorismus, mit dem schliesslich eine Verschlechterung des Lebenswertes der Arbeit verbunden sei, verhindert werden könne, sei «den Arbeitskonsumenten bei Einführung psychotechnischer Veränderungen Gelegenheit zur Wahrung ihrer Interessen zu geben» (a.a.O., 18).

In diesem Zusammenhang fordert LEWIN, auch jene wirtschaftlichen Verbesserungen zu unterlassen, die «den Konsumptionswert der Arbeit wesentlich

---

[5] Zur gleichen Zeit wurde auch von einem führenden Nationalökonomen darauf hingewiesen, dass als Folge der Arbeitsteilung ganze Gesellschaftsgruppen «durch eine allzu einseitige körperliche oder geistige Arbeit ohne Gegengewicht verkümmert oder verkrüppelt worden» seien (SCHMOLLER 1920, 392).

1.1 Taylorismus und Psychotechnik

herabdrücken», ohne zu medizinisch nachweisbaren Schädigungen zu führen. Nicht zuletzt deshalb hätten auch die «Arbeitskonsumenten» darüber mitzubestimmen, «ob eine Veränderung des Arbeitsprozesses einzuführen ist oder nicht» (a.a.O., S.19).

Zwei Jahre nach dieser Arbeit von LEWIN erschien eine Publikation von LANG und HELLPACH (1922), in der ein Konzept vorgestellt wurde, mit dessen Hilfe einige der Probleme tayloristischer Arbeitsteilung überwunden werden sollten.[6]

1.1.4 Hellpachs Aufgabenbegriff und das Konzept der Gruppenfabrikation

Die Arbeit von LANG und HELLPACH (1922) über «Gruppenfabrikation» wurde in den letzten Jahren von verschiedenen Autoren als früher Vorläufer der Konzepte teilautonomer Arbeitsgruppen eingeordnet. Dies ist allerdings nicht unproblematisch. Tatsächlich kann man in dem Beitrag von HELLPACH zu dieser Schrift – der 181 von insgesamt 186 Seiten ausmacht – nachlesen, dass er eine Erweiterung der Arbeitsaufgaben der Fabrikarbeiter in der Praxis für ausgeschlossen hält. Die Gegenüberstellung der Charakteristika einer «Aufgabe» (Kasten 1.7.1) und der Merkmale der dingtechnischen Entwicklung (Kasten 1.7.2) verdeutlicht dies in eindrucksvoller Weise.

Kasten 1.7.1: Merkmale von Aufgaben (aus: HELLPACH 1922)

«Zu einer ‹Aufgabe› gehören eigene Planung, Entwurf, wo nicht Entwurf der Aufgabe, so doch Entwurf ihrer Lösung mit freier Wahl unter verschiedenen Möglichkeiten, Abwägung dieser Möglichkeiten, Entscheidung für eine und Verantwortungsübernahme für die Entscheidung, Übersicht und Einteilung der Durchführung, in der Durchführung das stets infinitesimale Abschätzen des Gelingens an der geistigen

---

[6] Willy HELLPACH (1877–1955) war der erste Professor und Leiter des 1921 gegründeten Instituts für Sozialpsychologie an der Technischen Universität Karlsruhe, zeitweise auch badischer Unterrichtsminister und Staatspräsident. Richard LANG war als Oberingenieur im Werk Untertürkheim von Daimler beschäftigt.

Zielvorstellung des Erzeugnisses, am Abschluss die Überzeugung: er sah, was er gemacht hatte, und siehe, es war sehr gut (1. Mose 1, 31). Nun darf gewiss nicht verkannt werden, dass die moderne gewerbliche Facharbeit sich keineswegs in ungelernten Handgriffen erschöpft, sondern, vor dem ihr gestellten Entwurf (z.B. der Zeichnung) stehend überlegt und auch in jedem Augenblick der Ausführung von Sachgründen, Geschultheit, Aufmerksamkeit, Sorgfalt, ja manchmal Geistesgegenwart getragen sein will. Aber wo sie nicht etwa überhaupt Handwerk im Fabrikraum bleibt (wie z.B. in der Modellschreinerei) ..., dort ist sie auch bei höchster Verfeinerung ihrer Technik doch zweierlei zu sehr, um ‹Aufgabe› zu werden: zu *einförmig* und zu *kurzfristig* ... Jede wirkliche ‹Aufgabe› setzt aber einen stattlichen Rest persönlicher Auswirkungen in der Ausführung voraus, wie er hier gar nicht zugelassen werden *kann,* weil er das oberste Fertigungsziel, die vollkommene mechanische Gleichheit der Stücke, gefährden würde» (HELLPACH 1922, 27).

Damit enthält der Beitrag von HELLPACH (1922) ein Konzept, das vollständige Aufgaben als Einheit von Planen, Ausführen und Kontrollieren beschreibt und auf das Erfordernis von Rückmeldungen in allen Phasen der Aufgabenbewältigung verweist. Ergänzt durch den Hinweis, jede wirkliche Aufgabe setze «einen stattlichen Rest persönlicher Auswirkungen in der Ausführung voraus», sind damit die Kernmerkmale des sechs Jahrzehnte später formulierten Konzepts der vollständigen Aufgabe (TOMASZEWSKI 1981) bzw. der vollständigen Tätigkeit (HACKER 1986a) oder der vollständigen Handlung (VOLPERT 1987) bereits benannt. Für deren Realisierung in der praktischen Tätigkeit sah HELLPACH allerdings kaum Chancen (vgl. Kasten 1.7.2)

Kasten 1.7.2: Merkmale der dingtechnischen Entwicklung (aus: HELLPACH 1922)

«Nirgends ist in der dingtechnischen Entwicklung eine Spur sichtbar, ja ich wage zu sagen: nirgends ist eine Spur *denkbar,* die zu einer Integration der heutigen gewerblichen Arbeitszerstückelung mittels Wiederzusammenfassung jetzt getrennter Verrichtungen in einer Menschenhand und in einem Leistungsvorgang hinführen würde (HELLPACH 1922, 88)...» «Alle Romantik, die von einer Möglichkeit träumt, das Dasein des Fabrikarbeiters zu ‹heben›, zu ‹beseelen›, zu ‹veredeln›, indem seine

1.1 Taylorismus und Psychotechnik

Arbeit durch personelle Integration, d.h. durch Wiederverlegung grösserer Fertigungskomplexe in sein Urteil, seinen Geschmack, sein Interesse, seine ‹Hand› ‹befriedigender›, ‹gehaltvoller›, ‹sinnvoller› gestaltet wird, ist – nur Romantik. Auch unabhängig von allem ‹Taylorismus› muss *tatsächlich* damit gerechnet werden, dass selbst die fabrikmässige Erzeugung von ‹Qualität› immer stärkeren Arbeitsdifferenzierungen zustrebt, das dem einzelnen Arbeiter verbleibende Leistungsstück immer mehr verengt. Davon, das sieht Herr Lang sehr richtig, vermag auch die Gruppenfabrikationsanordnung keine Ausnahme zu machen, *nein sie führt sogar beschleunigt auf dieser Schicksalslinie der Fabrikarbeit vorwärts»* (HELLPACH 1922, 91).

Was LANG tatsächlich vorgeschlagen hat, ist am ehesten als ein früher Vorläufer von Ansätzen der Gruppentechnologie zu verstehen mit der Intention, einige der von ihm deutlich erkannten Nachteile der Verrichtungszentralisierung zu überwinden. Von einer Erweiterung der Arbeitsinhalte oder von einer Selbstregulation der Gruppen ist dabei keine Rede (vgl. Kasten 1.8).

Kasten 1.8: Konzept der Gruppenfabrikation (aus: LANG 1919, 1922)

In seiner 1919 in der «Daimler-Werkzeitung» zuerst erschienenen Mitteilung über «Gruppenfabrikation» – die den wesentlichen Gehalt seines Beitrages zu LANG/HELLPACH (1922) bereits enthielt – beschrieb LANG die Tendenz zur Verrichtungszentralisierung und deren Folgen so:
«Diese Vielartigkeit der Teile bringt es mit sich, dass die Arbeitsgänge, welche ein beliebiges Stück zu durchlaufen hat, sich nicht auf ein und derselben Werkzeugmaschine, sondern auf einer Reihe verschiedener abspielen, dass also die Teile während ihres Werdeganges längere oder kürzere Wanderungen durchmachen. Bisher war es nun im Allgemeinen üblich, die Maschinen, auf denen gleichartige Arbeitsgänge ausgeführt werden (z.B. Drehbänke, Fräsmaschinen u. dgl.) zusammenzustellen und zu geschlossenen Abteilungen zu vereinigen, und die Arbeitsstücke zwischen den einzelnen Abteilungen hin und her zu befördern. Diese Art der Einrichtung ermöglicht eine gute Ausnutzung der Maschinen, spart damit an deren Zahl, an Raum und an fachmännischem Aufsichtspersonal, und ist, solange es sich um Her-

stellung kleinerer Mengen handelt, gutzuheissen, wenngleich auch da schon der häufige Transport der Arbeitsstücke als Nachteil zu bezeichnen ist. Werden aber infolge Herstellung grösserer Massen die einzelnen Abteilungen so gross, dass sie in verschiedenen, vielleicht gar weit auseinanderliegenden Gebäuden untergebracht werden müssen, so fällt der Nachteil des Transports so schwer in die Waagschale, dass die übrigen Vorzüge dieser Anordnungsart mehr als aufgewogen werden. Dazu kommt noch, dass mit der zunehmenden Zahl der verschiedenen Teile eine Überwachung ihres jeweiligen Bearbeitungszustandes nur mit grossen Schwierigkeiten durchzuführen, wenn nicht überhaupt unmöglich ist.

Diese Überlegungen führen dazu, die Fabrikation auf einem anderen Grundsatz aufzubauen, der den erwähnten Nachteil grosser Transportwege vermeidet und auch die Übersicht wesentlich erleichtert. Diese Anordnung der Fabrikation, die wir mit *Gruppenfabrikation* bezeichnen wollen, geht davon aus, eine gewisse Anzahl verschiedener zusammengehöriger Teile (z.B. alle Teile des Vergasers, der Wasserpumpe, der Lenkung, des Getriebes) zu einer Gruppe zusammenzufassen und ihre ganze Bearbeitung in einer Fabrikationsgruppe durchzuführen. Eine solche Fabrikationsgruppe setzt sich aus allen Arten von Werkzeugmaschinen zusammen und umfasst ausser Maschinenarbeitern auch Schlosser und andere Handarbeiter. Sie ist in sich geschlossen und von anderen Bearbeitungsabteilungen unabhängig, lässt also auch hinsichtlich des Raumes für ihre Unterbringung grossen Spielraum. Der Transport der Einzelteile spielt sich auf dem denkbar kürzesten Weg innerhalb der Gruppe selbst ab; nur die Rohteile fliessen ihr vom Magazin aus zu, um sie erst völlig fertig bearbeitet und zusammengebaut wieder zu verlassen. Dass innerhalb einer solchen Gruppe die Übersicht und damit die Überwachung des Fortganges der Arbeit ganz unvergleichlich besser ist, liegt auf der Hand. Betriebsingenieur, Meister und Arbeiter werden mit den Einzelteilen ihrer Gruppe derart vertraut, dass sie sich in deren Fülle ohne die Hilfe zeichnerischer und schriftlicher Unterlagen spielend zurecht finden. Damit sind aber die Vorzüge dieser Anordnung noch nicht erschöpft. Sie ermöglicht die Ausnützung aller Vorteile der reinen Massenfabrikation, da sich Ingenieur, Meister und Arbeiter viel eingehender mit jedem Teil der Gruppe und seinen einzelnen Arbeitsgängen befassen können, als bei der zuerst geschilderten Fabrikationsart. Sie führt fast zwangsläufig zu weitge-

1.1 Taylorismus und Psychotechnik

> hendster Ausbildung von Spezialvorrichtungen und -werkzeugen, zur Verbesserung und Verbilligung der einzelnen Arbeitsgänge, zur Erhöhung der persönlichen Fertigkeit und damit des Verdienstes des Arbeiters und zu Verbesserungen der Teile selbst nach Bauart und Material. Diesen Vorteilen gegenüber steht als Nachteil ein etwas grösserer Bedarf an Platz, Maschinen und fachmännischem Aufsichtspersonal. Dieser Nachteil wird aber durch die erwähnten Vorzüge weit aufgehoben» (LANG 1919, abgedruckt in LANG und HELLPACH 1922, 4f.).

In seinem Beitrag zu LANG/HELLPACH (1922) nennt LANG überraschenderweise sogar als weiteren Nachteil der Gruppenfabrikation «eine etwas grössere Gleichförmigkeit in der Tätigkeit mancher Arbeiter». Andererseits aber, wiederholt er aus seiner früheren Veröffentlichung, «gibt diese engere Umgrenzung des Arbeitsgebietes innerhalb einer Gruppe jedem daran Beteiligten die Möglichkeit, dasselbe zu überblicken und geistig zu verarbeiten, also zu vermeiden, dass er infolge mangelnden Überblicks die geistige Fühlungnahme mit seiner Arbeit verliert» (LANG und HELLPACH 1922, 4).
In einer späteren Publikation äussert sich HELLPACH über die Möglichkeiten einer verbreiteten Realisierung von Konzepten der Gruppenfabrikation eher skeptisch: «Diese psychologische Möglichkeit besteht aber für eine ganz grosse Anzahl wichtigster und ausgedehnter Fabrikationszweige überhaupt nicht, sondern wahrscheinlich werden auch dort die räumlichen Dimensionen einer gruppenfabrikatorisch ausgelegten Fabrikanlage so enorme sein, dass das Gefühl des Mittendrinstehens in einem zu *sichtbarem* Abschluss führenden Prozess beim Arbeiter nicht vorhanden sein kann» (HELLPACH 1928, 74).
In dieser Arbeit finden sich auch einige interessante Anmerkungen zum Rationalisierungskonzept von TAYLOR – dem HELLPACH im Übrigen hohe Genialität zuspricht – und zur Produktionsphilosophie von FORD. Als Folge von tayloristischer Partialisierung und daraus resultierender elementaristischer Anlernung werde «die Arbeit *entseelt*». Und als Folge von Fords Lehre und Lebensideal finde sich der ‹ganze Mensch› nur noch *ausserhalb* der Arbeit. «Wenn wir etwa die Formel des Achtstundentages zugrunde legen, dann steht also in diesen acht Stunden Arbeit nicht mehr ein ganzer Mensch, sondern nur noch eine einzelne umschriebene Fertigkeit, die ihm eingeübt worden ist, und tut etwas Bestimmtes, und erst *nach* vollendeter Arbeit tritt körperlich und seelisch der *ganze* Mensch in Erscheinung. Nach

dem Wunsche und nach dem tatsächlichen Zustand vieler amerikanischer Verhältnisse reinigt sich dieser Mensch in der Fabrik von dem Schmutz der Arbeit, wechselt Wäsche und Kleidung, setzt sich in sein kleines Automobil, das vor der Fabrik steht und fährt heim in seine Siedlung. Jetzt hat er für 16 Stunden den Betrieb hinter sich, und das Leben des ganzen Menschen hat begonnen» (HELLPACH 1928, 66f.). Weder die Automatisierung als eine «Form, in der technisch eine Integration der Arbeitsteilung möglich wäre» – bei der der ‹Wärter› der Maschine aber nur Wärter bleibe ohne Einfluss auf die Qualität der Erzeugnisse – noch die Gruppenfabrikation noch schliesslich die Mitbestimmung durch Betriebsräte seien in der Lage, die aus der Arbeitsteilung und der Trennung von Denken und Tun resultierenden Probleme angemessen zu bewältigen (a.a.O., 72ff.).

In diesem Zusammenhang ist auch auf das Konzept der Werkstattaussiedlung (ROSENSTOCK 1922) zu verweisen. Werkstattaussiedlung meint die Auslagerung von Betriebseinheiten, denen ein gewisses Mass an Selbständigkeit übertragen werden soll, mit dem Ziel, die Kluft von Arbeits- und Lebensraum zu überbrücken und erfahrenen Arbeitern eine «manneswürdige Existenz» zu ermöglichen.

Von durchaus aktuellem Interesse sind im Übrigen einige Anmerkungen, die HELLPACH über «Firmenliteratur» formuliert hat: «Was dem Unbefangenen an einer Fabrikgeschichte als die Hauptsache erscheinen möchte: eine anschauliche Darstellung der Entwicklung des Auf- und Ausbaues der konkreten Fabrik – das ist auch hier nur ein ganz unbedeutendes Einschiebsel. Die *Fertigung ist, wie überall in der nämlichen Literatur, das Stiefkind der Darstellung; der Darstellung Augäpfel* sind *Erfindung* und *Geschäft.* Auch im Bildnis erscheinen in all diesen Firmengeschichten nur die Männer, welche erfinden und verkaufen, obschon wohl nicht jeder Einzelne von ihnen ein Bahnbrecher gewesen ist. Der *werktätigen Arbeit,* die (vom Betriebsleiter bis zum Lehrling hinüber) tagaus tagein geleistet, und für deren Erzeugnisse der konstruktive Geist angestrengt wird, mit deren Erzeugnissen das Geschäft gemacht wird, flicht Mit- und Nachwelt höchstens im eiligen Vorübergehen ein recht dürftiges Kränzlein, verglichen mit den pompösen Lorbeerarrangements, die um Konstruktion und Geschäft gewunden werden» (LANG und HELLPACH 1922, 129).[7]

---

[7] Auch bei Daimler-Benz finden sich heutzutage kaum noch Hinweise auf die Versuche mit der Gruppenfabrikation, die LANG im Werk Untertürkheim durchgeführt hat und die damals durchaus zukunftsweisend waren.

1.1.5 Arbeits- und Motivationsbegriff bei Eliasberg

Fand sich bei HELLPACH eine bemerkenswerte Auflistung von Bestimmungsstücken des Aufgabenbegriffs, so finden sich wenige Jahre später bei ELIASBERG (1926) bemerkenswerte Umschreibungen des Arbeitsbegriffs. Hier «erscheint die Arbeit als eine innere und äussere Anstrengung, durch welche Werte geschaffen werden sollen, als ein Begriff aus der geistigen Sphäre des Seelenlebens» (ELIASBERG 1926a, 251). *«In der Arbeit wird beabsichtigt, einen die Zeit der Tätigkeit überdauernden, objektiven Wert hervorzubringen. Motivation ... Werk und Wert zusammen ergeben die Arbeit.* Die Absicht ist ein psychologischer Vorgang» (a.a.O., 253). Von dieser Definition her wird verständlich, dass der Autor an anderer Stelle vom «dilettantischen psychologischen Aufputz des Taylorismus» spricht (ELIASBERG 1926b, 100).

Im Übrigen enthalten die Arbeiten von Wladimir ELIASBERG eine Vielzahl von Anregungen zur «Psychopathologie und Psychotherapie der abhängigen Arbeit» (1926a) und eine Gliederung von Motivationsstufen (1926b). Sofern reale Arbeitsbedingungen nicht mit den – historisch und kulturell bedingten – Motivationsstufen in Einklang zu bringen sind, könnten daraus erhebliche Spannungen und pathologische Fehlentwicklungen entstehen. Als – auch heute noch gültiges – Beispiel für eine solche Fehlentwicklung wird die Motivation der übermässigen freiwilligen Einordnung genannt, die aber zugleich als eine der wichtigsten Motivationsstufen der modernen Wirtschaft dargestellt wird: «Unsere Wirtschaft, und zwar sowohl die der öffentlichen wie der privaten Erwerbsbetriebe ... beruht zu einem grossen Teil darauf, dass freiwillig mehr geleistet wird als durch die Dienstanweisung verlangt und durch den Lohn entgolten wird. Man kann behaupten, dass kein Brief bestellt, kein Eisenbahnzug richtig ankommen würde ohne freiwillige Mehrleistung» (ELIASBERG 1926a, 270).[8]

Bezüglich der Zieldiskussion findet sich bei ELIASBERG eine durchaus differenzierte Stellungnahme. Zwar hat auch nach seiner Auffassung die Psy-

---

[8] Mit diesem Hinweis von Eliasberg sind die Auswirkungen von Verabredungen zum «Dienst nach Vorschrift» längst impliziert, ehe sie ein halbes Jahrhundert später einem staunenden Publikum vorgeführt werden konnten. Im Übrigen aber dauerte es mehr als ein halbes Jahrhundert, bis in der deutschsprachigen Arbeitspsychologie wieder ein grundlegendes Werk über die Psychopathologie der Arbeit erschien (FRESE, GREIF und SEMMER 1978).

chotechnik kein eigenes Menschenbild formuliert; sie befinde sich aber in Übereinstimmung mit einem «von aussen» formulierten Menschenbild.
«Die Psychotechnik hat mit dem gesamten Wirtschaftsleben die eudämonistische Grundanschauung gemein. Sie will das Glück der Gesamtheit durch Produktionssteigerung erhöhen, sie will auch gleichzeitig das Glück des Produzenten steigern und zwar *in* der Berufstätigkeit wie auch ausserhalb derselben. Für die Psychotechnik ist der Produzent ein Mensch im vollen Sinne des Wortes, der, unbeschadet der Notwendigkeit der Produktion, sein Anrecht auf Glück hat» (ELIASBERG 1926b, 80).

1.1.6 Beiträge zur Professionalisierung der Psychotechnik

Tatsächlich gab es zwischen verschiedenen Gruppen von Psychotechnikern in bestimmten Grundsatzfragen uneinheitliche Auffassungen. So führten einige Entwicklungen nach dem ersten Weltkrieg zu einer – u.a. auf dem siebenten Kongress der Deutschen Gesellschaft für Experimentelle Psychologie (1921) ausgetragenen – Kontroverse zwischen der Gruppe um STERN und LIPMANN einerseits und der Gruppe um SCHLESINGER und MOEDE andererseits.[9] Dabei ging es vor allem um die Frage, «in wessen Interesse, von wem und unter welchen Voraussetzungen Psychotechnik betrieben werden soll» (JAEGER und STAEUBLE 1981, 84). Diese zentrale Frage der Professionalisierung hat sich auch später immer wieder gestellt. STERN ging es vor allem darum, methodische Standards zu etablieren, mit deren Hilfe verhindert werden sollte, dass «Nicht-Psychologen und Halb-Psychologen» sich für berechtigt halten, «selber den Psychotechniker spielen zu dürfen» (STERN 1921, 11).
STERN und LIPMANN vertraten die Position einer angewandten Psychologie, deren theoretische Fundierung konzeptionell und methodisch sorgfältiges Arbeiten überhaupt erst ermögliche. Sowohl die 1924 von MOEDE gegründete Zeitschrift «Industrielle Psychotechnik» als auch die 1926 von RUPP gegründete «Psychotechnische Zeitschrift» enthalten eine Vielzahl von Arbeiten, die dieser Position entsprechen und von denen manche heute noch – oder: wieder – lesenswert sind.

---

[9] Otto LIPMANN und William STERN waren gemeinsam Herausgeber der – bei Barth in Leipzig erschienenen – Zeitschrift für angewandte Psychologie und der Schriften zur Psychologie der Berufseignung und des Wirtschaftslebens.

1.1 Taylorismus und Psychotechnik

So enthält der Beitrag von LEWIN (1928) über «Die Bedeutung der ‹psychischen Sättigung› für einige Probleme der Psychotechnik» nicht nur die – für Massnahmen der Arbeitsgestaltung höchst relevante – differenzierte Analyse der Unterschiede zwischen Monotonie und psychischer Sättigung, sondern auch erste Hinweise auf die Notwendigkeit der Unterscheidung zwischen Oberflächen- und Tiefenstruktur des Handelns.

Zu den lesenswerten Arbeiten aus der «Psychotechnischen Zeitschrift» gehört auch der «Versuch einer Theorie der Übungsvorgänge» von BLUMENFELD (1928). Hier ging es nicht in erster Linie um «die Leistungen des Übenden nach Qualität und Zeitdauer» – vielmehr sollten die Fragen untersucht werden: «Wie verändert sich bei häufig wiederholter Tätigkeit zum Zwecke ihrer Beherrschung Stellung und Verhalten des Subjekts zum Gegenstande und zu der am Gegenstande zu leistenden Arbeit? Welche Wandlungen treten dabei im Erlebnis zutage?» (BLUMENFELD 1928, 31). Die Beschreibung der Strukturierungs- und Umorientierungsvorgänge, «mit denen auch Zielwandlungen verbunden sind» (a.a.O., 33), hat manche späteren Überlegungen längst vorweggenommen.

An anderem Ort publizierte BLUMENFELD (1932) einen Beitrag «Über die Fraktionierung der Arbeit und ihre Beziehung zur Theorie der Handlung». Seine Bemerkungen zur ‹Energiedisposition› lassen in eindrücklicher Weise erkennen, dass ‹Kontrolle› und ‹Kontrollverlust› Gegenstand arbeitspsychologischer Konzepte waren, längst bevor vom «Kontrollkonzept» die Rede war. Ein bemerkenswertes Beispiel für konzeptionell klar begründete, methodisch sorgfältige und differenzierte Arbeitsuntersuchungen mit arbeitsgestalterischen Zielen lieferten LEWIN und RUPP (1928) mit ihren «Untersuchungen zur Textilindustrie». Die Verknüpfung theoretischer Konzepte mit einer quantitativen und qualitativen Analyse der Arbeitstätigkeit und der Mensch-Maschine-Interaktion sowie dem, auf den Ergebnissen der Analyse aufbauenden, Vorschlag für die Entwicklung eines Anlernverfahrens kann noch immer als vorbildlich gelten. Im Zusammenhang mit dem Hinweis auf die Notwendigkeit, für die psychologische Analyse «Mensch und Maschine in ihrem spezifischen Zusammenwirken als dynamische Einheit zu betrachten» (LEWIN und RUPP 1928, 52) wurden interessante feldtheoretische Überlegungen angestellt.

Bemerkenswert ist in diesem Zusammenhang die methodologische Position von LEWIN und RUPP, die bei der Darstellung der «Aufgaben einer psychotechnischen Arbeitsaufnahme» deutlich wird (vgl. Kasten 1.9, S. 32).

Kasten 1.9: Aufgaben einer psychotechnischen Arbeitsaufnahme
(aus: LEWIN und RUPP 1928)

«Geht man an die Arbeitsaufnahme in der Absicht, die Arbeit eventuell umzugestalten, so wird man sich, wie überhaupt bei jedem tieferen Eindringen in den Arbeitsprozess, nicht mit einer bloss äusseren Beschreibung begnügen können, sondern womöglich die wesentlichsten Eigenheiten ihrer Struktur, insbesondere auch ihres *dynamischen* Aufbaues mit erfassen müssen. Die Feststellung, was für Arten von Arbeitsprozessen als Teile innerhalb des ganzen Arbeitsvorganges vorkommen, genügt für eine solche Beschreibung durchaus nicht. Der Arbeitsprozess stellt einen Gesamtgeschehensverlauf dar, ein *Geschehensganzes* von bestimmter Geschehensstruktur. Es ist also von grösster Wichtigkeit, nicht nur festzustellen, was für Teilprozesse überhaupt vorkommen, sondern wie sie im Ganzen gelagert sind. Zeigen doch die Ergebnisse der theoretischen Psychologie, dass, was ein solcher Arbeitsteil psychologisch für das betreffende Individuum bedeutet, primär abhängt von dem Handlungsganzen, in dem er als unselbständiger Teil auftritt» (LEWIN und RUPP 1928, 51). Etwas später heisst es dann: «Für den psychologischen Sinn eines bestimmten Ereignisses an der Maschine sowie des Verhaltens des Arbeiters ist nicht nur die momentane Konstellation, sondern ein zeitlich umfassenderer Geschehensverlauf massgebend. Ferner: Ist zwischen verschiedenen momentan gleichermassen in Frage kommenden Arbeiten zu wählen, so steht die Fülle der Möglichkeiten der Arbeiterin nicht als eine abstrakte Denkaufgabe gegenüber, sondern als ein *konkretes Kräftefeld,* das sie gleichzeitig nach den verschiedensten Richtungen hinzieht, obschon sie doch immer nur eine Handlung tun kann. Dabei hat das Stehen der Winde nicht nur Furcht vor geringerer Leistung und Lohnausfall zur Folge, sondern es wirkt unmittelbar sinnlich eindringlich als Antrieb» (LEWIN und RUPP 1928, 52).

In der Zeitschrift «Industrielle Psychotechnik» erschien eine Reihe von Arbeiten, bei deren Lektüre man sich noch heute fragen muss, weshalb die methodisch sorgfältig erhobenen Befunde erst Jahrzehnte später – oder noch immer nicht – Eingang in die betriebliche Praxis gefunden haben. So konnten

EFIMOFF und ZIBAKOWA (1926) für vier verschiedene Arbeitstätigkeiten belegen, dass die Einführung von fünfminütigen Kurzpausen nach jeweils fünfzig Minuten Arbeit zu einer deutlichen Steigerung der Leistung bei gleichzeitig abnehmender Ermüdung führte. Damit wurden Untersuchungen von GRAF (1922, 1927) bestätigt, der aufgrund der von ihm experimentell gewonnenen Ergebnisse den Begriff der ‹lohnenden Pausen› einführte, denen auch eine Vorauswirkung attestiert wurde, sofern die Dauer eines Arbeitsabschnitts bis zur nächsten Pause einen entsprechenden Erwartungswert erzeugt. In der Folge konnte RICHTER (1931) in mehrwöchigen Feldversuchen mit der Einführung von Kurzpausen unterschiedlicher Länge für verschiedene Arbeitstätigkeiten Leistungssteigerungen in der Grössenordnung von sechs bis elf Prozent nachweisen. Wie von EFIMOFF und ZIBAKOWA und anderen zeitgenössischen Autoren wird auch hier die gleichzeitige Verminderung der Ermüdung als bedeutsam hervorgehoben: «Eines der grössten Probleme, denen die moderne Industrie mit ihrer Tendenz einer ständig sich steigernden Mechanisierung, Automatisierung und der hiermit in Zusammenhang stehenden Arbeitsmonotonie gegenüber steht, ist das der industriellen Ermüdung, das tief in psychologische, physiologische, soziale und politische Fragenkomplexe greift» (RICHTER 1931, 145).

Die Arbeit von KRAUSE (1933) beschäftigte sich mit einer arbeitsgestalterischen Massnahme, die vierzig Jahre später in Zusammenhang mit ‹Neuen Formen der Arbeitsgestaltung› wieder aufgegriffen wurde und heute unter dem Begriff ‹Mischarbeit› vor allem für computerunterstützte Büroarbeit hohe Aktualität besitzt. KRAUSE untersuchte in der Lochkartenabteilung der AEG die Wirkung von eingeschobenen ‹Ausgleichsarbeiten› auf die Leistung von Locherinnen und Kontroll-Locherinnen. Es zeigte sich, dass unsystematisch – d.h. den betrieblichen Möglichkeiten oder Erfordernissen entsprechend – eingestreute Ausgleichsarbeiten gegenüber der lediglich durch Pausen unterbrochenen Locharbeit eine Steigerung der Leistung um neun Prozent bewirkten. Systematisch – und damit für die Beschäftigten kalkulierbar – eingestreute Ausgleichsarbeiten bewirkten in diesen Versuchen eine Steigerung der Leistung um 15 Prozent. Wichtig ist hier auch der Hinweis auf spezifische Belastungswirkungen – insbesondere «ein Ansteigen der Nervosität» – bei länger dauernder ganztägiger Locharbeit. «Ferner erhalten die Locherinnen durch die Erledigung anderer mit dem Lochkartenverfahren verbundener Arbeiten ... über den Arbeitsgang und Einzelfragen einen wertvollen Überblick, der sich sowohl zum Vorteil der Arbeitserledigung als auch zum eigenen Vorteil der Angestellten auswirkt.

Diese werden dadurch auch für andere Arbeiten geschult und können, besonders bei Überalterung, in andere Abteilungen übernommen werden» (KRAUSE 1933, 104).

Davon ausgehend, dass Fliessbandarbeit «eine weit höhere Produktion garantiert» als herkömmliche Arbeitsverfahren, stellte DÜKER (1929) «Psychologische Untersuchungen über die Arbeit am laufenden Band» an. In diesem Zusammenhang interessierten ihn vor allem zwei Fragen: «1. Erfordert die Arbeit am laufenden Band bei ihrer höheren Leistung einen grösseren Kraftaufwand als die üblichen Arbeitsmethoden, 2. Wenn das nicht der Fall ist, welches ist dann die psychologische Ursache für die Überlegenheit der Bandarbeit?» (DÜKER 1929, 214). Aus den von DÜKER mitgeteilten Befunden ergibt sich, dass vorgeschriebene Bandarbeit als weniger anstrengend erlebt wurde als die Erledigung der gleichen einförmigen Aufgabe in freier Arbeit. Die Schilderungen insbesondere der befragten Arbeiterinnen sind eindrucksvoll und bestätigen DÜKER in seiner Erklärung, dass das Band den Beschäftigten die bei jeder Handlung erneut notwendigen Willensentschlüsse weitgehend abnehme. «Dem Arbeitenden kommt die Arbeit gleichsam entgegen. Die einzelnen Aufgaben bieten sich an». Die Überlegenheit der Bandarbeit «ist also darauf zurückzuführen, dass sie weniger Willensenergie beansprucht als die freie Arbeit» (a.a.O., 222). Abschliessend stellt DÜKER (1929, 224) aber auch fest: «Die befragten Arbeiterinnen würden sicher anders geurteilt haben, wenn die Fabrikleitung versucht hätte, aus ihnen die grösstmögliche Arbeitsleistung herauszuholen, ohne die optimale Grenze ihrer Leistungsfähigkeit in Betracht zu ziehen.»

Auffallend an den hier erwähnten und vielen anderen Arbeiten aus dieser Zeit ist, dass sie durchwegs mehrere methodische Zugänge verwenden, zumeist sorgfältige Analysen der Tätigkeitsabläufe und Ermüdungsmessungen mit Selbstaussagen der Beschäftigten verbinden. Beispielhaft für eine arbeitspsychologische Tätigkeitsanalyse ist das von LEWIN und RUPP (1928) beschriebene Vorgehen, dessen Differenziertheit und Sorgfalt bis heute keineswegs überall Standard ist. In keiner dieser Arbeiten findet sich eine ausschliessliche Beschränkung auf Methoden der Befragung, in einer ganzen Reihe dagegen die Durchführung von Feld- *und* Laboratoriumsversuchen. Auf die Darstellung des methodischen Vorgehens und der Auswertungsprozeduren wird zumeist viel Sorgfalt verwendet.

1.1 Taylorismus und Psychotechnik

Besonderer Erwähnung bedürfen in diesem Zusammenhang auch die – in der Zeitschrift «Arbeitsphysiologie» mitgeteilten – ausgedehnten Selbstversuche von GRAF (1930) im Rahmen seiner «Untersuchungen über die Wirkung zwangsläufiger zeitlicher Regelung von Arbeitsvorgängen». Die methodische Position, die hier vertreten wurde, hat GRAF unmissverständlich formuliert (vgl. Kasten 1.10).

Kasten 1.10: Über die Bedeutung von Selbstversuchen (aus: GRAF 1930)

«Es ist förmlich erstaunlich, dass man sich seit Jahren mit dieser Art von Arbeitsleistung beschäftigt, aber noch kaum darüber hinausgekommen ist, über ein blosses ‹Einfühlen› hinaus sich Klarheit über die physiologischen und psychologischen Elemente und Voraussetzungen zu schaffen. Wir werden uns am Schluss unserer Arbeit mit Beobachtungen auseinandersetzen über die Einstellung des Arbeiters zu dieser Arbeitsform. Ohne diesen Ausführungen vorgreifen zu wollen, möchten wir doch auf Grund der obigen Ergebnisse darauf hinweisen, dass das blosse Beobachten oder der Versuch, sich in die Arbeit *einzufühlen,* selten auf einem Gebiet zu so absurden Feststellungen führen kann, wie auf dem Gebiete der Arbeitspsychologie. Wir haben schon betont, dass auch unsere Beobachtungen sich nicht ohne Weiteres gleichsetzen lassen mit jenen des Berufsarbeiters. Vergleichen wir aber unsere Ergebnisse später mit zuverlässigen Selbstbeobachtungen in der Praxis, so erhalten wir die Gewissheit, dass die von uns angewendete Methode, sich selbst stunden- und tagelang mit einer Arbeit zu befassen, den wirklichen Verhältnissen wesentlich näher führt … Die wissenschaftliche Methode ist freilich wesentlich mühsamer, aber unser Beispiel dürfte gezeigt haben, dass man mit exakter Registrierung und Ergänzung durch die Selbstbeobachtung wichtige Einblicke auch auf diesem Gebiete gewinnen kann» (GRAF 1930, 597f.).

1.1.7 Eine neue Position in der Zieldiskussion

Gegen Ende der ersten Phase arbeitspsychologischer Betätigung erscheinen einige Publikationen, in denen das inhaltliche Grundverständnis führender

Arbeitspsychologen jener Zeit noch einmal deutlich wird. So findet sich in der Arbeit von RUPP (1928, 1929) über «Die Aufgaben der psychotechnischen Arbeits-Rationalisierung» die folgende Formulierung: «Das letzte Ziel ist also nicht Wirtschaftlichkeit, sondern ist und bleibt das Wohl der Menschen, die die Wirtschaft schaffen und tragen» (RUPP 1929, 17). In der Zusammenfassung heisst es dazu in anderer Formulierung:
«Das *letzte* Ziel der Arbeitsrationalisierung ist nicht Energiesparen. Eine grössere, also mehr Energie verbrauchende Arbeit kann viel befriedigender sein als eine energiesparende. Der Mensch will zu tun haben, will *leben, wachsen*. Hauptsache ist, dass die Arbeit diesen Lebensbedürfnissen entspricht. Sie soll ein Hinentwickeln zu immer weiteren Zielen ermöglichen, sowohl innerhalb der einzelnen sachlichen Arbeiten im Kleinen wie für die ganze Tätigkeit und durch sie für das ganze Ich im Grossen. Dabei soll sie die alltäglichen, notwendigen Lebensbedürfnisse (z.B. Lebenserhaltung) fördern oder wenigstens nicht hemmen. Die Rationalisierung wird sich zwar in ihren einzelnen Aufgaben vielfach an kleinere Ziele, z.B. Wirtschaftlichkeit der Arbeit, halten, muss aber die letzten Ziele stets im Auge behalten und gegebenenfalls auch die kleinere Aufgabe darnach orientieren» (RUPP 1929, 19).

LIPMANN (1932)[10] stellte in seinem «Lehrbuch der Arbeitswissenschaft» betriebswirtschaftliche und arbeitswissenschaftliche Rationalisierung einander gegenüber. Für die Arbeitswissenschaft stelle sich u.a. die Aufgabe, zu untersuchen, wie sich betriebswirtschaftliche Rationalisierungsmassnahmen auf den arbeitenden Menschen auswirken. «Die *Arbeitwissenschaft* hat unter dem Gesichtspunkt der Rationalisierung die folgenden Aufgaben zu lösen, d.h. Material zu beschaffen zu den folgenden Fragen:
1. Wie eine ‹Bestgestaltung› der Arbeit vom Standpunkt des Arbeiters aus betrachtet aussieht,
2. Welche betrieblichen Rationalisierungsmassnahmen ohne Weiteres auch im Interesse des Arbeiters liegen oder wenigstens Interessen des arbeitenden Menschen nicht verletzen,
3. Welche betrieblichen Rationalisierungsmassnahmen Interessen des Arbeiters schädigen können, und welche Gegen- und Zusatzmassnahmen

---

[10] Otto LIPMANN (1880–1933) war von 1906 bis zu seinem Tod im Jahre 1933 Direktor des Instituts für angewandte Psychologie der Gesellschaft für experimentelle Psychologie. Er starb an einem Herzschlag, nachdem sein Institut verwüstet worden war.

1.1 Taylorismus und Psychotechnik

gegebenenfalls geeignet sind, solchen Schädigungen vorzubeugen» (LIPMANN 1932, 413).

Mit diesen Formulierungen wird ein wichtiger Entwicklungsschritt erkennbar: Fragestellungen und Zielformulierungen werden nicht mehr nur von gesellschaftlichen Instanzen oder Auftraggebern übernommen, sondern aus der eigenen wissenschaftlichen Disziplin abgeleitet. Im «Lehrbuch der Arbeitswissenschaft» von LIPMANN finden sich weitere Hinweise darauf (vgl. Kasten 1.11).

Kasten 1.11: Die Bedeutung der Autonomie für Leistungsfähigkeit und Motivation (aus: LIPMANN 1932)

«Aus arbeitswissenschaftlichen Erwägungen heraus werden wir zu der Forderung geführt, dass dem Arbeiter die Gestaltung seiner Arbeit, die Wahl der Arbeitsmittel und Arbeitsmethoden *in möglichst hohem Grade* überlassen bleiben soll, und dass dieses Prinzip nur auf Grund streng begründeter wirtschaftlicher Erwägungen durchbrochen werden soll. Selbst wenn es durchbrochen wird, muss die Regelung des Arbeitsprozesses auch die *Menschen*ökonomie, d.h. die Erhaltung einer dauernden Leistungsfähigkeit des Arbeiters, mitberücksichtigen ... Endlich zeigte sich gelegentlich auch, dass die als die theoretisch beste angesehene Methode in der Praxis gar nicht immer anwendbar ist, und dass daher die Methode, auf die der Arbeiter angelernt worden ist, im Laufe der Praxis wieder aufgegeben wird. Man wird in solchen Fällen oft auch an der Richtigkeit der *Theorie,* die eine Methode schlechthin als die beste bezeichnete, zweifeln dürfen» (LIPMANN 1932, 191).

«‹Arbeitsfreude› im eigentlichen Sinne des Wortes gibt es nur da, wo der Arbeiter eine zielgerichtete Tätigkeit zu verrichten hat, deren Ziel oder deren Ablauf er *autonom* bestimmen oder regulieren kann und deren ... Merkmale seiner Arbeitsneigung entsprechen ...

Die Grenze zwischen Autonomie und Heteronomie aber ist keine scharfe; bei sehr vielen Erwerbstätigkeiten ist das Ziel der Tätigkeit nicht scharf, sondern nur ungefähr bestimmt, und der Arbeiter hat es in der Hand, das Ziel autonom zu präzisieren. Bei anderen Arbeiten ist zwar das Ziel von vornherein präzisiert, aber die Wahl des zum Ziel führenden Weges steht dem Arbeiter mehr oder weniger frei. Daneben aber gibt es in der modernen Industrie zweifellos sehr zahlreiche Arbeiten,

> bei denen von einer Autonomie für den Arbeiter überhaupt keine Rede mehr sein kann ..., und es liegt ja sogar in der Tendenz grosser organisatorischer Ideen, wie insbesondere des Taylorismus, die Heteronomie auf die Spitze zu treiben. Hier noch von ‹Arbeitsfreude› zu sprechen, scheint mir unsinnig zu sein» (LIPMANN 1932, 387).

Das Lehrbuch der Arbeitswissenschaft von LIPMANN (1932) stellt einen der Höhepunkte in den Publikationen der ausgehenden ersten Phase der Entwicklung der Arbeitspsychologie dar.

1.1.8   Ein Zwischenfazit

Fassen wir zusammen, was das – keineswegs vollständige – Studium von Entwicklungspfaden der Arbeitspsychologie erbracht hat: MÜNSTERBERG (1912) und LEWIN (1920) haben die Folgen des Taylorismus für die unter dem Prinzip der Trennung von Kopf- und Handarbeit Leidenden früh erkannt; LEWIN hat sinnvolle Überlegungen zu ihrer Überwindung angestellt. Der Beitrag von HELLPACH (1922) enthält ein Konzept, das vollständige Aufgaben als Einheit von Planen, Ausführen und Kontrollieren beschreibt und auf das Erfordernis von Rückmeldungen in allen Phasen der Aufgabenbewältigung verweist. Bei LEWIN (1926) finden sich ausführliche und differenzierte Hinweise auf die Bedeutung von unerledigten Handlungen und Handlungsunterbrechungen (vgl. dazu auch ZEIGARNIK 1927 und OVSIANKINA 1928) sowie auf die Relevanz von Kontext und Erfahrung (vgl. Abschnitt 5.6). Nimmt man noch seine Ausführungen über psychische Sättigung hinzu (LEWIN 1928), so finden sich hier wichtige Aussagen zur Oberflächen- und Tiefenstruktur und zur persönlichen Bedeutsamkeit von Arbeitshandlungen bzw. -aufgaben. LEWIN und RUPP (1928) haben eine vorbildliche, konzeptionell und methodisch sorgfältig begründete Vorgehensweise für psychologische Tätigkeitsanalysen vorgestellt. RUPP (1929) stellt Beziehungen zwischen anspruchsvollen Aufgaben und dem Bedürfnis nach persönlicher Entfaltung her. Und LIPMANN (1932) schließlich erkennt eindeutig die motivierende Kraft von Autonomie und Selbstregulation, leitet auch die Ziele arbeitspsychologischer Betätigung aus der Arbeitswissenschaft selbst ab.

1.1 Taylorismus und Psychotechnik

Damit waren bis Anfang der dreißiger Jahre des vergangenen Jahrhunderts zentrale Bestimmungsstücke der Konzepte benannt, die die Diskussion innerhalb der Arbeitspsychologie seit Beginn der siebziger Jahre kennzeichnen. Zugleich wird damit bestätigt, «wie (zumindest) unrentabel es sein kann, ältere Fragestellungen von Rang zu übersehen» (WITTE 1976, 26).

Trotz der oben schon erwähnten Forderung von GIESE (1927, 123), «dass im Wirtschaftsleben die Objektpsychotechnik eine wesentlich grössere Rolle spielen muss als die Subjektpsychotechnik», waren in den zwanziger Jahren aber vor allem eignungsdiagnostische Fragestellungen auf breites Interesse gestossen. So wurden in Deutschland psychotechnische Labors und Versuchsstellen bei Reichsbahn und Reichspost, bei der Reichsanstalt für Arbeitsvermittlung und Arbeitslosenversicherung, bei der Reichswehr und bei Polizeibehörden, bei Städten und Gemeinden sowie Begutachtungsstellen bei Grossunternehmen wie AEG, Borsig, Krupp, Loewe, MAN, Osram, Siemens, den Vereinigten Stahlwerken, Zeiss u.a. eingerichtet. «Allerdings lagen diese Untersuchungen nicht immer in berufenen Händen. Meist widmeten sich ihnen Ingenieure oder Meister nebenher» (DORSCH 1963, 85). Bei der Deutschen Reichsbahn wurden neben drei psychotechnischen Versuchsstellen 25 Untersuchungsstellen, bei der Reichspost neben einer Zentralstelle für Psychotechnik 80 Untersuchungsstellen eingerichtet.
Im Jahre 1929 wurden allein bei Reichsbahn, Reichspost und der erwähnten Reichsanstalt mehr als 80 000 Eignungsprüfungen durchgeführt. Die starke Ausrichtung auf die Eignungsdiagnostik hatte schliesslich zur Folge, dass die ursprünglich eher positive Einstellung der Gewerkschaften zur Psychotechnik von grundlegender Kritik abgelöst wurde. Die Frage, von wem mit welchen Mitteln für wen Eignung festgestellt wird, hatte offenbar keine befriedigende Antwort gefunden. «Üppig blühende Scharlatanerie» (POFFENBERGER 1927) und «Laientum», das in der Eignungsdiagnostik erheblichen Schaden anrichte (WEBER 1927), liessen die Frage nach der Professionalität wieder zum wichtigen Diskussionsgegenstand werden. Folgerichtig wurde an der VII. Internationalen Konferenz für Psychotechnik (1931) über die theoretische Krise der Psychotechnik diskutiert.

1.2 Die Hawthorne-Studien und das Human-Relations-Konzept

Mit dem Beginn der dreissiger Jahre des vergangenen Jahrhunderts wurde die weitgehend individuumsorientierte Phase der Psychotechnik abgelöst durch eine zweite Phase, in der sozialpsychologische Aspekte eine hervorragende Rolle spielten. Anlass dafür waren die Ergebnisse der Hawthorne-Studien, die den Übergang markierten «of the existing paradigm into one that was profoundly different» (MANKIN 1978, 5).[11]
Die Untersuchungen, die von MAYO (1930, 1933), ROETHLISBERGER und DICKSON (1939) in den Jahren 1927 bis 1932 in den Hawthorne-Werken der Western Electric Company durchgeführt wurden, beschäftigten sich zunächst mit dem Einfluss einer Verbesserung verschiedener Umweltbedingungen auf Arbeitsleistung, Verhalten und Gesundheit einer Gruppe von Frauen, die eigens zu diesem Zweck zusammengestellt worden war. Die Frauen arbeiteten im «relay assembly test room» und hatten Telefonrelais zu montieren. Beleuchtung, Arbeitszeit und Arbeitspausen wurden systematisch variiert. Arbeitsabläufe und Verhalten wurden protokolliert; der Versuchsleiter stand für Gespräche zur Verfügung. Der Gesundheitszustand wurde regelmässig überprüft. Ausserdem wurden mehr als zwanzigtausend Mitarbeiter der Hawthorne-Werke befragt.[12]

Die Ergebnisse der Untersuchungen waren in verschiedener Hinsicht irritierend. Sie zeigten nämlich, dass die wöchentlichen Arbeitsleistungen sich bei fast jeder Veränderung der Umweltbedingungen verbesserten: bei einer Verstärkung der Beleuchtung, bei Einführung zusätzlicher Pausen, bei Abgabe einer kleinen Zwischenmahlzeit, bei Verkürzungen der täglichen Arbeitszeit zunächst um eine halbe und dann um eine volle Stunde. Besonders verwirrend war, dass die Wochenleistungen auch dann zunahmen, als diese Verbesserungen der Arbeitssituation sukzessive wieder zurückgenommen wurden. Die unerwarteten Ergebnisse wurden schliesslich als Effekte der

---

[11] Allerdings trifft die Feststellung, dass sich bis zu den Hawthorne-Studien «alle Untersuchungen einzig und allein am Individuum» orientierten (WEINERT 1987, 559) in dieser Form nicht zu. Sowohl die «Gruppenfabrikation» von LANG und HELLPACH (1922) als auch die Arbeiten von FISCHER (1925) über «Die psychischen Wirkungen der menschlichen Umwelt», von MOEDE (1920) über «Einzel- und Gruppenarbeit» und von KÖHLER (1927) über den «Gruppenwirkungsgrad der menschlichen Körperarbeit» sind bemerkenswerte Gegenbeispiele.
[12] FRIEDMANN (1952, 321 insbesondere in Fussnote 34) hat darauf hingewiesen, dass die Forscher in den Hawthorne-Studien «wie ein Ethnograph» vorgegangen seien.

1.2 Hawthorne-Studien und Human-Relations-Konzept

sozialen Situation erklärt; diese habe im Verlauf der experimentellen Veränderungen zu einer Vielzahl von informalen Beziehungen zwischen den Gruppenmitgliedern sowie zwischen diesen und den Vorgesetzten und den Forschern geführt. Damit war die Aufmerksamkeit auf die emotionale und motivationale Bedeutung informaler sozialer Beziehungen innerhalb formaler Organisationsstrukturen gelenkt.

Die aus diesen Ergebnissen und den Ergebnissen zweier weiterer Experimente abgeleitete Hypothese, dass es vor allem die sozialen Beziehungen seien, die zu Leistung motivieren, wurde in einer weiteren Versuchsreihe überprüft. Hier arbeiteten 14 Männer im «bank wiring observation room». In drei kleinen Teams wurden Kontaktbänke verdrahtet und gelötet, zwei Prüfer kontrollierten die Qualität. Obwohl der Versuch wegen der wirtschaftlichen Depression nach etwas mehr als sechs Monaten abgebrochen werden musste, wurden einige bemerkenswerte Beobachtungen gemacht. So entwickelte sich in dieser verhältnismässig kurzen Zeit eine relativ differenzierte soziale Ordnung, die durch Cliquenbildung und Verhaltensnormen gekennzeichnet war. Die Verdrahter schrieben sich selbst einen höheren Status zu, weil ihre Aufgabe schwieriger sei als die der Löter. Jede Clique entwickelte rasch ihre eigenen Gewohnheiten und «Spielchen». Einige Männer gehörten keiner der Cliquen an.

Neben der – später häufig und kontrovers diskutierten – Entdeckung der informalen Organisationsstrukturen ist es die Entdeckung bestimmter Muster der Leistungszurückhaltung, die zu den wesentlichen Ergebnissen dieser Testreihe zählt. Weitere interessante Beobachtungen betrafen die Erwartungen an das Verhalten des Vorgesetzten und der Qualitätskontrolleure – die ihre Position nicht ausspielen sollten – und den nicht erlaubten Arbeitswechsel, der vermehrte Kommunikation sowie einen Abbau von Monotonie ermöglichte und von den Vorgesetzten toleriert wurde. Obwohl für die Arbeiter eine Steigerung der Leistung mit finanziellen Vorteilen verbunden gewesen wäre, hatte sich in der Gruppe eine Vorstellung darüber entwickelt, was eine ‹faire Tagesleistung› sei. Die Einhaltung dieser Norm fand ihren Niederschlag in zwei Verhaltensregeln: (1) man darf nicht zu viel leisten, sonst ist man ein Akkordbrecher; (2) man darf nicht zu wenig leisten, sonst ist man ein Drückeberger. Damit wurde deutlich, dass das Produktionsergebnis von sozialen Normen mitbestimmt wird und dass Arbeiter häufig nicht als Individuen agieren, sondern als Mitglieder von Gruppen.

Der zentrale Fokus liegt in diesem zweiten Paradigma also nicht mehr auf dem Arbeiter als Individuum, sondern als Mitglied in einem komplexen sozialen und organisationalen System. Nach diesem Verständnis bringt der Arbeiter nicht mehr nur seine Fähigkeit zur Ausführung partialisierter Arbeitstätigkeiten, sondern auch seine Gefühle, Stimmungen und sozialen Einstellungen in den Arbeitsprozess ein. Er ist etwas anderes als eine Maschine und keineswegs ausschliesslich ökonomisch motivierbar.

In der Darstellung von VOLPERT, die sich mit der stufenweisen «Erschliessung neuer Intensifikationspotenziale» beschäftigt, wird dies als die gruppenwissenschaftliche Stufe der Arbeitswissenschaft bezeichnet. «TAYLOR waren weder die Vielfalt menschlicher Arbeitsmotivation noch die Rolle der Arbeitsgruppen verborgen geblieben. Er hatte jedoch die überragende Rolle des Erwerbsmotivs betont und die Arbeitsgruppen zu zerschlagen versucht» (VOLPERT 1975, 44).

In ihren Schlussfolgerungen unterstreichen ROETHLISBERGER und DICKSON (1939) zwei Grundfunktionen industrieller Unternehmen: Die ökonomische Funktion betrifft die Herstellung von Produkten, die soziale Funktion die Ermöglichung und Verbreitung von Zufriedenheit bei den Beschäftigten.

Schon früh wies FRIEDMANN (1946) allerdings darauf hin, dass «technische und menschliche Organisation wechselseitig miteinander verknüpft und voneinander abhängig» seien. «Jede technische Neuerung verändert bei ihrer Anwendung in der Werkstatt die soziale Struktur des Betriebes. Sie darf also nur insoweit und zu dem Zeitpunkt eingeführt werden, wie es am günstigsten ist. Eine vorhergehende Untersuchung der Rückwirkungen technischer Veränderungen auf den Faktor Mensch ist in jedem Falle unerlässlich» (FRIEDMANN 1952, 318f.). Im Übrigen aber sei die von den Hawthorne-Autoren vertretene «Auffassung des Betriebes als eines ‹sozialen Systems›, das durch die wechselseitige Abhängigkeit seiner Elemente gekennzeichnet ist, ganz offensichtlich ein bedeutsamer Fortschritt gegenüber der Haltung der ersten Rationalisatoren, die völlig an diesem wesentlichen Aspekt der innerbetrieblichen Probleme vorbeigingen» (a.a.O., 319).[13]

---

[13] Georges FRIEDMANN (1902–1977), einer der bedeutendsten französischen Industriesoziologen des letzten Jahrhunderts, lehrte an der Sorbonne und beschäftigte sich insbesondere mit Fragen der Entfremdung in der Industrie und der industriellen Gesellschaft.

1.2 Hawthorne-Studien und Human-Relations-Konzept 43

Bei FRIEDMANN findet sich übrigens auch eine Kritik an einigen Interpretationen der Hawthorne-Autoren, die wesentlich differenzierter ist als manche der neueren Kritiken, die vor allem methodische Aspekte berücksichtigen. Eine wirklich fundierte und sehr differenzierte Auseinandersetzung mit den methodischen Mängeln der Hawthorne-Studien wurde von WALTER-BUSCH (1989) vorgelegt.

Zu den zentralen Ergebnissen der Hawthorne-Untersuchungen zählt ein neues Menschenbild, das in der Literatur als ‹social man› bezeichnet wird. Dieses Menschenbild rückt soziale Motivationen in den Vordergrund und nimmt an, der Mensch werde in seinem Verhalten weitgehend von den sozialen Normen seiner (Arbeits-)Gruppe bestimmt (vgl. Kasten 1.12).

Kasten 1.12: Implikationen der Auffassung des Betriebes als soziales System (aus: SCHEIN 1980)

«These assumptions have drastically different implications for management strategy. *First,* they dictate that managers should not limit their attention to the task to be performed, but should give more attention to the needs of the people who are working for them. *Second,* instead of being concerned with directing and controlling subordinates, managers should be concerned with their psychological well-being, particularly their feelings in regard to acceptance and sense of belonging and identity. *Third,* managers should accept work groups as a reality and think about group incentives rather than individual incentives. *Fourth,* and most important, the manager's role shifts from planning, organizing, and controlling to acting as an intermediary between employees and higher management, listening and attempting to understand the needs and feelings of subordinates, showing consideration and sympathy for such needs and feelings, and upholding subordinates' claims at higher levels. In terms of these assumptions, the initiative for work (the source of motivation) shifts from management to the worker. Instead of being the work giver, motivator, and controller, the manager becomes the facilitator of work and the employee's sympathetic supporter» (SCHEIN 1980, 63).

Der Betrieb wurde wesentlich als soziales System verstanden, in dem Informations- und Kommunikationsprozessen besondere Beachtung zu schenken sei. Für die Arbeitspsychologie ergab sich daraus die zentrale Aufgabe einer Verbesserung der zwischenmenschlichen Beziehungen durch systematische Förderung der Teamarbeit. Die daraus resultierende Zufriedenheit sollte eine Verbesserung der Leistung bewirken, die zusätzlich durch Gruppenanreizsysteme stimuliert werden sollte.

Die aus den Ergebnissen der Hawthorne-Studien abgeleitete Erkenntnis, dass Gruppenzugehörigkeit und Art der Gruppenbeziehungen die Arbeitsleistung stärker beeinflussen als finanzielle Anreizsysteme oder Arbeitszeit- und Pausenregelungen, wurde zum Ausgangspunkt der sogenannten «Human-Relations-Bewegung». Deren Ziel bestand in erster Linie darin, die zwischenmenschlichen Beziehungen innerhalb von Arbeitsgruppen sowie zwischen Vorgesetzten und Mitarbeitern zu verbessern.
Dies gilt insbesondere auch für die Arbeiten des Research Center for Group Dynamics, das von Kurt LEWIN 1945 am MIT gegründet wurde und das nach seinem Tod als Institute for Social Research an die Michigan University verlegt wurde. Die Arbeiten von KATZ und KAHN, LIKERT, TANNENBAUM und zahlreichen anderen Forschern der Michigan-Schule haben die Bedeutung interpersonaler Faktoren für Zufriedenheit und Produktivität immer wieder betont.
Obwohl von HOMANS (1950) – der an den Untersuchungen in den Hawthorne-Werken mitgewirkt hatte – die Einsicht formuliert wurde, dass weitgehende Arbeitsteilung und tayloristische Spezialisierung Kooperation zwischen den Arbeitern und Gruppenarbeit praktisch verhindern, wurden von den Vertretern der Human-Relations-Bewegung keine Konzepte zur Veränderung der Arbeitsstrukturen entwickelt. So wurden etwa halbkreis- oder achtförmige Fliessbandanlagen konstruiert, damit die Beschäftigten besser miteinander kommunizieren können; Fliessbandarbeit selbst wurde aber nicht in Frage gestellt. MAYO ging sogar ganz bewusst davon aus, dass die Arbeit als Folge der industriellen Revolution sinnentleert sei und der Sinn nunmehr in den sozialen Beziehungen gesucht werden müsse. Im Vordergrund des Interesses standen Fragen der Gruppendynamik, der Führungsstile und des Betriebsklimas, das z.B. durch «Counselors» – mit denen die Beschäftigten ihre Probleme besprechen können sollten – unterstützt werden sollte.

1.3 Der Arbeitsinhalt und die Humanisierung der Arbeit

Gegen Ende der 1950er, Anfang der 1960er Jahre rückten die Arbeiten von MASLOW (1954), HERZBERG et al. (1959), MCGREGOR (1960) und ARGYRIS (1964) die Bedürfnisse nach Selbstverwirklichung und psychologischem Wachstum in den Vordergrund des Interesses. Diese Autoren argumentierten, dass Arbeiter vor allem deswegen von ihrer Arbeit so entfremdet seien, weil diese ihnen keine Möglichkeit mehr biete, Potenziale und Fähigkeiten sinnvoll zu nutzen. Das Bild vom Menschen, der vor allem nach Selbstverwirklichung und Autonomie strebt (‹selfactualizing man›), begegnet uns damit als drittes Paradigma in der Geschichte der Arbeitspsychologie.

1.3.1 Motivationskonzepte von Maslow, Herzberg und Argyris

MASLOW formulierte aufgrund experimentalpsychologischer Befunde und eigener klinischpsychologischer Beobachtungen eine Theorie, die Struktur und Dynamik der Motivation des gesunden Menschen erklären sollte. Dabei unterschied er fünf verschiedene Gruppen von Bedürfnissen:
Die *physiologischen Bedürfnisse:* Hierzu zählen alle jene elementaren Bedürfnisse wie das Bedürfnis nach Nahrung, Schlaf etc., die der Aufrechterhaltung des normalen Organismuskreislaufs dienen. Sie äussern sich als körperliche Mangelzustände und sind deshalb leicht erkennbar.
Die *Sicherheitsbedürfnisse:* Diese Gruppe umfasst jene Bedürfnisse, die auf die Herstellung und Aufrechterhaltung von «Struktur, Ordnung, Recht und Grenzziehung» hinauslaufen (MASLOW 1976, 39). Ausdruck dieser Bedürfnisse ist das Verlangen nach Sicherheit und Beständigkeit, nach Überblick und Einsicht in Zusammenhänge, nach Schutz, Angstfreiheit etc. Unter den Lebensbedingungen der Industrienationen treten die Sicherheitsbedürfnisse in ihrer ursprünglichen Form nur in Katastrophenfällen oder als Symptome bestimmter psychischer Erkrankungen in Erscheinung. In kulturspezifischer Überformung sind sie jedoch auch hier allgegenwärtig: als Bedürfnis nach einem sicheren Arbeitsplatz, nach einem Sparkonto und Versicherungen aller möglichen Art, als Widerstand gegen Veränderungen und als Neigung zur Übernahme einer Orientierung ermöglichenden Weltanschauung.

Die *sozialen Bedürfnisse:* Diese Gruppe umfasst alle Bedürfnisse, die mit dem Abgeben und Entgegennehmen von Sympathie in Zusammenhang stehen. MASLOW weist einerseits darauf hin, dass hierzu relativ wenig gesicherte Erkenntnisse vorliegen. Er betont andererseits, dass das entsprechende Ausdrucksverhalten durch mancherlei gesellschaftliche Normen gesteuert werde.
Die *Bedürfnisse nach Wertschätzung:* Hierzu gehören einerseits die Wünsche nach Erfolg, Kompetenz und Unabhängigkeit, die eine Verstärkung des Selbstwertgefühls bewirken können. Andererseits gehören dazu auch Bedürfnisse, die eher auf eine Bestätigung von aussen abzielen, nämlich nach Prestige und Status, Einfluss und Beachtung.

Die *Bedürfnisse nach Selbstverwirklichung:* Hierunter wird ganz allgemein das Verlangen des Menschen verstanden, seine potenziell gegebenen Fähigkeiten und Funktionsmöglichkeiten entfalten zu können.

Die vier erstgenannten Bedürfniskategorien werden auch als ‹Defizitmotive› bezeichnet: ihre Nichtbefriedigung verursacht einen Mangelzustand. Die Bedürfnisse nach Selbstverwirklichung werden demgegenüber als ‹Wachstumsmotive› bezeichnet: ihre Befriedigung dient der Vervollkommnung der menschlichen Persönlichkeit.

Das Konzept der inhaltlichen Struktur wurde von MASLOW mit einem Konzept der Entfaltungsdynamik verkoppelt. Seine Annahme einer hierarchischen Aktualisierungsabfolge besagt, dass (1) die elementarsten Bedürfnisse zuerst wirksam werden und dass (2) die Inhalte jeder nächsthöheren Ebene jeweils erst dann motivationale Bedeutung erlangen, wenn die Bedürfnisse der vorgeordneten Stufen in gewissem Ausmass befriedigt sind. In der Konsequenz hiesse dies: wo Defizitmotive hinreichend befriedigt sind, können höheres Engagement und Leistungsmotivation erst dann erwartet werden, wenn die Arbeit so beschaffen ist, dass sie Möglichkeiten zur Befriedigung der ‹Wachstumsmotive› bietet.
Die Bedeutung der Konzepte von MASLOW ist in erster Linie darin zu sehen, dass er den Aspekt der Selbstverwirklichung des Menschen als Zielvorstellung formuliert und damit – auch in Wirtschaftsunternehmen – eine anhaltende Diskussion ausgelöst hat.[14] Das Konzept der hierarchischen Aktualisie-

---

[14] Ausserdem hat der Ansatz von MASLOW – dessen praktische Wirksamkeit wohl eher seiner Plausibilität als seiner Stringenz zuzuschreiben ist – eine Anzahl weiterer Konzepte ausgelöst oder doch beeinflusst (z.B. BARNES 1960, MCGREGOR 1960, ALDERFER 1969).

1.3 Arbeitsinhalt und Humanisierung der Arbeit

rungsabfolge scheint darüber hinaus zu erklären, weshalb früher ‹gut funktionierende› Motivatoren heute ihre motivierende Funktion verloren haben.[15] Die Schwächen liegen vor allem in den Schwierigkeiten der Operationalisierung – und damit der Überprüfbarkeit – und darin, dass das zentrale Konzept der Selbstverwirklichung überraschend verschwommen bleibt.

Einen anderen Zugang zum Problem der Arbeitsmotivation glaubte HERZBERG mit seiner «Zwei-Faktoren-Theorie» gefunden zu haben (HERZBERG, MAUSNER und SNYDERMAN 1959). Einige Inhalte dieses Konzepts haben – insbesondere bei verkürzter Darstellung – offenbar so hohe Plausibilität, dass sie in der Wirtschaft auch heute noch erstaunlichen Widerhall finden. Die Ergebnisse empirischer Untersuchungen führten HERZBERG und seine Mitarbeiter zu der Auffassung, dass Zufriedenheit und Unzufriedenheit in der Arbeit von je unterschiedlichen Faktorengruppen beeinflusst werden. Unzufriedenheit entsteht also nicht einfach durch Abwesenheit oder ungenügende Ausprägung von Faktoren, die andernfalls Zufriedenheit bewirken.
Diejenigen Faktoren, die Zufriedenheit bewirken, nannten HERZBERG et al. «Satisfiers». Dazu gehören in erster Linie:
– die Tätigkeit selbst
– die Möglichkeit, etwas zu leisten
– die Möglichkeit, sich weiterzuentwickeln
– Verantwortung bei der Arbeit
– Aufstiegsmöglichkeiten
– Anerkennung.
Da die genannten Faktoren mit dem Inhalt der Arbeit unmittelbar zusammenhängen, bezeichnete HERZBERG sie auch als ‹Kontentfaktoren›. Da ihre positive Ausprägung Zufriedenheit bewirkt und infolgedessen zu Leistung motiviert, wurden sie schliesslich als die eigentlichen Motivatoren angesehen.
Die Unzufriedenheit erzeugenden «Dissatisfiers» hingegen sind eher der Arbeitsumgebung zuzuordnen und werden deshalb auch als ‹Kontextfaktoren› bezeichnet. Hierzu zählen nach HERZBERG vor allem:

---

[15] Es wurde bisher kaum beachtet, dass sich auch bei RUBINSTEIN (1971, 788; russische Originalausgabe 1946) ein Konzept der hierarchischen Aktualisierungsabfolge findet: «Es ist ein allgemeines Gesetz: Solange die primären Bedürfnisse und Interessen aktuell sind, treten die sekundären zurück. In dem Masse, wie die ursprünglichen an Intensität und Aktualität verlieren, treten andere an ihre Stelle. Bedürfnisse und Interessen von verschiedener Bedeutsamkeit werden in bestimmter Reihenfolge bewusst. Diese Reihenfolge wird durch das oben bezeichnete Gesetz festgelegt.»

- die Gestaltung der äusseren Arbeitsbedingungen
- die Beziehungen zu den Arbeitskollegen
- die Beziehungen zu den Vorgesetzten
- Firmenpolitik und Administration
- die Entlöhnung einschliesslich der Sozialleistungen
- die Krisensicherheit des Arbeitsplatzes.

Da die positive Ausprägung dieser Faktoren in einem vorbeugenden Sinne dem Bedürfnis der Mitarbeiter entgegenkommt, unangenehme Situationen zu vermeiden, wurden sie auch als ‹Hygienefaktoren› bezeichnet.
Die Bedeutung des HERZBERGschen Ansatzes ist vor allem darin zu sehen, dass er den *Inhalt der Arbeitstätigkeit* ins Zentrum des Interesses gerückt hat. Dies hat in einer Zeit, in der viel von einer ‹Krise der Arbeitsmotivation› die Rede war, in zahllosen Betrieben zum Nachdenken veranlasst und vielfältige Veränderungsprozesse ausgelöst, in deren Mittelpunkt das von HERZBERG formulierte Job-enrichment-Konzept stand (vgl. Abschnitt 4.3.2).

Ungeachtet ihrer praktischen Wirksamkeit weist die Theorie eine Reihe von konzeptionellen, logischen und methodischen Schwachstellen auf (vgl. NEUBERGER 1974). So vermag sie beispielsweise nicht zu erklären, weshalb auch in partialisierten Tätigkeiten mit einförmigen Aufgaben Beschäftigte vergleichsweise häufig angeben, mit ihrer Arbeit zufrieden zu sein. Offenbar muss man davon ausgehen, dass es (1) verschiedene Formen von Zufriedenheit gibt und dass (2) die Möglichkeit besteht, dass bei ‹inhaltsleerer› Arbeit ‹Kontextfaktoren› motivierende Funktion übernehmen. Besondere Probleme bereitet HERZBERGs Konzept dort, wo es der Kooperation in Arbeitsgruppen nur marginale Bedeutung zugesteht. Tatsächlich kommt aber der Arbeit in Gruppen – insbesondere, wenn diese über Möglichkeiten der Selbstregulation verfügen – erhebliche Bedeutung zu. Dies wird später noch zu zeigen sein. Bis heute gilt im Übrigen die von NEUBERGER (1974, 133) formulierte grundlegende Kritik an HERZBERGs empirischem Vorgehen: «Er hat im wirtschaftlichen Bereich keine einzige experimentelle Studie durchgeführt, um den Nachweis der von ihm behaupteten Kausalbeziehung anzutreten. Er muss erst noch zeigen, dass die Einführung eines Motivators zur Zufriedenheit führt (nicht dagegen die Einführung eines Hygienefaktors) und dass die Wegnahme eines Hygienefaktors zu Unzufriedenheit führt (nicht aber die Wegnahme eines Motivators).»

1.3 Arbeitsinhalt und Humanisierung der Arbeit

Ein Ansatz, der verschiedene Konzepte zusammenfügt, findet sich bei ARGYRIS (1964).[16] Nach ARGYRIS werden Arbeitsmotivation, Problemlösekompetenz und psychische Gesundheit vor allem durch auf ‹psychologischen Erfolg› gründendes Selbstwertgefühl gefördert. Eine wichtige Voraussetzung für den psychologischen Erfolg ist die Möglichkeit, die eigenen Ziele nach eigenen Bedürfnissen und Werten zu bestimmen und Ziele und Mittel eigenverantwortlich zu kontrollieren. Daraus ergibt sich ein Widerspruch zu den Strukturen der formalen Organisation, die so funktionieren, dass der bzw. die einzelne Beschäftigte nur noch minimale Kontrolle über die eigenen Arbeitsbedingungen ausüben kann, nur noch wenige und eng begrenzte Fähigkeiten in die eigene Arbeit einbringen kann und sich nur noch abhängig und unselbständig verhalten kann.

Die aus der Feststellung dieser Inkongruenz abgeleiteten Folgerungen lauten: Nur wenn in Organisationen akzeptiert und berücksichtigt wird, dass Mitarbeiter ihre Fähigkeiten im Rahmen von Unternehmenszielen einsetzen möchten und dass sie in die betreffenden Entscheidungen einbezogen werden wollen, werden die Mitarbeiter sich auch wie erwachsene Menschen verhalten können. Wenn Unternehmen aber nach einem der anderen Menschenbilder strukturiert sind, werden sich die Mitarbeiter dementsprechend verhalten: abhängig, wenig interessiert, mit kurzfristiger Perspektive – wie in einer früheren Entwicklungsstufe. Selbständigkeit im Denken und Handeln finden einen möglichen Niederschlag im Aufbau von Abwehrverhalten.

Der Beitrag von ARGYRIS enthält eine Vielzahl von Unklarheiten (vgl. dazu GREIF 1983a). Im vorliegenden Zusammenhang war vor allem die Hervorhebung der motivationalen Bedeutung des auf ‹psychologischem Erfolg› beruhenden Selbstwertgefühls relevant.

Im Übrigen gilt für ARGYRIS wie für MASLOW und HERZBERG, dass interindividuelle Unterschiede in ihrer konkreten Bedeutung für die Entwicklung von Arbeits- und Organisationsstrukturen weitgehend vernachlässigt werden.

«Die Ansicht, die beispielsweise ARGYRIS in seinem ‹Modell des individuellen Organisationsverhaltens› vertritt, macht in sehr einseitiger Weise die formale Organisation, ihre Struktur und ihre Kontrollmechanismen verantwortlich für das ‹Immaturitätsverhalten›, für die Konformität, die Abhängigkeit

---

[16] Vgl. dazu die ausführliche Diskussion bei GREIF (1983a) und die Darstellung bei WEINERT (1998).

und für das Fehlen des Strebens nach Selbstaktualisierung am Arbeitsplatz – Verhaltensmuster, die beim individuellen Organisationsmitglied oft beobachtet werden können. Dabei generalisiert ARGYRIS – wie auch die Mehrzahl der Individualtheoretiker – auf *alle* Individuen und *alle* formalen Organisationen, ohne dass dabei in Betracht gezogen wird, dass Individuen sehr stark in ihren Entwicklungsbedürfnissen, in ihren Erwartungen, Wahrnehmungen und Bewertungen ein- und derselben Arbeitssituation divergieren» (WEINERT 1987, 109).

1.3.2 Ansätze zur Verbesserung der Qualität des Arbeitslebens

Etwa zur gleichen Zeit – gegen Ende der 1950er, Anfang der 1960er Jahre – wurden in Norwegen – vor allem am Work Research Institute in Oslo – Konzepte über ‹Industrielle Demokratie› entwickelt, in deren Rahmen teilautonome Arbeitsgruppen als organisationale Basis für eine direkte Partizipation der Beschäftigten verstanden wurden. Anders als in den Human-Relations-Ansätzen und differenzierter als in den Ansätzen von MASLOW, HERZBERG oder ARGYRIS wurden in diesem Programm die Zusammenhänge zwischen Arbeits- und Organisationsstrukturen zum Gegenstand der Konzeptbildung und der empirischen Untersuchungen (vgl. Kasten 1.13).

Kasten 1.13: Industrielle Demokratie – ein skandinavisches Programm
(aus: EMERY und THORSRUD 1982)

«In erster Linie ... galt das ID-Projekt der Entwicklung und Erprobung alternativer Organisationsformen und ihren Auswirkungen auf die Partizipation der Arbeitnehmer auf verschiedenen Ebenen der Unternehmung. Im Vordergrund standen dabei die konkreten Bedingungen der persönlichen Partizipation, einschliesslich jener technologischen Faktoren, die die Aufgaben, die Arbeitsrollen und die allgemeinen organisatorischen Umweltfaktoren der Arbeiter strukturieren. Das Projekt durfte aber nicht auf die Arbeiter beschränkt bleiben, da weitgehende Veränderungen des Arbeitssystems sämtliche Ebenen einer Organisation beeinflussen. Doch aus zwei Gründen schien es uns wichtig, unser Hauptaugenmerk auf die Ebene der Arbeiter zu richten: Erstens ist auf dieser Ebene der Mangel an Partizipation und Mitsprache am Gra-

1.3 Arbeitsinhalt und Humanisierung der Arbeit

> vierendsten. Zweitens sind die Aufgaben auf der Ebene manueller Arbeit so gestaltet, dass es sehr schwierig ist, grundlegende Veränderungen in den Kontrollsystemen und den partizipativen Beziehungen via die Ebene Meister und Vorgesetzte zu erreichen. Die Arbeitsaufgaben sind häufig so beschränkt und sinnentleert, dass die Meister und höheren Managementränge von der Kontrolle und Koordination von Detailaufgaben völlig in Anspruch genommen sind. Dieser Umstand an sich bewirkt eher Frustration als Partizipation und so besteht kaum Gelegenheit für konstruktive, langfristige Verbesserungen» (EMERY und THORSRUD 1982, 18).

Eines der – in den deutschsprachigen Arbeits- und Sozialwissenschaften nach wie vor wenig bekannten oder doch kaum erwähnten – Beispiele für die Realisierung von Konzepten industrieller Demokratie ist die spanische Mondragon Corporacion Cooperativa (MCC), an deren Entwicklung Thorsrud beratend mitgewirkt hat (vgl. z.B. CAMPBELL, KEEN, NORMAN UND OAKSHOTT 1977; GUITEREZ-JOHNSON und WHYTE 1977; WHYTE und WHYTE 1990). So hatten schon WHYTE und WHYTE (1991, 114) berichtet, dass einer der General Manager von Mondragon von Thorsrud als «a guide and inspiration for us regarding the bases of new work forms» sprach. «... the leaders of Mondragon recognize how much they learned about new forms of work from reading and personal contacts with Einar Thorsrud» (a.a.O.). Mondragon ist eine der wirtschaftlich erfolgreichsten spanischen Unternehmensgruppen, die – mit inzwischen mehr als 100 000 Beschäftigten sowie mit einer eigenen Universität und einer eigenen Bank – in den Bereichen Industrie, Handel und Finanzen tätig ist und aus mehr als 250 Unternehmen besteht, die allerdings – nicht zuletzt wegen der in einigen Ländern geltenden Gesetzgebung – keineswegs alle genossenschaftlich organisiert sind.

Zu den «new forms of work» gehört in den Kooperativen – wie in den skandinavischen Beispielen – auch die Arbeit in teilautonomen Gruppen, die ihre Sprecher bzw. Sprecherin selbst wählen (GINTO 2007, 323). Die Gruppen sind für die Aufgabenteilung und Arbeitsabläufe ebenso wie für das Ergebnis und die Qualität ihrer Arbeit selbst verantwortlich. Wo es möglich ist, unterhalten sie «sogar direkte Kontakte zu den Kundinnen und Kunden und können auf deren individuelle Wünsche eingehen» (GINTO, a.a.O.).

Die folgenden zehn, im Managementmodell verankerten ‹Basic Principles› gelten für die Arbeit in allen Kooperativen:

(1) Open Admission
(2) Democratic Organisation
(3) Sovereignty of Labour
(4) Instrumental and Subordinate
    Nature of Capital
(5) Participatory Management
(6) Payment Solidarity
(7) Intercooperation
(8) Social Transformation
(9) Universality
(10) Education

Damit übereinstimmend nannten WHYTE und WHYTE (1991, 273f.) als ‹Basic Values›: (1) Equality, (2) Solidarity, (3) Dignity of Labor, (4) Participation und als ‹Objectives›: (1) Job creation, (2) Employment security, (3) Human and social development, (4) Autonomy and self-governance, (5) Economic progress.

Für Mondragon Corporacion Cooperativa bedeutet Partizipation die Teilnahme an der Unternehmensleitung, Teilhabe am Unternehmenseigentum und Teilhabe am Gewinn (GINTO 2007, 321). Dies heißt konkret, dass zum Beispiel die General Assembly, bestehend aus allen Genossenschaftsmitgliedern, die Mitglieder des Governing Council sowie die Account Auditors wählt und über den Geschäftsplan entscheidet. Dabei gilt das Prinzip: ‹one person – one vote›. Es besteht vollkommene Lohntransparenz. Alle Löhne werden einmal pro Jahr publiziert. Die Spanne zwischen dem niedrigsten und dem höchsten Einkommen lag ursprünglich bei 1:3; sie wurde in den letzten Jahren erweitert auf 1:6, für den Präsidenten und die Vizepräsidenten auf 1:8. Auf die Frage nach den wirtschaftlichen Bedingungen der Beschäftigten im Vergleich zu in anderen Unternehmen Beschäftigten findet sich in den «Frequently asked questions» (MCC 2009) der Hinweis, dass der Arbeitsplatz sicherer und das Einkommen insofern höher sei, als zu dem monatlichen Lohn noch ein Anteil an der jährlichen Gewinnverteilung hinzukomme. Auch die Rentensituation sei günstiger, weil die staatliche Rente durch eine Rente aus dem Fonds der genossenschaftlichen Vorsorgeeinrichtung Lagun Aro ergänzt werde. Das Einkommen der Führungskräfte schließlich liegt «im Allgemeinen aufgrund ihrer Verpflichtung zur Lohnsolidarität unter dem der leitenden Angestellten externer Unternehmen» (a.a.O.).

Zusammenfassend lässt sich feststellen und anhand zahlreicher Belege begründen: Mondragon ist ein hervorragendes Beispiel für ein zugleich demokratisch verfasstes wie wirtschaftlich erfolgreiches Unternehmen. Von FORTUNE wurde Mondragon als eine der «10 Great Companies to Work for in Europe» gewählt (MOSKOWITZ und LEVERING 2003). Insofern stellt das Unternehmen eine Herausforderung auch und insbesondere für arbeits- und organisationspsychologische Forschung (vgl. z.B. WEBER, PASQUALONI und BURTSCHER 2004; SCHMID 2009; ULICH 2009) und Beratung dar. In Spanien selbst ist mit dem so genannten Valencia-Experiment ein anderes, weitgehend an Mondragon orientiertes Modell entstanden, über das MACLEOD (1997) berichtet hat. «… the Valencian experiment consists of a community bank, a string of cooperative retail stores, an insurance company, employee-owned factories and a professional school» (a.a.O., 10). «Although much smaller than Mondragon, the Valencia experiment is similar in many ways, mainly because the organizers regarded Mondragon as their model» (a.a.O., 99).

Das Verständnis vom Betrieb als einem soziotechnischen System macht deutlich, dass die Beziehungen zwischen Organisations- und Arbeitsgestaltung, zwischen Aufbau- und Ablauforganisation ausserordentlich eng sind und dass Technikeinsatz, Arbeitsorganisation und Entwicklung der Humanressourcen nur gemeinsam optimiert werden können. Damit wird zugleich deutlich, dass mit zunehmendem Erkenntnisfortschritt die strikte Trennung von Arbeits- und Organisationspsychologie kaum mehr aufrechtzuerhalten ist. Dies lässt sich auch an der Darstellung von DAVIS und TAY-

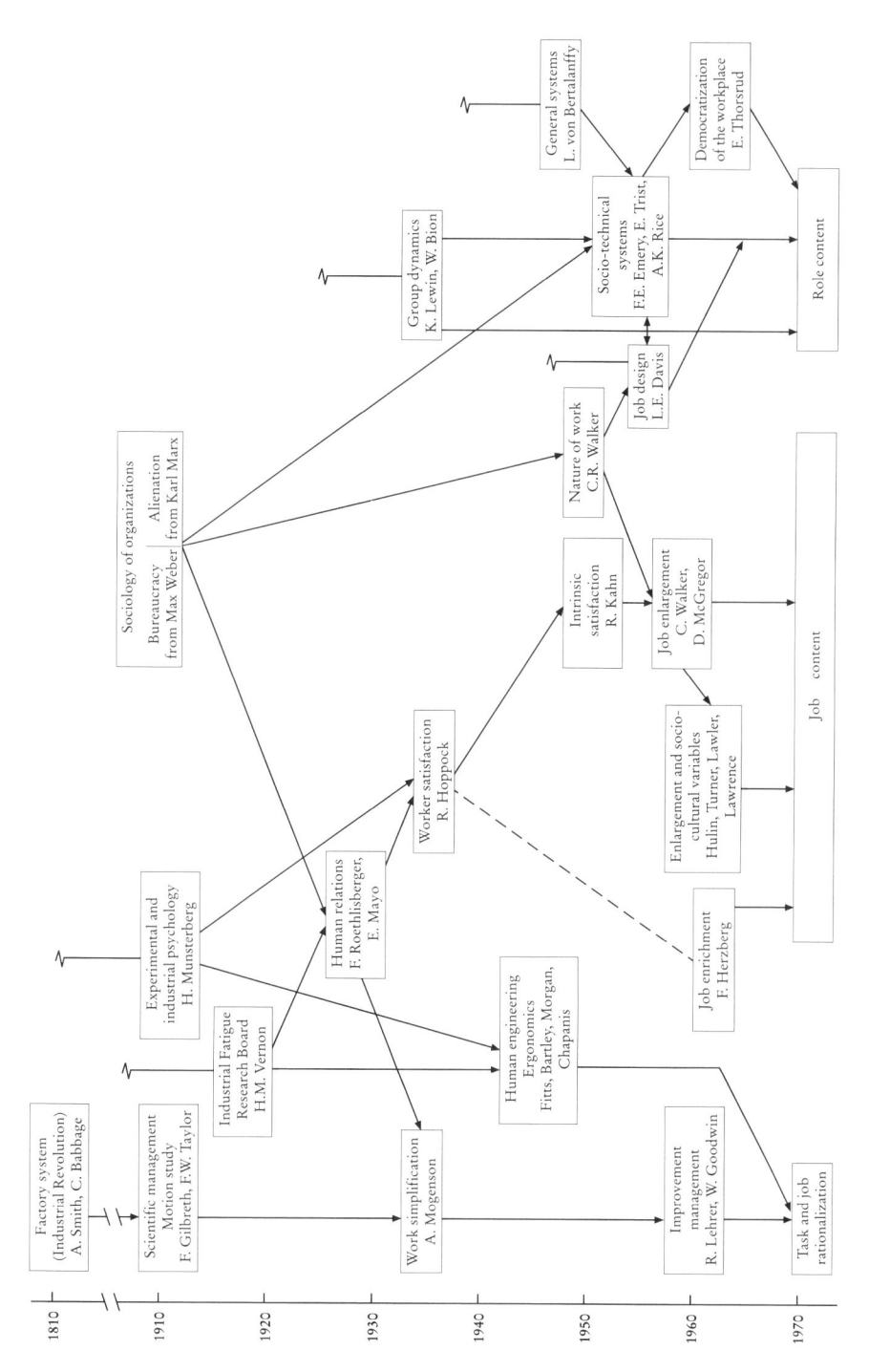

1.3 Arbeitsinhalt und Humanisierung der Arbeit

Abbildung 1.1: ‹Stammbaum› der Arbeitsgestaltung (aus: DAVIS und TAYLOR 1972)

LOR (1972) ablesen, die die von ihnen beschriebenen Trends der Arbeitsgestaltung als «task and job rationalization», «job content» und «role content» bezeichnen (vgl. Abbildung 1.1, S. 53).

Diese Konzepte knüpften an die Tradition an, die «Kurt LEWIN vor 1933 in Berlin begründet hat und die 1950–1960 in den USA am Institute for Social Research der University of Michigan weiterentwickelt wurde» (EMERY und THORSRUD 1982, 18f.).

Die skandinavischen Programme waren ausserdem beeinflusst von den am englischen Tavistock Institute of Human Relations durchgeführten Forschungsarbeiten über Organisationen als soziotechnische Systeme (vgl. TRIST und BAMFORTH 1951, RICE 1958, EMERY 1959, EMERY und THORSRUD 1969, HERBST 1962) – eine «Einführung in die nordische Arbeitsforschung» findet sich neuerdings bei FRICKE 2009).

Eine ausführlichere Darstellung einiger der frühen Arbeiten aus der Tavistock-Gruppe findet sich in Abschnitt 4.2, da deren Kenntnis für Massnahmen der Arbeitsgestaltung auch für historisch weniger Interessierte von Bedeutung ist.

Die ‹Krise der Arbeitsmotivation›, die sich u.a. in Fluktuations- und Fehlzeitenraten, Qualitätsverlusten und auch in wilden Streiks (vgl. HERRICK and MACCOBY 1975) äusserte, lenkte in vielen Industrieländern auch die öffentliche Aufmerksamkeit auf die Bedeutung von Fragen der Qualität des Arbeitslebens. In einer Reihe von Industriestaaten wurden Regierungsprogramme zur Humanisierung der Arbeit in die Wege geleitet. Neue Formen der Arbeitsgestaltung sollen den Tätigkeitsspielraum des einzelnen und der Gruppe erweitern, damit zur Persönlichkeitsentwicklung und Qualifizierung beitragen und so die Subjektposition der Arbeitenden vermehrt zur Geltung bringen.

Bereits 1973 kam eine Studie des amerikanischen Gesundheitsministeriums, an der rund 50 Experten aus Wissenschaft und Praxis mitwirkten, u.a. zu dem Ergebnis, dass die herkömmliche Arbeitsorganisation unter den Arbeitnehmern zunehmend Unzufriedenheit hervorrufe und durch Beeinträchtigungen der physischen und psychischen Gesundheit der Betroffenen erhebliche volkswirtschaftliche Kosten verursache (WORK IN AMERICA 1973). In dieser Studie wird der Taylorismus denn auch als Anachronismus bezeichnet. Als hauptsächliche Begründung für diese Einschätzung wurden die seit dem ersten Viertel des 20. Jahrhunderts entscheidend veränderten Bildungs- und Ausbildungsbedingungen genannt, die bedeutsame Veränderungen von Werten und Ansprüchen nach sich gezogen hätten.

«Simplified tasks for those who are not simple-minded, close supervision by those whose legitimacy rests only on a hierarchical structure, and jobs that have nothing but money to offer in an affluent age are simply rejected» (WORK IN AMERICA 1973, 18).
In einer von der niederländischen Regierung publizierten «Erklärung über die Arbeitsmöglichkeiten» (1975) wurde ebenfalls auf die ständig grösser werdende Divergenz zwischen Schul- und Berufsausbildung einerseits und dem qualifikatorischen Niveau der meisten Arbeitstätigkeiten andererseits hingewiesen (den HERTOG 1978).
Ähnliche Beobachtungen wurden auch aus Industriestaaten mit anderer Gesellschaftsordnung berichtet. So wiesen HACKER und MACHER (1978) für die DDR auf einen die Milliardengrenze überschreitenden Verlust durch das Nichtausnutzen des vorhandenen Bildungspotenzials aufgrund fehlender Freiheitsgrade für das Entwickeln selbständiger Arbeitsverfahren durch die Beschäftigten hin.

Den meisten der in dieser Phase der Entwicklung vorgetragenen und realisierten Veränderungskonzepte ist ein Menschenbild gemeinsam, das davon ausgeht, dass der Mensch vor allem nach Selbstverwirklichung, Autonomie und Selbstkontrolle strebt. Dadurch wird der Mensch innerhalb des Unternehmens aktiv, er wird Subjekt seiner Handlungen, deren Ergebnisse auch von ihm selbst überprüft werden (‹selfactualizing man›). Für das Selbstverständnis von Vorgesetzten bedeutet dies, dass sie ihre Aufgaben nicht mehr so sehr im Einwirken und Kontrollieren, sondern viel mehr im Anregen, Unterstützen und Fördern sehen müssen. Ausserdem muss die Akzeptanz eines solchen Menschenbildes die Aufhebung extremer Arbeitsteilung durch neue Kombinationen von vorbereitenden, instand haltenden und kontrollierenden mit ausführenden Teiltätigkeiten zur Folge haben, aber auch die Schaffung flacher Hierarchien und dezentralisierter Entscheidungsstrukturen mit Möglichkeiten der Mitbestimmung am Arbeitsplatz. Für eine solche Struktur sind rigide Stellenbeschreibungen und ausschliesslich ökonomische Anreizsysteme eher hinderlich.
Beispiele für Umstrukturierungen in der angedeuteten Richtung mehrten sich rasch. Erfolgreiche Beispiele waren in Europa etwa bei Volvo oder Olivetti, in den USA bei General Foods oder Harman Factories, in Japan bei Mayekawa u.a. zu finden. Über Beispiele aus den deutschsprachigen Ländern wird später noch zu berichten sein (Kapitel 4).

Praktische Erfahrungen im Rahmen solcher Neustrukturierungen wie theoretische Herleitungen legen nun allerdings die Frage nahe, ob das Bild *des* Menschen, der nach Selbstverwirklichung strebt, nicht ebenso einseitig ist, wie das Bild *des* Menschen, der von ökonomischen oder sozialen Interessen geleitet ist.

«Alle diese Vorgehensweisen betrachten die industrielle Umgebung und die darin befindlichen Menschen als weniger komplex und weniger voneinander abhängig, als die vorliegenden Daten aussagen. Sie gehen an der Tatsache vorbei, dass der ‹normale arbeitende Erwachsene› nur in der Statistik vorkommt, der, wenn er auch eine Menge von Daten in sich vereint, doch wenig Ähnlichkeit mit den Arbeitern zeigt, die man bei der Arbeit antrifft. Auch wenn man einzelne Arbeiter als ausgeglichene Systeme voneinander abhängiger Teile betrachten kann, so zeigt bereits jede Gruppe von Arbeitern erhebliche individuelle Unterschiede. Darüber hinaus betrachten die meisten der oben angeführten Programme den Menschen als nur durch eine Variable motiviert. Taylor nahm zum Beispiel an, dass ein vernünftig denkender Arbeiter hart arbeitet, um Geld zu verdienen. Alles andere spielt angeblich kaum eine Rolle. Mayo nahm an, die Menschen würden durch soziale Bedürfnisse motiviert. Job Enrichment, das als Konzept wie als Gegenstand des Interesses fast zweihundert Jahre alt ist, nimmt an, dass der Mensch durch sein Bedürfnis nach Selbstverwirklichung motiviert ist (oder motiviert sein sollte). Jede dieser Lösungen der industriellen Motivationsprobleme beschuldigt natürlich ihren Vorgänger, angenommen zu haben, dass alle Menschen gleich seien und dass sie alle durch die gleiche Variable motiviert werden könnten. Unglücklicherweise endet eine solche Erkenntnis meist mit der Einleitung zu der Publikation oder der Untersuchung» (HULIN 1976, 177).

---

[17] Hier stellen sich dann natürlich weitere Fragen; zum Beispiel die, ob eher der Urbanisierungsgrad des gegenwärtigen Wohn- bzw. Arbeitsortes die entscheidende Rolle spielt oder der Urbanisierungsgrad am Ort der Kindheit oder Jugend.

1.4 Die Komplexität der Wirklichkeit

Offenbar handelt es sich bei den drei bisher erwähnten Menschenbildern um Vereinfachungen im Sinne einer Komplexitätsreduktion mit zum Teil dramatischen Folgen für die Strukturierung von betrieblichen Abläufen. TURNER und LAWRENCE (1965) sowie HULIN und BLOOD (1968) machten schon relativ früh auf Unterschiede in den Reaktionen von Arbeitern auf die Einführung von Aufgabenerweiterung aufmerksam. TURNER und LAWRENCE interpretierten diese Unterschiede im Verhalten mit unterschiedlichen kulturellen Hintergründen, unter denen z.B. der jeweilige Urbanisierungsgrad eine wichtige Rolle spielt.[17]

Die Wirklichkeit ist also komplexer, als dies in den früheren Annahmen über *den* Menschen zum Ausdruck kam. Das heisst, dass es weder ein generell gültiges Menschenbild jener vereinfachenden und generalisierbaren Form noch generell gültige Handlungsalternativen geben kann. SCHEIN (1980) hat darauf nachdrücklich aufmerksam gemacht (vgl. Kasten 1.14).

Für die Struktur von Unternehmungen bedeutet die Anerkennung einer Vielfalt menschlicher Bedürfnisse und deren interindividuell unterschiedlicher Bedeutsamkeit einen teilweisen Verzicht auf generelle Lösungen, ein hohes Mass an Flexibilität sowie die Schaffung von Möglichkeiten zur Individua-

---

Kasten 1.14: Die Überwindung einseitiger Menschenbilder durch komplexe Annahmen (nach: SCHEIN 1980)

1. Menschliche Bedürfnisse lassen sich in viele Kategorien einteilen und verändern sich im Laufe der menschlichen Entwicklung und der Entwicklung der Lebenssituation. Die Bedürfnisse und Motive haben von Person zu Person unterschiedliche Bedeutung. Sie bilden eine Art Hierarchie, die wiederum von Person zu Person, aber auch von Situation zu Situation und von einem Zeitraum zum anderen variiert.
2. Weil Bedürfnisse und Motive miteinander interagieren und sich zu komplexen Motivationsmustern, Werten und Zielen kombinieren, muss man grundsätzlich entscheiden, auf welcher Ebene man menschliche Motivation eigentlich verstehen will. Zum Beispiel kann Geld viele, sehr unterschiedliche Bedürfnisse befriedigen, in

> einigen Fällen sogar das Bedürfnis nach Selbstverwirklichung. Auf der anderen Seite können soziale Bedürfnisse oder Bedürfnisse nach Selbstverwirklichung durch eine grosse Vielfalt von Wegen und auf verschiedenen Wegen zu verschiedenen Lebenszeiten erfüllt werden.
> 3. Arbeitstätige sind fähig, durch organisationale Erfahrungen neue Motive zu lernen. Das heisst auch, dass das Gesamtmuster von Motiven und Zielen in einer bestimmten Karriere- oder Lebensphase ... aus einer komplexen Sequenz von Interaktionen zwischen anfänglichen Bedürfnissen und organisationalen Erfahrungen resultiert.
> 4. Ein und dieselbe Person kann in verschiedenen Organisationen oder in verschiedenen Teilen der gleichen Organisation durchaus unterschiedliche Bedürfnisse aufweisen; jemand, der in der formalen Organisation entfremdet ist, mag Erfüllung seiner bzw. ihrer sozialen und Selbstverwirklichungsbedürfnisse in der Gewerkschaft oder einer informalen Arbeitsgruppe finden. Wenn die Arbeitstätigkeit eine Vielfalt von Fähigkeiten verlangt, können viele verschiedene Motive zu verschiedenen Zeiten und für verschiedene Aufgaben aktiviert werden.
> 5. ...
> 6. Beschäftigte können, abhängig von ihren eigenen Motiven und Fähigkeiten und der Art der Aufgabe, auf sehr verschiedene Arten von Managementstrategien reagieren; d.h. es gibt keine Managementstrategie, die für alle Menschen und alle Zeiten als sinnvoll und erfolgreich bezeichnet werden kann (aus SCHEIN 1980, 93f. – übersetzt vom Verfasser

lisierung von Arbeitstätigkeiten. Auf den zuletzt genannten Punkt ist später noch ausführlicher einzugehen (vgl. Abschnitt 4.5). Die Tatsache, dass Menschen auch in Bezug auf die Arbeit vielfältige Bedürfnisse haben, deren Hierarchie einem Wandel unterliegt und zu einer bestimmten Zeit nicht für alle Menschen in gleicher Weise gelten muss, bedeutet für Vorgesetzte, dass sie vor allem Situationen diagnostizieren können müssen, dass sie Unterschiede von Personen und Situationen und von Beziehungen zwischen Personen und Situationen erkennen können und das eigene Verhalten situationsgemäss variieren können müssen.

Als Fazit lässt sich festhalten, dass die Komplexität der menschlichen Eigenart auch näherungsweise nur durch komplexe Annahmen abgebildet werden kann. So entspricht das Bild des Menschen als ‹complex man› der Realität offensichtlich wesentlich eher als die früheren vereinseitigenden Vorstellungen. Für die Strukturierung von Arbeitsinhalten und Arbeitsabläufen ergeben sich damit neue Herausforderungen.

1.5 Entwicklungen der Technik

Die bisher beschriebenen Phasen bzw. Paradigmen in der Entwicklung der Arbeitspsychologie sind auf vielfältige Weise verknüpft mit Entwicklungen von Technologie und Technik. Die sich beschleunigenden technologischen Entwicklungen konfrontieren den Menschen in immer kürzeren Zeitintervallen mit veränderten oder gänzlich neuen Arbeitsbedingungen. Dies geht aus dem in Abbildung 1.2 dargestellten Überblick über die Zeitdauer wichtiger Entwicklungsetappen der Technik deutlich hervor.

Im Zeitalter von Handwerk und Manufaktur war eine Beschäftigung mit den psychischen Aspekten der Arbeitstätigkeit «... nicht zwingend. Betrachtet man den Arbeitsinhalt jener Epoche, so wird deutlich, dass er im heutigen Sinne durch Anforderungsvielfalt und Freiheitsgrade gekennzeichnet war» (TIMPE 1984, 248).

In der zweiten Hälfte des 18. Jahrhunderts führte die erste industrielle Revolution mit der Einführung der Maschinenarbeit und der Begründung der neuzeitlichen Fabrik zu tiefgreifenden wirtschaftlich-technischen und sozialen Umwälzungen. Vor allem die Entwicklung der Dampfmaschine – die seit Ende des 18. Jahrhunderts mit Werkzeugmaschinen verbunden werden konnte – hatte zahlreiche Veränderungen, z.B. im Bergbau, in der Textil- und der Eisenindustrie zur Folge. Mit den Antriebsmaschinen war zugleich eine die Konzentration von Betriebsstätten und Zentralisierung von Entscheidungen fördernde Wirkung verbunden, die erst mit der Erfindung des Elektromotors wieder überwindbar wurde.

Es ist offenbar ein typisches Kennzeichen der technologischen Entwicklung, dass jede neue Stufe zunächst die Konzentration und Zentralisierung fördert, mit dem weiteren Fortschritt aber Überwindung der Konzentration und Dezentralisierung ermöglicht.

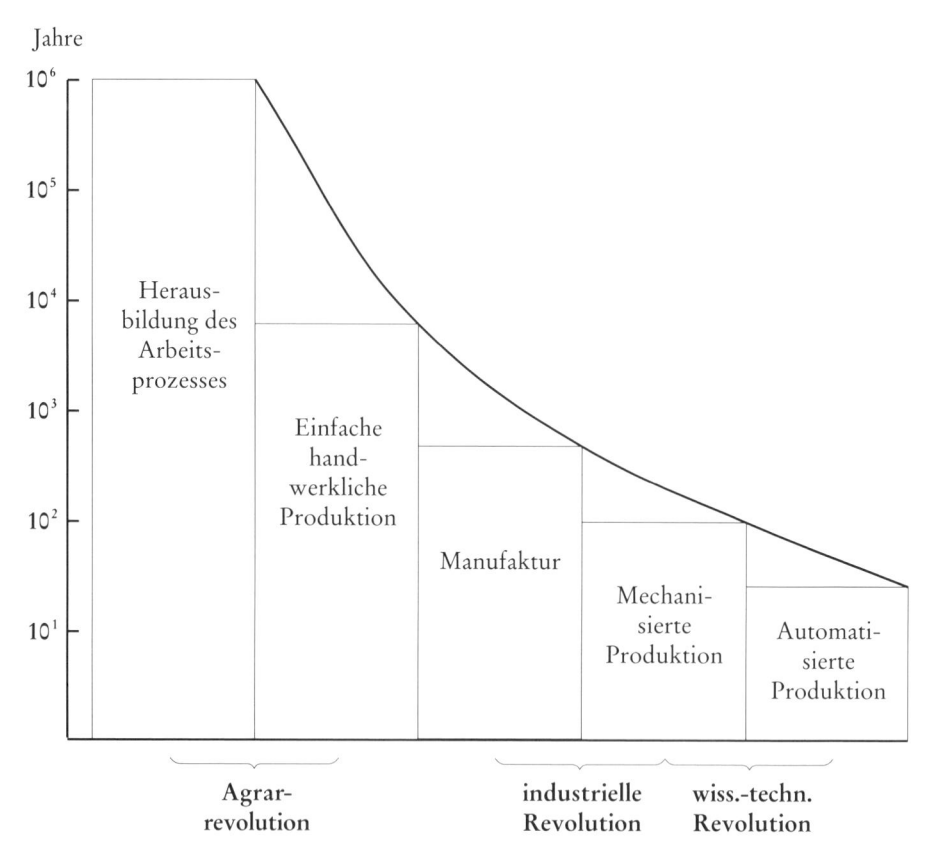

Qualitative Stufen der Technikentwicklung

Abbildung 1.2: Zeitdauer wichtiger Entwicklungsetappen der Technik (aus: TIMPE 1984)

Im Übrigen führte die Konzentration technisch aufwendiger und teurer Maschinen auch zu einer Zentralisierung der den Beschäftigten an diesen Maschinen verbleibenden Verrichtungen. «Die mit der industriellen Revolution verbundene Reduzierung der körperlichen Anforderungen, die Einschränkung der Arbeitstätigkeit auf einfache, stets gleichartige Handgriffe u.a. führte zu einer Simplifikation der Arbeitstätigkeit bei hoher Produktivität» (TIMPE 1984, 249).

Der entscheidende Schritt, mit dem derartige Formen der Arbeitsorganisation für Jahrzehnte festgeschrieben wurden, erfolgte jedoch erst mit der Verknüpfung von Produktionstechnologien und Transportsystemen, auf

1.5 Entwicklungen der Technik

dem Hintergrund der von TAYLOR (1911) systematisierten Konzepte der Arbeitsteilung. Menschliche Arbeitskraft wurde «partiell und unter Inkaufnahme eines grossen Elastizitätsverlustes durch eine starre zentrale Technik ersetzt ..., die die Arbeits- und Organisationsstruktur determinierte» (STAUDT und HÜSCH 1984, 18). Die Entwicklung von Fliessbandanlagen – häufig als zweite industrielle Revolution bezeichnet – führte schliesslich zur systematischen Trennung von Kopf- und Handarbeit und zu taktgebundener Verrichtungszentralisierung.

Als Ergebnis dieser Entwicklung konstatierte FRIEDMANN (1953, 265ff.) einerseits eine «weltweite Tendenz des Verfalls ganzheitlicher Berufe», andererseits einen zunehmenden «Bedarf der Industrie an immer vollkommeneren Maschinen» und – damit verbunden – neuen qualifizierten Berufen, allerdings nur für einen relativ kleinen Anteil der Beschäftigten.

Bereits wenige Jahrzehnte nach der Entwicklung von Systemen zur arbeitsteiligen industriellen Massenproduktion wurde mit der Automatisierung eine qualitativ neue Entwicklungsstufe eingeleitet. Einige Autoren sprechen in diesem Zusammenhang vom Beginn einer wissenschaftlich-technischen Revolution (vgl. Abbildung 1.2). Nach DOLEZALEK (zitiert nach KROEMER 1968, 47f.) bedeutet Automatisierung «die Befreiung des Menschen von der Durchführung immer wiederkehrender gleichartiger geistiger oder manueller Verrichtungen und seine Lösung aus der zeitlichen Bindung an den Rhythmus der technischen Einrichtung».

Damit stellte sich naturgemäss auch die Frage nach Veränderungen der erforderlichen Qualifikationen und der aus dem Produktionsprozess und dessen Bewältigung resultierenden Belastungen. Dazu wurden unterschiedliche Annahmen formuliert. So hat BRIGHT (1958) eine Entwicklung der Mechanisierung über 17 Stufen beschrieben, bei der die Anforderungen – zum Beispiel an allgemeines Wissen und Können, Ausbildung und Erfahrung – zunächst ansteigen, mit fortschreitender Mechanisierung bzw. Automatisierung jedoch wieder abfallen. Im Unterschied dazu nahm BLAUNER (1964) an, dass zunehmende Automatisierung der Fertigungsprozesse mit steigenden Anforderungen an die Qualifikation der Beschäftigten verbunden sei. KERN und SCHUMANN (1970a, 318) stellten schliesslich fest, «dass Entwicklungsgesetze dieser Art den tatsächlichen Verlauf in unzulässiger Weise vereinfachen. Sie enthalten zwar richtige Elemente, berücksichtigen aber nur bestimmte Arbeitssituationen, ohne der Differenziertheit des Spektrums industrieller Arbeitsformen Rechnung zu tragen.»

Neben der von KERN und SCHUMANN (1970b) selbst konstatierten Polarisierung der Tätigkeitsanforderungen war mit dieser Phase der Automatisierung eine deutliche Verstärkung des TrendsÂzu zentralisierten Organisationsstrukturen verbunden. Auch führte die Einrichtung zentraler EDV-Abteilungen in vielen Grossbetrieben zu neuen Formen der Arbeitsteilung und Verrichtungszentralisierung.

Nur etwa zwei Jahrzehnte nach dem Einsetzen der Automatisierung wurde um 1970 mit der Mikroelektronik eine qualitativ neue Entwicklung eingeleitet, die verschiedentlich als dritte industrielle Revolution bezeichnet wird. Diese Entwicklung provoziert zugleich neuartige Fragen nach dem Selbstverständnis des Menschen und dessen Maschinenverständnis als Teil seiner selbst. «Die Entwicklung des Computers greift deshalb so dramatisch in das Selbstbild des Menschen ein, weil Eigenschaften und Verhaltensweisen, die vormals nur dem lebendigen Vermögen des Menschen zugeordnet wurden, nun in der Maschine objektive Gestalt angenommen haben, sich als Teilbereich menschlichen Denkens verselbständigt haben» (BAMMÉ, BAUMGARTNER und GROSSMANN 1985, 3).
Zu den wichtigsten Merkmalen dieser Entwicklung gehört die Entstehung einer Vielfalt von Möglichkeiten der Entkoppelung von Mensch-Mensch- und Mensch-Maschine-Systemen. «Das Entkoppelungspotenzial neuer Technologien lässt Weiterungen zu, hebt traditionelle Zwänge auf und eröffnet Optionen für flexible Arbeitsverhältnisse und die Individualisierung von Arbeitszeitstrukturen in einem Umfang, der bisher nicht vorstellbar war» (STAUDT 1982, 64).

Damit entstehen für die Arbeitspsychologie ebenso wie für die betriebliche Praxis neuartige Fragestellungen, deren Beantwortung um so dringlicher ist, als die Technologie selbst weder die Ablauf- noch die Aufbauorganisation zwingend determiniert. So bestehen auf der einen Seite durchaus Möglichkeiten, neue Kombinationen von fortgeschrittener Technologie und qualifizierten Arbeitstätigkeiten – mit herausfordernden Arbeitsinhalten und weitgehender Selbstregulation in Gruppen – zu schaffen. Auf der anderen Seite bestehen aber auch vielfältige Möglichkeiten, mit Hilfe der gleichen Technologie vorhandene Formen der Arbeitsteilung zu unterstützen oder sogar zu verstärken. Damit wird die Technologie zu einer Option, deren je unterschiedliche Nutzung mit möglicherweise dramatischen Folgen für die Stellung des Menschen im Produktionsprozess verbunden ist.

1.6 Zusammenfassung und Ausblick

Im Folgenden wird der Versuch unternommen, die hier skizzierten Entwicklungslinien in einer Übersicht zusammenzufassen (vgl. Tabelle 1.1).
Diese Übersicht stellt eine starke Vereinfachung dar; die tatsächliche Entwicklung weist Wechselwirkungen auf, die hier nicht erkennbar werden. Insofern kann die tabellarische Übersicht auch die Lektüre des Textes nicht ersetzen. Sie soll vor allem die in ihrer Wirkung kaum zu überschätzende Bedeutung der subjektiven Theorien über ‹die› Menschen – der Menschenbilder also – noch einmal verdeutlichen. Dabei ist wichtig zu erkennen, dass das Bild des ‹economic man› auch heutzutage keineswegs überall als über-

Tabelle 1.1: Zusammenhänge zwischen verschiedenen Aspekten arbeitspsychologischer Konzeptentwicklung

Menschenbilder	Economic man	Social man	Selfactualizing man	Complex man
finden ihren Niederschlag im				
Organisationsverständnis	Technisches System	Soziales System	Soziotechnisches System	
wirkt sich aus auf				
Gestaltungs-Konzepte	Tayloristische Rationalisierung	Human Relations	Aufgabenerweiterung	Individualisierungs-Konzepte
verändern				
Organisationsstrukturen	zentral/bürokratisch, auf Einzelbasis	zentral/bürokratisch, auf Gruppenbasis	dezentral/flach, auf Einzel- oder Gruppenbasis	
und				
Bewertungskriterien	Wirtschaftlichkeit, Schädigungsfreiheit	Zufriedenheit, psychosoziales Wohlbefinden	Persönlichkeitsförderlichkeit	

wunden gelten kann. Dies zeigt sich nicht zuletzt an der Diskussion über die Boni für bestimmte Positionen bzw. Berufsgruppen, die häufig damit begründet werden, dass die betreffenden Personen andernfalls in ein anderes Unternehmen wechseln würden. Dieses Menschenbild und das Festhalten an arbeitsteiligen Strukturen bestimmen noch immer etliche Bereiche unseres Wirtschaftslebens. Dies gilt seit einigen Jahren offenbar auch für bestimmte Bereiche des Einzelhandels, in denen eine ‹Retaylorisierung› beobachtet wurde: «Die Retaylorisierung ist nicht auf kleine Bereiche beschränkt, sondern umfasst beschäftigungsstarke Tätigkeitsbereiche. Ein Musterbeispiel hierfür ist der ... Einzelhandel, der mit rund 2.1 Mio. Beschäftigten einer der größten Arbeitgeber in der Bundesrepublik Deutschland ist» (BOSCH 2000, 248). In diesem Zusammenhang ist die Rede von «einer zunehmenden Aufspaltung vorher ganzheitlich angebotener Tätigkeiten» (a.a.O., vgl. Abschnitt 4.4). Die Tatsache, dass es sich dabei um anachronistische Konzepte handelt, die noch dazu die Entfaltung der Produktivität behindern, steht offenbar im Widerspruch zu dem Bedürfnis manchen Managements nach Kontrolle über *alle* Produktionsmittel, also auch die Humanressourcen.

Seit den 1970er Jahren sind Forschung und praktische Anwendung im Bereich der Arbeitspsychologie mehr und mehr bestimmt worden von drei einander überlappenden und ergänzenden ‹Schulen›. Das *Konzept der soziotechnischen Systemgestaltung* (TRIST und BAMFORTH 1951, RICE 1958, EMERY 1959, EMERY und TRIST 1960a), das an LEWIN anknüpft, liefert Ansatzpunkte für eine gemeinsame Optimierung (joint optimization) des sozialen und des technischen Systems bzw. von Organisation und Technologie. Das *Konzept der Aufgabengestaltung* (HACKMAN und OLDHAM 1976) liefert Hinweise auf motivationsförderliche Gestaltung von Arbeitsaufgaben. Das *Konzept der persönlichkeitsförderlichen Arbeitsgestaltung* (HACKER 1978, ULICH 1978a, VOLPERT 1979) basiert auf handlungs- bzw. tätigkeitstheoretischen Grundannahmen, die unter den für die Entwicklung der Persönlichkeit des erwachsenen Menschen relevanten Lebenstätigkeiten der Arbeitstätigkeit eine hervorragende Rolle zuschreiben.
Die Bedeutung dieser Konzepte für die Analyse, Bewertung und Gestaltung von Arbeitstätigkeiten wird in den folgenden Kapiteln ausführlicher dargestellt.

2. Kapitel

Analyse von Arbeitstätigkeiten und Arbeitssystemen

Es besteht weitgehend Übereinstimmung, dass der Anwendungsbezug der Arbeitspsychologie sich auf drei Aufgabenbereiche erstreckt:
(1) die Analyse von Arbeitstätigkeiten und Arbeitssystemen,
(2) die Bewertung von Arbeitstätigkeiten und Arbeitssystemen und
(3) die Mitwirkung bei der Erarbeitung von Gestaltungsvorschlägen und deren Realisierung.
Dabei ist vom Prinzip der Einheit von Analyse, Bewertung und Gestaltung auszugehen. Das heisst, dass die Erarbeitung von Gestaltungsvorschlägen einerseits grundsätzlich auf den Ergebnissen vorangegangener Analyse und Bewertung basieren und andererseits nicht – oder: nicht ausschliesslich – Personen überlassen werden soll, die an der Gewinnung der Ergebnisse nicht beteiligt waren.
Für die Analyse von Arbeitstätigkeiten und Arbeitssystemen gilt, dass es *die* Methode *der* psychologischen Arbeitsanalyse nicht geben kann: «Vielmehr ist es notwendig, anwendungsspezifisch erforderliche Parameter eines Analyseverfahrens zu formulieren und – soweit möglich – aus der Vielzahl bestehender Verfahren ... auszuwählen» (FREI 1981, 26). Dabei ist es unabdingbar notwendig, die Theorie bzw. die konzeptionelle Basis, aber auch das Menschenbild und die Gestaltungsintentionen, auf deren Hintergrund die Verfahren entwickelt wurden, zu reflektieren. Schliesslich haben auch TAYLOR und GILBRETH schon ausgedehnte Arbeitsanalysen durchgeführt.
Die unterschiedlichen Menschenbilder und Gestaltungsintentionen, die Arbeitsanalyseverfahren typischerweise zugrunde liegen, haben SCHÜPBACH (1993) veranlasst, zwischen ‹funktionsorientierter› und ‹autonomieorientierter› Arbeitsanalyse zu unterscheiden (vgl. Kasten 2.1).

> **Kasten 2.1:** Menschenbilder und Gestaltungsintentionen als Grundlage unterschiedlicher Konzepte der Arbeitsanalyse (aus: SCHÜPBACH 1993)
>
> «TAYLOR und seine Nachfolger ... benutzten die Arbeitsanalyse als Instrument, um das Erfahrungswissen und das handwerkliche Können der Arbeiter von ihren Trägern zu lösen, die komplexen Arbeitsabläufe und -tätigkeiten in funktionale Arbeitselemente zu zergliedern und diese der naturwissenschaftlichen Suche nach der ‹einen›, effizientesten Ausführungsweise zugänglich zu machen. Dies schaffte die Voraussetzungen für die Trennung der Arbeitsplanung und -steuerung von der Ausführung und die weitgehende Mechanisierung bzw. Automatisierung der Ausführung.
> Neuere Ansätze heben demgegenüber die Stellung des Menschen als autonomes Subjekt seiner Tätigkeit hervor, betonen seine Fähigkeit zur Selbstregulation und sehen in der Reintegration der funktional gegliederten Betriebsbereiche und in der Gestaltung ganzheitlicher Arbeitstätigkeiten den entscheidenden Ansatz zur Flexibilisierung der Arbeitsabläufe. Für die theoretische Fundierung und die methodische Ausrichtung der Arbeitsanalyse hat dies weitreichende Konsequenzen» (SCHÜPBACH 1993, 167).

In Tabelle 2.1 sind die von SCHÜPBACH aufgelisteten Merkmale der funktionsorientierten und der autonomieorientierten Arbeitsanalyse wiedergegeben.

Aus der Darstellung von SCHÜPBACH wird deutlich, dass sich die Merkmale der funktionsorientierten Arbeitsanalyse und -gestaltung vor allem auf die von TAYLOR (1911, 1913, 1977) formulierten ‹Grundsätze wissenschaftlicher Betriebsführung› beziehen, während die Merkmale autonomieorientierter Arbeitsanalyse und -gestaltung sich bei einer Vielzahl der neueren Verfahren der psychologischen Arbeitsanalyse finden lassen. Letzteres kann auch kaum überraschen, da psychologische Arbeitsanalysen «vorrangig auf die Erhaltung der Gesundheit und die Förderung der Persönlichkeit» abzielen (DUNCKEL 1999a, 10).

2. Analyse von Arbeitstätigkeiten

Tabelle 2.1: Gegenüberstellung von Merkmalen der funktionsorientierten und der autonomieorientierten Arbeitsanalyse (aus: SCHÜPBACH 1993)

	Funktionsorientierte Arbeitsanalyse	**Autonomieorientierte Arbeitsanalyse**
Grundlagen		
Organisationsmodell	Zentrale Planung und Steuerung aller Arbeitsabläufe von Mensch und Technik (Trennung von Denken und Tun)	Lokale Selbstregulation im Rahmen einer zentralen Rahmenplanung (Einheit von Denken und Tun)
Menschenbild	Der Mensch erbringt nur dann eine gute Leistung, wenn er genau angewiesen und kontrolliert wird	Der Mensch ist ein autonomes Subjekt, fähig zur Selbstregulation und zur Weiterentwicklung
Verhältnis Mensch/Technik	Kontrolle des Menschen durch den technischen Prozeß	Kontrolle des technischen Prozesses durch den Menschen
Analysemodell		
Ziel der Analyse	Den einen, besten Weg der Arbeitsvollzüge ermitteln; die dafür geeignetsten Arbeitskräfte finden	Eine optimale Abstimmung von Mensch, Technik und Organisation finden; die Mitarbeiter umfassend qualifizieren
Analysestrategie	‹Analytische› Arbeitsanalyse: Zergliederung der Arbeitsabläufe; getrennte Betrachtung von Mensch, Technik und Organisation	‹Synthetische› Arbeitsanalyse: ganzheitliche Betrachtung von Arbeitsabläufen; Zusammenführen von Mensch, Technik und Organisation
Analysebereich	Einfache manuelle Arbeiten und technische Einrichtungen	Arbeitssysteme: komplexe Arbeitsaufgaben und technische Systeme; Arbeitstätigkeiten
Analysedimensionen	Strukturen; elementare Funktionen und deren lineare Verknüpfung; Anforderungen; erforderliche Qualifikationen	Prozesse und deren Lenkung; komplexe Beziehungen und Rückwirkungen; Handlungsspielräume; Qualifizierungsmöglichkeiten
Theoretische Grundlagen	S-(O)-R-Verhaltensmodell; technische Steuerungsmodelle	Systemische Modelle; soziotechnischer Systemansatz; tätigkeits- und handlungstheoretische Ansätze
Grundlegende Analysemethode	Experimentelle Analysen	Beobachtungsinterviews; systematische Beobachtungen (evtl. ergänzt durch experimentelle Analysen)

Im Sinne einer allgemeinen Vorgehensstrategie wird von FREI (1981, 26ff.) – in Anlehnung an HACKER und MATERN (1980) – ein dreistufiges Vorgehen skizziert: «In einem ersten Schritt müssen *Auftrags- und Erfüllungsbedingungen* einer Arbeitstätigkeit analysiert werden». Im zweiten Schritt gilt es, *Dimensionen der Arbeitstätigkeit* zu untersuchen, «die relevant sein können für die quantitative und qualitative Leistung, die Befindlichkeit und Gesundheit sowie die Qualifizierungschancen der Arbeitenden» (a.a.O., 27). Darauf aufbauend folgt in einem dritten Schritt die «eigentliche *Tätigkeits*analyse», deren Ziel es ist, «leistungs-, befindens- und qualifizierungs*unterscheidende* Variablen zu bestimmen» (a.a.O., 28).

Im Lehrtext «Psychologische Arbeitsanalyse» von MATERN (1983) finden sich nur noch zwei Hauptschritte der psychologischen Arbeitsanalyse: (1) die psychologische Auftrags- und Bedingungsanalyse sowie (2) die psychologische Tätigkeitsanalyse. «Die Auftragsanalyse ist produktionsprozessorientiert ... Es geht um die Kennzeichnung der objektiven, vom Werktätigen unabhängigen Aufträge und Bedingungen der Arbeitstätigkeiten (*task qua task approach* im Sinne von HACKMAN 1969). Demgegenüber ist die psychologische Tätigkeitsanalyse personenorientiert. Sie untersucht Arbeitsweisen von Werktätigen, um die Gesetzmässigkeiten der psychischen Tätigkeitsregulation – und in den meisten Fällen auch deren Probleme – aufzudecken» (MATERN 1983, 78).

Insbesondere auf die Erfassung der objektiven Arbeitssituation (1. Schritt) wird häufig wenig Sorgfalt verwendet.[1] Dies hängt vermutlich nicht zuletzt mit dem dafür erforderlichen Aufwand zusammen (vgl. dazu auch DUNCKEL und RESCH 2010). Da dieser Schritt im Gesamtkonzept der psychologischen Arbeitsanalyse aber die Basis darstellt, wird darauf zunächst ausführlicher eingegangen.

Die Analyseebenen und die Analysereihenfolge sind in Abbildung 2.1 dargestellt. Die in der Abbildung links dargestellten Analyseebenen sind Gegenstand der psychologischen Auftragsanalyse, die rechts dargestellten Gegenstand der psychologischen Tätigkeitsanalyse. In der Auftragsanalyse werden also die unabhängigen Variablen erfasst; sie stellen den ‹objektiven› Hintergrund dar, auf dem die in der Tätigkeitsanalyse erfassten abhängigen Variablen abgebildet werden.

---

[1] Das frühe Beispiel von LEWIN und RUPP (1928) hat keineswegs Schule gemacht (vgl. Abschnitt 1.1.6).

2. Analyse von Arbeitstätigkeiten 69

Analyseebenen					
objektive Seite			Mensch		
Produktions-prozess	lebendige Arbeit	Aufträge	Aufgaben	Handlungen	Arbeitstätigkeiten
					Arbeitstätigkeit 1
					Arbeitstätigkeit 2
Fragen:	Wie ist lebendige Arbeit in vergegen-ständlichte Arbeit eingeordnet?	Welche relativ selb-ständige und abgrenz-bare Funktion hat lebendige Arbeit für den Produktions-prozess?	Wie werden Aufträge widergespiegelt und übernommen?	Welche Handlungs-strukturen bedingen die Aufträge?	Welche Aufträge sind in welche Arbeitstätigkeiten integriert?

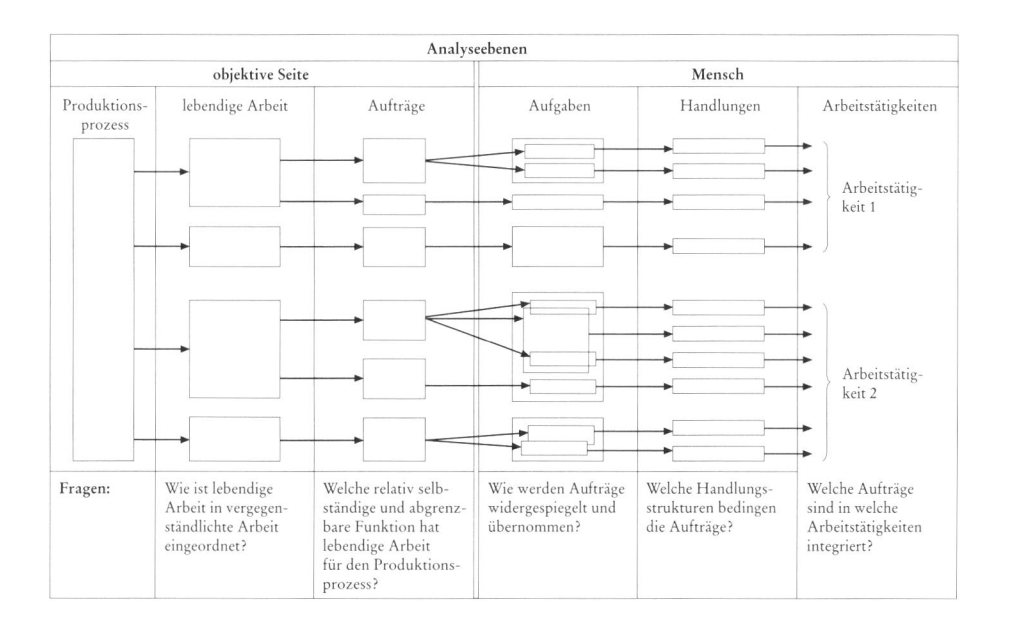

Abbildung 2.1: Schematische Darstellung der in psychologischen Arbeitsuntersuchungen relevanten Analyseebenen (aus: MATERN 1983)

Analysen von Auswirkungen der Arbeitstätigkeit auf Befinden und Erleben der beschäftigten Personen werden hier wie in anderen Publikationen zwar als bedeutsam benannt, stellen jedoch keinen expliziten Bestandteil der skizzierten Vorgehensstrategie dar. Nach der hier vertretenen Auffassung ist indes die Analyse der personbezogenen Auswirkungen von Arbeitstätigkeiten ein ebenso unabdingbarer Bestandteil psychologischer Arbeitsanalyse wie die Analyse produktbezogener Auswirkungen von Arbeitstätigkeiten. Deshalb wird hier ein Rahmenkonzept für psychologische Arbeitsanalysen befürwortet, das aus den folgenden drei Schritten besteht:

(1) Analyse der Arbeitsaufträge und der Bedingungen ihrer Erfüllung, (2) Analyse der Arbeitstätigkeiten und der erforderlichen Regulationsvorgänge, (3) Analyse der Auswirkungen von Produktionsbedingungen und Arbeitstätigkeiten auf Befinden und Erleben der Beschäftigten.

2.1 Analyse von Arbeitsaufträgen und Erfüllungsbedingungen

Das zunächst von HACKER und MATERN (1980) vorgestellte Konzept der Auftrags- und Bedingungsanalyse beschreibt die schrittweise vertiefende Analyse von Arbeitsaufträgen und deren Erfüllungsbedingungen. Diese Auftrags- und Bedingungsanalyse erfolgt in sieben Schritten:
1. Gliederung des Produktionsprozesses und der betrieblichen Rahmenbedingungen (Gliederung des Produktionsprozesses in technologische Abschnitte).
2. Identifizierung des Arbeitsprozesses innerhalb des Produktionsprozesses (Erfassung der Mensch-Maschine-Funktionsteilung sowie der Arbeitsplatz- und Umgebungsbedingungen).
3. Auflisten der Eigenschaften des zu bearbeitenden Produkts bzw. des zu steuernden Prozesses (Erfassung der Einwirkungsmöglichkeiten der Beschäftigten).
4. Analyse der Arbeitsteilung zwischen den Beschäftigten (Erfassung der arbeitsbedingten Kommunikation und Kooperation).
5. Beschreibung der Grobstruktur der Arbeitsaufträge (algorithmische vs. nicht algorithmische Struktur – Erfordernisse von Zustandsdiagnosen, selbständigen Massnahmen, komplexen Problemlösungen unter Anwendung heuristischer Regeln).
6. Feststellung der objektiven Freiheitsgrade bei der Bewältigung der Arbeitsaufträge.
7. «Erfassung der Häufigkeiten, mit denen identische Arbeitsaufträge pro Schicht bearbeitet werden müssen, sowie Erfragen der durchschnittlichen Auftrittshäufigkeiten von seltenen Arbeitsaufträgen» (HACKER und MATERN 1980, 38).

Bei MATERN (1983), die sich besonders ausführlich und differenziert mit der Thematik der Auftrags- und Bedingungs-Analyse beschäftigt hat – ist der zweite Schritt in den ersten integriert (vgl. Abbildung 2.2).

Das methodische Vorgehen umfasst zunächst die Analyse betrieblicher Dokumente wie allgemeine Betriebsvorschriften, technische Unterlagen, Organigramme, Maschinenbedienungsanleitungen etc. *(Dokumentenanalyse)*. Die aus der Dokumentenanalyse resultierenden Informationen müssen zumeist ergänzt werden durch stichprobenartige Beobachtung von Arbeitsabläufen und Befragung von Beschäftigten *(Beobachtungsinterview)*. Eine Reihe von Angaben lässt sich nur durch ausführliche Befragung betrieblicher Spezialisten gewinnen *(Experteninterview)*.

2.1 Analyse von Arbeitsaufträgen

Schritte der Auftragsanalyse

1.
Technologische Gliederung des Produktionsprozesses, Angabe der Mensch - Maschine - Funktionsteilung und Gliederung der Arbeitsaufträge an den Menschen in Aufträge mit selbständigen und voneinander unabhängigen Funktionen im oder für den Produktionsprozess

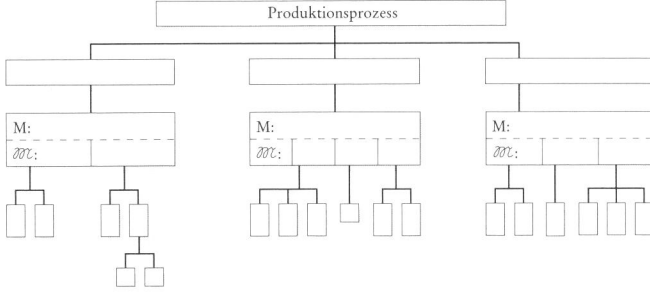

2.
Angabe der Funktion der Aufträge für den Produktionsprozess

3.
Kennzeichnung der Arbeitsteilung zwischen Werktätigen und der arbeitsbedingten Kooperation und Kommunikation

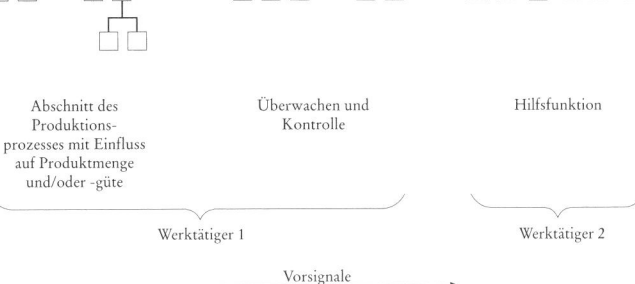

4.
Strukturbeschreibung von Arbeitsaufträgen

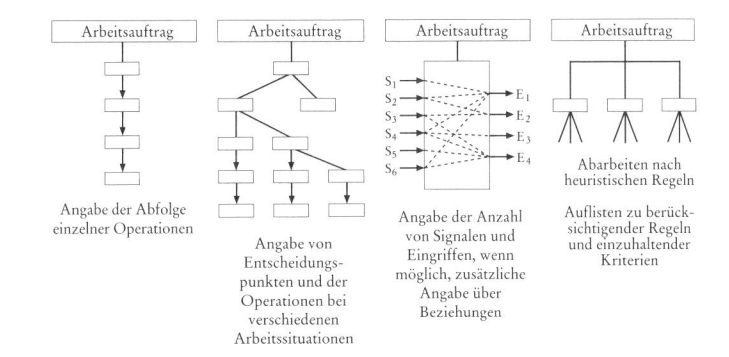

5.
Kennzeichnung der Freiheitsgrade

a) für die Bewältigung der einzelnen Arbeitsaufträge
b) für die Organisation der Abfolge aller zum Arbeitsplatz gehörenden Aufträge

Möglichkeiten: - Wahl der Abfolge einzelner Arbeitsoperationen
 - Wahl und Abfolge von Zielen und Teilzielen
 - Wahl von Mitteln und Wegen der Zielerreichung

6.
Kennzeichnung der zeitlichen Eigenschaften der einzelnen Arbeitsaufträge

a) Angabe der Häufigkeit pro Schicht
b) Angabe der Ausführungsdauer
c) Angabe der Auswirkungsdauer auf den Produktionsprozess

Abbildung 2.2: Schematische Übersicht über die Schritte der Auftragsanalyse (aus: MATERN 1983)

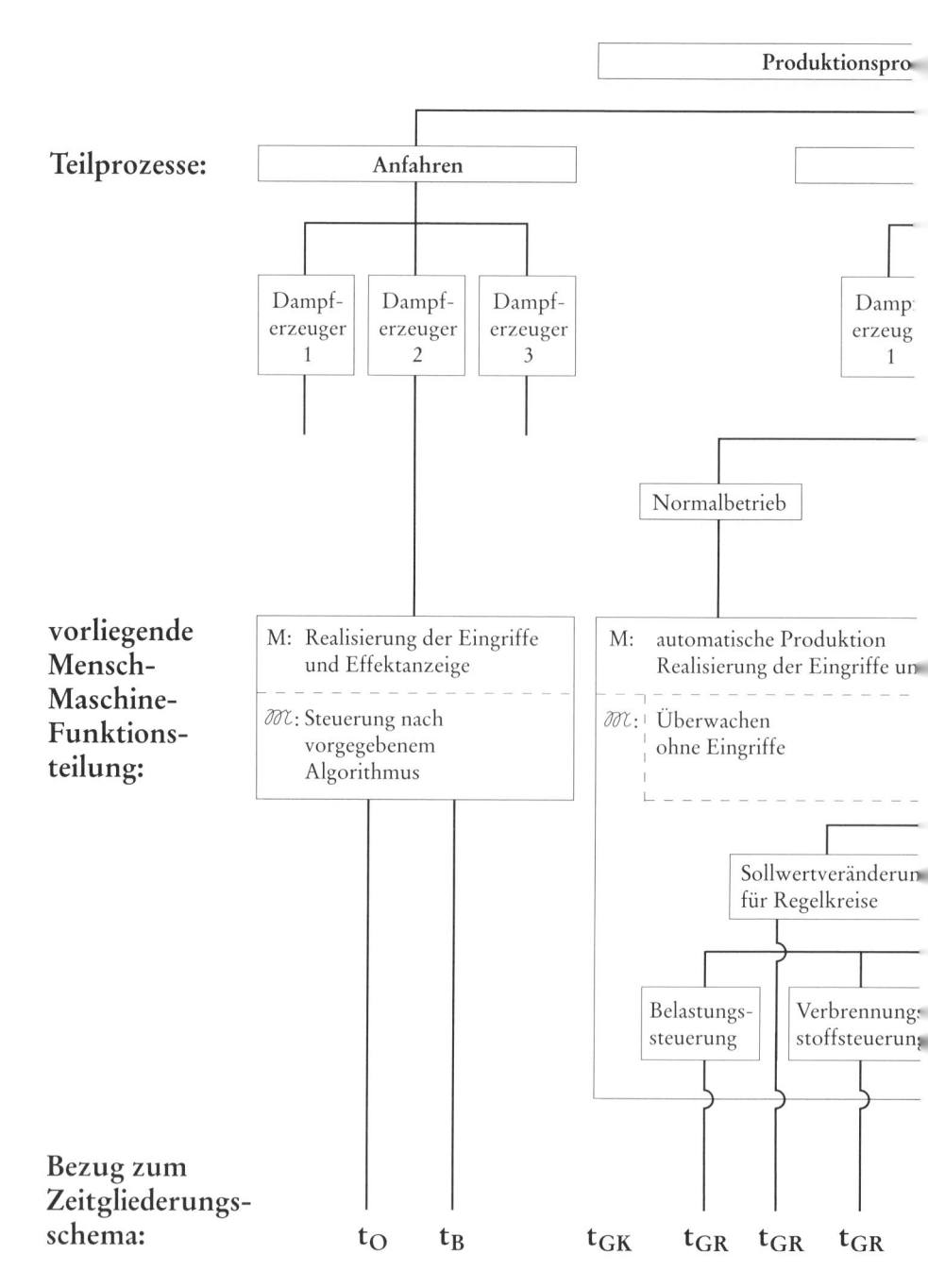

Abbildung 2.3: Schematische und vereinfachte Gliederung des Produktionsprozesses der Dampferzeugung mit der Angabe der im Normalbereich anfallenden Arbeitsaufträge (aus: MATERN 1983)

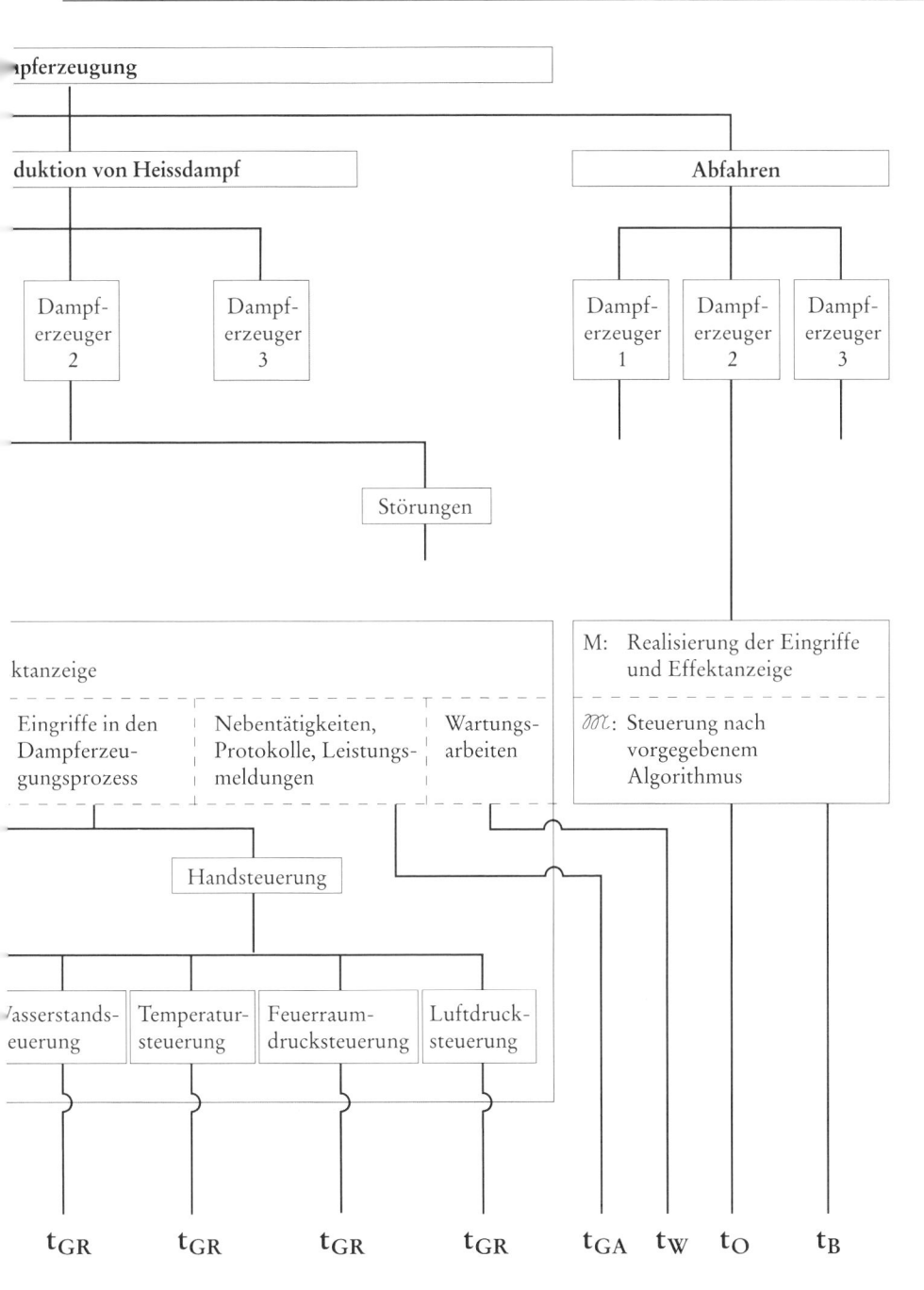

2.1 Analyse von Arbeitsaufträgen

[Dampf]pferzeugung

[Pro]duktion von Heissdampf | Abfahren

Dampferzeuger 2 | Dampferzeuger 3 | Dampferzeuger 1 | Dampferzeuger 2 | Dampferzeuger 3

Störungen

[Effe]ktanzeige

Eingriffe in den Dampferzeugungsprozess | Nebentätigkeiten, Protokolle, Leistungsmeldungen | Wartungsarbeiten

M: Realisierung der Eingriffe und Effektanzeige

$\mathcal{M}$: Steuerung nach vorgegebenem Algorithmus

Handsteuerung

[W]asserstandssteuerung | Temperatursteuerung | Feuerraumdrucksteuerung | Luftdrucksteuerung

t_{GR} t_{GR} t_{GR} t_{GR} t_{GA} t_W t_O t_B

Ein Beispiel für den *ersten* Schritt der psychologischen Auftrags- und Bedingungsanalyse ist in Abbildung 2.3 (S. 72f.) wiedergegeben.

Die psychologische Bedeutung der in Abbildung 2.3 dargestellten Gliederung des Produktionsprozesses lässt sich aus der Erläuterung von MATERN (1983, 86) leicht erkennen: «Die Mensch-Maschine-Funktionsteilung in dem automatisierten Produktionsprozess ist so beschaffen, dass der Mensch beim An- und Abfahren der Dampferzeuger steuernd, im Normalbetrieb der Produktion von Heissdampf im wesentlichen überwachend, bei Ausfall automatischer Regelsysteme regelnd und bei Sollwertveränderungen für Regelkreise steuernd tätig ist».

Der *zweite* Schritt der Auftrags- und Bedingungsanalyse soll die Funktion und allfällige Konsequenzen der einzelnen Arbeitsaufträge für den Produktionsprozess kenntlich machen. «Dazu gehören Angaben über ihre Einflussmöglichkeiten auf die Produktmenge, die Produktgüte, und zwar danach, auf welche ihrer Parameter Einfluss genommen wird, den Materialverbrauch bzw. den Verbrauch an Einsatzstoffen und die Arbeitsmittel (Lebensdauer von Maschinen und Anlagen). Methodisch können diese Angaben durch Befragungen des leitenden Ingenieurs oder Technologen gewonnen werden» (MATERN 1983, 86).

Im *dritten* Schritt sind Arbeitsteilung und arbeitsbedingte Kooperation zwischen den Beschäftigten zu erfassen. Diesem Schritt kommt insofern besondere psychologische Bedeutung zu, als Arbeitsteilung, -kombination und -kooperation Inhalt und Umfang von Arbeitstätigkeiten bestimmen. Das heisst: Arbeitsteilung, -kombination und -kooperation sind ausschlaggebend dafür, ob und in welchem Ausmass Arbeitstätigkeiten jene Merkmale aufweisen, die in anderem Zusammenhang als Merkmale «menschengerechter» Aufgabengestaltung erwähnt wurden: Ganzheitlichkeit, Anforderungsvielfalt, Interaktionsmöglichkeiten, Lernmöglichkeiten und Autonomie (vgl. Kapitel 4).

Bezüglich der Kooperation hat HACKER (1978, 396) zwischen drei verschiedenen Typen unterschieden. Als «Grenzfall der Kooperation» wird die *Arbeit im Raumverband* bezeichnet; hier arbeiten mehrere Personen gleichzeitig in einem Raum, ohne dass die zu erfüllenden Aufgaben voneinander abhängig sind. Bei MATERN (1983, 88) wird dieser Typ konsequent als «kooperationslose Arbeit» im Raumverband bezeichnet. Bei *Kooperation im Sukzessivverband* «setzt jedes Mitglied mit einer individuell verschiedenen Aufgabe die Tätigkeit des am gleichen Arbeitsgegenstand vorher tätigen Mitglieds fort» (HACKER 1978, 396). Ein typisches Beispiel dafür ist die Arbeit am Fliessband. Probleme dieser Art der Sukzessivkooperation liegen u.a. in der Schwierigkeit der Leistungsabstimmung zwischen den Arbeitsplätzen bzw. Aufgaben sowie in der Fortpflanzung von Mängeln oder zeitlichen Verzögerungen

2.1 Analyse von Arbeitsaufträgen

von Arbeitsplatz zu Arbeitsplatz. *Arbeit im Integrativverband* schliesslich meint die gleichzeitige Arbeit mehrerer Beschäftigter am gleichen Arbeitsgegenstand.

Der *vierte* Schritt der Auftrags- und Bedingungsanalyse, die Kennzeichnung der Grobstruktur der einzelnen Arbeitsaufträge, wird von MATERN als der schwierigste Teil bezeichnet. Analoge Aufträge werden durch unterschiedlichen Kontext verändert. «Eine klare Vorhersage aller Auftragsvarianten als Voraussetzung einer Strukturbeschreibung ist vor allem bei Zustandsbeurteilungen und Eingriffsplanungen in teilautomatisierten und automatisierten Mensch-Maschine-Systemen unmöglich» (MATERN 1983, 89). Insofern kann es nach MATERN in diesem Schritt der Auftrags- und Bedingungsanalyse nur darum gehen, unterschiedliche Komplexitätsgrade zu kennzeichnen, um daraus Annahmen über erforderliche Regulationsvorgänge bei der Auftragsbearbeitung abzuleiten.

Zur Kennzeichnung der Grobstruktur der einzelnen Arbeitsaufträge sind die Ausgangssituation, die Vorgabe der Transformationen durch Aktionsprogramme und die Art der Konkretisierung des Auftragsziels zu beschreiben. Die Ausgangssituation variiert in den Dimensionen Stabilität, Kompliziertheit und Komplexität.

«Dabei ist die Kompliziertheit durch die Anzahl unterschiedlicher Elemente bezeichnet, die eine Ausgangssituation kennzeichnen, und die Komplexität durch die Art und Zahl der zwischen den Elementen einer Situation bestehenden Relationen. So ist beispielsweise die Ausgangssituation für einen Arbeitsauftrag für das Bestücken einer Leiterplatte mit sieben Bauelementen, der sich pro Schicht einige hundertmal wiederholt, sehr stabil, weil die Leiterplatten stets den gleichen Vorfertigungsgrad aufweisen. Sie ist nicht kompliziert, weil nur acht Elemente bestimmend sind, nämlich die Leiterplatte und die sieben Bauelemente, und sie ist auch nicht komplex, weil die Beziehungen zwischen diesen Elementen überschaubar und konstant sind. Im Gegensatz dazu ist eine Ausgangssituation für das Regulieren der Fahrweise von Dampferzeugern in einem Heizkraftwerk nicht stabil, weil je nach zu erzeugender Dampfmenge, je nach dem Funktionszustand der Aggregate, je nach der Qualität der Kohle oder des Öls usw. in nicht immer vorhersehbarer Abfolge Sollwertabweichungen von Parametern auftreten können, also eine Situationsanalyse und -diagnose vor dem Handeln erforderlich sind. Eine solche Ausgangssituation ist auch komplizierter, weil grössenordnungsmässig zirka 50 Parameter kontrolliert und wenn erforderlich beeinflusst werden müssen, sie ist auch komplexer, weil zwischen den Bestimmungselementen, den Parametern, vielschichtige Relationen bestehen, weil der Arbeitsauftrag die Regelung eines vernetzten dynamischen Systems verlangt» (MATERN 1983, 89).

Die Kennzeichnung der Ausgangssituation in den Dimensionen Stabilität, Kompliziertheit und Komplexität, die Ermittlung der Vorgegebenheit von Aktionsprogrammen durch Analyse von Arbeitsanweisungen und die Erfassung des Grades der Ziel- und Teilzielkonkretisierung ermöglicht die Zuordnung von Aufträgen zu einer Rangabfolge von Auftragsstrukturen unterschiedlicher Komplexität (vgl. Abbildung 2.4).

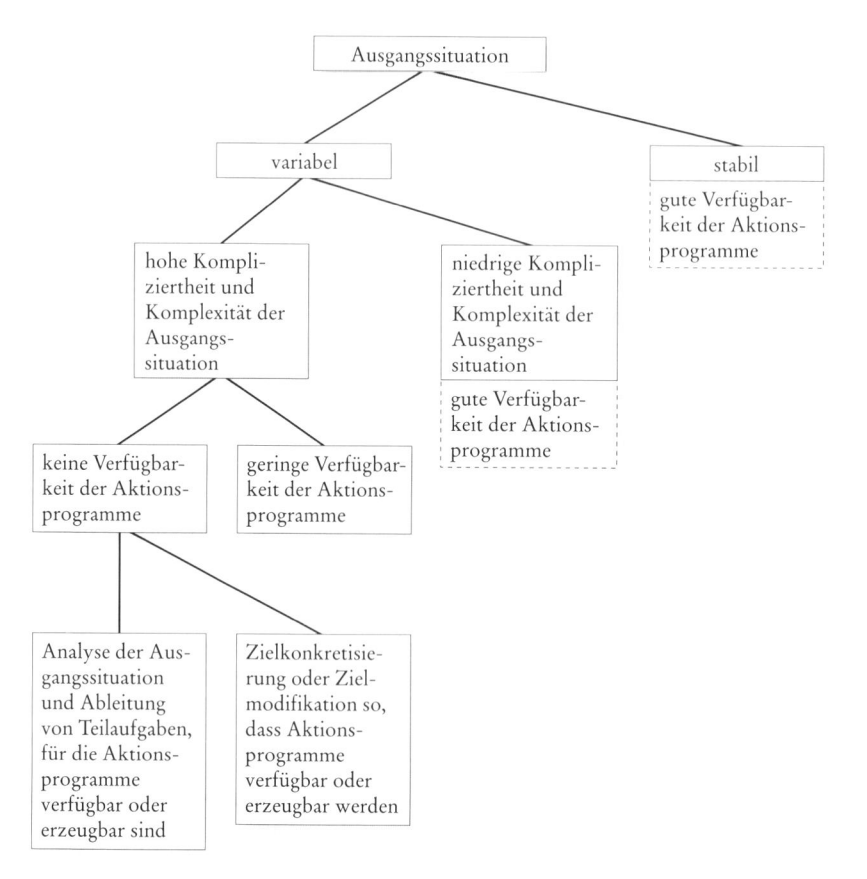

Abbildung 2.4: Schematische Darstellung der Eigenschaften von Arbeitsaufträgen, die für die Zuordnung zu einer Rangreihe unterschiedlich komplexer Auftragsstrukturen zu prüfen sind (aus: MATERN 1983)

Im *fünften* Schritt der psychologischen Auftrags- und Bedingungsanalyse geht es um die Kennzeichnung der Freiheitsgrade (a) für die Erfüllung der *einzelnen* Arbeitsaufträge und (b) für die Organisation der Abfolge *aller* zur Tätigkeit gehörenden Aufträge.
Nach HACKER (1978, 72) sind Freiheitsgrade «Möglichkeiten zum unterschiedlichen aufgabenbezogenen Handeln» hinsichtlich Verfahrenswahl, Mitteleinsatz und zeitlicher Organisation von Aufgabenbestandteilen. Im

2.1 Analyse von Arbeitsaufträgen

Konzept von MATERN (vgl. Abbildung 2.2, S. 71) werden diese Möglichkeiten beschrieben als Wahl der Abfolge einzelner Arbeitsoperationen, Wahl und Abfolge von Zielen und Teilzielen, Wahl von Mitteln und Wegen der Zielerreichung.

Objektive Freiheitsgrade sind objektive Wahlmöglichkeiten, die alle zum vorgegebenen oder vereinbarten Ziel führen. Ihr Umfang hängt von der Auftragsstruktur (vierter Schritt der Analyse) ab. Im Prinzip gilt: Je komplexer die Auftragsstruktur ist, desto mehr Freiheitsgrade zur Erfüllung des Auftrags existieren. Worauf sich die objektiven Freiheitsgrade beziehen (Verfahrenswahl etc.), kann durch Expertenbefragung und Beobachtungsinterviews ermittelt werden. Die tatsächliche Nutzung vorhandener Freiheitsgrade kann nur durch sorgfältige Arbeitsablaufstudien erfasst werden. Dabei ist schliesslich wichtig herauszufinden, ob und inwieweit die subjektiven – d.h. die von den Beschäftigten erkannten – Freiheitsgrade mit den objektiven Freiheitsgraden übereinstimmen. «Die Übereinstimmung von objektiven und subjektiven Freiheitsgraden ist die Voraussetzung für eine optimale Handlungsregulation» (MATERN 1983, 100). Abweichungen in beide Richtungen bedürfen der sorgfältigen Analyse.

Im *sechsten* Schritt der Auftrags- und Bedingungsanalyse werden die zeitlichen Eigenschaften der einzelnen Arbeitsaufträge durch Befragung – und Studium betrieblicher Unterlagen – nach den in Abbildung 2.2 wiedergegebenen Kategorien grob ermittelt. Über die Angaben zur Wiederholungshäufigkeit, zur Ausführungsdauer und zur Zeit bis zum Wirksamwerden im Produktionsprozess sollen die Voraussetzungen für die Aneignung und Festigung von Handlungsprogrammen im Arbeitsprozess erfasst werden.

MATERN weist darauf hin, dass bereits auf der Grundlage der psychologischen Auftragsanalyse eine grobe Bewertung von Arbeitstätigkeiten möglich sei, allerdings nur für die Kriterien der Beeinträchtigungslosigkeit und Persönlichkeitsförderlichkeit (im Sinne von HACKER). Sie begründet diese Aussage damit, dass aus der Analyse der Auftragsstruktur mit hinreichender Sicherheit auf das psychische Regulationsniveau und den Grad der Vollständigkeit der geforderten Handlungen geschlossen werden kann.

Wo Ergebnisse der psychologischen Auftrags- und Bedingungsanalyse für differenziertere Bewertung und vor allem für die Erarbeitung von Gestaltungsvorschlägen zu grob sind, sind sorgfältige psychologische Tätigkeitsanalysen durchzuführen. Darauf wird im folgenden Abschnitt einzugehen sein.

Hier ist allerdings noch ein spezifischer und psychologisch eminent wichtiger Sachverhalt zu erwähnen, den HACKMAN (1969) aufgedeckt bzw. formuliert hat: Gleiche Arbeitsaufträge werden von verschiedenen Personen u.U. unterschiedlich wahrgenommen bzw. interpretiert. Schliesslich gilt, was HACKER (1978, 68) so formuliert hat: «Die psychische Struktur der Arbeitstätigkeit ist eine vermittelte Abbildung der objektiven Aufgabenbeschaffenheit.» Der Prozess der ‹Übersetzung› bzw. Interpretation objektiver Arbeitsaufträge durch Auftragnehmer wird mit HACKMAN als «Redefinition» bezeichnet. Wenn man als Aufgabe den von dem oder der Arbeitstätigen übernommenen Auftrag (HACKER und RICHTER 1980a) versteht, dann ist die Arbeitsaufgabe «die subjektive Repräsentation (Widerspiegelung) oder das Redefinitionsprodukt objektiver – technischer, organisationaler, sozialer – Inputbedingungen im Arbeitsprozess» (UDRIS 1981, 284). Der Prozess der Redefinition wird von einigen typischen, personalen Determinanten der arbeitstätigen Person mitbestimmt. Dazu zählen nach HACKMAN (1970): (a) das Ausmass der adäquaten bzw. inadäquaten Wahrnehmung des Auftrages, (b) die Bereitschaft, den Auftrag zu akzeptieren und auszuführen, (c) die eingebrachten Ansprüche, Bedürfnisse und Wertvorstellungen und (d) die früheren Erfahrungen mit gleichartigen oder ähnlichen Aufträgen. Dass diese Merkmale voneinander nicht unabhängig sind, ist offensichtlich. Die Tatsache solcher Redefinitionen und, daraus folgend, unterschiedlichen Aufgabenverständnisses ist notwendigerweise mit unterschiedlichen mentalen Repräsentationen verknüpft und führt zu unterschiedlichen Vorgehensweisen in der Erfüllung ein und desselben objektiven Auftrags. Dieser Sachverhalt ist bei der Durchführung psychologischer Tätigkeitsanalysen zu berücksichtigen.

Bevor darauf eingegangen wird, soll hier noch auf ein Analysekonzept verwiesen werden, das nach wie vor auch in einigen neueren Grundlagenwerken der Arbeits- und Organisationspsychologie keine Erwähnung findet. Zwar ist vielen Arbeits- und Sozialwissenschaftlern und manchen Praktikern längst bewusst, dass Arbeits- und Organisationsgestaltung, soll sie längerfristig erfolgreich sein, soziotechnischen Prinzipien zu folgen hat. Dass damit aber bereits bestimmte Analysekonzepte verbunden sind, scheint manchen Arbeits- und Sozialwissenschaftlern und vielen Praktikern nicht bewusst zu sein. Der folgende Abschnitt mag verdeutlichen, dass es sich bei der soziotechnischen Systemanalyse um ein der psychologischen Auftragsanalyse zum Teil kompatibles, zum Teil aber auch diese ergänzendes Vor-

2.1 Analyse von Arbeitsaufträgen

gehen handelt. Insbesondere im zweiten Teil wird indes deutlich, dass die Konzepte aus unterschiedlichem Blickwinkel – und unterschiedlicher Tradition – entstanden sind.

2.1.1 Zum Konzept der soziotechnischen Systemanalyse

Die auch in der Arbeitspsychologie noch hin und wieder vorfindbare individuumsorientierte Sichtweise vernachlässigt die Erkenntnis, dass die «Organisation ein komplexes soziales Gebilde ist, das als *ganzes* System untersucht werden muss, wenn das in ihm ablaufende individuelle Verhalten richtig verstanden werden soll» (SCHEIN 1970, 3). Dieser Erkenntnis entsprechend liefert das Konzept der soziotechnischen Systemgestaltung Ansätze für eine gemeinsame Optimierung des sozialen *und* des technischen Systems bzw. von Organisation und Technologie. Selbstverständlich müssen solche Überlegungen über die Notwendigkeit einer *gemeinsamen* Optimierung beider Teilsysteme bereits bei der Analyse Berücksichtigung finden. Dementsprechend unterscheidet EMERY (1967) die in Tabelle 2.2 dargestellten neun Schritte einer soziotechnischen Analyse, die in dieser Form auch von HILL (1971) wiedergegeben werden.

Tabelle 2.2: Die neun Schritte der soziotechnischen Analyse (nach Angaben von EMERY 1967)

1. Grobanalyse des Produktionssystems und seiner Umwelt
2. Beschreibung des Produktionsprozesses nach Input, Transformationen und Output
3. Ermittlung der Hauptschwankungen im Produktionsprozess
4. Analyse des sozialen Systems einschliesslich der Bedürfnisse der Mitarbeiter
5. Analyse der Rollenwahrnehmung der Mitarbeiter

6.
7. Analyse des Einflusses ‹externer› Systeme auf das Produktionssystem
8.
   – Instandhaltungssystem
   – Zuliefer- und Abnehmersystem
   – Umweltsystem

9. Erarbeitung von Gestaltungsvorschlägen

Die Schritte 1 bis 5 werden im Folgenden kurz beschrieben.

1. Schritt: *Grobanalyse.* Beschreibung der wichtigsten Merkmale des Produktionssystems und seiner Umwelt wie Fabrik-Layout, Organisationsstruktur, Input, Output, Transformationsprozesse, ökonomische und soziale Ziele, Hauptprobleme.
2. Schritt: *Arbeitsablaufanalyse.* Beschreibung der materiellen Transformationsprozesse im zu untersuchenden Arbeitssystem nach Input, Transformation und Output.
3. Schritt: *Schwachstellenanalyse.* Ermittlung der hauptsächlichen Schwankungen im Produktionsprozess («key process variances») und ihrer Beziehungen untereinander. Identifikation von Problemen, die ihre Ursache in der Beschaffenheit der Werkstoffe und/oder der Art des Produktionsprozesses haben.
4. Schritt: *Analyse des sozialen Systems.* Analyse der Organisationsstruktur, der Schwachstellen im sozialen System, der horizontalen Mobilität und der Bedürfnisse der Mitarbeiter. Beschreibung der räumlichen Gegebenheiten, der Kommunikationsstrukturen und der arbeitszeitlichen Verhältnisse.
5. Schritt: *Rollenwahrnehmung der Mitarbeiter.* Die Wahrnehmung der Arbeitsaufgaben und Rollen seitens der Mitarbeiter wird für so bedeutsam gehalten, dass sie – obwohl Teil des sozialen Systems – einen eigenen Analyseschritt erfordert.

Die Schritte 1 bis 5 dienen also der Analyse des technischen und des sozialen Teilsystems, der Beschreibung des Fertigungsablaufs sowie der Identifikation von Störungen einschliesslich der Möglichkeiten zu ihrer Behebung.

Anhand eines von SCHÜPBACH (1988a) mitgeteilten Beispiels soll aufgezeigt werden, welcher Art die Ergebnisse der Kombination einer derartigen soziotechnischen Systemanalyse mit der psychologischen Auftrags- und Bedingungsanalyse sein können. Das Beispiel betrifft ein flexibles Bearbeitungssystem, das im Rahmen eines mehrjährigen Forschungsprojekts analysiert wurde (vgl. dazu auch ULICH, SCHÜPBACH, SCHILLING & KUARK 1990). Die folgende Beschreibung stellt nur eine Zusammenfassung der im Einzelnen wesentlich differenzierteren Analyseergebnisse dar (vgl. SCHÜPBACH 1990b, 1994). Auf dem System werden verschiedene Typen von ABS-Pumpengehäusen aus geschmiedetem Aluminium spanabhebend bearbeitet. Die Qualitätsanforderungen sind sehr hoch.

2.1 Analyse von Arbeitsaufträgen

Das *technische Teilsystem.* Hauptkomponenten des technischen Teilsystems sind 8 CNC-Bearbeitungszentren (BZ) mit Werkzeugmagazinen (vgl. Abbildung 2.5a, S. 82). Jeweils 4 Paletten, auf die je 2 Rohteile aufgespannt sind, werden einem adressierten BZ über ein flexibles Werkstück-Transportsystem zugeführt und mit Hilfe eines Handhabungsgeräts auf die Schalttrommel gespannt. Die Werkstücke werden in Spannlagen bearbeitet. Ein Bearbeitungszyklus dauert ca. 20 Minuten.

Eine CNC-Messmaschine misst jeweils die kritischen Masse eines Werkstücks pro Achterserie vollautomatisch aus.

Das System wird über einen zentralen Leitstand überwacht, an dem auch Störungen über eine Blinklampe angezeigt und an einem Monitor spezifiziert werden.

Das *soziale Teilsystem.* Das soziale Teilsystem wird von jeweils 5 Operateuren pro Schicht gebildet (vgl. Abbildung 2.5a, S. 82). Diese Gruppe lässt sich grob unterteilen in die Funktionsbereiche «Anlagenführer/Einsteller» mit den Tätigkeitsschwerpunkten Überwachung und Instandhaltung/-setzung (insbesondere Störungsbehebung) sowie «Bediener» mit den Tätigkeitsschwerpunkten Be- und Entladen der Werkstück-Paletten, Qualitätsprüfungen und Regelung des Werkstück-Flusses. Innerhalb der beiden Funktionsgruppen werden die verschiedenen Aufgaben jeweils flexibel zugeordnet.

Mensch-Maschine-Funktionsteilung und -Interaktion. Bei Normalbetrieb sind keine Eingriffe der Operateure in den Bearbeitungsprozess erforderlich. Da das System sehr störungsanfällig ist, ist die Überwachung und Instandhaltung zeitaufwendig.

Die Aufgaben der Störungsbehebung und des Palettierens sind relativ eng an den Maschinentakt gekoppelt.

Interaktionen innerhalb des sozialen Teilsystems. Zwischen den beiden genannten Funktionsgruppen bestehen intensive Interaktionen, da die Ergebnisse der Qualitätsprüfungen für die Anlagen-Überwachung und vorbeugende Instandhaltung von grosser Bedeutung sind. Die Zuordnung der Aufgaben wird zudem innerhalb der Funktionsgruppen regelmässig abgesprochen.

Aus Abbildung 2.5a (S. 82) wird aber deutlich, dass die Kooperation zwischen den beiden Funktionsgruppen durch das Layout, in dem das Transportsystem im Zentrum der Anlage steht, systematisch erschwert wird.

Legende

Technisches Teilsystem
(1) 8 CNC-Bearbeitungszentren mit Wz-Magazinen
(2) CNC-Steuerungen mit Bedienpanels
(3) Handhabungsgerät
(4) Flexibles Werkstück-Transportsystem
(5) Zentraler Leitstand mit Störungsanzeige
(6) Umsetzstation
(7) Schraubstation
(8) Beschriftungsgerät
(9) 3D CNC-Messmaschine

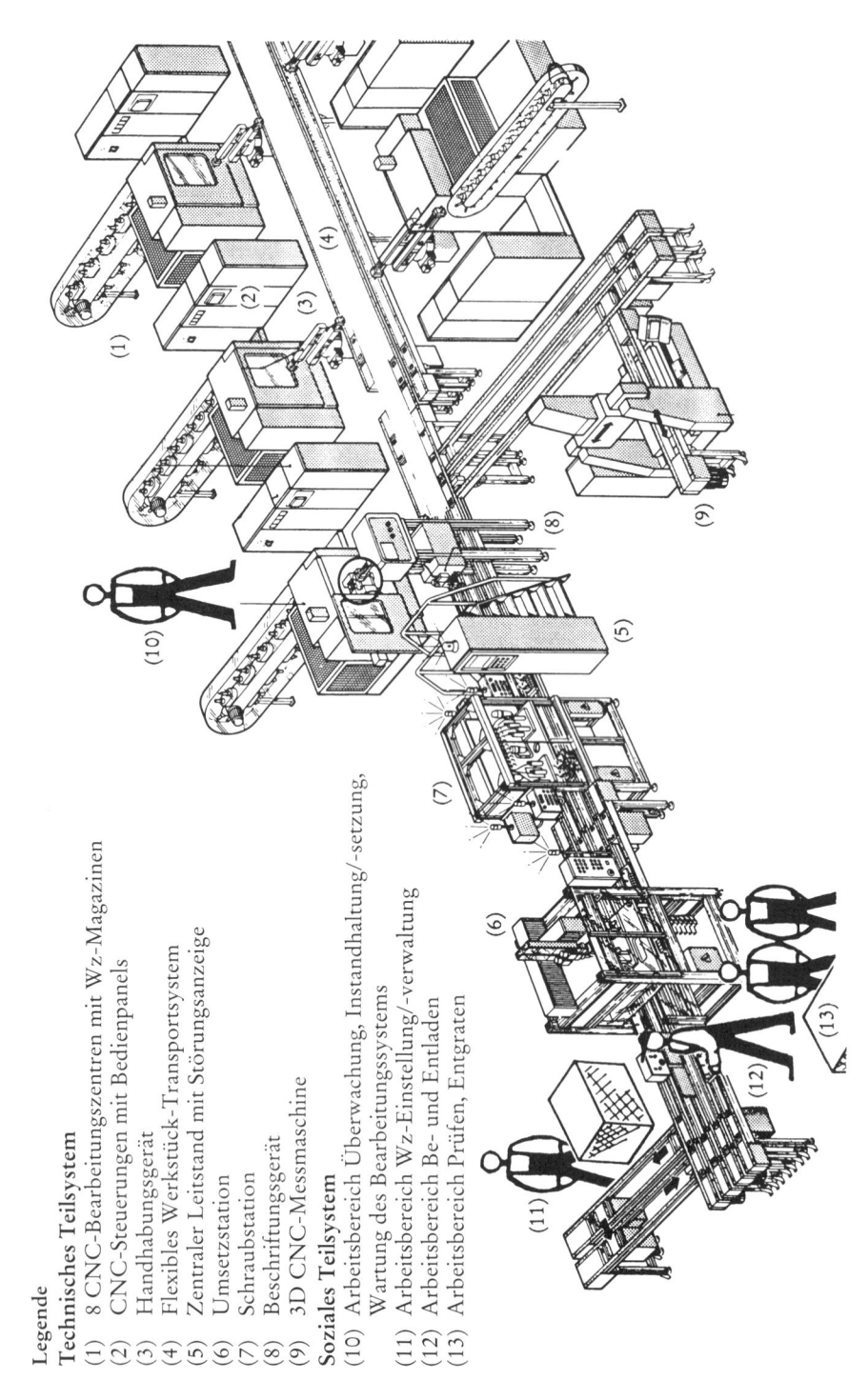

Soziales Teilsystem
(10) Arbeitsbereich Überwachung, Instandhaltung/-setzung, Wartung des Bearbeitungssystems
(11) Arbeitsbereich Wz-Einstellung/-verwaltung
(12) Arbeitsbereich Be- und Entladen
(13) Arbeitsbereich Prüfen, Entgraten

Abbildung 2.5a: Flexibles Bearbeitungssystem: Technisches und soziales Teilsystem (aus: SCHÜPBACH 1988)

2.1 Analyse von Arbeitsaufträgen

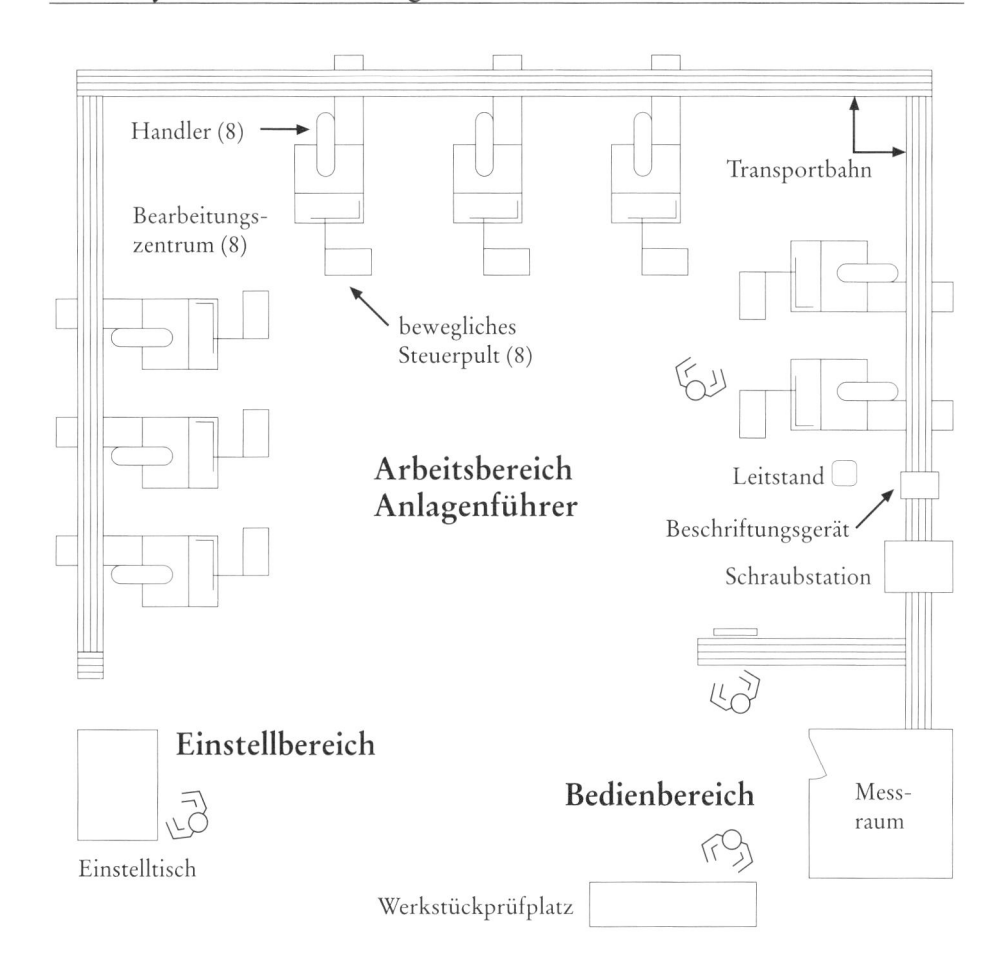

Abbildung 2.5b: Alternatives Layout zur soziotechnischen Optimierung eines flexiblen Bearbeitungssystems (aus: KUARK 1988)

Deshalb wurde von KUARK (1988) ein alternatives Layout entwickelt, «in dem die Anlage um den zentralen Arbeitsbereich der Operateure herum ausgelegt ist» (SCHÜPBACH 1990a, 184). Ein Vergleich zwischen dem vorgefundenen Layout (Abbildung 2.5a) und der von KUARK entwickelten Alternative (Abbildung 2.5b) verdeutlicht die Bedeutung der Auslegung des technischen Teilsystems für das ‹Funktionieren› des sozialen Teilsystems und die Notwendigkeit der gemeinsamen Optimierung beider Teilsysteme.

Interaktionen mit vor-, nach- und übergeordneten Fertigungsbereichen.
Das Flexible Bearbeitungssystem ist innerhalb des Fertigungsprozesses, in

den es eingebunden ist, relativ autonom. Die Verbindungen zur Fertigungsleitung sind relativ geringfügig, da stets die gleichen wenigen Typen gefertigt werden.
Die Werkzeugvoreinstellung und -verwaltung erfolgt dezentral im System. Für aufwendigere Reparaturen steht die Reparaturabteilung zur Verfügung. Formal ist das System einem Meisterbereich unterstellt. Ein Anlagenführer/Einsteller ist jedoch zuständig für die Koordination der Schichtbelegungen, Arbeitszeitregelungen usw.

Sind die Schritte 1 bis 5 der soziotechnischen Systemanalyse noch teilweise kompatibel mit der psychologischen Auftrags- und Bedingungsanalyse, so wird der unterschiedliche Blickwinkel deutlich bei einem Vergleich der Schritte 6 bis 9 der soziotechnischen Systemanalyse mit dem in Abschnitt 2.2 beschriebenen Vorgehen der psychologischen Tätigkeitsanalyse.

6. Schritt: *Erhaltungs-System.* Identifikation von Problemen, die ihre Ursache in der Organisation und Durchführung von Wartungs- und anderen Erhaltungsarbeiten haben.
7. Schritt: *Versorgungs- und Abnehmersystem.* Identifikation von Problemen, die ihre Ursache in der Organisation und Durchführung der Einkaufs- und Verkaufstätigkeiten haben.
8. Schritt: *Unternehmenspolitik und -planung.* Analyse der Auswirkungen von mittel- und langfristigen Unternehmungsplänen auf das untersuchte soziale und technische System. Analyse der Auswirkungen von unternehmungspolitischen Grundsätzen und Richtlinien (z.B. Einkaufspolitik, Finanzpolitik, Personalpolitik, Produktionspolitik).
9. Schritt: *Gestaltungsvorschläge.*

In der Praxis wird auch in solchen Fällen, in denen der soziotechnische Systemansatz im Sinne des Konzepts der gemeinsamen Optimierung von sozialem und technischem Teilsystem uneingeschränkt akzeptiert wird, nicht selten nur ein Teil der von EMERY angegebenen Analyseschritte durchgeführt. Dies hat vermutlich mit der mangelnden Einsicht in die Notwendigkeit verhältnismässig aufwendiger Zusammenhangsanalysen zu tun, aber auch damit, dass tayloristische Organisationsstrukturen das ‹Denken in Teilsystemen› eher fördern als das ‹Denken im Gesamtsystem› und seinen Zusammenhängen. Gerade deshalb erscheint es sehr sinnvoll, die im

Bericht von SCHÜPBACH (1988a) vorfindbare Kombination der psychologischen Auftrags- und Bedingungsanalyse mit den ersten fünf Schritten der soziotechnischen Systemanalyse weiter auszubauen und zu vertiefen.[2] Für Anliegen psychologisch orientierter Arbeitsbewertungs- und Gestaltungsmassnahmen ist die anschliessende psychologische Tätigkeitsanalyse in denjenigen Fällen erforderlich, in denen die Ergebnisse der Auftrags- und Bedingungsanalyse nicht bereits hinreichend gesicherte Bewertungen und Gestaltungsempfehlungen erlauben.

2.1.2 Ganzheitliche Betriebsanalyse unter Berücksichtigung von Mensch, Technik, Organisation (MTO-Analyse)

Ein Vergleich der vorliegenden Verfahren lässt zumindest zwei bedeutsame Schwachstellen erkennen: (1) im Vergleich zu Methoden für die Analyse und Bewertung von Arbeitstätigkeiten stehen nur wenige Verfahren zur Verfügung, die die Analyse und Bewertung von Auftragsdurchläufen, Arbeitssystemen und/oder Arbeitsgruppen unterstützen. (2) Es bestehen vielfältige Erfahrungen mit dem isolierten Einsatz einzelner Verfahren. Mit dem integrativen Einsatz verschiedener Verfahren und Vorgehensweisen für eine ganzheitliche Analyse und Bewertung auf verschiedenen Ebenen des Betriebes bestehen jedoch relativ wenige Erfahrungen. Diese beziehen sich vor allem auf die soziotechnische Systemanalyse (vgl. EMERY 1967) und die psychologische Arbeitsanalyse (vgl. MATERN 1983). Neuere Ansätze zu Mehr-Ebenen-Analysen wurden von BÜSSING (1992a) und HACKER (1995a) vorgelegt, mit einem anders gearteten Zugang auch von FRIELING et al. (1993, FRIELING 1999a).

Der eigene Ansatz (STROHM und ULICH 1997, 1999, 2010a) geht davon aus, dass es sich bei Arbeitssystemen prinzipiell um soziotechnische Systeme handelt, d.h. um Systeme, die aus einem sozialen und einem technischen Teilsystem bestehen, die je für sich und in ihrer Beziehung zueinander zu analysieren, aber gemeinsam zu gestalten sind. Dieses Konzept geht auf Erfahrungen im englischen Kohlebergbau (TRIST und BAMFORTH 1951) zurück, die von EMERY (1959) systematisch aufgearbeitet wurden und

---

[2] Einen Schritt in diese Richtung stellt die im folgenden Abschnitt beschriebene MTO-Analyse dar.

ihren Niederschlag auch in dem von EMERY (1967) entwickelten und in Abschnitt 2.1.1 beschriebenen Konzept einer soziotechnischen Systemanalyse fanden.

Die Ausdifferenzierung des soziotechnischen Systemansatzes, der seit einiger Zeit auch in Arbeiten von FRIELING (1999b, FRIELING und SONNTAG 1999) und OESTERREICH (1999a) eine bemerkenswert positive Würdigung erfährt, führte schliesslich zur Formulierung des MTO-Konzepts (ULICH 1997) und der MTO-Analyse (STROHM und ULICH 1997). Dieser Ansatz geht davon aus, dass Mensch, Technik und Organisation in ihrer gegenseitigen Abhängigkeit und ihrem Zusammenwirken verstanden werden müssen. Das MTO-Konzept geht vom Primat der Aufgabe aus. Die Arbeitsaufgabe verknüpft einerseits das soziale mit dem technischen Teilsystem, sie verbindet andererseits den Menschen mit den organisationalen Strukturen. Die Reihenfolge der Verknüpfung (MTO) ist dabei keineswegs zufällig. Vielmehr spielt die Aufgabenverteilung zwischen Mensch und Technik, die Mensch-Maschine-Funktionsteilung also, eine entscheidende Rolle für die Entwicklung und Konstruktion von Produktionssystemen und zugleich auch für die Rolle des Menschen im Produktionsprozess. Schliesslich bestimmt die Art der Mensch-Maschine-Funktionsteilung den Grad der Automatisierung (vgl. dazu GROTE et al. 1999, WÄFLER et al. 1999) und signalisiert damit zugleich, von welcher Art der Ressourcennutzung Markterfolg erwartet wird. Ein sehr ähnliches Konzept findet sich auch bei FRIELING (1999a, FRIELING und SONNTAG 1999).
Im Zuge der Ausdifferenzierung des MTO-Konzepts wurde auch eine Vorgehensweise für die ganzheitliche Analyse von Unternehmen entwickelt (STROHM und ULICH 1997, 1999). Dabei wurden auf der Basis des soziotechnischen Systemansatzes und der Handlungsregulationstheorie einerseits neue Vorgehensweisen entwickelt sowie andererseits bereits bestehende Verfahren wie z.B. das VERA-, RHIA- und KABA-Verfahren integriert.

Die mit diesem Ansatz angestrebte ‹ganzheitliche› MTO-Analyse erfordert Untersuchungen auf den Ebenen Unternehmen, Organisationseinheit, Gruppe, Individuum.
Auf der *Ebene des Unternehmens* werden u.a. die Unternehmensziele, die Unternehmensstrategie, die Unternehmensorganisation, die Marktposition, die Produkte und die Produktionsbedingungen, die Personalstruktur, der Technikeinsatz, das Qualitätsmanagement, das Innovationsverhalten, das

2.1 Analyse von Arbeitsaufträgen

Lohnsystem, die Arbeitszeitmodelle, die Art der Mitarbeitervertretung und der Aushandlungsprozesse sowie die soziotechnische Geschichte des Betriebes analysiert. Diese Informationen stellen den Bezugsrahmen für die weiteren Analyseeinheiten dar und wirken in unterschiedlicher Weise als determinierende Einflussgrössen bzw. Randbedingungen.

Die Orientierung über das betriebliche Umfeld bildet zugleich eine zentrale Voraussetzung für die Analyse und Bewertung auf der *Ebene der Organisationseinheiten*. Auf dieser Ebene werden u.a. die Formen der Arbeitsteilung bzw. der funktionalen Trennung oder Integration im Betrieb analysiert und die Primäraufgaben in den verschiedenen Organisationseinheiten nach dem Grad ihrer Vollständigkeit bewertet. Im Zuge einer ganzheitlichen MTO-Analyse werden sämtliche Organisationseinheiten in die Untersuchung einbezogen. Dies erfolgt über prozessorientierte Auftragsdurchlauf- und strukturbezogene Arbeitssystemanalysen.

Auf der *Ebene der Gruppe* werden die Möglichkeiten zur kollektiven Regulation der Arbeit und der Arbeitsbedingungen untersucht. Arbeitssystemanalyse und Analyse der Gruppenarbeit dienen zugleich der Ermittlung von ‹Schlüsseltätigkeiten›, die bedingungsbezogen analysiert werden. Da die objektiven Bedingungen einer Arbeitssituation mit deren subjektiver Wahrnehmung durch die Beschäftigten nicht übereinstimmen müssen, verlangt die Analyse und Bewertung auf der *Ebene des Individuums* zusätzlich eine subjektive Bewertung der Arbeitssituation und der Arbeitsbedingungen durch die Beschäftigten.

Die Analysen auf den Ebenen des Unternehmens, der Organisationseinheit, der Gruppe und des Individuums werden in dieser Reihenfolge durchgeführt, da Ergebnisse der Analysen auf den jeweils ‹höheren› Betriebsebenen als Voraussetzung in die Analyse der nächst ‹tieferen› Betriebsebene eingehen. In Tabelle 2.3 (S. 88) sind die 7 Schritte der MTO-Analyse, die jeweiligen Analysegegenstände und die dabei eingesetzten Methoden zusammengefasst (zu einzelnen methodischen Grundlagen vgl. PARDO ESCHER 1997a).

Mit der Analyse *auf der Ebene des Unternehmens* wird eine breite Orientierung über den Betrieb geschaffen; damit werden zugleich verschiedene Bewertungen auch aus arbeits- und organisationspsychologischer Perspektive möglich. Diese Bewertungen beziehen sich z.B. auf die formalen Möglichkeiten zu komplexem Arbeitshandeln, die Personalentwicklung und deren Unterstützung durch ein lernorientiertes Entlohnungssystem, die Flexibilität der Arbeitszeitmodelle sowie die Technik-, Produktions- und Qualitätsphilosophie (vgl. PARDO ESCHER, LEDER & TROXLER 1997).

Tabelle 2.3: Schritte, Gegenstände und Methoden der MTO-Analyse (aus: STROHM und ULICH 1998)

Schritt	Gegenstand	Methodik
1. **Analyse auf der Ebene des Unternehmens**	Analyse von Unternehmenszielen, Unternehmensstrategie, Unternehmensorganisation, Produkten und Produktionsbedingungen, Personalstruktur, Technikeinsatz, Qualitätsmanagement, Innovationsverhalten, Lohnsystem, Arbeitszeitmodellen, Mitwirkungsrechten etc.	Dokumentenanalysen, Experteninterviews
2. **Analyse von Auftragsdurchläufen**	Analyse des Auftragsdurchlaufes von 2 bis 5 typischen und abgeschlossenen Aufträgen	Dokumentenanalysen, Ablauforientierte Betriebsbegehungen, Experteninterviews, Gruppeninterviews
3. **Analyse von Arbeitssystemen**	Analyse von Inputs, Transformationsprozessen, Outputs, sozialem und technischem Teilsystem, technisch-organisatorischer Gestaltung, Schwankungen und Störungen, Hauptproblemen, etc.	Dokumentenanalysen, Experteninterviews, Gruppeninterviews
4. **Analyse von Arbeitsgruppen**	Analyse von Möglichkeiten zur kollektiven Regulation von Arbeitsaufgaben und Arbeitszeit, Umgebungsbedingungen, Qualifizierung, Leistung, Qualität, interner und externer Koordination etc.	Dokumentenanalysen, Gruppeninterviews, Beobachtungsinterviews
5. **Bedingungsbezogene Analyse von Schlüsseltätigkeiten**	Analyse von Arbeitseinheiten, Tätigkeitsabläufen, Kommunikations- und Kooperationserfordernissen, Mensch-Maschine-Funktionsteilung und -Interaktion, Regulationshindernissen, etc	Ganzschichtbeobachtungen, Beobachtungsinterviews, Experteninterviews
6. **Personbezogene Arbeitsanalysen**	Analyse von Erwartungen der Beschäftigten an ihre Arbeit sowie Wahrnehmung der Arbeitssituation durch die Beschäftigten	Schriftliche Erhebung mit Skalierungsverfahren
7. **Analyse der soziotechnischen Geschichte**	Analyse von Strategien, Vorgehen und Meilensteinen bei der technisch-organisatorischen Entwicklung des Betriebes	Dokumentenanalysen, Experteninterviews

2.1 Analyse von Arbeitsaufträgen 89

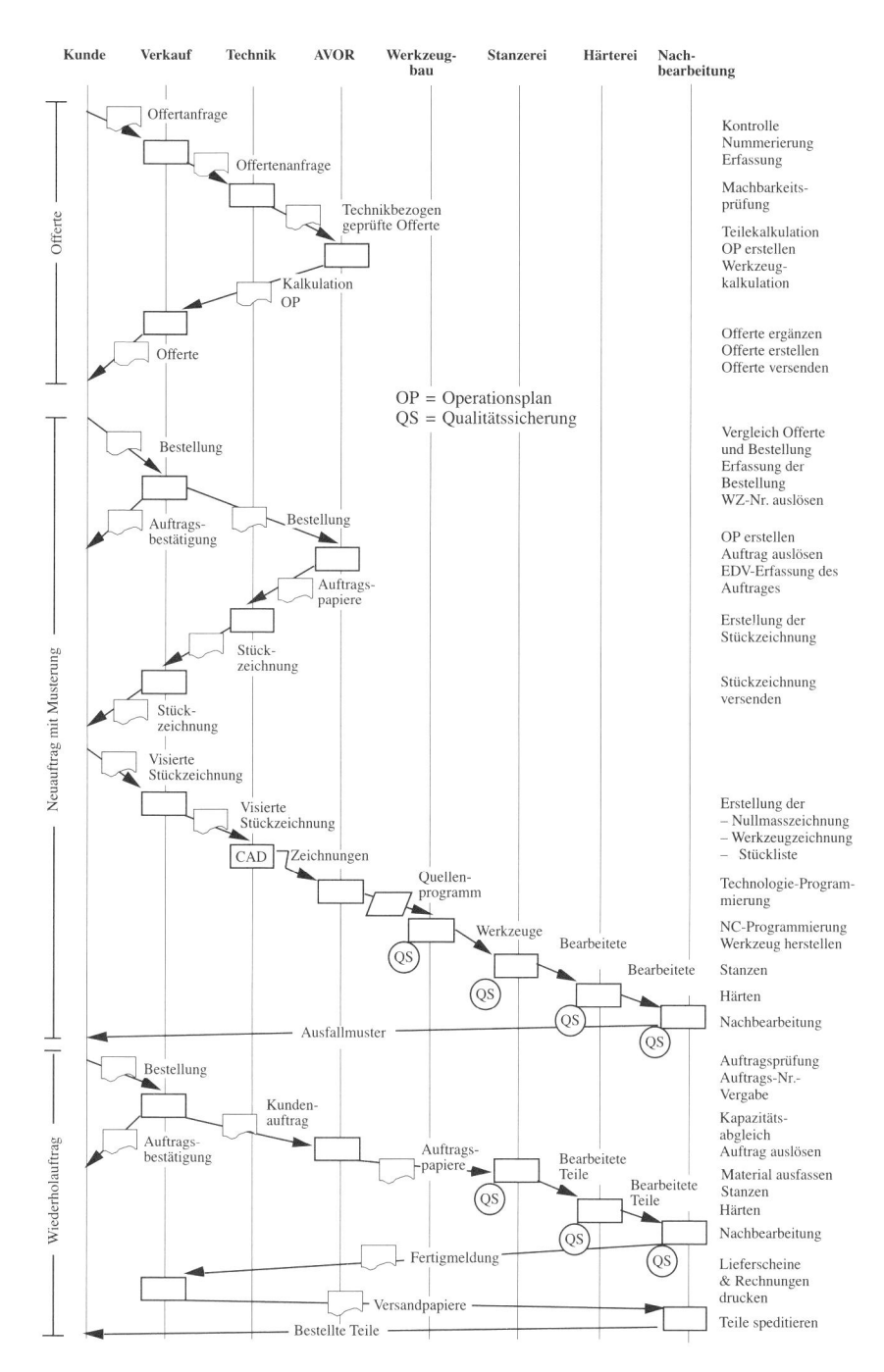

Abbildung 2.6: Auftragsdurchlauf im Stanzbereich eines Zulieferunternehmens für den Anlagenbau (aus: STROHM 1997c)

Mit den aus der Analyse auf der Unternehmensebene gewonnenen Kenntnissen über Produkte und Produktionsbedingungen des Betriebes kann der zweite Untersuchungsschritt, die gezielte *Analyse von repräsentativen Auftragsdurchläufen*, durchgeführt werden. Dabei werden 2 bis 5 typische und abgeschlossene Aufträge arbeitsprozess- und durchlaufzeitbezogen analysiert und auch die geplanten mit den realen Durchlaufzeiten verglichen. Dies geschieht u.a. dadurch, dass die Untersucher gemeinsam mit den betrieblichen Experten den Aufträgen im Rahmen von Betriebsbegehungen ‹nachgehen›. In Abhängigkeit von den Produkten und den Produktionsbedingungen können dies sehr unterschiedliche Aufträge sein. So sind bei der kundenauftragsunabhängigen Produktion verschiedene produktionsprogrammgesteuerte und inhaltlich voneinander losgelöste Aufträge zu analysieren. Bei der kundenauftragsorientierten Produktion ist der Auftragsdurchlauf dagegen als ein Auftrag oder als mehrere, inhaltlich zusammenhängende Teilaufträge zu analysieren (vgl. STROHM 1996). In Abbildung 2.6 (siehe S. 89) ist der Auftragsdurchlauf im Stanzbereich eines Zulieferunternehmens für den Anlagenbau dargestellt.

Für die Analyse eines Auftrages ist mit einem Erhebungsaufwand von einem halben bis einem ganzen Tag zu rechnen. Die Bewertung von Auftragsdurchläufen wird anhand der folgenden fünf Kriterien vorgenommen: Funktionale Integration, Planungsqualität, Anzahl der Schnittstellen, Qualität der Schnittstellen, notwendige und überflüssige Redundanzen (vgl. SCHÜPBACH, STROHM, TROXLER & ULICH 1997). Bezüglich dieser Kriterien ist davon auszugehen, dass ein funktional integrierter Auftragsdurchlauf, der durch wenige, qualitativ hochstehende Schnittstellen sowie gezielte Redundanzen und hohe Planungsqualität gekennzeichnet ist, Hinweise auf die Vollständigkeit von Tätigkeiten und Möglichkeiten der Selbstregulation liefert, aber auch als guter Prädiktor für Effizienz im Sinne kurzer Durchlaufzeiten bei gleichzeitig hoher Qualität der Arbeitsergebnisse gelten kann.

Mit der Auftragsdurchlaufanalyse werden zugleich die im folgenden Schritt zu analysierenden Arbeitssysteme identifiziert. Ein Arbeitssystem ist durch einen inneren Aufgabenzusammenhang gekennzeichnet und kann aufgabenbezogen von anderen Arbeitssystemen abgegrenzt werden. *Die Analyse der Arbeitssysteme* bezieht sich auf Inputs, Transformationsschritte, Outputs, technisch-organisatorische Gestaltung sowie die damit verbundenen Schwankungen, Störungen und Hauptprobleme. Sie wird mittels Dokumentenana-

2.1 Analyse von Arbeitsaufträgen

lysen, Experteninterviews und Gruppeninterviews durchgeführt. Die Bewertung erfolgt auf der Basis der folgenden Kriterien (vgl. ALIOTH 1980, STROHM 1997a): Unabhängigkeit der Organisationseinheit, Aufgabenzusammenhang innerhalb der Organisationseinheit, Einheit von Produkt und Organisation, Polyvalenz der Beschäftigten, technisch-organisatorische Konvergenz. In Abbildung 2.7 ist die Bewertung eines Arbeitssystems anhand dieser Kriterien beispielhaft wiedergegeben.

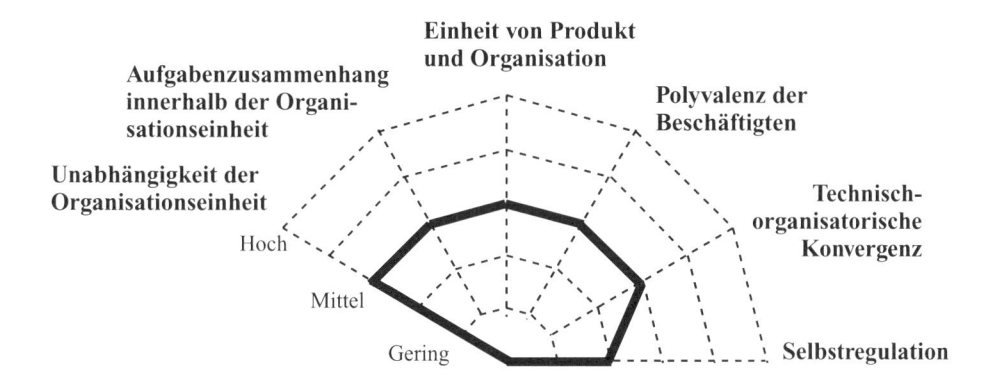

Abbildung 2.7: Die Bewertung der Abteilung Technik eines Zulieferunternehmens für den Anlagenbau (aus: STROHM 1997c)

Die im Arbeitssystem auftretenden Schwankungen, Störungen und Hauptprobleme werden mit der kriterienorientierten Bewertung im Sinne einer Ursachensuche in Zusammenhang gebracht. Damit können u.U. wichtige Hinweise für eine korrektive Gestaltung begründet werden. Im Rahmen der Analyse der Arbeitssysteme werden zugleich auch die im nächsten Schritt zu analysierenden Arbeitsgruppen sowie die im übernächsten Schritt zu analysierenden Schlüsseltätigkeiten identifiziert.

Der Arbeit in selbstregulierten Gruppen kommt für die Gestaltung persönlichkeitsförderlicher und zugleich wirtschaftlich effizienter Arbeitsstrukturen eine Schlüsselrolle zu. Im Rahmen der MTO-Analyse werden Arbeitsgruppen bezüglich ihrer Möglichkeiten zur kollektiven Regulation von Arbeitsaufgabenund Arbeitsbedingungen analysiert. *Die Analyse auf der Ebene der Gruppe* betrifft u.a. die Frage, inwieweit Arbeitsgruppen über die Arbeitsaufgabe, die Arbeitszeit, die Umgebungsbedingungen, die Qualifizierung, die Leistung, die Qualität sowie über die interne und externe Koordination mitentscheiden oder sogar autonom entscheiden können (vgl. ULICH & WEBER 1996, WEBER 1997, WEBER, KIRSCH & ULICH 1997 sowie Abschnitt 4.4). Die Analyse erfolgt über Gruppeninterviews sowie mit Hilfe des von WEBER (1997) entwickelten Verfahrens zur Ermittlung der kollektiven Handlungsregulation VERA-KHR. In diesem Zusammenhang sind auch die von WEBER (1997) so genannten und beschriebenen ‹kollektiven Vergegenständlichungen› sorgfältig zu erfassen.

Die bedingungsbezogene *Analyse von Schlüsseltätigkeiten* erfolgt mit Hilfe von Ganzschichtbeobachtungen, Beobachtungsinterviews und Experteninterviews. Für die Analyse sind Personen auszuwählen, die die Arbeitsinhalte und -bedingungen der jeweiligen Arbeitstätigkeit gut repräsentieren. Die Ganzschichtbeobachtungen dienen der Erfassung der Oberflächenstruktur der Tätigkeiten (vgl. Abschnitt 2.2). Die Bewertung der Arbeitstätigkeiten erfolgt auf der Basis der Verfahren VERA, KABA und RHIA (vgl. Abschnitte 2.3 und 3.4). Mit diesen Bewertungen wird u.a. abgeschätzt, inwieweit die analysierten Tätigkeiten die arbeitspsychologischen Anforderungen an eine qualifizierende und persönlichkeitsförderliche Arbeitsgestaltung erfüllen.

Zur *Analyse der Mensch-Maschine-Funktionsteilung* ist zusätzlich der Einsatz des KOMPASS-Verfahrens (Komplementäre Analyse und Gestaltung von Produktionsaufgaben in soziotechnischen Systemen) zu empfehlen (vgl. GROTE 1997a; GROTE, WEIK, WÄFLER & ZÖLCH 1995; GROTE, WÄFLER & WEIK 1997).

Zahlreiche Untersuchungen bestätigen, dass sich die subjektive Wahrnehmung einer Arbeitssituation durch die Beschäftigten von den objektiven Merkmalen der Arbeitssituation erheblich unterscheiden kann. Daher wird in Schritt 6 *die subjektive Wahrnehmung der Arbeitssituation* durch die in den analysierten Arbeitssystemen Beschäftigten erfasst. Mit den in Abschnitt 2.3 erwähnten Fragebogen zur Subjektiven Arbeitsanalyse (SAA) und der Salutogenetischen Subjektiven Arbeitsanalyse (SALSA) kann die subjektive Bewertung verschiedener Anforderungen, Belastungen und Ressourcen sinnvoll erhoben werden (vgl. RIMANN & UDRIS 1997, UDRIS & RIMANN 1999). Die Arbeitszufriedenheit wird nach den unterschiedlichen Formen der Zufriedenheit sensu BRUGGEMANN (1974) erfasst (vgl. Abschnitt 3.1). Im Rahmen von Schritt 6 erhalten die Beschäftigten zudem Gelegenheit, positive und negative Aspekte der jetzigen Arbeitssituation ‹in offener Form›

2.1 Analyse von Arbeitsaufträgen

zu äussern sowie Änderungswünsche und Verbesserungsvorschläge bezüglich der technisch-organisatorischen Strukturen und Abläufe sowie der Qualifizierungsmöglichkeiten und -barrieren einzubringen.

Die Offenlegung unterschiedlicher Wahrnehmungen und Erfahrungen der betrieblichen Akteure kann einen wesentlichen Beitrag zur Klärung von Positionen und zur Auslösung beteiligungsorientierter Veränderungsprozesse leisten.
Mit Blick auf die Auslösung und Realisierung solcher Veränderungsprozesse sollten bei den mit der Gestaltung beauftragten Personen Kenntnisse über die soziotechnische Geschichte des Betriebes vorhanden sein, weil so die im Betrieb vorhandenen Erfahrungen genutzt und Wiederholungsfehler vermieden werden können. Im siebenten Schritt wird daher – nachdem die Arbeitsstrukturen und -abläufe analysiert und hinreichend bekannt sind – der Frage nachgegangen, wie die technisch-organisatorischen Strukturen und Abläufe im Betrieb entstanden sind (vgl. STROHM 1996, 1997b).

Die *Analyse der soziotechnischen Geschichte* unterteilt sich in zwei Teilschritte. Im ersten Teilschritt wird die allgemeine soziotechnische Geschichte des Unternehmens retrospektiv erfasst. Das heisst, dass z.B. mit dem Geschäftsleiter, einem Bereichsleiter und/oder dem Produktionsleiter die wichtigsten Meilensteine der technisch-organisatorischen Entwicklung des Unternehmens identifiziert und analysiert werden. Auf der Basis dieser allgemeinen Retrospektive werden im zweiten Teilschritt ein oder zwei wichtige Meilensteine bzw. Projekte aus der soziotechnischen Geschichte des Unternehmens vertieft analysiert. Dabei sollten Meilensteine ausgewählt werden, die eine gewisse Komplexität aufweisen und eine Veränderung der technisch-organisatorischen Strukturen und Abläufe im Unternehmen bewirkten bzw. grössere Relevanz für die soziotechnische Gestaltung des Unternehmens hatten. Beispiele dafür sind PPS- und CAD-Projekte, Automatisierungsprojekte in der Produktion sowie Projekte wie die Einführung von Fertigungsinseln. Der Projektabschluss sollte nicht allzulange zurückliegen. Die retrospektive Analyse ausgewählter Meilensteine bzw. Projekte ist mit einem Untersuchungspartner wie z.B. dem Projektleiter vorzunehmen, der einen umfassenden Überblick über das Projekt hat. Die Erfahrungen zeigen, dass mit dieser Form von Reflexion eine ganzheitliche Planung und Konzeption zukünftiger Vorhaben sinnvoll unterstützt werden kann. Aus einem Vergleich der Ergebnisse mit den Erfahrungen bzw. Erinnerungen von

Mitarbeiterinnen und Mitarbeitern, die von den reflektierten Veränderungen betroffen waren, können zusätzliche Aufschlüsse erwartet werden.

Der *Aufwand* für die Durchführung einer MTO-Analyse ist relativ hoch. Tabelle 2.4 zeigt dies exemplarisch am Beispiel eines Betriebes mit 150 Beschäftigten, der Transportanlagen entwickelt und produziert.

Tabelle 2.4: Beispiel für die im Rahmen einer MTO-Analyse durchgeführten Untersuchungen in einem Unternehmen aus dem Anlagenbau (aus: STROHM 1997c)

	Geschäfts-Leitung	Verkauf	Technik	Zentrale Dienste	Produktion Indirekt	Direkt
Analye auf der Ebene des Unternehmens	6 Themen-Interviews					
Analyse von Auftrags-durchläufen N=5		3 Kunden-aufträge	1 Änderungs-auftrag		1 Fertigungsauftrag	
Analyse von Arbeits-systemen N=11		Verkauf	Produkt 1 Produkt 2 Produkt 3	Zentral-einkauf	AVOR Disposition	Dreherei Fertigungs-team Montage 1 Montage 2
Analyse von Arbeits-gruppen N=9			Produkt 1 Produkt 2 Produkt 3		AVOR Disposition	Dreherei Fertigungs-team Montage 1 Montage 2
Analyse von Schlüsseltätig-keiten N=24		Projekt-leiter Verkaufs-sekretärin	3 Kon-strukteure 3 Ma-schinen-zeichner		Disponent Arbeits-planer Meister	NC-Pro-grammierer 10 Opera-teure 2 Monteure
Befragung von Mitarbeiter-Innen N=102		N=6	N=21	N=29	N=46	
Analyse der soziotech-nischen Geschichte	1 Interview					

2.1 Analyse von Arbeitsaufträgen

Für die Planung und Durchführung der Betriebsuntersuchung wurde ein Aufwand von 30 Persontagen – ohne Auswertung – geleistet. Das Untersuchungsteam setzte sich aus 6 Personen zusammen.

Zur *Verfahrensgüte* der hier vorgestellten ganzheitlichen Betriebsanalyse ist zunächst festzustellen, dass zu einzelnen der bisher bereits integrierten Verfahren wie VERA, RHIA, KABA und SALSA sowie für das Verfahren KOMPASS entsprechende Daten vorliegen. Für die soziotechnische Analyse und Bewertung von Auftragsdurchläufen und von Arbeitssystemen sowie für die Ermittlung der kollektiven Handlungsregulation (sensu WEBER 1997) stehen vergleichbare Verfahrensüberprüfungen noch aus. Für diese Vorgehensweisen gilt vorläufig wie für die Mehr-Ebenen-Analyse insgesamt, dass die positive Einschätzung der Güte – und des praktischen Nutzens – auf zwei Erfahrungen beruht. Erstens gilt für alle bisher untersuchten Organisationen, dass ihre Angehörigen sie aufgrund der ihnen übermittelten Ergebnisse sowohl insgesamt als auch in den Abläufen, Teilstrukturen und Tätigkeiten ‹wiedererkennen›. Allerdings gilt auch für alle Fälle, dass –Âbisweilen bis in Details gehende – Begründungen für einzelne Bewertungen gefordert wurden. Zweitens konnten in allen Fällen, in denen aufgrund der vorgelegten Daten Restrukturierungsprozesse ausgelöst wurden, mit den Befunden übereinstimmende Ansätze entwickelt und zum Teil auch bereits erfolgreich realisiert werden (vgl. STROHM und ULICH 1997).
Insgesamt erweist sich die MTO-Analyse als «die im deutschsprachigen Raum wohl vollständigste Methodik, die von der strategischen Ebene, der soziotechnischen Geschichte und Marktbeziehungen bis hin zu einzelnen Arbeitsplätzen und -bedingungen ein *integriertes Analyseinstrument* anbietet» (LATNIAK 1999, 181). Nach den vorliegenden Erfahrungen lässt sich die MTO-Analyse «in den konzeptuellen und methodischen Grundzügen mit Anpassungen auch auf Krankenhäuser, Schulen, Verwaltungen etc. übertragen» (SCHÜPBACH & ZÖLCH 2004, 208).

Die Erfahrungen aus den betrieblichen Untersuchungen zeigen, dass die beteiligten Ingenieure und Ökonomen das Instrumentarium gut handhaben und dadurch zugleich ein umfassenderes Verständnis für betriebliche Arbeitsstrukturen und -abläufe entwickeln konnten. In jedem Fall ist jedoch eine gründliche Schulung sowie ein – durch arbeitspsychologisch geschulte Fachleute mit entsprechender Erfahrung – begleiteter Ersteinsatz erforderlich. Eine ausführliche Darstellung der einzelnen Schritte der MTO-Analyse mit praxisorientierten Auswertungs- und Ergebnisbeispielen findet sich bei STROHM & ULICH (1997).

2.2 Die psychologische Tätigkeitsanalyse

Tätigkeitsanalysen werden – wie in Abschnitt 2.1.1 abschliessend erwähnt – vor allem dann durchgeführt, wenn die Ergebnisse der Auftrags- und Bedingungsanalyse nicht ausreichen, um Bewertungen vorzunehmen und Gestaltungsvorschläge zu erarbeiten. Sie sollen demzufolge detailliertere Kenntnisse über die Tätigkeitsabläufe sowie die Auftrittshäufigkeiten, -abfolgen und Zeitanteile der einzelnen Teiltätigkeiten ermöglichen.

«Die Wiederholungshäufigkeit hat hohe Bedeutung für die Anforderungsvielfalt oder -armut. Die Abfolgeform ist bedeutsam für die Vorhersehbarkeit und damit die Möglichkeit, vorausblickend Arbeitsweisen zu entwickeln. Die verfügbare Zeit hat starken Einfluss auf das Erleben der zeitlichen Anforderungen zwischen den Polen Langeweile wegen Ereignisarmut (nicht Ereigniseinförmigkeit) und Zeitdruck» (HACKER und MATERN 1980, 41).

Darüber hinaus soll die Tätigkeitsanalyse vor allem über den Beitrag der einzelnen Teiltätigkeiten zur Erfüllung des Auftrags Auskunft geben, um so die leistungsbestimmenden Teiltätigkeiten ermitteln zu können.

Die Durchführung der psychologischen Tätigkeitsanalysen erfolgt in *drei* Hauptschritten. Im *ersten* Schritt sollen die Teiltätigkeiten der zu analysierenden Arbeitstätigkeit durch Beobachtungsinterviews erfasst werden. Das heisst, dass zunächst durch stichprobenartige Beobachtung und anschliessende Befragung der Arbeitenden Zusammensetzung und Ablauf der Tätigkeit zu erfassen sind. Ziel dieses Schrittes ist, zu überprüfen, «ob die in der Auftragsanalyse unterschiedenen Aufträge und deren Struktur beobachtbar sind und durch welche sichtbaren Kriterien sie durch den Untersucher im Handlungsablauf voneinander abzugrenzen sind» (MATERN 1983, 122).
Darauf folgend ist im *zweiten* Schritt ein Kategoriensystem zu entwickeln, anhand dessen eine hinreichend differenzierte und präzise Erfassung und Beobachtung aller vorkommenden Teiltätigkeiten vorgenommen werden kann. Es kann erforderlich sein, die Brauchbarkeit dieses Kategoriensystems noch einmal durch Beobachtungsinterviews zu überprüfen.
Im *dritten* Schritt sind sorgfältige Tätigkeitsbeobachtungen von hinreichender Länge – im Allgemeinen: mindestens die Dauer einer Arbeitsschicht –

2.2 Psychologische Tätigkeitsanalyse

durchzuführen. Für die Zwecke der psychologischen Tätigkeitsanalyse können Ganzschichtbeobachtungen nicht durch Beobachtungen von Zeitstichproben ersetzt werden. Im Gegenteil kann es erforderlich sein, die Beobachtungen über die Dauer einer Schicht hinaus auszudehnen und z.B. die Schichtübergabe und den Beginn der folgenden Schicht mit zu erfassen. Bei einem Schichtsystem, das Nachtarbeit einschliesst, kann es darüber hinaus notwendig werden, allfällige typische Unterschiede zwischen den Nacht- und den Tagschichten zu erfassen, z.B. Übernahme von dispositiven Teiltätigkeiten in der Nachtschicht, die tagsüber von Vorgesetzten wahrgenommen werden.

«Arbeitsstudien als eine Form wissenschaftlich gelenkter Beobachtung können auch nicht durch das Befragen sogenannter Experten über Arbeitstätigkeiten ersetzt werden ... Wiederholt erwies sich nämlich, dass nicht die Technologen, Meister oder Arbeitswissenschaftler, sondern die Arbeiter selbst die sachkundigen Experten für ihre Arbeitstätigkeiten sind. Jedoch ist gerade beim geübten Arbeiter nur noch ein Teil der wesentlichen tätigkeitsregulierenden Sachverhalte bewusstseinsfähig und mithin auf Befragen aussagbar» (HACKER und RICHTER 1980a, 94).

Beobachtungsdaten liefern «sicherere» Ergebnisse als Befragungen per Fragebogen. Oesterreich und Geissler (2002, 2003) berichten, dass die Übereinstimmung zweier unabhängiger Beobachter, welche zwei verschiedene Personen beobachten, die die gleiche Arbeitstätigkeit ausüben, zwischen $r = .65$ und $r = .80$ liegt (vgl. Abb. 2.8, S. 98). Lässt man die zwei arbeitenden Personen ihre Arbeitstätigkeit mittels Fragebogenverfahren einschätzen, liegt die Übereinstimmung der Einschätzungen zwischen $r = .20$ und $r = .40$. Das heisst, dass die Ergebnisse der Fragebogenerhebung erhebliche personenspezifische Anteile beinhalten, die Beobachtungen hingegen davon weitgehend unabhängige Ergebnisse liefern (vgl. dazu auch DUNCKEL und RESCH 2010 sowie RESCH und LEITNER 2010). Tatsächlich sind, sofern entsprechende Freiheitsgrade vorhanden sind, «die auftretenden Vorgehensweisen beim Erfüllen von Aufgaben nicht nur von den objektiven Arbeitsbedingungen, sondern auch von den persönlichen Eigenschaften der Arbeitenden abhängig. Individuelle Vorgehensweisen können sich verfestigen und verallgemeinern zu einem persönlichkeitsspezifischen Stil des Bewältigens von Aufgabenklassen» (HACKER 2005, 786).

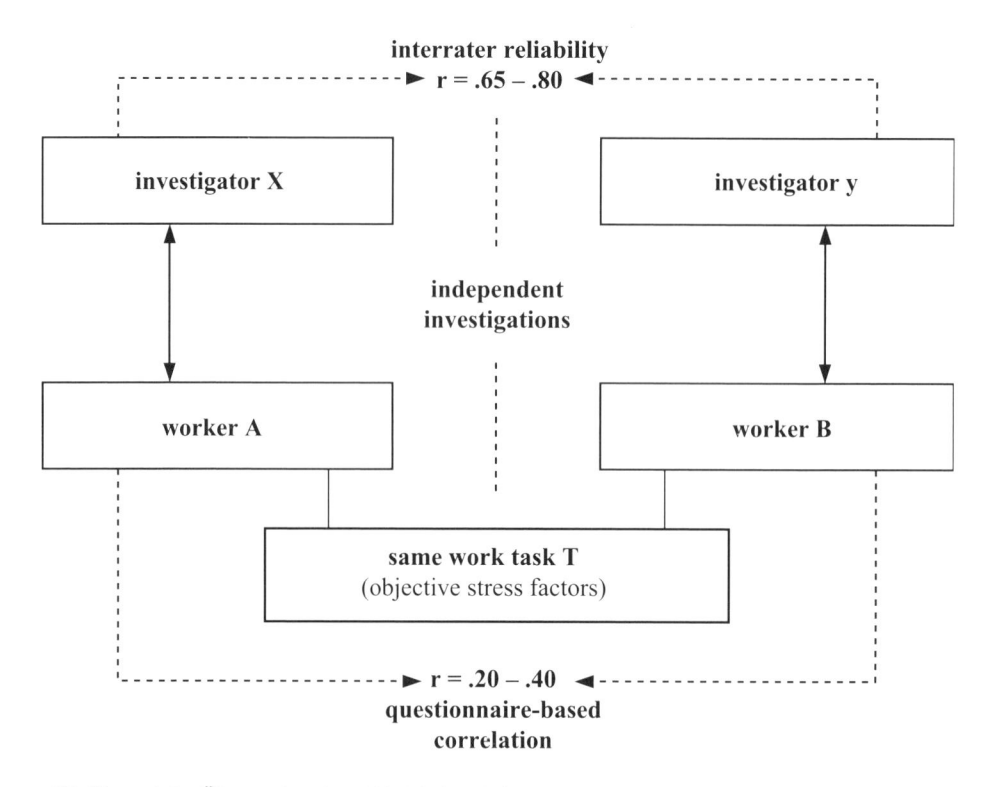

```
                    interrater reliability
    ┌---------------► r = .65 – .80 ◄---------------┐
    │                                                │
┌───────────────┐                            ┌───────────────┐
│ investigator X │                            │ investigator y │
└───────────────┘                            └───────────────┘
       ▲                 independent                 ▲
       │                investigations               │
       ▼                                              ▼
┌───────────────┐                            ┌───────────────┐
│   worker A    │                            │   worker B    │
└───────────────┘                            └───────────────┘
              │                                  │
              │   ┌──────────────────────────┐   │
              └───│   same work task T       │───┘
                  │ (objective stress factors)│
                  └──────────────────────────┘
    └---------------► r = .20 – .40 ◄---------------┘
                    questionnaire-based
                        correlation
```

Abbildung 2.8: Überprüfen der Objektivität bei der Erhebung von Stressoren unter Verwendung unabhängiger Doppelanalysen (aus OESTERREICH & GEISSLER 2003, S. 8)

Als Beispiel für das Ergebnis einer Ganzschichtbeobachtung ist in Abbildung 2.9 die Ablaufstruktur der Tätigkeit eines Anlagenführers/Einstellers aus dem in Abbildung 2.5a (S. 82) dargestellten Flexiblen Bearbeitungssystem wiedergegeben.

Aus der Darstellung in Abbildung 2.9 geht hervor, dass die Wiederholungshäufigkeit einzelner Teiltätigkeiten eher gering ist, der häufige Wechsel zwischen unterschiedlichen Teiltätigkeiten Abwechslung und Anforderungsvielfalt anzeigt. Die Abfolgeform ist dadurch gekennzeichnet, dass Störungen (20) zumeist unvorhersehbar auftreten, dann aber möglichst schnell behoben werden müssen. Kommunikation und Kooperation mit Arbeitskollegen (70) bedeuten in diesem Zusammenhang soziale Unterstützung und Entlastung. Die Zeitanteile für andere Aufgaben wie Werkzeugwechsel (31), Zusatzprüfungen (13) oder Werkzeugeinstellen (32) konzentrieren sich vor allem auf die erste bzw. zweite Schichthälfte und kommen in der jeweils anderen Schichthälfte nur ausnahmsweise vor.

2.2 Psychologische Tätigkeitsanalyse

Beobachtungskategorien

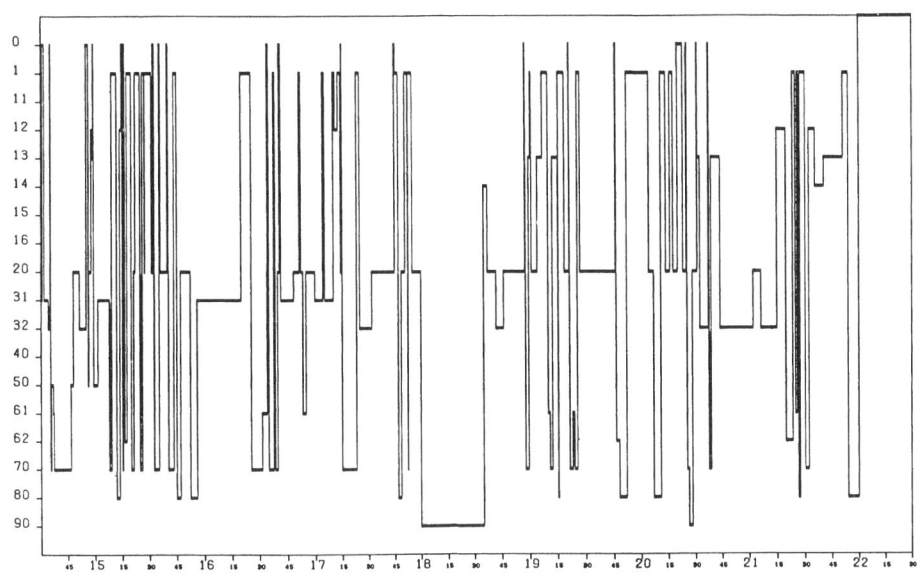

Legende (Erläuterungen siehe Text): Schichtverlauf (Uhrzeit)

Teiltätigkeiten des Anlagenführers/Einstellers (Beobachtungskategorien)

00 Wegzeit zwischen verschiedenen Teiltätigkeiten
01 «Rundgang»

11 Ein-/Ausspannen von Werkstücken
12 Werkstück-Grundprüfung (Sicht)
13 Zusatzprüfung nach Spannlage 1/2 (mit Prüfzeugen)
14 Materialfluss regeln (Werkstückkasten)
15 Entgraten
16 Werkstücke ein-/ausspannen an den BZ

20 Störungserfassung/-analyse/-behebung

31 Werkzeugwechsel
32 Werkzeug einstellen

40 (Mithilfe bei) Reparaturarbeiten

50 Überwachung
   (sichtbar gerichtete Aufmerksamkeit)

61 Späne entfernen
62 Andere Wartungsarbeiten

70 Kommunikation/Kooperation

80 Warte-/Bereitschaftszeit

90 Verlassen des Anlagenbereichs

Abbildung 2.9: Ablaufstruktur der Tätigkeit des Anlagenführers/Einstellers in einem Flexiblen Bearbeitungssystem (aus: Schüpbach 1988a)

Die Tätigkeit eines Operateurs/Maschinenbedieners zeigt demgegenüber eine deutlich andere Ablaufstruktur (vgl. Abbildung 2.10, S. 100).
Aus der Darstellung in Abbildung 2.10 ist zu entnehmen, dass – im Unterschied zur Tätigkeit des Anlagenführers – die Wiederholungshäufigkeit ein-

Beobachtungskategorien

[Diagramm: Ablaufstruktur über Schichtverlauf (Uhrzeit) von 15 bis 22 Uhr, Kategorien 10, 21, 22, 31, 51, 70, 80, 90]

Schichtverlauf (Uhrzeit)

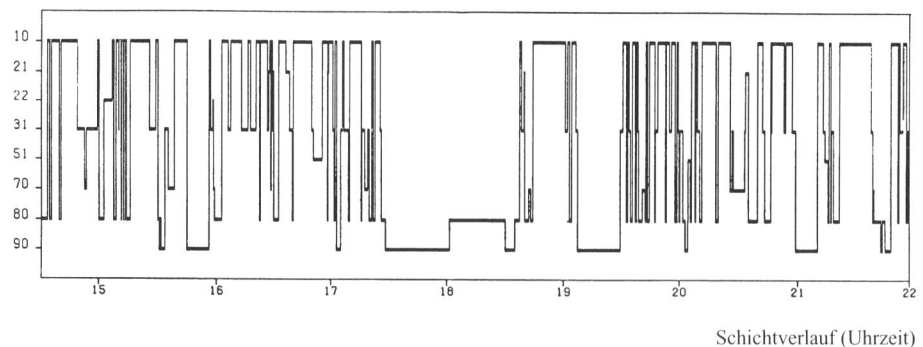

Legende (Erläuterungen siehe Text):

Teiltätigkeiten des «Bedieners» (Beobachtungskategorien)

10 Be- und Entladen der Werkstückträger

21 Werkstück-Grundprüfung (Sicht)

22 Werkstückprüfung (mit Messinstrumenten)

31 Werkstückträger-Umlauf überwachen

51 Hantieren mit Werkstückkasten

70 Kommunikation/Kooperation

80 Warte-/Bereitschaftszeit

90 Verlassen des Anlagenbereichs

Abbildung 2.10:   Ablaufstruktur der Tätigkeit eines Operateurs/Maschinenbedieners im Flexiblen Bearbeitungssystem (aus: SCHÜPBACH 1988a)

zelner Teiltätigkeiten des Operateurs sehr gross ist, der geringe Wechsel zwischen unterschiedlichen Teiltätigkeiten vergleichsweise wenig Abwechslung und Anforderungsvielfalt anzeigt.

Zwei weitere Beispiele stammen aus einer Untersuchung von DUELL (1988a), die sich mit Entscheidungsgründen und Anwendungsformen des Einsatzes von Industrierobotern in schweizerischen Unternehmungen beschäftigte. Im Rahmen dieser Untersuchung wurden u.a. psychologische Arbeitsanalysen an einem Roboter-Schweissarbeitsplatz und einem Flexiblen Fertigungssystem durchgeführt.

Wie in der Untersuchung von SCHÜPBACH wurden auch hier zunächst das technische und das soziale System beschrieben. Aufgrund von Beobachtungsinterviews wurden sodann Kategorien für die Tätigkeitsbeobachtungen festgelegt. Das Kategoriensystem für die Tätigkeit des Operateurs am Schweissroboter – der zugleich die Funktion des Vorarbeiters innehat – ist in der Tabelle 2.5 dargestellt.

2.2 Psychologische Tätigkeitsanalyse

Tabelle 2.5: Tätigkeitskategorien des Operateurs/Vorarbeiters an einer Industrieroboter-Schweissanlage im Maschinenbau (aus: DUELL 1988a)

100	*Auftragsplanung und Vorbereitung*	330	*Manuelle Bearbeitungen*
101	Material anfordern	331	Entgraten/Feilen
102	Transportbehälter bereitstellen	332	Werkstückteile zusammensetzen
103	Material transportieren	333	Auf- und Abspannen der Werkstücke
104	Material bereitstellen	334	Heften
105	Auftragsbestätigung	335	Schweissen
106	Auftrag vergegenwärtigen (Zeichnungen lesen, Leistungsvorgabe vergleichen etc.)	336	Schleifen
		340	*Qualitätskontrolle*
		400	*Kooperation/Kommunikation*
200	*Einrichten der IR-Schweissanlage*	401	arbeitsbezogen
201	Programmieren/Einteachen	402	nicht arbeitsbezogen
202	Programm laden		
203	Probelauf durchführen	500	*Vorgesetzenaufgaben*
204	Korrektur des Ablaufs	501	Unterweisen
205	Spannvorrichtungen montieren	502	Arbeit vergeben
206	Schweisstisch positionieren	503	Arbeit kontrollieren
		504	Material bereitstellen
300	*Teiltätigkeiten im unmittelbaren Zusammenhang mit dem Schweissen*	505	Auskünfte erteilen
		506	Administrative Arbeiten
310	*Bestückung der IR-Schweissanlage*	600	*Servicearbeiten*
311	Auf- und Abspannen der Werkstücke		
312	Werkstücke positionieren	610	*Wartungsarbeiten*
313	Roboter starten	611	Kleiner Wartungsservice
314	Werkstücke beiseite legen	612	Mitwirkung beim grossen Wartungsservice
320	*Überwachung und Regulation des IR-Schweissvorgangs*		
		620	*Reparatur*
321	Optische und akustische Überwachung	630	*Reinigung*
322	Korrektur des Startvorgangs		
323	Schweissdrüsenreinigung		
324	Schweissdrahtwechsel		

Die Ganzschichtbeobachtung ergibt folgende Zeitanteile für die in Tabelle 2.5 aufgelisteten Hauptkategorien:

100	Auftragsplanung und Vorbereitung	9 %
200	Einrichten des Industrieroboters	20 %
300	Bestücken, Überwachen, manuelles Bearbeiten	61 %
400	Arbeitsbezogene Kooperation und Kommunikation	6 %
500	Vorgesetzenaufgaben	4 %

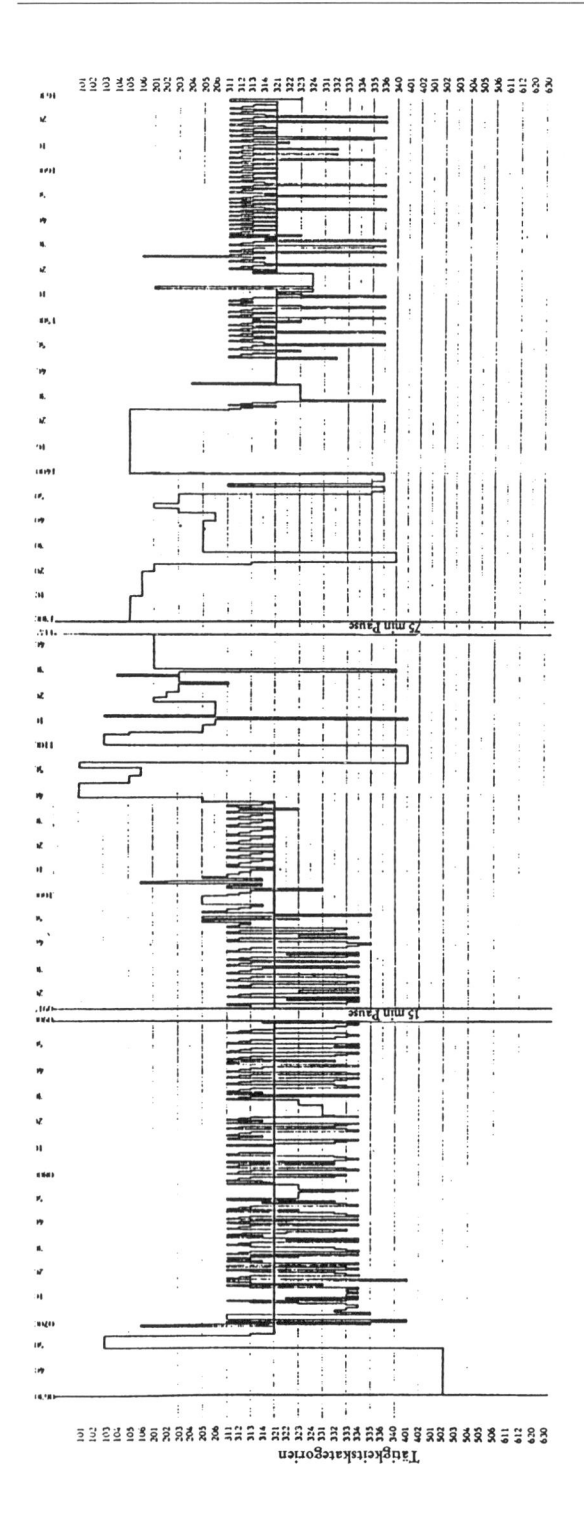

Abbildung 2.11: Ablaufstruktur der Tätigkeit des Operateurs/Vorarbeiters an einer Industrieroboter-Schweißanlage im Maschinenbau (aus: DUELL 1988)

2.2 Psychologische Tätigkeitsanalyse

Qualitätskontrollen machten weniger als 1% der Schichtzeit aus, Servicearbeiten wurden im Beobachtungszeitraum nicht vorgenommen. Die Ablaufstruktur der Tätigkeit ist in Abbildung 2.11 wiedergegeben.

Die Darstellung in Abbildung 2.11 zeigt, dass die Wiederholungshäufigkeit einzelner Teiltätigkeiten in bestimmten Schichtabschnitten sehr hoch ist, aber unterbrochen wird von einer Phase, die mit Planungs-, Vorbereitungs- und Einrichtfunktionen ausgefüllt ist und insgesamt etwa ein Viertel der Schichtzeit umfasst. Damit weist die Gesamttätigkeit eine Anforderungsvielfalt auf, die in der zeitlichen Strukturierung deutliche Unterschiede zur Tätigkeit des in Abbildung 2.9 (S. 99) dargestellten Anlagenführers erkennen lässt. Eine Detailanalyse der Teiltätigkeiten Bestücken und manuelles Bearbeiten (vgl. Abbildung 2.12, S. 104) erlaubt darüber hinausgehend interessante Schlussfolgerungen: «Die Bestückungsoperationen dauern jeweils ungefähr 20 Sekunden. Ihre Abfolge ist logisch vorgegeben. In der Verlaufsstruktur erkennt man, dass diese Abfolge vom Operateur niemals unterbrochen wird – obwohl das durchaus möglich wäre. Diese Tatsache deutet darauf hin, dass der Operateur die Teiltätigkeiten als zusammengehörig betrachtet. Sieht man sich dagegen die (ebenfalls logische) Abfolge der manuellen Operationen an, die jeweils ungefähr 50 Sekunden beanspruchen, so fällt auf, dass diese häufig durch die Arbeit am Roboter unterbrochen werden. Mit anderen Worten: die Bestückung ... des Roboters ist zur vorrangigen Aufgabe des Operateurs geworden. Die manuellen Schweiss- und Bearbeitungstätigkeiten werden dieser Aufgabe untergeordnet» (DUELL 1988a, 92).

Das zweite Beispiel aus der Untersuchung von DUELL stammt aus der Gehäusefertigung und betrifft die Tätigkeit des Schichtführers in einem Flexiblen Fertigungssystem mit Robotereinsatz. Die Zuständigkeit der Schichtführer umfasst die Einrichtung, Überwachung, Steuerung und Störungsbeseitigung an den Bearbeitungszentren und Robotern sowie den Transport der Gehäuse in die Werkstückmagazine sowie die Qualitätskontrolle. Die aufgrund der Beobachtungsinterviews formulierten Tätigkeitskategorien sind in Tabelle 2.6 (S. 105) dargestellt.

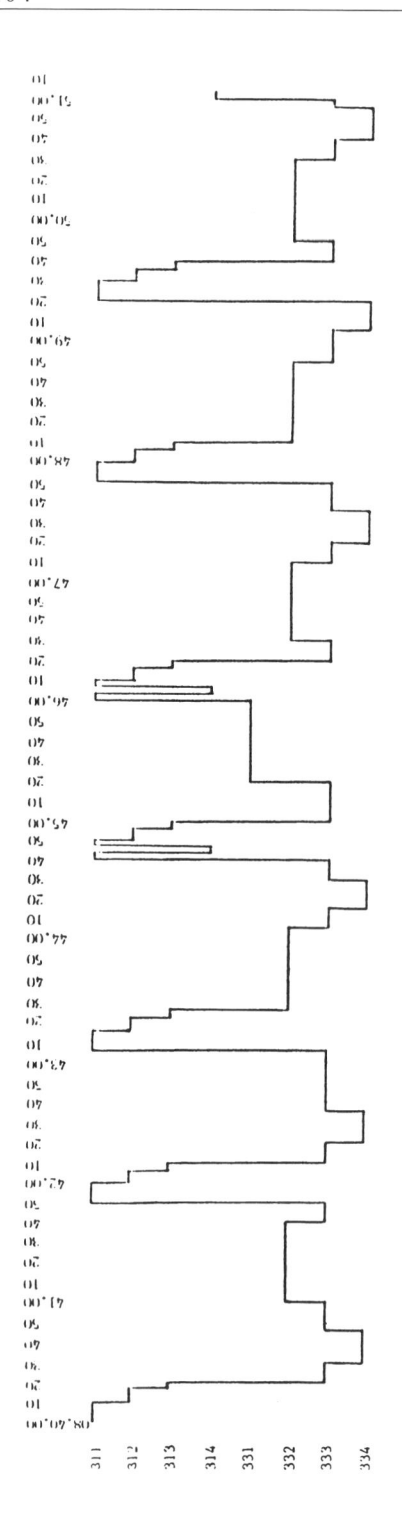

Abbildung 2.12: Ausschnitt aus einer Detailanalyse der Tätigkeit des Operateurs/Vorarbeiters an einer Industrieroboter-Schweissanlage im Maschinenbau (aus: DUELL 1988)

2.2 Psychologische Tätigkeitsanalyse

Tabelle 2.6: Tätigkeitskategorien des Schichtführers in einem Flexiblen Fertigungssystem mit Robotereinsatz – Gehäusefertigung (aus: DUELL 1988a)

10 *Vorbereitende Arbeiten*	33 Störungsbeseitigung
11 Transportarbeiten	34 Fertigungssteuerung
12 Schreibarbeiten, z.B. Begleitscheine ausfüllen	40 *Qualitätskontrolle*
	50 *Manuelle Bearbeitungen*
20 *Einrichten*	60 *Kooperation/Kommunikation*
21 Laufende Programmänderungen	61 arbeitsbezogen
22 Bearbeitungszelle einfahren und korrigieren	62 nicht arbeitsbezogen
23 Werkzeuge kontrollieren, einstellen und wechseln	70 *Vorgesetztenfunktionen*
	71 Unterweisen
24 Spannvorrichtungen wechseln und justieren	72 Unterstützen
	73 Kontrolle
30 *Überwachung und Regulation des Fertigungsprozesses*	80 *Servicearbeiten*
	82 Instandhaltungsarbeiten
31 Maschinenbestückung	
32 Optische und akustische Überwachung	90 *Sonstige Arbeiten*

Die Ganzschichtbeobachtung ergibt folgende Zeitanteile für die in Tabelle 2.6 aufgelisteten Hauptkategorien:

10	Vorbereitende Arbeiten	10,0 %
20	Einrichten	15,0 %
30	Überwachung und Regulation des Fertigungsprozesses	32,5 %
40	Qualitätskontrolle	17,5 %
50	Manuelle Bearbeitungen	0,0 %
60	Kooperation/Kommunikation	10,0 %
70	Vorgesetztenfunktionen	10,0 %
80	Servicearbeiten	1,2 %
90	Sonstige Arbeiten	3,8 %

Die Ablaufstruktur der Tätigkeit ist in Abbildung 2.13 (S. 106) dargestellt.

Die Wiederholungshäufigkeit einzelner Teiltätigkeiten ist sehr gering. Für die Abfolgeform ist der wiederkehrende Wechsel zwischen Einrichten und Beseitigung von Störungen ebenso charakteristisch wie die fortlaufende Überwachung des Fertigungsprozesses. Bei den Zeitanteilen für die Teiltätigkeiten

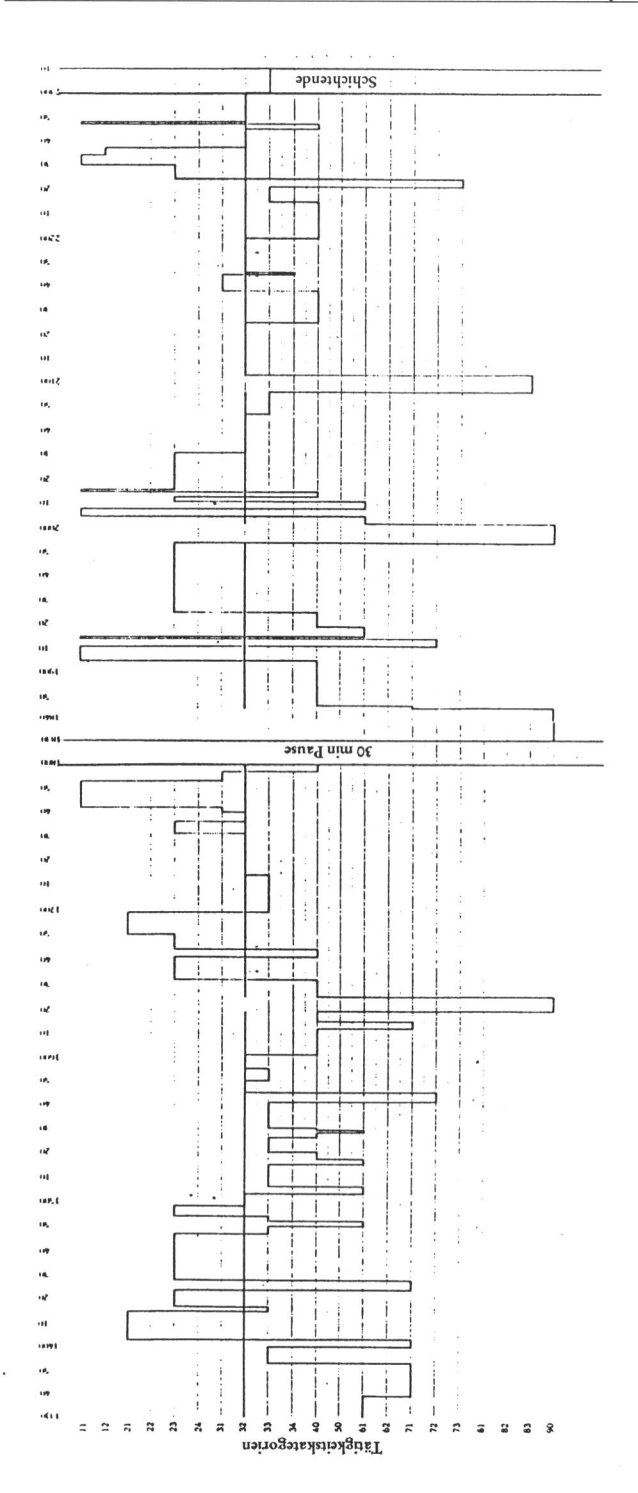

Abbildung 2.13: Ablaufstruktur der Tätigkeit des Schichtführers in einem Flexiblen Fertigungssystem mit Robotereinsatz – Gehäusefertigung (aus: DUELL 1988)

fällt auf, dass Einrichtungs-, Überwachungs- und Regulationsfunktionen sowie Qualitätskontrolle zusammen rund zwei Drittel der Schichtzeit bestimmen, manuelle Bearbeitungen dagegen gar nicht und Servicearbeiten nur in sehr geringem Umfang beobachtet wurden.

Ein Vergleich der Ablaufstrukturen in den Abbildungen 2.11 (S. 102) und 2.13 macht verständlich, dass DUELL die Tätigkeit im ersten Fall als «Bedienung des Roboters», im zweiten Fall als «Überwachung des Roboters» charakterisiert.

2.3 Auswirkungen von Produktionsbedingungen und Arbeitstätigkeiten auf Befinden und Erleben der Beschäftigten

Nach der hier vertretenen Auffassung sollte – wie eingangs dargestellt – zu jeder psychologischen Analyse von Arbeitstätigkeiten auch die Analyse ihrer subjektiven Widerspiegelung gehören. Zur Erfassung der Auswirkungen von Produktionsbedingungen und Arbeitstätigkeiten auf Befinden und Erleben der Beschäftigten eignen sich am ehesten Verfahren, deren theoretische Grundlagen der Grundlage jener Verfahren entsprechen, die für die Analyse und Bewertung von Arbeitstätigkeiten eingesetzt werden.[3] Dies gilt für den Job Diagnostic Survey nicht in gleicher Weise wie für die anderen hier besprochenen Verfahren. Da er aber wichtige Anregungen für eine Reihe von methodischen Entwicklungen, und auch für die Konzeption des im Abschnitt 2.3.2 besprochenen Verfahrens der subjektiven Arbeitsanalyse lieferte, wird der JDS als erstes Analyseinstrument vorgestellt.

2.3.1 Der Job Diagnostic Survey (JDS)

Eines der bekanntesten und international weit verbreiteten Verfahren zur Erfassung des subjektiven Erlebens objektiver Arbeitssituationen wurde von HACKMAN und OLDHAM (1975, 1976) entwickelt und als Job Diagnostic Sur-

---

[3] Da derartige Analysen nicht selten ohne ausreichende Kenntnis der dafür erforderlichen Voraussetzungen mit Hilfe von selbst erdachten Fragen vorgenommen werden, ist in diesem Zusammenhang auf die messtheoretischen Standards und Gütekriterien hinzuweisen, die an Verfahren zur Erfassung der psychischen Belastung anzulegen sind (vgl. dazu die Stellungnahmen von NACHREINER und SCHÜTTE 2005 sowie ÖSTERREICH 2005 zur DIN EN ISO 10075-3).

vey bezeichnet. Dem Verfahren liegt ein theoretisches Konzept zugrunde, dessen erste Fassung von HACKMAN und LAWLER (1971) vorgestellt worden war.

Das sogenannte «Job Characteristics Model» enthält eine Reihe von Hypothesen über *motivationsfördernde Bedingungen der Arbeitssituation und deren Auswirkungen auf Erleben und Verhalten der Beschäftigten.* Nach HACKMAN und OLDHAM ist das Entstehen einer intrinsischen – das heisst einer aus der Ausführung der Arbeitstätigkeit bzw. Arbeitsaufgabe selbst entstehenden – Motivation an drei Grundbedingungen («critical psychological states») geknüpft[4]: (1) Wissen über die aktuellen Resultate, vor allem die Qualität, der eigenen Arbeit [«Knowledge of the actual results of the work activities»] – (2) Erlebte Verantwortung für die Ergebnisse der eigenen Arbeit [«Experienced responsibility for out-comes of the work»] – (3) Erlebte Bedeutsamkeit der eigenen Arbeitstätigkeit [«Experienced meaningfulness of the work»].

Die Ausprägung der genannten psychologischen Erlebniszustände wird durch fünf Tätigkeitscharakteristika [«core job dimensions»] – bei MATERN (1983) Tätigkeitsdimensionen, bei KLEINBECK (1987) Merkmalsdimensionen für Arbeitsinhalte genannt – bestimmt. Dabei handelt es sich um (1) die Anforderungsvielfalt [«skill variety»], (2) die Ganzheitlichkeit der Aufgabe [«task identity»][5], (3) die Bedeutsamkeit der Aufgabe für das Leben und die Arbeit anderer [«task significance»], (4) die Autonomie [«autonomy»] und (5) die Rückmeldung aus der Tätigkeit [«feedback from the job»].

Aus den Tätigkeitsmerkmalen, deren Wahrnehmung durch die Beschäftigten im JDS auf siebenstufigen Schätzskalen erfasst werden (vgl. Abbildungen 2.14 und 2.15 auf S. 109 und 110), wird aufgrund der im Folgenden dargestellten Verrechnungsvorschrift das Motivationspotenzial der Arbeitstätigkeit berechnet. Der resultierende Wert soll das Ausmass kennzeichnen, in dem die Beschäftigten ihre Arbeitstätigkeit als motivierend wahrnehmen.

---

[4] Die englischsprachigen Begriffe wurden hier deshalb in Klammern hinzugefügt, weil die Übersetzung in die deutsche Sprache nicht bei allen Autoren einheitlich ist (vgl. z.B. MATERN 1983, KLEINBECK 1987).

[5] In früheren Arbeiten von KLEINBECK, SCHMIDT et al. wird «task identity» als «Identifizierung mit der Aufgabe» bezeichnet. Dies wäre aber kein Tätigkeits- bzw. Aufgabenmerkmal, sondern das Ergebnis einer Auseinandersetzung der Person mit der Aufgabe, deren Ganzheitlichkeit allenfalls eine Identifikation zur Folge haben könnte. In neueren Arbeiten der Autoren (z.B. SCHMIDT und KLEINBECK 1999) wird «task identity» denn auch mit «Aufgabengeschlossenheit» übersetzt. Von WEINERT (1998, 190) wurde «task identity» mit «Identität der Aufgabe» übersetzt und erläutert als «Grad, zu dem die Person ein zusammenhängendes Stück der Arbeit/Aufgabe – anstelle von Teilen oder Facetten – fertigstellt».

2.3 Auswirkungen auf die Beschäftigten

$$\text{Kennwert des Motivationspotenzials} = \left[\frac{\text{Anforderungsvielfalt} + \text{Ganzheitlichkeit der Aufgabe} + \text{Bedeutsamkeit der Aufgabe}}{3}\right] \times \text{Autonomie} \times \text{Rückmeldung}$$

Die Darstellung in der Formel lässt erkennen, dass für Anforderungsvielfalt, Ganzheitlichkeit und Bedeutsamkeit der Aufgabe aufgrund ihrer additiven Verknüpfung kompensatorische Ausgleichsmöglichkeiten bestehen (vgl. SCHMIDT, KLEINBECK und ROHMERT 1981), während Autonomie und Rückmeldung als unabdingbare Voraussetzungen für das Entstehen hoher intrinsischer Motivation angesehen werden. Beispiele für die im JDS verwendeten Schätzskalen sind in Abbildung 2.14 wiedergegeben.

Im Folgenden finden Sie eine Reihe von Aussagen, die zur Beschreibung einer Tätigkeit dienen können. Sie sollen für jede Aussage angeben, ob sie eine *zutreffende* oder *unzutreffende* Beschreibung *Ihrer* Tätigkeit darstellt. Versuchen Sie, bei der Entscheidung, wie genau die einzelnen Aussagen auf Ihre Tätigkeit zutreffen, so objektiv wie möglich zu sein – egal, ob Ihnen Ihre Tätigkeit gefällt oder nicht.

Wie genau treffen diese Aussagen auf Ihre Tätigkeit zu?

	sehr ungenau	weitgehend ungenau	ziemlich ungenau	unbestimmt	ziemlich genau	weitgehend genau	sehr genau
Die Tätigkeit erfordert spezielle Fachkenntnisse							
Die Tätigkeit erfordert viel Zusammenarbeit mit anderen							

Abbildung 2.14: Frageformat des Job Diagnostic Survey (nach: HACKMAN und OLDHAM 1975)

Ausser den psychologischen Erlebniszuständen und den Tätigkeitsmerkmalen findet im Modell von HACKMAN und OLDHAM eine wichtige Personvariable Berücksichtigung, die als Bedürfnis nach persönlicher Entfaltung («Employee Growth Need Strength») bezeichnet wird. Aus der Annahme, dass dieses Bedürfnis bei unterschiedlichen Personen unterschiedlich ausgeprägt ist, folgt: Personen mit starkem Bedürfnis nach persönlicher Entfaltung werden, wenn ihre Arbeitstätigkeit im Sinne der Tätigkeitsmerkmale objek-

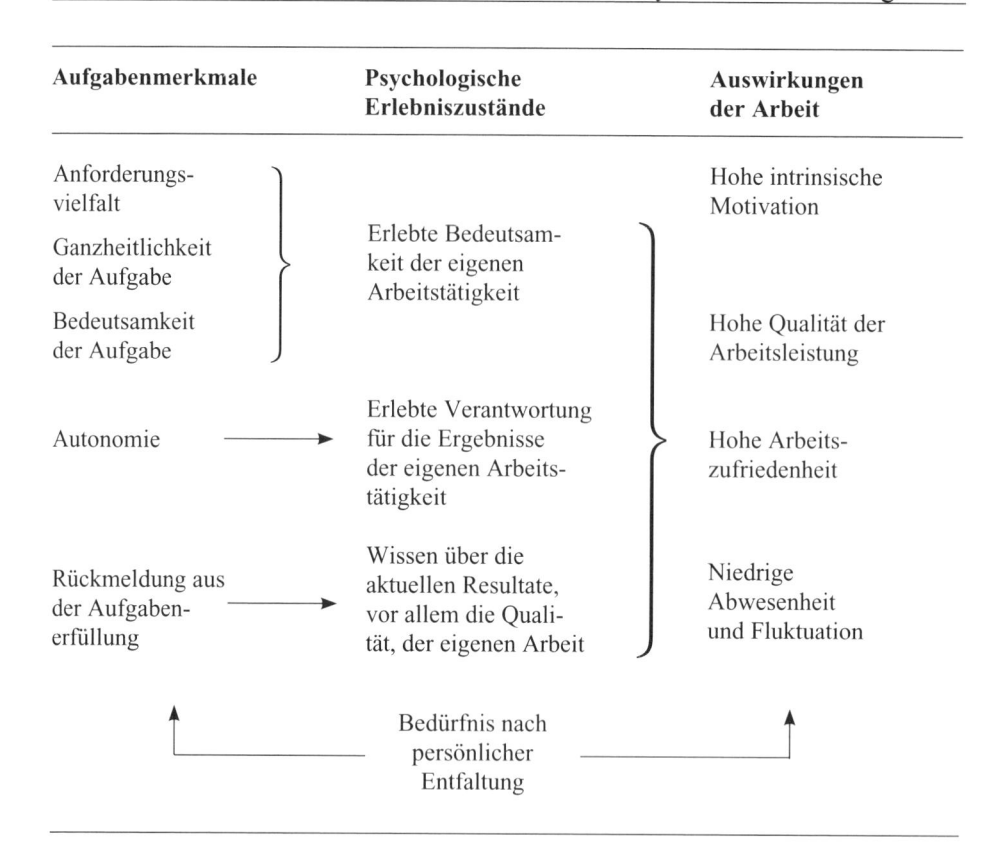

Aufgabenmerkmale	Psychologische Erlebniszustände	Auswirkungen der Arbeit
Anforderungs-vielfalt		Hohe intrinsische Motivation
Ganzheitlichkeit der Aufgabe	Erlebte Bedeutsamkeit der eigenen Arbeitstätigkeit	
Bedeutsamkeit der Aufgabe		Hohe Qualität der Arbeitsleistung
Autonomie →	Erlebte Verantwortung für die Ergebnisse der eigenen Arbeitstätigkeit	Hohe Arbeitszufriedenheit
Rückmeldung aus der Aufgabenerfüllung →	Wissen über die aktuellen Resultate, vor allem die Qualität, der eigenen Arbeit	Niedrige Abwesenheit und Fluktuation
	Bedürfnis nach persönlicher Entfaltung	

Abbildung 2.15: Beziehungen zwischen Tätigkeitsmerkmalen und Auswirkungen der Arbeit nach dem «Job Characteristics Model» (nach: HACKMAN und OLDHAM 1976)

tiv erweitert wird, die erwähnten psychologischen Erlebniszustände eher erfahren als Personen mit schwach ausgeprägtem Entfaltungsbedürfnis. Ausserdem werden die ersteren auf derartige Veränderungen positiver reagieren als die letzteren (vgl. zu den Zusammenhängen Abbildung 2.15).

Nach der Einschätzung von MATERN (1983) ist der JDS – der «auf Grund seiner theoretischen Konzeption eine wesentliche Entwicklungsetappe psychologischer Arbeitsanalyseverfahren» kennzeichnet – aber für die Planung von Gestaltungsmassnahmen «zu grob». Ein niedriger Kennwert des Motivationspotenzials einer Arbeitstätigkeit weise zwar auf deren Gestaltungsbedürftigkeit hin. «... aber *was* anders oder besser gemacht werden muss, wird nur sehr global gekennzeichnet, keinesfalls in einer Differenziertheit, die Ausgangspunkt für eine bei Gestaltungen wünschenswerte Zusammenarbeit zwischen Technikern und Psychologen sein kann» (MATERN 1983, 37). MA-

2.3 Auswirkungen auf die Beschäftigten

TERN kritisiert ausserdem die sehr globale Verwendung des Begriffs der Arbeitszufriedenheit, der qualitativ unterschiedliche Formen von Zufriedenheit bzw. Unzufriedenheit in keiner Weise berücksichtigt. Bemängelt wird von ihr schliesslich noch die Divergenz zwischen den anspruchsvollen theoretischen Konstrukten und ihrer «relativ schlechten Operationalisierung in den Fragen» (a.a.O., 38). «Zahlreiche Überprüfungen durch Faktorenanalysen, Regressionsanalysen und pfadanalytische Untersuchungen (z.B. SCHMIDT, SCHWEISSFURTH, KLEINBECK & RUTENFRANZ 1981; SCHMIDT, KLEINBECK & ROHMERT 1981) sowie Nachuntersuchungen der vom Modell vorhergesagten Wirkungen der Tätigkeitsmerkmale bestätigen die Aussagen der Formel nur mit wesentlichen Einschränkungen» (HACKER 2005, 341).
Über derartige Einschränkungen hatten auch PARKER, WALL und CORDERY (2001, 415) berichtet: «First, the collective effects of the core job characteristics on affective responses (satisfaction and motivation) have been largely supported, but those for behaviour (i.e. work performance, turnover and absence) less consistently so (Parker & Wall, 1998). Second, the more particular features of the model remain unproven. For example, the specified links between the job characteristics and the critical psychological states have not be confirmed (e.g. Johns, Xie, & Fang, 1992), and the job characteristics have not always been found to be separable aspects of jobs (e.g. Cordery & Sevastos, 1993).» Darüber hinaus aber stellten die Autoren fest, dass das Job Characteristic Model und das soziotechnische Systemkonzept «remain the most common approaches to work design research today» (a.a.O., 416).
SCHMIDT et al. (1985) sowie KLEINBECK (1987), die mit einer von ihnen erstellten deutschsprachigen Version des JDS Untersuchungen in verschiedenen deutschen Unternehmen durchgeführt haben, fanden einige der Modellannahmen von HACKMAN und OLDHAM bestätigt. Einige empirische Befunde – wie die positiven Zusammenhänge zwischen Motivationspotenzial der Arbeitstätigkeit und Entfaltungsbedürfnis – erschienen den Autoren zu Recht unterschiedlich interpretierbar.[6] Sie weisen darauf hin, dass eine Aufsummierung der gefundenen Merkmalsausprägungen u.U. sinnvoller ist als die Anwendung der von HACKMAN und OLDHAM formulierten Verrechnungsregel. «Die entsprechend dieser Regel vorgesehene multiplikative Verknüp-

---

[6] So kann es sein, dass Personen mit hohem Entfaltungsbedürfnis Arbeitstätigkeiten mit entsprechendem Motivationsgehalt wählen bzw. aufsuchen. Es kann aber auch sein, dass Arbeitstätigkeiten mit hohem Motivationspotenzial bei den Beschäftigten Entfaltungsbedürfnisse stimulieren.

fung der Merkmalsausprägungen ist insbesondere bei Maßen mit geringer Reliabilität problematisch, wie auch bei Maßen, die hoch miteinander korrelieren. Hier kann der multiplikative Ansatz zu einer deutlichen Überschätzung des tatsächlichen Motivierungspotenzials führen und somit notwendige Arbeitsgestaltungsmaßnahmen als nicht angezeigt erscheinen lassen» (SCHMIDT und KLEINBECK 1999, 226). Insgesamt aber kommen sie zu dem Ergebnis, dass das Modell offen genug ist «für den Einbau weiterer, die Vorhersagen des Modells differenzierende Variablen» (SCHMIDT et al. 1985, 171). Dass es sich lohnt, Modell und Verfahren auch für andere Berufsgruppen weiterzuentwickeln, zeigen DICK et al. (2001) für den Bildungsbereich.

2.3.2 Das Verfahren der subjektiven Arbeitsanalyse (SAA)

Das von UDRIS und ALIOTH (1980) auf der Basis früherer Arbeiten von TURNER und LAWRENCE (1965), NITSCH und VOLPERT (1971) sowie HACKMAN und OLDHAM (1975, 1976) entwickelte Verfahren zur Subjektiven Arbeitsanalyse soll die *subjektive Wahrnehmung der Arbeitssituation durch die Beschäftigten* erfassen. Da es mit dem Job Diagnostic Survey von HACKMAN und OLDHAM Ähnlichkeiten aufweist und bis zu einem gewissen Grade vergleichbar ist, wird das SAA-Verfahren hier nur kurz skizziert. Es handelt sich dabei um einen Fragebogen, dessen Konstruktion zwei Hauptaspekte zugrunde liegen: (1) der Aspekt der Entfremdung mit den Kategorien Fremdbestimmung versus Selbstregulation, Sinnlosigkeit versus Transparenz, Dequalifikation versus Handlungskompetenz, soziale Isolierung versus soziales Engagement;[7] (2) der Aspekt der Beanspruchung mit den Kategorien qualitative Unterforderung, quantitative und qualitative Überforderung. Zur Operationalisierung dieser Hauptaspekte wurden sechs Hauptindices und 14 Subindices gebildet (vgl. Tabelle 2.7).[8]

---

[7] Diese Kategorien entsprechen weitgehend den Dimensionen der Entfremdung von BLAUNER (1964, vgl. auch GARDELL 1971).
[8] Das Verfahren von HACKMAN und OLDHAM, der Job Diagnostic Survey, wurde von den Autoren des SAA deshalb nicht direkt übernommen, weil nach ihrer Auffassung dessen Konstrukt «nicht haltbar ist. Die ‹Psychological States›, die als mediierende Variablen konzipiert sind, sind subjektiv nicht von den wahrgenommenen Merkmalen der Arbeit, den ‹Job Dimensions›, zu unterscheiden» (UDRIS und ALIOTH 1980, 62).

2.3 Auswirkungen auf die Beschäftigten

Tabelle 2.7: Haupt- und Subindices des itemskalierten Fragebogens zur Subjektiven Arbeitsanalyse (aus: UDRIS und ALIOTH 1980, 63)

1.	*Handlungsspielraum*
1.1	Autonomie (Verfügungs- und Bewegungsfreiheit)
1.2	Variabilität (positives Pendant zur Unterforderung)
2.	*Transparenz*
2.1	Transparenz der Aufgabe (Feedback)
2.2	Soziale Transparenz (Überblick)
3.	*Verantwortung*
3.1	Verantwortung für eine gemeinsame Aufgabe (Status)
3.2	Verantwortung für Ereignisse (Belastung)
4.	*Qualifikation*
4.1	Anforderungen
4.2	Einsatz
4.3	Chancen (psychologische Zukunft)
5.	*Soziale Struktur*
5.1	Unterstützung durch Kollegen
5.2	Kooperation (Interdependenz)
5.3	Respektierung durch den Vorgesetzten
6.	*Arbeitsbelastung*
6.1	Arbeitsvolumen (quantitative Überforderung)
6.2	Schwierigkeit (qualitative Überforderung)

«Die Indices sind psychologisch nicht unabhängig, sondern (teilweise) interdependent zu verstehen: Wechselbeziehungen zwischen den Dimensionen sind abhängig von der technologischen, organisatorischen und sozialen Struktur der jeweiligen Arbeitssituation sowie von individuellen und kollektiven Merkmalen der Arbeitspersonen» (UDRIS und ALIOTH 1980, 62).
Die insgesamt 50 Items des Fragebogens wurden als Aussagen (Statements) formuliert. Für die Beantwortung wird eine fünfstufige Skala verwendet. Beispiele für das Itemformat sind in Abbildung 2.16 (vgl. S. 114) wiedergegeben.
Das SAA-Verfahren wurde in zahlreichen Untersuchungen eingesetzt (z.B. MARTIN et al. 1980, UDRIS 1984, RUCH und TROY 1986, BETSCHART und ULICH 1986, 1989).
In Abbildung 2.17 (S. 115) sind – von SCHILLING (1988) erhobene – SAA-Profile für die Anlagenführer/Einsteller bzw. Operateure/Maschinenbediener wiedergegeben, deren Tätigkeitsablauf beispielhaft in den Abbildungen 2.9 (S. 99) und 2.10 (S. 100) dargestellt wurde.
Erhebliche Vorteile des Verfahrens bestehen darin, dass es (1) für eine breite Vielfalt unterschiedlicher Arbeitstätigkeiten einsetzbar ist und dass es (2) gestattet, für spezifische Fragestellungen nur ausgewählte Module (Indices) zu

	trifft überhaupt nicht zu (nie)	trifft weniger zu (selten)	trifft teils-teils zu (manchmal)	trifft ziemlich zu (oft)	trifft ganz genau zu (immer)
Bei dieser Arbeit kann man alle seine Kenntnisse und Fähigkeiten einsetzen					
Man kann sich seine Arbeit selbständig einteilen					
Bei dieser Arbeit muss man immer das Gleiche tun					
Es passiert so viel auf einmal, dass man es gar nicht bewältigen kann					

Abbildung 2.16: Itemformat des Verfahrens der Subjektiven Arbeitsanalyse (nach: UDRIS und ALIOTH 1980)

verwenden. Die Nutzung des zweitgenannten Vorteils erfordert allerdings jeweils sehr sorgfältige konzeptionelle Überlegungen. Dies wird auch durch die Arbeit von NIBEL (1987) bestätigt, die aufgrund einer Metaanalyse der SAA-Daten von 2300 Beschäftigten eine Reihe von Verbesserungsvorschlägen vorgelegt hat.

Auf der Basis des Fragebogens zur subjektiven Arbeitsanalyse erfolgte schliesslich eine Weiterentwicklung zum Befragungsverfahren *«Salutogenetische Subjektive Arbeitsanalyse»* (SALSA). Der von RIMANN und UDRIS (1997, UDRIS und RIMANN 1999) entwickelte Fragebogen fragt nach den salutogenetischen Ressourcen in der Arbeit, d.h. nach denjenigen Bedingungen, die dazu beitragen, dass Menschen trotz Belastungen gesund bleiben (vgl. dazu ANTONOVSKY 1979, 1987). Konkret wird im SALSA ausser nach Belastungen vor allem nach personalen, organisationalen und sozialen Ressourcen von Gesundheit gefragt. Die hauptsächlich relevanten betrieblichen Bedingungen sind in Tabelle 2.8 (vgl. S. 116) zusammengefasst.

2.3 Auswirkungen auf die Beschäftigten 115

1.1	Autonomie
1.2	Variabilität
2.1	Aufgabentransparenz
2.2	Soziale Transparenz
3.1	Aufgabenverantwortung
3.2	Ereignisverantwortung
4.1	Qualifikatorische Anforderungen
4.2	Einsatz vorhandener Qualifikationen
4.3	Chancen
5.1	Soziale Unterstützung durch Kollegen
5.2	Kooperation
5.3	Respektierung durch den Vorgesetzten
6.1	Arbeitsvolumen
6.2	Schwierigkeit

—○— Anlagenführer
—□— Bediener

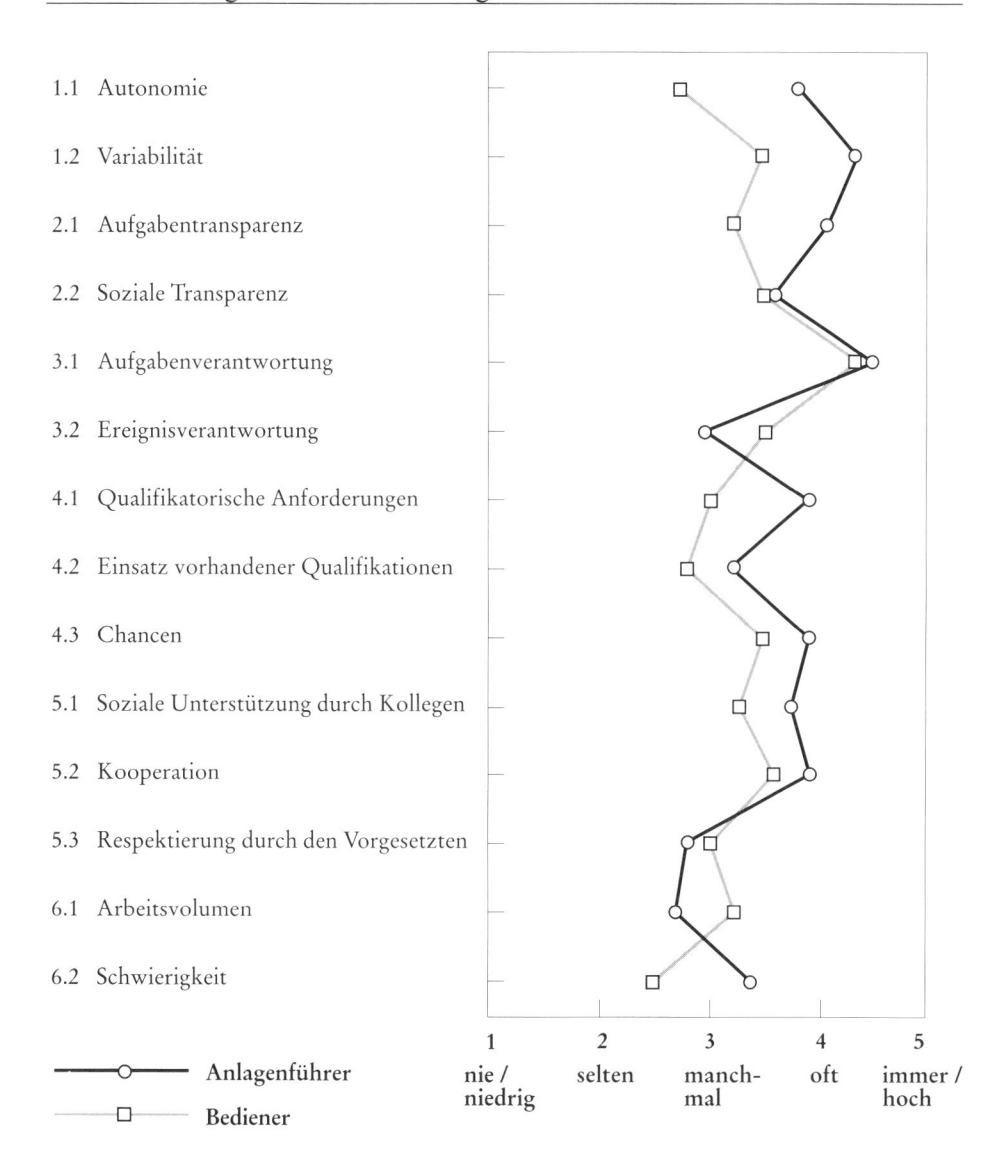

1 = nie / niedrig, 2 = selten, 3 = manchmal, 4 = oft, 5 = immer / hoch

Abbildung 2.17: SAA-Profile für Anlagenführer/Einsteller sowie Operateure/Maschinenbediener (aus: ULICH, SCHÜPBACH, SCHILLING und KUARK 1990)

Tabelle 2.8: Organisationale und soziale Ressourcen von Gesundheit im Arbeitsbereich (nach RIMANN und UDRIS 1997)

Organisationale Ressourcen	Soziale Ressourcen
– Aufgabenvielfalt – Qualifikationspotenzial der Arbeitstätigkeit – Tätigkeitsspielraum – Partizipationsmöglichkeiten – Persönliche Gestaltungsmöglichkeiten des Arbeitsplatzes – Spielraum für persönliche und private Dinge bei der Arbeit	

Mit dem Fragebogen ‹Salutogenetische Subjektive Arbeitsanalyse› lässt sich die subjektive Wahrnehmung von Aufgabenmerkmalen, Belastungen, organisationalen und sozialen Ressourcen zuverlässig und gültig erfassen. «Ausserdem ist SALSA ein ökonomisches Verfahren, da es sowohl von der Durchführungszeit (ca. 15 Minuten) als auch von der Auswertung her (EDV-Standardprogramme) weder an die Befragten noch an die Auswertenden zu hohe Anforderungen stellt» (RIMANN und UDRIS 1997, 296).

Während mit den Fragebogen SAA und SALSA die subjektive Wahrnehmung der Arbeitssituation erfasst werden soll, sollen mit den im folgenden Abschnitt beschriebenen Verfahren aus der Erfüllung von Arbeitsaufgaben resultierende objektive Anforderungen – unabhängig von deren subjektiver Wahrnehmung und Bewertung – erfasst werden.

2.3.3 Das Verfahren zur Ermittlung von Regulationserfordernissen in der Arbeitstätigkeit (VERA)

Das Verfahren zur Ermittlung von Regulationserfordernissen in der Arbeitstätigkeit (VERA) ist ein auftrags- und bedingungsbezogenes Verfahren, das von den individuellen Besonderheiten der Arbeitenden abstrahieren will. Mit diesem Verfahren sollen *‹objektive› Regulationserfordernisse von Arbeitsaufgaben* erfasst werden, nicht aber individuelle Merkmale von Personen, die diese Aufgaben zu erfüllen haben. Ziel des Verfahrens ist die «Analyse von Planungs- und Denkprozessen in der Produktion» (VOLPERT et al.

2.3 Auswirkungen auf die Beschäftigten

1983). Das heisst, mit dem Verfahren wird untersucht, in welchem Ausmass eine Arbeitstätigkeit vom Arbeitenden eigenständige Planungs- und Denkprozesse verlangt.

Die aus den Arbeitsaufgaben resultierenden Anforderungen definieren die Höhe der zu ihrer Bewältigung erforderlichen psychischen Regulation: je vollständiger eine Aufgabe (vgl. Abschnitt 4.3.3), desto höher die Regulationserfordernisse. «Höhere Anforderungen begünstigen höhere Arbeitsmotivation und Eigenständigkeit, führen zur besseren Nutzung von Qualifikation und Arbeitserfahrung, organisatorische Umwege bei Entscheidungsfindungen werden erspart» (OESTERREICH 1999b, 539). Ausmass der Aufgabenvollständigkeit und Höhe der Regulationserfordernisse «haben kurz- und langfristige Auswirkungen auf die Entwicklung der Persönlichkeit, die mit solchen Aufgaben konfrontiert wird. Ein grösserer Handlungsspielraum bzw. höhere Regulationserfordernisse wirken dabei förderlich, während für einen kleineren Handlungsspielraum bzw. niedrigere Regulationserfordernisse das Gegenteil gilt» (VOLPERT 1987, 20).

Beim VERA interessieren jene Regulationserfordernisse, die langfristig auch dann noch wirksam sind, wenn individuelle Einarbeitungsprozesse abgeschlossen sind – im Prinzip also jene, die sich für einen Arbeitenden stellen, der die jeweilige Arbeitstätigkeit ‹vollkommen› ausführen kann. Einem solchen *idealtypischen* Arbeitenden kommt derjenige nahe, der seit längerer Zeit die zu untersuchende Arbeitsaufgabe perfekt ausführen kann. Unter praktischen Gesichtspunkten schien hier die folgende Annahme sinnvoll: «Jeder Arbeitende, der die zu untersuchende Arbeitsaufgabe in befriedigender Weise beherrscht – sich also nicht mehr in einer Phase des Anlernens befindet und darüber hinaus nach dem Urteil seiner Kollegen und Vorgesetzten als in dieser Aufgabe geübt gilt –, hat für diese Aufgabe so viel Kenntnisse und Fähigkeiten erworben, dass er dem idealtypischen Arbeitenden hinreichend ähnlich ist» (OESTERREICH und VOLPERT 1987, 58).

Basis des VERA ist ein Zehn-Stufen-Modell der Regulationserfordernisse, das auf dem von OESTERREICH (1981) formulierten Fünf-Ebenen-Modell der Handlungsregulation beruht (vgl. Tabelle 2.9, S. 118).

Innerhalb jeder Ebene der Handlungsregulation werden zwei Stufen unterschieden. Für die jeweils untere – restriktive – Stufe einer Ebene gilt die Charakteristik der betreffenden Ebene nicht vollständig: z.B. ist statt des Planens (Ebene 2, Stufe 2) nur ein gedankliches Vergegenwärtigen erforderlich (Ebene 2, Stufe 2 R).

Das Verfahren selbst besteht aus drei Teilen. Der erste Teil (A) verlangt vom VERA-Anwender eine *allgemeine Orientierung*. Er/Sie soll sich anhand von Beobachtungsinterviews über Aspekte des Arbeitsplatzumfelds, des Arbeitsplatzes und der Arbeitsorganisation informieren, die gesamte Arbeitstätig-

Tabelle 2.9: Das Zehn-Stufen-Modell der Regulationserfordernisse
(aus: OESTERREICH 1984, 1999b)

Ebene 5:	*Erschliessung neuer Handlungsbereiche*
Stufe 5	Neu einzufügende, ineinandergreifende Arbeitsprozesse, ihre Koordination und materiellen Bedingungen, sind zu planen.
Stufe 5 R	Wie Stufe 5, die neuen Arbeitsprozesse sind Ergänzungen zu bereits laufenden Arbeitsprozessen, welche möglichst wenig verändert werden sollen.
Ebene 4:	*Koordination mehrerer Handlungsbereiche*
Stufe 4	Mehrere Teilzielplanungen (im Sinne der Stufe 3) von sich gegenseitig bedingenden Teilen des Arbeitsprozesses sind miteinander zu koordinieren.
Stufe 4 R	Zwar ist nur eine Teilzielplanung erforderlich, hierbei sind jedoch Bedingungen für andere (nicht selbst zu leistende) Teilzielplanungen zu beachten.
Ebene 3:	*Teilzielplanung*
Stufe 3	Es kann vorab nur eine grob bestimmte Abfolge von Teiltätigkeiten geplant werden. Jede Teiltätigkeit erfordert eine eigene Planung (im Sinne der Stufe 2). Nach Abschluss einer Teiltätigkeit muss erneut das weitere Vorgehen durchdacht werden.
Stufe 3 R	Vorab liegt eine Abfolge von Teiltätigkeiten fest. Jede Teiltätigkeit erfordert eine eigene Planung.
Ebene 2:	*Handlungsplanung*
Stufe 2	Die Abfolge der Arbeitsschritte muss vorab geplant werden, die Planung reicht jedoch bis hin zum Arbeitsergebnis.
Stufe 2 R	Die Abfolge der Arbeitsschritte ist festgelegt. Sie ist jedoch immer wieder so unterschiedlich, dass sie vorab gedanklich vergegenwärtigt werden muss.
Ebene 1:	*Sensumotorische Regulation*
Stufe 1	Für den Entwurf der zu regulierenden Abfolge von Arbeitsbewegungen bedarf es keiner bewussten Planung, obwohl mitunter ein anderes Werkzeug verwendet werden muss.
Stufe 1 R	Wie Stufe 1, jedoch sind stets nur die gleichen Werkzeuge erforderlich.

R = Restriktion der in der gleichen Ebene durch die Ziffer ohne R-Zusatz gekennzeichneten Regulationserfordernisse.

keit erfassen und gegebenenfalls in einzelne Arbeitsaufgaben gliedern sowie deren zeitliche Anteile bestimmen. Der zweite Teil (B) zielt auf eine *spezielle Orientierung* ab. Für jede der identifizierten Aufgaben – nicht für die Gesamttätigkeit, ausser wenn sie mit einer Aufgabe identisch ist – sind 20 Fragen zu beantworten (vgl. Tabelle 2.10).
Das Frageformat soll am Beispiel Störanfälligkeit der Arbeitsaufgabe (B 17) und Behebung von Störungen (B 18) aufgezeigt werden (vgl. Tabelle 2.11).
Im dritten Teil (C) des VERA wird schliesslich die *Beurteilung der Regulationserfordernisse* vorgenommen. Dies geschieht durch die Beantwortung von Fragen eines Fragenalgorithmus. «Durch die Art der Beantwortung der

2.3 Auswirkungen auf die Beschäftigten

Tabelle 2.10: Aspekte des Fragebereichs «Spezielle Orientierung» im Verfahren zur Ermittlung von Regulationserfordernissen in der Arbeitstätigkeit (aus: VOLPERT et al. 1983)

B	1	Ausbildung
B	2	Art der Arbeitsaufgabe
B	3	Anzahl der Arbeitsstellen
B	4	Wahl der Arbeitsstellen
B	5	Dauer eines Arbeitsauftrages
B	6	Verwendung von Messgeräten
B	7	Nutzung von Informationsunterlagen
B	8	Eigenständigkeit bei der Auftragsfindung
B	9	Neuartigkeit der Arbeitsaufträge
B	10	Auftreten von Planungsphasen
B	11	Alternative Vorgehensweisen
B	12	Konkurrierende Ergebnisparameter
B	13	Koordination paralleler Prozesse
B	14	Weitermeldung von Ereignissen
B	15	Verwertung von Ereignissen
B	16	Prüfung des Arbeitsergebnisses
B	17	Störanfälligkeit der Arbeitsaufgabe
B	18	Behebung von Störungen
B	19	Kognitiv bedeutsame Störungen
B	20	Wahrscheinlichkeit dieser Störungen

Tabelle 2.11: Beispiele für das Frageformat im Teil «Spezielle Orientierung» des Verfahrens zur Ermittlung von Regulationserfordernissen in der Arbeitstätigkeit (aus: VOLPERT et al. 1983)

Erläuterung für den Anwender	Frage und Antwortmöglichkeiten
«Es sind hier nur Störungen gemeint, die die Durchführung der Arbeitsaufgabe zeitweise deutlich behindern oder unmöglich machen»	«Wie oft treten Störungen in der Durchführung der Arbeitsaufgabe auf?» (1) mehrmals täglich (2) täglich (3) seltener als täglich, mindestens einmal wöchentlich (4) seltener (5) so gut wie nie
«Hier geht es um die in B 17 erfragten Störungen. Wurde B 17 mit ‹so gut wie nie› beantwortet, entfällt B 18»	«Welche Kompetenzen hat der Arbeitende bei dem Auftreten von Störungen?» (1) keine (2) nur Zuarbeiten für die zuständigen Personen (3) selbständige Durchführung kleiner Reparaturen (4) selbständige Durchführung aller Reparaturen, gegebenenfalls zusammen mit Experten

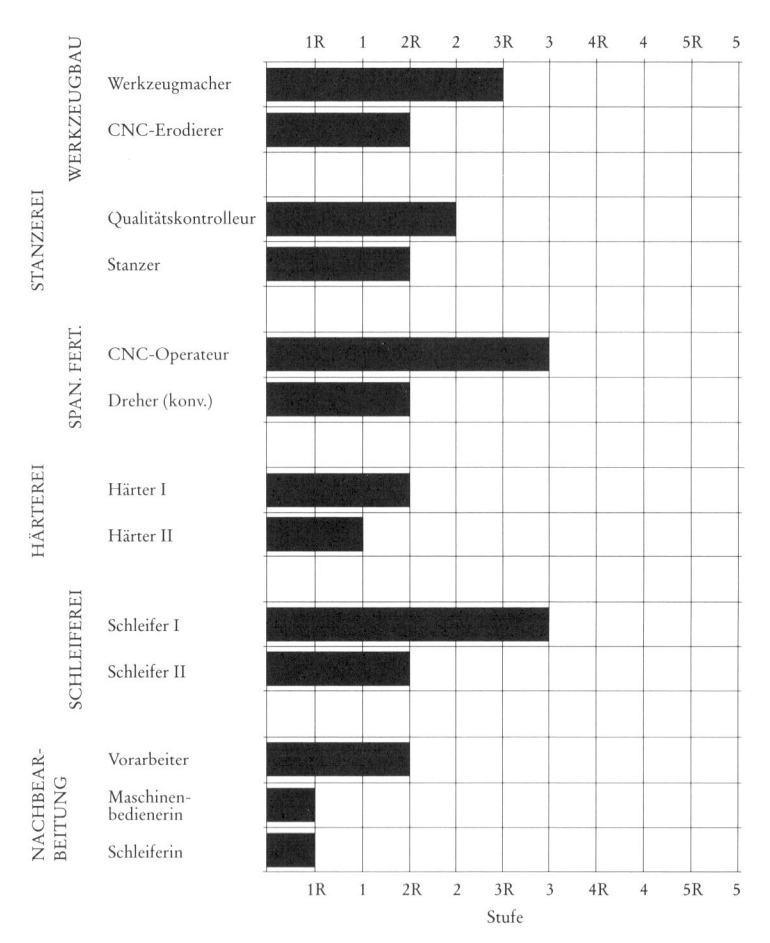

Abbildung 2.18: Ergebnisse von VERA-Analysen in einem Zulieferbetrieb für den Anlagenbau (aus: Strohm 1997c).

ersten Frage ist festgelegt, welche Frage als Nächstes zu beantworten ist usw. Auf diese Weise entsteht ein ‹Fragenweg›, der mit der Zuordnung der Arbeitsaufgabe zu einer der Stufen der Regulationserfordernisse endet» (OESTERREICH 1984, 221).

Das Verfahren zur Ermittlung von Regulationserfordernissen in der Arbeitstätigkeit ist ein theoretisch sorgfältig begründetes, sehr differenziertes Verfahren der bedingungsbezogenen psychologischen Arbeitsanalyse, das für verschiedene Zwecke sehr sinnvoll eingesetzt werden kann. So kann etwa bei der Neustrukturierung von Arbeitstätigkeiten angegeben werden, welche betrieblichen Bedingungen erhalten bleiben müssen, damit vorhandene Re-

2.3 Auswirkungen auf die Beschäftigten

Tabelle 2.12: Das Zehn-Stufen-Modell der Regulationserfordernisse für Büroarbeit (aus: LEITNER et al. 1993).

Ebene 5:	*Einrichtung neuer Arbeitsprozesse*
Stufe 5	Organisatorische Bedingungen für die Einrichtung neuer Arbeitsprozesse werden konzipiert, wobei bestehende Arbeitsprozesse in neuartiger Weise integriert werden sollen.
Stufe 5 R	Organisatorische Bedingungen für die Einrichtung neuer Arbeitsprozesse werden konzipiert, wobei bestehende Arbeitsprozesse möglichst wenig verändert werden sollen.
Ebene 4:	*Koordination von Teilprozessen*
Stufe 4	Es müssen Strategieentscheidungen in (mindestens) zwei Teilprozessen der Arbeitsaufgabe getroffen und miteinander koordiniert werden.
Stufe 4 R	Es muss eine Strategieentscheidung getroffen und dabei berücksichtigt werden, dass die Realisierung von (Strategie-)Entscheidungen in Teilprozessen, die von anderen bearbeitet werden, nicht gefährdet wird.
Ebene 3:	*Strategieentscheidung*
Stufe 3	Es muss eine Strategieentscheidung getroffen werden; aus dieser leitet sich ab, welche weiteren Entscheidungen zu treffen sind.
Stufe 3 R	Es müssen mehrere Entscheidungen getroffen werden; das Abwägen verschiedener Möglichkeiten ist mindestens zweimal im Verlauf eines Arbeitsauftrages erforderlich.
Ebene 2:	*Entscheidung*
Stufe 2	Vor oder während der Bearbeitung eines Arbeitsauftrages müssen verschiedene Möglichkeiten abgewogen werden. Für eine von ihnen ist eine Entscheidung zu treffen.
Stufe 2 R	Es ist erforderlich, sich vor oder während der Bearbeitung eines Arbeitsauftrages die Vorgehensweise zu vergegenwärtigen.
Ebene 1:	*Regelanwendung*
Stufe 1	Bei der Bearbeitung eines Arbeitsauftrages ist die Bestimmung der Vorgehensweise erforderlich.
Stufe 1 R	Die Arbeitsaufträge werden in immer der gleichen Weise mit den gleichen Arbeitsmitteln bearbeitet.

gulationserfordernisse nicht abgebaut werden bzw. durch welche zusätzlichen oder anderen betrieblichen Bedingungen Regulationserfordernisse erhöht werden können. Die Autoren des VERA weisen zu Recht darauf hin, dass zwischen der Erhöhung von Regulationserfordernissen und Konzepten der Aufgabenerweiterung (vgl. Abschnitt 4.3) enge Beziehungen bestehen. Im Handbuch zur VERA Version 2 (OESTERREICH und VOLPERT 1991) wird ein gut nachvollziehbares Beispiel für die Anwendung des Verfahrens bei der Gestaltung von Fertigungsinseln mitgeteilt. Ein Beispiel für eine mögliche praktische Darstellung der Ergebnisse von VERA-Analysen ist in Abbildung 2.18 wiedergegeben.

Der Aufbau der VERA-Variante für Büroarbeitstätigkeiten (LEITNER et al. 1993, LEITNER und ÖSTERREICH 2010) folgt dem in Tabelle 2.9 dargestellten Zehn-Stufen-Modell von OESTERREICH, wird wegen der angepassten Beschreibung der Stufen hier aber noch einmal abgebildet (vgl. Tabelle 2.12, S. 121).

Mit der VERA-Variante für Büroarbeitstätigkeiten hat das handlungsregulationstheoretisch orientierte Analysekonzept erheblich an Bedeutung gewonnen.[9] Zusätzliche Bedeutung gewinnt dieser Ansatz in Kombination mit soziotechnisch orientierten Verfahren der Analyse kollektiver Regulationsprozesse.

2.3.4 Das Verfahren zur Ermittlung der kollektiven Handlungsregulation in Gruppen (VERA-KHR)

Aufbauend auf dem im vorhergehenden Abschnitt beschriebenen Verfahren zur Ermittlung von individuellen Regulationserfordernissen in der Arbeitstätigkeit, entwickelte WEBER (1997a, vgl. auch WEBER, KIRSCH und ULICH 1997) ein Verfahren zur Ermittlung der Möglichkeiten kollektiver Handlungsregulation bei Gruppenarbeit (VERA-KHR). Das von WEBER erweiterte Konzept der Kernaufgabe (sensu GOHDE und KÖTTER 1990) führte zur Unterscheidung von sieben Kernaufgabensegmenten (Tabelle 2.13).

Tabelle 2.13: Kernaufgabensegmente als Bereiche der kollektiven Regulation (nach: WEBER 1997)

Kernaufgabensegment Nr.	Beschreibung typischer Regulationsfunktionen
(7) *Entscheidungen zur Selbstverwaltung*	Entscheidungsregeln bilden und Entscheidungen zur Selbstverwaltung treffen: z.B. zur Wahl eines Gruppensprechers, zur Rekrutierung bzw. Abwahl von Gruppenmitgliedern oder zur Mitsprache bei der Festlegung von Leistungsbedingungen und bei der Regelung der Arbeitszeiten und Pausen
(6) *Qualifizierungsplanung und Personalentwicklung*	Längerfristige gruppenbezogene Personalentwicklung: Planung ausser- bzw. innerbetrieblicher Qualifizierungsmassnahmen bzw. gruppeninterner Trainingsaktivitäten unter Berücksichtigung individueller und betrieblicher Bedürfnisse

---

[9] Über interessante Möglichkeiten der Anwendung in der Softwareentwicklung hatte RÖDIGER (1988a) schon früher berichtet.

2.3 Auswirkungen auf die Beschäftigten

(5)	*Lösungsvorschläge für technisch-organisatorische Probleme entwickeln*	Lösungsvorschläge für technische und arbeitsorganisatorische Probleme entwickeln, von Qualitätsplanungen bis hin zur längerfristigen Planung von Prozess- und Produktinnovationen; evtl. unter Herbeiziehung unternehmensexterner Auftraggeber
(4)	*gemeinsame Auftragsdurchführung*	Kooperative Zusammenarbeit, beispielsweise beim Erprobungsbetrieb von Anlagen und Maschinen, beim Einfahren neuartiger Aufträge, beim Programmieren, bei der Störungsdiagnose oder Instandsetzung
(3)	*Arbeitsverteilung und Personaleinsatzplanungen*	Planungen kurz- (z.B. Aufgabenrotation / Arbeitswechsel, Auftrags- und Arbeitsmittelverteilung, Regelung von An- und Abwesenheiten) und längerfristiger Art (z.B. Urlaubsplanung), auch unter Berücksichtigung individueller Bedürfnisse von Gruppenmitgliedern
(2)	*Arbeitssysteminterne Produktionsfeinplanung und -steuerung*	Kapazitätenabgleich, Auftragsanordnung (Durchlaufplanung), Maschinenbelegungsplanung (Koordination), Organisation von Produktionsressourcen (Allokation)
(1)	*Arbeitssystemübergreifende Produktionsplanung*	Einlastung von Aufträgen in bestimmte Arbeitssysteme, Fertigungsrahmentermine setzen, Steuerung des Material- und Informationsflusses zwischen dem Arbeitssystem und anderen Organisationseinheiten (Grenzregulation)

Die Ausprägung der kollektiven Regulationserfordernisse wird für die Kernaufgabensegmente 1 bis 5 nach dem in Tabelle 2.9 dargestellten Stufenmodell bestimmt. Für die Kernaufgabensegmente 6 und 7 ist dies nicht mehr möglich. Regulationsfunktionen, die die Qualifizierungs- und Personalentwicklung sowie die Selbstverwaltung von Mitgliedern einer Arbeitsgruppe betreffen, lassen sich mit dem bedingungsbezogenen, an der individuellen Tätigkeit orientierten VERA nicht analysieren. Bei der kollektiven Regulation dieser Aufgabensegmente stehen „Diskussionsprozesse, d.h. Prozesse des Überzeugens, des Aushandelns, der Kompromissbildung oder der Konsensfindung ... im Vordergrund (WEBER 1997a, 244). Deshalb werden die Kernaufgabensegmente 6 und 7, auf der Basis des in Abschnitt 4.4.2 dargestellten Analyserasters anhand der in Tabelle 2.14 (S. 124) wiedergegebenen Fünfstufenskala bewertet.

Tabelle 2.14: Rating-Schema für die Bewertung von Regulationsprozessen innerhalb der Kernaufgabensegmente KHR (6) und (7) (nach: WEBER 1997a)

Einbezogenheit der Gruppenmitglieder	Stufe
Gruppenmitglieder formulieren Anregungen, Bedürfnisse etc., planen, diskutieren und entscheiden weitgehend selbst (unter Beteiligung des Gruppensprechers)	5
Gruppenmitglieder formulieren Anregungen, Bedürfnisse etc., planen, diskutieren gemeinsam; der Gruppensprecher / -vorgesetzte entscheidet weitgehend	4
Gruppenmitglieder formulieren Anregungen, Bedürfnisse etc. an Zusammenkunft bzw. Sitzung; der Gruppensprecher / -vorgesetzte plant u. entscheidet weitgehend	3
wechselseitige Mitteilungen zwischen Gruppensprecher / -vorgesetzten und -mitgliedern an gemeinsamer Zusammenkunft bzw. Sitzung der Gruppe	2
individuelle Rücksprachen zwischen Gruppensprecher / -vorgesetzten und Gruppenmitgliedern ohne gemeinsame Zusammenkunft bzw. Sitzung der Gruppe	1
Gruppenmitglieder sind in diesem Segment in Entscheidungen nicht einbezogen	0

Beispiele für unterschiedliche Ausprägungen kollektiver Handlungsregulation bei Gruppenarbeit sind in Abbildung 2.19 wiedergegeben.

Generell gilt: Je höher das in der Aufgabenstruktur repräsentierte und im VERA bzw. VERA-KHR abgebildete – individuelle bzw. kollektive – Regulationsniveau einer Arbeitstätigkeit ist, desto höher ist die Persönlichkeitsförderlichkeit der arbeitsgestalterischen Lösung zu bewerten (vgl. Abschnitt 3.1). Ausserdem gilt: Der Grad der Arbeitsteilung bestimmt entscheidend über die Verteilung von Regulationserfordernissen. In partialisierten Arbeitstätigkeiten, die dem Prinzip der fragmentierenden Rationalisierungsstrategie folgen, bestehen für die ausführend Tätigen kaum oder keine Möglichkeiten zu eigenen Denk- und Planungsleistungen. «Aufgabenbezogene psychische Belastungen entstehen somit dann, wenn die konkreten Arbeitsbedingungen die Arbeitsausführung behindern, ohne dass die arbeitende Person diesen Bedingungen effizient begegnen kann» (DUNCKEL und RESCH 2004, 43). Damit kommt es zu eigentlichen Regulationsbehinderungen. Der systematischen Erfassung derartiger Behinderungen dient ein im Anschluss an das VERA entwickeltes, ebenfalls bedingungsorientiertes Analyseverfahren.

2.3 Auswirkungen auf die Beschäftigten 125

(1) Arbeitssystemübergreifende
Produktionsplanung

(5) technische od.
organisatorische
Vorschläge für übergreifende
Probleme entwickeln

(2) Arbeitssysteminterne
Produktionsfeinplanung/
-steuerung

(4) gemeinsame
Auftragsdurchführung:
Kooperative Zusammenarbeit

(3) Arbeitsverteilung inkl.
Personaleinsatzplanungen
(z.B. Auftragsrotation,
Auftragsverteilung)

- - - - Gruppensprecher
▭ Gruppe

(a) restriktive
   Gruppenarbeit

VERA-KHR-Gruppenstufe: 2
VERA-Stufe «Gruppensprecher»: 4R

(1) Arbeitssystemübergreifende
Produktionsplanung

(5) technische od.
organisatorische
Vorschläge für übergreifende
Probleme entwickeln

(2) Arbeitssysteminterne
Produktionsfeinplanung/
-steuerung

(4) gemeinsame
Auftragsdurchführung:
Kooperative Zusammenarbeit

(3) Arbeitsverteilung inkl.
Personaleinsatzplanungen
(z.B. Auftragsrotation,
Auftragsverteilung)

- - - - Gruppensprecher
▭ Untergruppe 1
▨ Untergruppe 2

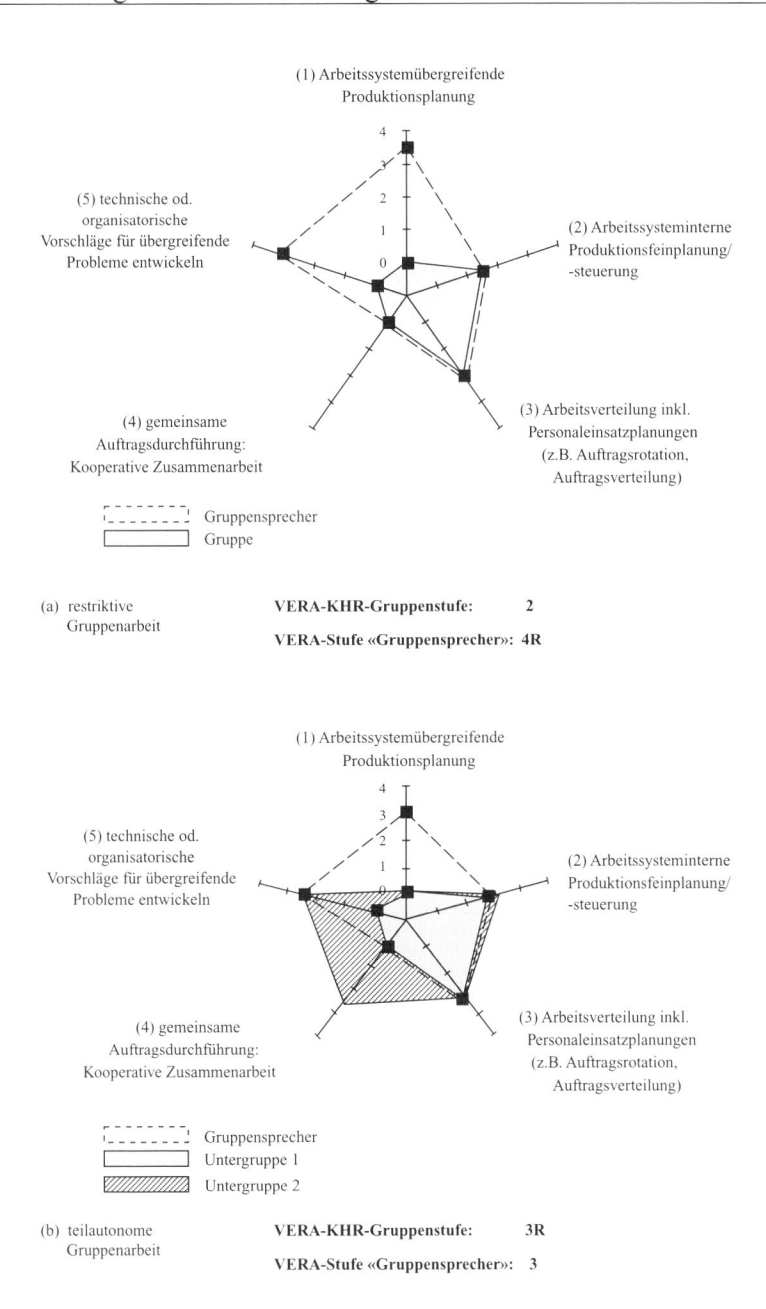

(b) teilautonome
   Gruppenarbeit

VERA-KHR-Gruppenstufe: 3R
VERA-Stufe «Gruppensprecher»: 3

Abbildung 2.19: Beispiele für unterschiedliche Ausprägungen der kollektiven Handlungsregulation (aus: WEBER, KIRSCH und ULICH 1997)

2.3.5 Die Analyse von Arbeitsbelastungen als Folge von Regulationsbehinderungen (RHIA)

«Mit dem RHIA-Verfahren werden Arbeitsbedingungen erfasst, die eine Quelle psychischer Belastungen sind und auf Dauer die Gesundheit der Beschäftigten beeinträchtigen» (LÜDERS 1999, 365). Aufgrund der Ergebnisse der Analyse und deren Bewertung sollen – im Sinne einer gesundheitsgerechten Arbeitsgestaltung – Vorschläge zum Abbau der gefundenen Belastungen abgeleitet werden.

Dem Verfahren liegt ein handlungstheoretisch orientiertes Belastungskonzept zugrunde, das sich von dem in der Arbeitswissenschaft verbreiteten Belastungs-Beanspruchungs-Konzept (vgl. Abschnitt 7.1) deutlich unterscheidet. In diesem Konzept werden als Belastungen solche äusseren Arbeitsbedingungen verstanden, die in ihrer Auswirkung beim Menschen Beanspruchungen auslösen (können). «Diese Unterscheidung zwischen äusseren *Ursachen* und den beim Menschen auftretenden *Wirkungen* ist hilfreich, jedoch ergänzungsbedürftig, zumindest wenn es um psychische Belastungen geht» (GREINER et al. 1987, 150). Die Autoren des Verfahrens zur Analyse psychischer Belastung verstehen als Arbeitsbelastungen solche Arbeitsbedingungen, «die den Menschen bei der Erreichung des Handlungsziels behindern und ihm (überflüssigerweise) deshalb zusätzlichen Handlungsaufwand abfordern» (a.a.O.). Derartige Regulationsbehinderungen resultieren aus dem Konzept der Fragmentierung von Arbeitstätigkeiten (ULICH 1983a), bei VOLPERT (1979) theoriegeleitet eher zutreffend als «Partialisierung des Arbeitshandelns» bezeichnet.

«Unter Regulationsbehinderungen werden bestimmte äussere Arbeitsbedingungen verstanden, welche die Erreichung des Arbeitsergebnisses behindern, ohne dass der Arbeitende dieser Behinderung effizient begegnen könnte. Eine besonders effiziente Reaktion bestünde darin, einmal aufgetretene Behinderungen durch eine grundsätzliche technische oder organisatorische Lösung zu beseitigen. Eine weniger effiziente – weil nur jeweils aktuell wirksame – Reaktion auf Behinderungen wäre die betrieblich erlaubte Verminderung der Qualität oder Quantität des Arbeitsergebnisses. Darf der Arbeitende nicht in der beschriebenen, mehr oder weniger effizienten Weise reagieren, verbleibt ihm nur die Möglichkeit, zusätzlichen Handlungsaufwand zu leisten, um das Arbeitsergebnis trotz Regulationsbehinderungen zu erreichen» (GREINER et al. 1987, 151). Um die Erfassung dieses zusätzlichen und – weil aus Mängeln der Arbeitsstruktur resultierenden – eigentlich «überflüssigen» Aufwands geht es im hier vorliegenden Zusammenhang.

Die so spezifizierten Belastungen bzw. Behinderungen werden mit dem Verfahren zur Ermittlung von Regulationshindernissen in der Arbeitstätigkeit (RHIA)

2.3 Auswirkungen auf die Beschäftigten

untersucht (LEITNER et al. 1987, GREINER et al. 1987). Die Bezeichnung des Verfahrens stimmt mit dem Erfassungsgegenstand insofern nicht überein, als die Autoren zwei Formen von Regulationsbehinderungen unterscheiden: (1) Regulationshindernisse und (2) Regulationsüberforderungen (vgl. Abbildung 2.20).

Unter *Regulationshindernissen* werden solche Arbeitsbedingungen verstanden, die die geforderte Regulation direkt beeinflussen und kurzfristige Reaktionen des bzw. der Beschäftigten verlangen. Im Unterschied dazu entstehen *Regulationsüberforderungen* dadurch, dass bestimmte Arbeitsbedingungen die Regulationsfähigkeit des bzw. der Beschäftigten im Verlauf des Arbeitstages bzw. der Arbeitsschicht vermindern.

Der Begriff ‹Regulationsüberforderung› ist insofern missverständlich, als von den Autoren wiederholt betont wird, dass es sich bei ihrem Verfahren um eine ‹bedingungsbezogene› Analyse handelt, der Terminus «Überforderung» aber leicht die Assoziation einer ‹personbezogenen› Sichtweise auslöst. Tatsächlich geht es um einen zeitbezogenen und vorübergehenden Abbau der Regulationsfähigkeit als Folge identifizierbarer objektiver Arbeitsbedingungen.

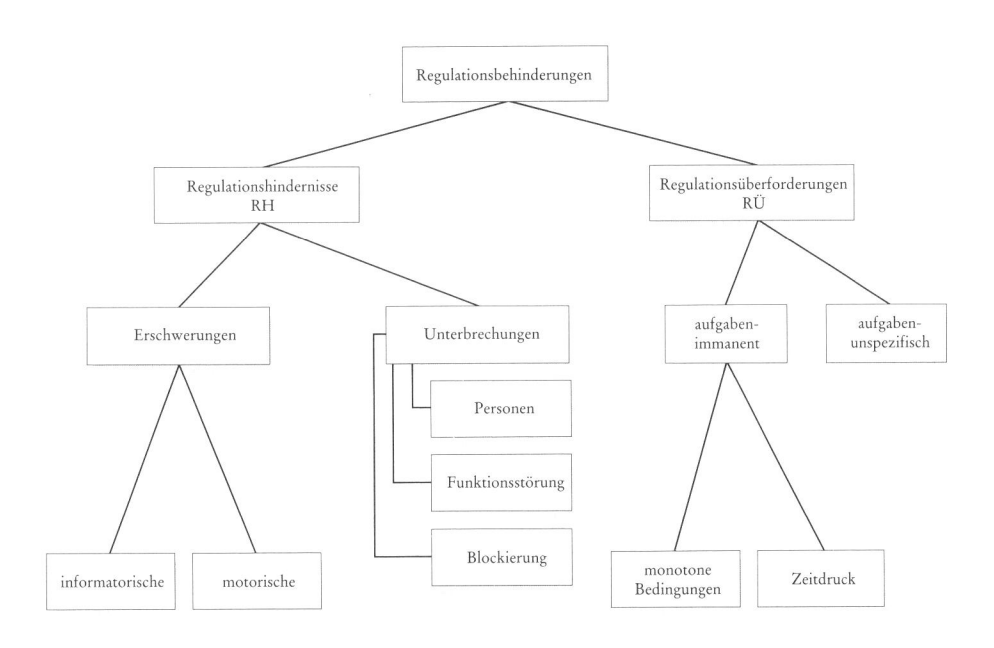

Abbildung 2.20: Grobklassifizierung der Regulationsbehinderungen, als deren Folge psychische Belastungen auftreten können (aus: GREINER et al. 1987)

Bei den Regulationshindernissen wird zwischen Erschwerungen und Unterbrechungen unterschieden. Informatorische Erschwerungen können z.B. auftreten, wenn Anzeigewerte schlecht erkennbar, schwer interpretierbar oder mehrdeutig sind. Motorische Erschwerungen können entstehen, wenn Bedienelemente nur umständlich zu erreichen sind, sich schwer bewegen lassen oder unzuverlässig ansprechen. Unterbrechungen können als Störungen durch Personen, Funktionsstörungen oder Blockierungen (z.B. durch fehlendes Material) auftreten.

Nach Auffassung der Autoren lassen sich die unterschiedlichen Arten von Regulationshindernissen hinsichtlich der Schwere der Regulationsbehinderung insofern auf einer gemeinsamen Dimension abbilden, als jedes Hindernis zu seiner Bewältigung zusätzlichen Handlungsaufwand erfordert, der in seiner zeitlichen Ausdehnung erfasst werden kann. So wird der für die Bewältigung der Regulationshindernisse benötigte tägliche Zeitaufwand – der durch Beobachtung und Befragung abgeschätzt werden muss – als numerische Grösse zur Bewertung des Ausmasses an Regulationsbehinderungen herangezogen. Psychische Belastung als Folge von Regulationshindernissen entsteht aber erst dann, wenn die Arbeitsaufgaben zeitgebunden zu erledigen sind. Deshalb wird der zur Überwindung der Regulationshindernisse erforderliche Zeitaufwand mit der Zeitbindung in einem Index multiplikativ verknüpft (vgl. LEITNER et al. 1987, 71f.).

Ergebnisse der vierten europäischen Erhebung über die Arbeitsbedingungen (FOURTH EUROPEAN WORKING CONDITIONS SURVEY EWCS 2005) zeigen, dass Regulationshindernisse auch mit berichteten Rücken- und Muskelschmerzen in Zusammenhang stehen können. An der Erhebung, die u.a. Fragen zum Arbeitsinhalt, zur Arbeitsorganisation und zur Arbeitszeit beinhaltete, beteiligten sich nahezu 30 000 Erwerbstätige aus 31 Staaten (EU-Mitgliedstaaten plus Kroatien, Norwegen, Schweiz, Türkei). In Tabelle 2.15 sind die Zusammenhänge zwischen berichteten Arbeitsunterbrechungen durch unvorhergesehene Aufgaben und Rücken- bzw. Muskelschmerzen dargestellt (EUROFOUND 2007).

Aus Tabelle 2.15 wird deutlich, dass Personen, die sehr oft durch unvorhergesehene Aufgaben unterbrochen werden, vergleichsweise mehr Rücken- und Muskelschmerzen berichten als Personen, die nur gelegentlich oder nie unterbrochen werden.

Die ‹Regulationsüberforderungen› sind nach spezifischen Aufgabenbedingungen – Monotonie und Zeitdruck – und allgemeinen Umgebungsbedingungen gegliedert (vgl. Abb. 2.20, S. 127). Dabei ist klar, dass es im Rah-

2.3 Auswirkungen auf die Beschäftigten

Tabelle 2.15: Muskel-Skelett-Beschwerden in Abhängigkeit von Arbeitsunterbrechungen durch unvorhergesehene Aufgaben (%) (Calculations based on fourth EWCS 2005: EUROFOUND October 2007)

Unterbrechungen	Rückenschmerzen	Muskelschmerzen
Sehr oft	27.9	27.3
Ziemlich oft	25.3	23.7
Gelegentlich	26.8	24.8
Nie	22.5	20.4
Total	25.6	23.8

men bedingungsbezogener Arbeitsanalysen nicht darum gehen kann, die von den Beschäftigten als solche erlebten Monotoniezustände zu erfassen (vgl. dazu Abschnitt 7.3), sondern dass es um «monotone Arbeitsbedingungen» geht.

«Monotone Arbeitsbedingungen liegen vor, wenn eine inhaltlich gleichförmige Arbeit keinerlei Planungs- und Entscheidungsleistungen des Arbeitenden erfordert, sondern ausschliesslich sensumotorisch reguliert wird (VERA-Stufe 1/1R) und dennoch psychisch nicht automatisierbar ist. Letzteres ist der Fall, wenn zur Ausführung der Aufgabe ständig visuelle Informationen ausgewertet werden müssen» (LEITNER et al. 1987, 24). Dieser Begriff der monotonen Arbeitsbedingungen ist insofern missverständlich, als in der arbeitspsychologischen Literatur Monotonie üblicherweise als subjektiv erlebter Zustand definiert wird (vgl. BARTENWERFER 1961, GUBSER 1968, MARTIN et al. 1980, HACKER und RICHTER 1980b). Es erscheint deshalb sinnvoller, die Arbeitsbedingung als ‹inhaltlich gleichförmige Arbeit bei notwendiger Zuwendung mit eingeengtem Beachtungsumfang, ohne Planungs- und Entscheidungsleistungen› zu charakterisieren.

Interessant ist schliesslich die Operationalisierung der zweiten Form der aufgabenimmanenten ‹Regulationsüberforderung›: «Für die Erfassung von Zeitdruck muss der Untersucher die Frage beantworten, wie lange sich der Arbeitende von seiner Aufgabe vollständig abwenden könnte, ohne Mengenvorgaben zu unterschreiten, und ohne dass dies bestimmte andere Konsequenzen (Fehlererhöhung, Umgehen von Sicherheitsvorschriften usw.) hätte» (GREINER et al. 1987, 156).

Als *aufgabenunspezifische Behinderungen* gelten Umgebungsbedingungen wie Lärm, Hitze etc., die von den Beschäftigten «zu ertragen» sind und deren Einschätzung auf einer 3-Punkte-Skala allenfalls auf die Notwendigkeit vertiefender ergonomischer oder arbeitsmedizinischer Untersuchungen verweist.

Wie beim Verfahren zur Ermittlung von Regulationserfordernissen in der Arbeitstätigkeit (VERA) ist auch beim RHIA die Analyseeinheit die Arbeitsaufgabe.[10]

Die RHIA-Analyse selbst erfolgt in fünf Schritten. Der *erste Schritt* (A) besteht aus einer Orientierung, in deren Rahmen als erstes die Geübtheit der am zu analysierenden Arbeitsplatz beschäftigten Person festzustellen, ein Überblick über den Arbeitsplatz zu gewinnen und die Aufgabenabgrenzung vorzunehmen ist. Im *zweiten Schritt* (B) ist einerseits die Aufgabe zu beschreiben; andererseits sind hier bereits beobachtete Behinderungen und Annahmen über weitere Behinderungen festzuhalten. Im *dritten Schritt* (C) ist der Grad der Zeitbindung zu erfassen. Der *vierte Schritt* (D) stellt die eigentliche Belastungsanalyse dar: Hier werden Regulationshindernisse identifiziert (vgl. Abbildung 2.21) und klassifiziert, Regulationsüberforderungen erfasst und die Ergebnisse der Belastungsanalyse anhand einer Checkliste auf Vollständigkeit geprüft. Im *fünften Schritt* (E) werden die wichtigsten Analyseergebnisse auf einem entsprechenden Antwortblatt eingetragen.

Analysen im Rahmen der so genannten AIDA-Studie (LEITNER et al. 1993; LEITNER 1999a; LEITNER und RESCH 2005; RESCH und LEITNER 2010) zeigten, dass Regulationsbehinderungen und daraus resultierender Zusatzaufwand zu einer Beeinträchtigung der psychosozialen Gesundheit führen können. «Einbezogen wurden 222 Büroangestellte aus 12 mittleren bis großen Produktionsbetrieben unterschiedlicher Branchen, deren Tätigkeiten von einfachen Hilfstätigkeiten bis zu hochqualifizierter Sachbearbeitung reichten» (LEITNER 1999a, 104). Dieser Untersuchung kommt deshalb besondere Bedeutung zu, weil die Zusammenhänge zwischen den Arbeitsbedingungen und Merkmalen der Gesundheit im Längsschnitt untersucht und die Arbeitsbedingungen mittels Tätigkeitsbeobachtungen analysiert wurden, d.h., die Bedingungsanalyse erfolgte unabhängig von subjektiven Einschätzungen der

---

[10] «Alle Handlungen eines Arbeitenden, die sich demselben Ziel unterordnen, konstituieren einen Handlungsbereich; alle Arbeitsvollzüge, die auf die Erreichung desselben Arbeitsergebnisses gerichtet sind, gehören zu einer Arbeitsaufgabe» (LEITNER et al. 1987, 50).

2.3 Auswirkungen auf die Beschäftigten 131

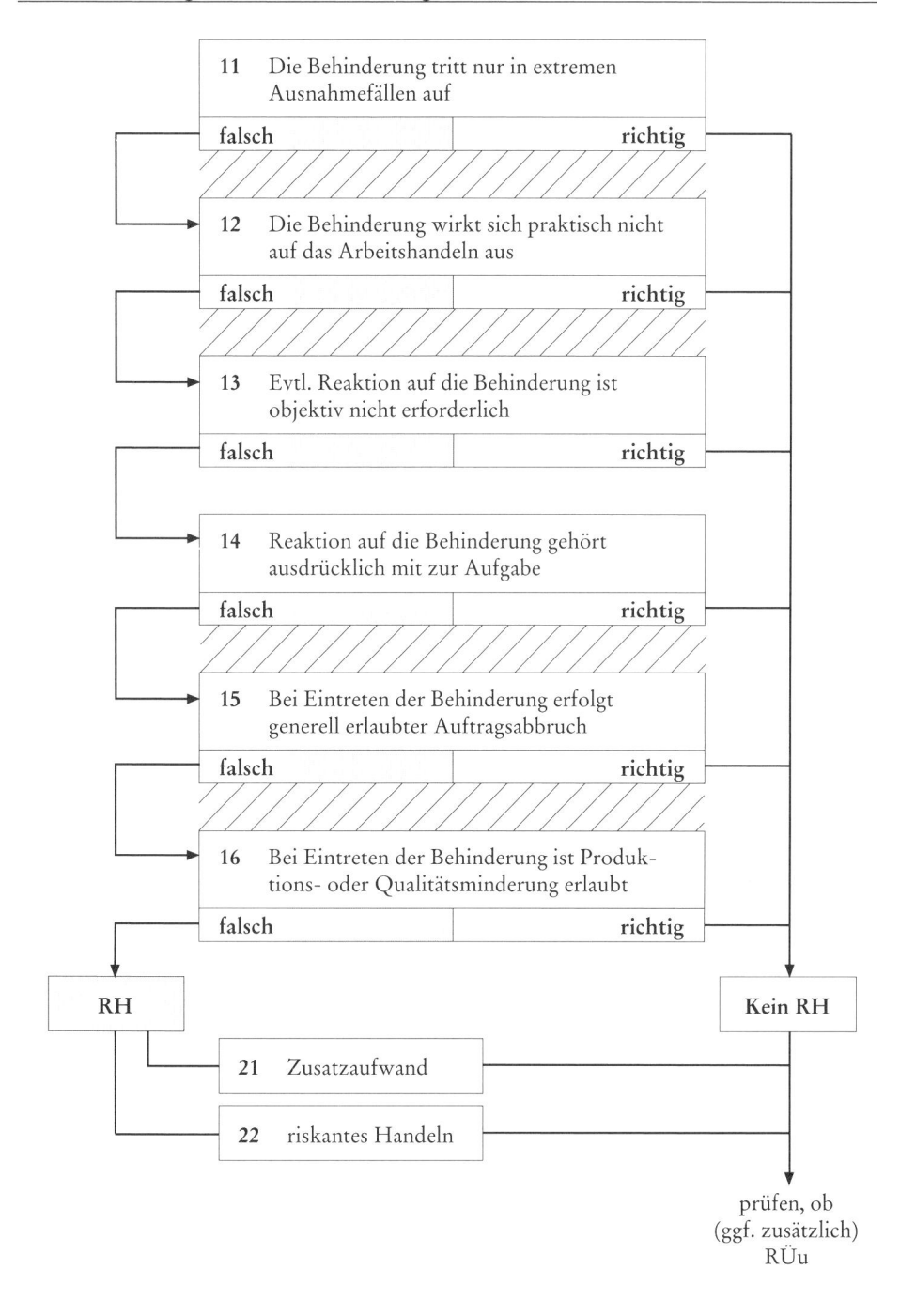

11	Die Behinderung tritt nur in extremen Ausnahmefällen auf
falsch	richtig

12	Die Behinderung wirkt sich praktisch nicht auf das Arbeitshandeln aus
falsch	richtig

13	Evtl. Reaktion auf die Behinderung ist objektiv nicht erforderlich
falsch	richtig

14	Reaktion auf die Behinderung gehört ausdrücklich mit zur Aufgabe
falsch	richtig

15	Bei Eintreten der Behinderung erfolgt generell erlaubter Auftragsabbruch
falsch	richtig

16	Bei Eintreten der Behinderung ist Produktions- oder Qualitätsminderung erlaubt
falsch	richtig

RH — Kein RH

21 Zusatzaufwand
22 riskantes Handeln

prüfen, ob (ggf. zusätzlich) RÜu

Abbildung 2.21: Schematische Darstellung des Frageweges zur Identifizierung von Regulationshindernissen im RHIA (aus: LEITNER et al. 1987)

Betroffenen. Gesundheitsmerkmale wurden per Fragebogen zeitversetzt zu den Beobachtungsinterviews am Arbeitsplatz erhoben. Die Untersuchung erstreckte sich zunächst über drei Erhebungszeitpunkte (1990, 1991, 1992) und wurde sechs Jahre später (1998) um einen vierten ergänzt (LEITNER und RESCH 2005). Die zeitverzögerten gesundheitsbezogenen Effekte fielen relativ deutlich aus. Wer zum Zeitpunkt der bedingungsbezogenen Analyse psychischen Belastungen ausgesetzt war, fand «sich z.B. mit 70% Wahrscheinlichkeit ein Jahr später in der Gruppe mit erhöhten psychosomatischen Beschwerden» (LEITNER 1999a, 115). Dabei zeigte sich, dass die Höhe des durch Regulationsbehinderungen hervorgerufenen Zusatzaufwands die Ausprägung verschiedener Gesundheitsmerkmale beeinflussen kann. Von den inhaltlichen Ergebnissen abgesehen, kommt der AIDA-Untersuchung insbesondere auch aus methodischen Gründen besondere Bedeutung zu. Schließlich gilt: «Durch eine klare Unterscheidung zwischen Studien, die ausschließlich Selbstauskünfte der Arbeitenden verwenden, und Studien, in denen Beobachter eingesetzt werden, würde manche Verwirrung über die Rolle von Drittvariablen in der Stressforschung vermieden» (RESCH und LEITNER 2010, 17).

Soll die Anwendung des RHIA nicht ausschliesslich Forschungszwecken dienen, so ist für identifizierte Regulationshindernisse nach Lösungen zu suchen. Hinweise auf mögliche Lösungen lassen sich aus der Darstellung in den Kapiteln 4 und 5 ableiten.

Insgesamt ist das RHIA-Verfahren ein theoretisch gut begründetes, aufwendig konstruiertes und differenziertes, bedingungsbezogenes Arbeitsanalyseverfahren, dessen Reliabilität und Validität als gut bezeichnet werden können. Für praktische Untersuchungszwecke dürfte seine Stärke vor allem in der – auch konzeptionell besser begründeten – Erfassung von Regulationshindernissen liegen. Der Anspruch der Autoren, «solche Arbeitsbedingungen zu identifizieren, die das Arbeitshandeln und somit den Arbeitsablauf behindern» (LEITNER et al. 1987, 40), wird mit dem RHIA-Verfahren weitgehend eingelöst.

Im Anschluss an ein kombiniertes RHIA-VERA-Büro-Verfahren zur Analyse psychischer Anforderungen und Belastungen in der Büroarbeit (LEITNER et al. 1993, LEITNER 1999a) wurde ein kombiniertes Verfahren RHIA/VERA-Produktion vorgelegt (OESTERREICH, LEITNER und RESCH 2000).

2.3 Auswirkungen auf die Beschäftigten

«Hierdurch bietet sich die Möglichkeit, in einem umfassenden Gestaltungsansatz sowohl den *Bereich Verwaltung* als auch den *Bereich Produktion und Fertigung* mit Verfahren desselben Typs und der gleichen Fragestellung zu untersuchen. Angesichts einer zunehmenden Verschränkung von Verwaltung und Produktion dürfte ein kombinierter Ansatz der beiden Verfahrensversionen in umfassenden Gestaltungsprojekten zukünftig an Bedeutung gewinnen und den integrativen Charakter solcher Projekte wesentlich erhöhen» (OESTERREICH, LEITNER und RESCH 2000, 91).

2.3.6 Instrument zur stressbezogenen Arbeitsanalyse (ISTA)

Wie die in den vorhergehenden Abschnitten besprochenen Verfahren zur Erfassung von Regulationsanforderungen (VERA) und Regulationshindernissen (RHIA) ist auch das Instrument zur stressbezogenen Arbeitsanalyse (ISTA) ein bedingungsbezogenes Analyseverfahren (SEMMER 1984). Auch hier sollen die aus der Aufgabe und den Ausführungsbedingungen resultierenden Regulationsanforderungen erfasst werden. Allerdings liegt beim ISTA der Schwerpunkt auf *Aspekten der Arbeitstätigkeit bzw. Arbeitsaufgabe, die zur Stressentstehung oder -vermeidung beitragen können*. Dabei geht es um Beeinträchtigungen der Handlungsregulation durch Überforderung («Regulationsüberforderung»), zu geringe Anforderungen an die vorhandene Regulationskapazität aufgrund unzureichender Arbeitsinhalte («Regulationsunterforderung») sowie die für die Bewältigung potenzieller Stressoren verfügbaren objektiven Ressourcen (Handlungsspielräume).

Stress wird hier als persönlich bedeutsamer und als unangenehm erlebter Ungleichgewichtszustand verstanden (SEMMER 1984, DUNCKEL 1985, DUNCKEL und SEMMER 1987).[11] Analog zum Konzept der ‹Risikofaktoren› in der Medizin sollen mit Hilfe des ISTA solche Aufgabenmerkmale und Ausführungsbedingungen identifiziert werden, mit denen ein ‹Stressrisiko› verbunden ist. Die Anwendung des – ursprünglich für die Analyse von Produktionstätigkeiten entwickelten, von ZAPF (1991) durch eine Büroversion ergänzten – Instrumentariums soll «eine Abschätzung von Belastungsschwerpunkten im Vergleich verschiedener Arbeitsplätze ermöglichen und die Richtung für vertiefende Detailanalysen sowie für eine Umgestaltung angeben» (DUNCKEL und SEMMER 1987, 166).

---

[11] Damit handelt es sich um ein relativ weites Stressverständnis, das mit den in Abschnitt 7.4 diskutierten engeren Definitionen von Stress nicht voll übereinstimmt.

Das Instrument wurde in zwei – weitgehend identischen – Varianten entwickelt, nämlich (1) in einer Beobachtungsversion mit 63 Fragen, «in der geschulte Beobachter im Rahmen eines ‹Beobachtungsinterviews› die jeweiligen Tätigkeiten bewerten» (DUNCKEL und SEMMER 1987, 170) und (2) in einer Fragebogenversion mit 67 Fragen. Die Frageformulierungen sind in beiden Versionen weitgehend identisch; die Beantwortung erfolgt mehrheitlich auf fünfstufigen Antwortskalen.

Aus den über die Antworten erfassten Variablen wurden die folgenden elf Skalen gebildet:

1. Arbeitskomplexität
2. Variabilität
3. Kommunikation
4. Konzentration und Zeitdruck
5. Unsicherheit und Verantwortung
6. Arbeitsorganisatorische Probleme
7. Unfallgefährdung
8. Umgebungsbelastungen
9. Einseitige körperliche Belastung
10. Kooperationserfordernisse
11. Handlungsspielraum

Eine zwölfte Skala ‹Soziale Stressoren› wurde von FRESE entwickelt (FRESE und ZAPF 1987). Diese Skala enthält ausschliesslich Fragebogenitems, während umgekehrt die Skala ‹Kooperationserfordernisse› ausschliesslich Beobachtungsitems enthält.
Beispiele für das Itemformat sind in Abbildung 2.22 wiedergegeben.

Während für die Befragung mit einem Zeitaufwand von einer Stunde gerechnet wird, wird der Aufwand für ein Beobachtungsinterview mit 1.5 Stunden angegeben. Zur weiteren Verbesserung der Qualität der Ergebnisse wird allerdings empfohlen, an die erste umfassende Beobachtung «eine oder mehrere ‹Kurzbeobachtungen› von 15 bis 30 Minuten Dauer anzuschliessen, und zwar möglichst zu unterschiedlichen Tageszeiten und in längerem Abstand zur ersten Beobachtung. Auf diese Weise können Schwankungen im Auftragsvolumen, Aufgabenart, Maschinenstörungen etc. besser ausgeglichen werden» (DUNCKEL und SEMMER 1987, 174). Dass eine intensive

2.3 Auswirkungen auf die Beschäftigten

Schulung der Beobachter zu den unabdingbaren Voraussetzungen für die adäquate Anwendung des Instrumentariums gehört und dass die Zuverlässigkeit der Daten durch mehrere Beobachter erheblich verbessert werden kann (SEMMER 1984), entspricht vielfältiger Erfahrung auch aus anderen Zusammenhängen.

Von den zahlreichen Ergebnissen, die aus der Anwendung des ISTA in einem umfangreichen Forschungsvorhaben über ‹psychischen Stress am Arbeitsplatz› (GREIF et al. 1983, 1991) in der BRD gewonnen wurden, ist im vorliegenden Zusammenhang eines von besonderer Bedeutung: DUNCKEL (1985) konnte mit Hilfe einer Clusteranalyse insgesamt sechs ‹Typen› von Arbeitsplätzen identifizieren, die durch jeweils unterschiedliche Kombinationen von Regulationshindernissen (Stressoren), Regulationserfordernissen (inhaltliche Anforderungen wie Komplexität etc.) und Ressourcen (Handlungsspielraum) gekennzeichnet sind. Mit drei Arbeitsplatztypen waren keine spezifischen Befindensbeeinträchtigungen verbunden. «Drei Typen hingegen waren mit gesundheitlichen Beeinträchtigungen verbunden, und diese Beziehungen bleiben erhalten, auch wenn man andere potenzielle Einflussgrössen (z.B. sozio-demografische Merkmale) mitberücksichtigt» (DUNCKEL und SEMMER 1987, 176).

Abbildung 2.22: ISTA-Skalen und Beispiele für das Itemformat (nach: SEMMER 1984, DUNCKEL und SEMMER 1987)

Arbeitskomplexität

A muss bei seiner Arbeit sehr *komplizierte Entscheidungen* treffen.	B muss bei seiner Arbeit nur sehr *einfache Entscheidungen* treffen, wo man kaum überlegen muss.

Dieser Arbeitsplatz ist …
    genau wie der von A   ( )
    ähnlich wie der von A   ( )
    zwischen A und B   ( )
    ähnlich wie der von B   ( )
    genau wie der von B   ( )

Variabilität

Insgesamt gesehen hat A eine *gleichförmige*, immer wiederkehrende Arbeit.	Insgesamt gesehen hat B eine *abwechslungsreiche* Arbeit.

Dieser Arbeitsplatz ist …
    genau wie der von A   ( )
    usw.

Kommunikation

Könnten Sie anderen bei der Arbeit helfen?	gar nicht	wenig	einigermassen	viel	sehr viel
	( )	( )	( )	( )	( )

Konzentration und Zeitdruck

A muss sich bei seiner Arbeit nervlich sehr anstrengen.   B muss sich im Durchschnitt *nervlich* fast gar nicht anstrengen.

Dieser Arbeitsplatz ist …   genau wie der von A ( )
usw.

Wie oft fällt so viel Arbeit an, dass Sie in Ihrer *Pause* durcharbeiten müssen?	sehr selten	selten	gelegentlich	oft	sehr oft
	( )	( )	( )	( )	( )

Unsicherheit und Verantwortung

Erhalten Sie manchmal von verschiedenen Vorgesetzten widersprüchliche Anweisungen?	sehr selten	selten	gelegentlich	oft	sehr oft
	( )	( )	( )	( )	( )

Arbeitsorganisatorische Probleme

A muss *viel* Zeit damit *vertun,* sich Werkzeug und Material zu beschaffen.   B hat Werkzeug und Material in *ausreichender Menge* zur Verfügung.

Welcher der beiden Arbeitsplätze ist Ihrem am ähnlichsten?   genau wie der von A ( )
usw.

Kooperationserfordernisse

Ist das Arbeitsergebnis davon abhängig, wie gut oder schlecht seine Kollegen vor ihm arbeiten?	gar nicht	wenig	etwas	stark	sehr stark
	( )	( )	( )	( )	( )

Die *erste* Belastungskonstellation weist folgende Merkmale auf: potenziell Stress auslösende Ausführungsbedingungen (wie Zeitdruck, Probleme der Arbeitsorganisation usw.), «mittleres» Niveau der Arbeitsinhalte, kleiner Handlungsspielraum. Für diese Konstellation ergibt sich das un-

2.3 Auswirkungen auf die Beschäftigten

günstigste Bild: «Hohe Belastungen oder Stressoren, wenig Handlungsspielraum und mittlere qualitative Anforderungen ergeben eine Beeinträchtigung auf einer breiten Palette von Indikatoren – psychosomatische Beschwerden, Depressivität, Gereiztheit, geringe Zufriedenheit und verringertes allgemeines Wohlbefinden» (a.a.O., 177). Der *zweite* Arbeitsplatztyp weist ebenfalls potenziell Stress auslösende Ausführungsbedingungen auf, aber verbunden mit einem höheren Niveau der Arbeitsinhalte und einem grösseren Handlungsspielraum. Psychosomatische Beschwerden, Gereiztheit und Beeinträchtigungen des allgemeinen Wohlbefindens weisen auch hier erhöhte Werte auf. «Depressivität und Zufriedenheit sind jedoch nicht betroffen, was die Vermutung nahelegt, dass diese Dimensionen mehr vom Handlungsspielraum beeinflusst werden, während die Belastungen sich eher auf psychosomatische Beschwerden, Krankheitssymptome und Gereiztheit auswirken» (a.a.O.). Der *dritte* Arbeitsplatztyp weist keine besondere Ausprägung potenziell Stress auslösender Ausführungsbedingungen auf, bei einem niedrigen Niveau der Arbeitsinhalte und kleinem Handlungsspielraum. Mit dieser Konstellation sind keine erhöhten Werte für psychosomatische Beschwerden verbunden, aber «neben einem herabgesetzten allgemeinen Wohlbefinden vor allem vermindertes Selbstwertgefühl und geringere Arbeits- und Lebenszufriedenheit».

Aufgrund der berichteten Ergebnisse weisen die Autoren zu Recht darauf hin, dass mit dem ISTA ein Verfahren vorliegt, «das bei entsprechender sorgfältiger Handhabung auf ökonomische Weise wichtige Erkenntnisse über Belastungsstrukturen liefern kann ...» (DUNCKEL und SEMMER 1987, 172). Allerdings ist ISTA «eher darauf angelegt, durch nicht übermässig zeitaufwendige Analysen Angaben über *Belastungsschwerpunkte* zu liefern. Das bedeutet z.B., dass aus ISTA-Ergebnissen unter Umständen ableitbar ist, an welchen Merkmalen (z.B. Verbesserung der Arbeitsorganisation) Massnahmen ansetzen sollten. Die jeweils konkret erforderliche Massnahme ist jedoch direkt aus ISTA in der Regel nicht ableitbar, sondern bedarf vertiefter Analysen» (SEMMER, ZAPF und DUNCKEL 1999, 180).

2.3.7 Weitere Entwicklungen

Die rasch fortschreitende technologische Entwicklung hat zur Konzeption einer Reihe von besonders darauf ausgerichteten Verfahren zur Analyse von

Arbeitstätigkeiten veranlasst. So soll etwa das aus einem Grundlagenprojekt (FRIELING et al. 1984, FRIELING 1999) entstandene Tätigkeitsanalyseinventar (TAI) einerseits die Erfassung von *Auswirkungen des Einsatzes neuer Techniken* ermöglichen, andererseits «möglichst frühzeitig organisatorische Gestaltungsspielräume bei technischen Veränderungen zu ermitteln erlauben» (KANNHEISER 1987, 72).

Das TAI umfasst vier Teilverfahren, von denen das erste organisatorisch-technische Bedingungen der Tätigkeit, das zweite Informationsaufnahme und -verarbeitung, das dritte Handlungsvorbereitung und -ausführung und das vierte die Dynamik der Tätigkeit erfassen soll. Das Inventar umfasst 2 183 Items, aus denen für konkrete Fragestellungen modulartig spezielle Merkmalsbereiche ausgewählt werden können.

Nach SONNTAG (1989, 59) stehen zwei Aussagebereiche im Vordergrund:
« – die Belastungs- und Gefährdungsermittlung zum Zwecke der Ableitung organisatorischer, technischer und ergonomischer Gestaltungsempfehlungen
 – die Ermittlung von Qualifikationsanforderungen (…) zum Zwecke der Ableitung von Ausbildungsinhalten und Lernzielen zur Entwicklung beruflicher Curricula und arbeits- bzw. anforderungsgerechter Trainingskonzepte und -programme.»

Die Arbeiten von KANNHEISER (1987) und SONNTAG et al. (1987) zeigen, dass es sich beim TAI um ein – zumindest zur Zeit noch – sehr aufwendiges Verfahren handelt, dessen sorgfältige Anwendung aber eine Reihe gut begründeter und konkret nützlicher Aussagen zulässt (vgl. FRIELING 1999).

Ein wesentlicher Teil dieser und der anderen in Kapitel 2 und Kapitel 3 besprochenen Verfahren findet sich im Handbuch psychologischer Arbeitsanalyseverfahren (DUNCKEL 1999a). Eine Verfahrensübersicht findet sich auch bei M. E. RESCH (2003), der die dokumentierten Verfahren speziell unter Aspekten des Arbeits- und Gesundheitsschutzes behandelt. RESCH (2003a) verweist auf die vielfach zu bestätigende Tatsache, dass viele Unternehmen selbstentwickelte Checklisten oder Fragebögen einsetzen, weil sie diese für weniger aufwendig und praxisnäher hielten als ein wissenschaftlich fundiertes Instrumentarium. «Erst die theoretische Fundierung eines Verfahrens» aber erlaubt «nachzuvollziehen, warum welche Untersuchungseinheiten und

2.3 Auswirkungen auf die Beschäftigten

Merkmale aus der unendlichen Vielfalt von Arbeitsmerkmalen ausgewählt wurden. Unter einer psychologischen (‹humanorientierten›) Perspektive ist dabei von besonderer Bedeutung, dass das Menschenbild in Form theoretisch begründeter Aussagen zum menschlichen Handeln impliziert wird» (DUNCKEL 1999a, 15f.).

Eine Reihe weiterer Verfahren – auf ähnlichem theoretischem Hintergrund basierend wie die in diesem Kapitel beschriebenen – wird derzeit entwickelt. Zusammen mit den bereits vorhandenen Verfahren könnte daraus – wie mit dem TAI intendiert – im Laufe der Zeit eine Art Baukastensystem entstehen, aus dem für spezifische Fragestellungen geeignete Module einzeln oder in Kombination zur Anwendung gelangen.
In jüngerer Zeit wurde zudem eine Reihe von Analyseinstrumenten für spezifische Arbeitsbereiche entwickelt, so etwa von BÜSSING und GLASER (1998, 1999) das Tätigkeits- und Arbeitsanalyseverfahren für das Krankenhaus (TAA-KH), von BRUCKS (1998) eine Vorgehensweise zur Analyse der ärztlichen Aufgabe unter besonderer Berücksichtigung der Arzt-Patient-Beziehungen und von RESCH (1999a) das Verfahren zur Analyse von Arbeit im Haushalt (AVAH).
Von besonderem Interesse ist schliesslich auch die Entwicklung von Verfahren zur Analyse spezifischer Formen von Dienstleistungsarbeit, die von HACKER (1998, 81) als ‹dialogisch-erzeugend› bzw. ‹dialogisch-ergebnisbezogen› (a.a.O., S. 83) bezeichnet werden. Als dialogisch-erzeugend werden solche Tätigkeiten bezeichnet, «die eine Veränderung im Partner anzielen; beispielsweise durch Kenntniserwerb oder Heilung» (a.a.O., S. 81).
«Die *Forschung* zur personenbezogenen Dienstleistungsarbeit hat sich bisher überwiegend auf die Tätigkeit des Dienstleisters bezogen. Mit Blick auf die Notwendigkeit der Abstimmung zwischen Dienstleistungsgeber und Dienstleistungsnehmer sollte diese einseitige Sicht durch Untersuchungen zur *Rolle des Dienstleistungsnehmers* ergänzt werden (vgl. auch CZEPIEL 1980). Erst die Betrachtung der Perspektiven und der Handlungen beider beteiligten Akteure ermöglicht die Beschreibung von Inter-Aktion. Es gilt zu klären, wie es beiden Akteuren gelingt, Kooperation herzustellen und aufrecht zu erhalten ... Die Berücksichtigung der Beiträge beider Akteure bei der Erbringung einer Dienstleistung ist jedoch nicht nur bedeutsam für die Untersuchung der Voraussetzungen gelingender Dienstleistungen. Sie wirft auch ein kritisches Licht auf das verbreitete Bild der *Kundenorientierung* und die Auffassung, der Kunde sei ‹König›. Kundenorientierung ist ein Begriff, der

eng zusammenhängt mit der Betrachtung von Dienstleistungsarbeit aus einer unternehmerischen Perspektive, der es um eine Optimierung der Dienstleistungsarbeit von MitarbeiterInnen gemäss den Wünschen und Erwartungen der KundInnen geht. Dies muß deshalb zu kurz greifen, weil das Bild des passiv sich bedienen lassenden Kundenkönigs die aktiven Leistungen des DLN verdeckt. Nähme man diese ernst, ginge es nicht mehr um Bedienen und Sich-Bedienen-Lassen, sondern um um die interaktive Auseinandersetzung handelnder Akteure» (DUNKEL und RIEDER 2004, 224f.).
Ein typisches Beispiel für diese Form der Dienstleistung ist die Krankenpflege. «Abstimmungsprozesse zwischen Pflegekräften und Patientinnen und Patienten sind dort an der Tagesordnung. So wird beispielsweise das Anlegen eines neuen Verbandes bei einem Patienten mit einer Armverletzung in der Regel parallele Aktivitäten und eine wechselseitige Abstimmung von Pflegekraft und Patient erfordern» (RIEDER 2003, 154).
Charakteristisch ist also, «dass die Dienstleistungsnehmer ... bei der Leistungserbringung als Ko-Produzenten mitwirken ... An Patienten (und ggf. ihre Angehörigen) wird somit die Anforderung gestellt, verstärkt selbst aktiv an der Versorgung mitzuwirken. Dies zeigt sich etwa in der Grundpflege (z.B. Körperpflege, Unterstützung bei der Nahrungsaufnahme). Hier wird darauf geachtet, die Patienten diejenigen Tätigkeiten selbst tun zu lassen, die sie eigenständig durchführen können. Unterstützung erhalten sie in den Fällen, in denen eigenständiges Vorgehen (noch) nicht möglich ist ... Patienten werden also bereits im Krankenhaus zunehmend angeregt, selbst aktiv an ihrer Versorgung mitzuwirken und es werden entsprechende Abläufe vermittelt. Dies ermöglicht eine raschere Entlassung aus dem Krankenhaus und eine weitgehend selbständige Versorgung bei ambulanter Betreuung im Anschluss ... Wenn Patienten verstärkt ‹mitarbeiten›, so stellt sich die Frage nach ihren ‹Arbeitsbedingungen›» (RIEDER 2005, 113). Zur Beantwortung dieser Frage wird von RIEDER (2005) ein Verfahren zur *Analyse von Ko-Produktion* (AKO) entwickelt, das aus zwei Verfahrensteilen, einem Fragebogen und einem an die Critical Incident Technique angelehnten Interview besteht.

Nicht nur für diese Arbeitsbereiche, sondern generell gilt, was HOFF (1990, 105) so formuliert hat: «Der Arbeitspsychologe, dem es um die Persönlichkeitsförderlichkeit von Arbeit ... geht, wird künftig bei seinen psychologischen Arbeitsanalysen sowie bei allen Massnahmen einer Prävention und Intervention im Betrieb nicht länger die Frage umgehen können, welche Folgen ein Arbeitsprodukt für andere haben kann, wie der Arbeitende dies selbst psychisch ‹verarbeitet› und warum er so und nicht anders reagiert.»

3. Kapitel

Bewertung von Arbeitstätigkeiten

Da wir einerseits vom ‹Prinzip der Einheit von Analyse, Bewertung und Erarbeitung von Gestaltungsvorschlägen› ausgehen und andererseits in einigen Analyseverfahren – wie z.B. beim VERA – Kriterien für die Bewertung der untersuchten Arbeitstätigkeiten explizit enthalten sind, kann man sich fragen, ob es gerechtfertigt ist, der Bewertung ein eigenes Kapitel zu widmen. Tatsächlich enthält eine Reihe von Analyseverfahren aber keine explizit formulierten Bewertungskriterien; dies hat zur Folge, dass den erarbeiteten Gestaltungsvorschlägen häufig eine wichtige Grundlage fehlt. Deshalb werden in diesem Kapitel zunächst die in der Arbeitspsychologie diskutierten Bewertungskriterien besprochen. Daran anschliessend wird ein System zur Bewertung von Arbeitstätigkeiten vorgestellt und an konkreten Beispielen illustriert.

3.1 Kriterien für die Bewertung von Arbeitstätigkeiten

Die von verschiedenen Autoren formulierten Kriterien für die arbeitswissenschaftliche bzw. arbeitspsychologische Bewertung von Arbeitstätigkeiten weisen untereinander Übereinstimmungen, aber auch Abweichungen auf. So hat zunächst ROHMERT (1972) vier Kriterien für die Bewertung von Gestaltungszuständen menschlicher Arbeit vorgeschlagen, die von anderen Autoren (z.B. SCHNAUBER 1979, LAURIG 1982) übernommen wurden. Die von ROHMERT genannten Kriterien sind (1) die Ausführbarkeit, (2) die Erträglichkeit, (3) die Zumutbarkeit und (4) die Zufriedenheit. Die Reihenfolge der Nennungen entspricht einer hierarchischen Anordnung, d.h. die Forde-

rung nach Ausführbarkeit hat Vorrang vor der Forderung nach Erträglichkeit usw. Als erste Voraussetzung menschengerechter Arbeit muss also sichergestellt sein, dass eine Arbeit überhaupt ausführbar ist. «So ist zum Beispiel eine Arbeit für einen Menschen nicht ausführbar, wenn die verlangten Kräfte die ihm zur Verfügung stehenden Kräfte übersteigen» (LAURIG 1982, 14). Erträglich ist eine Arbeit nach dem Verständnis von ROHMERT dann, wenn sie auch bei täglicher Wiederholung über eine ganze Schicht hinweg ausgeführt werden kann, ohne dass gesundheitliche Schäden auftreten. Bei der Frage der Zumutbarkeit – die einer subjektiven Bewertung unterliegt, die vor allem von gesellschaftlichen Werthaltungen mitbestimmt wird – geht es um die «Akzeptierung von innerhalb der Erträglichkeitsgrenzen liegenden Bedingungen durch Gruppen» (ROHMERT 1972, 9). Das Kriterium Zufriedenheit schliesslich betrifft «die Akzeptierung zumutbarer Bedingungen unter der Berücksichtigung individueller Zufriedenheit» (a.a.O.).
Aus der Darstellung von ROHMERT lassen sich die in Tabelle 3.1 aufgezeigten Zuordnungen ableiten.

Tabelle 3.1: Bewertungsebenen für die Beurteilung menschlicher Arbeit (nach Angaben von ROHMERT 1972)

Bewertungs-ebene	Zeithorizont	Problem-zuordnung	Wissenschaftlicher Aussagebereich
Ausführbarkeit	kurzfristig	anthropometrisches, psychologisches Problem	Arbeitswissen-schaft
Erträglichkeit	langfristig	arbeitsphysiologisches-arbeitsmedizinisches Problem	Arbeitswissen-schaft
Zumutbarkeit	langfristig	soziologisches Problem	Gesellschafts-wissenschaft
Zufriedenheit	langfristig (?)	psychologisches Problem	Individual- und Sozialpsychologie

Da dieses Bewertungskonzept eine gewisse Verbreitung gefunden hat, sollen einige Überlegungen dazu angestellt werden. Die erste Überlegung betrifft das Kriterium der Ausführbarkeit. Hier kann man sich auf den Standpunkt stellen, dass Ausführbarkeit in dem von ROHMERT gemeinten Sinne

3.1 Kriterien

zu den selbstverständlichen Voraussetzungen der Ausführung von Arbeitstätigkeiten gehört und deshalb als spezifisches Bewertungskriterium keine Notwendigkeit darstellt. Die zweite Überlegung betrifft das Kriterium Zufriedenheit, das sowohl in der Arbeits- und Organisationspsychologie als auch in der betrieblichen Praxis sehr weite Verbreitung, aber auch unkritische Anwendung gefunden hat.[1] Durch das Qualitätsmodell der European Foundation for Quality Management (EFQM 1994; ZINK 1995a, 2004) haben Konzepte der Arbeitszufriedenheit erneut Aktualität erlangt, auch wenn Arbeitszufriedenheit in der neuen Fassung EFQM 2000 nicht mehr explizit als ‹Resultatfaktor› aufgeführt ist.

Auf Grund theoretischer Herleitungen wie empirischer Untersuchungen wird hier die Position vertreten, dass Zufriedenheit in der generellen Fassung des Begriffes kein brauchbares Kriterium für die Bewertung von Arbeitstätigkeiten darstellt. Allerdings lohnt es sich in diesem Zusammenhang, einige der bei FISCHER (2006) berichteten Konzepte wie z.B. den Einbezug der Werteforschung (BORG 2006) oder die Entwicklung einer «kybernetischen Perspektive» (JIMÉNEZ 2006) zur Kenntnis zu nehmen. Die Alltagserfahrung zeigt, ebenso wie Ergebnisse wissenschaftlicher Untersuchungen dies tun, dass Arbeitszufriedenheit auf sehr unterschiedliche Weise entstehen kann und dass die Aussage, jemand sei mit seiner Arbeit zufrieden, deshalb ganz verschiedene Bedeutung haben kann.

So weist FISCHER (1989, 66) auf die «Selbstschutzfunktion von Zufriedenheitsurteilen» hin. Schliesslich muss eine Person, die Unzufriedenheit äussert, damit rechnen danach gefragt zu werden, weshalb sie in der unbefriedigenden Situation verbleibt oder diese nicht verändert. «Diejenige Person aber, die eine sie nicht befriedigende Situation nicht ihren Wünschen entsprechend verändern kann, gilt leicht als inkompetent» (FISCHER, a.a.O.).
Wir müssen daher annehmen, dass die globalen Zufriedenheitskonzepte nur wenig trennscharf sind und der Realität kaum gerecht werden. Insbesondere macht sich das Fehlen einer qualitativen Differenzierung des Zufriedenheitsbegriffs in der Mehrzahl der früheren Untersuchungen bemerkbar. Ein Modell, das dieser Forderung Rechnung trägt, wurde von BRUGGEMANN (1974, BRUGGEMANN, GROSKURTH und ULICH 1975) entwickelt (vgl. Abbildung 3.1, S. 144).

---

[1] Nach Schätzung von LOCKE (1976) waren allein bis Mitte der siebziger Jahre ca. 3 350 Arbeiten über Arbeitszufriedenheit publiziert worden!

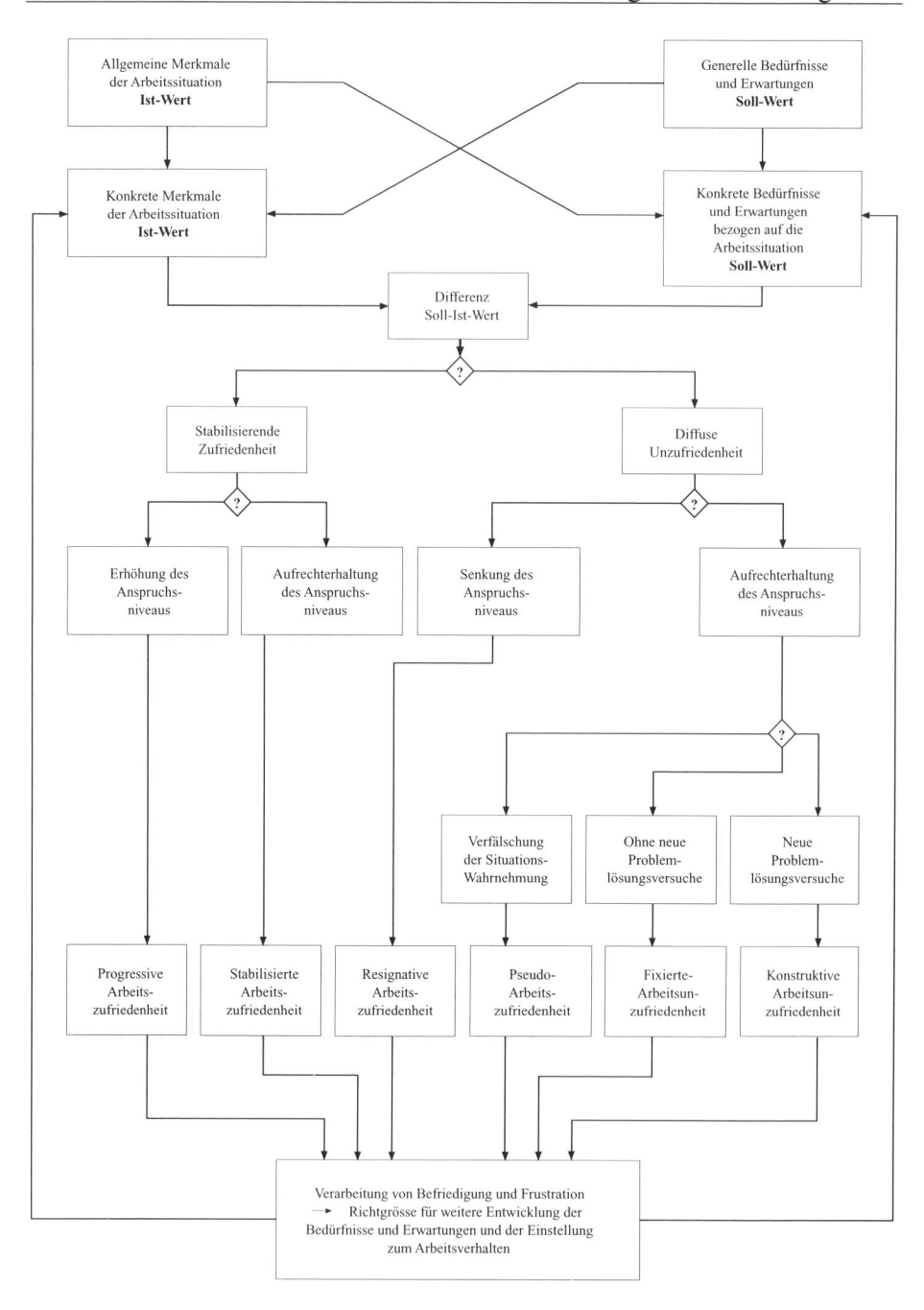

Abbildung 3.1: Formen der Arbeitszufriedenheit als Ergebnisse von Abwägungs- und Erlebnisverarbeitungsprozessen (aus: BRUGGEMANN, GROSKURTH und ULICH 1975)

3.1 Kriterien

Das Modell von BRUGGEMANN unterscheidet sechs verschiedene Formen von Arbeitszufriedenheit bzw. Arbeitsunzufriedenheit. Welche dieser Formen in Erscheinung tritt, ist zunächst abhängig von einem individuellen Vergleich zwischen den eigenen Bedürfnissen und Erwartungen einerseits (=SOLL) und den Möglichkeiten ihrer Realisierung in der gegebenen Arbeitssituation andererseits (=IST). Je nach Ergebnis des Soll-Ist-Vergleiches und der darauf folgenden Reaktion des Anspruchsniveaus resultieren unterschiedliche Formen von Zufriedenheit. Fällt beispielsweise der Soll-Ist-Vergleich positiv aus und das Anspruchsniveau bleibt unverändert, so ergibt sich daraus eine Form der Arbeitszufriedenheit, die als «stabilisiert» bezeichnet wurde, weil sie mit der Tendenz der Situationserhaltung verbunden ist. Folgt dem positiven Ergebnis des Soll-Ist-Vergleiches indes eine Erhöhung des Anspruchsniveaus, so resultiert daraus eine «progressive Arbeitszufriedenheit», die durch Zielerweiterung gekennzeichnet ist (BRUGGEMANN 1974). Da Zielerweiterung auch bedeutet, dass bestimmte Wünsche oder Bedürfnisse in der gegenwärtigen Situation nicht erfüllt werden, erscheint es allerdings sinnvoller, diesen Status – einem früheren Vorschlag von BRUGGEMANN entsprechend – als «progressive Arbeits(un-)zufriedenheit» zu bezeichnen.

In diesem Zusammenhang ist die bei MASLOW vorfindbare Unterscheidung zwischen «low-level complaints» und «high-level complaints» von Interesse: «This is the point: the high-level complaint is not to be taken as simply like any other complaint; it must be used to indicate all the preconditions which have been satisfied in order to make the height of this complaint theoretically possible ... What we must learn to look for is, have these complaints gone up in motivational level? This is the real test and this is, of course, all that can be expected. But furthermore, I suppose, this means that we must learn to be very happy about such a thing, not merely to be contented with it» (MASLOW 1965, 240f.).

Fällt der Soll-Ist-Vergleich negativ aus, so kann daraus eine Senkung des Anspruchsniveaus im Sinne einer Sollwert-Reduktion resultieren, als deren Ergebnis eine «resignative Arbeitszufriedenheit» entstehen kann. Bleibt trotz negativen Ergebnisses des Soll-Ist-Vergleichs das Anspruchsniveau aufrechterhalten, so besteht einerseits die Möglichkeit einer Verfälschung der Situationswahrnehmung, d.h. es werden subjektiv mehr Freiheitsgrade wahrgenommen, als objektiv in der Arbeitstätigkeit vorhanden sind. Die daraus folgende Form der Zufriedenheit wurde als «Pseudoarbeitszufriedenheit» bezeichnet. Andererseits besteht aber auch die Möglichkeit, in der adäquat wahrgenommenen Situation zu verharren, was zur «fixierten Arbeitsunzufriedenheit» führt. Als dritte Möglichkeit kann die Aufrechterhaltung des

Anspruchsniveaus nach negativem Ergebnis des Soll-Ist-Vergleichs schliesslich aktive Bemühungen zur Überwindung der unbefriedigenden Situation auslösen. Der damit verbundene Zufriedenheitsstatus wurde von BRUGGEMANN als «konstruktive Arbeitsunzufriedenheit» bezeichnet.

Die Erfassung der unterschiedlichen Formen der Arbeitszufriedenheit bzw. -unzufriedenheit bereitet noch immer etwelche methodische Schwierigkeiten. Ein Bericht über die weitere Entwicklung des Konzepts der verschiedenen AZ-Formen findet sich bei BAUMGARTNER und UDRIS (2006). Vermehrt wird inzwischen auch – z.B. in Zusammenhang mit dem DGB-Index Gute Arbeit (FUCHS 2009) – über Korrelationen zwischen AZ-Formen und Merkmalen erlebter Gesundheit berichtet. Aus den Ergebnissen vorliegender Untersuchungen lässt sich im Übrigen mit hinreichender Sicherheit feststellen, dass ein Teil der Zufriedenheitsäusserungen von Beschäftigten mit hochgradiger Arbeitsteilung auf die aus einer Reduzierung des Anspruchsniveaus resultierende «resignative Arbeitszufriedenheit» entfällt.

Dies könnte übrigens auch für den zweiten der von MÜNSTERBERG (1912, 117) berichteten Fälle gelten (vgl. Kapitel 1, S. 16f.). Darauf deutet die Formulierung hin: «Im Anfang, meinte er, wäre es manchmal ermüdend gewesen, aber dann später wäre die Arbeit ihm immer lieber geworden» (a.a.O.). Beim ersten Fall – der Frau, die täglich rund 13 000 Glühbirnen einwickelte und dies auch nach zwölf Jahren noch «wirklich interessant» fand – könnte es sich nach der Beschreibung von MÜNSTERBERG um ein Beispiel für Pseudozufriedenheit im oben beschriebenen Sinne handeln.

Wenngleich das Modell von BRUGGEMANN der weitergehenden Präzisierung und Operationalisierung bedarf (vgl. NEUBERGER 1985, NEUBERGER und ALLERBECK 1978), wird «allgemein anerkannt ..., dass es gegenüber den bisherigen Betrachtungen der AZ einen entscheidenden Fortschritt bedeutet, AZ nunmehr als *Prozess* zu interpretieren, wie es in dem Ansatz von Bruggemann explizit versucht wird» (GEBERT und ROSENSTIEL 1981, 69). Damit wird zugleich deutlich, dass Arbeitszufriedenheit ohne qualitative Differenzierung, d.h. ohne Angabe der anzustrebenden Form, ein nur eingeschränkt geeignetes Kriterium zur Bewertung von Arbeitstätigkeiten darstellt (vgl. dazu aber auch Semmer & Udris (2004, 71), die über Korrelationen von .30 zwischen allgemeiner Arbeitszufriedenheit und Leistung berichten).

Gerade die resignative Form der Arbeitszufriedenheit macht im Übrigen deutlich, dass Arbeits*zufriedenheit* nicht mit Arbeits*freude* verwechselt werden darf. Nach FRIEDMANN (1952, 359) stellt sich «Arbeitsfreude nur dort ein, wo der Arbeiter einen tatsächlichen Einfluss auf die Mittel und Ziele seiner beruflichen Tätigkeit besitzt» (vgl. Kasten 3.1).

Auch in den Berichten der von de MAN befragten Arbeiter wird das Entstehen und Erleben von Arbeitsfreude häufig mit der Vollständigkeit der zu bewältigenden Arbeitsaufgaben in Verbindung gebracht. Und bei LIPMANN (1932, 387) heisst es, wie schon in Abschnitt 1.1 zitiert: «‹Arbeitsfreude› im eigentlichen Sinne des Wortes gibt es nur da, wo der Arbeiter eine zielgerichtete Tätigkeit zu verrichten hat, deren Ziel oder deren Ablauf er *autonom* bestimmen oder regulieren kann und deren ... Merkmale seiner Arbeitsneigung entsprechen.» U.a. aufgrund dieser Arbeiten kommen TEMME und TRÄNKLE (1996) zu dem Schluss, dass Arbeitszufriedenheit und Arbeitsfreude „leicht voneinander abgegrenzt" werden können. «Im Gegensatz zur *prozessbezogenen* Arbeitsfreude ist Zufriedenheit nach der ‹klassischen› De-

---

Kasten 3.1: Voraussetzungen für das Entstehen von Arbeitsfreude
(aus: FRIEDMANN 1953)

«... die eigentliche Arbeitsfreude, die auf einer tiefbegründeten Bejahung der Arbeit durch die Persönlichkeit beruht, wobei die Persönlichkeit die Arbeit bereichert und umgekehrt durch die Arbeit bereichert wird und selbst eine Entfaltung erfährt, bedarf noch anderer Voraussetzungen. Es ist zunächst notwendig, dass die Arbeit als Ganzes aus einer Summe von Arbeitsaufgaben besteht, die noch völlig der Kontrolle des Arbeiters selbst unterliegen; also aus Aufgaben, die durch seine eigene *Initiative* und seinen *Willen* bestimmt und koordiniert werden und damit eine gewisse *Formbarkeit* bewahren; aus Aufgaben, die in seinen Augen eine Sinnhaftigkeit besitzen, die er versteht und beherrscht, die auf eine noch seiner Kontrolle unterliegende Vollendung und auf ein mehr oder weniger fernes Ziel ausgerichtet sind, das aber in seinem Gesichts- und Wirkungsfeld bleibt; Aufgaben, die infolgedessen seiner *Verantwortung* Spielraum geben und für ihn eine immer neue und immer wieder übertroffene *Erprobung seines Könnens* darstellen. Wir sehen, dass die konkreten Voraussetzungen der ‹Arbeitsfreude› vielschichtig sind und wundern uns deshalb nicht, wenn sie in der modernen Industrie eine Seltenheit ist» (FRIEDMANN 1953, 287).

finition innerhalb der Arbeits- und Organisationspsychologie mehr eine *ergebnisbezogene* Emotion ....» (TEMME und TRÄNKLE 1996, 286).[2]

Der Begriff der Arbeitsfreude findet sich übrigens bereits bei Vertretern der Psychotechnik Anfang der zwanziger Jahre (z.B. Erich STERN 1921, LYSINSKI 1923), wiederholt auch bei LIPMANN (1932). Er spielt naturgemäss eine zentrale Rolle in der Untersuchung von de MAN (1927) über den ‹Kampf um die Arbeitsfreude›. Bei KRENZLER (1927), der sich darüber wundert, «dass es noch immer keine zusammenhängende Untersuchung darüber gibt, was denn eigentlich das psychologische Phänomen Arbeitsfreude sei» (a.a.O., S. 6), findet sich eine Unterscheidung von Arbeitslust und Arbeitsfreude und erstmals auch eine Differenzierung unterschiedlicher Formen von Arbeitsfreude. «Voraussetzung für alles Erleben von Arbeitsfreude ist aber das Schaffen eines sinnvollen Ganzen ...» (KRENZLER 1927, 112). Auch RÜSSEL (1961) benutzt den Begriff Arbeitsfreude, hebt ihn indes von Arbeitszufriedenheit nicht deutlich genug ab. Zu Recht findet FRESE (1990, 285) schliesslich «bedauerlich (und möglicherweise auch bezeichnend), dass im Zuge der Übernahme der amerikanischen Arbeits- und Organisationspsychologie in den deutschsprachigen Ländern alte Begriffe verschwanden, die weniger diffus waren, wie z.B. Arbeitsfreude.»

Das differenzierteste System zur Bewertung von Arbeitstätigkeiten wurde von HACKER und RICHTER (1980a) – auf der Basis des von HACKER (1978) formulierten Modells – vorgestellt (vgl. Abbildung 3.2).

Auch das von HACKER entworfene Modell ist als hierarchisches System zu verstehen. «Der hierarchische Aufbau bedeutet zunächst, dass jeweils vor dem Fortschreiten zur nächsthöheren Bewertungsebene die Mindestforderungen der vorgeordneten, erforderlichenfalls durch Umgestaltung, als Voraussetzung erfüllt sein müssen.

Beispielsweise soll vor dem eingehenden Bewerten hinsichtlich der Förderung von Persönlichkeitszügen geprüft und gesichert sein, dass keine Gesundheitsschäden wie Lärmschwerhörigkeit oder keine Befindungsbeeinträchtigungen wie Monotoniezustände oder hochgradige arbeitsbedingte Ermüdung vorliegen. Fehlendes Erfüllen untergeordneter Merkmale schliesst die Möglichkeit zum Erfüllen nachgeordneter Merkmale nämlich bereits aus ...

Der hierarchische Aufbau bedeutet weiter, dass übergeordnete Bewertungsebenen Möglichkeiten zum weiteren Verwirklichen untergeordneter beisteuern können» (Hacker und Richter 1980a, 29). Im Übrigen geht aus Abbildung 3.2 hervor, dass für jede der Bewertungsebenen eine Abstufung in Unterebenen vorgenommen wird.

---

[2] Im Unterschied zur Arbeitszufriedenheit weist Arbeitsfreude damit auch eine gewisse Nähe zum ‹Flow›-Erleben auf, das von CSIKSZENTMIHALYI (1993, 58) als «das holistische Gefühl bei völligem Aufgehen in einer Tätigkeit» beschrieben wird (vgl. dazu HECKHAUSEN 1980).

3.1 Kriterien

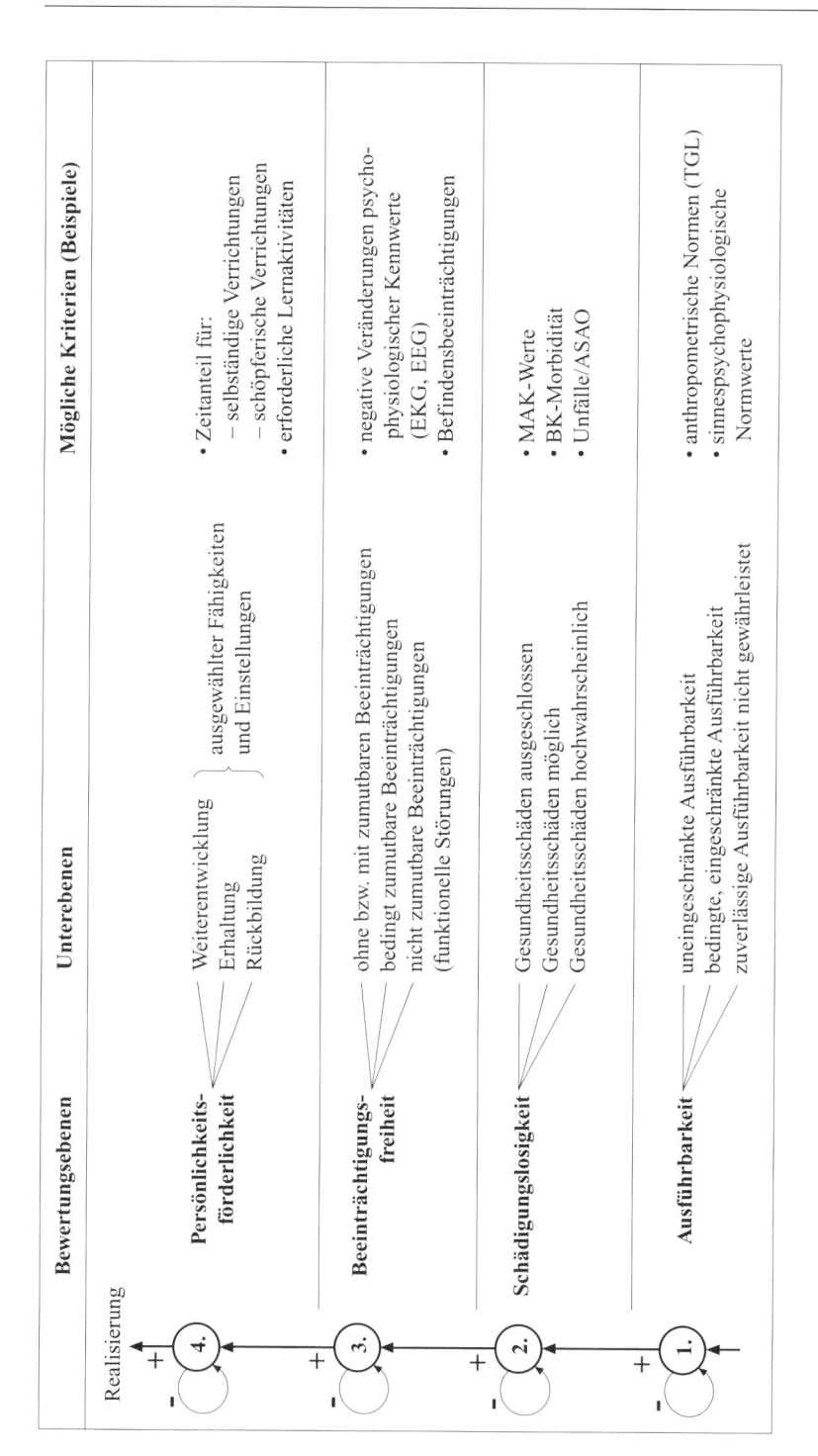

Bewertungsebenen	Unterebenen	Mögliche Kriterien (Beispiele)

Persönlichkeitsförderlichkeit	Weiterentwicklung ⎫
	Erhaltung ⎬ ausgewählter Fähigkeiten und Einstellungen
	Rückbildung ⎭
		• Zeitanteil für:
		  – selbständige Verrichtungen
		  – schöpferische Verrichtungen
		• erforderliche Lernaktivitäten

Beeinträchtigungsfreiheit	ohne bzw. mit zumutbaren Beeinträchtigungen bedingt zumutbare Beeinträchtigungen nicht zumutbare Beeinträchtigungen (funktionelle Störungen)	• negative Veränderungen psychophysiologischer Kennwerte (EKG, EEG) • Befindensbeeinträchtigungen
Schädigungslosigkeit	Gesundheitsschäden ausgeschlossen Gesundheitsschäden möglich Gesundheitsschäden hochwahrscheinlich	• MAK-Werte • BK-Morbidität • Unfälle/ASAO
Ausführbarkeit	uneingeschränkte Ausführbarkeit bedingte, eingeschränkte Ausführbarkeit zuverlässige Ausführbarkeit nicht gewährleistet	• anthropometrische Normen (TGL) • sinnespsychophysiologische Normwerte

Realisierung: 4. ← 3. ← 2. ← 1.

Abbildung 3.2: Hierarchisches System zur psychologischen Bewertung von Arbeitsgestaltungsmassnahmen (aus: HACKER und RICHTER 1980)

Auch zu diesem Konzept sollen hier zwei Anmerkungen vorgetragen werden. Anders als bei ROHMERT (1972) stellt sich für HACKER und RICHTER (1980a, 30) unter dem Aspekt der Ausführbarkeit die Frage, «ob die Voraussetzungen für ein zuverlässiges, forderungsgerechtes, langfristiges Ausführen der Tätigkeit gegeben sind». Aufgrund dieser Formulierung sind gegen das Kriterium der Ausführbarkeit hier nicht die gleichen Einwände vorzutragen wie im Zusammenhang mit der Besprechung des Konzepts von ROHMERT. Dass aber auch hier gewisse Schwierigkeiten bestehen, geht aus der Beschreibung der «Nichtausführbarkeit» hervor: «*Nichtausführbarkeit im normativen Sinne liegt nicht nur dann vor, wenn bei der gewählten arbeitsgestalterischen Lösung die geforderte Arbeitstätigkeit nicht dauernd forderungsgerecht erfüllt werden kann, sondern auch, wenn mit Hilfe unzulässiger Gefährdungen oder unzumutbarer Beeinträchtigungen die Erfüllung erreicht werden müsste. Bei den letzten Bedingungen liegen Übergänge zu den Bewertungsebenen ‹Schädigungslosigkeit› und ‹Beeinträchtigungslosigkeit› vor*» (a.a.O., 31). An anderer Stelle heisst es aber: «Die zuverlässige, forderungsgerechte, langfristige Ausführbarkeit von Arbeitstätigkeiten muss nicht ausschliessen, dass durch die Arbeitstätigkeit oder im Zusammenhang mit ihr Gesundheitsschäden auftreten können» (a.a.O., 55).

Die zweite Anmerkung betrifft die Ebene der Beeinträchtigungslosigkeit. Nach HACKER und RICHTER entstehen Beeinträchtigungen durch Fehlbeanspruchungen der Leistungsvoraussetzungen, wie quantitative und qualitative Über- und Unterforderung. Sie äussern sich «als Destabilisierung der Handlungsregulation» (a.a.O., 69) und finden ihren Niederschlag in «Befindensbeeinträchtigungen mit nachweisbaren vorübergehenden körperlichen Begleiterscheinungen ohne Krankheitswert» sowie in «Leistungsminderungen hinsichtlich Menge, Güte und Zuverlässigkeit» (a.a.O., 70). Obwohl HACKER und RICHTER hervorheben, dass der Gesundheitsbegriff der Weltgesundheitsorganisation neben dem körperlichen auch das psychische und soziale Wohlbefinden einschliesst, formulieren sie in ihrem eigenen Konzept, «dass – ohne dass bereits Gesundheitsstörungen vorliegen müssen – das psychophysische Befinden beeinträchtigt sein kann» (a.a.O., 70). Daraus ergeben sich einige Unterschiede der Bewertungskonzeption von HACKER und RICHTER – die, das muss noch einmal betont werden, in Bezug auf Differenziertheit und Operationalisierungsbemühungen bis heute unübertroffen ist – zu der im Folgenden vorgestellten Konzeption, die ebenfalls weiterer Präzisierungen bedarf.

3.1 Kriterien

Das von uns benutzte Bewertungskonzept umfasst die Kriterien Schädigungsfreiheit, Beeinträchtigungslosigkeit, Persönlichkeitsförderlichkeit und Zumutbarkeit (ULICH 1980a). *Physische oder psychophysische Schädigungen* sind vor allem dadurch gekennzeichnet, dass sie objektiv feststellbar, in den normalen Erholzeiten nicht regenerierbar und zumeist behandlungsbedürftig sind. Beispiele für physische oder psychophysische Schädigungen sind etwa: Minderungen des Hörvermögens als Folge langdauernder Lärmeinwirkung am Arbeitsplatz – Magen- oder Darmerkrankungen als Folge mehrjähriger Arbeit in Wechselschicht unter Einschluss von Nachtarbeit – degenerativ-rheumatische Erkrankungen infolge ständiger Zwangskörperhaltung auf ergonomisch ungünstigem Stuhl am Datenerfassungsplatz.

Beeinträchtigungen des psychosozialen Wohlbefindens sind häufig weniger gut objektivierbar und bestimmten Arbeitsbedingungen eindeutig zurechenbar. Beispiele für psychosoziale Beeinträchtigungen sind etwa: Gefühl von Hetze und Arbeitsdruck als Folge eines Lohnsystems, in dem die Leistungsquantität eine grosse Rolle spielt – depressive Verstimmung als Folge sozialer Isolation bei längerdauernder Tätigkeit in der Anlagenüberwachung – Verkürzung der sozialen Perspektiven und Verarmung der Rollenstruktur als Folge langjähriger Schichtarbeit. In diesem Zusammenhang ist schliesslich auch zu berücksichtigen, «dass das Erleben der Arbeit nicht zuletzt durch mögliche Implikationen für den eigenen Selbstwert bestimmt wird» (SEMMER, JACOBSHAGEN und MEIER 2006, 92).

Bleiben psychosoziale Beeinträchtigungen über längere Zeit bestehen, ohne dass die Betroffenen in der Lage sind darauf einzuwirken, so können psychosomatische Schädigungen entstehen.

Nach den hier vertretenen Vorstellungen sind psychosoziale Beeinträchtigungen qualitativ also etwas anderes als physische oder psychophysische Schädigungen. Bei der Lektüre von HACKER und RICHTER drängt sich der Eindruck auf, als seien dort Beeinträchtigungen in erster Linie durch geringere quantitative Ausprägung der Befindungsstörungen von den Schädigungen abgehoben.

Das Kriterium der *Persönlichkeitsförderlichkeit* geht davon aus, dass die Persönlichkeitsentwicklung des erwachsenen Menschen sich weitgehend in der Auseinandersetzung mit der Arbeitstätigkeit vollzieht. Nach RUBINSTEIN (1958, 704) ist die Arbeit sogar «das wichtigste Mittel zur Formung der Persönlichkeit. Im Prozess der Arbeit wird nicht nur ein bestimmtes Produkt der Arbeitstätigkeit des Subjekts erzeugt, sondern dieses selbst wird in der Arbeit geformt.» Von zentraler Bedeutung für die Entwicklung sind dabei vor allem die Arbeitsinhalte und die Anforderungen, die sie an die Qualifikation der Beschäftigten stellen. Die Frage, welche Aspekte bzw. Dimensionen der Persönlichkeit in der Auseinandersetzung mit der Arbeitstätigkeit gefördert werden können, ist beim derzeitigen Stand der Forschung nicht abschliessend beantwortbar. Ein Vergleich der Ergebnisse bisher vorliegender Untersuchungen zeigt jedoch, dass Freisetzungen von Entwicklungspotenzialen hauptsächlich die folgenden – voneinander nicht unabhängigen – Dimensionen betreffen: (1) die kognitive Kompetenz, (2) die soziale Kompetenz, (3) das Selbstkonzept und (4) die Leistungsmotivation. Beispiele für die Persönlichkeitsförderlichkeit von Arbeitsbedingungen sind etwa: Arbeitstätigkeiten mit inhaltlicher Komplexität und vielfältigen Anforderungen erhalten und steigern die geistige Beweglichkeit – Arbeit in teilautonomen Gruppen mit umfassendem Arbeitsauftrag fördert die kognitive und die soziale Kompetenz – Ablösung von Fremdkontrolle durch Selbstkontrolle und Selbsteinrichten fördern das Selbstkonzept und die Leistungsmotivation. Unter dem Aspekt der Persönlichkeitsförderlichkeit von Arbeitstätigkeiten spielen aber auch soziale und emotionale Kompetenzen eine Rolle, z.B. als Bereitschaft und Fähigkeit zur Übernahme der Perspektiven anderer, als Gefühl für Gerechtigkeit oder als Bereitschaft zur Übernahme von Verantwortung. Dies wird bei der Entwicklung weiterer oder der Erweiterung vorhandener Verfahren zur Bewertung von Arbeitstätigkeiten nach ihrem potenziellen Beitrag zur Entwicklung der Persönlichkeit zu berücksichtigen sein.

Hinsichtlich des Bewertungskriteriums Persönlichkeitsförderlichkeit herrscht weitgehende Übereinstimmung zwischen den deutschsprachigen Arbeitspsychologen. Der Grad der Ausdifferenziertheit des Konzepts ist unterschiedlich. Einen sehr differenzierten und gut operationalisierten Ansatz haben wiederum HACKER und RICHTER vorgelegt. In diesem Zusammenhang ist aber auch das Konzept von VOLPERT hervorzuheben, das seinen Niederschlag zum Beispiel im «Verfahren zur Ermittlung von Regulationserfordernissen in der Arbeitstätigkeit» (VOLPERT et al. 1983) gefunden hat (vgl. Abschnitt 2.3.3). Deutlich weiterführend ist die von VOLPERT (1990) vorgetragene ‹evolutionstheoretische Perspektive›, die u.a. dem KABA-Verfahren (vgl. Abschnitt 3.4) zugrunde liegt. Ein ausgezeichneter Überblick über die von den genannten Autoren vorgelegten Beiträge zur Entwicklung der Handlungsregulationstheorie und eigene Beiträge zu deren Präzisierung findet sich bei FRESE und ZAPF (1996).

Bei HACKER (2005) findet sich ein interessanter Hinweis auf die Bedeutung persönlichkeitsförderlicher Arbeitsgestaltung unter dem Aspekt der Nachhaltigkeitsforderung (Kasten 3.2).

> **Kasten 3.2:** Persönlichkeitsförderliche Arbeitsgestaltung als ein Beleg für Nachhaltigkeit (aus: HACKER 2005, 782)
>
> «Die Forderungen zu Nachhaltigkeit (sustainability) u.a. im Rahmen des ‹Socially Responsible Investment› zeigen einschneidende Folgen: Das BilanzrechtsReformgesetz vom 4.12.2004 fordert von Kapitalgesellschaften im jährlichen Geschäftsbericht zusätzlich auch Angaben zu *nichtfinanziellen* Leistungsindikatoren! Dazu gehören neben ökologischen insbesondere Arbeitnehmerbelange. Diese schließen die *persönlichkeits-, speziell gesundheits- und lernförderliche Auslegung der Arbeitsprozesse* ein. Dafür werden Zielgrößen und Kenngrößen benötigt, beispielsweise zu Gesundheitsschutz und -förderung, lernförderlicher Arbeitsgestaltung oder Weiterbildungsangeboten. *Persönlichkeitsmerkmale, gesundheits- und lernrelevante Arbeitsgestaltung erhielten Bilanzbedeutung!*»

Bei der *Zumutbarkeit* handelt es sich um ein gruppenspezifisches, von gesellschaftlichen Normen und Werten bestimmtes Kriterium. Seine Anwendung zur Bewertung von Arbeitstätigkeiten erfordert die Berücksichtigung der Qualifikationen und des Anspruchsniveaus der Beschäftigten. Beispiele für mangelnde Zumutbarkeit sind etwa: Geringe Akzeptanz inhaltlich einförmiger Arbeitstätigkeiten als Folge besserer Ausbildung und gestiegener Ansprüche – hohe Fluktuation als Folge qualitativer Unterforderung – Ablehnung von Arbeitstätigkeiten, die mit Schicht- und Wochenendarbeit verbunden sind. Mit den Beispielen wird zugleich deutlich, dass die Bewertung einer Arbeitstätigkeit oder ihrer Bedingungen als zumutbar oder nicht zumutbar auf der Ebene jedes der anderen drei Kriterien erfolgen kann.

Im Konzept von HACKER und RICHTER taucht der Begriff der Zumutbarkeit in Zusammenhang mit dem Bewertungskriterium der Beeinträchtigungslosigkeit auf, stellt also kein eigenständiges Kriterium dar. Auch in diesem Konzept wird aber die gesellschaftliche Bedingtheit des Zumutbarkeitserlebens betont: «Beispielsweise ist vorstellbar, dass unter den derzeitigen gesellschaftlichen Möglichkeiten als bedingt zumutbar eingestufte Befindensbeeinträchtigungen im Verlaufe der weiteren Entwicklung der ökonomischen Möglichkeiten und des arbeitsgestalterischen Kenntnisbestands als nicht mehr zumutbar eingeordnet werden könnten» (HACKER und RICHTER 1980a, 73).

Die genannten Bewertungskriterien führen uns schliesslich zur folgenden Definition humaner Arbeitstätigkeiten:

Als human werden Arbeitstätigkeiten bezeichnet, die die psychophysische Gesundheit der Arbeitstätigen nicht schädigen, ihr psychosoziales Wohlbefinden nicht – oder allenfalls vorübergehend – beeinträchtigen, ihren Bedürfnissen und Qualifikationen entsprechen, individuelle und/oder kollektive Einflussnahme auf Arbeitsbedingungen und Arbeitssysteme ermöglichen und zur Entwicklung ihrer Persönlichkeit im Sinne der Entfaltung ihrer Potenziale und Förderung ihrer Kompetenzen beizutragen vermögen (ULICH 1984a).

Das hier vertretene Konzept wird im Unterschied zu den von ROHMERT sowie von HACKER und RICHTER vorgeschlagenen Konzepten ausdrücklich nicht als hierarchisches Bewertungssystem verstanden. Unser Verständnis von persönlichkeitsförderlicher Arbeitsgestaltung beinhaltet unabdingbar die Möglichkeit der individuellen und/oder kollektiven Einflussnahme auf Arbeitsbedingungen und Arbeitssysteme. Das heisst aber, dass u.U. die Beschäftigten selbst die ihnen im Zuge persönlichkeitsförderlicher Arbeitsgestaltung vermittelten Handlungs- und Gestaltungsspielräume u.a. dazu nutzen, schädigende bzw. beeinträchtigende Arbeitsbedingungen zu verändern. Die Realisierung der Forderung, «dass jeweils vor dem Fortschreiten zur nächsthöheren Bewertungsebene die Mindestforderungen der vorgeordneten, erforderlichenfalls durch Umgestaltung, als Voraussetzung erfüllt sein müssen» (HACKER und RICHTER 1980a, 29), kann entweder auf partizipativem Weg, d.h. unter Einbezug der Beschäftigten, erfolgen – und dann ist dies bereits ein Prozess persönlichkeitsförderlicher Arbeitsgestaltung. Oder Schädigungen bzw. Beeinträchtigungen werden nach Massgabe von Expertenurteilen abgebaut – dann ist dies ein Vorgehen, das die Bereitschaft zu persönlichkeitsförderlicher bzw. autonomieorientierter Arbeitsgestaltung nicht ohne Weiteres stimuliert. Schliesslich gilt aber auch: es sind häufig gerade Veränderungen von Arbeitsinhalten, die zum Abbau von schädigenden bzw. beeinträchtigenden Arbeitsbedingungen führen. Ein typisches Beispiel dafür sind die einseitigen – und potenziell schädigenden – Belastungen, die als Folge der Homogenisierung der Arbeit bei computerunterstützter Sekretariatsarbeit auftreten. Ein Vorgehen, das zunächst die einseitigen Belastungen abbauen und erst danach persönlichkeitsförderliche Arbeitsinhalte schaffen will, erscheint in solchen – und zahlreichen anderen – Fällen wenig plausibel. Damit stellt sich notwendigerweise die Frage nach den Strategien der Arbeitsgestaltung, die in Abschnitt 4.1.1 diskutiert wird. Hier soll zunächst ein Verfahren für die Bewertung von Arbeitstätigkeiten vorgestellt werden, das Kriterien der beschriebenen Art explizit berücksichtigt.

3.2 Das Tätigkeitsbewertungssystem (TBS)

Das Tätigkeitsbewertungssystem (TBS) wurde ursprünglich zur Analyse und Bewertung von Arbeitstätigkeiten aus dem Bedien-, Montage- und Überwachungsbereich entwickelt (HACKER und RICHTER 1980a, BAARSS et al. 1981, HACKER, IWANOWA und RICHTER 1983). In der Folge wurde auch ein Tätigkeitsbewertungssystem für ‹geistige Arbeitstätigkeiten› vorgelegt (RUDOLPH, SCHÖNFELDER und HACKER 1988).

Das Tätigkeitsbewertungssystem für Bedien-, Montage- und Überwachungstätigkeiten liegt in einer Langform (TBS-L) und einer Kurzform (TBS-K) vor. Eine neue Version des TBS nimmt Bezug auf die einschlägigen ISO-Normen (FRITSCHE, HACKER, IWANOWA und RICHTER 1994). Das Verfahren ist auftrags- und bedingungsbezogen, d.h. es ist unabhängig von der individuellen Aufgabenausführung und dient der Bewertung der im Arbeitsauftrag bzw. der Arbeitstätigkeit enthaltenen Möglichkeiten der *Persönlichkeitsentwicklung*.[3]

«Bei der Beschränkung auf *objektive Möglichkeiten* für die Fähigkeits- und Einstellungsentwicklung kann zwar von individuellen, nicht aber auch von allgemeinen Eigenschaften der Arbeitenden abgesehen werden. Bei der Bewertung werden Werktätige unterstellt, die den gesellschaftlichen Arbeitsauftrag als persönliche Aufgabe übernehmen, seine forderungsgerechte Erfüllung anstreben, die festgelegte Ausbildung und eine ausreichende Einarbeitung besitzen und keine habituellen Einschränkungen der Leistungsfähigkeit aufweisen» (HACKER et al. 1983, 10).

---

[3] Gütekriterien des Verfahrens sind bei IWANOWA (1981), bei IWANOWA und HACKER (1984) sowie bei POHLANDT, HACKER und RICHTER (1999) mitgeteilt. Im zuletzt genannten Beitrag finden sich auch Ergebnisse eines Versuchs zur «Ermittlung der inneren Validität des TBS» (a.a.O., S. 531), in dessen Rahmen sowohl TBS als auch VERA (vgl. Kapitel 2.3.3) für die Analyse und Bewertung von 118 Montage-, Bedien- und Überwachungstätigkeiten eingesetzt wurden. «Im Ergebnis des Vergleichs zeigt die TBS-Sammelskala für kognitive Leistungen eine signifikant positive Korrelation (Rk = .69) mit den VERA-Stufen der Regulationsanforderungen» (POHLANDT, HACKER und RICHTER 1999, 531–533).

Im Tätigkeitsbewertungssystem werden die in der Arbeitsauftrags- und Bedingungsanalyse (vgl. Abschnitt 2.1) ermittelten und in der Tätigkeitsanalyse (vgl. Abschnitt 2.2) hinsichtlich der Feinstruktur untersuchten Teiltätigkeiten nach 45 Skalen bzw. Einzelmerkmalen eingestuft, die sich in fünf Hauptkategorien zusammenfassen lassen:

A   Organisatorische und technische Bedingungen, die die Vollständigkeit bzw. Unvollständigkeit von Tätigkeiten determinieren
B   Kooperations- und Kommunikationserfordernisse
C   Aus dem Arbeitsauftrag resultierende Verantwortung
D   Erforderliche geistige (kognitive) Leistungen
E   Qualifikations- und Lernerfordernisse.

Die fünf Hauptkategorien werden durch insgesamt 20 Skalengruppen abgedeckt (vgl. Tabelle 3.2).
Die Einstufung der Merkmale erfolgt aufgrund der systematischen Tätigkeitsbeobachtungen und der Beobachtungsinterviews (vgl. Kapitel 2).
Für jedes der 45 Merkmale liegen abgestufte, inhaltliche Umschreibungen vor. Das Prinzip der Abstufung soll hier am Beispiel des Merkmals «Freiheitsgrade für Zielbildungen» verdeutlicht werden (aus: HACKER, IWANOWA und RICHTER 1983):

(1) Keine objektiven Freiheitsgrade vorhanden; keine individuellen Zielbildungen möglich
(2) Freiheitsgrade für Tempofestlegungen; zeit- bzw. mengenbezogene Ziele
(3) Freiheitsgrade für Tempofestlegungen und den Entwurf von Abfolgen; gegenstands- bzw. prozessphasenbezogene Ziele
(4) Freiheitsgrade für Tempofestlegungen, den Entwurf von Abfolgen, für Wege- bzw. Mittelwahl; aufgabenbezogene Ziele
(5) Freiheitsgrade für Tempofestlegungen, den Entwurf von Abfolgen, Weg-Mittel-Wahlen und Eigenschaften der zu findenden Lösung; problembezogene Ziele.

Zweckmässigerweise wird die Einstufung der Merkmale von zwei unabhängigen Bearbeitern vorgenommen. Ergeben sich Abweichungen zwischen den Einstufungen, die nicht ohne Weiteres erklärt werden können, muss ein neuerliches Beobachtungsinterview (vgl. Abschnitt 2.1) durchgeführt werden.[4]

3.2 Das Tätigkeitsbewertungssystem

Tabelle 3.2: TBS-Skalengruppen (nach: IWANOWA und HACKER 1984)

Skalengruppen		Einzelskalen
A	*Organisatorische und Technische Bedingungen*	1 – 25
A1	Vielfalt der Teiltätigkeiten	1 – 9
A2	Variabilität der Tätigkeit	10 – 12
A3	Objektive Möglichkeiten zur psychischen Automatisierung	13
A4	Durchschaubarkeit des Produktions- und Arbeitsprozesses	14 – 17
A5	Vorhersehbarkeit und zeitliche Bindung an Anforderungen	18 – 20
A6	Beeinflussbarkeit des Arbeitsprozesses	21 – 24
A7	Körperliche Abwechslung	25
B	*Kooperations- und Kommunikationserfordernisse*	26 – 32
B1	Umfang erforderlicher kooperativer Arbeiten	26 – 28
B2	Formen kooperativer Arbeiten	29
B3	Variabilität erforderlicher kooperativer Arbeiten	30
B4	Kommunikation	31 – 32
C	*Aus dem Arbeitsauftrag resultierende Verantwortung*	33 – 35
C1	Inhalte individueller Verantwortung	33
C2	Umfang der individuellen Verantwortung für Ergebnisse	34
C3	Kollektive Verantwortung für die Leistung	35
D	*Erforderliche geistige (kognitive) Leistungen*	36 – 42
D1	Hauptebenen der psychischen Ausführungsregulation	36 – 37
D2	Erforderliche Informationsaufnahmeprozesse	38 – 40
D3	Erforderliche intellektuelle Informationsverarbeitungsprozesse	41 – 42
E	*Qualifikations- und Lernerfordernisse*	43 – 45
E1	Geforderte berufliche Vorbildung	43
E2	Inanspruchnahme der geforderten beruflichen Vorbildung	44
E3	Auftragsbedingte Lernerfordernisse	45

Die auf einem Profilblatt einzutragenden Ergebnisse erlauben einen Vergleich mit den – durch Expertenurteile gewonnenen – Mindestausprägungen. Die Ergebnisse der Einstufungen sind also auf die Werte des empfohlenen unkritischen Mindestprofils zu beziehen. Das heisst: TBS-Werte, die unterhalb der unkritischen Mindestausprägung liegen, werden als Hinweis darauf

---

[4] Für die Einarbeitung in das Verfahren wird für in der Arbeitsanalyse solide ausgebildete Personen mit einem zeitlichen Umfang von 8 Stunden gerechnet. Der Aufwand für die Einstufung einer Arbeitstätigkeit wird auf eine Stunde geschätzt (IWANOWA und HACKER 1984).

interpretiert, dass die Arbeits- bzw. Auftragsgestaltung den Anforderungen persönlichkeitsförderlicher Arbeitsgestaltung im betreffenden Merkmal nicht genügt. Daraus wird auf entsprechende Gestaltungsbedürftigkeit geschlossen.

Als Beispiele für derartige Einstufungen werden in Abbildung 3.3 die TBS-Profile zu den in den Abbildungen 2.9 (S. 99) und 2.10 (S. 100) dargestellten Tätigkeitsablaufstrukturen gezeigt.

Aus der Darstellung in Abbildung 3.3 geht für die Tätigkeit des Anlagenführers/Einstellers folgende, hier nur sehr grob wiedergegebene Gesamtbewertung hervor: Hinsichtlich der technischen und organisatorischen Rahmenbedingungen erfüllen nur 3 von 25 Merkmalen die Anforderungen nicht, während 12 Merkmale zum Teil erheblich über den als persönlichkeitsförderlich festgelegten Mindestanforderungen eingestuft wurden. Für Kommunikations- und Kooperationserfordernisse erreichen alle einzustufenden Merkmale die Mindestausprägung, 5 von 7 sogar eine darüber hinausgehende Einstufung. Die Verantwortungsmerkmale erfüllen insgesamt die Anforderungen des Mindestprofils, 2 von 3 Merkmalen zeigen eine deutlich darüber hinausgehende Ausprägung. Für die erforderlichen geistigen Leistungen ergibt sich ein ähnliches Bild: 5 von 7 Merkmalen liegen deutlich über der Mindestausprägung, die von den beiden restlichen aber ebenfalls erfüllt wird. Bei den Qualifikations- und Lernerfordernissen erfüllen zwei Merkmale die Mindestanforderungen, das dritte weist im Sinne der Persönlichkeitsförderlichkeit eine deutlich positivere Einstufung auf. Insgesamt liegen mehr als 90 Prozent der eingestuften Werte auf oder oberhalb der als unkritisch eingeschätzten Mindestausprägungen. «Zusammenfassend kann die Tätigkeit der Anlagenführung in hohem Masse als persönlichkeitsförderlich bezeichnet werden» (SCHÜPBACH 1988b, 24).

Das ebenfalls in Abbildung 3.3 dargestellte TBS-Profil für den Operateur/Maschinenbediener zeigt demgegenüber deutliche Abweichungen: Hinsichtlich der technischen und organisatorischen Rahmenbedingungen erfüllen 17 von 25 Merkmalen die Anforderungen nicht, während 2 Merkmale über den als persönlichkeitsförderlich festgelegten Mindestanforderungen eingestuft wurden und 4 diese gerade erfüllen. 2 Merkmale (2.3 und 5.2.1) konnten nicht eingestuft werden. Für Kommunikations- und Kooperationserfordernisse erreichen 5 Merkmale die Mindestanforderungen nicht, während 2 Merkmale sie gerade erfüllen. Bei den Verantwortungsmerkmalen erreicht

3.2 Das Tätigkeitsbewertungssystem

Skalengruppen		Skalen		Abweichungen vom unkritischen Wert (uW) −0,4 … −0,2 … (uW) … 0,2 … 0,4
A	1 Vielfalt der Teiltätigkeiten	1.1	Komplexität der Tätigkeit	
		1.2	Vorbereiten	
		1.3.1	Prüfen: Umfang	
		1.3.2	Prüfen: Stellenwert im Kontrollsystem	
		1.3.3	Prüfen: Art der Fehlerbestimmung	
		1.4	Fehlerbehebung am Produkt	
		1.5	Wartung der Arbeitsmittel	
		1.6	Instandsetzung der Arbeitsmittel	
		1.7	Organisation und Disposition	
	2 Variabilität	2.1	Häufigkeit von Auftragswechseln	
		2.2	Repetitivität, Zyklusdauer	
		2.3	Warte- und Bereitschaftszeiten	
	3 Routinegrad			
	4 Durchschaubarkeit	4.1	D. der Produktionsorganisation	
		4.2	D. von Funktionsweisen	
		4.3	Rückmeldungen: Quellen und Art	
		4.4	Rückmeldungen: Differenziertheit	
	5 Vorhersehbarkeit	5.1	Vorhersehbarkeit von Ereignissen	
		5.2.1	Falls vorhersehbar: Zeitbindung	
		5.2.2	Falls unvorhersehbar: Zeitbindung	
	6 Beeinflussbarkeit	6.1	Verhältnis Reaktivität / Aktivität	
		6.2	Freiheitsgrade bzw. Art der Vorgaben	
		6.3	Entscheidungsmöglichkeiten	
		6.4	Planbarkeit der eigenen Arbeit	
	7 Körperliche Abwechslung			
B	1 Kooperation	1.1	Kooperation: Zeitlicher Umfang	
		1.2	Kooperation: Enge	
		1.3	Kooperation: Unterstützung	
	2 Kooperation: Formen			
	3 Kooperation: Variabilität			
	4 Kommunikation	4.1	Kommunikation: Inhalte	
		4.2	Kommunikation: nicht auftragsbedingt	
C	1 Verantwortung: Inhalte			
	2 Individuelle V. für Ergebnisse			
	3 Kollektive V. für die Leistung			
D	1 Ausführung	1.1	Hauptsächliche Regulationsebene	
		1.2	Vielfalt beteiligter Regulationsebenen	
	2 Informationsaufnahme	2.1	Orientierung und Beurteilung	
		2.2	Vielfalt von Wahrnehmungsvorgängen	
		2.3	Erforderliche Kenntnisse	
	3 Informationsverarbeitung	3.1	Arten von Denkleistungen	
		3.2	Abstraktheit	
E	1 Geforderte berufliche Vorbildung			
	2 Inanspruchnahme der Qualifikation			
	3 Bleibende Lernerfordernisse			

▬ Operateur/Maschinenbediener im flexiblen Bearbeitungssystem
▒ Anlagenführer/Einsteller im flexiblen Bearbeitungssystem

Abbildung 3.3: TBS-Profile der Tätigkeit des Anlagenführers/Einstellers bzw. Operateurs/ Maschinenbedieners in einem Flexiblen Bearbeitungssystem (nach Angaben von SCHÜPBACH 1988b)

nur eines die Mindestausprägung. Für die erforderlichen geistigen Leistungen zeigt sich, dass 5 von 7 Merkmalen die Anforderungen nicht erfüllen, 1 Merkmal eine die Mindestausprägung überschreitende Einstufung aufweist und 1 Merkmal die Mindestanforderungen ohne Abweichung erfüllt. Bei den Qualifikations- und Lernerfordernissen ergibt sich insgesamt eine negative Bewertung: alle 3 Merkmale liegen deutlich unter der als unkritisch bezeichneten Ausprägung.

Zusammenfassend ergibt die Beurteilung der Operateurtätigkeit ein vom Anlagenführer krass abweichendes Bild: Mehr als 70 Prozent der Einstufungen liegen unterhalb der Mindestausprägungen! Die Operateurtätigkeit kann deshalb nicht als persönlichkeitsförderlich bezeichnet werden. Sie weist vielmehr alle Kennzeichen einer im Automatisierungsprozess verbliebenen ‹Resttätigkeit› auf. Aus dem Vergleich der TBS-Profile für Anlagenführer/Einsteller und Operateur/Maschinenbediener ergeben sich konkrete Hinweise für eine Neugestaltung der Struktur des Flexiblen Bearbeitungssystems.

In Abschnitt 2.2 wurden darüber hinaus Ergebnisse von Tätigkeitsanalysen für den Operator/Vorarbeiter an einer Roboterschweissanlage (Abbildung 2.11, S. 102) und den Schichtführer in einem Flexiblen Fertigungssystem mit Robotereinsatz (Abbildung 2.13, S. 106) dargestellt. In Abbildung 3.4 sind die entsprechenden TBS-Profile wiedergegeben.

Aus der Darstellung in Abbildung 3.4 geht folgende Gesamtbewertung der Tätigkeit des Operateurs/Vorarbeiters hervor:[5] Hinsichtlich der technischen und organisatorischen Rahmenbedingungen erfüllen nur 3 von 24 Merkmalen die Anforderungen nicht, während 18 Merkmale zum Teil erheblich über den als persönlichkeitsförderlich festgelegten Mindestanforderungen eingestuft wurden und 4 mit diesen gerade übereinstimmen. Für Kommunikations- und Kooperationserfordernisse liegen 3 von 6 Einstufungen zum Teil deutlich unter den erforderlichen Mindestausprägungen, drei liegen deutlich darüber. Bei den Verantwortungsmerkmalen liegen 2 Einstufungen über, eine Einstufung unter dem unkritischen Profilwert. Für die erforderlichen geistigen Leistungen gilt, dass alle Merkmale die Anforderungen erfüllen, 5 von 7 Abweichungen im positiven Sinne aufweisen. Auch die Qualifikations- und

---

[5] Zwei Skalen (20, 30) konnten nicht genügend eindeutig bewertet werden.

3.2 Das Tätigkeitsbewertungssystem

Lernerfordernisse weisen in allen drei Merkmalen positive Ausprägungen auf.

Zusammenfassend lässt sich feststellen, dass mehr als 80 Prozent der eingestuften Werte auf oder oberhalb der als unkritisch eingeschätzten Mindestausprägungen liegen. «Da die Zyklusdauer in diesem Fall nicht negativ bewertet worden ist und, trotz isolierter Arbeit, Möglichkeiten zu Kooperation und Kommunikation bestehen, erfüllt diese Tätigkeit das Kriterium der Persönlichkeitsförderlichkeit» (DUELL 1988a, 99). Allerdings sollten Möglichkeiten der strukturellen Verbesserung arbeitsbezogener Kooperation geprüft werden.
Interessanterweise weist das TBS-Profil für den Schichtführer im Flexiblen Fertigungssystem gerade in diesem Bewertungsbereich deutliche Ähnlichkeiten auf (vgl. Abbildung 3.4, S. 162).
Die, wiederum nur sehr grobe, Gesamtbewertung ergibt folgendes Bild: Hinsichtlich der technischen und organisatorischen Rahmenbedingungen erfüllen 2 von 25 Merkmalen die Anforderungen nicht, während 20 Merkmale z.T. deutlich über den als persönlichkeitsförderlich festgelegten Mindestanforderungen eingestuft wurden und 3 diese gerade erfüllen. Für Kommunikations- und Kooperationserfordernisse erreichen bzw. überschreiten nur 3 von 6 eingestuften Merkmalen die Mindestausprägung, während 3 deutlich darunter eingestuft wurden. 2 von 3 Verantwortungsmerkmalen erfüllen die Anforderungen des Mindestprofils gut, während ein Merkmal deutlich darunter eingestuft wird. Für die erforderlichen geistigen Leistungen zeigt sich, dass alle Merkmale die Mindestanforderungen überschreiten. Die Qualifikations- und Lernerfordernisse sind mindestens hinreichend erfüllt.

Zusammenfassend lässt sich feststellen, dass mehr als 85 Prozent der eingestuften Werte auf oder oberhalb der als unkritisch eingeschätzten Mindestausprägungen liegen. Insofern kann die Gesamttätigkeit des Schichtführers überwiegend als persönlichkeitsförderlich eingeschätzt werden. Die Einschränkung ergibt sich aus der Tatsache, dass im Bereich Kommunikation und Kooperation nur die Hälfte der benutzten Skalen die Mindestausprägung erreicht. «Von daher erfüllt dieser Aspekt nicht die psychologischen Anforderungen an eine persönlichkeitsfördernde Arbeit» (DUELL 1988a, 114).
Auch in der Untersuchung von SYDOW und TIMPE (1984) zeigten sich beim Einsatz von Industrierobotern im TBS-Profil überwiegend negative Merkmalsausprägungen im Bereich Kommunikation und Kooperation. Insofern

3. Bewertung von Arbeitstätigkeiten

Skalengruppen		Skalen		Abweichungen vom unkritischen Wert (uW) −0,4 −0,2 (uW) 0,2 0,4
A	1 Vielfalt der Teiltätigkeiten	1.1	Komplexität der Tätigkeit	
		1.2	Vorbereiten	
		1.3.1	Prüfen: Umfang	
		1.3.2	Prüfen: Stellenwert im Kontrollsystem	
		1.3.3	Prüfen: Art der Fehlerbestimmung	
		1.4	Fehlerbehebung am Produkt	
		1.5	Wartung der Arbeitsmittel	
		1.6	Instandsetzung der Arbeitsmittel	
		1.7	Organisation und Disposition	
	2 Variabilität	2.1	Häufigkeit von Auftragswechseln	
		2.2	Repetitivität, Zyklusdauer	
		2.3	Warte- und Bereitschaftszeiten	
	3 Routinegrad			
	4 Durchschaubarkeit	4.1	D. der Produktionsorganisation	
		4.2	D. von Funktionsweisen	
		4.3	Rückmeldungen: Quellen und Art	
		4.4	Rückmeldungen: Differenziertheit	
	5 Vorhersehbarkeit	5.1	Vorhersehbarkeit von Ereignissen	
		5.2.1	Falls vorhersehbar: Zeitbindung	
		5.2.2	Falls unvorhersehbar: Zeitbindung	
	6 Beeinflussbarkeit	6.1	Verhältnis Reaktivität / Aktivität	
		6.2	Freiheitsgrade bzw. Art der Vorgaben	
		6.3	Entscheidungsmöglichkeiten	
		6.4	Planbarkeit der eigenen Arbeit	
	7 Körperliche Abwechslung			
B	1 Kooperation	1.1	Kooperation: Zeitlicher Umfang	
		1.2	Kooperation: Enge	
		1.3	Kooperation: Unterstützung	
	2 Kooperation: Formen			
	3 Kooperation: Variabilität			
	4 Kommunikation	4.1	Kommunikation: Inhalte	
		4.2	Kommunikation: nicht auftragsbedingt	
C	1 Verantwortung: Inhalte			
	2 Individuelle V. für Ergebnisse			
	3 Kollektive V. für die Leistung			
D	1 Ausführung	1.1	Hauptsächliche Regulationsebene	
		1.2	Vielfalt beteiligter Regulationsebenen	
	2 Informationsaufnahme	2.1	Orientierung und Beurteilung	
		2.2	Vielfalt von Wahrnehmungsvorgängen	
		2.3	Erforderliche Kenntnisse	
	3 Informationsverarbeitung	3.1	Arten von Denkleistungen	
		3.2	Abstraktheit	
E	1 Geforderte berufliche Vorbildung			
	2 Inanspruchnahme der Qualifikation			
	3 Bleibende Lernerfordernisse			

▬ Operateur/Vorarbeiter an IR-Schweissanlage
▭ Schichtführer in FFS mit Robotereinsatz

Abbildung 3.4: TBS-Profile der Tätigkeit des Operateurs/Vorarbeiters an einer Industrieroboter-Schweissanlage im Maschinenbau und des Schichtführers in einem Flexiblen Fertigungssystem mit Robotereinsatz (nach Angaben von DUELL 1988a)

scheint es sich hier um einen systematischen Effekt bestimmter Formen des Robotereinsatzes zu handeln.

3.3 Bewertung geistiger Arbeit

Aufgrund der rasch zunehmenden Anteile von Büro- und Dienstleistungstätigkeiten und der Verlagerung von Tätigkeitsanforderungen wurde das im vorhergehenden Abschnitt besprochene Tätigkeitsbewertungssystem ergänzt durch die Entwicklung eines Tätigkeitsbewertungssystems für geistige Arbeit (RUDOLPH, SCHÖNFELDER und HACKER 1987).

Das Tätigkeitsbewertungssystem für geistige Arbeit (TBS-GA) wird als Verfahren zur Analyse, Bewertung und Gestaltung geistiger Arbeit mit oder ohne Rechnerunterstützung verstanden. Insbesondere soll das Verfahren Arbeitstätigkeiten «hinsichtlich ihrer objektiven Möglichkeiten zur Erhaltung von Gesundheit sowie zur Weiterentwicklung von arbeitsbezogenen Persönlichkeitseigenschaften, insbesondere von Fähigkeiten und auf deren Einsatz bezogenen Einstellungen bewerten» (RUDOLPH et al. 1987, 5). Der Anwendungsbereich des TBS-GA erstreckt sich einerseits auf geistige Routinetätigkeiten, andererseits auf «Tätigkeiten mit schöpferischen Anteilen in der Text- und Datenverarbeitung, der Produktionsvorbereitung, im Verwaltungsbereich und Dienstleistungssektor unter besonderer Berücksichtigung bildschirm- und rechnergestützter Technologieanwendungen» (RUDOLPH et al. 1987, 22). Was das konkret heisst, geht aus der Darstellung in Tabelle 3.3 (vgl. S. 164) hervor.

Das Verfahren besteht aus 60 Skalen, die den gleichen Merkmalsbereichen zugeordnet sind wie das im vorhergehenden Abschnitt skizzierte Tätigkeitsbewertungssystem für industrielle Tätigkeiten im engeren Sinne.[6]

Die Abstufungen innerhalb der Skalen erfolgen analog zu dem im Abschnitt 3.2 beschriebenen TBS. Für die Skala A 5.2.1 (zeitliche Freiheitsgrade) heisst dies zum Beispiel: (0) keine zeitlichen Freiheitsgrade: Dispositionsspielraum bis zu höchstens 5 Minuten, (1) geringe zeitliche Freiheitsgrade: Dispositionsspielraum bis zu einer Stunde, (2) mittlere zeitliche Freiheitsgrade: Dispositionsspielraum bis zur Dauer eines Tages bzw. einer Schicht,

---

[6] Die Struktur des Verfahrens wurde mit Hilfe von Cluster-, Faktor- und Konfigurationsfrequenzanalysen ermittelt.

Tabelle 3.3: Arbeitstätigkeiten mit geistigen Anforderungen – Anwendungsbereiche des TBS-GA (aus: RUDOLPH, SCHÖNFELDER und HACKER 1987)

Bereich	hauptsächlicher Arbeitsinhalt	Beispiele
geistige Routinetätigkeiten (informationell-technische Aufgaben)	Übertragen und Verarbeiten von Informationen mit geringen Anteilen des Bearbeitens. Es dominieren nichtverbalisierte Verbindungen von Bedingungsmustern mit Handlungen vom WENN-DANN-Typ sowie algorithmisch vorgeschriebene Verarbeitungsoperationen; unvollständig-algorithmische Vorgänge spielen bei diesen Tätigkeiten eine untergeordnete Rolle.	Schreibkräfte, Datentypisten, Sachbearbeiter
Tätigkeiten mit dominantem schöpferischem Anteil (analytisch-konstruktive Aufgaben)	Überwiegend Bearbeitung und Erarbeitung von Informationen. Es dominieren unvollständig-algorithmische und nichtalgorithmische («selbständige») Vorgänge nicht schöpferischer und schöpferischer Art.	Konstrukteure, Technologen, Programmierer

(3) grössere zeitliche Freiheitsgrade: Dispositionsspielraum bis zu einer Woche, (4) sehr grosse zeitliche Freiheitsgrade: Dispositionsspielraum mehr als eine Woche. Die Abstufung entspricht den Skalenwerten 0,20 für den kleinsten zeitlichen Dispositionsspielraum bis 1,00 für die weitgehend frei disponierbare Zeiteinteilung.

Sowohl die statistischen Kennwerte als auch die einzelnen Merkmale und das Vorgehen bei der Bewertung von Arbeitstätigkeiten sind in der Handanweisung von RUDOLPH et al. sorgfältig beschrieben. Um den Nutzen der Anwendung des Verfahrens nachvollziehbar zu machen, werden hier zwei von den Autoren mitgeteilte Bewertungsprofile wiedergegeben (vgl. Abbildung 3.5, S. 165/166).

Die Dateneingabetätigkeit ist u.a. gekennzeichnet durch geringe Anforderungsvielfalt, hohe Wiederholungshäufigkeit, unvollständige Tätigkeits- bzw. Aufgabenstruktur infolge des Fehlens vorbereitender, kontrollierender und organisierender Aufgabenbestandteile, geringe inhaltliche Freiheitsgrade, schwach ausgeprägte Kommunikationserfordernisse und wenig erforderliche Vorbildung. Damit sind zugleich auch die Ansatzpunkte für Restrukturie-

3.3 Bewertung geistiger Arbeit

rungsmassnahmen verdeutlicht. Die Notwendigkeit dafür ergibt sich schon aus der Tatsache, dass rund 60 Prozent der Merkmalsausprägungen das unkritische Mindestprofil nicht erreichen. Dies sieht bei der Programmiertätigkeit ganz anders aus.

Aus Abbildung 3.5 lässt sich ablesen, dass bei der Programmiertätigkeit nur wenige Merkmalsausprägungen das unkritische Mindestprofil nicht erreichen, während die Mehrzahl deutlich darüber liegt. Zu den Merkmalen, aus deren Bewertung Restrukturierungsüberlegungen abgeleitet werden sollten, gehören typischerweise die Einordnung der Prüftätigkeit, die gerätetechnische Zeitbindung und der Informationsaustausch.

Mit diesen Beispielen wird deutlich, dass das TBS-GA für die Bewertung und Gestaltung von geistiger Arbeit ein praktisch ausserordentlich nützliches

Skalengruppen		Skalen		Abweichungen vom unkritischen Wert (uW)
A	1 Vielfalt der Teiltätigkeiten	1.1.1	TT-Anzahl	
		1.1.2	Mensch-Rechner-Interaktion/Vielfalt	
		V	Vollständigkeit	
		1.2	Vorbereiten	
		1.3.1	Prüfen: Umfang	
		1.3.2	Prüfen: Einordnung	
		1.3.3	Fehlerbestimmung	
		1.4	Korrekturtätigkeit	
		1.5	Organisationstätigkeit	
	2 Variabilität	2.1.1	Auftragsänderung	
		2.1.2	Auftragswechsel	
		2.2	Zyklushäufigkeit	
		2.3	Bereitschaftszeit	
	3 Automatisierbarkeit			
	4 Durchschaubarkeit	4.1.1	Information/Organisation	
		4.1.2	Information/Ergebnisse	
		4.1.3	Information/Quelle	
		4.2.1	Information/Hardware	
		4.2.2	Information/Software	
		4.2.3	Mensch-Rechner-Interaktion/Art	
		4.2.4	Information/Interaktionsverlauf	
		4.3.1	Rückmeldung/Quelle	
		4.3.2	Rückmeldung/Differenziertheit	
		4.3.3	Rückmeldung/Gerät	
	5 Vorhersehbarkeit	5.1	Vorhersehbarkeit	
		5.2.1	Freiheitsgrade/zeitlich	
		5.2.2	Zeitbindung/unvorhersehbar	
		5.2.3	Gerätetechnische Zeitbindung	
		5.2.4	Störungen	
	6 Beeinflussbarkeit	6.1	Aktivität/Reaktivität	
		6.2.1	Freiheitsgrade/inhaltlich	
		6.2.2	Problemkomponenten	
		6.3	Entscheidungsmöglichkeiten	
	7 Körperliche Abwechslung			

▬ Dateneingabe
▒ Programmieren

Skalengruppen		Skalen		Abweichungen vom unkritischen Wert (uW)
				-0,4 -0,2 (uW) 0,2 0,4
B	1 Kooperation	1.1	Kooperation: Zeitlicher Umfang	
		1.2	Kooperation: Enge	
		1.3	Kooperation: Unterstützung	
		1.4	Kooperationserschwernisse	
	2 Kooperation: Formen			
	4 Kommunikation	4.1	Kommunikation: Inhalte	
		4.2	Kommunikation: nicht auftragsbedingt	
	5 Kommunikation mit Kunden	5.1	Kommunikation m. Kunden/Umfang	
		5.2	Kommunikation m. Kunden/Inhalte	
		5.3	Kommunikation m. Kunden/Variabilität	
	6 Informationsaustausch	6.1	Informationsaustausch/Vielfalt	
		6.2	Informationsaustausch/Art	
C	1 Verantwortung/Inhalte			
	2 Verantwortung/Umfang			
	3 Verantwortung/Kollektive			
D	1 Ausführung	1.1	Ausführungsregulation	
		1.2	Ausführungsregulation/Vielfalt	
	2 Informationsaufnahme	2.1	Orientieren	
		2.2	Abstraktionsgrad	
		2.3	Erforderliche Kenntnisse	
	3 Informationsverarbeitung	3.1	Arten von Denkleistungen	
		3.2	Abbildebene	
	4 Kurzzeitgedächtnis			
E	1 Geforderte berufliche Vorbildung			
	2 Inanspruchnahme der Qualifikation			
	3 Bleibende Lernerfordernisse			

■ Dateneingabe
▨ Programmieren

Abbildung 3.5: TBS-Profile für Dateneingabe bzw. Programmieren am Bildschirm
(nach Angaben von RUDOLPH, SCHÖNFELDER und HACKER 1987)

Verfahren darstellt. Allerdings ist auch daran zu erinnern, dass die Autoren empfehlen, vor Anwendung des TBS-GA sorgfältige Analysen der Arbeitsaufträge und der Bedingungen ihrer Ausführung (vgl. Abschnitt 2.1) sowie Tätigkeitsanalysen (vgl. Abschnitt 2.2) durchzuführen. Das heisst zugleich, dass die Anwendung des Verfahrens – wie übrigens auch der unter 2.3 und 3.2 beschriebenen Verfahren – das Beherrschen der Methodik der psychologischen Arbeitsuntersuchung voraussetzt (RUDOLPH et al. 1987, 23).
Schliesslich haben die Autoren aber auch eine «Kurzform, bestehend aus technisch-ingenieurmässig gestaltbaren Merkmalen, und Hinweise zur Ableitung der resultierenden aktuellen und langfristigen geistigen Anforderungen aus technisch-organisatorischen Merkmalen» erarbeitet (a.a.O., S. 21). Damit soll Ingenieuren die Anwendung des Verfahrens zur Bewertung von Beeinträchtigungslosigkeit – in dem von HACKER und RICHTER (1980a) beschriebenen Sinn (vgl. Abschnitt 3.1) – und Persönlichkeitsförderlichkeit sowie zur Ableitung daraus resultierender Gestaltungsvorschläge erleichtert werden.

3.4 Weitere Entwicklungen

In der Übersicht über die ‹TBS-Verfahrensfamilie› von HACKER, FRITSCHE, RICHTER und IWANOWA (1995) findet sich in Ergänzung zum ‹objektiven› Tätigkeitsbewertungssystem (TBS-O) auch ein neu entwickeltes ‹subjektives› Tätigkeitsbewertungssystem (TBS-S), das an die Konzepte der in Abschnitt 6.3 dargestellten subjektiven Tätigkeitsanalyse und des aufgabenorientierten Informationsaustausches anknüpft. Die Untersuchungsgegenstände von TBS-O und TBS-S und ihre inhaltliche Integration sind in Abbildung 3.6 dargestellt. Richter und Hacker (2003) haben eine «Selbstanalysevariante» des TBS-GA «für Arbeitsplatzinhaber» vorgelegt.

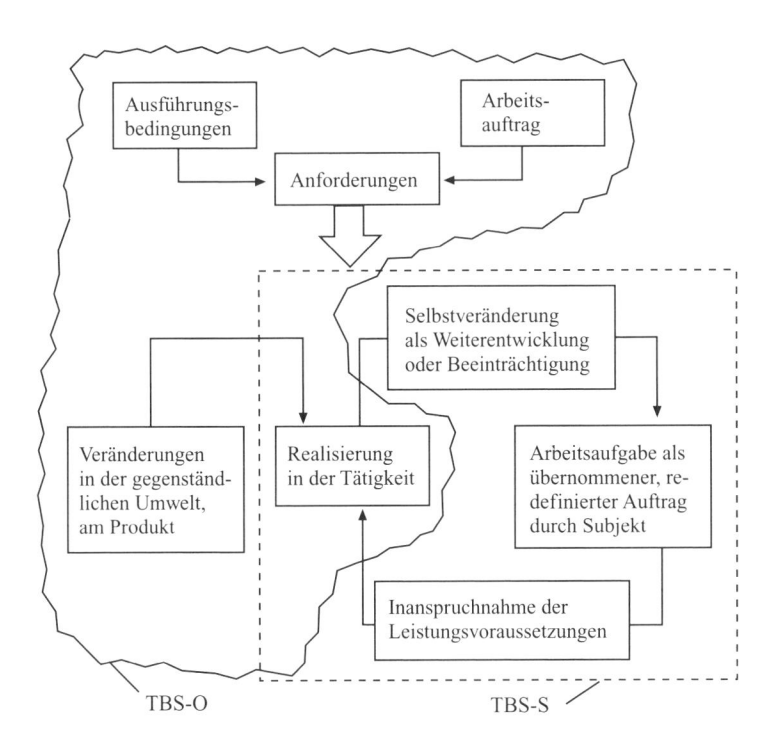

Abbildung 3.6: Untersuchungsgegenstände von TBS-O und TBS-S und ihre inhaltliche Verknüpfung (aus: HACKER, FRITSCHE, RICHTER und IWANOWA 1995)

3.4 Weitere Entwicklungen

Mit der Verbreitung des Einsatzes von Informations- und Kommunikationstechnologien in Büro, Verwaltungs- und Dienstleistungsbereichen rücken Fragen der Mensch-Maschine-Funktionsteilung bzw. der Aufgabenteilung zwischen Mensch und Rechner in den Vordergrund. Dem Ziel, eine optimale Aufgabenverteilung im Sinne der angemessenen Unterstützung menschlicher Stärken bei gleichzeitiger Berücksichtigung vorhandener Vorzüge maschineller Bearbeitungsprozesse zu gewährleisten, dient die Erstellung eines Leitfadens für Systemgestalter, der diese in die Lage versetzen soll, «bestehende und zukünftige Arbeitsaufgaben dahingehend zu beurteilen, ob sie als entwicklungs- und persönlichkeitsförderlich anzusehen sind» (VOLPERT 1990, 26). Mit Hilfe der «kontrastiven Aufgabenanalyse» in Büro und Verwaltung (KABA) soll konkret die Frage beantwortet werden, «welche Teile einer Arbeitstätigkeit von I&K-Techniken übernommen werden sollen und welche nicht» (DUNCKEL und VOLPERT 1990, 61). Oder anders formuliert: «Mit dem KABA-Leitfaden können ... diejenigen Teile einer Arbeitstätigkeit gekennzeichnet werden, die beim Menschen verbleiben sollen, weil deren Ausführung die Gesundheit und Persönlichkeit des Menschen erhalten und fördern» (DUNCKEL 1999b, 233). Das heisst, das Verfahren dient der Analyse und Bewertung technisch unterstützter Arbeitsaufgaben.

Der Verfahrensentwicklung liegt ein Konzept zugrunde, das Arbeitsaufgaben und Arbeitsbedingungen dann als human bewertet, «wenn sie menschliche Stärken unterstützen und fördern» (a.a.O). In einer neuen Auflage (DUNCKEL und PLEISS 2007) findet sich die in Tabelle 3.4 wiedergegebene Übersicht über die dem KABA-Konzept zugrunde liegenden Grundmerkmale menschlichen Handelns und eine darauf bezogene Zuordnung von Humankriterien.
Wie schon für die beiden TBS-Versionen angemerkt, gilt also auch für die kontrastive Aufgabenanalyse (KABA), dass ihre Anwendung als Bewertungsinstrument der konkreten Formulierung von Gestaltungsempfehlungen dient. Ein spezifisches Merkmal des KABA-Verfahrens ist es indes, dass es ausdrücklich für die Anwendung durch betriebliche Praktiker entwickelt worden ist.

«Die Erhebungsmethode ist das Beobachtungsinterview, d.h. Fragen bezüglich der Arbeitsaufgabe werden an den/die Anwender/in des Leitfadens (d.h. die betrieblichen Experten/innen, Organisatoren/innen usw.) gestellt. Die für die Beantwortung der Fragen erforderlichen Informationen können dann vom Anwender/in im freien Dialog mit dem/der Arbeitenden während der Beobachtung der Arbeitstätigkeit beschafft werden» (DUNCKEL 1989, 76).

Das Verfahren besteht aus einem allgemeinen Teil, der allgemeine Orientierungen über die Organisationseinheit, den Arbeitsplatz und die Arbeitsauf-

3.4 Weitere Entwicklungen

Tabelle 3.4: Grundmerkmale und Humankriterien (aus: DUNCKEL und PLEISS 2007, 33)

Grundmerkmale menschlichen Handelns	Humankriterien
Zielgerichtetheit	° Entscheidungsspielraum ° Zeitspielraum ° Strukturierbarkeit ° Belastungen
Gegenständlichkeit	° Körperliche Aktivität ° Kontakt zu materiellen und sozialen Bedingungen des Arbeitshandelns ° Variabilität von Aufgaben und Aufträgen
Soziale Eingebundenheit	° Kooperation und unmittelbar zwischenmenschliche Kommunikation

gabe liefern soll, und speziellen Teilverfahren, entsprechend den relevanten Aufgabenaspekten. Diese Teilverfahren enthalten Kurzfassungen oder Anpassungen aus Teilen des VERA, des RHIA und des TBS, aber auch eine Reihe von Neuentwicklungen. Da dieser zweite Teil modular aufgebaut ist, können die einzelnen Teilaspekte auch je für sich untersucht und bewertet werden.

Nach einer Analyse von 134 Arbeitsaufgaben an insgesamt 88 Arbeitsplätzen liess sich folgendes Fazit ziehen: «Mit dem arbeitspsychologisch orientierten Arbeitsanalyseverfahren KABA liegt ein Instrumentarium vor, welches die Qualität der Arbeit zu bewerten erlaubt, indem sowohl Arbeitsaufgaben als auch die eingesetzte und/oder geplante I&K-Technik nach Humankriterien beurteilt werden. Der Leitfaden erlaubt bei einem Beobachtungs- und Auswertungsaufwand von ca. 6 Stunden pro Arbeitsplatz ein hohes Ausmass an Differenziertheit der Ergebnisse, die sich nach Bekunden innerbetrieblicher Experten/innen und Beschäftigten praktisch umsetzen lassen und umsetzen werden» (ZÖLCH und DUNCKEL 1991, 371f.). Inzwischen liegen weitere erfolgreiche Anwendungen aus so unterschiedlichen Arbeitsbereichen wie Call Center (THEIßING und MAAß 2007), Werkstattsteuerung (ZÖLCH 2007) oder Gesundheitswesen (RESCH 2007) vor.

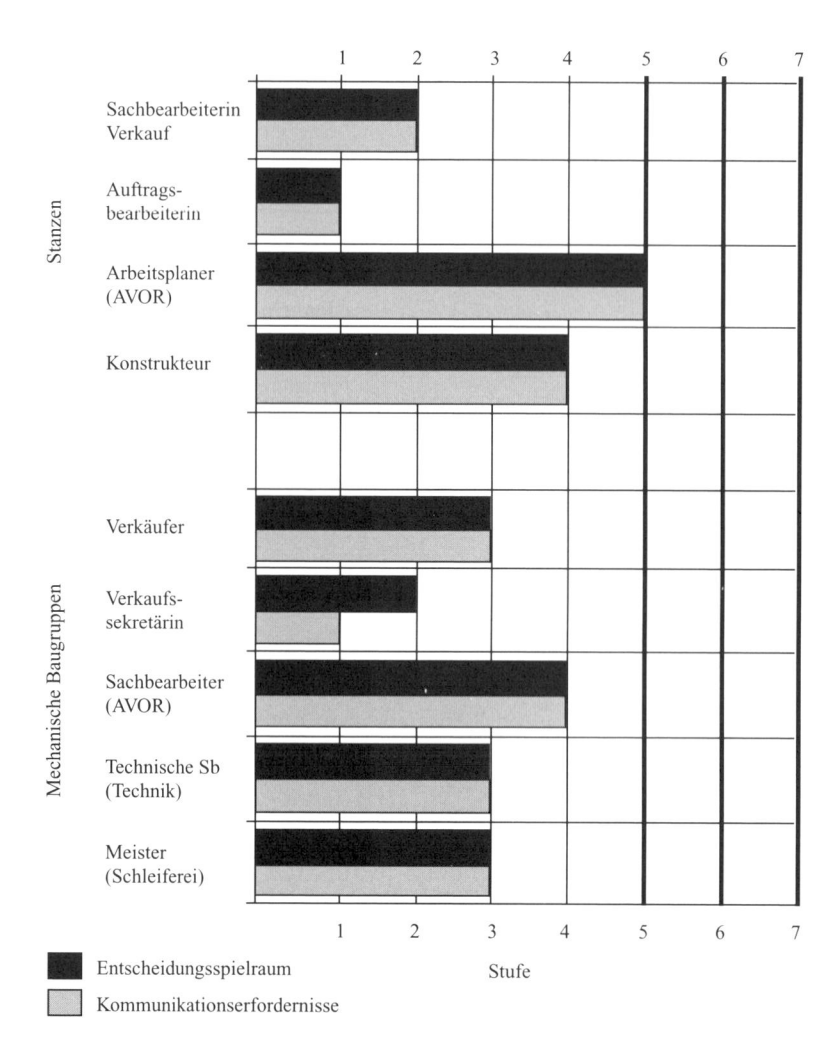

Abbildung 3.7: KABA-Bewertungen von Büroarbeitstätigkeiten in einem Zulieferbetrieb für den Anlagenbau (aus: STROHM 1997c)

Ein Beispiel für die Bewertung von Arbeitstätigkeiten mit dem KABA-Verfahren ist in Abbildung 3.7 wiedergegeben.

Aufgrund der bisher vorliegenden Erfahrungen darf der KABA-Leitfaden (DUNCKEL et al. 1993, ZÖLCH 1997a, DUNCKEL 1999, DUNCKEL und PLEISS 2007) durchaus besonderes Interesse beanspruchen.

3.4 Weitere Entwicklungen

Das KABA-Konzept gab auch Anregungen für die Entwicklung des Verfahrens zur Komplementären Analyse und Gestaltung von Produktionsaufgaben in soziotechnischen Systemen (GROTE, ZÖLCH, LOUIS & WEIK 1993, GROTE et al. 1999, WÄFLER et al. 1999). Das Instrumentarium KOMPASS soll die Analyse, Bewertung und Gestaltung von Produktionsaufgaben im Hinblick auf eine optimale Aufgabenverteilung zwischen Mensch und Maschine ermöglichen. Ausgehend von Kriterien für die menschengerechte Gestaltung von Arbeitstätigkeiten soll eine Aufgabenverteilung gewährleistet werden, die sowohl menschliche Stärken nutzt und unterstützt als auch die Vorzüge maschineller Bearbeitungsprozesse berücksichtigt. Dabei wird die Perspektive des soziotechnischen Systemansatzes benutzt, um ein Optimum an funktionaler Integration zu erreichen.

Die Bewertungskriterien für die Ebenen Arbeitssystem, Arbeitstätigkeit und Mensch-Maschine-System sind in Tabelle 3.5 dargestellt. Daraus lässt

Tabelle 3.5: Bewertungskriterien der KOMPASS-Methode (aus GROTE, WÄFLER und WEIK 1997)

Ebene Arbeitssystem
- Vollständigkeit der Aufgabe des Arbeitssystems
- Unabhängigkeit des Arbeitssystems
- Passung von Regulationserfordernissen und -möglichkeiten
- Polyvalenz der Mitarbeiter
- Autonomie der Produktionsgruppen
- Grenzregulation durch Vorgesetzte

Ebene Arbeitstätigkeit
- Ganzheitlichkeit der individuellen Aufgabe
- Denk- und Planungserfordernisse
- Kommunikationserfordernisse
- Lern- und Entwicklungsmöglichkeiten
- Anforderungsvielfalt
- Durchschaubarkeit der Arbeitsabläufe
- Gestaltbarkeit der Arbeitsbedingungen
- Zeitelastizität
- Vermeidung von Belastungen

Ebene Mensch-Maschine-System
- Kopplung
- Prozesstransparenz
- Autorität
- Flexibilität

sich erkennen, dass die Bewertungskriterien für die Ebenen Arbeitssystem und Arbeitstätigkeit zwischen den hier aufgeführten Verfahren weitgehende Übereinstimmung aufweisen. Eine Besonderheit des KOMPASS-Ansatzes sind die Bewertungskriterien auf der Ebene Mensch-Maschine-System. Während mit «Kopplung» Art und Ausmass der Bindung des Operateurs an das technische System angesprochen ist, fragt «Prozesstransparenz» danach, ob und inwieweit «die Übernahme einer bestimmten Funktion im Mensch-Maschine-System Prozessverständnis voraussetzt bzw. die Entwicklung eines solchen Verständnisses fördert» (GROTE et al. 1997, 263). Mit dem von SHERIDAN (1987) und KRAISS (1989a) übernommenen Begriff der «Autorität» ist die Autoritätsverteilung, d.h. die Zuordnung der Entscheidungsgewalt, zwischen Mensch und Maschine angesprochen, mit «Flexibilität» die Möglichkeit des Wechsels zwischen verschiedenen Verteilungen der Autorität. In diesem Zusammenhang stellt sich als zentrale Frage, wer über die Autoritätsverteilung entscheidet. Bei adaptierbaren Systemen entscheidet der Mensch über die Art der Funktionsteilung zwischen Mensch und Maschine; adaptive Systeme hingegen verlangen eine Anpassung des Menschen an von der Technik getroffene Entscheidungen.

Das KOMPASS-Verfahren eignet sich nicht nur zur Bewertung bereits existierender Systeme, sondern auch zur Erarbeitung und Bewertung von Varianten der Um- oder Neugestaltung von Systemen (vgl. GROTE 1997a, GROTE et al. 1999, WÄFLER et al. 1999). Damit kann nicht nur ineffiziente und risikobehaftete Übertechnisierung vermieden, sondern auch beanspruchungsoptimale und persönlichkeitsförderliche Mensch-Maschine-Funktionsteilung erreicht werden.

Besondere Beachtung verdient in diesem Zusammenhang schliesslich auch das rechnergesteuerte Dialogverfahren REBA, das die Bewertung von Fehlbeanspruchungsfolgen wie psychische Ermüdung, Monotonie, Sättigung und Stress erlaubt, vor allem aber auch der Vorhersage von Fehlbeanspruchungsfolgen unterschiedlicher Varianten der Arbeitssystemplanung dient (POHLANDT 1996, POHLANDT, JORDAN, REHNISCH und RICHTER 1996, POHLANDT, RICHTER, JORDAN und SCHULZE 1999).

Die Anwendung der Verfahren KABA, KOMPASS und REBA erlaubt also nicht nur die Bewertung bestehender Tätigkeiten und Strukturen, sondern darüber hinaus auch die Ableitung konkreter Gestaltungshinweise. Das Gleiche gilt für die von WIELAND-ECKELMANN et al. (1999) vorgestellte ‹Synthetische Beanspruchungs- und Arbeitsanalyse› (SynBA). «SynBA liefert eine Gesamtanalyse (GA) des Systems ‹Bildschirmarbeitsplatz›» mit dem Ziel, Bildschirmarbeitsplätze bzw. computergestützte Arbeitssysteme «zu analysieren, zu bewerten und hierauf gestützte Empfehlungen und Hinweise für eine *beanspruchungsoptimale* Arbeitsgestaltung und damit zugleich *funktionale und produktivitätsförderliche* Beanspruchung der Beschäftigten zu geben» (a.a.O., S. 422). Für die Ableitung von Gestaltungshinweisen kommt hier der Analyse und Bewertung der Schnittstellen Organisation–System, Mensch–Maschine und System–Aufgabe besondere Bedeutung zu.

3.5 Zur Bedeutung und Bewertung nicht erwerbsbezogener Arbeitstätigkeiten

Im Vorwort zu diesem Buch wurde darauf hingewiesen, dass in den Arbeitswissenschaften und auch in der Arbeitspsychologie die Beschäftigung mit der Erwerbsarbeit bislang eindeutig im Vordergrund stand. In neueren Publikationen finden sich vermehrt Hinweise auf die Notwendigkeit, sich mit Arbeitstätigkeiten ausserhalb der Erwerbsarbeit auseinanderzusetzen. Nach einem früheren Hinweis auf die Notwendigkeit, den Arbeitsbegriff neu zu überdenken (ULICH 1988a) und der Arbeit von ORENDI (1990), die diese Forderung sorgfältig begründet, haben RESCH, BAMBERG und MOHR (1997) mit dem Titel ihres Beitrages «Von der Erwerbsarbeitspsychologie zur Arbeitspsychologie» die notwendige Erweiterung des Gegenstandes ebenso gekennzeichnet wie RICHTER (1997) mit seinem Beitrag «Arbeit und Nicht-Arbeit: eine notwendige Perspektivenerweiterung in der Arbeitspsychologie». Auch bei HACKER (1998, 19) findet sich nun der Hinweis auf die Notwendigkeit einer Neuorientierung «von der Psychologie der Erwerbsarbeit zur Psychologie der Arbeit im weiteren Sinne».

Unterstützt werden solche Überlegungen u.a. durch die Ergebnisse empirischer Untersuchungen, die eine überraschende Verteilung der Anteile unterschiedlicher Arten von Arbeitstätigkeiten anzeigen.

So führte eine in den Jahren 1991/1992 vom Statistischen Bundesamt in Deutschland auf der Basis der Tagebuchmethode durchgeführte Zeitbudgeterhebung unter Einbezug von rund 7 200 nach einem Quotenverfahren (vgl. EHLING und BIHLER 1996) ausgewählten Haushalten u.a. zu dem Ergebnis, dass die Zahl der unbezahlten Arbeitsstunden offensichtlich wesentlich grös-ser ist als die der erwerbsarbeitsgebundenen bezahlten Stunden.[7] Die Hochrechnung für das gesamte Bundesgebiet ergab bei einem Umfang von rund 60 Milliarden Stunden bezahlter Erwerbsarbeit einen Umfang von 95.5 Milliarden Stunden unbezahlter Arbeit (STATISTISCHES BUNDESAMT 1995a; BLANKE, EHLING und SCHWARZ 1996). Dazu kamen 10 Milliarden Stunden Wegezeiten für Erwerbsarbeit und andere erwerbsgebundene Zeiten. Das heisst, dass die bezahlte Erwerbsarbeit weniger als vierzig Prozent aller registrierten Arbeitstätigkeiten ausmachte und hinter der hauswirtschaftlichen Tätigkeit an zweiter Stelle rangierte (vgl. Abbildung 3.8).

Hinter diesen Angaben verbergen sich erhebliche interindividuelle Unterschiede. So waren nur 17 Prozent der in die Erhebung einbezogenen Personen nach eigenen Angaben in ehrenamtlichen Tätigkeiten engagiert, mit einem mittleren Umfang von 4.5 Wochenstunden (SCHWARZ 1996), während rund 30 Prozent sich an – haushaltsbezogener – Netzwerkhilfe mit einem mittleren Umfang von 5.75 Wochenstunden beteiligten (SCHWARZ und WIRTH 1996).[8] Zur Frage nach dem Wert der unbezahlten Arbeit der privaten Haushalte fassen EHLING und SCHWARZ (1996, 6) zusammen: «Bei einer makroökonomisch sinnvollen Bewertung lag der Wert der unbezahlten Arbeit 1992 im früheren Bundesgebiet bei 1 125 Mrd. DM. Dies sind lediglich 9% weniger, als die gesamten Bruttolöhne und -gehälter (1 238 Mrd. DM) in der westdeutschen Volkswirtschaft ausmachten. Vorstellbar wären auch andere Ansätze zur Bewertung der unbezahlten Arbeit. Dann könnte der Wert der unbezahlten Arbeitsleistung der privaten Haushalte sogar mehr als doppelt so hoch ausfallen». Und zur Frage der Wertschöpfung der privaten Haushalte heisst es im Bericht über die Ergebnisse der Zeitbudgetstudie: «Selbst in

---

[7] Für Österreich wurde ein solcher Tatbestand schon zu Beginn der achtziger Jahre eruiert, wie BÜCHELE und WOHLGENANNT (1985, S. 159f.) unter Berufung auf den Mikrozensus 1981 berichten.

[8] Interessanterweise zeigten Haushalte mit mehreren Kindern – und höherem Bildungsabschluss – das stärkste Engagement an ehrenamtlichen Tätigkeiten. Dieser Befund wird auch von HEINZE und KEUPP (1997) sowie von BEHER, LIEBIG und RAUSCHENBACH (1998) bestätigt.

3.5 Bedeutung und Bewertung 175

einem Industrieland wie Deutschland ist die Wertschöpfung der privaten Haushalte (1 279 Mrd. DM) um einiges höher als die Leistungen des produzierenden Gewerbes (1 042 Mrd. DM). Dabei darf nicht vergessen werden, dass die unbezahlte Arbeit eher vorsichtig bewertet wurde ...» (SCHÄFER und SCHWARZ 1996, 17). Allerdings ist nicht zu übersehen, dass Arbeit in Haushalt und Familie nicht nur an Kriterien ökonomischer Wertschöpfung bemessen werden kann. Hierfür bedarf es zusätzlich anderer Kriterien – etwa solchen der sozialen Wertschöpfung –, die aber noch nicht in genügend ausgereifter Form vorliegen. Noch deutlicher gilt dies für die unterschiedlichen Formen von ehrenamtlicher Tätigkeit und Netzwerkhilfe.

Mit der Analyse der Reproduktionsarbeit in Haushalt und Familie hat sich vor allem RESCH (1991, 1992, 1999a) beschäftigt. Mit dem Verfahren zur Analyse von Arbeit im Haushalt (AVAH) hat sie ein dafür geeignetes Verfahren vorgelegt (RESCH 1999a).

Dieses auf der Basis der Handlungsregulationstheorie (OESTERREICH 1987, VOLPERT 1987, 1994a) entwickelte Verfahren umfasst sechs Analyseschritte:
(1) Ermittlung der Alltagstätigkeiten,
(2) Ermittlung des Anteils Haushaltsarbeit,
(3) Ermittlung des Regulationsniveaus der Planungs- und Entscheidungsprozesse,

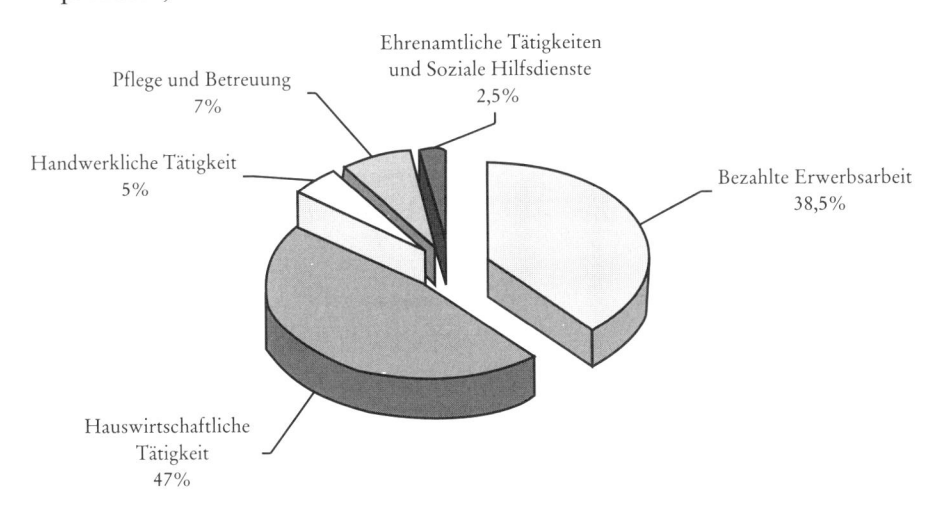

Abbildung 3.8: Verteilung des Jahresarbeitsvolumens 1992 auf Erwerbsarbeit und andere Arbeitstätigkeiten (aus: RESCH 2000, nach Angaben von SCHÄFER und SCHWARZ 1996)

(4) Ermittlung der Kooperationsformen,
(5) Analyse der Betreuungstätigkeiten,
(6) Analyse der Flexibilität der Zeitnutzung.

«Hausarbeit, die einen positiven Beitrag für das Wohlbefinden und die Entwicklung der arbeitenden Person leistet, ist demnach durch ein hohes Regulationsniveau bzw. längerfristige Entscheidungen und Planungen gekennzeichnet, die in Kooperation mit anderen getroffen und umgesetzt werden. Zudem ist sie in Bezug auf den Zeitraum und Zeitpunkt ihrer Ausführung wenig festgelegt» (RESCH 1999a, 138).

Zu den – nicht unerwarteten – Ergebnissen der Analysen von RESCH gehört, dass sich die Organisation von Haushalten sehr unterschiedlich darstellt. Dies betrifft z.B. den Umfang erforderlicher Entscheidungsprozesse, der etwa mit dem Ausmass an materieller Ausstattung variieren kann, und den Umgang mit daraus resultierenden Denk- und Planungsanforderungen, aber auch die Kooperationsformen sowie die geschlechtsspezifische Arbeits- und Rollenteilung. Haushaltsarbeit ist also nicht ohne Weiteres als persönlichkeitsförderlich zu bewerten, enthält jedoch in beschreibbaren Fällen entsprechende Potenziale.

RESCH (2000, 80) geht im Übrigen davon aus, dass das von ihr entwickelte Verfahrenskonzept «mit entsprechender Erweiterung und Anpassung auch für eine Analyse gemeinnütziger Arbeit ausserhalb des persönlich-familiären Bereichs genutzt werden kann».

Dies könnte etwa für die von SPESCHA (1981) so genannte ‹Sozialzeit› gelten, einen Zeitbereich also, der der Wahrnehmung gesellschaftlich nützlicher bzw. notwendiger Tätigkeiten ausserhalb der Erwerbsarbeit dient. ORENDI (1990), die dieses Konzept aufgenommen hat, hat auch eine arbeitspsychologische Charakterisierung solcher Tätigkeiten geliefert (vgl. Kasten 3.3).[9]
Solche Tätigkeiten z.B. mit dem von RESCH (1999a) entwickelten Verfahren in entsprechender Anpassung und Erweiterung zu analysieren und zu bewerten, stellt für die Arbeitspsychologie nach wie vor eine wichtige Aufgabe dar.

---

[9] ORENDI fasst das Konzept weiter und unterscheidet zwischen Sozialzeit ausserhalb und innerhalb der Erwerbsarbeit. Sozialzeit innerhalb der Erwerbsarbeit ist «jene Zeit, die gezielt eingeräumt und genutzt wird für die Partizipation an der Gestaltung dieses Lebensbereichs – zum Beispiel im Rahmen von Mitbestimmungsmodellen, die diesen Namen auch verdienen» (ORENDI 1990, 337).

3.5 Bedeutung und Bewertung

> **Kasten 3.3:** Tätigkeiten in der Sozialzeit (aus: ORENDI 1990, 337f.)
>
> «Die Tätigkeiten in der Sozialzeit vollziehen sich in einem Prozess der Auseinandersetzung mit Aufgaben, die frei gewählt, aber zweckbestimmt sind. In diesem Prozess werden Qualifikationen zur Bewältigung eingesetzt und aktiviert und neue Fähigkeiten werden erworben. In ihnen findet Lernen statt, die Zielsetzungen und die Durchführungen erfolgen kooperativ. Danach sind die Erfahrungen, die in der so verstandenen Sozialzeit vermittelt werden, vergleichbar mit jenen, die wir in menschengerecht gestalteten, persönlichkeitsförderlichen Arbeitsorganisationen ebenfalls erwarten. Sie stellen ebenfalls hohe Anforderungen an Autonomie und Entscheidungsmöglichkeiten, an Organisationsmerkmale wie Dezentralisierung und Transparenz und sind für die Arbeits- und Organisationspsychologie damit ein vertrautes Feld» (ORENDI 1990, 337).

3.5.1 Gemeinnützige Arbeit

Erst wenige Arbeiten beschäftigen sich mit arbeitspsychologischen Aspekten von Arbeit ausserhalb der Erwerbstätigkeit und der vorher angesprochenen Arbeit in Haushalt und Familie. Unter dem Titel «Frei-gemeinnützige Arbeit», die sie als *«unbezahlte organisierte soziale Arbeit»* definieren, haben MIEG und WEHNER (2002) eine Analyse der freiwilligen Arbeit für ein Gemeinwesen «aus Sicht der Arbeits- und Organisationspsychologie» vorgelegt. Die Ergebnisse der bis dahin vorliegenden Forschung fassen sie in drei Aussagen zusammen (vgl. Kasten 3.4, S. 178).

Unter Verweis auf Arbeiten von NOTZ (2000), BÜHLMANN und SCHMID (2000) sowie ZIERAU (2000) stellen MIEG und WEHNER auch fest, dass weder im sogenannten dritten Sektor noch in der formellen oder informellen Freiwilligenarbeit weder die «geschlechterhierarchische Arbeitsteilung» überwunden noch die Machtfrage gestellt wird. «Obwohl in den meisten Ländern Männer und Frauen etwa gleich viel Zeit für unbezahlte Arbeit auf-

> **Kasten 3.4:** Zusammenfassung vorliegender Forschungsergebnisse zu frei-gemeinnütziger Arbeit (aus: MIEG und WEHNER 2002, 4)
>
> «(1) Frei-gemeinnützige Arbeit ist *multifunktional* hinsichtlich der beteiligten Motive. Mit ihr lassen sich Hilfemotivation, soziale Anbindung, Kompetenzerwerb und andere Bedürfnislagen verbinden. Frei-gemeinnützige Arbeit kann durchaus eine Ausgleichsfunktion gegenüber der Erwerbsarbeit gewinnen.
> (2) Eine notwendige Bedingung für individuell frei-gemeinnütziges Engagement ist die *persönliche Sinnhaftigkeit* der Arbeit. Der persönliche Sinn wird bedroht durch Bezahlung dieser Arbeit, da sie dann in den Rang von Erwerbs- und Auftragsarbeit sinkt. Persönliche Sinnhaftigkeit einer Arbeit widerstrebt auch der Einführung einklagbarer Qualitätsstandards.
> (3) Prekäre Organisation: Die Organisation von frei-gemeinnütziger Arbeit ist *prekär*, schon allein aufgrund der Freiwilligkeit des Engagements, das im Prinzip jederzeit widerrufbar ist – und sei es nur, dass der oder die Freiwillige den persönlichen Aufwand reduziert. Das Wachstum von Organisationen, die auf Freiwilligenarbeit beruhen, ist kaum rational steuerbar» (hier kursiv gesetzte Begriffe im Original unterstrichen).»

bringen (in der Schweiz ca. 60 Std., in Deutschland rund 50 Std. pro Monat), engagieren sie sich in ganz verschiedenen Sektoren: Männer eher ‹sitzend›, in Vorständen, Interessenvereinigungen und politischen Ämtern; Frauen eher nicht-repräsentierend, in nachbarschaftlichen, sozial-karitativen oder kirchlichen Bereichen» (MIEG und WEHNER 2002, 12). Dass Männer zu rund zwei Dritteln Führungsaufgaben übernehmen, Frauen hingegen nur zu rund einem Drittel, wird ebenfalls deutlich gemacht.

Zur Frage der Qualität der gemeinnützigen Arbeit stellen die Autoren u.a. fest, dass «vermutlich viele freiwillige Tätigkeiten» den hier in Abschnitt 4.3.3 formulierten Kriterien der Vollständigkeit – selbständiges Setzen von Zielen, selbständige Handlungsvorbereitung, Auswahl der Mittel, Ausführungsfunktion mit möglicher Handlungskorrektur, Kontrolle der Zieler-

3.5 Bedeutung und Bewertung

reichung – nicht genügen. «Das Fehlen einer vollständigen Aufgabe scheint freiwillige Arbeit nicht zu beeinträchtigen und wird vermutlich aufgewogen durch die ‹persönlichen Gründe› (vgl. GASKIN et al. 1996, 89), denen die Multifunktionalität im Bereich frei-gemeinnütziger Arbeit breiten Raum gibt» (MIEG und WEHNER 2002, 19).

Als zu überprüfende Hypothese von Interesse ist auch die Vermutung, «dass ein Grossteil von Arbeiten im Gesundheits- und Sozialbereich, wären sie bezahlte Arbeit, für Burnout anfällig wäre; hingegen können Freiwillige ihre unprofessionelle emotionale Nicht-Distanz als Mehrwert ihres Engagements verbuchen» (a.a.O., 19).

Das Fazit der von ihnen vorgelegten Analyse formulieren die Autoren so: «Frei-gemeinnützige Arbeit kann kein Refugium und kein Ort des Ausgleichs für Entfremdungserlebnisse, mangelnd wertgeschätzte Lohnarbeitsverhältnisse oder ein sozial ungerechtes Gesellschaftssystem sein – auch dann nicht, wenn die Beschäftigten ihre Erwerbsarbeit nicht negativ bewerten» (a.a.O., 26).

In einer eigenen empirischen Untersuchung haben GÜNTERT und WEHNER (2005) den Motivationsgehalt gemeinnütziger Arbeitstätigkeiten mit Hilfe des Job Diagnostic Survey (HACKMAN & OLDHAM 1975, vgl. Abschnitt 2.3.1) an einer Stichprobe von 862 für Seniorinnen und Senioren tätigen Freiwilligen aus den Bereichen Sport, Treuhanddienste und Ortsvertretungen einer schweizerischen gemeinnützigen Organisation analysiert. Die Ergebnisse wurden mit Datensätzen für Erwerbsarbeitstätige von HACKMAN und OLDHAM (1975) sowie von KIL, LEFFELSEND und METZ-GÖCKEL (2000) verglichen.

Das Motivationspotenzial der einbezogenen freiwilligen Arbeitstätigkeiten liegt nach Mitteilung der Autoren «im oberen Bereich». «Betrachtet man die zum Motivationspotenzial beitragenden Kerndimensionen einzeln, so stellt sich die Ganzheitlichkeit als das Merkmal heraus, bezüglich dessen die frei-gemeinnützigen Arbeitstätigkeiten den deutlichsten ‹Vorsprung› zu den Erwerbstätigkeiten aufweisen. Die Autonomie ist vergleichsweise stark, die Anforderungsvielfalt dagegen schwächer ausgeprägt» (GÜNTERT und WEHNER 2005, 122f.). Unterschiede zwischen den einzelnen Tätigkeiten im Bereich der gemeinnützigen Arbeit machen deutlich, dass generalisierbare Aussagen nicht ohne Weiteres zu erwarten sind. Dennoch kommen die Autoren zu dem Schluss: «In den hohen Werten für die Ganzheitlichkeit …

spiegelt sich vermutlich eine Stärke der Freiwilligenarbeit, zwar weniger umfangreiche und komplexe, dafür aber in sich geschlossene Tätigkeiten anbieten zu können» (a.a.O., 124).

Das Projekt TAURIS

Im vorliegenden Zusammenhang sind die Ergebnisse des Projekts TAURIS (**T**ätigkeiten und **Au**fgaben. **R**egionale **I**nitiativen in **S**achsen) von besonderem Interesse. Bei TAURIS handelt es sich um ein Projekt der sächsischen Staatsregierung, das über 50jährigen Langzeitarbeitslosen und arbeitsfähigen Sozialhilfeempfängern auf freiwilliger Basis «die Möglichkeit sinnerfüllter Tätigkeiten im gemeinnützigen Bereich unter Beibehaltung des Transfereinkommens und einer Unkostenvergütung eröffnet» (RICHTER und NITSCHE 2002, 195). 22 Prozent der analysierten TAURIS-Tätigkeiten entfielen auf die Kategorie Reinigungstätigkeiten/Umfeldpflege, 21 Prozent auf Büro- und Koordinierungstätigkeiten, 19 Prozent auf Betreuungstätigkeiten/sozialer Bereich, 17 Prozent auf Hilfstätigkeiten bei Bau und Instandhaltung, 16 Prozent auf Sortier- und Archivierungstätigkeiten sowie 5 Prozent auf künstlerisch-kreative Tätigkeiten.

Auf der Basis eines Kontrollgruppendesigns wurden im Rahmen der begleitenden arbeitspsychologischen Evaluation die Arbeitsanforderungen, die psychische Gesundheit, das psychische Wohlbefinden sowie das Kohärenzerleben erfasst. Bemerkenswert ist, dass die Zusammenhänge denen des ersten Arbeitsmarktes entsprechen: «Lern- und persönlichkeitsfördernde Aufgabenangebote im Bereich gemeinnütziger Organisationen führen zu gesicherten Verbesserungen der psychischen Gesundheit» (RICHTER und NITSCHE 2002, 196). 81 Prozent der insgesamt 58 mit dem REBA-Verfahren analysierten Einzeltätigkeiten werden als «anspruchsvoll und persönlichkeitsförderlich» eingestuft. «Jedoch nur ein kleiner Teil (24%) können als sehr förderlich bewertet werden. 19% der untersuchten TAURIS-Tätigkeiten müssen als monoton-anspruchsarm, also nicht persönlichkeitsförderlich bewertet werden» (NITSCHE und RICHTER 2003, 119). Die oben genannten positiven gesundheitlichen Effekte scheinen allerdings nur zeitlich begrenzt wirksam zu sein (vgl. Kasten 3.5).

Eine Untersuchung über Anforderungen, Belastungen und Ressourcen von Schulbehördenmitgliedern in einem Schweizer Kanton (ULICH, TRACHS-

3.5 Bedeutung und Bewertung

Kasten 3.5: Die zeitliche Dauer von Wirkungen gemeinnütziger Arbeit im Rahmen des TAURIS-Projekts (aus: RICHTER und NITSCHE 2002, 198)

«Gestaltungsrelevante Merkmale der Arbeitsorganisation haben einen bedeutsamen positiven Einfluss auf die psychische Gesundheit: Ganzheitlichkeit der Aufgaben, Übernahme von Organisationsfunktionen, Ergebnisrückmeldungen, zeitliche Handlungsspielräume und körperlicher Abwechslungsreichtum. Damit wird deutlich, dass es ebenfalls im Bereich der Eigenarbeit und der gemeinnützigen Tätigkeiten möglich ist, arbeitswissenschaftliche gesundheitsförderliche Gestaltungskonzepte umzusetzen ...

Innerhalb eines Zeitraumes von vier Monaten nach Aufnahme der Beschäftigung verbessert sich die psychische Gesundheit der Teilnehmer signifikant. Im weiteren Verlauf der Analyse bis zu einem Jahr zeigt sich jedoch eine deutliche Veränderung: Die anfänglich starken positiven Gesundheitseffekte pegeln sich wieder auf das Ausgangsniveau (das dennoch höher als das der Kontrollgruppe liegt) ein. Berücksichtigt man das nachgewiesen hohe Niveau der Arbeitsanforderungen der angebotenen gemeinnützigen Tätigkeiten und die über dem Niveau von Langzeitarbeitslosen liegenden gesundheitlichen Befindenswerte, kann dem TAURIS-Projekt ein akzeptabler Netto-Effekt zugestanden werden. Es wäre jedoch eine Illusion anzunehmen, damit langfristige motivationale und gesundheitliche Stabilisierungen zu erreichen.

Vielmehr handelt es sich auch bei dieser Maßnahme um eine der von KIESELBACH (2001) so bezeichneten ‹Pontons›, eine Hilfe, um für Transitionen zwischen Tätigkeiten und Übergängen zwischen unterschiedlichen Lebensphasen ‹sozialen Konvoischutz› zu leisten. Diese Unterstützung muss stärker als bislang in Richtung einer Verstärkung der sozialen Netzwerke der Betroffenen gehen, mit Qualifizierungsmaßnahmen zur Entwicklung langfristiger persönlicher Lebensperspektiven und einer stärkeren Partizipation der Teilnehmer an der Ausgestaltung der Maßnahmen verbunden werden (KIESELBACH und KLINK 1997).»

LER, INVERSINI, WÜLSER & DANGEL 2005) lässt sich ebenfalls hier einordnen. In diesem Kanton werden die Schulen durch kommunale Milizgremien geführt, die unabhängig von Bund und Kanton in den Gemeinden gewählt werden und strukturell ähnliche Merkmale aufweisen wie andere Formen

freiwilliger Gemeinwesenarbeit. Zur Erfassung der Arbeitsbedingungen, Belastungen und Ressourcen wurden die entsprechenden Skalen des SALSA (UDRIS und RIMANN 1999) eingesetzt, für die Erfassung von Fehlbeanspruchungen das BHD (HACKER und REINHOLD 1999), für die Erfassung der individuellen Selbstwirksamkeit die BSW-Skala von ABELE, STIEF und ANDRÄ (2000). An der Erhebung beteiligten sich 524 Schulbehördenmitglieder (Grundgesamtheit 889, Rücklaufquote 58,9%). Die zu diesen Dimensionen vorliegenden Ergebnisse erlauben, die von den Mitgliedern der Schulbehörden ausgeübte gemeinnützige Tätigkeit als potenziell persönlich- und gesundheitsförderlich einzuschätzen. Die mit der Ausübung dieser Tätigkeit verbundenen Belastungen sowie die deutlichen Zusammenhänge zwischen der ‹Beeinträchtigung von Familie und Freizeit durch die Gesamtarbeitsbelastung› und geäußerter emotionaler Erschöpfung weisen allerdings auf die Notwendigkeit struktureller Veränderungen hin (WÜLSER, INVERSINI und ULICH 2007).
Grundsätzlich bestätigt die Untersuchung die Feststellung von RICHTER, «dass für produktive Tätigkeitsformen jenseits der Erwerbsarbeit offensichtlich die gleichen Bewertungskriterien gesundheits- und lernförderlicher Arbeitsgestaltung heran gezogen werden können» (RICHTER 2006, 104).
Der Milizcharakter der lokalen Schulbehörden weist im Übrigen Ähnlichkeiten mit anderen Formen der freiwilligen Arbeit für das Gemeinwesen auf. Hinsichtlich der Motivation lassen sich z.B. Hilfemotivation, soziale Anbindung oder Kompetenzerwerb identifizieren (MIEG und WEHNER 2002), im vorliegenden Fall auch das Bedürfnis, «etwas zu bewegen» oder die persönliche Betroffenheit, weil die eigenen Kinder im schulpflichtigen Alter sind. Eine wichtige Bedingung für Freiwilligenarbeit ist zudem, dass die Arbeit als sinnhaft wahrgenommen wird (a.a.O., 4). Empirisch «zeigen sich sowohl beim Commitment als auch beim Involvement höhere Werte für die Freiwilligenarbeit als für die Erwerbsarbeit» (WEHNER, MIEG und GÜNTERT 2006, 34).

Zusammenfassend ist RESCH (2001) zuzustimmen, dass verallgemeinerbare Aussagen zur Qualität derartiger Freiwilligenarbeit nicht möglich sind. «Wie bereits für den Bereich der Haus- und Familienarbeit gezeigt, laufen Aussagen hierzu Gefahr, einzelne Aspekte zu überhöhen, andere zu übersehen und mitunter widersprüchliche Einschätzungen zu formulieren. So wird etwa auf die Zeitsouveränität der freiwillig soziale Dienste leistenden Person verwiesen, obwohl die Tätigkeit der Pflege und Betreuung ganz offensichtlich häu-

3.5 Bedeutung und Bewertung

fig eine enge zeitliche Anbindung mit sich bringt. Oder es wird die menschliche Qualität der Sorgearbeit hervorgehoben, ohne zu erwähnen, daß jede Versorgung betreuungsbedürftiger Menschen nicht nur Gespräche und Zuwendungen verlangt, sondern auch mit einer Vielzahl anforderungsarmer und sich täglich in gleicher Weise wiederholender Tätigkeiten verbunden ist» (RESCH 2001, 36).

Unabhängig davon ist die schon seit längerer Zeit offene Frage (z.B. FETSCHER 1987)[10] zu beantworten, welche Formen direkt oder indirekt monetärer oder nicht-monetärer Anerkennung die geeignete Wertschätzung für das Erbringen derartiger gesellschaftlich nützlicher und notwendiger Leistungen darstellen (vgl. Abschnitt 9.4).
Eine Art monetärer Anerkennung haben drei Mitglieder des Kantonsrates des Kantons Zürich im Juli 1998 mit folgender Motion zu Händen der Zürcher Regierung gefordert: «Der Regierungsrat wird beauftragt, die gesetzlichen Grundlagen dafür zu schaffen, dass natürliche Personen den Wert der von ihnen geleisteten, gesellschaftlich notwendigen Nichterwerbsarbeit jährlich vollumfänglich von der Steuer absetzen können.» In der Begründung dazu heisst es: «Als Folge der massiven Budgetkürzungen und im Zuge der Umstrukturierung der Verwaltung werden immer mehr staatliche Leistungen abgebaut. Da viele dieser Leistungen für das Funktionieren und den Zusammenhalt der Gesellschaft unerlässlich sind, werden sie von privaten, gemeinnützigen Organisationen übernommen und von deren Mitgliedern, aber auch von Privatpersonen unentgeltlich verrichtet. Es ist angebracht, im Sinne der gesellschaftlichen Anerkennung dieser Tätigkeiten, dass der Wert dieser unentgeltlichen Freiwilligenarbeit als nichtmonetäre Spende taxiert und wie eine monetäre Spende an wohltätige Organisationen bei den Steuerabzügen geltend gemacht werden kann» (Auszug aus dem Protokoll des Regierungsrates des Kantons Zürich, KR-Nr.259/1198 – Sitzung vom 12. August 1998). Eine später daraus resultierende parlamentarische Initiative mit dem Ziel, ein derartiges Vorhaben auf Landesebene zu lancieren, wurde im Januar 2004 im Kantonsrat (mit 78 zu 77 Stimmen) abgelehnt.
Eine anders geartete Initiative in der Schweiz ist die 2002 erfolgte Lancierung eines Sozialzeitausweises im Zusammenhang mit dem UNO-Jahr der

---

[10] «Auch müssen wir uns darüber Gedanken, machen wie die soziale Anerkennung, die bislang ausschliesslich durch Arbeit im traditionellen Sinne erworben wird, auf nützliche und sozial notwendige Tätigkeiten ausgedehnt werden kann, die nicht in der ökonomischen Form von Lohnarbeit und Warenproduktion verrichtet werden» (FETSCHER 1987, 10 f.).

Freiwilligenarbeit. Der schweizerische Sozialzeitausweis dient der Dokumentation der geleisteten Freiwilligenarbeit und der dadurch belegten bzw. erworbenen Kompetenzen. Obwohl in den ersten beiden Jahren nach der Einführung ca. 150 000 Sozialzeitausweise ausgestellt wurden, hat eine Befragung der Personalleitungen von 28 Unternehmen (FRITZE, KRATTIGER und GÖTZ 2004) ergeben, dass «der Sozialzeitausweis den meisten Personalverantwortlichen unbekannt ist» (GÖTZ 2005, 91). Einzelne Unternehmen messen diesem Dokument indes erhebliche Bedeutung bei.

Schliesslich gilt auch, dass die in der Sozialzeit bzw. durch gemeinnützige Arbeit erworbenen Erfahrungen dazu führen können, «dass Strukturen nicht nur als veränderbar bewertet, sondern auch entsprechend neu gestaltet werden» (ORENDI 1990, 334). Dass Strukturen als veränderbar und Veränderungen als beeinflussbar erlebt werden sollen, gilt aber natürlich nicht nur für Reproduktionsarbeit und andere gesellschaftlich nützliche bzw. notwendige Tätigkeiten, sondern vor allem auch für Produktionsarbeit und das Erbringen von Dienstleistungen.

4. Kapitel

Gestaltung von Arbeitstätigkeiten

Folgt man der Konzeption von LEONTJEW (1979, 108), so ergibt sich für eine Psychologie der Arbeit die Notwendigkeit der Unterscheidung in (1) einzelne Tätigkeiten «anhand der sie initiierenden Motive», (2) Handlungen «als bewussten Zielen untergeordnete Prozesse» und (3) Operationen, «die unmittelbar von den Bedingungen zur Erlangung des konkreten Ziels abhängen». Das hierarchische, aber nicht summative Verhältnis von Tätigkeit, Handlung und Operation ist in Abbildung 4.1 dargestellt.

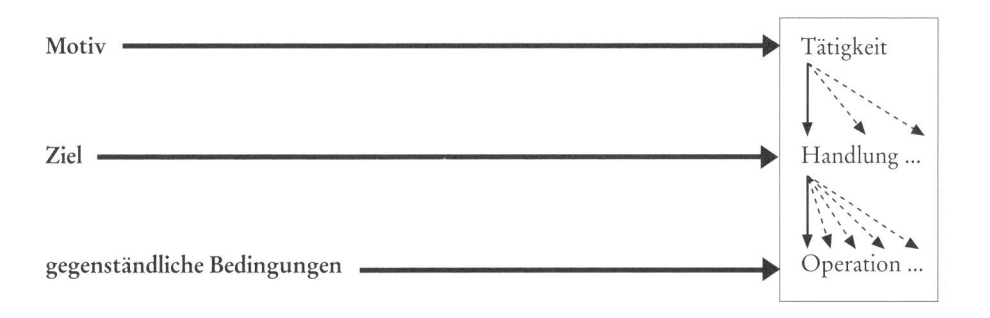

Abbildung 4.1: Die hierarchische Tätigkeitskonzeption nach LEONTJEW 1979
(aus: FREI, DUELL und BAITSCH 1984)

Nach dem Konzept von LEONTJEW bestehen zwischen Motiv und Tätigkeit ähnliche Wechselbeziehungen wie zwischen Ziel und Handlung. Sowie es keine Tätigkeit ohne Motiv gibt, gibt es keine Handlung ohne Ziel. Tätigkeiten realisieren sich in Handlungen; ein und dieselbe Handlung kann aber verschiedenen Tätigkeiten zugeordnet sein. FRIELING und SONNTAG (1999) haben darauf hingewiesen, dass es für arbeitspsychologische Fragestellungen von erheblicher Bedeutung ist, bei der Analyse von Handlungen zu erkennen, welchen Tätigkeiten sie jeweils zugeordnet sind. Sie liefern dafür ein sehr anschauliches Beispiel (vgl. Kasten 4.1).

Kasten 4.1: Mögliche Zuordnung einer Handlung zu unterschiedlichen Tätigkeiten (aus: FRIELING und SONNTAG 1999)

«Die Handlung ‹Fahren eines Fahrzeugs von A nach B› kann je nach Tätigkeit des Fahrers (Rückholen von Mietwagen, Transport von Arzneimitteln, Versuchsperson bei einem verkehrspsychologischen Experiment, Fahrt in den Urlaub, als Polizist im Einsatz) einen unterschiedlichen Stellenwert haben. Die Analyse der Fahr- und Steueroperationen bei gleicher Fahrstrecke und gleichem Fahrzeug muss zu vergleichbaren Ergebnissen kommen, die Analyse der Tätigkeit muss demgegenüber zu sehr unterschiedlichen Erkenntnissen führen. Der Charakter der Fahrstrecke ändert sich mit dem Motiv, sie zu befahren. Die Bedeutung der Fahrstrecke in der Gesamtheit des Tätigkeitsvollzuges variiert ebenfalls. Ist der Streckenabschnitt von A–B eine Teilstrecke, ist er das Ende oder der Anfang einer längeren Handlungskette, so ändert sich der Aufgabencharakter» (FRIELING und SONNTAG 1999, 51f.).

FRIELING und SONNTAG weisen zu Recht auch darauf hin, dass diesem Aspekt in der Untersuchung von Mensch-Maschine-Systemen noch zu wenig Aufmerksamkeit geschenkt wird.[1]

Unter Rückgriff auf die Konzeption von LEONTJEW kommen FREI, DUELL und BAITSCH (1984, 46) zu dem Schluss, dass schliesslich auch die Genese von Kompetenzen im realen Vollzug von Tätigkeiten erfolgt. Damit kommt

---

[1] Dies ist übrigens insofern bemerkenswert, als LEWIN im Rahmen seiner handlungspsychologischen Überlegungen schon vor mehr als sechzig Jahren den gleichen Sachverhalt betont hat (vgl. Abschnitt 1.1).

4. Gestaltung von Arbeitstätigkeiten

dem Handlungsspielraum (ULICH 1972) bzw. dem Tätigkeitsspielraum und den mit unterschiedlichen Tätigkeitsspielräumen verbundenen unterschiedlichen Entwicklungsangeboten eine besondere Bedeutung zu.

Der Tätigkeitsspielraum ist ein mehrdimensionales Konstrukt, das sich aus dem Handlungs-, dem Gestaltungs- und dem Entscheidungsspielraum zusammensetzt (ULICH 1984a, 1988b).

Der *Handlungsspielraum* ist die «Summe der Freiheitsgrade», d.h. der Möglichkeiten zum unterschiedlichen aufgabenbezogenen Handeln «in Bezug auf Verfahrenswahl, Mitteleinsatz und zeitliche Organisation von Aufgabenbestandteilen» (HACKER 1978, 72). Der objektive Handlungsspielraum umfasst die vorhandenen, der subjektive Handlungsspielraum die als solche erkannten diesbezüglichen *Wahlmöglichkeiten.* Der Handlungsspielraum bestimmt also das Ausmass an möglicher *Flexibilität* bei der Ausführung von Teiltätigkeiten bzw. Teilhandlungen. Der *Gestaltungsspielraum* wird durch die Möglichkeit zur selbständigen *Gestaltung* von Vorgehensweisen nach eigenen Zielsetzungen bestimmt. Dieser Aspekt ist weitgehend identisch mit dem Merkmal ‹Strukturierbarkeit› – d.h. Durchschaubarkeit und Gestaltbarkeit einer Aufgabe – bei VOLPERT (1990; vgl. Abschnitt 3.4). Unterschiede im Gestaltungsspielraum kennzeichnen also das Ausmass an *Variabilität* von Teiltätigkeiten oder Teilhandlungen.

Der *Entscheidungsspielraum* schliesslich kennzeichnet das Ausmass der Entscheidungskompetenz einer Person oder einer Gruppe von Personen zur *Festlegung* bzw. Abgrenzung von Tätigkeiten oder Aufgaben. Wie VOLPERT (1990, 35) dies für den von ihm formulierten neunten Aspekt ausgeführt hat, gilt auch hier, dass mit dem Entscheidungsspielraum «die Grenze zwischen Arbeitsgestaltung und Organisationsentwicklung» markiert wird. Insofern kennzeichnet die Grösse des Entscheidungsspielraums das Ausmass an *Autonomie,* das mit einer bestimmten Tätigkeit verbunden ist.

Die Ähnlichkeit der Merkmale des Tätigkeitsspielraumes mit den Entscheidungskriterien von SUSMAN (vgl. Abschnitt 4.3) ist sicher nicht zufällig.
RAUTERBERG (1990) hat den Versuch unternommen, die drei genannten Dimensionen des Tätigkeitsspielraumes mit der Tätigkeitskonzeption von LEONTJEW in Beziehung zu setzen (vgl. Abbildung 4.2, S. 188).

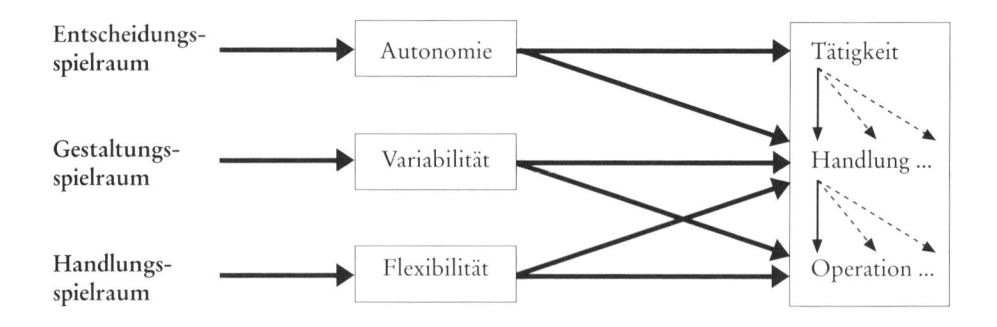

Abbildung 4.2: Der Tätigkeitsspielraum und sein Bezug zum Tätigkeitsmodell von LEONTJEW (in Anlehnung an RAUTERBERG 1990)

In diesem Zusammenhang begegnen wir in der Arbeitspsychologie aller dings einer – zumindest für nicht in Psychologie Ausgebildete – etwas verwirrenden Begriffsvielfalt, die SEMMER (1990, 190) auf einen Nenner gebracht hat: «Handlungs- bzw. Tätigkeitsspielraum, Freiheitsgrade, Kontrolle, Autonomie, Job decision latitude – so vielfältig die Terminologie und so nuancenreich die Konzepte auch sind: In der einschlägigen Literatur herrscht grosse Einmütigkeit, dass die Möglichkeit, Einfluss auf seine Angelegenheiten zu nehmen, über möglichst viele Aspekte seines Lebens – und somit auch seiner Arbeit – selbst zu entscheiden oder zumindest mit zu entscheiden, zu den Kriterien einer menschenwürdigen Lebensführung im all gemeinen wie einer persönlichkeitsförderlichen Arbeitsgestaltung im Besonderen zu zählen ist.»

Die hier von SEMMER genannten Merkmale bilden denn auch den Kern aller neueren arbeitspsychologischen Gestaltungskonzepte. Damit kommt zunächst den Strategien der Arbeitsgestaltung grundlegende Bedeutung zu.

4.1 Strategien der Arbeitsgestaltung

Es entspricht einer weitverbreiteten Erfahrung, dass Arbeitssysteme und Arbeitsabläufe nach ihrer Einführung in den Betrieb adaptiert bzw. verändert werden müssen, damit sie nicht im Widerspruch zu arbeitswissenschaftlich gesicherten Erkenntnissen stehen. Häufig betreffen die erforderlichen Kor-

4.1 Strategien der Arbeitsgestaltung

rekturen Zustände, die sich aus der mangelnden Berücksichtigung anthropometrischer oder ergonomischer Anforderungen ergeben.

Derartige *korrektive Arbeitsgestaltung* wird immer dann erforderlich, wenn ergonomische, physiologische, psychologische, sicherheitstechnische oder rechtliche Anforderungen von Planern, Konstrukteuren, Anlagenherstellern, Softwareentwicklern, Organisatoren und anderen ‹zuständigen Instanzen› nicht oder nicht angemessen berücksichtigt worden sind.

Beispiele für korrektive Arbeitsgestaltung sind etwa: das nachträgliche Anbringen von Filtern zur Vermeidung von Spiegelungen auf dem Bildschirm – das Verschalen einer Betriebseinrichtung aufgrund nicht vorhergesehener Lärmerzeugung oder Unfallträchtigkeit – die Beschaffung ergonomisch optimaler Arbeitsstühle, nachdem Nacken- oder Rückenbeschwerden aufgetreten sind. Korrektive Arbeitsgestaltung ist – sofern sie hinreichend wirksam sein soll – naturgemäss nicht selten mit erheblichem ökonomischem Aufwand verbunden; ihre Unterlassung kann andererseits u.U. physische oder psychophysische Schädigungen oder psychosoziale Beeinträchtigungen bewirken. Im ersten Fall haben die Betriebe, im zweiten Fall die betroffenen Arbeitnehmer – und mittelbar die Volkswirtschaft – die Folgen zu tragen. Beide Arten von Folgen können vermieden oder doch erheblich vermindert werden, wenn korrektive Arbeitsgestaltung so weit wie möglich durch *präventive Arbeitsgestaltung* ersetzt wird. Präventive Arbeitsgestaltung meint die Berücksichtigung arbeitswissenschaftlicher Konzepte und Regeln bereits im Stadium des Entwurfs von Arbeitssystemen und Arbeitsabläufen, bedeutet also gedankliche Vorwegnahme möglicher Schädigungen der Gesundheit oder Beeinträchtigungen des Wohlbefindens spätestens zu dem Zeitpunkt, zu dem die Funktionsteilung zwischen Mensch und Maschine festgelegt wird.

Beispiele für präventive Arbeitsgestaltung sind etwa: Entwicklung von technischen Arbeitsverfahren, die geeignet sind, Belastungen durch Lärm von vornherein zu vermeiden – Entwicklung von Maschinen mit integrierten Sicherheitseinrichtungen, damit Unfälle nicht auftreten – räumliche Trennung von Bildschirmsystem und Drucker, damit Beeinträchtigungen von Konzentration und Kommunikation von vornherein vermieden werden können.

Die Forderung nach Schaffung persönlichkeitsförderlicher Arbeitstätigkeiten verlangt darüber hinaus eine Strategie, die wir als *prospektive Arbeitsgestaltung* bezeichnen. Prospektive Arbeitsgestaltung meint das bewusste Schaffen von Möglichkeiten der Persönlichkeitsentwicklung im Stadium der Planung bzw. des Entwurfs – oder: der Neustrukturierung – von Arbeitssystemen durch Erzeugen objektiver Handlungs- und Gestaltungsspielräume, die von den Beschäftigten in unterschiedlicher Weise genutzt – und nach Möglichkeit auch erweitert – werden können.

Beispiele für prospektive Arbeitsgestaltung sind etwa: Angebot verschiedener Dialog-, Unterstützungs- oder Bildaufbauformen, zwischen denen die Benutzer wählen können – Entwicklung programmierbarer Software-Systeme bzw. adaptierbarer Benutzerschnittstellen, die die Benutzer ihren Qualifikationen und Bedürfnissen entsprechend nutzen und anpassen können – Angebot verschiedener Formen der Arbeitsteilung, zwischen denen die Operateure an CNC-Werkzeugmaschinen wählen und die sie gegebenenfalls verändern können.

Die mit den unterschiedlichen Strategien der Arbeitsgestaltung jeweils verfolgten Ziele sind in Tabelle 4.1 noch einmal einander gegenübergestellt.

Tabelle 4.1: Ziele unterschiedlicher Strategien der Arbeitsgestaltung

Strategien	**Ziele**
Korrektive Arbeitgestaltung	Korrektur erkannter Mängel
Präventive Arbeitsgestaltung	Vorwegnehmende Vermeidung gesundheitlicher Schädigungen und Beeinträchtigungen
Prospektive Arbeitsgestaltung	Schaffung von Möglichkeiten der Persönlichkeitsentwicklung

Für die Einschätzung der Strategie der prospektiven Arbeitsgestaltung ist von entscheidender Bedeutung, diese nicht einfach als ‹zukunftsorientierte› Arbeitsgestaltung (miss)zuverstehen – wie dies verschiedentlich geschieht –, sondern den Aspekt der Schaffung von arbeitsgestalterischen Lösungen, die Entwicklungsmöglichkeiten für die Beschäftigten beinhalten, als entscheidendes Merkmal zu begreifen.

4.2 Gestaltungskonzepte

Arbeitspsychologische Beiträge zur Gestaltung von Arbeitssystemen und Arbeitstätigkeiten werden zunehmend nicht nur zur Kenntnis genommen, sondern auch angemahnt. Dies betrifft keineswegs nur den Bereich der sogenannten Softwareergonomie, die ein weites Feld arbeitspsychologischer Forschung und Gestaltungsvorschläge darstellt. Dass arbeitspsychologische Konzepte vielmehr Grundsatzfragen berühren, wird deutlich, wenn der Gesamtverband der metallindustriellen Arbeitgeberverbände einen Grundsatz formuliert, den Unternehmensleitungen «auf keinen Fall ausser Acht lassen» dürfen:
«Technik, Organisation, der Einsatz der Mitarbeiter und deren Qualifikation dürfen nicht isoliert, sondern müssen integriert geplant und entwickelt werden» (GESAMTMETALL 1989, 15).
Die Bedeutung, die arbeitspsychologischen Gestaltungskonzepten zunehmend beigemessen wird, kommt auch in der VDI-Handlungsempfehlung ‹Sozialverträgliche Gestaltung von Automatisierungsvorhaben› zum Ausdruck (vgl. Kasten 4.2).

Kasten 4.2: Auszug aus der VDI-Handlungsempfehlung ‹Sozialverträgliche Gestaltung von Automatisierungsvorhaben›
(aus: VEREIN DEUTSCHER INGENIEURE 1989)

«Motivierte und qualifizierte Mitarbeiter sind ... ein notwendiger Bestandteil jedes funktionsfähigen und wirtschaftlichen soziotechnischen Systems. Wenn dieser Aspekt bei Automatisierungsvorhaben in besonderer Weise berücksichtigt wird, lassen sich

– Fehlplanungen des Systems weitgehend verhindern,
– die Systemverfügbarkeit erhöhen,
– die Lebensdauer des Systems verlängern

und damit seine Funktionsfähigkeit und Wirtschaftlichkeit besser gewährleisten. Deshalb sollte das Prinzip bei der sozialverträglichen Gestaltung von Automatisierungsvorhaben lauten: Gleichzeitige Gestaltung der menschlichen Arbeit und der Automatisierungstechnik» (VDI 1989, 10f.).

Die Entwicklung einer konsistenten arbeitspsychologischen Konzeption der Gestaltung von Arbeitssystemen erscheint erfolgversprechend, wenn es gelingt, die bisher vorliegenden Ansätze der soziotechnischen Systemgestaltung schlüssig zu modifizieren und mit den Ansätzen der Aufgabengestaltung und der Schnittstellengestaltung widerspruchsfrei zu integrieren.

Ein derartiges Vorhaben steht auch nicht notwendigerweise im Widerspruch zu der von FRESE und ZAPF (1994) angemahnten, und beispielhaft vorgeführten, stringenten handlungstheoretischen Orientierung arbeitspsychologischer Konzeptbildung. Es sollte allerdings – sofern dies nicht ohnehin geschieht – auch die von KÖTTER und VOLPERT (1993) mitgeteilten Überlegungen zur «Arbeitsgestaltung als Arbeitsaufgabe» einbeziehen.

Da die Konzepte der soziotechnischen Systemgestaltung in der deutschsprachigen Arbeitspsychologie bisher stark vernachlässigt wurden, wird in den folgenden beiden Abschnitten zunächst über zwei Studien (TRIST und BAMFORTH 1951, RICE 1958) berichtet, deren Ergebnisse das Basismaterial für die Formulierung einer Vielzahl differenzierter, soziotechnisch orientierter Einzel- oder Teilkonzepte abgegeben hat. Ein erster, noch heute faszinierender Versuch einer Integration dieser Teilkonzepte findet sich bei EMERY (1959).

4.2.1 Die Studien im englischen Kohlebergbau

Begriff und Konzept des soziotechnischen Systems gehen auf eine Studie des Londoner Tavistock Institute for Human Relations im englischen Kohlebergbau zurück (TRIST und BAMFORTH 1951). Mit Hilfe dieser Studie sollten die Ursachen für schlechte Arbeitsmotivation, hohe Fehlzeiten- und Fluktuationsraten, häufige Unfälle und überdurchschnittlich häufige Arbeitskämpfe ermittelt werden. Die Probleme waren aufgetreten, nachdem eine neue Methode des teilmechanisierten Abbaus der Kohle eingeführt worden war, die sogenannte «long wall method of coal getting». Die Unterschiede zwischen dieser Methode des Kohleabbaus und der den Bergleuten vertrauten Methode sind in Kasten 4.3 dargestellt.

Der in Kasten 4.3 wiedergegebene Vergleich macht deutlich, dass die Einführung der teilmechanisierten Abbaumethode dazu geführt hatte – oder: dazu benutzt worden war –, dass die vorhandene soziale Struktur zerstört wurde. Mit der Einführung eines Systems der Arbeitsteilung zwischen den

4.2 Gestaltungskonzepte 193

> **Kasten 4.3:** Unterschiedliche Methoden des Kohleabbaus in einem englischen Bergwerk (aus: CHERNS 1989)
>
> «Untertagearbeit ist wegen der Sensibilität und Unvorhersehbarkeit der Umgebung gefährlich. Das abzubauende Rohmaterial, der Kohlenflöz, verhält sich unterschiedlich. Ständig sind unerwartete Schwierigkeiten zu bewältigen. Die existentiellen Gefährdungen ähneln durchaus den Bedingungen im Krieg. Wertvollste Stütze ist das Vertrauen in die Zuverlässigkeit der Kollegen, Gefährten oder ‹Kumpel› in der Arbeitsgruppe. Nach der alten Arbeitsmethode (‹Shortwall-System›) bestand die Arbeitsgruppe aus zwei bis sechs Bergleuten, die ihre Löhne untereinander im gleichen Verhältnis teilten. Sie arbeiteten in verschiedenen Schichten, aber immer am selben Ort und waren für die vollständige Bergbautätigkeit, bestehend aus Abbau, Beladen der Lore und Transport, verantwortlich. Nach der neuen, teilmechanisierten Arbeitsmethode (‹Longwall-System›), eine typische Ingenieurlösung, wurde jeder Teil der Tätigkeit einer speziellen Schicht zugewiesen. Dadurch wurden nicht nur die Fertigkeiten der Bergleute eingeschränkt, sondern gleichzeitig wurde auch das soziale Unterstützungssystem, welches früher zur Verringerung des Angstniveaus beitrug, zerstückelt. Wenn man als Bergmann zu Arbeitsbeginn in den Schacht einfährt, muss man sich absolut auf die vorangehende Schicht verlassen können. Als die Bergleute in allen drei Schichten noch gemeinsam für die gewonnene Kohle bezahlt wurden, brauchten sie sich nicht darum zu kümmern, ob die letzte Schicht ihre Löhne auf Kosten der eigenen Sicherheit maximiert haben könnte. Nach der Umstellung tendierten aber nun die Bergleute dazu, die Arbeit der vorherigen Schicht vor Beginn der eigenen Arbeit erst einmal zu kontrollieren. Ausserdem gab es keine Loyalität mehr gegenüber der heterogenen Arbeitsgruppe. Wenn jemand fehlte, fehlte nur einer mehr am ‹Fliessband›» (CHERNS 1989, 483 f.).

Schichten und der Übernahme von Aufsichts- und Koordinierungsfunktionen durch Vorgesetzte war ein, offensichtlich hervorragend funktionierendes, System der Selbstregulation innerhalb kleiner Gruppen motivierter und qualifizierter Bergleute ausser Kraft gesetzt worden. TRIST und BAMFORTH – der früher selbst als Bergmann gearbeitet hatte – konnten zeigen, dass die nachteiligen Veränderungen der Arbeitsmoral nicht auf die Einführung der neuen Technik, sondern auf die Eingriffe in das soziale System zurückzuführen waren.

Diese Erkenntnis veranlasste die Tavistock-Forscher zu einer Vergleichsstudie in den North East Durham Kohlegruben, in denen strukturell unterschiedliche Formen des Umgangs mit dem «Longwall System» beobachtet werden konnten (TRIST, HIGGIN, MURRAY und POLLOCK 1963). Die eine Form der Arbeitsorganisation entsprach dem in Kasten 4.3 geschilderten Konzept der Arbeitsteilung zwischen den Schichten und dem Prinzip der Zuordnung einer Person zu einer Aufgabe (‹one man – one task›). Die andere Form versuchte, möglichst viele Elemente der traditionellen Arbeitsorganisation zu erhalten. Innerhalb der Gesamtgruppe von 41 Bergleuten bildeten die Bergarbeiter selbst kleinere Gruppen, verteilten Aufgaben und Schichten selbständig, tauschten im Interesse des Erhalts der Qualifikationen ihre Arbeitsplätze innerhalb der und zwischen den Schichten und regelten die Entlohnung über einen gemeinsamen Lohnzettel im Rahmen eines an der Gruppenleistung orientierten Entlohnungssystems. Die Auswirkungen der unterschiedlichen Systeme konnten über zwei Jahre studiert werden.

Die Produktivität des Systems mit der Selbstregulation in teilautonomen Arbeitsgruppen war um 25 Prozent höher, verglichen mit dem arbeitsteiligen System. Die durch Krankheit, Unfälle und andere Gründe bedingten Abwesenheitsraten betrugen 8,2 Prozent im Vergleich zu 20,0 Prozent. Während des insgesamt vierjährigen Projekts konnte schliesslich die komplette Umstellung eines ganzen Bergwerks mit drei Flözen auf die erfolgreichere Struktur beobachtet und analysiert werden. Dabei wurden die wesentlichen Grundzüge des soziotechnischen Konzepts in der Praxis der Bergleute ‹entdeckt› und theoretisch weiterentwickelt. Zu den Entdeckungen gehörte nicht nur das Potenzial der kollektiven Selbstregulation in teilautonomen Gruppen, sondern auch der Spielraum, den identische Technologien für unterschiedliche Ausformungen der Arbeitsorganisation bieten («Organizational Choice» im Sinne von TRIST et al. 1963).

Bemerkenswert sind die Reaktionen auf die Berichte der Tavistock-Forscher. Immerhin hatten deren Ergebnisse ja spektakulären Charakter (1) hinsichtlich der eindeutigen wirtschaftlichen Überlegenheit des einen Systems über das andere und (2) hinsichtlich der Bedeutung von kollektiver Selbstregulation und Solidarität für die Arbeitsmoral. Aber: «Weder der Aufsichtsrat der Kohleindustrie, noch die nationale Bergbaugewerkschaft zeigte sich jedoch in der Folgezeit interessiert daran, diese Erfahrung aus South Yorkshire zu

verallgemeinern. Sie zogen die bessere Kontrollierbarkeit des konventionellen mechanisierten Systems vor und die damit verbundenen Möglichkeiten einfacher Tarifverhandlungen über Löhne und Leistungen. Die Anwendung der neuen Arbeitsorganisation blieb deshalb kurzlebig» (CHERNS 1989, 486). Das hier erkennbar werdende Bedürfnis beider Seiten nach Aufrechterhalten der Kontrolle über Personen und Situationen ist offensichtlich weit verbreitet und kann Entwicklungen zu effizienteren Organisationsstrukturen in erschreckender Weise verhindern. «... both unionists and managers fear that innovation may interfere with their ability to control the aspects of the organization and work situation for which they are responsible» (MANSELL 1980, 8).
Im Übrigen wurden die von den Tavistock-Forschern in englischen Bergwerken vorgefundenen und theoretisch weiterentwickelten Konzepte soziotechnischer Systemgestaltung im amerikanischen Bergbau später experimentell überprüft (TRIST, SUSMAN und BROWN 1977). Die Ergebnisse entsprachen jenen, die im englischen Bergbau gewonnen worden waren. Die positiven Auswirkungen betrafen nicht nur die Produktivität, sondern auch die Sicherheit, deren mögliche Verbesserung der hauptsächliche Grund für die Beteiligung der Gewerkschaft an diesem Experiment war (TRIST 1981). Eine Ausdehnung fand hier nicht statt, weil es zu Spannungen zwischen am Experiment beteiligten und daran nicht beteiligten Arbeitern gekommen war, die die Gewerkschaften in eine schwierige Lage brachten.

4.2.2 Die Studien in der indischen Textilindustrie

Neben den Bergbaustudien gehört vor allem das ‹Ahmedabad-Experiment› (RICE 1958) zu den frühen empirischen Studien der Tavistock-Forscher. Damit bestand zugleich die Möglichkeit, die im englischen Bergbau gewonnenen Erfahrungen in einer anderen Branche und in anderer kultureller Umgebung zu überprüfen.
In Zusammenhang mit der Entwicklung automatischer Webstühle in einer der Webereien der Ahmedabad Manufacturing and Calico Printing Company waren die Arbeitsstrukturen verändert worden. Aufgrund betriebswissenschaftlicher Studien war die Arbeit an den Webstühlen in Teilaufgaben zerstückelt worden, die von je unterschiedlichen Arbeitern zu erledigen waren. Die Teilaufgaben wiesen untereinander keinen erkennbaren Zusammenhang auf, die Arbeiter waren voneinander isoliert, Gruppenstrukturen waren nicht erkennbar. Offenbar war es diese neue Struktur – und nicht die neue Techno-

logie der automatisierten Webstühle –, die zu schwerwiegenden Problemen führte. Diese äusserten sich vor allem in Effizienz- und Qualitätsbeeinträchtigungen, so dass in der neuen Struktur sogar unwirtschaftlicher produziert wurde als in der alten. RICE schlug vor, die Arbeit versuchsweise so zu restrukturieren, dass jeweils einer Gruppe von Arbeitern die Verantwortung für die Arbeit an einer bestimmten Anzahl von Webstühlen übertragen wurde. Arbeiter und Management akzeptierten den Vorschlag. Es wurde ein Plan erarbeitet, demzufolge Gruppen von jeweils sieben Personen für 64 Webstühle gemeinsam zuständig waren.

Der individuelle Akkordlohn wurde durch ein Gruppenprämiensystem ersetzt; im März 1953 startete der Versuch. Während der ersten sieben Monate arbeiteten die Gruppen – nach gewissen Anfangsschwierigkeiten – sehr erfolgreich: Die Produktivität war um 20 Prozent gestiegen. Dann stellten sich andere Schwierigkeiten ein: Die Vielfalt unterschiedlicher Stoffe bzw. Muster war zu gross geworden und konnte ohne entsprechende Qualifizierungsmassnahmen nicht angemessen bewältigt werden. Die Vorgesetzten gerieten unter Druck und hatten immer weniger Zeit, sich um ihre Führungsaufgaben zu kümmern. Durch eine Reihe von Massnahmen, die sich auf das Lohnsystem, systematisches Training und die Beschränkung der Variantenvielfalt innerhalb der Gruppen bezogen, konnte innerhalb kurzer Zeit die hohe Produktivität wieder erreicht werden.

Im Jahre 1954 wurde das System auf die gesamte nichtautomatische Weberei ausgedehnt. Hier wurden – um die angesprochene Produktvielfalt zu vermeiden – die Gruppen produktorientiert gebildet. Ein neues Lohnsystem wurde eingeführt, mit Gruppenprämien für Qualität und Produktivität. Der Erfolg war beachtlich: Die Produktivität stieg um 21 Prozent, Qualitätsmängel halbierten sich, und die Löhne der Arbeiter stiegen um 55 Prozent. Die positiven Effekte konnten über viele Jahre hinweg bestätigt werden (MILLER 1975), so dass ein HAWTHORNE-Effekt ausgeschlossen werden kann. Eine Ausdehnung auf weitere Unternehmen in Ahmedabad fand trotz des offensichtlichen Erfolges der Neustrukturierung der Arbeit nicht statt. Die Erklärung dafür unterscheidet sich kaum von der, die wir bezüglich der Nichtverbreitung der erfolgreichen Strukturen im englischen Kohlebergbau gefunden haben: «I asked Shankalal Banker, the venerable leader of the Ahmedabad Textiles Union, about this when I was in Ahmedabad in 1976. He replied that the other owners did not want to share the power» (TRIST 1981, 18). Übereinstimmende Erfahrungen wiederholen sich bis auf den heutigen Tag!

4.2 Gestaltungskonzepte

Den Studien in der indischen Textilindustrie lag eine Reihe von Annahmen zugrunde, die zu den Kernaussagen der damaligen Exponenten soziotechnischer Konzepte zu zählen sind. Wegen ihrer unverminderten Bedeutung sollen einige hier, nach RICE (1958), aufgelistet werden:

1. Unabhängig von den Entlohnungs- und Arbeitsbedingungen will eine Gruppe aus der effizienten Organisation und Aufgabenerfüllung Befriedigung beziehen. Deshalb soll eine Gruppe weder mehr noch weniger Mitglieder haben, als sie zur effizienten Aufgabenerfüllung benötigt.
2. Weil in der Vollendung einer Aufgabe eine wichtige Quelle von Zufriedenheit vermutet wird, soll eine Arbeitsgruppe eine solche Anzahl von Mitgliedern aufweisen, dass diese – soweit praktikabel – die Vollendung ganzheitlicher Aufgaben erleben können.
«A group consisting of the smallest number that can perform a ‹whole› task and can satisfy the social and psychological needs of its members is, alike from the point of view of task performance and of those performing it, the most satisfactory and efficient group» (RICE 1958, 36).
3. Wenn die individuellen Aufgaben der Gruppenmitglieder voneinander abhängig sind, sind die Beziehungen zwischen den Gruppenmitgliedern für die Produktivität bedeutsam. Deshalb sollte eine Arbeitsgruppe für befriedigende soziale Beziehungen besorgt sein.
4. Weil konkret-praktische Selbstregulation für die Gruppenmitglieder befriedigend sein kann, sollte die Gruppe selbst Kontrolle haben über ihre alltägliche Arbeit und Organisation.
5. Die physikalische Abgrenzung des Raumes, innerhalb dessen eine Gruppe arbeitet, ermöglicht es ihr, sich mit dem eigenen ‹Territorium› zu identifizieren. Arbeitsgruppen, die «ein eigenes Territorium besitzen», entwickeln eher intern strukturierte, stabile Beziehungen mit gutem Zusammenhalt als Gruppen mit unklaren oder einander überlappenden Territorien.

Nimmt man noch den Bericht von EMERY (1959) hinzu, dann waren bereits Ende der fünfziger Jahre die wesentlichen Grundlagen für ein Konzept vorhanden, von dem CHERNS (1989, 486) dreissig Jahre später sagen kann: «Ausser den Hawthorne-Experimenten ... gibt es kaum Ansätze mit grösserer fachhistorischer Bedeutung und grösseren Auswirkungen auf organisationale Konzepte und die heutige Arbeitsgestaltung.»

4.2.3 Arbeitssysteme als soziotechnische Systeme

Menschliche Arbeitstätigkeit findet mehrheitlich in Arbeitssystemen statt. Die Wechselwirkungen zwischen den sozialen und den technischen Komponenten von Arbeitssystemen finden im Konzept des soziotechnischen Systems besondere Berücksichtigung (vgl. TRIST und BAMFORTH 1951, EMERY 1959, EMERY und TRIST 1960b, HERBST 1962, ALIOTH 1980, SYDOW 1985). Dieses Konzept wurde zunächst für primäre Arbeitssysteme und Betriebe ausformuliert, später auch auf Makrosysteme («domains» im Sinne von TRIST 1981) übertragen. Dass auch andere Arbeitssysteme wie z.B. im Gesundheitsbereich als soziotechnische Systeme zu begreifen sind, haben SCHÜPBACH und MAJUMDAR (2003) am Beispiel der Arztpraxis aufgezeigt. SCHÜPBACH (2008) hat das Konzept schließlich auch auf Schulen als Organisationen übertragen.

Soziotechnische Systeme sind offene und dynamische Systeme (BERTALANFFY 1950), d.h. sie erhalten Inputs aus der Umwelt und geben Outputs in die Umwelt ab. Dies gilt sowohl unter materiellen und energetischen als auch unter informationellen und normativen Aspekten.

Primäre Arbeitssysteme sind identifizierbare und abgrenzbare Subsysteme einer Organisation, z.B. eine Fertigungs- oder eine Montageabteilung. Sie können aus einer Gruppe oder aus einer Anzahl von Gruppen bestehen, deren erkennbarer gemeinsamer Zweck die Beschäftigten und ihre Aktivitäten miteinander verbindet (TRIST 1981, 11). Primäre Arbeitssysteme bestehen aus einem sozialen und einem technischen Teilsystem. Das soziale Teilsystem besteht «aus den Organisationsmitgliedern mit ihren individuellen und gruppenspezifischen Bedürfnissen physischer und psychischer Art, insbesondere deren Ansprüchen an die Arbeit sowie ihren Kenntnissen und Fähigkeiten» (ALIOTH 1980, 26). Das technische Teilsystem besteht «aus den Betriebsmitteln, den Anlagen und deren Layout, generell aus den technologischen und räumlichen Arbeitsbedingungen, die als Anforderungen dem sozialen System gegenüberstehen» (a.a.O.). Die Verknüpfung der beiden Teilsysteme erfolgt in zweifacher Weise über die Arbeitsrollen der Beschäftigten: Durch die Arbeitsrollen werden einerseits die Funktionen festgelegt, die die Beschäftigten im Produktionsprozess wahrzunehmen haben. Andererseits werden über die Arbeitsrollen die erforderlichen Kooperationsbeziehungen zwischen den Beschäftigten bestimmt.

4.2 Gestaltungskonzepte 199

«Occupational roles express the relationship between a production process and the social organization of the group. In one direction they are related to tasks which are related to each other; in the other, to people who are also related to each other» (TRIST und BAMFORTH 1951, 14).

Die Verknüpfung der beiden Teilsysteme findet ihren Niederschlag u.a. in unterschiedlichen Ausprägungen der Mensch-Maschine-Funktionsteilung und -Interaktion.

```
                    Soziotechnisches System
                   /                        \
    Technisches Teilsystem            Soziales Teilsystem
    • Betriebsmittel                  • Organisationsmitglieder
    • Technologische Bedingungen      • Individuelle Bedürfnisse und
    • Räumliche Bedingungen             Qualifikationen
                                      • Gruppenspezifische
                                        Bedürfnisse
                   \                        /
                         Primäraufgabe
                    Aufgabe, die zu erfüllen das
                    System geschaffen wurde
                              ↕
                         Sekundäraufgaben
                    • Systemerhaltung: Unterhalt,
                      Wartung, Schulung
                    • Regulation: Steuerung des
                      Inputs, Koordination
```

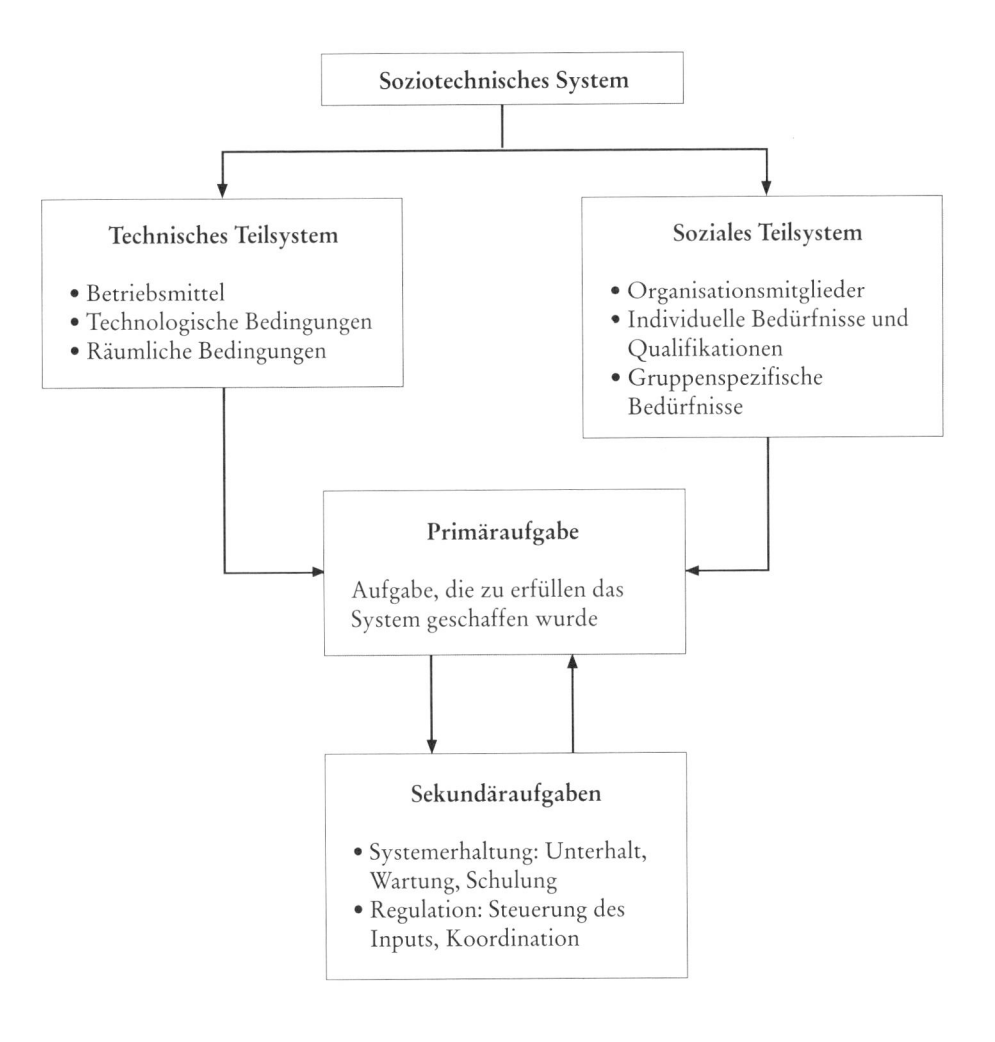

Abbildung 4.3: Primär- und Sekundäraufgaben in soziotechnischen Systemen (in Anlehnung an BAITSCH, KATZ, SPINAS und ULICH 1989)

Analyseeinheit ist das primäre Arbeitssystem insgesamt, aber unter besonderer Berücksichtigung der beiden Teilsysteme (vgl. dazu Abschnitt 2.1.1). Gestaltungsziel ist deren gemeinsame Optimierung im Sinne des ‹best match› (SUSMAN 1976). Gestaltungsansatz ist die Primäraufgabe; das ist die Aufgabe, zu deren Bewältigung das entsprechende System bzw. Subsystem geschaffen wurde (RICE 1958, 33). Allerdings können technologische Festlegungen hinsichtlich der Sekundäraufgaben – z.B. der Steuerung des Inputs – die Gestaltungsspielräume für die Erfüllung der Primäraufgabe entscheidend determinieren. Deshalb kommt unter den Bedingungen des Einsatzes fortgeschrittener Technologien der Beachtung der Sekundäraufgaben wachsende Bedeutung zu (vgl. Abbildung 4.3, S. 199).

Das Konzept der soziotechnischen Systemgestaltung postuliert explizit die Notwendigkeit, Technologieeinsatz, Organisation und Einsatz von Humanressourcen *gemeinsam* zu optimieren («joint optimization»). Die *nachträgliche* Anpassung des sozialen Teilsystems an das technische Teilsystem oder des technischen Teilsystems an das soziale Teilsystem führt demgegenüber häufig zu suboptimalen Lösungen.

Ein nach soziotechnischen Konzepten entwickeltes primäres Arbeitssystem sollte durch folgende Strukturmerkmale gekennzeichnet sein:

(1) Relativ unabhängige Organisationseinheiten

Den relativ unabhängigen Organisationseinheiten sind – als Mehrpersonenstellen – ganzheitliche Aufgaben zu übertragen, so dass sie aufgrund ihrer Unabhängigkeit und der Ganzheitlichkeit der Aufgaben in der Lage sind, Schwankungen und Störungen am Entstehungsort aufzufangen und selbst zu regulieren. Damit kann verhindert werden, dass sich Schwankungen und Störungen unkontrolliert über andere Organisationseinheiten fortpflanzen und die Ursachen später zeitaufwendig zurückverfolgt werden müssen. Die Selbstregulation von Schwankungen und Störungen verstärkt zugleich die Unabhängigkeit der Organisationseinheit.

(2) Aufgabenzusammenhang innerhalb der Organisationseinheit

Die verschiedenen Teilaufgaben innerhalb einer Organisationseinheit müssen, damit das Bewusstsein einer gemeinsamen Aufgabe entsteht und erhalten werden kann, einen inhaltlichen Zusammenhang aufweisen. Eine inhaltliche Verknüpfung der verschiedenen Teilaufgaben macht zudem arbeitsbezogene

Kommunikation erforderlich und gegenseitige Unterstützung möglich. Damit wird nicht nur die gemeinsame Regulation von Schwankungen und Störungen erleichtert, sondern auch die Qualifizierung in möglichst breiten bzw. vielfältigen Ausschnitten der Gesamtaufgabe.

(3)   Einheit von Produkt und Organisation

Ablauf- und Aufbaustrukturen müssen so gestaltet sein, dass Arbeitsergebnisse sowohl qualitativ als auch quantitativ Organisationseinheiten zugeordnet werden können. «Inputelemente bzw. Störungsfaktoren, die von anderen Stellen produziert worden sind, müssen als solche identifizierbar sein» (ALIOTH 1986a, 200). Die Einheit von Produkt und Organisation ist Voraussetzung für die Schaffung ganzheitlicher Aufgaben und das Entstehen einer gemeinsamen Aufgabenorientierung. Sie ermöglicht die Identifizierung mit dem ‹eigenen› Produkt.

Das in früheren Arbeiten (z.B. ALIOTH 1980, 1986a) eigens genannte Gestaltungsprinzip ‹Selbstregulation von Schwankungen und Störungen› erscheint hier nicht mehr als eigenständiges Strukturmerkmal, sondern als Element der Unabhängigkeit von Organisationseinheiten. Ähnliches gilt für das Prinzip der Grenzregulation als Aufgabe des Vorgesetzten. Die damit gemeinte Aufgabe der Sicherstellung der Selbstregulation und Unabhängigkeit der Organisationseinheiten wird hier eher als eine Bedingung und/oder Folge der Unabhängigkeit verstanden, nicht aber als Strukturmerkmal. Im Übrigen könnte die Grenzregulation mit fortschreitender Autonomie auch Bestandteil der Gruppenaufgabe werden.

Der Bildung relativ unabhängiger Organisationseinheiten kommt für die Gestaltung der primären Arbeitssysteme übergeordnete Bedeutung zu. Diese Erkenntnis lässt sich bereits aus den in Abschnitt 4.2.1 beschriebenen Erfahrungen im englischen Kohlebergbau ableiten. Sie wurden in den letzten Jahrzehnten vielfach bestätigt. Im Übrigen kann mit der Realisierung der genannten Strukturmerkmale das Entstehen technischer ‹Sachzwänge› vermieden werden, soweit sich diese daraus ergeben, dass technische Abläufe ohne Berücksichtigung organisationaler Anforderungen konzipiert werden.

4.3   Vom Primat der Aufgabe

Für HACKER (1986a, 61) ist der Arbeitsauftrag bzw. seine Interpretation oder Übernahme als Arbeitsaufgabe «die zentrale Kategorie einer psychologischen Tätigkeitsbetrachtung ... weil mit der ‹objektiven Logik› seiner Inhalte entscheidende Festlegungen zur Regulation und Organisation der Tätigkeit erfolgen». Bei VOLPERT (1987, 14) heisst es dazu: «Der Charakter eines ‹Schnittpunktes› zwischen Organisation und Individuum macht die Arbeitsaufgabe zum psychologisch relevantesten Teil der vorgegebenen Arbeitsbedingungen».

Damit lässt sich eine Brücke schlagen zu den Konzepten soziotechnischer Systemgestaltung, auch wenn diese von HACKER und VOLPERT noch nicht explizit berücksichtigt wurden. Bei BLUMBERG (1988, 56) heisst es dazu «... the task must be the point of articulation between the social and technical systems – linking the job in the technical system with its correlated, role behavior in the social system». Damit ist die Aufgabe nicht nur ‹Schnittpunkt› zwischen Organisation und Individuum, sondern zugleich Kern des soziotechnischen Systems und Fokus arbeitspsychologischer Gestaltungskonzepte. Dies gilt insbesondere auch für das in Abbildung 4.4 vereinfacht dargestellte MTO-Konzept, das den Einsatz von Technik, die Nutzung und Entwicklung der Mitarbeiterqualifikation sowie die Gestaltung der Organisation *gemeinsam* zu optimieren versucht.

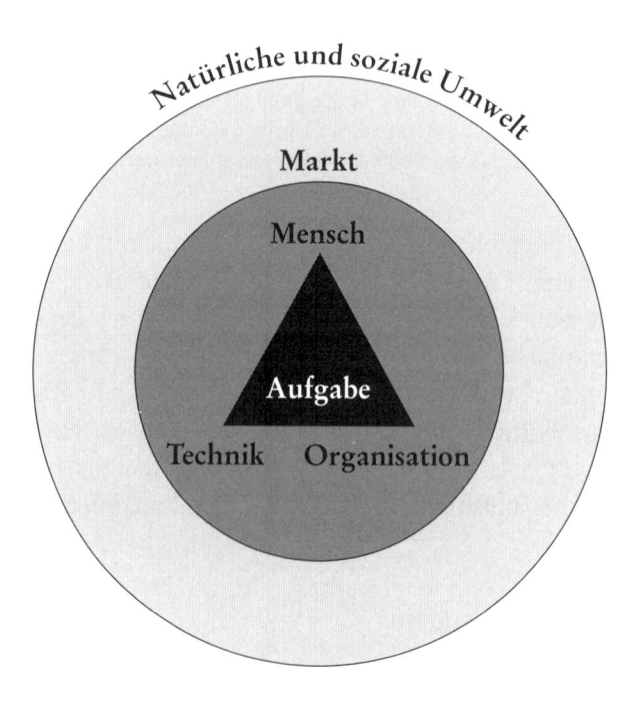

Abbildung 4.4: Mensch, Technik, Organisation: ein soziotechnisches Gestaltungskonzept

4.3 Vom Primat der Aufgabe

Das MTO-Konzept geht vom Primat der Aufgabe aus. Die Arbeitsaufgabe verknüpft einerseits das soziale mit dem technischen Teilsystem, sie verbindet andererseits den Menschen mit den organisationalen Strukturen. Die Buchstabenfolge MTO ist keineswegs zufällig. Vielmehr spielt die Aufgabenverteilung zwischen Mensch und Technik, die Mensch-Maschine-Funktionsteilung also, die entscheidende Rolle für die Entwicklung und Konstruktion von Produktionssystemen. Ihre Auslegung bestimmt den Grad der Automatisierung und signalisiert damit zugleich, von welcher Art der internen Ressourcennutzung Markterfolg erwartet wird. Die Einführung der ISO Norm 14 000 und erste Diskussionen über eine ISO Norm 21 000 oder über ‹Social audits› bzw. einen ‹Human Development Enterprise (HDE) Index› (STANDING 1996) machen deutlich, dass Fragen der Nutzung bzw. Vergeudung natürlicher und sozialer externer Ressourcen in ein erweitertes MTO-Konzept einzubeziehen sind.

Auch in den generalisierenden Annahmen von RICE (1958) kommt der Arbeitsaufgabe ein besonderer Stellenwert zu; insbesondere, wenn von der motivierenden Bedeutung der Mitwirkung an der Vollendung einer ganzheitlichen Aufgabe die Rede ist (vgl. Abschnitt 4.2.2, S. 195).

4.3.1 Das Konzept der Aufgabenorientierung

Im Rahmen der soziotechnischen Systemkonzeption spielt der Begriff der Aufgabenorientierung («task orientation») eine bedeutsame Rolle. Aufgabenorientierung bezeichnet einen Zustand des Interesses und Engagements, der durch bestimmte Merkmale der Aufgabe hervorgerufen wird. EMERY (1959, 53) beschreibt zwei Bedingungen für das Entstehen von Aufgabenorientierung:

(1) Die arbeitende Person muss Kontrolle haben über die Arbeitsabläufe und die dafür benötigten Hilfsmittel.
(2) Die strukturellen Merkmale der Aufgabe müssen so beschaffen sein, dass sie in der arbeitenden Person Kräfte zur Vollendung oder Fortführung der Arbeit auslösen.[2]

---

[2] In diesem Zusammenhang wird auf Beispiele aus der experimentellen Sozialpsychologie verwiesen, in denen «there is activity growing out of interest in the task itself, in the problems and challenges it offers. The task guides the person, steers his action, becomes the centre of concern» (ASCH 1957, 303).

Der Grad der Kontrolle über die Arbeitsabläufe hängt – so EMERY – aber nicht nur von den Merkmalen der Aufgabe oder der delegierten Vollmacht ab, sondern vor allem vom Wissen und der Kompetenz, die jemand in die Aufgabenbearbeitung einbringt: «Thus, the knowledge that a skilled man brings to a job enables him to make choices between alternative modes and rates of operation that are not obvious to an unskilled man» (EMERY 1959, 54). Der damit angesprochene Handlungsspielraum war von JAQUES (1951, 1956) als ‹discretionary content› einer Aufgabe bezeichnet worden.

Bereits hier wird übrigens deutlich, wie eng die Konzepte Handlungs- bzw. Tätigkeitsspielraum, Kontrolle und Autonomie miteinander verknüpft sind. So, wenn bei JAQUES (1956, 34) die Rede ist «... of all elements in which choice of how to do a job was left to the person doing it ... having to choose the best feeds and speeds for an impoverished job on a machine; having to decide whether the finish on a piece of work would satisfy some particular customer; ... having to plan and organise one's work in order to get it done within a prescribed time».

Damit wird deutlich, dass Kontrolle hier verstanden wird als die Freiheit, zwischen verschiedenen Möglichkeiten auszuwählen und/oder die Möglichkeit, auf Abläufe Einfluss zu nehmen. Dies entspricht durchaus dem Verständnis von Kontrolle, wie es in der deutschsprachigen Arbeitspsychologie seit den siebziger Jahren vertreten wird. Auch hier wird ein Zusammenhang mit Merkmalen der Arbeitshandlung hergestellt: «Ist die Handlung partialisiert, liegt die Kontrolle für die eigene Tätigkeit ausserhalb der eigenen Person ...» (FRESE 1978, 165).

In diesem Zusammenhang ist es wichtig, zwischen Autonomie und Kontrolle zu unterscheiden (GROTE 1997a). Autonomie meint die – individuelle oder kollektive – Einflussnahme auf die Festlegung von Zielen und von Regeln, die der Zielerreichung dienen. Kontrolle hingegen meint die Einflussnahme auf Massnahmen, die der Zielerreichung dienen (vgl. Abbildung 4.5).

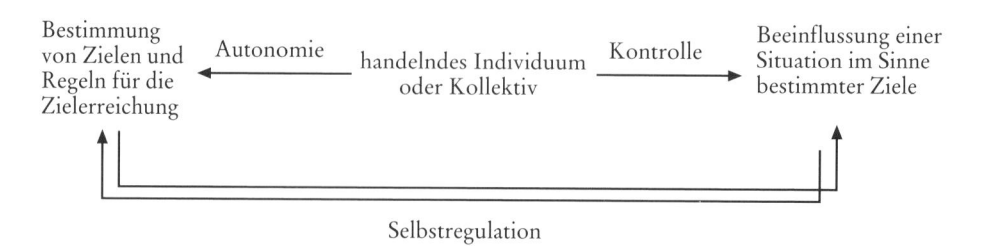

Abbildung 4.5: Beziehungen zwischen Autonomie, Kontrolle und Selbstregulation (aus: GROTE 1997a)

4.3 Vom Primat der Aufgabe

«Der besonders unter Bezug auf den soziotechnischen Ansatz ebenfalls gebräuchliche Begriff der Selbstregulation beinhaltet auf der Grundlage der hier getroffenen Unterscheidung sowohl Autonomie als auch Kontrolle im Sinne einer Beeinflussung von Situationen zur Erreichung selbstgesteckter Ziele» (GROTE 1997b, 145).

Damit nun aus der Aufgabe jene motivationalen Kräfte entstehen können, die zur Vollendung bzw. Weiterführung der Arbeit anregen, muss die Aufgabe in erster Linie so beschaffen sein, dass sie «eine Herausforderung mit realistischen Anforderungen darstellt» (ALIOTH 1980, 31).[3] Ausserdem darf sie weder zu einfach sein, weil sonst Monotonie und Sättigung entstehen, noch zu komplex, weil dadurch Feedback selten wird.

Fasst man die Angaben von EMERY und EMERY (1974), CHERNS (1976) sowie EMERY und THORSRUD (1976, 1982) zusammen, so sind es im wesentlichen die folgenden Merkmale von Arbeitsaufgaben, die das Entstehen einer Aufgabenorientierung begünstigen: Ganzheitlichkeit, Anforderungsvielfalt, Möglichkeiten der sozialen Interaktion, Autonomie, Lern- und Entwicklungsmöglichkeiten.

Diese Merkmale stimmen mit den von HACKMAN und LAWLER (1971) bzw. HACKMAN und OLDHAM (1976) theoretisch anders hergeleiteten Aufgabenmerkmalen immerhin so gut überein, dass sich TRIST (1981, 31) zu der Bemerkung veranlasst sieht: «This degree of agreement is exceptional in so new a field and has placed work redesign on a firmer foundation than is commonly realized».[4] Ziele und Realisierungsmöglichkeiten für die genannten und weitere Aufgabenmerkmale sind in Tabelle 4.2 (S. 206) dargestellt.

---

[3] «… if the task is too complicated for an individual he will display vicarious trial and error activity provided he is motivated to try to learn. If the task is so simple in structure as to appear ‹structureless›, learning will again only occur if rewarded or punished in a strictly scheduled fashion and will take the form of blind conditioning. Between these limits there is a recognized range of meaningfully structured material in which the individual learns by varying degrees of insight and, significantly, learns without extrinsic reward or punishment» (EMERY 1959, 54).

[4] Die Tatsache, dass die ‹Möglichkeit zu lernen› und die ‹persönlichen Entwicklungsmöglichkeiten› bei HACKMAN und OLDHAM nicht zu den Aufgabenmerkmalen zählen, sondern als ‹Bedürfnis nach persönlicher Entfaltung› zu den Personmerkmalen, lässt aber auch Unterschiede in der Konzeption erkennen. Schliesslich kann es nicht gleichgültig sein, ob Entwicklungs- bzw. Entfaltungsmöglichkeiten primär als Aufgaben- oder als Personmerkmal fungieren. Bei HACKMAN und OLDHAM tauchen diese Merkmale übrigens auch nicht unter den möglichen Auswirkungen von Arbeit auf.

Tabelle 4.2: Merkmale motivations-, persönlichkeits- und gesundheitsförderlicher Aufgabengestaltung

Gestaltungsmerkmal	Angenommene Wirkung	Realisierung durch ...
Ganzheitlichkeit	• Mitarbeiter erkennen Bedeutung und Stellenwert ihrer Tätigkeit • Mitarbeiter erhalten Rückmeldung über den eigenen Arbeitsfortschritt aus der Tätigkeit selbst	... Aufgaben mit planenden, ausführenden und kontrollierenden Elementen und der Möglichkeit, Ergebnisse der eigenen Tätigkeit auf Übereinstimmung mit gestellten Anforderungen zu prüfen
Anforderungs-vielfalt	• Unterschiedliche Fähigkeiten, Kenntnisse und Fertigkeiten können eingesetzt werden • Einseitige Beanspruchungen können vermieden werden	... Aufgaben mit unterschiedlichen Anforderungen an Körperfunktionen und Sinnesorgane
Möglichkeiten der sozialen Interaktion	• Schwierigkeiten können gemeinsam bewältigt werden • Gegenseitige Unterstützung hilft Belastungen besser ertragen	... Aufgaben, deren Bewältigung Kooperation nahelegt oder voraussetzt
Autonomie	• Stärkt Selbstwertgefühl und Bereitschaft zur Übernahme von Verantwortung • Vermittelt die Erfahrung, nicht einfluss- und bedeutungslos zu sein	... Aufgaben mit Dispositions- und Entscheidungsmöglichkeiten
Lern- und Entwicklungs-möglichkeiten	• Allgemeine geistige Flexibilität bleibt erhalten • Berufliche Qualifikationen werden erhalten und weiter entwickelt	... problemhaltige Aufgaben, zu deren Bewältigung vorhandene Qualifikationen eingesetzt und erweitert bzw. neue Qualifikationen angeeignet werden müssen
Zeitelastizität und stressfreie Regulierbarkeit	• Wirkt unangemessener Arbeitsverdichtung entgegen • Schafft Freiräume für stressfreies Nachdenken und selbstgewählte Interaktionen	... Schaffen von Zeitpuffern bei der Festlegung von Vorgabezeiten
Sinnhaftigkeit	• Vermittelt das Gefühl, an der Erstellung gesellschaftlich nützlicher Produkte beteiligt zu sein • Gibt Sicherheit der Übereinstimmung individueller und gesellschaftlicher Interessen	... Produkte, deren gesellschaftlicher Nutzen nicht in Frage gestellt wird ... Produkte und Produktionsprozesse, deren ökologische Unbedenklichkeit überprüft und sichergestellt werden kann

4.3 Vom Primat der Aufgabe

Aufgaben, die nach den hier beschriebenen Merkmalen gestaltet sind, können
- die Motivation und die Gesundheit
- die fachliche Qualifikation und die soziale Kompetenz
- die Selbstwirksamkeit und die Flexibilität

der Beschäftigten fördern und sind deshalb zugleich ein ausgezeichnetes Mittel, die Qualifikation und Kompetenz der Beschäftigten in – auch ökonomisch – sinnvoller Weise zu nutzen und zu ihrer Erweiterung beizutragen. Damit werden die Mitarbeitenden zugleich in die Lage versetzt, Verantwortung zu übernehmen und verantwortlich zu handeln. Voraussetzung dafür sind allerdings entsprechende Handlungsspielräume bzw. eine entsprechende Autonomie.

Unter den genannten Aufgabenmerkmalen kommt im Übrigen der Ganzheitlichkeit bzw. Vollständigkeit insofern zentrale Bedeutung zu, als die Möglichkeit der Erfüllung oder Nichterfüllung einer Reihe der anderen Merkmale durch den Grad der Aufgabenvollständigkeit mit bedingt ist.

Die weitgehende Akzeptanz des in Tabelle 4.2 wiedergegebenen Satzes persönlichkeits- und gesundheitsförderlicher Aufgabenmerkmale lässt sich nicht zuletzt daran ablesen, dass er sich nahezu vollständig in der seit dem Jahr 2000 geltenden – und 2008 überarbeiteten – Europäischen Norm EN 614-2 wiederfindet (Kasten 4.4, S. 208). In der Einleitung zur deutschen Fassung der Norm heißt es: «Diese Europäische Norm hilft dem Konstrukteur, ergonomische Grundsätze bei der Gestaltung von Maschinen anzuwenden, indem sie insbesondere auf die Wechselwirkungen zwischen der Gestaltung von Maschinen und Arbeitsaufgaben abhebt» (DIN 2008, 4).

---

[5] Wiedergegeben mit Erlaubnis des DIN Deutsches Institut für Normung e.V. Maßgebend für das Anwenden der DIN-Norm ist deren Fassung mit dem neuesten Ausgabedatum, die bei der Beuth Verlag GmbH, Burggrafenstraße 6, in 10787 Berlin erhältlich ist.

Kasten 4.4: Merkmale gut gestalteter Arbeitsaufgaben nach EN 614-2 (aus: DIN EN 614-2, 2008, 6f.).[5]

«Bei der Gestaltung von Maschinen und Arbeitsaufgaben muss der Konstrukteur sicherstellen, dass die folgenden ergonomischen Merkmale gut gestalteter Arbeitsaufgaben erfüllt werden. Diese Merkmale berücksichtigen die Unterschiede sowie die zeitliche Verteilung von Merkmalen innerhalb der vorgesehenen Operatorenpopulation und werden durch eine aufeinander bezogene Gestaltung von Maschinen und Arbeitsaufgaben erreicht.

Im Gestaltungsprozess muss der Konstrukteur daher
a) die Erfahrung, Fähigkeiten und Fertigkeiten der bestehenden oder zu erwartenden Operatorenpopulation berücksichtigen. Dazu gehören der Stand der Schulbildung und der beruflichen Ausbildung sowie das bei anderen, ähnlichen Arbeitssituationen erworbene Wissen. Hierbei sollte bedacht werden, dass Ausbildungs- und Wissensstand innerhalb der Operatorenpopulation unterschiedlich sind und sich mit der Zeit verändern. Daher sollten beispielsweise Anforderungen an Geschwindigkeit und Komplexität sowie Informationen zur Aufgabendurchführung an alle vorgesehenen Benutzer anpassbar sein.
b) sicherstellen, dass die durchzuführenden Arbeitsaufgaben als vollständige und sinnvolle Arbeitseinheiten mit deutlich identifizierbarem Anfang und Ende erkennbar sind und nicht einzelne Fragmente solcher Aufgaben darstellen. Daher sollte jede Arbeitsaufgabe nicht nur aus Durchführungskomponenten bestehen, sondern auch Vorbereitungs- (z.B. Planung) und Bewertungskomponenten (z.B. Inspektion, Prüfung) beinhalten.
c) sicherstellen, dass durchgeführte Arbeitsaufgaben als bedeutsamer Beitrag zum Gesamtergebnis des Arbeitssystems erkennbar sind. Für den Operator sollte erkennbar sein, wie und in welchem Ausmaß die Durchführung der Arbeitsaufgabe und deren Ergebnis das gesamte Arbeitssystem und dessen Ergebnisse beeinflusst. Daher muss eine unnötige Fragmentierung des Arbeitsprozesses, die zu eng begrenzten Arbeitsaufgaben der Operatoren führt, vermieden werden.

d) die Anwendung einer angemessenen Vielfalt von Fertigkeiten, Fähigkeiten und Tätigkeiten ermöglichen, insbesondere für eine angemessene Kombination folgender Arten des Verhaltens zu sorgen:
- **Fertigkeitsbasiertes Verhalten,** das aus einer unmittelbaren, einfachen, bewussten oder unbewussten Reaktion auf Signale aus dem Arbeitsprozess besteht;
- **Regelbasiertes Verhalten,** das dem Operator durch die Anwendung grundlegender algorithmischer Regeln (z.B. durch das Treffen einfacher Wenn-Dann-Entscheidungen) erlaubt, den Arbeitsprozess zu steuern;
- **Wissensbasiertes Verhalten,** das von dem Operator verlangt, komplexe Kenntnisse über die Zusammenhänge innerhalb des Prozesses zu entwickeln und aufrechtzuerhalten, damit er/sie Systemzustände und Fehler feststellen, Lösungen entwickeln und angemessene Tätigkeiten durchführen kann.

e) für ein angemessenes Maß an Freiheit und Selbständigkeit des Operators sorgen. Der Operator sollte bei der Aufgabendurchführung zwischen Alternativen wählen sowie Prioritäten, Arbeitstempo und Arbeitsablauf bei der Erledigung der Arbeitsaufgabe bestimmen können. Streng festgelegte Abfolgen von Arbeitsschritten, Taktzeiten und Arbeitsmethoden müssen vermieden werden.

f) für ausreichende, für den Operator sinnvolle Rückmeldungen in Bezug auf die Aufgabendurchführung sorgen. Dem Operator müssen Informationen über die Aufgabendurchführung zur Verfügung gestellt werden, die es ihm/ihr ermöglichen zu überprüfen, ob das Ziel erreicht wurde und die Durchführung angemessen erfolgt ist. Dies beinhaltet auch Informationen über Fehlhandlungen und richtige Alternativen.

Bei Arbeitsaufgaben, die mit häufigen Unterbrechungen verbunden sind, müssen bei der Gestaltung von Maschinen Hilfsmittel zur Unterstützung des Gedächtnisses vorgesehen werden, die es dem Operator erleichtern, sich daran zu erinnern, wo er/sie die Arbeitsaufgabe unterbrochen hat.

g) ermöglichen, vorhandene Fertigkeiten und Fähigkeiten auszuüben und weiterzuentwickeln, sowie neue zu erwerben. Dies sollte erreicht werden, indem verschiedene Wege der Aufgabendurchführung, ein ausreichendes Maß an Selbstständigkeit und Abwechslung in

Verbindung mit angemessenen Rückmeldungen in Bezug auf die Aufgabenausführung ermöglicht werden. Dadurch kann der Operator den Betriebsmodus wählen, der dem jeweiligen Stand seiner/ihrer Fachkenntnisse am besten entspricht, sowie versuchen, neue Erfahrungen in Bezug auf verschiedene Wege der Aufgabendurchführung zu erlangen, vorzugsweise durch Kombination verschiedener Arten des Verhaltens.

Bei Überwachungs- und Steuerungstätigkeiten, insbesondere in hoch automatisierten Systemen, muss der Operator in die Lage versetzt werden, die Fähigkeit zu erwerben, den Prozess zu steuern und sich ein klares Bild der Struktur und der Zusammenhänge innerhalb des Prozesses anzueignen. Dies ist besonders wichtig in Notfallsituationen.

h) Über- und Unterforderung des Operators vermeiden, die zu unnötiger oder übermäßiger Beanspruchung, Ermüdung oder zu Fehlern führen kann. Häufigkeit, Dauer und Intensität von Wahrnehmungs-, kognitiven und motorischen Aktivitäten müssen so gestaltet werden, dass diese Folgen vermieden werden. Über- oder Unterforderungen müssen nicht nur unter normalen Bedingungen, sondern auch unter anormalen Bedingungen (z.B. Worst-Case-Situationen) berücksichtigt werden. Dies ist besonders wichtig bei Überwachungs- und Steuerungstätigkeiten, insbesondere in hochautomatisierten Systemen.

Das Auftreten von Über- und Unterforderung variiert innerhalb einer Population und verändert sich mit der Zeit. Daher ist es notwendig, Möglichkeiten zur Anpassung an individuelle Unterschiede, an Entwicklungsphasen und an den Stand der Ausbildung vorzusehen.

i) repetitive Aufgaben vermeiden, die zu einseitiger Arbeitsbelastung und somit zu körperlichen Beeinträchtigungen sowie zu Monotonie- und Sättigungsempfindungen, Langeweile oder Unzufriedenheit führen können. Kurze Taktzeiten sollten daher vermieden werden. Eine angemessene Vielfalt von Aufgaben oder Tätigkeiten muss für den Operator vorgesehen werden. Falls repetitive Aufgaben nicht vermieden werden können,

– darf die zur Aufgabendurchführung verfügbare Zeit nicht allein auf der Grundlage der unter normalen Bedingungen gemessenen oder geschätzten Durchschnittszeiten festgelegt werden,

4.3 Vom Primat der Aufgabe

> – muss Spielraum für Abweichungen von Normalbedingungen vorgesehen werden,
> – müssen sehr kurze Taktzeiten vermieden werden,
> – muss dem Operator Gelegenheit gegeben werden, nach seinem/ihrem eigenen Arbeitstempo, statt nach einer vorgegebenen Taktzeit zu arbeiten,
> – muss die Arbeit an sich bewegenden Arbeitsgegenständen vermieden werden.
>
> **j) vermeiden, dass der Operator alleine, ohne Gelegenheit zu sozialen und funktionalen Kontakten, arbeitet.** Sichtkontakt, Lärmpegel, Entfernungen zwischen Arbeitsplätzen sowie Selbstbestimmungsmöglichkeiten am Arbeitsplatz müssen bei der Festlegung von Raum, Lage und Funktionen der Maschinen und anderer Arbeitsmittel in Betracht gezogen werden.
>
> Diese Merkmale gut gestalteter Arbeitsaufgaben der Operatoren dürfen bei der Gestaltung von Maschinen nicht verletzt werden. Unter Berücksichtigung der Anwendbarkeit und des Standes der Technik ist es jedoch unter Umständen nicht möglich, all diese Ziele vollständig zu erreichen. In diesem Fall müssen Maschinen und Arbeitsaufgaben der Operatoren so weit wie möglich in Übereinstimmung mit diesen Zielen gestaltet und ausgeführt werden.»

Damit wird u.a. deutlich: «Kognitiv, motivational und sozial vollständige Tätigkeiten sind ein normatives Konzept» (HACKER 2005, 254). Mit dieser Norm – vgl. dazu auch die DIN EN ISO 6385 – wird zugleich den für die Konstruktion von Maschinen zuständigen Instanzen eine (Mit-)Verantwortung für die Gesundheit der Beschäftigten zugeschrieben. So hatte HACKER (1991, 49) schon früher darauf hingewiesen, dass vollständige Arbeitstätigkeiten Kooperations- und Kommunikationsmöglichkeiten bieten, «deren Entzug das Risiko depressiver Tendenzen erhöhen könnte (Broadbent, 1982; Richter, 1985)». Und bei BERSET, SEMMER, ELFERING, AMSTAD UND JACOBSHAGEN (2009, 188) finden sich neuerdings Hinweise darauf, «that individuals with less job control had higher cortisol levels, and consequently poorer recovery on the rest day than those with more control.»

Im Übrigen findet sich bei EMERY und THORSRUD (1976, 1982) ein weiterer wichtiger Hinweis: «Die Arbeit sollte einen sichtbaren Beitrag zur Nützlichkeit des Produkts für den Verbraucher leisten» (1982, 34). Damit ist zugleich die Sinnfrage angesprochen. Die Frage nach dem individuellen und gesellschaftlichen Sinn der Arbeitsaufgabe stellt sich z.B. mit der Frage nach dem individuellen oder gesellschaftlichen Nutzen oder Schaden der Produkte, an deren Herstellung jemand mitwirkt.

4.3.2 Konzepte der Aufgabenerweiterung

In seiner berühmt gewordenen Analyse der «Grenzen der Arbeitsteilung» stellte der französische Soziologe Georges FRIEDMANN (1959, 160) fest, die Entpersönlichung des im tayloristischen System eingespannten, angelernten Arbeiters werde «häufig von dem Bewusstsein begleitet, niemals eine Aufgabe zu Ende führen zu können, niemals einen Schritt zurücktreten und sich sagen zu können, dass man etwas zu Ende gebracht und gut gemacht hat». Eine niemals zu Ende geführte Arbeit sei aber zugleich eine Arbeit ohne innere Anteilnahme.

Im gleichen Jahr publizierten HERZBERG, MAUSNER und SNYDERMAN (1959) ein Buch, dessen Kernaussagen in praktisch allen industrialisierten Ländern zur Kenntnis genommen wurden und zahlreiche betriebliche Veränderungen auslösten.

Die Ergebnisse empirischer Untersuchungen hatten HERZBERG et al. zur Formulierung einer Zwei-Faktoren-Theorie veranlasst, die besagt, dass Arbeitszufriedenheit und Arbeitsunzufriedenheit von je unterschiedlichen Aspekten der Arbeit beeinflusst werden. Unzufriedenheit entsteht demnach nicht einfach durch Abwesenheit oder geringe Ausprägung von Faktoren, die andernfalls Zufriedenheit bewirken. Das heisst, dass Zufriedenheit und Unzufriedenheit in diesem Konzept auch nicht auf einem Kontinuum lokalisierbar sind.

Nach HERZBERG et al. sind die Unzufriedenheit erzeugenden ‹Dissatisfiers› der Arbeitsumgebung zuzuordnen. Sie werden deshalb auch als ‹Kontextfaktoren› bezeichnet. Zu ihnen zählen vor allem

- die äusseren Arbeitsbedingungen
- die Beziehungen zu den Arbeitskollegen
- die Beziehungen zu den Vorgesetzten
- die Firmenpolitik und die Administration

4.3 Vom Primat der Aufgabe

- die Entlöhnung einschliesslich der Sozialleistungen
- die Krisensicherheit des Arbeitsplatzes.

Eine positive Ausprägung der genannten Faktoren kann nach HERZBERG et al. nur der Unzufriedenheit entgegenwirken, nicht aber Zufriedenheit bewirken. Da die positive Ausprägung in einem vorbeugenden Sinne den Bedürfnissen entspricht, unangenehme Situationen zu vermeiden, werden diese Faktoren auch als ‹Hygienefaktoren› bezeichnet.

Diejenigen Faktoren, die Zufriedenheit bewirken können, werden als ‹Satisfiers› bezeichnet. Dazu gehören vor allem
- die Tätigkeit selbst
- die Möglichkeit, etwas zu leisten
- die Möglichkeit, sich weiterzuentwickeln
- die Möglichkeit, Verantwortung zu übernehmen
- die Aufstiegsmöglichkeiten
- die Anerkennung.

Da die genannten Faktoren unmittelbar mit dem Inhalt der Arbeit zusammenhängen, werden sie von HERZBERG et al. als ‹Kontentfaktoren› bezeichnet. Da die positive Ausprägung dieser Faktoren den Bedürfnissen nach Selbstverwirklichung entspricht und zu Leistung motiviert, werden sie auch ‹Motivatoren› genannt.

Trotz erheblicher und grundsätzlicher – vor allem auch methodologischer – Einwände gegen die Zwei-Faktoren-Theorie (vgl. dazu NEUBERGER 1974, BRUGGEMANN, GROSKURTH und ULICH 1975) ist der zentrale empirische Befund über die ausschlaggebende Bedeutung der Kontentfaktoren als entscheidender Determinanten der Arbeitszufriedenheit unbestritten. Damit wird auch die daraus abgeleitete Forderung nach Motivation durch Job enrichment akzeptiert.

HERZBERG hat mehrfach auf die Notwendigkeit hingewiesen, zwischen einer horizontalen Aufgabenerweiterung (job enlargement) und einer vertikalen Aufgabenerweiterung (job enrichment) zu unterscheiden. Das Job enlargement besteht darin, mehrere strukturell gleichartige oder ähnliche einfache Aufgabenelemente aneinanderzureihen und dadurch lediglich den Arbeitszyklus zu vergrössern. Zu dieser Aneinanderreihung subjektiv mehr oder weniger ‹sinnloser› Arbeitselemente bemerkte HERZBERG (1968a), Null plus Null ergebe ebenso wie Null mal Null wiederum lediglich Null. Diese Aussage bezieht sich auch auf die Rotation zwischen mehreren subjektiv wenig bedeutsamen Teiltätigkeiten («washing dishes for a while, then washing silverware»).

Damit wird deutlich, dass der Job-Enlargement-Ansatz (horizontale Aufgabenerweiterung) in erster Linie die Ablauforganisation berührt, während der Job-Enrichment-Ansatz (vertikale Aufgabenerweiterung) darüber hinaus auch die Aufbauorganisation betrifft. Erst die Realisierung von Konzepten vertikaler Aufgabenerweiterung kann aber zur Überwindung des tayloristischen Prinzips der Trennung von regulatorischen und ausführenden Tätigkeiten und damit zur persönlichkeitsförderlichen Arbeitsgestaltung beitragen.

Die Bedeutung von Regulationsfunktionen für die Persönlichkeitsförderlichkeit von Arbeitstätigkeiten wurde von HERZBERG übrigens durchaus erkannt, wenngleich in anderer Begrifflichkeit beschrieben.

Eine sinnvolle Restrukturierung der Arbeitstätigkeiten muss nach HERZBERG et al. vor allem darin bestehen, dass die Beschäftigten ein gewisses Ausmass an Kontrolle über die Arbeitsabläufe erhalten.[6]

Prinzipien vertikaler Aufgabenerweiterung beziehen dementsprechend Denkleistungen mit antizipatorischen Anforderungen ein und sind deshalb geeignet, das tayloristische Prinzip der Trennung von Denken und Tun zu überwinden (vgl. Kasten 4.5).

Programme der Aufgabenerweiterung waren zwar schon vor dem Bekanntwerden von HERZBERGs Job-Enrichment-Konzept mit erheblichem Erfolg praktiziert worden, z.B. bei IBM (WALKER 1950), Sears Roebuck (WORTHY 1950) oder in der Detroit Edison Company (ELLIOTT 1953). Erst mit der Zwei-Faktoren-Theorie schien aber plausibel zu werden, dass konkrete betriebliche Fragen wie die Verbesserung von Produktivität und Qualität, die Reduzierung von Fehlzeiten und Fluktuation nicht – wie bis dahin weitgehend üblich – durch eine Verbesserung der Kontextfaktoren, sondern in erster Linie durch eine Konzentration auf die als Motivatoren verstandenen Kontentfaktoren beantwortet werden sollten. Gerade in einer Zeit, in der viel von einer ‹Krise der Leistungsmotivation› die Rede war, schien mit dem Job-

---

[6] «... the individual should have some measure of control over the way in which the job is done in order to realise a sense of achievement and of personal growth» (HERZBERG et al. 1959, 132).

4.3 Vom Primat der Aufgabe

Kasten 4.5: Prinzipien vertikaler Aufgabenerweiterung (nach: HERZBERG 1968b)

Prinzip	Involvierte Motivation
A Removing some controls while retaining accountability	Responsibility and personal achievement
B Increasing the accountability of individuals for own work	Responsibility and recognition
C Giving a person a complete natural unit of work (module, division, area, and so on)	Responsibility, achievement, and recognition
D Granting additional authority to an employee in his activity; job freedom	Responsibility, achievement, and recognition
E Making periodic reports directly available to the worker himself rather than to the supervisor	Internal recognition
F Introducing new and more difficult tasks not previously handled	Growth and learning
G Assigning individuals specific or specialized tasks, enabling them to become experts	Responsibility, growth, and advancement

Enrichment-Konzept eine Lösung für viele drängende Probleme der Praxis gefunden. Deshalb hat die Arbeit von HERZBERG et al. – obwohl weder theoretisch stringent noch methodologisch ohne Fragwürdigkeiten – in der betrieblichen Praxis in zahlreichen Industrieländern ein enormes Echo ausgelöst. Grosse Unternehmen berichteten bald über erfolgreiche Job-Enrichment-Programme, so die Imperial Chemical Industries (PAUL, ROBERTSON und HERZBERG 1969), Texas Instruments (MYERS 1970), Philips (van BEEK 1964). Von der American Telephone and Telegraph Comp. berichtete FORD (1969) allein über 19 Job-Enrichment-Projekte, von denen neun als ausserordentlich erfolgreich, neun als erfolgreich und eines als Misserfolg bezeichnet wurden. Der Erfolg wurde zumeist über Produktivitäts- und Qualitätskennziffern, Fehlzeiten- und Fluktuationsraten sowie Einstellungsbefragungen bei den betroffenen Beschäftigten bestimmt.

Die Bedeutung des HERZBERGschen Ansatzes ist vor allem darin zu sehen, dass er den Inhalt der Arbeitstätigkeit als für die Motivation entscheidenden Faktor in den Mittelpunkt des Interesses gerückt und in zahllosen Betrieben entsprechende Veränderungsprozesse ausgelöst hat. Dabei ist kaum beachtet worden, dass HERZBERG (1968 b) auch schon so etwas wie eine dynamische Arbeitsgestaltung gefordert hat (vgl. Abschnitt 4.5), d.h. eine Flexibilität von Tätigkeitsstrukturen, die eine Anpassung der jeweils konkreten Ausprägung an die Entwicklung der Beschäftigten erlaubt.

«The staff of the motivation division would need to plan and review the growth potential of jobs along the lines suggested. Such an analysis of job content would be constantly required to insure that the job does not fit like shoes for a five-year-old when the child is eight. This requires a built-in fluidity to job structures» (HERZBERG 1968b, 178).

Die Theorie vermag allerdings nicht zu erklären, weshalb auch in partialisierten Aufgaben und mit einförmigen Abläufen Beschäftigte des öftern angeben, mit ihrer Arbeit durchaus zufrieden zu sein. Andere Konzepte legen die Annahme nahe, dass dies nur erklärt werden kann, wenn man davon ausgeht, dass es verschiedene Formen von Zufriedenheit gibt (vgl. Abschnitt 3.1) oder wenn man annimmt, dass bei ‹inhaltsleerer› Arbeit Kontextfaktoren kompensatorisch motivierende Funktion übernehmen. Besonders fragwürdig wird HERZBERGS Konzept aber in seiner Begrenzung auf individuelle Aufgabenerweiterung, zumal differenziertere Vorstellungen über ‹Vollständigkeit› bzw. ‹Ganzheitlichkeit› von Aufgaben nicht erkennbar wurden. Die Tatsache, dass er soziale Beziehungen ‹nur› als Kontextfaktoren begreift und als solche den «Hygienefaktoren» zuweist, verstellt ihm überdies den Blick für das Selbstregulationspotenzial von Arbeitsgruppen.

4.3.3 Vollständige Aufgaben

Eine frühe Darstellung dessen, was wir heute als vollständige Aufgaben bezeichnen, findet sich in HELLPACHs Beitrag zur «Gruppenfabrikation» – ein Buch, das in den letzten Jahren wieder häufiger erwähnt, aber offenbar kaum gelesen wurde. Dies lässt sich an der zumeist falschen Einordnung seiner Bedeutung ablesen (vgl. Abschnitt 1.1.3). Zu den Charakteristika einer Aufgabe bemerkt HELLPACH: «Zu einer Aufgabe gehören eigene Planung, Entwurf, wo nicht Entwurf der Aufgabe, so doch Entwurf ihrer Lösung mit freier Wahl unter verschiedenen Möglichkeiten, Entscheidung für eine und Verantwortungsübernahme für die Entscheidung, Überblick und Einteilung der Durchführung, in der Durchführung das stets infinitesimale Abschätzen des Gelingens an der geistigen Zielvorstellung des Erzeugnisses, am Abschluss die Überzeugung: er sah, was er gemacht hatte, und siehe, es war sehr gut (1. Mose 1, 31)» (HELLPACH 1922, 27).

Bei RICE (1958) und EMERY (1959) findet sich eine Anzahl von Hinweisen auf die motivationale Bedeutung der Ganzheitlichkeit bzw. Vollständigkeit («wholeness») von Aufgaben. In der jüngeren Psychologie findet sich der Terminus ‹vollständige Aufgabe› bei TOMASZEWSKI (1981), während bei HACKER (1986a, 1987) von der ‹vollständigen Tätigkeit› und bei VOLPERT (1987) von der ‹vollständigen Handlung› die Rede ist.
Merkmale der Vollständigkeit, die es bei Massnahmen der Arbeitsgestaltung zu berücksichtigen gilt, sind in Tabelle 4.3 (S. 218) zusammengefasst.

Bei unvollständigen Tätigkeiten – oder: partialisierten Handlungen im Sinne von VOLPERT (1974) – «fehlen weitestgehend Möglichkeiten für ein eigenständiges Zielsetzen und Entscheiden, für das Entwickeln individueller Arbeitsweisen oder für ausreichend genaue Rückmeldungen» (HACKER 1987, 44). Damit kann u.a. ein signifikant erhöhtes Stresserleben verbunden sein. «Insbesondere für ältere Beschäftigte konnte gezeigt werden, dass eine Erweiterung des Arbeitsinhaltes auf der Dimension der sequentiell-zyklischen Vollständigkeit das Stresserleben entscheidend zu vermindern vermag» (RICHTER & UHLIG 1998, 413). Vollständige Tätigkeiten sind demgegenüber in *sequentieller* und *hierarchischer* Hinsicht vollständig (vgl. Kasten 4.6, S. 219).

Tabelle 4.3: Merkmale vollständiger Aufgaben (nach Angaben von HELLPACH 1922, TOMASZEWSKI 1981, HACKER 1986a, VOLPERT 1987, ULICH 1989b)

(1) Das selbständige Setzen von Zielen, die in übergeordnete Ziele eingebettet werden können,
(2) selbständige Handlungsvorbereitungen im Sinne der Wahrnehmung von Planungsfunktionen,
(3) Auswahl der Mittel einschliesslich der erforderlichen Interaktionen zur adäquaten Zielerreichung,
(4) Ausführungsfunktionen mit Ablauffeedback zur allfälligen Handlungskorrektur,
(5) Kontrolle mit Resultatfeedback und der Möglichkeit, Ergebnisse der eigenen Handlungen auf Übereinstimmung mit den gesetzten Zielen zu überprüfen.

Kasten 4.6: Die sequentielle und hierarchische Vollständigkeit von Tätigkeiten (aus: HACKER 1987)

«Eine vollständige Tätigkeit ist zum ersten in *sequentieller* Hinsicht vollständig. Neben blossen Ausführungsfunktionen umfasst sie
– Vorbereitungsfunktionen (das Aufstellen von Zielen, das Entwickeln von Vorgehensweisen, das Auswählen zweckmässiger Vorgehensvarianten)
– Organisationsfunktionen (das Abstimmen der Aufgaben mit anderen Menschen) und
– Kontrollfunktionen, durch die der Arbeitende Rückmeldungen über das Erreichen seiner Ziele sich zu verschaffen in der Lage ist.

Zum zweiten sind vollständige Tätigkeiten in *hierarchischer* Hinsicht vollständig, indem sie Anforderungen auf verschiedenen, einander abwechselnden Ebenen der Tätigkeitsregulation stellen. Zu denken ist beispielsweise an das Abwechseln von routinisierten Operationen der Zuordnung von Bedingungen zu Massnahmen mit algorithmisch vorgegebenen Denkvorgängen und mit Problemfindungs- und -lösungsprozessen. Eine Mindestforderung scheinen Mischformen zu sein, die etwa zur Hälfte der Arbeitszeit intellektuelle Verarbeitungsanforderungen einschliessen» (HACKER 1987, 43).

4.3 Vom Primat der Aufgabe

Konkrete Folgerungen für die Produktionsgestaltung, die aus dem Prinzip der vollständigen Aufgabe resultieren, seien hier beispielhaft skizziert.
(1) Das selbständige Setzen von Zielen, die in übergeordnete Ziele eingebettet werden können, erfordert eine Abkehr von betrieblicher Zentralsteuerung zugunsten dezentraler Werkstattsteuerung, die die Möglichkeit selbständiger Entscheidungen im Rahmen definierter Zeiträume schafft. (2) Selbständige Handlungsvorbereitungen im Sinne der Wahrnehmung von Planungsfunktionen erfordert die Integration von Aufgaben der Arbeitsvorbereitung in die Werkstatt. (3) Auswahl der Mittel heisst z.B. dem Konstrukteur freistellen, ob er für die Erledigung bestimmter Teilaufgaben anstelle des CAD-Systems das Zeichenbrett benutzen – oder Modelle manuell formen – will, sofern gesichert ist, dass die andernorts oder wiederholt benötigten Daten in das System eingegeben werden. (4) Ausführungsfunktionen mit Ablauffeedback zur allfälligen Handlungskorrektur erfordern bei abgekapselten Bearbeitungsvorgängen ‹Fenster zum Prozess›, mit deren Hilfe die Prozessdistanz minimiert werden kann. (5) Kontrolle mit Resultatfeedback bedeutet Übernahme der Funktionen der Qualitätsprüfung durch die in der Werkstatt Beschäftigten.[7]

Tatsächlich können ursprünglich als vollständig geplante und realisierte Aufgaben mit der Zeit ihre Vollständigkeit einbüßen, z.B. durch Routinisierung. Der daraus möglicherweise resultierende Vorteil einer Aufwandsreduzierung kann zugleich mit dem Nachteil des Entstehens von Unterforderung verknüpft sein. Einem derartigen ‹Absinken› der Vollständigkeit kann nach der Auffassung von HACKER (2005) durch die Realisierung des Konzepts der ‹evolvierend-vollständigen› Tätigkeiten begegnet werden (vgl. Kasten 4.7, S. 220).

Die Realisierung des Konzepts der vollständigen Aufgabe erfordert eine u.U. weitgehende Integration produktionsnaher bzw. indirekt produktiver Funktionen. Gestaltungsansatz ist zwar grundsätzlich die Primäraufgabe. Insbesondere unter den Bedingungen des Einsatzes fortgeschrittener Technologien kommt aber der Gestaltung der Sekundäraufgaben wie z.B. der Steuerung des Inputs wachsende, u.U. sogar entscheidende Bedeutung zu. Gerade mit deren Einbezug kann zugleich das ‹Absinken› der Vollständig-

---

[7] Bei SCHMIDT (2010, 155ff.) findet sich neuerdings eine in diesem Zusammenhang relevante Diskussion über mögliche Wirkungen unterschiedlicher Feedbackformen – spezifisches und unmittelbares Feedback vs. summarisches Ergebnisfeedback – auf Übungsleistungen im Vergleich zu Lernleistungen.

keit von Arbeitsaufgaben verhindert werden. In diesem Zusammenhang ist auch auf das Konzept der ‹Handlungsverschränkung› (ZÖLCH 2001) zu verweisen.

Bei den Aktivitäten der Handlungsverschränkung handelt es sich um «Aktivitäten, die der zeitlichen Koordination von Arbeitshandlungen sowie der Sicherstellung ihrer jeweiligen inhaltlichen Voraussetzungen dienen, um ein den zu verschränkenden Arbeitshandlungen übergeordnetes Ziel zu erreichen» (ZÖLCH 2001, 56). Am Beispiel der Werkstattsteuerung wird u.a. die Notwendigkeit von Perspektivenwechsel und Perspektivenübernahme gezeigt. Damit wird zugleich deutlich, dass betriebliche ‹Schnittstellen› zugleich potenzielle Lernorte sind.

Vollständige Tätigkeiten bzw. Aufgaben sind im Übrigen wegen der damit verbundenen Komplexität häufig nur als Gruppenaufgaben gestaltbar. Auch damit ist die Gefahr eines ‹Absinkens› der Vollständigkeit reduziert.

Kasten 4.7: Das Konzept der evolvierend-vollständigen Tätigkeiten (aus: HACKER 2005, 257)

Durch Lernprozesse kann bei gleichbleibenden Anforderungen, also bei fehlenden Übertragungserfordernissen auf andere Tätigkeiten, die Möglichkeit des Vorliegens unvollständiger Tätigkeiten wachsen. So werden beim Regulieren aus dem Gedächtnis wesentliche kognitive Vorbereitungsoperationen überflüssig. ... Ein Ausweg ist das Angebot evolvierend vollständiger Tätigkeiten. Hier wird den Arbeitenden das Teilnehmen an der Weiterentwicklung ihrer Arbeitsorganisation und -gestaltung ermöglicht. Diese partizipativen Veränderungs- und Innovationsaktivitäten – beispielsweise in Qualitätszirkeln – können zu vollständigen Gesamttätigkeiten führen, auch wenn die Basistätigkeit selbst durch Wiederholung zur Routine ohne intellektuelle Vorbereitung geworden ist.

4.3.4 Gruppenaufgaben

Arbeit in Gruppen kommt hauptsächlich aus zwei – miteinander zusammenhängenden – Gründen psychologisch ein besonderer Stellenwert zu:
(1) Das Erleben ganzheitlicher Arbeit ist in modernen Arbeitsprozessen mehrheitlich nur möglich, wenn interdependente Teilaufgaben zu vollständigen Gruppenaufgaben zusammengefasst werden.
(2) Die Zusammenfassung von interdependenten Teilaufgaben zur gemeinsamen Aufgabe einer Gruppe ermöglicht ein höheres Mass an Selbstregulation und sozialer Unterstützung.

Zu (1) haben WILSON und TRIST (1951) ebenso wie RICE (1958) schon sehr früh festgestellt, dass in Fällen, in denen die individuelle Teilaufgabe dies nicht zulässt, Befriedigung aus der Mitwirkung an der Vollendung einer ganzheitlichen Gruppenaufgabe resultieren kann. Zu (2) findet sich ebenfalls schon bei WILSON und TRIST der Hinweis, dass das mögliche Ausmass der Gruppenautonomie dadurch bestimmt wird, inwieweit die Gruppenaufgabe ein unabhängiges und vollständiges Ganzes darstellt. Im Übrigen gilt nach EMERY (1959), dass eine gemeinsame Aufgabenorientierung in einer Arbeitsgruppe nur dann entsteht,
– wenn die Gruppe eine gemeinsame Aufgabe hat, für die sie als Gruppe die Verantwortung übernehmen kann und
– wenn der Arbeitsablauf innerhalb der Gruppe von dieser selbst kontrolliert werden kann.

Die gemeinsame und ganzheitliche Aufgabe wird praktisch von allen Vertretern des soziotechnischen Ansatzes als zentrales Merkmal teilautonomer Gruppenarbeit genannt (vgl. ULICH und WEBER 1996, WEBER 1997).
Das Bewusstsein einer gemeinsamen Aufgabe und die gemeinsame Aufgabenorientierung entscheiden auch wesentlich über Intensität und Dauer der Gruppenkohäsion. Arbeitsgruppen, bei denen die Kohäsion hauptsächlich auf sozioemotionalen Beziehungen beruht, weisen deshalb eine geringere Stabilität auf als Arbeitsgruppen, die sich durch eine gemeinsame Aufgabenorientierung auszeichnen (vgl. ALIOTH, MARTIN und ULICH 1976). Derartige Überlegungen finden ihren Niederschlag auch in den von EMERY und THORSRUD (1976, 1982) formulierten Prinzipien für die Restrukturierung von Arbeitstätigkeiten. Danach sind ‹ineinandergreifende› Aufgaben oder

Tätigkeitswechsel innerhalb von Arbeitsgruppen vor allem dann erforderlich, wenn
- eine Interdependenz der Einzeltätigkeiten aus technischen oder psychologischen Gründen notwendig wird,
- aus der individuellen Tätigkeit relativ starke Beanspruchungen resultieren,
- die Arbeit der Einzelnen keinen deutlich sichtbaren Beitrag zur Nützlichkeit des Endproduktes leistet.

Wo eine Gruppe durch ineinandergreifende Aufgaben oder Tätigkeitswechsel miteinander verbunden ist, sollen diese
« – als Gesamtaufgabe erkennbar werden, die einen Beitrag zum gesellschaftlichen Nutzen des Produkts leistet,
- einen gewissen Spielraum bieten, um selbst Normen festsetzen und sich Kenntnis der Ergebnisse beschaffen zu können,
- eine gewisse Kontrolle über die ‹Grenzaufgaben› ermöglichen» (EMERY und THORSRUD 1982, 34).

Nach EMERY und THORSRUD (1982, 35) machen diese Prinzipien deutlich, «dass die Umgestaltung von Arbeitstätigkeiten über den individuellen Aufgabenbereich hinausweist und zur Organisation von Arbeitsgruppen führt». Dabei kommt dem Konzept der teilautonomen Arbeitsgruppen, das – ausgehend von der soziotechnischen Systemkonzeption des Tavistock-Instituts – zunächst vor allem in Skandinavien relativ weite Verbreitung gefunden hat, besondere Bedeutung zu. Im Unterschied zum Job-Enrichment-Konzept von HERZBERG wird hier der kollektiven Selbstregulation ein hoher Stellenwert beigemessen (vgl. Kasten 4.8).

Dass für Aufgabenorientierung und optimale Selbstregulation in Gruppen nicht deren absolute Grösse, sondern deren adäquate Grösse von entscheidender Bedeutung ist, hat ausser RICE (1958) vor allem auch GREENBERG (1979) in seiner Auseinandersetzung mit der ‹Undermanning›-Theorie betont.

4.4 Arbeitsgruppen und Gruppenarbeit

Seit Anfang der 1990er Jahre beschäftigt sich eine rasch zunehmende Anzahl von Unternehmen mit Fragen der Einführung von Gruppenarbeit. Besonders augenfällig ist dies in der europäischen, vor allem auch in der deut-

4.4 Arbeitsgruppen und Gruppenarbeit

Kasten 4.8: Randbedingungen für kollektive Selbstregulation in teilautonomen Arbeitsgruppen (aus: ALIOTH und ULICH 1981)

«Die kollektive Selbstregulation beruht auf der Voraussetzung, dass einer Arbeitsgruppe eine Aufgabe zur gemeinsamen Verantwortung übertragen wird. Die *Aufgabe* sollte deshalb für alle Gruppenmitglieder *überschaubar* sein, und die einzelnen Tätigkeiten bzw. Arbeitsplätze sollten einen inneren Zusammenhang aufweisen. Darüber hinaus sollte die Gruppe wo möglich festgelegte bzw. vereinbarte *Output-Ziele* haben und über die Zielerreichung laufend ein *Feedback* erhalten. Fehlt die gemeinsame Aufgabenorientierung der Gruppe, so besteht Gefahr, dass Individualstrategien entwickelt werden, die sich nicht mit der gemeinsamen Aufgabenerfüllung decken. Der Aufgabe entsprechend sollte auch das *soziale System überschaubar* sein. Das heisst, je nach Aufgabe wird es eine optimale Gruppengrösse geben, deren Nichtbeachtung eine Desintegration der Gruppe zur Folge haben kann.
Die Überschaubarkeit der Aufgabe wie auch die Überschaubarkeit der sozialen Systeme und die Gruppenkohäsion können durch entsprechende räumliche (territoriale) Gestaltung verstärkt bzw. vermindert werden» (ALIOTH und ULICH 1981, 882).

schen Autoindustrie. Namhafte Fahrzeughersteller, die kurz zuvor noch auf hoch arbeitsteilige Produktion und verbreiteten Einsatz komplexer Technologie gesetzt hatten, bekundeten ihre Absicht, ‹flächendeckend› Gruppenarbeit einzuführen. Anlass für diese Neuorientierung war vor allem das Ergebnis einer MIT-Studie (WOMACK, JONES und ROOS 1990), demzufolge u.a. bei den europäischen Volumenproduzenten für die Endmontage eines Autos mehr als doppelt soviel Zeit benötigt wird wie bei japanischen Volumenproduzenten. Auch der quantitative Vergleich der Lagerzeit und der Qualitätsmängel fiel zuungunsten der europäischen Hersteller aus; zudem war hier der Anteil der Reparaturfläche an der gesamten Werksfläche ca. dreieinhalb mal so hoch wie in Japan (vgl. Tabelle 4.4, S. 224). Erhebliche Unterschiede wurden vor allem auch hinsichtlich der Entwicklungszeiten für neue Modelle und Werkzeuge und deren Anlaufzeit berichtet.
Auf der Suche nach Erklärungen für diese Unterschiede, die insbesondere in Bezug auf die Öffnung des Europäischen Marktes als bedrohlich wahrge-

Tabelle 4.4: Autoindustrie im Vergleich (nach WOMACK, JONES und ROOS 1990)*

	Japaner in Japan	Japaner in Nordamerika	Amerikaner in Nordamerika	Europa (gesamt)
Produktivität (Mannstunden je Fahrzeug)	16,8	21,2	25,1	36,2
Qualität (Montagefehler je 100 Fahrzeuge)	60,0	65,0	82,3	97,0
%-Anteil Reparaturstätte an gesamter Werkfläche	4,1	4,9	12,9	14,4
Lagerzeit (in Tagen für 8 ausgewählte Komponenten)	0,2	1,6	2,9	2,0
%-Anteil der im Team Beschäftigten	69,3	71,3	17,3	0,6
Anzahl Stellenkategorien	11,9	8,7	67,1	14,8
Ausbildung neuer Arbeitskräfte (in Stunden)	380,3	370,0	46,4	173,3

* Durchschnittswerte für Montagewerke der «Volumen»-Produzenten, 1989. Volumenproduzenten schliessen ein: GM, Ford, Chrysler, Fiat, PSA, Renault, Volkswagen sowie alle japanischen Firmen. Nicht berücksichtigt sind «Luxus»-Marken bzw. -Firmen wie etwa Daimler-Benz, BMW, Rover, Jaguar oder Cadillac, Lincoln und Honda Legend.

nommen wurden, konnte man nicht übersehen, dass nach den Angaben der MIT-Studie der Anteil der ‹im Team Beschäftigten› in japanischen Autofabriken mehr als hundertmal höher lag als bei den europäischen Volumenproduzenten. Daraus wurde der Schluss gezogen, dass Gruppenarbeit als eine entscheidende Determinante des Erfolgs der japanischen Autoindustrie anzusehen sei.

Tatsächlich gibt es in der Studie von WOMACK, JONES und ROOS keinen Beleg für die erfolgsentscheidende Wirkung von Gruppenarbeit. Unterschiede zwischen den jahrzehntealten europäischen Gruppenarbeitskonzepten und den japanischen Konzepten von Gruppenarbeit werden nicht reflektiert (vgl. Abschnitt 4.5.2). Die Bemerkungen über die – nach eigenen Angaben nicht besuchten – schwedischen Autowerke lassen eher auf subjektive Meinungen und Vorurteile als auf vorhandenes Wissen schliessen.

4.4 Arbeitsgruppen und Gruppenarbeit

Tatsächlich ist zu befürchten, dass Gruppenarbeit in vielen Fällen lediglich als Erfolgsdeterminante (miss-)verstanden wird, deren Berücksichtigung eine rasche Verbesserung der Wettbewerbsposition verspricht. So deuten etwa die in einem Unternehmen der deutschen Autoindustrie gleichzeitig mit der Ankündigung einer flächendeckenden Einführung von Gruppenarbeit angestellten Überlegungen und praktischen Versuche zur Halbierung der Kontrollspanne der Meister darauf hin, dass hier noch kaum verstanden wurde, dass moderne Konzepte der Gruppenarbeit darauf abzielen, Arbeit wirklich anders zu organisieren.

4.4.1 Gruppenarbeit

Die Lösung von Aufgaben in Gruppen und die in diesem Zusammenhang stattfindenden Interaktionen sind seit Jahrzehnten Gegenstand sozialpsychologischer Forschung. SCHNEIDER (1975) berichtete schon vor drei Jahrzehnten über das Vorliegen von nahezu fünftausend Publikationen aus dem Bereich der Kleingruppenforschung, von denen allein etwa 3400 zwischen 1967 und 1972 erschienen waren. Daran gemessen ist der Stand des Wissens über Gruppenarbeit im Betrieb noch immer keineswegs befriedigend. Dies ist u.a. darauf zurückzuführen, dass sich die Befunde der sozialpsychologischen Kleingruppenforschung aus Gründen mangelnder Repräsentanz nicht ohne Weiteres auf die betriebliche Realität übertragen lassen. Auch sind der explizite Einbezug und die sorgfältige Beschreibung der Aufgabenmerkmale in der Kleingruppenforschung eher unüblich (vgl. dazu TSCHAN 2000). Bei dieser Art von Forschung handelt es sich zumeist um experimentelle Untersuchungen, in deren Rahmen Studierende im Laboratorium zeitlich stark befristet alltagsferne Aufgaben ausführen. «Untersucht wurden damit Gruppen, die kein mitgliederbestimmendes Existenzmotiv und zudem weder Vergangenheit noch Zukunft haben» (ENDRES und WEHNER 1993a, 22).

Der Aufbau realer industrieller Arbeitsplätze im Laboratorium, an denen Arbeiterinnen bzw. Arbeiter Aufgaben, wie sie im betrieblichen Alltag vorkommen, über längere Zeit und unter betriebsähnlichen Entlohnungsbedingungen ausführen, stellt offensichtlich eine Ausnahme dar (etwa GRAF 1954, ULICH 1956, GRAF, RUTENFRANZ und ULICH 1965).

Damit wird einerseits deutlich, dass in solchen Fällen Subjekt-, Aufgaben- und Umgebungsrepräsentanz nicht gegeben – vielfach auch gar nicht angestrebt – sind. Andererseits ist erkennbar, dass es sich bei den hier untersuchten sozialen Konfigurationen zumeist gar nicht um Gruppen handelt, sofern man etwa der Definition von SHERIF und SHERIF (1969) folgt. ROSENSTIEL leitete aus dieser Definition die für die Identifizierung einer sozialen Konfiguration als Gruppe wesentlichen Bestimmungselemente ab. Danach lässt sich eine Gruppe definieren als

« – Mehrzahl von Personen in
 – direkter Interaktion über eine
 – längere Zeitspanne bei
 – Rollendifferenzierung und
 – gemeinsamen Normen, verbunden durch
 – ein Wir-Gefühl» (vgl. ROSENSTIEL 1992, 261).

Auch für alle anderen denkbaren – engeren oder weiteren – Definitionen gilt nach ROSENSTIEL, dass die Möglichkeit direkter Interaktion über eine längere Zeitspanne hinweg unabdingbarer Bestandteil bleiben muss, da sich nur unter dieser Bedingung «ein spezifisch von der Gruppe gefärbtes Erleben und Verhalten» entwickeln kann.[8] Dazu kommt für arbeitspsychologische Fragestellungen als weiterer unabdingbarer Bestandteil das von SADER (1976, 35) unter den häufig genannten Bestimmungsstücken von Gruppendefinitionen genannte «Verfolgen gemeinsamer Ziele».

Folgt man den hier skizzierten Überlegungen, dann ist unter den von HACKER (1986a, 93 f.) aufgeführten Kooperationsformen nur die Arbeit im Integrativverband eindeutig als Gruppenarbeit zu identifizieren (vgl. Tabelle 4.5).

Nach der Einschätzung von HACKER (1986a, 94) liegen «tatsächlich kooperative Arbeitstätigkeiten ... bei Integrativverbänden und unter bestimmten zusätzlichen Voraussetzungen bei Sukzessivverbänden vor». Zu diesen Voraussetzungen gehört einerseits das Verständnis des zu erfüllenden Auftrages als gemeinsame Aufgabe und andererseits die Möglichkeit der gemeinsamen Einflussnahme auf persönlich und resultatorientiert relevante Merkmale der Auftragsbearbeitung. Schliesslich gilt, «dass Gruppenarbeit

---

[8] Aus diesem Grunde wird hier auch nicht auf die Entwicklung und Einführung von Qualitätszirkeln eingegangen, die optimalerweise ja nicht als permanente Alltagsstrukturen, sondern als temporäre Ergänzungsstrukturen mit je nach Fragestellung und Interesse wechselnder Zusammensetzung fungieren. Ausgezeichnete Darstellungen der Qualitätszirkelarbeit finden sich z.B. bei ANTONI (1990) und BUNGARD (1992).

Tabelle 4.5: Formen der auftragsbezogenen Organisation kooperativer Arbeitstätigkeiten (in Anlehnung an HACKER 1986a)

Kooperationsform	Kennzeichnung	Beispiele	Bewertung
Raumverband	Gleichzeitiges Arbeiten mehrerer Personen im gleichen Raum an verschiedenen Aufträgen	Mehrere Dreher in einer Halle an verschiedenen Aufträgen. Arbeit in einer Halle nach dem Verrrichtungsprinzip	keine Gruppenarbeit
Sukzessivverband	Individuell zugewiesene Teilaufgabe als Bestandteil einer vorgegebenen Auftragserfüllungsabfolge	Arbeit am Fliessband. Montage eines Grossgeräts	Gruppenarbeit nur in sehr eingeschränkter Form möglich
Integrativverband	Arbeitsteilig abgestimmte gleichzeitige Erfüllung einer gemeinsamen Aufgabe durch mehrere Personen	Operationsteam. Endmontage eines Fahrzeugs	Unterschiedliche Formen von Gruppenarbeit möglich

nur dann sinnvoll praktiziert werden kann, wenn partielle Mitbestimmung möglich ist» (BUNGARD und ANTONI 1993, 378).

4.4.2 Selbstregulation in teilautonomen Arbeitsgruppen

Die besondere psychologische Bedeutung der Beteiligung an Entscheidungen wurde schon von LEWIN (1947, 1982, 283 f.) hervorgehoben: «Die Entscheidung verbindet die Motivation mit der Handlung, und sie scheint gleichzeitig eine Verfestigungswirkung auszuüben, die teils durch die Tendenz des Individuums, zu ‹seinen Entscheidungen zu stehen›, und teils durch das ‹Bekenntnis zur Gruppe› bedingt ist». Insofern ist es auch folgerichtig, wenn DEMMER, GOHDE und KÖTTER (1991, 20) als Voraussetzung von Gruppenarbeit das Vorhandensein einer «Kernaufgabe» postulieren, die kollektive Planungs- und Entscheidungsprozesse umfasst und «einen nennenswerten Anteil» der zu bewältigenden Gesamtaufgabe ausmachen muss.

Das eigenständige Setzen von Zielen bzw. Teilzielen, die Übernahme von Planungs- bzw. Dispositionsfunktionen und das gemeinsame Treffen von Entscheidungen bestimmen nicht nur den Grad der Vollständigkeit einer Aufgabe und des zu ihrer Bewältigung erforderlichen Regulationsniveaus (vgl. OESTERREICH und VOLPERT 1991), sondern – im Falle der Gruppenarbeit – zugleich auch den Grad der kollektiven Autonomie einer Arbeitsgruppe. Da diese Autonomie im Regelfall begrenzt bleibt und die Mitwirkung an Entscheidungen z.B. über Investitionen, die Art der Produkte oder den Produktionsstandort ausschliesst, wird im Folgenden der Begriff *teilautonome* Arbeitsgruppen verwendet.

Teilautonomen Arbeitsgruppen wird ein möglichst vollständiger Aufgabenbereich zur Erledigung in eigener Verantwortung übertragen. Abhängig davon, welche Entscheidungsbefugnisse den Gruppen übertragen werden, sind in der Praxis unterschiedliche Grade von Autonomie vorfindbar.

Mit der Bestimmung von Kriterien für die Autonomie von Arbeitsgruppen haben sich früher vor allem HERBST (1962), GULOWSON (1971, 1972) und SUSMAN (1976) befasst, später auch ANTONI (1994), ULICH (1994), FRIELING (1997) und WEBER (1997). PARKER, WALL und CORDEREY (2001, 433) postulieren dazu: «Rather like the premise of traditional work design theory, researchers and practitioners need to be afforded autonomy and minimal critical specification if the full potential of their contribution is to be realized!» Die von GULOWSEN vorgenommenen Operationalisierungen sind in Kasten 4.9 wiedergegeben.[9]

Der in Kasten 4.9 dargestellte Kriterienkatalog wurde für die Analyse des Autonomiestatus von acht Arbeitsgruppen in norwegischen Betrieben verwendet; das Ergebnis der Analyse ist in Abbildung 4.6 (S. 230) wiedergegeben.

Nach GULOWSEN zeigt die in Abbildung 4.6 wiedergegebene Matrix, dass die Autonomiekriterien den Regeln einer GUTTMAN-Skala folgen, d.h. eine aufsteigende Reihe bilden, in der die Erfüllung der Kriterien ‹höherer› Autonomie die Erfüllung der Kriterien ‹geringerer› Autonomie jeweils voraus-

---

[9] «The criteria of autonomy were developed on a theoretical basis independent of, but following the collection of, the data for all the case studies. The criteria were not based on the empirical material in the cases, but were, concerned with the ‹what, where, when, who and how› of the groups' functions. Excluded were decisions regarding determination of norms, policy and doctrines, although such decisions would have great importance, e.g. in religious or political groups» (GULOWSEN 1972, 375f.).

Kasten 4.9: Kriterien für die Autonomie von Arbeitsgruppen (nach: GULOWSEN 1972)

(1) Die Gruppe kann auf die Formulierung der für sie geltenden Zielvorstellungen Einfluss nehmen
  (a) hinsichtlich qualitativer Aspekte, das heisst was die Gruppe produzieren soll,
  (b) hinsichtlich quantitativer Aspekte, das heisst wie viel und unter welchen finanziellen Bedingungen sie produzieren soll.
  Kriterium (1b) gilt nur dann als erfüllt, wenn beide Teilbedingungen erfüllt sind.

(2) Unter der Voraussetzung der Erfüllung der Grenzbedingungen kann die Gruppe darüber entscheiden,
  (a) wo sie arbeitet,
  (b) wann sie arbeitet – dieses Kriterium gilt als erfüllt, wenn die Gruppe die Zahl der Arbeitsstunden für die Gruppe als ganze bestimmen kann oder wenn die Gruppe darüber entscheiden kann, ob ein Gruppenmitglied die Arbeit während der regulären Arbeitsstunden verlassen darf oder wenn die Gruppe darüber entscheidet, ob und wann Überstunden gemacht werden;
  (c) in welchen weiteren Tätigkeiten sie sich engagieren möchte. Dieses Kriterium ist erfüllt, wenn die Arbeitsgruppe ihre Tätigkeit auf eigene Verantwortung unterbrechen kann oder wenn ihre Mitglieder private oder andere Arbeiten verrichten können, sofern sie die vorgegebenen Produktionsziele erfüllt haben.

(3) Die Gruppe trifft die erforderlichen Entscheidungen in Zusammenhang mit der Wahl der Produktionsmethode. Dies setzt voraus, dass
  (a) tatsächlich Alternativmethoden vorhanden sind und dass
  (b) Aussenstehende sich in die Wahl der Methode nicht einmischen. Das Kriterium ist irrelevant, wenn die Voraussetzung (a) nicht erfüllt ist.

(4) Die Gruppe entscheidet über die interne Aufgabenverteilung.
  Voraussetzungen für die Erfüllung des Kriteriums sind
  (a) das Vorhandensein alternativer Aufgabenverteilungen und
  (b) Nichteinmischung Aussenstehender in den Entscheidungsprozess.
  Das Kriterium ist irrelevant, wenn die Voraussetzung (a) nicht erfüllt ist.

(5) Die Gruppe entscheidet über die Mitgliedschaft.
  Das Kriterium gilt als erfüllt, wenn die Gruppe neue Mitglieder auswählen und einstellen oder
  wenn die Gruppe unerwünschte Mitglieder ausschliessen kann.

(6) Die Gruppe trifft Entscheidungen in Bezug auf zwei wesentliche Aspekte der Führung:
  (a) ob sie in Bezug auf gruppeninterne Vorgänge einen Führer haben will und wer das sein soll;
  (b) ob sie zum Zwecke der Regelung der Grenzbedingungen einen Führer haben will und wer dies sein soll.

(7) Die einzelnen Gruppenmitglieder entscheiden darüber, wie die von ihnen zu erledigenden Aufgaben auszuführen sind.

Das Kriterium gilt als nicht erfüllt, wenn irgendeine andere Person die Entscheidung trifft und als nicht relevant, wenn die Technologie eine Entscheidung nicht zulässt.
(Nach GULOWSEN 1972, 376 ff.)

	Die Gruppe hat Einfluss auf ihre qualitativen Ziele	Die Gruppe hat Einfluss auf ihre quantitativen Ziele	Die Gruppe entscheidet Fragen der Vertretung nach aussen	Die Gruppe entscheidet über die Annahme von zusätzlichen Arbeiten	Die Gruppe entscheidet, wann sie arbeiten will	Die Gruppe entscheidet über Fragen der Produktionsmethoden	Die Gruppe bestimmt die interne Aufgabenverteilung	Die Gruppe entscheidet über Fragen von Neueinstellungen	Die Gruppe entscheidet über Fragen der internen Führung
	1a	1b	6b	2c	2b	3	4	5	6a
Holzfällergruppe	-	+	+	+	+	+	+	+	+
Kohle-Bergbau-Gruppe	-	+	+	+	+	+	+	+	+
Elektr. Heizofen-Gruppe	-	+	+	+	+	+	+	+	+
ALFA-Ofen-Gruppe	-	-	-	+	+	+	+	+	+
ALFA-Steinhauer-Gruppe	-	-	-	+	+	+	+	+	+
Druckfedergruppe	-	-	-	-	-	O	+	+	+
Schmelzofengruppe	-	-	-	-	-	-	+	+	+
Galvanisierungsgruppe	-	-	-	-	-	-	-	-	-

Abbildung 4.6: Entscheidungsbefugnisse von acht teilautonomen Arbeitsgruppen (nach: GULOWSEN 1972)

setzt.[10] Aufgrund einer Analyse der Konsequenzen der jeweiligen Entscheidungen zieht GULOWSEN den Schluss, dass der Grad der Autonomie (1) durch den Zeithorizont der selbständig zu treffenden Entscheidungen und (2) durch die Höhe der von den Entscheidungen betroffenen Systemebenen bestimmt wird.

---

[10] Sowohl in eigenen Untersuchungen (STROHM et al. 1993a) als auch in den von GROB (1992) berichteten Analysen von 566 Arbeitsgruppen mit insgesamt ca. 5700 Mitgliedern in 44 Siemens-Werken konnte allerdings die von GULOWSEN vermutete hierarchische Struktur der Autonomiekriterien trotz ihrer Plausibilität in der vorliegenden Form nicht bestätigt werden. Wegen ihrer theoretischen und praktischen Bedeutung bedarf die Frage nach einer hierarchischen Struktur der Autonomiekriterien dringend der Beantwortung!

4.4 Arbeitsgruppen und Gruppenarbeit

Daran anknüpfend hat SUSMAN (1976) die von GULOWSEN formulierten Entscheidungsbefugnisse drei Klassen zugeordnet: (1) Entscheidungen der Selbstregulation (7, 6a, 5, 4); sie ergeben sich aus dem Arbeitsprozess und dienen der Regulation des Systems. (2) Entscheidungen der Selbstbestimmung (3, 2); sie betreffen die Unabhängigkeit der Arbeitsgruppe nach aussen und ergeben sich nicht zwingend aus dem Arbeitsprozess. (3) Entscheidungen der Selbstverwaltung (6b, 1); sie betreffen die Position der Gruppe im betrieblichen Machtgefüge und resultieren aus machtpolitischen Konstellationen oder aus Wertvorstellungen des Managements.

Zur letztgenannten Klasse von Entscheidungsbefugnissen ist allerdings festzustellen, dass mit dem Einsatz neuer Technologien in zahlreichen Unternehmen neue Arbeitssysteme eingeführt wurden, deren Effizienz überhaupt nur durch Arbeitsgruppen mit entsprechenden Möglichkeiten der Selbstregulation gewährleistet werden kann (BUNGARD und ANTONI 1993, BULLINGER 1993, ULICH 1993). Auch im Hinblick auf die stark zunehmende Kundenorientierung der Produktion und die damit erforderliche hohe Flexibilität stellt die Erledigung von Produktionsaufträgen durch Arbeitsgruppen mit weitgehenden Möglichkeiten der Selbstregulation in vielen Fällen inzwischen eine funktionale Notwendigkeit dar.

Schon viel früher hat SUSMAN (1970) darauf aufmerksam gemacht, dass insbesondere unter Bedingungen technischer Ungewissheit – das heisst z.B. mit zunehmender Komplexität der Automation – Selbstregulation in Gruppen zur Notwendigkeit werde, die ihren Niederschlag entweder in expliziten organisatorischen Regelungen oder in der Duldung entsprechender Arrangements finden könne.

Technische Ungewissheit bezieht sich auf nicht vorhersehbare Schwankungen und Störungen und meint die (Un-)Genauigkeit, mit der Produktions- bzw. Transformationsprozesse durch Computer gesteuert und kontrolliert werden können. Technische Ungewissheit bestimmt also das Ausmass von Informations- und Entscheidungsprozessen, die für die Beschäftigten im Prozess der Aufgabenerfüllung entstehen (vgl. CUMMINGS und BLUMBERG 1987).

Im Übrigen sind zu dem – nach wie vor grundlegenden und sehr anregenden – Konzept von GULOWSEN zur Bestimmung des Autonomiestatus von Arbeitsgruppen zwei Anmerkungen zu machen:

(1) Wie oben erwähnt, gehört zu den den Grad der Autonomie bestimmenden Faktoren nach GULOWSEN die Höhe der von den Entscheidungen betroffenen Systemebene. Für moderne Produktionsorganisationen ist ein derartiger Ansatz aber nicht mehr unbedingt sinnvoll, da mit zunehmender ‹Höhe› der Systemebene keineswegs notwendigerweise auch ein stärkerer

Einfluss auf die Struktur einer Organisation – und damit auf die mögliche Autonomie von Arbeitsgruppen – verbunden ist. Tatsächlich hat in den letzten Jahren in zahlreichen Unternehmen etwa die EDV-Abteilung – oder die für die Produktionsplanung und -steuerung (PPS) zuständige Abteilung – einen wesentlich grösseren Einfluss als ‹höhere Systemebenen› darauf gehabt, ob sich die Struktur in Richtung Zentralisierung oder Dezentralisierung entwickelt, welche Möglichkeiten einer funktionalen Integration durch datentechnische Verknüpfungen unterstützt oder verhindert und welche Formen der Mensch-Maschine-Funktionsteilung eröffnet oder verschlossen werden. Aus diesem Grunde erscheint es sinnvoller, die hauptsächlichen Tätigkeiten bzw. Funktionen nach ihrem Einfluss auf die Produktionsstruktur zu ordnen (vgl. Abbildung 4.7).

Planen und Modellieren

Entwickeln und Konstruieren

Steuern und Organisieren

- -

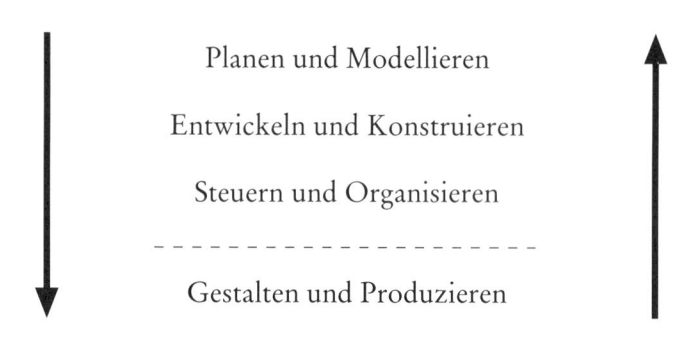

Gestalten und Produzieren

Abbildung 4.7: Betriebliche Funktionen mit hoher Strukturwirksamkeit (aus: ULICH 1994)

Die Darstellung in Abbildung 4.7 soll einerseits die ‹von oben nach unten› abnehmende Strukturierungsmächtigkeit der angegebenen Tätigkeiten bzw. Funktionen verdeutlichen, andererseits die mit zunehmender Übernahme von Tätigkeiten bzw. Funktionen ‹von unten nach oben› grösser werdende Autonomie von Arbeitsgruppen.

(2) Beim Versuch, die von GULOWSEN vorgenommenen Operationalisierungen für die Analyse und Bewertung der Autonomie von Arbeitsgruppen in modernen Produktionssystemen anzuwenden, stösst man rasch auf Schwierigkeiten (vgl. KIRSCH 1993, STROHM et al. 1993a, WEBER und ULICH 1993), die damit zusammenhängen, dass die Operationalisierungen zu wenig tätigkeits- bzw. aufgabenorientiert sind und die Klassifizierung konkret vorfindbarer Arbeitsgruppen nach dem Grad ihrer Autonomie deshalb nicht ohne Weiteres möglich ist.

4.4 Arbeitsgruppen und Gruppenarbeit

Der Vorteil des Konzepts von GULOWSEN schien zunächst gerade darin zu liegen, dass es tätigkeitsunabhängig operationalisiert war und deshalb Vergleiche über so unterschiedliche Tätigkeiten wie Montieren, Galvanisieren, Schmelzen, Holz fällen oder Kohle abbauen erlaubte (vgl. Abbildung 4.6, S. 230). Dies hat aber zur Folge, dass tätigkeitsspezifische oder für Klassen von Tätigkeiten spezifische Möglichkeiten der Selbstregulation nicht erfasst und in ihrer Bedeutung für die Persönlichkeitsentwicklung möglicherweise nicht erkannt oder unterschätzt werden.

Aus diesem Grunde wird hier vorgeschlagen, das Konzept von GULOWSEN durch ein tätigkeitsorientiertes Analyseraster zu ergänzen (vgl. ULICH 1994). Zusätzlich erscheint es sinnvoll, die von GULOWSEN vorgeschlagene Skala dahingehend zu differenzieren, ob die Entscheidungen von der Gruppe bzw. von Teilen der Gruppe gemeinsam oder von einzelnen Gruppenmitgliedern getroffen werden und ob dies jeweils ohne Einmischung von aussen oder gemeinsam mit Aussenstehenden stattfindet. Ein Beispiel für tätigkeitsorientierte Kategorien ist in Tabelle 4.6 (S. 234f.) wiedergegeben.

Die Auflistung von Teiltätigkeiten in dem in Tabelle 4.6 dargestellten Analyseraster macht deutlich, dass der tätigkeitsorientierten Bestimmung des Autonomiestatus von Arbeitsgruppen eine Erhebung der relevanten Teiltätigkeiten vorausgehen muss. Diese kann über Dokumentenanalysen und/oder Beobachtungsinterviews erfolgen (vgl. Abschnitt 2.1). Dabei können weitere Differenzierungen notwendig werden, z.B. hinsichtlich der Frage, ob immer dasselbe Gruppenmitglied allein oder mit anderen Funktionsträgern eine bestimmte Aufgabe wahrnimmt oder ob dies im Wechsel zwischen mehreren oder allen Gruppenmitgliedern erfolgt. Schliesslich kann auch der Fall eintreten, dass z.B. die Erledigung kleiner Reparaturen oder die Prüfung der Erzeugnisqualität von jedem Gruppenmitglied allein vorgenommen wird.

Für einen Vergleich zwischen verschiedenen Tätigkeiten bzw. Klassen von Tätigkeiten lassen sich die aufgelisteten Teiltätigkeiten einerseits nach ihrer sequentiellen Vollständigkeit (vgl. S. 218), d.h. nach Kategorien wie Zielsetzung, Planung, Vorbereitung, Organisation, Ausführung, Kontrolle oder nach ihrer Strukturwirksamkeit (vgl. Abbildung 4.7) ordnen. Andererseits können die erhobenen Daten auf VERA-Stufen (OESTERREICH und VOLPERT 1991) abgebildet werden, so dass über die Identifizierung kollektiver Regulationserfordernisse ein anders hergeleitetes Autonomiemass entsteht (vgl.

Tabelle 4.6: Beispiel für tätigkeitsorientierte Kategorien zum Autonomieprofil von Arbeitsgruppen in der Produktion (aus: ULICH 1994)

Zur Gesamtaufgabe der Gruppe gehört ...	+ - o	Die Gruppe allein	Die Gruppe gemeinsam mit anderen Funktionsträgern	Ein bestimmtes Gruppenmitglied allein	Ein Gruppenmitglied gemeinsam mit anderen Funktionsträgern	Der Meister oder ein anderer Funktionsträger	Funktionsträger benennen
... das Layout in ihrem Produktionsabschnitt							
... die Einrichtung der Arbeitsplätze							
... die Planung der Auftragsreihenfolge							
... die Festlegung der Anforderungen an die Qualität der Erzeugnisse							
... die Einhaltung der Termine							
... die Feindisposition							
... die Wahl der Produktionsmethode							
... die Beschaffung von Arbeitsmitteln							
... die Wahl der geeigneten Arbeitsmittel							
... die NC-Programmierung							
... die Einrichtung der Maschinen							
... die Voreinstellung der Werkzeuge							
... die Wartung und Instandhaltung							
... die Störungsbeseitigung							
... die Erledigung kleinerer Reparaturen							
... die Prüfung der Erzeugnisqualität							
... die Nacharbeit							
... die Materialwirtschaft							
... die Reinigungs- und Transportaufgaben							

4.4 Arbeitsgruppen und Gruppenarbeit

... die Kostenabrechnung							
... die Ablieferung der Erzeugnisse beim Kunden							
... die interne Aufgabenverteilung							
... die Zeitverteilung über den Tag							
... die Regelung von An- und Abwesenheiten							
... die Entscheidung über die Annahme von Überstunden							
... das Arbeitstempo							
... die Pausenregelung							
... der Personaleinsatz							
... die Ferienregelung							
... die Entscheidung über die Art der internen Koordination							
... die Wahl eines Gruppenmitglieds für die interne Koordination							
... die Entscheidung über die Art der Vertretung nach aussen							
... die Wahl eines Gruppenmitglieds für die Vertretung nach aussen							
... die Grenzregulation mit vor- und nachgelagerten Bereichen							
... die Auswahl neuer Gruppenmitglieder							
... das Anlernen neuer Gruppenmitglieder							
... die Aus- und Weiterbildung von Gruppenmitgliedern							
... die Abwahl unerwünschter Gruppenmitglieder							
... das Vereinbaren der Produktionsmenge pro Zeiteinheit							
... das Vereinbaren der finanziellen Bedingungen							

+ gehört zur Aufgabe der Gruppe
- gehört nicht zur Aufgabe der Gruppe
o kommt nicht vor

Abschnitt 2.3.3). Schliesslich bleibt ein Vergleich über die in veränderter Formulierung integrierten GULOWSEN-Items zusätzlich möglich.

Bei FRIELING und FREIBOTH (1997) findet sich eine Klassifikation von Gruppenarbeitsmodellen, die auf eine Analyse von Arbeitsgruppen in der europäischen Automobilindustrie angewandt wurde.[11] Die insgesamt 43 Bewertungsmerkmale sind in sechs Kategorien zusammengefasst:
(1) Organisatorische Rahmenbedingungen,
(2) Erweiterte Gruppenaktivitäten / Aufgaben,
(3) Partizipation / Autonomie,
(4) Gruppengespräche,
(5) Gruppenspezifische Qualifikationen,
(6) Kontinuierlicher Verbesserungsprozess (KVP).

Für internationale Vergleiche ist schliesslich zu berücksichtigen, dass die durch kulturelle und/oder gesetzliche Normen geregelten Arbeitgeber-Arbeitnehmer-Beziehungen (‹Industrial relations›) unterschiedlich günstige Voraussetzungen für kollektive Selbstregulation in der Produktion darstellen (vgl. Abbildung 4.8).

«Unter dem System der industriellen Beziehungen (dem ‹Industrial Relations System›) wird in Anlehnung an FLANDERS (1965) ein System von Regeln, Rechten und Verpflichtungen und von Vertragsbeziehungen verstanden. Dabei steht das Beschäftigungsverhältnis, also die Beziehung zwischen Beschäftiger und Beschäftigten respektive ihren Organisationen im Zentrum. Diese Regeln, Rechte und Verpflichtungen werden durch Institutionen einzeln oder zusammen festgelegt und erscheinen in verschiedener Gestalt.[12]

Immer noch in Anlehnung an FLANDERS können zwei Kategorien von Regeln unterschieden werden: Formelles Recht oder wie FLANDERS es bezeichnet ‹procedural rules›, nach denen die Interessenkonflikte ausgetragen werden sollten. Sie zielen auf das Verhalten ganzer Organisationen und erfüllen eine Ordnungsfunktion. Sie legen fest, wie materielles Recht, ‹substantive rules›, ausgehandelt wird, das auf einen einzelnen Arbeiter oder eine einzelne Stelle zielt. Dem materiellen Recht kommt eine Regulationsfunktion zu. Aus dem formellen und dem materiellen Recht ergibt sich ein Netz von

---

[11] Die Klassifikation ist auch bei FRIELING und SONNTAG (1999) wiedergegeben.
[12] «Zum Beispiel in Form von Gesetzen und Verordnungen durch den Staat, Reglementen der Gewerkschaften oder Arbeitgeberorganisationen, Kollektivverträgen der Sozialpartner, Schiedssprüchen von Schiedsgerichten oder Schlichtungsstellen, Entscheidungen von Unternehmensleitungen, aber auch allgemein akzeptierten Sitten und Gebräuchen» (HOTZ-HART, a.a.O.)

4.4 Arbeitsgruppen und Gruppenarbeit 237

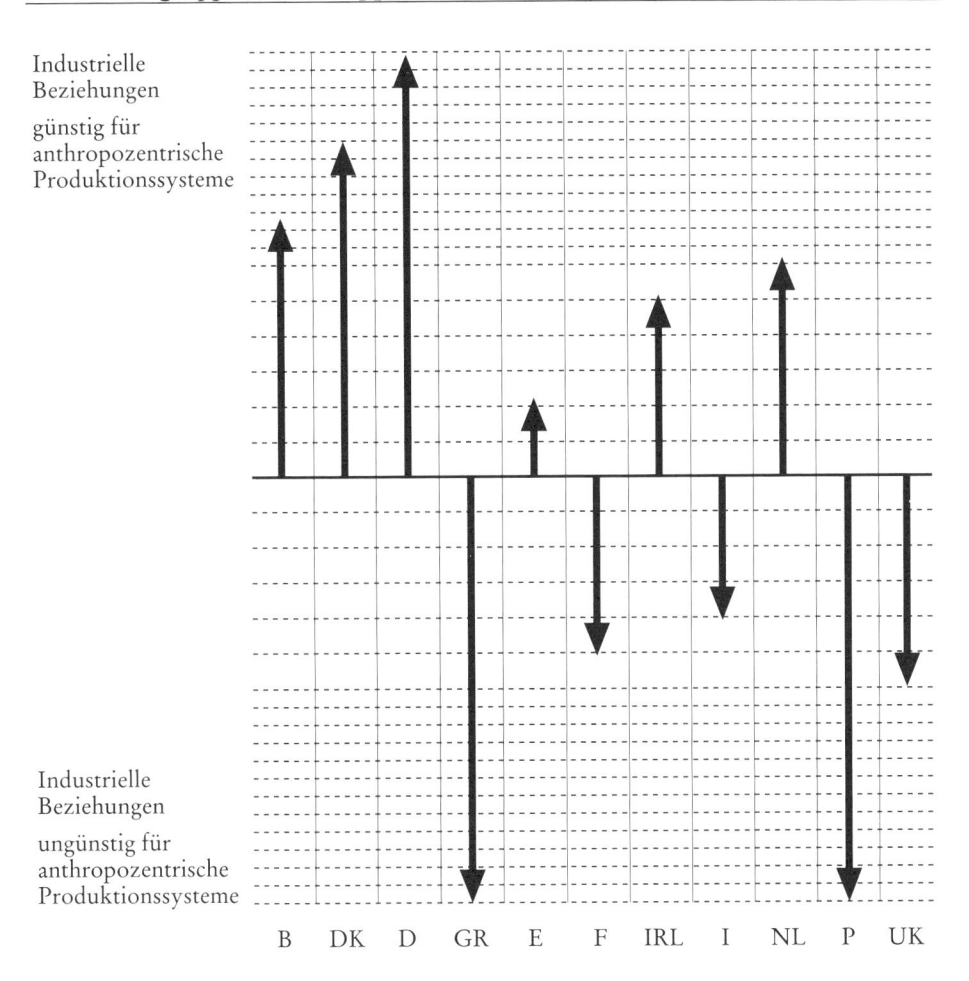

Industrielle Beziehungen günstig für anthropozentrische Produktionssysteme

Industrielle Beziehungen ungünstig für anthropozentrische Produktionssysteme

B   DK   D   GR   E   F   IRL   I   NL   P   UK

Institute of Work and Technology: FAST, Project of Anthropocentric Production Systems

Abbildung 4.8: Einfluss der Arbeitgeber-Arbeitnehmer-Beziehungen (‹Industrial relations›) auf die Entwicklung anthropozentrischer Produktionssysteme (aus: LEHNER 1991)

Rechten und Verpflichtungen, ein Netz von Vertragsbeziehungen. Diese Rechte werden von den Aktoren gemäss ihren Interessen geschützt, verteidigt, gehandelt, verkauft und gekauft» (HOTZ-HART 1989, 28f.).

Die in Abbildung 4.8 für ‹anthropozentrische› Produktionssysteme wiedergegebenen Aussagen können als ungefähres Abbild der Unterschiede in den Ländern der europäischen Gemeinschaft gelten.

Wenn sie auch nicht massstabgerecht zu interpretieren sind, so machen die Relationen doch deutlich, dass die Entwicklung und Realisierung anthropozentrischer bzw. arbeitsorientierter Produktionssysteme – und damit: die Einführung teilautonomer Gruppen – auf der Ebene der kodifizierten Arbeitgeber-Arbeitnehmer-Beziehungen sehr unterschiedlichen Voraussetzungen begegnet. So wird etwa in den Vorschlägen der Industriegewerkschaft Metall zur Tarifreform 2000 postuliert, bestimmte Entscheidungen z.B. über Beginn und Ende der Arbeitszeit, Mehrarbeit, Urlaubsplanung und Gruppenzusammensetzung aus dem Kompetenzbereich der Arbeitsgruppen auszuklammern, andere Entscheidungen wie z.B. über die Reihenfolge der Auftragsabwicklung, die Beschaffung von Arbeitsmitteln und Betriebsmitteln, aber auch über den Qualifizierungsbedarf und die Qualifizierungsplanung den Gruppen ausdrücklich zu übertragen.

Damit wird deutlich: durch Gesetze, Verordnungen, Tarifverträge oder Betriebsvereinbarungen kodifizierte Arbeitgeber-Arbeitnehmer-Beziehungen stellen u.U. eine entscheidende Bedingung für den ‹Möglichkeitsraum› kollektiver Selbstregulation dar und sind deshalb bei der arbeitspsychologischen Analyse von Autonomieprofilen systematisch zu berücksichtigen.

4.4.3 Teilautonome Arbeitsgruppen in der Praxis

Über Bedingungen und Auswirkungen der Arbeit in teilautonomen Gruppen wurde in den letzten drei Jahrzehnten vielfach berichtet.[13] Dabei zeigt sich, dass Erfahrungen damit in vielen Ländern und einer Vielzahl von Branchen gesammelt werden konnten.

Wenig bekannt ist, dass auch im Bereich der Waldarbeit sorgfältig begründete und begleitete Versuche mit der Einführung teilautonomer Gruppen realisiert werden konnten, z.T. sogar im Rahmen eines ADAPT-Projekts (LEWARK et al. 1996, KASTENHOLZ et al. 2000, HEIL 2000).

---

[13] z.B. von DAVIS und CHERNS (1975), EMERY und THORSRUD (1976, 1982), INTERNATIONAL COUNCIL FOR THE QUALITY OF WORKING LIFE (1979), ULICH, GROSKURTH und BRUGGEMANN (1973), AGURÉN und EDGREN (1980) ALIOTH (1980), SANDBERG (1982), ULICH (1983b), BAITSCH (1985), HACKMAN (1990), FREI et al. (1993), über die Entwicklung von Gruppenarbeit MOLDASCHL und WEBER (1998), in Deutschland insbesondere BINKELMANN, BRACZYK und SELTZ (1993), ANTONI 1995.

4.4 Arbeitsgruppen und Gruppenarbeit

Sammlungen von Fallbeispielen finden sich bei ANTONI (1994) und ZINK (1995b). Die folgenden Abschnitte beschränken sich daher auf die Darstellung einiger Beispiele aus unterschiedlichen Anwendungsbereichen (vgl. auch Abschnitt 9.3 über das Projekt im Volkswagenwerk Salzgitter).

4.4.3.1 Teilautonome Arbeitsgruppen in der Fahrzeugmontage

Das erste Beispiel betrifft die Restrukturierung einer schwedischen Autokarosseriefabrik, in der im Jahre 1975 die herkömmliche Fliessbandstruktur durch ein, an soziotechnischen Konzepten orientiertes, System teilautonomer Gruppen abgelöst wurde (vgl. ULICH 1983b, ULICH, CONRAD-BETSCHART und BAITSCH 1989). Den aus überwiegend angelernten Arbeitern bestehenden Gruppen wurde ein umfassendes Aufgabenpaket zur Erledigung in eigener Verantwortung übertragen (vgl. Abbildung 4.9).

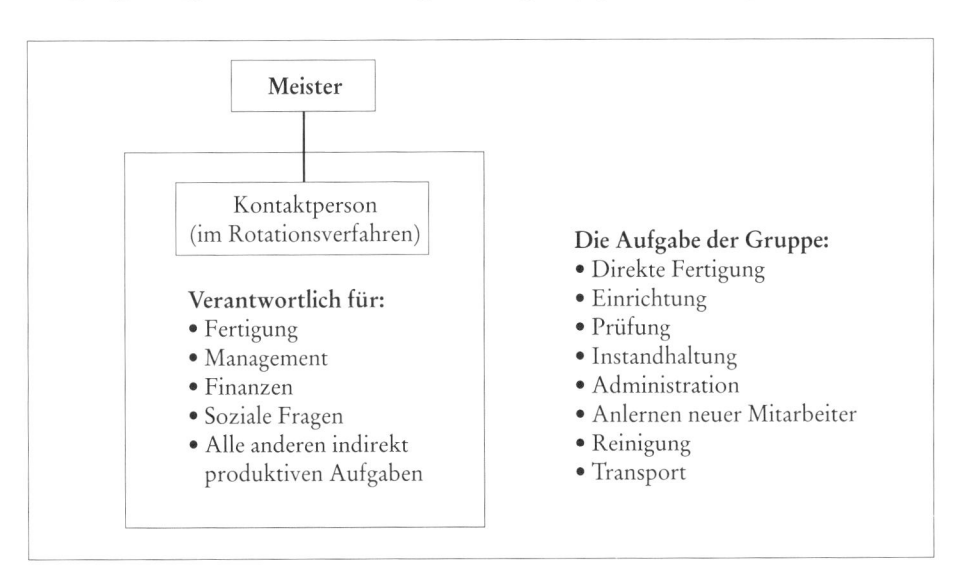

```
                    ┌─────────┐
                    │ Meister │
                    └────┬────┘
   ┌─────────────────────┼────────────────────────────┐
   │ ┌───────────────┐   │                            │
   │ │ Kontaktperson │   │                            │
   │ │(im Rotationsverfahren)│                        │
   │ └───────────────┘                                │
   │                         Die Aufgabe der Gruppe:  │
   │ Verantwortlich für:     • Direkte Fertigung      │
   │  • Fertigung            • Einrichtung            │
   │  • Management           • Prüfung                │
   │  • Finanzen             • Instandhaltung         │
   │  • Soziale Fragen       • Administration         │
   │  • Alle anderen indirekt• Anlernen neuer Mitarbeiter│
   │    produktiven Aufgaben • Reinigung              │
   │                         • Transport              │
   └──────────────────────────────────────────────────┘
```

Abbildung 4.9: Arbeitsaufgabe und Verantwortlichkeiten teilautonomer Arbeitsgruppen (nach Angaben der Werksleitung, Saab Karosseriefabrik Trollhättan)

Die Gruppen vertreten sich nach aussen durch eine Kontaktperson, die zusätzliche, nicht direkt produktive Aufgaben wahrzunehmen hat. Die Funktion der Kontaktperson rotiert zwischen allen Gruppenmitgliedern in

Fliessbandproduktion

Teilautonome Gruppen

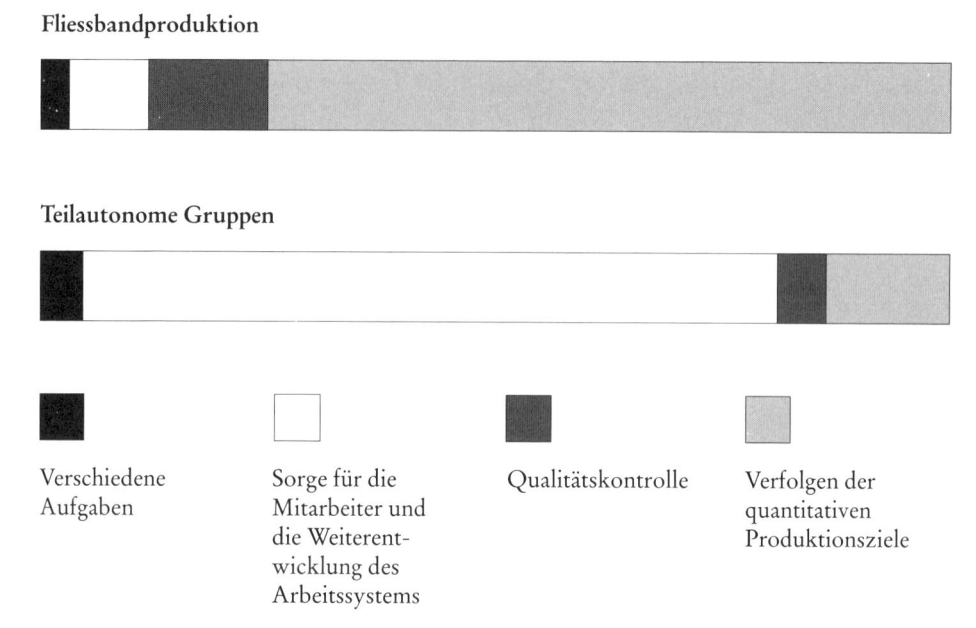

Verschiedene Aufgaben	Sorge für die Mitarbeiter und die Weiterentwicklung des Arbeitssystems	Qualitätskontrolle	Verfolgen der quantitativen Produktionsziele

Abbildung 4.10: Die Tätigkeit der Meister vor und nach Einführung teilautonomer Arbeitsgruppen – Ergebnisse von Selbstaufschreibungen (nach Angaben der Werksleitung, Saab-Karosseriefabrik Trollhättan)

wöchentlichem Wechsel. Jede Gruppe ist zugleich eine eigene Kostenstelle und ist damit als kleinste organisationale Einheit ausgewiesen. Je drei bis vier Gruppen bilden einen Meisterbereich.

Die Rekrutierung neuer Mitarbeiter wird von den Arbeitsgruppen und dem Meister gemeinsam vorgenommen. Beide Seiten haben ein Vetorecht. Eine auf höherer Ebene angesiedelte Kommission – bestehend aus Vertretern des arbeitsärztlichen Dienstes, der Meister und der betrieblichen Gewerkschaftsorganisation – bemüht sich, dafür Sorge zu tragen, dass bei Neueinstellungen auch Frauen, Ältere und Behinderte von den Gruppen akzeptiert werden. Die Ziele werden nach Art des ‹Management by Objectives› für die Gruppe vereinbart und beziehen sich in erster Linie auf Quantität, Qualität und Kosten. Jede Gruppe erhält täglich eine Rückmeldung über die Qualität ihrer Leistung, die durch Nachkontrolle einer Stichprobe in der Grössenordnung von ein bis fünf Prozent der Teile ermittelt wird. In der wöchentlichen Sitzung mit dem Meister erhält die Gruppe darüber hinaus differenziertere Informationen über den Stand der Zielerreichung.

4.4 Arbeitsgruppen und Gruppenarbeit

Seit einigen Jahren verfügen die Gruppen für ihre administrativen Aufgaben über einen Personalcomputer. Dabei hat sich die Werksleitung bewusst für ein mit dem betrieblichen EDV-System nicht kompatibles Produkt entschieden, um so die Eigenständigkeit der Gruppen zu fördern und die Notwendigkeit der persönlichen Kommunikation zwischen Meistern und Gruppen aufrechtzuerhalten.
Die Tätigkeit der Meister hat sich mit der Einführung der neuen Struktur grundlegend verändert (vgl. Abbildung 4.10).

Nach Angaben der Werksleitung sind mit der aus Abbildung 4.10 erkennbaren Veränderung der Tätigkeit der Meister erheblich höhere Anforderungen an deren Qualifikation verbunden.
Dass sich mit der Ablauforganisation auch einige Elemente der Aufbauorganisation verändert haben, geht aus Abbildung 4.11 (S. 242) hervor.

Nach mehr als sechsjähriger Erfahrung berichtete die Werksleitung u.a. über die folgenden betriebswirtschaftlichen Nutzeffekte: Verbesserung der Qualität und Verminderung der Kosten für Qualitätskontrolle und Nacharbeit, Verringerung des Verletzungsrisikos und Verminderung der Fluktuation, Verbesserung der Produktionsstabilität und Verminderung von Abstimmungs- und Systemverlusten. Zu den Kosteneffekten gehören die Kapitalbindung in Puffern sowie zusätzliche Investitionen für Parallelausrüstung und Einrichtung von Extrazonen für die Lagerung von Material im Produktionsbereich.

Der insgesamt eindeutig belegbare betriebswirtschaftliche Nutzen hat die Unternehmensleitung im Jahre 1985 veranlasst, das Konzept der Arbeit in teilautonomen Gruppen zum Bestandteil der Unternehmenspolitik zu erklären. Nach Übernahme des Produktionsmanagements durch General Motors wurden die Autonomie der Gruppen und die ihnen übertragenen Aufgabenumfänge allerdings wieder erheblich reduziert.
Grosse Aufmerksamkeit haben vor allem die seit Mitte der siebziger Jahre in einer Reihe von Volvo-Werken durchgeführten ‹Produktionsexperimente› erregt. Seit Inbetriebnahme der Fabrik in Kalmar, über die in zahlreichen Publikationen – und vielfach falsch (vgl. Abschnitt 6.4), berichtet wurde, sind sowohl in der Produktion von Personenfahrzeugen als auch in der Produktion von Trucks zum Teil wesentlich weitergehende Formen von Gruppenarbeit eingeführt worden (vgl. Kasten 4.10, S. 243).

Fliessbandproduktion   Meister   Kontrolleur

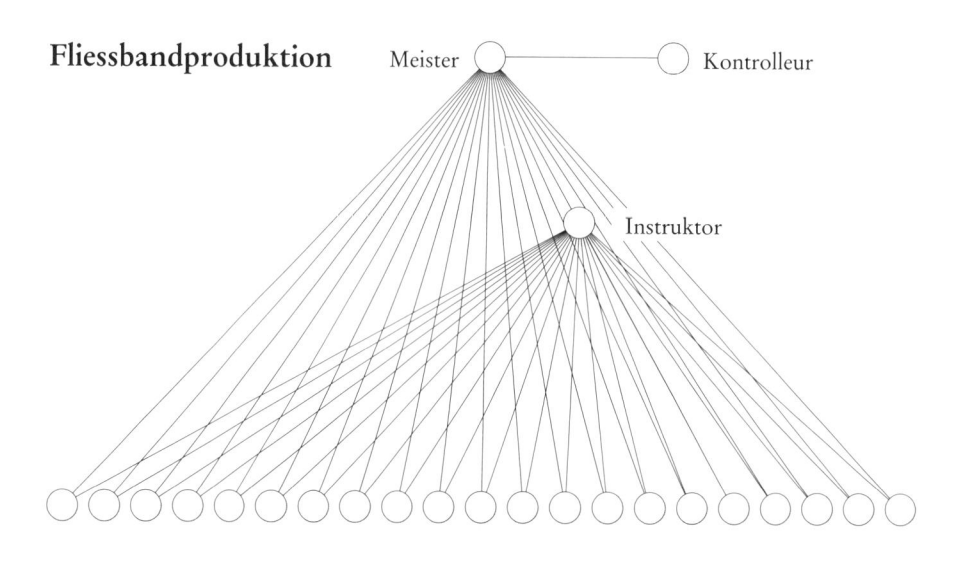

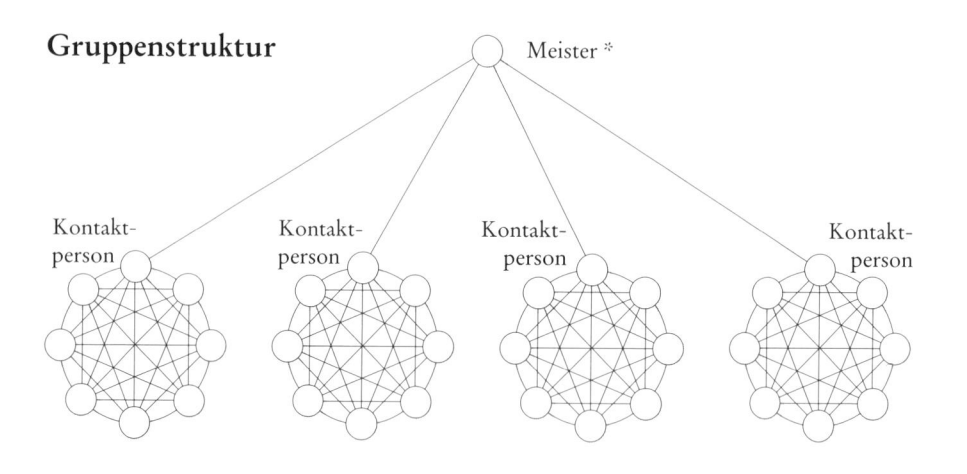

                                    Instruktor

Gruppenstruktur   Meister *

Kontakt-   Kontakt-   Kontakt-   Kontaktperson   person   person   person

Abbildung 4.11: Struktur eines Meisterbereiches vor und nach Einführung teilautonomer Arbeitsgruppen (nach Angaben der Werksleitung, Saab-Karosseriefabrik Trollhättan)

Die Schliessung des Volvowerkes in Uddevalla im Frühsommer 1993 wurde vielfach als Hinweis auf mangelnde Produktivität interpretiert.

4.4 Arbeitsgruppen und Gruppenarbeit

Kasten 4.10: Teilautonome Arbeitsgruppen in der Fahrzeugmontage

Ein besonders eindrückliches Beispiel für soziotechnische Systemgestaltung und Arbeit in teilautonomen Gruppen findet sich in der 1989 eröffneten Volvo-Fabrik in Uddevalla. Diese Fabrik für die Endmontage von Personenwagen besteht aus sechs, voneinander unabhängigen Produktionseinheiten, in denen in je acht Gruppen jeweils vier Autos pro Tag komplett montiert werden. Jedes Fahrzeug ist in sieben Arbeitsabschnitte eingeteilt: nach einer Lern- und Einarbeitungszeit von 16 Monaten (!) sollen die Beschäftigten zwei bis drei solcher Arbeitsabschnitte beherrschen, d.h. für einen Arbeitsinhalt von zwei bis drei Stunden qualifiziert sein. Der Grad der erreichten Qualifikation findet seinen Niederschlag in einem Polyvalenzlohnsystem (vgl. Abschnitt 8.3). Eine Reihe von Arbeitern ist bereits in der Lage, ganze Autos allein zusammenzubauen.

Gemäss der Einsicht, dass mit zunehmendem Umfang der Arbeitsaufgabe auch die Möglichkeiten der Einflussnahme auf die Arbeit zunehmen müssen, sind die Hierarchien flach und die Möglichkeiten bzw. die Anforderungen der Selbstregulation innerhalb der Arbeitsgruppen hoch. Die Führungsfunktionen werden von monatlich wechselnden Teammitgliedern wahrgenommen. Allerdings findet die Rotation nur zwischen solchen Teammitgliedern statt, die sich für die Wahrnehmung dieser Aufgabe interessieren und vom Leiter der Produktionswerkstatt als dafür geeignet gehalten werden.

Bei der Zusammensetzung der Gesamtbelegschaft, und nach Möglichkeit auch der einzelnen Gruppen, wird auf eine Widerspiegelung bestimmter demografischer Merkmale in der Bevölkerung geachtet: höchstens 25 Prozent der Beschäftigten sollen jünger als 25 Jahre sein, mindestens 25 Prozent älter als 45 Jahre, der Frauenanteil soll etwa 40 Prozent betragen. Die bisher vorliegenden Erfahrungen scheinen zu bestätigen, dass auf diese Weise eine Art ‹Unterstützungskultur› entsteht, deren Auswirkungen sich nicht nur auf das Wohlbefinden, sondern auch auf Produktivitätsvariable erstrecken.

Tatsächlich wurden die Ziele, die mit der Errichtung des Uddevalla-Werkes verbunden waren, vollumfänglich erreicht:

«All the criteria that one had expected the plant to meet were fullfilled:
1. The efficiency in car production was very good regarding quality, productivity and flexibility.
2. It had achieved dignity in terms of professional identity and human conditions for the workers.
3. The technical equipment had been adjusted to the workers and their growing competence.
4. It was a working place for both men and women of varying ages.
5. It had a very low rate of absenteeism and turnover.
6. New learning strategies to support long-cycle assembly work, new organic and holistic descriptions for materials handling and assembly work as well as new technical strategies for parallellized work places had been developed» (NILSSON 1995, 84).

Konkret erreichte Uddevalla bereits Mitte 1991 die Montagezeiten der noch weitgehend nach dem Fliessbandprinzip organisierten Massenproduktion in Torslanda/Gothenburg. Während dort in den folgenden 18 Monaten die Montagezeit pro Auto um 40% reduziert wurde, konnte sie in Uddevalla um die Hälfte reduziert werden. Bis Mitte 1993 sollte Uddevalla die europäische Spitzenposition von Gent erreichen, und es bestanden offenbar keine Zweifel daran, dass dies möglich sein würde (SANDBERG 1993). «In October 1992, the plant was thoroughly evaluated against the line assembly plant in Gothenburg. In this comparison Uddevalla emerged as the ‹best practice plant›, and an internal bench-mark for Gothenburg» (BERGGREN 1993, 2). Diese Aussage bezieht sich nicht nur auf die Montagezeit, sondern auch auf die Qualität und vor allem die Flexibilität in der Reaktion auf Kundenwünsche. Dennoch wurde nur einen Monat später der oben erwähnte Stillegungsbeschluss bekanntgegeben. Wie ist das zu erklären? Bei SANDBERG (1993) und BERGGREN (1993) finden sich einige Begründungen für diesen Beschluss, der ohne genauere Kenntnis naheliegenderweise falsch – nämlich als Eingeständnis mangelnder Produktivität – interpretiert wird. Die von Volvo selbst angegebenen Begründungen – Einsparungen von Kosten für den Transport der Karosserien zwischen Torslanda und Uddevalla (70 km) bzw. Kalmar (300 km), Reduzierung der Leitungs- und Verwaltungskosten von drei Werken auf eines – werden von beiden Autoren diskutiert und als wenig überzeugend verworfen. Bei SANDBERG finden sich Hinweise auf eine Führungskrise im Top Management von Volvo: «Die Traditionalisten – zu denen hier die Toyotisten gerechnet werden können – sind stark in Gothenburg. Sie sind schon immer gegen Uddevalla gewesen …» (a.a.O., S. 187). Folgt man der Darstellung von BERGGREN, so scheint dabei der neue Chief Executive Officer eine zentrale Rolle zu spielen. Für ihn haben Kalmar und Uddevalla offensichtlich nicht die gleiche Bedeutung wie für Pehr GYLLENHAMMAR (1977), in dessen Vorstellung von Industriepolitik die erfolgreiche Realisierung solcher Modelle zukunftsweisende Bedeutung hatte.
Sowohl bei BERGGREN als auch bei SANDBERG finden sich schliesslich Hinweise darauf, dass der Beschluss der Stillegung von Kalmar und Uddevalla von Volvos grösstem Aktionär, dem französischen Autohersteller Renault, massiv beeinflusst wurde. «Renault executives never bothered to study Uddevalla's performance. Its mere existence represented an aberra-

4. Gestaltung von Arbeitstätigkeiten 245

tion and abnormality for these ardent adherents of large-scale plants and authoritarian management» (BERGGREN 1993, 13).
«Der im Auftrag der französischen Regierung erstellte Bericht einer Consulting Firma ist dem Uddevalla-Modell gegenüber sehr kritisch eingestellt. Hier stossen zwei Produktionskulturen aufeinander. Ein Uddevalla, das nicht nur möglich, sondern darüber hinaus sogar effektiv ist, beinhaltet ein unangenehmes Infragestellen traditioneller Konzepte. Dies kann zu der Enthüllung führen, dass in alten Fabriken ein enormer Investitionsbedarf besteht. Der grösste Eigentümer von Renault, der französische Staat, hat Unternehmensberater herangezogen, die für Uddevalla und Kalmar ein Todesurteil abgegeben haben. Für die neue Volvo-Führung und für Renault, das nach einem erfolgreichen Jahr eine starke Position hat, kann die Stillegung von Uddevalla auch eine Symbolhandlung sein» (SANDBERG 1993, 187).
Bemerkenswert daran bleibt, dass Uddevalla der Vorstellung einer wirklich ‹schlanken› Produktion – mit Dezentralisierung, flacher Hierarchie, funktionaler Integration, Komplettbearbeitung in sich weitgehend selbst regulierenden Gruppen – weit eher entsprach als irgendein anderes Werk der Autoindustrie. Aber diese Vorstellungen stimmen mit jenen, die von WOMACK, JONES und ROOS angeboten werden, überhaupt nicht überein (vgl. Abschnitt 5.4.2). Das macht auch deutlich, dass eine Disziplin wie die Arbeitspsychologie in dieser Diskussion deutlicher Position beziehen muss als sie dies bisher manchenorts getan hat.

Zum Bericht über Gruppenarbeit in der Volvo-Fabrik Uddevalla und deren Schliessung im Jahre 1993 ist zu ergänzen: Am 18. Januar 1995 gab Volvo offiziell bekannt, dass die Fabrik in Uddevalla im Rahmen eines joint venture mit dem britischen Unternehmen TWR wieder eröffnet wird. In der Mitteilung des Präsidenten der Volvo Car Corporation, Per-Erik Mohlin, heisst es wörtlich: «The Uddevalla factory is highly suitable for the small, flexible organization that is required to produce niche cars in small series». Die Kapazität soll auf 20000 Fahrzeuge pro Jahr ausgelegt werden. Die Fabrik «will be a complete car production facility handling body assemblies, painting and final assemblies. The new company's investments in pro duction equipment will amount to slightly more than SEK 200 M» (Volvo Car Corporation 1995). Nach der Übernahme der Volvo Car Corporation durch Ford wurden schliesslich auch hier die Gruppenarbeitsstrukturen durch Liniensysteme ersetzt.

In zahlreichen Werken der deutschen Autoindustrie ist seit den 1990er Jahren ebenfalls Gruppenarbeit eingeführt worden, die allerdings sehr unterschiedlich zu beurteilen ist. Für viele Fälle gilt offensichtlich, dass dabei vor allem die Führungs- und Organisationsstrukturen, nicht aber die Arbeitstätigkeit und deren Vollständigkeit im Mittelpunkt des Interesses stehen (vgl. WEHNER und RAUCH 1994, BUNGARD und JÖNS 1997, FRIELING und FREIBOTH 1997). Mancherorts besteht sogar die Gefahr einer Rückentwicklung ‹von der teilautonomen zur standardisierten Gruppenarbeit› (SPRINGER 1999, dazu auch

LACHER 2000, 2001) bzw. von der ‹strukturinnovativen› zur ‹strukturkonservativen› Gruppenarbeit (NEDESS und MEYER 2001).

Seit einigen Jahren ist in der Automobilindustrie aber auch wieder ein gedanklicher Rückgriff auf Gruppenarbeitskonzepte mit ganzheitlichen Aufgaben und Ansätzen kollektiver Selbstregulation erkennbar. So findet sich etwa in der Audi-Betriebsvereinbarung über Gruppenarbeit vom 10. April 2003 die folgende Definition:
«Gruppenarbeit ist die Zusammenarbeit mehrerer Belegschaftsmitglieder
– zur eigenverantwortlichen Erledigung
– einer inhaltlich abgegrenzten ganzheitlichen Arbeitsaufgabe
– in einem räumlich zusammengehörenden Bereich.»

In diesem Zusammenhang stellt sich allerdings die grundsätzliche Frage, inwieweit organisationale Wahlmöglichkeiten durch technologische «Zwänge» systematisch eingeschränkt werden bzw. welche Möglichkeiten allenfalls bestehen oder geschaffen werden können, auch technologische Optionen zu entwickeln. «Damit Dezentralisierung und administrative Autonomie langfristig überhaupt möglich werden, muss der Arbeitsprozess die Entkopplung von technischen Zwängen, soziale Interaktion und entsprechend qualifizierte Arbeitsinhalte gestatten. Dies bedeutet einen wesentlich geringeren Spielraum für ‹organisatorische Alternativen›, als gemeinhin angenommen wird» (BERGGREN 1991, 327). Tatsächlich wird aus einigen Unternehmen über eine Reduzierung des Automatisierungsgrades berichtet.

Ob die beobachtbare Rücknahme der Automatisierung sowohl in der Fahrzeugendmontage als auch in der Getriebemontage (LACHER 2001) die Realisierung teilautonomer Gruppenarbeit eher begünstigt oder – insbesondere in der Grossserienfertigung – zu vermehrter Standardisierung und «strukturkonservativer» Gruppenarbeit (NEDESS & MEYER 2001) beiträgt, ist offenbar noch nicht entschieden. «Die Entwicklung geht im Augenblick in Richtung standardisierte Gruppenarbeit» (BRANDENBURG & FREIBOTH 2002, 17). Diese Beobachtung betrifft vor allem die Montage, während die mechanische Fertigung durchaus Elemente «teilautonomer» Gruppenarbeit aufweist (LACHER 2000). Ein positiv zu bewertendes Beispiel dafür findet sich in einem Bericht über das Werk Gaggenau von Mercedes Benz, in dem Getriebe und Achsen für Nutzfahrzeuge sowie der Unimog hergestellt werden. Hier fanden sich vergleichsweise grosse Aufgabenumfänge und vielfältige Mög-

4.4 Arbeitsgruppen und Gruppenarbeit

lichkeiten kollektiver Handlungsregulation in den Gruppen (vgl. FUNKE, KRIEG, GRÖSSER und WEITZ 1996). Ein Beispiel für die Rücknahme eines sehr hohen Automatisierungsgrades findet sich interessanterweise auch bei Toyota in Japan (vgl. Abschnitt 4.5.2).

Schliesslich stellt sich aber grundsätzlich die Frage, inwieweit «traditionelle Arbeitssysteme» ... «den langfristigen Tendenzen zu höherer Variantenvielfalt und individueller kundenorientierter Produktion» nochgerecht werden können (FREIBOTH 1997, 235). In diesem Sinne hat auch SPATH (2004) die aus dem Trend zur Individualisierung resultierende massive Zunahme der Variantenvielfalt betont und auf Arbeit in Gruppen mit vollständigen Aufgaben als Beitrag zur Lösung für die daraus entstehenden Probleme aufmerksam gemacht.

4.4.3.2 Teilautonome Arbeitsgruppen in der Teilefertigung

Seit etwa Mitte der 1980er Jahre findet das Konzept der teilautonomen Gruppen mit beachtlichem Erfolg auch in der Teilefertigung Anwendung. In der Teilefertigung wird die Zusammenfassung bisher ablauf- und aufbauorganisatorisch getrennter Bearbeitungsvorgänge wie Drehen, Bohren, Fräsen und Schleifen zumeist mit der Übertragung von Aufgaben aus zentralen Planungsbereichen an eine Arbeitsgruppe verbunden (vgl. Abbildung 4.12, S. 248).

Zu den expliziten Zielen der Einrichtung solcher Fertigungsinseln gehören vor allem die Verminderung der Durchlaufzeiten, die Erhöhung der Flexibilität und die Verbesserung der Qualität. Dass dies erfolgreich nur möglich ist, wenn die Einrichtung der teilautonomen Fertigungsinseln in umfassendere Restrukturierungsmassnahmen eingebettet ist, belegt eine Anzahl von praktischen Beispielen. So wurden für das neue Organisationskonzept einer schweizerischen Maschinenfabrik etwa folgende strukturelle Veränderungen postuliert:

- Herstellung von Teilefamilien
- Just-in-time-Synchronfertigung
- Gruppentechnologie
- Arbeitsgruppen in Produktion und Administration
- Ganzheitliche Arbeitsvollzüge statt Zersplitterung von Arbeit

- Weg vom Spezialisten, hin zum Generalisten
- Weg vom Akkord- oder Prämienlohn, hin zur Partizipativentlöhnung.

Einem Bericht des Produktionsdirektors ist zu entnehmen, dass innerhalb von 3 Jahren nach Ausbreitung des Konzepts der teilautonomen Fertigungsinseln bei Aufrechterhaltung der Variantenvielfalt der produzierten Spritzgiessmaschinen
(1) mit 20 Prozent mehr Beschäftigten 80 Prozent mehr Maschinen hergestellt wurden,
(2) die Durchlaufzeit von vorher 8 bis 9 Monaten auf 3 Monate gesenkt werden konnte,
(3) der Lagerumschlagfaktor in dieser Zeit von 2,7 auf 7,3 gestiegen ist.

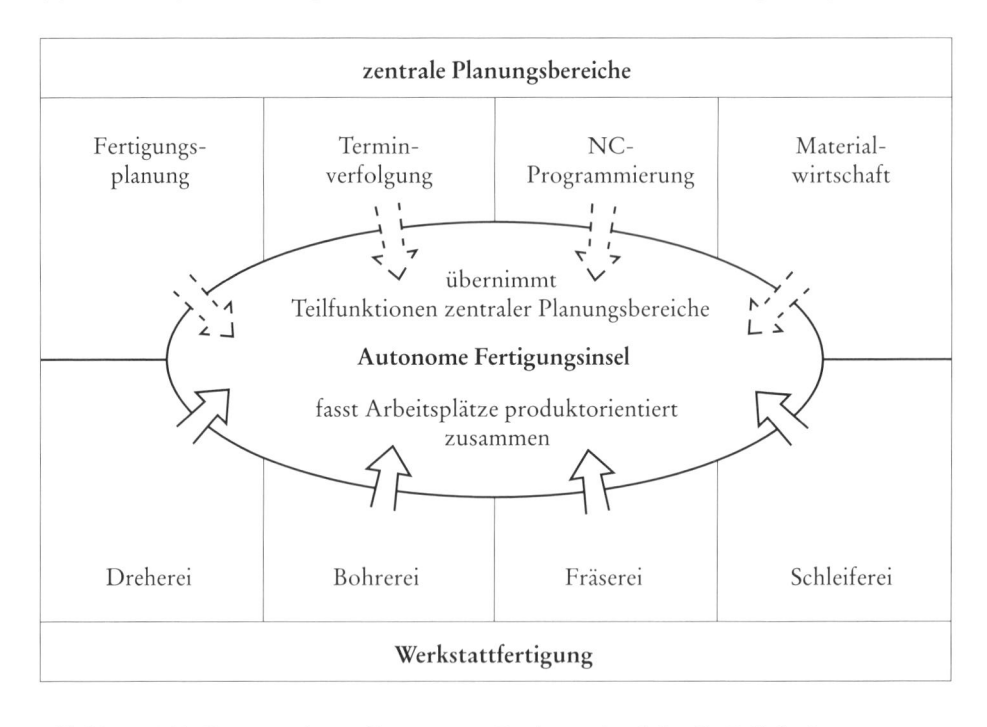

Abbildung 4.12: Konzept einer teilautonomen Fertigungsinsel für die Teilefertigung (aus: KREIMEIER 1986)

Nach der Einschätzung des Produktionsdirektors wären Wachstum und Produktivitätssteigerungen ohne die Umstrukturierungen nicht möglich gewesen: «Mit den alten Produktionsformen, Hierarchien und Organisations-

4.4 Arbeitsgruppen und Gruppenarbeit

formen hätte schlicht kein wirtschaftlicher Aufschwung stattgefunden» (GAUDERON 1987, 15).
Für die arbeitspsychologische Einschätzung ist bedeutsam, dass diese Verbesserung der Produktivität offenbar ohne Vermehrung negativ zu bewertender Beanspruchungen möglich war. Soweit erkennbar, ging sie vielmehr einher mit dem Abbau qualitativer Unterforderung durch erheblich erweiterte Möglichkeiten des Einsatzes vorhandener und des Erwerbs neuer Qualifikationen. In diesem Zusammenhang wird der Ausbildung grosse Bedeutung beigemessen. Zunächst betrug der zeitliche Aufwand für Schulungsmassnahmen – die mehrtägigen Kurse nicht gerechnet – im Mittel eine Stunde pro Woche. Die konkrete Erfahrung zeigte aber bald, dass die für die Ausbildung zu investierende Zeit mindestens verdoppelt werden muss. Das Ziel ist, dass möglichst viele Mitarbeiter ein hohes Mass an Polyvalenz erreichen, weil dies als unerlässliche Voraussetzung für die Flexibilität und Qualität angesehen wird.

Ein weiteres, gut dokumentiertes Beispiel betrifft das Werk Nordenham der Felten & Guilleaume Energietechnik AG. Zum Produktespektrum des Werkes gehören Elektromotoren, Garnituren und Schaltgeräte. Das Werk befand sich zu Beginn der achtziger Jahre in einer schwierigen wirtschaftlichen Situation: es produzierte nicht kostendeckend und schrieb rote Zahlen. Die Ursachen dafür wurden in einer betrieblichen Analyse aufgezeigt und wie folgt aufgelistet:
« – unzureichende Flexibilität bei Typen und Varianten
 – zu lange Durchlaufzeiten
 – unbefriedigende Einhaltung von Lieferterminen
 – Probleme mit der Fertigungsqualität, hohe Ausschussraten und Gewährleistungskosten
 – zu hohe Lagerbestände und damit zu viel gebundenes Kapital
 – mangelhafte Motivation der Mitarbeiter
 – zu hoher Führungs- und Koordinationsbedarf.»
Alle Faktoren zusammen bewirkten, dass das Werk nicht kostendeckend arbeiten konnte. Es galt nun eine Struktur zu finden, die den veränderten Marktanforderungen Rechnung trug und die eine wirtschaftliche Produktion erlaubte» (THEERKORN und LINGEMANN 1987, 1).
Typischerweise wurde zunächst eine technische Lösung gesucht und in der Einführung eines rechnergestützten Fertigungsplanungs- und -steuerungssystems gefunden. Wie in anderen Unternehmen auch, wurden dadurch aber – abgesehen von einer Erhöhung der betrieblichen Transparenz – keine wesentlichen Verbesserungen erreicht. Vor allem bei den Durchlaufzeiten und

den Lohnkosten für die indirekt produktiv Beschäftigten traten die erhofften Verbesserungen nicht ein. Die Auswertung der durch die erhöhte Transparenz zusätzlich gewonnenen Informationen erbrachte indes eine Schlüsselerkenntnis: es war «das Prinzip der Werkstattfertigung mit seinen stark arbeitsteiligen Strukturen», das zu den Problemen führte, «die den Betrieb und die Produktion unwirtschaftlich machten» (THEERKORN und LINGEMANN 1987, 1). Damit wurde auch deutlich, dass die technischen Veränderungen ohne grundlegende Veränderungen der Arbeits- und Organisationsstrukturen systematisch zu kurz greifen und die erhofften Erfolge nicht bringen konnten.

Positive Erfahrungen mit dem bereits vorhandenen Inselprinzip in der Endmontage legten nahe, dieses Prinzip auch auf die Fertigung zu übertragen und diese ebenso wie die dazugehörigen indirekten Bereiche vollständig neu zu strukturieren. «Setzt man nämlich das Inselprinzip auch z.B. im Vertrieb, bei der Auftragsabwicklung fort, so entstehen in letzter Konsequenz kleine Betriebe unter einem gemeinsamen Dach. *Kleine Betriebe sind bekannterweise besser in der Lage, schnell und flexibel auf neue oder geänderte Marktanforderungen zu reagieren*» (a.a.O., S. 4).

Im Zuge der Restrukturierung wurde ein durchgängiges Spartenkonzept – «vom Maschinenbediener bis zum Spartenleiter» – realisiert.

Für die neue Struktur waren die folgenden Voraussetzungen zu schaffen:

(1) Einführung von Fertigungsinseln,
(2) Einführung von Verwaltungsinseln zur Unterstützung der Fertigungsinseln,
(3) Einführung einer der neuen Struktur angepassten Rechnerunterstützung,
(4) Qualifizierung der Mitarbeiter für die Bewältigung der neu entstehenden Aufgaben.

Mit der Einführung von fertigungskomplementären Strukturen im Verwaltungsbereich wird das Inselprinzip durchgängig realisierbar. Die daraus resultierende neue Organisationsstruktur ist in Abbildung 4.13 wiedergegeben.

Die Inseln sind als teilautonome Gruppen – vorläufig allerdings mit einem Inselleiter – definiert, denen ganzheitliche Aufgaben zur Erledigung in eigener Verantwortung übertragen werden. Der Inselleiter fungiert als Gruppensprecher, übernimmt die Bestellungen von verbrauchsabhängigem Material, versucht «den Werkzeugverschleiss durch geeignete Massnahmen zu senken,

4.4 Arbeitsgruppen und Gruppenarbeit

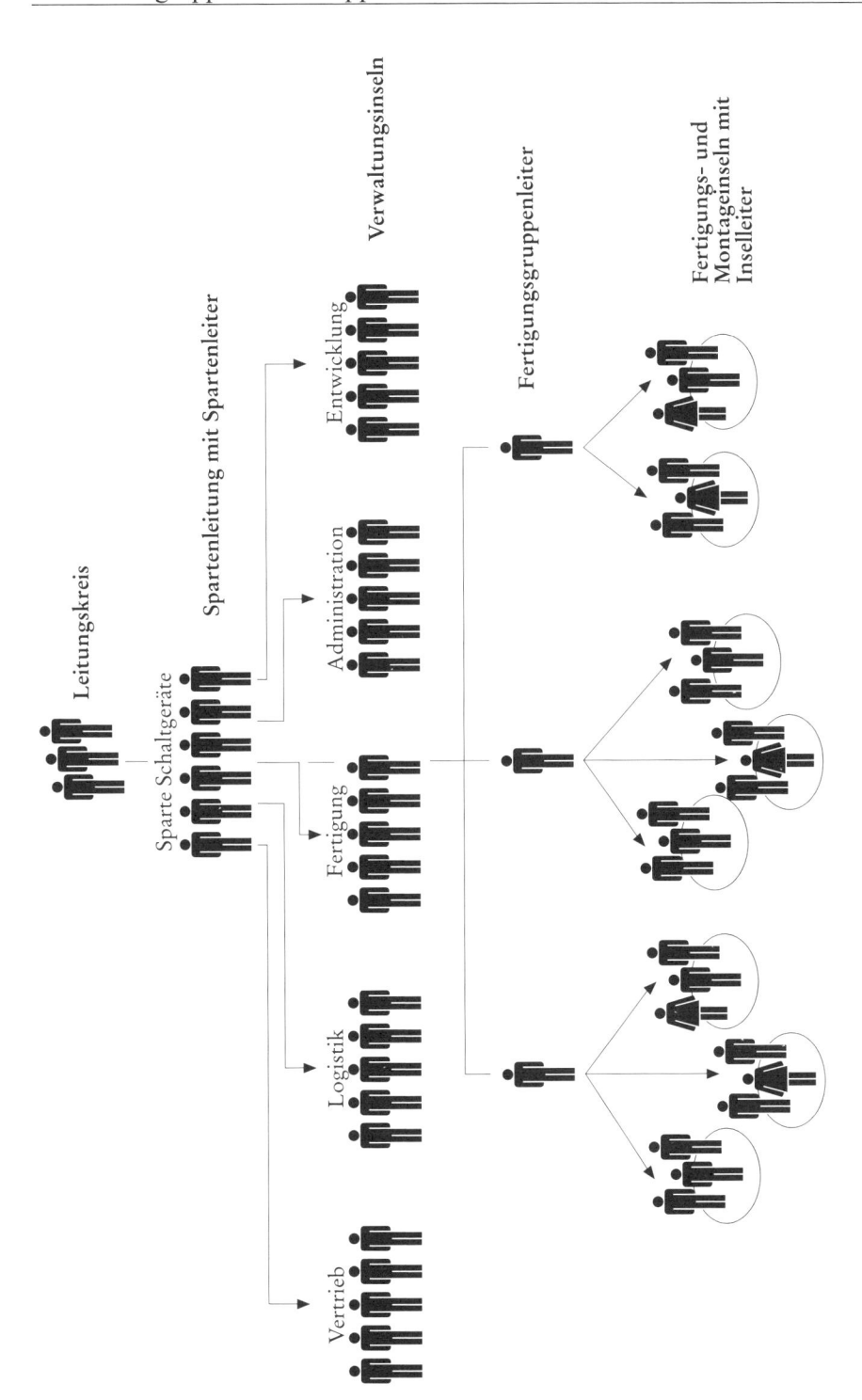

Abbildung 4.13: Strukturierung der Arbeit nach dem Inselprinzip (aus: THEERKORN und LINGEMANN 1987)

verbessert Organisation und Produktionsablauf, klärt Probleme mit der Konstruktion und vertritt die Insel gegenüber der Logistik. Sind diese Anforderungen erledigt, so arbeitet er, eingegliedert wie alle anderen, im Produktionsprozess mit. Im Idealfall sind die übrigen Mitarbeiter so qualifiziert, dass sie alle Maschinen bedienen sowie die Funktion des Inselleiters übernehmen können» (THEERKORN und LINGEMANN 1987, 9). Arbeitsvorbereitung und Einrichten der Maschinen gehören ebenso wie die Fertigungsfeinplanung, die Arbeitsaufteilung, die Qualitätssicherung und die Terminverfolgung zu den Aufgaben der Gruppe. Selbst schwierige Programmierarbeiten für CNC-Maschinen sind im Sinne echter Werkstattprogrammierung in die Inseln integriert.

Mit der Neustrukturierung der Organisation wurde zugleich auch das von LIKERT (1961, 1972) entwickelte Prinzip der einander überlappenden Gruppen realisiert. Dieses Prinzip soll gewährleisten, dass die hierarchischen Ebenen innerhalb einer Organisation systematisch miteinander verbunden sind und ‹nach oben› gerichtete Einflussnahme gesichert werden kann. Im hier beschriebenen Fall geschieht dies dadurch, dass jeder Vorgesetzte einer Insel gleichzeitig Mitglied der übergeordneten Insel ist und dort seinen Einfluss geltend machen kann. So sind die Fertigungsgruppenleiter «im Rahmen der Spartenfunktion ‹Fertigung› einfaches Inselmitglied» (THEERKORN und LINGEMANN 1987, 6). Jede Verwaltungsinsel, die eine Spartenfunktion wahrnimmt, «hat wiederum einen Vorgesetzten, der in der Spartenleitung einfaches Teammitglied ist». Der Spartenleiter schliesslich ist «Teammitglied im Leitungskreis für alle Sparten und Zentralfunktionen» (a.a.O., S. 6).
Die wirtschaftlichen Ergebnisse dieser konsequenten Restrukturierung sind in Tabelle 4.7 zusammengefasst.

Die darin berichteten Veränderungen beziehen sich auf einen Zeitraum von vier Jahren, zwischen 1981 und 1985. Der Zusammenhang zwischen einzelnen Variablen der Wirtschaftlichkeitsrechnung geht aus der folgenden Bemerkung hervor: «Die Auswirkungen der verkürzten Durchlaufzeiten auf das gebundene Umlaufkapital sind beträchtlich. Hier konnte bereits eine Reduzierung um 20% erreicht werden. Die dadurch hervorgerufene Liquiditätserhöhung erreicht einen Wert von 7 Mill. DM, ohne dass zusätzliche Auswirkungen wie geringere Lohnkosten, verminderter Verwaltungsaufwand, weniger Schwund, geringere Sonderabschreibungen berücksichtigt sind» (THEERKORN und LINGEMANN 1987, 12).

4.4 Arbeitsgruppen und Gruppenarbeit

Tabelle 4.7: Wirtschaftliche Auswirkungen der Umstellung auf Gruppenarbeit bei der Felten & Guilleaume Energietechnik AG (nach Angaben von THEERKORN und LINGEMANN 1987)

Gesamtkosten des Werkes	− 10 %
Gesamtproduktionsfläche	− 55 %
Fertigungsfläche	− 40 %
Energiekosten	− 15 %
Bestände	− 30 %
Dispositionssicherheit	+ 40 %
Gebundenes Umlaufkapital	− 20 %
Umsatz pro Kopf	+ 25 %
Durchlaufzeiten	− 60 %
Zahl der direkt in der Fertigung Beschäftigten	+ 7 %
Zahl der indirekt in der Fertigung Beschäftigten	− 28 %
Ausschussquote Metallteilefertigung	− 71 %
Ausschussquote Kunststoffteilefertigung	− 73 %

Die Reduzierung der Produktions- und Fertigungsfläche hat schliesslich dazu geführt, dass ein Teil der Werksfläche an andere Betriebe vermietet wurde. Die Auswirkungen auf die Beschäftigten – von denen viele aufgrund zusätzlicher Qualifizierung in höhere Lohngruppen eingestuft wurden – wurden anhand eines strukturierten Gesprächsleitfadens erfasst. Die hauptsächlichen Ergebnisse sind in Kasten 4.11 zusammengefasst.

Eine ausführliche Darstellung des hier beschriebenen Restrukturierungsvorhabens findet sich bei THEERKORN (1991).

Kasten 4.11: Auswirkungen der Gruppenarbeit auf die Beschäftigten der Felten & Guilleaume Energietechnik AG (aus: KLINGENBERG und KRÄNZLE 1987)

«Als vorläufiges Ergebnis der Fabrikorganisation nach dem Fertigungsinselprinzip kann festgestellt werden, dass sich in den Augen der Beschäftigten gegenüber der alten Organisationsform entscheidende Verbesserungen ergeben haben:
Durch den vermehrten Wechsel der Arbeitsinhalte wird die Belastung durch eintönige Arbeit und konzentriertes Aufpassen als geringer empfunden. Gleichzeitig steigt der Wunsch nach noch interessanterer Arbeit sowie nach Arbeit in einer Gruppe.

> Durch die Arbeit in den Inseln und die gestiegene Qualifikation ist auch ein wesentlich verbesserter Überblick über die eigene Arbeitssituation und die eigenen Entwicklungsmöglichkeiten gegeben. Gleichzeitig steigt das Bewusstsein, für die eigene Arbeit und die Leistung der Gruppe mitverantwortlich zu sein.
> In der Zwischenzeit herrscht eine breite Zustimmung zu der neuen Fertigungsstruktur unter den Mitarbeitern. Kaum einer möchte mehr in der alten Fertigungsform arbeiten. Gruppenarbeit und interessantere Aufgaben fanden eine breite Zustimmung, die sich auch in objektiven Faktoren wie geringen Fehlzeiten, ausgeprägter Lernbereitschaft, hoher Leistungsbereitschaft und guten Arbeitsergebnissen widerspiegelt»
> (KLINGENBERG und KRÄNZLE 1987, 31).

4.4.3.3 Teilautonome Arbeitsgruppen in der Elektronikproduktion

Von besonderem Interesse ist im vorliegenden Zusammenhang ein von FREI (1993) berichtetes Beispiel über die Einführung von Gruppenarbeit in der Baugruppenproduktion von Alcatel STR in der Schweiz. Dieses Beispiel verdient insofern besondere Beachtung, als die Mehrzahl der Beschäftigten aus angelernten ausländischen Arbeiterinnen bestand, von denen die meisten über eine eher schlechte aktive Beherrschung der deutschen Sprache verfügten. Für die Überwindung der tayloristischen Arbeitsstrukturen wurde das in Kasten 4.12 wiedergegebene Modell realisiert.[14]

Die Aufgabenumfänge der Montage- und Prüfgruppen sind in Tabelle 4.8 dargestellt.

FREI (1993) sowie FREI et al. (1993) berichten ausführlich über die aufwendigen Qualifizierungsmassnahmen, die in diesem Fall erforderlich waren, aber auch über die während und als Folge der Umstrukturierung entstandenen Probleme und die Art der jeweiligen Lösung. Über die Auswirkungen auf die Persönlichkeitsentwicklung finden sich folgende Aussagen: «Wir hatten nach einiger Zeit der funktionierenden Gruppenarbeit beobachtet, dass einige Frauen sichtbar selbstbewusster waren als früher. Man

---

[14] Über die Entwicklung dieses Modells durch, von einem Arbeitspsychologen als Moderator begleiteten, Partizipationsgruppen wird ausführlich bei FREI et al. (1993) berichtet.

4.4 Arbeitsgruppen und Gruppenarbeit

Kasten 4.12: Modell der Gruppenarbeit in der Baugruppenmontage (aus: FREI 1993)

« – Gruppen von 5–6 Frauen erledigen *die gesamte Montage der Leiterplatten*, einschliesslich der Disposition der Arbeitsverteilung sowie der nichtelektronischen Prüfung dieser Platten selbständig. Damit wurde die Funktionsteilung auf *eine einzige Schnittstelle* reduziert. Das heisst, dass lediglich die elektronischen Tests in eine eigene Gruppe ausgegliedert wurden. Zwischen den Montagegruppen herrscht ausschliesslich eine Mengenteilung, keine Funktionsteilung. Eine Integration auch der elektronischen Tests in die Montagegruppen hätte zuviel technische Ausrüstung gebraucht.
– Ausserdem wurde eine vorher bestehende hierarchische Stufe abgeschafft, indem die Gruppen selber *keinen eigenen Vorgesetzten* haben, sondern führungsmässig direkt dem Meister unterstellt sind. Die ehemaligen Vorarbeiter sollten die Rolle von *Instruktoren* und ‹trouble shootern› übernehmen, aber keine Führungsfunktion mehr haben» (FREI 1993, 327f.).»

Tabelle 4.8: Aufgabenumfänge von Montage- und Prüfgruppen in der Baugruppenmontage bei Alcatel STR (aus: FREI 1993)

Aufgabenumfang einer Montage-Gruppe	Aufgabenumfang einer Prüfgruppe
– Arbeitsverteilung in der Gruppe	– Arbeitsverteilung in der Gruppe
– Auftragspapiere sichten	– Auftragspapiere sichten
– Leiterplatten vorbereiten	– Incircuit-Test
– Bauelemente vorbereiten	– Reparatur
– PS-1: IC-Automat respektive PS-2: SMD (Siebdruck, Bestücken, Löten)	– Einfache manuelle Tests
– Baugruppen bestücken	– Schlussmontagen
– Baugruppen in Lötrahmen legen/ entnehmen	– Abgabe an Baugruppen-Funktionstest oder Lager oder Systemtest
– Nachbestücken	
– Nachlöten	
– Kontrolle	
– Abgabe an Prüfgruppe	

sah förmlich, dass sie ‹aufrechter› gingen. Wir sprachen sie darauf an. Da erzählten sie uns, dass das stimme, aber auch negative Folgen für sie habe. Zum Beispiel würden sie sich zu Hause von ihren Männern nicht mehr alles sagen lassen und deswegen mit ihnen auch schon mal Streit bekommen. Manchmal würden sie von *ihrer* Arbeit erzählen, und das hätten die Männer nicht immer gerne. Jetzt sei eben ihre Arbeit auch wichtig geworden» (FREI 1993, 335).

Zu den betriebswirtschaftlich wichtigsten Ergebnissen der Einführung der Gruppenarbeit – die ausdrücklich als Alternative zur Strategie der weitergehenden Automatisierung gewählt worden war – gehört die Reduzierung der Durchlaufzeiten von früher 40 bis 60 Tagen auf nunmehr 10 bis 15 Tage.

Ähnliche Effekte wurden aus der Leiterplattenproduktion von IBM in Sindelfingen berichtet. Hier wurde die bisherige funktionale Organisation durch teilautonome Produktionseinheiten mit weitgehender funktionaler Integration (vgl. dazu Abschnitt 5.1) abgelöst. Abbildung 4.14 zeigt die damit verbundenen strukturellen Veränderungen in schematischer Form.

Neben positiven Veränderungen der Einstellungen der Mitarbeiter zu ihrer Tätigkeit wird auch hier als wichtigstes wirtschaftliches Ergebnis über eine Reduzierung der Durchlaufzeiten von 44 auf 9 Tage berichtet, bei einer zugleich bemerkenswerten Verbesserung des Gutausstosses. Es kann kaum überraschen, dass mit den skizzierten Veränderungen eine drastische Restrukturierung und Reduzierung des benötigten Personals einherging (vgl. Tabelle 4.9, S. 258).

Diese Entwicklung, die wir ähnlich auch in anderen Fällen beobachten konnten, macht dreierlei deutlich:
(1) Die erfolgreiche Einführung teilautonomer Arbeitsgruppen kann mit einer erheblichen Verminderung des Umfanges lebendiger menschlicher Arbeit verbunden sein. Daraus leitet sich für die Arbeits- und Produktionswissenschaften, d.h. auch für die Arbeitspsychologie, die Verpflichtung ab, sich mit den nicht intendierten Neben- und Fernwirkungen ihrer eigenen Arbeit zu beschäftigen und entsprechende Lösungsvorschläge zu erarbeiten bzw. sich an der Diskussion solcher Vorschläge zu beteiligen.

4.4 Arbeitsgruppen und Gruppenarbeit

Bisher: Funktionale Organisation

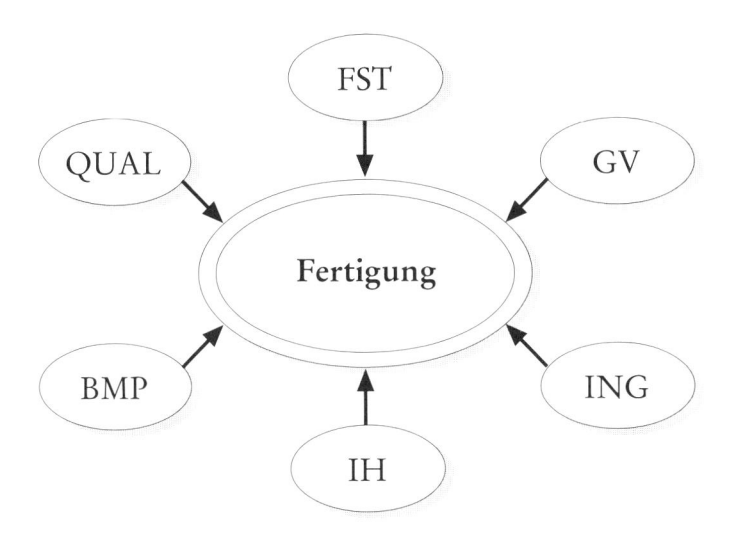

```
         FST
QUAL           GV
      Fertigung
BMP            ING
         IH
```

Neu: Teilautonome Produktionseinheit

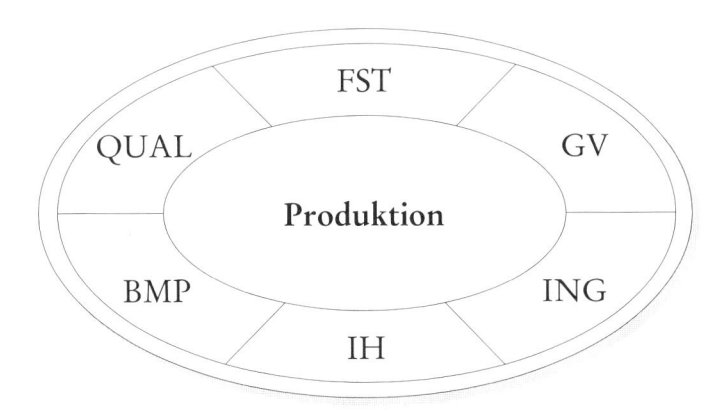

```
         FST
 QUAL          GV
      Produktion
 BMP           ING
         IH
```

GV   = Grundversorgung   IH   = Instandhaltung
BMP = Betriebsmittelplanung QUAL = Qualitätswesen
FST = Fertigungssteuerung   ING = Ingenieurwesen

Abbildung 4.14: Restrukturierung der Leiterplattenproduktion bei IBM Sindelfingen (nach: BARTUSSEK 1992)

Tabelle 4.9: Restrukturierung und Reduzierung von Personal und Gesamtlohnsumme in Zusammenhang mit der Einführung teilautonomer Arbeitsgruppen (nach Angaben von BARTUSSEK 1992)

Beschäftigte	Alte Struktur	Neue Struktur 1. Stufe	Heute	Reduzierung
Fertigung	642	687	630	-12
Indirekte Funktionen	136	27	24	-112
Anzahl Beschäftigte	778	714	654	-124
Gehaltsvolumen (MDM)	45	41	38	-7

(2) Mit der von uns postulierten funktionalen Integration (vgl. Abschnitt 5.1) werden zahlreiche indirekte Funktionen von Mitgliedern teilautonomer Arbeitsgruppen übernommen. Damit vermehren sich deren Qualifikation und Möglichkeiten der Persönlichkeitsentwicklung in der intendierten Richtung. Mit der Übernahme indirekt produktiver Funktionen durch direkt in der Fertigung Beschäftigte werden aber gleichzeitig klassische Karrierepfade für Facharbeiter verengt oder sogar verschlossen. Daraus folgt: Es wird «eine Neukonzeption der beruflichen Statusdifferenzierungen und der materiellen wie immateriellen Gratifikationen» benötigt (BAETHGE 1993, 152).

(3) Das in Zusammenhang mit der Einführung von qualifizierter Gruppenarbeit häufig benutzte Argument, mit der Zunahme der erforderlichen Qualifikation nehme auch die Lohnsumme zu, trifft zwar mehrheitlich für die einzelnen Beschäftigten zu, keineswegs notwendigerweise jedoch für das Gesamtsystem.

Derzeit sind es vor allem Probleme der Flexibilität, der Qualität und der Durchlaufzeiten, die eine rasch grösser werdende Anzahl von Unternehmen dazu veranlassen, sich mit der Einführung von Gruppenarbeit zu beschäftigen. Dies gilt keineswegs nur für die industrielle Produktion, sondern auch für den Dienstleistungsbereich.

4.4.3.4 Teilautonome Arbeitsgruppen im Dienstleistungsbereich

Eine auf Lebensversicherungen spezialisierte nordamerikanische Versicherungsgesellschaft sah sich aufgrund härterer Wettbewerbsbedingungen auf dem Markt, kritischer Haltung von Konsumenten, verschärfter staatlicher Vorschriften und daraus resultierender Produktveränderungen sowie einer Veränderung von Bedürfnissen und Werten der Mitarbeiterinnen und Mitarbeiter dazu veranlasst, die Struktur der Organisation zu überprüfen. Die Analyse zeigte, dass die Bearbeitung der Fälle stark arbeitsteilig organisiert war. Jede Mitarbeiterin bzw. jeder Mitarbeiter erledigte tatsächlich nur eine Teilaufgabe wie die Prämienberechnung, die Ausgabe der Policen, den Kontakt mit dem Versicherungsnehmer, die allgemeine Buchhaltung, die Marketingdienste, das Berichtswesen, die Eingangskontrolle oder die Rückversicherung. Die Managementstrukturen waren bürokratisch (vgl. Abbildung 4.15, S. 260). Bevor ein Fall abgeschlossen war, lief er über 32 Stationen, durch neun Bereiche und drei Abteilungen. Bis zum Abschluss eines Falles wurden 27 Tage benötigt.

Der Lohn setzte sich aus einem Grundlohn und Prämien für besondere Leistungen zusammen.

Im Rahmen eines Pilotprojektes stellten die Mitglieder der dafür ausgewählten Abteilung folgende Überlegungen für die Neugestaltung ihrer Arbeitssituation an:

– Die installierten Computersysteme bedingen keineswegs die beschriebene, stark arbeitsteilige Arbeitsorganisation. Die Möglichkeiten des technischen Systems werden durch eine derartige Organisation sogar ineffizient genutzt.
– Es ist nicht möglich, die arbeitsteilige Organisation so zu verbessern, dass sie den Marktanforderungen und den technischen Möglichkeiten gerecht würde.
– Es wird zuviel Personal zur Koordination und Überwachung der Spezialisten gebraucht.
– Eine stark arbeitsteilige Organisation ist in Bezug auf die Herausforderungen der Umwelt zu wenig flexibel.

Zu Beginn des Jahres 1983 wurde aufgrund der erwähnten Überlegungen ein Versuch mit teilautonomen Gruppen gestartet.
Ein Team bestand aus sechs Mitarbeitern, die als Gruppe für die Bearbeitung sämtlicher Lebens- und Gesundheitsversicherungen (Prämienberechnung,

Policenerstellung, Dienstleistungen) in einer bestimmten Region verantwortlich waren. Den einzelnen Mitarbeiterinnen und Mitarbeitern wurden keine speziellen Aufgaben oder Funktionen zugewiesen, auf die Ernennung eines Vorgesetzten wurde verzichtet. Die Gruppe hatte die Erledigung aller anfallenden Aufgaben selbst zu regulieren. Die Vertretung nach aussen wurde von den Gruppenmitgliedern abwechselnd – im monatlichen Wechsel – wahrgenommen. Bei Bedarf konnten verschiedene Berater konsultiert werden (vgl. Abbildung 4.16).

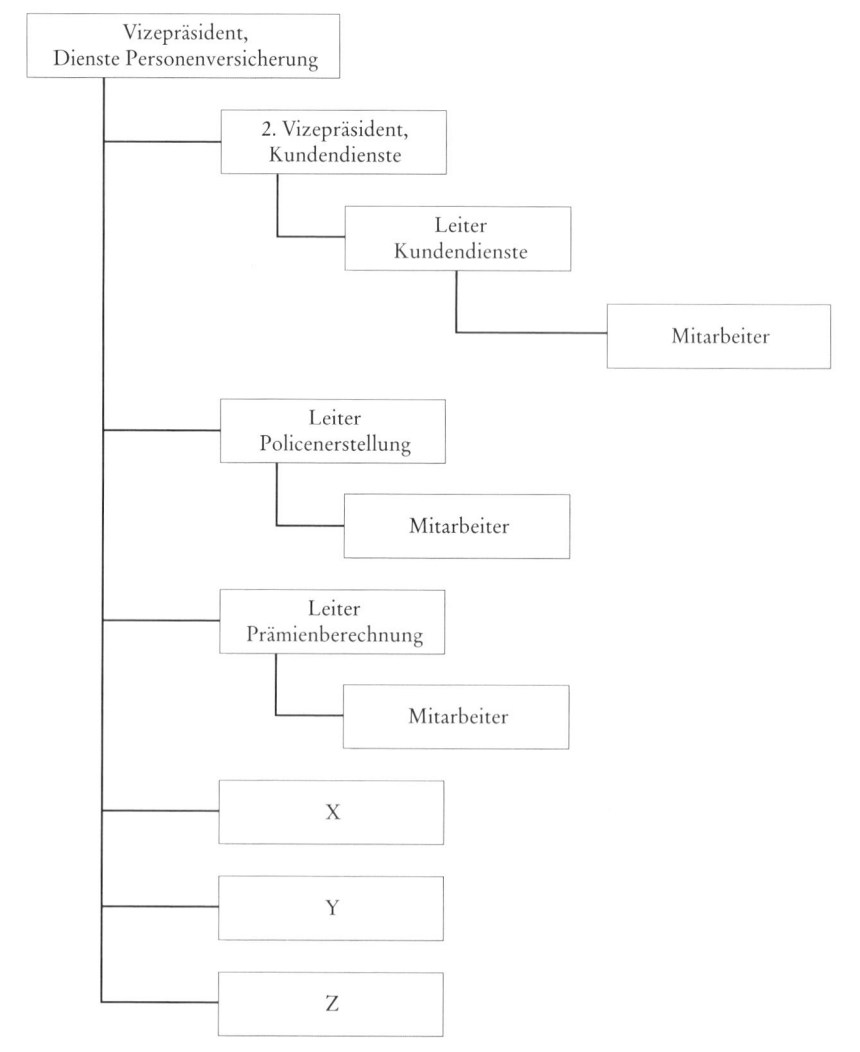

Abbildung 4.15: Die Organisationsstruktur der Shenandoah Life Insurance Comp. vor Einführung teilautonomer Arbeitsgruppen (aus: MYERS 1986)

4.4 Arbeitsgruppen und Gruppenarbeit

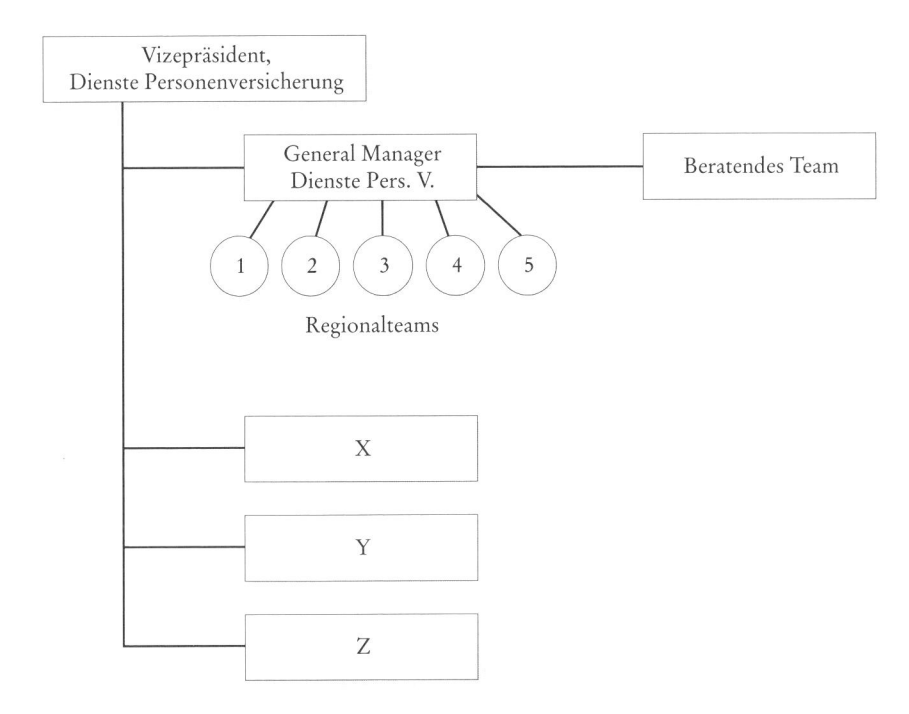

Abbildung 4.16: Die Organisationsstruktur der Shenandoah Life Insurance Comp. nach Einführung teilautonomer Arbeitsgruppen (aus: MYERS 1986)

Zusätzlich wurden von der Gruppe verschiedene Managementaufgaben übernommen wie zum Beispiel die Aufteilung der Arbeitsaufgaben, die gegenseitige Ausbildung, die abschliessende Auswahl neuer Gruppenmitglieder oder die Ferienplanung.

Für die Lohnfestsetzung war nicht mehr die individuelle Leistung ausschlaggebend, sondern die Qualifikation, das heisst nicht mehr, was man *tut,* sondern was man tun *kann.* Dieses «Pay for knowledge» genannte Konzept sollte die Bereitschaft der Mitarbeiter fördern, möglichst viele Teilaufgaben der Gesamtaufgabe der Gruppe zu beherrschen und damit ein Höchstmass an Flexibilität zu erreichen (vgl. Abschnitt 8.3).

Der Versuch war so erfolgreich, dass das Konzept nach einem Jahr auch auf andere Abteilungen ausgedehnt wurde. Je ein Team war zuständig für die Geschäfte in einer bestimmten Region. Sie werden nunmehr als «Market service teams» bezeichnet. Die Hierarchie wurde erheblich abgeflacht. Damit verbunden hat sich die sogenannte Kontrollspanne wesentlich vergrössert: statt wie früher 7 sind nunmehr 37 Mitarbeiter/innen einer bzw. einem Vorgesetzten unterstellt (vgl. Abbildung 4.16).

Die Arbeit in der neuen Struktur war durch grössere Effizienz und geringere Fehlerhäufigkeit gekennzeichnet, so dass trotz Zunahme des Geschäftsvolumens um 13 Prozent im ersten Jahr die Anzahl der Beschäftigten nicht erhöht zu werden brauchte. Dabei ist arbeitspsychologisch von Relevanz, dass die Klagen der Beschäftigten über physische und psychophysische Beschwerden abnahmen.

Interesse an Veränderungen, wie sie hier für die Shenandoah Life Insurance Comp. beschrieben wurden, wird von einer rasch grösser werdenden Anzahl von Unternehmen aus dem Dienstleistungsbereich geäussert.
Dazu gehören auch die Banken, deren Zahlungsverkehr typischerweise eine industrieähnliche Partialisierung in vorbereitende, ausführende und kontrollierende Teiltätigkeiten aufweist – und über die Maschinenlesbarkeit von Belegen derzeit manchenorts der Automatisierung zugänglich gemacht wird. Dies wird oft mit dem Argument der erforderlichen ‹Tagfertigkeit› begründet.

Tagfertigkeit wird in vielen Banken als Argument für alle möglichen Massnahmen benutzt; nur selten wird offenbar deutlich genug unterschieden zwischen Aufgaben, die wirklich tagfertig erledigt werden müssen und solchen, deren Erledigung durchaus nicht am gleichen Tag erfolgen muss. Der ‹Mythos› der Tagfertigkeit erzeugt auf diese Weise bei vielen Beschäftigten nach ihren eigenen Aussagen erheblichen Zeitdruck und Gefühle von Stress.

Andere Banken haben in den 1990er Jahren – nicht zuletzt überzeugt vom Argument besserer Kundenorientierung – im Bereich Zahlungsverkehr Gruppenarbeit mit ganzheitlichem Aufgabenzuschnitt eingeführt (vgl. KATZ 1992, CONRAD 1992). Die zunehmende Vollständigkeit der Aufgaben geht in zwei Richtungen und wird deshalb u.U. auch in zwei Schritten realisiert: Im ersten Schritt werden die Teiltätigkeiten Arbeit vorbereiten, Daten eingeben und Prüfen innerhalb eines Währungsbereichs zusammengefasst, im zweiten Schritt die Bereiche Eigenwährung und Fremdwährungen.

Typisch für die Ausgangssituation im Zahlungsverkehr von Banken ist das Ergebnis einer Analyse der Berliner Bank, das dazu veranlasste, ein ausdrücklich so genanntes «Volvo»-Konzept zu entwickeln (vgl. Kasten 4.13).

Aufgrund der in Kasten 4.13 dargestellten Mängel wurden ein Ideenwettbewerb durchgeführt und von einer – aus Mitarbeitern und Führungskräften des Bereichs Zahlungsverkehr bestehenden – Projektgruppe das «Volvo-

4.4 Arbeitsgruppen und Gruppenarbeit

Kasten 4.13: Tayloristische Organisation des Zahlungsverkehrs einer Bank
(aus: ANTCZAK 1991)

«Alle wie eine Fliessbandarbeit organisierten Arbeitsabläufe haben immer die gleichen Symptome. Auch in der Berliner Bank:
- geringe Motivation der Mitarbeiter, weil sie von den gesamten im Zahlungsverkehr anfallenden Geschäftsvorgängen nur Teilausschnitte kennen,
- keine Flexibilität, Mitarbeiter an verschiedenen Arbeitsplätzen einzusetzen,
- Kompetenzen nur für Führungskräfte,
- hohe Verweil- und Verteilzeiten für einzelne Geschäftsvorgänge, da eine Arbeitsgruppe auf das Zwischenergebnis der anderen warten muss,
- hoher Krankenstand (15 Prozent),
- zeitliche Engpässe beim Abwickeln des Tagesgeschäftes.

Die betreuten Niederlassungen der Bank hatten keine konkreten Ansprechpartner. Ergaben sich zu bestimmten Geschäftsvorgängen Fragen, wusste oft niemand, in welcher Station der Arbeitskette sich der Geschäftsvorgang gerade befand» (ANTCZAK 1991, 36).

Konzept» entwickelt. Die hauptsächlichen Bestandteile des Konzepts waren (1) die Bildung von Arbeitsgruppen, die aus acht bis zehn Personen bestehen und die alle Geschäftsvorgänge des Inlandzahlungsverkehrs einschliesslich der Qualitätskontrolle übernehmen; (2) die Übertragung von Kompetenzen, wie etwa das Abzeichnen von Belegen bis zu einer bestimmten Höhe, an jedes Teammitglied; (3) Übertragung von ‹übergeordneten› Aufgaben wie Personaldisposition, Ausbildung oder Gleitzeitregelungen an einen mitarbeitenden Teamleiter.

Einem Bericht von CONRAD (1992) lassen sich folgende Ergebnisse der Restrukturierung entnehmen:
- Die Mitarbeiterinnen und Mitarbeiter «sind deutlich selbstbewusster, haben grösseren Überblick und werden bezahlt wie Bank-Kaufleute».
- Obwohl mehrheitlich ohne Lehrabschluss, gelten sie nunmehr als ZV-Sachbearbeiter und sind in Tarifgruppe 5 anstatt wie früher in 3 oder 4 eingestuft.

- Neunzig Prozent der Unterschriftsberechtigungen wurden auf die Sachbearbeiterebene übertragen.
- «Führungskräfte können sich jetzt den eigentlichen Führungsaufgaben widmen ...»
- Die Anzahl der von den Beschäftigten im Zahlungsverkehr bearbeiteten Belege ist von 380 000 auf mehr als 600 000 pro Jahr gestiegen.
- Die Zahl der in diesem Bereich Beschäftigten hat trotz Steigerung des Bearbeitungsvolumens von 150 auf 115 abgenommen; dies ist allerdings zu einem erheblichen Teil auf den Einsatz neuer Technologien zurückzuführen.
- Der Krankenstand reduzierte sich von 15 auf 6 Prozent.
- Die schon früher eher geringe Fehlerquote hat sich halbiert, Kundenbeschwerden gingen im gleichen Ausmass zurück.

Aufgrund der beschriebenen positiven Erfahrungen im Zahlungsverkehr Inland wurde das «Volvo-Konzept» auch auf den Zahlungsverkehr Ausland, das Dokumentengeschäft und den gesamten Postdienst ausgedehnt. Die Investitionen in die Ausbildung werden auf 100 bis 125 Stunden pro Mitarbeiterin bzw. Mitarbeiter geschätzt.

Über ein anderes, ebenfalls sehr positiv bewertetes Beispiel aus dem Inlandzahlungsverkehr berichteten BRATER und BÜCHELE (1993), während CONRAD und KISTLER (1994) einen weitergehenden Restrukturierungsansatz beschreiben, mit dem zwei Ziele erreicht werden sollten:

(1) «Verschmelzung der zwei für Aufträge in Franken bzw. Fremdwährungen zuständigen Dienststellen zu einer einzigen neuen Dienststelle.
(2) Bildung neuer Arbeitsgruppen, die
   - für ein alphabetisch abgegrenztes Segment von Firmenkunden
   - alle Zahlungen (Ausnahme: Spezialprodukte) in allen Währungen
   - ganzheitlich von der Eingabe bis zur Recherche vornehmen können»
(CONRAD und KISTLER 1994, 26).

Nach einer Planungs- und Qualifizierungsphase von 11 Monaten wurde die Arbeit in der neuen Struktur aufgenommen. Als Ergebnis berichten die Autoren u.a. über einen erheblichen Kompetenzzuwachs der Beschäftigten, gemessen an der Anzahl beherrschter Teiltätigkeiten, eine deutliche Steigerung der Produktivität und eine erhebliche Verbesserung der Zufriedenheit der Kunden mit der Servicequalität.

4.4 Arbeitsgruppen und Gruppenarbeit

Derartige Erfahrungen belegen, dass Gruppenarbeit mit ganzheitlichen Aufgaben und weitgehender Selbstregulation auch im Dienstleistungsbereich erfolgreich praktizierbar ist. Dennoch ist auch hier eine Retaylorisierung beobachtbar; dies betrifft nicht zuletzt auch die, von der Arbeitspsychologie bisher eher vernachlässigten, Tätigkeiten im Einzelhandel (vgl. Kasten 4.14).

Kasten 4.14: Retaylorisierung im Einzelhandel (aus: BOSCH 2000, 248)

«Die Retaylorisierung ist nicht auf kleine Bereiche beschränkt, sondern umfaßt beschäftigungsstarke Tätigkeitsbereiche. Ein Musterbeispiel hierfür ist der ... Einzelhandel, der mit rund 2.1 Mio. Beschäftigten einer der größten Arbeitgeber in der Bundesrepublik Deutschland ist. In ihrem Minutenmanagement nutzen die Unternehmen zunehmend Lohndifferenziale zwischen geringfügig Beschäftigten und anderen Teilzeitbeschäftigten sowie zwischen gelernten und ungelernten Kräften zur Kostensenkung. Dies gelingt ihnen nur bei einer zunehmenden Aufspaltung vorher ganzheitlich angebotener Tätigkeiten, wie Kassieren, Beraten, Bedienen und Regalauffüllen (KIRSCH et al., 1999). Die Beschäftigten haben eher ein instrumentelles Verhältnis zur Arbeit und leisten in der Regel keine unbezahlten Überstunden; Arbeitszeit wird genau registriert und ist abgegrenzt von Nicht-Arbeitszeit, im Unterschied zum traditionellen Taylorismus wird die Arbeitsleistung allerdings nicht in festgelegten Zeitfenstern abgeleistet, sondern es wird eine hohe Disponibilität beim Arbeitseinsatz abverlangt.»

Schliesslich stellt sich die Frage, ob die oben beschriebenen positiven Erfahrungen auch für vorgelagerte Funktionsbereiche wie die Konstruktion und Entwicklung fruchtbar gemacht werden können.

4.4.3.5 Multifunktionale Konstruktionsteams und ‹Simultaneous Engineering›

HACKER (2005, 563) beschreibt Konstruieren als besonders anspruchsvolle Denktätigkeit. Überschriften wie «Mit Multifunktionalen Konstruktionsteams die Fertigungskosten halbieren» (WHITNEY) weisen darauf hin, dass die Einführung von Gruppenarbeit auch im Konstruktionsbereich als kostenreduzierende und qualitätsverbessernde Massnahme verstanden werden kann. Dies ist u.a. deshalb von Interesse, weil das Konstruieren – ebenso wie das Entwickeln – Tätigkeiten mit hoher Strukturwirksamkeit (vgl. Abbildung 4.6, S. 230) sind, denen für Restrukturierungsmassnahmen erhebliche strategische Bedeutung zukommt. WHITNEY (1989, 107) bezeichnet denn auch das Konstruieren als «strategische Aktivität».[15]

Die Güte der Ergebnisse der Konstrukteurtätigkeit wird weitgehend von der Güte der verfügbaren inneren Modelle bzw. operativen Abbilder bestimmt. Operative Abbildsysteme beziehen sich (1) auf Arbeitsergebnisse bzw. Sollwerte, (2) auf die Ausführungsbedingungen von Arbeitstätigkeiten und (3) auf die «Transformationsbeziehungen zwischen Ist- und Sollzustand der Produkte» (HACKER 1978, 83). Sie haben bildhaft-anschaulichen Charakter und sind die entscheidende Regulationsgrundlage für die Arbeitstätigkeit. Das heisst, dass die Güte der Aufgabenerfüllung davon bestimmt wird, wie adäquat und differenziert das operative Abbild ausgeformt ist. Im Zusammenhang mit der Konstrukteurtätigkeit ist die von OSCHANIN (1976) eingeführte Unterscheidung zwischen dem informationellen und dem konzeptionellen Modell von besonderem Interesse.[16]

OSCHANIN wies darauf hin, dass das konzeptionelle Modell weitgehend mitbestimmt wird «durch den Grad der Variabilität des in ihm widergespiegelten Prozesses». Ist lediglich ein Algorithmus abzuarbeiten, so stellt das konzeptionelle Modell nur ein Abbild dieses Algorithmus dar. Mit zunehmender Variabilität allfällig zu kontrollierender Prozesse muss der Verallgemeinerungsgrad des konzeptionellen Modells ebenfalls zunehmen. Bei hoher Variabilität widerspiegelt das konzeptionelle Modell also «die ganze potenzielle Vielfalt des Prozesses, nimmt in sich die Gesamtheit aller möglichen (zuläs-

---

[15] Wegen dieser hervorragenden Bedeutung weisen die von SIMON untersuchten ‹Hidden Champions› auch eine überdurchschnittliche F&E-Tiefe auf. SIMON (1996, 148) vermutet allerdings, «dass die betriebsinterne Entwicklung und Herstellung von Maschinen den weiteren Zweck hat, eine Gruppe hochqualifizierter Ingenieure und Techniker zu halten und zu motivieren. (vgl. auch SIMON 2007). Auch die Ergebnisse einer neuen ISI-Erhebung unter Einbezug einer repräsentativen Stichprobe von mehr als 1 600 Betrieben des verarbeitenden Gewerbes belegen die mit einer hohen Fertigungstiefe verbundene höhere Produktivität: «Im Gegensatz zu gängigen Empfehlungen weisen gerade diejenigen Firmen eine überlegene Produktivität auf, die eine hohe Fertigungstiefe haben, also beim Outsourcing zurückhaltend sind oder wieder Insourcing betreiben» (LAY, KINKEL und JÄGER 2009, 1).

[16] Als informationelles Modell ist die Abbildung der *realen* Dynamik eines Objekts, d.h. der tatsächliche Ablauf etwa eines zu kontrollierenden Prozesses zu verstehen. Das konzeptionelle Modell dagegen meint die Abbildung der *vorgegebenen* Dynamik des Objekts, d.h. die Sollwertvorstellung hinsichtlich der prozessualen Abläufe und/oder der Endzustände.

4.4 Arbeitsgruppen und Gruppenarbeit

sigen) Varianten auf, wird dadurch reicher als jede von ihnen und tritt in Bezug zu ihnen als Sammelplatz der Möglichkeiten, als die Ebene der Bedeutungen, als ihr ‹Familienbild› in Erscheinung» (OSCHANIN 1976, 43).

Vom Konstrukteur muss nun einerseits erwartet werden, dass er ein inneres – in diesem Falle: ein konzeptionelles – Modell von dem mit Hilfe seiner Konstruktion herzustellenden Produkt hat. Darüber hinaus muss er über Abbilder in bezug auf die Ausführungsbedingungen der durch seine Konstruktion erforderlich werdenden Arbeitstätigkeiten verfügen. Das heisst, Funktionsweisen von Maschinen, Auftrittswahrscheinlichkeiten von Fehlern etc. müssen ihm intern repräsentiert verfügbar sein. Die Entwicklung operativer Abbildsysteme bereitet auf diesen beiden Ebenen kaum unüberwindbare Schwierigkeiten; ein Teil der bestehenden Probleme – inbesondere in Bezug auf die Antizipation des Produktes und seiner Eigenschaften – kann zudem mit Hilfe von CAD-Systemen bei entsprechender Ausbildung u.U. besser gelöst werden, als dies früher der Fall war (vgl. MARTIN, WIDMER und LIPPOLD 1986, GOTTSCHALCH 1986). Hingegen ist die Entwicklung operativer Abbilder in Bezug auf die Transformationsbeziehungen zwischen Ist- und Sollzustand der Produkte dem Konstrukteur im Regelfalle insofern nicht möglich, als hierzu das nur durch die praktische Tätigkeit entstehende informationelle Modell – die Abbildung der realen Dynamik also – erforderlich ist.

Der Umstand, dass operative Abbilder für diesen Teil des Produktionsprozesses dem Konstrukteur üblicherweise nicht oder nicht ohne Weiteres verfügbar sind, ist vermutlich eine der Ursachen dafür, dass immer wieder Konstruktionen entstehen, die der nachträglichen Korrektur bedürfen. Diese Erfahrung ist es auch, die eine Reihe von Unternehmen zur Bildung multifunktionaler Konstruktionsteams veranlasst hat, in denen Konstrukteure und Fertigungsingenieure systematisch zusammenarbeiten. Im Übrigen aber lässt sich daraus die Forderung ableiten, die Variationsbreite möglicher Transformationsbeziehungen nicht unnötig einzuschränken, sondern objektive Tätigkeitsspielräume bewusst vorzuplanen und damit interindividuelle Differenzen systematisch zu berücksichtigen.

Umgekehrt scheinen interindividuell unterschiedliche Vorgehensweisen aber auch bei der Konstrukteurtätigkeit selbst eine Rolle zu spielen. Dies geht u.a. aus einer Arbeit von von der WETH (1988) hervor, die sich mit der Anwendung von Konzepten und Methoden der psychologischen Problemlöseforschung auf die Konstruktionstätigkeit beschäftigt. Konstrukteure, die als Versuchspartner agierten, hatten eine Konstruktionsaufgabe zu lösen und dabei – im Sinne von DUNCKER (1935) – laut zu denken. Ihr Verhalten wurde über Videokamera registriert. Das im vorliegenden Kontext interessanteste Ergebnis besagt, dass Versuchsteilnehmer mit adäquater Problemlösung keine einheitliche Vorgehensweise zeigten: «Sowohl die Strategie, einen in Grundzügen am Anfang bereits vorliegenden Entwurf immer weiter zu konkretisieren, als auch die andere Möglichkeit, von der Lösung der einzelnen Detailprobleme erst zum Schluss zu einer Gesamtlösung zu gelangen, hat jeweils zum Erfolg geführt» (von der WETH 1988, 36). Aufgrund der vorliegenden Ergebnisse kommt der Autor zu dem Schluss, dass ein für alle Personen gleich effizienter Lösungsweg nicht existiert. Er äussert die Vermutung, dass dies auf unterschiedliche Handlungsstile zurückzuführen ist, die ihrerseits mit motivationalen Komponenten, wie etwa dem Kontrollbedürfnis, zu tun haben.

Für das computerunterstützte Konstruieren wird daraus abgeleitet, dass den Konstrukteuren «eine breite Palette von visuellen und sprachlichen Möglichkeiten» angeboten werden muss, um Informationen darzustellen und miteinander zu verknüpfen. Wird im Gegenteil dazu den Benutzern durch das System eine bestimmte Vorgehensweise aufgezwungen, so «geht viel kreatives Potenzial verloren» (von der WETH 1988, 38).

Zur Unterstützung der Konstruktionstätigkeit «in den schöpferischen, leistungsbestimmenden frühen Phasen des Entwurfsprozesses» bieten sich aufgrund der empirischen Arbeiten von SACHSE (2002) darüber hinaus zwei hauptsächliche Zugänge an. «Eine Gruppe bilden Unterstützungen ohne nennenswerten Herstellungsaufwand, die im Prozess des Konstruierens vom Konstrukteur selbst erzeugt werden und hochgradig vereinfachen bzw. abstrahieren. Diese einfachen Unterstützungen (z.B. Freihandskizzen, einfache materielle Modelle) dienen hauptsächlich als *Analysehilfen* in den Anfangsphasen und zur frühen *Lösungsfindung*» (a.a.O., 162).

Eine experimentelle Untersuchung von SACHSE (2002), in deren Rahmen drei Konstruktionsaufgaben unterschiedlichen Komplexitätsniveaus von einer Gruppe mit vorherigem und einer Gruppe ohne vorheriges Skizzieren bearbeitet wurden, führte zu einem bemerkenswerten Ergebnis: bei der Aufgabe mit dem höchsten Komplexitätsniveau erbrachte das Skizzieren eine geringere Anzahl von Schritten und verworfenen Erwägungen, eine niedrigere Einschätzung der Aufgabenschwierigkeit und trotz des Mehraufwandes für das Skizzieren eine geringere Bearbeitungszeit als ohne Skizzieren.

«Das Skizzieren hat also keineswegs nur die hilfreiche Rolle des Fixierens eines Denkergebnisses als Ausweg aus der erwähnten Überforderung des Arbeitsgedächtnisses. Vielmehr stellt es in erster Linie ein Denkmittel dar, mit dessen Hilfe der Konstrukteur sich seine Lösung erarbeitet. Durch den fortlaufenden Wechsel zwischen Denken und Zeichnen wird die Lösung konkretisiert sowie kontrolliert und korrigiert. Die Lösungserzeugung ist ‹Denken mit der Hand›» (HACKER 2005, 572). «Das heisst, das Skizzieren

4.4 Arbeitsgruppen und Gruppenarbeit

fixiert nicht nur die erdachten Lösungen besser, sondern vermag zum Erzeugen angemessener Problemlösungen beizutragen» (SACHSE 2006, 39).

Zur zweiten Gruppe zählen Unterstützungen mit zusätzlichem zeit- und kostenmässigem Herstellungsaufwand, die überwiegend ausserhalb des Hauptprozesses des Konstruierens arbeitsteilig hergestellt werden und mit Teilen oder Aspekten des Endprodukts bereits physisch bzw. informationell übereinstimmen (z.B. materialechte Modelle, Prototypen, endgültige Konstruktionszeichnungen). Sie dienen vornehmlich als *Bewertungshilfen*» (SACHSE 2002, 162f.; vgl. auch SACHSE et al. 1999; SACHSE und LEINERT 1999; SACHSE, LEINERT und HACKER 2001; LEINERT, RÖMER und SACHSE 1999). Über andere Unterstützungsmöglichkeiten berichten BICHSEL et al. (1999) sowie SPECKER (1999).[17]

Kasten 4.15: Allmähliche Verfertigung des Lösungsgedankens durch Skizzieren und Modellieren (aus: Hacker und Sachse 2005)

«Nicht allein die fertigen Skizzen und materiellen Modelle unterstützen den Entwurfsprozess, sondern bereits das Skizzieren und Modellieren trägt dazu bei. Analog zu Heinrich von Kleists (1987) Beobachtung der ‹allmählichen Verfertigung der Gedanken beim Reden›, kommt es auch beim Skizzieren und Modellieren zu einem allmählichen Verfertigen des Lösungsgedankens. Leinert, Römer und Sachse (1999) konnten mittels experimenteller Problemstellungen aus der Mechanik nachweisen: Bereits das Skizzieren selbst förderte kurzfristig den Aufbau einer Vorstellung (‹mentale Repräsentation›). Probanden, die ohne zu skizzieren Problemstellungen analysierten, erkannten weniger Systembestandteile und Relationen und berichteten zudem über höhere erlebte Problemschwierigkeit.»

Die ausserordentliche – und lange erheblich unterschätzte – Bedeutung der Konstruktionstätigkeit zeigt sich u.a. darin, dass nach vorliegenden Erfahrungswerten zwischen siebzig und achtzig Prozent der direkten Ferti-

---

[17] Insgesamt bestätigen diese Ansätze, was WITTE (1974, 277) früher einmal so formuliert hat: «Anschauung kann nicht nur altbekanntermassen dem Denken helfen. Manchmal lässt sie uns die Lösung der Aufgabe sogar unmittelbar ersehen».

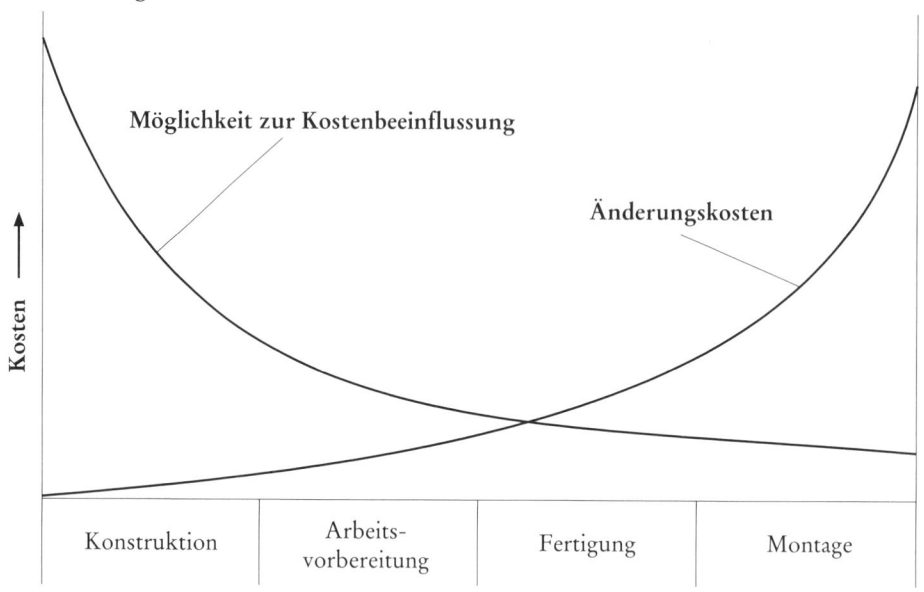

a) Möglichkeit zur Kostenbeeinflussung und Höhe der
   Änderungskosten in den Produktionsbereichen

b) Gliederung der Kostenverantwortung

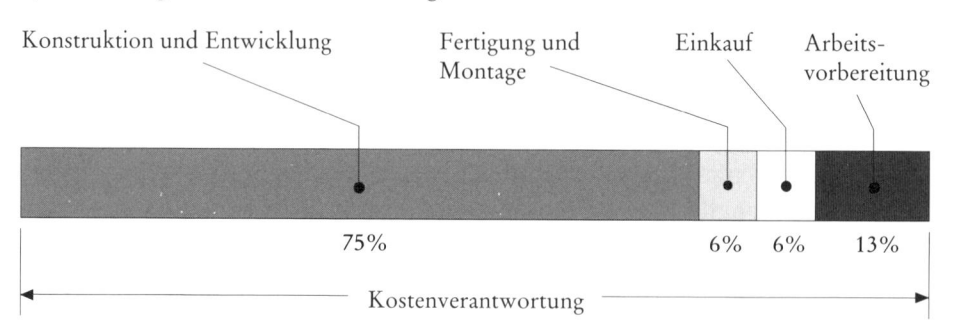

Abbildung 4.17: Möglichkeiten der Kostenbeeinflussung und Gliederung der Kostenverantwortung nach Funktionsbereichen (aus: MARTI 1986)

gungskosten durch Konstruktion und Entwicklung bestimmt werden[18] (vgl. Abbildung 4.17).

Erfahrungswerte, wie die in Abbildung 4.17 wiedergegebenen, haben in den letzten Jahren vielerorts dazu veranlasst, ‹fertigungsgerechtes›, ‹montagegerechtes› oder ‹reparaturgerechtes› – neuerdings auch ‹umweltgerechtes› oder

4.4 Arbeitsgruppen und Gruppenarbeit

‹entsorgungsgerechtes› – Konstruieren zu postulieren. In der Konsequenz bedeuten derartige Postulate die Bildung multifunktionaler Konstruktionsteams, in denen Konstrukteure z.B. mit Ingenieuren oder Operateuren aus der Fertigung, Montage, Instandhaltung und Spezialisten aus Einkauf und Marketing systematisch kooperieren. Damit wird am ehesten gewährleistet, dass das Planungswissen der Konstrukteure durch das Erfahrungswissen der in der Fertigung Beschäftigten ergänzt wird und beide Wissensbestände im Konstruktionsprozess ihren Niederschlag finden. Nach der Auffassung von WHITNEY erscheint es sinnvoll, derartige multifunktionale Konstruktionsteams «bis lange nach der Produkteinführung am Markt zusammenzuhalten» und ihnen die Gewissheit der Unterstützung ihrer Arbeit durch das Topmanagement zu geben (a.a.O., 113).

Ein von EHRLENSPIEL (1995) skizziertes Beispiel für eine mögliche Zusammensetzung eines solchen Teams ist in Abbildung 4.18 wiedergegeben.

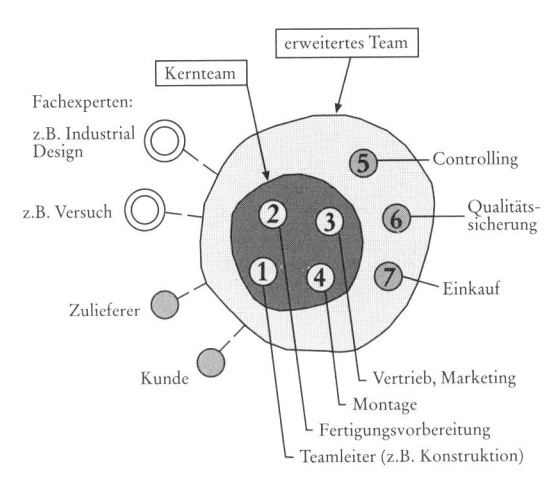

Abbildung 4.18: Beispiel für die Zusammensetzung eines multifunktionalen Konstruktionsteams (aus: EHRLENSPIEL 1995)

---

[18] Umso bedeutsamer ist der Hinweis von SACHSE und HACKER (2009) auf den Mangel an entsprechender Fachkompetenz: «In Germany the shortage of design engineers along with the high drop out rates in design engineering programs give credence to questions about what further improvements can be feasibly made to design engineering education.
One of the possibilities might be an integration of non-technical skills into design problem solving education. The fact that experienced designers acknowledge the importance of applying rough external procedures in both the creative and CAX-work stages of the design process indicates that such skills should be fully integrated into the curriculum used to train design engineers» (SACHSE und HACKER 2009, 42).

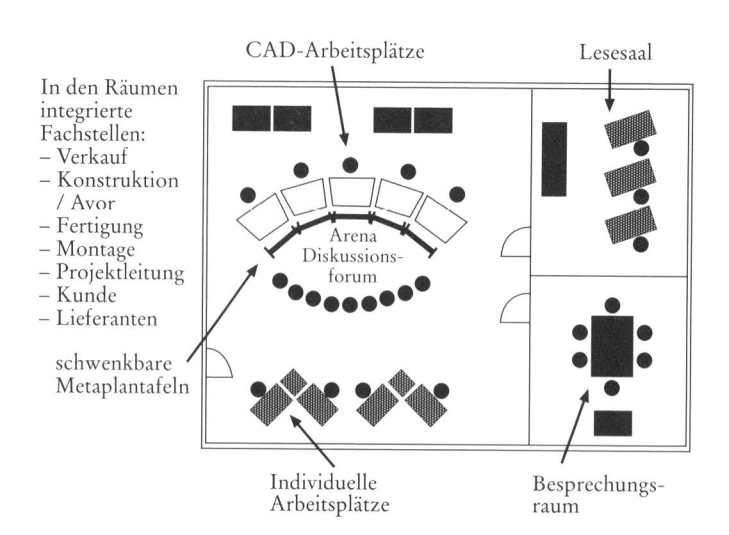

Abbildung 4.19: Layout des Arbeitsbereiches eines multifunktionalen Konstruktionsteams (aus: LEDER 1997)

Ein konkretes Beispiel, das zeigt, wie die Arbeit eines derartigen interdisziplinären Teams durch ein entsprechendes Layout unterstützt werden kann, findet sich bei LEDER (1997). Das Beispiel stammt aus einem Unternehmen aus dem Anlagen- und Werkzeugbau mit hohen Ansprüchen an die Entwicklungs- und Konstruktionstätigkeit (vgl. Abbildung 4.19).

Weitere konkrete Beispiele finden sich bei LAUCHE, VERBECK und WEBER (1999), die auch einen Fall überregionaler Entwicklungsarbeit beschreiben. Seit der Mitte der 1980er Jahre verbreitet sich auch die Erkenntnis, dass – insbesondere bei abnehmender Produktlebensdauer – die für die Entwicklung neuer Produkte benötigte Zeit das wirtschaftliche Ergebnis oft wesentlich nachhaltiger beeinflusst als die dafür aufgewendeten Kosten. Die Grössenordnungen lassen sich aus einer Reihe von Erfahrungswerten ableiten (vgl. Abbildung 4.20).

Die Antwort auf diese Erkenntnis ist in vielen Fällen wiederum eine spezifische Form von Gruppenarbeit, die mit Konzepten des ‹Simultaneous Engineering› verbunden ist. Simultaneous Engineering meint die gleichzeitige Entwicklung von Produkten und Produktionsmitteln. Dabei ist allerdings zu berücksichtigen, dass in der Praxis verschiedene Typen von Entwicklungsaufgaben vorkommen, die sich nach NIPPA und REICHWALD (1990) durch unterschiedliche Grade an Komplexität, Neuigkeit, Variabilität und Struktu-

4.4 Arbeitsgruppen und Gruppenarbeit 273

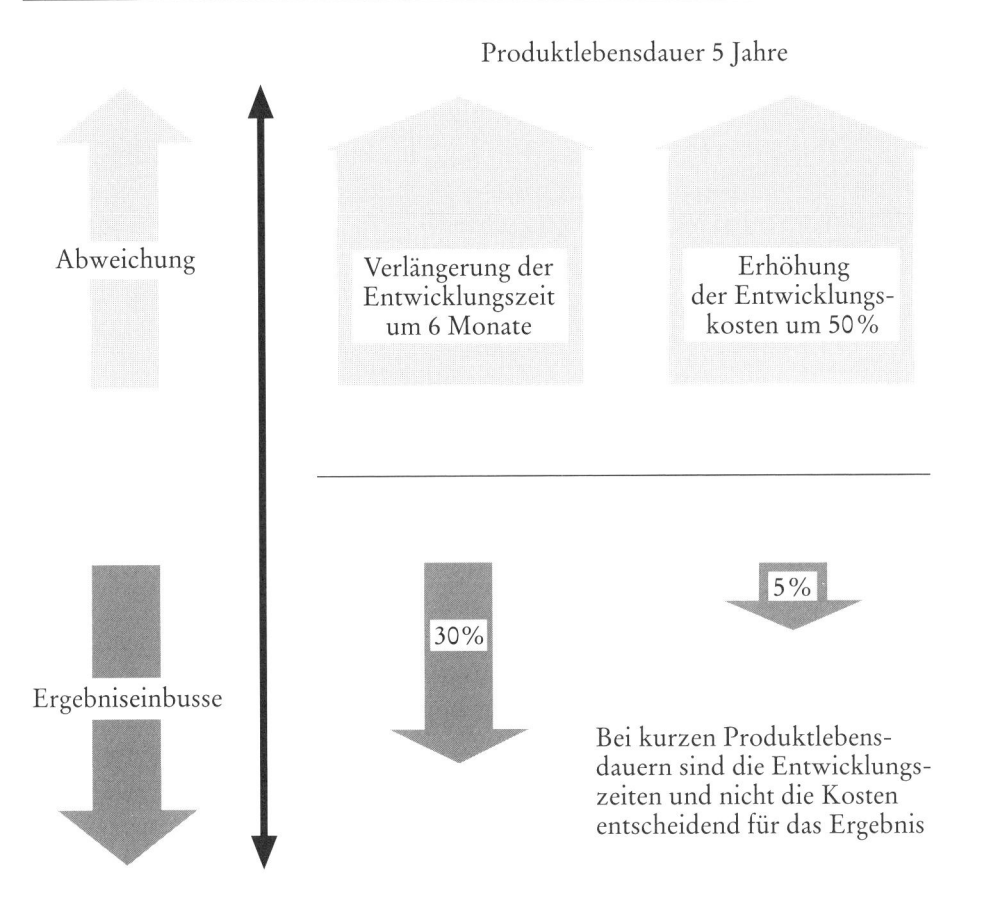

Produktlebensdauer 5 Jahre

Abweichung

Verlängerung der Entwicklungszeit um 6 Monate

Erhöhung der Entwicklungskosten um 50%

Ergebniseinbusse

30%

5%

Bei kurzen Produktlebensdauern sind die Entwicklungszeiten und nicht die Kosten entscheidend für das Ergebnis

Quellen: Reinertsen, 1983; Tiby, 1987; Curran, 1987; SIEMENS, 1986

Abbildung 4.20: Auswirkungen der Zunahme von Entwicklungszeit und Entwicklungskosten auf das wirtschaftliche Ergebnis (aus: SCHMELZER 1990)

riertheit unterscheiden und unterschiedliche funktionale Aufgabenmerkmale aufweisen (vgl. Abbildung 4.21, S. 274).

Insbesondere Entwicklungsaufgaben vom Typ B werden immer häufiger an kleine multifunktionale Arbeitsgruppen übertragen. «Diesen Entwicklungsteams werden anspruchsvolle Ziele und einige wenige Entscheidungspunkte vorgegeben. Sie sind mit umfangreichen Befugnissen ausgestattet und können weitgehend autark agieren. Die Spezialisten in diesen Gruppen kommen

Aufgabentyp　　　　　　　　　　　　　　　Funktionale Aufgabenmerkmale	Entwicklungsaufgaben vom Typ B z.B. Neuentwicklung	Mischtypen z.B. Weiterentwicklung	Entwicklungsaufgaben vom Typ A z.B. Anpass-/Nachentwicklung
Planbarkeit der Aufgabenerfüllung	niedrig		hoch
Informationsbedarf Zugangsmöglichkeit Informationsart Informationsinhalt	hoch schwierig qualitativ unstrukturiert/ unbekannt		niedrig einfach quantitativ strukturiert/ bekannt
Informationsverarbeitung Neuartigkeit der Lösung Art des Lösungsweges Tätigkeitscharakter	komplex Generierung unbestimmt kreativ		einfach Umsetzung bestimmt schematisch
Kommunikationsbedarf Kommunikationspartner Kommunikationskanal Kommunikationskomplexität	hoch wechselnd/viele wechselnd hoch		niedrig konstant/wenige gleichbleibend niedrig
Flexibilitätsbedarf	hoch		niedrig

Abbildung 4.21: Funktionale Merkmale verschiedener Typen von Entwicklungsaufgaben (aus: NIPPA und REICHWALD 1990)

aus unterschiedlichen Funktionsbereichen und arbeiten vom Start bis zum Ende der Produktentwicklung eng zusammen ... Teilweise werden mit diesem Vorgehen Zeit- und Kostenreduzierungen bis zu 70% erreicht» (SCHMELZER 1990, 46f.).

Häufig wird ein Training sozialer Kompetenzen als sinnvolle bzw. notwendige Voraussetzung für die zumeist unvertraute multidisziplinäre Kommunikation und Kooperation bezeichnet. Über deren Auswirkungen auf Motivation, Qualifikation, intellektuelle Flexibilität, soziale Kompetenz oder andere Personmerkmale liegen bisher kaum hinreichende Angaben vor.

4.4 Arbeitsgruppen und Gruppenarbeit

4.4.3.6 Exkurs: Produktlebenszyklen und Entwicklungszeiten – die Beschleunigungsfalle

Die Verkürzung der Produktlebenszyklen hat inzwischen zu der bemerkenswerten Situation geführt, dass in manchen Branchen immer häufiger die Entwicklungszeiten für Produkte länger sind als deren Marktpräsenzzeiten. Die ausserordentliche Beschleunigung lässt sich nicht zuletzt an der sogenannten Pre-Announcement-Politik ablesen, «bei der Unternehmen für neue, verbesserte Produkte werben, die am Markt noch gar nicht erhältlich sind» BACKHAUS und GRUNER 1994, 42). So kann man etwa auf der Computermesse CEBIT beobachten, dass Unternehmen der Computerbranche nicht nur ihre neuen Produkte vorstellen, sondern gleich für die nächste Messe auch schon Verbesserungen dieser Produkte ankündigen. Ein derartiges Verhalten macht zwar Sinn, weil man damit vielleicht verhindern kann, dass vorhandene oder potenzielle Kunden sich zwischenzeitlich für Konkurrenzprodukte entscheiden. Es kann aber auch dazu führen, dass man gar nicht kauft, weil man lieber auf die nächste oder übernächste Produktgeneration wartet. Für dieses Überspringen von Produktgenerationen gibt es auch bereits einen Begriff: ‹leap frogging›, zu deutsch ‹Bockspringen›. Allein diese Tatsache zeigt, dass wir es hier offensichtlich mit einem ernst zu nehmenden Problem zu tun haben. BACKHAUS hat für dieses Problem den Begriff ‹Beschleunigungsfalle› geprägt. Und er meint: «Viele Unternehmen täten gut daran, im Rausch des Beschleunigungswahns in klaren Momenten zu hinterfragen, was nach Ende der Beschleunigungsprozesse passieren wird». Und er meint weiter: «Die Perspektiven sind z.T. erschreckend, wie Simulationen einer Post-Beschleunigungswelt zeigen» (BACKHAUS und GRUNER 1994, 30).

Das Simulationsmodell dazu stammt von Christoph-Friedrich von BRAUN (1994), der bei Siemens jahrelang für die zentrale Forschungs- und Entwicklungsstrategie verantwortlich war und der nun aufgrund seiner Simulationen zu dem Schluss kommt: «Viele sogenannte Wachstumsmärkte sind in Wirklichkeit Beschleunigungsmärkte, deren Verfall bevorsteht.»

In einer Zeit, in der zahlreiche Unternehmen den Versuch machen, die angeblich noch immer kürzer werdenden Produktlebenszeiten der japanischen Industrie zu erreichen, hat dort an einigen Orten längst ein systematisches Nachdenken über die möglichen Folgen der Beschleunigungsjagd begonnen. Dieses Nachdenken hat schon 1993 dazu geführt, dass das japanische Ministerium für Handel und Industrie die Chip-Produzenten aufgefordert hat, «die Produktlebenszyklen wieder zu verlängern und damit den Innovationsprozess zu verlangsamen» (BACKHAUS und GRUNER 1994, 45).

Natürlich kann so etwas im Prinzip nicht ein Unternehmen allein oder ein Land allein für sich entscheiden, will es nicht ganz vom Markt verschwinden. Vielmehr müssten sich «die in der Beschleunigungsfalle Gefangenen absprechen, gemeinsam das Tempo zu drosseln» (BACKHAUS und GRUNER 1994, 45). Auch dafür gibt es schon zumindest ein Beispiel. Der Europa-Direktor der Minolta Camera Co. hat bestätigt, dass führende Unternehmen der japanischen Elektroindustrie eine stillschweigende Vereinbarung getroffen haben, die «zeitlichen Abstände bis zur Einführung neuer Produkte um das Drei- bis Vierfache zu vergrössern» (DEUTSCH 1995, 84).

Die angesprochene Verlangsamung von Innovationsprozessen könnte zusätzlich zur Lösung eines anderen Problems beitragen, dessen Bedeutung im gesellschaftlichen Bewusstsein offensichtlich noch keinen Platz gefunden hat. Tatsächlich führen die immer kürzer werdenden Innovationszyklen nämlich zu einer fortlaufenden Entwertung von Erfahrung. Dies gilt vor allem, wenn ‹Neues› nicht mehr auf ‹Altem› aufgebaut und das Alte im Neuen nicht mehr erkennbar ist. Das neuerdings wiederholt vorgetragene Postulat, die Menschen müssten – um mit der Beschleunigung mithalten zu können – lernen zu verlernen, macht die gesellschaftliche Widersprüchlichkeit des gegenwärtigen Umgangs mit Innovation deutlich.

4.4.3.7 ‹Denkförderliche› Strukturen in Forschung und Entwicklung

Arbeitspsychologische Aspekte von Forschung und Entwicklung werden in der deutschsprachigen Arbeitspsychologie erst in neuerer Zeit systematisch behandelt (vgl. vor allem von der WETH 1994, HACKER und SACHSE 1995, SACHSE und HACKER 1995, HACKER 1995b, 1996a, 1998). Tatsächlich spielt aber die Frage nach ‹denkförderlichen› Strukturen für den Erfolg von F&E eine u.U. ausschlaggebende Rolle. So haben KATZ und ALLEN (1982) im Rahmen ihrer Arbeit über das «Not Invented Here Syndrom» Leistungsdaten und Kommunikationsmuster von 50 F&E-Projekten erhoben und mit der mittleren Dauer der Gruppenzugehörigkeit in Beziehung gesetzt. Das NIH-Syndrom wird definiert als die Tendenz einer Gruppe von stabiler Zusam-

4.4 Arbeitsgruppen und Gruppenarbeit

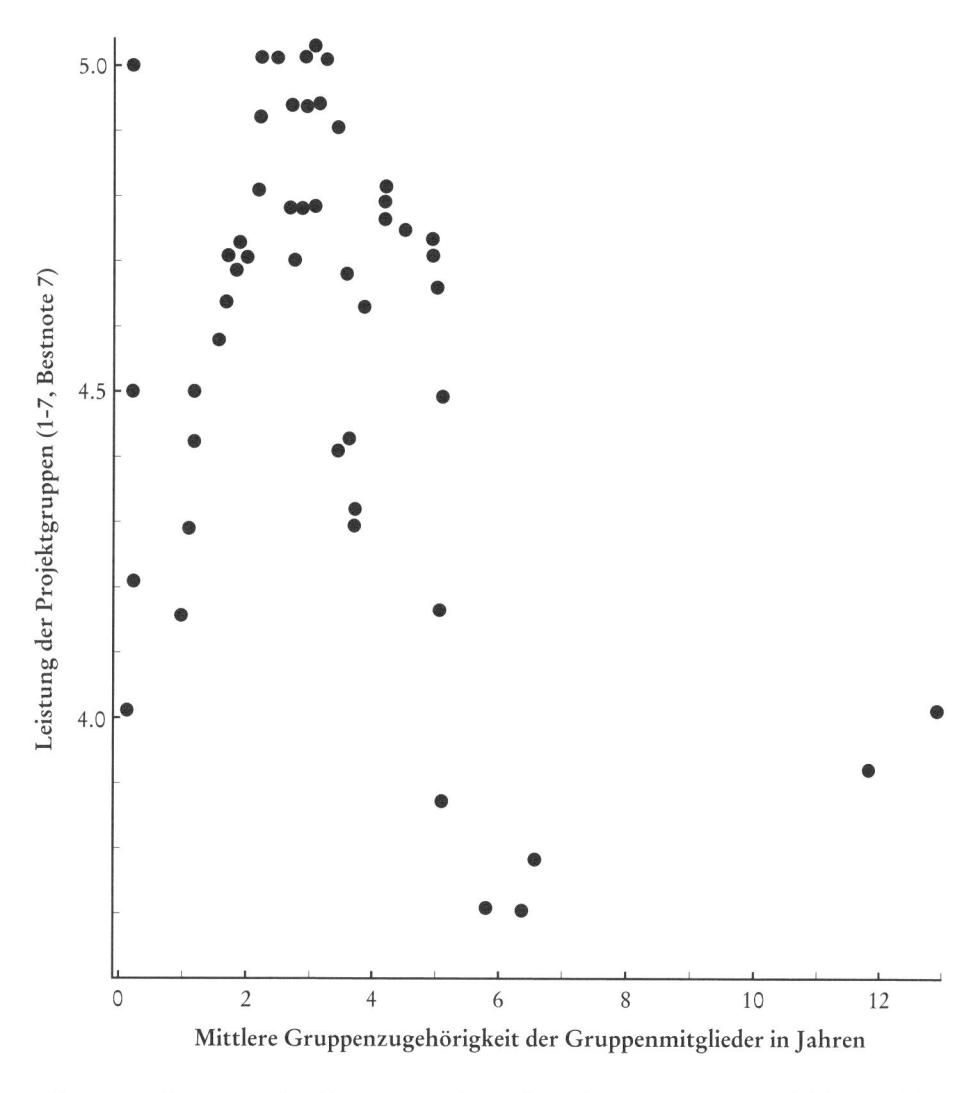

Abbildung 4.22: Dauer der Gruppenzugehörigkeit und Leistungen von 50 F&E-Projektgruppen (nach: KATZ und ALLEN 1982)

mensetzung, zu glauben, sie besitze auf ihrem Arbeitsgebiet ein Wissensmonopol. Diese, mit der Dauer der Gruppenzugehörigkeit zunehmende, Tendenz führt schliesslich immer stärker zur Ablehnung von Ideen, die «von aussen» kommen und damit zur Verminderung der Erfolgswahrscheinlichkeit.

Die von KATZ und ALLEN untersuchten Projektgruppen gehörten zum Forschungslaboratorium eines grossen amerikanischen Unternehmens, in

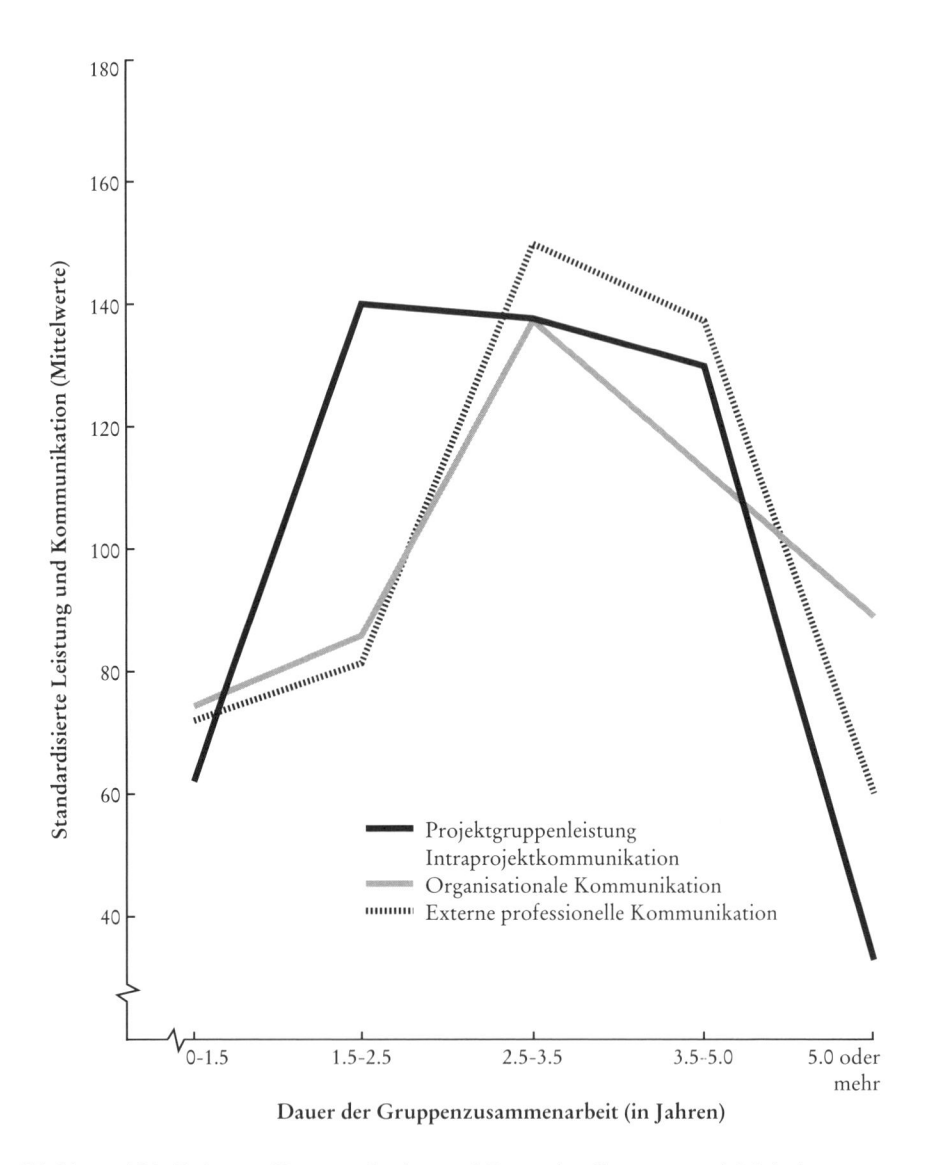

Abbildung 4.23: Leistung, Kommunikation und Dauer der Gruppenzugehörigkeit
(nach: KATZ und ALLEN 1982)

dem zum Zeitpunkt der Untersuchungen 345 Wissenschaftler in sieben verschiedenen Abteilungen arbeiteten. Abbildung 4.22 (S. 277) zeigt den Zusammenhang zwischen der Leistung der Projektgruppen und der mittleren Dauer der Zugehörigkeit ihrer Mitglieder. Die in Abbildung 4.22 dargestellten Ergebnisse zeigen, dass die Leistungen von Projektgruppen mit einer

4.4 Arbeitsgruppen und Gruppenarbeit

mittleren Dauer der Gruppenzugehörigkeit von weniger als 1,5 und mehr als 5 Jahren im Durchschnitt signifikant geringer waren als die Leistungen der Gruppen mit einer dazwischenliegenden Dauer der Gruppenzugehörigkeit. Weder für das Lebensalter noch für das Betriebsalter der Mitarbeiter noch für die Dauer des Projekts konnten derartige Effekte nachgewiesen werden.

Bei KATZ (1982) finden sich ergänzende Daten, die einige zusätzliche Zusammenhänge veranschaulichen (Abbildung 4.23).
Nach KATZ ist es nicht die interne Projektkommunikation, die mit zunehmender Dauer der Gruppenzugehörigkeit zu einer Verminderung der Leistung führt. Vielmehr sei es eine zunehmende Tendenz der Gruppenmitglieder, sich zu isolieren und jene Kräfte innerhalb und ausserhalb des Unternehmens zu ignorieren, von denen allenfalls eine kritische Bewertung der eigenen Arbeit erwartet werden könnte. Diese Annahme wird durch ein Ergebnis aus einer anderen Untersuchung unterstützt. TUSHMAN und KATZ (1980) haben nämlich gezeigt, dass Projektgruppen, in denen die externe Kommunikation durch einzelne Personen mit einer ‹Gatekeeper›-Funktion wahrgenommen wird, weniger erfolgreich sind als Projektgruppen, in denen alle oder doch die Mehrheit der Gruppenmitglieder an der externen Kommunikation beteiligt sind. Dieses Ergebnis gilt allerdings nur für Gruppen im Bereich der Forschung, die vor allem auf organisationsexterne professionelle Kommunikation angewiesen sind. Sie sind nicht auf Entwicklungsgruppen übertragbar, deren wichtigste gruppenexterne Kommunikationspartner eher im Bereich des Marketings und/oder direkt beim Kunden zu lokalisieren sind.
Wir können die Ergebnisse aber auch dahingehend interpretieren, dass mit zunehmender Dauer der Gruppenzugehörigkeit eine Tendenz zur Homogenisierung entsteht, die die für Problemlösungen bedeutsamen «Aspektänderungen» bzw. «Umstrukturierungen» (im Sinne von DUNCKER 1935) erschwert. So konnte auch ASHER (1963) zeigen, dass etwa Mängel an einer technischen Anlage nicht wahrgenommen wurden, weil offenbar eine Tendenz zum «problemlosen Feld» besteht, die durch entsprechende Abwehrmechanismen unterstützt wird. In diesem Zusammenhang ist dann etwa zu prüfen, ob es sinnvoll ist, durch gezielte Massnahmen wie z.B. planmässige Rotation ‹Heterogenität› – und damit: ‹denkförderliche› Strukturen – bewusst zu erhalten.

Dass eine derartige Heterogenität aber auch durch das Bilden kleiner, multifunktionaler Gruppen erreicht werden kann, zeigen die von QUINN (1985) im Rahmen mehrjähriger Studien über die Führungskonzepte erfolgreicher Gross-

> **Kasten 4.16:** Arbeit im Garagenstil (aus: QUINN 1985)
>
> «Jedes hochinnovative Unternehmen in meinem Sample imitierte den Arbeitsstil junger Nachwuchsunternehmer, die in der häuslichen Garage an vielversprechenden Neuerungen werkeln. Vom ersten Entwurf bis zum kommerziell verwertbaren Prototyp arbeiten kleine Teams von Ingenieuren, Technikern, Konstrukteuren und Modelleuren ohne organisatorische oder physische Barrieren zwischen sich an der Entwicklung eines neuen Produktes ...
> Dieser Arbeitsstil eliminiert weitgehend bürokratische Strukturen, erlaubt eine schnelle, ungehinderte Kommunikation, ermöglicht die rasche Durchführung von Experimenten und schafft ein hohes Niveau von Gruppenidentität und -loyalität. Interessanterweise fand sich nur bei wenigen Teams die klassische, ausgewogene Arbeitsteilung zwischen Konstruktion, Produktion und Marketing ...
> Mit Entwicklungsarbeit im Garagenstil kommen innovative Grossunternehmen der hochinteraktiven und -motivierenden Lernumgebung von kleinen Firmen so nahe wie möglich» (QUINN 1985, 29).

unternehmen erhobenen Befunde (vgl. Kasten 4.16). Belege für die Problematik arbeitsteiligen Konstruierens finden sich bei FRANKENBERGER (1997).

Dass der Wissensaustausch zwischen heterogenen Denkkollektiven das Entstehen innovativer Lösungen bewirken oder unterstützen kann, wird in der neueren Forschung über Innovationsverhalten bestätigt.[19] So bezeichnet auch HACKER (2003, 11) die «Integration heterogenen lösungsrelevanten Wissens als Lösungsgrundlage» in den frühen Phasen des Entwerfens.
Von GEBERT und STEINKAMP wurde der besondere Wert überbetrieblichen Wissensaustausches für den Erwerb der für innovatives Verhalten notwendigen Basiskompetenz betont. Damit werde den Beschäftigen eine erhöhte «Kontextvarianz» vermittelt, die sie «für Chancen und Grenzen spezifischer Problemlösungsmuster sensibilisiert» (GEBERT und STEINKAMP 1990, 219). Ein solcher Wissensaustausch kann auch durch inner- oder überbetriebliche

---

[19] Bei WEHNER und WAIBEL (1997) ist – unter Hinweis auf eine frühe Arbeit von FLECK – die Rede von exoterischem Wissensaustausch zwischen Denkkollektiven.

Hospitationen (BUNGARD und HOFMANN 1995, WEHNER, ENDRES UND CLASES 1996) zustandekommen.

SCHOLL (2004) kommt zu dem Schluss: «Je unterschiedlicher die Erfahrungen und Kenntnisse der Beteiligten sind, umso stärker steigt die Kurve des Wissenspotenzials an; dieser Anstieg ist ... nicht linear, sondern eine flacher werdende Kurve, weil selbst bei sehr unterschiedlichen Fachleuten gewisse Überlappungen im verfügbaren Wissen vorhanden sind, so dass jede weitere Person immer weniger neues problemrelevantes Wissen beitragen kann» (SCHOLL 2004, 118). Aufgrund seiner eigenen Befunde und mit Hinweis auf die von KATZ und ALLEN (1982) berichteten Ergebnisse äussert SCHOLL aber auch die Vermutung, «dass es sehr lange dauern kann, bis man wirklich voneinander lernt» (a.a.O., S. 121).

4.4.4 Zwischenbilanz und ergänzende Überlegungen

Wenn auch davon auszugehen ist, dass Misserfolge mehrheitlich nicht publiziert werden – obwohl aus der Analyse von Misserfolgen häufig mehr zu lernen ist als aus der Mitteilung von Erfolgen –, lässt sich aus den vorliegenden Berichten eine Vielzahl möglicher positiver Auswirkungen der Einführung von Gruppenarbeit erkennen (vgl. Tabelle 4.10, S. 282).
In Anlehnung an LEONTJEW (1977), RAEITHEL (1989, 1991) und VOLPERT (1994b) hat WEBER (1997a) ein Konzept der gemeinsamen Vergegenständlichungen entwickelt, dem für die Arbeit in teilautonomen Gruppen erhebliche Bedeutung zukommt, dessen konkrete Wirkungen in Tabelle 4.10 aber nicht erkennbar werden. Bei den gemeinsamen Vergegenständlichungen handelt es sich um von einer Gruppe oder innerhalb einer Gruppe geschaffene oder verbesserte Arbeitsmittel, Arbeitsmethoden oder Wissensreservoirs. Durch gemeinsame oder gegenseitige Aneignung fördern sie die Kompetenzentwicklung der Gruppenmitglieder und dienen zugleich «als Vorbeugung zur Bewältigung zukünftiger Arbeitsanforderungen» (WEBER 1997, 233). Zudem verbinden die gemeinsam entwickelten oder verbesserten Arbeitsmittel, Arbeitsmethoden oder Wissensreservoirs «das einzelne Gruppenmitglied mit der Gesamtgruppe: Das einzelne Mitglied kann sich in bestimmtem Umfang das Wissen und die Mittel der Gesamtgruppe aneignen und für sich und die anderen nutzen» (WEBER 1997, 154). Bemerkenswert sind in diesem Zusammenhang die von WEBER (1999) mitgeteilten Beziehungen zwischen

Tabelle 4.10: Mögliche positive Auswirkungen der Einführung von Arbeit in teilautonomen Gruppen

Beschäftigte	Organisation	Produktion
– intrinsische Motivation durch Aufgabenorientierung	– Verringerung von hierarchischen Positionen	– Verbesserung der Produktqualität
– Verbesserung von Qualifikation und Kompetenzen	– Veränderte Vorgesetztenrollen	– Verminderung von Durchlaufzeiten
– Erhöhung der Flexibilität	– Veränderung von Kontrollspannen	– Verringerung arbeitsablaufbedingter Wartezeiten
– Qualitative Veränderung der Arbeitszufriedenheit	– Funktionale Integration	– Verringerung von Stillstandszeiten
– Abbau einseitiger Belastungen	– Höhere Flexibilität	– Erhöhung der Flexibilität
– Abbau von Stress durch gegenseitige Unterstützung	– Neudefinition von Stellen	– Verminderung von Fehlzeiten
– Aktiveres Freizeitverhalten	– Neue Lohnkonzepte	– Verminderung der Fluktuation

dem Grad der kollektiven Autonomie einer Gruppe und dem Ausmass an gemeinsamen Vergegenständlichungen einerseits sowie diesem Ausmass und verschiedenen Indices der gemeinsamen Aufgabenorientierung andererseits (vgl. Abbildung 4.24).

Die in Tabelle 4.10 beschriebenen positiven Auswirkungen können schliesslich nur erwartet werden, wenn bestimmte Voraussetzungen bzw. Bedingungen berücksichtigt werden wie z.B. die Partizipation und die rechtzeitige Qualifizierung der Beschäftigten (vgl. Kapitel 6), und wenn rechtzeitig geeignete Lohnkonzepte entwickelt werden (vgl. Abschnitt 8.3).

Über die psychologischen und ökonomischen Wirkungen von Arbeit in teilautonomen Gruppen wurde in den letzten Jahren anhand zahlreicher Fallbeispiele berichtet (z.B. von ANTONI 1994, 1995, 1997, BERGGREN 1993, 1995,

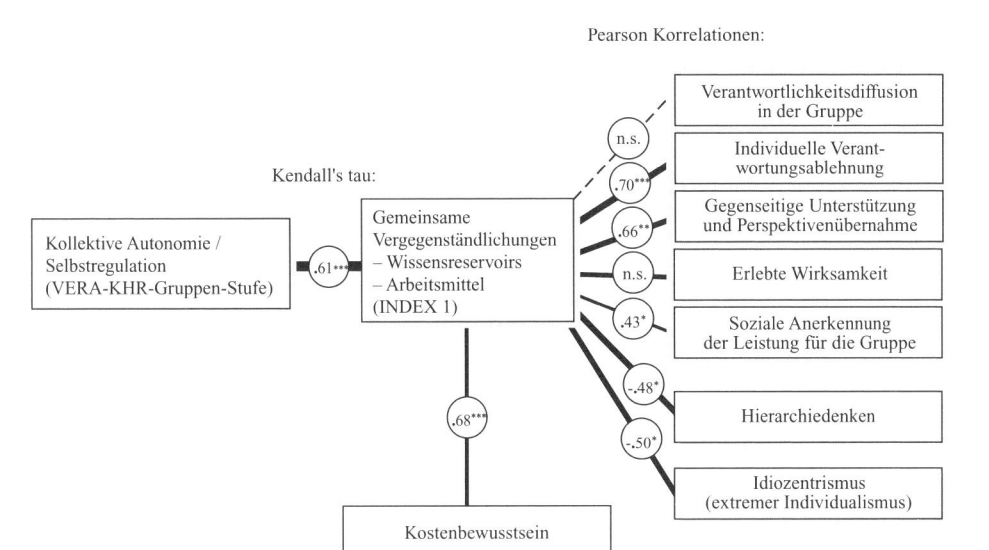

4.4 Arbeitsgruppen und Gruppenarbeit 283

Abbildung 4.24: Zusammenhänge zwischen Niveau der kollektiven Handlungsregulation, Anzahl gemeinsamer Vergegenständlichungen und Indices der gemeinsamen Aufgabenorientierung sowie Kostenbewusstsein in 17 Arbeitsgruppen aus dem Auto- und Anlagenbau (übersetzt aus: WEBER 2000)

1997, BINKELMANN, BRACZYK & SELTZ 1993, BRÖDNER und KÖTTER 1999, HACKMAN 1990, ULICH 2005).

Von Interesse sind in diesem Zusammenhang besonders auch die Ergebnisse von Metaanalysen. So fanden MACY und IZUMI (1993) in den USA in einer methodisch sorgfältig durchgeführten Metaanalyse von 131 Innovationsprojekten, dass die produktivitätssteigernde Wirkung der Einführung von Gruppenarbeit grösser war als die anderer Innovationen. APPLEBAUM und BLATT (1994), die u.a. 185 Fallbeispiele analysierten, bestätigten die effizienz- und qualitätssteigernde Wirkung von Gruppenarbeit ebenso wie KALLEBERG und MODEY (1994), deren Angaben auf einer Analyse von mehr als 700 Betrieben basieren. Auch der Report des ‹EUROPEAN WORK AND TECHNOLOGY CONSORTIUM› (1998) über ‹Work organisation, Competitiveness, Employment – The European approach› liefert eindrückliche Belege für die Verbesserung ökonomisch relevanter Kenngrössen als Folge der Arbeit in teilautonomen Gruppen (vgl. Kasten 4.17, S. 284). Darüber hinaus konnten in früheren Untersuchungen über die Arbeit in teilautonomen Gruppen in der Motorenmon-

> **Kasten 4.17:** Gruppenarbeit – ein erfolgreiches europäisches Produktionskonzept (aus: The European Work and Technology Consortium (2000))
>
> «There is little doubt, that new forms of work organization based on high skill, high trust and high quality can achieve outstanding levels of productivity and efficiency in all sectors, both in manufacturing and services ...
>
> We learn that increases in productivity of 50% and more can be realized, while stocks and throughput times are reduced by half ... One study involving some 6000 companies in ten European countries reported quite dramatic gains from the introduction of semi-autonomous group work, with 68% of respondents reporting a general reduction in costs, 87% a reduction of throughput times, 98% an improvement in the quality of products or services and 87% an increase in total output. Company surveys in Denmark, Germany and Sweden broadly confirm these findings ...
>
> However evaluations of policy measures in these fields ... reveal again and again that the dissemination and diffusion of good practice in work organization remains the most serious weakness ...
> Once again we are confronted with the European paradox. Europeans can draw upon a rich and diverse experience of developing new organizational concepts and strategies. In this field Europeans may even be ahead of our Western and Eastern partners in the Global triad. But one way or another we seem to block ourselves in turning our knowledge and experience into competitive advantage ...».

tage im VW-Werk Salzgitter (GRANEL 1980, ROHMERT und HAIDER 1980, ULICH 1980b, Kapitel 10.3) neben positiven Effekten auf Verhaltens- und Erlebensmerkmale vor allem auch positiv zu bewertende Veränderungen der Belastungsstrukturen nachgewiesen werden. So wurde etwa die in den beiden zum Vergleich herangezogenen hocharbeitsteiligen Montagestrukturen «nachgewiesene Zunahme der Arbeitsermüdung im Verlaufe einer Schicht ... bei der Gruppenmontage nicht beobachtet» (GRANEL 1980, 40). Schliesslich konnte LUNDBERG (1996) zeigen, dass Muskel- und Skeletterkrankungen in Gruppenarbeitsstrukturen mit entsprechender Autonomie weniger häufig auftreten als in arbeitsteiligen Arbeitsstrukturen, in denen die gleichen Produkte bzw. Dienstleistungen zu erstellen sind. Auch hier zeigte sich, dass physiologische Belastungsreaktionen und Selbsteinstufungen der erlebten Ermüdung in den arbeitsteiligen Strukturen während des Schichtverlaufes zunahmen und ihren Gipfel am Ende der Schicht erreichten, während in der flexiblen Gruppenarbeitsstruktur «a moderate and more stable level throughout the shift» gefunden wurde (LUNDBERG 1996, 69).

Dementsprechend zieht OEHLKE (2000, 162) in einem Bericht über europäische Förderaktivitäten den Schluss: «Die Aktualisierung europäischer Traditionen der arbeits- und gestaltungsorientierten bzw. sozio-technischen Organisationsentwicklung (u.a. VAN EIJNATTEN 1993; ULICH 1998, 167f.) kann vor dem Hintergrund japanischer und amerikanischer Managementkonzepte sowie diverser OECD-Studien ... als ein wichtiger Impulsgeber für eine europäische Produktivitätsstrategie verstanden werden.»

Gleichzeitig wird im Bericht des European Work and Technology Consortium aber auch deutlich, dass eine Diffusion derartiger Arbeitsstrukturen trotz vielfach belegter ökonomischer Erfolge nur sehr beschränkt stattfindet. Dies geht auch aus der in Deutschland durchgeführten Untersuchung von NORDHAUSE-JANZ und PEKRUHL (2000; PEKRUHL 2000) hervor, die für die Jahre 1993 bis 1998 zwar eine deutliche Zunahme von Gruppenarbeit verzeichnen, darunter aber «nur eine kleine Minderheit von Beschäftigten», die in teilautonomer Gruppenarbeit «ihr Wissen und Können umfassend in den Arbeitsprozess einbringen können» (a.a.O., S. 50). Aus der im Rahmen des gleichen Projekts vorgenommenen geschlechtsdifferenzierenden Analyse von LÜDERS und RESCH (2000) geht zusätzlich hervor, dass innerhalb von Gruppenarbeitsstrukturen geschlechtsspezifische Unterschiede hinsichtlich Qualifikationsanforderungen, Aufgabenvielfalt und Verantwortung zwar «weniger deutlich ausgeprägt» sind. «Aber auch hier gilt, dass an Frauen geringere Qualifikationsanforderungen gestellt werden als an Männer und ihnen weniger Verantwortung übertragen wird. Mit anderen Worten: auch in der Gruppenarbeit führen Männer der Tendenz nach eher anforderungsreichere Tätigkeiten aus» (a.a.O., S. 99).[20]

---

[20] Die Autorinnen weisen darauf hin, dass ihre Daten keine Aussage über die Ursachen der gefundenen Unterschiede erlauben. «Denkbar wäre einerseits, dass ‹gewohnte› geschlechtstypische Arbeitsteilungen innerhalb der Gruppe – d.h. in der konkreten Zusammenarbeit der Geschlechter – übernommen werden. Möglich ist aber auch, dass Frauen häufiger in solchen Gruppen arbeiten, in denen alle Tätigkeiten mit geringeren Qualifikationsanforderungen verbunden sind, während Männer häufiger in Gruppen zu finden sind, in denen alle Mitglieder anforderungsreichere Tätigkeiten ausführen. Dies zu klären, erfordert weitere Untersuchungen und vor allem differenziertere Tätigkeitsanalysen als sie im Rahmen dieser breit angelegten Befragung durchgeführt werden konnten» (LÜDERS und RESCH 2000, 99).

Die Analyse der Ergebnisse von Fallstudien (RICE 1958; EMERY und THORSRUD 1976, 1982; MANSELL 1980; TRIST 1981; CHERNS 1989) lassen die Annahme gerechtfertigt erscheinen, dass die Infragestellung etablierter Machtstrukturen zu den wesentlichen Gründen für die vergleichsweise geringe Verbreitung dieser psychologisch und ökonomisch gleichermassen sinnvollen und erfolgreichen Innovation gehört.

Im Übrigen hatten MACY et al. (1986) in einer früheren Mitteilung über 56 in ihre Metaanalyse einbezogenen Forschungsprojekte auch über negative Beziehungen zwischen Gruppenarbeit und Arbeitszufriedenheit berichtet. GOODMAN, DEVADAS und HUGHSON (1990, 311), die über diese Ergebnisse berichteten, fanden es überraschend («surprising»), dass Arbeitszufriedenheit keine positive Beziehung zur Arbeit in teilautonomen Gruppen aufwies. Darüber kann aber nur überrascht sein, wer Arbeitszufriedenheit lediglich unter dem quantitativen Aspekt stärkerer oder schwächerer Ausprägung begreift. Nicht zuletzt waren es ja solche Erfahrungen, die bereits vor zwei Jahrzehnten Veranlassung gaben, zwischen qualitativ unterschiedlichen Formen der Arbeitszufriedenheit zu unterscheiden (BRUGGEMANN 1974, BRUGGEMANN, GROSKURTH und ULICH 1975) und davor zu warnen, von Aufgabenerweiterung und Gruppenarbeit Vergrösserungen der Arbeitszufriedenheit zu erhoffen (ULICH 1976). Nach den Ausführungen in Abschnitt 3.1 (S. 137ff.) ist beispielsweise viel eher mit einer Erhöhung des Anspruchsniveaus und daraus resultierender progressiver Arbeits(un-)zufriedenheit zu rechnen, die sich in einfachen Zufriedenheitsabfragen durchaus als mangelnde Zufriedenheit darstellen kann. Damit wird eine von Unternehmen häufig geäusserte Erwartung nicht erfüllt, was in manchen Fällen vermutlich zum Abbruch ansonsten erfolgreicher Pilotprojekte beigetragen hat.

Im Übrigen erwarten GOODMAN et al. eine langsame, aber zunehmende Verbreitung der Arbeit in teilautonomen Gruppen. Dafür geben sie drei Gründe an: (1) ein anhaltender kultureller Trend in Richtung zunehmender Partizipation; (2) vielfältige und verbreitete Erfahrungen mit weniger komplexen Formen von Gruppenarbeit, wie z.B. Qualitätszirkel, und daraus resultierende ‹evolutionäre Kräfte›; (3) fortschrittliche Technologie, die – wie etwa in CIM-Konzepten – zunehmende Integration und Flexibilität ermöglicht und bewirkt. Schliesslich erwarten die Autoren auch eine weitere Verbreitung von Gruppenarbeit ausserhalb der industriellen Produktion.[21]

4.4 Arbeitsgruppen und Gruppenarbeit

Ihre Annahme, dass die Verbreitung von ‹self-managing teams› langsam erfolgen werde, begründen die Autoren damit, dass es sich hierbei schliesslich um sehr komplexe organisationale Interventionen handele, die sowohl mit den Werten einer Organisation als auch mit der Technologie übereinstimmen müssen. Dieser Hinweis sollte alle jene zur Vorsicht mahnen, die meinen, man könne innerhalb einer vorgegebenen Zeit – und womöglich noch kurzfristig – ‹flächendeckend› Gruppenarbeit einführen.

In den Berichten des ‹European Work and Technology Consortium› (1998) finden sich ähnliche Begründungen für die langsame Diffusion wirtschaftlich kaum bestreitbar erfolgreicher Konzepte (vgl. Kasten 4.18).

Kasten 4.18: Erfolgreiche Konzepte verbreiten sich nicht von selbst (aus: THE EUROPEAN WORK AND TECHNOLOGY CONSORTIUM 1998, 35)

«One explanation of this phenomenon can be found in the object of diffusion itself. Organisational forms and modes of action are to a large extent based on implicit knowledge, embedded in the local organizational context (HEDLUND 1994). It is not so difficult to copy and to introduce the concrete models (or ‹theories-of-action›) of organisational change. Making these concepts work in practice appears to demand a far greater effort. Successful implementation of these general concepts implies the need to develop local knowledge, understanding and innovation (or ‹theories-in-action›). That explains the contrast between the wide diffusion of well known Japanese and American organisational concepts and growing evidence (c.f. SCOTT MORTON, 1995) of problems in imple-

---

In der Zusammenfassung der, in dem von ihm herausgegebenen Sammelband über ‹Groups, that work (and those, that don't)› berichteten, Untersuchungen benennt HACKMAN (1990, 499) im Übrigen drei strukturelle Voraussetzun-

---

[21] «We expect more growth of these teams in nonmanufacturing environments. Also, we expect these teams to be found more frequently at the managerial level ... We also expect greater use of selfmanaging teams in service or support settings. Airline crews, sales teams, and maintenance teams seem ripe for this self-management intervention» (GOODMAN et al. 1990, 324).

gen für den Erfolg von Arbeitsgruppen: (1) Eine gut konzipierte («well designed») Gruppenaufgabe, die die Motivation der Gruppenmitglieder stimuliert und aufrecht erhält. Dabei ist der Sinnhaftigkeit («meaningfulness») der Tätigkeit, dem Ausmass an Autonomie und dem aus der Ausführung direkt resultierenden Feedback besondere Beachtung zu schenken. (2) Eine gut zusammengesetzte («well composed») Gruppe. Sie soll – in Relation zur zu bewältigenden Aufgabe – so klein wie möglich sein, klare Grenzen aufweisen, aus Mitgliedern mit angemessenen fachlichen und sozialen Qualifikationen bestehen – die einander weder so ähnlich sind wie Erbsen in einem Topf noch voneinander so verschieden, dass daraus Schwierigkeiten in der Zusammenarbeit entstehen. (3) Eine klare und explizite Festlegung der Vollmachten («authority») und ihrer Begrenzungen und der entsprechenden Verantwortlichkeiten («accountability») der Gruppe.

Um die Möglichkeiten der Selbstregulation in Arbeitsgruppen ausschöpfen zu können, muss die Gruppenarbeit darüber hinaus durch die organisationalen Strukturen aktiv unterstützt werden. Zu den Schlüsselelementen der Unterstützung gehören nach HACKMAN (1990, 500):

(1) Ein Entlohnungssystem, das nicht in erster Linie die individuellen Leistungen, sondern vor allem die Gruppenleistung zu identifizieren und zu honorieren erlaubt.
(2) Ein Ausbildungssystem, das – auf Anforderung durch die Gruppen – jegliche Ausbildung und technische Beratung bereitstellt, die die Mitglieder zur Ergänzung ihres Wissens und Sachverstandes benötigen.
(3) Ein Informationssystem, das die Gruppe mit allen Daten und Voraussagen versorgt, die sie zum proaktiven Management ihrer Arbeit benötigen.
(4) Die materiellen Ressourcen – Ausrüstung, Werkzeuge, Raum, finanzielle und personelle Mittel –, die die Gruppen für die Ausführung ihrer Aufgabe benötigen.

Im Übrigen fordern verschiedene Autoren (z.B. SONNENTAG 1996, FRIELING und FREIBOTH 1997), die Einschätzung der Wirkungen teilautonomer Arbeitsgruppen nicht nur auf retrospektive Fallstudien oder Querschnittsvergleiche von Arbeitssystemen zu beziehen, sondern vermehrt Längsschnittun-

---

[22] Über Längsschnittuntersuchungen – von unterschiedlicher Dauer und mit unterschiedlicher Anzahl einbezogener Gruppen und Personen – in der Deutschen Industrie finden sich nach wie vor vergleichsweise wenige Berichte (z.B. bei ULICH 1980b, ANTONI 1997, SCHUMANN und GERST 1997, FRIELING und FREIBOTH 1998, GRIMMER und FISCHER 1998).

4.4 Arbeitsgruppen und Gruppenarbeit

tersuchungen durchzuführen.[22] Damit könnten die Ursachen für uneinheitliche, z.T. sogar widersprüchliche, Befunde zu den Auswirkungen der Arbeit in teilautonomen Gruppen (vgl. dazu ANTONI 1997, 132) vermutlich wenigstens teilweise aufgeklärt werden.

Eine Erklärung für solche nicht übereinstimmenden Befunde könnte aber auch in der mangelnden Berücksichtigung der in Abschnitt 4.5.3 dargestellten Kontingenzen liegen. Eine andere Erklärung könnte darin liegen, dass das Verständnis von Gruppenarbeit sich keineswegs an einheitlichen Kriterien orientiert und deshalb unterschiedliche Praxiskonstruktionen miteinander verglichen werden. In neueren Publikationen (z.B. ZINK 1995c, FRIELING und FREIBOTH 1997, MOLDASCHL und WEBER 1998, ANTONI 1999, RAFFERTY und TAPSELL 2001) wird deshalb zu Recht auf die Notwendigkeit hingewiesen, zwischen ‹europäischen› bzw. ‹skandinavischen› und ‹japanischen› Formen der Gruppenarbeit zu unterscheiden. Tatsächlich sind die Unterschiede so erheblich und von so grundsätzlicher Art, dass bei der Darstellung von Gruppenarbeitsprojekten eine hinreichend präzise Beschreibung von deren Ausprägungsmerkmalen zu fordern ist (vgl. Tabelle 4.11).

Tabelle 4.11: Europäische und japanische Gruppenarbeit im Vergleich (nach Angaben von KIRSCH 1993, 1997, BENDERS et al. 1999)

	‹europäisches› Modell	‹japanisches› Modell
Aufgaben	ganzheitlich, komplex	partialisiert, einfach
Gestaltungsprinzip	job enrichment	job enlargement, job rotation
Autonomie	hoch	gering
Taktbindung	gering	hoch
Gruppenzusammensetzung	heterogen	homogen
Regulationsform	kollektive Selbstregulation	hierarchische Fremdbestimmung
Beziehungsstruktur	soziale Unterstützung	soziale Kontrolle
Qualifikationsniveau	Facharbeiter oder Schulabschluss	Angelernte mit qualifiziertem qualifizierte Angelernte
Mitgliedschaft	Wahl durch die Gruppe	Zuweisung durch Vorgesetzte
Besetzung der Leitungsposition	Wahl durch die Gruppe	Bestimmung durch das Management
zeitliche Zuordnung der Leitungsfunktion	rotierend zwischen Gruppenmitgliedern	dauerhaft, gebunden an die Leitungsperson

Dass mit einer Übertragung japanischer Gruppenarbeitskonzepte auf europäische Unternehmen häufig nicht die gewünschten ökonomischen Effekte erreicht werden, zeigt u.a. eine von der European Foundation for the Improvement of Living and Working Conditions veranlasste Studie.
An der Zehnländerstudie ‹Employee direct Participation in Organisational Change› (EPOC) beteiligten sich 5786 von 32 578 angeschriebenen (und erreichten) Unternehmen. Die Autoren (BENDERS, HUIJGEN, PEKRUHL und O'KELLY 1999) weisen zwar zu Recht darauf hin, dass bei einer Rücklaufquote von 17,8 Prozent und fehlender Möglichkeit einer Analyse relevanter Merkmale der Nichtantwortenden eine Aussage über die Repräsentativität der Ergebnisse nicht möglich ist. Dennoch soll hier ein Ergebnis der Studie wiedergegeben werden, das zumindest zum Nachdenken anregen kann. Es betrifft den ökonomischen Vergleich zwischen dem ‹skandinavischen› Modell und dem ‹japanischen› Modell der Gruppenarbeit (Tabelle 4.12).

Tabelle 4.12: Typ der Gruppenarbeit und ökonomischer Erfolg in zehn Ländern der Europäischen Union (nach Angaben der EPOC RESEARCH GROUP 1997)*

ökonomischer Erfolg	‹skandinavisches› Modell	‹japanisches› Modell
uneingeschränkt erfolgreich	48	20
sehr erfolgreich	44	56
mässig erfolgreich	8	9
nicht sehr erfolgreich	0	15

*Angaben in Prozent der Antworten

Die geringsten Unterschiede fanden sich in der Verbesserung der Qualität, überraschend grosse Unterschiede hingegen in der Reduktion von Kosten und Durchlaufzeiten, von Krankheiten und Fehlzeiten sowie in der Zunahme des ‹total output›. Auch die Anzahl der Beschäftigten nahm als Folge der Einführung von Gruppenarbeit des ‹skandinavischen› Typs stärker ab als beim ‹japanischen› Typ. In noch stärkerem Ausmass gilt dies für die Reduktion der Funktionen mit Managementaufgaben.

Eine dritte Erklärung für uneinheitliche Befunde zu den Wirkungen der Arbeit in teilautonomen Gruppen könnte in der Annahme linearer Zusammenhänge zwischen positiv bewerteten Merkmalen der Arbeits- bzw. Tätigkeitsgestaltung und gewünschten psychologischen und ökonomischen Effekten

4.4 Arbeitsgruppen und Gruppenarbeit 291

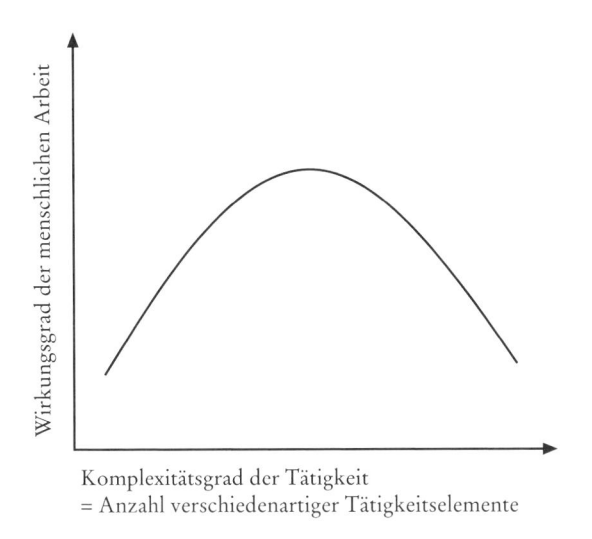

Abbildung 4.25: Vermuteter Zusammenhang zwischen Komplexitätsgrad der Tätigkeit und Wirkungsgrad der menschlichen Arbeit (aus: ULICH 1972)

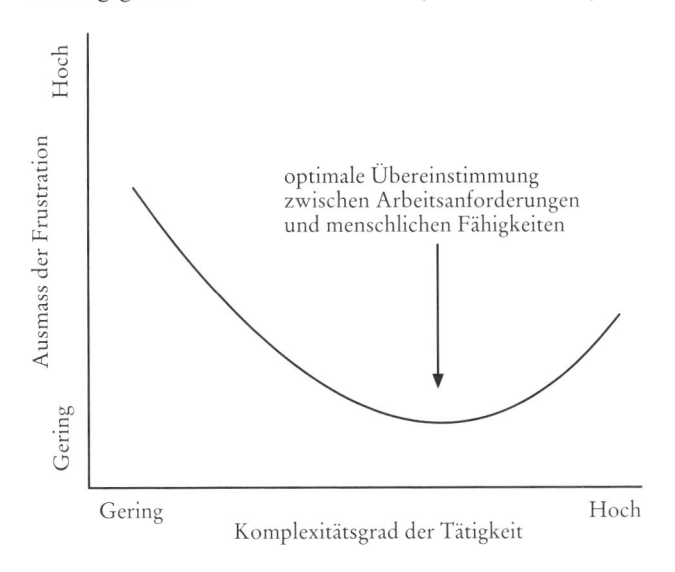

Abbildung 4.26: Angenommene Beziehung zwischen Komplexitätsgrad der Tätigkeit und Ausmass der Frustration (nach: BLUM und NAYLOR 1968)

liegen. Die Realisierung einer solchen Annahme würde dazu führen, dass um so stärkere positive Effekte erwartet werden, je komplexer die Arbeitstätigkeiten, autonomer die Beschäftigten und vielfältiger die Anforderungen sind.

Schon früher hatten wir indes einen kurvilinearen Zusammenhang zwischen dem Komplexitätsgrad von Tätigkeiten und dem Wirkungsgrad der Arbeit vermutet (vgl. Abbildung 4.25, S. 291).
NEDESS und MEYER (2001) haben diese Überlegung aufgenommen. Sie deckt sich in gewisser Weise auch mit der Annahme von BLUM und NAYLOR (1968, 340), derzufolge deutliche Frustration bei sehr einfachen ebenso wie bei sehr komplexen Aufgaben, die die optimale Übereinstimmung zwischen Arbeitsanforderungen und menschlichen Fähigkeiten überschreiten, zu erwarten ist. Sie zeigt auch Übereinstimmungen mit dem sogenannten Vitaminmodell von WARR (1994), das ebenfalls eine kurvilineare Beziehung zwischen Tätigkeitsmerkmalen wie Autonomie und Anforderungsvielfalt und dem Wohlbefinden der Beschäftigten postuliert (vgl. auch Kapitel 7.7). Empirische Belege für eine derartige kurvilineare Beziehung finden sich neuerdings bei Wieland und Hammes (2010).

Wiederum andere Ursachen könnten in der unterschiedlichen Beteiligung der Beschäftigten an der Entwicklung und Einführung der Gruppenarbeit liegen, am mehr oder weniger gezielten und differenzierten Training für die adäquate Wahrnehmung der Gruppenaufgaben (vgl. dazu BAITSCH 1998, BERGMANN 1999) oder an dem mit beidem möglicherweise verbundenen Mangel an interindividueller Übereinstimmung der mentalen Modelle, z.B. über Arbeitsaufgabe, Arbeitsmittel, Gruppenmitglieder oder soziale Interaktionen (vgl. TSCHAN und SEMMER 2001).

Schliesslich ist aber auch der Tatsache Rechnung zu tragen, dass zwischen den innerhalb eines Betriebes beschäftigten Personen erhebliche interindividuelle Unterschiede bestehen, die bei der Gestaltung von Arbeitstätigkeiten zu berücksichtigen sind.

4.5   Vom ‹one best way› zum Angebot von Alternativen

Wie bereits in Abschnitt 1.1 erwähnt, hat LIPMANN schon 1932 gefordert, «dass dem Arbeiter die Gestaltung seiner Arbeit, die Wahl der Arbeitsmittel und Arbeitsmethoden in *möglichst hohem Grade* überlassen bleiben soll …». Und CHRISTENSEN (1976, 13) hat in seinem Beitrag über Herkunft und Zukunft der Ergonomie schlicht konstatiert: «… there is no universal ‹one best way› to do anything». Konsequenzen aus diesen Feststellungen wurden indes

4.5 Vom ‹one best way› zum Angebot von Alternativen

über viele Jahre hinweg nicht erkennbar. Erst in den letzten Jahren hat sich dies etwas geändert.

4.5.1 Berücksichtigung interindividueller Unterschiede durch differenzielle Arbeitsgestaltung

4.5.1.1 Das Konzept

Wie bereits früher festgestellt wurde, gehen wir davon aus, dass sich die Persönlichkeit des erwachsenen Menschen weitgehend in der Auseinandersetzung mit der Arbeitstätigkeit entwickelt. Nach RUBINSTEIN (1958, 704) ist die Arbeit sogar «das wichtigste Mittel zur Formung der Persönlichkeit. Im Prozess der Arbeit wird nicht nur ein bestimmtes Produkt der Arbeitstätigkeit des Subjekts erzeugt, sondern dieses selbst wird in der Arbeit geformt». In der Arbeitstätigkeit entwickeln sich Fähigkeiten, Normen und Einstellungen. Natürlich aber kann eine optimale Entwicklung der Persönlichkeit in der Auseinandersetzung mit der Arbeitstätigkeit ohne Berücksichtigung interindividueller Differenzen kaum gewährleistet werden.

Traditionellerweise wurden interindividuelle Unterschiede vor allem im Rahmen von Eignungsfeststellungen für bestimmte Berufe oder Arbeitstätigkeiten berücksichtigt. Dies war eines der hauptsächlichen Betätigungsfelder der Psychotechniker und gehört auch heute wieder zu den Hauptaufgaben zahlreicher Betriebspsychologen. Man kann sich aber fragen, ob dies der adäquate Zugang zur angemessenen Berücksichtigung personspezifischer Merkmale ist. Als Ergebnis einer Diskussion über «Arbeitsgestaltung versus Eignungsdiagnostik» hielt FRIELING (1988, 143) immerhin fest: «Differenzieller Arbeitsgestaltung ist der Vorzug vor eignungsdiagnostischer Auswahl zu geben, auch dann, wenn die Methode der Selektion vordergründig kostengünstiger erscheint.»

Wenngleich der Anwendung wissenschaftlich fundierter eignungsdiagnostischer Verfahren durch gut ausgebildete Psychologen unzweifelhaft der Vorzug zu geben ist vor der – leider immer noch und wieder vorfindbaren – Anwendung vorwissenschaftlicher Methoden von sehr zweifelhaftem Wert, so bleiben doch der Gültigkeit von Eignungsfeststellungen gewisse prinzipielle Grenzen gesetzt.
Eignungsfeststellungen beruhen auf einem Vergleich von Arbeits- bzw. Tätigkeitsanforderungen und Persönlichkeitsmerkmalen. Sie werden um so zutreffender sein, je genauer die relevanten Informationen über die Personen und die für sie in Aussicht genommenen bzw. in Frage kommenden Tätigkeiten gesichert werden können. Zur Grundlage sachgemässer Eignungsfeststellungen gehören demnach einerseits Informationen über (a) die Personen, (b) die

Anforderungen und (c) die Interaktion von Personen und Anforderungen. Andererseits – und dies wird oft übersehen – gehören dazu aber auch Informationen über (d) die zu erwartende Konstanz der Personmerkmale, (e) die zu erwartende Konstanz der Anforderungen und (f) die zu erwartende Konstanz der Interaktion zwischen Personen und Anforderungen auf dem Hintergrund ihrer wechselseitigen Prägung und Prägbarkeit.

Es ist offensichtlich, dass ein Teil dieser Informationen zum Zeitpunkt der Eignungsfeststellung nur näherungsweise und in beschränktem Umfang verfügbar ist. Dies betrifft insbesondere die zuletzt genannten Informationen über die zu erwartende Konstanz von Personmerkmalen, Tätigkeitsanforderungen und deren Interaktion. Aus diesem Grunde wurde schon vor längerer Zeit gefordert, «Tests zu entwickeln, die der Erfassung arbeitsbezogener Lernprozesse dienen, verschiedene Wege der Lernzielerreichung zu differenzieren vermögen und eine diagnostische Begründung weiterer Lernschritte ermöglichen» (TRIEBE und ULICH 1977, 265). An der gleichen Stelle wurde eine Neuorientierung der Eignungsdiagnostik und deren Konzentration auf eine Analyse der Interaktion zwischen Arbeitstätigkeit und Qualifikation gefordert, «deren Ergebnisse vielleicht – anders als bisher die Regel – vorwiegend Empfehlungen zur inhaltlichen und organisatorischen Umgestaltung der Arbeit selbst und die Entwicklung geeigneter Ausbildungsmethoden sein müssten. In den Vordergrund träte damit die Frage, wie sich die *Arbeit als eines der wichtigsten Lern-Treatments* so gestalten lässt, dass sie dem Einzelnen eine Weiterentwicklung – und nicht nur eine Anwendung – seiner vorhandenen Qualifikationen ermöglicht» (a.a.O., 270).

Ergebnisse empirischer Untersuchungen stützen die Annahme, dass das Konzept eines für jede Auftragsausführung vorhandenen «one best way», den es nur herauszufinden und den Beschäftigten zu vermitteln gelte, einen grundlegenden und folgenschweren Irrtum traditioneller Arbeitsgestaltung darstellt. Vielmehr wird immer deutlicher erkennbar, «dass es keine einheitliche, für *alle* Mitarbeiter optimale Arbeitsstruktur geben kann» (ZINK 1978, 46). So zeigen etwa die Untersuchungen von TRIEBE (1980, 1981), dass bei nicht detailliert vorgeschriebenen Montageabfolgen – hier: der kompletten Montage von Kraftfahrzeugmotoren – (1) interindividuell unterschiedliche Vorgehensweisen möglich sind und dass (2) deren Realisierung keineswegs zwangsläufig zu Unterschieden in Effizienz oder Effektivität führen. «Während am Band jeder Arbeiter nur einige sehr abgegrenzte, ständig wiederkehrende Verrichtungen ausführt und hierbei oft bis in die einzelnen Handgriffe hinein festgelegt ist, ergeben sich bei der Montage des gesamten Motors eine Fülle von ‹Freiheitsgraden› für den Monteur; d.h. mit Ausnahme einer Reihe von Vorschriften und von Zwängen, die vom Produkt her gegeben sind, steht es ihm vielfach frei, ob er dieses Teil zuerst montiert, dann jenes, oder anders verfährt. Er kann bestimmte *Montage-Strategien* wählen und diese je nach Situation wieder abwandeln oder grundsätzlich verändern» (TRIEBE 1980, 26). Eine Längsschnittanalyse der Komplettmontage von Motoren im VW-Werk Salzgitter führte u.a. zu fol-

4.5 Vom ‹one best way› zum Angebot von Alternativen

genden Ergebnissen: «Die in die Untersuchung einbezogenen Arbeiter entwickelten im Lauf der Zeit eine Vielzahl unterschiedlicher Strategien, aus denen sich erkennen lässt, dass (a) die objektiv vorhandenen ‹Freiheitsgrade› für ein individuelles Vorgehen zunehmend erkannt und genutzt wurden; (b) es durchaus verschiedene Vorgehensweisen gibt, die als gleich effizient gelten können» (a.a.O., 97f.).
Für Arbeiten am Bildschirm finden sich bei ASCHWANDEN und ZIMMERMANN (1984, 1985) sowie bei ACKERMANN (1986, 1987) experimentelle Befunde, die in die gleiche Richtung weisen (vgl. Abschnitt 5.6). Solche Ergebnisse bedeuten im Umkehrschluss, dass das strikte Vorschreiben von vermeintlich ‹optimalen› Arbeitsabläufen in einzelnen Fällen sogar zu ineffizienter Arbeitsweise führen kann.

Die Tatsache derartiger interindividueller Differenzen sollte Planer, Konstrukteure, Anlagenhersteller und Arbeitsvorbereiter ebenso wie Softwareentwickler und Organisatoren dazu veranlassen, Arbeitssysteme nach Möglichkeit so auszulegen, dass unterschiedliche Arbeitsweisen tatsächlich realisiert werden können. Das damit postulierte *Prinzip der flexiblen Arbeitsgestaltung* (ULICH 1978b) bezieht sich allerdings nur auf die Berücksichtigung interindividueller Differenzen innerhalb einer vorgegebenen Arbeitsstruktur.
Im Unterschied dazu und in bewusster Abhebung von der klassischen Suche nach dem «one best way» für die Gestaltung von Arbeitsinhalten und Arbeitsabläufen – die schon von LIPMANN (1932) und CHRISTENSEN (1976) in Frage gestellt wurde – postuliert das *Prinzip der differenziellen Arbeitsgestaltung* das gleichzeitige Angebot verschiedener Arbeitsstrukturen, zwischen denen die Beschäftigten wählen können (ULICH 1978b, 1983c, 1990a). Das Angebot alternativer Arbeitsstrukturen sollte in besonderer Weise geeignet sein, eine optimale Entwicklung der Persönlichkeit in der Auseinandersetzung mit der Arbeitstätigkeit auf dem Hintergrund unterschiedlicher Personmerkmale zu gewährleisten. Solche Merkmalsunterschiede werden hier also nicht im Sinne dispositionsorientierter Ansätze verstanden, sondern «vereinfacht als Ergebnis vergangener Konfrontation mit der Lernumwelt» (HERRMANN 1976, 430).

Mit dem Angebot alternativer Arbeitsstrukturen, zwischen denen die Beschäftigten wählen können, wird zugleich der eignungsdiagnostische Ansatz ‹umgekehrt›. Es sind nicht mehr externe oder betriebliche Instanzen, die die ‹Eignung› einer Person für eine bestimmte Art der Auftragsausführung feststellen, sondern es sind die betroffenen Personen selbst, die aufgrund ihres Selbstkonzepts, ihrer Bedürfnisse und Qualifikationen die Entscheidung für eine bestimmte Arbeitsstruktur treffen.

Damit auch Prozessen der Persönlichkeits*entwicklung*, *intra*individuellen Differenzen über die Zeit also, Rechnung getragen werden kann, bedarf das Prinzip der differenziellen Arbeitsgestaltung der Ergänzung durch das *Prinzip der dynamischen Arbeitsgestaltung*. Damit ist die Möglichkeit der Erweiterung bestehender oder der Schaffung neuer Arbeitsstrukturen gemeint, die dem Lernfortschritt der Beschäftigten Rechnung tragen.[23] Die Möglichkeit, zwischen Alternativen wählen und die Wahl gegebenenfalls korrigieren zu können, bedeutet einerseits eine Abkehr von der Suche nach dem «einen richtigen Weg» für die Gestaltung von Arbeitsinhalten und Arbeitsabläufen, andererseits einen erheblichen Zuwachs an Autonomie und Kontrolle über die eigenen Arbeitsbedingungen.

In ihren Anmerkungen zum Entwicklungsstand und zur Entwicklungsperspektive der Arbeitswissenschaft schrieben ABHOLZ et al. (1981, 197) dem Konzept der differenziellen und dynamischen Arbeitsgestaltung «eine erhebliche Ausstrahlung auf die zukünftige Arbeitsgestaltung» zu. Nach der von GROB und HAFFNER (1982, 29) bei Siemens vertretenen Auffassung wäre es sogar «falsch, grössere Betriebsbereiche einheitlich zu strukturieren.» Unter Verweis auf das Prinzip der differenziellen Arbeitsgestaltung postulieren sie, den Mitarbeitern müsse «eine breite Palette unterschiedlicher Arbeitsstrukturen angeboten werden» (a.a.O.).

HACKER (1986a, 501) wies vor einiger Zeit auf den «vermeintlichen Widerspruch» zwischen den für eine Vielzahl von Beschäftigten gedachten Arbeitsgestaltungsmassnahmen und den interindividuell verschiedenen Voraussetzungen und Bedürfnissen hin und kam zu dem Schluss: «Das Angebot wählbarer Freiheitsgrade zur Beeinflussung der eigenen Tätigkeit ist das entscheidende Kettenglied zur Lösung dieses Widerspruchs (BLUMENFELD 1932; *Prinzip der differenziellen Arbeitsgestaltung*, ULICH 1978b).»

4.5.1.2 Anwendungen im Produktionsbereich

Plausibilität und Realisierbarkeit unserer Überlegungen zum Konzept einer differenziellen Arbeitsgestaltung sollen zunächst am ‹Fix-Vario-Prinzip›

---

[23] Insofern ist es auch nicht zutreffend, wenn KLEINBECK (1987, 462) meinte, das Konzept der differenziellen Arbeitsgestaltung beruhe «auf der Grundannahme der relativen Stabilität der Wert- und Bedürfnisstrukturen der Arbeitspersonen».

4.5 Vom ‹one best way› zum Angebot von Alternativen

und dann an zwei konkreten Beispielen aus dem Fertigungsbereich aufgezeigt werden.

Nach dem Hinweis von ZINK (1978, 46), «dass die Reaktion auf einfach oder komplex strukturierte Aufgaben, in Abhängigkeit von personenspezifischen Daten sehr unterschiedlich sein kann», stellt das ‹Fix-Vario-Prinzip› eine der Möglichkeiten der systematischen Berücksichtigung interindividueller Unterschiede im Fertigungsbereich dar (vgl. Kasten 4.19).

Kasten 4.19: Das «Fix-Vario-Prinzip» (aus: ZINK 1978)

Für das Angebot unterschiedlicher Arbeitsformen bzw. Wahlmöglichkeiten «können zunächst – gezielter als bisher – die in vielen Organisationen vorhandenen ‹natürlichen Ausweichmöglichkeiten› im Sinne unterschiedlicher Arbeitsstrukturen für ähnliche Aufgaben mit ähnlichem Anforderungsniveau herangezogen werden. Ist dies nicht möglich, wie z.B. in vielen Fällen im Montagebereich bei Massenfertigung, sind entsprechende Parallelsysteme zu konzipieren. Dabei hat es sich als positiv erwiesen, Systeme nach dem ‹Fix-Vario-Prinzip› zu entwickeln. Basis dieses Konzepts ist die Überlegung, dass in Endprodukten, die in unterschiedlichen Varianten angeboten werden, ein gewisser Prozentsatz aller Einzelteile und Baugruppen und somit auch der Anteil der entsprechenden Fertigungs- und Montagearbeiten ‹fix› ist. Ausserdem gibt es variantenbedingt variable Arbeitsinhalte mit unterschiedlichem Komplexitätsgrad. Diese unterschiedlichen Aufgaben werden nun in einem Arbeitssystem so verknüpft, dass der einzelne Mitarbeiter zwischen fixen und variablen Tätigkeitsinhalten sowie zwischen Einzel- und Gruppenarbeitsplätzen wählen kann ... Das dem Fix-Vario-System zugrundeliegende Konzept, die Aufgaben eines Arbeitssystems in ‹fixe› und ‹variable› Tätigkeitsinhalte aufzuspalten und den Mitarbeitern eine Wahlmöglichkeit bezüglich der Zuordnung zuzugestehen, muss jedoch auch im Zusammenhang mit technologischen Nebenbedingungen gesehen werden.

So ist diese Organisationsform zunächst für den Montagebereich konzipiert ... Wesentlich weniger Möglichkeiten für einen Fix-Vario-Einsatz ergeben sich unter anderem im Bereich ‹klassischer Prozessfertigung› (wie zum Beispiel in der chemischen Industrie). Die Übertragbarkeit auf den Verwaltungsbereich in Organisationen ist dagegen weitgehend uneingeschränkt möglich» (ZINK 1978, 47).

4.5.1.2.1 Der Fall Schreibmaschinenmontage

Als konkretes Beispiel für einen differenziellen Ansatz in der Arbeitsgestaltung soll hier der Fall eines schweizerischen Unternehmens erwähnt werden, zu dessen Produktionsprogramm vor allem Büromaschinen wie Schreib- und Rechenmaschinen, Buchungsautomaten etc. gehören. In einer der Montageabteilungen werden Schreibmaschinenwagen montiert. Ursprünglich fand die Montage an einem Fliessband mit Zykluszeiten in der Grössenordnung von drei bis vier Minuten statt. Hohe Fluktuations- und Fehlzeitquoten, Mängel im Arbeitsablauf, die vor allem auf Probleme der Leistungsabstimmung zurückzuführen waren, und Qualitätsmängel veranlassten eine Reorganisation, in deren Rahmen schrittweise die folgenden Arbeitsstrukturen entwickelt und den siebzig Mitarbeitern zur Auswahl angeboten wurden:
- eine dem Bündelsystem ähnliche, nicht getaktete verkürzte Linie mit Zusammenfassung verschiedenartiger Tätigkeitselemente wie Montieren, Löten und Kontrollieren zu einer grösseren Handlungseinheit mit einer Zyklusdauer bis zu 10 Minuten;
- teilautonome Gruppen von je sechs Beschäftigten, die Schreibmaschinenwagen komplett montieren, löten, kontrollieren und justieren, mit Zykluszeiten bis zu 30 Minuten pro Arbeitsplatz, der Möglichkeit der Rotation zwischen den Arbeitsplätzen und der Möglichkeit, Arbeitsplätze mit eigenen Werkzeugen und Einrichtungen abzuändern;
- Einzelarbeitsplätze mit Aufgabenerweiterung, an denen Schreibmaschinenwagen – vor allem Spezialaufträge – komplett aufgebaut werden, mit Zykluszeiten von zwei bis vier Stunden Dauer.

Um die Auswahlmöglichkeiten nicht durch ein inadäquates Lohnsystem zu behindern, wurde für alle Beschäftigten gleichzeitig der Monatslohn eingeführt.

Ein wichtiges Merkmal dieser Form der Arbeitsgestaltung besteht darin, dass die Mitarbeiter/innen nicht nur zwischen den unterschiedlichen Arbeitsstrukturen wählen, sondern auch ihre Wahlen korrigieren können. Das beinhaltet einerseits die Möglichkeit des schrittweisen Wechselns von einfacheren zu komplexeren Arbeitsaufgaben, andererseits – etwa im Fall des Gefühls der Überforderung – die Möglichkeit des – kürzer oder länger dauernden – Rückzugs in weniger anforderungsreiche Strukturen.

4.5 Vom ‹one best way› zum Angebot von Alternativen 299

Die Möglichkeit, zwischen Alternativen zu wählen und die Wahl gegebenenfalls zu korrigieren, bedeutet zugleich einen erheblichen Zuwachs an Kontrolle über die eigenen Arbeitsbedingungen. «Alle Untersuchungen und Beobachtungen stimmen darin überein, dass motivierte, aufgabenorientierte Leistung zunimmt, wenn das Gefühl interner Kontrolle wirklich auftritt» (SCHRODER 1978, 40).

Ein Jahr nach Einführung der differenziellen Arbeitsgestaltung arbeiteten bereits 30 Mitarbeiter/innen in fünf teilautonomen Gruppen, drei weitere an Arbeitsplätzen mit individueller Aufgabenerweiterung.

Neben der in derartigen Fällen üblichen Reduzierung von Fehlzeiten und Fluktuation wird im vorliegenden Fall über eine spontane Entwicklung von Verbesserungsvorschlägen berichtet. Hinsichtlich der Produktionsqualität wurden «eindeutige und erhebliche Verbesserungen» festgestellt, während die Auswirkungen auf die Produktionsquantität differenzierter zu betrachten sind. Die Arbeitsproduktivität pro Person ging während der Einführungszeit jeweils zurück, stieg – nach interindividuell unterschiedlicher Zeit – wieder an und lag ein Jahr nach Einführung geringfügig unter der früheren Höhe. Durch Wegfall eines Teils der Probleme der Leistungsabstimmung, Minderung unproduktiver Nebentätigkeiten und Übernahme der Kontrollfunktionen durch die Beschäftigten entspricht die Produktionsquantität jedoch insgesamt der früheren Höhe. Infolge der Verbesserung der Qualität und weitgehendem Entfallen von Nacharbeit wurde zu diesem Zeitpunkt nach Angaben des Produktionsleiters insgesamt «eher billiger» produziert.

Aufgrund der positiven Erfahrungen wurden den Konstrukteuren vor Aufnahme der Produktion einer neuen Generation von elektronischen Schreibmaschinen Auflagen gemacht, deren Berücksichtigung die Möglichkeit einer Fortführung des differenziellen Ansatzes gewährleisten sollte. Diese Auflagen hatten offensichtlich eine Reihe von konstruktiven Änderungen zur Folge.

Abgesehen von den Vorteilen, die für den Betrieb resultierten, lassen sich aus diesem Beispiel einige Hinweise auf zentrale persönlichkeitsförderliche Elemente des konkret gewählten differenziellen Ansatzes ableiten. Sie liegen vor allem in den Möglichkeiten des Erwerbs zunehmend polyvalenter Qualifikationen (vgl. dazu ausführlicher ULICH, FREI und BAITSCH, 1980, 212).

4.5.1.2.2 Der Fall Flachbaugruppenfertigung

Ein Beispiel für systematische und erfolgreiche Berücksichtigung interindividueller Differenzen bei der Strukturierung von Arbeitstätigkeiten haben ZÜLCH und STARRINGER (1984) in ihrem Bericht über «Differenzielle Arbeitsgestaltung in Fertigungen für elektronische Flachbaugruppen» beschrieben. Der Bericht bezieht sich auf Erfahrungen aus zwei Siemens-Werken, in denen in der Flachbaugruppenfertigung «unterschiedlich befähigten und motivierten Mitarbeitern mehrere Formen der Arbeitsorganisation mit verschieden ausgeprägten Arbeitsinhalten gleichzeitig angeboten werden» (ZÜLCH und STARRINGER 1984, 211).

Herkömmlicherweise ist die Flachbaugruppenfertigung nach dem Verrichtungsprinzip organisiert, d.h. Vormontage, Bestücken, Fertiglöten und Endmontage sind organisatorisch und räumlich voneinander getrennt. Räumliche Trennung und unterschiedliche Bearbeitungszeiten machen Werkstattlager erforderlich. Deren Bestände werden zusätzlich dadurch vergrössert, dass ein Fertigungslos erst dann in die nächste Fertigungsstufe weitergegeben wird, wenn es den vorhergehenden Arbeitsabschnitt komplett durchlaufen hat. Dadurch ergibt sich eine Reihe von organisatorischen, kostenmässigen und personellen Schwachstellen, deren Analyse eine Neugestaltung der Produktionsstruktur nahelegte. Zu den monetär bewertbaren Zielen der Neugestaltung gehörten die Verringerung der Werkstattbestände und die Senkung der Kosten für Fehlerbeseitigung, zu den monetär nicht ohne Weiteres berechenbaren Zielen die Erhöhung der Flexibilität und der Motivation der Mitarbeiter sowie erweiterte Möglichkeiten zu deren Höherqualifizierung.

Unter den geprüften Alternativen – die von der manuellen Bestückung an Fliessbändern über den verstärkten Einsatz von Bestückungsautomaten bis zur Arbeit in teilautonomen Gruppen reichten – hat sich die differenzielle Arbeitsgestaltung «als die beste Lösung herausgestellt ..., weil sie sowohl die monetären als auch die nicht monetären Zielkriterien am besten erfüllt» (a.a.O., 213). Zur Lösung waren sowohl arbeitsorganisatorische Veränderungen als auch Umstellungen des Layouts erforderlich. Die neuen Arbeitssysteme wurden in Form von Fertigungsnestern zu beiden Seiten der Bestückungslinie angeordnet. Die Fertigungsnester wurden als BLUME-Gruppen bezeichnet, als Abkürzung für *B*estücken, *L*öten *u*nd *M*ontieren als *E*inheit. Innerhalb einer BLUME-Gruppe, die üblicherweise aus fünf Mitarbeiter/innen besteht, sind zwei Bestückplätze und fünf Handarbeitsplätze für die übrigen Teiltätigkeiten angesiedelt. Dem Konzept der differenziellen Arbeitsgestaltung

4.5 Vom ‹one best way› zum Angebot von Alternativen

entsprechend ist die Bewältigung des Arbeitsauftrages in verschiedenen Arbeitsstrukturen realisierbar. Das Angebot reicht von technologisch voneinander getrennten Einzelarbeitsplätzen, an denen jede/r nur eine Teiltätigkeit ausführt, bis hin zu Fertigungsnestern, bei denen jedes Gruppenmitglied alle vorkommenden Tätigkeiten beherrscht. «Je nach Neigung, Fähigkeit und Leistung der Gruppenmitglieder können somit verschiedene Stufen realisierbar sein» (ZÜLCH und STARRINGER 1984, 214). Das von ZÜLCH und STARRINGER erwähnte Stufenkonzept wird in Abbildung 4.27 verdeutlicht. Eine ausführliche Erläuterung findet sich im Kastenzitat 4.20 (S. 302).

Stufe 1
Mitarbeiter/-innen beherrschen je 1 Tätigkeit

Stufe 2
einige Mitarbeiter/-innen beherrschen 2 Tätigkeiten

Stufe 3
alle Mitarbeiter/-innen beherrschen alle Tätigkeiten

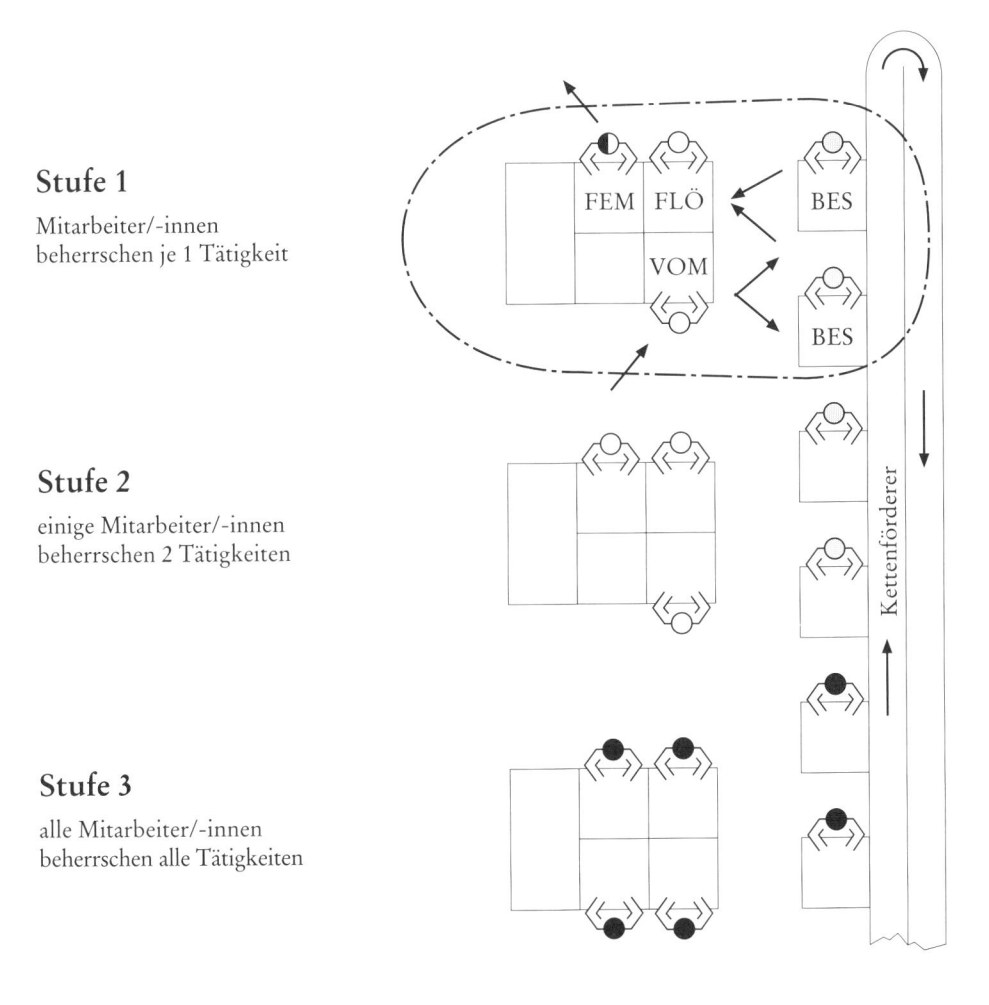

Abbildung 4.27: Stufenkonzept für differenzielle Arbeitsgestaltung in der Flachbaugruppen-Fertigung (aus: ZÜLCH und STARRINGER 1984)

Kasten 4.20: Beschreibung verschiedener Arbeitsstrukturen in der Flachbaugruppen-Fertigung (aus: ZÜLCH und STARRINGER 1984)

«In der ersten Stufe beherrscht jede Mitarbeiterin nur eine Tätigkeit, sie arbeitet also spezialisiert. Zwei Arbeitsplätze bleiben in der Regel frei, an ihnen können aber bei Bedarf weitere Mitarbeiter beschäftigt werden, um Kapazitätsschwankungen aufzufangen. Das Fertigungsnest erreicht so eine grössere Flexibilität bei Stückzahlschwankungen und Typenwechsel. Bei dieser Organisationsform bilden sich jedoch noch immer – wenn auch kleinere – Werkstattbestände, da die Bearbeitungszeiten in den einzelnen Arbeitsgängen recht unterschiedlich sein können. Für die Mitarbeiter ergeben sich bereits Verbesserungen bezüglich der Kommunikationsmöglichkeiten.
In der zweiten Stufe beherrschen die Mitarbeiterinnen jeweils eine zweite Tätigkeit. So kann zum Beispiel die Vormontiererin (VOM) das Fertigmontieren (FEM) übernehmen, die Bestückerin (BES) das Fertiglöten und die Fertiglöterin (FLÖ) das Vormontieren. Damit ist die Gruppe bereits in der Lage, auf Engpasssituationen selbststeuernd zu reagieren. Allerdings bedarf auch diese Gruppe in bestimmten Situationen der Mithilfe von aussen. Die Gruppe erhält damit bereits eine gewisse Teilautonomie.
In der dritten Stufe beherrscht jedes Gruppenmitglied alle vorkommenden Tätigkeiten. Jeder kann jeden bei der Arbeit unterstützen, bei Engpässen aushelfen und bei Abwesenheit, zum Beispiel infolge Krankheit, die Arbeit des anderen übernehmen. Dies setzt bei den Mitarbeiterinnen allerdings ein hohes Mass an Teamgeist und Verantwortungsbewusstsein für das gemeinsame Arbeitsergebnis voraus.
Als Vorteil ergibt sich eine erhöhte Flexibilität, da die Mitarbeiterinnen mehrere Tätigkeiten beherrschen und daher universell einsetzbar sind; Stückzahlschwankungen und Schwankungen in den Bearbeitungszeiten können besser aufgefangen werden. Ausserdem werden die Bestände reduziert, und es lassen sich kürzere Durchlaufzeiten der Fertigungslose realisieren. Als nachteilig aus der Sicht des Unternehmens sind höhere Lohnkosten in der Stufe 3 anzuführen, da sich hier nach den Regelungen der analytischen Arbeitsbewertung eine höhere Lohngruppe ergibt, sowie zwangsläufig eine längere Anlernzeit von etwa zwei Wochen pro Tätigkeit. Die Erfahrung zeigt jedoch, dass diese Nachteile durch die erzielbaren Vorteile mehr als ausgeglichen werden» (ZÜLCH und STARRINGER 1984, 214).

4.5 Vom ‹one best way› zum Angebot von Alternativen

Nach dem Bericht der Autoren werden die neuen Arbeitsstrukturen als interessant und motivierend erlebt. Zudem bewirken die Möglichkeiten des Tätigkeitswechsels eine Verminderung einseitiger Beanspruchungen. Zu den betriebswirtschaftlich relevanten Effekten gehört nach der Erfahrung aus mehreren Projekten «eine Senkung der Durchlaufzeiten und der Werkstattbestände auf jeweils die Hälfte des vorhergehenden Wertes» (ZÜLCH und STARRINGER 1984, 215).

Nach GROB (1985, 106) – in dessen Arbeit sich zahlreiche Einzeldaten und Hinweise auf mögliche Erweiterungen finden – eignet sich diese Struktur nicht nur für die hier vorgestellte Flachbaugruppenfertigung, «sondern für alle Tätigkeiten im Betrieb,
– die mehrere (in der Regel 4 bis 10) Mitarbeiter erfordern,
– die im häufigen Wechsel an verschiedenen Typen und Varianten auszuführen sind,
– die mit nur geringen Werkstattbeständen auskommen müssen,
– die einen massgeblichen Beitrag zur Verkürzung der Durchlaufzeiten leisten können».

Im vorliegenden Kontext ist von besonderer Bedeutung, dass ZÜLCH und STARRINGER die Realisierbarkeit des Konzepts differenzieller Arbeitsgestaltung auch im Zuge fortschreitender Automatisierung modellhaft nachweisen konnten. Am Beispiel einer Fertigung elektronischer Flachbaugruppen für Kommunikationsgeräte können sie zeigen, dass ein Verzicht auf Automatisierung aller automatisierbaren Operationen eine sinnvolle Gliederung in ‹maschinelle› und ‹personelle› Arbeitsabschnitte ermöglicht. «Diese sinnvolle Arbeitsteilung konnte jedoch nur dadurch erreicht werden, dass Arbeitswissenschaftler rechtzeitig in die Neuplanung einbezogen wurden» (ZÜLCH und STARRINGER 1984, 215). Im vorliegenden Fall bedeutete dies die Mitwirkung bei Produktgestaltung und Arbeitsplanerstellung. Das Ergebnis des Einbringens individuumsorientierter Überlegungen führte zu der in Abbildung 4.28 dargestellten Fertigungsstruktur.

Voraussetzung für die Realisierbarkeit von Lösungen, wie sie beispielhaft in Abbildung 4.28 (S. 304) dargestellt sind, ist allerdings, dass Technologie die Art ihrer Umsetzung in Technik und Aufgabenstruktur nicht determiniert (vgl. dazu Abschnitt 5.1).

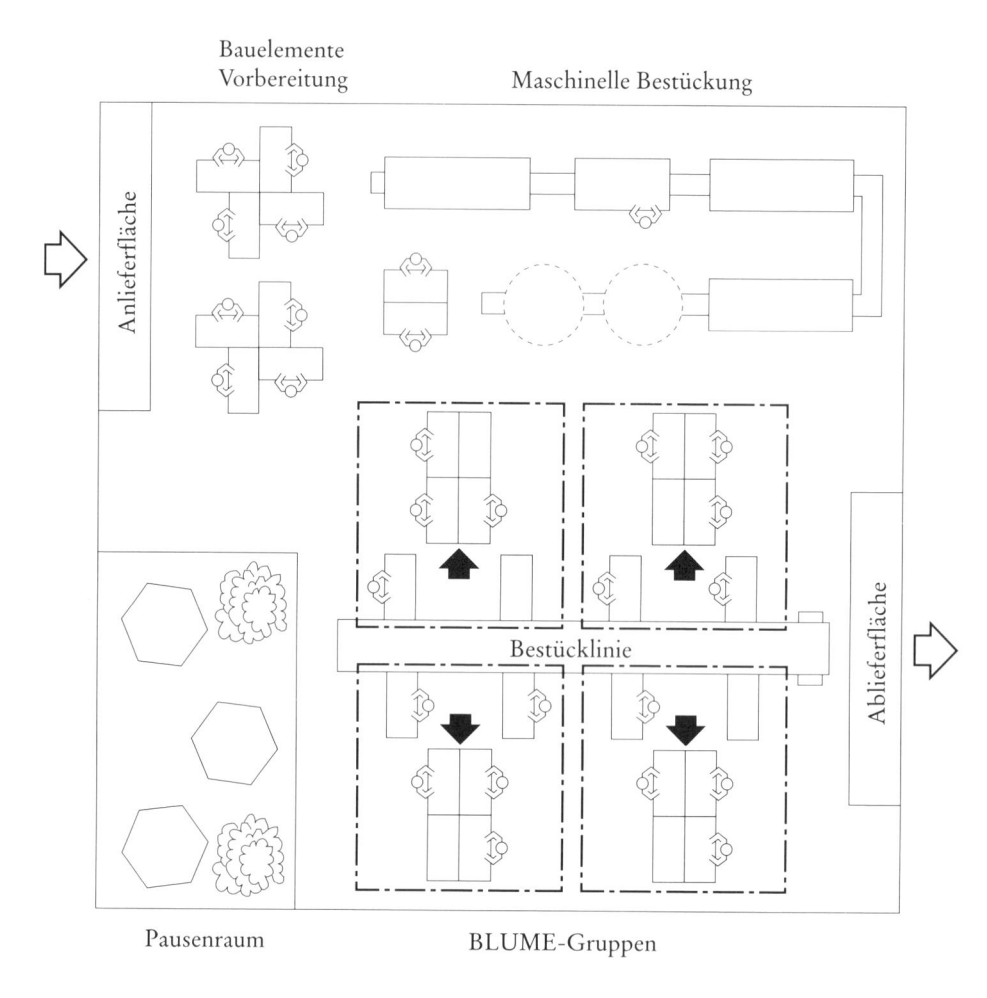

Abbildung 4.28: Teilautomatisierte Flachbaugruppen-Fertigung (aus: ZÜLCH und STARRINGER 1984)

Schliesslich sind aber bei der Gestaltung von Arbeit nicht nur interindividuelle Differenzen zu berücksichtigen, sondern auch interkulturelle Unterschiede. Darauf haben u.a. RICE (1958) und BEEKUN (1989) aufmerksam gemacht.

4.5.2 Die Bedeutung interkultureller Unterschiede für die Arbeitsgestaltung

HOFSTEDE (1980a) hat einmal angemerkt, dass die Bürokratietheorie von Max Weber niemals von einem Franzosen hätte geschrieben werden können und

4.5 Vom ‹one best way› zum Angebot von Alternativen

dass Henri Fayols Managementtheorie kaum von einem Amerikaner stammen könnte. «Organisationstheorien aus lateinischen Ländern konzentrieren sich meistens auf Machtfragen, solche aus dem deutschen Sprachgebiet auf Wahrheitsfragen, während amerikanische und britische Theorien meistens pragmatisch orientiert sind» (HOFSTEDE 1980a, 1179). Bei diesen Anmerkungen handelt es sich offensichtlich nicht um die Wiedergabe von Vorurteilen, sondern um eine Interpretation beobachtbarer interkultureller Unterschiede.

HOFSTEDE (1980b) konnte Daten, die innerhalb eines multinationalen Unternehmens (IBM) an mehr als 60 000 Beschäftigten in 40 Ländern erhoben wurden, einer sorgfältigen Analyse unterziehen.[24] Die kulturellen Unterschiede in den arbeitsbezogenen Wertvorstellungen wurden in den folgenden Hauptdimensionen kategorisiert:
(1) Akzeptanz von Machtdistanz,
(2) Tendenz zur Vermeidung von Ungewissheit,
(3) Neigung zu Individualismus bzw. Kollektivismus,
(4) Bedeutung von maskulinen Werten.

Mit Hilfe des aus Fragebogenantworten berechneten Power Distance Index PDI wird das Ausmass der Akzeptanz ungleicher Machtverteilung bestimmt, mit Hilfe des Uncertainty Avoidance Index UAI das Ausmass der aus unscharfen Situationsdefinitionen resultierenden Ungewissheit und der Tendenz, diese durch Formalisierung zu vermeiden.

Im Folgenden soll nur auf zwei Ergebnisse beispielhaft eingegangen werden. Das erste betrifft die Ausprägung der UAI-Werte in den in die Untersuchung von HOFSTEDE einbezogenen Ländern. Die lateineuropäischen und lateinamerikanischen Länder weisen relativ hohe UAI-Werte auf und zeigten damit eine starke Tendenz zur Vermeidung von Ungewissheit. Die Mitarbeiterinnen und Mitarbeiter aus den skandinavischen Ländern wiesen ebenso wie die aus den Niederlanden geringe UAI-Werte auf und zeigten damit eine geringe Tendenz zur Vermeidung von Ungewissheit. Die Werte für die Mitarbeiterinnen und Mitarbeiter aus Deutschland, der Schweiz und Öster-

---

[24] Für die Auswertung standen zunächst mehr als 116 000 Fragebogen aus 72 Niederlassungen in 64 Ländern zur Verfügung. Für die hier erwähnte Analyse wurden die Daten aus den 40 grössten Niederlassungen herangezogen und durch später erhobene Daten aus zehn weiteren Ländern ergänzt. Neuere Untersuchungen finden sich bei HOFSTEDE, NEUIJEN, OHAYV und SANDERS (1990).

reich lagen zwischen den zuerst und zuletzt angegebenen Ländern. Die asiatischen Länder wiesen eine starke Streuung auf zwischen Japan mit sehr hohen und Singapur mit sehr niedrigen UAI-Werten. Nach DRENTH und GROENENDIJK (1984) – die sich konstruktiv kritisch mit HOFSTEDEs Konzept auseinandersetzen und dessen Untersuchungen mit den Ergebnissen anderer Untersuchungen vergleichen – ist der UAI im Übrigen ein guter Indikator für das, was in anderen Studien als ‹bürokratische Kontrolle› beschrieben wird.

HOFSTEDE (1997) hat schliesslich selbst eine – für ‹diversity›-Fragestellungen bedeutsame – weitergehende Differenzierung und einen erweiterten Datensatz vorgelegt.

Das zweite Ergebnis, auf das hier aufmerksam gemacht werden soll, betrifft die Ausprägung der Individualismus-Kollektivismus-Werte in den verschiedenen Ländern und den Zusammenhang dieser Ausprägung mit der Höhe des Bruttosozialprodukts (vgl. Abbildung 4.29).

Aus Abbildung 4.29 geht ein deutlicher Zusammenhang zwischen der Höhe des Bruttosozialprodukts und der Neigung zu Individualismus bzw. Kollektivismus hervor. Allerdings «darf man nicht unzulässig vereinfachen und *Kulturdimensionen* wie Individualismus und Kollektivismus mit Werthaltungen von *Individuen* gleichsetzen» (TROMMSDORF 1996, 32).

Derartige Ergebnisse legen für unsere Fragestellung der Gestaltung von Arbeitsstrukturen einige Schlussfolgerungen nahe, die allerdings der empirischen Überprüfung bedürfen:
(1) Arbeitsgruppen in Ländern mit hohen Kollektivismuswerten – wie in Japan – sind strukturell verschieden von Arbeitsgruppen in Ländern mit hohen Individualismuswerten. Dies ist beim Versuch der Übertragung von Konzepten von einer Kultur in die andere zu berücksichtigen.
(2) Mit wachsendem Bruttosozialprodukt nehmen Tendenzen zu Individualismuswerten zu und lassen entsprechende Anpassungen bzw. Veränderungen der Arbeitsgestaltungskonzepte erwarten.

BALLON (1983) hat die kulturelle und strukturelle Verschiedenartigkeit europäischer und japanischer Gruppenkonzepte vereinfacht so dargestellt: für die europäischen Länder gelte 1+1+1+1+1 = Gruppe, für Japan dagegen 1x1x1x1x1 = Gruppe. Damit wird die starke Position des Individuums in un-

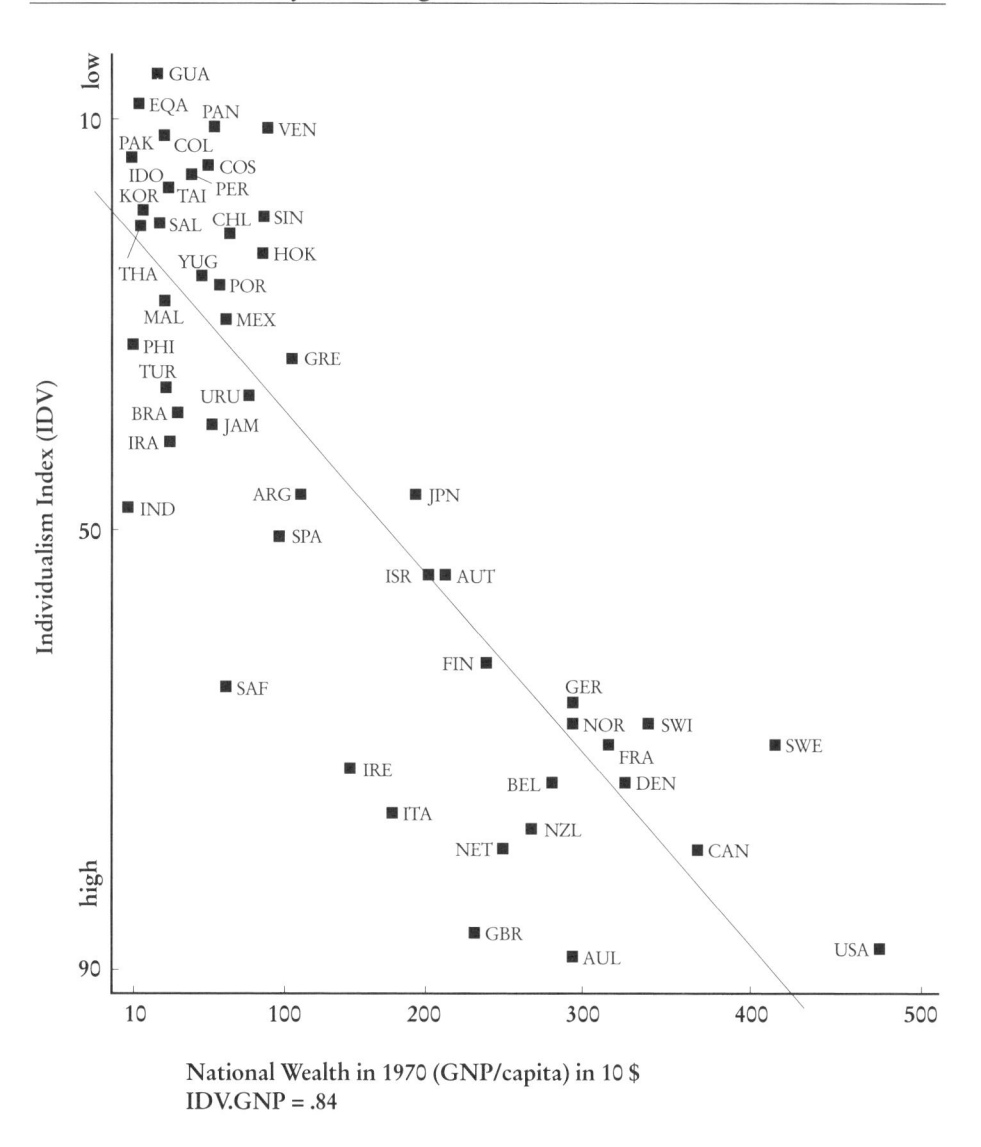

4.5 Vom ‹one best way› zum Angebot von Alternativen 307

Abbildung 4.29: Zusammenhang zwischen Individualismus-Kollektivismus-Werten von Mitarbeiterinnen und Mitarbeitern eines multinationalen Unternehmens in 50 Ländern und der Höhe des Bruttosozialprodukts (aus: HOFSTEDE 1983)

serem Gruppenverständnis ebenso wie das ‹Aufgehen› des Individuums in der japanischen Gruppe sehr anschaulich zum Ausdruck gebracht.

Der japanische Psychiater Takeo DOI (1982, 101) erklärt den Vorrang des Individuums vor der Gruppe in westlichen Kulturen u.a. damit, «dass im Westen der Freiheitsbegriff immer mit den Ideen von Menschenwürde und Menschenrechten verknüpft war und Freiheit als etwas Gutes und Erstrebenswertes angesehen wurde. Darüber hinaus bildete die westliche Freiheitsidee auch die Grundlage dafür, dass die Interessen des Individuums über die Interessen der Gruppe gestellt wurden; auch in dieser Hinsicht steht der westliche Freiheitsbegriff in scharfem Kontrast zur japanischen jiyu-Vorstellung.»[25]

Das japanische Verhältnis von Individuum und Gruppe stellt DOI (a.a.O., S. 159) so dar: «... die Gruppe bleibt eine lebenswichtige geistige Stütze und die Isolation von ihr würde eher als alles andere zu einem Verlust des eigenen ‹Selbst› führen – und zwar auf eine Weise, die nicht zu ertragen wäre. Ihm bleibt daher keine andere Wahl, als der Gruppe anzugehören, auch wenn dies auf Kosten einer zeitweiligen Auflösung des eigenen Selbst geschieht. Es ... liegt in der Natur des Menschen, dass er die Gruppe sucht und nicht ohne sie überleben kann.»

Damit übereinstimmend stellte ADENAUER (1992, 30) fest: «In Japan gewinnt das Individuum erst durch die Einbindung in die Gruppe ... seine Identität ... das Interesse der Gruppe steht über den Interessen des einzelnen, dessen Motivation darin liegt, sich voll für das Erreichen der Gruppenziele einzusetzen.»

Daraus folgt, dass japanische Konzepte von ‹Gruppenarbeit› nicht ungeprüft auf unsere Verhältnisse übertragbar sind. So fand auch KIRSCH (1997) als Ergebnis eines Vergleiches japanischer und schweizerischer Fertigungsgruppen bei den schweizerischen Arbeitsgruppen «generell mehr Möglichkeiten zur individuellen und kollektiven Regulation arbeitsbezogener Entscheidungen» (S. 226). In Japan selbst wird indes seit einer Reihe von Jahren ein deutlicher Wertwandel registriert, bei dem Individualisierungstendenzen offenbar eine bedeutsame Rolle spielen (vgl. z.B. JORDAN 1994, MÖHWALD und ÖLSCHLEGER 1996, JAUFMANN 1997). Dieser hat japanische Unternehmen bereits dazu veranlasst, sich für europäische Produktionskonzepte zu interessieren. Erweiterung der Arbeitsaufgaben im Sinne zunehmender Ganzheitlichkeit, Übertragung von Koordinations- und Dispositionsmöglichkeiten im Sinne zunehmender Gruppenautonomie und das Einräumen beschränkter Zeitspielräume als Voraussetzung zu stressfreier Selbstregulation sind Be-

---

[25] jiyu = Freiheit zu tun, was einem gefällt.

4.5 Vom ‹one best way› zum Angebot von Alternativen

standteile neuer Produktionskonzepte auch in einigen Werken der japanischen Autoindustrie (vgl. Kasten 4.21).

Kasten 4.21: Ein neues Produktionskonzept bei Toyota

Ironischerweise hat gerade in der Zeit, in der die von den Autoren der internationalen Automobilstudie (WOMACK, JONES & ROOS 1990) hochgelobte toyotistische Lean production zahlreiche Nachahmer fand, bei Toyota selbst das Umdenken begonnen. Anlass dafür waren die Erfahrungen mit der im Oktober 1991 in Betrieb gegangenen vierten Montagestrasse im Werk Tahara, mit der eine weitgehend automatisierte Endmontage ermöglicht werden sollte. Zu den Gründen für die Errichtung dieser Montagestrasse gehörte die ständig geringer werdende Anzahl junger männlicher Arbeitskräfte, die bereit waren, unter den in der Autoindustrie angebotenen Arbeitsbedingungen dort dauerhaft zu arbeiten. Das Tahara-System erwies sich jedoch technisch als «zu kompliziert, zu hochgezüchtet und zu riesig, um auf einen Modellwechsel schnell reagieren zu können» (KOJIMA 1995, 40). Schliesslich waren der Umfang an Stillstandszeiten zu hoch und die Systemverfügbarkeit zu gering, so dass der Betrieb an der Strasse aus Kostengründen wieder eingestellt wurde. Diese Erfahrung hat nahezu 1 Milliarde Yen gekostet. Immerhin hat sie aber beim Neubau der Miyata-Plant in Kuyushu zu einer deutlichen Abkehr von der technikorientierten Produktionsphilosophie geführt. Während in der Tahara-Fabrik der Versuch gemacht wurde, Menschen durch Automatisierung zu ersetzen, wird in der Miyata-Fabrik der Versuch gemacht, Menschen durch Automatisierung zu unterstützen. Die Montage ist in elf kleine Linien gegliedert, an denen Gruppen von etwa 15 bis 20 Personen arbeiten mit einer Zykluszeit von 90 Sekunden. Bei der angestrebten Rotation über alle Arbeitsgänge an der Linie führt dies immerhin zu beherrschten Arbeitsumfängen bis zu 30 Minuten. Neu sind hier auch Puffer zwischen den Linien, die eine gewisse zeitliche Regulierbarkeit erlauben. Das wäre im alten Toyotasystem – und vermutlich auch von WOMACK, JONES und ROOS – als pure Verschwendung angesehen worden. Neu ist zudem, dass in der Miyata-Plant angestrebt wird, vermehrt auch Frauen und ‹Senioren› zu beschäftigen und das bisherige Konzept der Gruppenhomogenität durch heterogene Zusammensetzung zu verändern.

> In seinem vergleichenden Bericht über Tahara und Kyushu gelangt SHIMIZU (1995, 400) zu folgendem Schluss: «For Toyota ‹lean-production› appears to be the model of the past, because it placed to much pressure on people ..... Toyotaism thus appears to have entered a new era in which it is possible to speak of ‹autonomization› in its true sense, in other words the ‹autonomization of people.›»

In Übereinstimmung mit eigenen Interviews mit dem Management von Toyota Kuyushu wird in den von SEY (2001) berichteten Interviews «darauf hingewiesen, daß die Zielsetzung eines für Toyota sehr hohen Automatisierungsgrades, wie er in Tahara 4 verwirklicht wurde, in Kuyushu zurückgenommen worden ist. Die Erfahrungen mit einem relativ hohen Grad der Automatisierung in Tahara 4 zeigten, dass die Flexibilität beim Modellwechsel beeinträchtigt, die Wartung sehr teuer und die Anlagekosten sehr hoch sind. Ein so hoher Automatisierungsgrad, wie er bei Nissan/Kuyushu vorliegt, wird als ‹Überautomatisierung› angesehen und als ‹finanziell und technisch abwegig›. Hinter den Automatisierungsvorhaben auf Kuyushu stehe der Gedanke, daß der Mensch mit seiner Arbeit eine höhere Qualität als automatisierte Einrichtungen schaffe. Nur wenige Roboter sind im Vergleich zu Tahara 4 in der Endmontage installiert worden, damit kein Unterlegenheitsgefühl der Arbeiter gegenüber der Technik entstehe. Die schwere Ausrüstung steht darum jeweils an den Enden der Mini-Linien. Die Automatisierungstechnologie solle die Montagetätigkeiten nicht verkomplizieren, da sonst eine Weiterbildung der Arbeiter notwendig wäre, und die koste Geld ... Auch in Zukunft sollen nur, und das langsam und schrittweise, die komplizierten und körperlich anstrengenden Arbeitsschritte automatisiert werden. Die Betonung liegt dabei auf Halbautomatisierung» (SEY 2001, 289f.)

Die Konsequenz der Ausführungen in diesem Abschnitt heisst, dass psychologisch fundierte Konzepte der Arbeitsgestaltung dann zu kurz greifen, wenn sie von kulturellen Besonderheiten und den relevanten Kontingenzen absehen.[26]

---

[26] Es ist ausserordentlich interessant, die diesbezüglichen Entwicklungen in China zu verfolgen. Mit der jüngsten ökonomischen Reform ist Gruppenarbeit auch dort Gegenstand theoretischer Überlegungen und quasiexperimenteller Feldstudien geworden (vgl. WANG 1997). Die Ergebnisse dürften etwa für joint venture Unternehmen von erheblichem praktischen Interesse sein.

4.5 Vom ‹one best way› zum Angebot von Alternativen

4.5.3 Ein Kontingenzmodell

Ausgehend von Überlegungen zur soziotechnischen Systemgestaltung haben CUMMINGS und BLUMBERG (1987) ein Kontingenzmodell formuliert, das auch erklären könnte, weshalb unter bestimmten Bedingungen das tayloristische Konzept erfolgreich sein konnte.
CUMMINGS und BLUMBERG (1987) erweitern bzw. differenzieren das soziotechnische Konzept durch Formulierung von technik-, umwelt- und personbezogenen Kontingenzen. Die zwei *technologischen Schlüsselmerkmale,* die den Erfolg der Arbeits- bzw. Aufgabengestaltung beeinflussen können, werden als technische Verkoppelung («technical interdependence») und technische Ungewissheit («technical uncertainty») bezeichnet. *Technische Verkoppelung* meint das Ausmass, in dem die Technologie zur Erstellung eines Produkts oder einer Dienstleistung Kooperation zwischen den Beschäftigten erfordert. Das Ausmass an technischer Verkoppelung bestimmt, ob Arbeit eher als Einzelarbeit oder als Gruppenarbeit gestaltet werden soll. Wenn der Grad der technischen Verkoppelung niedrig ist und wenig Notwendigkeit zur Kooperation besteht, sollten Arbeitsaufgaben als Einzeltätigkeiten gestaltet werden. Weist dagegen die technische Verkoppelung einen hohen Grad auf, sollte Arbeit als Gruppenarbeit gestaltet werden, bei der die Gruppenmitglieder aufeinander bezogene bzw. miteinander verknüpfte Aufgaben ausführen. *Technische Ungewissheit* bezeichnet das Ausmass von Informationsverarbeitungs- und Entscheidungserfordernissen, die für die Beschäftigten im Prozess der Aufgabenerfüllung entstehen. Der Grad an technischer Ungewissheit entscheidet darüber, ob die Wahrnehmung von Kontrollfunktionen Bestandteil der Aufgabe ist oder von aussen – durch Vorgesetzte, Standards oder Zeitvorgaben – erfolgt. Wenn der Grad der Ungewissheit niedrig ist und kaum Informationsverarbeitung erfordert, sollte externe Kontrolle vorgesehen werden. Ist der Grad der technischen Ungewissheit dagegen hoch, sollten Kontroll- und Entscheidungsfunktionen den Beschäftigten übertragen werden.

Den Arbeitspsychologen, die sich – wie der Autor dieses Buches – Konzepten qualifizierender und persönlichkeitsförderlicher Arbeitsgestaltung verpflichtet fühlen, stellt sich hier naturgemäss die Frage nach den Auslegungs- bzw. Gestaltungsmöglichkeiten der Technik selbst. Diese werden im Kapitel 5 behandelt.

Das für die Arbeits- bzw. Aufgabengestaltung relevante *Umweltmerkmal* betrifft den Grad der Umweltstabilität bzw. -labilität und wird als Umweltdynamik («environmental dynamics») bezeichnet. Jedes soziotechnische System unterhält Austauschbeziehungen zu seiner Umwelt. Die Dynamik der Umwelt bestimmt mit, wie Aufgaben zu gestalten sind, damit die Austauschbeziehungen adäquat reguliert werden können. Wenn die Umwelt relativ stabil ist, kann der Austausch – z.B. von Energie oder Information – in standardisierter Weise erfolgen. Arbeitsabläufe können dann, was diesen Aspekt betrifft, routinisiert werden. Ist die Aufgabenumwelt dagegen eher dynamisch und sind Veränderungen schlecht vorhersehbar, erfordert das Handhaben der Austauschbeziehungen flexible Anpassung an die wechselnden Erfordernisse, muss ein hohes Mass an Informations- und Entscheidungsprozessen Bestandteil der Aufgabe sein.

Zu den für die Aufgabengestaltung relevanten *Personmerkmalen* zählen CUMMINGS und BLUMBERG, unter Verweis auf Arbeiten von BROUSSEAU (1983), HACKMAN und OLDHAM (1980), einerseits das Bedürfnis nach lohnenden sozialen Beziehungen («desire for significant social relationships») und andererseits das Bedürfnis nach persönlicher Entfaltung («desire for personal accomplishment, learning, and development»). Das Ausmass an sozialen Bedürfnissen ist bedeutsam im Hinblick auf die Frage, ob Arbeitsaufgaben eher als Einzelarbeit oder als Gruppenarbeit zu gestalten sind. Das Ausmass an Entfaltungsbedürfnissen entscheidet über den Grad der Arbeitsteilung bzw. der Ganzheitlichkeit von Arbeitsaufgaben.

Die Beziehungen der beschriebenen Technik-, Umwelt- und Personmerkmale zu insgesamt vier ‹reinen› Formen der Tätigkeits- bzw. Aufgabengestaltung sind in Abbildung 4.30 dargestellt.

Aus den Angaben in Abbildung 4.30 lassen sich die folgenden Aussagen ableiten: (1) Die Gestaltung von Arbeitsaufgaben im Sinne traditioneller Einzelarbeit kann zu Erfolg führen, sofern sowohl technische Verkoppelung und technische Ungewissheit als auch Entfaltungs- und soziale Bedürfnisse nur schwache Ausprägungen aufweisen und die Umweltdynamik eher niedrig ist. (2) Traditionelle Gruppenarbeit mit weitgehender Arbeitsteilung ist besonders effektiv, wenn der Grad der technischen Verkoppelung hoch, aber die technische Ungewissheit niedrig ist, bei stabiler Umwelt, geringem Wunsch nach persönlicher Entfaltung, aber stark ausgeprägten sozialen Bedürfnissen. (3) Das Konzept der individuellen Aufgabenerweiterung mit hoher Anforderungsvielfalt, Autonomie und Feedback verspricht dort Erfolg,

4.5 Vom ‹one best way› zum Angebot von Alternativen

Schlüsselmerkmale der Arbeitssituation

Gestaltungs-konzepte	Technische Verkoppelung		Technische Ungewissheit		Umwelt-dynamik		Entfaltungs-bedürfnisse		Soziale Bedürfnisse	
	Niedrig	Hoch	Niedrig	Hoch	Niedrig	Hoch	Niedrig	Hoch	Niedrig	Hoch
Traditionelle Einzelarbeit	X		X		X		X		X	
Traditionelle Gruppen-arbeit		X	X		X		X			X
Individuelle Aufgaben-Erweiterung	X			X		X		X	X	
Selbst-regulierende Gruppe		X		X		X		X		X

Abbildung 4.30: Gestaltungskonzepte und ihre Kontingenzen
(nach: CUMMINGS und BLUMBERG 1987)

wo geringe technische Verkoppelung bei hoher technischer Ungewissheit und hoher Umweltdynamik vorliegt, bei starkem Wunsch nach persönlicher Entfaltung, aber gering ausgeprägten sozialen Bedürfnissen. (4) Selbstregulierende Gruppen sind dann besonders erfolgreich, wenn technische Verkoppelung und technische Ungewissheit hohe Ausprägungen aufweisen, starke Bedürfnisse nach persönlicher Entfaltung und sozialer Interaktion vorliegen und die Umwelt sich als nur wenig stabil erweist.

In ihrer weiterführenden Analyse und anhand von Fallbeispielen zeigen CUMMINGS und BLUMBERG, dass fortgeschrittene Fertigungstechnologien sowohl den Grad der technischen Verkoppelung als auch die technische Ungewissheit und die Umweltdynamik beträchtlich erhöhen. Die arbeitsgestalterische Antwort kann nach Auffassung der Autoren – durchaus folgerichtig – nur heissen: «... self-regulating work groups, composed of multiskilled employees who can jointly control technical and environmental variances. Such work designs are best suited to employees with high growth and social needs and may require upgrading employee skills and making changes in selection practices, training programmes, reward systems, and management styles» (CUMMINGS und BLUMBERG 1987, 59). Dass dies auch für den Fall des Einsatzes neuerer Technologien gilt, wird im folgenden Kapitel ausführlicher begründet.

5. Kapitel

Konzepte für den Einsatz neuer Technologien

In seiner konstruktiv kritischen Auseinandersetzung mit dem soziotechnischen Ansatz der Arbeits- und Organisationsgestaltung kam SYDOW (1985, 106) zu dem Schluss, «dass die gegenwärtige technologische Entwicklung das soziotechnische Konzept der gemeinsamen Optimierung von technischen und sozialen Systemen in seiner betrieblichen Realisierbarkeit eher fördert». Diese Einschätzung findet sich auch bei KOLODNY et al. (1996), die darauf hinweisen, dass der technologische Determinismus die Realisierung des Ideals einer gemeinsamen soziotechnischen Optimierung immer behindert habe. Mit der grösseren Flexibilität der neueren Technologien seien jedoch organisationale Alternativen möglich geworden. «There is a greater choice now in technical subsystem design and, as a consequence, a higher probability that the ‹jointness› of soziotechnical systems can be realized» (KOLODNY et al. 1996, 1483).[1] Das heisst, dass die technologische Entwicklung für die Strukturierung primärer Arbeitssysteme ebenso wie für die Gestaltung konkreter Arbeitsaufgaben weitere Spielräume eröffnet. Deshalb wird in diesem Zusammenhang auch von «Technologie als Option» gesprochen (ULICH 1980a).

---

[1] Diese Einschätzung wird auch von Industriesoziologen geteilt: «Die Gestaltungsspielräume in der Zuordnung von Arbeit und Technik nehmen zweifellos zu. Bei fortschreitender Automatisierung der Fertigungstechnik lässt sich die menschliche Arbeitsleistung zunehmend sachlich und zeitlich aus der unmittelbaren Produktion ablösen und in den unterschiedlichsten Formen organisieren. Ähnliches gilt für die Informationstechnik ...» (SCHULTZ-WILD, NUBER, REHBERG und SCHMIERL 1989, 169).

5.1 Technologie als Option

Informations- und Kommunikationstechnologien lassen auf mindestens vier Ebenen unterschiedliche Anwendungsmöglichkeiten zu. Diese werden im Folgenden als Unternehmensebene, Ebene der Organisationseinheiten, Gruppenebene und individuelle Ebene bezeichnet.

Auf der *Unternehmensebene* bestehen Möglichkeiten, I&K-Technologien zum Zweck der Zentralisierung oder zum Zweck der Dezentralisierung einzusetzen. Hier geht es nicht nur um die *Zentralisierung* oder *Dezentralisierung* von Funktionen, sondern auch um die Zentralisierung oder Dezentralisierung von Entscheidungen.[2] I&K-Technologien können beide Strukturierungskonzepte unterstützen. Zentralisierungskonzepten liegt nicht selten die Annahme der Plan- und Steuerbarkeit aller betrieblichen Abläufe zugrunde. Dazu hat SCHÖNSLEBEN (1995, 78) in einer kritischen Auseinandersetzung mit Logistik-Standardsoftware und PPS-Systemen angemerkt, dass «kein Steuerungssystem so flexibel und autonom gestaltet werden kann, dass es den Fähigkeiten und Möglichkeiten eines Menschen als Steuerer entspricht.»

Die zweite Option auf der Unternehmensebene betrifft die Frage, ob grosse Unternehmen ‹grossbetrieblich› oder ‹kleinbetrieblich› strukturiert werden sollen. Dabei geht es konkret darum, ob grosse oder kleine Fertigungsstätten bzw. grosse oder kleine Stätten zur Erbringung von Dienstleistungen eingerichtet werden sollen. Hier steht u.a. das Konzept der ‹economies of scale› zur Diskussion.

LIU, DENIS, KOLODNY und STYMNE machen darauf aufmerksam, dass der technologische Wandel, verbunden mit Veränderungen des Marktes, anstelle der ‹economies of scale› eine stärkere Betonung der ‹economies of scope› nahelegen: «Firms that are skilled in providing a mix of products to a mix of markets are showing cost advantages in relation to firms being designed for exploiting the economy of large size. This change not only transforms the nature of competition but also requires an overhaul of economic theories» (LIU et al. 1990, 11 f.)

Die Einrichtung von kleineren Fertigungs- oder Dienstleistungsstätten ist regelmässig auch mit dem Abbau von Hierarchie und Bürokratie verbunden und bewirkt dadurch im Allgemeinen eine höhere Flexibilität.

---

[2] Tatsächlich besteht ja die Möglichkeit, Funktionen zu dezentralisieren bei gleichzeitiger Aufrechterhaltung von Entscheidungszentralisierung.

5.1 Technologie als Option

Bürokratische Strukturen wurden vor allem entwickelt, um das Einhalten von Vorschriften und Routinen zu gewährleisten bzw. Abweichungen davon zu vermeiden. Im Umkehrschluss bedeutet das Festhalten an bürokratischen Strukturen, dass Einbussen an Flexibilität in Kauf genommen werden.

Auf der Ebene der *Organisationseinheiten* stellt sich vor allem die Frage, ob ganzheitliche oder teilheitliche Strukturen geschaffen werden sollen. Hier geht es in erster Linie darum zu prüfen, inwieweit funktionale Arbeitsteilung durch *funktionale Integration* abgelöst werden kann, indem z.B. die Qualitätskontrolle in die Fertigung integriert oder die Schnittstelle zwischen Inspektion und Nacharbeit aufgehoben wird. JÜRGENS, MALSCH und DOHSE (1989) haben an Beispielen aus der Automobilindustrie gezeigt, dass das Management in manchen Unternehmen beharrlich an der Arbeitsteilung zwischen Ausführung und Kontrolle festhält (vgl. auch Abschnitt 6.4), obwohl diese Separierung der Funktionen bisweilen geradezu groteske Züge annimmt.
«Die Praxis sieht ... immer noch so aus, dass der Inspektor Fehler sucht und erkennt und dass der Beanstandungsbeheber sich auf die Fehlerbeseitigung beschränkt. Der Qualitätsinspektor geht um das Fahrzeug herum, beanstandet Qualitätsmängel, indem er sie auf der Wagenprüfkarte markiert, und legt die Karte wieder ins Fahrzeug hinein. In einem getrennten Arbeitsgang sieht sich der Nacharbeiter die Fehlermarkierung auf der Karte an, behebt den Fehler und stempelt die Korrekturarbeit auf der Karte ab. Diese muss nach einer abschliessenden Nachinspektion nochmals gegengezeichnet werden» (JÜRGENS, MALSCH und DOHSE 1989, 243).

Im Unterschied dazu scheint sich in der Teilefertigung mit der sogenannten Gruppentechnologie das Prinzip der funktionalen Integration rasch zu verbreiten (vgl. Abbildung 5.1, S. 318). Der vierte Schritt, die Einrichtung von Fertigungsinseln, wird in der Mehrzahl der bisher publizierten Beispiele allerdings insofern nicht konsequent realisiert, als die konstruktiven Tätigkeiten nicht integriert, sondern allenfalls Konstruktionsinseln zugewiesen werden.

SCHILLING (1989) hat zu Recht darauf aufmerksam gemacht, dass die informationstechnischen – und arbeitspsychologischen – Optionen der rechnerunterstützten Vernetzung erst dann voll ausgeschöpft werden, wenn die hinsichtlich der Teilefamilien vorherrschende fertigungstechnische Orientierung durch eine «konstruktive Orientierung» ergänzt würde. «Realisierbar ist dies nur, wenn Konstrukteure und ‹Fertiger› in möglichst kleinen Regelkreisen zusammenarbeiten, die dann korrekterweise nicht als Fertigungs-, sondern als Produktionsinseln zu bezeichnen sind» (SCHILLING 1989, 40). Erst so werden auch adäquate Verknüpfungen von Planungs- und Erfahrungswissen möglich.

Auf die Bedeutung multifunktionaler Konstruktionsteams wurde im Abschnitt 4.4.3.5 (S. 265ff.) bereits aufmerksam gemacht. Die Vernetzung rechnerunterstützter Systeme von Konstruktion (CAD) und Fertigung (CAM) erhöht den Einfluss der Konstruktion auf Fertigungsanforderungen und Fertigungskosten und macht entsprechende Entscheidungen über die Gliederung der Organisationseinheiten dringend erforderlich.

	1. Stufe: Teilefamilie
	Zusammenfassung fertigungstechnisch ähnlicher Teile
	2. Stufe: Fertigungsmittel
	Zusammenfassung der für Komplettbearbeitung einer Teilefamilie benötigten Fertigungsmittel
	3. Stufe: Arbeitsgruppe
	Zusammenfassung der zur Fertigung der Teilefamilie benötigten gleichartig qualifizierten Arbeiten in einer Gruppe
	4. Stufe: Fertigungsinsel
	Integration konstruktiver, planender und steuernder Tätigkeiten für die Fertigung der Teilefamilie

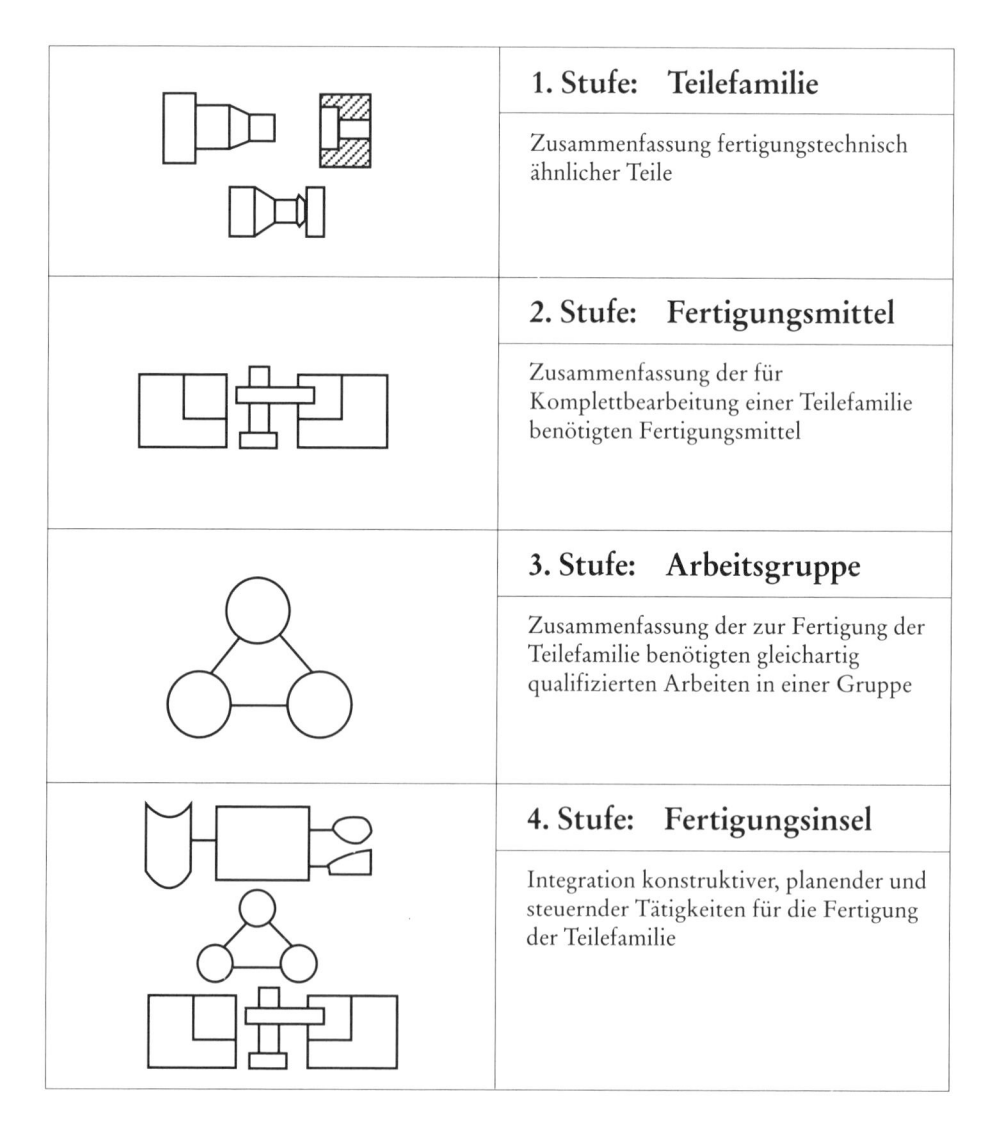

Abbildung 5.1: Vier Stufen der Gruppentechnologie (aus: BRÖDNER 1985)

5.1 Technologie als Option

	Variante 1	Variante 2	Variante 3	Variante 4	Variante 5	Variante 6
Organisatorische Veränderung		Strukturanpassungen innerhalb des Funktionsbereiches			Funktionsbereichsübergreifende Strukturanpassungen	
Veränderungsebene	Einzelarbeitsplatz	Teile einer Gruppe (z.B. Unterabteilung Präsenzdaten)	Gesamtgruppe (z.B. Unterabteilung Präsenzdaten)	Abteilungen übergreifend (z.B. Vereinigung von Gehalt/Lohn und Datenverwaltung)	Neustrukturierung zu integriertem Personaldienst und -administration (zentral)	Neustrukturierung zu integriertem Personaldienst und -administration (dezentral)
Strukturierungsmassnahmen	Tätigkeiten wie bisher, zusätzlich Einblick in mehr Information zwecks verbesserter Auskunftsgebung	Zusammenlegung von (z.B.) Ausbildungsdaten und allgemeinen Daten; Sonderfälle wie bisher separat	Ausbildungs- und allgemeine Daten sowie Sonderfälle werden von der Gruppe bearbeitet, evtl. in Rotation	Mehrere Mitarbeiter bearbeiten zusammen einen bestimmten Mitarbeiterkreis in allen Lohn- und Zeitfragen	Vollintegrierte Administrationsstellen in den Personaldienstgruppen	Vollintegrierte Administration, z.B. werksweise zugeordnet. Kleine zentrale Verwaltung
EDV-System	Mit dem geplanten System ohne wesentliche Änderungen weitgehend abdeckbar					... im Datenverbund mit local area networks

Tabelle 5.1: Varianten der rechnergestützten funktionalen Integration für die Planung eines Personalinformationssystems (nach: TROY, BAITSCH und KATZ 1986)

Dass derartige Überlegungen auch für den Dienstleistungsbereich gelten, zeigt das Beispiel der Einführung eines Personalinformationssystems in der chemischen Industrie. Dabei stand auch die Frage nach möglichen Varianten zur Diskussion. Das Ergebnis der arbeitspsychologischen Analyse zeigt eine beachtliche Streubreite (vgl. Tabelle 5.1, S. 319).

Tabelle 5.1 belegt beispielhaft, dass auf der Ebene der Organisationseinheiten vielfältige Möglichkeiten bestehen, mit dem gleichen EDV-System unterschiedliche Lösungen zu unterstützen. Dies wird auch durch Untersuchungen von GROTE und BAITSCH (1989) bestätigt und gilt auch für die Gruppenebene (vgl. JACOBI, LULLIES und WELTZ 1980). Beide Ebenen sind im Übrigen stets gemeinsam zu reflektieren.

Die Tatsache, dass auch auf der *Gruppenebene* «ein erheblicher Gestaltungsspielraum besteht, der es dem Systemgestalter und Organisator erlaubt, sehr unterschiedliche Arbeitsbedingungen zu schaffen» (KIESER & KUBICEK 1977, 373), ist durch eine Reihe von Untersuchungen inzwischen gut belegbar.

So haben BOFFO et al. (1988) im Rahmen einer Studie, in die 155 deutsche Betriebe einbezogen waren, fünf verschiedene Varianten des arbeitsorganisatorischen Einsatzes von CNC-Werkzeugmaschinen gefunden (vgl. Abbildung 5.2).

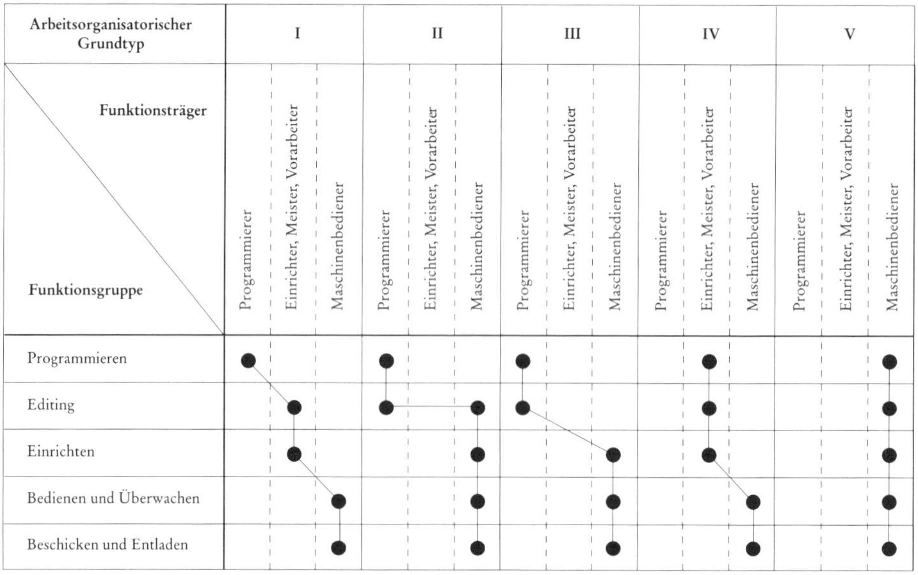

Arbeitsorganisatorischer Grundtyp / Funktionsträger / Funktionsgruppe	I			II			III			IV			V		
	Programmierer	Einrichter, Meister, Vorarbeiter	Maschinenbediener	Programmierer	Einrichter, Meister, Vorarbeiter	Maschinenbediener	Programmierer	Einrichter, Meister, Vorarbeiter	Maschinenbediener	Programmierer	Einrichter, Meister, Vorarbeiter	Maschinenbediener	Programmierer	Einrichter, Meister, Vorarbeiter	Maschinenbediener
Programmieren	●			●			●				●				●
Editing		●			●			●			●				●
Einrichten		●			●			●			●				●
Bedienen und Überwachen			●			●		●			●				●
Beschicken und Entladen			●			●			●			●			●

Abbildung 5.2: Unterschiedliche Arbeitsstrukturen beim Einsatz von CNC-Werkzeugmaschinen (aus: BOFFO, FIX-STERZ, SCHNEIDER und WENGEL 1988)

5.1 Technologie als Option

Auch für den Einsatz von Industrierobotern (vgl. Abschnitt 5.3) und für flexible Fertigungssysteme (BRÖDNER 1985, LAY 1986) bestehen sehr unterschiedliche Möglichkeiten der Arbeitsteilung und -strukturierung (vgl. Abbildung 5.3).

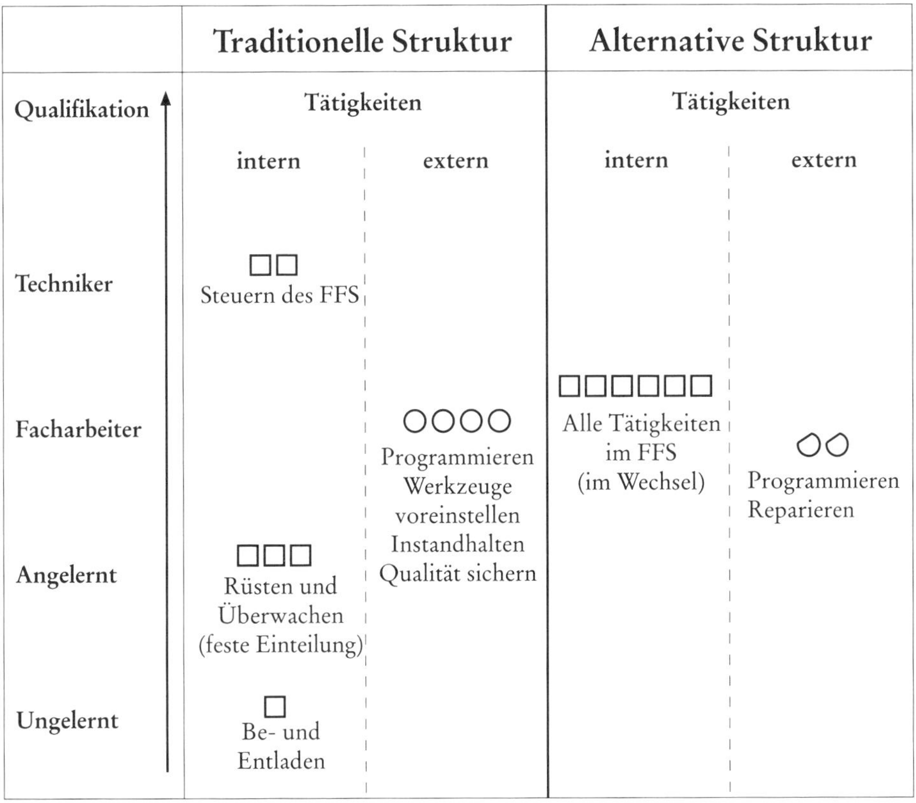

	Traditionelle Struktur		Alternative Struktur	
Qualifikation ↑	Tätigkeiten		Tätigkeiten	
	intern	extern	intern	extern
Techniker	□□ Steuern des FFS			
Facharbeiter		○○○○ Programmieren Werkzeuge voreinstellen Instandhalten Qualität sichern	□□□□□□ Alle Tätigkeiten im FFS (im Wechsel)	○○ Programmieren Reparieren
Angelernt	□□□ Rüsten und Überwachen (feste Einteilung)			
Ungelernt	□ Be- und Entladen			

Abbildung 5.3: Schematische Darstellung unterschiedlicher Arbeitsstrukturen in flexiblen Fertigungssystemen (aus: BRÖDNER 1985)

Die vorliegenden Erfahrungen legen die Annahme nahe, dass die in der Praxis vorfindbaren Varianten weniger durch produktions- oder fertigungstechnische Sachzwänge bedingt sind als durch vorhandene, unternehmenstypische Organisationskonzepte, deren Ausprägung durch die Art des Einsatzes neuer Technologien zusätzlich unterstützt bzw. verstärkt wird. «The problem is that those who design applications and those who approve them currently make little or no effort to anticipate their human effects. Thus positive organizational effects are as likely to be accidental as are negative ones» (WAL-

TON 1982a, 6). Dies bedeutet für eine Vielzahl von Unternehmen, dass in erster Linie nicht Arbeitsgestaltung, sondern Technikgestaltung betrieben wird. Abgesehen von den damit verbundenen Nachteilen könnte umgekehrt die reflektierte Nutzung neuer Technologien durchaus dazu beitragen, produktive betriebliche Strukturen zu entwickeln, die in überschaubaren Einheiten interessante Aufgaben bieten mit der Möglichkeit zu verstehen, was wie und warum vorgeht und darauf auch Einfluss zu nehmen. Damit ist auch die Frage der Mensch-Maschine-Funktionsteilung auf der *individuellen Ebene* und, daraus folgend, der angemessenen Nutzung menschlicher Qualifikation angesprochen. Darauf wird in den folgenden Abschnitten eingegangen.

5.2 Technikgestaltung versus Arbeitsgestaltung

Überlegungen über die angemessene Nutzung menschlicher Qualifikation in Zusammenhang mit der Entwicklung und dem Einsatz neuer Technologien werden seit einiger Zeit in verschiedenen Industrieländern, aber auch im Rahmen der Europäischen Gemeinschaft angestellt. So publizierte im März 1989 die Generaldirektion «Science, Research and Development» der Kommission der Europäischen Gemeinschaften einen Bericht über «Science, Technology and Societies – European Priorities» (CEC 1989). Dieser Bericht enthält die Resultate und Empfehlungen aus dem FAST II-Programm.[3] An diesem Forschungsprogramm – das in den Jahren 1984–1988 durchgeführt wurde – haben mehr als 230 Forschungsgruppen aus Hochschulen, Industrie und staatlichen Institutionen mitgewirkt.

Unter den drei Hauptresultaten, die als Ergebnisse dieses breit angelegten Forschungsprogrammes genannt werden, steht an erster Stelle: «Human resources are at the core of future growth and Europe's innovation capability» (CEC 1989, 2). Als Konsequenz dieser Ergebnisse wird auf die Notwendigkeit der Entwicklung «anthropozentrischer» Produktions- und Dienstleistungssysteme hingewiesen. Dabei handelt es sich um Arbeitssysteme, in denen die Priorität bei der Entwicklung und Nutzung der Humanressourcen liegt und die neuen Technologien in erster Linie dazu benutzt werden, die menschlichen Fähigkeiten und Kompetenzen angemessen zu unterstützen. Hier findet sich der Ansatz von BRÖDNER (1985) wieder, der schon früher

---
[3] FAST steht für «*F*orecasting and *A*ssessment in *S*cience and *T*echnology».

5.2 Technikgestaltung versus Arbeitsgestaltung

zwischen einem ‹technozentrischen› und einem ‹anthropozentrischen› Entwicklungspfad unterschieden hatte.
Im Folgenden werden diese Gestaltungskonzepte als «technikorientiert» bzw. «arbeitsorientiert» bezeichnet (ULICH 1989c, 1990b).

5.2.1 Technikorientierte versus arbeitsorientierte Gestaltungskonzepte

Technikorientierte Konzepte zielen in erster Linie darauf ab, den Einsatz von Technik zu gestalten. Die Strukturierung von Aufbau- und Ablauforganisation ist hier ebenso wie der Einsatz der personalen Ressourcen dem Primat der Technik nachgeordnet. Arbeitsorientierte Gestaltungskonzepte zielen demgegenüber darauf ab, Arbeitssysteme zu gestalten, d.h. – der soziotechnischen Tradition folgend – die Entwicklung und den Einsatz von Technologie, Organisation und Qualifikation gemeinsam zu optimieren. Mögliche Konsequenzen der Realisierung dieser Konzepte sind – in Anlehnung an CORBETT (1987), CLEGG und CORBETT (1987) und ULICH (1989c) – in Tabelle 5.2 (S. 324) einander gegenübergestellt.
Die Gegenüberstellung in Tabelle 5.2 macht deutlich, dass den skizzierten Konzepten grundsätzlich verschiedene Auffassungen von der Rolle des Menschen und der Allokation der Kontrolle im Arbeitssystem zugrunde liegen. CZAJA (1987, 1599) hat die Unterschiede auf eine einfache Formel gebracht: «The difference lies in whether people are regarded as extensions of the machine or the machine is designed as an extension of people.»

Eine ähnliche Position, wenngleich in gänzlich anderem historischen Kontext, hat KRENZLER (1927) bereits vor rund acht Jahrzehnten vertreten: «Tatsächlich steht der betriebsgerecht handelnde Mensch heute nicht mehr über der Maschine, sondern u n t e r ihr. Nicht die Maschine ist sein Werkzeug, er ist das Werkzeug seiner Maschine, ergänzt ihre Tätigkeit lediglich. Den Gipfel erklimmt dieser Zustand mit der A u t o m a t i s i e r u n g ...» (a.a.O., 111).

Die in Abschnitt 4.4.3 (S. 238ff.) dargestellten Fallbeispiele können als Belege für die erfolgreiche Realisierbarkeit arbeitsorientierter Gestaltungskonzepte interpretiert werden. Diese Konzepte werden unterstützt durch die Veröffentlichung der Norm DIN/EN 614-2 ‹Sicherheit von Maschinen – Ergonomische Gestaltungsgrundsätze – Teil 2: Wechselwirkungen zwischen der Gestaltung von Maschinen und den Arbeitsaufgaben›.

Tabelle 5.2: Vergleich unterschiedlicher Konzepte für die Gestaltung rechnergestützter Arbeitstätigkeiten

	Technikorientierte Gestaltungskonzepte → Technikgestaltung	**Arbeitsorientierte Gestaltungskonzepte → Arbeitsgestaltung**
Mensch-Maschine-Funktionsteilung	Operateure übernehmen nicht automatisierte Resttätigkeiten	Operateure übernehmen ganzheitliche Aufgaben von der Arbeitsplanung bis zur Qualitätskontrolle
Allokation der Kontrolle im Mensch-Maschine-System	Zentrale Kontrolle. Aufgabenausführung durch Rechnervorgaben inhaltlich und zeitlich festgelegt. Keine Handlungs- und Gestaltungsspielräume für Operateure	Lokale Kontrolle. Aufgabenausführung nach Vorgaben der Operateure innerhalb definierter Handlungs- und Gestaltungsspielräume
Allokation der Steuerung	Zentralisierte Steuerung durch vorgelagerte Bereiche	Dezentralisierte Steuerung im Fertigungsbereich
Informationszugang	Uneingeschränkter Zugang zu Informationen über Systemzustände nur auf der Steuerungsebene	Informationen über Systemzustände vor Ort jederzeit abrufbar
Zuordnung von Regulation und Verantwortung	Regulation der Arbeit durch Spezialisten, z.B. Programmierer, Einrichter	Regulation der Arbeit durch Operateure mit Verantwortung für Progammier-, Einricht-, Feinplanungs-, Überwachungs- und Kontrolltätigkeiten

Mögliche Auswirkungen der Realisierung technikorientierter bzw. arbeitsorientierter Gestaltungskonzepte sind in Tabelle 5.3 schematisch einander gegenübergestellt:

Aus den Angaben in Tabelle 5.3 lässt sich die Annahme ableiten, dass technikorientierte Gestaltungskonzepte zu mindestens zwei sehr nachteiligen Folgen führen:
(1) Zur Unternutzung bzw. zum Verlust vorhandener Qualifikationen,
(2) zu unter Umständen erheblichen Kostennachteilen.

Deshalb ist auch der von BERGHOLZ (2010) aufgrund ihrer Untersuchungen über die ergonomische Gestaltung der template-basierten CAD-Konstruktion bei der Daimler AG formulierten Devise zuzustimmen: «Technik nicht soviel wie möglich, sondern nur so viel wie nötig.»

5.2 Technikgestaltung versus Arbeitsgestaltung

Tabelle 5.3: Schematischer Kosten-Nutzen-Vergleich für unterschiedliche Produktionskonzepte (in Anlehnung an CLEGG 1988)

Technikorientierte Gestaltungskonzepte		Arbeitsorientierte Gestaltungskonzepte
Niedrig	Kosten für direkt produktiv Beschäftigte	Hoch
Hoch	Kosten für indirekt produktiv Beschäftigte	Niedrig
Schlecht	Motivation der Operateure	Gut
Schlecht	Grad der Anlagennutzung	Gut
Schlecht	Nutzung der Humanressourcen	Gut

Mit der Unternutzung von Qualifikationen beschäftigen sich in den letzten Jahren sowohl wissenschaftliche Beiträge (z.B. HELLER 1989)[4] als auch Erfahrungsberichte aus Unternehmen. So wird etwa von EIDENMÜLLER (1987, 6f.)[5] festgestellt: «Während die Fertigkeiten zur Bedienung und Maschineneinstellung weitgehend ausgeschöpft wurden, liegt das Potenzial zur selbständigen, bedarfsgerechten Feinplanung, Störbeseitigung, Wartung und Selbstkontrolle überwiegend brach.» In diesem Zusammenhang weist der Autor auch darauf hin, dass die Qualitätsregelung ebenso wie die Ausregelung von Störungen am schnellsten vor Ort erfolgen und dort auch mit dem geringsten Aufwand verbunden sind. Wo dies nicht geschieht bzw. durch die technische Auslegung der Anlagen verunmöglicht wird, sei sogar mit einem Verlust vorhandener Qualifikationen zu rechnen.

Der Verlust vorhandener Qualifikationen hat u.a. mit der, mit dem Einsatz neuer Fertigungstechnologien häufig verbundenen, abnehmenden Prozessnähe zu tun. Der Grad der Prozessnähe kennzeichnet die Möglichkeiten des Einsatzes der unmittelbaren – oder nachvollziehbar vermittelten – sinnlichen Wahrnehmung zur Überwachung von Bearbeitungsprozessen und zur Störungsbeseitigung. Je grösser die Prozessdistanz, desto geringer sind die Möglichkeiten der Einflussnahme auf Qualität und Störungsprävention. In rechnerunterstützten Fertigungssystemen ist eine direkte – d.h. auf unmittelbare

---

[4] Tavistock Institute of Human Relations, London.
[5] Zentralabteilung Forschung und Entwicklung der Siemens AG, München.

Wahrnehmung ablaufender Prozesse rückführbare – Prozessüberwachung und -steuerung häufig nicht mehr möglich. So führt beispielsweise die mit hoher Geschwindigkeit erfolgende gleichzeitige Bearbeitung mehrerer Werkstücke – etwa beim mehrspindligen Fräsen – wegen der erforderlichen Kühlmittelzufuhr zu einer Abdeckung von Bearbeitungsvorgang und Bearbeitungsort. Dies hat u.a. zur Folge, dass menschliche Wahrnehmungsprozesse zur vorauseilenden Erfassung von Störungssignalen nur noch sehr beschränkt oder überhaupt nicht mehr nutzbar gemacht werden können. In solchen Fällen laufen die maschinellen Bearbeitungsprozesse weitgehend losgelöst von unmittelbarer Überwachung und direkten Eingriffsmöglichkeiten der Operateure ab. Die Überwachung erfolgt über digitalisierte Information am Bildschirm. Erforderliche Eingriffe erfolgen indirekt über – von der Fertigungsanlage häufig räumlich getrennte – Steuerstände. Das Erfahrungswissen der Operateure kann nicht mehr angemessen genutzt werden und droht deshalb zu verkümmern.

5.2.2 Erfahrungswissen und Mensch-Maschine-Funktionsteilung

Die Bedeutung von Erfahrungswissen als Voraussetzung für eine hohe Leistungsfähigkeit der Beschäftigten und damit zugleich für einen hohen Nutzungsgrad der Produktionssysteme wurde seit dem Ende der 1980er Jahre in einer Vielzahl von Untersuchungen belegt (z.B. BÖHLE und MILKAU 1988, LUTZ und MOLDASCHL 1989, ROSE 1990, BÖHLE und ROSE 1992, KONRADT 1992, WEHNER und WAIBEL 1996, 1997, WEBER und WEHNER 2001).

Auch KONRADT (1992) fand in seiner Analyse von Diagnosestrategien in der flexibel automatisierten Fertigung die Vermutung bestätigt, dass erfahrene Facharbeiter in der Instandhaltung sich von Berufsanfängern vor allem dadurch unterscheiden, dass sie «häufiger und eher sinnlich erfahrbare, rasch zugängliche Informationen in Form von optischen, akustischen oder taktilen Symptomen» sammeln (a.a.O., S. 147).

Ob sich das in Kasten 5.1 beschriebene Erfahrungswissen allerdings «weder objektiv überprüfen noch rational begründen» lässt, ist beim derzeitigen Stand des Wissens keineswegs endgültig beantwortbar. Die Kompetenz, die Facharbeiter daraus ableiten, macht indes verständlich, wenn sie sich gegen eine ‹Wissensextraktion› und eine Enteignung ihres Wissens etwa zum Aufbau von Expertensystemen wehren (vgl. dazu COOLEY 1983).

5.2 Technikgestaltung versus Arbeitsgestaltung

Kasten 5.1: Das Konzept des Erfahrungswissens (aus: BÖHLE 1989a)

Das Erfahrungswissen von Facharbeitern «beruht nicht nur darauf, dass sie die Praxis genauer und detaillierter kennen als z.B. die Ingenieure in der technischen Planung und Konstruktion. Entscheidend ist vielmehr: Es handelt sich hier um ‹besonderes Wissen›. Facharbeiter verfügen – neben theoretischen Kenntnissen und Fachwissen – über Kenntnisse des Materials, der Maschinen, der Bearbeitungsvorgänge usw., die sich weder objektiv überprüfen noch rational begründen lassen, die sich aber dennoch in der Praxis als notwendig und zuverlässig erweisen. So lassen z.B. Facharbeiter wie Vorgesetzte keinen Zweifel daran aufkommen, dass die Orientierung am Geräusch der Maschine eine notwendige Arbeitsweise ist. Nur, woran man erkennt, dass alles richtig läuft, das – so die Facharbeiter selbst – «kann man weder exakt beschreiben noch exakt messen ...». Die gefühlsmässige Beurteilung wird als zuverlässiger erfahren und eingeschätzt als die Anwendung von Messgeräten oder die blosse Orientierung an der Theorie und am Fachwissen. Entsprechend wird auch kritisiert, dass es den Technikern und Ingenieuren zumeist am richtigen Gefühl fehlt: «Ein Ingenieur weiss zwar viel, aber er hat kein Gespür, das hat nur der Facharbeiter». Auf der Grundlage dieses Wissens sehen sich Facharbeiter dem Ingenieurwissen gegenüber als durchaus gleichwertig, wenn nicht überlegen an» (BÖHLE 1989a, 502f.).

Im Material von BÖHLE bzw. BÖHLE und MILKAU findet sich eine Vielzahl von Beispielen, die zeigen, dass durch die Realisierung technikorientierter Gestaltungskonzepte jener spezifischen Qualifikation, durch die Facharbeiter sich sowohl von den Angelernten als auch von den Ingenieuren unterscheiden, die Grundlage entzogen wird. Und nach VOLPERT (1999, 172) gehört zu den neuen Formen widersprüchlicher Arbeitsanforderungen, «dass Erfahrungswissen einerseits notwendig sei und andererseits kaum mehr erworben werden könne». Der von LUTZ und MOLDASCHL (1989) geprägte Begriff der ‹Qualifikationserosion› ist eine zutreffende Kennzeichnung des angesprochenen Sachverhalts. Dieser erschwert oder verhindert darüber hinaus das Erleben von Kompetenz und daraus entstehenden positiven Gefühlen.[6]

---

[6] Positive Gefühle resultieren nach OESTERREICH (1981, 243) u.a. aus der Erfahrung von Kontrollkompetenz, d.h. aus der Einschätzung, die zu bearbeitenden Handlungsbereiche seien gut regulierbar (vgl. dazu auch FRESE 1990, KANNHEISER 1992).

LUTZ und MOLDASCHL (1989) unterscheiden drei Mechanismen der Qualifikationserosion: (1) Verlust von Erfahrungsmöglichkeiten als Folge der Abnahme von Gelegenheiten, bei denen steuernd in den Produktionsprozess einzugreifen ist; (2) ‹Entsinnlichung› der Tätigkeit als Folge der Abnahme von Möglichkeiten, durch die technischen Medien hindurch noch ‹Gefühl› oder ‹Gespür› für Systemzustände und Prozessabläufe zu gewinnen; (3) Verfall von Wissen und Können als Folge mangelnder Übung – als Problem von Leitstandstätigkeiten bei weitgehend automatisierten Prozessabläufen seit langem bekannt.

Mit derartigen Entwicklungen – die mit rechnerunterstützten Fertigungssystemen nicht notwendigerweise eintreten, sondern als Folge technikorientierter Gestaltungsansätze zu verzeichnen sind – droht schliesslich auch das verloren zu gehen, was von LEONTJEW (1977) als «persönlicher Sinn» beschrieben worden ist (vgl. Kapitel 7).

Darüber hinaus aber gilt: «Wird das Erfahrungswissen ausgeblendet, schränkt das die Leistungsfähigkeit der Mitarbeiter und die Voraussetzungen für die Steuerungsfähigkeit von Arbeitsvollzügen massiv ein. Qualitäts-, Zeit-, Flexibilitäts- und Kostenziele werden schwerlich erreichbar sein» (MARTIN und ROSE 1990, 36). WEBER und WEHNER (2001, 4) haben die Konsequenz derartigen Vorgehens in aller Deutlichkeit formuliert: «Nichts ist für die menschliche Arbeitspraxis so riskant wie eine Technologie, deren langfristige Implikationen für die Persönlichkeit, das Wohlbefinden und den wirtschaftlichen Erfolg verborgen sind».

Auch für hochautomatisierte Produktionssysteme lässt sich belegen, dass deren Nutzungsgrad wesentlich von der Qualifikation und dem Erfahrungswissen der Operateure abhängt (BÜDENBENDER und SCHELLER 1987, BÖHLE und ROSE 1992). Dies gilt auch für die Fehlerfrüherkennung (SCHÜPBACH 1991, KUARK und SCHÜPBACH 1991, SCHÜPBACH und KUARK 1991).

Schliesslich gilt sogar für den Einsatz sensorgestützter Überwachungssysteme, «dass der Einsatz von Überwachungssystemen in der industriellen Produktion einer ständigen qualifizierten Betreuung durch adäquates Personal bedarf ... Dabei muss die Qualifikation, die Ausbildung und ständige Weiterbildung des Personals hinsichtlich der Funktion und Einstellung des Überwachungssystems gewährleistet sein. Ohne eine Anpassung der Überwachungsstrategien an die jeweilige Bearbeitungsaufgabe durch qualifiziertes Bedienpersonal kann das Überwachungsgerät nicht zuverlässig arbeiten. Nicht erkannte Störungen oder Fehlalarme führen dann dazu, dass der wirtschaftliche Nutzen der Überwachungssysteme in Frage gestellt ist» (KÖNIG 1990, 9).

5.2 Technikgestaltung versus Arbeitsgestaltung

Die Schaffung von Möglichkeiten der Entwicklung und Erhaltung von Erfahrungswissen stellt also eine theoretisch wie praktisch gleichermassen bedeutsame Aufgabe dar.

Da der Verlust von Erfahrungswissen vor allem mit der abnehmenden Prozessnähe und daraus resultierender abnehmender Prozesstransparenz zu tun hat (vgl. S. 325), muss die Unterstützung erfahrungsgeleiteter Arbeit hier ansetzen (vgl. Kasten 5.2). Auch die Möglichkeiten des Simulationseinsatzes können dafür sinnvoll nutzbar gemacht werden (vgl. LEDER 1996).

Für die NC-Verfahrenskette zwischen Konstruktion, Arbeitsvorbereitung und Fertigung haben LENNARTZ und ROSE (1992) zusätzlich zur Erhöhung der Prozesstransparenz für die Unterstützung erfahrungsgeleiteter Arbeit in der Werkstatt die Verbesserung und Vereinfachung der Prozesseingriffe sowie die maschinennahe Programmerstellung und -korrektur gefordert.

In diesem Zusammenhang ist auf das vom Bundesministerium für Forschung und Technologie geförderte Verbundprojekt ‹Computergestützte erfahrungsgeleitete Arbeit in der Produktion› (CeA) zu verweisen, an dem neben dreizehn Forschungsinstituten namhafte deutsche Industriefirmen beteiligt waren (vgl. TECHNISCHE RUNDSCHAU 1993).

Kasten 5.2: Verbesserung der Prozesstransparenz als Voraussetzung für die Bildung und Erhaltung von Erfahrungswissen (aus: ROSE 1990)

«Da implizites Erfahrungswissen sich vor allem auf die Beobachtung von Prozessen gründet, bedarf es einer Instrumentierung vor Ort, mit der die Prozesstransparenz für die Arbeitskraft erhöht wird. Das gilt für den Fluss sowohl materieller Bewegungen wie auch maschineller Bearbeitungsvorgänge. Hier kommt es darauf an, dass die Arbeitskraft so viele Prozessdaten erhält, dass sie die Trendentwicklung mehrerer Prozessdaten gleichzeitig verfolgen kann, um sich anbahnende Störungen unmittelbar zu erkennen. Zur hierfür geeigneten Instrumentierung gehören sowohl neue Formen der Visualisierung von Prozessdaten wie auch elektronische Notizbücher für die Aufzeichnung von Erfahrungswerten und ausgewählten Prozessabläufen. Aber auch Komponenten beispielsweise zur technischen Übermittlung von Geräuschen aus dem Arbeitsraum sowie für zeitkritische Eingriffe bieten eine für die Bildung von Erfahrungswissen wichtige technische Unterstützung» (ROSE 1990, 16).

Von besonderem Interesse ist im vorliegenden Zusammenhang das Steuerungskonzept der sogenannten CNC_{plus}-Maschine, «das dem Facharbeiter den Zugang zur Technik sowohl über eine grafisch-interaktive Software als auch über ein damit gekoppeltes elektronisches Handrad ermöglicht» (KELLER und REUTER 1993, 58). Die Kombination von Handrad und Software soll in besonderer Weise das Einbringen und Weiterentwickeln des Erfahrungswissens unterstützen. «Sie bietet dem Facharbeiter individuelle Zugriffsmöglichkeiten und überlässt ihm die Wahl der Bearbeitungsmethoden» (a.a.O., S. 61). Dadurch werden Facharbeiter ihren Qualifikationen entsprechend als aktiv handelnde Subjekte wieder in den Produktionsprozess einbezogen (vgl. dazu die Beiträge in WEBER und WEHNER 2001). Wie wichtig dies ist, zeigen auch die von WEBER und LEDER (1994) mitgeteilten Befunde, denen zufolge zahlreiche Unternehmen z.B. bei der CAD/CAM-Programmierung nach wie vor tayloristische Lösungen bevorzugen.
Bedeutsame Chancen des Erwerbs bzw. Erhalts von Erfahrungswissen liegen naturgemäss in der Mitwirkung an der Planung sowie am Aufbau und Einfahren der Anlagen sowie in der Beteiligung an der Behebung von Störungen. ROSE und MACHER (1993) beschreiben am Beispiel der Gervais Danone AG eine Produktionseinheit, in der eine Werkstatt räumlich neben der Warte eingerichtet wurde, um so die Mitwirkung der Operateure an der Störungsbehebung zu ermöglichen.

Seit einiger Zeit wird vermehrt auch darauf hingewiesen, dass Kooperation und Erfahrungsaustausch mit Kollegen für die Gewinnung zusätzlicher Sicherheit in der Nutzung von Erfahrungswissen für Zustandsdiagnosen und Eingriffe eine wichtige Rolle spielen (vgl. etwa BÖHLE und ROSE 1992, ENDRES und WEHNER 1993b). Dafür kann auch das von ZÖLCH (1997b, 2001) vorgelegte Konzept der ‹Handlungsverschränkung› nutzbar gemacht werden.

Analysen von Facharbeitertätigkeiten in rechnerunterstützten Produktionssystemen, wie sie z.B. von BÖHLE und ROSE (1992) oder von BOLTE (1993) vorgelegt wurden, verweisen schliesslich auf die besondere Bedeutung von Gefühlen für die erfolgreiche Nutzung von Erfahrungswissen. Bei BOLTE (1993, 201) liest sich das so: «Aus dem Erleben der Konsequenz ihrer Planungen entsteht für sie eine emotionale Beziehung zu den hergestellten Werkstücken als den Materialisierungen ihrer eigenen Ideen und als Entäusserung ihrer Tätigkeit, die als Stolz zu charakterisieren ist. Die emo-

5.2 Technikgestaltung versus Arbeitsgestaltung

tionale Beziehung lässt eine Verantwortlichkeit gegenüber den Gegenständen entstehen, die aus der Einheit von Planung und Ausführung resultiert. Gefühle wie Freude und Stolz gehen in die Arbeit ein. Aus ihnen erwächst Aufmerksamkeit; Sensibilität für das Geschehen im Fertigungsprozess wird geweckt. Diese Gefühle befähigen die Facharbeiter zu einem aktiven vorausschauenden Denken und sind Voraussetzung für ein Handeln, bei dem die Facharbeiter Lösungen finden können, bevor Probleme zu gravierenden Auswirkungen führen.»

Die Frage nach den Möglichkeiten des Erwerbs und der Nutzung von Erfahrungswissen spielt vor allem auch in Zusammenhang mit der Optimierung der *Mensch-Maschine-Funktionsteilung* – der für arbeitspsychologische Gestaltungsanliegen zentrale Bedeutung zukommt – eine wesentliche Rolle. Hier stellt sich grundsätzlich die Frage, welche Teile einer Aufgabe der Maschine übertragen werden und welche beim Menschen verbleiben sollen, sei es, weil der Mensch sie besser bewältigen kann oder sei es, weil sie für die Entwicklung seiner Persönlichkeit unbedingt erforderlich sind.[7] Eine mögliche Antwort darauf findet sich bei von BENDA (1990, 499): «Nur diejenigen Teilschritte sollten vom System übernommen werden, die auf niederen Ebenen der Handlungsregulation angesiedelt sind, vor allem solche der sensomotorischen Regulation und einfacher Handlungsplanung. Die Planung von Teilzielen, die Koordination verschiedener Arbeitsprozesse und anspruchsvollere kognitive Aufgaben wie Planen, Prüfen und Problemlösen sollen beim Mitarbeiter verbleiben».

Inzwischen wird diese Position auch von führenden Produktionswissenschaftlern geteilt. So findet sich bei WARNECKE (1992, 44) die Formulierung: «Wenn wir die Zukunft in intelligenten Produktionssystemen sehen, so stellt sich die Frage, wo diese Intelligenz angesiedelt ist. Die Antwort kann nur lauten: im Mitarbeiter, denn der Mensch ist ungeschlagen in seiner Leistungsfähigkeit bei der Verknüpfung von Informationsverarbeitung und zweckmässiger Reaktion.»

Eine der Konsequenzen, die aus diesem Hinweis abzuleiten sind, heisst: Investitionen in Forschung zur Nutzung und Erweiterung der menschlichen Intelligenz dürfen nicht zurückgestellt werden zugunsten von Investitionen in Forschung zur Nutzung und Erweiterung der sogenannten ‹künstlichen› Intelligenz.

---

[7] Diese Fragestellung liegt auch den in Abschnitt 3.4 erwähnten Verfahren KABA für Bürotätigkeiten (DUNCKEL et al. 1993) und KOMPASS für Produktionstätigkeiten (GROTE 1994, 1997, GROTE et al. 1993, 1999, WÄFLER et al. 1999) zugrunde.

Arbeitspsychologische – und arbeitsorientierte – Konzepte der Mensch-Maschine-Funktionsteilung haben insbesondere das in Abschnitt 4.3.3 dargestellte Prinzip der vollständigen Aufgaben bzw. Tätigkeiten zu berücksichtigen. Dieses Prinzip wird durch technikorientierte Gestaltungskonzepte in Frage gestellt (vgl. Kasten 5.3).

Bereits vor mehr als vier Jahrzehnten wurde von der Ingenieurpsychologie mit den sogenannten Fitts-Listen (FITTS 1951) der Versuch gemacht, den dafür verantwortlichen betrieblichen Instanzen Entscheidungshilfen für die Festlegung der Mensch-Maschine-Funktionsteilung zur Verfügung zu stellen. In diesen Listen, die auch als MABA-MABA-Listen («Men Are Better At – Machines Are Better At») bezeichnet und später mehrfach differenziert wurden, wurden spezifische Stärken und Schwächen von Menschen und Maschinen einander gegenübergestellt, um daraus Hinweise für die adäquate Funktionsteilung ableiten zu können. «Derartige Methoden konnten aber nur wenig Einfluss auf ingenieurwissenschaftliche Designpraktiken erlangen» (KANNHEISER 1990, 63). Diese folgten vielmehr weitgehend der von BAILEY

Kasten 5.3: Unvollständige Tätigkeiten als Folge inadäquater Mensch-Maschine-Funktionsteilung (aus: HACKER 1988)

«Durch eine unangemessene Verteilung der Funktionen zwischen Mensch und Arbeitsmittel oder den beteiligten Menschen können unvollständige Tätigkeiten entstehen.
Sie beschneiden
– die selbständige, motivierende Möglichkeit zur Zielsetzung und Entscheidung über das eigene Vorgehen und damit auch die Möglichkeit zur Verantwortungsübernahme,
– geistige Tätigkeitsvorbereitungen mit nichtvorgegebenen, also selbständigen und schöpferischen Denkanforderungen,
– Prüf- und Korrekturmöglichkeiten der eigenen Tätigkeit sowie teilweise sogar
– die Möglichkeit zu ausreichend aktiver Betätigung überhaupt, beispielsweise bei vorherrschendem passiven Überwachen, oder auch
– die Kooperation als Grundlage der sozial bedingten Entwicklung der Persönlichkeit» (HACKER 1988, 10).

5.2 Technikgestaltung versus Arbeitsgestaltung

(1982) so genannten «leftover»-Strategie; d.h. beim Menschen sollte nur belassen werden, was sich als nicht maschinisierbar bzw. automatisierbar erweist. Die von JORDAN (1963) schon vor vier Jahrzehnten vorgeschlagene alternative Strategie der komplementären Aufgabenverteilung wurde in der Arbeitspsychologie erst aufgegriffen, als die mit dem Einsatz komplexer Automatisierungstechnik verbundene ungenügende Kalkulierbarkeit bestimmter Produktionssysteme Veranlassung bot, diejenigen Funktionen bzw. Aufgaben zu identifizieren, deren Bewältigung einen komplementären Zugang notwendig machten (CORBETT 1985). «Instead of thinking about whether a task should be performed by a person or by a machine, we should instead realize that functions are performed by people and machines together. Activities must be shared between people and machines and not just allocated to one or to the other» (KANTOWITZ und SORKIN 1987, 361; vgl. auch WEIK 1993, GROTE 1994).

CLEGG und CORBETT (1987) haben darauf hingewiesen, dass die Entwicklung eines Verfahrens oder einer Vorgehensweise, deren Nutzung den zuständigen betrieblichen Instanzen ein komplementäres Design ermöglicht, ziemlich schwierig ist. Von Interesse ist deshalb die von GROTE entwickelte Heuristik für die Entwicklung und Bewertung von Designalternativen auf dem Weg zur komplementären Aufgabengestaltung in rechnerunterstützten Produktionssystemen (vgl. Tabelle 5.4, S. 334).

Ein in diesem Zusammenhang besonders wichtiger, weitergehender Ansatz geht davon aus, dass es nicht unbedingt sinnvoll ist, die Zuweisung von Teilaufgaben an Mensch und Maschine unveränderbar festzulegen – sozusagen ‹fest zu verdrahten› –, sondern eine dynamische Allokationsstrategie zu verfolgen.[8]

Dieser Ansatz soll Antwort geben auf die Frage: «How can the human operator best be fit into overall system operation, taking the greatest advantage of unique human capabilities, while minimizing potential disadvantages due to inherent human limitations?» (HANCOCK, CHIGNELL und LOEWENTHAL 1985, 627). Die Beantwortung dieser Frage ist umso bedeutsamer, als die Studie von DUNKLER, MITCHELL, GOVINDARAJ und AMMONS gezeigt hat, «... that the human supervisory control performance was consistently superior to that of purely automatic control systems» (DUNKLER et al. 1988, 236).

---

[8] Interessanterweise ist dieser Ansatz bisher vor allem für die Gestaltung von Mensch-Maschine-Systemen in Cockpits von Miltärflugzeugen benutzt worden.

Tabelle 5.4: Heuristik für die Entwicklung und Bewertung von Design-Optionen
(aus: GROTE 1994)*

Schritt im Design-Prozess	Allgemeine Aufgabe	Partizipative Aufgabe (Einbezug von derzeitigen und zukünftigen Systemoperateuren)
Definition der Systemziele und -anforderungen	Aufgrund der Ergebnisse der Analyse des bestehenden Arbeitssystems werden Systemziele und -anforderungen definiert.	Diskussion der Systemziele und -anforderungen
Liste der Funktionen	Alle Funktionen, die das Arbeitssystem zu erfüllen hat, werden unabhängig von ihrer potenziellen Verteilung aufgelistet.	Diskussion und Vervollständigung der Funktionsliste
Markieren der Funktionen	Jede Funktion wird hinsichtlich vier Merkmalen markiert: – Entscheidungserfordernis – Art der Aktivität – Transparenz des Prozesses – Automationspotenzial	Entscheidung über Merkmale der Funktionen, besonders Bedeutung für Prozesstransparenz und Kategorie «darf nicht automatisiert werden»
Entscheidung über grobe Funktionsverteilung	Entsprechend der Funktionsmerkmale wird eine Zuordnung zu ausschliesslich Operateur, ausschliesslich Maschine und Operateur <u>und</u> Maschine vorgenommen.	Diskussion der Verteilungsentscheidungen
Entwicklung von Optionen der Funktionsverteilung	Für die interaktiven Funktionen (Operateur und Maschine) werden Optionen der Funktionsverteilung entwickelt.	Diskussion der Verteilungsoptionen
Bewertung der Optionen	Anhand von Kriterien auf den drei Ebenen Mensch-Maschine-System, individuelle Arbeitstätigkeit und Arbeitssystem werden die Optionen bewertet.	Diskussion der Bewertungsergebnisse mit besonderem Schwerpunkt auf der Transparenz und Kontrollierbarkeit der resultierenden Produktionsprozesse

* Übersetzt von der Autorin

5.2 Technikgestaltung versus Arbeitsgestaltung

Unter dem Titel «Hybrids: the best of both worlds» hatte FROSCH (1983) bereits darauf hingewiesen, dass es weder sinnvoll noch notwendig sei anzunehmen, dass Maschinen entweder «perfectly intelligent» oder «completely unintelligent» und Menschen zuverlässiger oder weniger zuverlässig seien als Maschinen: «However, the human-machine combination is more reliable than either of them alone. We have, in fact, the hybrid possibility of a few intelligent people working with a very large number of moderately clever machines» (FROSCH 1983, 31).
Folgerichtig entwickelten CHIGNELL, LOEWENTHAL und HANCOCK (1985, 623) das Konzept einer Mensch-Maschine-Schnittstelle, die Teilaufgaben sowohl dem Menschen als auch der Maschine dynamisch zuweisen kann. Eine Weiterentwicklung dieses Konzepts findet sich bei KRAISS, der eine Differenzierung in «adaptive observer» und «adaptive device» vornimmt: «The adaptive observer will, after sufficient training, suggest a choice that is in line with observer preferences. Sometimes, the human will be confronted with a contradicting proposal indicating that his decisions have not been consistent. Even in that case, however, he is entirely free to make up his mind which will eventually result in a retraining of the adaptive device» (KRAISS 1989b, 3).

Ein derartiges Konzept ist gleichzeitig geeignet, interindividuelle Unterschiede im Sinne der differenziellen Arbeitsgestaltung (vgl. Abschnitt 4.5.1) angemessen zu berücksichtigen und ein «developmental work system design» (BROUSSEAU 1983, 39) zu ermöglichen. Aus diesem Grunde wird es auch in der zukünftigen Diskussion über Konzepte der Mensch-Maschine-Funktionsteilung eine bedeutsame Rolle spielen.

5.2.3 Relevante Kostenfaktoren

Sowohl bei der Gegenüberstellung technikorientierter und arbeitsorientierter Gestaltungskonzepte als auch im Abschnitt über Erfahrungswissen und Mensch-Maschine-Funktionsteilung wurde verschiedentlich auf Kosteneffekte hingewiesen, ohne sie systematisch zu behandeln. Wenn dies auch nicht genuiner Gegenstand der Arbeitspsychologie ist, können solche Effekte doch nicht ausgeblendet werden, weil sie für die Durchsetzbarkeit arbeitspsychologischer Gestaltungsanliegen im konkreten Fall u.U. von ausschlaggebender Bedeutung sind.

Kasten 5.4: Kostenfaktoren alternativer Arbeitsstrukturen
(nach Angaben von KÖHLER et al. 1989)

Investitionskosten	Direkt abhängig von der Mensch-Maschine-Funktionsteilung. Komplexität und Kosten der Fertigungs- und Informationstechnik steigen mit angestrebtem Automatisierungsniveau. Nutzung qualifizierter Arbeitskräfte anstatt hochkomplexer Automatisierung kann Investitionskosten drastisch reduzieren.
Stillstandskosten	Bedeutsames Kriterium der Wirtschaftlichkeit bei mit zunehmendem Investitionsvolumen steigenden Stundensätzen. Insbesondere bei verketteten Produktionseinrichtungen umso geringer, je rascher die Störungsbeseitigung aufgrund der Kompetenzen sowie der systemspezifischen Kenntnisse und Erfahrungen der Operateure erfolgen kann.
Flexibilitätskosten	Umso geringer, je weniger Umrüstungsvorgänge vom Spezialwissen einzelner Einrichter abhängen. Flexibilität umso grösser, je besser lokale Kompetenz und Erfahrungswissen qualifizierter Produktionsarbeiter verfügbar.
Logistikkosten	Umso geringer, je weniger Abstimmungsprobleme aufgrund der funktionierenden Arbeitsteilung zwischen Werkstatt und Arbeitsvorbereitung entstehen. Durchlaufzeiten und Termintreue und daraus entstehende Kosten durch funktionale Integration massiv beeinflussbar.
Personalkosten	Wegen Polyvalenz und wechselseitiger Vertretbarkeit bei funktionaler Integration potenziell geringer. Kosten für direkt produktiv Beschäftigte durch Übernahme indirekt produktiver Funktionen ausgeglichen. Kosten für indirekt produktive Aufgaben deutlich reduziert.
Implementationskosten	Umso höher, je grösser die Divergenz zwischen vorhandener und angestrebter Struktur. Aufwendungen für erforderliche Qualifizierung häufig unterschätzt. Kosten für ‹Reibungsverluste› schwer kalkulierbar.

5.2 Technikgestaltung versus Arbeitsgestaltung

KÖHLER et al. (1989) haben eine Anzahl von Kostenfaktoren alternativer Arbeitsstrukturen einander gegenübergestellt. Die Ergebnisse sind in Kasten 5.4 zusammengefasst.

Aus den in Kasten 5.4 zusammengefassten Angaben ergibt sich deutlich, dass arbeitsorientierte, d.h. auf integrierte Gestaltung von Arbeitssystemen abzielende, Gestaltungskonzepte auch unter Kostenaspekten wesentlich günstiger einzuschätzen sind als technikorientierte, d.h. dem Primat der Technik folgende, Gestaltungskonzepte. So konnten auch GEBAUER, MAIER und VOSSLOH (1988) in einer Analyse von mehr als fünftausend Stillständen von Bearbeitungszentren nachweisen, dass annähernd zwei Drittel der Anlagenstillstände organisatorisch verursacht waren (vgl. Tabelle 5.5).

Tabelle 5.5: Statistische Störfallanalyse von 5468 Ausfällen an Bearbeitungszentren (aus: GEBAUER, MAIER und VOSSLOH 1988)

5468 Ausfälle; 973 Min. Planbelegungszeit / Tag; 73 % Nutzungsgrad

	Organisatorisch	Technisch
Anzahl Einzelausfälle (%)	62,1	37,9
Anteil der Ausfallzeit an der Planbelegungszeit (%)	15,8	8,8
Δ Stillstandzeit/Ausfall (Min.)	207	163
Δ Stillstandzeit/Maschine und Tag (Min.)	155	80
Organisatorisch: Fehl. Auftrag, Fehl. Bedienpers./Einrichter, Fehl. Werkzeug, Fehl. NC-Progr./Vorrichtung/Arb.Unterweisung/ Werkstoff, Warten auf Kontrolle/Freigabe, Sonstiges	Technisch: Numerik, Elektrik, Mechanik, Hydraulik/Pneumatik/ Kühlmittelversorgung	

Der Zusammenhang zwischen Organisation und Anlagenstillständen wird aber selbst bei den technisch bedingten Ausfällen noch erkennbar: «Viele Störungsursachen waren auch hier ‹Kleinigkeiten›, z.B. lockere Schrauben, schadhafte Antriebsriemen, lockere Endschalter etc., die durch einen gut geschulten Anlagenbediener selbst erkannt und beseitigt werden können» (ZELLER 1990, 20).

Als weiteres Mass für betriebswirtschaftliche Effektivität ist der Auslastungsgrad der Anlagen in Erwägung zu ziehen, der natürlich vom Umfang der Stillstände wesentlich mitbestimmt wird. PLATH (1980) fand für den Einsatz von NC-Maschinen mit grosser Tiefe der Arbeitsteilung einen Auslastungsgrad von 50 Prozent, für NC-Maschinen mit geringer Tiefe der Arbeitsteilung einen Auslastungsgrad von 80 Prozent. Auch hier wird also ein Zusammenhang zwischen der Realisierung unterschiedlicher Gestaltungskonzepte und der Effektivität der Arbeitssysteme deutlich erkennbar. Die arbeitspsychologische Bewertung der Realisierung unterschiedlicher Gestaltungskonzepte wird im folgenden Abschnitt am Beispiel des Einsatzes von Industrierobotern skizziert.

5.3 Der Einsatz von Industrierobotern als Beispiel

Als Industrieroboter bezeichnet man «automatische, in mehreren Bewegungsachsen frei programmierbare Handhabungssysteme, die mit Greifern oder Werkzeugen ausgerüstet sind» (BARTENSCHLAGER et al. 1982, 7). Unter dem Aspekt der Mensch-Maschine-Funktionsteilung kommt dem Einsatz solcher Handhabungssysteme vor allem dann vermehrt Bedeutung zu, wenn angestrebt wird, sie mit Elementen ‹künstlicher Intelligenz› auszustatten. Die psychologische Relevanz der Entwicklung sogenannter ‹intelligenter› Roboter geht aus den Anforderungen hervor, die diese erfüllen können sollen:

«– Roboter sollen Objekte identifizieren, ihre Position und Orientierung bestimmen. Sie sollen dies auch können, wenn Teile dieser Objekte durch andere Objekte verdeckt sind. Sie sollen Konfigurationen von Objekten, sog. Szenen erkennen.
– Roboter sollen die natürliche Sprache verstehen, damit ihre Belehrung und ihre Steuerung in einfacher Form und ohne besondere Spezialkenntnisse erfolgen kann.
– Ausgehend von Zielen, sollen intelligente Roboter Teilziele formulieren und eine Aufgabe soweit untersetzen, dass ein Handlungsplan entsteht. Sie müssen dabei komplexe Entscheidungen fällen, aus vorhandenem Wissen neues Wissen deduzieren oder sogar vorhandenes Wissen verallgemeinern bzw. im Sinne einer Anologietechnik nutzen.
– Pläne sind sensorgesteuert adaptiv auszuführen, an neue oder wechselnde Bedingungen anzupassen» (SYDOW und TIMPE 1984, 615 f.).

5.3 Einsatz von Industrierobotern als Beispiel

Da der Einsatz von Industrierobotern, die diesen Anforderungen genügen, noch nicht beurteilt werden kann, wird im Folgenden der bisherige Einsatz von Industrierobotern nach den Kriterien der Schädigungsfreiheit, Beeinträchtigungslosigkeit, Persönlichkeitsförderlichkeit und Zumutbarkeit (vgl. Abschnitt 3.1) bewertet. Ein Fallbeispiel mag die Bewertungen verständlich machen (Kasten 5.5, S. 340).

Dieses Fallbeispiel zeigt ebenso wie die von URBAN (1988) mitgeteilten Ergebnisse einer Dokumentation über den Einsatz von Industrierobotern in 53 Betrieben, dass mit dem Robotereinsatz sehr unterschiedliche Wirkungen verbunden sein können.

5.3.1 Bewertung nach arbeitspsychologischen Kriterien

Unter dem Aspekt der *Schädigungsfreiheit* kamen in den 1980er Jahren noch praktisch alle vorliegenden Berichte zu dem Schluss, dass – wie es bei BENZ-OVERHAGE, BRUMLOP, FREYBERG und ZISSIS (1981, 55) heisst – Industrieroboter «in erster Linie repetitive, kurzfristig angelernte Tätigkeiten» übernehmen, «die durch starke körperliche Belastungen und gesundheitsgefährdende Umgebungseinflüsse (Lärm, Gase, Temperaturschwankungen) gekennzeichnet sind». In einem Bericht von TRAUTWEIN-KALMS und GERLACH (1980, 123) wurde als eines der mit dem Robotereinsatz angestrebten Ziele sogar explizit formuliert, «durch die Minderung der physischen Anforderungen am Arbeitsplatz auch älteren Arbeitnehmern unter zumutbaren Bedingungen sinnvolle Beschäftigungsmöglichkeiten zu eröffnen». In einer Studie des Battelle-Instituts findet sich allerdings der bemerkenswerte Hinweis, dass die Übernahme von erheblich belastenden Arbeitstätigkeiten durch Industrieroboter keineswegs notwendigerweise zu einer Verbesserung der Arbeitssituation der beschäftigten Personen führt: «Nach Umsetzung erhalten die Betroffenen nicht selten Arbeitsplätze, die gleichartige oder ähnliche Belastungsmerkmale aufweisen» (BARTENSCHLAGER et al. 1982, 19). Dazu kommt, dass bei potenziell neu entstehenden «Rest»-Tätigkeiten – zum Beispiel manuellen Einlegearbeiten – einseitige Belastungen und hochgradige Taktbindung neu entstehen können.

Beziehen wir das Postulat der Schädigungsfreiheit auf den Aspekt der Unfallgefährdung, so stimmen wiederum die meisten der vorliegenden Berichte darin überein, dass der Einsatz von Robotern im Bereich unfallträchtiger Tätigkeiten die Gefährdung der Beschäftigten durch ihre Entfernung aus dem

Kasten 5.5: Fallbeispiel für Einsatz eines Industrieroboters (aus: URBAN 1988)

«Zwei Druckgiessmaschinen werden durch einen Industrieroboter entladen ... Der Roboter entnimmt die fertig gegossenen Werkstücke aus der geöffneten Druckgiessmaschine, reinigt die Giessform mit Druckluft und sprüht sie zum Schluss mit Trennmittel ein. Dann schwenkt er um 90 Grad und legt das Werkstück auf eine Rutsche. Hier wird es von einem Arbeiter mit einer Zange ergriffen und nach einer kurzen Sichtprüfung an einen Hängeförderer gehängt.

Dieser Roboter-Einsatz bringt verschiedene Vor- und Nachteile für den Arbeiter mit sich. Als Vorteile gegenüber der manuellen Entladung von Druckgiessmaschinen sind zu nennen:

– Durch die grössere Entfernung von der Giessform ist die Belastung durch Hitze und Rauch (Schadstoffe) geringer.
– Körperliche Belastungen verringern sich, weil Zwangshaltung und statische Arm-Schulter-Belastung beim Entladen, Reinigen und Einsprühen der Giessform entfallen.
– Unfallgefahren durch herausspritzendes flüssiges Metall bei undichter Form bestehen nicht mehr ... Bei manuellem Betrieb konnten Sicherheitseinrichtungen z.T. umgangen werden.

Mit dem Robotereinsatz sind aber auch Nachteile für die Arbeitnehmer verbunden ...

Zum Reinigen der Form wird Druckluft verwendet, die mit hohem Druck aus einer Düse ausströmt. Dadurch entsteht starker Lärm ...

Wenn die äussere Schutztür der Druckgiessmaschine geöffnet wird, schaltet der Roboter nicht selbständig ab, so dass Kontakt zwischen Mensch und IR im Betrieb möglich ist ...

Die Abzäunung der Anlage ist nicht umfassend genug, es können Sicherheitseinrichtungen umgangen werden. Bei kleineren Störungen kommt es vor, dass der Bediener in das System hineingeht, ohne den Roboter stillzusetzen, um dadurch Zeit zu sparen. Da er nach Stückzahlen entlohnt wird, bedeutet für ihn das umständliche Stoppen und Neustarten der Anlage Geldverlust. Das Einhalten von Sicherheitsvorschriften wird damit bestraft statt belohnt.

5.3 Einsatz von Industrierobotern als Beispiel

> Das Rollenband ist so kurz, dass der Speicherinhalt maximal 4 bis 5 min. entspricht. Dadurch entsteht eine enge Koppelung des Bedieners an die Anlage ...
> Der Bediener führt nur eintönige Restarbeiten aus: Kurze Sichtkontrolle und Anhängen des Werkstücks an den Hängeförderer ... die höherwertigen Tätigkeiten werden von Vorgesetzten ausgeführt. Es geht ein Arbeitsplatz je Roboter und Schicht verloren.
> Die Leuchtanzeigen sind vom Arbeitsplatz des Bedieners nicht zu sehen. Die Anzeigen sind jedoch wichtig für die Reaktion auf Störungen ...» (URBAN 1988, 34ff.).

Gefahrenbereich erheblich mindere. Allerdings wurde auch darauf hingewiesen, dass neben der Möglichkeit von technischen Störungen mit unkontrollierten Bewegungsabläufen auch neue Unfallgefährdungen entstehen können, und zwar «für das Wartungs-, Instandsetzungs- und Programmierpersonal, wenn aus gegebenem Anlass Sicherheitseinrichtungen vorübergehend ausser Funktion gesetzt werden müssen» (BARTENSCHLAGER et al. 1982, 21).

Beziehen wir schliesslich noch arbeitszeitliche Konsequenzen in die Bewertung mit ein, so ergibt sich etwa für die Frage der mit gesundheitlichem Risiko verbundenen Schichtarbeit die Möglichkeit einer erheblichen Reduzierung von Nachtschichten durch personenarme oder teilweise personenlose Produktion. Andererseits steigt aber mit dem Einsatz von Industrierobotern wegen der damit verbundenen Kapitalinvestitionen in manchen Fällen die Wahrscheinlichkeit, dass bisher zweischichtig arbeitende Betriebe zum Dreischicht- oder Durchfahrbetrieb übergehen und damit – wegen der vorläufig noch manuell zu erledigenden Restfunktionen – Nachtarbeit für bestimmte Personengruppen sogar noch zunimmt.

Versuchen wir, den Einsatz von Industrierobotern nach dem Kriterium der Schädigungsfreiheit zusammenfassend zu bewerten, so kommen wir also zum Schluss, dass er bedeutsame Chancen zur Verminderung gesundheitlicher Risiken bietet, potenziell aber gleichzeitig neue Risiken schafft, zu deren Eliminierung oder Bewältigung es zusätzlicher Überlegungen bedarf. Bei systematischer Anwendung einer Strategie der präventiven Arbeitsgestaltung sollte das Entstehen neuer Risiken allerdings weitgehend vermeidbar sein.

Bei der Beurteilung des Einsatzes von Industrierobotern unter dem Aspekt der *Beeinträchtigungslosigkeit* ergibt sich ein ähnliches Bild. So bestehen etwa einerseits durchaus Möglichkeiten, durch weitgehende Entkoppelung von Mensch und Maschine Lösungen zu entwickeln, die die Abhängigkeit der Beschäftigten vom Maschinentakt vermindern. Andererseits entsteht für die nicht automatisierten ‹Resttätigkeiten› gerade umgekehrt die Gefahr zunehmender Abhängigkeit von der Maschine mit der Tendenz zu Leistungsverdichtung und Monotonie als Folge vermehrter Taktbindung und kürzerer Taktzeiten bei zunehmender inhaltlicher Gleichförmigkeit. So kann einerseits der Einsatz von Industrierobotern sinnvoll verbunden werden mit arbeitspsychologischen bzw. soziotechnischen Konzepten individueller und kollektiver Aufgabenerweiterung. Andererseits kann «der Einsatz von Industrierobotern zu einer Auflösung noch bestehender Kooperationsmöglichkeiten und mithin zu einer Abnahme menschlicher Kontakte führen. Auch würden durch das sukzessive Schliessen von Mechanisierungslücken die Probleme der sozialen Isolation für die noch verbleibenden Arbeiter in verstärktem Masse relevant werden» (MICKLER et al. 1981, 276).

Die Ergebnisse der Analyse des Einsatzes von Industrierobotern, über die SYDOW und TIMPE (1984) berichteten, bestätigen als «immer wieder vorgefundene Gestaltungsmängel (1) die hohe Determination der Tätigkeitsausführung, (2) die zu kurze Zyklusdauer und (3) die geringen Kommunikationsmöglichkeiten». Diese Befunde werden durch die Untersuchungen von DUELL (1988b) vollauf bestätigt.

Im Zusammenhang mit dem Kriterium der *Persönlichkeitsförderlichkeit* spielt die Frage nach der Entwicklung der qualifikatorischen Anforderungen als Folge der Veränderungen der Arbeitsinhalte durch Einsatz von Industrierobotern eine zentrale Rolle. Hierzu liegt eine Vielzahl von Äusserungen vor, die zeigen, dass über die diesbezügliche Entwicklung kaum hinreichend Klarheit besteht bzw. dass partiell divergierende Entwicklungen erwartet werden. BENZ-OVERHAGE et al. (1981, 55f.) haben darauf hingewiesen, dass sich hinsichtlich der Anforderungen an die Qualifikation eine Polarisierungstendenz abzeichne: «Im Bereich des Punkt- und Lichtbogenschweissens entstehen einfachste, stark repetitive Tätigkeiten ... Eine etwas komplexere Tätigkeit entsteht im Bereich der Anlagen für die Tätigkeit des Anlagenüberwachers bzw. Strassenführers ... Eine geringfügige Erhöhung der Qualifikationsanforderungen findet auch im Bereich der Wartung und Instandhaltung, insbeson-

5.3 Einsatz von Industrierobotern als Beispiel

dere im Bereich der elektrischen Instandhaltung statt.» Zahlreiche Autoren befürchten insbesondere eine Polarisierung in hochqualifizierte Operateure für Programmier-, Überwachungs- und Instandhaltungsaufgaben einerseits und wenig qualifizierte «Maschinenbediener mit Restfunktionen» wie Materialbeschickung andererseits. Auch die von SYDOW und TIMPE berichtete Untersuchung kommt zu dem Schluss, «dass sich die im Ergebnis eines langen historischen Prozesses herausgebildete Trennung zwischen produktionsvorbereitenden, -durchführenden und -sichernden Tätigkeiten negativ auf die Möglichkeiten auswirkt, persönlichkeitsfördernde Arbeitsinhalte zu projektieren. So existieren z.B. anspruchsvolle, eine hohe Qualifikation voraussetzende Programmierungsaufgaben neben einfachen Überwachungs- und Bedienfunktionen» (SYDOW und TIMPE 1984, 619).[9]

Die Untersuchungen von DUELL (1988b) zeigen, dass bei zahlreichen Robotereinsätzen tatsächlich die beschriebene Polarisierung der Qualifikationen beobachtet werden kann und dass in vielen Fällen für die Übernahme der keine fachlichen Qualifikationen erfordernden Resttätigkeiten nur noch ausländische Arbeitnehmer gefunden werden konnten.

Ein eindrückliches Beispiel, das zugleich das Konzept der *Zumutbarkeit* illustriert – und seine Problematik erhellt –, fand DUELL in einem Betrieb, in dem die Resttätigkeiten zunächst von italienischen Arbeitnehmern übernommen worden waren. Da diese Arbeit für italienische Gastarbeiter der zweiten Generation nicht mehr zumutbar erschien, wurde sie in der Folge türkischen Gastarbeitern übertragen. Auf die Frage, welche Lösung man sich für den Fall vorstelle, dass diese nach längerem Aufenthalt in der Schweiz andere Ansprüche an die Arbeit entwickeln, wurde darauf hingewiesen, dass es «ja auch noch Tamilen gibt».

Von einigen Autoren wurde schon früher darauf hingewiesen, dass nachteilige Effekte des Einsatzes von Industrierobotern vermindert, aufgehoben oder sogar in positiv zu bewertende Effekte verwandelt werden können, wenn die bisher häufig einseitig technologieorientierten Ansätze mit Arbeitsstrukturierungskonzepten verbunden werden. So könnte nach BENZ-OVERHAGE et al. (1981, 57) eine Lösung «in der Zusammenlegung von repetitiven Restfunktionen mit Aufgaben der Anlagenüberwachung und der Qualitätssicherung liegen». KISS und SACHSE (1982) bezeichnen «Kollektive Mehrmaschinenbedienung» als zweckmässige Organisationsform für technologische Einheiten mit Robotereinsatz. BARTENSCHLAGER et al.

---

[9] Aus der Studie von MICKLER et al. (1981) wird im Übrigen deutlich, dass in diesem Zusammenhang zwischen Handhabungs- und Bearbeitungsbereich zu unterscheiden ist.

(1982, 29) fordern schliesslich explizit, dass «der Einsatz von Handhabungssystemen grundsätzlich mit Massnahmen der Arbeitsstrukturierung zu verbinden» sei und dass entsprechende Gestaltungsspielräume «bereits bei der technischen Planung möglichst gross zu halten» seien. Dieses Postulat entspricht weitgehend einer Strategie der prospektiven Arbeitsgestaltung, die durch das Schaffen objektiver Handlungs- und Gestaltungsspielräume Möglichkeiten der Persönlichkeitsentwicklung für die betroffenen Beschäftigten offenhalten will.[10]

TIMPE (1986, 434) kam aufgrund seiner Analyse von Robotereinsätzen u.a. zu folgenden, hier relevanten und noch immer gültigen Schlussfolgerungen:
(1) «It is potentially possible to increase task variety.
(2) Scope of action has rarely been used to full capacity.
(3) The engineering and technological determination of the working-process needs to be reduced.
(4) More attention should be paid to communication and cooperation.»

Beispiele für Industrierobotereinsätze, die den Forderungen nach Verknüpfung von Automatisierung und Arbeitsstrukturierung (BARTENSCHLAGER et al. 1982) im Sinne eines arbeitsorientierten Gestaltungskonzepts entsprechen, zeigen, dass damit letztlich auch die Effizienz und die Flexibilität der so entstehenden Arbeitssysteme verbessert werden können. Deshalb steht auch für den Robotikexperten SCHWEITZER (1995, 41) für den Einsatz sogenannt intelligenter Maschinen «im Vordergrund ... die arbeitspsychologische Forderung, dem arbeitenden Menschen möglichst viel Entscheidungsfreiheit bei der Gestaltung seiner Arbeit zu lassen und ihm die Maschine sozusagen als mächtiges Hilfsmitel zur Seite zu stellen».

In einem neueren Beitrag präzisiert SCHWEITZER diese Position: «The *complementary* approach assumes that man and machine have basically different capabilities that complement each other. The idea is to combine positive capabilities, the *versatility of man* and the *consistency of the machine.* Thus, the objective is to assist the operator by providing him with an intelligent tool, and not to replace him by an automated machine» (SCHWEITZER 1999, p. 41).

In diesem Zusammenhang verweist der Autor übrigens ausdrücklich auf das (hier in Kapitel 2 und 4 dargestellte) MTO-Konzept.

---

[10] Auch SYDOW und TIMPE haben Zweifel daran geäussert, ob ein korrektives Vorgehen in diesem Zusammenhang zu optimalen Lösungen führen kann.

5.3.2 Beispiele für arbeitsorientierte Gestaltung des Einsatzes von Industrierobotern

In dem Bericht von URBAN (1988) wird ein Fallbeispiel aus einem Betrieb der kunststoffverarbeitenden Industrie mitgeteilt, das arbeitsorientierten Gestaltungskonzepten weitgehend entspricht. In diesem Betrieb müssen glasfaserverstärkte Kunststoffwerkstücke nach dem Aushärten bearbeitet werden. «Hierbei sind die Kanten der Werkstücke zu besäumen, Öffnungen auszuschneiden und Befestigungsclipse anzubringen» (URBAN 1988, 44). Organisation und Aufgaben der Mitarbeiter sind in Kasten 5.6 dargestellt. Eine Skizze der technischen Anlage ist in Abbildung 5.4 (S. 346) wiedergegeben.

Kasten 5.6: Beispiel für Organisation und Aufgabenverteilung eines Arbeitssystems mit Industrieroboter (aus: URBAN 1988)

«Innerhalb des Systems ist eine Arbeitsgruppe aus drei Mitarbeitern beschäftigt. Von der Fertigungssteuerung werden ihr Auftragsblöcke mit einem Arbeitsumfang von ca. drei Tagen erteilt. Jedes Mitglied der Arbeitsgruppe kann alle Tätigkeiten ausführen:
- Werkstücke einlegen und entnehmen,
- Nacharbeiten,
- Roboter programmieren und warten,
- Überwachung und einfache Störungsbeseitigung,
- Vorrichtungen wechseln,
- Sichtkontrolle durchführen,
- kurzfristige Fertigungssteuerungsaufgaben übernehmen.

Die kurzfristige Fertigungssteuerung umfasst folgende Teilaufgaben:
- Materialbereitstellung,
- Festlegung der Reihenfolge der Aufträge,
- Materialweitergabe,
- Werkzeug- und Betriebsmittelbereitstellung,
- Fehlteil- und Engpassverfolgung.

Die beschriebene Lösung setzt voraus, dass alle Beschäftigten des Arbeitssystems an Qualifizierungsmassnahmen teilgenommen haben» (URBAN 1988, 46).

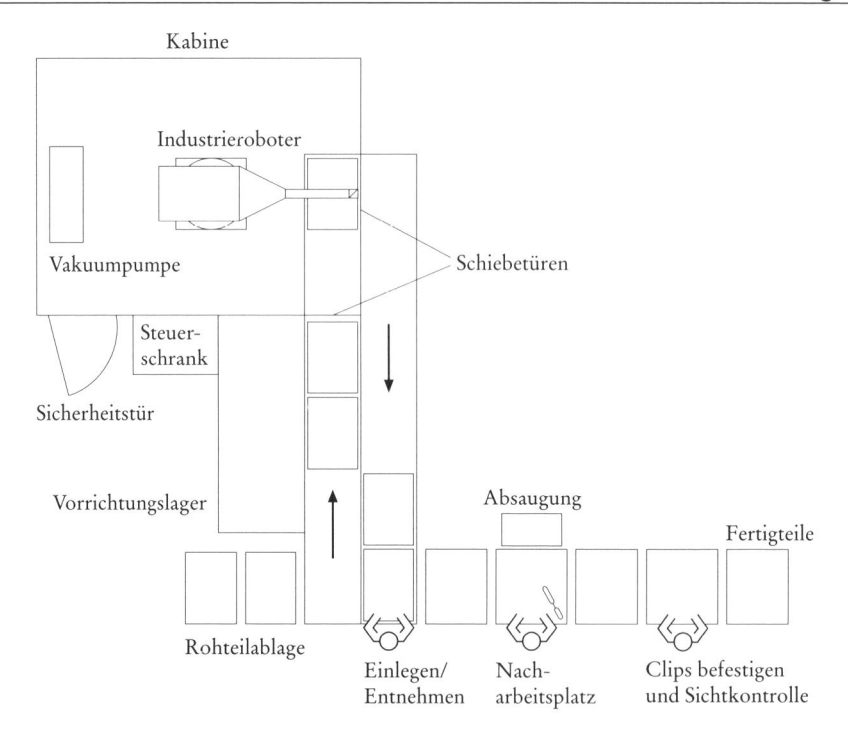

Abbildung 5.4: Beispiel für die menschengerechte Gestaltung eines Robotersystems zum Besäumen von Kunststoffteilen (aus: URBAN 1988)

Aus der von URBAN beschriebenen Lösung resultieren verschiedenartige Vorteile, die sich etwa wie folgt gruppieren lassen:

Personvariable	Organisationsvariable	Produktivitätsvariable
Abbau von einseitigen Belastungen	Höhere Flexibilität	Verbesserung der Produktivität
Abbau von Monotonie	Verlagerung von Wartungs- und Instandhaltungsfunktionen	Verminderung von Stillstandszeiten
Grössere Anforderungsvielfalt	Veränderung der Vorgesetztenrollen	Evtl. Verbesserung der Produktionsmenge
Grössere Dispositions- und Entscheidungsspielräume	Evtl. Verringerung der hierarchischen Positionen	Erhöhung der Flexibilität
Höhere Qualifikation	Verminderte Improvisationsprobleme bei Abwesenheit einzelner Mitarbeiter	
Schaffung von Kooperationsmöglichkeiten		

5.3 Einsatz von Industrierobotern als Beispiel

Ein weiteres Beispiel für die Realisierung einer arbeitsorientierten Konzeption fand sich in der Saab-Karosseriefabrik in Trollhättan, in der durchgängig das Prinzip der Arbeit in teilautonomen Gruppen praktiziert wurde (vgl. Abschnitt 4.4.3.1; ULICH 1983b, ULICH und FREI 1986). Eine von der hier sonst üblichen Struktur abweichende Variante fand sich während mehrerer Jahre in einer, nach Art einer Matrix-Struktur funktionierenden Gruppe, in deren Aufgabenbereich der Umgang mit moderner Roboter-Technologie integriert war. Dabei handelte es sich um den gemeinsamen Betrieb von Bestückungsautomat und Roboterschweissstrasse, für den vier spezialisierte Fachkräfte erforderlich waren.

Die ursprünglich 16 Mitglieder der Gruppe waren in vier Subgruppen aufgeteilt, denen neben der wenig anspruchsvollen Materialbereitstellung und -zuführung je eine Spezialistenaufgabe zugeordnet war: der Unterhalt des Bestückungsautomaten, der Unterhalt der Schweissstrasse, das Einrichten und die Endkontrolle.

Jede Woche fand innerhalb jeder der Subgruppen eine Rotation statt, so dass jedes Gruppenmitglied jede vierte Woche die Spezialistenfunktion wahrnehmen konnte, während der übrigen Zeit aber die weniger anspruchsvollen Aufgaben zu erledigen hatte. ‹Quer› dazu erfolgte die wöchentliche Rotation der Kontaktperson, die eine Gruppensprecherfunktion wahrzunehmen hatte. Die ursprüngliche Struktur dieser Matrixgruppe mit Robotereinsatz ist in Abbildung 5.5 (S. 348) dargestellt.

In den letzten Jahren wurden weitere Abläufe automatisiert und mit Robotern ausgerüstet. Im Zuge dieser Entwicklungen wurde auch das Matrix-Konzept weiter differenziert. So wurde bei der Auslegung der technischen Systeme dafür Sorge getragen, dass für deren Betrieb nicht mehr als acht bis zehn Personen benötigt werden. Ausserdem wurde der relative Anteil der Materialzuführung reduziert. Durch diese Massnahmen konnte erreicht werden, dass der zeitliche Umfang anspruchsvoller Arbeit für die Mitglieder der Gruppe verdoppelt wurde. Darüber hinaus bestand in den neuen Matrix-Gruppen die Möglichkeit, die Polyvalenz über zwei oder drei Subgruppen hinweg zu erweitern.

Ein anderes bemerkenswertes Beispiel für eine Kombination von fortgeschrittener Technologie und qualifizierter Produktionsarbeit mit Einsatz

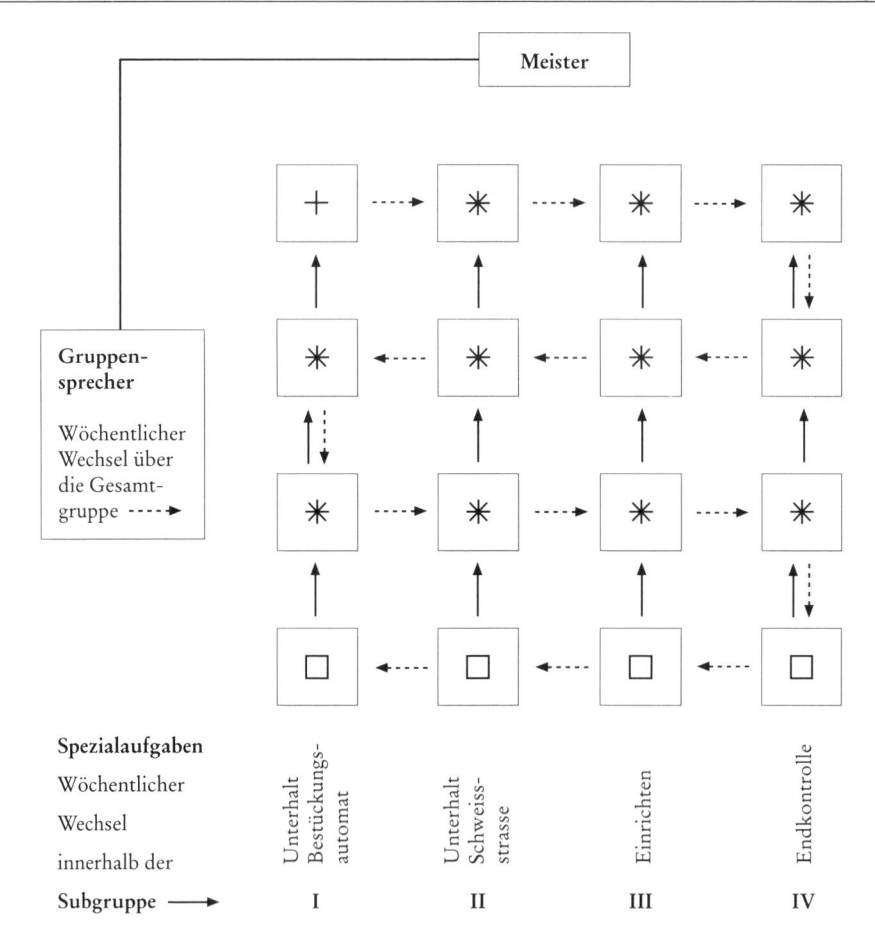

Abbildung 5.5: Struktur einer teilautonomen Gruppe mit Robotereinsatz in der Saab-Karosseriefabrik Trollhättan (aus: ULICH 1983b)

von Industrierobotern findet sich in dem Karosseriewerk von Volvo in Torslanda (CAMBERT 1984). Als Hauptziele für die Reorganisation der Fabrik wurden formuliert:
- hohe und gleichmässige Qualität
- hohe Produktivität, bei hohem Mechanisierungsgrad
- eine neue Organisation mit dem «Menschen im Mittelpunkt»
- eine gute und sichere Arbeitsumgebung (einschl. ein niedriger Lärmpegel).

Zum Zeitpunkt der Mitteilung von CAMBERT betrug die Produktionskapazität 100 000 Karosserien pro Jahr, mit der Möglichkeit einer Erweiterung

5.3 Einsatz von Industrierobotern als Beispiel

bis auf das Doppelte. Für den Zweischichtbetrieb wurden insgesamt 160 Montagemechaniker und 80 Beschäftigte aus der Instandhaltung benötigt. Im Produktionsprozess wurden 96 Industrieroboter eingesetzt.
«A new working organization has been introduced to increase efficiency and productivity and also to meet the demands made by the personnel on interesting jobs, a good environment, development, togetherness and influence concerning their own working situation. The backbone of a new working organization consists of the big mechanics» (CAMBERT 1984, 169).

Innerhalb jeder der drei «product workshops» («floors», «complete sides», «complete bodies») – so etwas wie kleine «Fabriken in der Fabrik» – sind die Produktionsarbeiter in teilautonomen Gruppen organisiert. Diese bestehen aus jeweils zehn Beschäftigten und sind für das quantitative Arbeitsergebnis, das heisst für Menge und Kosten ebenso wie für die Qualität selbst verantwortlich. Innerhalb der Gruppe findet eine Rotation statt, so dass alle Gruppenmitglieder im Wechsel alle vorkommenden Arbeitsaufgaben ausführen. «Apart from the normal production work which includes the charging of the sheet-metal parts into the magazines, supervision etc., there is also work such as quality control, adjustment, service maintenance, the handling of material, cleaning, training etc.» (CAMBERT 1984, 170).
Jede Gruppe hat ausserdem einen Gruppensprecher, der die Gruppe nach aussen vertritt und ihre Arbeit mit der anderer Gruppen koordiniert. Die Rolle des Gruppensprechers wird von allen Gruppenmitgliedern im wöchentlichen Wechsel wahrgenommen. «In order to carry out all this work in the new organization, intensive training of about 8 weeks is necessary» (a.a.O., 170).

Diese Beispiele machen deutlich, dass es auch mit dem Einsatz von Industrierobotern möglich – und sinnvoll – ist, anstelle der häufig vorfindbaren, rein technikorientierten Lösungen arbeitsorientierte Lösungen zu realisieren, die den Konzepten soziotechnischer Systemgestaltung entsprechen. Dass derartige Lösungen nach den vorliegenden Erfahrungen auch für die Unternehmungen zum Teil erhebliche Vorteile bringen, sollte eine entsprechende Argumentation erleichtern.[11]

---

[11] Eine Frage, die hier nicht explizit diskutiert wurde, ist die nach den sozioökonomischen Auswirkungen des Einsatzes von Robotern. In diesem Zusammenhang postuliert SCHWEITZER (1999, 5) einen Paradigmenwechsel: «Instead of building machines that can do the work of humans, we should build machines that can do the work which humans cannot do, or do not want to do.»

5.4 Ableitungen für Produktionskonzepte

Technik nicht als Sachzwang, sondern als Gestaltungsaufgabe zu begreifen, eröffnet die Chance, qualifizierte menschliche Arbeit und automatisierte Arbeit nicht als einander ausschliessende Gegensätze, sondern als einander ergänzende Produktivkräfte zu verstehen (MARTIN, ULICH und WARNECKE 1988, 21). Diese Position, die die Ausführungen dieses Kapitels bis hierher in gewisser Weise zusammenfasst, markiert zugleich einen deutlichen Widerspruch zu der noch immer verbreiteten Vorstellung, die Erreichung der betrieblichen Ziele könne durch den Einsatz rechnerunterstützter Produktionssysteme unter Vernachlässigung der Entwicklung und Nutzung menschlicher Kompetenz gewährleistet werden. Dass diese Vorstellung der Realität kaum entspricht, lässt sich durch entsprechende Untersuchungen belegen.

5.4.1 Rechnerunterstützte Produktionssysteme: Ziele und Zielerreichung

Zahlreiche Betriebe investieren zwei- und dreistellige Millionenbeträge in rechnerunterstützte Produktionssysteme und betreiben gleichzeitig eine systematische Unternutzung der verfügbaren und durch Investition in Ausbildung erheblich erweiterbaren menschlichen Qualifikationen. In solchen Fällen «liegt das Potenzial zur selbständigen, bedarfsgerechten Feinplanung, Störbeseitigung, Wartung und Selbstkontrolle überwiegend brach» (EIDENMÜLLER 1987, 6f.).

Tatsächlich werden die mit den Investitionen in Technik angestrebten Ziele häufig nicht einmal näherungsweise erreicht. Eine in der schweizerischen Investitionsgüterindustrie durchgeführte Erhebung (ULICH und SCHÜPBACH 1991, STROHM, KUARK und SCHILLING 1993, STROHM et al. 1993a) gibt dazu interessante Aufschlüsse. In Tabelle 5.6 sind die Ziele, die von den Betrieben als sehr wichtig eingestuft wurden, dem Grad der Zielerreichung gegenübergestellt.

Die in Tabelle 5.6 wiedergegebenen Ergebnisse zeigen, dass keines der von den Betrieben als sehr wichtig eingestuften Ziele auch nur von der Hälfte der Antwortenden als erreicht angegeben wurde.

5.4 Ableitungen für Produktionskonzepte

Tabelle 5.6: «Sehr wichtige» Ziele und deren Erreichung beim Einsatz rechnerunterstützter integrierter Produktionssysteme in Betrieben der schweizerischen Investitionsgüterindustrie (aus: STROHM, KUARK & SCHILLING 1993)

	Prozentualer Anteil der Betriebe, welche die Ziele als «sehr wichtig» einschätzen (N= 434–450)	Prozentualer Anteil dieser Betriebe, welche die Ziele als «erreicht» einschätzen (N= 130–257)
Steigerung der Termintreue	68	29
Verringerung der Durchlaufzeiten	65	27
Erhöhung der Flexibilität am Markt	51	27
Reduzierung der Lagerbestände	48	14
Erhöhung der Produktqualität	42	36
Verbesserte Kapazitätsauslastung	41	31
Verbesserte Kalkulationsgrundlagen	40	41
Erhöhung der innerbetrieblichen Flexibilität	39	28

Die Frage nach den Ursachen für den geringen Grad der Zielerreichung lässt sich indirekt über die Probleme, die die Betriebe nach ihren eigenen Angaben beim Einsatz rechnerunterstützter Produktionssysteme haben, beantworten. 63 Prozent der Betriebe, die diese Frage beantwortet haben, berichten über Probleme mit der Technik, 55 Prozent über Probleme mit der Qualifikation der Beschäftigten und 49 Prozent über Probleme mit der Arbeitsorganisation.

Auch wenn dazu aus der Untersuchung keine konkreten Daten vorliegen, lassen sich aufgrund vielfältiger Einzelerfahrungen für die *Probleme mit der Technik* drei hauptsächliche Ursachen identifizieren:

(1) *Unausgereifte Technik.* Aufgrund des raschen technologischen Wandels ist neu auf den Markt gelangende Technik häufig nur ungenügend auf Dauereinsatz geprüft. Wer also die jeweils neueste Technik beschafft, muss mit Stör- und Ausfallzeiten rechnen, die üblicherweise nicht eingeplant werden.

(2) *Ungeeignete Technik.* Technik, die für grosse Unternehmen entwickelt wurde, eignet sich häufig nicht für die Anwendung in kleineren und mittleren Betrieben. Wenn ein Betrieb dieser Grössenordnung beispielsweise ein PPS-System beschafft, das für Grossbetriebe gedacht war, bringt er sich damit möglicherweise um die für das eigene Überleben notwendige Flexibilität.
(3) *Zu komplexe Technik.* Konstrukteure und Entwickler tendieren bisweilen dazu, ihr gesamtes Planungswissen in technisch aufwendige Konzepte einzubringen und zu realisieren, was technisch machbar ist. Dies ist verständlich, kann aber dazu führen, dass das Erfahrungswissen der in der Fertigung Beschäftigten vernachlässigt wird und auf diese Weise komplex automatisierte Anlagen entstehen, die nicht mehr ohne Weiteres beherrschbar sind. Zahlreiche Beispiele ineffizienter Übertechnisierung belegen derartige Zusammenhänge.

Die *Probleme mit der Organisation* beruhen in erster Linie darauf, dass immer wieder versucht wird, neueste Technologie in dafür ungeeignete Organisationsformen einzuführen. Im Bericht der Computer and Automated Systems Association der American Society for Manufacturing Engineers (CASA/SME) heisst es dazu: Es macht wenig Sinn, Computer der dritten, vierten und fünften Generation in Organisationen der zweiten Generation einzuführen. Genau das ist es aber, was zahlreiche Unternehmen tun (SAVAGE & APPLETON 1988, 1). Nach den Analysen der CASA/SME gibt es für dieses, die Effizienz der Produktionssysteme beeinträchtigende, Fehlverhalten hauptsächlich vier Gründe:

(1) Im Mittelpunkt der meisten Überlegungen steht die Computertechnologie.
(2) CIM-Ansätze ignorieren die wirklichen Managementprobleme.
(3) Nur wenige haben die ‹neue Managementlogik› wirklich verstanden. Diese ist aber Voraussetzung, um den Wert der Investitionen für moderne rechnerunterstützte Produktionssysteme vollumfänglich zu begreifen.
(4) Nur wenige Topmanager haben damit begonnen, ihre Organisationen auf den Weg der fünften Generation zu bringen.

Probleme mit der Qualifikation der Mitarbeiter entstehen vor allem deshalb, weil zahlreiche Betriebe die Notwendigkeit von Qualifizierungsmassnahmen in Zusammenhang mit der Einführung rechnerunterstützter Produktionssysteme nicht rechtzeitig erkennen. Wie LEDER und LOUIS (1993) für

5.4 Ableitungen für Produktionskonzepte

eine Stichprobe von 60 Betrieben der schweizerischen Investitionsgüterindustrie zeigen konnten, stuft die weit überwiegende Mehrzahl dieser Betriebe aufgrund der Erfahrungen mit einer eher technikorientierten Einführung rechnerunterstützter Produktionssysteme *nachträglich* die Vermittlung dispositiver und sozialer Kompetenzen als ‹wichtig› bzw. ‹besonders wichtig› ein.

Im Übrigen wird Ausbildung allzu häufig in erster Linie als zu kontrollierender und zu minimierender Kostenfaktor begriffen. Tatsächlich ist bei strukturverändernder Einführung neuer Technologien mit einem u.U. erheblichen Aufwand für Qualifizierungsmassnahmen zu rechnen. Diese müssen sich sowohl auf den Erwerb von Fach- und Methoden-Kompetenz als auch auf den – häufig erheblich unterschätzten – Erwerb sozialer Kompetenz erstrecken. Schliesslich kann aber die Nutzung qualifizierter Arbeitskräfte anstatt hochkomplexer Automatisierung die erforderlichen Gesamtinvestitionen u.U. drastisch reduzieren (vgl. Kasten 5.4, S. 336). Damit wird zugleich deutlich, dass *Qualifizierung als strategische Investition* begriffen werden muss. Dementsprechend betrachten auch die von SIMON analysierten ‹Hidden Champions› die Qualifikation ihrer Mitarbeiter als eine Grundlage ihrer Überlegenheit im Wettbewerb. «Sie haben gelernt, dass ein hoher Ausbildungsstand nur durch hohe Investitionen in die Ausbildung der Mitarbeiter erreicht und gesichert werden kann» (SIMON 1996, 175).

Die Konsequenz der hier angestellten Überlegungen heisst: die Einführung rechnerunterstützter Produktionssysteme verspricht nur dann Erfolg, wenn sie in ein umfassendes Konzept integriert ist, das den Einsatz von Technik, die Gestaltung der Organisation und die Entwicklung der Mitarbeiterqualifikation *gemeinsam* zu optimieren versucht. Dieser Ansatz steht im Widerspruch zu manchen Überlegungen, die seit einiger Zeit unter den Begriffen ‹Lean production› und ‹Business Process Reengineering› vorgetragen werden. Allerdings handelt es sich dabei um keine einheitlichen oder gar widerspruchsfreien Konzepte.

5.4.2 Exkurs: Lean Production und Business Process Reengineering – ein kritischer Diskussionsbeitrag

«Schlanke Produktion ist die japanische Geheimwaffe im Wirtschaftskrieg und erobert die ganze Welt» – so steht es im Klappentext zu dem Buch, das die Diskussion über ‹Lean Production› ausgelöst hat (WOMACK, JONES & ROOS 1990, dtsch. Übers. 1991). «Wenn westliche Unternehmen und ihre Manager und ihre Mitarbeiter in den 1990er Jahren überleben wollen, müssen sie schlanke Produktion kennen und übernehmen» heisst es dort weiter. Die Flut der Publikationen und Tagungen zu diesem Thema schien dem Klappentext einige Zeit ebenso recht zu geben wie die ständig steigende Zahl von Unternehmen, die begonnen haben, über ihre Strukturen und Produktionskonzepte neu nachzudenken.

Anlass für die Neuorientierung sind Ergebnisse der MIT-Studie, die im oben erwähnten Buch über «Die zweite Revolution in der Autoindustrie» beschrieben und auszugsweise in Tabelle 4.4 wiedergegeben sind (vgl. S. 224). Die Autoren behaupten, die Tatsache, dass sich japanische Produktionskonzepte auch in den japanischen Transplants in den USA erfolgreich einführen liessen, sei ein Beweis für deren Übertragbarkeit von einer Kultur in eine andere. Dass die Transplants – fast ausnahmslos – in Regionen mit extrem hoher Arbeitslosigkeit, ohne traditionelle Industriearbeiterschaft und ohne gewerkschaftliche Bindung errichtet wurden, findet ebenso wenig Erwähnung wie die Tatsache, dass in einigen neu errichteten japanischen Autofabriken andere Produktionskonzepte geplant und eingeführt wurden.

Tatsächlich hat «Die zweite Revolution in der Autoindustrie» in Japan selbst weder besondere Beachtung noch grosse Zustimmung gefunden, sondern offenbar eher Unbehagen ausgelöst. «Der zentrale Grund liegt darin, dass das Buch zu einem Zeitpunkt veröffentlicht wurde, zu dem das in der MIT-Studie so hoch gelobte Produktionssystem bereits gezwungen war, sich zu ändern oder verändert zu werden» (NOMURA 1992, 55). Die Notwendigkeit solcher Veränderungen ergibt sich u.a. aus der Tatsache, dass im Zuge eines schon seit einer Reihe von Jahren beobachtbaren Wertwandels die Bereitschaft abnimmt, in den sogenannten ‹Drei-D-Branchen› – dirty, dangerous and difficult – zu arbeiten und die extrem intensive Nutzung der menschlichen Arbeitskraft durch Arbeitsverdichtung und überlange Arbeitszeiten zu akzeptieren. «Arbeitseinsatz und Nutzung von Arbeitskraft sind in Japan in weiten Bereichen von Intensivierung der Arbeit und Extensivierung der Arbeitszeit geprägt» (ALTMANN 1992, 33).

In gewisser Weise sind die beschriebenen Bedingungen im Konzept der ‹Lean-Production› sensu WOMACK, JONES und ROOS systematisch angelegt. Die Autoren bezeichnen die ‹schlanke› Produktion, was wenig beachtet wur-

5.4 Ableitungen für Produktionskonzepte

de, nämlich auch als «gebrechlich»: Sie müsse «ohne Sicherheitsnetz» funtionieren, d.h. auch ohne jegliche Puffer in der Personalbesetzung, und sie beseitige «jeden Spielraum» (a.a.O., 106).

LAY hat auf die damit verbundenen möglichen – und vielerorts nicht bedachten – Nebenwirkungen von Lean Production aufmerksam gemacht und auf die «Störanfälligkeit der durch Lean-Management geschaffenen Strukturen» hingewiesen (LAY 1993, 39). Die Abschaffung von Redundanzen durch das innerbetrieblich wirksame Nullpufferprinzip und das überbetrieblich wirksame Just-in-Time-Prinzip stelle ein erhebliches Risiko dar. Immer häufiger werde deshalb eine Tendenz erkennbar, die darauf hinausläuft, «in komplexe Systeme aller Art Redundanzen sogar gezielt wieder einzubauen».

Interessanterweise existieren nur wenige Untersuchungen über mögliche gesundheitliche Folgen der Realisierung von Konzepten wie Lean Production, Business Process Reengineering oder Just-in-Time.
LANDSBERGIS, CAHILL und SCHNALL (1999) fassen die vorliegenden gesundheitsrelevanten Befunde so zusammen:
«If increased work pace and limited autonomy (job strain) are common effects of lean production, then the expansion of lean work principles (e.g. an understaffed, flexible labour force; little job security; and overtime) throughout the workforce could produce dramatic increases in the incidence of hypertension and CVD (cardiovascular disease). If increased rates of WRMDs (work-related musculoskeletal disorders) are associated with lean production, then WRMDs, with a shorter latency period than hypertension or CVD, may be considered the ‹canary in the mine› – a warning of increased future chronic illness.»

Darüber hinaus ist mit der Einführung «neuer» Managementkonzepte nicht selten eine Tendenz zur Auflösung stabiler Beziehungen zwischen Unternehmen und Beschäftigten beobachtbar, häufig verbunden mit Personalabbau. Dabei wird zunehmend evident, dass auch die in den Unternehmen verbleibenden Mitarbeiterinnen und Mitarbeiter oft erhöhten Belastungen ausgesetzt sind (SEMMER & MOHR, 2001). In diesem Zusammenhang ist auch die Rede von einem «Survivor-Syndrom» (KOZLOWSKI, CHAO, SMITH und HEDLUND 1993) (vgl. Kasten 5.7, S. 356).

Abgesehen von den negativen gesundheitlichen Konsequenzen des Personalabbaus werden auch die damit verbundenen betriebswirtschaftlichen Zie-

> **Kasten 5.7:** Belastungen von ‹Überlebenden› in Zusammenhang mit Personalabbau (aus: ULICH und WÜLSER 2004, 287f.)
>
> Die grösste und konsistent gefundene Belastung für die «Überlebenden» ist die Zunahme der quantitativen Arbeitsbelastung, der Arbeitsverdichtung und des Zeitdrucks. KIVIMÄKI, VAHTERA, PENTTI, THOMSON, GRIFFITHS und COX (2001) fanden in einer Längsschnittstudie bei Angestellten in einer finnischen Stadt, dass abnehmende Kontrollmöglichkeiten, hohe Arbeitsplatzunsicherheit und eine Erhöhung der physischen Belastungen einen Mechanismus bilden, der den Zusammenhang zwischen Personalabbau und genereller Gesundheit am besten beschreibt. Zudem fanden PROBST und BRUBAKER (2001) bei Angestellten von zwei US-amerikanischen Firmen der Nahrungsmittelindustrie, dass eine hohe Wahrnehmung von Arbeitsplatzunsicherheit zu einer verringerten Sicherheitsmotivation und vermindertem Sicherheitsverhalten führte, mit der Folge vermehrter Unfälle am Arbeitsplatz.
>
> GREENGLASS und BURKE (2000) fanden als Folge von Restrukturierungen und Personalabbau bei Krankenschwestern und Krankenpflegern in elf Spitälern eine Zunahme von emotionaler Erschöpfung, Zynismus, Depression und Ängstlichkeit.
>
> CAMPBELL-JAMISON, WORRALL und COOPER (2001) fanden im Zusammenhang mit der Privatisierung eines öffentlichen Betriebes als Konsequenzen Ärger über das Management, Zukunftsangst und Schuldgefühle gegenüber den entlassenen Kolleginnen und Kollegen. Insgesamt kommen CAMPBELL-JAMISON et al. (2001) zum Schluss, dass die negativen Konsequenzen für Wahrnehmung, Einstellungen und Verhalten der «Überlebenden» nach einem Personalabbau drastischer sind als bei anderen Formen organisationaler Veränderungen. Das Gleiche gilt für Wohlbefinden und Gesundheit der Mitarbeiterinnen und Mitarbeiter.

le oft nicht erreicht. Eine US-amerikanische Studie von TOMASKO (1993) unterstreicht dies eindrücklich (vgl. Tabelle 5.7).

Zu Recht weist Sey darauf hin, dass die Rezeption der MIT-Studie zum Teil äusserst problematische Wirkungen hatte. «‹Lean› wird zum Allheilmittel von Unternehmensberatern, die ihren eigenen Literaturkorpus kreieren. Im

5.4 Ableitungen für Produktionskonzepte

Tabelle 5.7: Vergleich von Zielen und Ergebnissen beim Personalabbau in US-amerikanischen Unternehmen (nach TOMASKO, 1993)

Mit der Personalreduktion verfolgtes Ziel	Geplant in % der Firmen	Erreicht in % der Firmen
Kostenreduktion	> 90%	< 50%
Produktivitätssteigerung	75%	22%
Erhöhung von Cash Flow und/oder Aktienwert	> 50%	< 25%
Bürokratieabbau, schnellere Entscheidungen	> 50%	15%

Mittelpunkt dieser Art von Publikationen stehen vor allem Konzepte in der Art des ‹one-best-way›. Nach der Darstellung einer angenommenen Realität in japanischen Unternehmen werden diese als Ausgangspunkt bzw. Leitbild für praktische Empfehlungen zur Reorganisation von Produktions-, Leitungs- und Informationsstrukturen in westlichen Unternehmen gemacht. Wesentlich und verblüffend zugleich aber ist: Vergeblich wird man in diesen Publikationen Hinweise auf empirische Datenerhebungen im Ursprungsland der vermeintlichen ‹best practice› suchen. Gerade diese Art von normativ-präskriptiven Publikationen hat in grossem Masse die Diskussion über Gruppenarbeit in Japan bis in die Gegenwart hinein geprägt (wie z.B. WARNECKE 1992, PFEIFFER & WEISS 1992, LANG & OHL 1994)» (SEY 2001, 11).

In den Ausführungen von WOMACK, JONES & ROOS finden sich bezeichnenderweise keine sorgfältigen Beschreibungen menschlicher Arbeitstätigkeiten und Aufgaben in den von ihnen aufgesuchten Betrieben. Ausser einigen sehr allgemeinen Bemerkungen darüber, dass die Arbeiter alle in der Gruppe vorkommenden ‹Jobs› sowie Fertigkeiten «in einfacher Maschinenreparatur, Qualitätsprüfung, Reinigung und Materialbestellung» erlernen müssen (a.a.O., S. 104), findet sich nur ein, im vorliegenden Kontext aber sehr bedeutsamer Hinweis. Im Zusammenhang mit ihrer Etikettierung der Volvo-Konzeption als «Neohandwerkskunst» schreiben die Autoren: «Die Taktzeit – das Intervall, bevor der Arbeiter seine Arbeitsschritte zu wiederholen beginnt – beträgt in Uddevalla mehrere Stunden statt eine Minute in der Massenproduktions- oder schlanken Fabrik» (a.a.O., S. 106).

«In a comparative perspective the result in Uddevalla shows that the basic competence equals to the sum of the competence of at least 60 workers in a plant with an assembly line! In addition, when the Uddevalla factory closed down, about 25 persons had passed the test showing that they mastered assembling a complete car, with high quality and within the full production pace. In fact they could control the same work content that is distributed over hundreds of persons in an assembly line factory» (ELLEGÅRD 1993, 8).

Die in den kurzen Taktzeiten – BERGGREN, BJÖRKMAN & HOLLANDER (1991) fanden z.B. bei Honda in Anna, Ohio, Arbeitstakte von 32 Sekunden (!) – sichtbar werdende Partialisierung der Arbeitstätigkeit wird auch durch Rotation zwischen mehreren Teilaufgaben nicht überwunden, da diese nur zwischen einfachen und strukturell gleichartigen Operationen stattfindet.

Nach den Berichten von Sozialwissenschaftlern, die sich dieser Thematik seriös angenommen haben, ist im Übrigen festzustellen, dass die Vermittlung beruflicher Fertigkeiten keineswegs so zu verstehen ist, wie sie in Konzepten persönlichkeitsförderlicher und qualifizierender Arbeitsgestaltung verstanden wird. Bezeichnend dafür ist eine von BERGGREN (1991, 58) wiedergegebene Äusserung des Produktionsleiters von Nissan im Werk Sunderland. Dieser wies den Gedanken an längere Taktzeiten als 2.4 Minuten mit dem folgenden Argument zurück: «In diesem Fall würde man nichts anderes tun, als Leute auszubilden. Es würde schwer werden, Ersatzleute zu finden und das Fliessband bei Absentismus gleichmässig zu besetzen».

Vergleichen wir die vorliegenden Berichte und eigenen Beobachtungen mit den in Tabelle 4.2 (S. 206) aufgelisteten Merkmalen der Aufgabengestaltung, so wird insgesamt deutlich erkennbar, dass insbesondere die Anforderungen an Ganzheitlichkeit, Autonomie und stressfreie Regulierbarkeit in der Mehrzahl der Fälle auch nicht näherungsweise erfüllt sind. Für die von WOMACK, JONES und ROOS so positiv bewerteten Beispiele für Lean Production in der Autoindustrie gilt viel eher, was JÜRGENS (1993, 22) für die japanische Autoindustrie festgestellt hat: «Automobilarbeit in Japan ist hochrepetitive, vielfach kurzzyklische, hochverdichtete Arbeit unter sehr grossem Stress. Und dies Tag für Tag bei langen Arbeitszeiten». Dies gilt offensichtlich auch für die japanischen Transplants in den USA. GRAHAM (1993), die – im Sinne der Methode der teilnehmenden Beobachtung – während sechs Monaten als Arbeiterin bei Subaru-Isuzu Automotive in Indiana gearbeitet hat, berichtet über vielfältige, zum Teil sehr subtile, Formen des Widerstands gegen die Praktiken des Managements.

5.4 Ableitungen für Produktionskonzepte

WOMACK, JONES & ROOS stellen selbst die Frage, ob die schlanke Produktion die durch die Massenproduktion verloren gegangene «Befriedigung der Arbeit» wieder herstellt, «während sie den Lebensstandard erhöht, oder ist sie ein noch zweischneidigeres Schwert als das Fords?» (a.a.O., S. 105). Sie berichten auch über die Kritik zweier Mitglieder der amerikanischen Autoarbeitergewerkschaft, die schlanke Produktion sei in Wirklichkeit für die Arbeiter noch schlechter als die Massenproduktion und über andere Kritiker, die meinen, «dass diese Vorgehensweise ‹Modern Times› wie ein Picknick aussehen lässt» (a.a.O., S. 106).

Nach einigen wenig überzeugenden Antworten auf diese zwar wenig differenzierte, aber doch sehr schwerwiegende Kritik formulieren die Autoren schliesslich ihre Vermutung, «dass nach voller Einführung der Grundsätze der schlanken Produktion die Unternehmen in der Lage sein werden, in den 1990er Jahren die meisten verbliebenen Routinetätigkeiten in der Endmontage und mehr zu automatisieren» und «dass am Ende des Jahrhunderts die Belegschaft der schlanken Montagewerke fast ausschliesslich aus hochqualifizierten Problemlösern besteht, deren Aufgabe es sein wird, beständig über Wege zur Systemverbesserung nachzudenken» (a.a.O., S. 107). Damit entpuppt sich ‹Lean Production› in dem von WOMACK, JONES & ROOS verstandenen Sinne unter der Hand als Automatisierungsstrategie, und es wird verständlich, dass ganzheitliche Aufgaben und kollektive Selbstregulation darin keinen Platz haben.

Die hier getroffenen Feststellungen gelten aber keineswegs für alle Industriebereiche in Japan. Im japanischen Maschinenbau etwa «trifft man überall auf qualifizierte Gruppenarbeit mit ganzheitlichem Aufgabenzuschnitt» (BRÖDNER 1991, 60).

Das heisst aber auch, dass, wenn im Kontext der ‹Lean Production›-Diskussion von Gruppenarbeit die Rede ist, sorgfältige Abklärungen über das dahinterstehende Konzept erforderlich sind. Dies gilt umso mehr, als sich in der Darstellung von WOMACK, JONES und ROOS keine präzise Beschreibung von Gruppenarbeit findet, obwohl diese zu den «wahrhaft wichtigen organisatorischen Merkmalen einer schlanken Fabrik» gehört (a.a.O., 103).

Tatsächlich orientiert sich die europäische Diskussion über Lean Production – oder: Lean Management – glücklicherweise keineswegs überall an dem Werk, das die Diskussion ausgelöst hat.

Deshalb lässt sich auch feststellen, dass wesentliche Elemente der Produktionskonzepte, die seit Erscheinen des Buches von WOMACK, JONES und

ROOS diskutiert werden, etwa in Deutschland schon vor zwei Jahrzehnten diskutiert wurden, u.a. im Rahmen des Programms ‹Humanisierung des Arbeitslebens› (HdA). «Es spricht nicht unbedingt für uns, dass jetzt – angesichts fremder Vorbilder – eine Rückbesinnung darauf einsetzt» (WARNECKE & HÜSER 1992, 14), zumal «schlanke Produktionsstrukturen ... isoliert gesehen keine bislang unbekannten Methoden enthalten» (a.a.O., S. 16).

Diese Tatsache darf allerdings nicht dazu verleiten, die grundlegende Rationalisierungskonzeption der Lean Production in dem von WOMACK, JONES & ROOS verstandenen Sinn mit den HdA-Konzepten einer Verbesserung der Qualität des Arbeitslebens gleichzusetzen. Vielmehr bedeutet eine Entscheidung für ‹Lean Production› «keineswegs automatisch eine Entscheidung für menschengerechtere Produktionsarbeit» (WEBER 1993, 377).

Derartige Vorgänge lassen sich immer wieder beobachten. Überraschend ist indes, mit welchem Aufwand sich Unternehmen immer wieder auf Teillösungen konzentrieren, ohne ein schlüssiges Gesamtkonzept erkennen zu lassen. Einmal glaubt man, einen erheblichen Teil der Probleme mit Just-in-Time-Ansätzen (JIT) lösen zu können, ein anderes mal mit einem radikalen Abbau der Fertigungstiefe, dann wieder mit Computer Integrated Manufacturing (CIM) und nun eben mit ‹Lean Production›. Die Neben- und Fernwirkungen der Realisierung solcher Lösungsansätze scheinen erst begriffen zu werden, wenn sie unmittelbar wirksam und sichtbar werden. Dass JIT auch zu einer erheblichen Mehrbelastung des Strassenverkehrs führt, ein radikaler Abbau der Fertigungstiefe zum Verlust von Know-how, CIM ohne gleichzeitige Mitarbeiterqualifizierung und neue Organisationsstrukturen zu den ‹CIM-Ruinen›, ‹Lean Production› sensu WOMACK, JONES und ROOS zu unerträglicher Arbeitsverdichtung: muss das jeweils wirklich erst erfahren und erlebt werden? War das Scheitern jener ausserordentlich zeit- und geldaufwendigen Bemühungen, den Menschen mittels hochkomplexer Automatisierung soweit wie möglich aus dem Produktionsprozess zu verdrängen und damit als ‹Störfaktor› zu eliminieren, wirklich nicht vorhersehbar? Und was es wem bringt, wenn etwa in der Dezemberausgabe 1995 der Zeitschrift CIM-Management über teilautonome Beschaffungsfraktale und Erfahrungen mit Fertigungsfraktalen berichtet wird. dahinter aber nichts anderes erkennbar wird als die seit mehr als vier Jahrzehnten bekannte Arbeit in teilautonomen Gruppen – das zu fragen muss wohl erlaubt sein. Schliesslich kann auch das fast ritualhafte Beschwören des Konzepts der Selbstähnlichkeit nicht darüber hinweg täuschen, dass der Übertragung von in der lebendigen Natur vorgefundenen Merkmalen auf die Konstruktion sozialer Systeme Grenzen gesetzt sind. Darauf haben HEIJL (1983, 1984) und andere schon in der Konstruktivismusdebatte aufmerksam gemacht.[12] Und dies gilt natürlich auch, wenn – wie beim Mandelbrot-Paradigma – diese Übertragung auf dem Umweg über die Geometrie erfolgt. Schliesslich steht das Prinzip der Selbstähnlichkeit auch in Widerspruch zu dem in der Arbeitswissenschaft weitgehend akzeptierten Prinzip der Differenziellen Arbeitsgestaltung. Dieses Prinzip aufgreifend haben GROB und HAFFNER

---

[12] HEIJL hat u.a. deutlich gemacht, dass Unternehmen weder als autopoietische noch als selbstreferentielle sondern als allopoietische und synreferentielle Systeme zu verstehen sind!

5.4 Ableitungen für Produktionskonzepte

(1982, 29) in den Siemens-Planungsleitlinien schon 1982 festgestellt, es sei schlicht falsch, «grössere Betriebsbereiche einheitlich zu strukturieren».

Ganz gewiss wäre es nun aber falsch, mit solchen Hinweisen die Diskussion über ‹Lean Production› und ‹Lean Management› für irrelevant oder überflüssig zu erklären. Vielmehr hat diese Diskussion – und das ist vermutlich das Hauptverdienst des von WOMACK, JONES & ROOS vorgelegten Buches – in zahlreichen Unternehmen endlich zur Einsicht geführt, dass, um im Wettbewerb zu bestehen, grundlegende strukturelle Veränderungen Voraussetzung sind. JÜRGENS (1993, 19) hat dies so formuliert: «Es ist nicht der Staat mit seinen Steuern, es sind auch nicht die Gewerkschaften mit ihren Forderungen, sondern *es ist das Management und das von ihm geschaffene System, das den Kern des Problems ausmacht und wo die Veränderungen ansetzen müssen.* Die MIT-Studie erlaubt es nicht, den schwarzen Peter weiterzureichen». SCHULTETUS hat darauf aufmerksam gemacht, dass notwendige Arbeitsgestaltungsmassnahmen manchenorts möglicherweise deshalb unterblieben sind, «weil in vielen Unternehmen in den 90er Jahren in Zeiten des Lean Managements die Fachleute für Arbeitsgestaltung andere Funktionen im Unternehmen übernommen haben oder ganz ausgeschieden sind. Hier muss dringend wieder entsprechende Fachkompetenz aufgebaut werden» (SCHULTETUS 2000, 17).

Auch das Business Process Reengineering (HAMMER & CHAMPY 1993) gehört zu den Strohhalmen, zu denen zahlreiche Unternehmen in ihrer Not gegriffen haben. Folgt man den Ausführungen von SCHEER (1995), dann ist das Business Process Reengineering das notwendige organisationale Komplement zum eher technikorientierten CIM-Ansatz, ist gekennzeichnet durch Dezentralisierung, funktionale Integration und die Unterstützung der operativen Prozessabwicklung durch eine rechnertechnische Client/Server-Architektur. Liest man dagegen einen der neueren Beiträge von WOMACK (1996) über das Business Process Reengineering, gewinnt man ein völlig anderes Bild. In für uns ungewohnter Deutlichkeit setzt sich WOMACK mit HAMMER und CHAMPY auseinander. Seine Kritik zweier neuer Bücher dieser Autoren beginnt mit dem Satz: «Michael Hammer und James Champy gehören offenbar nicht zu jenen Leuten, die Geld herumliegen lassen» (WOMACK 1996, 15). Zum Mittelteil des Buches von CHAMPY über «Reengineering Management» (1995) heisst es: «In all dem hoch gestochenen Gerede über Vision und Führung mehr zu sehen als nur heisse Luft fällt schwer. Schuld daran ist, dass sich CHAMPY hartnäckig weigert, den Unternehmen irgendeine Verantwortung gegenüber dem Mitarbeiter zuzuweisen» (WOMACK 1996, 16). Das, gemeinsam mit STANTON geschriebene, Buch von HAMMER über «The Reengineering Revolution» (1995) kommt zwar um einiges besser weg, erntet aber doch auch harsche Kritik. «Auch Hammer sagt», heisst es bei WOMACK, «Reengineering sei eine Sache der Führung. Aber Diktatur ist ein treffenderer Begriff für jene ‹Top-down›-Methoden, die er beschreibt». So bezeichnet HAMMER es etwa als «Zeichen von Schwäche, den Leuten nur auf die Finger zu klopfen, anstatt ihnen die Knochen zu brechen». Und WOMACK findet den anklagenden Ton, «in dem die Mitarbeiter ebenso wie die meisten Manager als Feinde erscheinen ..., abstossend und destruktiv».

Zu den beiden Autoren und den beiden genannten Büchern meint WOMACK (1996, 16), man könne ihnen «nicht noch vollen Erfolg wünschen, da sie nicht willens sind, menschliche und betriebliche Realitäten anzuerkennen». Zu allen drei Bänden meint er sogar, angesichts der in ihnen beschriebenen Entwicklungen «wäre es schon erstaunlich, wenn sich Mitarbeiter und Manager nicht in fanatische Konterrevolutionäre verwandeln» (a.a.O., 14).
Der rasche Wechsel der Etiketten, verkoppelt mit anscheinend ungebremster Vermarktungsintention, und die zumeist unzureichende historische und konzeptionelle Verortung erschweren es ungemein zu durchschauen, was an diesen Wellen systematischer gedanklicher Prüfung stand hält. Natürlich kann man nach dem Motto «Unser Kopf ist rund, damit das Denken die Richtung wechseln kann» (Francis Picabia) verfahren und auf jede neue Welle aufsitzen, egal, in welche Richtung sie uns trägt. Wie gefährlich dies aber sein kann, hat der frühere Bayerische Staatsintendant August Everding bildhaft deutlich gemacht: «... eine Kunst, die den Moden nachläuft, verliert ihre Würde, eine Technik, die nur das Tagesgeschäft im Auge hat, verliert ihren Rang. Wer den Zeitgeist heiratet, wird bald Witwer sein» (EVERDING 1995, 2).
Solche Hinweise machen deutlich, dass wir immer wieder Gefahr laufen, uns durch die ungeprüfte Übernahme andernorts vermeintlich erfolgreicher Produktionskonzepte Schwierigkeiten einzuhandeln. Die seit einiger Zeit beobachtbaren Versuche, kurzfristig ‹flächendeckend› Gruppenarbeit einzuführen, gehören zu den Belegen dafür.
In zahlreichen Fällen wird offensichtlich nämlich nicht verstanden, dass die Einführung von Gruppenarbeit in dem im vierten Kapitel beschriebenen Sinne Bestandteil umfassender Restrukturierungskonzepte sein muss und dass Gruppen sich nur selbst regulieren können, wenn übergeordnete Ebenen in die Restrukturierung einbezogen werden.

5.4 Ableitungen für Produktionskonzepte

5.4.3 Die Notwendigkeit ganzheitlicher Restrukturierung

In Abschnitt 5.1 wurden vier Ebenen unterschieden, auf denen Informations- und Kommunikationstechnologien unterschiedliche Gestaltungsmöglichkeiten eröffnen. In Abschnitt 5.2 wurden technikorientierte und arbeitsorientierte Gestaltungskonzepte einander gegenübergestellt und in Abschnitt 5.3 am Beispiel des Einsatzes von Industrierobotern nach arbeitspsychologischen Kriterien bewertet.

In der Zusammenfassung führen arbeitsorientierte Gestaltungskonzepte, bezogen auf das Vier-Ebenen-Modell, zu den in Tabelle 5.8 dargestellten Strukturprinzipien.

Tabelle 5.8: Arbeitsorientierte Strukturprinzipien für verschiedene Ebenen der Organisation

Organisationsebene	Strukturprinzip
Unternehmen	Dezentralisierung
Organisationseinheit	Funktionale Integration
Gruppe	Selbstregulation
Individuum	Qualifizierte Produktionsarbeit*

* unter Berücksichtigung des Prinzips der differenziellen Arbeitsgestaltung

In Zusammenhang mit der *Dezentralisierung* kommt den unterschiedlichen Möglichkeiten der Werkstattsteuerung eine zentrale Rolle zu (vgl. Abbildung 5.6, S. 364). Dabei ist wichtig zu erkennen, dass auch Produktionsplanungs- und -steuerungssysteme keineswegs nur unter technischen oder betriebswirtschaftlichen Aspekten zu beurteilen sind, sondern vor allem auch hinsichtlich ihrer Auswirkungen auf organisatorische Gestaltungsspielräume und Arbeitsstrukturen in der Werkstatt. Auch hier gilt die Unterscheidung in technikorientierte und arbeitsorientierte Gestaltungskonzepte.

Ein arbeitsorientiertes PPS-Konzept bedeutet: ganzheitliche Arbeitsaufgaben in Fertigungsinseln mit Steuerungskompetenz.[13] «Diese Möglichkeit zur

---

[13] Konkretisiert wurde ein solches Konzept zum Beispiel von RÖDIGER et al. (1992).

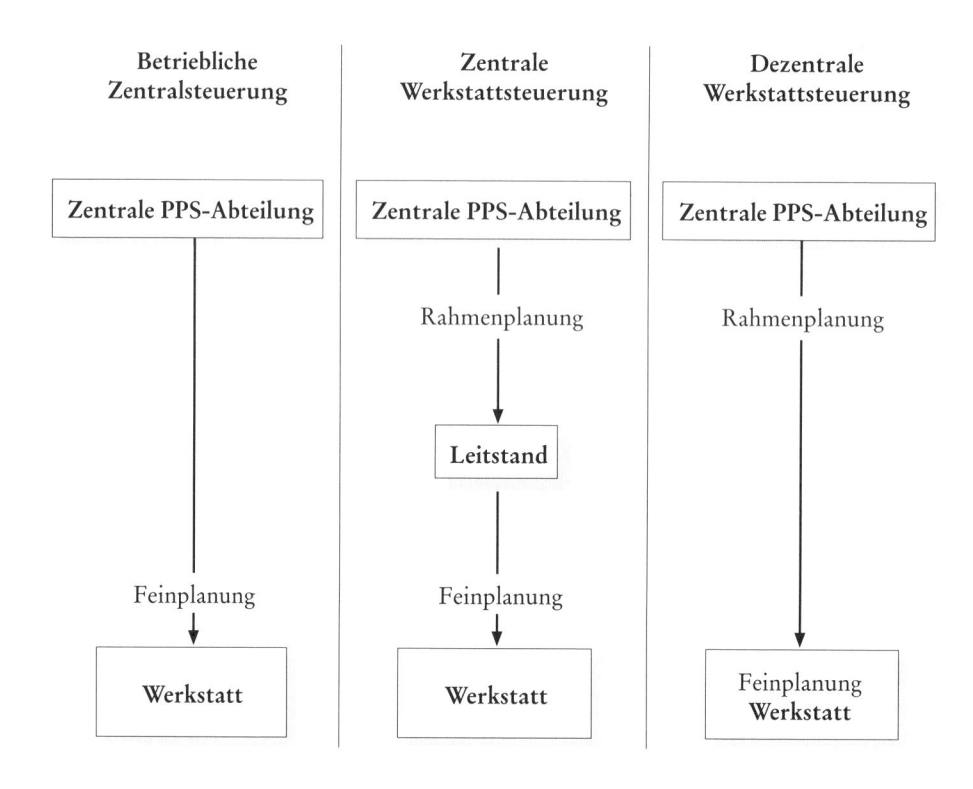

```
Betriebliche              Zentrale                  Dezentrale
Zentralsteuerung          Werkstattsteuerung        Werkstattsteuerung

Zentrale PPS-Abteilung    Zentrale PPS-Abteilung    Zentrale PPS-Abteilung
         |                         |                         |
         |                   Rahmenplanung             Rahmenplanung
         |                         ↓
         |                      Leitstand
         |                         |
    Feinplanung              Feinplanung
         ↓                         ↓                   Feinplanung
      Werkstatt               Werkstatt                Werkstatt
```

Abbildung 5.6: Konzeptionen der Werkstattsteuerung
(aus: SCHULTZ-WILD, NUBER, REHBERG und SCHMIERL 1989)

weitgehenden Selbstkontrolle entspricht insbesondere arbeitspsychologisch gesicherten Erkenntnissen, die besagen, dass restriktiv kontrollierte Mitarbeiter nicht zur Übernahme komplexer, verantwortungsvoller sowie kreativer Aufgaben zu motivieren sind» (SCHRICK 1990, 33).

Dass lokale Selbstregulation darüber hinaus u.U. erheblich effizienter und kostengünstiger sein kann als ein technisch ausgeklügeltes PPS-System, wurde im Grundsatz auch von GESAMTMETALL (1989) erkannt (Kasten 5.8).

5.4 Ableitungen für Produktionskonzepte

Kasten 5.8: Kleine Arbeitsgruppen können effizienter sein als aufwendige PPS-Systeme (aus: GESAMTMETALL 1989)

«Manchmal können einfachere Lösungen die besseren sein. Ein PPS-System zum Beispiel, das den Produktionsablauf in jedem Detail plant und steuert, benötigt eine Unmenge von Daten und schafft viele Informationsschnittstellen, die überbrückt werden müssen. Kleine qualifizierte Arbeitsgruppen, deren Mitglieder sich untereinander absprechen und die Arbeit richtig organisieren, können einem solchen hochtechnischen System überlegen sein» (GESAMTMETALL 1989, 15).

Voraussetzung dafür ist die weitgehende Überwindung der funktionalen Arbeitsteilung durch *funktionale Integration,* indem z.B. die Qualitätskontrolle in die Fertigung integriert oder die Schnittstelle zwischen Inspektion und Nacharbeit aufgehoben wird.

Funktionale Integration bedeutet aber u.U. weit mehr: eine zunehmende Anzahl von Betrieben hat etwa damit begonnen, die Arbeitsvorbereitung als eigenständige Struktureinheit aufzulösen und deren Funktionen in die Werkstatt oder – je nach deren Aufgaben – auch in die Konstruktion zu integrieren. Das Gleiche gilt folgerichtig auch für die Programmerstellung. Auch die Instandhaltung ist in manchen Fällen – wie etwa dem in Abschnitt 4.4.3.3 (S. 254ff.) berichteten Beispiel der IBM-Leiterplattenproduktion – schon in die Fertigung integriert worden.

Das von SCHEER (1990) in Form eines Y dargestellte auftrags- und ablauforganisatorische Modell für Informationssysteme im Produktionsbereich macht deutlich, um welche Schnittstellen es bei der funktionalen Integration in rechnerunterstützten Produktionssystemen gehen kann (vgl. Abbildung 5.7, S. 366). Nicht etwa die informationstechnische, sondern vor allem die funktionale Integration der in Abbildung 5.7 dargestellten Bereiche «stellt besonders hohe Ansprüche an die Bereitschaft der Unternehmungen, sich auch organisatorisch den Integrationsanforderungen zu stellen» (SCHEER 1990, 3).

Welche Folgen für Aufbau- und Ablauforganisation – und für die Veränderungen von hierarchischen Beziehungen und Machtstrukturen – mit einer konsequenten Realisierung des Prinzips der funktionalen Integration verbunden sein können, hat SCHÜPBACH (1994) in seiner Arbeit über ‹Prozessregulation in rechnerunterstützten Fertigungssystemen› gezeigt (vgl. Abbildung 5.8, S. 367).

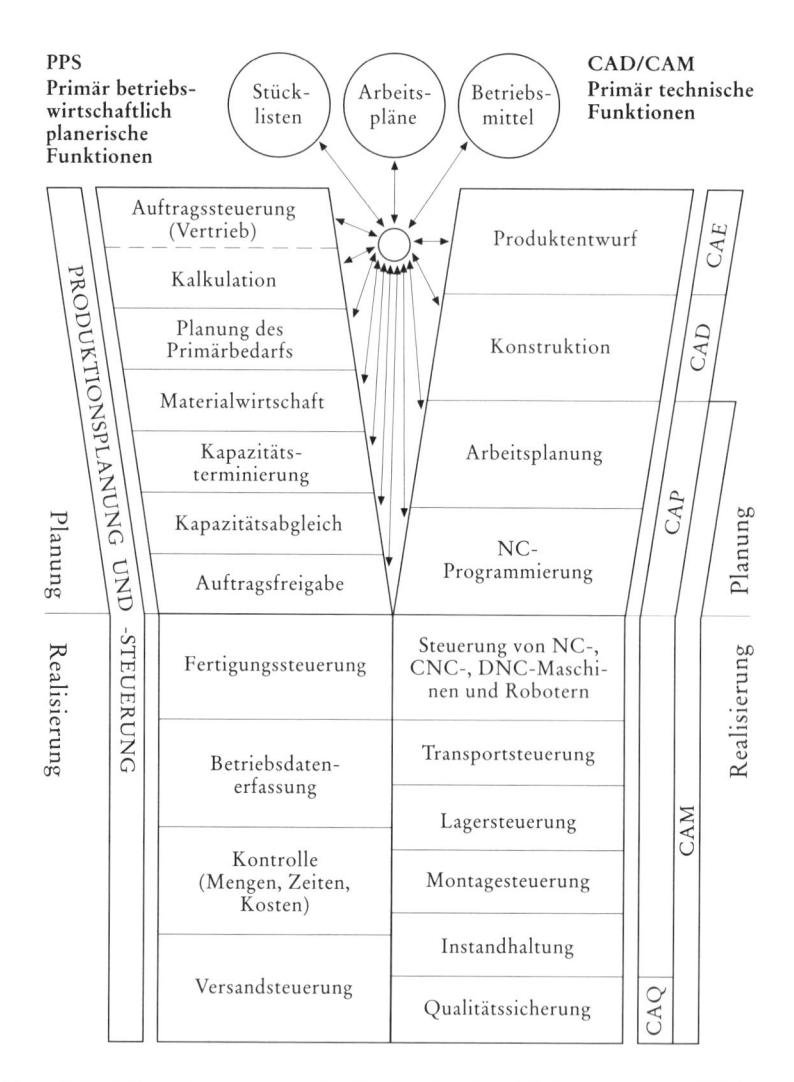

Abbildung 5.7: Informationssysteme im Produktionsbereich (aus: SCHEER 1990)

In der Darstellung von SCHÜPBACH werden die einzelnen Aufgaben nicht mehr wie bei SCHEER «nach ihrer Zugehörigkeit zur ‹Planung› oder zur ‹Realisierung› unterschieden, sondern nach *ihrer Ausrichtung auf einen dieser beiden Hauptprozesse*» (SCHÜPBACH 1994, 256). Im Übrigen sind im –

5.4 Ableitungen für Produktionskonzepte

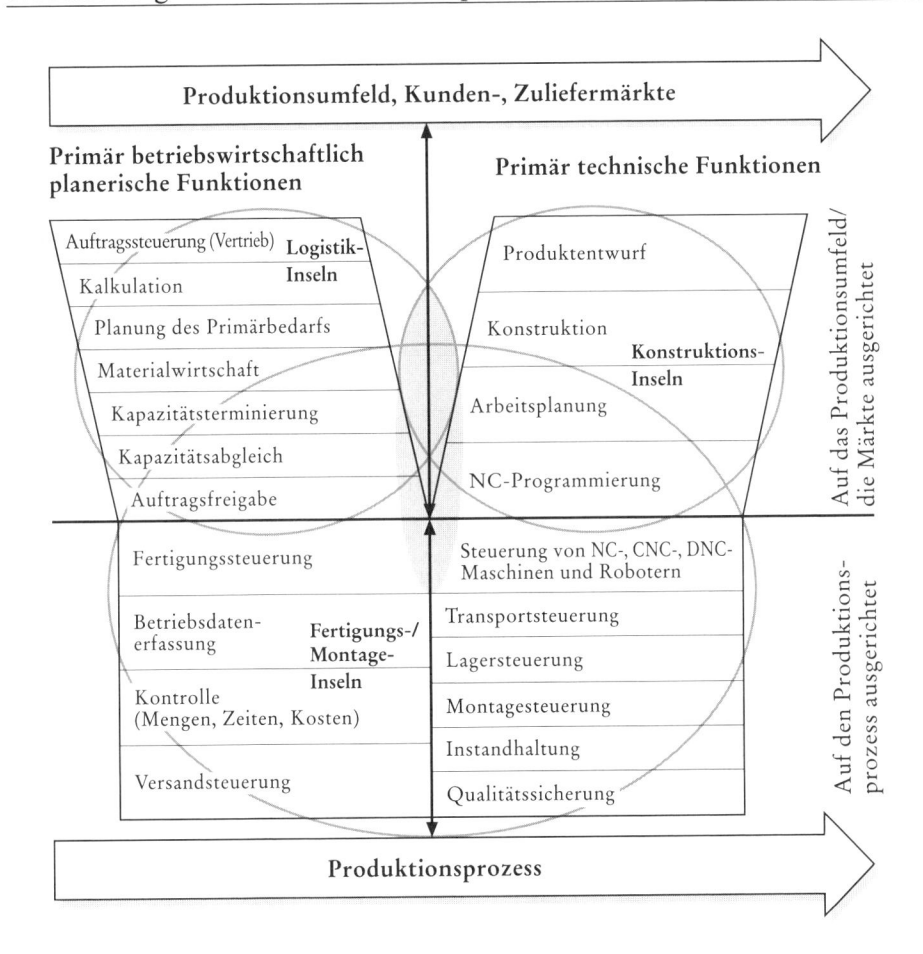

Abbildung 5.8: Der Produktionsbetrieb als System relativ autonomer, vernetzter und zielgerichtet interagierender Logistik-, Konstruktions- und Fertigungs-/Montageinseln (aus: SCHÜPBACH 1994)

in Abbildung 5.8 schraffierten – «Kernbereich des Betriebes, d.h. im Überschneidungsbereich der drei grossen Inselgruppen ... *multifunktionale Teams* (WHITNEY 1989) für die Abstimmung und Koordination der logistischen und konstruktiven Aufgaben sowie der Fertigung und Montage verantwortlich» (a.a.O., S. 257).

Dass die von SCHÜPBACH vorgelegte Konzeption keineswegs unrealistisch ist, zeigt der in Abbildung 5.9 wiedergegebene, und von der betrieblichen Projektgruppe akzeptierte, Vorschlag für die Restrukturierung eines Produktionsbetriebes.

Vertriebsinsel
Verkauf
Montageplanung

Konstruktionsinsel
Entwicklung
Konstruktion

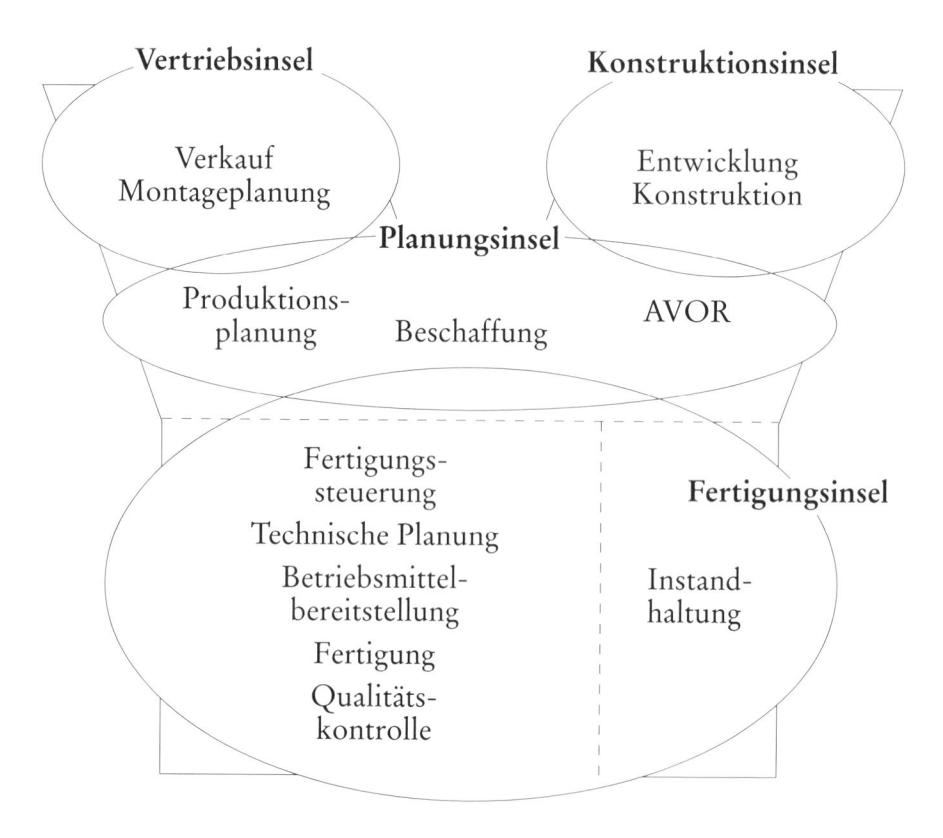

Planungsinsel
Produktions-
planung   Beschaffung   AVOR

Fertigungsinsel
Fertigungs-
steuerung
Technische Planung
Betriebsmittel-
bereitstellung   Instand-
Fertigung   haltung
Qualitäts-
kontrolle

Abbildung 5.9: Vorschlag für die Restrukturierung eines Produktionsbetriebes
(aus: STROHM, TROXLER und ULICH 1993)

Die in den Abbildungen 5.8 und 5.9 dargestellten Konzepte machen zugleich deutlich, dass funktionale Integration eine Voraussetzung für funktionierende *Selbstregulation in Gruppen* darstellt.[14] In Abschnitt 4.4 wurde über eine Reihe von Beispielen berichtet, die diesen Zusammenhang empirisch belegen.

---

[14] Sie ist deshalb auch Bestandteil der von DEMMER, GOHDE und KÖTTER (1991) benannten ‹Prüfsteine zur Planung von Fertigungsinseln›.

5.4 Ableitungen für Produktionskonzepte

Im vorliegenden Zusammenhang ist darüber hinaus bemerkenswert, dass Arbeit in teilautonomen Gruppen auch einen bedeutsamen Beitrag zur Erreichung der mit dem Einsatz rechnerunterstützter Produktionssysteme intendierten Ziele (vgl. Tabelle 5.6, S. 351) leisten kann. Untersuchungsergebnisse, die dies belegen, sind in Tabelle 5.9 dargestellt.

Tabelle 5.9: Erreichung von Zielen durch Rechnereinsatz und Merkmale arbeitsorientierter Produktionsstrukturen in 53 Betrieben der schweizerischen Investitionsgüterindustrie (aus: STROHM et al. 1993a)

Zielerreichung durch Rechnereinsatz	Arbeitsorientierung des Gesamtsystems	Dezentralisierung	Funktionale Integration	Selbstregulation in Gruppen	Qualifizierte Produktionsarbeit
Steigerung der Termintreue	.23	.17	.16	**.29***	.06
Fehlerfreie Fertigungsunterlagen	.24	.15	**.33***	.26	.04
Verfolgung des Materialflusses	**.32***	.20	.12	**.34***	.18
Motivierung der Mitarbeiter	.29	−.02	.11	**.39****	.20
Erhöhung der innerbetrieblichen Flexibilität	.17	.26	**.27***	−.07	.07
Anschluss an technologische Entwicklungen nicht verpassen	**.42****	.08	.23	**.33***	**.37****

* $p < 0.05$ ** $p < 0.01$

Damit Gruppenarbeit einen entsprechenden Beitrag zur Erreichung der mit dem Rechnereinsatz verbundenen Ziele leisten kann, muss sie den an soziotechnische Systeme zu stellenden Anforderungen genügen. Zusätzlich zu den in Abschnitt 4.2 genannten Strukturmerkmalen spielt in diesem Zusammenhang die von STROHM (1994) so genannte technisch-organisatorische Konvergenz eine bedeutsame Rolle. Damit ist gemeint, dass Arbeits- und Organisationsstrukturen durch Technik optimal unterstützt und technische Möglichkeiten organisatorisch optimal genutzt werden (vgl. Abbildung 5.10. S. 370).

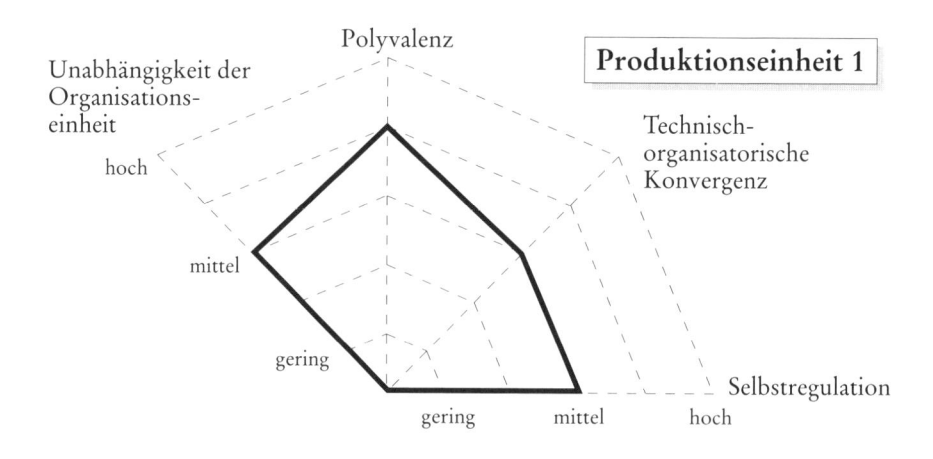

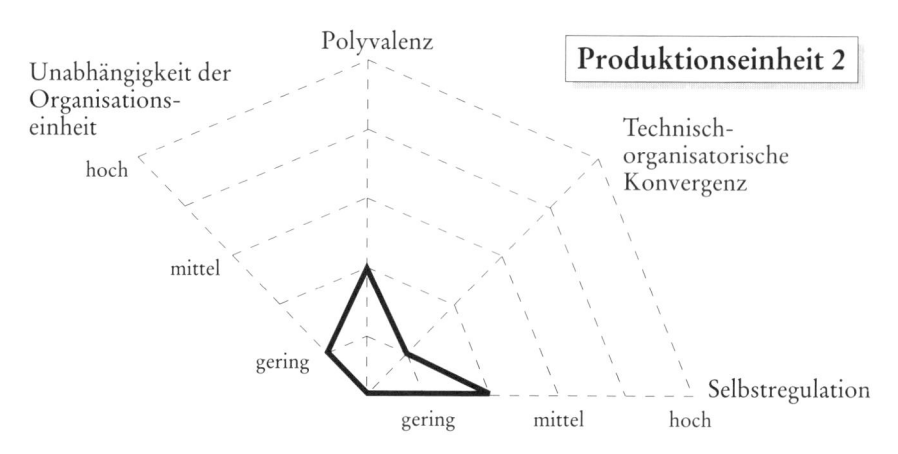

Abbildung 5.10: Vergleich unterschiedlicher Ausprägungen soziotechnischer Strukturmerkmale unter Berücksichtigung der technisch-organisatorischen Konvergenz in zwei Produktionseinheiten einer Gehäusefertigung (aus: STROHM 1994)[15]

Auch wenn Gruppen relativ unabhängige Organisationseinheiten mit vollständigen Tätigkeiten und hoher technisch-organisatorischer Konvergenz darstellen, heisst dies nicht notwendigerweise, dass sie auf der individuellen Ebene dem Anspruch auf *qualifizierte Produktionsarbeit* (vgl. Tabelle 5.8, S. 363) genügen. Qualifizierte Produktionsarbeit ist durch Regulationserfordernisse gekennzeichnet, die eine Teilzielplanung einschliessen. Dies entspricht der VERA-Stufe 3 (vgl. Abschnitt 2.3.3). WEBER (1994) hat an Fallbeispielen aus der den Angaben in Tabelle 5.9 zugrunde liegenden Stichprobe gezeigt, dass

---

[15] Die Äquidistanz der Skalenwerte ist nicht gesichert.

5.4 Ableitungen für Produktionskonzepte 371

die Aufgaben von Mitarbeitern in einem flexiblen Fertigungssystem (FFS) mit Vorarbeiter im Mittel eine VERA-Stufe niedriger einzustufen waren als die Aufgaben von Mitarbeitern in einer flexiblen Fertigungsinsel ohne Vorarbeiter. «Facharbeitsgerechte Planungs- und Entscheidungsanforderungen» und eine «netzförmige Kommunikationsstruktur» bilden hier die Grundlage für qualifizierte Produktionsarbeit bei der Mehrzahl der Gruppenmitglieder, während im Fall des FFS die entsprechenden Aufgaben einschliesslich der erforderlichen Kommunikation vom Vorarbeiter wahrgenommen werden.

Auch in diesem Zusammenhang sind natürlich die ‹Industriellen Beziehungen›, auf die in Abschnitt 4.4.2 eingegangen wurde, von grosser Bedeutung. Schliesslich gilt nach WILPERT (1989, 173), dass «der normativ vorgeschriebene Grad der Beteiligung (de jure Partizipation) einer der besten Prädiktoren tatsächlichen Partizipationsverhaltens (de facto) darstellt».

Speziell für die Arbeit an CNC-Werkzeugmaschinen haben WEBER und OESTERREICH (1992) bzw. WEBER, OESTERREICH, ZÖLCH und LEDER (1994) Typen von Maschinenführungs- und Einrichtungsaufgaben entwickelt, deren Identifikation das Ableiten konkreter Gestaltungsmassnahmen für die Entwicklung qualifizierter Produktionsarbeit ermöglicht. Gerade für Facharbeiter, deren traditionelle Karrierepfade – wie wir früher (S. 258) gesehen haben – durch die hier skizzierten Entwicklungen beschnitten werden können, sollte über die dort und andernorts beschriebenen Massnahmen hinaus in Zukunft vermehrt auch eine Beteiligung an technischen Veränderungstätigkeiten ermöglicht werden. FRIEDRICH (1993) hat die technische Veränderungstätigkeit ausdrücklich als «Quelle neuer Tätigkeitsspielräume» für die Zusammenarbeit zwischen Operateuren und Ingenieuren bezeichnet.

Es ist offensichtlich, dass qualifizierte Produktionsarbeit in Arbeitsgruppen mit vollständigen Aufgaben und weitgehender Selbstregulation nur im Rahmen arbeitsorientierter Gestaltungskonzepte realisiert werden kann. Auf die Frage, welche Konsequenzen aus einer solchen Erkenntnis für das Verständnis noch häufig technikorientiert interpretierter Konzepte wie CIM zu ziehen sind, wird im folgenden Abschnitt eingegangen.

5.4.4 Konsequenzen für das CIM-Verständnis

Der Begriff Computer Integrated Manufacturing hat zu der weit verbreiteten Auffassung geführt, dass es sich dabei in erster Linie um ein technisches

Konzept handle. Obwohl technikorientierte CIM-Konzepte offenbar eine Hauptursache für die sogenannten «CIM-Ruinen» sind,[16] setzt sich die Erkenntnis, dass CIM in erster Linie als Organisationskonzept verstanden werden muss, nur sehr zögernd durch. Bei den meisten CIM-Definitionen «fällt auf, dass sie von gegebenen Unternehmensfunktionen ausgehen, d.h. die Funktionaltrennung nicht in Frage stellen. Eine ganzheitliche Beschreibung von CIM mit allen Auswirkungen auf das Unternehmen lässt sich nicht finden. Die Notwendigkeit der Integration eines Unternehmens durch Änderungen von Aufbau- und Ablauforganisation und durch die Qualifikation der Mitarbeiter wird nicht dargestellt» (VAJNA et al. 1989, 3).

SAVAGE (1990) hat in seinem Buch über das ‹Fünft-Generations-Management› ausführlich dargestellt, dass die Weiterentwicklung von Produktionskonzepten über das enge, automationsorientierte CIM-Verständnis hinaus auf den «SMITH/TAYLOR/FAYOL-Bottleneck» (a.a.O., S. 86) stösst und dass erst dessen Überwindung eine Integration der Organisationsstrukturen durch «Human Networking» ermöglicht.

Ähnlich hiess es schon früher bei EIDENMÜLLER (1987, 4ff.): «Die Betonung bei CIM soll auf dem ‹i› liegen. Integration im Sinne des Computer Integrated Manufacturing darf sich jedoch nicht mit dem vordergründigen Effekt einer DV-technischen Verknüpfung der diversen CAx-Komponenten begnügen ... Weitergehende Konzepte zur flussorientierten Entflechtung ganzer Produktlinien führen in letzter Konsequenz zu kleinen, autonomen Einheiten, die ihre Schlagkraft aus der Bündelung aller produktspezifischen Informationen und der Synchronisation der Prozesse schöpfen (‹Werk im Werk›).»

Im Übrigen gilt nach EIDENMÜLLER (1990, 14) für CIM-Konzepte grundsätzlich, «dass die menschenleere Fabrik nicht das Ziel sein kann. Anzustreben ist die Verbindung von fortgeschrittener Fertigungstechnik und qualifizierter Arbeit».[17] Die von ihm aufgezeigten Alternativen für die «industrielle

---

[16] Dies wurde auch in der Botschaft des Schweizerischen Bundesrates (1989) für ein CIM-Aktionsprogramm explizit festgestellt (vgl. Abschnitt 10.4).

[17] Auch der Chefredakteur der VDI-Zeitschrift «Entwicklung, Konstruktion, Produktion» stellte vor einiger Zeit fest: «Heute ist eine Produktionstechnik, die völlig und vollkommen automatisch funktioniert, kein Thema mehr ... ohne den Menschen ging, geht und wird in der Fabrik nichts gehen. Was sich ändert, sind die dem Menschen dort gestellten Aufgaben und die von ihm verlangten Qualifikationen – der Mensch als Systempilot, der Mensch als vielfache flexible Schnittstelle in komplexen Produktionssystemen, der Mensch als multifunktionaler Sensor in Diagnose und Überwachung, der Mensch als Entscheider, letztlich der Mensch als flexibelstes und wichtigstes ‹Produktionsmittel›» (JORISSEN 1990, 3).

5.4 Ableitungen für Produktionskonzepte

Produktion am Scheideweg» stimmen mit der in Abschnitt 5.2 beschriebenen Gegenüberstellung von technikorientierter und arbeitsorientierter Gestaltungskonzeption weitgehend überein (vgl. Abbildung 5.11).

menschenleere Fabrik	hochqualifiziertes Personal in der Fabrik
• Eliminieren der menschlichen Arbeit in den Werkstätten durch - extrem hohe Automatisierung - hohe org. Vorsorge • geringe Qualifikation der Beschäftigten in den Werkstätten • Aussensteuerung durch Spezialabteilungen	• Verbindung von fortgeschrittener Fertigungstechnik und qualifizierter Arbeit • Bildung von technologie- und produktorientierten flexiblen Einheiten • Innensteuerung und permanente Prozessoptimierung durch hoch qualifiziertes Personal

Abbildung 5.11: Gestaltung der industriellen Produktion am Scheideweg
(aus: EIDENMÜLLER 1990)

Es ist übrigens ein folgenschwerer Irrtum anzunehmen, dass die hier und in Abschnitt 5.2 angestellten Überlegungen für Massenproduktion keine Gültigkeit beanspruchen können. Auch in der Massenproduktion wird – zumindest für einige Produkte – eine immer stärkere Individualisierung der Kundenwünsche immer deutlicher erkennbar: «Von den rd. 4000 PKW's, die pro Tag in Wolfsburg gefertigt werden, sind maximal 5 gleich» (GREINERT 1993, 286).

Sowohl die Analysen der Computer and Automated Systems Association der American Society for Manufacturing Engineers (SAVAGE and APPLETON 1988) als auch die systematische Erhebung des Forschungsinstituts für Rationalisierung der Technischen Hochschule Aachen (KÖHL, ESSER und KEMMNER 1989) belegen, dass dieses – für die Entwicklung effizienter und qualifikationsförderlicher Produktionsstrukturen offenbar entscheidende – Verständnis von CIM zumindest damals noch kaum verbreitet war.

Nach den Erhebungen von SCHULTZ-WILD et al. (1989, 182) werden nur «in wenigen Betrieben die Produktionsarbeiter nicht als potenzieller ‹Störfaktor› einer ansonsten scheinbar reibungslos möglichen zentral geplanten Werkstattsteuerung einbezogen. Begründet wird dies dort zumeist damit, dass diese Zuteilungsform notwendig ist, um die Flexibilität der Fertigung zu gewährleisten.»

Damit übereinstimmend geben die Ergebnisse der Fallstudien und Expertenbefragungen des Forschungsinstituts für Rationalisierung (FIR) der Technischen Hochschule Aachen «berechtigten Anlass zu der These, dass in der Abstimmung zwischen der Technik und den Komponenten Organisation und Personal die Wirtschaftlichkeitspotenziale begründet liegen, nicht aber in der isolierten Optimierung der technischen Komponente» (KÖHL, ESSER und KEMMNER 1989, 17). «Kurze Durchlaufzeiten können nur realisiert werden, wenn der Auftragsablauf über möglichst wenige Zuständigkeitsbereiche erfolgen kann. Fertigungsinseln und Auftragszentren sind Organisationsstrukturen, die dieses Ziel wirkungsvoll unterstützen können. Die ebenfalls sehr hoch bewertete Flexibilität macht es erforderlich, dass die Auftragsabwicklung für die Beteiligten transparent ist und dass sie im Rahmen ihres Verantwortungsbereichs über Entscheidungskompetenz verfügen. Dies wird in vielen Fällen zu einer Abflachung von Hierarchien führen müssen. An derart tiefgreifende Veränderungen wagen sich offenbar auch fortschrittliche Unternehmen noch nicht heran» (a.a.O., 22). Über die Ursachen dafür werden im Abschnitt über Widerstand gegen Veränderungen Vermutungen angestellt (vgl. Abschnitt 6.4).
Die Einsicht, dass Technik, Organisation und Einsatz von Humanressourcen nur gemeinsam optimiert werden können, wurde auch als Grundverständnis des Programms ‹Arbeit und Technik› der deutschen Bundesregierung vorgetragen (Kasten 5.9).
Ähnlich formulierte der Gesamtverband der metallindustriellen Arbeitgeberverbände in der BRD: «Wie auch immer die Entscheidung über Technik und Technikeinsatz im Unternehmen ausfällt, einen zentralen Grundsatz darf die Unternehmensleitung auf keinen Fall ausser acht lassen: Technik, Organisation, der Einsatz der Mitarbeiter und deren Qualifikation dürfen nicht isoliert, sondern müssen integriert geplant und entwickelt werden» (GESAMTMETALL 1989, 15). Schliesslich hat auch der VEREIN DEUTSCHER INGENIEURE in seiner Handlungsempfehlung zur sozialverträglichen Gestaltung von Automatisierungsvorhaben darauf hingewiesen, «dass die Inhalte und Strukturen der menschlichen Arbeit innerhalb eines automatisierten Arbeitsprozesses gemeinsam mit dem technischen Entwurf geplant werden sollten» (VDI 1989, 11).

5.4 Ableitungen für Produktionskonzepte 375

Kasten 5.9: Gemeinsame Stellungnahme der Bundesminister für Forschung und Technologie, Arbeit und Sozialordnung, Bildung und Wissenschaft zum Forschungs- und Entwicklungsprogramm «Arbeit und Technik» (1989)

Der Bundesminister für Forschung und Technologie
Der Bundesminister für Arbeit und Sozialordnung
Der Bundesminister für Bildung und Wissenschaft

Forschungs- und Entwicklungsprogramm «Arbeit und Technik»

August 1989

«Bei der forcierten Technikentwicklung und -anwendung in Industrie und Verwaltung sind Gefahren und suboptimale Ergebnisse rein technischer Innovationen zu verzeichnen. Für Forschungen und Entwicklungen im Programm «Arbeit und Technik» wird demgegenüber ein erweitertes Innovationsverständnis zugrundegelegt. Dabei wird von der vielfältig bestätigten Erfahrung ausgegangen, dass sich wirtschaftlich erfolgreiche Innovationen nicht nur durch technische Veränderungen, sondern auch durch die gleichzeitige Berücksichtigung organisatorischer, qualifikatorischer, sozialer und gesundheitlicher Gestaltungsanforderungen auszeichnen. Die Bundesregierung hat dieses umfassende Innovationsverständnis zum Bestandteil ihrer Forschungs- und Technologiepolitik gemacht» (S. 9).

Diese Positionsbestimmungen, eigene Untersuchungen und Erfahrungen in Betrieben lassen sich zu folgenden *vier Prinzipien für die Entwicklung arbeitsorientierter CIM-Strategien* (ULICH 1993) verdichten:

(1) Organisation *vor* Automation,
(2) Qualifizierung als strategische Investition,
(3) Funktionale Integration,
(4) lokale Selbstregulation.

Dabei kommt der funktionalen Integration übergeordnete Bedeutung zu (vgl. auch WARNECKE 1992, KÖTTER 1993, SCHÜPBACH 1994).

Nur wenig bekannt ist bisher über arbeitspychologisch relevante Voraussetzungen und Auswirkungen zwischenbetrieblicher funktionaler Integration durch Netzwerkbildung (vgl. PIORE und SABEL 1985, BESSANT 1991, D'AMBROGIO, SCHÖNSLEBEN und ULICH 1993). Die Notwendigkeit, sich damit zu beschäftigen, ergibt sich u.a. aus den Veränderungen der Lieferbeziehungen, mit deren Gestaltung sich der von ENDRES und WEHNER (1996) herausgegebene Band ‹Zwischenbetriebliche Kooperation› befasst.

Diese Prinzipien für die Entwicklung arbeitsorientierter CIM-Strategien kontrastieren deutlich mit den oben berichteten Ergebnissen betrieblicher Untersuchungen (KÖHL et al. 1989, SCHULTZ-WILD et al. 1989). Dies ist umso bemerkenswerter, als es sich hierbei – wie etwa amerikanische Publikationen (BERGER et al. 1989, MORF 1990) deutlich machen – offenbar um existentielle Fragen im internationalen Wettbewerb handelt.

BERGER et al. arbeiteten als Mitglieder einer Kommission über industrielle Produktivität, zu der auch der Nobelpreisträger für Wirtschaftswissenschaften 1987, Robert M. SOLOW gehörte. Die Kommission identifizierte sechs hauptsächliche Schwächen der US-amerikanischen Industrie und nennt an zweiter Stelle die Vernachlässigung der Humanressourcen, die allerdings bereits in der Schulausbildung beginne. Aufgrund ihrer Analyse formulieren die Autoren fünf «Imperative», die den Kern der erforderlichen nationalen Anstrengungen ausmachen müssen, wenn die identifizierten Schwächen überwunden werden sollen. Der zweite «Imperativ» wird wie folgt formuliert: «The second major imperative is to develop a new ‹economic citizenship› in the workplace. The effective use of modern technology will require people to develop their capabilities for planning, judgement, collaboration and the analysis of complex systems. For that reason learning – particularly through on-the-job training programs – will acquire new importance. Greater employee involvement and responsibility will be needed to absorb the new production technologies. Companies will no longer be able to treat employees like cogs in a big and unpersonal machine. If people are asked to give maximum effort and to accept uncertainty and rapid change, they must be full participants in the enterprise rather than expendable commodities» (BERGER et al. 1989, 47).

Diese Anmerkungen unterstützen einerseits die Bedeutung arbeitsorientierter Konzepte im Vergleich zu technikorientierten Konzepten. Andererseits weisen sie aber darauf hin, dass zusätzliche Aspekte wie «uncertainty» und «rapid change» zu berücksichtigen sind (vgl. Abschnitt 4.5.3). Schliesslich bedürfen unter solchen Umständen auch Fragen der Arbeitssicherheit erneuter Reflexion.

5.5 Anmerkungen zur Arbeitssicherheit

In Zusammenhang mit technologischen Veränderungen, insbesondere mit zunehmender Automatisierung treten auch in Bezug auf die Arbeitssicherheit neuartige Fragestellungen auf. Dabei wird immer deutlicher erkennbar, dass die in der Arbeits- und Organisationspsychologie über lange Zeit vorherrschende personorientierte Betrachtungsweise nur unzureichende Antworten zu liefern in der Lage ist.

5.5.1 Von der personorientierten zur bedingungs- und prozessorientierten Betrachtungsweise

Zwar ist schon vor Jahrzehnten darauf hingewiesen worden, dass Unfälle als Ergebnis einer «Wechselwirkung zwischen der Person und den Umweltbedingungen aufzufassen» sind (MOEDE 1944, 294); tatsächlich haben aber in den Lehr- und Handbuchdarstellungen personbezogene Aussagen über lange Zeit den bedeutendsten Stellenwert eingenommen (vgl. z.B. RÜSSEL 1961, ULICH 1961). Dies ist zumindest teilweise auf die Annahme zurückzuführen, dass es Personen gibt, die aufgrund bestimmter Merkmale mehr zu Unfällen prädisponiert sind als andere. Der Begriff des «Unfällers» oder der «Unfällerpersönlichkeit», der von MARBE (1926) eingeführt und von vielen anderen Autoren bald übernommen wurde, bezeichnet Menschen mit einer besonderen Disposition zu Verhaltensweisen, die vergleichsweise leicht zu Unfällen führen. «Unfäller» sollen solche Personen sein, die konstitutionell unfallgefährdet sind und die aufgrund ihrer Veranlagung in höherem Masse als der Durchschnitt zum Verursachen und Erleiden von Unfällen neigen. Diesem Konzept der Unfällerpersönlichkeit liegt die statistisch zu belegende Tatsache zugrunde, dass in der Praxis ein relativ hoher Prozentsatz von Unfällen auf einen relativ geringen Anteil von Beschäftigten entfällt.[18]

Tatsächlich ist es aber auch mit sehr differenzierten und aufwendigen Methoden – die insbesondere zu berücksichtigen hatten, dass Unfälle statistisch gesehen ‹seltene Ereignisse› darstellen – nicht gelungen, zeitüberdauernde Unfallneigungen nachzuweisen, die mit bestimmten Persönlichkeitsmerkma-

---

[18] Das Gleiche gilt auch für Verkehrsunfälle.

len systematisch verknüpft sind.¹⁹ «Nicht vom Tisch wischen kann man aber die erdrückende Fülle von Befunden, denen zufolge bestimmte Personvariablen mit dem Erleiden von Unfällen einhergehen, d.h. es gibt Bedingungen in der Person, die Unfälle begünstigen, die aber weder immer wirksam noch unabhängig von situativen Bedingungen sind» (HOYOS 1980, 174).

Die Suche nach ‹unfallträchtigen› Persönlichkeitsmerkmalen hat jahrzehntelang den Blick auf andere Ansätze zur Verbesserung der Arbeitssicherheit verstellt. Die Fokussierung auf Persönlichkeitsmerkmale hat offenbar auch über lange Zeit die Erkenntnis verhindert, dass der überwiegende Teil der sogenannten menschlichen Fehler durch inadäquate Arbeitsbedingungen verursacht wird (vgl. ZIMOLONG 1990, 318 f.). Erst bei BURKARDT (1970) finden sich systematische Hinweise auf die Notwendigkeit der Ablösung oder Ergänzung personbezogener Unfallursachenanalysen durch bedingungsbezogene Unfallschwerpunktanalysen.

Unfallschwerpunkte sind Konzentrationen von Unfällen an bestimmten Stellen bzw. in bestimmten Phasen von Arbeitstätigkeiten. Als Beispiel für eine Unfallschwerpunktanalyse nennt BURKARDT eine von der Arbeitsgemeinschaft Unfallforschung vorgenommene Schwerpunktanalyse von Bautätigkeiten im Hochbau. Gliederungsmerkmal waren die Bauphasen, «also ein von den Unfällen unabhängiges Merkmal. Die Häufigkeiten der Unfälle wurden auf die Expositionszeiten (Tätigkeitszeiten) bezogen, um so die gefährlichste Bauphase zu ermitteln. Dieser Schwerpunkt wurde unter Benutzung von unfallspezifischen Merkmalen wie ‹Tätigkeit im Moment des Unfalls› und ‹verletzter Körperteil› weiter analysiert. Auf diese Weise wurden Arbeitsrisiken so eingekreist, dass sie eine Basis für direkte Ableitungen von Unfallverhütungsmassnahmen liefern bzw. Schlüsse auf Ursachen erlauben, die sich nun nicht mehr auf Einzelunfälle stützen, sondern auf eine Verdichtung von Unfällen, und damit reliabler sein dürften als die ... Ursachenanalyse» (BURKARDT 1970, 400).²⁰

---

[19] Andernfalls müsste eine Umsetzung derjenigen Personen, die einen grossen Anteil der Unfälle auf sich vereinigen, an weniger gefährdete Arbeitsplätze zu einer entsprechenden Reduzierung der Unfälle beitragen. Das ist aber nicht der Fall. Vielmehr vereinigt in solchen Fällen «wiederum eine neue Minderheit von Beschäftigten einen ähnlich hohen Anteil von Unfällen auf sich» (HACKER 1986a, 442; vgl. auch BURKARDT 1962, MITTENECKER 1962).

[20] Dass auch ein Studium von Beinahe-Unfällen – wegen ihrer grösseren Zahl – zu einer Erhöhung der Reliabilität beitragen kann, wurde insbesondere von MITTENECKER (1962) hervorgehoben.

5.5 Anmerkungen zur Arbeitssicherheit

BURKARDT ergänzt seine Ausführungen durch eine Analyse des Prozessverlaufs von Tätigkeiten, speziell von riskanten Tätigkeiten. Er geht davon aus, dass sich aus einer derartigen Analyse erfolgversprechende Möglichkeiten der Sicherheitsarbeit ergeben. Was gemeint ist, zeigt das in Abbildung 5.12 dargestellte Schema. Das Ablaufschema wird am Beispiel eines Elektrikers erläutert, der die Aufgabe hat, an einem Stahlmast Isolatoren zu reinigen und, am Fusse des Mastes angekommen, entdeckt, dass er vergessen hat, die Haltegurte mitzunehmen.

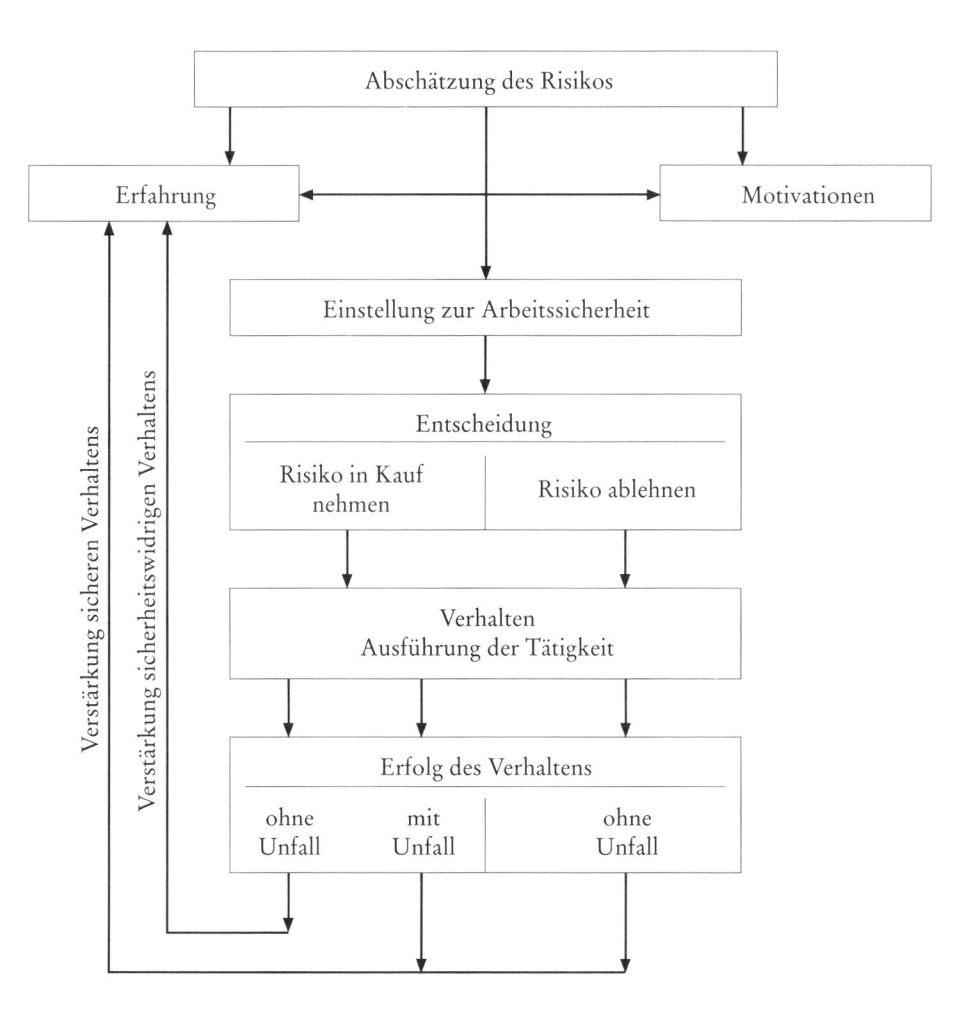

Abbildung 5.12: Schema des Verhaltens angesichts riskanter Situationen
(aus: BURKARDT 1970)

«Die Entscheidung, entweder ohne Gurte aufzusteigen (und ein Verletzungsrisiko in Kauf zu nehmen) oder zurückzugehen, um die Gurte zu holen (und damit zusätzliche Anstrengung in Kauf zu nehmen), hängt ab von einer Reihe von Vorstufen, von denen die erste in einer Einschätzung des Risikos einerseits und der zusätzlichen Arbeit für eine Abwendung des Risikos andererseits liegt. Damit wird ein Kampf der Motivationen eröffnet, an deren Ende die Entscheidung steht, das Risiko zu akzeptieren oder abzulehnen. Der Erfolg des Verhaltens wird rückgemeldet und schlägt sich als Erfahrung nieder. Risikoeinschätzung, Erfahrung und Motivationen determinieren nunmehr das Verhalten. Wiederholt sich dieser Vorgang häufig, so bildet sich eine mentale Einstellung gegenüber solchen und ähnlichen Situationen, die nun auch ihrerseits in das Konzert von Einschätzung, Erfahrung und Motivationen eingreift» (BURKARDT 1970, 401).

Für sicherheitsfördernde Massnahmen lassen sich daraus als zentrale Ansatzbereiche ableiten:
(1) die Einschätzung des Risikos durch Information und Vorwegnahme von Erfahrungen,
(2) die Stärkung sicherheitsfördernder und Schwächung sicherheitswidriger Motivationen,
(3) die Rückmeldung durch Sichtbarmachen sicheren Verhaltens im Sinne eines positiven Feedbacks.

Dieser Ansatz stimmt mit Beobachtungen von HOYOS (1980, 16) überein, der sowohl für praktische Massnahmen als auch für die wissenschaftliche Bearbeitung der Thematik «eine Akzentverschiebung von der Unfallverhütung zur Verbesserung der Sicherheit» konstatiert.

Folgerichtig wird auch bei der theoretischen Einordnung des Verfahrens «Fragebogen zur Sicherheitsdiagnose» (HOYOS und RUPPERT 1993) *Sicherheit als Systemziel* bezeichnet, «nach dem Motto: *Sicherheit ist mehr als das Verhüten von Unfällen*» (a.a.O., S. 10). Die Abkehr vom Konzept der – vorwiegend personorientierten – Unfallverhütung wird deutlich, wenn die Autoren es als ein Hauptziel ihrer Arbeit bezeichnen, «allgemein sicherheitsrelevante Verhaltensanforderungen zu ermitteln sowie die Bedingungen, unter denen jemand den Anforderungen an sicheres Handeln entsprechen muss» (S. 13).

5.5.2 Von der Unfallverhütung zur Sicherheitsprävention

Die bisherigen Einseitigkeiten und Beschränktheiten der Betrachtungsweise werden in dem von HOYOS (1980, 1987) mitgeteilten – und modifizierten – Modell von SMILLIE und AYOUB (1976) teilweise überwunden (vgl. Abbildung 5.13, S. 382f.).

5.5 Anmerkungen zur Arbeitssicherheit

Nach HOYOS (1980, 30) ist das Modell von SMILLIE und AYOUB «hinreichend umfassend»; es berücksichtigt menschliche, technische und situative Aspekte in integrativer Sichtweise. Dies erlaube dem in der Sicherheitsarbeit tätigen Psychologen, «seine Erklärungs- und Eingriffsmöglichkeiten abzuschätzen, ohne einseitig zu werden». Ausserdem fördere das Modell durch seinen integrativen Ansatz das Bemühen um interdisziplinäre Sicherheitsarbeit. Schliesslich werden in dem systemorientierten Modell die Vorunfallphase und die Kollisionsphase in eine Ereignissequenz zusammengefasst, womit Beginn und Ende des Unfalls – oder, wenn die Kontrolle über den Ablauf wieder gewonnen werden kann: des Beinahe-Unfalls – definiert werden können.

Die von HOYOS (1980, 1987) angesprochene systemorientierte Betrachtungsweise wurde von COLIN (1990) und ZIMOLONG (1990) vertieft. Nach COLIN, die sich mit Gestaltungsmassnahmen zur Erhöhung von Sicherheit und Zuverlässigkeit beschäftigt, kommt den ergonomischen Gestaltungsmassnahmen «in Bezug auf allgemeine Gültigkeit, Breite, Schnelligkeit und Stabilität der Wirksamkeit» der Vorrang gegenüber Massnahmen der Verhaltensmodifikation zu.
Dass in diesem Zusammenhang bisweilen scheinbar banale, in ihren Auswirkungen möglicherweise jedoch entscheidende menschliche Gewohnheiten bzw. Verhaltensweisen zu berücksichtigen sind, zeigt ein Bericht über das Kernkraftwerk Three Mile Island: «Im Kontrollraum gab es einen Temperaturschreiber mit zwei Stiften. Einer zeichnete die Temperatur des kalten Wassers auf – in rot – der andere die Temperatur des heissen Dampfes – in blau. Da jedoch die meisten Menschen rot mit heiss und blau mit kalt assoziieren, brachte das Bedienungspersonal ein Schild mit der Aufschrift an: ‹Nicht vergessen – Rot ist Kalt›. Die Designer hatten bei der Planung die Menschen vergessen, die diese Schaltpulte bedienen müssen» (SENDERS 1980, 73).

Nach ZIMOLONG (1990, 338) hat sich in der Auseinandersetzung mit Fehlervermeidungsstrategien im Übrigen ein «Regelkanon» zur Erhöhung der Zuverlässigkeit in Arbeitssystemen etabliert: «Zu den Regeln zählen die ergonomisch orientierten Ansätze sowie die Arbeitsgestaltungs- und Qualifizierungsmassnahmen». Ausserdem wächst nach ZIMOLONG die Einsicht, dass der Erwerb von Fertigkeiten ohne die Möglichkeit, Fehler zu machen, nur begrenzt möglich ist. Von einer durchgängigen Realisierung der im ‹Regelkanon› genannten Arbeitsgestaltungs- und Qualifizierungsmassnahmen zur Erhöhung der Zuverlässigkeit von Arbeitssystemen kann indes ebensowenig die Rede sein wie von einer weiten Verbreitung der Einsicht in die Notwendigkeit der Fehlererfahrung.

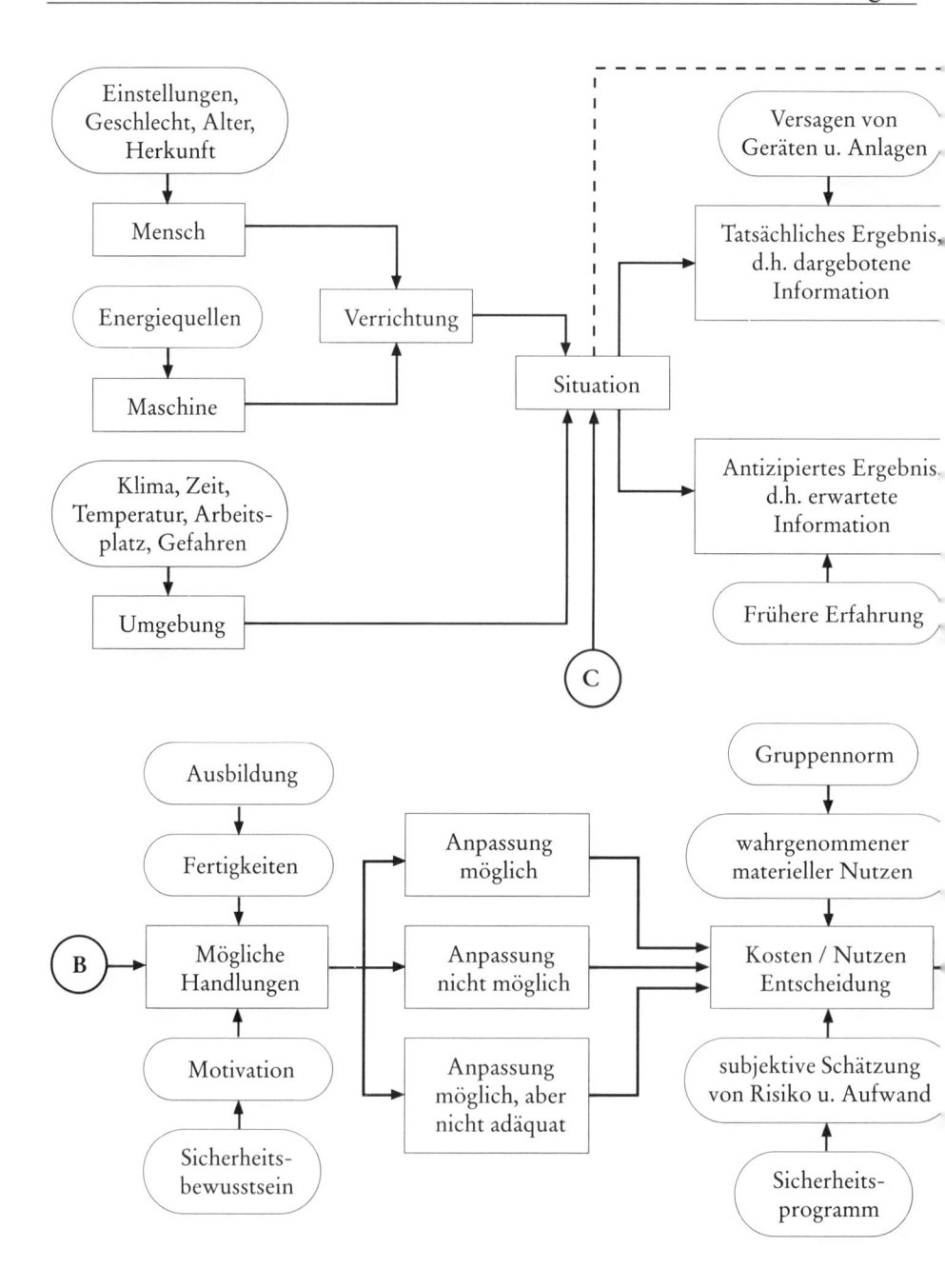

Abbildung 5.13: Integriertes Modell des Unfallgeschehens
(nach SMILLIE und AYOUB 1976, modifiziert von HOYOS 1980)

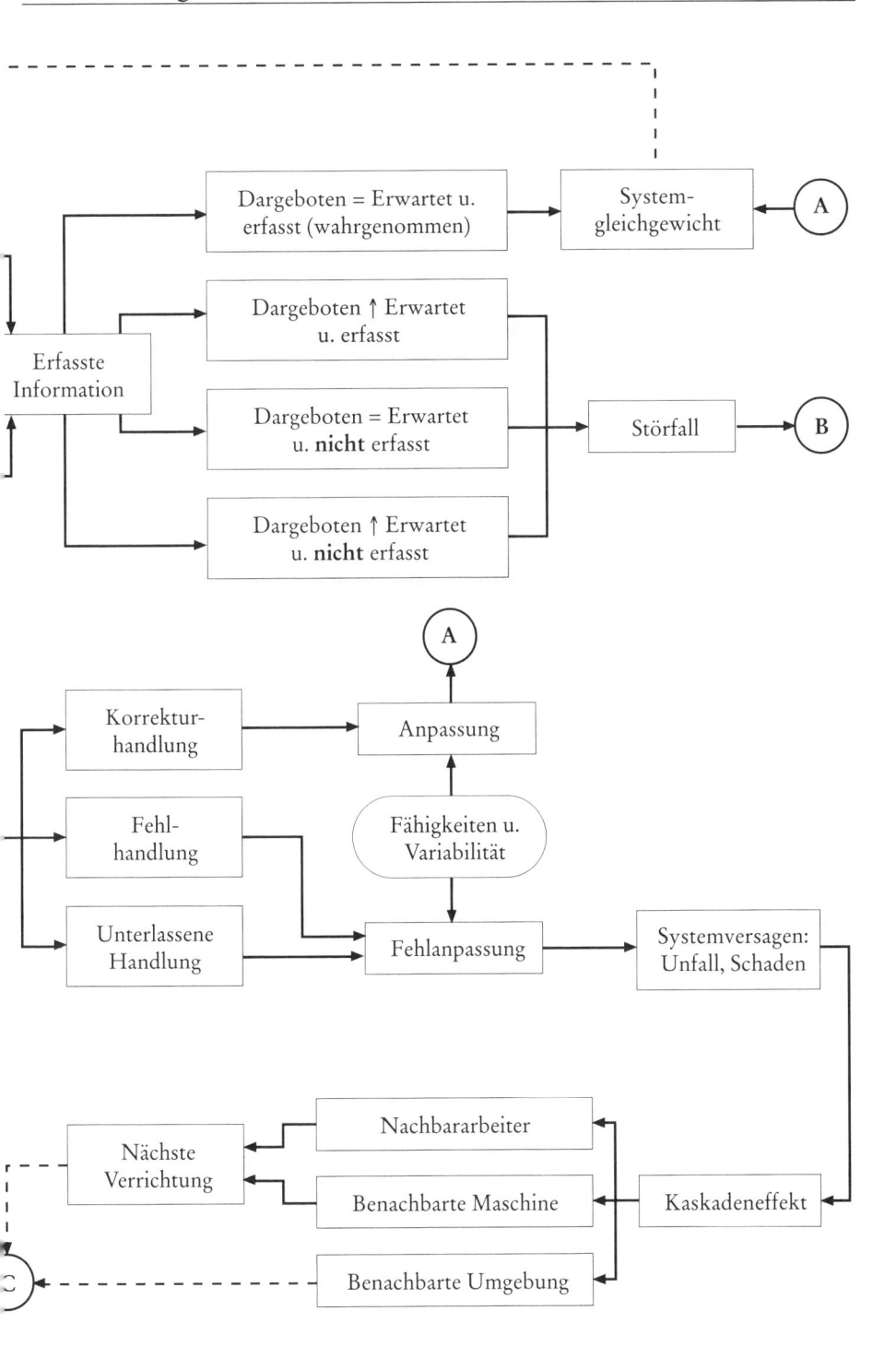

5.5 Anmerkungen zur Arbeitssicherheit

```
Erfasste Information
  → Dargeboten = Erwartet u. erfasst (wahrgenommen) → Systemgleichgewicht ← (A)
  → Dargeboten ↑ Erwartet u. erfasst
  → Dargeboten = Erwartet u. **nicht** erfasst → Störfall → (B)
  → Dargeboten ↑ Erwartet u. **nicht** erfasst

  Korrekturhandlung → Anpassung → (A)
  Fehlhandlung
  Unterlassene Handlung → Fehlanpassung → Systemversagen: Unfall, Schaden
                         ↑
                  Fähigkeiten u. Variabilität

  Nächste Verrichtung ← Nachbararbeiter
                     ← Benachbarte Maschine ← Kaskadeneffekt
                     ← Benachbarte Umgebung
```

Vergleicht man die vorhandenen Konzepte für betriebliche Sicherheitsarbeit mit der in den Betrieben vorfindbaren Realität, so werden noch immer erhebliche Divergenzen erkennbar. WENNINGER (1988) hat drei hauptsächliche Barrieren für die Umsetzung vorhandener Konzepte der Sicherheitsarbeit genannt: (1) Zeitknappheit und Desinteresse der Praktiker – zu denen auch die im Betrieb tätigen Psychologen zählen, (2) subjektive psychologische Theorien der Praktiker, die zumeist an menschlichem Fehlverhalten als Unfallursache orientiert sind, und (3) strukturelle Bestimmungsfaktoren. Auf die strukturellen Bestimmungsfaktoren soll hier besonders eingegangen werden, da sie für die notwendige Veränderung der Perspektive in der betrieblichen Sicherheitsarbeit eine besondere Rolle spielen und die Notwendigkeit einer bedingungsbezogenen Orientierung deutlich erkennbar machen (vgl. Kasten 5.10).

Kasten 5.10: Strukturelle Bestimmungsfaktoren mangelnder Arbeitssicherheit
(aus: WENNINGER 1988)

«Neben fehlendem Sicherheitsbewusstsein der Arbeitskollegen werden von Sicherheitsexperten vor allem auch fehlendes Sicherheitsbewusstsein und Voreingenommenheit gegenüber Neuerungen und Verbesserungen auf der Unternehmensseite als Umsetzungsbarrieren angeführt (SCHAAB 1980, 64ff.). Betriebspolitische Kosten-Nutzen-Überlegungen und Wirtschaftlichkeitsregeln sind dabei die grössten Hindernisse für die Umsetzung sicherheitsorientierter psychologischer Massnahmen. Oft werden Arbeitsschutzmassnahmen erst dann in Angriff genommen, wenn unfallbedingte Fehlzeiten und Fluktuation als Kostenfaktoren zu deutlich zu Buche schlagen. Vorher gelten solche Massnahmen als zu teuer und in ihrer Langzeitwirkung nicht genügend kalkulierbar. Nicht quantifizierbare, subjektive Erfahrungen der Gefährdung und Belastung der Beschäftigten werden kaum berücksichtigt. Denn Kostenneutralität bzw. sogar der eventuelle wirtschaftliche Nutzen solcher Massnahmen lassen sich im voraus meist nicht berechnen (multifaktorielle Verursachung und nicht eindeutige Ursache-Wirkung-Zusammenhänge). Als starkes Umsetzungshemmnis macht sich in den meisten Betrieben dabei die Tendenz bemerkbar, zwar sicherheitswidrige Zustände und sicherheitswidriges Verhalten abzubauen, aber keine grundlegenden Umstrukturierungen technisch-orga-

5.5 Anmerkungen zur Arbeitssicherheit

> nisatorischer Art riskieren zu wollen. Veränderte Entlohnungsformen etwa (Akkordlohn als ursächlicher Faktor für ein hohes Unfallaufkommen) oder Einschränkung des Einsatzes von Fremdfirmen und Leiharbeitern gelingen in der Regel nur selten ...» (WENNINGER 1988, 163).

Arbeitsorientierte Gestaltungskonzepte, die die Mensch-Maschine-Funktionsteilung und die Tätigkeitsspielräume problematisieren, finden in Zusammenhang mit der Sicherheitsarbeit nach wie vor kaum genügende Beachtung. So wird auch nur in wenigen deutschsprachigen Publikationen davon Kenntnis genommen, dass in den Untersuchungen von TRIST, HIGGIN, MURRAY und POLLOCK (1963) im englischen Kohlebergbau (vgl. Abschnitt 4.2.1) die teilautonomen Gruppen auch hinsichtlich der Unfallbilanz günstigere Werte aufwiesen als die anderen Strukturen und dass dieses Ergebnis durch die von TRIST, SUSMAN und BROWN (1977) im amerikanischen Kohlebergbau durchgeführte Untersuchung eindrücklich bestätigt wurde.[21] Hinweise auf ähnliche Erfahrungen finden sich auch im Bericht von WALTON (1972) über Gruppenarbeit im Tiernahrungsbetrieb von General Foods in Topeka.[22] Auch Autoren, die diesen Sachverhalt zur Kenntnis nehmen, ziehen zumeist keine weiterreichenden Schlussfolgerungen daraus.

Bei ZIMOLONG (1989, 129) findet sich dann allerdings der ausdrückliche Hinweis, dass «soziale Kontrolle und das Einbinden sicheren Verhaltens in soziale Gruppennormen» die Entwicklung sicherer Gewohnheiten deutlich unterstützen. Damit werden zugleich motivationale Aspekte der Verantwortungsübernahme angesprochen, die von HECKHAUSEN (1980) als spezifische Form prosozialen Verhaltens diskutiert und von SCHÜPBACH (1989) in die

---

[21] Eine sorgfältige Evaluation der amerikanischen Bergbaustudie wurde von GOODMAN (1979) vorgenommen.

[22] Der Topekafall gehört zu den bekanntesten US-amerikanischen Beispielen für teilautonome Gruppen. Als typische Kennzeichen von Entfremdung interpretierte Verhaltensweisen der Beschäftigten wie Indifferenz und Unaufmerksamkeit, Sabotage und Gewalttätigkeit hatten das Topmanagement von General Foods 1968 veranlasst, in Topeka (Kansas) ein neues Werk mit einer völlig neuen Produktions- und Managementphilosophie aufzubauen. Das Werk wurde im Januar 1971 in Betrieb genommen und ist seither Gegenstand zahlreicher Publikationen (z.B. KETCHUM 1975, WALTON 1972, 1977, 1982b, aber auch van ASSEN und den HERTOG 1984, 896f., STEERS 1984, 371ff.).

Diskussion über innerbetriebliche Störfallsituationen mit potenziellen Umweltrisiken eingebracht wurden.

Erst in den Arbeiten von GROTE und KÜNZLER (1993, 1994, 1996, KÜNZLER 2002, KÜNZLER und GROTE 1996) wird die, auch den Arbeiten von TRIST et al. und WALTON zugrundeliegende, soziotechnische Konzeption für die arbeitspsychologisch begründete Sicherheitsarbeit systematisch aufgenommen und zu Ansätzen eines ‹Total Safety Management› weiterentwickelt. Dieses, in Analogie zum ‹Total Quality Management› formulierte, Konzept bedeutet, dass Sicherheit – wie Qualität – zum integralen Bestandteil der Planung und Entwicklung soziotechnischer Systeme und der diese konstituierenden Primäraufgaben wird, mit entsprechenden Konsequenzen für die Aufbau- und Ablauforganisation.

Anhaltspunkte für organisatorische Konsequenzen finden sich auch in der industriesoziologischen Literatur, aber ohne Rückgriff auf die von TRIST et al. mitgeteilten Erfahrungen. So berichtet LICHTE (1989, 385) über das wichtigste Publikationsorgan der westdeutschen Eisen- und Stahlindustrie: «Technische Innovationen aus den Betrieben werden sehr konkret und ausführlich beschrieben, über gewandelte Anforderungen an den Menschen und die Organisation der Arbeit verlautet nichts». Im Gegensatz zu der damit zum Ausdruck gebrachten technikorientierten Betrachtungsweise macht der Autor deutlich, dass auch in der Eisen- und Stahlindustrie die Beherrschung komplexer technischer Systeme Veränderungen von Qualifikations- und Organisationsstrukturen erforderlich macht: «Dort, wo technische Routinen vom Automationssystem erledigt werden, der Mensch aber die nicht (oder nicht sinnvoll) routinisierbaren Funktionen beherrschen soll, verliert die Qualifikation zur Bewältigung des vorgedachten Normalablaufs an Bedeutung. Ins Zentrum rückt die Fähigkeit, die Crash-Situationen souverän zu lösen, sich andeutende Crash-Situationen zu erkennen und kooperativ zu bewältigen, ein automatisiertes System auch manuell zu führen. Organisatorische Konsequenz dieser Überlegungen sind Versuche – wie wir sie in der Stahlindustrie im westeuropäischen Ausland gefunden haben –, Produktions- und Instandhaltungsarbeit in einem Team zu integrieren» (LICHTE 1989, 388).

Darüber hinaus geht es aber um die Frage, inwieweit die Formulierung immer differenzierterer Vorschriften und Verhaltensregeln für die Operateure vor Ort deren Handlungsspielräume so einengt, dass sie im Störfall nicht mehr in der Lage sind, adäquat zu reagieren (vgl. Kasten 5.11).

Dass mit der systematischen Einschränkung von Freiheitsgraden und Eingriffsmöglichkeiten auch die Möglichkeit, sich kompetent zu verhalten, systematisch eingeschränkt wird, wird in manchen Unternehmen offenbar noch immer zu wenig reflektiert. Das heisst aber auch, dass den Designern

5.5 Anmerkungen zur Arbeitssicherheit

Kasten 5.11: Organisationale Ursachen technischer Störfälle (aus: MACCOBY 1989)

«... die von Experten entworfenen Organisationsmodelle sind häufig unvereinbar mit den Erfordernissen neuer Technologien. Eine vom Internationalen Institut für angewandte Systemanalyse veröffentlichte Studie weist darauf hin, dass zwei schwerwiegende technische Störfälle dieselbe menschliche Ursache hatten: die Überhitzung des Reaktorkerns in Three Mile Island von 1979 und die Explosion der Nordsee-Bohrinsel Bravo 1977. In beiden Fällen hatten die Arbeitskräfte, die sich am Ort des Geschehens aufhielten, weder die Ausbildung noch die Befugnis, ein Ventil zu schliessen, wodurch die katastrophale Kette der Ereignisse verhindert worden wäre. Die Systeme wurden von Experten organisiert, die bestimmte Vollmachten an der Spitze konzentrierten. Das Bundesamt für Transportsicherheit (National Transportation Safety Board) berichtete, dass der Einsturz der mobilen Off-Shore-Bohrinsel, der 1981 80 Menschenleben kostete, die gleichen Ursachen hatte (INTERNATIONAL INSTITUTE OF APPLIED SYSTEMS ANALYSIS 1981; NATIONAL TRANSPORTATION SAFETY BOARD 1983). Eine ähnliche Situation in dem Sinne, dass diejenigen, die am besten über die von den Dichtungsringen ausgehende Gefahr Bescheid wussten, nicht befugt waren, den Flug abzusagen, trug 1986 zu dem unbedachten Start der Raumfähre Challenger bei, der zu dem Tod von sieben Astronauten führte» (MACCOBY 1989, 107f.).

---

von Systemen bzw. Anlagen die Bedeutung adäquater mentaler Modelle – die sich in der Interaktion des Operateurs mit den Systemen entwickeln – nicht hinreichend vertraut ist (vgl. dazu HACKER 1986a, SCHÜPBACH 1989, WIDDEL 1990). Nach BAINBRIDGE (1983) gehört gerade dies zu den «Ironien» der Automatisierung: Wenn Operateure in Notfallsituationen die Funktionen der Steuerung und Kontrolle übernehmen sollen, die im Routinebetrieb automatisiert ablaufen, benötigen sie zum Einsatz ihrer Fertigkeiten mehr Anstrengung und mehr Zeit und reagieren weniger zuverlässig als bei weniger fortgeschrittener Automatisierung. Das heisst, die in der Ausbildung erworbenen Fertigkeiten verkümmern oder sind doch nicht adäquat verfügbar, wenn sie in hochautomatisierten technischen Systemen nur ausnahmsweise benötigt werden.

Diese Erkenntnis wird in Beiträgen zur Ingenieurpsychologie von verschiedenen Seiten betont. Typisch dafür sind die beiden folgenden Aussagen: «Automatisierung schliesst den Operateur von Überwachungstätigkeiten beim Normalbetrieb aus; er ist damit schlecht auf ein Handeln bei Störfällen und unerwarteten Ereignissen vorbereitet» (HOLLNAGEL 1990, 38). «Der Operateur läuft Gefahr, zum passiven Beobachter zu werden, der zwar formal verantwortlich bleibt, tatsächlich jedoch die Prozessabläufe nicht mehr kompetent bewerten und bei Bedarf auch nicht mehr qualifiziert eingreifen kann» (KRAISS 1990, 474).

Aus diesem Grunde werden etwa für den Flugbetrieb «angemessenere Aufgabenverteilungen während aller Betriebssituationen durch neue Formen der Automatisierung und Rechnerunterstützung» gefordert: «Dem Menschen soll eine aktivere, aber gegenüber früher veränderte Rolle im Mensch-Maschine-Wirkungskreis zurückgegeben werden, um einseitigen Beanspruchungen vorzubeugen, die zu Wachsamkeitsverlusten und sogar Unfällen führen können» (JOHANNSEN 1990, 433).

In diesem Zusammenhang sind die Ergebnisse der Untersuchungen von SAWALOWA, LOMOW & PONOMARENKO (1971) über die zweckmässige Funktionsverteilung zwischen Mensch und Maschine beim Landen von Flugzeugen zu erwähnen. Das von ihnen postulierte «Prinzip des aktiven Operateurs» ist auch auf die Mensch-Rechner-Funktionsteilung in Produktionsprozessen übertragbar. Aus den Angaben in Tabelle 5.10 geht schliesslich deutlich hervor, dass sich die Systemleistung mit abnehmender Möglichkeit zu aktiven Eingriffen erheblich verschlechtert.

Derartige Überlegungen sind auch beim Einsatz technischer Expertensysteme zur Anlagenüberwachung zu berücksichtigen. Technikorientierte Gestaltungskonzepte gehen davon aus, dass menschliche Eingriffsmöglichkeiten und -notwendigkeiten durch den Einsatz derartiger Systeme weiter reduziert werden. Da der Mensch in dieser Sichtweise als eigentliche Schwachstelle des Systems, als Verursacher von Störungen und Ausfällen erscheint, wirkt sein Einsatz zur Überwachung und Störungsbehebung als «Widersinn, das Ziel einer möglichst weitreichenden Technisierung und Automatisierung der Fertigung als logische Konsequenz» (SCHÜPBACH 1990a, 172). Arbeitsorientierte Gestaltungskonzepte weisen auch hier dem Menschen eine bedeutsame Funktion zu: «Fortgeschrittene Überwachungssysteme liefern dem Operateur wertvolle Information und Ratschläge zur Optimierung der Prozessabläufe. In seinem Verantwortungsbereich bleibt jedoch die Aufgabe, geeigne-

5.5 Anmerkungen zur Arbeitssicherheit

Tabelle 5.10: Einfluss unterschiedlicher Möglichkeiten zu aktiven Eingriffen auf die Systemleistung beim Landeanflug (nach Angaben von SAWALOWA, LOMOW und PONOMARENKO 1971 – aus: HACKER 1986a)

Verglichene Leistungsparameter	Handgesteuerter Flug	Nach einstündigem automatischem Flug bei «Ausfall» der Automatik	
		«aktiver» Pilot (halbautomatische Steuerung)	«passiver» Pilot (vollautomatische Steuerung)
Mittlere Abweichung vom vorgegebenen Landewinkel	4^0	4^0	8^0
Maximale Abweichung vom vorgegebenen Landewinkel	7^0	7^0	22^0
Mittlere Abweichung von der vorgegebenen Sinkgeschwindigkeit	2 m/s	3 m/s	4 m/s
Maximale Abweichung von der vorgegebenen Sinkgeschwindigkeit	8 m/s	10 m/s	18 m/s

te Aktionen und Massnahmen auszuwählen und durchzuführen» (WIDDEL 1990, 417).

Eine derartige Funktionsteilung entspricht auch den Ergebnissen der von EMBREY et al. (1984) durchgeführten Untersuchung, in der Experten aus Kernkraftwerken die Wahrscheinlichkeit der die erfolgreiche Aufgabenbewältigung verhaltensbeeinflussenden Faktoren zu beurteilen hatten. Dabei wurden die Faktoren Kompetenz, Arbeitsteam und Arbeitsverfahren mit Abstand an den drei ersten Stellen rangiert. In der Rangreihe folgen Arbeitsgestaltung, Stress, Arbeitseinstellung, Aufgabenausführung (vgl. ZIMOLONG 1990, 336f.).

Welche Probleme sich daraus für die Gestaltung adäquater Organisationsstrukturen in risikoreichen Systemen ergeben, wird von PERROW (1989) deutlich gemacht (vgl. Kasten 5.12, S. 390). Als risikoreich werden kochkomplexe, eng gekoppelte Systeme, wie z.B. Kernkraftwerke, grosschemische Anlagen, Flugzeuge, Raumfähren bezeichnet.

> **Kasten 5.12:** Widersprüchliche Anforderungen in risikoreichen Systemen
> (aus: PERROW 1989)
>
> «Risikoreiche Systeme haben einen zweifachen Nachteil: Da normale Unfälle aus der undurchschaubaren Interaktion kleinerer Defekte resultieren, müssen diejenigen, die mit dem System unmittelbar zu tun haben, die Operateure, zu unabhängigen und gelegentlich sogar schöpferischen Massnahmen in der Lage sein. Wegen der engen Koppelung in diesen Systemen muss jedoch andererseits die Kontrolle der Operateure zentralisiert werden, da im Ernstfall kaum die Zeit bleibt, alles zu überprüfen und im Auge zu behalten, was in den verschiedenen Teilen des Systems vor sich geht. Ein Operateur kann nicht nach eigenem Gutdünken schalten und walten; eine enge Koppelung bedeutet streng vorgeschriebene Arbeitsschritte und unveränderliche Abfolgungen, an denen nichts geändert werden kann. Systeme können jedoch nicht gleichzeitig zentralisiert und dezentralisiert sein; häufig sind sie Zwitterorganisationen, die versuchen, gleichzeitig in verschiedene Richtungen zu marschieren» (PERROW 1989, 25).

Auch für solche Systeme gilt aber, dass sie auf Kompetenz und Eingriffsmöglichkeiten der Operateure angewiesen sind. «Diese Ansicht bestätigte sich auch in der Erörterung der Raumfahrtprojekte: Unvorhergesehene Interaktionen und fehlerhafte Informationen sowie unzutreffende Modelle der Wirklichkeit bei den Verantwortlichen des Systems können zu Systemunfällen führen, die sich nur noch durch Eingriffe der Operateure beheben lassen» (PERROW 1989, 386).

Damit kommt dem von KÜNZLER (2002) vorgelegten Konzept der kompetenzförderlichen Sicherheitskultur – als Ansatz zur ganzheitlichen Gestaltung risikoreicher Arbeitssysteme – erhebliche Bedeutung zu. «Der Ansatz der kompetenzförderlichen Sicherheitskultur stellt einen Zusammenzug der Grundgedanken des soziotechnischen Ansatzes dar und verbindet diese mit dem Modell der Organisationskultur und den Erkenntnissen aus den Beschreibungen der unterschiedlichen Ansätze von Sicherheitskultur» (KÜNZLER 2002, 121).

5.5 Anmerkungen zur Arbeitssicherheit

In diesem Zusammenhang ist auch noch einmal auf die Bedeutung von Fehlererfahrungen für den Fertigungs- bzw. Kompetenzerwerb hinzuweisen (vgl. WEHNER 1984, HACKER 1986a): «... ohne Fehler verkümmert die menschliche Zuverlässigkeit» (ZIMOLONG 1990, 318).

Unter Rückgriff auf ihre empirischen Befunde und deren gestaltpsychologische Interpretation postulieren WEHNER und STADLER (1989, 221) schliesslich «fehlerfreundliche» – das heisst nicht: fehlerkorrigierende oder fehlertolerierende – Systeme, d.h. Systeme, die fehlerhafte Handlungen ohne irreversible Folgen zulassen (vgl. Kasten 5.13).[23]

Kasten 5.13: Fehlerfreundliche Systeme und Arbeitssicherheit
(aus: WEHNER und STADLER 1989)

«Überträgt man diesen Gedanken auf die Unfallforschung, Sicherheitswissenschaft oder die Ergonomie, so müssen Massnahmen zur Verhütung von Unfällen und Pläne zur menschengerechten Konstruktion von Maschinen nach anderen als den zur Zeit akzentuierten Gesichtspunkten abgeleitet werden: Folgenlose Fehlbedienungen von Geräten, Fehlinterpretationen von Bedienungsvorschriften oder Unfälle verweisen u.U. auf Interferenzen zwischen antizipierten und gegebenen Bedingungskomponenten, auf die Unmöglichkeit, den gegebenen Handlungsablauf zu automatisieren und damit ohne bewusste Aufmerksamkeitszuwendung auszuführen oder auf die widersprüchliche, fehlersuggerierende Anordnung von Funktionselementen. Unsere Ergebnisse deuten darauf hin, dass der Handelnde durch eine fehlerhafte Handlungssequenz auf die Abweichung von einer guten Gestalt (im Sinne eines dysfunktionalen Situationsarrangements) aufmerksam macht. Im Schatten des Handlungsfehlers lassen sich somit die Gesetzmässigkeiten psychischen Geschehens erkennen, die bei der Arbeitsplatzgestaltung und Technikbewertung umgesetzt werden sollten» (WEHNER und STADLER 1989, 221).

---

[23] SCHÜPBACH (1989, 18) zitiert aus einer unveröffentlichten Untersuchung von WEHNER, in der für einen analysierten Unfallschwerpunkt «eine reziproke Beziehung zwischen dem Eintreten von Unfällen und dem Auftreten von Handlungsfehlern» gefunden wurde!

«Ein fehlerfreundliches System bzw. Milieu muss Aneignungschancen bieten. Dies gelingt jedoch nur, solange die Folgen von Fehlern harmlos gehalten werden können, d.h. der individuelle und kollektive Schaden (und nicht etwa das Risiko) mit sozialen oder technischen Mitteln begrenzt werden kann» (WEHNER 1992, 18).

Wenn auch die Fehlerforschung – wie WEHNER und STADLER (1989, 219) zu Recht feststellen – frühe Wurzeln, aber keine Tradition aufweist, gibt es in einigen früheren Arbeiten bemerkenswerte Ansätze, die aufzugreifen sich auch heute wieder lohnt. Dazu gehören etwa die von Wolfgang KÖHLER (1917) in seinen Untersuchungen an Schimpansen beobachteten und gestaltpsychologisch interpretierten und kategorisierten Fehler, unter denen der ‹gute Fehler› als Voraussetzung für einsichtiges Lernen und optimales Problemlösen eine herausragende Rolle spielt. Das Konzept des guten Fehlers wurde von Karl DUNCKER (1935) aufgenommen, dem ‹sinnlosen› bzw. ‹törichten› Fehler gegenübergestellt und auf menschliches Problemlösen übertragen. In diesem Zusammenhang spielt natürlich auch die von DUNCKER ausführlich beschriebene funktionale Gebundenheit des Denkmaterials eine Rolle. Der gestaltpsychologische Ansatz – wie er sich im weiteren Sinne auch bei LEWIN und RUPP (1928, 55) findet, wenn sie schreiben: «Nicht das glatte Arbeiten der Maschine, sondern gerade die Störungen sind es, die als Feldkräfte wirken» – stellt einen wichtigen Zugang zur theoretischen Durchdringung der Problematik menschlicher Handlungsfehler dar. Er wurde insbesondere von WEHNER & STADLER (1989, WEHNER 1992) aufgenommen und weiterentwickelt.

Einen ganz anderen Zugang haben FRESE und ZAPF (1991, 1996) für ihre Untersuchungen über ‹Fehler bei der Arbeit mit dem Computer› gewählt. Sie rekurrieren auf die in der deutschsprachigen Arbeitspsychologie vor allem von HACKER (1978, 1986a) und VOLPERT (1974, 1987) entwickelten handlungstheoretischen Modelle sowie auf das Drei-Ebenen-Modell von RASMUSSEN (1983), entwickeln auf dieser Basis eine Fehlertaxonomie und aufgrund ihrer empirischen Untersuchungen das Konzept eines ‹Fehlermanagements›.

Ohne dass damit die Bedeutung ergonomischer Massnahmen in Frage gestellt wird, werden mit solchen Überlegungen neue, psychologische Perspektiven in die Diskussion über Arbeitssicherheit eingebracht (vgl. dazu auch REASON 1991, WILPERT und KLUMB 1991). Verbunden mit den von DUNCAN (1981) beschriebenen heuristischen Strategien der Fehlerdiagnose, den von HACKER (1986a, 420) geforderten praxisgerechten Havarietrainings- und Simulatorübungen[24] und den oben angestellten Überlegungen zur Mensch-Maschine-Funktionsteilung und -interaktion könnten sich daraus weiterrei-

---

[24] WIDDEL (1990), der in seinem sehr differenzierten Beitrag ebenfalls Trainingsmassnahmen und Simulatorübungen vorschlägt, äussert abschliessend aber immerhin Bedenken, es könne «am Ende der informationstechnischen Entwicklung nur noch eine ‹Simulation der Arbeit› verbleiben».

chende Konzepte für die betriebliche Sicherheitsarbeit im Sinne des von GROTE und KÜNZLER (1993, 1994) postulierten ‹Total Safety Management› ergeben, die mit den in Abschnitt 4.2 besprochenen soziotechnischen Konzepten und den in Abschnitt 5.2 besprochenen arbeitsorientierten Gestaltungsansätzen gut übereinstimmen (vgl. dazu neuerdings GROTE 2009). Dabei spielt in modernen Fertigungssystemen die Gestaltung der «Dialogschnittstelle» zwischen Mensch und Rechner naturgemäss eine bedeutsame Rolle.

5.6 Gestaltung von Mensch-Rechner-‹Dialogen›

Einige der Fragen, die sich heute in Zusammenhang mit rechnerunterstützter geistiger Arbeit stellen, haben bereits vor mehr als einem halben Jahrhundert erste Antworten gefunden. So hat Kurt LEWIN (1926) in seinen Untersuchungen zur Handlungs- und Affektpsychologie auf zwei wichtige Sachverhalte hingewiesen, nämlich (1) auf die Kontextabhängigkeit von Sinngehalt und Bedeutung der der Aufgabenerfüllung dienenden Handlungen und (2) auf die Bedeutung des Geübtheitsgrades für deren Struktur. Als Modell für seine Überlegungen benutzte LEWIN das Schreibmaschineschreiben. Nur wenn man einen Text in Schönschrift abschreibt, «geht die Intention der Handlung auf das Schreiben selbst. Das Schreiben beim Briefschreiben ist dagegen gar kein Schreiben in diesem Sinne, sondern ähnlich wie die Mundbewegungen beim Sprechen haben die Schreibbewegungen in der Regel einen bloss akzessorischen Charakter. Sie sind eingebettet in ein durchaus andersartiges Geschehen, z.B. in eine Überlegung, eine Wahl von Argumenten, oder besonderen Formulierungen. Die motorische Komponen-,te pflegt dabei ein durchaus unselbständiges Moment darzustellen. Das Gewicht dieses Momentes im Gesamtprozess ist verschieden, je nachdem, ob es sich um die Abfassung eines offiziellen Gesuches, einer geschäftlichen Mitteilung oder um einen Liebesbrief handelt, ob der Verfasser ein eitler oder mehr sachlich eingestellter Mensch ist. Entscheidend ist, dass es mit der Einbettung der Handlung in die umfassendere Handlungsganzheit sinnlos wird, den betreffenden Schreibprozess als isolierten Vorgang aus sich heraus verstehen zu wollen. Er wird zum unselbständigen Moment eines Geschehens, das nur vom Ganzen her aufgeklärt werden kann» (LEWIN 1926, 303).

Über die Bedeutung unterschiedlicher Geübtheit lässt sich bei LEWIN nachlesen: «In Wirklichkeit ist jedoch das Schreiben der geübten Schreibmaschinistin nicht etwa ein gleichartiger, nur stärker geübter Vorgang wie der der Anfängerin, sondern ein psychologisch von Grund aus andersartiger Vorgang. Das Schreiben der Anfängerin stellt im wesentlichen ein Suchen nach den einzelnen Buchstaben dar. Ein derartiger Orientierungsprozess lässt sich üben. Man kann Übung im Suchen bekommen. Es wäre jedoch völlig verkehrt, die Handlungen der geübten Schreibmaschinistin als ein derartiges geübtes Suchen charakterisieren zu wollen. Gewiss muss auch sie die einzelnen Tasten anschlagen. Aber selbst wenn man daraus theoretisch folgern wollte, dass immerhin irgendein Suchprozess stattfinden müsse (in Wirklichkeit kennt die geübte Schreibmaschinistin ihre Maschine so gut, dass sie nicht mehr zu suchen braucht), so ist dieser Vorgang hier jedenfalls zu einem völlig unselbständigen Moment in einem Gesamtgeschehen geworden, dessen Struktur von ganz anderen, hier nicht näher zu erörternden Fakten beherrscht wird. Diesen Gesamtprozess kann man so wenig als ein Suchen charakterisieren, wie etwa das Schreiben der Anfängerin als ein Fingerheben» (LEWIN 1926, 306 f.).

Mit dieser Beschreibung hat LEWIN einen Sachverhalt skizziert, der rund fünf Jahrzehnte später in der sogenannten kognitiven Psychologie, der Software-Ergonomie und der Arbeitspsychologie zum Gegenstand zahlreicher Diskussionen und Forschungsbemühungen wurde. Als besondere Erkenntnis wurde dabei häufig betont, dass es nicht *die* Benutzerin bzw. *den* Benutzer eines Bildschirmsystems gebe, sondern dass die Art des Umgangs mit Bildschirmsystemen von der Art der Aufgabe und dem Übungsstand der Benutzer/innen abhängig sei. Eine Unterscheidung in Novizen, erfahrene Benutzer und/oder Experten wird inzwischen in vielen Untersuchungen vorgenommen; die resultierenden Ergebnisse gelangen indes über den LEWINschen Erkenntnisstand von 1926 bisweilen kaum hinaus!

5.6.1   Benutzerorientierte Dialoggestaltung

Fragen der sogenannten «Benutzungsfreundlichkeit» spielen seit einer Reihe von Jahren eine zunehmende Rolle für die Bewertung und die Akzeptanz rechnergestützter Arbeitsmittel. Zusammenfassende Darstellungen finden sich bei SPINAS, TROY und ULICH 1983, TRIEBE, WITTSTOCK und SCHIELE 1987, FRESE und BRODBECK 1989, BAITSCH, KATZ, SPINAS und ULICH 1991,

5.6 Gestaltung von Mensch-Rechner-‹Dialogen›

WIELAND-ECKELMANN et al. 1996, DZIDA und WANDKE 2006, KONRADT 2010.

Neuere Fragen betreffen etwa die Wahl der Dialogtechnik. Unter dem Aspekt der Kontrolle sind drei Dialogformen zu unterscheiden. Beim computergesteuerten Dialog liegt die Kontrolle beim Rechner und der/die Benutzer/in hat keinerlei Möglichkeit, auszuwählen oder Einfluss zu nehmen. Beim benutzergesteuerten Dialog bestimmt der/die Benutzer/in den Ablauf, kann zwischen Varianten wählen, kann im Sinne der von BLUMENFELD (1932) beschriebenen Energiedisposition Tempo und eigenen Einsatz regulieren etc. Beim Hybriddialog liegt die Kontrolle für bestimmte Abschnitte der Aufgabenbearbeitung beim Benutzer, für andere beim Rechner. Die Möglichkeiten der Anwendung derartiger Hybridtechniken auf den Bereich der Dialoggestaltung sind bisher konzeptionell allerdings noch kaum genügend ausgearbeitet.

Nicht nur die Formen der Dialogtechnik, sondern auch die Kriterien für die Gestaltung benutzergesteuerter Dialoge lassen sich widerspruchsfrei in ein Kontrollkonzept einordnen (vgl. Abbildung 5.14).

Hierzu ist anzumerken, dass die bei verschiedenen Autoren genannten Kontrollaspekte Durchschaubarkeit und Vorhersehbarkeit zwar notwendige, aber keineswegs hinreichende Voraussetzungen für die Wahrnehmung der – etwa von EMERY (1959) genannten – Kontrollfunktionen darstellen.

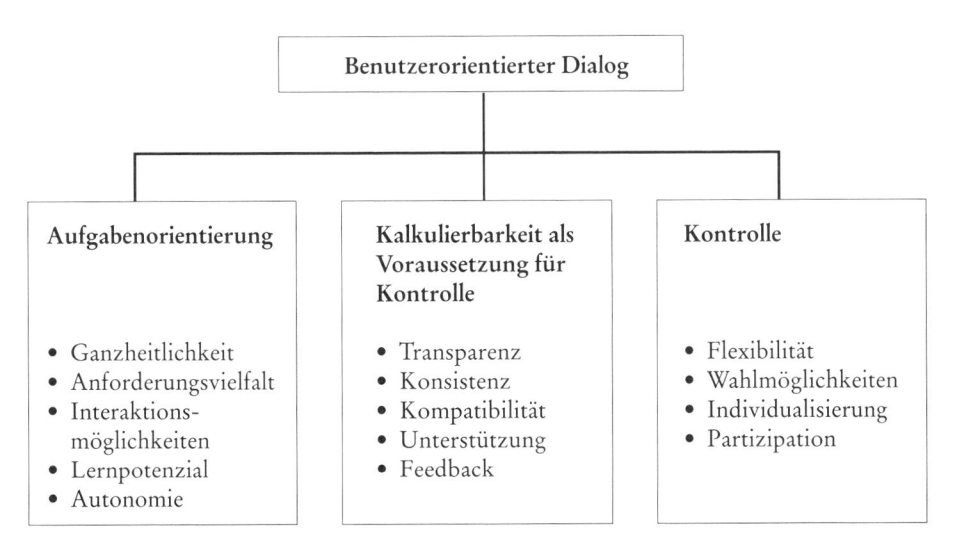

```
                    Benutzerorientierter Dialog
        ┌───────────────────┼───────────────────┐
  Aufgabenorientierung   Kalkulierbarkeit als    Kontrolle
                         Voraussetzung für
                         Kontrolle

  • Ganzheitlichkeit     • Transparenz          • Flexibilität
  • Anforderungsvielfalt • Konsistenz           • Wahlmöglichkeiten
  • Interaktions-        • Kompatibilität       • Individualisierung
    möglichkeiten        • Unterstützung        • Partizipation
  • Lernpotenzial        • Feedback
  • Autonomie
```

Abbildung 5.14: Merkmale benutzerorientierter Dialoggestaltung (aus: ULICH 1989c)

Tatsächlich kann Durchschaubarkeit einer Situation und die Möglichkeit, deren weitere Entwicklung vorherzusehen, ohne darauf Einfluss nehmen zu können, sogar totalen Kontrollverlust bedeuten. Unter bestimmten Umständen kann allerdings ein Verzicht auf Kontrolle oder eine Delegation von Kontrollfunktionen durchaus angemessen sein (vgl. SEMMER 1990). Geschieht dies absichtlich, so resultiert aus dem Verzicht oder der Delegation kein Gefühl von Kontrollverlust.

Wie aus der Abbildung 5.14 erkennbar, sind – in Übereinstimmung mit SPINAS (1987a) – hier die Kriterien Transparenz, Konsistenz, Toleranz, Kompatibilität und Unterstützung der Orientierungsfunktion zugeordnet. Beispiele für Operationalisierungen dieser Kriterien finden sich in Kasten 5.14.

Kasten 5.14: Beispiele für Regeln zur Realisierung arbeitspsychologisch begründeter Kriterien der Dialoggestaltung (nach: ULICH 1986)

Transparenz
- Benutzer/innen sollten erkennen können, ob ein *eingegebener Befehl* behandelt wird oder ob das System auf weitere Eingaben wartet.
- Bei längeren Vorgängen sollte das System *Zwischenstandsmeldungen* abgeben können.

Konsistenz
- Die *Antwortzeiten* des Systems sollten möglichst wenig variieren; wichtiger als kurze Antwortzeiten sind regelmässige und damit kalkulierbare Intervalle.
- Das System sowie dessen *Antwortverhalten* sollten für Benutzer/innen transparent und konsistent sein; ähnliche Aktionen sollten ähnliche Ausführungen bewirken, andernfalls muss dies durchschaubar gemacht werden.

Toleranz
- *Die Ausgabe* sollte – insbesondere bei einem grösseren Umfang – ohne Verlust anhaltbar und fortsetzbar sein.
- Benutzer/innen sollten den Ablauf unterbrechen und Eingaben nachträglich ändern können; an solchen *Unterbrechungspunkten,* die vom System her fix gesetzt oder vom Benutzer bzw. der Benutzerin (evtl. im Voraus) gewählt sein können, sollte der Dialog in veränderter Form wieder aufgenommen bzw. fortgesetzt werden können.

> *Kompatibilität*
> - Bei der *Darstellungsform* für Einzelinformationen sollte ebenso wie für ganze Bilder ggf. auf Übereinstimmung mit entsprechenden gedruckten Vorlagen oder Unterlagen geachtet werden.
> - *Sprache* und begriffliche Komplexität des Dialogs sollten an den Gepflogenheiten und Kenntnissen des spezifischen Benutzerkreises orientiert sein; anstelle von EDV-Kürzeln sollte mit den jeweils fachspezifischen Begriffen der Benutzer/innen gearbeitet werden können.
>
> *Unterstützung*
> - *Dialoghilfen* sowohl zu inhaltsbezogenen wie zu vorgehensbezogenen Aspekten sollten von den Benutzer/innen während des Dialogs jederzeit abgerufen werden können; das Betätigen einer allfälligen Help-Taste sollte gegenüber anderen Befehlen einen Sonderstatus einnehmen.
> - Das System sollte eine *Rückfragemöglichkeit* derart bereitstellen, dass auf eine Aufforderung durch die Benutzer/innen hin ggf. ausführlichere Antworten abgegeben werden.

Mit der Erfüllung jedes dieser Kriterien wird also ein Beitrag zur Kalkulierbarkeit des Systemverhaltens – als Voraussetzung von Kontrolle – geleistet. Die Kontrolle selbst besteht in der Möglichkeit auszuwählen und in der Möglichkeit, Einfluss zu nehmen (vgl. FRESE 1978, FRESE und BRODBECK 1989). Dabei spielen zunehmend mehr auch Fragen der Individualisierbarkeit eine bedeutsame Rolle (vgl. ACKERMANN 1987, ACKERMANN und ULICH 1987, GREIF und GEDIGA 1987, ULICH 1987, 1990a, RAUTERBERG 1995, WIELAND-ECKELMANN et al. 1996).[25]

Fragen nach interindividuellen Differenzen in der Mensch-Computer-Interaktion beziehen sich üblicherweise auf die Rolle des Benutzers als Anfänger, Fortgeschrittener oder Experte im Umgang mit dem technischen System. Das heisst zugleich, dass Fragen und Antworten eher am System als am Be-

---

[25] Mit daraus potenziell resultierenden Zielkonflikten zwischen informatiktechnischen und arbeitspsychologischen Anforderungen beschäftigt sich insbesondere GREUTMANN (vgl. GREUTMANN und ACKERMANN 1989).

nutzer orientiert sind. Typisch dafür sind Diskussionen über die Entwicklung ‹adaptiver› Systeme, die in der Lage sein sollen, den Lernstatus des Benutzers zu diagnostizieren und sich seinem Lernfortschritt anzupassen: «Hilfreich wäre eine Mensch-Computer-Schnittstelle, die sich dem Erfahrungsgrad des Benutzers anpassen könnte und ihm Dialogformen mit unterschiedlichen Schwierigkeiten anbieten würde» (PAETAU 1984, 1203).

Damit würde das technische System in gewisser Weise die Funktion des Eignungsdiagnostikers übernehmen. Auch hier ist aber die früher (Abschnitt 4.5) erwähnte Umkehrung der Eignungsdiagnostik möglich, wenn an die Stelle ‹adaptiver› Systeme ‹adaptierbare› Systeme treten, d.h. durch den Benutzer selbst anpassbare und erweiterbare Schnittstellen. «Adaptierbare Benutzerschnittstellen bilden zugleich eine wichtige Grundlage dafür, dass auch im Bereich der neuen Informationstechniken die ... Prinzipien der ‹differenziellen› und ‹dynamischen› Arbeitsgestaltung realisiert werden können» (TRIEBE, WITTSTOCK und SCHIELE 1987, 78).

Im Bereich der sogenannten Software-Ergonomie wird die Relevanz differenzieller Konzepte immer deutlicher erkennbar. So berichten PAETAU und PIEPER (1985) – die sich explizit auf das Konzept der differenziellen Arbeitsgestaltung berufen – über Ergebnisse von Laboruntersuchungen, in denen u.a. danach gefragt wurde, ob Versuchspartner «mit annähernd gleichem Kenntnis- und Erfahrungsstand und bei gleicher Aufgabenstellung auch gleiche Präferenzen für bestimmte Systeme herausbilden». Für verschiedene Büroanwendungssysteme zeigte sich eine Übereinstimmung dahingehend, dass zunächst ein hoher Grad an Benutzerführung durch das System bevorzugt wurde. Mit zunehmender Erfahrung nahm die Übereinstimmung der Präferenzen jedoch deutlich ab. Aufgrund ihrer Ergebnisse und der Erfahrung und Konzepte anderer Autoren gibt es für PAETAU und PIEPER (1985, 318) schliesslich «keinen Grund, nach einer im System zu verankernden, scheinbar objektiven optimalen Dialoggestaltung zu suchen».

Dem Prinzip der differenziellen Arbeitsgestaltung entspricht auch das von RAUM (1984, 1986) formulierte «Prinzip des wählbaren Informationsangebots» (vgl. Kasten 5.15).

Forderungen nach modularen, anwendungsneutralen Benutzungsschnittstellen (HERCZEG 1986), adaptierbaren Benutzungsschnittstellen (RATHKE 1987), programmierbaren Software-Systemen (DÖBELE-BERGER und SCHWELLACH 1987), oder Wahlmöglichkeiten zwischen alternativen Dialogformen (EBERLEH, KORFFMACHER und STREITZ 1987) unterstreichen die Notwendigkeit

5.6 Gestaltung von Mensch-Rechner-‹Dialogen›

Kasten 5.15: Das Prinzip des wählbaren Informationsangebotes nach RAUM
(aus: HACKER 1987)

«Das Gestalten der übergeordneten Aufgabenmerkmale bestimmt den möglichen Gestaltungsspielraum für die Einzelmerkmale der Aufgabe. Das gilt im doppelten Sinne: übergeordnete Aufgabenmerkmale schränken einerseits die Gestaltungsmöglichkeiten von Einzelheiten ein und machen andererseits Angebote dafür. Daher gibt es nicht *die* optimale ‹nutzerfreundliche› Dialogform, Gruppierung von Informationen oder Kommandoform an sich, sondern nur unterschiedlich ‹nutzerfreundliche› Lösungen für *Klassen von Aufgaben und von Nutzern!* Aber was ist zu tun im Falle *unbekannter oder öfter wechselnder Aufgaben und Nutzer?* In diesem Fall ist schwerlich eine Vorgabe der jeweils günstigsten Form eines Dialogs, eines Informationsfelds auf dem Bildschirm oder einer einzelnen Information zu erreichen. Ein Ausweg ist hier das Prinzip des wählbaren Informationsangebots (RAUM, 1986): Es werden verschiedene, wählbare Varianten von Dialogen, Hilfen, Bildaufbauformen oder Kodierungen von Angaben oder Kommandos vorgesehen. Die überwiegende Mehrheit der Nutzer nutzt diese Wahlmöglichkeiten sowie Anpassungsmöglichkeiten der Benutzerschnittstellen und trifft rasche und zweckmässige, den individuellen Leistungsmöglichkeiten und der jeweiligen Aufgabe angemessene Wahlen.
Dieses Prinzip des wählbaren Informationsangebots untersetzt das wichtigste Hauptprinzip der modernen Arbeitsgestaltung, nämlich das Prinzip des Einräumens von Tätigkeitsspielraum. Es ist also ein Ausweg, der mehr ist als ein Notbehelf und der wichtige Vorteile einbringt» (HACKER 1987, 41).

---

der Berücksichtigung interindividueller Differenzen durch differenzielle und dynamische Arbeitsgestaltung. So kommen auch TRIEBE, WITTSTOCK und SCHIELE (1987, 185) zu dem Ergebnis, dass die Schaffung von «Individualisierungsfreiräumen» durch individuell adaptierbare Benutzungsschnittstellen vermutlich «eines der wichtigsten Mittel zur Beanspruchungsoptimierung, Stressprävention und Persönlichkeitsförderlichkeit darstellen».

5.6.2 Softwareentwicklung als Aufgabengestaltung

Erst langsam verbreitet sich die Erkenntnis, dass die Beschränkung der sogenannten Software-Ergonomie auf die Bildschirmoberfläche systematisch zu kurz greift. «Bei einer solchen Betrachtungsweise dieses Arbeitsgebietes bleiben oft die Arbeitsaufgabe und der funktionale Kern eines Softwaresystems, mit dem jenseits von arbeitsorganisatorischen Massnahmen Handlungs- und Entscheidungsspielräume von Benutzern festgeschrieben werden, ausgeblendet» (RÖDIGER 1988b, 77). Tatsächlich wird mit der Entwicklung von Software für Dialogprogramme weitgehend auch über die Aufgabenverteilung zwischen Mensch und Rechner entschieden. Deshalb formulierten HAMBORG und SCHWEPPENHÄUSSER (1991, 99) im Ergebnis ihrer Expertise über Arbeits- und Softwaregestaltung zu Recht den Grundsatz «Arbeitsgestaltung vor Softwaregestaltung».

In manchen Publikationen zu Fragen der ‹Benutzungsfreundlichkeit› wird der Bezug zur Arbeitsaufgabe indes lediglich über den Begriff der ‹Aufgabenangemessenheit› hergestellt. In vielen Fällen wird allerdings entweder nicht oder nur unzureichend definiert, was damit gemeint ist. In der DIN-Vorschrift 66 234, Teil 8 – die inzwischen in die DIN EN ISO 9241 integriert worden ist – hiess es ursprünglich: «Ein Dialog ist aufgabenangemessen, wenn er die Erledigung der Arbeitsaufgabe des Benutzers unterstützt, ohne ihn durch Eigenschaften des Dialogsystems unnötig zu belasten». Eine solche Definition erlaubt, einen Dialog auch dann als ‹aufgabenangemessen› zu bezeichnen, wenn die Gestaltung der Aufgabe selbst weder Human- noch Wirtschaftlichkeitskriterien entspricht. Da Softwaregestaltung selbst zumindest teilweise aber zugleich auch Aufgabengestaltung ist, sollten die Kriterien der Aufgabengestaltung den Merkmalen der Dialoggestaltung stets vorgeordnet sein. Ein Versuch, verschiedene mögliche Merkmale benutzungsorientierter Dialoggestaltung in ein arbeitspsychologisches Konzept einzuordnen, findet sich in Abbildung 5.14 (S. 395). Einige der dort aufgeführten Merkmale finden sich – sinngemäss oder begriffsidentisch – auch in den Gestaltungsprinzipien der VDI-Vorschrift 5005 und der DIN EN ISO 9241 (vgl. Kasten 5.16).

Sowohl in der VDI-Richtlinie 5005 als auch in der DIN EN ISO 9241 spielen im Übrigen Konzepte der Kompetenz- bzw. Lernförderlichkeit eine bedeutsame Rolle. Damit wird die Feststellung unterstützt, dass Personalent-

5.6 Gestaltung von Mensch-Rechner-‹Dialogen›

Kasten 5.16: Prinzipien der Schnittstellen- und Dialoggestaltung nach der VDI-Richtlinie 5005 und der der DIN EN ISO 9241

In der VDI-Richtlinie 5005 ‹Software-Ergonomie in der Bürokommunikation› werden Kompetenzförderlichkeit, Handlungsflexibilität und Aufgabenangemessenheit als Hauptkriterien software-ergonomischer Arbeitsgestaltung genannt. Zur Kompetenzförderlichkeit heisst es: «Die Schnittstelle soll so gestaltet sein, dass dem Benutzer ein kompetenter Umgang mit dem System ermöglicht wird und sie gleichzeitig seiner Handlungskompetenz förderlich ist. Handlungskompetenz bedeutet dabei, dass sich der Benutzer Wissen über das System und seine organisatorische Einbettung erwirbt und dieses Wissen auf die zu erfüllenden Aufgaben übertragen kann».

In der internationalen Norm DIN EN ISO 9241 finden sich im Teil 110 die folgenden Grundsätze der Dialoggestaltung:

• *Aufgabenangemessenheit*
Ein interaktives System ist aufgabenangemessen, wenn es den Benutzer unterstützt, seine Arbeitsaufgabe zu erledigen, d.h., wenn Funktionalität und Dialog auf den charakteristischen Eigenschaften der Arbeitsaufgabe basieren, anstatt auf der zur Aufgabenerledigung eingesetzten Technologie.
• *Selbstbeschreibungsfähigkeit*
Ein Dialog ist in dem Maße selbstbeschreibungsfähig, in dem für den Benutzer zu jeder Zeit offensichtlich ist, in welchem Dialog, an welcher Stelle im Dialog sie sich befinden, welche Handlungen unternommen werden können und wie diese ausgeführt werden können.
• *Erwartungskonformität*
Ein Dialog ist erwartungskonform, wenn er den aus dem Benutzerkontext heraus vorhersehbaren Benutzerbelangen sowie allgemein anerkannten Konventionen entspricht.
• *Lernförderlichkeit*
Ein Dialog ist lernförderlich, wenn er den Benutzer beim Erlernen der Nutzung des interaktiven Systems unterstützt und anleitet.

> • *Steuerbarkeit*
> Ein Dialog ist steuerbar, wenn der Benutzer in der Lage ist, den Dialogablauf zu starten sowie seine Richtung und Geschwindigkeit zu beeinflussen, bis das Ziel erreicht ist.
> • *Fehlertoleranz*
> Ein Dialog ist fehlertolerant, wenn das beabsichtigte Arbeitsergebnis trotz erkennbar fehlerhafter Eingaben entweder mit keinem oder mit minimalem Korrekturaufwand seitens des Benutzers erreicht werden kann.
> • *Individualisierbarkeit*
> Ein Dialog ist individualisierbar, wenn Benutzer die Mensch-System-Interaktion und die Darstellung von Informationen ändern können, um diese an ihre individuellen Fähigkeiten und Bedürfnisse anzupassen.
>
> KONRADT (2010, 760) hat darauf hingewiesen, dass diese Kriterien «aufgrund ihres Abstraktionsgrades nicht unmittelbar für die Bewertung geeignet, sondern durch Rahmenbedingungen zu spezifizieren» sind (vgl. DZIDA 2004; DZIDA und WANDKE 2006). Damit wird ihre Bedeutung als Zielgrößen aber in keiner Weise in Frage gestellt.

wicklung nicht zuletzt – oder sogar vor allem (ULICH 1999a) – in der Arbeitstätigkeit stattfindet und durch die Gestaltung von Arbeitstätigkeiten begünstigt oder erschwert bzw. verhindert wird.
In diesem Zusammenhang gilt es einerseits, «Arbeit als Lernprozess und Qualifizierungschance» (FREI 1979) zu begreifen. Dabei spielt die Identifizierung der ‹Lernhaltigkeit› von Arbeitsaufgaben eine bedeutsame Rolle (RICHTER und WARDANJAN 2000). Andererseits ist danach zu fragen, ob und inwiefern durch ‹neue Formen der Arbeit› und neue Konzepte der Strukturierung von Unternehmen diesbezüglich neue Möglichkeiten entstehen oder vorhandene Möglichkeiten verschlossen werden.

Der Gestaltung von Dialogschnittstellen kommt nicht nur in Zusammenhang mit computerunterstützter Büroarbeit, sondern auch bei der Gestaltung von Überwachungseinrichtungen in der rechnerunterstützten Fertigung eine – bisher noch weitgehend vernachlässigte – Bedeutung zu. Als Prozessinformationssysteme dienen die Überwachungseinrichtungen als «Fenster zum Prozess» (LAUNHARDT 1989). «Sie melden z.B. die Verschleisswerte der Werkzeuge und andere Maschinendaten zur rechtzeitigen Werkzeugbereitstellung und vorbeugenden Instandhaltung, unterstützen die Lokalisierung und Diagnose von Störungen und geben Hinweise zur Störungsbehebung» (SCHÜPBACH 1990b, 223). Der Gestaltung dieser «Fenster zum Prozess» kommt gerade dann besondere Bedeutung zu, wenn vorauseilende Störungserfassung und direkte Eingriffsmöglichkeiten aufgrund unmittelbarer sinnlicher Wahrnehmung nur noch beschränkt oder gar nicht mehr möglich sind (vgl. Abschnitte 5.2.1 und 5.2.2).

Das Verständnis von Softwaregestaltung als Aufgabengestaltung gewinnt zusätzliche Bedeutung mit der Entwicklung und Verbreitung unterschiedlicher Formen von computerunterstützter kooperativer Arbeit, die auch in den deutschsprachigen Ländern vermehrt Beachtung findet (vgl. FRIEDRICH und RÖDIGER 1991, OBERQUELLE 1991, KONRADT und DRISIS 1993, ZIMOLONG 2006).
Von besonderem Interesse sind in diesem Zusammenhang die Möglichkeiten geografisch verteilter kooperativer Arbeit.

5.7 Telearbeit – eine Möglichkeit zur Überwindung der Ortsgebundenheit von Arbeit

In einigen Regionen der Schweiz gibt es ebenso wie in anderen europäischen Ländern Probleme, die daraus resultieren, dass qualifizierte – und technisch interessierte – jüngere Menschen in ihrer näheren Umgebung keine ihrer Qualifikation und ihrem Interesse entsprechende Arbeit finden. Diese Situation führt dazu, dass sie entweder eine ihren Möglichkeiten nicht entsprechende Stelle annehmen oder eine Arbeit ausserhalb der Region suchen müssen. Gleichzeitig existiert für eine grosse Anzahl von Unternehmen in Städten oder städtischen Agglomerationen das Problem, für bestimmte Arbeitsaufgaben im EDV-Bereich qualifiziertes Personal zu finden. Diese Situation führte schon in den 1980er Jahren dazu, dass einige Unternehmen Arbeit örtlich auslagerten und z.B. in England, in den USA oder in Indien Software entwickeln und programmieren liessen. Die Frage ist, ob es für beide Arten von Problemen gemeinsame Lösungen gibt. Eine Antwort auf diese Frage liegt in der Nutzung von Mitteln, die eine Überwindung von Zeit- und Ortsgebundenheit menschlicher Arbeit erlauben (vgl. ULICH 1988c).
In diesem Zusammenhang war in verschiedenen Ländern eine Diskussion über Möglichkeiten der zeitlichen und räumlichen Entkoppelung von Büroarbeit durch den Einsatz von Mitteln der Telekommunikation entstanden. In deutschsprachigen Ländern werden diese Arbeitsformen zumeist Telearbeit genannt, in englischsprachigen Ländern – insbesondere in den USA – ist häufig von ‹remote work› die Rede.
In einer neueren Publikation weist DOSTAL (1995) darauf hin, dass mit Multimedia und dem Preisverfall bei Geräten und Diensten Telearbeitsformen zu-

gleich kostengünstiger und komfortabler werden; «Da tendenziell Büroräume und Transport von Menschen teurer, Informationstechnik und -dienste kostengünstiger werden, ist es abzusehen, wann derartige Telearbeit billiger sein wird als die überkommenen räumlich und zeitlich starren Arbeitsformen. Experten meinen, dass nach anfänglicher Verzögerung jetzt die Rahmenbedingungen bei Telearbeit so günstig sind, dass ein Boom bevorsteht» (DOSTAL 1995, 536). Insofern ist es von erheblicher Bedeutung, dass die Arbeitswissenschaft und auch die Arbeitspsychologie sich wieder vermehrt mit Voraussetzungen und Wirkungen verschiedener Formen von Telearbeit befassen.[26]

Dabei fällt zumindest dreierlei auf:
(1) nur in sehr wenigen Arbeiten (z.B. bei BÜSSING 1999a oder bei TREIER 2001) findet sich eine Bewertung nach arbeitswissenschaftlichen bzw. arbeitspsychologischen Kriterien,
(2) nur in Ausnahmefällen schliesst die zur Bewertung führende Analyse nicht nur Befragungen, sondern auch Zeitbudgetstudien (GARHAMMER 1997, SCHMOOK und KONRADT 2001) oder Beobachtungen der Tätigkeiten (TREIER 2001) ein,
(3) Gegenstand auch der ernstzunehmenden Publikationen ist mehrheitlich die Teleheimarbeit; andere Formen werden dagegen kaum zur Kenntnis genommen.

5.7.1 Formen von Telearbeit

Als Telearbeit bezeichnen wir eine Tätigkeit, die räumlich entfernt vom Standort des Arbeit- oder Auftraggebers mit Hilfe programmgesteuerter Arbeitsmittel ausgeführt wird und deren Ergebnisse über Datenleitung transportiert werden (vgl. KATZ, RUCH, BETSCHART und ULICH 1987). Die räumliche Entkoppelung lässt sich als individuelle Telearbeit oder als kollektive Telearbeit realisieren.

---

[26] In einem weiteren Zusammenhang sind auch die Ansätze des ‹Global Engineering› arbeitspsychologisch bedeutsam (vgl. dazu das Übersichtsreferat von HAMMOND, KOUBEK und HARVEY 2001). Zwar ist durchaus verständlich, dass von derartigen Vorstellungen einer ‹Entwicklung rund um den Erdball› eine beachtliche Faszination ausgeht. Aber schliesslich gilt auch, was VARTIAINEN (2006, 82) aufgrund seiner Forschungsergebnisse über ‹Distributed and Mobile Work› so formuliert hat: «Electronic communication and collaboration can, to some degree, replace social contact, but not fully.»

5.7 Telearbeit – Überwindung der Ortsgebundenheit

Im Falle der individuellen Telearbeit, auch als Tele-Heimarbeit oder elektronische Heimarbeit bezeichnet, arbeitet der bzw. die Betroffene in der eigenen Wohnung und steht durch den Computereinsatz in Verbindung mit dem arbeitgebenden Unternehmen. Individuelle Tele-Heimarbeit ist nach Angaben von HOLTI und STERN (1986) die in Europa am weitesten verbreitete Form der Telearbeit.
Im Falle der kollektiven Telearbeit arbeitet der oder die Beschäftigte zusammen mit anderen Personen in einem Büro in der Nähe der eigenen Wohnung. DOSTAL unterscheidet in diesem Zusammenhang zwischen Nachbarschafts- und Satellitenbüros. «In einem Nachbarschaftsbüro oder einer Nachbarschaftszentrale sind Arbeitnehmer tätig, die gemeinsam in einem Stadtbezirk oder einer Nachbarschaft wohnen und für ihre jeweiligen Arbeitgeber in diesem Nachbarschaftsbüro tätig sind (…). Satellitenbüros sind ausgelagerte Zweigstellen eines Unternehmens, die in der Nähe der Wohnungen der für das Unternehmen tätigen Mitarbeiter liegen» (DOSTAL 1985, 468). Das heisst, dass in einem Nachbarschaftsbüro Personen aus verschiedenen Unternehmen arbeiten, während ein Satellitenbüro von einem Unternehmen allein betrieben wird. Im Übrigen gibt der Begriff Satellitenbüro gelegentlich Anlass zu Missverständnissen, da mit ihm – hier und da durchaus diskutierte und bereits auch realisierte – Datenübertragung via Satellit assoziiert werden kann. Deshalb benutzen wir alternativ dafür auch den Begriff Telearbeitszentrum.
Bei BÜSSING und AUMANN (1997) finden sich darüber hinaus Beschreibungen von Telezentren als eigenständigen kleinen Dienstleistungsunternehmen in strukturschwachen Regionen.

Aus arbeitspsychologischer Sicht sollte individuelle Teleheimarbeit auf besondere Fälle beschränkt bleiben bzw. mit Arbeit im Betrieb abwechseln (vgl. dazu KATZ und DUELL 1990, DÜRRENBERGER und JAEGER 1993). Schätzungen zufolge sollen in den Ländern der EU im Mittel 13 Prozent der Berufstätigen Telearbeit leisten, für die Bundesrepublik wird nach diesen Angaben mit 16 Prozent gerechnet (EMPIRICA 2003). Der größte Anteil soll dabei auf alternierende Telearbeit entfallen, d.h. auf einen mehr oder weniger systematischen Wechsel zwischen Teleheimarbeit und Arbeit an einem betrieblichen Arbeitsplatz. WINKER (2001, 8) kommt zu dem Schluss, dass diese Form der Telearbeit «neue Formen des Arbeitens und Lebens begünstigen» kann. Diese Konsequenz lässt sich aus den Ergebnissen verschiedener – mehr oder weniger gründlicher – Studien ableiten. Eine erste differenzierte

Einschätzung individueller Telearbeit findet sich in dem «State-of-the-Art-Paper» von MORF und ALEXANDER (1984).

5.7.2 Bewertung individueller Telearbeit

MORF und ALEXANDER (1984) haben aufgrund der Erfahrungen mit Telearbeit in den USA in ihrem zusammenfassenden und vergleichenden Bericht eine Auflistung möglicher «costs» und «benefits» vorgenommen, die bei individueller elektronischer Heimarbeit für die Beschäftigten, die Arbeitgeber und die Gesellschaft entstehen. Als mögliche Kosten bzw. Nachteile für die *Beschäftigten* werden genannt: finanzielle Aufwände für die Anpassung der Wohnung an die Arbeitserfordernisse, Belastungen durch Rollenkonflikte und unstrukturierte Arbeitsbedingungen, soziale Isolation, Verringerung der mit dem Arbeitsweg verbundenen Stimulations- und Lernmöglichkeiten, Verringerung von Aufstiegschancen und elektronische Überwachung der Arbeit. An möglichen Vorteilen werden demgegenüber aufgeführt: geringer oder kein zeitlicher und materieller Aufwand für den Arbeitsweg, geringe Kosten für Arbeitskleidung und deren Reinigung, individuelle Autonomie durch Arbeitszeit- und Arbeitsplatzflexibilität, Möglichkeit der Nutzung der vom Arbeitgeber zur Verfügung gestellten Ausrüstung auch für nichtberufliche Zwecke und eindeutiger arbeitsbezogene Ergebnisbewertung.

Für die *Arbeitgeberseite* werden die folgenden möglichen Probleme bzw. Kosten erwähnt: Führung bzw. Kontrolle von Mitarbeitern auf Distanz, Ausrüstungskosten, Kosten und Zeit für die Überarbeitung von Ablaufprozeduren und Retraining der Mitarbeiter sowie Kosten und Zeit für rechtliche Abklärungen, Abschlüsse von Vereinbarungen usw. Dem stehen als mögliche Vorteile gegenüber: verbesserte Effizienz von Routinearbeiten, grössere Effektivität von Arbeitstätigkeiten mit hohen Qualifikationsanforderungen, weniger Büroraum und Parkplatz, Nutzung der Telekommunikationsmöglichkeiten ausserhalb von Spitzenzeiten, geringere Arbeitskosten sowie eine grössere Chance, qualifizierte Mitarbeiter zu behalten.

Für die *Gesellschaft* können nach MORF und ALEXANDER folgende Nachteile erwachsen: Entstehen neuer Machtungleichgewichte zu Lasten der Arbeitnehmer sowie Verlust der Option zur Trennung von Arbeit und privatem Leben. Auf der Nutzenseite nennen die Autoren: ökologische Vorteile durch

5.7 Telearbeit – Überwindung der Ortsgebundenheit

Erhaltung von Ressourcen und Abbau von Schadstoffeinwirkungen, Reintegration von «techno-ökonomischer Struktur» und Kultur, Möglichkeiten der räumlichen Dezentralisierung sowie Abbau von hierarchischen Strukturen durch Netzwerke.

Die Autoren machen auf interindividuelle Unterschiede ebenso aufmerksam wie darauf, dass ihre Analyse weitergehender Differenzierungen bedarf: «For example, within the worker level of analysis, the benefit of individual autonomy can appear as the cost of stress due to lack of structure» (MORF und ALEXANDER 1984, 57f.).

Arbeit in Satelliten- bzw. Nachbarschaftsbüros, wie sie im folgenden Abschnitt dieses Beitrages beschrieben wird, spielt in dem Bericht – der Situation in den USA entsprechend – allerdings keine Rolle. Auch in Deutschland ist die Diskussion weitgehend auf individuelle Teleheimarbeit beschränkt. Die dadurch systematisch verkürzte Perspektive führt notwendigerweise zu unzutreffenden Schlussfolgerungen, z.B. über die Auslagerbarkeit von Arbeitstätigkeiten oder die Vertretungsmöglichkeiten von in Telearbeitsverhältnissen Beschäftigten.

Im Folgenden wird der Versuch unternommen, unterschiedliche Formen der Telearbeit nach den in Kapitel 3 dargestellten Kriterien zu bewerten.
Eine Bewertung von Teleheimarbeit (THA) führt zunächst zu dem Ergebnis, dass *Schädigungsfreiheit* nicht gewährleistet werden kann, da eine obligatorische Überprüfung der Arbeitsplätze nach ergonomischen Kriterien aus rechtlichen Gründen zumeist nicht möglich ist. «Bei der Ausgestaltung des privaten Telearbeitsplatzes besteht die Gefahr, dass die einfachsten ergonomischen Standards (DIN 66234, Teil 677) aus Kostengründen nicht eingehalten werden» (FRIELING und SONNTAG, 1999, 340). Dies wird durch die Studie von TREIER (2001, 579) bestätigt, der zeigen konnte, «dass sich eine Bildschirmarbeitsplatzanalyse bei der THA als notwendig erweist, da sich eine Vielzahl von Defizitfaktoren bestimmen lässt». Bei Teleheimarbeit fehlen überdies weitgehend die Möglichkeiten einer Reduzierung von Stress durch soziale Unterstützung von Vorgesetzten und Arbeitskolleginnen bzw. Arbeitskollegen.
Auch wenn für manche Autoren (z.B. GARHAMMER 1994) Teleheimarbeit eine der relativ besten Möglichkeiten der Vereinbarkeit von Berufs- und Privatleben darstellt, ist die Frage nach *psychosozialen Beeinträchtigungen* als mögliche Folge von im privaten Umfeld stattfindender Erwerbsarbeit keineswegs einheitlich positiv zu beantworten.

Bemerkenswert ist in diesem Zusammenhang ein Votum von BETTELHEIM (1987), der in der Etablierung von rechnerunterstützter Heimarbeit positive Perspektiven für die Entwicklung bestimmter Aspekte von Kinder-Eltern-Beziehungen entdeckt:

«Das Kind eines Künstlers, sagen wir eines Malers, kann beobachten, was sein Vater malt, und wenn es dann selber malt, kann es glauben, wirklich etwas davon zu verstehen. Und ein solcher Vater wird sich mehr als andere Väter dafür interessieren, wenn sein Kind mit Fingerfarben oder einem Pinsel herumkleckst. Da die Computertechnologie es vielleicht bald ermöglichen wird, dass mehr Eltern zu Hause arbeiten, darf man hoffen, dass der Schaden, den die Industrialisierung dem Intimleben von Eltern und Kindern zugefügt hat, teilweise behoben werden kann. Wenn es auch für das kleine Kind ein Buch mit sieben Siegeln sein wird, was sein Vater da mit dem Computer macht, wird es doch, wenn es älter wird, dessen Arbeit viel besser begreifen lernen.
Es steht zu hoffen, dass die gesellschaftliche Entwicklung und die Technologie der Zukunft es den Eltern ermöglichen, mehr zu Hause zu sein. Wenn das einträfe, würde ihre Arbeit, die die meisten Kinder nur vom Hörensagen kennen, viel realer werden. Noch wichtiger wäre, dass die Eltern dann, was ihren Beruf anbelangt, für ihre Kinder etwas genauso Reales würden, wie sie es für sie heute nur zu Hause oder in ihrer Freizeit sind. Damit würde das Leben von Eltern und Kindern in seiner Gesamtheit für beide Seiten erheblich an Wirklichkeit gewinnen. Und dann wäre zu hoffen, dass dies den Eltern hilft, zu verstehen und zu akzeptieren, dass die Welt des Spiels für ihr Kind ebenso real und wichtig ist wie für sie die Welt der Arbeit, und dass man deshalb beiden Welten den gleichen Rang einräumen sollte» (BETTELHEIM 1987, 243).

Untersuchungen von OLSON und PRIMPS (1984) zeigen allerdings, dass die von BETTELHEIM artikulierte Hoffnung nur Realität werden kann, wenn die vorherrschenden Muster familialer Rollenteilung durchlässiger werden: «The male professionals they studied, who entered the arrangement by choice, had better relations with their children, less stress, and more leisure. For the women, in contrast, who had replaceable skills, the relation to stress was negative» (BAILYN 1989, 462). Die mit diesem Hinweis deutlich werdende Notwendigkeit, Voraussetzungen und Folgen von Teleheimarbeit geschlechtsspezifisch zu analysieren, wird auch durch die Untersuchungen von GOLDMANN und RICHTER (1991) bestätigt.

Schliesslich zeigt eine Reihe neuerer Arbeiten, dass in vielen Fällen anstelle der erhofften optimalen Vereinbarkeit von Berufsarbeit und Familienleben und neuer Formen der Rollenteilung Probleme der Familienregulation und Verfestigung traditioneller Rollenmuster erkennbar werden (GLASER und GLASER 1995, GARHAMMER 1997, HORNBERGER und WEISHEIT 1999, KONRADT und WILM 1999, TREIER 2001).

5.7 Telearbeit – Überwindung der Ortsgebundenheit

Diese Tatsache kommt auch in der von HORNBERGER und WEISHEIT (1999) vorgenommenen Gegenüberstellung von Chancen und Risiken von Telearbeit in Bezug auf die Vereinbarkeit von Familie und Beruf zum Ausdruck (Tabelle 5.11).

Tabelle 5.11: Chancen und Risiken von Telearbeit in Bezug auf die Vereinbarkeit von Familie und Beruf (aus: HORNBERGER und WEISHEIT 1999)

Chancen	Risiken
1. Autonome Einteilung der Zeit für berufliche Tätigkeit und familiäre Verpflichtungen	1. Verdeckte Überstunden, zu lange Arbeitszeiten
2. Lebensphasenorientierte Festlegung der Arbeitszeit und des Arbeitsortes	2. Auflösung zeitlicher und räumlicher Grenzen zwischen Arbeit und Privatraum
3. Anwesenheit zu Hause zur Kinderbetreuung	3. Mehrfachbelastung durch Rollenkonflikte zwischen Arbeit und Familie
4. Verbesserung der Kind-Eltern-Beziehung	4. Verschlechterung der Qualität von familiären Interaktionen
5. Reduzierung der negativen Folgen von familiären Aufgaben auf die berufliche Laufbahn	5. Stärkung der traditionellen geschlechtsspezifischen Rollenverteilung

Die Risiken betreffend, heisst es in der dem Bericht über die ausserordentlich gründliche und differenzierte Analyse von TREIER (2001) vorausgestellten Kurzfassung: «Vor allem die weiblichen Telearbeiter mit familialen Verpflichtungen vollführen einen permanenten Spagat zwischen Teleheimarbeit und Familie.» Im Bericht selbst hält der Autor noch einmal unmissverständlich fest: «Die Befunde zur Familienregulation widerlegen mit hoher Evidenz den Mythos der besseren Vereinbarkeit zw. Familie und Beruf durch THA» (TREIER 2001, 558). Diese Aussage bestätigt die von BÜSSING und BROOME (1999, 114) beschriebene «Gefahr einer Verflüssigung der Grenzen zwischen Arbeit und Familien-/Freizeit». Anders formuliert führt Telearbeit zu Hause «nicht nur zur Aufgabe der faktischen, sondern auch zu einer Auflösung der symbolischen Grenzen zwischen den Lebensbereichen mit all ihren – nicht selten widersprüchlichen – Implikationen für Leistung, Anerkennung, Konkurrenz auf der einen Seite und Entspannung, Nähe und Geborgenheit auf der anderen Seite» (BÜSSING 1999a, 233).

Unter dem Aspekt der *Persönlichkeitsförderlichkeit* ist Telearbeit vor allem nach den in Tabelle 4.2 genannten Aufgabenmerkmalen Ganzheitlichkeit, Autonomie, Lern- und Entwicklungsmöglichkeiten sowie Sinnhaftigkeit zu beurteilen. Dass diesbezüglich auch bei Teleheimarbeit unterschiedliche Konfigurationen möglich sind, zeigen verschiedene Beiträge in dem von JACKSON und van der WIELEN (1998) herausgegebenen Sammelband. Offensichtlich ist jedoch auch, dass eine Vielzahl der in Teleheimarbeit zu erledigenden Arbeitsaufgaben bei einer Bewertung nach diesen Merkmalen erhebliche Defizite aufweist.

Eine zusammenfassende Gegenüberstellung von Vorteilen und Nachteilen der Teleheimarbeit findet sich bei BÜSSING, DRODOFSKY und HEGENDÖRFER (2003; vgl. auch BÜSSING und KONRADT 2006). Ähnlich wie im Bericht von MORF und ALEXANDER (1984) wird hier eine Differenzierung nach den Dimensionen Arbeitnehmer, Arbeitgeber und Gesellschaft vorgenommen (vgl. Tabelle 5.12).

Tabelle 5.12: Beispiele für Vor- und Nachteile der Telearbeit für Arbeitnehmende, Arbeitgebende und Gesellschaft (aus: BÜSSING, DRODOFSKY und HEGENDÖRFER 2003, 22)

	Vorteile	**Nachteile**
Arbeitnehmer	Einsparung an Zeit und Stressminderung durch verringerten Berufsverkehr	Soziale Isolation
	Erhöhte Eigenverantwortlichkeit und Selbstorganisation der Arbeit	Verlust sozialer und berufsbezogener Kompetenzen, verringerte Karrierechancen
	Störungsfreies Arbeiten, d.h. keine ungeplanten Gespräche mit Kollegen/ Kunden	Störungen durch die Familie
	Bessere Vereinbarkeit von Berufs- und Familienleben	Fehlende Trennung von Beruf und Familie
	Erhöhung der Arbeits- und Familien-/ Freizeitzufriedenheit	Verlust an organisationaler Bindung
	Verbesserung des Zeitmanagements	

5.7 Telearbeit – Überwindung der Ortsgebundenheit

	Vorteile	**Nachteile**
Arbeitgeber	Qualitative und quantitative Verbesserung der Arbeitsergebnisse	Erhöhter Koordinierungsbedarf
	Kostenreduktion, u.a. Einsparung von Büroräumen, Zulagen (z.B. Fahrgeldzuschuss), Energie (Strom- und Heizkosten), Parkplätze	Kosten für Einrichtung und Unterhalt des Telearbeitsplatzes
	Erhalt und leichtere Wiedereingliederung von Mitarbeitern	Verlust an Einfluss der Vorgesetzten; Führung und Kontrolle auf Distanz
	Geringerer Absentismus	Verschlechterung der Kommunikation mit den Mitarbeitern
	Flexiblere Gestaltung der Arbeitszeiten	Geringere Datensicherheit
Gesellschaft	Sicherung bestehender Arbeitsplätze, wenn diese auf Grund von Erziehungszeiten, gesundheitlichen Problemen etc. aufgegeben werden müssten	Bedeutungsverlust der persönlichen/ sozialen Kontakte
	Verbesserung der Integration von Behinderten	Entkopplung von gesellschaftlichen Zeitrhythmen
	Entlastung der Verkehrswege und Entzerrung der Verkehrsstoßzeiten	Erhöhung von Freizeitverkehr
	Erschließung strukturschwacher Regionen	

Bei BÜSSING, DRODOFSKY und HEGENDÖRFER (2003) sind als interessante Beispiele Betriebsvereinbarungen zur Telearbeit bei der Oberfinanzdirektion München, der Bayer AG und dem Sparkassen-Rechenzentrum Rheinland wiedergegeben.

In der Schweiz hat der VERBAND DES PERSONALS ÖFFENTLICHER DIENSTE (VPOD) eine durchaus differenzierte Position bezogen: «Aus gewerkschaftlicher Sicht ist die Tele-Arbeit mit Vorsicht zu diskutieren. Zwar segelt sie unter dem positiven Stichwort Dezentralisierung, doch besteht die Gefahr, dass mit der Tele-Arbeit eine neue Form ungeschützter Heimarbeit geschaffen wird, die gekennzeichnet ist durch ungeregeltes, sozial isoliertes Arbeiten. Aus diesem Grund ist Tele-Arbeit nur dann vertretbar, wenn sie in Satellitenbüros, mit mehreren gleichzeitig Beschäftigten geleistet wird. Für solche Satellitenbüros sollten zudem dieselben arbeitsorganisatorischen Grundsätze gelten wie in den Unternehmen. Weiter ist darauf zu achten, dass die gleichen

Anstellungsbedingungen vereinbart werden und die Satellitenbüros nicht etwa dem Heimarbeitsgesetz, sondern dem Arbeitsgesetz unterstellt werden» (VPOD 1990, 10f.).

Damit wird insgesamt deutlich, dass Teleheimarbeit in einer Vielzahl – möglicherweise der Mehrzahl – von Fällen arbeitswissenschaftlichen Anforderungen an Arbeits- und Aufgabengestaltung nicht entspricht. Folgerichtig wird sie von JAEGER, BIERI und DÜRRENBERGER (1987) auch als «Sackgasse» bezeichnet. Tatsächlich stellt sie aber für definierbare Personengruppen – z.B. Frauen in bestimmten Lebensphasen oder Menschen, die wegen körperlicher Behinderung das Haus nicht verlassen können – manchmal die einzige Möglichkeit dar, am Erwerbsleben teilzunehmen (vgl. dazu auch HOLTI und STERN 1986).

5.7.3 Arbeit im Satellitenbüro

Die Einrichtung von Satellitenbüros – in denen mehrere Personen zusammen arbeiten – verdient besonderes Interesse, zumal sich damit viele der von MORF und ALEXANDER genannten Nachteile individueller Telearbeit vermeiden lassen.

Tabelle 5.13 gibt einen Überblick über einige frühe Beispiele für die Einrichtung von Satellitenbüros bzw. Telearbeitszentren in verschiedenen Ländern. Andere Beispiele finden sich u.a. bei GOLDMANN und RICHTER (1991) sowie bei DÜRRENBERGER und JAEGER (1993).

Tatsächlich zeigen bereits die früheren Berichte von HOLTI und STERN (1986) über *Telearbeitszentren* in Deutschland, Frankreich und Schweden sowie von JAEGER, BIERI und DÜRRENBERGER (1987) über Telearbeitszentren in der Schweiz das beachtliche Potenzial dieser soziotechnischen Innovation (vgl. auch BAITSCH et al. 1991). Auch die neueren Arbeiten von BÜSSING (1998, 1999), BÜSSING und AUMANN (1996, 1997) machen deutlich, dass Telearbeitszentren die arbeitswissenschaftlichen Kriterien wesentlich besser zu erfüllen in der Lage sind als die wesentlich weiter verbreitete Teleheimarbeit (vgl. Kasten 5.17, S. 414). Dass sie darüber hinaus einen bedeutsamen Beitrag zur Regionalentwicklung leisten können, zeigen Arbeiten aus der Humanökologie (JAEGER, BIERI und DÜRRENBERGER 1987, DÜRRENBERGER und JAEGER 1993).

5.7 Telearbeit – Überwindung der Ortsgebundenheit

Tabelle 5.13: Beispiele für Telearbeit in verschiedenen Ländern

Land	Unternehmen	Typ	Anzahl Personen	Tätigkeiten/Bemerkungen
USA	Control Data	TH	500	Unterrichtsmaterial für CAI erstellen
USA	IBM	TM	1000	Wechselweise Arbeit zu Hause und im Betrieb
BRD	IBM	TH	350	Verschiedene Arbeiten
BRD	Pfennigparade	TH	70	Teleprogrammieren/Behinderte
BRD	Integrata	TAZ	20	Programmierarbeiten
F	La Redoute	TAZ	500	Telefonverkauf
GB	ICL	TH	200	Programmierarbeiten
Japan	NEC	TAZ	10	Softwareentwicklung
Indien	Swissair	TAZ	10	Reservationskontrolle
CH	Zürich-Versicherung	TAZ	12	Softwareentwicklung
CH	Genossenschaft/PTT	TAZ*	6	Textverarbeitung/Sekretariatsarbeiten/Auskunftsdienst 111
CH	Schweizerische Kreditanstalt	TAZ	5–15	Softwareentwicklung/Direct Marketing
CH	Winterthur Versicherungen	TAZ	6	Softwareentwicklung
CH	STR	TAZ	6	Softwareentwicklung

TH = Teleheimarbeit   TAZ = Telearbeitszentrum   TM = Mischform Teleheimarbeit/Arbeit im Betrieb

* Vom Geografischen Institut der ETH Zürich initiiert

Damit stellt sich die Frage, weshalb eine nachweisbar nicht nur arbeitswissenschaftlich gut begründbare, sondern auch wirtschaftlich sinnvolle Arbeitsform von Unternehmen kaum aufgegriffen und genutzt wird. Die Mehrzahl der denkbaren Antworten stellt den dafür zuständigen Entscheidungsträgern kein besonders gutes Zeugnis aus.

In diesem Zusammenhang ist das Studium derartiger Entwicklungen in Japan insofern besonders interessant, als die Schaffung von Tele-Arbeitstätigkeiten in wohnnahen Bereichen von einigen Experten dort ausdrücklich als zukunftsweisend bezeichnet wurde.

Ein frühes japanisches Beispiel für Telearbeit ist das von der NEC Corporation betriebene Satellitenbüro in Kichijoji bei Tokio. Das «C&C satellite office» – C&C steht für Computer and Communication – wird als «japanese style ‹work at home› environment» bezeichnet. Typisch japanisch wird diese Form des Satellitenbüros deshalb genannt, weil (1) die Mentalität der Japa-

> **Kasten 5.17:** Positiv zu bewertende Merkmale kollektiver Telearbeit (aus: BÜSSING und AUMANN 1997a, 242)
>
> - «Soziale Isolation unter häuslicher Telearbeit kann vermieden werden;
> - in die Arbeitsgestaltung können kooperations- und kommunikationsorientierte Arbeitsaufgaben mit einbezogen werden;
> - in täglicher face-to-face Kommunikation mit Kollegen und Kunden können soziale Kompetenzen genutzt werden;
> - Der Informationsfluss bei der Arbeit wird aufrechterhalten, speziell in Bezug auf die Versorgung mit informellen Informationen;
> - (symbolische) Grenzen zwischen Arbeit und Nicht-Arbeit bleiben erhalten, so dass der Übertragung von Belastungen zwischen Beruf und Privatleben durch die Entprivatisierung des häuslichen Bereichs begegnet werden kann;
> - Dezentralisierung, Flexibilisierung und die Wohnortnähe kollektiver Telearbeitsplätze schaffen familienfreundliche Arbeitsbedingungen;
> - und erlauben einen direkteren Kontakt zu den Kunden vor Ort;
> - Pendlerverkehr und damit verbundener Stress kann reduziert werden;
> - technologische Infrastruktur, Ausstattung und Arbeitsplatzgestaltung sind in der Regel überlegen; sie erlauben und unterstützen anspruchsvolle und komplexe Arbeitsaufgaben;
> - die telematische Ausstattung kann intensiver, ökonomischer und ökologischer genutzt werden;
> - die Funktionstüchtigkeit der Infrastruktur und Ausstattung kann einfacher gewährleistet werden. Zur Korrektur von Störungen, Systemabstürzen, Netzwerkproblemen usw. ist häufig technologisches Know-how vorhanden;
> - rechtliche Aspekte wie z.B. Haftungsfragen, Arbeits- und Gesundheitsschutz, Sicherheit am Arbeitsplatz sind einfacher zu regulieren und zu kontrollieren.»

ner mehr auf Gruppen als auf Individuen orientiert sei und weil es (2) schwierig sei, in den üblicherweise eher kleinen Wohnungen auch noch Arbeitsplätze einzurichten. (FUJINO, TERASHIMA, AZUMA, TSUCHIYA und KUBO 1986, 1). Als Lösung dieser Probleme wird das Konzept eines Satellitenbüros vorgestellt, in dem Beschäftigte, die unterschiedliche Tätigkei-

5.8 Telearbeit – Überwindung der Ortsgebundenheit

ten ausführen und verschiedenen Unternehmen angehören können, in einem Büro arbeiten, das in ihrem Wohnquartier angesiedelt ist. Damit soll insbesondere für Ältere, Hausfrauen und Körperbehinderte eine Arbeitsmöglichkeit geschaffen werden; ausserdem soll es eine gewisse Anziehungskraft auf Personen ausüben, die in ihr Wohnquartier zurückzukehren wünschen oder bereits dorthin zurückgekehrt sind.

Im September 1984 eröffnete NEC ein Modell-Satellitenbüro in Kichijoji, Musachino-Shi, einer etwa zwanzig Kilometer vom Zentrum Tokios entfernten Vorstadt. Das Büro, dessen Etablierung im Rahmen des japanischen nationalen INS-Programms (INS entspricht dem europäischen ISDN) erfolgte, ist neben der für die Entwicklung von Software erforderlichen technischen Ausrüstung mit «INS-equipments» ausgestattet, d.h. mit digitalen Telefonterminals, digitalem Faksimile, digitalen Standbildterminals und einem «Video Response System»-Terminal. Die INS-Ausstattung wurde von der japanischen Post (NTT) zur Verfügung gestellt, die nahebei in Mikita ein mit fortschrittlichster Technologie ausgerüstetes Kommunikationszentrum unterhält. Die Einrichtung dieses Kommunikationszentrums dient der Gewinnung und Evaluation von Erfahrungen im Rahmen des INS-Programms.

Im NEC-Satellitenbüro arbeiten auf einer Fläche von ca. 160 m^2 zehn männliche und weibliche Beschäftigte, alle im Bereich Softwareentwicklung. Da die Beschäftigten nicht durch eine gemeinsame Aufgabe miteinander verbunden sind, handelt es sich innerhalb des Satellitenbüros nicht um Gruppenarbeit. Allerdings gehört jede der hier tätigen Personen zu einer Gruppe, deren Arbeitsort entweder in der Zentrale von NEC oder in einer der zum Unternehmen gehörenden Fabriken bzw. Laboratorien angesiedelt ist. Die im Zuge der Softwareentwicklung erforderliche Kommunikation mit den jeweils anderen Gruppenmitgliedern findet über Telekommunikationsmittel statt, unter denen Videokonferenzen eine wichtige Rolle spielen. Die für das Konzept verantwortlichen Manager sahen in der Tatsache, dass jede der im Satellitenbüro arbeitenden Personen einer anderen, ausserhalb von Kichijoji angesiedelten Gruppe angehört und mit dieser durch die gemeinsame Aufgabe verbunden ist, kein besonderes Problem. Inzwischen wird diese Konzeption allerdings neu durchdacht, und es ist zu erwarten, dass in Zukunft das Konzept der gemeinsamen Aufgabe vermehrt Platz greift.

Ergebnisse schriftlicher Erhebungen im Satellitenbüro Kichijoji zeigen, dass die Befragten die Arbeit «based on one's own schedule» schätzen und als eine der Auswirkungen davon eine Verbesserung von Effizienz und Produktqualität registrieren (NAKABAYASHI et al., 1986, 14). Ausserdem förderten die

nach ergonomischen Regeln gestaltete Arbeitsumgebung und die technisch optimale Arbeitsplatzausstattung die Möglichkeit zu Konzentration und kreativer Arbeit. Einige der Beschäftigten klagten aber auch darüber, dass sie sich durch die aus verschiedenen Gründen für erforderlich gehaltene ständige TV-Kontrolle des gesamten Raumes belastet fühlen (TSUCHIYA et al. 1986, 22).
Nach Einschätzung der für die Konzeption der Satellitenbüros verantwortlichen Experten der NEC Corporation sind derartige Arbeitsstrukturen in wohnnahen Bereichen «a part of the future society» (FUJINO et al. 1986, 7).

Zusammenfassend lässt sich festhalten, dass mit der Einrichtung von Telearbeit – insbesondere in Satellitenbüros bzw. Telearbeitszentren – mehrere positiv zu bewertende Entwicklungen miteinander verknüpft werden können. So kann Telearbeit zur Optimierung von Regionalstrukturen beitragen, indem vorhandene Qualifikationen auch in wirtschaftlich benachteiligten Regionen wie zum Beispiel Berggebieten nutzbar gemacht werden und damit Interesse an verwertbarer Qualifizierung ausgelöst wird. Gleichzeitig können Unternehmen, die in städtischen Agglomerationen nicht genügend ausgebildete Mitarbeiter finden, auf diesem Wege einen Teil ihrer Rekrutierungsprobleme lösen. Mit der für die Beschäftigten vorteilhaften Reduzierung von Arbeitswegen ist zudem eine Minderung des Verkehrsaufkommens verbunden. Schliesslich kann für die Beschäftigten Telearbeit – sofern sie rechtlich entsprechend abgesichert ist – auch eine besondere Chance bieten, ihre Arbeitstätigkeit und die Realisierung anderer Lebensinteressen optimal miteinander zu verbinden.
Im Bericht an den Club of Rome ‹Wie wir arbeiten werden› heisst es dementsprechend, dass Telearbeit bessere Arbeitsmöglichkeiten für teilweise oder dauernd Behinderte oder Frauen im Mutterschaftsurlaub biete, aber auch «generell für jeden, der sein Leben nicht gemäss traditionellen Vorgaben der Präsenzsysteme in Fabrik und Büro, sondern entsprechend seiner persönlichen Präferenzen einrichten will» (GIARINI und LIEDTKE 1998, 169).

Wo immer und aus welchen Gründen auch immer Teleheimarbeit eingeführt wird, bedürfen die Arbeitsinhalte und die äusseren Arbeitsbedingungen also besonders sorgfältiger Prüfung. Zu prüfen ist grundsätzlich aber auch, ob Möglichkeiten für alternierende Telearbeit oder für die Einrichtung von Telearbeitszentren bestehen.

5.8 Arbeit im Call Center

Ergebnisse neuerer Untersuchungen machen deutlich, dass Arbeit im Call Center zu jenen «Arbeits- und Organisationsformen der Zukunft» gehören, die mit besonderen Belastungen verbunden sind, sofern nicht gezielt Vorkehrungen getroffen werden, die einerseits die arbeitspsychologischen Konzepte der Aufgabengestaltung berücksichtigen, andererseits die Tatsache, dass es sich bei Call-Center-Arbeitsplätzen um Bildschirmarbeitsplätze handelt (SCHERRER 2000, 2001, 2002; WIELAND 2000).

So zeigen etwa die von GERLMAIER, BÖCKER und KASTNER (2001), ISIC, DORMANN und ZAPF (1999), METZ, ROTHE und DEGENER (2001) sowie SCHERRER (2000) mitgeteilten Befunde, dass die Arbeit in Call Centern vielfach durch einen hohen Anteil vorstrukturierter Arbeitsabläufe mit kurzzyklischen Routineaufgaben gekennzeichnet ist, die einerseits hohe Aufmerksamkeit und kundenorientierte Zuwendung erfordern, andererseits kaum Tätigkeitsspielraum bieten.

«Die Arbeit im Call Center ist durch eine Mehrfachtätigkeit mit hohen mentalen und emotionalen Anforderungen gekennzeichnet: Gleichzeitige Aufnahme und Verarbeitung visueller und auditiver bzw. sprachlicher Signale, manuelle Eingabe von Daten während der Kundenbetreuung (z.B. Adressen) sowie Abgabe mündlicher Informationen an den Kunden. Die ständige Kommunikation mit wechselnden Kunden am Telefon, das Eingehen auf die unterschiedlichsten Bedürfnisse und Anliegen, die Aufforderung stets freundlich zu sein und zu bleiben, erfordert von den Beschäftigten ein hohes Mass an Daueraufmerksamkeit, Konzentration und emotionaler Selbstregulation (vgl. dazu SCHERRER, 2000)» (SCHERRER 2001, 172).

Die Analysen der seit der zweiten Hälfte der 1990er Jahre in Deutschland durchgeführten Untersuchungen (ISIC, DORMANN & ZAPF 1999; METZ, ROTHE & DEGENER 2001; SCHERRER 2000, 2001; SCHERRER & WIELAND 1999; GREBNER, SEMMER, LO FASO, GUT, KÄLIN und ELFERING 2003; WIELAND 2006; DUMKE 2008; WIELAND, KLEMENS, SCHERRER, TIMM & KRAJEWSKI 2004) weisen auf enge Tätigkeitsspielräume bei oft hohem Zeitdruck und eingeschränkter körperlicher Aktivität hin. WIELAND, METZ und RICHTER (2001, 2002) zeigten in einer Untersuchung in 22 Call Centern mit insgesamt 1308 Arbeitsplätzen, dass diese im Vergleich zu Arbeitsplätzen in der öffentlichen Verwaltung, bei Zeitarbeit, Bildschirmarbeit, in der Computer- und der Chemieindustrie ein deutlich höheres psychisches Belastungspotenzial aufweisen. Die genauere Analyse der Call-Center-Arbeitsbedingungen machte deutlich,

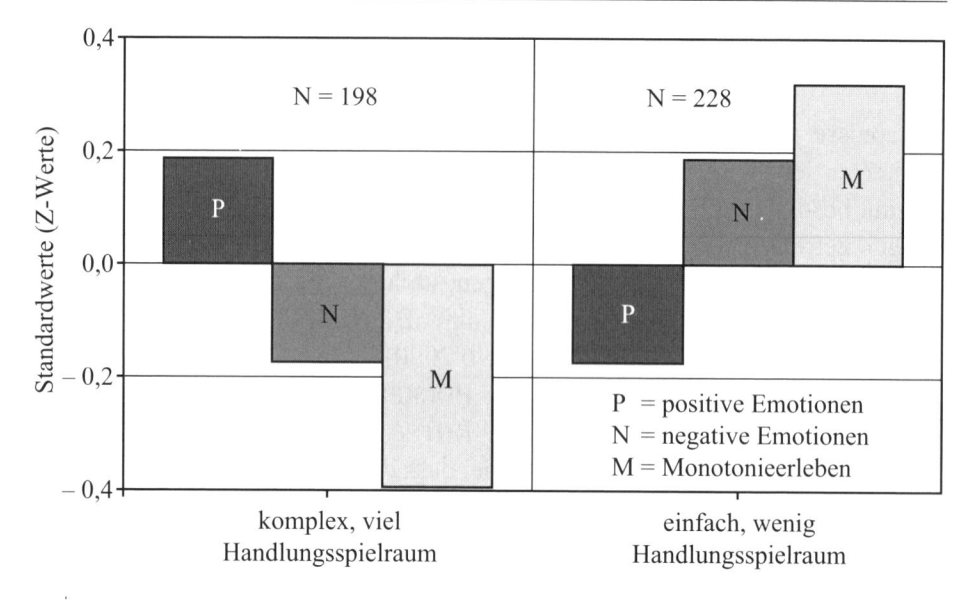

Abbildung 5.15: Befindenszustände während der Arbeit im Call Center in Abhängigkeit von Aufgabenmerkmalen (aus WIELAND, 2003)

dass an Arbeitsplätzen mit neo-tayloristischen Anforderungsstrukturen – einfache Aufgaben mit hohen Routineanteilen und geringen Handlungsspielräumen bei gleichzeitig hohem Zeit- und Leistungsdruck – positive Gefühle signifikant weniger, negative Befindenszustände (Ärger, Nervosität, Monotonieerleben) dagegen signifikant häufiger auftraten als an Arbeitsplätzen mit vielfältigen Aufgaben bzw. grossen Handlungsspielräumen. Gleiches gilt für Regulationsbehinderungen bei der Aufgabenbewältigung, wie z.B. fehlende Aufgabentransparenz, störende Umweltbedingungen, Störungen der Arbeitsabläufe oder fehlende Rückmeldung über Arbeitsergebnisse (vgl. Abbildung 5.15).

Nach den Angaben der Autoren können die in den ungünstig gestalteten Arbeitsstrukturen häufiger auftretenden negativen Befindenszustände langfristig zu Burnout ($r = .43$), körperlichen Beeinträchtigungen und psychosomatischen Beschwerden, wie z.B. Herz-Kreislauf- oder Magenbeschwerden ($r = .52$), führen. Allerdings zeigte sich in dieser Untersuchung auch, dass Personen mit hoher Belastbarkeit über weniger Burnout-Symptome berichteten als

5.8 Arbeit im Call Center

Personen mit geringerer Belastbarkeit (r = -.62). Für das Ausmass psychosomatischer Beschwerden konnte ein derartiger Zusammenhang nicht gefunden werden.
In diesem Zusammenhang ist der von HUTCHINSON und KINNIE (2000) berichtete Modellversuch von besonderem Interesse. Hier wurden in einem britischen Call Center mit rund 200 Beschäftigten im Anschluss an eine Analyse der Arbeitsbedingungen bisher getrennte Aufgaben, wie Telesachbearbeitung und Televerkauf, zusammengeführt, entsprechende Qualifizierungs- und Entwicklungsmöglichkeiten geschaffen und teamähnliche Strukturen entwickelt. Zu den Ergebnissen des Projekts gehörte neben verbesserter Leistung und Kundenzufriedenheit eine Abnahme von Fluktuation und Fehlzeiten.
«Ein Weg Belastungen zu reduzieren, besteht demnach in einer Arbeitsorganisation, die vielfältige qualifizierte Aufgaben mit entsprechenden Handlungsspielräumen bereitstellt. Dies ist in vielen Call Center nur über eine Mischung von sogenanntem ‹Front-Office› (ausschliesslich ausführende Telefonie) und ‹Back-Office› (Sachbearbeitungsanteile, Vorbereitung und Organisation) zu realisieren» (SCHERRER 2002, 10). Nach den von BAUMGARTNER und UDRIS (2005), die vier Typen von Call Centern – Beratungs- und Beschwerdenmanagement, Informationsmanagement, Auftragsmanagement, Kunden- und Kampagnenmanagement – unterscheiden, berichteten Erfahrungen aus der Schweiz werden derartige Massnahmen in den von ihnen untersuchten Call Centern tatsächlich nur selten realisiert. «Statt sich auf Aspekte der Tätigkeit und der Arbeitsorganisation zu konzentrieren, richten die Call Center Betreiber ihren Fokus auf die Optimierung der Prozessabläufe und nehmen damit eine noch stärkere Rigidität des Handlungsspielraumes der CCA in Kauf» (BAUMGARTNER und UDRIS 2005, 15).
WIELAND, METZ und RICHTER (2002, 58) leiten aus den Ergebnissen ihrer Analysen einige «Faustregeln» für die Gestaltung von Call-Center-Tätigkeiten ab: «Der Schlüssel zum Erfolg für erfolgreiche Arbeit und gesunde sowie zufriedene Mitarbeiter liegt eindeutig in der Art und Weise, wie die Arbeit im Unternehmen gestaltet ist!

Effektiv gestaltete Arbeit im Call Center zeichnet sich aus durch …
1. *einen Telefonie-Anteil, der nicht über 60%* der Arbeitszeit liegt …
2. *gut gestaltete Aufgabenbedingungen:* dazu gehören z.B. angemessene Arbeitsanforderungen, Tätigkeitsspielräume, optimale Leistungs- und Zeitvorgaben, gute Rahmenbedingungen etc. …

3. *ein gutes Verhältnis von Telefonie- und Sachbearbeitungstätigkeit (Mischarbeit)* ... Mischarbeit sollte Anteile an Inbound-, Outbound- und Back Office-Tätigkeiten sowie Aufgaben mit komplexen und einfachen Anforderungen enthalten. ...
4. *die Partizipation und Mitbestimmung der Agenten* bei wichtigen Entscheidungen zur Arbeitstätigkeit ...
5. *Qualifizierung und Training der Agenten gleichberechtigt im fachlichen* (produkt- und aufgabenbezogen) und *sozial-kommunikativen Bereich* ...
6. *ein regelmässiges Kurzpausensystem* von durchschnittlich 5 Minuten pro Arbeitsstunde. ...»

Ein Beispiel für Mischarbeit mit einem Telefonieanteil von knapp 55%, «während Backofficearbeiten sowie andere telefonunabhängige Kommunikationstätigkeiten 45% ausmachen», findet sich im Bericht von SCHWEER und MEYER (2007) über die auf dem Konzept der prospektiven Arbeitsgestaltung beruhende Einrichtung des Kommunikationscenters der Stadtsparkasse Hannover.

In Bezug auf die empfohlene Mischarbeit ist im Übrigen der Hinweis von DUMKE (2008, 96) zu beachten, dass «Inbound-Tätigkeiten durch eine höhere Arbeitskomplexität, Variabilität und größere Handlungsspielräume gekennzeichnet» sind .

In Bezug auf die Pausenregelung ist schliesslich auf das von KRAJEWSKI und WIELAND (2003) entwickelte SilentRoom^R Pausenkonzept einer tiefenentspannungsbasierten Erholung hinzuweisen (vgl. dazu auch KRAJEWSKI 2006; KRAJEWSKI und WIELAND 2006; TAUBERT und KRAJEWSKI 2006). Eine Evaluation für Call Center ergab sowohl unmittelbare als auch die Arbeitszeit überdauernde positive Veränderungen physiologischer Parameter und im Vergleich zu konventioneller Pausengestaltung positive Ergebnisse in Bezug auf Leistungstests (KRAJEWSKI und WIELAND 2003).

Bei DEBITZ und SCHULZE (2002) finden sich teils ergänzende, teils differenzierende Hinweise auf Möglichkeiten einer systematischen Verbesserung der Arbeitsbedingungen im Call Center (vgl. Kasten 5.18).

Dass die Realisierung der in Kasten 5.18 wiedergegebenen Vorschläge in zahlreichen Call Centern zu tiefgreifenden Restrukturierungen führen müsste, ist offensichtlich.

5.8 Arbeit im Call Center

Kasten 5.18: Möglichkeiten einer Verbesserung der Arbeitsbedingungen im Call Center (aus DEBITZ & SCHULZE 2002, 18 f.)

1. Organisationsgestaltung
- Mischtätigkeiten als Möglichkeit der Aufgabenbereicherung (In- und Outbound sowie Backoffice) schaffen
- Eignungsmerkmale und Erweiterung der Qualifikation beachten
- Teamarbeit ermöglichen (z.B. Patenschaften erfahrener Agents für Novizen oder überlappende und flexible Zuordnungen verschiedener Aufträge an kleine Gruppen)
- Befähigung der Beschäftigten zur Selbstorganisation und Bereitschaft zur Umstellung, um auf dynamische Marktbedingungen reagieren zu können

2. Auftragsbedingte Schwierigkeitsmessung
- Messung der kognitiven Schwierigkeit von Gesprächsleitfäden
- Konsequenzen für die Entlohnung
- durchschnittliche Dauer der Gesprächsführung in unterschiedlichen Aufträgen beachten
- längere Bearbeitungszeiten korrespondieren mit weniger Monotonie und Sättigungserleben sowie grösseren Tätigkeitsspielräumen und besserer Qualifikationsnutzung
- Agents partizipativ in die Aushandlungs- und Strukturierungsphasen neuer Aufträge sowie in die Arbeitsverteilung und Pausengestaltung einbinden

3. Kognitive Leistungsfähigkeit der Agents sichern
- Eignungsauswahl bzw. Training der Beschäftigten in Bezug auf die Fähigkeiten
- zur Bewältigung paralleler Anforderungen (Multitasking: Hören, Sprechen, Schreiben)
- zur Bewältigung des schnellen Wechsels zwischen unterschiedlichen Kunden- und Auftragsorientierungen (task switching)

4. Präventionsmassnahmen einplanen
- Erhalt und Stärkung der Gesundheit, der sozialen Kompetenz und der emotionalen Stabilität

- Hauptrisiken: erhöhte psychosomatische Beschwerden (vor allem Muskel-Skelett), Belastung der Stimme sowie emotionale und soziale Stressfaktoren
- Gefahren vor allem bei jüngeren Beschäftigten nach 1 Jahr Tätigkeit im Call Center diagnostiziert; ältere Beschäftigte zeigen deutlich bessere Bewältigungsmuster

6. Kapitel

Qualifizierung und Veränderungsbereitschaft

Im vierten Kapitel wurden arbeitspsychologische Konzepte für die Gestaltung von Arbeitstätigkeiten dargestellt und Möglichkeiten ihrer Umsetzung an Hand von Fallbeispielen beschrieben. Dabei ist deutlich geworden, dass persönlichkeitsförderliche Arbeitsgestaltung untrennbar verbunden ist mit Massnahmen vorauslaufender oder begleitender Qualifizierung. Im fünften Kapitel wurden arbeitspsychologische Konzepte für den Einsatz neuer Technologien dargestellt und die Nutzung menschlicher Kompetenz als Voraussetzung für deren effiziente Beherrschung genannt. Dabei ist deutlich geworden, dass Qualifizierung nicht als zu minimierender Kostenfaktor, sondern als strategische Investition zu begreifen ist.
Nach wie vor aber gilt für weite Bereiche der Wirtschaft, dass die Bedeutung von ‹Denkleistungen› für die Arbeit der direkt produktiv Beschäftigten systematisch unterschätzt und die tayloristische ‹Trennung von Denken und Tun› aufrechterhalten wird.

6.1 Die Bedeutung von Denkleistungen für die Produktion

Zwischen dem Anfang der 1960er und der Mitte der 1970er Jahre wurde eine Reihe von bedeutsamen Untersuchungen durchgeführt mit dem Ziel, die Frage nach den Ursachen von Leistungsunterschieden in der Produktion empirisch zu beantworten. Die Ergebnisse zeigten übereinstimmend, «dass interindividuelle Leistungsdifferenzen in der Produktionsarbeit sehr wesentlich auf das unterschiedliche Niveau der intellektuellen Bewältigung von Arbeitsanforderungen zurückgehen» (NEUBERT 1972, 105).

Als Beispiel sei hier zunächst die Untersuchung von ILLING (1960) genannt, der bei zwei Kreuzspulerinnen in der Kunstseidenproduktion, deren Arbeitsleistung eine Differenz von 33 Prozent aufwies, vergleichende Tätigkeitsanalysen durchführte. Bei nachweisbar identischen Tätigkeitsbedingungen und gleichem Berufsalter erbrachte die eine Frau in vier Arbeitstagen die gleiche Arbeitsleistung wie die andere in fünf Arbeitstagen. ILLING konnte zeigen, dass diese beträchtliche Leistungsdifferenz primär Ausdruck einer unterschiedlichen Planung und Organisation des Tätigkeitsablaufes war. In einer darauf aufbauenden Untersuchung an repräsentativen Stichproben von ‹leistungsstarken› und ‹leistungsschwachen› Schärerinnen in einem Betrieb der Kunstseidenproduktion kam QUAAS zum gleichen Ergebnis: « ‹Gute› und ‹schlechte› Schärerinnen unterschieden sich massgeblich durch die Ausprägung der vorausschauenden, planenden und organisatorischen Tätigkeit (das heisst der eigentlichen intellektuellen Prozesse)» (QUAAS 1965, 38).

Unterschiede zwischen ‹leistungsstarken› und ‹leistungsschwachen› Schärerinnen machten sich insbesondere in den unterschiedlichen Stillstands- und Behebungszeiten bei Fadenbrüchen bemerkbar. Nach den Angaben von QUAAS (1976, 150) sind nahezu drei Viertel der Differenz der Stillstandszeiten «bedingt durch Unterschiede in der kognitiven Aufgabenbewältigung, die an die Nutzung unterschiedlich differenzierter und effektiver innerer Modelle gebunden ist». Die Beschreibung unterschiedlicher Verhaltensweisen zur Vermeidung von Fadenbrüchen und zu deren Behebung erinnern im Übrigen an die Beobachtungen, die LEWIN und RUPP (1928) mitgeteilt haben.

Auch nach der, Untersuchungsergebnisse aus der Sowjetunion resümierenden, Feststellung von TSCHEBYSCHEWA (1968, 131) bestehen die Unterschiede in der Tätigkeit von Arbeitern und Lehrlingen mit unterschiedlicher Arbeitsproduktivität «... weniger in besonderen Handgriffen als in der Fähigkeit ..., die Arbeitsprozesse aufzubauen, das heisst ihren Ablauf zu planen, zu organisieren, zu kontrollieren und zu regeln».[1]

Über einen damit übereinstimmenden Befund berichteten HACKER und VAIC (1973), die die Ursachen für Leistungsunterschiede in der Grössenordnung von dreissig Prozent in der Dreherei eines Geräte- und Maschinenbaukombinats analysierten. 30 Prozent der Beschäftigten erbrachten im Mittel nur 82 Prozent der vorgegebenen Leistungsnorm, während 31 Prozent diese Norm im Mittel mit 110,1 Prozent übertrafen. «Allgemeine Arbeitsbedingungen, die Art der Aufträge, Maschinen oder Werkstoffe konnten wegen ihrer Gleichartigkeit den 30%-Leistungsunterschied nicht erklären» (HACKER

---

[1] Nicht zufällig bezeichnete AEBLI (1980) schliesslich Denken als das «Ordnen des Tuns» (!).

6.1 Bedeutung von Denkleistungen für die Produktion

1973, 15). Die sorgfältige Analyse der Tätigkeiten ergab, dass die Leistungsstärkeren die Mehrleistung nicht aufgrund höherer Zeitanteile für direkt produktive Teiltätigkeiten erzielten, sondern durch inhaltlich andere Nutzung der indirekt produktiven Teiltätigkeiten: «Der Anteil der Verlust- und Wartungszeiten ist geringer, die dadurch gewonnene Zeit wird vorzugsweise zur gründlicheren Vorbereitung und Planung, zur Einrichtung der Maschinen (Rüsten) und zu der Kontrolle der Fertigung verwendet» (HACKER, a.a.O.). Im Unterschied zu den ‹Leistungsschwächeren› nahmen die ‹Leistungsstärkeren› beim Rüsten weniger fremde Hilfe in Anspruch, bevorzugten Arbeitsaufträge mit kleinerer Stückzahl und reichten mehr Verbesserungsvorschläge ein. HACKER und VAIC (1973, 129) ziehen aus den Ergebnissen ihrer Untersuchung den Schluss, dass die analysierten Minderleistungen «fast vollständig durch die Leistungsvoraussetzungen der Arbeitskräfte bedingt sind ...», dass es sich dabei aber «um qualifikationsbedingte, also *veränderbare Leistungsvoraussetzungen*» handelt.

Schliesslich ist in diesem Zusammenhang ein von HERRMANN, NAUMANN und HACKER (1973) berichtetes Produktionsexperiment von besonderem Interesse. Die Autoren gingen von der Hypothese aus, «dass die intellektuelle Durchdringung einer Aufgabe nicht allein die Leistung erhöht, sondern Möglichkeiten besitzt, diese Leistungssteigerung mindestens ohne Beanspruchungs*steigerung* zu realisieren» (HERRMANN et al. 1973, 115). Für die Prüfung dieser Hypothese wurde «eine Bedientätigkeit vom Typus funktionsteiliger kollektiver Mehrmaschinenbedienung von Automaten mit überwiegend unvorhersehbarem und nicht vollständig beeinflussbarem Anfall von Bedienungserfordernissen» gewählt (a.a.O., S. 116). Mit zwei vergleichbaren Gruppen von je vier Facharbeitern wurden zwei unterschiedliche ‹Bedienstrategien› entwickelt und eingesetzt. Die Strategien unterschieden sich (1) durch die Art der Funktionsteilung zwischen den Arbeitern und, als Folge davon, (2) durch die Art und den Umfang kognitiver Anforderungen. Die erste Strategie ist gekennzeichnet durch eine strikte Aufteilung der Funktionen Fehlerentdeckung und Fehlerbehebung auf je zwei Gruppenmitglieder (Strategie S). Die zweite Strategie ist gekennzeichnet durch «situationsabhängig flexible» Aufteilung der genannten Funktionen auf alle vier Gruppenmitglieder (Strategie F). Die Autoren stellen fest, dass Strategie F umfassendere kognitive Anforderungen stellt.[2]

---

[2] Tatsächlich stellt diese Strategie, wegen der Notwendigkeit der kollektiven Selbstregulation, natürlich auch höhere Anforderungen an die soziale Kompetenz.

Die Ergebnisse der Untersuchung zeigen: (1) die Strategie der flexiblen Funktionsteilung zwischen allen Gruppenmitgliedern führte zu signifikant höherem Warenausstoss bei gleichzeitig geringerer Fehlerquote; (2) die signifikant höhere Leistung der flexiblen Strategie hatte im Vergleich zur weniger produktiven Strategie der strikten Funktionsteilung keine Mehrbelastung zur Folge.

Als Hauptursache für die höhere Produktivität der flexiblen Strategie wird eine auf kognitiver Leistung beruhende rationellere Selbstorganisation angenommen (vgl. Kasten 6.1).

Kasten 6.1: Auswirkungen unterschiedlicher kognitiver Strategien auf Leistung und Belastung bei Bedientätigkeiten
(aus: HERRMANN, NAUMANN und HACKER 1973)

«1. Kognitiv akzentuierte Strategien bestimmen bei objektiv gleicher Aufgabenstellung Menge und Qualität der Leistung und die resultierenden Anforderungen.
2. Die Wirkungsweise der geprüften unterschiedlichen Strategien besteht beim untersuchten, repräsentativen Typus von Bedientätigkeiten in aktiver Selbstorganisation der Tätigkeit im Sinne des Zurückdrängens unvorhersehbarer und aufwendiger Tätigkeitserfordernisse auf der Basis einer differenzierteren sowie umfassender antizipierenden (Redundanzen erkennenden und nutzenden) Orientierungsgrundlage.
3. Wegen der Mittlerfunktion kognitiv akzentuierter Strategien besteht kein eindeutiger Zusammenhang zwischen Leistungshöhe und Belastungswirkung. Kognitiv vermittelte Mehrleistungen können ... ohne erkennbare Mehrbelastung realisiert werden. Sie bedeuten damit nicht nur Produktivitäts-, sondern Effektivitätssteigerung.
4. Das Lehren rationeller Arbeitsverfahren kann höhere Leistungen ohne erkennbare kognitiv oder physisch bedingte Mehrbelastungen erzielen» (HERRMANN, NAUMANN und HACKER 1973, 120).

Auf die Bedeutung kognitiver Strategien – und damit die Notwendigkeit der Vermittlung kognitiver Regulationsgrundlagen – für das ‹Expertenkönnen› hat HACKER wiederholt (z.B. 1992, 2005) aufmerksam gemacht.

6.2 Qualifizierung durch Vermittlung kognitiver Regulationsgrundlagen

In den letzten Jahren wurde mehrfach darauf hingewiesen, dass Berufsausbildung und Personalentwicklung den aus neuen Produktionstechniken und Produktionskonzepten resultierenden Anforderungen an die Qualifikation der Beschäftigten keineswegs genügen. Dabei handelt es sich um «brisante und drängende Fragen, da sich abzeichnet, dass neuen Techniken eine defizitäre Qualifikationsbereitstellung in den Betrieben gegenübersteht» (SONNTAG 1986, 301). SONNTAG führt diesen Sachverhalt darauf zurück, dass Personalplanung zumeist eine an technischen und finanzwirtschaftlichen Zielen orientierte Sekundärplanung sei, abhängig von der Investitions-, Fertigungs- und Absatzplanung des jeweiligen Unternehmens. Im Übrigen sei die eben noch weit verbreitete «Personalentwicklung im traditionellen Verständnis» u.a. gekennzeichnet durch eine enge Begriffsauslegung, eine Überbetonung traditioneller Muster sowie eine Überbetonung des ‹management development› (SONNTAG 1986, 305ff.). Eine gezielte Förderung von Fach-, Methoden- und Sozialkompetenz sei indes Voraussetzung für die breite Verwendung von Qualifikationen in neuen Produktionsstrukturen mit ganzheitlichem Aufgabenzuschnitt.[3] Der «immer wieder erhobene Anspruch, Personalplanung zum integrativen Bestandteil unternehmerischer Gesamtplanung zu machen, muss endlich flächendeckend eingelöst werden» (SONNTAG 1996, 47).

In kaum einem anderen Bereich industrieller Arbeit wird aber bis heute die Verbreitung theorieloser Praxis so deutlich wie bei der Gestaltung von Qualifizierungsprozessen. Dies ist umso bemerkenswerter, als bereits in den 1960er und 1970er Jahren eine Reihe von Untersuchungsergebnissen vorgelegt wurde, die traditionelle Vorgehensweisen deutlich in Frage stellen.[4]

---

[3] Dies gilt in besonderer Weise auch für den Umgang mit Computern in Büro und Verwaltung. FRESE und BRODBECK (1989) haben den hierfür notwendigen Aufbau von Qualifikationen ausführlich und differenziert dargestellt. GREIF hat in diesem Zusammenhang die Notwendigkeit betont, exploratorisches Verhalten zu ermöglichen. In eigenen Untersuchungen konnte er zeigen, «dass Computerlaien bei Systemen, die eine individuelle Komplexitätsregulation fördern, nach einem ‹exploratorischen Fehlertraining› ganzheitliche, komplexe Testaufgaben besser bewältigen können als bei konventionellen Systemen und konventionellem Training» (GREIF 1994a, 105).

[4] z.B. ULICH 1965, 1967, ROHMERT, RUTENFRANZ und ULICH 1971, VOLPERT 1971, 1983b, SKELL 1972, 1980, TRIEBE 1973, TRIEBE und WUNDERLI 1976, WUNDERLI 1978, RÜHLE 1979, MATERN 1982.

In den genannten – und anderen, hier nicht aufgeführten – Arbeiten ging es in erster Linie um die Entwicklung und empirische Überprüfung von Trainings- und Anlernverfahren, bei denen das Schwergewicht auf die Regulation des Handelns durch Vorstellungs-, Denk- und Sprechprozesse gelegt wurde. Dabei handelt es sich um Trainingsformen, die dem Aufbau realitätsadäquater operativer Abbilder bzw. innerer Modelle der zu erlernenden Tätigkeit dienen.

Innere Modelle bzw. operative Abbilder – HACKER (1992) bezeichnet sie inzwischen auch als handlungsleitende psychische Abbilder (HAB) – beziehen sich (1) auf Arbeitsergebnisse bzw. Sollwerte, (2) auf die Ausführungsbedingungen von Arbeitstätigkeiten und (3) auf die «Transformationsbeziehungen zwischen Ist- und Sollzustand der Produkte» (HACKER, a.a.O.).

Die Bedeutung des operativen Abbildungssystems besteht darin, dass «seine Richtigkeit und Differenziertheit die Güte des an ihm orientierten Handelns determiniert» (HACKER 1978, 83). Das heisst: je realitätsangemessener das innere Modell ist, desto erfolgreicher kann eine Arbeitstätigkeit ausgeführt werden (vgl. Kasten 6.2).

Kasten 6.2: Operatives Abbildsystem am Beispiel Anlagenfahrer
(aus: HACKER 1986a)

«Er ‹weiss› um die in der Anlage ablaufenden Prozesse, ‹kennt› also die Art der Verknüpfung der technologischen Parameter, hat ‹Vorstellungen› vom Aufbau der inneren, dem Blick unzugänglichen Teile der Anlage, er ‹verfügt› über (‹kennt›) zahlreiche Signale, die ihm eingriffsrelevante Zustände des Prozesses anzeigen, er ‹verfügt› über die erforderlichen Massnahmen, er ‹kennt› mögliche Folgezustände bestimmter Handlungen, ihre Bedingungen, Zeitparameter sowie Eintrittswahrscheinlichkeiten – kurzum, er hat ein mehr oder weniger differenziertes, anschaulich-vorstellungsmässiges oder abstrakt-gedankliches, klar bewusstes und verbalisierbares oder randbewusst und sprachfern gegebenes, Zustände und Verläufe der Möglichkeit nach gleichermassen einschliessendes ‹Bild› von der Anlage, seinem Arbeitsprozess und den Rahmenbedingungen» (HACKER 1986a, 121).

6.2 Vermittlung kognitiver Regulationsgrundlagen

Erlernen und Wiedererlernen psychomotorischer Fertigkeiten können sich nach unterschiedlichen Trainingsmethoden vollziehen. Die gebräuchlichste Methode ist möglicherweise noch immer das *motorische* Training, das in der – mehr oder weniger reflektierten – planmässig wiederholten gezielten Ausführung der zu lernenden Bewegungsabläufe besteht. Vor allem in Bezug auf industrielle Anlernverfahren wird darüber hinaus das *observative* Training verwendet, worunter wir die planmässig wiederholte gezielte Beobachtung anderer Personen – in actu oder auf dem Bildschirm – verstehen.

Die systematische Beobachtung von Tätigkeitsabläufen anderer Personen dient vor allem «der Gewinnung einer Orientierungsgrundlage vor der eigenen aktiven Ausübung. Man muss wenigstens im Überblick erkannt haben, was, woraufhin, wann und wo getan werden muss» (HACKER und SKELL 1993, 228f.). Damit wird eine Basis für alle weiteren Lernschritte geschaffen. Von diesen Trainingsformen abzuheben sind jene Ansätze, die eine explizite Berücksichtigung von Denk- und Vorstellungsprozessen in der Trainingsplanung vorsehen. «Aktiv sind mithin die psychischen Regulationsgrundlagen, die motorische Aktivität – das scheinbar eigentlich Wesentliche – bleibt dagegen unterschwellig» (HACKER 1973, 340). Diese Trainingsformen werden als *mentales* Training bezeichnet (ULICH 1965).

Aufgrund theoretischer Überlegungen und praktischer Erfahrungen unterscheiden wir verschiedene Formen des mentalen Trainings, je nachdem ob das Schwergewicht der psychischen Regulationstätigkeit mehr auf ‹Denkprozesse› oder mehr auf ‹Vorstellungsprozesse› gelegt wurde (ULICH 1967). Der *gedankliche Vollzug* «kann sich auf den Ablauf einer Tätigkeit oder von grösseren Teilabschnitten im ganzen beziehen, aber auch auf die Analyse besonders schwieriger Teile. Dabei können zusätzlich Ursachen gesucht werden für die Schwierigkeit, bestimmte Bewegungen auszuführen, sowie Möglichkeiten, dennoch zum Erfolg zu gelangen» (HACKER & SKELL 1993, 349f.). Der *anschaulich-bildhafte Vollzug* besteht in einer intensiven vorstellungsmässigen Vergegenwärtigung der zu erlernenden Tätigkeit und ist zumeist von entsprechenden Körperempfindungen begleitet (vgl. Kasten 6.3).[5]

---

[5] So berichteten mental trainierende Personen in experimentellen Versuchsreihen wiederholt über Schmerzen, Verkrampfungserscheinungen und Ermüdungssymptome im mental trainierten Arm bzw. in der mental trainierten Hand.

> **Kasten 6.3:** Unterschiedliche Wirkungen des gedanklichen und des vorstellungsmässigen Vollzugs von Bewegungsabläufen (aus: HACKER und SKELL 1993)
>
> «Wenn es beim Vollzuge von Handlungen und Bewegungen darum geht, was woraufhin getan werden soll und in welcher Reihenfolge einzelne, insbesondere sprachlich gut charakterisierbare Bewegungen aufeinander folgen sollen, ist die erstgenannte Übungsform vorrangig am Platze. Geht es aber mehr um die sensumotorische Regulation im engeren Sinne, nämlich um die *Feinheiten des Bewegungsablaufs* hinsichtlich Richtung, Bewegungsweite, Kraftaufwand und Schnelligkeit, dann ist ohne die vorstellungsmässige Vergegenwärtigung nicht auszukommen. Was sich der handelnde Mensch dabei vorstellen muss, bezieht sich nur zum Teil auf optische Abbilder von Bewegungen. Ganz entscheidend für den Aufbau tätigkeitsbegleitender Regulationsgrundlagen sind taktilkinästhetische Repräsentationen der eigenen Bewegungen. Beim Erlernen komplexer Tätigkeiten werden meist beide Formen des mentalen Übens sinnvoll sein. Die Übergänge zwischen ihnen sind als fliessend zu betrachten» (HACKER und SKELL 1993, 350).

Von den mentalen Trainingsformen, die durch die explizite Berücksichtigung von Denk- und Vorstellungsprozessen gekennzeichnet sind, ist das *verbale* Training – oder: Training durch Verbalisation – abzuheben, dessen Kennzeichen die explizite Berücksichtigung von Sprechprozessen darstellt. Bei dieser Trainingsform unterscheiden wir zwischen der Kommunikation mit anderen Personen, z.B. dem Instruktor, dem Mitsprechen bei der Ausführung einer Tätigkeit und dem ‹Sprechen mit sich selbst›. In Zusammenhang mit der Vermittlung kognitiver Regulationsgrundlagen und der Regulation von Arbeitstätigkeiten kommt den verschiedenen Formen *inneren* Sprechens besondere Bedeutung zu (vgl. Kasten 6.4).

> **Kasten 6.4:** Die Bedeutung von Sprache und Sprechen für Qualifizierung und Kompetenzentwicklung in der Arbeit (aus: HACKER und SKELL 1993)
>
> «Sprache und Sprechen spielen im Zusammenhang mit kognitiven Prozessen eine besonders hervorzuhebende Rolle. Einerseits ist die Sprache

6.2 Vermittlung kognitiver Regulationsgrundlagen

> als Kommunikationsmittel (Verwendung durch Lehrende und Lernende) von vornherein ein unerlässliches Werkzeug bei der individuellen und kooperativen Aneignung gesellschaftlicher Erfahrungen. Andererseits sind Sprache und Sprechen fundierend für spezifisch menschliches Denken schlechthin, im Besonderen für die Gewinnung eines Niveaus der Verallgemeinerung, das die Stützung des konkreten Handelns auf Einsicht in regelhafte und gesetzmässige Zusammenhänge ermöglicht. Somit übt die Nutzung der Sprache als inneres Mitsprechen bei der Vorbereitung und Ausführung einer Tätigkeit eine tragende Funktion aus»
> (HACKER und SKELL 1993, 218).

Der Ansatz von GALPERIN (1966) sieht die Schaffung von Sprechimpulsen vor, deren Ausführlichkeit mit zunehmendem Übungsfortschritt abnimmt: Anfänger sollen die Sprechimpulse laut, Fortgeschrittene und Könner sollen sie ‹für sich› sprechen. Unter bestimmten Umständen erweist es sich auch als sinnvoll, der übenden Person die Sprechimpulse zuzusprechen. Die Anwendung eines auf der Grundlage von Sprechimpulsen aufgebauten Anlernverfahrens im textilen Ausbildungsbereich eines Kunstseidenwerkes führte zu dem Ergebnis, dass «die Zahl der Erkrankungen an Überlastungsschäden im engeren Sinne sowohl absolut als auch relativ erheblich zurückgegangen ist» (ELSSNER 1972, 188).

Diese und andere Erfahrungen mit der Berücksichtigung von Sprech-, Denk- und Vorstellungsprozessen beim Training psychomotorischer Fertigkeiten veranlassten HACKER (1973, 361) zu der Schlussfolgerung: «Die Entwicklung zweckmässiger Anlernverfahren ... senkt die Erkrankungshäufigkeit». Schon früher war DYMERSKY (1956, 26) aufgrund seiner Untersuchungen im Bereich der Flugausbildung zu dem Ergebnis gekommen, dass der nachteilige Einfluss von Übungsunterbrechungen «durch systematisch und absichtlich hervorgerufene Vorstellungen von Bewegungs- und Handlungsvollzügen» vermindert werden könne.

Unter den erwähnten Trainingsmethoden, bei denen das Schwergewicht auf der Regulation des Handelns durch Sprech-, Denk- und Vorstellungsprozesse liegt und die deshalb als *psychoregulativ akzentuierte Trainingsmethoden* (TRIEBE und WUNDERLI 1976) bezeichnet werden, hat das mentale Training in den letzten vier Jahrzehnten besonderes Interesse gefunden. In einer grösseren Anzahl angloamerikanischer, russischer und deutscher Untersuchungen konnte die praktische Bedeutung eines mentalen Trainings psychomotorischer Fertig-

keiten vor allem für den Bereich von Arbeit und Sport nachgewiesen werden (vgl. RICHARDSON 1967, SMIESKOL 1973, ULICH und TRIEBE 1981, VOLPERT 1983b, MATERN und HACKER 1986, HACKER und SKELL 1993).
In vergleichenden Untersuchungen (vgl. ROHMERT, RUTENFRANZ und ULICH 1971) erwies sich das mentale Training hinsichtlich der Lernwirksamkeit dem observativen Training eindeutig überlegen. Keine der beiden Trainingsformen erreichte für sich allein allerdings die Wirksamkeit der aktiv-motorischen Ausführung, die indes durch sinnvolle Kombinationen aller drei Trainingsformen erheblich übertroffen wurde. Die besondere Zweckmässigkeit derartiger Kombinationen konnte an verschiedenen Modelltätigkeiten für industrielle Anlernverfahren belegt werden.[6]
Als besonders wirksam erwies sich verschiedentlich ein alternierend observatives, mentales und aktiv-motorisches Training, bei dem wiederholt in der genannten Reihenfolge trainiert wird. Die zunächst durch Beobachtung gewonnenen Orientierungsgrundlagen können hierbei vom Trainierenden in einer anschliessenden mentalen Phase verarbeitet und in eigene Vorstellungen umgesetzt werden, bevor er sein dadurch entwickeltes Handlungskonzept im tatsächlichen Vollzug überprüft. Mit den gewonnenen ‹praktischen› Erfahrungen tritt er nach einer Pause erneut in die systematische Beobachtung ein, entwickelt im mentalen Training u.U. ein verbessertes Handlungskonzept, um es erneut an der Realität zu testen usw. Die hinsichtlich der Lernwirksamkeit optimale Abfolgesequenz lässt sich indes nicht generell festlegen; sie ist u.a. abhängig von der Art der zu erlernenden Tätigkeit, dem Ausmass an Vorübung und Transfereffekten aus anderen Tätigkeiten sowie tätigkeitsrelevanten Persönlichkeitsmerkmalen der trainierenden Person (ULICH und TRIEBE 1981).
Untersuchungen über physiologische Korrelate zeigen statistisch signifikante Unterschiede der Veränderungen von Puls- und Atemfrequenz zwischen den verschiedenen Trainingsformen, die deren unterschiedlicher Lern-

---

[6] «**Mentales** Training fördert besonders ausgeprägt die **kognitiven Orientierungsgrundlagen** des Bewegungsregulation einschließlich der antizipativen Vorgänge, **aktives** den Aufbau bzw. die Anpassung der **Bewegungsprogramme** sowie ihre Automatisierung, gekennzeichnet durch Bedeutungszunahme taktil-kinästhetischer Regulationsgrundlagen als Basis feiner Geschwindigkeits- und Kraftdosierung sowie Koordination (NEUMANN 1975). Die Kombination beider erfasst somit sämtliche Regulationsgrundlagen … und spricht ihre Bestandteile dennoch mit spezifischen Verfahren an» (HACKER 2005, 666).
«Durch das Einbeziehen des Sprechens in das mentale Training wird die Aktivierung gefördert und stabilisiert» (HACKER 2005, 667).

6.2 Vermittlung kognitiver Regulationsgrundlagen

wirksamkeit entsprechen. Elektromyografische Untersuchungen ergaben darüber hinaus, dass alle drei Trainingsformen – also auch das mentale Training – mit Veränderungen der Muskelaktionspotenziale verbunden waren (ROHMERT, RUTENFRANZ und ULICH 1971, WEHNER, VOGT und STADLER 1984).[7] Verschiedentlich konnte festgestellt werden, dass bei observativem Training die Innervationen im Rhythmus der beobachteten Person abliefen. Dass die Vermittlung von Regulationsgrundlagen für Bewegungsabläufe und sensumotorische Koordination keineswegs nur durch die ständige Wiederholung der entsprechenden Bewegungsmuster erreicht werden kann, ist ausserhalb der Arbeitspsychologie schon seit langem bekannt.

Dem alten Hediger in Gottfried KELLERs «Fähnlein der sieben Aufrechten» schien die Welt auf den Kopf gestellt: Er selbst hatte, «was er war und konnte, nur durch Fleiss und angestrengte Übung erreicht.» Sein Sohn Karl aber erwies sich nach nur wenigen Übungsversuchen als guter Schütze, obwohl er nie zuvor ein angemessenes praktisches Schiesstraining absolviert hatte. Er hatte lediglich «oft dem Schiessen zugesehen, aufgemerkt, was darüber gesprochen wurde», davon geträumt, «in Gedanken die Büchse stundenlang regiert und Hunderte von wohlgezielten Schüssen nach der Scheibe» gesandt. Der alte Hediger musste sich von seines Sohnes Instruktor belehren lassen: « … es ist gewiss, dass von zwei Schützen, die an Auge und Hand gleich begabt sind, der, welcher ans Nachdenken gewöhnt ist, Meister wird» (KELLER, Ausgabe 1990, 34).[8]

Längst konnte auch belegt werden, dass durch zweckmässige Kombinationen von aktiv-motorischem, mentalem und verbalem Training die Anlernzeiten bei gleichzeitig verbessertem Ausbildungsniveau u.U. erheblich reduziert werden können (vgl. MATERN et al. 1978, WUNDERLI 1978, WARNECKE und KOHL 1979). Wenn qualitativ und quantitativ auch nur vergleichbare Trainingseffekte bei erheblicher Reduzierung der aktiv-motorischen Trainingsphasen erzielbar sind, sollte der Einsatz psychoregulativer Trainings- und Anlernmethoden insbesondere auch für das Erlernen folgen- und risikoreicher Arbeitstätigkeiten in Betracht gezogen werden.

Bedeutsam sind in diesem Zusammenhang auch Fragen der Zergliederung von Handlungseinheiten zum Zweck des isolierten Trainings einzelner Handlungselemente. So wurde z.B. verschiedentlich vorgeschlagen, vor allem bei komplexeren Tätigkeiten, die sich in unter-

---

[7] Schon viel früher hatten ALLERS und SCHEMINZKY (1926) sowie JACOBSON (1932) elektromyografische Korrelate intensiver Bewegungsvorstellungen nachweisen können.
[8] Allerdings wird sich des alten Hediger Vision kaum erfüllen, die da lautete: «Das ist vortrefflich! Da wird man in Zukunft ganze Schützenkompagnien ins Bett konsignieren und solche Gedankenübungen anordnen; das spart Pulver und Schuh'» (KELLER, Ausgabe 1990, 34).

scheidbare Teiltätigkeiten gliedern lassen, von der ‹Ganzheitsmethode› abzugehen und die einzelnen Elemente getrennt zu trainieren. Dadurch könne etwa bei schwieriger zu erlernenden Elementen ein Übungsziel erreicht werden, ohne dass die leichter zu erlernenden ständig und unnötigerweise mitgeübt werden. Interessante Beispiele für den Einsatz solcher Anlernmethoden in der Industrie wurden insbesondere von SEYMOUR (1954, 1960, 1966) mitgeteilt, der auch gezeigt hat, dass ein derartiges Elemententraining in verschiedenen Variationen und Kombinationen realisierbar ist. So können z.B. zunächst alle Elemente einzeln bis zum Erreichen eines jeweils vorgegebenen Ziels trainiert werden, um sie erst dann zusammenzufassen und ganzheitlich zu trainieren. Eine andere Möglichkeit – das *progressive Teillernverfahren* – besteht darin, die Handlungseinheit sukzessive aufzubauen. Das heisst, dass zunächst ein Element bis zum Erreichen des vorgegebenen Ziels trainiert wird, in diesem Stadium ein zweites Element hinzugefügt wird, beide Elemente nunmehr gemeinsam trainiert werden, bis das vorgegebene Ziel erreicht ist usw. Für beide Varianten, die in verschiedener Weise miteinander kombiniert werden können, dürfte gelten, dass ein Ausdauertraining nicht schon beim Training für die einzelnen Elemente stattfindet, sondern erst in der Endphase für die ganze Handlungseinheit.

Tatsächlich ist festzustellen, dass eine generelle Überlegenheit des einen oder anderen Vorgehens nicht belegt werden kann. Vielmehr scheint zu gelten, dass einfache Tätigkeiten zweckmässigerweise ungeteilt gelernt werden, zumal sich hier häufig ohnehin die Schwierigkeit einer sinnvollen Isolierung von Teiltätigkeiten ergäbe. Teillernverfahren scheinen demgegenüber zweckmässig zu sein bei schwierigeren bzw. komplexeren Tätigkeiten, insbesondere wenn die Teiltätigkeiten unterschiedliche Schwierigkeitsgrade aufweisen. VOLPERT (1971) hat zu Recht darauf hingewiesen, dass die von SEYMOUR entwickelten Trainingsmethoden «in bestimmten Grenzen» den hierarchischen Aufbau von Handlungssystemen berücksichtigen. Auch wenn der Beitrag von SEYMOUR insgesamt noch eher einer tayloristischen Konzeption verhaftet ist, lassen sich die skizzierten methodischen Überlegungen durchaus auf die Vermittlung kognitiver Regulationsgrundlagen im hier gemeinten Sinn anwenden.

FISCHBACH und NOTZ (1980, 215) haben allerdings die Auffassung vertreten, dass «eine hoch komplexe Aufgabe, die den Einsatz planender Strategien erfordert, ... nicht durch partialisierte Übung und Aneinanderreihung einzelner Fertigkeiten erlernt werden» könne. Vielmehr müsse für die komplexe Tätigkeit «durch eine Vereinfachung der Strukturen eine *genetische Vorform* gefunden werden, die alle Merkmale der entwickelten Handlung in sich trägt und an der durch einfache Beispiele des Eingreifens der Zusammenhang von Planung, Durchführung und Kontrolle erlernt werden kann».

Arbeitspsychologisch begründete Methoden zur Förderung berufsbezogener Lernprozesse gehen also davon aus, dass die Lernenden nicht nur Adressaten bzw. Objekte der (Lehr-)Tätigkeit der Lehrenden sind, sondern zugleich immer auch Subjekte ihrer eigenen Handlungen bzw. Tätigkeiten. Diese Position wird deutlich ausgedrückt in dem von TOMASZEWSKI (1978, 16) formulierten Konzept vom Menschen «als eines relativ autonomen Subjekts der eigenen Handlungen in der ihn umgebenden Welt» bzw. «als eines autono-

6.2 Vermittlung kognitiver Regulationsgrundlagen

men Subjekts von gerichteten Tätigkeiten, fähig zur Regulierung der eigenen Beziehungen mit der Umwelt und zur Selbstregulation» (S. 20).

In diesem Zusammenhang ist allerdings auch die Position von HOFF, LEMPERT und LAPPE (1991, 16) zu beachten: «Weder sehen wir das Streben nach Selbstbestimmung um jeden Preis als optimale (subjektive) Voraussetzung für ‹Handeln› an, noch gehen wir davon aus, dass Handlungsfähigkeit sich dann am besten entfaltet, wenn die Subjekte so wenig wie möglich mit (objektiven) Restriktionen konfrontiert werden. Vielmehr betrachten wir die differenzierte Berücksichtigung situativer Besonderheiten als wesentliches Moment voll entwickelter Persönlichkeitsstrukturen und als entscheidende Voraussetzung wirksamer Umweltgestaltung ...»

Damit wird zugleich deutlich, dass – insbesondere im Kontext autonomieorientierter Arbeitsgestaltung – Methoden des selbstgesteuerten Lernens ein besonderer Stellenwert zukommt. «Das Analogon zur Selbstanalyse und Selbstgestaltung der Arbeitstätigkeiten bzw. zur Beteiligung daran ist die Beteiligung an der eigenen Ausbildung, die im Bedarfsfall eine unterstützte *Selbstbelehrung* sein kann» (HACKER 1986b, 12). In diesem Zusammenhang sind auch jene Ansätze zu nennen, die ein aufgabenorientiertes Lernen mit Hilfe der Entwicklung von Lernaufgaben intendieren.

Besondere Bedeutung kommt dabei solchen Ansätzen wie dem CLAUS zu, weil es mit ihrer Hilfe möglich ist, auch Angelernte für die Arbeit an rechnergesteuerten Werkzeugmaschinen zu qualifizieren (vgl. KROGOLL und POHL 1988, KROGOLL, POHL und WANNER 1988, KROGOLL 1991). CLAUS ist die Abkürzung für «CNC Lernen, Arbeit und Sprache».

Das Lernkonzept CLAUS folgt – im Unterschied zur üblichen ingenieurwissenschaftlichen Fachsystematik – einer *tätigkeitsorientierten Aneignungslogik,* bei der von Anfang an die praktische Arbeit an der Maschine im Mittelpunkt steht. «Aus der Arbeitstätigkeit werden gestufte ganzheitliche Lernaufgaben zur Reduzierung der Gesamtkomplexität konstruiert. Innerhalb der Lernaufgabenstufen werden leistungsbestimmende Teilaufgaben analysiert, die der Entwicklung von Fertigkeiten, Können und Fähigkeiten dienen. Mit Hilfe von Methoden aus dem Instrumentarium der psychoregulativen und kognitiven Trainingsverfahren wird der Aneignungsprozess des Lernenden unterstützt» (KROGOLL und POHL 1988, 22). Die Komplexität der Lernaufgaben nimmt im Verlauf der Ausbildung zu. Theorie wird nicht zu Beginn vermittelt, sondern dann, wenn sich die Notwendigkeit dazu aus der Aufgabenbearbeitung ergibt: «der Lernende weiss, wozu er die Theorie braucht, denn ihm wird die Möglichkeit gegeben, sich an der Aufgabe zu orientieren» (a.a.O., S. 20). Die Autoren konnten zeigen, dass es mit dem von ihnen entwickelten Lernkonzept möglich war, die CNC-Technik auch solchen Personen erfolgreich zu vermitteln, die aufgrund vermuteter kognitiver Defizite von den entsprechenden – vor allem für Facharbeiter geplanten – Weiterbildungsmassnahmen häufig ausgeschlossen werden. Das heisst: «Neue Technologie muss nicht zur Folge haben, dass bestimmte Personengruppen wie An- und Ungelernte von Arbeitsplätzen an computergesteuerten Werkzeugmaschinen ausgeschlossen werden» (KROGOLL, POHL und WANNER 1988, 110). Die im CLAUS-Konzept realisierte Grundidee der tätigkeitsorientierten Aneignungslogik lässt sich auch auf das Lernen anderer rechnerunterstützter Produktionstätigkeiten übertragen.

Zu erwähnen ist hier auch das von ENDERLEIN und GAYDE (1991) entwickelte computerunterstützte Verfahren für das Training von teilautonomen Gruppen in der Montage. Mit Hilfe dieses Verfahrens sollen (1) Kenntnisse über den Erzeugnisaufbau und die Montagefolge, (2) die erforderlichen sensumotorischen Fertigkeiten und (3) «autonomes Organisationsverhalten in der Gruppe» angeeignet werden.

Das heisst, dass nicht nur Arbeitsgestaltungs-, sondern auch Qualifizierungsmassnahmen Konzepten der Selbstregulation wesentlich stärkeres Gewicht beizumessen haben, als dies bisher üblicherweise der Fall ist.

Trainings- und Qualifizierungsmassnahmen orientieren sich im Übrigen – soweit es sich nicht explizit um das Training sozialer Fertigkeiten oder Kompetenzen handelt – zumeist an der Vorstellung, dass Menschen – auch im Kursverband oder in der Lehrwerkstatt – je für sich lernen. Dafür sind nach NEUBERT drei Merkmale kennzeichnend: «1. Trainingsverfahren werden ihrem Wesen nach – in Analogie zu herkömmlichen pädagogischen Denkweisen – als Vermittlungsprozeduren verstanden. 2. Ihr Ziel ist die Aneignung zuvor bestimmter Vermittlungsinhalte. 3. Ihr Adressat ist ein im Wesentlichen als isoliert lernend gedachtes Individuum. Bei solchem Trainingsverständnis muss es nicht verwundern, wenn die u.a. aus der experimentellen und angewandten Sozialpsychologie, aber auch aus dem Alltagsprozess wohlbekannte Tatsache, dass Gruppen oder Kollektive – unter bestimmten Voraussetzungen – einen für ihre Mitglieder nutzbaren Leistungsvorteil gegenüber Individuen besitzen, praktisch unberücksichtigt blieb» (NEUBERT 1980, 252).

In diesem Zusammenhang sollten die Möglichkeiten eines Transfers von Wissen und Erfahrungen – durch direkten Austausch im Rahmen von Jobsharings, Mentorsystemen oder

6.2 Vermittlung kognitiver Regulationsgrundlagen

überbetrieblichen Kooperationsnetzwerken – geprüft werden. Am Beispiel von Mentorsystemen lässt sich zeigen, dass deren Nutzung für ein *Wissensmanagement* vermutlich eine Reihe sehr unterschiedlicher Vorteile bringen kann. Wenn ein solches System beispielsweise so eingesetzt wird, dass ältere Beschäftigte vor ihrem Ausscheiden aus dem Unternehmen zeitweise dafür freigestellt werden, jüngeren oder neuen Mitarbeiterinnen bzw. Mitarbeitern das von ihnen erworbene relevante Wissen zu vermitteln, so kann damit zumindest zweierlei erreicht werden. Einerseits erhalten die Mentoren damit eine Chance, das Wissen und die Erfahrungen, die sie sich in jahre- oder jahrzehntelanger Berufsausübung angeeignet haben, gründlich zu reflektieren, darauf rückblickend möglicherweise auch einen gewissen Stolz[9] zu entwickeln und durch entsprechende Weitergabe zum Ende des Erwerbslebens noch einmal eine sinnvolle Aufgabe erfüllt zu haben. Andererseits bleibt auf diese Weise zumindest ein Teil des Wissens und der Erfahrung der ausscheidenden Personen dem Unternehmen erhalten und kann für die Mentees im Zuge der Vermittlung u.U. einen erheblichen Kompetenzzuwachs bedeuten.[10]

Damit stellt sich z.B. die Frage, «unter welchen Voraussetzungen in rationeller Weise individueller Lerngewinn durch Teilnahme an einem *aufgabenorientierten Informationsaustausch (AI)* entsteht» (NEUBERT, a.a.O.). In den Versuchen von NEUBERT bzw. NEUBERT und TOMCZYK (1981, 1986) konnte nachgewiesen werden, dass (1) beim aufgabenorientierten Informationsaustausch ein erhöhter individueller Lerngewinn für die beteiligten Personen resultiert und dass (2) dieser Lerngewinn in Gruppen mit in der Leitung von Gruppen erfahrenen Diskussionsleitern höher ist als in Gruppen mit Diskussionsleitern ohne entsprechende Erfahrung und in Gruppen ohne Diskussionsleiter.

Bei SCHAPER (2000) findet sich ein sehr erfolgreiches Beispiel von AI bei Anlagenfahrern in der chemischen Industrie. Über eine Anwendung des AI im Rahmen eines Projekts im Dresdener Mikrochipwerk von Infineon haben HACKER, VON DER WERTH, ISHIG und LUHN (2005) berichtet. Sie konnten zeigen, «dass partizipative Arbeitsgestaltungsprozesse auch bei hochautomatisierten, der sinnlichen Erfahrbarkeit und der direkten Manipulation weitgehend entzogenen Prozessen erfolgreich nutzbar sind» (a.a.O., 60).

Die von PIETZCKER und LOOKS (2010) neuerdings vorgelegte Sammlung von Erfahrungen enthält neben einer Einführung in Konzept und Anwen-

---

[9] Auf die Bedeutung von Stolz als wichtige arbeitsbezogene Emotion hat insbesondere FRESE (1990, PEKRUN und FRESE, 1992) hingewiesen.
[10] Dieser Zugang zum ‹Wissensmanagement› ist möglicherweise wesentlich sinnvoller als die Versuche einer ‹Wissensextraktion›, die mit dem Bemühen verbunden sind, das extrahierte Wissen auf einem PC abzulegen. Da eine adäquate Nutzung häufig tatsächlich nicht stattfindet, wird auf diese Weise nicht selten nur der ‹Computermüll› vermehrt.

dung des AI und zahlreichen Fallbeispielen aus unterschiedlichsten Branchen und Betriebsgrößen auch einen Beitrag zur Durchführung eines Trainings für die Moderation des Aufgabenbezogenen Informationsaustausches (ISHIG, LOOKS und HACKER 2010). In einem Nachwort kennzeichnet NEUBERT solcher Art partizipative Gruppenprozeduren u.a. als «ein Modell demokratischer Mitwirkung: Die Gruppe nimmt sich ihrer eigenen Probleme an; die Lösungserzeugung ist in allen Phasen transparent und nachvollziehbar; die Gruppenmitglieder haben identische Möglichkeiten bezüglich Mitwirkung und Einfluss unabhängig von ihrer Stellung bzw. Position in der Organisation; der Prozess ist ergebnisoffen; Entscheidungen werden durch die Gruppe getroffen; die Teilnahme an der Gruppenarbeit beruht auf Freiwilligkeit» (NEUBERT 2010, 176).
In diesem Zusammenhang ist auch die von WATERSON, OLDER GRAY und CLEGG (2002) vorgeschlagene soziotechnische Methode zur Aufgabenverteilung in Mensch-Maschine-Systemen zu erwähnen. Dabei handelt es sich um ein sequenzielles Vorgehen, das – unter aktiver Beteiligung der Betroffenen – von einem allgemeinen Systementwurf und eingebrachten Vorgaben über provisorische Aufteilungen zwischen Mensch und Maschine, provisorischen Aufteilungen zwischen den beteiligten Menschen bis zu einer provisorischen dynamischen Aufgabenverteilung, einer Überprüfung in Bezug auf die Vorgaben und schließlich zu einem endgültigen Vorschlag führt.

GREIF und KURTZ (1989, 157f.) haben Gemeinsamkeiten verschiedener Methoden selbstgesteuerten Lernens herausgearbeitet, unter denen die folgenden drei hier besonders wichtig erscheinen: (1) «Die Lernenden stehen im Mittelpunkt und übernehmen die Verantwortung für ihr Lernen». (2) «Die Lernenden wenden eigenständig Regeln zur Selbstinstruktion an oder entwickeln neue Regeln». (3) «Die Lernenden lernen erfahrungs- und aktionsorientiert ...».

Ein konkretes Beispiel für selbstgesteuertes Lernen ist etwa das von GREIF (1994b) beschriebene exploratorische Fehlertraining. In dessen Rahmen bestimmen die Lernenden «über die Auswahl der Lernaufgaben, Lernhilfen und Teilbereiche des Systems selbst und können bei mitwachsenden Systemen die Komplexität des Systems selbst regulieren» (GREIF 1994b, 45).

BERGMANN (2000, 141) hat in diesem Zusammenhang zu Recht darauf hingewiesen, dass «organisierte Lernprozesse kurzfristige Veranstaltungen sind,

6.2 Vermittlung kognitiver Regulationsgrundlagen 439

das selbstorganisierte Lernen als ein wesentlicher Mechanismus der Kompetenzentwicklung aber langfristig und arbeitsbegleitend erfolgt (ERPENBECK & HEYSE 1996).» Darüber hinaus macht BERGMANN darauf aufmerksam, dass es dazu motivationaler Voraussetzungen bedarf (vgl. Kasten 6.5).

Kasten 6.5: Motivationale Voraussetzungen zur Selbstoptimierung von Kompetenzen (aus: BERGMANN 2000, 140)

Die «Selbstoptimierung der Kompetenz hat motivationale Voraussetzungen. Wenn Arbeitende sich selbst Ziele setzen, welche die Weiterentwicklung der eigenen Kompetenz betreffen, wenn sie als Problemanalytiker ihrer Arbeit deren Schwachstellen selbst aufspüren und eine Sensibilität für entstehende Probleme entwickeln, so gelingt das unter der Voraussetzung, dass sich die damit verbundenen Anstrengungen für sie lohnen. Das ist der Fall, wenn sie für das Erreichen persönlicher Ziele als nützlich eingeschätzt werden. Die eigene berufliche Entwicklung kann ein persönliches Ziel sein.

Aus dieser Einordnung erwachsen auch emotionale Wertungen bei Prozessen der Kompetenzentwicklung. Die Entscheidung von wichtig und unwichtig, Anstrengungen lohnend oder nicht lohnend, nehmen Menschen durch die Spiegelung konkreter Handlungen und deren zu erwartender Ergebnisse an für sie wichtigen Lebenszielen vor. Die Kompetenzentwicklung als Selbstorganisationsprozess ist ganz entscheidend von der Steuerung persönlicher Ressourcen abhängig.»

Wenn aber Lernende die Verantwortung für ihr Lernen übernehmen, eigenständig Regeln zur Selbstinstruktion anwenden oder sogar neue Regeln entwickeln können sollen, so bedeutet dies eine erhebliche Veränderung gegenüber der bisher üblichen Qualifizierungspraxis. Damit stellt sich die Frage nach Konzepten und Vorgehensweisen, mit deren Hilfe entsprechende Qualifizierungs- und Veränderungsbereitschaften stimuliert und unterstützt werden können.
Die hier postulierte *Einheit von Arbeitsgestaltung und Qualifizierung* stellt darüber hinaus die in Betrieben häufig vorfindbare systematische Trennung der Verantwortlichkeiten für diese Bereiche in Frage.

6.3 Qualifizierung durch Arbeitsgestaltung

Vorgesetzte auf allen Ebenen der betrieblichen Hierarchie, aber auch sogenannte ‹Personalleiter› oder ‹Personalchefs› und Ausbildungsleiter vertreten, explizit oder implizit, häufig die Auffassung, Personalentwicklung finde in betrieblichen oder ausserbetrieblichen Aus-, Fort- und Weiterbildungsveranstaltungen statt.[11] Dies mag zutreffen, soweit es sich um die Vermittlung von fachspezifischen Kenntnissen und Fertigkeiten handelt. Persönlichkeitsentwicklung im Sinne der Entwicklung von Kompetenzen ist jedoch weitgehend an Prozesse arbeitsimmanenter Qualifizierung gebunden. Das heisst: Personalentwicklung in diesem Sinne findet vor allem in der Arbeitstätigkeit und durch Gestaltung von Arbeitstätigkeiten statt.

In diesem Zusammenhang könnte die Identifizierung der ‹Lernhaltigkeit› von Arbeitsaufgaben (RICHTER und WARDANJAN 2000) eine bedeutsame Rolle spielen.

Damit wird Qualifizierung durch Arbeitsgestaltung zu einer der zentralen Aufgaben der mit Personalentwicklung befassten Personen und betrieblichen Instanzen. Und es wird wichtig, «Arbeit als Lernprozess und Qualifizierungschance» (FREI 1979) zu begreifen.

BERGMANN (1996, 1999, 2000) hat wiederholt darauf aufmerksam gemacht, dass manche neuere Entwicklungen, wie z.B. das Outsourcing, zu einem Wegfall bzw. einer Verkleinerung von Lerninhalten führen können. «So werden in der flexibel automatisierten Fertigung Aufgaben der vorbeugenden Instandhaltung z.T. Fremdfirmen übertragen. Damit werden betriebsinternen Mitarbeitern wichtige Lernmöglichkeiten zur Aktualisierung von Anlageeigenschaften genommen, die für Störungsdiagnosen hilfreich sind» (BERGMANN 1996, 167f.). Ähnlich hat LEHNER darauf hingewiesen, dass mit zunehmender Dezentralisierung und Segmentierung von Produktionsprozessen eine Eliminierung von Schnittstellen stattfindet, die deshalb problematisch

---

[11] Die Bezeichnungen ‹Personalleiter/in› oder ‹Personalchef/in› sind insofern irreführend, als dieser Personenkreis üblicherweise weder das Personal eines Betriebes leitet noch dessen Vorgesetzte/r ist. Die neuerdings hin und wieder auftauchende Bezeichnung dieser Personen als ‹Personalverantwortliche› ist schliesslich bedenklich, weil die ‹eigentliche› Personalverantwortung zu den Aufgaben der Linienvorgesetzten gehört und nicht an eine Stabsstelle delegiert werden kann.

6.3 Qualifizierung durch Arbeitsgestaltung

sein kann, weil Schnittstellen die Möglichkeiten bieten, «Fähigkeiten und Ressourcen zu bündeln und Synergien zu erzeugen» (LEHNER 1997, 7). An Schnittstellen können also «Aktivitäten der Handlungsverschränkung» (ZÖLCH 2001) stattfinden; Schnittstellen können damit auch zu Lernorten werden, deren Festlegung damit eine zusätzliche Perspektive erhält (vgl. zur Bewertung von Schnittstellen auch SCHÜPBACH et al. 1997).

In ihrem grundlegenden Beitrag über Arbeit und Kompetenzentwicklung haben FREI, DUELL und BAITSCH (1984, 119) u.a. festgestellt: «Entfremdete Arbeit, in unserem Fall die Entfremdung von der Arbeitstätigkeit, verhindert häufig eine arbeitsimmanente Qualifizierung und damit eine entsprechende Entwicklung von Kompetenzen ... Arbeitsimmanente Qualifizierung verlangt die Aufhebung der Entfremdung des Arbeitenden von seiner Arbeitstätigkeit». Daraus folgt, dass arbeitsimmanente Qualifizierung – und Kompetenzentwicklung – unter Bedingungen entfremdeter Arbeit Veränderungen der Arbeitstätigkeit voraussetzt bzw. impliziert. Prozesse der Kompetenzentwicklung vollziehen sich vor allem in der Beteiligung an solchen Veränderungen der eigenen Arbeitstätigkeit. FREI, DUELL und BAITSCH (1984, BAITSCH 1985, DUELL 1986) kommen deshalb zu dem Schluss, dass individuelle Kompetenzentwicklung und Veränderungen sozialer – d.h. hier: organisationaler – Systeme sich gegenseitig bedingen. «Diese beiden Prozesse sind nicht in einem einfachen Nacheinander zu denken: Beide verlaufen zyklisch, gewissermassen wendelförmig – der erste in den zweiten ‹hineingewunden›. In bildlicher Etikettierung sprechen wir daher auch von der Doppelhelix arbeitsimmanenter Qualifizierung» (DUELL 1986, 28). Oder anders formuliert: individuelle Kompetenzentwicklung ist gebunden an die Veränderung von Tätigkeiten und die gleichzeitige Veränderung der sozialen Systeme, in die diese Tätigkeiten eingebettet sind.

Zu den wichtigsten ‹objektiven› Voraussetzungen für arbeitsimmanente Qualifizierung gehört die tatsächliche Veränderbarkeit von Arbeitsaufgaben und Arbeitsstrukturen, zu den wichtigsten ‹subjektiven› Voraussetzungen die Wahrnehmung der Veränderbarkeit durch die Beschäftigten. Wie empirisch – so etwa durch die sorgfältige und gut dokumentierte Längsschnittuntersuchung von BAITSCH (1985) – belegt werden kann, genügt aber ein betriebliches Angebot neuer Arbeitsinhalte und Arbeitsstrukturen offenbar nicht, um entsprechende Qualifizierungsbereitschaften auszulösen. Vielmehr ist es erforderlich, die Beschäftigten durch aktive Mitwirkung in den Prozess der Veränderung einzubeziehen: «Betroffene zu Beteiligten machen.»

Eine theoretische Begründung für diesen Sachverhalt findet sich bereits bei Kurt LEWIN (1947), der darauf hingewiesen hat, dass Motivation allein nicht genüge, um die Bereitschaft zu tatsächlicher Veränderung zu bewirken. Vielmehr bedürfe es eines Bindegliedes zwischen Motivation und Handlung. Das ausschlaggebende Bindeglied sei die gemeinsame Entscheidung über die Veränderung.

«Das scheint wenigstens teilweise eine Erklärung für die sonst paradoxe Tatsache abzugeben, dass der Entscheidungsvorgang von nur wenigen Minuten Dauer in der Lage ist, das Verhalten auf viele Monate hinaus zu beeinflussen. Die Entscheidung verbindet die Motivation mit der Handlung, und sie scheint gleichzeitig eine Verfestigungswirkung auszuüben, die teils durch die Tendenz des Individuums, zu ‹seinen Entscheidungen zu stehen›, und teils durch das ‹Bekenntnis zur Gruppe› bedingt ist» (LEWIN, Werkausgabe 1982, 282 f.). Die Dauerhaftigkeit der Veränderung sei allerdings nicht ausschliesslich dem Verfestigungseffekt der Entscheidung zuzuschreiben; vielmehr spielten «Umstrukturierungen des sozialen Feldes» dabei ebenso eine Rolle wie die «Kanalisierung sozialer Prozesse». Durch die Ergebnisse einer Reihe von Feldexperimenten konnte LEWINs Vermutung, dass das Ergebnis der Information über einen Sachverhalt und das Ergebnis von Gruppendiskussionen nicht die gleiche Wirkung haben wie das Ergebnis von Gruppenentscheidungen, empirisch belegt werden (vgl. COCH und FRENCH 1948, LEVINE und BUTLER 1953, LEWIN 1953).

Tatsächlich wird man, wenn man Arbeitstätige nach ihrem Interesse an Massnahmen qualifizierender Arbeitsgestaltung und Kompetenzentwicklung fragt, mit hoher Wahrscheinlichkeit zu dem Ergebnis kommen, dass ein mehr oder weniger grosser Teil der Befragten kein Interesse an derartigen Massnahmen äussert. Diese Tatsache lässt sich durch vielfältige Alltagserfahrungen ebenso belegen wie durch Ergebnisse wissenschaftlicher Untersuchungen (z.B. NACHREINER et al. 1976, STUBBE und TINÉ 1977, BAITSCH und FREI 1980).

Das Interesse an erweiterten Qualifizierungsmöglichkeiten, Arbeitsinhalten und Gruppenarbeit kann z.B. dadurch eingeschränkt sein, dass eine Honorierung von Qualifizierungsbereitschaft und erworbener abrufbarer Qualifikation im Entlohnungssystem nicht vorgesehen ist (vgl. Abschnitt 8.3) oder dass unzureichende ergonomische Bedingungen den Arbeitsalltag erheblich erschweren. DUELL (1983) hat letzteren Sachverhalt anhand einer eindrücklichen Erfahrung mit der Anwendung der – im folgenden Abschnitt dargestellten – subjektiven Tätigkeitsanalyse beschrieben (vgl. Kasten 6.6).

Schliesslich gehört zu den unabdingbaren Voraussetzungen für die Bereitschaft zur Beteiligung an entsprechenden Veränderungen eine hinreichende subjektive Gewissheit, dass deren Nutzung eine – wie auch immer geartete – Verbesserung der eigenen Situation bewirkt.

6.3 Qualifizierung durch Arbeitsgestaltung

Kasten 6.6: Erkenntnisse aus einem partizipativen Prozess der Arbeitsgestaltung (aus: DUELL 1983)

« 1. Partizipative Arbeitsgestaltung ist kein einmaliger, auf ein bestimmtes Ziel ausgerichteter Vorgang, sondern ein ständiger Prozess immer stärkeren Einbezugs der Betroffenen in Planungs- und Entscheidungsvorgänge.
2. Arbeiter sind Experten ihrer Arbeitssituation.
3. Ihr konkretes Wissen um Arbeitsaufgabe, Arbeitsablauf und Arbeitsbedingungen erlaubt es ihnen, vielfach gerade auch bei ergonomischen Problemstellungen, realistischere und den Bedingungen angepasstere Veränderungsvorschläge zu entwickeln als interne oder externe Experten. Grenzen und Unzulänglichkeiten von Expertenvorschlägen werden schnell aufgedeckt.
...
7. Obwohl bei den Arbeitern Bedürfnisse nach umfassender Erweiterung von Handlungs- und Gestaltungsspielräumen bestehen, vollziehen sich der Entwicklungsprozess und die Veränderung des Anspruchsniveaus schrittweise: ausgehend von der Beteiligung an der Gestaltung der unmittelbaren Arbeitsumgebung bis hin zur Beteiligung an der Veränderung der Arbeitsinhalte und der Arbeitsorganisation.

Die alleinige Orientierung auf eine persönlichkeitsförderliche Arbeitsgestaltung läuft Gefahr zu übersehen, dass Industriearbeiter (in einer Vielzahl von Fällen immer noch) unter beeinträchtigenden und gesundheitsschädigenden Arbeitsbedingungen leiden, die verhindern, dass sie sich mehr mit dem Inhalt der eigenen Arbeitstätigkeit auseinanderzusetzen bereit sind. Persönlichkeitsförderliche Arbeitsgestaltung verlangt in solchen Fällen unserer Ansicht nach den ‹Umweg› über die Beteiligung der Betroffenen an der Lösung auch ergonomischer Problemstellungen. Gerade dieser Umweg stellt eine Art ‹Trainingsmöglichkeit› dar, auf bekanntem Terrain das eigene Expertentum zu erkennen und zu realisieren» (DUELL 1983, 87).

6.3.1 Subjektive Tätigkeitsanalyse – Konzept und Vorgehensweise

Ergebnisse empirischer Analysen zeigen, dass die Bereitschaft, sich auf einen Prozess qualifizierender Arbeitsgestaltung einzulassen, vor allem auch von der Realitätsbezogenheit und Nachvollziehbarkeit der relevanten und verfügbaren Information abhängig ist (KUHN und SPINAS 1979, 21).
In diesem Zusammenhang kommt der Frage nach der Beschaffenheit von Informationen, die entsprechende Qualifizierungs- und Veränderungsbereitschaften auslösen können, erhebliche praktische Bedeutung zu. Nach KOSSAKOWSKI (1977, 17f.) fungiert als Handlungsauslöser ganz allgemein «eine Information aus der Umwelt (z.B. eine pädagogische Forderung) oder ein – wenn zum Teil auch diffuses – Bewusstwerden eines Bedürfnisses». Entscheidend dürfte in jedem Fall das Erleben bzw. Bewusstwerden einer Soll-Ist-Differenz sein. Diese Differenz kann zum Beispiel im Wissen oder in Vermutungen darüber bestehen, dass das Produkt oder die Dienstleistung auch in anderer – besserer, befriedigenderer – Weise (Soll) erstellt werden kann als in der, mit der man konfrontiert ist (Ist). Sie kann aber auch aus der Erfahrung resultieren, dass man seine Qualifikationen nicht so einsetzen und weiterentwickeln kann (Ist), wie man sich dies wünscht (Soll).
Soll-Ist-Differenzen der erwähnten Art werden – sofern die daraus resultierenden Handlungsintentionen nicht umgesetzt werden können – als kognitive Dissonanzen erlebt. Eine der Möglichkeiten damit umzugehen, besteht in einer Sollwertreduktion durch Reduzierung des Anspruchsniveaus (vgl. dazu das Konzept der resignativen Arbeitszufriedenheit). In solchen Fällen geht es, wenn Veränderungsprozesse ausgelöst werden sollen, also nicht zuletzt darum, Soll-Ist-Differenzen wieder bewusst erlebbar zu machen. Damit daraus Handlungs- und Qualifizierungsbereitschaften resultieren, müssen aber auch Aussagen über mögliche Handlungsergebnisse und deren Auftretenswahrscheinlichkeit vermittelt oder erarbeitet werden können. Was zum Handeln motiviert, sind nämlich weitgehend die gedanklich vorweggenommenen Folgen der vermuteten und/oder wahrscheinlichen Ergebnisse der eigenen Handlungen.

«Bei der Bestimmung von Zielen, die das Handeln motivieren, ist zwischen dem Handlungsergebnis und den Folgen (Konsequenzen) des Handlungsergebnisses zu trennen. Die Unterscheidung ist aus zwei Gründen zweckmässig. Einmal zieht ein Handlungsergebnis in aller Regel mehrere Arten von Folgen nach sich (z.B. Folgen für die Selbstbewertung, die Fremdbewertung, für materiellen Gewinn oder Verlust, für Erreichung weitergesteckter Ziele). Zum anderen hat das gleiche Handlungsergebnis für verschiedene Personen auch verschieden ausgeprägte Folgen (so löst die gleiche Note bei verschiedenen Schülern unterschiedli-

6.3 Qualifizierung durch Arbeitsgestaltung

che Selbstbewertungen, Fremdbewertungen u.a. aus). Die Folgen haben für den Handelnden Anreizwerte bestimmter Qualität und Stärke. Was zum Handeln motiviert, sind demnach die Anreizwerte der vorweggenommenen Folgen des voraussichtlichen Ergebnisses eigener Handlungen» (HECKHAUSEN 1977, 297; vgl. dazu auch KLEINBECK 1996).

Eine ähnliche Überlegung findet sich bei BERGMANN (1994, 128): «Eine akzeptable Lernmotivation setzt bei den Lernenden auch die Überzeugung voraus, dass sich Lernen lohnt. Dies ist nicht immer gegeben. Berufserfahrene Personen sind häufig der Meinung, dass sie bereits alles Wichtige gelernt haben. In solchen Fällen ist eine gewisse ‹Labilisierung› des Erlebens der eigenen Kompetenz eine Voraussetzung, um Lernprozesse zu initiieren». In einer von der Autorin selbst durchgeführten Feldstudie wurde diese Labilisierung durch die Rückmeldung der Ergebnisse von Arbeitsanalysen erreicht, die Unterschiede zwischen verschiedenen Schichtgruppen belegten, deren Grössenordnung die Beschäftigten offenbar überraschte (vgl. auch BERGMANN 1999).

Vorliegende Erfahrungen belegen, dass die Subjektive Tätigkeitsanalyse (STA) eine geeignete Vorgehensweise darstellt, um die gewünschten Soll-Ist-Differenzen zu produzieren und entsprechende Handlungsbereitschaften auszulösen. Damit wird die Basis für ein partizipatives Design geschaffen, mit dessen Hilfe alternative Arbeitsstrukturen gemeinsam erarbeitet und bewertet werden können (ULICH 1983d).

Dies wird u.a. durch die Längsschnittstudie von BAITSCH (1985) belegt. Hier wie in anderen Veränderungsprojekten gehörte die subjektive Tätigkeitsanalyse zu den zentralen entwicklungsfördernden Ereignissen: «Mit der STA wurde die Grundlage gelegt, dass sich neue – und zwar kollektive! – Ziele entwickeln konnten ... Wenngleich äussere Hemmnisse eine Veränderung der Arbeitssituation vorderhand behinderten, war das Bewusstsein über die bestehenden Widersprüche manifest geworden; insofern es im Kollektiv erarbeitet wurde, stellte es überdies einen verbindenden und verbindlichen Bezugspunkt für die Arbeitergruppe dar. Die Arbeitstätigkeit erhielt mit der STA erstmals einen kollektiven Charakter» (BAITSCH 1985, 463f.).

Das Ziel der Subjektiven Tätigkeitsanalyse besteht darin, die Subjektposition der Arbeitenden zur Geltung zu bringen, Qualifizierungsbarrieren abzubauen und Qualifizierungsbereitschaften auszulösen bzw. zu entwickeln. Mit der Subjektiven Tätigkeitsanalyse sollen zugleich Voraussetzungen dafür geschaffen werden, dass objektive Handlungs- und Gestaltungsspielräume erkannt und genutzt, aber auch Möglichkeiten ihrer Erweiterung wahrgenommen und realisiert werden.

Bevor Prozesse der Alternativenfindung und -planung – Problemlösungsprozesse also – überhaupt stattfinden können, muss die gegebene Situation als problemhaltig verstanden bzw. erlebt werden. «Der Denkprozess nimmt seinen Anfang in einer Problemsituation» (RUBINSTEIN 1977a, 66). Die Ergebnisse der Untersuchungen von ASHER (1963) belegen aber beispielhaft, dass etwa Mängel an einer technischen Einrichtung nicht – bzw. nach einiger Zeit nicht mehr – wahrgenommen werden, weil offenbar eine «Tendenz zum problemlosen Feld» besteht, die durch Mechanismen der Wahrnehmungsabwehr unterstützt wird.

Derartige Erfahrungen finden im Alltag vielfältige Bestätigung. Man denke nur daran, wie viele Beschäftigte sich offenbar an den täglichen Umgang mit unausgereiften und zum Teil sehr benutzungsunfreundlichen Informatikwerkzeugen ‹gewöhnt› haben. Bei Betriebsbegehungen kann man z.b. auch erleben, dass Frauen in erkennbar ‹unnatürlicher› Haltung schräg zum Fliessband sitzen, ihre Füsse auf selbst beschafften Obstkisten oder ähnlicher ‹Fussstütze›. «Die melden sich schon, wenn sie Probleme haben» – so oder ähnlich beruhigen dann im einen oder anderen Fall Verantwortliche den beunruhigt Fragenden. Nur eben: nehmen die Betroffenen ihre eigenen Probleme wirklich noch wahr?

Weil also die Tendenz zur Verminderung, Vermeidung oder Verdrängung kognitiver Dissonanzen vielfach dazu führt, dass die Problemhaftigkeit einer Situation nicht mehr wahrgenommen wird, kann es sich im Zuge von subjektorientierten Veränderungsvorhaben zunächst als notwendig erweisen, die Divergenz zwischen den eigenen Bedürfnissen und den Möglichkeiten, diese in der Arbeitstätigkeit zu erfüllen, wieder erkennbar bzw. erlebbar zu machen. «Um Gegebenheiten als ‹nicht selbstverständlich›, problemhaltig, unvollständig, ergänzungsbedürftig usw. zu erkennen, müssen sie im kognitiven Feld oft erst umgeformt werden ...» (BERGIUS 1964, 527).

Dieser Prozess der kognitiven Umstrukturierung soll durch den *ersten* Schritt der Subjektiven Tätigkeitsanalyse ausgelöst werden. Zu diesem Zweck wird den Mitgliedern einer Arbeitsgruppe ein Raster vorgelegt, auf dem sechs verschiedene psychologisch relevante Aspekte der Arbeitstätigkeit aufgeführt sind: Entscheidungsmöglichkeiten, optimale Abwechslung, Möglichkeit zu lernen, gegenseitige Unterstützung und Respektierung, sinnvolle Tätigkeit, erstrebenswerte Zukunft. Diese Aspekte wurden aufgrund handlungstheoretischer Überlegungen von EMERY und EMERY (1974, dtsch. 1982) als bedeutsam erkannt und stimmen mit den in Abschnitt 4.2 genannten Kriterien motivierender Aufgabengestaltung weitgehend überein.

6.3 Qualifizierung durch Arbeitsgestaltung

Anhand des vorgelegten Rasters sollen alle in der Gruppe vorkommenden Teiltätigkeiten von allen Gruppenmitgliedern gemeinsam bewertet werden. Die oben angesprochene kognitive Umstrukturierung vollzieht sich offenbar dadurch, dass das Einbringen der «verschiedenen und in der Regel fragmentarischen, aber stets detaillierten Kenntnisse» (EMERY und EMERY 1982, 196) in den Diskussions- und Bewertungsprozess «neue Sichtweisen» vermittelt. Damit wird es auch wieder möglich, die Situation als problemhaltig und veränderungsbedürftig wahrzunehmen bzw. zu erleben.

Im *zweiten* Schritt der Subjektiven Tätigkeitsanalyse werden die Gruppenmitglieder aufgefordert, Pläne für die Veränderung der nunmehr (wieder) als problemhaltig verstandenen Situationen zu entwickeln. Diese Pläne sollen die Umstrukturierung der Gesamttätigkeit der Arbeitsgruppe und die Umstrukturierung der Teiltätigkeiten zum Ziel haben, so dass die im ersten Schritt der STA erfahrenen Soll-Ist-Differenzen durch Veränderungen des Ist-Zustandes minimiert werden können.

BAITSCH (1985, 5) beschreibt am konkreten Fall, was in diesem ersten Schritt der STA typischerweise passiert: «In der STA erhielten alle Arbeiter – für viele erstmalig – einen genaueren Einblick in die Aufgaben ihrer Kollegen und insbesondere einen Einblick in deren subjektive Bewertungen. Dabei wurde entdeckt, dass zum einen die Widersprüche nicht auf kontextuelle Aspekte der Arbeitssituation beschränkt sind, sondern auch inhaltliche Momente betreffen und dass zum anderen eine kollektive Betroffenheit durch diese Widersprüche besteht ... Dass dieser gemeinsamen Auseinandersetzung mit den Arbeitsaufgaben auch von den Arbeitern eine Schlüsselstellung zugemessen wird, zeigen die vielfachen Hinweise und Rückbezüge fast aller Arbeiter auf die STA; diese kamen selbst zu Projektende noch vor».

«Um die Wirklichkeit praktisch zu verwandeln, muss man auch verstehen, sie gedanklich umzuwandeln» (RUBINSTEIN 1977b, 410). «Mehr noch: nur wenn die Beteiligten ihre eigenen Gestaltungsvorschläge ausarbeiten, ist die für eine erfolgreiche Einführung notwendige Motivation, Verantwortung und Anteilnahme gegeben. Die Schwierigkeiten, die in den Anfangsphasen der Einführung fast unvermeidlich sind, können als unüberwindlich empfunden werden, wenn die Gestaltungsvorschläge von oben oder von aussenstehenden Experten, wie etwa Sozialwissenschaftlern, eingebracht werden. Die Menschen müssen ihren Abschnitt der Organisation ‹besitzen›, wenn sie dafür die Verantwortung übernehmen sollen» (EMERY und EMERY 1982, 196).

Gerade in dieser Phase sollte im Übrigen das Prinzip der differenziellen Arbeitsgestaltung Berücksichtigung finden (vgl. Abschnitt 4.5). Die Berücksichtigung und Aktzeptanz interindividueller Differenzen stellt häufig einen schwierigen, aber notwendigen Lernprozess dar. Weil aber auch in einer Gruppe verschiedene Personen unterschiedliche Qualifizierungsbereitschaften und möglicherweise auch Qualifizierbarkeitsgrenzen aufweisen, erscheint es wenig sinnvoll, von dem Grundsatz auszugehen: jeder muss alles können. Dieser Überlegung ist insbesondere auch in den beiden folgenden Schritten der STA Raum zu geben.

Der *dritte* Schritt der STA besteht in der *Er*mittlung der für die Realisierung der im zweiten Schritt entwickelten Pläne erforderlichen Qualifikationen und der bei den Beteiligten vorhandenen Qualifikationsdefizite. Hier kann nun der Fall eintreten, dass die im zweiten Schritt generierten Pläne in die eine oder andere Richtung modifiziert werden, etwa weil die Divergenz zwischen vorhandenen und erforderlichen Qualifikationen als zu gross bzw. nicht bewältigbar erlebt wird.

Im Übrigen gilt: «Wiewohl es kaum erforderlich ist, dass in einer Gruppe komplette Mehrfachqualifikation vorhanden ist, sollte sie doch über hinlängliche Flexibilität verfügen, um mit Fehlzeiten fertig zu werden und extreme Schwankungen der Arbeitsbelastung in jedem Stadium des Arbeitsablaufs bewältigen zu können» (EMERY und EMERY 1982, 201). Das heisst auch: dieser Schritt der STA verlangt eine gemeinsame Reflexion über notwendige Surplus-Qualifikationen, die im Regelfalle nicht eingesetzt werden, im Bedarfsfalle aber abrufbar sein müssen.

Der *vierte* Schritt der STA besteht in der Entwicklung eines Ausbildungsprogramms zur *Ver*mittlung der erforderlichen Qualifikationen. Die Ausbildung selbst soll soweit wie möglich auf dem ‹Prinzip der Gegenseitigkeit› basieren, d.h. die Gruppenmitglieder sollen einander die vorhandenen Kenntnisse und Fertigkeiten vermitteln. Ein derartiges Vorgehen erfordert einerseits vertiefte Reflexion über die bisherige eigene Tätigkeit und fördert andererseits aufgabenorientiertes Kooperationsverhalten. Ein derartiges Vorgehen entspricht auch der von TOMCZYK (1980) postulierten «Einheit der Ermittlung und Vermittlung im Kollektiv». Damit enthält auch dieser Schritt der STA analytische Elemente, die aus den Erfordernissen der Vermittlungsprozesse resultieren. Wo die innerhalb der Gruppe vorhandenen Ressourcen nicht genügen, kann für die Erstellung und Realisierung von Ausbildungs- und Implementationsplänen selbstverständlich das Heranziehen von Experten unterschiedlicher Qualifikation erforderlich werden. Die entsprechenden Bedürfnisse sollten allerdings nach Möglichkeit wiederum von den Mitgliedern der Gruppe selbst formuliert werden können.

Vorliegende Erfahrungen mit der subjektiven Tätigkeitsanalyse (z.B. ALIOTH 1980, ULICH 1980c, 1983d, BAITSCH 1985, DUELL und FREI 1986) zeigen, dass es innerhalb eines Arbeitstages möglich ist, die ersten drei Schritte zu bearbeiten. Das heisst, dass es innerhalb weniger Stunden gelingt, Soll-Ist-Differenzen wieder bewusst zu machen, Qualifizierungs- und Veränderungsbereitschaften auszulösen, alternative Arbeitsstrukturen gemeinsam zu erar-

6.3 Qualifizierung durch Arbeitsgestaltung

beiten und ein Inventar der zu deren Realisierung erforderlichen Qualifikationen zu erstellen.

Gruppenverfahren der Arbeitsanalyse und Arbeitsgestaltung eignen sich nach NEUBERT (1986, 119) vor allem für zwei Klassen von Problemen, nämlich (1) für die Veränderung vorhandener Zustände und (2) für die Einführung neuer arbeitsgestalterischer Lösungen (vgl. Kasten 6.7).

Kasten 6.7: Konsequenzen des Konzepts der kollektiven Arbeitsanalyse und -gestaltung (aus: NEUBERT und TOMCZYK 1986)

«Betrachtet man das Konzept der kollektiven Arbeitsanalyse und -gestaltung zusammenfassend hinsichtlich seines grundsätzlichen Gehalts, seines Stellenwertes und seiner Wirkungen, führen die bisherigen Ausführungen unseres Erachtens zu *drei generellen Konsequenzen*.

Die *erste Konsequenz* ist – geht man vom bisher üblichen Methodenverständnis aus – scheinbar entmutigend: Gruppenprozeduren lassen sich nicht rezepthaft hinsichtlich ihrer Inhalte, ihres Ablaufs und ihrer Ergebnisse vorprogrammieren. Lehr- und lernbar sind folglich nicht abgeschlossene Sequenzen exakt definierbarer methodischer Schritte, sondern Grundsätze des Herangehens und Techniken der Problembearbeitung in Gruppen, die den möglichen Ablauf und die erzielbaren Ergebnisse weitgehend offen lassen. Eben darin liegt aber der – möglicherweise widersprüchlich erscheinende – Charakter des Weges, der hier als methodisches Konzept angeboten wird. Den Weg anders zu gehen, nämlich alles vorher bestimmen zu wollen, was mit welchem Ergebnis wann zu passieren hat, hiesse, das Konzept selbst aufzugeben. Gerade in dieser Offenheit liegt seine Chance, sicher aber auch die Schwierigkeit bei seiner angemessenen Verwirklichung.

Die *zweite Konsequenz* läuft auf eine Relativierung des hier angebotenen Weges hinaus: Auf Grund der Komplexität des Gegenstandes (die Arbeitstätigkeit im Zusammenhang ihrer Bedingungen und Auswirkungen) kann es *die* Methode nicht geben. Auch Gruppenprozeduren der kollektiven Arbeitsanalyse und -gestaltung vermögen dies, obwohl sie einen relativ komplexen Zugriff zum Gegenstand eröffnen, nicht zu leisten. Sie sind folglich nicht als Alternative, sondern als notwendige

> Ergänzung, also als komplementär zu bisher üblichen methodischen Vorgehensweisen zu verstehen. In eben dieser Ergänzung stellen sie jedoch einen bisher weitgehend unbeachteten Zugangsweg dar, den es stärker zu nutzen gilt.
>
> Die *dritte Konsequenz* lässt sich unter Beachtung dieser Einschränkung ausgesprochen positiv formulieren: Gruppenprozeduren der kollektiven Arbeitsanalyse und -gestaltung führen *einerseits* zu begrüssenswerten Effekten bezüglich der Gewinnung und Umsetzung von Analyseergebnissen (etwa der erheblichen Verringerung des Analyseaufwandes, der ‹Entlassung› des Psychologen aus der Rolle des ‹belehrenden Experten›, der Entstehung qualitativ hochwertiger und zugleich akzeptierter Informationen bzw. Lösungen usw.). Ihre Nutzung eröffnet dem Psychologen einen neuartigen, in dieser Form bisher nicht verfügbaren methodischen Weg der aktiven fachspezifischen Mitwirkung bei der Erzeugung betrieblicher Lösungen. Sie stellen *andererseits* eine ausgezeichnete Möglichkeit dar, bei den beteiligten Werktätigen verbesserte Voraussetzungen für die individuelle und kollektive Selbstregulation (also kognitive und soziale Handlungskompetenz) entstehen zu lassen, nicht nur hinsichtlich ihrer Ergebnisse, sondern bereits hinsichtlich ihres Vollzugs zur Persönlichkeitsförderung in der Arbeit beizutragen» (NEUBERT und TOMCZYK 1986, 242).

Sie ermöglichen
«– das Bewusstmachen objektiver Situationen und deren subjektive Einschätzung,
– das Schaffen tätigkeitsregulierender operativer Abbilder,
– das Verbalisieren definierter Absichten und
– das situationsspezifische Einüben und Optimieren individueller/ kollektiver Verhaltens- und Verfahrensweisen» (JUNG 1993, 260).
Nach der Einschätzung von MATERN ist die STA ein geeignetes Instrument «zum Einbeziehen der Arbeitenden und zum verantwortlichen Durchführen von arbeitsorganisatorischen Gestaltungsmassnahmen durch sie. Überprüfungen und Veränderungen der Arbeitsteilung, Massnahmen der Arbeitskombination können mit dieser Methode einschliesslich anfallender Qualifizierungserfordernisse sehr zeitökonomisch – und dies ist ein grosser Vorteil – bewältigt werden» (MATERN 1983, 39). Der Einschätzung, dass die STA

6.3 Qualifizierung durch Arbeitsgestaltung

für Arbeitsgestaltungsmassnahmen, «die eine Einflussnahme auf die Technik beinhalten ... oder die Lokalisierung und Beseitigung von Ausführbarkeitseinschränkungen betreffen» nicht geeignet sei (a.a.O., 40), stehen anders geartete Erfahrungen entgegen (z.B. DUELL 1983, BAITSCH 1985).

6.3.2 Subjektive Tätigkeitsanalyse – ein praktisches Beispiel

Im Zusammenhang mit dem Aufbau eines Warenverteilzentrums für ein schweizerisches Handelsunternehmen sollte der Versuch unternommen werden zu überprüfen, ob und inwieweit die Einführung teilautonomer Arbeitsgruppen zu einem für Mitarbeitende wie Unternehmen gleichermassen optimalen Organisationsprinzip entwickelt werden könne (ALIOTH, MARTIN und ULICH 1976, ULICH 1978a, ALIOTH 1980). Zu den für die ersten Versuche ausgewählten Gruppen gehörte die sogenannte Blumenabteilung, die zunächst aus sechs angelernten Mitarbeiterinnen, zwei Mitarbeitern und einem Abteilungsleiter bestand. Mit der Zunahme des Arbeitsvolumens vergrösserte sich die Anzahl der Mitarbeiterinnen auf zehn.

Der Auftrag der Blumenabteilung bestand in der Bereitstellung von Blumen zur Erledigung der aus den regionalen Verteilzentralen und den lokalen Verkaufsfilialen eingehenden Bestellungen. Damit waren zwei Gruppen von Teiltätigkeiten verbunden:
(1) Ware verteilen: Verteilung der von den Lieferanten gelieferten Blumen an die regionalen Verteilzentralen und die lokalen Verkaufsfilialen.
(2) Ware abpacken: Bündelung eines Teils der gelieferten Blumen zu Sträussen und deren Verpackung.

Verteilen und Abpacken erfolgten auf unterschiedlichen betrieblichen Territorien: das Verteilen in der Verdichtungszone bzw. an der Strassenrampe, das Abpacken in einem mit der erforderlichen Spezialausrüstung – Förderband, Entdornmaschine, Schnürmaschine, Verpackungsmaschine, Kühllager – ausgestatteten eigenen Raum.
Das Verteilen der Ware läßt sich in folgende Teiltätigkeiten gliedern:
(1.1) Wareneingangskontrolle und Bereitstellung der Ware nach den Bestellungen der regionalen Verteilzentren: Verteilen und Kontrollieren.
(1.2) Zusätzliches Kommissionieren für lokale Verkaufsfilialen bestimmter Regionen: Kommissionieren.

Für das Abpacken der Ware lassen sich folgende Teiltätigkeiten unterscheiden:
(2.1) Wareneingangskontrolle und Auspacken der Blumen: Wareneingang.
(2.2) Blumen zu Sträussen binden und in Plastikbeutel einbeuteln: Bündeln und Einbeuteln.
(2.3) Einpacken der Strässe in Kartons und Etikettieren für den Versand: Einpacken und Anschreiben.
(2.4) Ware zum Abpacken und Verteilen bereitstellen: Ware rüsten und bereitstellen.

Verteilen und Abpacken haben schliesslich einen identischen Tätigkeitsbereich:
(3.1) Kontrolle der Qualität der gelieferten und der auszuliefernden Blumen: Qualitätskontrolle.

Zahlreiche weitere Einzelheiten von Technologie, Aufbau- und Ablauforganisation des gesamten Verteilzentrums sowie der Blumenabteilung werden von ALIOTH (1980) mitgeteilt. Hier geht es lediglich darum, Durchführung und Ergebnisse der subjektiven Tätigkeitsanalyse zu beschreiben.
Mit den Beschäftigten der Blumenabteilung wurde zunächst ein eintägiger Workshop durchgeführt, zu dessen Beginn das Konzept erläutert und der erste Schritt der subjektiven Tätigkeitsanalyse realisiert wurde. Alle Mitarbeiter der Abteilung bewerteten in gemeinsamer Diskussion jede der in ihrer Abteilung vorkommenden Teiltätigkeiten nach den von EMERY und EMERY erarbeiteten Kriterien auf einer Skala von 0 bis 10. Die Ergebnisse dieses ersten Schrittes der STA sind in Tabelle 6.1 dargestellt.
Bemerkenswert ist, daß dieser Prozess der sekundären Redefinition bei den Mitarbeiterinnen und Mitarbeitern der Blumenabteilung zur Splittung der Bewertung hinsichtlich eines sinnvollen Beitrages der einzelnen Teiltätigkeiten für Betrieb und Konsumenten veranlasst hat.
Die in Tabelle 6.1 zusammengefassten Ergebnisse wurden zur Grundlage für den zweiten Schritt der STA, der gemeinsamen Erarbeitung von Soll-Vorstellungen. Diese enthielten in erster Linie eine generelle Erhöhung der Qualifikation, durch die alle Mitarbeitenden in die Lage versetzt werden sollten, möglichst viele der in der Abteilung vorkommenden Teiltätigkeiten wahrzunehmen. Die solcherart erworbene Polyvalenz sollte die Grundlage der Entwicklung zur Gruppenautonomie bilden, zu deren Merkmalen in erster Linie die selbständige Verteilung und Rotation der Arbeitsrollen gehören sollte.

6.3 Qualifizierung durch Arbeitsgestaltung

Im Übrigen sollte jede der bewerteten Teiltätigkeiten – mit Ausnahme der Qualitätskontrolle – angereichert werden. Als Beispiel für eine solcherart geplante Anreicherung sei hier der ‹Wareneingang› erwähnt: Hier sollten die folgenden, bisher vom Vorgesetzten wahrgenommenen Aufgaben von den Mitarbeitern übernommen werden:
– Warenbuchhaltung
– Inventur der Ware
– Wareneingangskontrolle (Qualität)
– Telefonabfrage bei der Zentrale.

Tabelle 6.1: Ergebnisse der subjektiven Tätigkeitsanalyse in der Blumen-Abteilung eines Warenverteilzentrums

Merkmale der Arbeit		Bewertung der Tätigkeiten Ränge von 0 (äusserst schlecht) bis 10 (äusserst gut)						
		Wareneingang	Bündeln, Einbeuteln	Einpacken, Anschreiben	Ware rüsten und bereitstellen	Verteilen und Kontrollieren	Kommissionieren	Qualitätskontrolle
A	«Ellenbogenfreiheit» Entscheidungsmöglichkeiten	4	7	9	6	4	4	8
B	Abwechslung bei der Tätigkeit	3	7	10	6	4	2	10
C	Möglichkeit zu lernen	4	0	0	2	3	2	7
D	Gegenseitige Unterstützung und Respektierung	6	6	8	5	10	7	5
E	Sinnvoller Betrag für Betrieb und für Konsumenten *	–	–	–	–	10	10	10
		8	8	8	6	0	0	5
F	Positive Zukunft, persönliche Entwicklungsmöglichkeiten	3	0	0	3	4	0	7
	Total	28	28	35	28	35	25	52

* Die Unterscheidung in der Bewertung zwischen Betrieb und Konsumenten wurde von der Gruppe selbständig vorgenommen.

6. Qualifizierung und Veränderungsbereitschaft

Schliesslich sollten alle in der Blumenabteilung Beschäftigten die von ihnen am höchsten bewertete ‹Qualitäts-Kontrolle› erlernen.

Im dritten Schritt wurden die für die Realisierung der Sollvorstellungen erforderlichen Qualifikationen und die noch vorhandenen Qualifikationsdefizite erfasst.

Im Anschluss an den Workshop erarbeitete der Abteilungsleiter mit den Mitarbeiterinnen und Mitarbeitern gemeinsam ein differenziertes Trainingsprogramm mit einer zeitlichen Erstreckung von drei bis vier Monaten. Das Prinzip der Gegenseitigkeit konnte nur teilweise realisiert werden, da einige der zu erlernenden Teiltätigkeiten zum bisherigen Aufgabenbereich des Abteilungsleiters gehörten und nur von diesem beherrscht wurden.

	Personen										
	die vor der Veränderung eingestellt wurden						die nach der Veränderung eingestellt wurden				
Teiltätigkeiten	Nü	Ge	Gr	Br	Ro	We	Gh	Ba	Nu	Ze	Ru
Bündeln, Einpacken	○	○	○	○	○	○	●	●	●	●	●
Stückwaren verarbeiten	●				●	○	●		●		
Verteilen, Kommissionieren	○	●	●	·							
Reinigen	○	○	○	○	○		●	●	●	●	●
Administration Wareneingang	●	·		·				·			
Telekommunikation	●	●	●		●	●			●		
Innerbetriebliche Koordination	●	●	●	●	●	●					
Hilfstätigkeiten	·	·			·		·				
Anlernen	●	●	●	●	●						
Qualitätskontrolle	●										

○ Tätigkeitselemente, die bereits vor der Veränderung beherrscht wurden
● Tätigkeitselemente, die während der Veränderung erlernt wurden
· Tätigkeitselemente, die während der Veränderung zum Teil erlernt wurden

Abbildung 6.1: Qualifikationsverteilung von Mitarbeiterinnen und Mitarbeitern der Blumen-Abteilung eines Warenverteilzentrums acht Monate nach Auslösung von Veränderungsprozessen mittels subjektiver Tätigkeitsanalyse

6.3 Qualifizierung durch Arbeitsgestaltung

Vier Monate nach Auslösung des Veränderungsprozesses durch die Subjektive Tätigkeitsanalyse verliess der Abteilungsleiter das Unternehmen, um in seinem Heimatort eine neue Position zu übernehmen. Die frei gewordene Stelle wurde auf Wunsch der Mitarbeiterinnen und Mitarbeiter nicht wieder besetzt, um diesen die Chance einzuräumen, die Führung der Blumenabteilung selbst zu übernehmen und damit gleichzeitig die Möglichkeiten der Gruppenautonomie auszuloten.

Während der folgenden vier Monate erwies sich die Gruppe in der Lage, sich selbst zu führen und alle anfallenden Aufträge ohne Qualitätseinbussen zu erledigen. Nach insgesamt achtmonatiger Entwicklung, die durch ständige Zunahme des Auftragsvolumens wie durch anhaltenden – nunmehr vor allem auf dem Prinzip der Gegenseitigkeit beruhenden – Kenntniserwerb gekennzeichnet war, konnte die in Abbildung 6.1 wiedergegebene Qualifikationsverteilung ermittelt werden.

Die in Abbildung 6.1 erkennbare Polyvalenz der Mitarbeiter der Blumenabteilung kann als Beleg dafür gelten, dass im vorliegenden Fall das Ziel der Durchführung der subjektiven Tätigkeitsanalyse als erreicht gelten kann.

6.3.3 Der Wunscharbeitsplatz

Eine der subjektiven Tätigkeitsanalyse ähnliche – wenn auch nicht in gleicher Weise theoretisch begründete – Vorgehensweise stellt die Entwicklung sogenannter Wunscharbeitsplätze dar. Auch bei dieser Vorgehensweise werden vier Phasen unterschieden, die denen der subjektiven Tätigkeitsanalyse inhaltlich und in ihrem Anregungsgehalt vergleichbar erscheinen.

In der ersten Phase wird mit Hilfe dafür geeigneter und standardisierter arbeitspsychologischer Verfahren eine Ist-Zustandsanalyse vorgenommen. Auf Grund der Ist-Zustandsanalyse werden in der zweiten Phase allgemeine Vorstellungen über einen Soll-Zustand erarbeitet. In der dritten Phase erfolgt die Konkretisierung der Wunscharbeitsplätze, während die vierte Phase der erforderlichen Ausbildung dient. Im Folgenden soll die Realisierung dieses Konzepts am praktischen Beispiel aufgezeigt werden.

In der Hauptverwaltung eines Unternehmens der Nahrungs- und Genussmittelindustrie werden in der Abteilung zentrale Rechnungskontrolle (RW-Z) alle von diesem Unternehmen zu zahlenden Rechnungen kontrolliert, freige-

```
                    ┌─────────────────┐
                    │ Abteilungsleiter│
                    └─────────────────┘
                     ╱       │       ╲
```

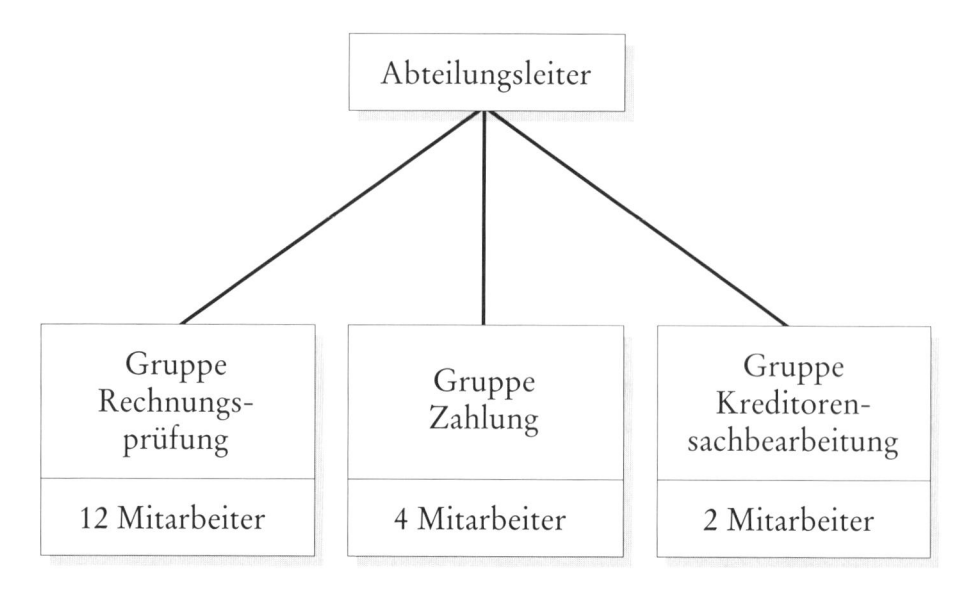

Gruppe Rechnungsprüfung	Gruppe Zahlung	Gruppe Kreditorensachbearbeitung
12 Mitarbeiter	4 Mitarbeiter	2 Mitarbeiter

Abbildung 6.2: Organisationsstruktur der Abteilung Rechnungskontrolle eines Unternehmens der Nahrungs- und Genussmittelindustrie

geben, gezahlt und für die Datenverarbeitung aufbereitet. Die Anzahl der Rechnungen belief sich zu Projektbeginn 1976 auf etwa 90 000 pro Jahr, das Gesamtvolumen auf ca. 1 Milliarde DM. In dieser Abteilung wurden 18 Personen beschäftigt, die einem Abteilungsleiter unterstellt waren. Sie arbeiteten in drei Gruppen entsprechend den Angaben in Abbildung 6.2.

Etwa zwei Drittel der Arbeitstätigkeiten zeigten typische Merkmale tayloristischer Arbeit: inhaltliche Gleichförmigkeit, hoher Wiederholungsgrad, Fremdkontrolle – hier durch höher qualifizierte Kollegen aus der eigenen Abteilung. Die übrigen Arbeitstätigkeiten waren vergleichsweise anspruchsvoller, vielseitiger und abwechslungsreicher. Die Arbeit in der Abteilung RW-Z galt insgesamt als außerordentlich unbeliebt. Die Mitarbeiterinnen und Mitarbeiter verhielten sich entsprechend der aus dem Menschenbild von McGregors Theorie X (vgl. Abschnitt 6.4) abgeleiteten Vorhersage: sie scheuten die Übernahme von Verantwortung und waren anscheinend ausschliesslich ökonomisch motivierbar. Eine unternehmensinterne Analyse hatte den Schluss nahegelegt, die ‹Kontrollspanne› durch den Einsatz von zwei oder drei Gruppenleitern zu reduzieren und damit gleichzeitig zur Lösung der Probleme innerhalb der Abteilung beizutragen.

6.3 Qualifizierung durch Arbeitsgestaltung

Als Ergebnis eines Zusammentreffens mit dem Personalvorstand des Unternehmens ergab sich die Möglichkeit, ein alternatives Konzept zu entwickeln und im Laufe der folgenden Zeit auch zu realisieren. Die von uns in der ersten Projektphase, u. a. mit Hilfe des Fragebogens zur Einschätzung von Arbeitsbeanspruchung FAB (UDRIS 1980) – eines Vorläufers des in Abschnitt 2.3.2 dargestellten Verfahrens zur subjektiven Arbeitsanalyse SAA – durchgeführte Ist-Zustandsanalyse ergab zunächst, daß jeweils zwei Drittel bis drei Viertel der Mitarbeitenden über quantitative Überforderung, qualitative Unterforderung, mangelnde Transparenz und geringe Autonomie klagten. Darüber hinaus wurden zahlreiche psychosomatische Beschwerden und andere Befindlichkeitsbeeinträchtigungen angegeben. Die Ergebnisse dieser Analyse wurden in einer Abteilungsversammlung, die von einem Mitarbeiter der Personalabteilung moderiert wurde, ausführlich diskutiert.

Bereits hier entwickelte sich eine Aufgabenteilung zwischen diesem Mitarbeiter, der in der Folgezeit die Rolle eines internen ‹change agent› übernahm und dem Autor, der als externer ‹change agent› zunehmend mehr Supervisionsfunktionen übernahm. Dieses Modell hat sich nach übereinstimmender Meinung aller Beteiligten über die ganze Projektdauer ausserordentlich gut bewährt.

An dieser Abteilungsversammlung wurde ausserdem eine Projektgruppe gewählt, bestehend aus je einem Vertreter der drei Gruppen (vgl. Abbildung 6.2), dem Abteilungsleiter, dem Mitarbeiter der Personalabteilung und dem projektbegleitenden Wissenschaftler. Ausserdem wurde der Betriebsrat gebeten, ein Mitglied in die Projektgruppe zu entsenden. Der Auftrag der von nun an im Mittel einmal monatlich tagenden Projektgruppe bestand darin, der – als Institution neu gegründeten, ebenfalls einmal im Monat während der Arbeitszeit über eine Dauer von durchschnittlich vier Stunden tagenden – Abteilungsversammlung Vorschläge zur Verbesserung der Arbeitssituation vorzulegen und umgekehrt Anregungen und Vorschläge der Abteilungsversammlung zu realisieren bzw. auf Realisierbarkeit zu prüfen. Während der Abteilungsversammlungen der ersten Projektphase zeigte sich wiederholt, dass sowohl unter den Mitarbeitern als auch zwischen den Mitarbeitern und dem Abteilungsleiter erhebliche Kommunikationsprobleme bestanden, die die ‹sachliche› Arbeit in ihrer Entwicklung zu bedrohen schienen. Aus diesem Grunde wurde der Abteilung durch den internen ‹change agent› ein dreitägiges Kommunikationstraining angeboten, das allerdings nur sehr zögernd angenommen wurde. Die tatsächliche Bedeutung dieses Trainings geht aus den in späteren Projektphasen erfolgten Einschätzungen der Teil-

nehmenden hervor: «Mein grösstes Erlebnis war das Gruppentraining in N., es wirkte klärend» – «In N. mußten harte Klippen genommen werden, aber wir haben alles gut überstanden, und wir haben gelernt, auch die Probleme des anderen mit zu bereinigen» – «Nach dem Gruppentraining in N. wurden die Diskussionen offener und herzlicher» – «N., das war einmal ein Stein in der Geschichte der Abteilung».
Auf Grund der Ist-Zustandsanalyse und verschiedener Anregungen der Projektgruppe wurden in der zweiten Projektphase von allen Mitarbeiterinnen und Mitarbeitern gemeinsam mit dem Abteilungsleiter Vorstellungen über einen Soll-Zustand erarbeitet. Diese enthielten insbesondere folgende, sich teilweise überlappende Teilziele: – Anreicherung aller Arbeitsplätze durch anspruchsvollere Tätigkeiten, – Erhöhung von Lernbereitschaft und Flexibilität, – Erweiterung und breitere Verteilung von Kompetenzen, – Abbau von Zeitdruck und Kollegenkontrolle, – Erweiterung des Handlungsspielraums innerhalb der Gruppe.

Um diese Ziele zu erreichen, stellten in der dritten Projektphase alle Mitarbeiterinnen und Mitarbeiter ebenso wie der Abteilungsleiter die einzelnen Elemente (‹Bausteine›) ihrer Arbeitstätigkeit vor. Dieses Vorgehen diente einerseits der vertieften Reflexion über die eigene bisherige Tätigkeit und andererseits der Information der übrigen Arbeitskollegen. Auf Grund dieser Information konnte sich jeder Mitarbeiter darum bewerben, für andere ‹Bausteine› oder andere Arbeitsplätze ausgebildet zu werden oder sogar einen von ihm selbst neu projektierten ‹Wunscharbeitsplatz› zu erhalten. Ein Gremium, dem ausser dem Abteilungsleiter zwei von den Mitarbeitern gewählte Kollegen und das der Projektgruppe angehörende Betriebsratsmitglied angehörten, sollte gewährleisten, dass die ‹Wunschbausteine› oder ‹Wunscharbeitsplätze› in vorhandene oder neu zu entwickelnde Arbeitsabläufe sinnvoll integriert werden können. Ein Auszug aus dem Protokoll einer Sitzung dieses Gremiums kann die Art der von den Mitarbeitern gewählten ‹Wunschbausteine› verdeutlichen:

«Frau A. hatte folgende Wunschbausteine genannt:

1. Überwachung der Bearbeitung
   der Verträge für Telefonanlagen   – genehmigt –

2. DZA-Bereich   – genehmigt –

6.3 Qualifizierung durch Arbeitsgestaltung 459

3. M-Aufträge — es muß noch abgeklärt werden, was Frau A. damit gemeint hat –

4. Bankbuchhaltung — das Gremium schlägt vor, die Bankbuchhaltung zu unterteilen in:
   a) kleine Banken
   b) Großbank X
   c) Postscheckauszüge

5. Abstimmung aller Banksalden — genehmigt –

6. Freigabe Büromaterial — eine Genehmigung kann hier noch nicht erfolgen, da erst auf der nächsten Abteilungsverammlung über die drei vom Gremium vorgeschlagenen Freigabemodelle diskutiert werden soll –

7. Telefonabrechnung — dem Gremium war nicht klar, was sich dahinter verbirgt –

Herr B. hatte folgende Wunschbausteine:

1. Mitwirkung an der Personalplanung — es soll überlegt werden, wie eine Mitwirkung der Mitarbeiter an der Personalplanung in RW-Z aussehen kann. Dieser Punkt wird auf der nächsten Abteilungsversammlung besprochen. Das Gremium schlägt vor, nicht nur einen Mitarbeiter aus der Abteilung daran mitwirken zu lassen, sondern mehrere.

2. Zentrale Lastschrifteneinreichung und -steuerung — genehmigt –

3. Personaldarlehen — genehmigt –

4. Akkreditivabwicklung – genehmigt –

5. Saldenabstimmung der
   Unternehmensgesellschaften – genehmigt –

6. Abstimmung aller Banksalden – genehmigt –

In der vierten Phase wurde vor allem die Ausbildung für die ‹Wunschbausteine› oder Wunscharbeitsplätze vorgenommen. Als Unterstützung für die einzelnen Ausbildungsschritte wurde vom internen ‹change agent› ein kleines Trainingsprogramm (micro teaching) erstellt. Da im Übrigen die Ausbildung so weit wie möglich innerhalb der Abteilung auf kollegialer Basis erfolgte, wurden wiederum Prozesse des – individuellen und gemeinsamen – Reflektierens über die eigene Arbeit ausgelöst und Ansätze zu vielseitiger arbeitsbedingter Kooperation entwickelt.

Nach rund zweijähriger Entwicklung konnten u. a. die folgenden objektiven Veränderungen registriert werden:
– Sechs der inhaltsarmen Arbeitsplätze konnten so weit angereichert werden, dass eine Einstufung in eine höhere, qualifiziertere Arbeit ausweisende Lohngruppe vorgenommen wurde.
– Die kollegiale Nachkontrolle wurde weitgehend abgebaut. Innerhalb eines bestimmten finanziellen Rahmens entscheiden die Mitarbeiter selbst darüber, ob sie das Ergebnis ihrer Arbeit von einem Kollegen nachprüfen lassen wollen.
– Mitarbeiter in verschiedenen Gruppierungen haben Aufgaben übernommen, die traditionellerweise zu den ‹Bausteinen› der Vorgesetztentätigkeit gehören: Mitwirkung bei Personalplanung, Urlaubsplanung, Leistungsbewertung, Gleitzeitkontrolle u.a.

Typische Merkmale tayloristischer Arbeit finden sich nur noch an einem Arbeitsplatz. Sofern sich für diesen Arbeitsplatz keine andere Lösung findet, soll die dort anfallende Tätigkeit von anderen Mitarbeitern der Abteilung in Rotation wahrgenommen werden.

Einen Einblick in die nunmehr typische Art der Problemlösung vermittelt der folgende Auszug aus dem Protokoll einer Abteilungsversammlung, die sich mit diesem Arbeitsplatz intensiv beschäftigte: «Eine Gruppe von Mitarbeitern hat untersucht, inwieweit ein Rotationsverfahren sinnvoll ist und wo sich in diesem Zusammenhang Probleme ergeben. Herr C. hat die Ergebnisse der Arbeitsgruppe vorgetragen:

6.3 Qualifizierung durch Arbeitsgestaltung

- 12 Mitarbeiter bearbeiten zweimal im Monat für ca. 6 Stunden das Sachgebiet Kreditorennummernvergabe und geben Frau D. aus ihrem Arbeitsgebiet Bausteine ab.
- Frau D. erhält einen festen neuen Arbeitsplatz, richtet aber nach wie vor neue Kreditorenkarten ein.
- Hieraus ergeben sich folgende Problembereiche: In der Anfangszeit ist damit zu rechnen, daß der Arbeitsfluß etwas langsamer sein wird, da nicht alle von Anfang an die Routine wie Frau D. haben.
- Es tauchte die Frage auf: Sind wirklich alle 12 Mitarbeiter bereit, vor allem im Anfang eine höhere Arbeitsleistung zu erbringen? Diese Frage wurde von den 12 Mitarbeitern ausschließlich bejaht.
- Auf dem eigenen Arbeitsplatz werden bei den 12 interimistisch tätigen Kreditoren-Sachbearbeitern zum Teil Arbeiten liegenbleiben.
- Dieses Problem kann einerseits durch einen gut funktionierenden Vertretungsplan und andererseits durch eine zielgerichtete Bearbeitung der wichtigsten Vorgänge jedes einzelnen Mitarbeiters gelöst werden ...

Bis Ende 1977 soll zusätzlich versucht werden, die Kreditorensachbearbeitung mit Hilfe der Datenverarbeitung zu lösen ...».

Eine ökonomische Analyse ergab Einsparungen, die auf einen Betrag von jährlich ca. 160.000 DM geschätzt wurden. Das Jahresdurchschnittseinkommen der Mitarbeiter hat sich – bedingt durch Neueinstufungen infolge der erweiterten Arbeitsaufgaben – um DM 2.300 erhöht. Die Erhöhung der Lohnkosten wurde durch die von den Mitarbeitern gewünschte Verminderung der Einstellung vorübergehender Aushilfen weitgehend ausgeglichen. «Der gesamte Zeitaufwand für das Projekt (Abteilungsversammlungen, Projektgruppensitzungen, Fortbildung, Gruppentrainings) betrug ca. 3% der Arbeitszeit» (HORT 1978, 11). Infolge einer allgemeinen Verbesserung des Wirkungsgrades entstanden jedoch keine zusätzlichen Kosten, etwa durch vermehrten Anfall von Überstunden.
Eine Analyse der Auswirkungen der objektiven Veränderungen auf Erleben und Verhalten der beteiligten Mitarbeiterinnen und Mitarbeiter erbrachte vor allem einen Abbau des Gefühls der qualitativen Unterforderung, die u. E. zu den wichtigsten Merkmalen dequalifizierender Arbeitstätigkeit gehört. Eindeutige und erhebliche Veränderungen lassen sich auch bezüglich der Aspekte Transparenz, Autonomie und Motivation feststellen. Lediglich das Gefühl der quantitativen Überforderung hat sich gegenüber früher nicht verändert; allerdings weisen viele Mitarbeiter darauf hin, daß sie sich von der

Arbeit jetzt wesentlich schneller erholen als früher. «Psychosomatische Symptome, die zu Beginn des Versuches häufig auftraten, wie Herz-Kreislauf-Beschwerden, Kopfschmerzen, Nervosität, sind verschwunden. Alle Beteiligten fühlen sich entschieden gesünder als zu Beginn des Versuchs» (HORT 1978,11). Wir interpretieren diesen Sachverhalt dahingehend, daß die Erhöhung der Handlungskompetenz durch autonomieorientierte Arbeitsgestaltung die Mitarbeiter in die Lage versetzt hat, angemessenere Strategien zur Bewältigung der potenziellen Stressoren zu entwickeln und Massnahmen zu deren Abbau in die Wege zu leiten.

Auswirkungen der skizzierten Veränderungen auf die Entwicklung der Persönlichkeit der an diesem Projekt Beteiligten lassen sich aus typischen Bemerkungen anlässlich einer, der gemeinsamen Evaluation dienenden, Abteilungsversammlung schliessen:

Frau E.: «Am Anfang war ich sehr skeptisch; was können wir Älteren noch dazulernen … Die menschliche Seite hat sich sehr positiv entwickelt … Ich habe gelernt zuzuhören … Die Auswirkungen des Versuches auf meinen privaten Bereich sind sehr positiv: ich bin ein ganz anderer Mensch geworden.»

Frau F: «Ich habe mich sehr darüber gewundert, daß ältere Kollegen sich sehr wohl noch im positiven Sinne ändern können … Ich gehe jetzt nach Büroschluss unbelastet nach Hause … Ich bin freier geworden.»

Herr G: «Ich kann jetzt Kritik sehr viel besser ertragen … Mein Horizont hat sich sehr erweitert … Alle haben für sich akzeptiert, dass sie ständig lernen müssen.»

Herr H: «Die Kollegialität hat sehr zugenommen … Ich bin selbstbewusster geworden.»

Frau I: «Das Projekt hat mir sehr geholfen.»

Im Laufe der beiden folgenden Jahre wurde erkennbar, dass ein Teil der bisher in der Abteilung RW-Z ausgeführten Arbeitstätigkeiten durch Adaption von Entwicklungen im Bereich der mittleren Datentechnik strukturelle Veränderungen erfahren würden, deren Art und Ausmass indes nicht ohne Weiteres vorhersehbar war. Einerseits bestand so auch in diesem Fall zweifellos die Gefahr, dass die Organisation sich als «ungeplante Konsequenz des Entwurfs des technischen Systems» (CLARK 1972, 11) weiterentwickelt. Andererseits hatte aber die Mehrheit der Mitarbeiterinnen und Mitarbeiter in dieser Abteilung im Verlauf der Projektarbeit so vielfältige – auch generalisierbare und innovatorische – Qualifikationen erworben, dass sie sich für die Bewältigung der bevorstehenden Veränderungen in einer vergleichsweise günstigen Ausgangsposition befanden.

6.3.4 Schlussfolgerungen

Subjektive Tätigkeitsanalysen und ähnliche Verfahren dürfen nicht als Ersatz für objektive Tätigkeitsanalysen verstanden werden. Vielmehr handelt es sich dabei um prozessorientierte Vorgehensweisen, mit deren Hilfe Qualifizierungs- und Veränderungsbereitschaften ausgelöst und erste Schritte in einem ‹redefine-redesign-Prozess› eingeleitet werden können.

«*Expertokratische Analyse*, die einer Arbeitsorganisation ihre Probleme aufzeigen will oder *expertokratische Intervention*, die einer Arbeitsorganisation die passende und richtige Lösung für die Bewältigung von Problemen bringen möchte, hat kaum Aussicht auf Erfolg, von den Mitgliedern der Organisation akzeptiert zu werden. Möglicherweise wird sie nicht einmal verstanden» (BAITSCH 1993, 187).

Die Notwendigkeit, die Beschäftigten in den Veränderungsprozess aktiv einzubeziehen, hat indes mindestens zwei Implikationen, die in traditionellen mechanistisch-bürokratischen Organisationen mit hoher Wahrscheinlichkeit Widerspruch – und: Widerstand (!) – auslösen: (1) Der für Qualifizierung und Kompetenzentwicklung im hier gemeinten Sinn erforderliche Einbezug der Beschäftigten in Zielfindungs- und Entscheidungsprozesse bedeutet, dass das traditionelle Muster hierarchischer Beziehungen in Frage gestellt und Personalentwicklung zur Organisationsentwicklung wird. (2) Aus der Tatsache, dass Prozesse arbeitsimmanenter Qualifizierung und Kompetenzentwicklung weder hinsichtlich des Ablaufes und der Geschwindigkeit noch hinsichtlich der erreichbaren ‹Höhe› und der ‹Qualität› genau kalkulierbar sind, resultiert eine Limitierung der Planbarkeit darauf bezogener Massnahmen der Arbeitsstrukturierung.
Dies macht zugleich verständlich, dass an manchen Stellen der betrieblichen Hierarchie Widerstand ausgelöst wird, der als solcher nicht immer ohne Weiteres erkennbar ist.

6.4 Widerstand gegen Veränderungen

Die Entwicklung und Einführung neuer Arbeitsstrukturen hat in den letzten Jahren in einer Reihe von europäischen Ländern beachtliche Fortschritte gemacht und sowohl den Unternehmen als auch den beteiligten Arbeitnehmern unübersehbare und erhebliche Vorteile gebracht. Dennoch findet sich immer wieder auch Abwehrverhalten, das an traditionellen Arbeitsstrukturen und Organisationsformen festhält und viel Phantasie investiert um zu beweisen, weshalb Veränderungen nicht möglich sind. In Bereichen der Technologieentwicklung und Technikanwendung würde ein vergleichbar fortwährender Versuch, Probleme des letzten Jahrzehnts eines Jahrhunderts mit aus dem ersten Jahrzehnt des Jahrhunderts stammenden Mitteln zu lösen, recht bald ein verbreitetes Erstaunen auslösen. In diesen Bereichen wird Phantasie in erster Linie investiert um herauszufinden, was alles möglich und machbar ist. Offenbar gibt es also Unterschiede im Suchverhalten bzw. im Abwehrverhalten, die sich bereits auf die Wahrnehmung auswirken. Während im einen Bereich das «anything goes» vorzuherrschen scheint, ist im anderen Bereich noch immer das «Nicht sein kann, was nicht sein darf» wirksam.
Hier scheint es sich um etwas ähnliches zu handeln, wie bei dem von PAPERT (1982) vor einiger Zeit beschriebenen QWERTZ-Phänomen (vgl. Kasten 6.8).

Die Tatsache, dass die oberste Buchstaben-Zeile auf Schreibmaschinen noch immer die Buchstabenfolge QWERTZ aufwies, war für PAPERT ein Beispiel dafür, dass trotz Erkenntnisfortschritts häufig an als überholt belegbaren Massnahmen festgehalten wird.[12]

Ein sehr typisches Beispiel für lang andauerndes Abwehrverhalten sind die Diskussionen über den ‹Fall Volvo›. Hier wurde über Jahre hinweg immer wieder behauptet, das zuerst im Werk Kalmar eingeführte Konzept der ganzheitlichen Arbeit in teilautonomen Gruppen habe sich nicht bewährt, es sei ein Fiasko entstanden, das Werk sei geschlossen oder sogar abgerissen worden. So

---

[12] LYSINSKI hat schon vor mehr als 80 Jahren darauf hingewiesen, dass die Anordnung der Tastenreihen «der natürlichen Lage der Finger nicht entspricht», aber auch die Anordnung der Buchstaben auf der Tastatur unzweckmässig ist. «Die jetzt allgemein übliche Universaltastatur ist der Buchstabenhäufigkeit der englischen Sprache angepasst, die Zahlen- und Zeichenanordnung der Willkür der Fabrik überlassen. Zu fordern wäre aber, dass den häufigsten Buchstaben und Buchstabenaufeinanderfolgen die günstigsten Griffe entsprechen, und dass Hände und Finger im Verhältnis zu ihrer Leistungsfähigkeit belastet werden.» (LYSINSKI 1923, 132f.)

6.4 Widerstand gegen Veränderungen 465

Kasten 6.8: Das QWERTZ-Phänomen (aus: PAPERT 1982)

«Für die QWERTZ-Anordnung gibt es keine rationale Erklärung, lediglich eine historische. Sie wurde als Lösung eines Problems aus der ersten Zeit der Schreibmaschine eingeführt: die Tasten verklemmten sich des Öfteren. Dieses Problem sollte dadurch minimalisiert werden, dass die Tasten, die häufig nacheinander gebraucht werden, getrennt wurden. Ein paar Jahre später beseitigte der allgemeine Fortschritt in der Technik das Problem des Verklemmens, aber QWERTZ blieb ... Wenn man andererseits mit Leuten über die QWERTZ-Anordnung spricht, rechtfertigen sie diese mit ‹objektiven› Kriterien. Sie erzählen einem, dass sie ‹dieses optimalisiert› und ‹jenes minimalisiert›. Obwohl diese Rechtfertigungen keine rationale Grundlage haben, veranschaulichen sie einen Prozess, einen sozialen Prozess der Mythenbildung, der es uns ermöglicht, bei jedem System eine Rechtfertigung für Primitivität zu finden» (PAPERT 1982, 59).

---

fand sich – und das ist nur einer von zahlreichen Belegen, die immer wieder mit grosser Schadenfreude zitiert wurden – in der Februar-Ausgabe 1980 der Zeitschrift ‹handling› zu diesem «Fall» die folgende Aussage: «Das Beispiel Volvo klingt jedem, der sich auskennt im Ohre. Es hat Millionen gekostet ... Es ist gescheitert. Nicht nur, dass es Millionen gekostet hat. Auch der Konzern ist ins Trudeln gekommen» (KINDERVATER 1980, 9). Zur gleichen Zeit kam der schwedische Arbeitgeberverband, im Gegensatz zu der Behauptung des ‹handling›-Autors, zu einer sehr positiven Beurteilung der Produktivität der im Volvo-Werk Kalmar eingeführten neuen Arbeitsstrukturen: «Vergleiche zwischen dem Volvo-Werk in Kalmar und den konventionellen Montagewerken des gleichen Unternehmens zeigen, dass die Produktivität des Kalmar-Werkes (ausgedrückt in Montagestunden per Auto) sehr zufriedenstellend ist» (AGURÉN und EDGREN 1980, 27 f.). Angaben über einen jährlichen Produktivitätszuwachs von neun bis zehn Prozent in den Jahren 1976 bis 1978 wurden von dem ‹handling›-Autor, der nur an einer bestimmten Art von Ergebnis interessiert zu sein schien, nicht zur Kenntnis genommen.
Im gleichen Artikel urteilt er über ein anderes Projekt, in dessen Rahmen in einem westdeutschen Volkswagenwerk mit Gruppenarbeit experimentiert wurde (vgl. Abschnitt 9.3): «... alle diese Massnahmen sollten den Stress senken.

Ein Witz. Denn hier wurde und wird doch schlichtweg überfordert. Statt vermindertem Stress also erhöhte Belastung» (KINDERVATER 1980,10). Wiederum im Gegensatz zu dieser Behauptung kamen die das Projekt mittels sorgfältiger Untersuchungen begleitenden Ergonomen im gleichen Jahr zu dem Schluss: «Der Zielbereich Humanität wird am besten von der teilautonomen Gruppenmontage abgedeckt» (ROHMERT und HAIDER 1980, S. 9). Und auch im Schlussbericht der Werksleitung kann man nachlesen: «Im Gegenteil ergab sich bei der höchsten Arbeitsbelastung und der Gruppenmontage die günstigste Beanspruchung. Daraus lässt sich die Schlussfolgerung ziehen, dass vor allem die Struktur der Belastung über die Höhe der Beanspruchung entscheidet ... Die in den beiden anderen Arbeitsstrukturen nachgewiesene Zunahme der Arbeitsermüdung im Verlaufe einer Schicht wurde bei der Gruppenmontage nicht beobachtet» (GRANEL 1980, 40).
Der Artikel aus der Zeitschrift ‹handling› ist hier lediglich als eines von vielen Beispielen unsachgemässer Auseinandersetzung mit Fragen der Veränderung von Arbeitsstrukturen angeführt. Die Beweggründe für diese Art der Fehlinformation lassen sich aus der Publikation selbst nicht ohne Weiteres entnehmen. Als Interpretationshilfe können wir indes einen von EMERY und THORSRUD (1976, 1982) berichteten Fall heranziehen.

In einem kleineren Zweigwerk eines grösseren norwegischen Unternehmens wurde ein Experiment mit teilautonomen Gruppen durchgeführt, an dem 73 Arbeiterinnen und Arbeiter teilnahmen. Innerhalb des ersten Jahres – das drei unterscheidbare experimentelle Phasen umfasste – stieg die Produktivität gegenüber früher um 20 Prozent. Im darauf folgenden Jahr stieg die Produktivität noch einmal um zehn Prozent und war damit – bei niedrigeren Kosten – beträchtlich höher als im Hauptwerk bei der traditionell organisierten Herstellung des gleichen Produkts. Dennoch fand eine Diffusion der offensichtlich – und von niemandem bestrittenen – produktivitätsverbessernden Struktur auf das Hauptwerk nicht statt. Das Management hielt dort vielmehr an der traditionellen Organisation fest und behauptete, die Arbeiter – die aber gar nicht befragt worden waren – seien an alternativen Strukturen nicht interessiert. Ausserdem seien individuelle Akkorde – im Unterschied zu den für die teilautonomen Gruppen entwickelten spezifischen Gruppenprämien – für die Aufrechterhaltung der Produktivität erforderlich. So wurde argumentiert, obwohl jeder an den Daten aus dem Zweigwerk ablesen konnte, dass diese Argumentation einer objektiven Überprüfung nicht standhalten würde. Folgerichtig kommen die Autoren zu einer Interpretation dieses

6.4 Widerstand gegen Veränderungen

Sachverhaltes, der mit vielfacher anderweitiger Erfahrung übereinstimmt: «Rückblickend ist leicht zu erkennen, dass es in Wirklichkeit um die Grundvorstellungen des Managements hinsichtlich der Arbeitsorganisation ging» (EMERY und THORSRUD 1982, 120).[13]

Der Strukturierung und Organisation von Arbeitstätigkeiten liegen letztlich immer auch Annahmen über ‹den› Menschen, Menschenbilder also, zugrunde (vgl. Kapitel 1).

Um zu verstehen, wie Organisationen funktionieren, ist es notwendig, zuerst zu verstehen, wie die Menschen in Organisationen funktionieren, insbesondere die Manager, die organisationale Entscheidungen treffen, die Politik bestimmen und die Regeln festlegen. Unternehmenspolitik, soweit sie Anreize, Belohnungssysteme und andere Personalangelegenheiten betrifft, wird weitgehend durch die Annahmen bestimmt, die Manager in Bezug auf die menschliche Natur und Motivation haben (SCHEIN 1980, 50f.).

Solche Annahmen über die Natur des Menschen werden zwar zumeist nicht ausdrücklich formuliert, kommen aber etwa dann zum Ausdruck, wenn die Integration der Qualitätskontrolle in die Fertigung mit dem – von LENIN stammenden – Ausspruch abgelehnt wird: «Vertrauen ist gut, Kontrolle ist besser.»

Die Konsequenz solcher Arbeitsstrukturen sind schliesslich flache Hierarchien und es sollte deutlich ausgesprochen werden, dass zu den potenziellen ‹Opfern› solcher Restrukturierungskonzepte vor allem Führungskräfte der mittleren Ebene gehören. Damit wird auch klar: Konzepte der funktionalen Integration und der Selbstregulation in Gruppen bedrohen etablierte Machtstrukturen und lösen bei denen, die sich bislang als ‹Schnittstellenregulierer› verstanden und aus dieser Funktion einen Teil ihres Selbstwertgefühls abgeleitet haben, u.U. nachhaltigen – und erfindungsreichen – Widerstand aus.

Dieses Problem scheint allerdings mindestens so alt zu sein wie unsere Zeitrechnung. Es wurde bereits in einer Schilderung benannt, die Petronius ARBITER, einem römischen Satiriker und Senator zur Zeit des Kaisers NERO, zugeschrieben wird. In dieser Schilderung heisst es: «Wir trainierten hart, ... aber es schien, dass wir immer dann reorganisiert wurden, wenn wir gerade dabei waren, ein Team zu werden» (AUGUSTINE 1983, 119).

---

[13] Als aufgrund steigender Marktanforderungen ein neues Werk errichtet wurde, in das auch die Arbeiterinnen und Arbeiter des Zweigwerkes integriert werden sollten, musste auf deren Druck schliesslich auch dort das System der Arbeit in teilautonomen Gruppen eingeführt werden. Sie waren mehrheitlich nicht bereit, ihre positiven Erfahrungen wieder aufzugeben und hätten andernfalls die Arbeit im neuen Werk nicht aufgenommen.

Tatsächlich wird die äussere Kontrolle schwieriger, wenn Beschäftigte über umfassende Fertigkeiten und Kompetenzen verfügen und diese in komplexen Tätigkeiten einsetzen. Das Konzept der Selbstregulation in teilautonomen Gruppen steht also objektiv in Widerspruch zu allfällig vorhandenen Kontrollbedürfnissen des Managements.

Der Management-Theoretiker und Unternehmensberater McGREGOR (1960, 1970) hat den Versuch unternommen, die der Führung von Unternehmen und den Bemühungen zur Motivierung von Mitarbeitern zugrunde liegenden Annahmen zu verdeutlichen und die Auswirkungen eben dieser Annahmen auf Erleben, Verhalten und Leistung der Mitarbeiter aufzuzeigen. Eine – auch heute noch verbreitete – Vorstellung von den Bedürfnissen und Motiven des «Durchschnittsmenschen» gibt McGREGOR in der von ihm sogenannten ‹Theorie X› wieder, deren Aussagen etwa wie folgt zusammengefasst werden können:

«Der Durchschnittsmensch hat eine angeborene Abneigung gegen Arbeit und versucht, ihr aus dem Wege zu gehen, wo er kann.» Deshalb «muss er meist gezwungen, gelenkt, geführt und mit Strafe bedroht werden», damit er das vom Unternehmen gesetzte Soll erreicht. Ausserdem zieht er es vor, «an die Hand genommen zu werden, möchte sich vor Verantwortung drücken, besitzt verhältnismässig wenig Ehrgeiz und ist vor allem auf Sicherheit aus» (McGREGOR 1970, 47 f.). Nach McGREGORs Einschätzung handelt es sich bei der ‹Theorie X› um ein Bündel von Vorurteilen, um eine eigentliche «Irrlehre».

Wie ist dann aber zu erklären, dass mancher Praktiker auf eine mehr oder weniger grosse Anzahl von Mitarbeiterinnen oder Mitarbeiter verweisen kann, deren Verhalten tatsächlich dem Menschenbild der ‹Theorie X› entspricht? Nach McGREGOR handelt es ich um eine Verkehrung von Ursache und Wirkung: die ‹Theorie X› beschreibe tatsächlich gar nicht die menschliche Natur, sondern die Folgen des Managementverhaltens, dem die Annahme der Theorie X über die menschliche Natur zugrundeliegt. Das heisst, dass wir es hier mit einer sich selbst erfüllenden Prophezeiung zu tun haben: «Leute die von der Möglichkeit ausgeschlossen sind, bei ihrer Arbeit die Bedürfnisse zu befriedigen, die in ihnen wach sind, verhalten sich genau so, wie wir es wohl voraussagen möchten: in Trägheit, Passivität, Verantwortungsscheu, sie sträuben sich gegen Veränderungen, sind anfällig für Demagogen und stellen geradezu absurde Ansprüche nach ökonomischen Vorteilen» (McGREGOR 1970, 56). Abbildung 6.3 versucht, diesen Wirkungszusammenhang grafisch zu veranschaulichen.

Die von McGREGOR selbst auf Grund umfangreicher eigener Erfahrungen als Unternehmensberater vertretene ‹Theorie Y› ist durch ein der ‹Theorie

6.4 Widerstand gegen Veränderungen

X› entgegengesetztes Menschenbild gekennzeichnet, das sich etwa wie folgt zusammenfassen lässt:
«Dem Durchschnittsmenschen ist Arbeitsscheu nicht angeboren». Fremdkontrolle und Androhung von Sanktionen sind keineswegs «das einzige Mittel, jemanden zu bewegen, sich für die Ziele des Unternehmens einzusetzen. Zugunsten von Zielen, denen er sich verpflichtet fühlt, wird sich der Mensch der Selbstdisziplin und Selbstkontrolle unterwerfen». Im übrigen sind «Flucht vor Verantwortung, Mangel an Ehrgeiz und Drang nach Sicherheit ... im Allgemeinen Folgen schlechter Erfahrungen, nicht angeborene menschliche Eigenschaften». Und schliesslich sind Fähigkeiten zur Lösung organisatorischer Probleme in der Bevölkerung weit verbreitet, aber nur zum Teil genutzt (MCGREGOR 1970, 61f.).

Folgen derartiger Annahmen über den ‹Durchschnittsmenschen› schlagen sich u.a. in der Bereitschaft zur Übertragung von Selbstkontrolle nieder in der Überzeugung, dass daraus höhere Motivation und Verantwortungsbereitschaft resultieren. Der entsprechende Wirkungszusammenhang ist in Abbildung 6.4 (vgl. S. 470) dargestellt.
Das von EMERY und THORSRUD (1982) beschriebene Beispiel, das vielfältigen eigenen Erfahrungen entspricht, lässt sich auf dem Hintergrund der Erfahrungen von MCGREGOR recht bildhaft interpretieren. Bezüglich der

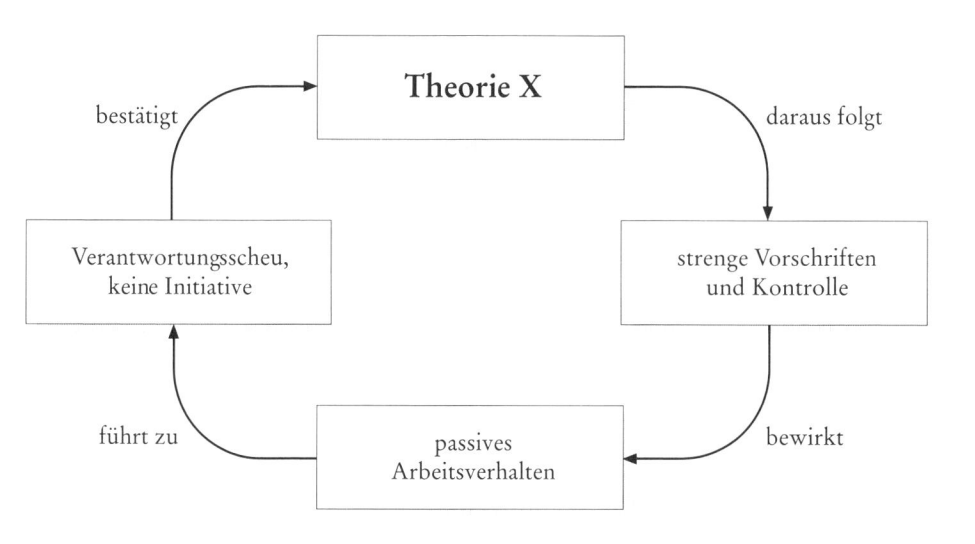

Abbildung 6.3: Der Teufelskreis der ‹Theorie X› (aus: ULICH, BAITSCH und ALIOTH 1987)

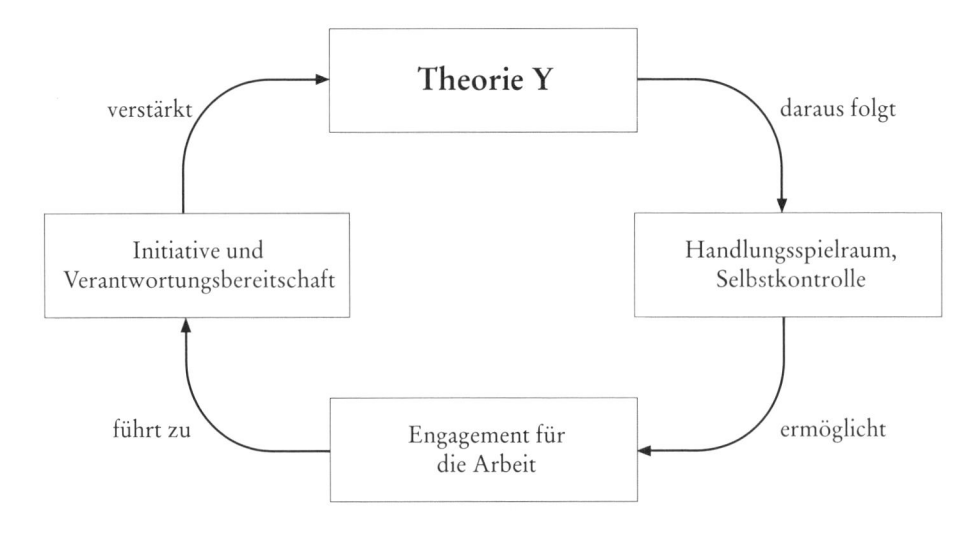

```
                    ┌─────────────┐
       verstärkt →  │  Theorie Y  │  daraus folgt
                    └─────────────┘
    ┌──────────────────┐              ┌──────────────────┐
    │   Initiative und │              │ Handlungsspielraum,│
    │Verantwortungsbereitschaft│      │   Selbstkontrolle │
    └──────────────────┘              └──────────────────┘
       führt zu          ┌──────────────┐   ermöglicht
                         │ Engagement für│
                         │  die Arbeit  │
                         └──────────────┘
```

Abbildung 6.4: Die verstärkende Wirkung der ‹Theorie Y›
(aus: ULICH, BAITSCH und ALIOTH 1987)

Anwendung arbeits- und sozialwissenschaftlicher Erkenntnisse gleicht nach McGREGOR nämlich manches Management Leuten, die Kanäle graben in der Absicht, das Wasser darin bergan zu leiten. Das Festhalten an der ‹Theorie X› ist offenbar ein solcher Versuch. Die Aufrechterhaltung der ‹Theorie X› wird aber bedroht, wenn Mitarbeiter sich – z.B. in einem Versuchsbetrieb mit teilautonomen Gruppen – ganz entgegen den damit verbundenen Erwartungen verhalten, nämlich z.B. so, wie das Menschenbild der ‹Theorie Y› dies voraussagt. Da hierfür aber häufig kein tatsächlich akzeptiertes oder internalisiertes Management-Konzept bereitliegt, müssen folgerichtig Entwicklungen der Mitarbeiter zu selbstverantwortlichen, kritischen Persönlichkeiten frühzeitig abgebremst – und die Ausdehnung erfolgreicher Versuchsbetriebe verhindert – werden, auch wenn dies dem wohlverstandenen Unternehmensinteresse widerspricht. Aber schliesslich kann auf diese Weise das Menschenbild der ‹Theorie X› leichter aufrechterhalten werden – obgleich das Graben von Kanälen, in der Hoffnung, dass das Wasser darin irgendwann bergan fliessen möge, offensichtlich einem Naturgesetz widerspricht.[14]

---

[14] Der wissenschaftliche Gehalt und die theoretische Stringenz des Ansatzes von McGREGOR sind übrigens sehr fragwürdig. Auch wenn er «die bei Führungskräften verbreiteten Vorurteile über Arbeitsscheu und autoritäre Lenkung von Beschäftigten richtig beschreibt», zeigen sich «bei einer genaueren Überprüfung der Präzision und Eindeutigkeit seiner Begriffe gravierende Unschärfen» (GREIF 1983a, 74).

7. Kapitel

Wirkungen von Arbeit

In einzelnen Abschnitten dieses Buches wurde verschiedentlich bereits über mögliche Wirkungen von Arbeit berichtet, insbesondere im Kapitel über die Bewertung von Arbeitstätigkeiten, aber auch bei der Beschreibung möglicher Auswirkungen unterschiedlicher Gestaltungskonzepte. In diesem Kapitel werden spezifische Wirkungen wie Belastungen und Beanspruchungen, Ermüdung, Monotonie und Stress, Persönlichkeitsveränderungen, Freizeitverhalten und Gesundheit beschrieben. Auf die Darstellung von Verfahren zur Messung der Wirkungen wird verzichtet (vgl. dazu HACKER und RICHTER 1980b).

7.1 Belastung und Beanspruchung

In der deutschsprachigen Arbeitswissenschaft hat sich ein Konzept weitgehend durchgesetzt, demzufolge Belastung eine Einwirkungs- und Beanspruchung eine Auswirkungsgrösse darstellt. Nach ROHMERT und RUTENFRANZ (1975, 8) werden als Belastungen «objektive, von aussen her auf den Menschen einwirkende Grössen und Faktoren bezeichnet», als Beanspruchungen «deren Auswirkungen im Menschen und auf den Menschen». Von Arbeitspsychologen wird allerdings übereinstimmend darauf hingewiesen, dass es sich dabei nicht um einfache Reiz-Reaktionsmuster handeln kann, sondern dass Vermittlungs- und Rückkopplungsprozesse die Beziehungen zwischen Belastung und Beanspruchung vielfältig beeinflussen.
Nach SCHÖNPFLUG (1987, 144ff.) lassen sich Belastungen hauptsächlich nach den folgenden sechs Dimensionen unterscheiden: (1) nach ihrer Herkunft, (2) nach ihrer Qualität (3) nach den Möglichkeiten, sie zu beeinflussen,

(4) nach der Möglichkeit, ihr Auftreten vorherzusehen, (5) nach ihrer zeitlichen Struktur und (6) nach der Art ihrer Auswirkungen auf die Betroffenen. Allein diese Klassifizierung macht erkennbar, dass einfache Zuordnungen von Beanspruchungen zu Belastungen nicht erwartet werden können.

Dass die Zurechenbarkeit von Beanspruchungen zu Belastungen mit der Kombination einzelner Belastungen zu Mehrfachbelastungen (vgl. DUNCKEL 1985) noch einmal schwieriger wird, liegt auf der Hand. Hier ist zumeist nicht einmal klar, ob und gegebenenfalls unter welchen Umständen mehrere gleichzeitig auftretende Belastungen additiv oder multiplikativ wirksam sind.

Mögliche Wirkungen von Belastungen haben KAUFMANN, PORNSCHLEGEL und UDRIS (1982) tabellarisch zusammengefasst (vgl. Tabelle 7.1). Die Angaben der Autoren machen das breite Spektrum möglicher Reaktionen deutlich und unterstreichen die oben erwähnte Zuordnungsschwierigkeit.

Tabelle 7.1: Klassifikation möglicher negativer Beanspruchungen und Beanspruchungsfolgen (aus: KAUFMANN, PORNSCHLEGEL und UDRIS 1982)

		kurzfristige, aktuelle Reaktionen	mittel- bis langfristige chronische Reaktionen
physiologisch, somatisch		– erhöhte Herzfrequenz – Blutdrucksteigerung – Adrenalinausschüttung – («Stresshormon»)	– allgemeine psychosomatische Beschwerden und Erkrankungen – Unzufriedenheit, Resignation, Depression
psychisch (Erleben)		– Anspannung – Frustration – Ärger – Ermüdungs-, Monotonie-, Sättigungsgefühle	
verhaltensmässig	**individuell**	– Leistungsschwankung – Nachlassen der Konzentration – Fehler – schlechte sensumotorische Koordination	– vermehrter Nikotin-, Alkohol-, Tablettenkonsum – Fehlzeiten (Krankheitstage)
	sozial	– Konflikte – Streit – Aggression gegen andere – Rückzug (Isolierung) innerhalb und ausserhalb der Arbeit	

7.1 Belastung und Beanspruchung

Seit einigen Jahren wird vermehrt auf spezifische Auswirkungen langen Sitzens am Arbeitsplatz, damit verbundenen Zwangshaltungen und daraus resultierender Bewegungsarmut aufmerksam gemacht (STRASSER 1988, BÖHLE und ROSE 1992). Solche Auswirkungen entstehen offenbar aus der Ruhigstellung des Körpers bei gleichzeitiger mentaler und emotionaler Aktivierung. Sie äussern sich in Form psychosomatischer Beschwerden und stellen nach BÖHLE und ROSE (1992, 211) ein «sehr zentrales, neuartiges Belastungssyndrom bei der Arbeit mit hochtechnisierten Systemen», z.B. bei Anlagenfahrern, dar.

Bereits in der DIN-Vorschrift 33 400 ist im Übrigen festgehalten, dass Beanspruchungen als Folge von Belastungen interindividuell unterschiedlich auftreten: «Die Arbeitsbeanspruchung ist die individuelle Auswirkung der Arbeitsbelastung im Menschen in Abhängigkeit von seinen Eigenschaften und Fähigkeiten». Damit sind nicht nur konstitutionelle Unterschiede angesprochen, sondern vor allem auch Unterschiede in der Einschätzung und Bewältigung von Belastungen.

Für die angesprochenen Vermittlungs- und Rückkopplungsprozesse lässt sich das von LAZARUS (1966) bzw. LAZARUS und LAUNIER (1978, 1981) als «Stress-Modell» konzipierte Transaktionsmodell (vgl. Abschnitt 7.4) auch auf die Beziehungen zwischen Belastungen und Beanspruchungen übertragen. In diesem Modell – das deshalb auch als kognitives Stress-Modell bezeichnet wird – spielen individuelle Bewertungsprozesse eine zentrale Rolle. Zunächst findet eine Einschätzung bzw. Bewertung eines Ereignisses oder einer Situation danach statt, ob und mit welcher Wahrscheinlichkeit aus dieser Situation Belastungen resultieren, wie und wie stark sie vermutlich wirksam sind und wie ihr zeitlicher Verlauf einzuschätzen ist. Diese Erstbewertung wird von LAZARUS als «primary appraisal» bezeichnet. In einer zweiten Bewertung («secondary appraisal») werden die verfügbaren Ressourcen – die vom Einsatz von Arbeitsmitteln über persönliche Bewältigungsstrategien bis zum Heranziehen sozialer Unterstützung reichen können – danach eingeschätzt, ob sie ausreichen, der erwarteten oder bereits erlebten Belastung adäquat zu begegnen. Je nach erfolgter Einschätzung kann es anschliessend zu einer Neubewertung («reappraisal») des Ereignisses oder der Situation kommen, die dann möglichweise als mehr oder weniger oder anders belastend wahrgenommen wird.

In der Konsequenz heisst dies, dass – z.B. aus physikalischen Umgebungsbedingungen stammende – gleiche Belastungen unterschiedliche Beanspruchungen zur Folge haben können, aber auch, dass sich unterschiedliche Belastungen in gleichartigen Beanspruchungsreaktionen äussern können.

Für die *Bewertung* von Beanspruchungen ist schliesslich deren zweifache Rolle von entscheidender Bedeutung: «Arbeitsbedingte Belastungen können mit Beanspruchungen und Folgen verbunden sein, die nützlich, lohnend und persönlichkeitsförderlich sind und/oder mit Beanspruchungen, die hohe psychophysische Kosten verursachend und gesundheitsschädlich sind» (WIELAND-ECKELMANN 1992, 28).

FRIELING und SONNTAG (1999) weisen zu Recht darauf hin, dass der Begriff «Belastung» alltagssprachlich häufig mit negativen Assoziationen verknüpft ist. Tatsächlich sind aber aus Belastungen resultierende Beanspruchungen nicht nur «als *Folgen* von vorausgegangenen Handlungen zu betrachten, die zudem meist als unerwünscht gelten (z.B. Ermüdung). Beanspruchungen sind vielmehr immer auch … *Ursachen* weiterer Handlungen: Beanspruchungen haben Auslösefunktionen für ihnen entgegenwirkende Bewältigungsprozesse» (NITSCH und UDRIS 1976, 12). Beanspruchung wird damit zur Voraussetzung von Lernen. Nach NITSCH und UDRIS (a.a.O.) «liegt ein wesentliches Moment jeglichen Lernens in der jeweils erfahrenen oder erwarteten Beanspruchung: Lernen kann als Versuch verstanden werden, Beanspruchungssituationen für die vorgreifende (antizipatorische) Anpassung an zukünftige Beanspruchungssituationen auszunützen. Das Erfahren von Beanspruchungen ist eine wesentliche Grundlage aller Lernprozesse». Insofern sollte der von HACKER und RICHTER (1980b) geprägte Begriff der *Fehlbeanspruchung* für Beanspruchungen reserviert bleiben, die keine Lernprozesse im von NITSCH und UDRIS beschriebenen Sinne auslösen (können). Vielfach belegt ist die Bedeutung inadäquater Aufgabengestaltung für die Entwicklung von Fehlbeanspruchungen (z.B. RICHTER und UHLIG 1998; LEITNER 1999b; OESTERREICH 1999a; DUNCKEL und RESCH 2004; SEMMER und UDRIS 2004; SEMMER und ZAPF 2004; ZAPF und SEMMER 2004; SEMMER, MCGRATH und BEEHR 2005; ULICH und WÜLSER 2010; WIELAND 2010).

Zur Frage der Möglichkeiten der Erfassung von Beanspruchungszuständen haben sich LUCZAK und SCHÖNPFLUG in früheren Beiträgen skeptisch geäussert. Nach LUCZAK (1987, 186) fehlt trotz einer Anzahl vorhandener methodischer Zugänge in verschiedenen physiologischen Indikationsbereichen noch immer «… der ‹Durchbruch› in der Methodenentwicklung, der es gestatten würde, ein breites Spektrum unterschiedlicher psychophysischer Beanspruchungszustände nach Art, Intensität, Dauer und Verlauf zu identifizieren». Und nach SCHÖNPFLUG (1987, 160) bedarf es vor allem komplexer theoretischer Modelle der Beziehung zwischen Belastung und Beanspruchung: «Solche Modelle sollten gezielte Hypothesen für die Erhebung, Auswertung und Interpretation liefern und den Weg für Untersuchungen bahnen, die anstelle von rätselhaften Spuren klare Hinweise auf die Wirklichkeit liefern». Für die betriebliche Praxis der Gestaltung von Arbeitsbedingungen ist SCHÖNPFLUGS

Hinweis auf die Notwendigkeit und die Konsequenzen der Unterscheidung zwischen situationszentrierten und personzentrierten Ansätzen bedeutsam (vgl. Kasten 7.1).

Kasten 7.1: Belastungs-Beanspruchungskonzepte: situations- vs. personzentrierte Ansätze und deren betriebliche Konsequenzen (aus: SCHÖNPFLUG 1987)

«Situationszentrierte Ansätze beruhen auf der Vorstellung, in der Belastungssituation falle dem betroffenen Menschen stets die Rolle des Opfers zu. Die Konsequenz einer solchen Vorstellung ist, die Diagnostik als Wirkungsanalyse und die Gestaltung als Umweltkontrolle anzulegen. Personzentrierte Ansätze betonen dagegen die Reflektiertheit und Aktivität des Betroffenen, seine Fähigkeit, mögliche Belastungsfaktoren verschieden zu deuten, ihnen zu entgehen, sie herbeizuführen, vor ihnen zu versagen oder sie zu beseitigen. Aus dieser Sicht kommt es darauf an, dem Betroffenen die Möglichkeit der Selbstdiagnose zu erschliessen und ihm dazu realistische Einschätzungen von Belastungssituationen und eigenen Wirkungsmöglichkeiten zu vermitteln. Ebenso gilt es aus dieser Sicht, dem Betroffenen zu Kompetenzen der effektiven Bewältigung von Belastungen zu verhelfen und ihn in der Fähigkeit zur Selbstregulation zu üben» (SCHÖNPFLUG 1987, 172).

Abschliessend meint SCHÖNPFLUG, dass situationsbezogene Ansätze eher mit dirigistischen Tendenzen – «denen eine soziale und fürsorgliche Absicht keineswegs abgesprochen werden soll» – korrespondieren, personbezogene Ansätze dagegen eher mit Bestrebungen nach Autonomie und Selbstregulation. Schliesslich wird die in den Beiträgen von MARDBERG, LUNDBERG und FRANKENHAEUSER (1991), RESCH, BAMBERG und MOHR (1997) und RICHTER (1997) angesprochene Bedeutung von Untersuchungen der täglichen Gesamtarbeitsbelastung («total work load») durch die Ergebnisse der Zeitbudgetstudie des STATISTISCHEN BUNDESAMTES (1995a) bestätigt.

7.2 Ermüdung

Ermüdung gehört seit den frühen Arbeiten von KRAEPELIN (z.B. 1902, 1903) und seinen Schülern zu den zentralen Forschungsgegenständen der

Arbeitspsychologie. Bereits 1925 wies ERMANSKI im Vorwort zu seinem Buch über ‹Wissenschaftliche Organisation und Taylor-System› darauf hin, dass die ‹Londoner Association zur Förderung der Wissenschaft› bei ihrem Bemühen, eine Bibliografie über das Ermüdungsproblem zu erstellen, «ein Verzeichnis von 1700 Titeln erhalten» habe.

Unter Ermüdung wird allgemein eine, als Folge von Tätigkeit auftretende, reversible Minderung der Leistungsfähigkeit eines Organs (lokale Ermüdung) oder des Gesamtorganismus (zentrale Ermüdung) bezeichnet. Zustände der Ermüdung sind also immer auch mit Zuständen der Erholungsbedürftigkeit verbunden.[1]

Als physiologische Kennzeichen von Ermüdung gelten u.a. Pulsbeschleunigung und Flacherwerden der Atmung, als psychologische Kennzeichen Abnahme der Konzentration und Auftreten von «Denkstörungen». Das – bereits bei KRAEPELIN (1896) erwähnte – subjektive Müdigkeitsgefühl ist kein sicherer Indikator für Ermüdung, da auch ermüdungsähnliche Zustände wie Monotonie und Langeweile mit Müdigkeitsgefühlen verbunden sein können. Ausserdem kann das «rechtzeitige» Auftreten von Müdigkeitsgefühlen z.B. dadurch verzögert werden, dass jemand hochmotiviert unbedingt noch eine Aufgabe zum Abschluss bringen möchte.

Der durch Ermüdung eintretende Verlust an Leistungsfähigkeit kann nur durch Erholung ausgeglichen werden. Für die Frage nach der optimalen Lage und Dauer von Erholungspausen in der Arbeitszeit ist die Tatsache bedeutsam, dass der Anstieg der Ermüdung einen exponentiellen Verlauf aufweist (ROHMERT 1960, 1961). Das heisst, dass die Ermüdung nicht linear zunimmt, sondern dass sie desto stärker zunimmt, je länger eine Tätigkeit bei vorhandener Ermüdung fortgeführt wird. Für die betriebliche Praxis kommt es also darauf an, Pausen so rechtzeitig einzulegen, dass Zunahmen der Ermüdung über ein jeweils zu definierendes Mass hinaus nach Möglichkeit nicht auftreten.

Darüber hinaus ist schon seit langer Zeit bekannt, dass auch der Verlauf der Erholung einer exponentiellen Funktion folgt (SIMONSON und HEBESTREIT 1930), was in diesem Fall bedeutet, dass die ersten Abschnitte einer Erholungsphase erholungswirksamer sind als die späteren Abschnitte (vgl. Abbildung 7.1).

---

[1] Die als Folge der biologischen Tagesrhythmik entstehenden Minderungen der Leistungsfähigkeit des Organismus werden hier ausdrücklich nicht als Ermüdung verstanden, da sie nicht als Folge von Tätigkeit auftreten.

7.2 Ermüdung

Daraus folgt, sofern es sich um körperliche Arbeit und daraus resultierende muskuläre Ermüdung handelt, «dass die Erholung um so schneller fortschreitet bzw. die Ermüdung um so geringer wird, in je kleinere Arbeits- und Pausenperioden die Tätigkeit gegliedert wird» (LEHMANN und SCHMIDTKE 1961, 884).

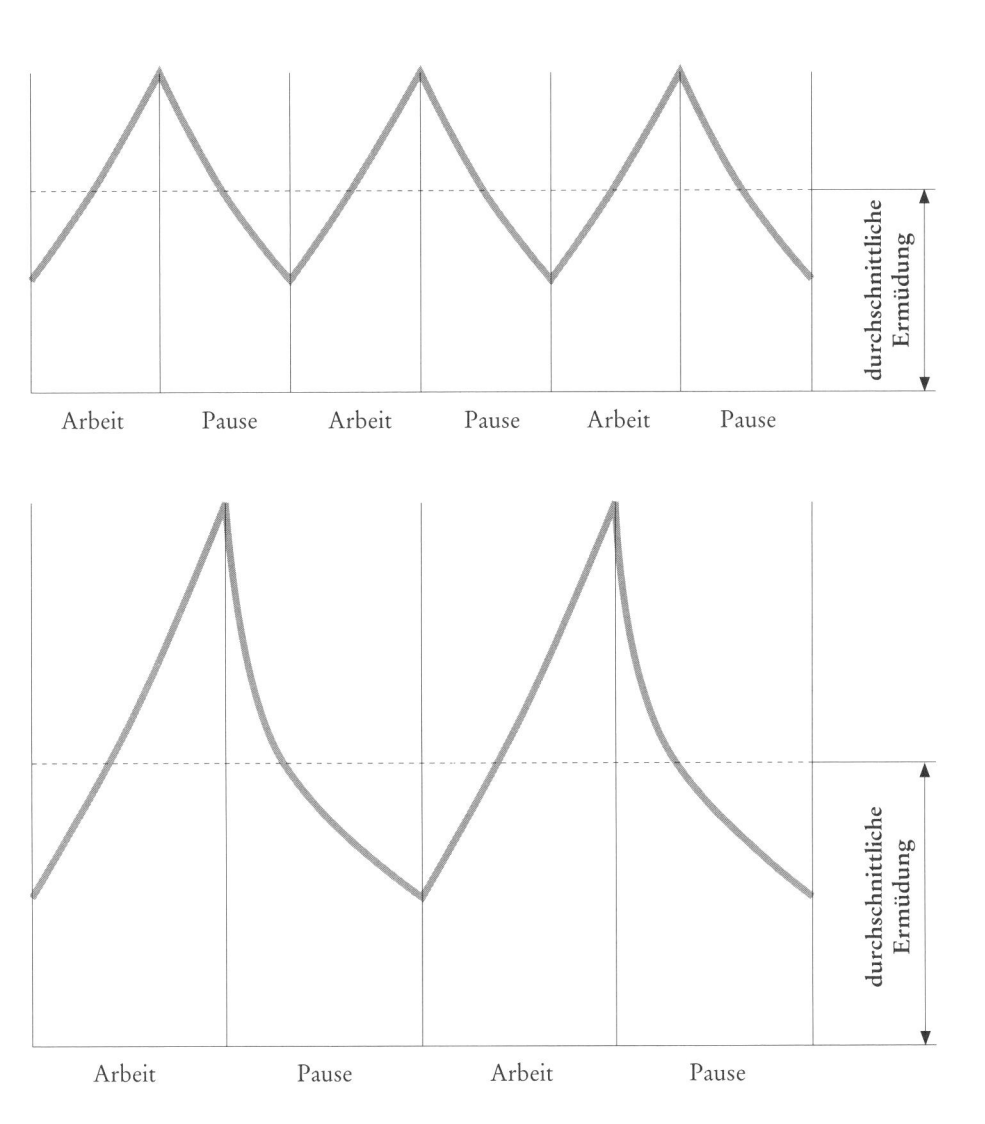

Abbildung 7.1: Der Erholungswert der einzelnen Pausenabschnitte in schematischer Darstellung (aus: LEHMANN 1962)

Damit wird auf die besondere Erholungswirksamkeit von Kurzpausen verwiesen. In Abbildung 7.2 (S. 479) ist ein von GRAF (1956) mitgeteiltes Beispiel über die Wirkung von Kurzpausen auf Tagesleistung, Stückzeiten und Verteilung der Tätigkeitselemente bei einer Arbeit am Fliessband dargestellt. Hier wurden im Laufe der Acht-Stunden-Schicht zusätzliche Pausen mit einer Gesamtlänge von 30 Minuten eingeführt. Dennoch zeigt der Vergleich der ursprünglichen Tageseinteilung A mit der neuen Tageseinteilung B einen Anstieg der reinen Arbeitszeit von 81,4% vor auf 85,1% nach Einführung der zusätzlichen Pausen. Die nicht organisierten Pausen nahmen um 5% ab.

Besonders eindrucksvoll ist die Differenz für die Nebenarbeiten, deren Anteil an der Schichtzeit von 7,6% auf 2,7% zurückging. «Wir können diese Erscheinung nicht anders deuten, als dass in den früheren Nebenarbeiten zum Teil verdeckte Pausen bzw. Entspannungspausen enthalten waren» (GRAF 1961, 110). Die Meinung mancher Vorgesetzter, dass alle Beschäftigten ständig auch wirklich «beschäftigt» sein müssen, führt offenbar dazu, dass ein Teil dieser Pausen durch ‹Nebenarbeiten› kaschiert wird. Dass der Erholungswert derartig kaschierter Pausen nicht dem offiziell zugestandener Pausen entspricht, ist naheliegend. Deshalb ist der Hinweis wichtig, dass die Einführung zusätzlicher Kurzpausen im Allgemeinen mit einer Verbesserung des Wirkungsgrades menschlicher Arbeit verbunden ist. In den mitgeteilten Beispielen wirkt sich dies in einer z.T. erheblichen Steigerung der Tagesleistung aus (vgl. auch Abschnitt 1.1, S. 33).

Für die Frage der Ermüdung ist in Abbildung 7.2 vor allem der Verlauf der tatsächlich genutzten Stückzeiten von Bedeutung: Sofern dieser als Indikator für Ermüdung gelten kann, ist bemerkenswert, dass ein mit der Dauer der Arbeitszeit verbundener Anstieg – wie in Tageseinteilung A – bei Tageseinteilung B nicht mehr zu beobachten ist.

Die in Abbildung 7.3 (S. 480) mitgeteilten Befunde von VERNON, BEDFORD und WYATT (1924) zeigen hinreichend deutlich, dass Leistungssteigerungen durch Einschaltung von Kurzpausen auch über lange Vergleichszeiträume erhalten bleiben. Das heisst, dass es sich bei den erholungsfördernden Wirkungen solcher Pausensysteme nicht um einen Hawthorne-Effekt handelt. Vielmehr gilt für körperliche Arbeit ebenso wie für einfache und sich häufig wiederholende geistige Tätigkeiten: Mehrere kurze Pausen haben einen grösseren Erholungswert und verhindern eine fortschreitende Zunahme der Ermüdung besser als wenige längere Pausen gleicher Gesamtlänge.

7.2 Ermüdung

Mittlere Stückzeiten

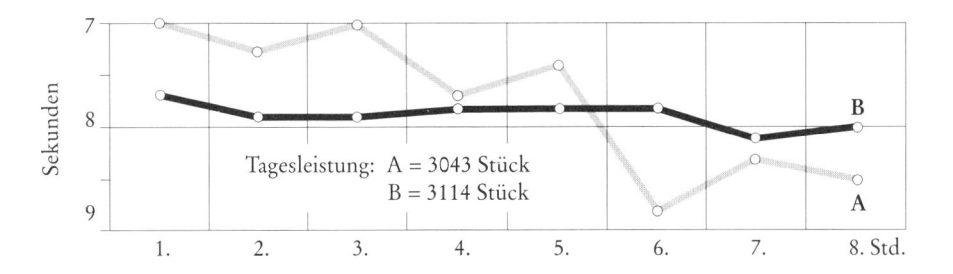

Tagesleistung: A = 3043 Stück
B = 3114 Stück

Tageseinteilung

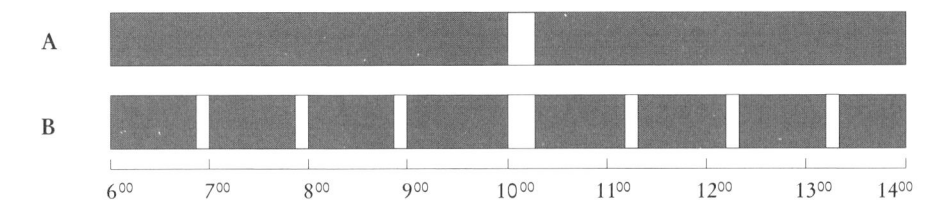

Prozentuale Verteilung einzelner Arbeitselemente

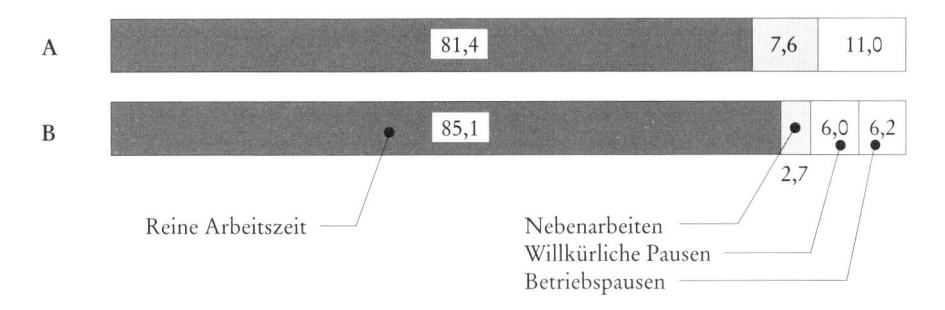

A: 81,4 | 7,6 | 11,0
B: 85,1 | 2,7 | 6,0 | 6,2

Reine Arbeitszeit
Nebenarbeiten
Willkürliche Pausen
Betriebspausen

Abbildung 7.2: Beispiel für die Wirkung von Kurzpausen auf Tagesleistung, Stückzeiten und prozentuale Verteilung der einzelnen Tätigkeitselemente bei der Herstellung von Feinsicherungen
(nach Untersuchungen von GRAF und SCHOLZ – aus: GRAF 1956)

Da das Müdigkeitsgefühl – wenn nicht aus anderen Gründen – erst mit vorhandener Ermüdung auftritt, hat es auch in diesem Zusammenhang keine genügende Indikatorfunktion. Dies führt in der Praxis häufig dazu, dass selbstgewählte Pausen zu spät eingelegt werden und damit die vorbeugende Wirkung verlieren. Zudem scheint sich die Länge selbstgewählter Pausen eher an deren Sozialwert als an ihrem Erholungswert zu bestimmen.

Zusammenfassend bedeutet dies, dass die erholungsfördernde Wirkung selbstgewählter Pausenverteilungen fragwürdig ist, sofern diese nicht auf entsprechender Information und Einsicht in die Zusammenhänge beruhen.

Tarifvertraglich festgeschrieben wurde die Einführung stündlicher Kurzpausen in der Bundesrepublik Deutschland erstmalig im Lohnrahmentarifvertrag II für die Metallindustrie von Nordwürttemberg/Nordbaden vom 1.11.1973. Hier heisst es in Artikel 2.1: «Alle Leistungslöhner erhalten mindestens fünf Minuten Erholungszeit in der Stunde». In Artikel 2.2 werden weitere drei Minuten pro Stunde für persönliche Bedürfnisse festgeschrieben. Ähnliche Festlegungen finden sich neuerdings in einer Reihe von Betriebsvereinbarungen und Dienstanweisungen für die Arbeit an Bildschirmsystemen.

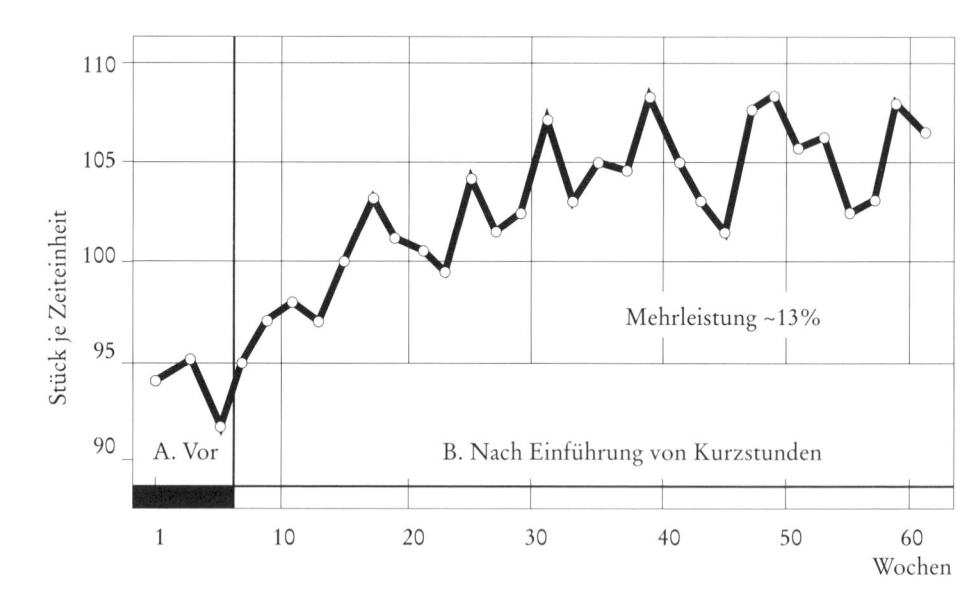

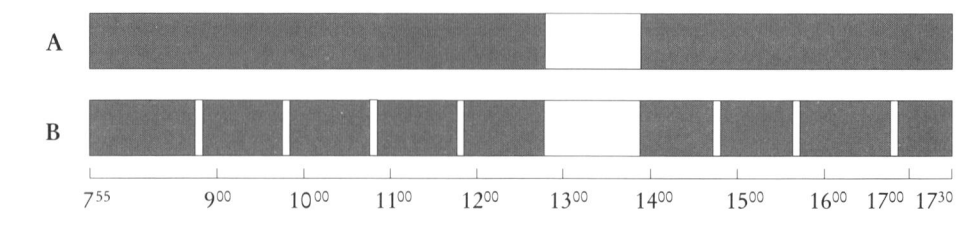

Abbildung 7.3: Wirkung von Kurzpausen auf die Leistung von 7 Arbeiterinnen beim Montieren von Fahrradketten
(nach: VERNON, BEDFORD und WYATT 1924 – aus: GRAF 1956)

7.3 Monotonie

Die Beschäftigung mit Monotonie als Folge industrieller Arbeitstätigkeiten reicht bis in die Anfänge der Arbeitswissenschaft zurück. Da Monotonie auch in modernen Arbeitsprozessen – z.B. als Folge bestimmter Formen von Arbeitsteilung – auftreten kann, ist eine Auseinandersetzung mit dem Begriff und dem damit gemeinten Zustand auch hier erforderlich.

7.3.1 Zum Begriff der Monotonie

Monotonie kann als spezifische Beanspruchungsfolge bezeichnet werden, die sich als Zustand herabgesetzter psychophysischer Aktiviertheit manifestiert (BARTENWERFER 1970, CLAUSS et al. 1976).[2] Nach übereinstimmender Auffassung entstehen Monotoniezustände in reizarmen Situationen bei längerdauernder Ausführung sich häufig wiederholender gleichartiger und einförmiger Tätigkeiten. Sie stellen sich besonders dann ein, «wenn eine einförmige Tätigkeit so beschaffen ist, dass der Arbeitende seine Beachtung (Aufmerksamkeit) auf die einförmige Tätigkeit einengen muss und sich kaum erleichternde motorische oder erlebnismässige Nebentätigkeiten leisten kann, wenn er die Arbeit anforderungsgemäss ausführen will» (BARTENWERFER 1957, 63).

Im Unterschied zu manchen neueren Arbeiten über Belastung, Beanspruchung und Stress, in denen Monotonie als potenziell Stress auslösender Zustand benannt wird, Unterscheidungen zwischen Monotonie, Vigilanz, Langeweile und Sättigung aber kaum differenziert beschrieben werden, hat LEWIN (1928) in seiner Arbeit über ‹Die Bedeutung der psychischen Sättigung für einige Probleme der Psychotechnik› eine – für konkrete Massnahmen der Arbeitsgestaltung höchst relevante – differenzierte Analyse der Unterschiede zwischen Ermüdung, Monotonie und Sättigung vorgenommen. Im Unterschied zu Ermüdung und Monotonie sei für Sättigung charakteristisch «das Entstehen eines negativen Aufforderungscharakters, der von der Handlung wegtreibt» (LEWIN 1928, 184). Deshalb gelte für Sättigung, dass sie sich durch den «Übergang zu einer inhaltlich neuen Handlung so gut wie aufheben» lasse, auch wenn diese «mit denselben Muskeln ausgeführt wird». Von Monotonie hebe sich Sättigung zudem dadurch ab, dass letztere vor allem bei Arbeitstätigkeiten auftrete, an denen das ‹Ich› der Person zentral beteiligt sei. Sättigung sei – im Unterschied zu Monotonie – auch bei sehr abwechslungsreicher Arbeit möglich. Willkürliche Anstrengung, den Sättigungszustand zu überwinden, beschleunige den Sättigungsprozess.

---

[2] Die Herabsetzung der psychophysischen Aktiviertheit äussert sich z.B. in einer Minderung der Flimmerverschmelzungsfrequenz (vgl. MARTIN et al. 1980).

In Zusammenhang mit der Diskussion des Sättigungsphänomens wird in dieser Arbeit von LEWIN bereits auch ein Prozess beschrieben, den wir heute als ‹Burnout› bezeichnen. Dabei geht es um «die besondere Sättigungsempfindlichkeit ich-naher Beschäftigungen», zu der LEWIN feststellt: «Gewisse pädagogische oder fürsorgerische Berufe z.B. führen auffallenderweise gerade dann, wenn sie ursprünglich von den Betreffenden wegen ihrer engen Beziehung zum Menschlichen und zur eigenen Person gewählt wurden, gar nicht selten zu einer besonders frühzeitigen Erschöpfung des Berufswillens» (LEWIN 1928, 186). Auch in neueren Arbeiten wird ‹Burnout› als Zustand körperlicher, geistiger und emotionaler Erschöpfung beschrieben. BÜSSING (1992b) hat vor einiger Zeit darauf aufmerksam gemacht, dass dieses Phänomen wegen seiner zunehmenden Verbreitung inzwischen ein gesamtgesellschaftlich bedeutsames Problem darstelle.

Diese Begriffs- und Ursachenbestimmung macht verständlich, dass Monotoniezustände häufig mit dem Erscheinungsbild nach ähnlichen, hinsichtlich der Verursachung – und damit der Möglichkeiten der Vermeidung bzw. Korrektur – jedoch anders gearteten Zuständen verwechselt wird. Mit Ermüdung hat Monotonie das Müdigkeitsgefühl «als Leitmerkmal unzureichender psychischer Anspannung» (HACKER 1986a, 462) gemeinsam. Ein zentrales Unterscheidungsmerkmal zwischen Ermüdung und Monotonie ist, dass bei Tätigkeits- und Anforderungswechsel der Monotoniezustand sofort ‹verfliegt›, während die Ermüdung entweder überhaupt nicht oder nur langsam abnimmt. «Da anhaltende Monotoniezustände in Ermüdungszustände übergehen können, ist dieser Unterschied nicht ausnahmslos nachweisbar» (HACKER 1989, 329).

Der monotonieähnliche Zustand herabgesetzter *Vigilanz* entsteht zwar auch durch eine reizarme, eingeengte Aufmerksamkeit erfordernde Situation; die Problematik der Vigilanz entsteht jedoch nicht durch die Einförmigkeit der Reize und die Gleichförmigkeit der erforderlichen Reaktionen, sondern durch das unregelmässige und eher seltene Erfordernis von Reaktionen. Ein Beispiel für Tätigkeiten, bei denen diese Problematik typischerweise entstehen kann, ist die Radarüberwachung in der Hochseeschiffahrt.

Eine weitere Abgrenzung ist gegenüber dem Zustand der *Langeweile* erforderlich. Auch Langeweile kann mit Müdigkeitsgefühlen verbunden sein. Sie entsteht allerdings eher aus dem Gefühl, zu wenig zu tun zu haben oder gefordert zu werden, während Monotonie eher aus dem Gefühl entsteht, immer das Gleiche tun zu müssen. Damit kennzeichnet Langeweile einen Zustand, der aus quantitativer oder qualitativer Unterforderung (ULICH 1960, FRANKENHAEUSER und GARDELL 1976) resultiert.

Ein ähnliches äusseres Erscheinungsbild wie Monotonie kennzeichnet auch die *psychische Sättigung* (KARSTEN 1928, LEWIN 1928). Auch hier kommt es zu Symptomen wie Müdigkeit und Leistungsstörungen. Der ‹innere Zustand› weist jedoch sehr verschiedenartige Merkmale auf. Während Monotonie durch einen Zustand herabgesetzter psychophysischer Aktiviertheit – eine Art ‹Dämmerzustand› also – gekennzeichnet ist, ist Sättigung durch einen Zustand gesteigerter Anspannung charakterisiert. Dieser entsteht aus dem Widerwillen gegen die Aufnahme oder Fortführung einer Tätigkeit: man hat es ‹satt›. Auch wenn Tätigkeiten mit hohem Wiederholungsgrad eher als andere zu psychischer Sättigung führen, ist offenbar eher die Einstellung zu einer Tätigkeit als deren ständige Wiederholung entscheidend (vgl. BARTENWERFER 1970).

7.3.2 Zum Begriff der Gleichförmigkeit

Zu weiteren Missverständnissen und Verwechslungen hat der in der Monotonieforschung vielfach gebrauchte Begriff der Gleichförmigkeit Anlass gegeben. Die Notwendigkeit der Unterscheidung zwischen zeitlicher und inhaltlicher Gleichförmigkeit ist häufig nicht einmal bemerkt worden, obwohl sie von erheblicher psychologischer Bedeutung sein dürfte: «Die zeitliche Gleichförmigkeit stellt offenbar eine Entlastung dar, während die Gleichförmigkeit der Verrichtungen wohl die Monotonie begünstigt» (RÜSSEL 1961, 191).

Die Annahme einer entlastenden Wirkung zeitlich gleichförmiger Arbeit wurde sehr früh von DÜKER (1929) formuliert. In seinem Material finden sich Aussagen von Arbeiterinnen, die mehrere Jahre lang eine Tätigkeit in freier Arbeit ausgeübt hatten, zur Zeit der Untersuchung jedoch dieselbe Tätigkeit am Fliessband ausführten und in der Lage waren, über beide Arbeitsformen eine Beurteilung abzugeben. Die Arbeiterinnen bewerteten die Bandarbeit eindeutig besser, weil das Band die Arbeit reguliere, mitziehe («das Band zieht mich mit») und man sich infolgedessen bei der Bandarbeit besser unterhalten könne, «ohne in der Arbeit nachzulassen». DÜKER erklärte die entlastende Wirkung der zeitlichen Gleichförmigkeit mit einer vergleichsweise geringeren Beanspruchung der Willensenergie (vgl. Abschnitt 1.1, S. 34f.). Wie schon in Abschnitt 1.1 zitiert, stellte DÜKER (1929, 24) aber auch fest: «Die befragten Arbeiterinnen würden sicher anders geurteilt haben, wenn die Fabrikleitung versucht hätte, aus ihnen die grösstmögliche Arbeitsleistung herauszuholen, ohne die optimale Grenze ihrer Leistungsfähigkeit in Betracht zu ziehen.» Dass die mögliche entlas-

tende Wirkung zeitlicher Gleichförmigkeit mit der Überschreitung bestimmter Tempolimiten sich geradezu in ihr Gegenteil verkehren kann, wurde später von BORNEMANN (1938) experimentell bestätigt.
In Bezug auf die inhaltliche Gleichförmigkeit gibt es weitgehend Übereinstimmung darüber, dass es weder Arbeitstätigkeiten gibt, die bei allen Beschäftigten Monotonie bewirken noch eindeutig klassifizierbare ‹Typen› von monotonieanfälligen bzw. monotonieresistenten Personengruppen. Der von GUBSER (1968) vorgelegte – und bis heute gültige – Überblick über die verschiedenen Untersuchungen zur Frage interindividueller Unterschiede in Bezug auf die sogenannte Monotonieresistenz stellt die häufig behaupteten Zusammenhänge zwischen ‹Intelligenz› und Monotonieanfälligkeit ebenso in Frage wie die immer noch weit verbreitete Annahme einer generell höheren Monotonieresistenz von Frauen. Die Tatsache, dass Frauen unter bestimmten Umständen offenbar eher bereit sind, bestimmte Arbeitsbedingungen hinzunehmen, kann jedenfalls nicht als Beleg für ursächlich geschlechtsspezifische Unterschiede gewertet werden.[3] Empirisch belegbar scheint einzig zu sein, dass Extravertierte eine höhere Monotonieanfälligkeit zeigen als Introvertierte. Dieses Ergebnis erscheint insofern plausibel, als Extravertierte stärker auf äussere Reize ‹angewiesen› sind als Introvertierte.
Zur Frage der Monotonieresistenz enthält der von MÜNSTERBERG (1912, 117) beschriebene Fall (vgl. Abschnitt 1.1) möglicherweise eine wichtige Interpretationshilfe. Dabei handelte es sich um einen Mann, dessen Tätigkeit seit 14 Jahren darin bestand, Metallstreifen in einer Maschine «langsam vorwärts zu schieben». «Auch er fand die Arbeit interessant und anregend. Im Anfang, meinte er, wäre es manchmal ermüdend gewesen, aber dann später wäre die Arbeit ihm immer lieber geworden». Diese Aussage kann möglicherweise dahingehend interpretiert werden, dass die später entstandene Zufriedenheit mit der Arbeitstätigkeit – d.h. hier auch: die zunehmende Monotonieresistenz – als Folge einer Reduzierung des Anspruchsniveaus – als resignative Zufriedenheit sensu BRUGGEMANN also – zu verstehen ist. Eine derartige Interpretation weist im Übrigen darauf hin, dass es für einen «Aussenstehenden» ohne entsprechend sorgfältige Analysen nicht nur schwer ist zu beurteilen, «wann die Arbeit innere Mannigfaltigkeit bietet und

---

[3] Das Vorurteil geschlechtsspezifisch unterschiedlicher Monotonieresistenz ist in der betrieblichen Praxis aber nach wie vor verbreitet. So wurde noch vor einigen Jahren ein Antrag auf Befreiung vom Verbot der Nachtarbeit für Frauen in der schweizerischen Uhrenindustrie u.a. mit einem entsprechenden Hinweis begründet.

wann nicht» (MÜNSTERBERG 1912, 115), sondern vor allem auch, wie allfällige Zufriedenheitsäusserungen einzuordnen sind.

Zur Messung erlebter Monotonie eignet sich das von PLATH und RICHTER (1978, 1984) entwickelte, intervallskalierte Verfahren zur Erfassung erlebter, arbeitsbedingter Belastung, Monotonie und Sättigung. Dieses Verfahren liegt in zwei Versionen vor, für Bedien- und Montagetätigkeiten (BMS I) sowie für Überwachungstätigkeiten (BMS II). Der BMS II wurde zusätzlich durch eine Stressskala erweitert.

Das Verhindern des Entstehens von Monotoniezuständen ist einerseits deswegen notwendig, weil Monotoniezustände zu zeitweiligen Leistungsstörungen, insbesondere zu Fehlhandlungen führen können, andererseits deswegen, weil das ‹Ankämpfen› gegen Monotonie Ermüdung zur Folge haben kann. Schliesslich sind Arbeitstätigkeiten, die bei einer grösseren Anzahl von Beschäftigten während grösserer Anteile der Arbeitszeit Monotonie auslösen, unter dem Aspekt der Persönlichkeitsförderlichkeit negativ zu bewerten. Als Massnahmen zur Verhinderung des Entstehens von Monotoniezuständen bieten sich ein planmässiger Tätigkeitswechsel, das Angebot von Mischtätigkeiten sowie die in Kapitel 4 beschriebenen Massnahmen der Aufgabenerweiterung und Gruppenarbeit an.[4]

7.4 Stress

In kaum einem anderen Bereich der Belastungs-Beanspruchungsthematik gibt es eine solche Vielfalt von nicht miteinander übereinstimmenden Konzepten, Inkonsistenzen innerhalb einzelner Konzepte und inkonsistenter Begriffsverwendung wie in der Stressdiskussion. So ist ein Buch über «Belastung und Beanspruchung in Organisationen» (GEBERT 1981) mit dem Untertitel «Ergebnisse der Stressforschung» versehen. Ein Enzyklopädiebeitrag über «Beanspruchung und Belastung» (ANTONI und BUNGARD 1989) beschäftigt sich fast ausschliesslich mit Stress und Stresskonzepten. In einem Lehrbuchbeitrag (UDRIS und FRESE 1988) findet sich eine Übersicht über mögliche Stressfaktoren, die in einem anderen Beitrag als Überblick über negative Beanspruchungen und Beanspruchungsfolgen abgebildet worden war.

---

[4] So heisst es auch im Lohnrahmentarifvertrag II für die Metallindustrie von Nordwürttemberg/Nordbaden vom 1.11.1973 im Abschnitt 2.3 über Fliess-, Fliessband- und Taktarbeit: «Arbeitgeber und Betriebsrat haben alle Möglichkeiten der Aufgabenerweiterung und Aufgabenbereicherung auszuschöpfen.»

Hier wird Stress weitgehend gleichgesetzt mit negativen Beanspruchungen; dies drückt sich auch darin aus, dass «Faktoren wie Lärm, Dreck, unangenehme Gerüche usw.» als physikalische Stressfaktoren eingeordnet werden und – quantitative wie qualitative – Unterforderung als aus der Arbeitsaufgabe resultierender Stress verstanden wird. Dies entspricht einem weiten Stresskonzept, wie es auch in der Arbeit von MARTIN et al. (1980) verwendet worden ist. Auch GREIF (1989) spricht von Stress durch Unterforderung oder chronische Langeweile. Unter Bezug auf das transaktionale Stressmodell von LAZARUS (vgl. Abbildung 7.4) nimmt GREIF allerdings wichtige Einschränkungen vor.

Kognitive Bewertungsprozesse

A) Primäre Bewertung (Primary Appraisal) des Wohlbefindens

   Ein gegebenes Ereignis/eine Situation betrachten als:
   – Irrelevant
   – Günstig/Positiv
   – Stressend   Schädigung/Verlust (Harm-Loss)
                 Bedrohung   (Threat)
                 Herausforderung   (Challenge)

B) Sekundäre Bewertung (Secondary Appraisal)

   Bezogen auf
   – Bewältigungsfähigkeiten (Coping Resources)
   – Bewältigungsmöglichkeiten (Coping Options)

C) Neubewertung (Reappraisal)

   Rückkopplung: Information über eigene Reaktionen
                 und über die Umwelt,
                 anschliessende Reflexion

Abbildung 7.4: Das Stressmodell von LAZARUS (aus: UDRIS und FRESE 1988)

Während LAZARUS (1966) bzw. LAZARUS und LAUNIER (1981) eine Situation auch dann als «stressend» einstufen, wenn sie im Prozess der primären

Bewertung als Herausforderung eingeschätzt wird, schränkt GREIF (1983b) den Stressbegriff auf «aversive Prognosen» ein.[5] Zur «Beschreibung der Erwartungen der Person» und ihres subjektiven Zustandes bei der Situationsbewertung sind nach GREIF mindestens sechs theoretisch bedeutsame Aspekte zu unterscheiden: «(1) die subjektive Wahrscheinlichkeit der Aversität der Situation, (2) die Intensität der Aversität der Situation, (3) der Grad der Kontrollierbarkeit der Situation, (4) die Wichtigkeit für die Person, die Situation zu vermeiden, (5) die zeitliche Nähe der Situation und (6) ihre erwartete Dauer» (GREIF 1989, 434f.). Es ist offensichtlich, dass diese Aspekte nicht voneinander unabhängig sind; sie bilden jedoch eine wichtige Definitionsgrundlage (vgl. Kasten 7.2).

Kasten 7.2: Begriffsbestimmung von Stress (aus: GREIF 1989)

«Auf dieser Grundlage kann die ‹Stressreaktion› als subjektiver Zustand definiert werden, der aus der Befürchtung (englisch ‹threat›) entsteht, dass eine stark aversive, zeitlich nahe und subjektiv lang andauernde Situation wahrscheinlich nicht vermieden werden kann. Dabei erwartet die Person, dass sie nicht in der Lage ist (oder sein wird), die Situation zu beeinflussen oder durch Einsatz von Ressourcen zu bewältigen» (GREIF 1989, 435).

Aus der in Kasten 7.2 wiedergegebenen Begriffsbestimmung ergibt sich: Stress resultiert aus einem tatsächlichen oder wahrgenommenen Ungleichgewicht zwischen den aus einer Situation resultierenden Anforderungen bzw. Belastungen und der Einschätzung, diese mit den verfügbaren Ressourcen nicht bewältigen zu können.

HACKER und RICHTER (1980b, 74) haben den Stressbegriff, durchaus folgerichtig, noch enger gefasst: «Stress bezeichnet einen Zustand angstbedingt erregter Gespanntheit, der durch erlebte Bedrohung durch Arbeitsbeanspruchung entsteht». Die angstbetonte Erregtheit äussert sich «im Bereich des

---

[5] Bei LAZARUS und FOLKMAN (1984) findet sich allerdings eine Einschränkung dahingehend, dass von Stress nur noch dann gesprochen wird, wenn die Einschätzung einer Situation ergibt, dass diese die eigenen Ressourcen «bis zu deren Grenze oder darüber fordert und ihr Wohlbefinden bedroht» (SEMMER 1988, 745).

Erlebens als Ängstigung und Gespanntheit». Im Bereich des Verhaltens finden sich Übersteuerung mit hastigem Tempo, überzogener Kraftaufwand, Desorganisationstendenzen in der Informationsaufnahme und erhöhter Genussmittelverbrauch. Ausserdem sind «spezifische neuroendokrine Reaktionen vom Typ der unspezifischen Überaktivierung» beobachtbar (HACKER und RICHTER, a.a.O.). Damit wird übrigens auch deutlich, dass die in Abschnitt 7.3 beschriebenen Zustände der Monotonie, Vigilanz, Langeweile und Unterforderung nur in Ausnahmefällen zu Stress führen. Typischerweise hängt auch nach der Untersuchung von UDRIS, WÄLTI und FELLMANN (1983, 155) «das Gefühl, unter Stress zu stehen nicht mit den Merkmalen für quantitative und qualitative Unterforderung zusammen», weist aber eine Korrelation von 0.66 mit den Merkmalen für quantitative Überforderung auf und eine Korrelation von 0.44 mit den Merkmalen für qualitative Überforderung.

Nach der hier vertretenen Auffassung (vgl. ULICH 1981) ist Stress insbesondere verbunden mit – tatsächlichem oder vermeintlichem – Kontrollverlust, der mit Gefühlen der Bedrohung, des Ausgeliefertseins, der Hilflosigkeit und der Abhängigkeit einhergeht (vgl. zum Kontrollkonzept etwa GLASS und SINGER 1972, FRESE 1977, 1979, FREY et al. 1977, OESTERREICH 1981).[6,7] SEMMER und UDRIS (2004, 182) beschreiben den Verlust von Kontrolle denn auch als «eine entscheidende Bedingung für chronischen Stress». Ob Stress entsteht, hängt also entscheidend davon ab, ob eine Person – tatsächlich oder vermeintlich – in der Lage ist, einen potenziellen Stressor – zum Beispiel Zeitdruck oder Unberechenbarkeit eines Vorgesetzten – zu bewältigen.

---

[6] Das hat übrigens zur Folge, dass hier – wie bei HACKER und RICHTER – die von einigen Autoren – insbesondere von SELYE (1950), der diesen Begriff eingeführt hat – vorgenommene Unterscheidung zwischen «gutem» Stress (Eustress) und «schlechtem» Stress (Disstress) nicht nachvollzogen wird.

[7] Sowohl in der Definition von GREIF (1983b), der Stress als «aversive Prognose» versteht, als auch in der von SEMMER (1984), der Stress als «aversive Anspannung» begreift, wird Mangel an Kontrollierbarkeit impliziert. In der Begriffsbestimmung von GREIF (1989) wird das dahinterstehende Kontrollkonzept auch explizit gemacht (vgl. Kasten 7.2). Damit kommt es innerhalb der Arbeitspsychologie offensichtlich zu einer Übereinstimmung hinsichtlich der entscheidenden Bedeutung von Kontrollverlust für das Entstehen von Stress. Nach FRESE (1989) spielt die Komplexität der zu bewältigenden Aufgabe möglicherweise die Rolle eines Moderators zwischen Kontrolle bzw. Kontrollverlust und nachteiligen Folgen im Sinne von Stressreaktionen: «If only complexity is high, non-control is particularly negative ...» (a.a.O., 114). Da Komplexität aber sowohl ein Umweltmerkmal als auch ein Personmerkmal ist (vgl. SCHRODER 1978), sind auch die Einschätzungen bzw. Bewertungen von Aufgabenkomplexität interindividuell verschieden.

7.4 Stress

Im Übrigen gilt in diesem Zusammenhang grundsätzlich: «Durch eine klare Unterscheidung zwischen Studien, die ausschließlich Selbstauskünfte der Arbeitenden verwenden, und Studien, in denen Beobachter eingesetzt werden, würde manche Verwirrung über die Rolle von Drittvariablen in der Stressforschung vermieden» (RESCH und LEITNER 2010, 17). Dazu kommt, dass subjektive Einschätzungen über Betriebe hinweg «wegen der unterschiedlichen Bezugssysteme keine präzisen Schlussfolgerungen über Gestaltungserfordernisse» zulassen (FRIELING und FREIBOTH 1997, 129).

Eine fatale Fehlinterpretation dieses Konzepts wäre die Ableitung, damit würden Stressentstehung und Stressbewältigung zum individuellen, quasi privaten Problem des oder der Beschäftigten. Vielmehr gilt auch hier, was SCHÖNPFLUG (1987) über situationszentrierte und personzentrierte Ansätze der Belastungs- bzw. Beanspruchungsattribuierung formuliert hat (vgl. Abschnitt 7.1).

Möglichkeiten der Erfassung von, in diesem Sinne verstandenen, Stress bieten sich mit der von PLATH und RICHTER (1984) in den BMS II integrierten Stressskala.
Folgen längerdauernder oder häufig einwirkender – und als nicht bewältigbar erlebter – Stressoren können nicht nur Beeinträchtigungen von Befinden und Leistungen sein, sondern auch «Störungen im Sozialverhalten und in der Persönlichkeitsentwicklung» (HACKER und RICHTER 1980b, 78). In der Untersuchung von UDRIS, WÄLTI und FELLMANN (1983) bezeichneten sich 57,8 % derjenigen, die angaben, «oft» oder «sehr oft» unter Stress zu stehen, als gereizt und nervös im Vergleich zu 11 % derjenigen, die angaben, «selten» oder «sehr selten» unter Stress zu stehen. Bei der Angabe psychosomatischer Beschwerden betrug die Relation 40 % zu 7 %.
Darüber hinaus wurde verschiedentlich über Zusammenhänge zwischen Stress und Herzinfarkt berichtet (vgl. BECHER und FREY 1989). Arbeit unter Zeitdruck, das Fehlen von Zeitreserven und von Möglichkeiten zum «Abschalten» konnten als besonders bedeutsame Belastungsbedingungen von Infarktpatienten nachgewiesen werden (SIEGRIST, DITTMANN, RITTNER und WEBER 1980, MASCHEWSKI 1982, vgl. Kasten 7.3, S. 490).

Allerdings muss klargestellt werden, dass nicht vorhandene Kontrolle nicht in jedem Fall zu Stress oder Schädigungen der Gesundheit führt. Deshalb stellt sich die Frage nach den Bedingungen, unter denen Nichtkontrolle ohne nachteilige Folgen bleiben kann. In seiner sehr differenzierten Diskussion über «Stress und Kontrollverlust» kommt SEMMER (1990, 199) zusammenfassend zu folgendem Ergebnis: «Es deutet also alles darauf hin, dass Kontrolle nicht nötig ist, wenn man davon ausgeht, dass die Dinge ohnehin einen guten Verlauf nehmen, dass sie sogar abgelehnt wird, wenn Kontrollhandlungen mit hohem Risiko oder hohen Kosten verbunden sind, und dass Nichtkontrolle erträglich wird, wenn sie in einen Sinnzusammenhang eingebettet werden kann.»

Tatsächlich konnte KARASEK (1979) zeigen, dass hohe Arbeitsanforderungen vor allem dann zu Stresssymptomen führen, wenn sie mit einem kleinen

---

Kasten 7.3: Stressrelevante Bedingungen koronarer Herzkrankheiten (KHK) (nach: SIEGRIST 1982)

(1) *Sozioökonomische Determinanten*
Untersuchungen aus verschiedenen Industrieländern belegen, dass die KHK-Mortalität bei männlichen Erwerbstätigen aus unteren sozialen Schichten signifikant höher ist als bei Angehörigen der Mittelschicht. Dieser Befund wird mit der durchschnittlich grösseren Arbeitsbelastung und der gleichzeitig geringeren sozialen Stabilität der Unterschichtangehörigen erklärt.

(2) *Äussere Arbeitsbedingungen*
Am besten gesichert sind die Befunde über Zusammenhänge zwischen Lärmeinwirkung, Stress und KHK-Entwicklung: «Eine mehrjährige intensive Lärmbelastung am Arbeitsplatz führt nicht nur zu einer (dosisabhängigen) Erhöhung der Risikofaktoren Hypertonie und Hypercholesterinämie, sondern auch zu einem vermehrten Auftreten manifester Herzkrankheiten» (BOLM 1981).
Eine Zunahme der KHK-bedingten Mortalitätsrate wurde auch mit wachsendem Anteil von Überstunden am gesamten Zeithaushalt gefunden. Eindeutige Befunde zum KHK-Risiko längerdauernder Schicht- und Nachtarbeit liegen dagegen noch nicht vor. Allerdings «ist wiederholt darauf hingewiesen worden, dass die sozialpsychologischen Folgelasten der Schichtarbeit einen ähnlich starken pathogenen Einfluss aufweisen dürften wie diese selbst» (SIEGRIST 1982, 36).

(3) *Arbeitstätigkeit*
In einer Reihe von retrospektiven Studien wurden für Herzinfarktpatienten signifikant höhere Arbeitsbelastungen als Folge von Zeitdruck festgestellt. KHK-relevante Risiken resultieren aus Situationen mit hohem Zwangscharakter und geringer Kontrollierbarkeit.

7.4 Stress

Entscheidungs- und Kontrollspielraum verbunden sind. Die Kombination von hoher Arbeitsintensität und grossem Entscheidungs- und Kontrollspielraum führt im Unterschied dazu nicht zu unerwünschten Beanspruchungen bzw. Stresssymptomen. Die Bedeutung der Kontrolle über die eigenen Arbeitsbedingungen für den Gesundheitsstatus bestätigte sich auch in einer neuen Untersuchung von KARASEK (1990), in die mehr als 8000 schwedische Angestellte einbezogen waren.

Aber auch kritische Lebensereignisse, die aus der Berufstätigkeit resultieren, wie tatsächliche oder befürchtete Rationalisierungsmassnahmen (SIEGRIST et al. 1980), tatsächliche oder befürchtete Arbeitslosigkeit (COBB und KASL 1977, FRESE und MOHR 1979) können zu Gefühlen von Hilflosigkeit und Kontrollverlust führen und entsprechende Folgen haben.

Andere Untersuchungen zeigen, dass nicht nur die in der eigenen Person vorhandenen Ressourcen dafür ausschlaggebend sind, ob potenzielle Stressoren Stress auslösen; vielmehr spielt dafür offenbar auch die Erfahrung bzw. Erwartung der sozialen Unterstützung durch andere Personen eine wichtige Rolle (vgl. Abbildung 7.5)

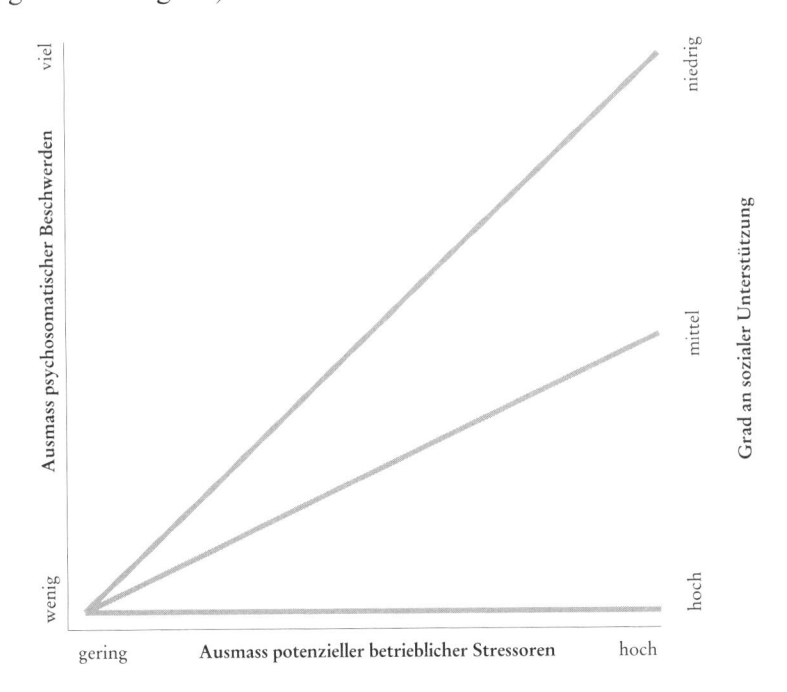

Abbildung 7.5: Moderierende Effekte von sozialer Unterstützung auf die Beziehungen zwischen potenziellen Stressoren aus dem Arbeitsbereich und tatsächlichen Stresswirkungen (nach: HOUSE und WELLS 1978)

Allerdings kann das Angebot sozialer Unterstützung auch ambivalente oder negative Effekte auslösen, z.B. ein Gefühl der Pflicht zur Gegenleistung (PFAFF 1989) oder Selbstwertzweifel (NADLER und FISHER 1986, UDRIS und FRESE 1999). Insofern hängt die Wirkung von sozialer Unterstützung u.a. vom organisationalen bzw. gesellschaftlichen Kontext ab, aus dem sie entsteht.
Schliesslich muss aber «die Selbstwahrnehmung des eigenen Handlungspotenzials eine optimistische Komponente enthalten, weil man nur so beflügelt werden kann, schwierige Herausforderungen anzugehen, die ein Maximum an Anstrengung und Ausdauer erfordern» (SCHWARZER 1993, 14).
Die Darstellung in Abbildung 7.5 scheint zu bestätigen, was das Sprichwort besagt: Geteiltes Leid ist halbes Leid. Tatsächlich konnte THEORELL (1986) in Längsschnittuntersuchungen für die Herz-Kreislauf-Mortalität «die syndromartige Verknüpfung von hoher Arbeitsintensität bei eingeschränktem Handlungsspielraum und Fehlen erlebter sozialer Unterstützung» belegen (RICHTER, HEIMKE und MALESSA 1988, 13). Dass damit nicht nur die soziale Unterstützung in der Arbeitssituation gemeint ist, geht schliesslich aus dem Hinweis von BAMBERG (1989, 234) hervor: «Wenn die Folgen der Arbeit sich auch auf die Familienmitglieder beziehen, dann ist damit eine der wichtigsten Möglichkeiten der Stressreduktion eingeschränkt: soziale Unterstützung.» BAMBERG macht auch deutlich, dass die soziale Unterstützung, die jemand erhält, durch sein eigenes Verhalten «und damit auch von seinen Arbeitsbedingungen» mitbestimmt wird.
Aus dem in Abbildung 7.6 dargestellten Konzept lässt sich schliesslich die Annahme ableiten, dass insbesondere durch Ansätze autonomieorientierter Arbeitsgestaltung, in deren Rahmen kognitive und soziale Kompetenzen entwickelt und trainiert werden können, wesentliche Beiträge zur Stressreduzierung zu leisten sind.
Diese Annahme wird durch empirische Befunde unterstützt, die im Rahmen der bisher grössten deutschen Untersuchung über Stress am Arbeitsplatz gewonnen wurden (FRESE und SEMMER 1991).
Darüber hinaus machen die von RUDOLPH (1986) berichteten Ergebnisse deutlich, dass mit der Zunahme von Funktionen der Selbstregulation – hier: von Vorbereitungs-, Organisations- und Kontrollaufgaben – der berichtete und über Krankenstandsdaten erfasste Gesundheitszustand der Beschäftigten sich erheblich verbessert (vgl. Abbildung 7.7, S. 494).
Da in diesem Zusammenhang wiederum der sozialen Unterstützung eine bedeutsame Rolle zugeschrieben werden muss (vgl. dazu Abbildung 7.5, S. 491, sowie UDRIS 1982, 1987, 1989), kommt den praktischen Möglich-

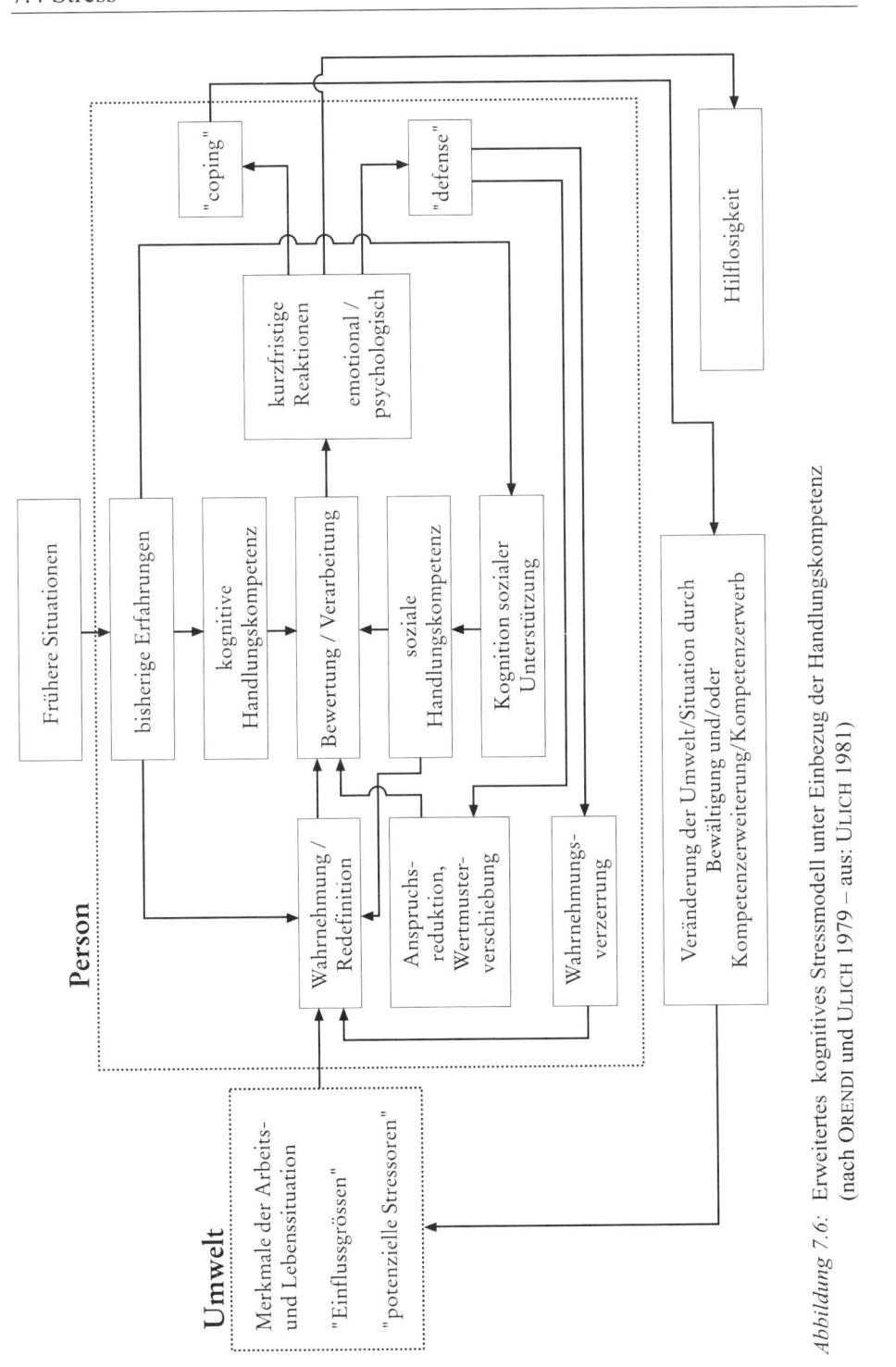

7.4 Stress

Abbildung 7.6: Erweitertes kognitives Stressmodell unter Einbezug der Handlungskompetenz (nach ORENDI und ULICH 1979 – aus: ULICH 1981)

keiten kollektiver Selbstregulation – etwa in teilautonomen Gruppen – zweifellos eine besondere Bedeutung zu. Funktionierende Selbstregulation in Gruppen bedeutet nämlich zugleich gegenseitige Unterstützung der Gruppenmitglieder bei der Bewältigung ihrer Arbeitsaufgaben, aber auch ihrer Schwierigkeiten und Probleme. Insofern können wir davon ausgehen, dass gemeinsame Kontrolle über die Arbeitsbedingungen nicht nur die Handlungskompetenz fördert, sondern gleichzeitig durch erfolgreiche Bewältigungsprozesse die Auswirkungen potenzieller Stressoren reduziert und gemeinsame Bemühungen zum Abbau potenzieller Stressoren auslöst. Folgerichtig findet sich auch bei ORENDI (1982, 64f.) der Schluss, dass erst «jene Arbeitsbedingungen, die sich durch grössere Kontroll- und Entscheidungsspielräume bei gleichzeitigem Angebot zum Kompetenzerwerb beschreiben lassen», die Rahmenbedingungen bieten, «in denen Individuen und Gruppen die ihnen angemessenen Strategien zur Stressbewältigung erlernen und erproben können.»

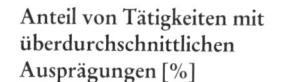

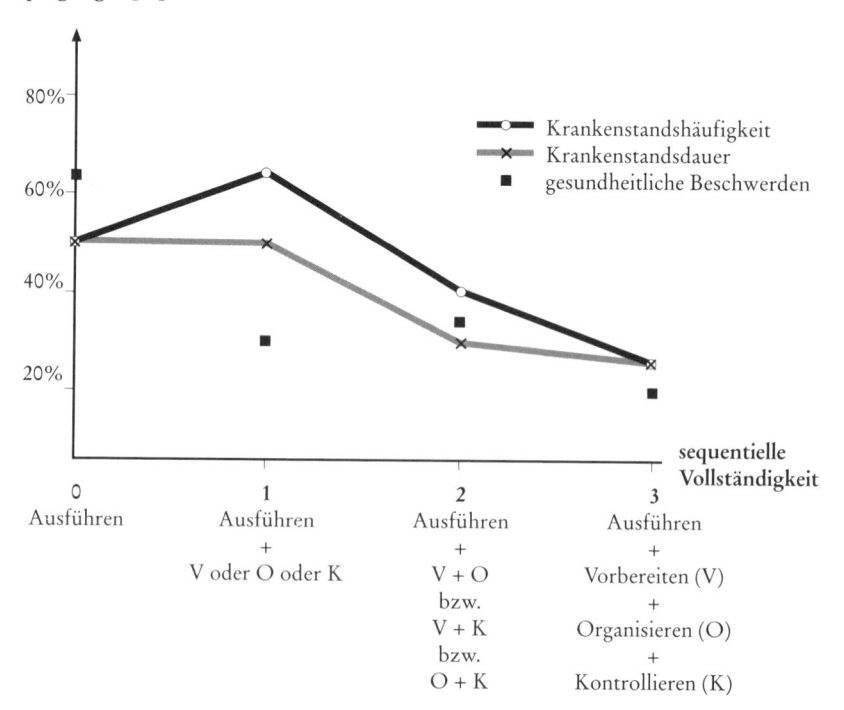

Abbildung 7.7: Gesundheitliche Beschwerden und Krankenstand in Abhängigkeit von der Vollständigkeit von Arbeitstätigkeiten – 278 Angestellte in 64 Tätigkeiten (nach: RUDOLPH 1986)

Damit wird zugleich «auf die zentrale Bedeutung der Arbeitsorganisation als Determinante für innerbetriebliche Unterstützungssysteme» (UDRIS 1982, 87) verwiesen.

Diese spielt auch in der arbeitspsychologischen Gesundheitsforschung eine hervorragende Rolle. Hier wird im Sinne der Salutogenese (ANTONOVSKY 1979) danach gefragt, «wie und warum Menschen trotz Belastungen gesund bleiben bzw. wie sie ihre Gesundheit wieder herstellen» (RIMANN und UDRIS 1993, 9).

7.5 Arbeitstätigkeit und Persönlichkeitsentwicklung

Die Bedeutung der Arbeit für die Entwicklung der Persönlichkeit wird eindrücklich erkennbar, wenn man die Folgen von Arbeitslosigkeit analysiert. Deshalb überrascht es auch nicht, dass gerade im Rahmen der Forschung über die Auswirkungen von Arbeitslosigkeit intensiv über die psychosozialen Funktionen der Arbeit nachgedacht wurde. SEMMER und UDRIS (1993) haben diese Funktionen in Anlehnung an JAHODA (1983), KIESELBACH (1983) und WARR (1984) zusammengefasst und ausdrücklich auf Erwerbsarbeit bezogen (vgl. Kasten 7.4, S. 496).

Zu den Produkten eines Unternehmens im weitesten Sinne zählen also offenbar nicht nur industrielle Güter oder Dienstleistungen, sondern auch menschliche Erfahrungen, Einstellungen, Verhaltensweisen und Qualifikationen: «The product of work is people» (HERBST 1975). Das zeigt sich nicht zuletzt auch an den beobachtbaren gesundheitlichen Auswirkungen von Arbeitslosigkeit (KIESELBACH, WINEFIELD, BOYD und ANDERSON 2006). In diesem Zusammenhang können vier voneinander abhebbare, für die Persönlichkeitsentwicklung relevante Aspekte von Arbeitstätigkeiten unterschieden werden: (1) der Inhalt einer Arbeitstätigkeit; damit unmittelbar gekoppelt (2) die Anforderungen, die aus der Arbeitstätigkeit resultieren; davon abgeleitet (3) das zur Erfüllung der Anforderungen erforderliche Niveau der Ausbildung; dadurch vermittelt (4) die gesellschaftliche Bewertung von Arbeitstätigkeit und Arbeitsergebnis (vgl. HACKER 1976, ULICH 1978a). Dabei kommt den aus langfristig ausgeübten Arbeitstätigkeiten resultierenden Anforderungen eine zentrale Bedeutung zu (HACKER 1976).[8]

---

[8] Interessanterweise beschäftigt sich die Persönlichkeitspsychologie mit derartigen Fragestellungen nur ausnahmsweise, während sie in der Arbeitspsychologie eine zentrale Rolle spielen (vgl. LANTERMANN 1991, GROTE und UDRIS 1991, GROTE und ULICH 1993).

> **Kasten 7.4:** Psychosoziale Funktionen der Erwerbsarbeit
> (aus: SEMMER und UDRIS 1993)
>
> «*Aktivität und Kompetenz:* Die Aktivität, die mit Arbeit verbunden ist, ist eine wichtige Vorbedingung für die Entwicklung von Qualifikationen. In der Bewältigung von Arbeitsaufgaben erwerben wir Fähigkeiten und Kenntnisse, zugleich aber auch das Wissen um diese Fähigkeiten und Kenntnise, also ein Gefühl der Handlungskompetenz.
>
> *Zeitstrukturierung:* Die Arbeit strukturiert unseren Tages-, Wochen- und Jahresablauf, ja die gesamte Lebensplanung. Das zeigt sich nicht zuletzt darin, dass viele zeitbezogene Begriffe wie Freizeit, Urlaub, Rente nur in ihrem Bezug zur Arbeit definierbar sind.
>
> *Kooperation und Kontakt:* Die meisten beruflichen Aufgaben können nur in Zusammenarbeit mit anderen Menschen ausgeführt werden. Das bildet eine wichtige Grundlage für die Entwicklung kooperativer Fähigkeiten und schafft ein wesentliches soziales Kontaktfeld.
>
> *Soziale Anerkennung:* Durch die eigene Leistung sowie durch die Kooperation mit anderen erfahren wir soziale Anerkennung, die uns das Gefühl gibt, einen nützlichen Beitrag für die Gesellschaft zu leisten.
>
> *Persönliche Identität:* Die Berufsrolle und die Arbeitsaufgabe sowie die Erfahrung, die notwendigen Kenntnisse und Fähigkeiten zur Beherrschung der Arbeit zu besitzen, bilden eine wesentliche Grundlage für die Entwicklung von Identität und Selbstwertgefühl» (SEMMER und UDRIS 1993, 134).

In Abbildung 7.8 sind unterschiedliche Wirkungsmöglichkeiten von Arbeitstätigkeiten auf die Persönlichkeitsentwicklung schematisch dargestellt.

Zu den schon sehr früh angenommenen Wirkungen von Merkmalen der Arbeitstätigkeit auf Persönlichkeitsmerkmale gehören positive Transfereffekte vorhandener bzw. Abbaueffekte fehlender kognitiver Anforderungen auf die Entwicklung der intellektuellen Leistungsfähigkeit.

7.5 Persönlichkeitsentwicklung

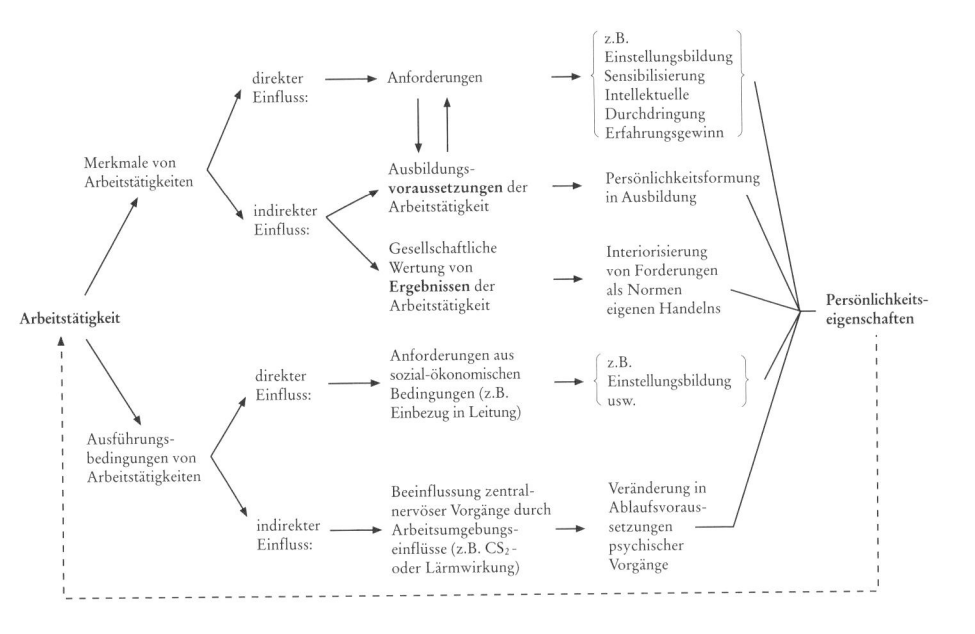

Abbildung 7.8: Schematische Darstellung möglicher Wirkungen von Arbeitstätigkeiten auf Persönlichkeitsmerkmale (aus: HACKER 1986a)

7.5.1 Arbeitstätigkeit und intellektuelle Leistungsfähigkeit

Wirkungen der Arbeit auf die Entwicklung der intellektuellen Leistungsfähigkeit sind vielfach beschrieben worden, häufig in eher allgemeiner Form. Ein sehr früher Hinweis findet sich bereits bei Adam SMITH (1776):
«Jemand, der tagtäglich nur wenige einfache Handgriffe ausführt, die zudem immer das gleiche oder ein ähnliches Ergebnis haben, hat keinerlei Gelegenheit, sich im Denken zu üben. Denn da Hindernisse nicht auftreten, braucht er sich auch über deren Beseitigung keine Gedanken zu machen. So ist es ganz natürlich, dass er verlernt, seinen Verstand zu gebrauchen, und so stumpfsinnig und einfältig wird, wie es ein menschliches Wesen nur eben werden kann. Solch geistige Trägheit macht ihn nicht nur unfähig, Gefallen an einer vernünftigen Unterhaltung zu finden oder sich daran zu beteiligen, sie stumpft ihn auch gegenüber differenzierten Empfindungen ... ab, so dass er auch seine gesunde Urteilsfähigkeit vielen Dingen gegenüber, selbst jenen des täglichen Lebens, verliert» (SMITH 1776, zitiert nach RECKTENWALD 1976, 122f.).

Diese Formulierungen und Ergebnisse späterer Untersuchungen (z.B. VERNON 1947, OWENS 1953, 1966) lassen sich zu der Hypothese verdichten, dass der Abbau der intellektuellen Leistungsfähigkeit bei Angehörigen von Berufen, die nur geringe intellektuelle Anforderungen stellen, früher eintritt und stärker beschleunigt abläuft als bei Angehörigen von Berufen, die in höherem Masse ‹Denkleistungen› erfordern. Diese Annahme besagt zugleich, dass die Verwendung von Menschen als ‹Einzweckwerkzeug› Prozesse der Qualifizierung und Kompetenzentwicklung behindert oder sogar – im Sinne der Disuse-Hypothese von BERKOWITZ und GREEN (1965) – vorhandene Fähigkeiten und Fertigkeiten verkümmern lässt.

In diesem Zusammenhang ist auch die von SCHRODER (1978) vorgenommene Unterscheidung zwischen einem Umweltvereinfachungsmodell (UVM) und einem Umweltkomplexitätsmodell (UKM) von Interesse. So kann die Aufgabe, ein Auto oder einen Motor herzustellen, sowohl nach dem UVM als auch nach dem UKM strukturiert werden. Die Entscheidung für ein UVM führt zu arbeitsteiligen tayloristischen Produktionsstrukturen und der Notwendigkeit extrinsischer Motivierung. «Die Strukturierung von Aufgaben nach dem UKM verlangt von den Menschen Entscheidungen, Verantwortlichkeit und interne Kontrolle bei intrinsisch motiviertem aufgabenorientierten Verhalten» (SCHRODER a.a.O., 49). Als Beispiel für die Implementation eines UKM wird auf die Restrukturierung bei Volvo (vgl. Abschnitt 4.4.3.1) hingewiesen.

Keineswegs hinreichend geklärt sind die Beziehungen zwischen der Umweltkomplexität als Merkmal der Aufgabe und der kognitiven Komplexität als Merkmal der Person. Wenn SEILER (1978, 136) auch festgestellt hat, dass höhere Umweltkomplexität nicht zwangsläufig zu höherer kognitiver Komplexität führt, so findet sich bei BIRBAUMER (1975) doch der Hinweis, dass eine Beschränkung der Umweltkomplexität die informationsverarbeitende Kapazität des Zentralnervensystems reduziert. Dabei handelt es sich zwar um eine Schlussfolgerung aus Ergebnissen von Tierversuchen; zusätzliche Befunde deuten aber darauf hin, dass deren Übertragbarkeit auf den Humanbereich keineswegs ausgeschlossen ist. Dafür sprechen auch Beobachtungen aus dem betrieblichen Alltag (vgl. Kasten 7.5).

7.5 Persönlichkeitsentwicklung

Kasten 7.5: Folgen der Partialisierung für die Aneignung von Wissen
(aus: DAHMER und WEHNER 1992)

«Generell kann gesagt werden, dass die Aneignungsbedingungen für die Beschäftigten im Fertigungsprozess durch betriebliche Restriktionen und taktgebundene, partialisierte Arbeit stark eingeschränkt sind. Dem Einzelnen gelingt es nicht mehr, einen vollständigen Überblick über alle Teilaspekte des Fertigungsprozesses zu gewinnen, da er fast keinen Kontakt zu vor- oder nachgeordneten Fertigungsbereichen hat. Diese Situation führt dazu, dass bei einem Grossteil der direkt Produzierenden nicht nur fehlendes *divergentes Wissen* (über den eigenen Arbeitsbereich hinwegweisende Kompetenzen) zu beobachten ist, sondern auch nicht mehr über genügend *konvergentes Wissen* (über die mechanische Aufgabenausführung hinausweisende Einsichten) verfügt wird. Teilweise können die technischen Funktionen, die tagtäglich montiert, gewartet oder instandgesetzt werden, nicht beschrieben und im Gesamtkontext erklärt oder gar über den Weg des VVs verändert werden» (DAHMER und WEHNER 1992, 150).

VV = Verbesserungsvorschlag

GREIF (1978) hat in einer differenzierten Auseinandersetzung mit dieser Thematik belegt, dass in Längsschnittuntersuchungen sowohl bei gesunden als auch bei kranken Personen deutliche Beziehungen zwischen den physiologischen Indikatoren der zerebralen Funktionsfähigkeit und Intelligenztestleistungen gefunden wurden. Aus diesen Befunden hat GREIF eine Hypothese abgeleitet, derzufolge «arbeitsbedingte somatische Schädigungen ... als Moderatoren der Intelligenzentwicklung angesehen» werden (S. 254). Wenngleich zahlreiche Untersuchungsergebnisse Zusammenhänge zwischen restringierten Arbeitstätigkeiten und gesundheitlichen Schädigungen belegen, ist aber weder deren Moderatorwirkung in prospektiven Längsschnittuntersuchungen hinreichend abgeklärt worden noch lässt sich endgültig angeben, welche spezifischen Arbeitsrisiken welche spezifischen Intelligenzdefizite bewirken. «Dass untere Berufsgruppen, die besonderen Belastungen ausgesetzt sind, auch in besonderem Masse durch Gesundheitsschädigungen beeinträchtigt werden, dürfte unbestritten sein. Auch wenn man sich die plausible Folgerung, dass dadurch indirekt auch intellektuelle Leistungen und berufliche

Lernfähigkeiten und Qualifikationen geschädigt werden, nicht zu eigen machen will, solange sie nicht direkt nachgewiesen werden, wird man in zukünftigen Längsschnittuntersuchungen kaum an der Notwendigkeit vorbeigehen können, den Gesundheitszustand der einzelnen Personen zu erfassen oder zu kontrollieren» (GREIF 1978, 242).

Die methodischen Probleme, die damit angesprochen sind, beziehen sich insbesondere auch auf die Interpretierbarkeit von Querschnittuntersuchungen. So leitete SCHLEICHER (1973, 50) aus seinen – im Rahmen einer Querschnitterhebung an 468 männlichen Betriebsangehörigen eines Kabelwerkes der DDR gewonnenen – Untersuchungsergebnissen die Schlussfolgerung ab, «dass die geistige Leistungsfähigkeit im Erwachsenenalter entscheidend vom Niveau der beruflichen Tätigkeit bestimmt wird ... Ständige geistige Beanspruchung wirkt sich fördernd, mangelnde oder sogar fehlende geistige Übung dagegen hemmend auf die intellektuelle Leistungsfähigkeit aus». Ein Vergleich der mit Hilfe einiger Subtests des Intelligenz-Struktur-Tests von AMTHAUER gewonnenen Daten zeigt, dass die Testleistungen bei Beschäftigten in ungelernten Tätigkeiten mit zunehmendem Alter stärker abfallen als bei Beschäftigten mit gelernten Tätigkeiten; in Tätigkeiten mit Fachschul- bzw. Hochschulniveau Beschäftigte weisen demgegenüber praktisch keinen Leistungsabfall auf. Die Ergebnisse zeigen ferner, dass sich – unabhängig vom Niveau der früheren Schulbildung – «im Verlauf der erfassten Altersspanne die Beschäftigten *desselben* Tätigkeitsniveaus in ihren Leistungen einander *annähern* ..., während sich die Angehörigen eines *unterschiedlichen* Tätigkeitsniveaus weiter voneinander *entfernen* ...» (SCHLEICHER 1973, 47). Dieses Ergebnis deutet darauf hin, dass der Einfluss der Schulbildung im Laufe der Zeit geringer, der Einfluss der Berufstätigkeit dagegen stärker wird. Zudem ergibt sich aus der Analyse der Streuungswerte, dass die interindividuellen Unterschiede der untersuchten intellektuellen Leistungen mit abnehmendem Qualifikationsniveau der verglichenen Tätigkeiten zunehmen. SCHLEICHER erklärt diesen Sachverhalt mit der unterschiedlichen Wirksamkeit ausserberuflicher intellektueller Anforderungen und betont deren mit Abnehmen der intellektuellen Anforderungen im Beruf zunehmende Bedeutsamkeit.

Der kausale Einfluss von Arbeitsbedingungen auf die Entwicklung der Persönlichkeit kann tatsächlich nur in Längsschnittuntersuchungen adäquat erfasst werden.

7.5.2 Arbeit und Persönlichkeit: Ergebnisse von Längsschnittstudien

Die Anzahl derartiger Studien ist aber – vermutlich wegen des damit verbundenen ausserordentlichen Aufwandes – noch immer sehr gering. Ihre Ergebnisse stützen indes «völlig übereinstimmend die Behauptung, dass die Arbeit einen Einfluss auf die Persönlichkeit hat (vgl. KOHN und SCHOOLER 1983, MORTIMER und LORENCE 1979, ANDRISANI und ABELES 1976, ANDRISANI und NESTEL 1976, BROUSSEAU 1976, LINDSAY und KNOX 1984). Die Auswirkungen auf die Persönlichkeit erreichen eine alles andere als triviale Grössenordnung, insbesondere, wenn man berücksichtigt, wie konstant die Persönlichkeitsdimensionen sind, die in diesen Untersuchungen erforscht wurden» (KOHN 1985, 45). Nach KOHN (1985, 47) spricht eine zunehmende Anzahl von Befunden dafür, «dass die Arbeitsbedingungen die Erwachsenenpersönlichkeit mittels eines direkten Lern- und Generalisierungsprozesses beeinflussen». Tabelle 7.2 (S. 502) enthält eine Übersicht über bedeutsame Längsschnittstudien aus den 1970er und 1980er Jahren, die sich allerdings über sehr unterschiedliche Zeiträume erstrecken (vgl. dazu auch HOFF 1986).[9]

Ergebnisse aus einigen der in Tabelle 7.2 aufgeführten Untersuchungen werden hier nur kurz dargestellt.

Die Befunde von BROUSSEAU (1976), der im Abstand von sechs Jahren Daten bei mittleren und höheren Angestellten erhob, deuten darauf hin, dass aktive Orientierung und Freiheit von Depressionen vermehrt dann zu beobachten sind, wenn Arbeitstätigkeiten durch Ganzheitlichkeit gekennzeichnet sind, die Beschäftigten ihre Leistung selbst kontrollieren können und die soziale Bedeutung ihrer eigenen Arbeit positiv bewerten.
Die umfassendste Längsschnittuntersuchung über mögliche Zusammenhänge zwischen Arbeitstätigkeit und Persönlichkeitsentwicklung wurde von KOHN und SCHOOLER (1973, 1982) durchgeführt. Deutschsprachige Berichte darüber finden sich u.a. bei GREIF (1978), KOHN (1985) und HOFF (1986). Insbesondere GREIF hat sich auch mit dem methodisch problematischen Vorgehen der Untersucher – das KOHN und SCHOOLER auch selbst sehr offen problematisieren – auseinandergesetzt.

---

[9] Bei ULICH & BAITSCH (1987) findet sich eine von BAITSCH zusammengestellte Übersicht, die eine weitergehende Differenzierung der unabhängigen Variablen enthält und darüber hinaus eine grosse Anzahl von Querschnittuntersuchungen einbezieht.

	Selbstvertrauen	Intellektuelle Flexibilität	Moralbewusstsein	Soziale Kompetenz	Internale Kontrolle	Erweiterung fachlicher Qualifikation
Komplexität der Arbeitsinhalte	Baitsch 1985, Brousseau 1976, Kohn & Schooler 1973, 1982, Mortimer & Lorence 1979	Baitsch 1985, Kohn & Schooler 1973	Baitsch 1985, Kohn & Schooler 1973, 1982	Baitsch 1985		Baitsch 1985
Erforderliches Qualifikationsniveau	Baitsch 1985, Kohn & Schooler 1973, 1982	Baitsch 1985, Kohn & Schooler 1973	Baitsch 1985, Kohn & Schooler 1973, 1982	Baitsch 1985		Baitsch 1985
Tätigkeitsspielraum	Baitsch 1985, Brousseau 1976, Kohn & Schooler 1973, 1982	Baitsch 1985, Kohn & Schooler 1973	Baitsch 1985, Kohn & Schooler 1973, 1982	Baitsch 1985		Baitsch 1985
Beruflicher Status	Kohn & Schooler 1973, 1982	Kohn & Schooler 1982	Kohn & Schooler 1982		Andrisani & Nestel 1976	
Einkommen	Mortimer & Lorence 1979				Andrisani & Nestel 1976	

Tabelle 7.2: Längsschnittuntersuchungen über Zusammenhänge zwischen Merkmalen der Arbeitstätigkeit und Persönlichkeitsmerkmalen

7.5 Persönlichkeitsentwicklung

Der hauptsächliche methodische Einwand bezieht sich auf die Möglichkeiten der Erfassung von Arbeitskomplexität und intellektueller Flexibilität durch Interviews generell und spezifisch durch die in den durchgeführten Interviews gestellten Fragen. Die Autoren gehen zwar von der Grundvoraussetzung aus, «dass man bei Untersuchungen der Beziehung zwischen Arbeit und Persönlichkeit, soweit irgend möglich, von objektiv definierten Arbeitsbedingungen und nicht von den subjektiven Einschätzungen der Arbeitsbedingungen durch die Arbeiter ausgehen sollte» (KOHN 1985, 43), verzichten aber auf die Anwendung entsprechender Analyseverfahren. Dieses Manko ist auch durch die aufwendigen statistischen Verfahren, die die Autoren zur Datenauswertung eingesetzt haben, nicht behebbar.

KOHN & SCHOOLER (1973) führten zunächst eine Querschnittuntersuchung an einer für männliche Erwerbstätige in den USA repräsentativen Stichprobe von mehr als dreitausend Zivilbeschäftigten durch. Gegenstand der Untersuchung waren mögliche Zusammenhänge zwischen inhaltlicher Komplexität der Arbeit und intellektueller Flexibilität der Beschäftigten. Hauptergebnis war, dass von den externen Variablen die Schulbildung den grössten Zusammenhang mit der Arbeitskomplexität aufwies. Dies ist durchaus plausibel, da vermutlich die inhaltliche Komplexität gerade der ersten Arbeitstätigkeit vom eingebrachten Bildungsstatus stark mitbestimmt wird. Ausserdem zeigte sich, dass die inhaltliche Komplexität späterer Arbeitstätigkeiten von derjenigen früherer Arbeitstätigkeiten mitbestimmt wird. «Auch dieses Ergebnis erscheint plausibel, da entsprechende Selektionseffekte zu erwarten sind» (GREIF 1978, 248).

Ähnliche Feststellungen haben HÄFELI, KRAFT und SCHALLBERGER im Rahmen ihrer Längsschnittstudie über Berufsausbildung und Persönlichkeitsentwicklung bei Schweizer Lehrlingen gemacht: «Selektions- und Sozialisationseffekte gehen in dieselbe Richtung und verstärken sich gegenseitig. Beispielsweise sammeln sich in intellektuell anforderungsreichen Berufen Jugendliche mit überdurchschnittlicher intellektueller Leistungsfähigkeit an, in anforderungsärmeren Berufen solche mit eher unterdurchschnittlichen Fähigkeiten (Selektionseffekte). Umgekehrt führt aber die Variation des intellektuellen Anforderungsniveaus zu einer unterschiedlichen Weiterentwicklung der intellektuellen Fähigkeiten (Sozialisationseffekte), damit aber letztlich zu einer Akzentuierung der bereits vor der Berufsausbildung bestehenden interindividuellen Unterschiede, also zu eigentlichen *Scherenentwicklungen*» (SCHALLBERGER, KRAFT und HÄFELI 1988, 213).

Zehn Jahre später haben KOHN & SCHOOLER eine zufällig ausgewählte Teilstichprobe von annähernd siebenhundert Personen aus der ursprünglichen Stichprobe in eine nochmalige Erhebung einbezogen. Nach den hier gefundenen Ergebnissen sind «von allen strukturellen Imperativen der Arbeit ... diejenigen am wichtigsten für die Persönlichkeit, die darüber entscheiden, wie viel Gelegenheit der Beschäftigte zu beruflicher Selbstbestimmung

hat, ja, inwieweit diese sogar notwendig ist» (KOHN 1985, 46). Als zentrale Aspekte der beruflichen Selbstbestimmung werden inhaltliche Komplexität der Arbeit, Strenge der Überwachung und Grad der Routinisierung genannt. «Imperativ sind diese Arbeitsbedingungen insofern, als sie berufliche Realitäten definieren, denen jeder Beschäftigte gegenübersteht» (a.a.O.).
In ihrer methodischen Selbstkritik weisen die Autoren darauf hin, dass Ergebnisse kontrollierter Experimente auch bei solchen Fragestellungen «den Beweis par excellence» darstellen. «Realitätsnahe Experimente sind aber in diesem Forschungsfeld nur unter äussersten Schwierigkeiten durchzuführen und quasiexperimentelle Untersuchungen, die nur einen Teil der Realität der faktischen Arbeitsbedingungen in ihrem Einfluss auf das wirkliche Leben der Menschen längere Zeit simulieren, greifen zu kurz, um eindeutige Ergebnisse liefern zu können» (KOHN 1985, 44).
Immerhin stellt sich die Frage, inwieweit aus den in den letzten Jahrzehnten zahlreich durchgeführten Arbeitsstrukturierungsprojekten Anhaltspunkte für Veränderungen von Einstellungen, Erlebens- und Verhaltensweisen als Folge der Veränderung von Arbeitstätigkeiten zu gewinnen sind.

Tatsächlich fand BRUGGEMANN (1979, 1980) im Verlauf eines sorgfältig kontrollierten dreijährigen Arbeitsstrukturierungsprojektes (vgl. Abschnitt 9.3) deutliche Einflüsse veränderter Arbeitserfahrungen auf die Entwicklung arbeitsbezogener Sachinteressen, aber auch auf gesellschaftsbezogene und politische Interessen. In der Evaluation eines anderen Arbeitsstrukturierungsprojekts (ULICH 1981, 171) äussern sich einige Beschäftigte noch weitergehend (vgl. Abschnitt 6.3.3). Hier sei nur eine Aussage wiederholt: «Die Auswirkungen des Versuches auf meinen privaten Bereich sind sehr positiv. Ich bin ein ganz anderer Mensch geworden.»
In beiden Berichten (BRUGGEMANN 1980, ULICH 1981) finden sich darüber hinaus deutliche Hinweise auf eine Verbesserung des Gesundheitszustandes der an den Veränderungsprojekten Beteiligten, insbesondere durch eine Abnahme psychosomatischer Beeinträchtigungen und anderer Belastungsfolgen. Dies kann möglicherweise auf eine objektive Erhöhung der Kontrolle und ein daraus resultierendes stärkeres Kontrollbewusstsein zurückgeführt werden.
Schliesslich finden sich bei den in die Projekte einbezogenen Mitarbeiterinnen und Mitarbeitern immer wieder auch Äusserungen, die auf emotionale Veränderungen hinweisen. Sie betreffen einerseits Aspekte des Selbstvertrauens, andererseits Aspekte der erlebten Kompetenz. Symptomatisch dafür

7.5 Persönlichkeitsentwicklung

ist die Äusserung eines der Mitarbeiter, die an dem in Abschnitt 9.3 beschriebenen Projekt beteiligt waren: «Ich bin ganz schön stolz, wenn ich bedenke, dass ich früher hier jahrelang als Bandaffe tätig war.»

Vielfach wird übrigens angenommen, dass mit derartigen Veränderungen auch eine Erhöhung der Arbeitszufriedenheit zu erwarten ist. Dies ist insofern ein Fehlschluss, als mit Veränderungen von Arbeitstätigkeiten im Sinne autonomieorientierter Arbeitsgestaltung häufig eine Erhöhung des Anspruchsniveaus einhergeht. Insofern sind tatsächlich eher qualitative Veränderungen der Arbeitszufriedenheit zu erwarten als quantitative Vermehrungen, z.B. die Ablösung einer resignativen Zufriedenheit durch eine progressive (Un-)Zufriedenheit (vgl. Abschnitt 3.1). In diesem Zusammenhang soll auch die Einschätzung von MASLOW (1965, 240f.) noch einmal wiederholt werden: «This is the point: the high-level complaint is not to be taken as simply like any other complaint; it must be used to indicate all the preconditions which have been satisfied in order to make the hight of this complaint theoretically possible ... What we must learn to look for is, have these complaints gone up in motivational level? This is the real test and this is, of course, all that can be expected. But furthermore, I suppose this means that we must learn to be very happy about such a thing, not merely to be contented with it.»

Schliesslich stellt sich die Frage, *wie* Merkmale der Arbeitstätigkeit auf Persönlichkeitsmerkmale wirken. Mit dieser Frage, d.h. der Frage nach den Vermittlungsprozessen, beschäftigt sich die Untersuchung von BAITSCH (1985). Theoretische Basis dieser Untersuchung ist ein Modell der Kompetenzentwicklung in der Arbeit (FREI, DUELL und BAITSCH 1984), das aus der tätigkeitspsychologischen Konzeption von LEONTJEW (1977) abgeleitet wurde. Im Rahmen eines Arbeitsstrukturierungsprojekts konnten über dreieinhalb Jahre hinweg während 40 Beobachtungsperioden von unterschiedlicher Länge Verhaltensdaten und verbale Äusserungen von acht Industriearbeitern erfasst werden (vgl. Kasten 7.6).

Kasten 7.6: Voraussetzungen für Kompetenzentwicklung in der Arbeitstätigkeit, nach Angaben von BAITSCH 1985 (aus: ULICH und BAITSCH 1987)

«Aus dem Vergleich der Einzelfälle konnte aufgezeigt werden, dass das Zusammenspiel von drei kritischen Momenten Prozesse der Kompetenzentwicklung auslöst: (1) Es ist notwendig, dass dem Arbeitenden Widersprüche in der gegebenen Arbeitssituation bewusst werden und neue Ziele für diese Situation, die auf ein neu entwickeltes oder bislang latentes Motiv in der Arbeitstätigkeit bezogen sind, formuliert werden.

(2) Damit neue Ziele entwickelt werden können, muss Information zur Verfügung stehen, die dem Entwurf von Alternativen dienen kann.
(3) Der praktische Vollzug einer neuen Tätigkeit, welche die Auflösung dieser Widersprüche bzw. die Einlösung der neuen Ziele darstellt, führt schliesslich zur Entwicklung von Kompetenzen. Ist nur eines dieser drei Momente nicht gegeben, so kommt es nicht zu solchen Entwicklungsprozessen ... Bei aller Wichtigkeit, die damit den subjektiven Faktoren zukommt, verweisen die Ergebnisse auch dieser Studie auf die Relevanz gerade auch der gegenständlichen Bedingungen: ein ausreichender Spielraum für individuelle und kollektive Selbstregulation unter Einbezug der Möglichkeit, auf die eigene Arbeitssituation gestaltend Einfluss zu nehmen, scheint eine unabdingbare Voraussetzung dafür zu sein, dass eine Arbeitssituation persönlichkeitsförderliche Entwicklungsprozesse zulässt» (ULICH und BAITSCH 1987, 516).

7.5.3 Exkurs: Arbeit als Re-Integration: Das Projekt «Supported Employment»

Ein bemerkenswertes Beispiel für die Bedeutung von «Arbeit als Ressource» (KERNEN und MEIER 2008) wird auch in Zusammenhang mit den Möglichkeiten der Re-Integration psychisch Erkrankter erkennbar, die auch in der Schweiz traditionell über außerbetriebliche Einrichtungen versucht wird. Mit dem Modell ‹Supported Employment› (BÄRTSCH und RÖSSLER 2008) wird der Versuch unternommen, die Chancen einer erfolgreichen Integration in den ersten Arbeitsmarkt zu verbessern (vgl. Kasten 7.7).
Das Projekt «Supported Employment» wurde zwischen 2003 und 2005 durchgeführt (BÄRTSCH und RÖSSLER 2008); außer der Schweiz beteiligten sich Forschungsgruppen aus Bulgarien, Deutschland, Italien und Großbritannien daran. Das Modell orientierte sich an US-amerikanischen Programmen (vgl. CROWTHER, MARSHALL, BOND und HUXLEY 2001). Die Teilnehmerinnen und Teilnehmer litten an schweren Erkrankungen aus dem affektiven und schizophrenen Formenkreis. In die Experimentalgruppe in der Schweiz wurden 25 Patientinnen und Patienten einbezogen. Diese Gruppe wurde durch einen Job-Coach bei der direkten Integration in den ersten Arbeitsmarkt unterstützt. Die Kontrollgruppe umfasste ebenfalls 25 Personen; hier

7.5 Persönlichkeitsentwicklung

> **Kasten 7.7:** Das Modell ‹Supported Employment› (aus: BÄRTSCH und RÖSSLER 2008, 2)
>
> **«BISHER: ‹First train, then place›: Rehabilitation vor Arbeit**
> In der Schweiz führt der Weg der beruflichen Integration von Menschen mit psychischen Erkrankungen über geschützte Werkstätten und Wiedereingliederungstrainings. Nur ca. 10% der IV-Bezüger können jedoch auf diesem Weg wieder in die Wirtschaft integriert werden.
>
> **NEU: ‹First place, then train›: Arbeit als Rehabilitation**
> Das in den USA zur Wiedereingliederung behinderter Menschen entwickelte und erfolgreich angewandte Modell des ‹Supported Employment› sieht – im Gegensatz zum bisherigen Ansatz in der Schweiz – die direkte Platzierung in den ersten Arbeitsmarkt als individuellen und realitätsnahen Rehabilitationsschritt. ‹First place, then train› heisst die neue Devise. Arbeit *ist* Rehabilitation, so die Idee. Nach dem Modell ‹Supported Employment› unterstützt ein Job-Coach den psychisch kranken Menschen bei der Stellensuche und während der Anstellung an einem Arbeitsplatz in einem ‹normalen› Betrieb.»

erfolgte die Unterstützung bei der Arbeitsrehabilitation über eine Tagesklinik und geschützte Arbeitsplätze. In der Experimentalgruppe klärten die Job-Coaches zunächst die Ressourcen der Stellensuchenden ab. Auf dieser Basis wurden realistische Ziele formuliert. Anschließend folgte eine intensive Unterstützung bei den Bewerbungen. Nach erfolgreicher Vermittlung setzten die Coaches die Betreuung innerhalb des Unternehmens fort und blieben sowohl für die Betroffenen als auch für die Arbeitgeber ständige Ansprechperson.
11 von 25 Teilnehmenden der Experimentalgruppe fanden bis zum Abschluss der Studie eine Arbeitsstelle in der freien Wirtschaft, aus der Kontrollgruppe dagegen niemand. Erfolgreich Integrierte wiesen einen verbesserten psychischen Gesundheitszustand auf und berichteten eine Verbesserung ihrer Lebenssituation, ein vergleichsweise besseres Selbstwertgefühl sowie eine signifikant höhere Lebenszufriedenheit als diejenigen ohne Stelle.

RÖSSLER (2008) weist darauf hin, dass das Angebot auf große Nachfrage stoße, auch bei Krankenkassen. Allerdings brauche es für die Verbreitung «einen langen Atem».

Immerhin heißt es neuerdings im Bericht einer Arbeitsgruppe des Eidgenössischen Departements des Innern EDI: «Bei der Wiedereingliederung von Menschen mit psychischen Behinderungen wird dem ‹Supported Employment› (Arbeitsassistenz) grosses Potenzial zugeschrieben» (EDI 2010, 3).

Weitere Beispiele zum ‹Disability Management by Ability Management› finden sich bei ADENAUER (2004), SCHMAL und NIEHAUS (2004), SCHOTT (2005), SLESINA (2005), WEBER (2005), GÖLDNER et al. (2006), RUDOW et al. (2007), ULICH und WÜLSER (2010).

7.5.4 Arbeitsbedingtes Voraltern

Seit einigen Jahren ist in zahlreichen Unternehmen zu beobachten, dass die Bereitschaft, «ältere» Personen zu behalten, neu einzustellen oder zu fördern, deutlich abgenommen hat.

KUHN (2003, 12) hat darauf hingewiesen, dass nach einer Aussage des Bundesinstituts für Arbeitsmarkt- und Berufsforschung in Deutschland «sechzig Prozent der deutschen Betriebe keine Beschäftigten mehr über 50 Jahre» haben. In diesem Zusammenhang ist inzwischen auch die Rede von einer eigentlichen Altersdiskriminierung, die sich in folgenden Verhaltensweisen der Unternehmen niederschlägt (NAEGELE 2004, 203):
- «eine altersselektive Personaleinstellungs- und -rekrutierungspolitik;
- alterssegmentierte Aufgabenzuweisungen – mit der häufigen Folge der Reduzierung ihrer praktischen Ersetzbarkeit;
- unterdurchschnittliche Beteiligung bei betrieblich organisierter Fort- und Weiterbildung;
- Benachteiligung bei innerbetrieblichen Aufstiegsprozessen;
- Geringschätzung ihres Erfahrungswissens sowie
- kurzfristige Kalküle bei Personalentscheidungen zu Lasten älterer Belegschaftsmitglieder.»

Naegele weist darauf hin, dass dieser «Problemgruppenstatus» Ursache sowohl der überdurchschnittlich hohen Arbeitslosigkeit als auch der hohen Frühverrentungswahrscheinlichkeit sei (vgl. Kasten 7.8).

7.5 Persönlichkeitsentwicklung

Kasten 7.8: Externalisierung statt alternsgerechter Arbeitsgestaltung (aus: BEHRENS 2004)

«Je ‹sozialverträglicher› und kostengünstiger leistungsgewandelte, darunter auch ältere Beschäftigte zum Verlassen eines Betriebes bewegt werden und Neue eingeworben werden können, um so weniger notwendig sind aus einzelbetrieblicher Sicht alternsgerechte Gestaltung von Arbeitsplätzen und Einrichtung betrieblicher Laufbahnen ...
Weil es die Möglichkeit der Externalisierung gibt, können Betriebe es sich leisten, Arbeitsplätze und Berufswege so zu gestalten, dass sie Arbeitsfähigkeit frühzeitig verschleissen und nicht die qualifikatorischen und organisatorischen Ressourcen zum rechtzeitigen Tätigkeitswechsel innerhalb eines gegebenen Berufes (...) schaffen. Und umgekehrt: Weil Arbeitsplätze die Arbeitsfähigkeit frühzeitig verschleissen und weil in den Betrieben nicht die qualifikatorischen und organisatorischen Ressourcen zum rechtzeitigen Tätigkeitswechsel vorhanden sind, scheint am Ende die Externalisierung als einzige Reaktion übrig zu bleiben» (BEHRENS 2004, 255).

Die Ursachen für die genannten Verhaltensweisen seitens der Unternehmen sind nicht zuletzt in mangelndem Wissen und in Vorurteilen bezüglich der Leistungsmöglichkeiten älterer Menschen zu suchen. Tatsächlich zeigt eine Vielzahl von Untersuchungen, dass das Älterwerden keineswegs mit einem automatischen Altersabbau verbunden ist. Einerseits sind nachteilige Auswirkungen auf Seh- und Hörvermögen, Körperkraft und Bewegungsgeschwindigkeit für den Durchschnitt ebenso belegt wie Verlängerungen der Reaktionszeit, der Geschwindigkeit für die Verarbeitung komplexer Informationen und der Lerngeschwindigkeit (vgl. ILMARINEN 2004, ILMARINEN & TEMPEL 2002, SEMMER & RICHTER 2004). Andererseits verfügen Ältere häufig über Strategien, die diese Nachteile sehr gut ausgleichen können.
«Sie verarbeiten Informationen vielleicht nicht ganz so schnell, aber effizienter und zielgerichteter. Sie können Wesentliches von Unwesentlichem unterscheiden, sie können Probleme ganzheitlicher Angehen. Sie können mit manchen Belastungssituationen vielleicht nicht mehr ganz so effektiv umgehen – aber sie haben Strategien, die dazu beitragen, dass diese Situatio-

nen seltener eintreten. In dieser Hinsicht haben Ältere also häufig Leistungsvorteile (Warr 2001)» (SEMMER & RICHTER 2004, 104).

Die Untersuchungen von WARR (1995, 2001) belegen schliesslich, dass Ältere und Jüngere sich in der Gesamtleistung nicht notwendigerweise unterscheiden. Tatsächlich nimmt aber die Streuung mit dem Alter zu. «Das bedeutet, dass man doch eine erhebliche Anzahl von Personen unter den Älteren finden wird, die den Jüngeren in den erwähnten Leistungsbereichen ebenbürtig – und manchen Jüngeren durchaus überlegen – sind ... Das heisst natürlich zugleich, dass so manches Unternehmen, das Ältere in den Vorruhestand ‹gedrängt› hat oder ältere Bewerberinnen oder Bewerber von vornherein ausscheidet, auch dem eigenen wirtschaftlichen Interesse schadet» (SEMMER & RICHTER 2004, 100f.).

Bezüglich der Frage nach den Ursachen für die mit dem Alter grösser werdende Streuung der Leistungsmöglichkeiten finden sich praktisch durchgängig Hinweise auf die Gesundheit und körperliche Fitness einerseits sowie auf Ausbildung und Erfahrung andererseits. Die Berichte von WARR (1995) sowie von SCHOOLER, MULATU und OATES (1999) zeigen, dass der schon früher mehrfach belegte Einfluss anspruchsvoller Arbeitstätigkeiten auf die geistige Leistungsfähigkeit mit dem Alter noch zunimmt.

«Die Ungleichheit der Chance, länger erwerbstätig zu sein ... scheint fast ausschliesslich reproduziert zu werden durch
– den Zuschnitt von Tätigkeiten, die sich als qualifikatorische und gesundheitliche Sackgassen erweisen, und
– durch die Zuweisung von Personen zu diesen Tätigkeiten nach schulischen Abschlüssen, Ausbildung und Region.
... Nur der veränderte Zuschnitt von Tätigkeiten, also eine horizontale Laufbahnen ermöglichende Arbeitsgestaltung, verallgemeinert die Chance zu länger andauernder Erwerbstätigkeit» (BEHRENS 2004, 261).

Zu Recht finden sich deshalb in Publikationen aus der Arbeitspsychologie auch Aussagen wie: «Lern- und gesundheitsförderliche Arbeitsgestaltung ist alternsgerechte Arbeitsgestaltung» (HACKER 1995a, 181) oder «... die beste Grundlage für eine gute Leistung im Alter sind Erwerb, Gebrauch und Entwicklung von Kompetenzen in jüngeren Jahren» (SEMMER & RICHTER 2004, 112).

HACKER (1996b, 2004) spricht in diesem Zusammenhang vom «menschgemachten» Altern (vgl. Kasten 7.9).

7.5 Persönlichkeitsentwicklung

Kasten 7.9: Biologisches und menschgemachtes Altern (aus HACKER 2004, 164)

«Von dem derzeit wenig beeinflussbaren endogen, d.h. genetisch und somatisch bedingten Altern muss das menschgemachte, darunter das arbeitsinduzierte Altern mit seiner Abhängigkeit von exogenen Faktoren unterschieden werden. Die Lebens- und die Arbeitsbedingungen können das Altern beschleunigen (man kann voraltern) oder im Idealfall auch verzögern. Gesicherte Befunde hierzu lieferte u.a. die Leipziger Alternsforschung (RIES & SAUER 1991). Danach muss das kalendarische Alter vom biologischen unterschieden werden. Gesundheitsgefährdende Arbeitsbedingungen, beispielsweise neurotoxische Gase in der Atemluft, beschleunigen das Altern. So können exponierte 30-Jährige das biologische Alter nicht exponierter 45-Jähriger und deren geringe körperliche und teilweise auch geistige Leistungsfähigkeit haben. Im Prinzip könnten umgekehrt auch gesundheitsfördernde und trainierende Arbeitsprozesse alternskorrelierte Leistungsrückgänge verzögern; derzeit scheinen in der Mehrzahl von Arbeitsprozessen voralternde Arbeitsbedingungen noch zu überwiegen.»

Dass die in Kasten 7.9 genannten gesundheitsfördernden und trainierenden Arbeitsprozesse die Merkmale vollständiger Tätigkeiten aufweisen, wird von HACKER (2004, 169) ebenfalls betont.

Unter den von HACKER (2004, 168ff.) aus der Analyse abgeleiteten praktischen Empfehlungen werden hier zusammenfassend nur drei erwähnt. Als erstes fordert HACKER (2004, 168f.), die «Altersmythen mit ihrer verhängnisvollen, sich selbst erfüllenden Prophezeiung, dass Ältere nur defizitäre Junge, nicht aber leistungsgewandelte, voll leistungsfähige Personen wären und ohnehin kaum etwas behalten und damit nichts lernen könnten, aus dem gesellschaftlichen Bewusstsein» herauszudrängen. Darüber hinaus ist dafür Sorge zu tragen, dass arbeitsinduziertes Vor-Altern als Folge gesundheitsbeeinträchtigender Arbeitsbedingungen nicht mehr stattfindet, «auch weil Vor-Altern die Qualifikationsmöglichkeiten im Alterungsprozess zusätzlich erschweren kann» (HACKER 2004, 169). Voraussetzung dafür ist eine lernförderliche Arbeitsgestaltung auf der Basis des Konzepts vollstän-

diger Tätigkeiten. «Lernen in Tätigkeiten mit Lernpotenzialen kann nicht nur das Hinzulernen neuer Kenntnisse, Fertigkeiten, Fähigkeiten oder Einstellungen ermöglichen, sondern auch das Erhalten dieser Leistungsvoraussetzungen gegen ihren alterskorrelierten Verlust» (HACKER 2004, 169).
Mit diesen Feststellungen gewinnt die Verantwortung der Unternehmen und ihres Managements für die Entwicklung der bei ihnen Beschäftigten eine in ihrer Tragweite bisher noch kaum beachtete neue Dimension.

BOSCH und SCHIEF (2005) weisen auf eine Untersuchung hin, aus der hervorgeht, «dass Alter kein Erklärungsmerkmal für die Weiterbildungsteilnahme ist. Bei den gut Qualifizierten steigt die Teilnahme an Weiterbildung ab dem 50. Lebensjahr sogar an (SCHRÖDER et al. 2004). Es sind vor allem die gering qualifizierten Älteren, die von Weiterbildung ausgeschlossen sind. Arbeitsmarktpolitisch war das bislang kein Problem, da gerade diese Gruppe von Beschäftigten vorzeitig aus dem Erwerbsleben ausschied. Die Analyse zeigt aber auch, dass es grosse Gruppen von Personen mit mittlerer Qualifikation gibt, die in arbeitsorganisatorisch und technisch wenig innovativen Betrieben gearbeitet und damit den Anschluss verloren haben» (BOSCH und SCHIEF 2005, 37).

In diesem Zusammenhang kommt dem von FRIELING, BERNARD, BIGALK und MÜLLER (2006) entwickelten Lernförderlichkeitsinventar (LFI), einem Verfahren «zur Bestimmung der Lernmöglichkeiten am Arbeitsplatz» erhebliche praktische Bedeutung zu. In den mit dem LFI durchgeführten Untersuchungen konnte nicht nur nachgewiesen werden, «dass die Unternehmen bei vergleichbarer Technik erhebliche Spielräume haben, Arbeitstätigkeiten lernförderlich zu gestalten» (a.a.O., 228), sondern auch, «dass Unternehmen mit lernförderlichen Arbeitsplätzen auch die erfolgreicheren sind» (BERNARD 2005, 97). BERGMANN, EISFELDT, PRESCHER und SEERINGER (2006, 25) konnten darüber hinaus einen positiven Zusammenhang zwischen der Lernhaltigkeit der Arbeitsaufgaben und der Innovationsaktivität aufzeigen. Nach KRUSE und PACKEBUSCH (2006, 445) schließlich «müssen die Leitlinien für die alternsgerechte Arbeitsgestaltung in stärkerem Maße an den Prinzipien der differenziellen und dynamischen Arbeitsgestaltung (ULICH, 2001) ausgerichtet werden, um eine größere Schwankungsbreite der individuellen Leistungsvoraussetzungen und einen größeren Wandel des Arbeitsvermögens zu berücksichtigen.»

7.5 Persönlichkeitsentwicklung

Dass dies auch für die weitere wirtschaftliche Entwicklung von erheblicher Bedeutung ist, hat eine ‹High Level Group› der EU verdeutlicht. Ausgehend von der Feststellung, dass «in the light of the approaching decline of the working-age population, older workers are key and require special attention», wurde hier die in Kasten 7.10 wiedergegebene ‹Schlüsselempfehlung› formuliert.

Kasten 7.10: Key recommendation (HIGH LEVEL GROUP 2004, p. 34)

«Member States should develop a comprehensive active ageing strategy by 2006. An actice ageing strategy requires a radical policy and cultural shift away from early retirement, three key lines for action: providing the right legal and financial incentives for workers to work longer and for employers to hire and keep older workers; increasing participation in lifelong learning for all ages, especially for low-skilled and older workers, and improving working conditions and quality in work.»

In diesem Zusammenhang ist auch ein Ergebnis der von der Bundesarbeitskammer in Österreich initiierten und von vier Universitätsinstituten unter Einbezug von mehr als 4 000 Beschäftigten durchgeführten Studie über die ‹Qualität des Arbeitslebens älterer ArbeitnehmerInnen› von Interesse: «Je mehr Freiheitsgrade, Entwicklungspotenzial. Informationen, soziale Unterstützung und Partizipation in der Arbeit vorhanden sind, desto geringer ist der Wunsch, ehest möglich in Pension zu gehen und desto größer ist auch die Wahrscheinlichkeit, dass die ArbeitnehmerInnen ihren Arbeitsweg bis zum gesetzlich vorgeschriebenen Alter oder sogar darüber hinaus gehen werden» (EIBEL et al. 2009, 76).

In den Befunden über Auswirkungen veränderter Arbeitserfahrungen (BRUGGEMANN 1979, 1980, ULICH 1981, BAITSCH 1985) sind immer wieder auch Hinweise auf Veränderungen im Erleben und Verhalten in der arbeitsfreien Zeit enthalten. Auch hier gibt es allerdings eine Anzahl nicht zu unterschätzender Probleme, die bereits bei der Definition von Freizeit beginnen.

7.6 Auswirkungen auf die arbeitsfreie Zeit

Zusammenhänge zwischen Arbeitstätigkeit und Freizeitverhalten sind seit längerer Zeit Gegenstand arbeitspsychologischer Forschung und Theoriebildung. Innerhalb und ausserhalb der Arbeitspsychologie wurde eine Anzahl von Modellen über mögliche Beziehungen von Arbeit und Freizeit diskutiert. Bevor diese erörtert werden, ist jedoch zu klären, was hier unter Freizeit verstanden wird.

7.6.1 Zum Begriff der Freizeit

Nach SCHELSKY (1957, 327) besteht die Tendenz, als «Freizeit im eigentlichen Sinne» diejenige Zeit zu bezeichnen, über die ohne Sachzwang individuell disponiert und nach persönlichen Wünschen verfügt wird». Offenbar kann man die so definierte Freizeit aber nicht einfach der Arbeitszeit gegenüberstellen bzw. von ihr abheben. Laut üblicher gesetzlicher Definition zählen nämlich die vorgeschriebenen oder vereinbarten Pausen ebensowenig zur Arbeitszeit wie die Wege von und zur Arbeitsstätte.
Nach § 2, Absatz I der für die BRD geltenden Arbeitszeitordnung vom 30.4.1938 ist Arbeitszeit «die Zeit vom Beginn bis zum Ende der Arbeit ohne die Ruhepausen».
Die Verordnung 1 zum Schweizerischen Arbeitsgesetz vom 14.1.1966 bestimmt in Artikel 30:
1 Als Arbeitszeit gilt die Zeit, während der sich der Arbeitnehmer zur Verfügung des Arbeitgebers zu halten hat; der Weg zu und von der Arbeit gilt nicht als Arbeitszeit.
2 Bereitschaftsdienst, bei dem der Arbeitnehmer ausserhalb des Betriebes auf Abruf zur Verfügung des Arbeitgebers steht, ist so weit an die Arbeitszeit anzurechnen, als der Arbeitnehmer tatsächlich zur Arbeit herangezogen wird.
Die Pausen-, Wege- und Bereitschaftszeiten sind aber keineswegs frei disponierbar und allenfalls als ‹arbeitsgebundene Freizeit› zu bezeichnen.

DUMAZEDIER (1960) hat darauf hingewiesen, dass es darüber hinaus einen weiteren Bereich gebe, in dem Freizeitaktivitäten in unterschiedlichem Ausmass obligatorisch sind und den man deshalb angemessen als «Halb-Freizeit» («demi-loisir») bezeichnen könne.

7.6 Arbeitsfreie Zeit

Schon früher hatten LUNDBERG, KOMAROVSKY und MCINERY (1934) als Freizeit diejenige Zeit definiert, in der man frei ist von offensichtlichen und formellen Verpflichtungen, die durch die berufliche Arbeit und andere obligatorische Beschäftigungen gegeben sind. Sofern die Zeit ausserhalb der betrieblichen Arbeitszeit aber weitgehend oder auch nur teilweise als Restitutionsphase zur Wiederherstellung der Arbeitskraft betrachtet wird, ist damit eine «offensichtliche Verpflichtung» gegeben, die die Verfügbarkeit dieses Zeitraumes wiederum erheblich einschränkt.

Dieser Gesichtspunkt wird von KÜLP und MÜLLER (1973, 4) berücksichtigt, die für ihre Untersuchung als Freizeit «die von Arbeitsverpflichtungen freie Zeit» bezeichnen, «die nicht der psychophysischen Regeneration vorbehalten bleibt». Tatsächlich wird der werktäglichen Freizeit ebenso wie dem arbeitsfreien Wochenende eine derartige Restitutionsfunktion zumindest implizit zugeschrieben. Ausdrücklich betont wird sie, wenn es darum geht, das Eingehen von Zweitarbeitsverhältnissen zu untersagen.

Schliesslich hat SPESCHA (1981) mit dem Begriff der «Sozialzeit» ein Konzept eingeführt, das das soziale Engagement ausserhalb des für die Erwerbstätigkeit vorgesehenen Zeitrahmens interpretiert bzw. zuordnet. ORENDI (1990) hat dieses Konzept aufgenommen und in die arbeitspsychologische Diskussion über Arbeit und Freizeit integriert (vgl. Kasten 7.11, S. 516).

Auf der Grundlage der Ansätze von SCHELSKY, LUNDBERG et al., KÜLP und MÜLLER sowie SPESCHA sollte es möglich sein, die für Untersuchungen über Freizeit notwendigen – aber möglicherweise je spezifischen – operationalen Definitionen abzuleiten.

Im Übrigen aber fällt auf, dass die Mehrzahl der verwendeten Begriffsbestimmungen Freizeit in Abhebung von Arbeit definieren und darauf verzichten, Freizeit als eigenständiges Phänomen zu begreifen. In diesem Zusammenhang ist interessant, dass DAUMENLANG und DREESMANN (1989, 147) «angesichts der beklagten zunehmenden ‹Sinnentleerung› des Berufes» dem früheren Ansatz von HAVIGHURST und FEIGENBAUM (1956) neue Bedeutung zuschreiben, «da er von der These ausgeht, dass Freizeit die Funktionen von Arbeit übernimmt». Freizeit müsste dann alle jene Bedeutungen übernehmen, die JAHODA (1983) der Arbeit zugeschrieben hat. Sie müsste insbesondere «(1) für eine Teilnahme am sozialen Leben sorgen; (2) Möglichkeiten zu interessantem Erleben und schöpferischem

Kasten 7.11: Das Konzept der Sozialzeit (aus: ORENDI 1990)

«Während für SCHEUCH (1972) noch unklar war, ob die Beschäftigung mit politischen Fragen zur Freizeit gezählt werden kann, umfasst das Konzept der *Sozialzeit* explizit auch die politische Betätigung, ebenso wie kulturelle Arbeit oder Nachbarschaftshilfe. In der Sozialzeit wird soziale Verantwortung in ihren verschiedensten Formen wahrgenommen. Sie beschreibt damit einen Bereich, der weder der Erwerbsarbeit noch der Freizeit eindeutig zugerechnet werden kann. Nach SPESCHA (1981, 139) steht dieser Zeitbereich «für die Partizipation an der Erstellung gesellschaftlicher Strukturen» zur Verfügung – die Tätigkeiten in der Sozialzeit beziehen sich damit nicht allein auf freiwillige soziale Dienste, z.B. im Bereich der Nachbarschaftshilfe, als Ergänzung professioneller spitalexterner Pflege oder als freiwillige Hilfe bei der Betreuung von Randgruppen. In der Sozialzeit erfolgt die Auseinandersetzung mit gesellschaftlichen Strukturen. Die so erworbenen Erfahrungen können auch dazu führen, dass Strukturen nicht nur als veränderbar bewertet, sondern auch entsprechend neu gestaltet werden» (ORENDI 1990, 334).

Ausdruck der Persönlichkeit bieten; (3) für eine regelmässige und routinemässige Gestaltung der Lebenstätigkeit des einzelnen sorgen; (4) eine Quelle der Selbstachtung und der Achtung anderer sein» (DAUMENLANG und DREESMANN 1989, 147f.). Akzeptiert man diese Überlegungen, dann wird auch das von GORZ (1980a) vorgelegte Modell für eine «dualistische Gesellschaft» wieder aktuell!

Im Unterschied dazu herrschen in der Arbeitspsychologie Modellvorstellungen vor, die – wie auch immer geartete – Beziehungen zwischen Arbeitstätigkeit und Freizeitverhalten postulieren.

7.6.2 Hypothesen zu möglichen Beziehungen zwischen Arbeit und Freizeit

Die Modellvorstellungen über mögliche Beziehungen zwischen Arbeitstätigkeiten und Freizeitverhalten lassen sich vier Grundannahmen zuordnen (vgl. ULICH und ULICH 1977, HOFF 1986, STENGEL 1988):
1. Erlebens- und Verhaltensweisen in Arbeit und Freizeit hängen nicht miteinander zusammen. Diese Annahme wird als Neutralitäts-, Autonomie- oder Segmentierungshypothese bezeichnet.
2. Erlebens- und Verhaltensweisen in der Arbeitstätigkeit beeinflussen Erleben und Verhalten in der Freizeit *oder* umgekehrt. Je nachdem, ob dabei verstärkende oder ausgleichende Wirkungen angenommen werden, ist hier von einer Generalisationshypothese oder von einer Kompensationshypothese die Rede.
3. Erlebens- und Verhaltensweisen in der Arbeitstätigkeit beeinflussen Erleben und Verhalten in der Freizeit *und* umgekehrt. Diese Annahme kann als Interaktions-Hypothese bezeichnet werden.
4. Erlebens- und Verhaltensweisen in Arbeit und Freizeit weisen zwar Übereinstimmungen auf, diese sind aber auf Drittvariable zurückzuführen. Diese Annahme kann als Kongruenzhypothese bezeichnet werden.

HOFF (1986) und STENGEL (1988) haben diese Hypothesen – die alle auch im Alltagsdenken vorkommen (HOFF und HÖRRMANN-LECHER 1992) – weiter differenziert.

Gegen die *Neutralitäts-* bzw. *Segmentierungshypothese* wurden vielfältige Bedenken angemeldet. So hielt es HANHART (1964) aufgrund seiner Untersuchungsergebnisse für unzulässig, Personen in einen ‹Arbeitsmenschen› und einen ‹Freizeitmenschen› aufzuspalten. Obwohl eine subjektive Segmentation der Lebensbereiche Arbeit und Freizeit von ihm durchaus für möglich gehalten und auch belegt wird, bezeichnet HOFF (1986, 99) eine wissenschaftliche Neutralitätshypothese «von vornherein als unsinnig».
«Zentrale, ganzheitlich-psychologische Begriffe wie ‹Persönlichkeit› oder ‹Identität› werden hinfällig, wenn man sich den Menschen gewissermassen als Chamäleon vorstellt, das sich völlig in eine Arbeits- und eine Privatperson aufteilt». Die subjektive Segmentation resultiere vielmehr aus einem Vergleich zwischen Arbeits- und Freizeitbereich und sei interpretierbar «als kompensatorische Strategie mit dem Ziel, Zwänge, negative Gedanken und

Gefühle nicht in die angeblich ‹freie› Zeit hineinzutragen, sondern hier etwas ‹ganz anderes› denken, fühlen oder tun zu können» (HOFF, a.a.O.).

Zu den verbleibenden Modellen ist zunächst festzustellen, dass es verfehlt wäre, die *Generalisations-* und die *Kompensationshypothese* als einander ausschliessende Hypothesen zu diskutieren. Schon bei SCHELSKY (1957) wird Freizeitverhalten einerseits als berufsfortsetzend, andererseits als kompensatorisch diskutiert. Für SCHMITZ-SCHERZER (1974, 131) können die Beziehungen zwischen Beruf und Arbeit «sowohl kompensatorisch als auch stimulierend und ergänzend sein». Dass sich der Zusammenhang zwischen Arbeitsgestaltung und Freizeitverhalten möglicherweise selbst bei *einer* Person nicht durch *ein* Modell abbilden lässt, wurde ebenfalls schon früher betont (ULICH und ULICH 1977, 221).

HOFF (1986, 100) führt ein Beispiel dafür an, dass sogar dieselbe Freizeittätigkeit *gleichzeitig* als Generalisation *und* als Kompensation interpretiert werden kann: «Facharbeiter in Bereichen der Reparatur und Instandhaltung können sich am Wochenende mit Reparaturen des eigenen Autos beschäftigen. Inhaltlich setzt sich darin ihre Arbeitstätigkeit weitgehend fort (zu fragen wäre auch umgekehrt, ob nicht tatsächlich ihre Arbeit Fortsetzung ihrer beliebtesten Freizeitbeschäftigung ist). Zugleich kann diese Tätigkeit formal auch als kompensatorisch begriffen werden – zum Beispiel als selbstbestimmt im Vergleich zur Fremdkontrolle am Arbeitsplatz». HOFF macht schliesslich deutlich, dass auch in den verschiedenen Phasen einer Berufsbiografie Generalisation und Kompensation einander abwechseln können. Damit ist bereits die von HOFF als «interaktionistisches Vorstellungsmuster» bezeichnete Hypothese angesprochen. Sie wird ausser von CHAMPOUX (1978), KABANOFF (1980) sowie HECKER und GRUNWALD (1981) vor allem von HOFF (1986) vertreten, der damit aber auch in biografischer Perspektive eine in der Wirkungsrichtung einseitige Generalisation oder Kompensation nicht ausschliessen will.

Die *Kongruenzhypothese* postuliert eine nicht kausale Art der Beziehung zwischen Arbeit und Freizeit (vgl. ULICH und ULICH 1977). Dabei handelt es sich um einen korrelativen Zusammenhang im Sinne einer Parallelität zwischen Arbeitsverhalten und Freizeitverhalten. Die übereinstimmenden Erlebens- und Verhaltensweisen sind dieser Hypothese zufolge jedoch nicht auf einen Wirkungszusammenhang zwischen Arbeit und Freizeit zurückzuführen, sondern auf eine gemeinsame Abhängigkeit von einer oder mehreren Drittvariablen. Allfällige Übereinstimmungen von Erlebens- und Verhaltensweisen in Arbeit und Freizeit werden z.B. auf Persönlichkeitsmerkmale oder -strukturen zurückgeführt, die in den verschiedenen Lebensbereichen wirksam werden, ohne dass diese aufeinander einwirken. Allerdings sind auch mit der Möglichkeit einer «drittseitigen Determination gewählter Arbeits- und Freizeittätigkeiten aus vorberuflich entwickelten Eigenschaften» (HACKER 1976, 33) zusätzlich wirkende Generalisierungs- oder Kompensationseffekte keineswegs ausgeschlossen.

Die kurze Skizzierung der Hypothesen lässt ebenso wie die Begriffsdefinition erhebliche Schwierigkeiten für die adäquate Erhebung und Interpretation empirischer Daten erwarten.

7.6.3 Empirische Untersuchungen

Die Anzahl der Untersuchungen, die sich theoretisch und methodisch fundiert mit Zusammenhängen zwischen Arbeitstätigkeit und Freizeitverhalten beschäftigen, ist nach wie vor sehr gering. Eine der Ursachen dafür liegt vermutlich in den erheblichen methodischen Schwierigkeiten, die schon in den Arbeiten von ARGYRIS (1959) und KORNHAUSER (1965) deutlich werden.

In der Untersuchung von ARGYRIS wurden die Freizeitaktivitäten von Arbeitern aus zwei Betrieben der metallverarbeitenden Industrie, die sich vor allem durch ihre technologische Ausstattung unterschieden, miteinander verglichen. In der einen Abteilung waren Tätigkeiten mit vergleichsweise hohen Anforderungen an die Qualifikation auszuführen. Die Arbeiter dieser Abteilung verhielten sich nach den Angaben von ARGYRIS in ihrer Freizeit deutlich aktiver und kreativer als ihre Kollegen aus der anderen Abteilung mit teilautomatisierten Arbeitsprozessen, die geringere Anforderungen an die Qualifikation stellten. In eine ähnliche Richtung weisen Befunde von DUMAZEDIER und LATOUCHE (1962); sie fanden bei Arbeitern mit grösserem Interesse an der Arbeitstätigkeit selbst auch mehr allgemeine intellektuelle Interessen und ein grösseres Bedürfnis nach Weiterbildung. Durch diese Ergebnisse und die Untersuchungen von KORNHAUSER (1965) an Arbeitern aus der Automobilindustrie in Detroit werden die Befunde von ARGYRIS bestätigt. Ihre Interpretation ist allerdings dadurch erschwert, dass in allen drei Fällen keine Vergleichsdaten der Beschäftigten bei Eintritt in die Firma erhoben wurden und deshalb Wirkungen von Drittvariablen, d.h. von vor- bzw.

ausserberuflichen Einflüssen nicht ausgeschlossen werden können. Jedenfalls ist ein Schluss von korrelativen Zusammenhängen solcher Art auf kausale Beziehungen nicht ohne Weiteres statthaft.

In der Untersuchung von WIPPLER (1970, 1974) wurden Umfrageergebnisse einer Zufallsstichprobe von annähernd neunhundert 16- bis 65jährigen Personen aus der niederländischen Provinz Groningen mit vergleichsweise aufwendigen multivariaten Verfahren analysiert. Die arbeitsbezogenen Variablen wie Arbeitsaufgabe, Arbeitserfahrung und Karriere erklären «nur einen kleinen Teil der Varianz des Freizeitverhaltens, verglichen mit anderen Prädiktoren» (WIPPLER 1974, 101). Als weitaus beste Prädiktoren des Freizeitverhaltens erwiesen sich in dieser Untersuchung die Variablen des «sozialen Hintergrundes», insbesondere der soziale Status, der durch Bildung, Einkommen und Berufsprestige erfasst wurde. Darüber hinaus legen die Ergebnisse den Schluss nahe, «dass vor allem kompensatorisches Freizeitverhalten nur unter Arbeitsbedingungen von extremer Deprivation auftritt» (WIPPLER 1974, 101).

Immerhin zieht WIPPLER aber auch den Schluss, dass ein Mangel an materiellen Ressourcen die Wahl der Freizeitaktivitäten weniger einschränke «als der Mangel an erlernten Fähigkeiten» (a.a.O., S. 103). Dass auch hier weitere Differenzierungen notwendig sind, zeigen die Ergebnisse von TOKARSKI (1979), denen zufolge restriktive Arbeitsbedingungen mit vorwiegend «körperlich-nervlichen Belastungen» eher zu restriktivem Freizeitverhalten führen, während restriktive Arbeitsbedingungen mit vorwiegend «körperlicher Beanspruchung» sowohl kompensatorisches als auch übereinstimmendes Freizeitverhalten nach sich ziehen können.

Über zwei bemerkenswerte Beispiele einer besonderen Form von Kompensation berichtet BAITSCH (1985). Dabei geht es um gelernte Metzger, die in der stark arbeitsteilig organisierten Brätherstellung für Wurstprodukte arbeiten und im Rahmen ihres beruflichen Alltags keine Bestätigung ihrer Identität als Metzger finden können. Eines der beiden Beispiele ist in Kasten 7.12 auszugsweise wiedergegeben.

7.6 Arbeitsfreie Zeit

> **Kasten 7.12:** Beispiel für kompensatorisches Freizeitverhalten nach Angaben von BAITSCH 1985 (aus: BAITSCH und SCHILLING 1990)
>
> «Gerhard Sedlmayr arbeitet an den Wochenenden bei ihm bekannten Metzgereien als Aushilfsmetzger und kann dort auch auf eigene Rechnung Wurstspezialitäten herstellen, die er dann verkauft. Nach Aussage des Personalchefs des Betriebes hat er sich regional als Salami-Spezialist einen guten Namen geschaffen.
> Insgesamt wird offensichtlich, dass sein Selbstbild als hochqualifizierter und erfolgreicher Wurstmetzger ... erheblich kontrastiert mit seiner alltäglichen Arbeitserfahrung: auf der untersten Stufe bearbeitet er einen Ausschnitt der Wurstproduktion und kann dabei lediglich einen zwar wichtigen, doch eng begrenzten Ausschnitt der Bedingungen kontrollieren; insbesondere kann er eigene Rezepturen und Produktionsverfahren – seine eigentliche Qualifikation – nicht einbringen.
> Er wird auf Ziele verpflichtet, die nicht mit seinem Motiv vereinbar sind. Dadurch wird er täglich mit einem Motiv-Ziel-Konflikt konfrontiert, den er als durchaus erheblich erlebt ... Seine berufliche Identität ... kann in der Arbeit nicht gelebt werden ... Gerhard Sedlmayr weicht mit seiner beruflichen Identität in die Freizeit aus» (BAITSCH und SCHILLING 1990, 31).

Mit einem anderen Ansatz gelangte MEISSNER (1971) zu interessanten Ergebnissen. MEISSNER analysierte einige Beziehungen zwischen Arbeit und Freizeit an einer Stichprobe von 206 männlichen Industriearbeitern eines holzverarbeitenden Betriebes in einer kanadischen Kleinstadt. Im Rahmen seiner Arbeit wird zunächst die Beziehung zwischen technischen Zwängen und sozialer Isolation bei der Arbeit diskutiert. Technische Zwänge beschreiben den Grad der Einschränkung individueller Handlungsspielräume, hier operationalisiert über «Arbeitstakt», «räumliche Beschränkungen», «Aufgabenabhängigkeit» und «Arbeitstyp». Die Diskussion führt zu dem Ergebnis, dass zwischen dem Ausmass technischer Zwänge und dem Umfang sozialer Interaktion bei der Arbeit durchgängig negative Beziehungen bestehen.
Im Weiteren werden die Zusammenhänge zwischen den technischen Zwängen und der Partizipation an ausserbetrieblichen freiwilligen Vereinigungen untersucht. Zu diesem Zweck wurde die durchschnittliche Anzahl der Mit-

gliedschaften, Ämter und besuchten Veranstaltungen für jede der beiden Kategorien («low» und «high») der vier Arten technischer Zwänge innerhalb der Arbeit ermittelt.

Schliesslich werden die Zusammenhänge zwischen dem Ausmass der sozialen Interaktion am Arbeitsplatz und dem Grad der Partizipation an den vorgenannten ausserbetrieblichen Organisationen geprüft. Weitere Analysen beschäftigen sich mit den Auswirkungen technischer Zwänge und sozialer Isolation am Arbeitsplatz auf die Nutzung des «timebudgets» der der Erhebung vorausgegangenen 24 Stunden.

Insgesamt fand MEISSNER, dass Arbeiter mit weniger ausgeprägten Arbeitszwängen und weniger eingeschränkten Möglichkeiten sozialer Kommunikation am Arbeitsplatz auch ausserhalb der Arbeit zu erweiterter «Soziabilität» tendieren, während Arbeiter mit technologisch stark gebundenen Tätigkeiten und eingeschränkten Möglichkeiten sozialer Kontaktnahme am Arbeitsplatz auch ausserhalb der Arbeit zu eingeschränkter «Soziabilität» neigten. In der arbeitsfreien Zeit engagierten sich diese weniger als jene in solchen Betätigungen, die Planung, Koordination und zielbewusste Aktivität erfordern, sondern wendeten vermehrt Zeit auf für gesellige und «expressive» Tätigkeiten.

Das heisst: wenn die Möglichkeit der Wahl von Handlungsalternativen durch die räumlichen, zeitlichen und funktionalen Zwänge von Arbeitsprozessen eingeschränkt oder unterdrückt wird, so wird damit gleichzeitig die Fähigkeit – oder: die Bereitschaft – reduziert, Anforderungen solcher Freizeitaktivitäten zu erfüllen, die ‹Handlungskompetenz› erfordern.

Nach MEISSNER sprechen diese Ergebnisse deutlich für eine «carry over»-Hypothese, die er bildhaft mit «the long arm of the job» umschreibt. In die gleiche Richtung deuten Befunde von LÜDERS, RESCH und WEYERICH (1992), die in der ersten Erhebungswelle einer Längsschnittuntersuchung fanden, «dass Personen mit hohen Regulationserfordernissen in der Erwerbsarbeit in einem grösseren Umfang Freizeittätigkeiten mit langfristiger Zielstellung ausführen als Personen mit niedrigeren Regulationserfordernissen» (a.a.O., 96).

Derartige Ergebnisse legen die Annahme nahe, dass die beschriebenen Zusammenhänge sich auch in *Ruhestandsaktivitäten* niederschlagen.

Tatsächlich fanden ABRAHAM und HOEFELMAYR-FISCHER (1982) für 180 ältere Arbeitnehmer aus Schweizer Betrieben der metallbe- und -verarbeitenden Industrie zunächst einen statistisch signifikanten Zusammenhang

7.6 Arbeitsfreie Zeit

zwischen der Grösse des Handlungsspielraumes in der Arbeitstätigkeit und Berichten über Ruhestandspläne mit kognitiven Anforderungen. Ausserdem zeigte sich ein spezifischer, ebenfalls signifikanter Zusammenhang zwischen der sozialen Dimension des Handlungsspielraums und sozial orientierten Ruhestandsplänen. Darüber hinaus konnte in dieser Untersuchung – die sich über drei Jahre bis in den Ruhestand hinein erstreckte – gezeigt werden, dass Personen mit grösserem Handlungsspielraum in ihrer letzten Arbeitstätigkeit prozentual häufiger sowohl kognitiv akzentuierte Ruhestandsaktivitäten ausüben als auch den Wunsch haben, weiter zu lernen. Die Autoren halten es zu Recht dennoch für unzulässig, aus diesen positiven Zusammenhängen auf Kausalität zu schliessen. Auch sie weisen auf die Möglichkeit hin, dass tendenziell intensivere kognitive Aktivität bei Personen mit grossem Handlungsspielraum in der Arbeit schon vorberuflich vorhanden gewesen sein könnte.

Die von ABRAHAM und HOEFELMAYR-FISCHER mitgeteilten Ergebnisse (vgl. auch ABRAHAM 1993) werden durch Befunde von RICHTER bestätigt, der differenziertere Pläne für den Ruhestand bei solchen Beschäftigten fand, zu deren beruflicher Tätigkeit ausgeprägte Anforderungen an Planung und eigenständiger Zielsetzung gehörten. «Die am wenigsten differenzierten Zukunftskonzepte im höheren Lebensalter fanden wir bei Beschäftigten mit restriktiven, anforderungsarmen Arbeitsaufgaben» (RICHTER 1993, 40).

Als *Fazit* aus den berichteten Untersuchungen bleibt festzuhalten, dass die Ergebnisse eine Vielzahl unterschiedlicher Beziehungen zwischen Arbeitstätigkeit und Freizeitverhalten erkennen lassen. Darüber hinaus wird aber auch eine Reihe von methodischen Problemen erkennbar, von denen hier beispielhaft nur drei genannt werden:

(1) Querschnittserhebungen ohne Kenntnis des vorberuflichen Status in Bezug auf relevante Persönlichkeitsmerkmale lassen keine Kausalerklärungen zu.
(2) Summarische Angaben über die Arbeit lassen ohne sorgfältige Analysen der Arbeitstätigkeit sowie der daraus resultierenden Anforderungen und Belastungen keine hinreichend präzisen Aussagen über allenfalls wirksame Bedingungen zu.
(3) Nullkorrelationen in grösseren Stichproben lassen sich nicht ohne Weiteres als Beleg für die Segmentierungshypothese interpretieren.[10]

---

[10] In Teilstichproben vorhandene unterschiedliche Wirkungen – Kompensationen im einen, Generalisation im anderen Fall – könnten sich statistisch aufheben (vgl. HOFF 1986).

Ein Ausweg aus diesem methodischen Problem könnte sich, zumindest teilweise, anbieten, wenn im Sinne eines Vorher-Nachher-Vergleichs mit der Einführung neuer Arbeitsstrukturen gleichzeitig das Freizeitverhalten sorgfältig analysiert würde.

Tatsächlich konstatierte WALTON (1972) bei Arbeitern des Topeka-Werkes von General Foods die Entwicklung ungewöhnlicher Aktivitäten in kommunalen Angelegenheiten (civic affairs) als Folge der Einführung von teilautonomen Arbeitsgruppen, Arbeitsplatzwechsel und anderen arbeitsorganisatorischen Massnahmen. Auch die Erfahrungen aus verschiedenen Betrieben in Deutschland und in der Schweiz zeigen, dass die Einführung von teilautonomen Arbeitsgruppen mit einem hohen Grad an Selbstregulation erstaunliche Lernpotenziale freisetzen und Interessenentwicklungen auslösen kann, die deutliche Veränderungen im Freizeitverhalten bewirken (vgl. BRUGGEMANN 1979, 1980, ULICH 1978a). Dies kann auch kaum anders sein, wenn der Begriff ‹persönlichkeitsförderliche Arbeitsgestaltung› in der Realität verankert sein soll. Auch hier gilt indes, dass interindividuelle ebenso wie interkulturelle Differenzen zu erwarten und zu berücksichtigen sind.

Schliesslich aber wurde schon von HABERMAS (1958) hervorgehoben, dass mit zunehmenden Verkürzungen der Arbeitszeit die Möglichkeit einer Emanzipation der Freizeit von der Arbeit entstehe.[11] Und TRIST (1973) hat darauf aufmerksam gemacht, dass immer mehr Menschen im Übergang zur postindustriellen Gesellschaft den Wunsch haben, ihre Lebenszeit nach eigenen Prioritäten für Arbeit, Lernen oder Freizeit zu nutzen.

7.7 Balance zwischen Lebensbereichen – ‹life domain balance›

Eine einfache Internetabfrage am 22. Juni 2010 ergab innerhalb von 0.14 Sekunden, dass unter dem Stichwort ‹work life balance› 51 600 000 Eintragungen zu finden sind. Dies zeigt einerseits, dass hier eine Problematik existiert, der von vielen Seiten eine grosse Bedeutung eingeräumt wird. Andererseits sollte die Häufigkeit der Eintragungen nicht darüber hinwegtäuschen, dass es sich beim Begriff ‹work life balance› um eine zwar leicht eingängige, dennoch aber sachlich falsche und in fataler Weise irreführende Begrifflichkeit

---

[11] Das kann dazu führen, dass sich die Frage nach Spill-over-Effekten von der Nichterwerbswelt in die erwerbsorientierte Arbeitswelt neu stellt. So hat KIRCHMEYER (1992) gefunden, dass ein stärkeres zeitliches Engagement an «parenting and community work» mit grösserem Commitment und positiveren Arbeitseinstellungen verbunden sei.

7.7 Life domain balance

handelt. Sie legt nämlich den fatalen Schluss nahe, dass es sich um eine Balance bzw. ein Balancieren zwischen Arbeit und Leben handelt. Erstens aber ist Arbeit ein zentraler Bestandteil des Lebens – deshalb wird andernorts ja auch von ‹work life› bzw. ‹working life› gesprochen – und zweitens finden sich vielfältige Formen von Arbeit auch ausserhalb der Erwerbstätigkeit, um die es in der Diskussion um ‹work life balance› fast immer geht. Insofern würde ein Begriff wie ‹life domain balance› der Problematik, um die es hier geht, viel eher entsprechen (vgl. ULICH und WIESE 2011). Tatsächlich muss es also darum gehen, Balancen zwischen den Möglichkeiten und Anforderungen von Erwerbsarbeitstätigkeiten und den Möglichkeiten und Anforderungen anderer Lebenstätigkeiten zu finden bzw. zu erarbeiten. Generell geht es dabei um die Realisierung des Postulats: «…: die berufliche Arbeit sollte so gestaltet sein, dass sie es erlaubt und dazu befähigt, soziale Verantwortung in der Gesellschaft zu übernehmen – sei es durch Kinder- oder Altenbetreuung, in Form nachbarschaftlichen oder bürgerschaftlichen Engagements. Eine solche Perspektive ist allerdings weit entfernt von den ‹Work-Life Balance›-Modeerscheinungen, deren betriebliche Umsetzung und Lebensdauer ausschließlich von dem Nachweis abhängt, dass bürgerschaftlich engagierte Menschen oder aktive Väter zugleich auch produktivere Mitarbeiter seien» (RESCH 2003b, 7f.).

In diesem Zusammenhang weist die von CAMPBELL CLARK (2000) vorgestellte «work/family border theory» einen hohen Anregungsgehalt auf: «Work/family border theory can give a theoretical framework that is missing from most research on work/family balance. Border theory can both describe why conflicts exist and provide a framework for individuals and organizations to encourage better balance between work and families» (CAMPBELL CLARK 2000, 764). Die in Tabelle 7.3 (S. 526) wiedergegebenen Vorschläge «suggest a wide variety of tools for better work/family balance, tools that can be used by organizations and individual border-crossers» (a.a.O.).

In einer Vielzahl von Publikationen über ‹work life balance› wird *‹familienfreundlichen› Arbeitszeitregelungen* offenbar ein besonders hoher Stellenwert eingeräumt; in vielen Fällen werden sogar ausschliesslich solche Überlegungen angestellt. Auch bei der Auditierungsgruppe ‹Beruf und Familie› werden Arbeitszeitkonzepte an erster Stelle genannt; gerade hier wird aber zusätzlich eine Vielzahl qualitativ anders gearteter Massnahmen aufgeführt (vgl. Tabelle 7.4, S. 527).

Tabelle 7.3: Aus der «Work/family border theory» abgeleitete Vorschläge zur Balancierung von Berufs- und Familienleben (aus: CAMPBELL CLARK 2000, 765)

Proposition 1a:	When domains are similar, weak borders will facilitate work/family balance.
Proposition 1b:	When domains are different, strong borders will facilitate work/family balance.
Proposition 2:	When the border is strong to protect one domain but is weak for the other domain, individuals will have: a) greater work/family balance when they primarily identify with the strongly bordered domain; and b) lesser work/family balance when they primarily identify with the weakly bordered domain.
Proposition 3:	Border-crossers who are central participants in a domain (i.e. who have identification and influence) will have more control over the borders of that domain than those who are peripheral participants.
Proposition 4:	Border-crossers who are central participants (i.e. who have identification and influence) in both domains will have greater work/family balance than border-crossers who are not central participants in both domains.
Proposition 5:	Border-crossers whose domain members have high other-domain awareness will have higher work/family balance than border-crossers whose domain members have low other-domain awareness.
Proposition 6:	Border-crossers whose domain members show high commitment to them will have higher work/family balance than border-crossers whose domain members have shown low commitment to them.
Proposition 7:	When work and family domains are very different, border-crossers will engage in less across-the-border communication than will border-crossers with similar domains.
Proposition 8:	Frequent supportive communication between border-keepers and border-crossers about other-domain activities will moderate the ill-effects of situations that would otherwise lead to imbalance.

7.7.1 Lebensfreundliche Arbeitszeiten

Über die mögliche Bedeutung der Arbeitstätigkeit für Persönlichkeitsentwicklung, Freizeitverhalten und Ruhestandsaktivitäten wurde in den vergangenen Abschnitten berichtet, über mögliche Auswirkungen unterschiedlicher Formen von Telearbeit auf die Familienregulation in Kapitel 5.7. Deshalb beschränken sich die folgenden Ausführungen auf Fragen der zeitbezogenen Vereinbarkeit von Erwerbsarbeit und anderen Lebenstätigkeiten.

7.7 Life domain balance

Tabelle 7.4: Familienpolitische Massnahmen nach Angaben von Beruf und Familie gGmbH (2003)

• Arbeitszeit	→ Massnahmen zur Arbeitszeit
• Arbeitsabläufe und Arbeitsinhalte	1. Abgestufte Teilzeit nach Erziehungsfreistellung
	2. Altersteilzeit
• Arbeitsort	3. Arbeitszeiterfassungssystem
	4. Elternurlaub
• Informations- und Kommunikationspolitik	5. Familienbedingte Teilzeitarbeit
	6. Familienpause
• Führung Personalpolitik	7. Freistellung zur Betreuung von Angehörigen
• Entgeltbestandteile und geldwerte Leistungen	8. Gleitzeit
	9. Jahresarbeitszeit
	10. Job-Sharing
• Flankierender Service für Familien	11. Kinderbonuszeit
	12. Lebensphasenorientierte Arbeitszeit
• Unternehmens- und personalpolitisches Datenmodell	13. Pause
	14. Sabbatical
	15. Schichtarbeit
	16. Sonderurlaub
	17. Tätigkeit während der Erziehungsfreistellung
	18. Urlaubsregelung
	19. Zeitkonto
	20. Zusatzurlaub

Unter den von ‹Beruf und Familie› aufgelisteten Arbeitszeitmassnahmen finden sich zwar solche wie ‹Familienbedingte Teilzeitarbeit› oder ‹Lebensphasenorientierte Arbeitszeit›; Massnahmen weitergehender Reduzierungen der Normalarbeitszeit finden aber keine Erwähnung. Tatsächlich lassen sich gerade aus derartigen Massnahmen aber weiterreichende Schlüsse ziehen. Dies lässt sich am Beispiel der Einführung der Viertagewoche mit 28.8 Wochenarbeitsstunden bei VW exemplarisch zeigen (vgl. Kapitel 9.3). Zur Erinnerung: Anstatt aufgrund der vorhandenen Absatzprobleme 30 000 Beschäftigte zu entlassen, einigten sich die Sozialpartner in fünf Verhandlungsrunden innerhalb von zwei Wochen darauf, die wöchentliche Arbeitszeit in den deutschen Werken der VW AG von 36 auf 28.8 Stunden zu reduzieren und damit gleichzeitig die Viertagewoche einzuführen. Vermutungen, die dadurch von Erwerbsarbeit freie Zeit werde vor allem für Schwarzarbeit genutzt, haben sich nicht bestätigt. Vielmehr zeigten sozialwissenschaftliche

Untersuchungen, dass nicht wenige junge Familienväter die neue gewonnene Zeit durchaus im Sinne einer neuen ‹work life balance› nutzten (vgl. Kasten 7.13).

Kasten 7.13: Veränderungen als Folge der 28.8-Stunden-Woche (aus: JÜRGENS 2001)

«Bei einer verlässlichen, planbaren Vier-Tage-Woche wird nach längerer Erfahrungsdauer die bei allen zunächst anzutreffende Skepsis durch eine breite Akzeptanz abgelöst: Das Familienklima und das Verhältnis zu den Kindern verbessern sich, die Schichtarbeit wird besser verkraftbar, die Arbeitsteilung zwischen den Geschlechtern gleichgewichtiger. Zwar hätte keiner der Männer vor der Einführung des Modells eine Arbeitszeitverkürzung für sich in Erwägung gezogen, doch führen der kollektive Charakter, die andauernde Erfahrung mit einer verlässlich verkürzten Arbeitszeit und die Beschäftigungsgarantie zur breiten Akzeptanz eines – aus männlicher Sicht – eher weiblichen Arbeitszeitmodells von unter 30 Wochenstunden. Auch bei jungen Industriearbeitern lässt sich dabei ein Interesse an einer aktiven Vaterrolle feststellen, das zwar in der Regel nicht offensiv vertreten, jedoch durch eine verlässliche Vier-Tage-Woche gefördert wird ... Die Arbeitszeitflexibilisierung und die Verlängerung der Arbeitszeit ab ca. Mitte 1996 lösen demgegenüber eher entgegengesetzte Effekte aus» (JÜRGENS 2001, 57f.)

Mangelnde Planbarkeit und *eingeschränkte Möglichkeiten der Selbstregulation* sind wesentliche Kennzeichen mancher neuer Formen der *Flexibilisierung* betrieblicher Arbeitszeiten. «Die Beschäftigten haben wenig Einfluss auf ihre Arbeitszeitpläne, ihre Arbeitseinsätze sind häufig kurzfristig, ent-rhythmisiert und wenig planbar. Dies führt zu einer Zerstückelung des familialen Alltags. Familienleben muss quasi auf Knopfdruck und verdichtet stattfinden, wenn gerade Zeit dafür ist» (JURCZYK 2008, 3). Im Bericht der Eidgenössischen Koordinationskommission für Familienfragen (EKFF 2004, 132) wird denn auch unmissverständlich formuliert: «Die Planbarkeit der Arbeitszeiten ist bei ‹flexiblen› Arbeitsverhältnissen eine unabdingbare Voraussetzung für die Gestaltung verlässlicher Beziehungen und für eine gerechte Aufgabenteilung zwischen den erwachsenen Familienmitgliedern» (im Bericht durch Fettdruck hervorgehoben).

7.7 Life domain balance

Die Ergebnisse des 2005 durchgeführten vierten European Working Conditions Survey bestätigen, «that workers who report frequent changes, given at short notice, to their working schedule are less satisfied with their work-life balance (Riso 2007, 6). Unter Verweis auf die DGB-Index-Befragung 2007 kommen LENHARDT, ERTEL und MORSCHHÄUSER (2010, 339) zu damit übereinstimmenden Schlussfolgerungen: «Intensivierungs- und flexibilisierungsbedingte Anforderungen in der Arbeit drohen zunehmend auf die außerberufliche Lebenssphäre überzugreifen und deren Funktion als Raum, der inneren Distanzierung vom Berufsalltag, Entspannung, Erholung und die Realisierung sozialer Bedürfnisse ermöglicht, zu unterminieren.» Dass damit nachteilige Auswirkungen auf die Möglichkeiten der Gestaltung der nicht erwerbsbezogenen Lebenstätigkeiten verbunden sein können, wird auch aus dem Bericht der deutschen Expertenkommission für die Zukunft der betrieblichen Gesundheitspolitik erkennbar (vgl. Kasten 7.14).

Kasten 7.14: Mögliche Folgen einer Arbeitszeitflexibilisierung für die Planbarkeit von Aktivitäten ausserhalb der Erwerbstätigkeit (aus FRIELING et al. 2004, 7)

«Aufgrund der verstärkten Kundenorientierung bemühen sich die Unternehmen um schnelle und termingerechte Auftragsausführung und Einhaltung der erforderlichen Qualität. Für die Mitarbeiter bedeutet das, je nach Auftragsvolumen tätig zu werden. Damit bei grossem Arbeitsvolumen keine Überstunden erzeugt werden, erhalten die Mitarbeiter ein Arbeitszeitkonto von 200 und mehr Stunden. Bei geringem Auftragsvolumen werden Mehrarbeitszeiten ab- und bei Bedarf negative Zeitguthaben aufgebaut. Besonders in der Automobil- und Zulieferindustrie mit ihren Schwankungen nach und vor Serienanläufen werden diese Zeitkonten weitgehend ausgeschöpft. Überstundenzuschläge für die Unternehmen entfallen. Die Mitarbeiter müssen flexibel sein und immer dann zur Arbeit erscheinen, wenn Aufträge abzuarbeiten sind. Beispielsweise erhält bei einem Unternehmen der Zulieferindustrie ein grosser Teil der weiblichen Beschäftigten der Teilemontage 20-Stunden-Verträge. Je nach Arbeitsanfall haben sie eine Null- oder eine 40-Stunden-Arbeitswoche. Durch dieses Zeitmanagement wird der Dispositionsspielraum der Beschäftigten im Bereich der ‹Nicht-Lohnarbeit› stark eingeschränkt, und in Abhängigkeit von den jeweiligen Familienverhältnissen können sich erhebliche Planungsprobleme ergeben (work life balance).»

Derart prekäre Arbeitszeitformen stellen zugleich also eine echte Bedrohung für die Vereinbarkeit von Berufs- und Familienleben dar.

Nach WIELAND und KRAJEWSKI (2002, 9) gehören zu den häufigsten Belastungsmerkmalen bei Zeitarbeit «mangelnde Tätigkeitsspielräume, fehlende Aufgabenanforderungen sowie unzureichende Kooperations- und Kommunikationsmöglichkeiten». Ihre Bewertung zeigt deutlich, welche Probleme mit den steigenden Flexibilitätsanforderungen insgesamt verbunden sein können (vgl. Kasten 7.15).

Im Übrigen ist aber darauf hinzuweisen, dass schon viel frühere Untersuchungen (z.B. ULICH 1957, 1964, ULICH und BAITSCH 1979) gezeigt haben,

---

Kasten 7.15: Potenzielle Auswirkungen raum-, zeit- und personenbezogener Flexibilisierungen (aus: WIELAND und KRAJEWSKI 2002, 22f.)

«Die raum-, zeit- und personenbezogenen Anforderungen bergen die Gefahr einer vollständig erwerbsgerichteten Durchgestaltung des Lebensalltags. Die dadurch provozierte Erosion der alltäglichen Lebensführung (vgl. JURCZYK & VOSS 2000, KIRCHHÖFER 2000) äußert sich bezüglich der zeitlichen Flexibilisierung in einer Fragmentierung und Entgrenzung der Arbeit (z.B. bei Telearbeit, Selbständigkeit, Freelancing, temporärer Projektarbeit). Die damit zusammenhängende Desynchronisation der Lebensrhythmen erschwert die Bildung und Aufrechterhaltung befriedigender Sozialkontakte.
Eine gleichgerichtete Wirkung geht von der Flexibilisierung der Arbeitsorte aus. Die aus ihr erwachsenden Mobilitätserfordernisse, wie z.B. der häufige Wohnortwechsel, erschweren die Vereinbarkeit von Erwerbsarbeit und Privatleben. Wiederum behindern Flexibilisierungsanforderungen die Bildung und Aufrechterhaltung stabiler und hochwertiger familiärer und freundschaftlicher Bindungen.
Soziale Verarmung und Vereinsamung sind die resultierenden, bislang bagatellisierten Folgen einer ebenso nomaden- wie monadenhaften, an Mobilitätsanforderungen ausgerichteten Lebensführung. Berücksichtigt man zusätzlich die sich daran anschließenden Kosten für Gesundheit und Lebensqualität (z.B. emotionale Erschöpfung, Burnout und Depression), eröffnet sich die Fragwürdigkeit des (ökonomisch motivierten Wunschbildes) ‹Homo flexibiliensis›».

7.7 Life domain balance

dass auch mit verschiedenen Formen der *Schicht- und Nachtarbeit* für einen signifikanten Anteil Beschäftigter zum Teil erhebliche Beeinträchtigungen des Familienlebens und weiterer Bereiche des Privatlebens wie etwa die Teilnahme an regelmässig stattfindenden gesellschaftlichen Anlässen verbunden sind. Zu wenig Beachtung finden bis heute etwa auch die frühen Hinweise von HAIDER (1962) auf eine mit der Dauer der Nachtarbeit zunehmende Interferenz mit dem Familienleben sowie von NEULOH (1964) auf mögliche ‹desozialisierende› *Auswirkungen* von Wechselschicht und Nachtarbeit im Sinne einer ‹Verarmung der Rollenstruktur› und einer ‹Verkürzung der sozialen Perspektiven›. Was damit gemeint ist, wird aus einem Bericht von NACHREINER (1984) deutlich (vgl. Kasten 7.16).

Kasten 7.16: Psychosoziale Auswirkungen von Schichtarbeit (aus: NACHREINER 1984)

«Fragt man nach den Auswirkungen der Schichtarbeit auf die Partnerschaftsbeziehungen, so lässt sich feststellen, dass bei Schichtarbeitern ein deutlich höheres Risiko für das Auseinanderbrechen von (Ehe)Partnerschaften besteht ... Aber auch auf die Schulkarriere der Kinder lässt sich noch ein Einfluss der Schichtarbeit des Vaters nachweisen ... Dabei ergab sich, dass auf allen Qualifikationsstufen der Väter die Kinder von Schichtarbeitern geringere Chancen hatten, eine weiterführende Schule zu besuchen als Kinder von Tagarbeitern ... Schichtarbeit könnte so zu einem negativen sozialen Erbe werden: Schichtarbeiterkinder erreichen eine geringere Qualifikation, was ihr Risiko erhöht, selbst wieder in Schichtarbeit zu landen.

Betrachtet man das weitere soziale Umfeld, so kann man feststellen, dass Schichtarbeiter häufig Schwierigkeiten haben, ihren Bekanntenkreis auszudehnen oder nur zu erhalten, dass sie häufiger Schichtarbeiter in ihrem Bekanntenkreis haben als Tagarbeiter und dass sie sich in ihrem Bekannten- und Freundeskreis häufig isoliert beziehungsweise als Aussenseiter vorkommen. Es fällt ferner auf, dass Schichtarbeiter sich in geringerem Umfang in politischen Interessenvertretungen (Parteien, politischen und betrieblichen Selbstverwaltungsorganen) beteiligen und, falls überhaupt, dann eher passiv ... Diese Ergebnisse deuten darauf hin, dass Schichtarbeiter durch die abnorme Lage ihrer Arbeitszeit in nicht unerheblichem Umfang von der Teilnahme am gesellschaftlichen Leben und vom Sozialisationsprozess – als Agenten wie als Rezipienten – ausgeschlossen sind» (NACHREINER 1984, 353f.).

Damit wird deutlich, dass Fragen der Schichtplangestaltung nicht nur aus im engeren Sinne gesundheitlicher Perspektive, sondern auch unter dem Aspekt der ‹life domain balance› eine erhebliche Bedeutung zukommt. Bei BEERMANN (2010) finden sich dazu dem Stand der Forschung entsprechende Empfehlungen (Kasten 7.17).

Kasten 7.17: Empfehlungen zur Gestaltung der Schichtarbeit (aus: BEERMANN 2010, 79f.)

«1. Die Anzahl aufeinander folgender Nachtschichten sollte möglichst klein sein. Möglichst nicht mehr als drei Schichten in Folge ...
2. Nach einer Nachtschichtphase sollte die Ruhezeit möglichst lang sein. Sie sollte nicht weniger als 24 Stunden betragen ...
3. Zusammenhängende Freizeit am Wochenende ist besser als einzelne freie Tage ...
4. Arbeitnehmer in Schichtarbeit sollten möglichst mehr freie Tage haben als Beschäftigte in Tagarbeit ...
5. Ungünstige Schichtfolgen sollten vermieden werden. Ein Schichtsystem sollte vorwärts rotieren: Früh-, Spät-, Nachtschicht ...
6. Die Frühschicht sollte nicht zu früh beginnen ...
7. Die Nachtschicht sollte möglichst früh enden ...
8. Individuelle Vorlieben sollten bei der Gestaltung des Arbeitszeitsystems berücksichtigt werden ...
9. Die Konzentration von langen Arbeitszeiten auf einen Tag oder auch bezogen auf eine Arbeitswoche sollte möglichst vermieden werden ...
10. Schichtpläne sollten transparent und vorhersehbar sein ...»

7.7.2 Life domain balance – auch wirtschaftlich interessant

In einer vom Bundesministerium für Familie, Senioren, Frauen und Jugend (2003, 6) in Deutschland publizierten Untersuchung über *«Betriebswirtschaftliche Effekte familienfreundlicher Massnahmen»* wurden anhand von Controllingdaten aus zehn Unternehmen «die Wirkungen von familienfreundlichen Massnahmen auf die Mitarbeiter und Mitarbeiterinnen mit Betreuungsaufgaben analysiert sowie relevante Kostengrössen für Fluktuation und längerfristige Betriebsabwesenheit ermittelt». Den Kosten für ein Programm familienfreundlicher Massnahmen – hier: Beratungsangebote, Kinderbetreuung, individuelle Arbeitszeitmodelle, Telearbeit – wurden die dadurch erzielbaren Einsparpotenziale gegenübergestellt. Aus den Daten der analysierten Unternehmen wurde eine Modellrechnung für eine fiktive «Familien GmbH» mit 1500 Beschäftigten und einer dem Bundesdurchschnitt entsprechenden Struktur der Belegschaft angestellt. «Innerhalb dieser Szenariorechnung wurde bei der Familien GmbH bei einem Aufwand für familienfreundliche Massnahmen in Höhe von rund 300 000 € eine realisierte Kosteneinsparung von 375 000 € errechnet» (BUNDESMINISTERIUM FÜR FAMILIE, SENIOREN, FRAUEN UND JUGEND 2003, 6). Derartige Kosten-Nutzen-Analysen könnten für einige Unternehmen durchaus Anlass sein, sich mit Fragen der «work life balance» ernsthafter auseinanderzusetzen. Für andere liefern sie möglicherweise ein zusätzliches Argumentarium zur Unterstützung entsprechender Massnahmen. Dass es sich hierbei um eine auch für die zukünftige gesellschaftliche Entwicklung höchst bedeutsame Thematik handelt, ist offensichtlich.

Hinzuzufügen bleibt: «die Kombination von Beruf und Familie kann Wohlbefinden und die persönliche Entwicklung stärken – aber dies setzt gesundheitsgerechte Arbeits- und Familienwelten voraus» (RESCH 2002, 2f.).

7.8 Konsequenzen für die betriebliche Gesundheitsförderung (BGF)[12]

In ihrer Erklärung von 1946 definierte die Weltgesundheitsorganisation (WHO) Gesundheit als einen «Zustand vollkommenen körperlichen, psychischen und sozialen Wohlbefindens und nicht allein das Fehlen von Krankheit und Gebrechen». Die «neue» Definition von 1987 lautete: «Gesundheit ist die Fähigkeit und Motivation, ein wirtschaftlich und sozial aktives Leben zu führen». Hier wird eine Veränderung in der Auffassung von Gesundheit erkennbar, die auch für die Gesundheitsförderung von Bedeutung ist. In der sogenannten «Ottawa-Charta» wird der Organisation der Arbeit und der Gestaltung der Arbeitsbedingungen ein besonderer Stellenwert zugeschrieben (vgl. Kasten 7.18).

---

[12] Eine handbuchartige Darstellung arbeitspsychologischer Perspektiven des betrieblichen Gesundheitsmanagements findet sich bei ULICH und WÜLSER (2010).

> **Kasten 7.18:** Auszug aus der Ottawa-Charta der Weltgesundheitsorganisation 1986
>
> «Gesundheitsförderung zielt auf einen Prozess, allen Menschen ein höheres Mass an Selbstbestimmung über ihre Lebensumstände und Umwelt zu ermöglichen und sie damit zur Stärkung ihrer Gesundheit zu befähigen ... Menschen können ihr Gesundheitspotential nur dann entfalten, wenn sie auf die Faktoren, die ihre Gesundheit beeinflussen, auch Einfluss nehmen können ...
> Die Art und Weise, wie eine Gesellschaft die Arbeit und die Arbeitsbedingungen organisiert, sollte eine Quelle der Gesundheit und nicht der Krankheit sein. Gesundheitsförderung schafft sichere, anregende, befriedigende und angenehme Arbeits- und Lebensbedingungen.»

Eine damit übereinstimmende Position findet sich auch in der Barcelona-Deklaration des Europäischen Netzwerks für betriebliche Gesundheitsförderung:
«Die Arbeitswelt und die Art, wie das Arbeitsleben in unseren Gesellschaften heutzutage organisiert ist, sind ein wesentlicher, vielleicht sogar der stärkste einzelne Bestimmungsfaktor für Gesundheit» (ENWHP 2002).[13]

Damit wird deutlich, dass die Weltgesundheitsorganisation ebenso wie das ENWHP die in den Arbeits- und Sozialwissenschaften gefundenen Beziehungen zwischen der Qualität des Arbeitslebens und der allgemeinen Lebensqualität in ihre Konzeption von Gesundheit integriert hat. In der Kopenhagen-Konferenz (1991) wurde schliesslich als WHO-Ziel 25 zur Gesundheit der arbeitenden Bevölkerung formuliert: «Bis zum Jahr 2000 sollte sich in allen Mitgliedstaaten durch Schaffung gesünderer Arbeitsbedingungen, Einschränkung der arbeitsbedingten Krankheiten und Verletzungen sowie durch die Förderung des Wohlbefindens der arbeitenden Bevölkerung der Gesundheitszustand der Arbeitnehmer verbessert haben.»

Dieses Ziel ist offensichtlich nicht erreicht worden. Zwar ist eine deutliche Reduzierung der Ausfallzeiten und -kosten aufgrund arbeitsbedingten Un-

---

[13] ENWHP = European Network Workplace Health Promotion

7.8 Betriebliche Gesundheitsförderung

fallgeschehens zu verzeichnen; hier haben sich positive Konsequenzen von Arbeitsschutzmassnahmen ebenso bemerkbar gemacht wie der Wegfall unfallträchtiger Einrichtungen als Folge technologischer Entwicklungen. Nicht in der wünschenswerten Weise verbessert hat sich offenbar aber das Bild hinsichtlich der arbeitsbedingten Erkrankungen. Dies lässt sich zunächst an einigen Kostengrössen ablesen.

7.8.1 Zu den Kosten arbeitsbedingter Erkrankungen

Eine Reihe neuerer Untersuchungen belegt, dass krankheitsbedingte Abwesenheit für die Unternehmen nicht nur organisatorische Probleme, sondern auch erhebliche Kosten verursachen kann. Der Anteil arbeitsbedingter Erkrankungen an den gesamten Erkrankungen wird auf 30 bis 40 Prozent geschätzt. Damit wird deutlich, dass arbeitsbedingte Erkrankungen – und natürlich auch Unfälle – nicht nur ein individuelles, familiäres oder betriebliches Problem darstellen, sondern auch bei den volkswirtschaftlichen Kosten zu thematisieren sind.

Die Entwicklung der volkswirtschaftlichen Kosten in Deutschland von 2001 bis 2007 ist in Tabelle 7.5 (vgl. S. 536) zusammengefasst. Bei der Analyse der Daten fällt auf, dass die Anzahl der krankheits- bzw. unfallbedingten Abwesenheitstage in diesem Zeitraum deutlich zurückgegangen ist. Dies hängt nicht zuletzt damit zusammen, dass die Anzahl der Abwesenheitstage pro Abwesenheitsfall im gleichen Zeitraum um 2.4 Tage abgenommen hat.

Tabelle 7.6 (siehe S. 537) zeigt die Verteilung der geschätzten volkswirtschaftlichen Ausfälle auf Diagnosegruppen für das Jahr 2007. «Da die Schätzung mit stark gerundeten Werten erfolgt, sind Rundungsfehler und Differenzen in der Spaltensummierung teilweise nicht zu vermeiden» (BAuA 2007, 1).

Die in der Diagnosegruppe «Krankheiten der Muskeln, des Skeletts und des Bindegewebes» registrierten AU-Tage stehen nach wie vor an der Spitze der Nennungen. Allerdings ist gerade hier auch eine deutliche Abnahme erkennbar: von 140.3 Mio. 2001 (27.6%) über 134.5 Mio. 2002 (27.4%),

Tabelle 7.5: Krankheits- bzw. unfallbedingte Abwesenheitstage und volkswirtschaftliche Kosten von 2001 bis 2007 in Deutschland (aus Angaben der Bundesanstalt für Arbeitsschutz und Arbeitsmedizin [BAuA] und Mitteilungen der Bundesregierung)

Jahr	Abhängig Beschäftigte in Mio.	Krankheits- bzw. unfallbedingte Abwesenheitstage in Mio.	Durchschnittliche Abwesenheit pro Person in Tagen	Produktionsausfall in Mrd. Euro	Ausfall an Bruttowertschöpfung in Mrd. Euro
2001	34.80	508.00	14.60	45.00	70.75
2002	34.60	491.05	14.20	44.15	69.53
2003	34.10	467.00	13.70	42.50	66.40
2004	34.70	440.10	12.70	40.00	70.00
2005	34.50	420.50	12.20	37.80	66.50
2006	34.69	401.4	11.6	36.0	65.0
2007	35.31	437.7	12.4	40.0	73.0

116.5 Mio. 2003 (24.9%) und 107.2 Mio. 2004 (24.4%) auf 97.8 Mio. AU-Tage 2005 (23.3%), mit einem leichten Anstieg 2007 auf 103.6 Mio. Tage (23.7%). Der darauf zurückzuführende Produktionsausfall wurde 2007 auf 9.5 Mrd. Euro geschätzt, der Ausfall an Bruttowertschöpfung auf 0.7 Prozent.

Eine weitergehende Analyse zeigt, dass die auf die Diagnosegruppe «Psychische und Verhaltensstörungen» (früher: psychiatrische Störungen) entfallenden Abwesenheitstage im Zeitraum zwischen 2001 und 2007 deutlich zugenommen haben (vgl. Tabelle 7.7, S. 538). Ihr Anteil der AU-Tage nahm in dieser Zeit von 6.6 auf 10.9 Prozent zu.

7.8 Betriebliche Gesundheitsförderung

Tabelle 7.6: Produktionsausfall und Ausfall an Bruttowertschöpfung nach Diagnosegruppen in Deutschland 2007 (aus: BAUA 2007)

Diagnosegruppe ICD-10		AU-Tage		Produktionsausfall		Ausfall an Bruttowertschöpfung	
		in Mio.	in %	Mrd. EUR	Anteil BNE* in %	Mrd. EUR	Anteil BNE* in %
V	Psychische und Verhaltensstörungen	47.9	10.9	4.4	0.2	8.0	0.3
IX	Krankheiten des Kreislaufsystems	26.8	6.1	2.4	0.1	4.5	0.2
X	Krankheiten des Atmungssystems	58.8	13.4	5.4	0.2	9.8	0.4
XI	Krankheiten des Verdauungssystems	28.1	6.4	2.6	0.1	4.7	0.2
XIII	Krankheiten des Muskel-Skelett-Systems und des Bindegewebes	103.6	23.7	9.5	0.4	17.3	0.7
XIX	Verletzungen, Vergiftungen	54.4	12.4	5.0	0.2	9.1	0.4
	Übrige Krankheiten	118.2	27.0	10.8	0.5	19.7	0.8
I-XXI	Alle Diagnosegruppen	437.7	100.0	40.0	1.7	73.0	3.0

«Der deutlich erkennbare Trend ist nicht unerwartet: Die psychischen Belastungen am Arbeitsplatz nehmen relativ und absolut zu. Ihre Auswirkungen auf die Gesellschaft und die Unternehmen sind bereits heute auf dem Sprung, alle anderen wirtschaftlichen Belastungen hinsichtlich Sicherheit und Gesundheit in den Schatten zu stellen» (THIEHOFF 2004, 62). Zu den von anderen Autoren genannten Ursachen für psychische Belastungen gehören z.B. flexible Arbeitszeiten ohne Möglichkeit der Mitwirkung an deren Festlegung und daraus resultierend mangelnde Planbarkeit (FRIELING et al. 2004), prekäre Arbeitsverhältnisse wie Leiharbeit und Zeitarbeit, mangelnde Wertschätzung und defizitäres Führungsverhalten (RIXGENS 2008).

Tabelle 7.7: Krankheits- bzw. unfallbedingte Abwesenheitstage und volkswirtschaftliche Kosten, bezogen auf die Diagnosegruppe «Psychische und Verhaltensstörungen» von 2001 bis 2007 in Deutschland (aus Angaben der BAuA und Mitteilungen der Bundesregierung)

Jahr	ICD 10/V AU-Tage in Mio.	CD 10/V in % aller AU-Tage	Produktionsausfall in Mrd. Euro	Ausfall an Bruttowertschöpfung in Mrd. Euro
2001	33.60	6.6	2.96	4.66
2002	34.37	7.0	3.09	4.87
2003	45.54	9.7	4.14	6.46
2004	46.30	10.5	4.20	7.40
2005	44.10	10.5	4.00	7.00
2006	42.6	10.6	3.8	6.9
2007	47.9	10.9	4.4	8.0

«Obwohl sich der Rückgang des Krankheitsstandes insgesamt fortsetzt, steigt das Ausmaß der Arbeitsunfähigkeit aufgrund psychischer Erkrankungen an. Ein systematischer Vergleich der aktuellen AU-Reporte der AOK, BARMER, BKK, DAK, IKK und TK hinsichtlich psychischer Störungen liefert einen Überblick zu deren Entwicklung und Bedeutung im Krankenstand. Trotz unterschiedlicher Versichertenklientel sowie verschiedener Methoden in der Datenberechnung und -darstellung lassen sich ähnliche Trends in Bezug auf die Gesamtzunahme, Einzeldiagnosen und verschiedene Versichertengruppen ausmachen» (LADEMANN, MERTESACKER und GEBHARDT 2006, 123).

Die hier wiedergegebenen Ergebnisse werfen allerdings auch die Frage auf, ob es sich bei der deutlichen Abnahme der Muskel- und Skelett-Erkrankungen und der massiven Zunahme der AU-Fälle in der Kategorie «Psychische

7.8 Betriebliche Gesundheitsförderung

und Verhaltensstörungen» in relativ kurzer Zeit zumindest teilweise um ein Artefakt besonderer Art (ULICH 2008) bzw. eine veränderte «Diagnosepraxis» (WIELAND 2009) handelt. So ist einerseits vorstellbar, dass die Bereitschaft und Fähigkeit, eine psychische Störung als solche zu diagnostizieren, sich bei Ärztinnen und Ärzten verändert hat. Dementsprechend heißt es auch in einem DAK-Report aufgrund einer Expertenbefragung: «Die Mehrheit der Fachleute kommt zu dem Schluss, dass es tatsächlich mehr Fälle gibt. Für wichtig halten sie aber auch, dass psychische Erkrankungen von den Hausärzten häufiger entdeckt bzw. richtig diagnostiziert werden» (o.V., 10). Ähnlich heisst es auch im österreichischen Fehlzeitenreport 2008: «Einerseits ist davon auszugehen, dass sich im Zeitverlauf die Bereitschaft der Ärzte, gesundheitliche Probleme dem psychischen Bereich zuzuschreiben, tendenziell erhöht hat. Andererseits werden vermutlich zahlreiche Krankenstände, die mitunter auch eine psychische Ursache haben, aufgrund ihrer Symptomatik bei der Diagnoseerfassung anderen Krankheitsgruppen zugeschrieben» (LEONI und MAHRINGER 2008, 60). Schliesslich könnte sich aber auch bei Patientinnen und Patienten die Bereitschaft verändert haben, wegen psychischer Probleme eine zuständige Instanz aufzusuchen und eine entsprechende Diagnose zu akzeptieren.
Tatsächlich zeigt auch eine früher von BÖDEKER et al. vorgenommene diagnosenspezifische Zuordnung überraschende Ergebnisse (vgl. Abbildung 7.9, S. 540).

BADURA und HEHLMANN (2003) machten zusätzlich darauf aufmerksam, dass sich die im vergangenen Jahrzehnt feststellbare Intensivierung der Arbeit nicht nur in einer deutlichen Zunahme der durch psychische Störungen bedingten Arbeitsunfähigkeit bemerkbar gemacht habe. «Bemerkenswert ist neben der stetigen Zunahme psychisch bedingter Arbeitsunfähigkeit – unabhängig von der Alters- und Geschlechterstruktur der Bevölkerung – die hohe fallbezogene Krankheitsdauer. Dauerte im Jahr 2000 ein Krankenhausfall im Mittel aller Diagnosen 10.3 Tage, waren es bei den psychischen Störungen 27.4 Tage ...» (BADURA und HEHLMANN 2003, 65). Nicht zuletzt deshalb haben sich wohl die gesetzlichen Krankenkassen in Deutschland auf die «Reduktion von Psychischen und Verhaltensstörungen als Präventionsziel» (BÖDEKER 2008) verständigt.

Psychische Belastungen

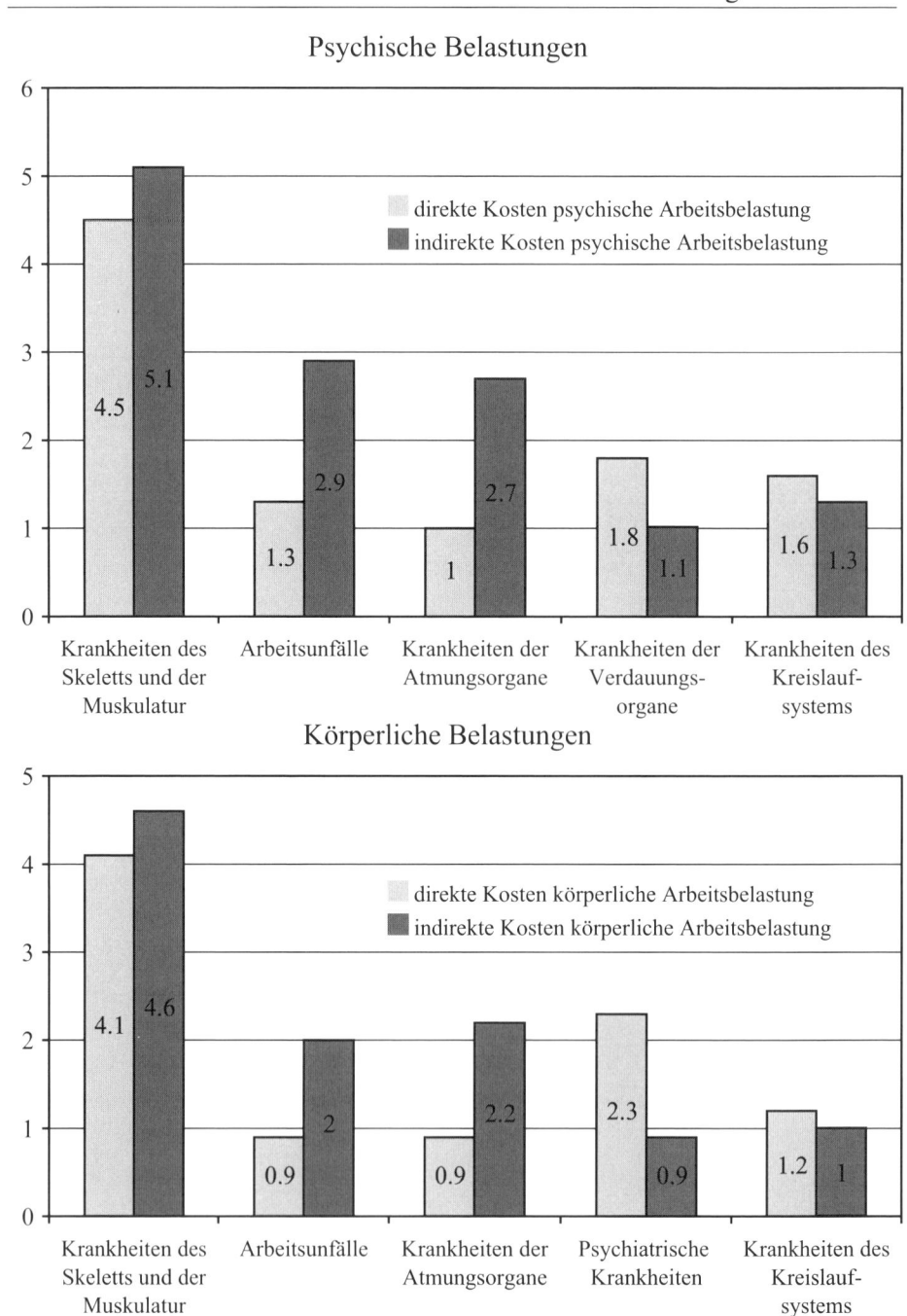

[Balkendiagramm mit folgenden Werten:]

- Krankheiten des Skeletts und der Muskulatur: direkt 4.5, indirekt 5.1
- Arbeitsunfälle: direkt 1.3, indirekt 2.9
- Krankheiten der Atmungsorgane: direkt 1, indirekt 2.7
- Krankheiten der Verdauungsorgane: direkt 1.8, indirekt 1.1
- Krankheiten des Kreislaufsystems: direkt 1.6, indirekt 1.3

Legende: direkte Kosten psychische Arbeitsbelastung / indirekte Kosten psychische Arbeitsbelastung

Körperliche Belastungen

[Balkendiagramm mit folgenden Werten:]

- Krankheiten des Skeletts und der Muskulatur: direkt 4.1, indirekt 4.6
- Arbeitsunfälle: direkt 0.9, indirekt 2
- Krankheiten der Atmungsorgane: direkt 0.9, indirekt 2.2
- Psychiatrische Krankheiten: direkt 2.3, indirekt 0.9
- Krankheiten des Kreislaufsystems: direkt 1.2, indirekt 1

Legende: direkte Kosten körperliche Arbeitsbelastung / indirekte Kosten körperliche Arbeitsbelastung

Abbildung 7.9: Diagnosenspezifische direkte und indirekte Kosten arbeitsbedingter Erkrankungen aufgrund psychischer und physischer Belastungen in Deutschland in Mrd. Euro (aus BÖDEKER et al. 2002)

7.8 Betriebliche Gesundheitsförderung

Bemerkenswert sind schließlich Ergebnisse des im Jahr 2005 unter Einbezug einer für die EU 27 und vier weitere Länder für die erwerbstätige Bevölkerung repräsentativen Stichprobe durchgeführten vierten «European Work Conditions Survey» (EUROFOUND 2007), die zeigen, dass Muskel-Skelett-Beschwerden – musculoskeletal disorders (MSDs) – «related to stress and work overload are increasing» (EUROPEAN FOUNDATION 2007, 2). Ein Ausschnitt aus den Zusammenhängen zwischen Stress und MSDs ist in Tabelle 7.8 dargestellt.

Tabelle 7.8: Rücken- und Muskelschmerzen in Abhängigkeit von berichtetem Stress für 2005 (EUROPEAN FOUNDATION 2007, 59) – Angaben in %

Angaben zu Stress	Rückenschmerzen	Muskelschmerzen
Kein Stress	11.2	9.1
Stress	71.1	68.4
Total	25.6	23.8

«In ganz Europa bilden Beschwerden am Muskel-Skelett-System die bei Weitem am häufigsten genannten arbeitsbedingten Erkrankungen, und die Zahl der Belege dafür, dass zwischen Stress und Muskel- und Skelett-Erkrankungen ein enger Zusammenhang besteht, nimmt zu» (RISO 2007, 4).

Nach Expertenschätzungen sind 30 bis 40 Prozent der Arbeitsunfähigkeitszeiten durch Präventionsmassnahmen vermeidbar (THIEHOFF 2002). Aber es kann natürlich nicht allein die betriebs- oder volkswirtschaftliche Kalkulation sein, die betriebliche Gesundheitsförderung zum bedeutsamen Thema macht. Vielmehr wird erkennbar, dass Gesundheit und Lebensqualität vieler Menschen auch in den entwickelten Industrieländern zunehmend Anlass zur Sorge geben (vgl. Kasten 7.19).

Kasten 7.19: Zunehmende Unsicherheiten als Folge gesellschaftlicher Veränderungen (aus EXPERTENKOMMISSION 2004, S. 30)

«Globalisierung und der Strukturwandel in Richtung wissensintensiver Dienstleistungsberufe erhöhen in vielen Fällen den Zeitdruck, die Komplexität der Arbeit und die Verantwortung der Beschäftigten. Das Tempo des sozioökonomischen Wandels hat deutlich zugenommen. Sicherheit und Berechenbarkeit der Markt- und Arbeitsverhältnisse haben zugleich spürbar abgenommen. Die ökonomischen Veränderungen und anhaltenden Restrukturierungsprozesse in den Unternehmen führen häufig zu einer Intensivierung der Arbeit und einer Verstärkung von Unsicherheit, Ängsten, Misstrauen und Hilflosigkeitsgefühlen sowie Angst vor Arbeitslosigkeit unter den Beschäftigten mit möglichen Auswirkungen auf ihre Gesundheit und Leistungsfähigkeit und damit auf die Produktivität der Unternehmen und die Qualität ihrer Produkte und Dienstleistungen (RANTANEN 2001, ...).»

In seiner knappen Übersicht über «Die aktuelle Lage» kam LEVI (2002, 11) ebenfalls zu Schlussfolgerungen, die in aller Deutlichkeit zeigen, dass die Verbesserung der Gesundheit zu einem der vordringlichen Ziele der Wirtschafts- und Gesellschaftspolitik werden muss: «Anhaltender Stress am Arbeitsplatz ist ein wesentlicher Faktor für das Auftreten von *depressiven Verstimmungen*. Diese Störungen stehen bei der weltweiten Krankheitsbelastung (global disease burden) an vierter Stelle. Bis 2020 rechnet man damit, dass sie nach den ischämischen Herzerkrankungen vor allen anderen Krankheiten auf dem zweiten Platz stehen werden (WELTGESUNDHEITSORGANISATION 2001).»

Zu den Ursachen für die von LEVI skizzierte Entwicklung gehört die deutlich erkennbare Zunahme prekärer Beschäftigungsverhältnisse.

7.8.2 Gesundheitliche Auswirkungen prekärer Beschäftigungsverhältnisse

Zu den prekären Beschäftigungsverhältnissen werden z.B. Leih- und Zeitarbeit, Saisonarbeit oder Arbeit auf Abruf gezählt. Zu den prekären Beschäf-

7.8 Betriebliche Gesundheitsförderung

tigungsverhältnissen sind aber auch bestimmte Formen der Flexibilisierung und Entgrenzung von Arbeitszeiten zu rechnen. Über mögliche gesundheitliche Folgen haben JANßEN und NACHREINER (2005) aufgrund eigener Untersuchungen (JANßEN und NACHREINER 2004) berichtet.
«Bei hoher Variabilität der Arbeitszeiten, und insbesondere bei gleichzeitigem fehlenden Einfluss der Arbeitnehmer, kommt es zu ähnlichen Formen der Beeinträchtigung der Gesundheit und des sozialen Zusammenlebens wie bei Schichtarbeitern. Sind flexible Arbeitszeitmodelle geprägt durch ... hochvariable, nicht selbst bestimmte und unverlässliche Arbeitszeiten, kumulieren sich die berichteten Beeinträchtigungen sowohl im psychosozialen wie im gesundheitlichen Bereich. Besonders im Bereich der Schlafstörungen und der gastrointestinalen Beschwerden konnten hier deutliche negative Effekte gefunden werden; Beschwerdebilder, wie sie aus der Schichtarbeitsforschung hinlänglich bekannt sind» (JANßEN und NACHREINER 2005, 305ff.). Dabei spielt «die Häufigkeit des Auftretens unkontrollierbarer (kurzfristiger) Veränderungen der geplanten Arbeitszeiten tatsächlich eine entscheidende Rolle» (a.a.O., S. 306).

Prekarität entsteht aber auch durch innerbetriebliche Segmentierung in Kern- und Randbelegschaften, in «good jobs» und «bad jobs» oder durch eine Segmentierung des Arbeitsmarktes in «Jüngere» und «Ältere». Dies gilt nicht zuletzt auch für den Dienstleistungsbereich (REICK & KASTNER 2001).
Der erkennbare Trend zur *Segmentierung der Belegschaften* in fest angestellte und bei Bedarf zusätzlich herangezogene Mitarbeiterinnen und Mitarbeiter führt in zahlreichen Fällen zu einer erheblichen Verunsicherung der Beschäftigten mit zum Teil weitreichenden Folgen. GRIFFITHS und ZIGLIO (1999) haben die bis dahin vorliegenden Erkenntnisse zusammengefasst (vgl. Kasten 7.20).

Kasten 7.20: Mögliche Folgen betrieblicher Segmentierung (aus GRIFFITHS & ZIGLIO 1999, 242ff.)

«Many organizations see advantages in the move towards developing an ever more flexible work force, with a number of staff on temporary or fixed-term contracts, but what is the cost? ... We see that, for individuals, job insecurity is a largely private world of experience, with direct implications for their health and wellbeing. These effects include

> increases in blood pressure, problems with sleeping, possible increased consumption of tobacco and alcohol, and increased psychiatric morbidity in the short term. Many of these are also risk factors for the development of long-term degenerative disease.
>
> The effects on families and other dependants often have more immediate impact. Job insecurity can considerably increase pressure in the family realm ... when parents are faced with change but lack adequate coping skills, the impact on their children can be negative and long lasting ... One of the expectations that many parents have is to give their children the best possible start in life. Job insecurity, however, militates against this, thus further increasing the tensions within families ...
>
> Stress, particularly that arising as a consequence of job insecurity, is an issue that organizations cannot afford to ignore.»

Insofern ist es durchaus folgerichtig, dass die Kommission der Europäischen Gemeinschaft bei der Skizzierung ihrer neuen «Gemeinschaftsstrategie für Gesundheit und Sicherheit am Arbeitsplatz 2002–2006» eine «Berücksichtigung des Wandels bei den Beschäftigungsformen und den Modalitäten der Arbeitsorganisation und der Arbeitszeitgestaltung» postuliert und die «Arbeitnehmer mit atypischen oder unsicheren Arbeitsverhältnissen ... als besonders sensible Gruppe» benennt (a.a.O., S. 9).

Damit gewinnt auch die von NEFIODOW vorgelegte Zukunftsprojektion an Bedeutung. Seine Auseinandersetzung mit den langen Wellen der Konjunktur, den sogenannten Kondratieffzyklen (KONDRATIEFF 1926), führt nämlich zu dem Ergebnis, dass der gemeinsame Nenner des sechsten Kondratieff durch «Gesundheit im ganzheitlichen Sinn» zu kennzeichnen ist. Nach NEFIODOW (2000, 136), der sich an den von der Weltgesundheitsorganisation formulierten Gesundheitskriterien orientiert, fehlt es für die Weiterentwicklung von Wirtschaft und Gesellschaft «... vor allem an psychosozialer Gesundheit. Die grösste Wachstumsbarriere am Ende des fünften Kondratieff sind die hohen Kosten der sozialen Entropie ...» (vgl. Abbildung 7.10).

Die hier skizzierten Entwicklungen zeigen im Übrigen, dass ein betriebliches Gesundheitsmanagement sich nicht mehr nur auf den Arbeitsschutz beschränken kann, so wichtig dieser im Sinne der Gefährdungsvermeidung selbstverständlich nach wie vor ist.

7.8 Betriebliche Gesundheitsförderung 545

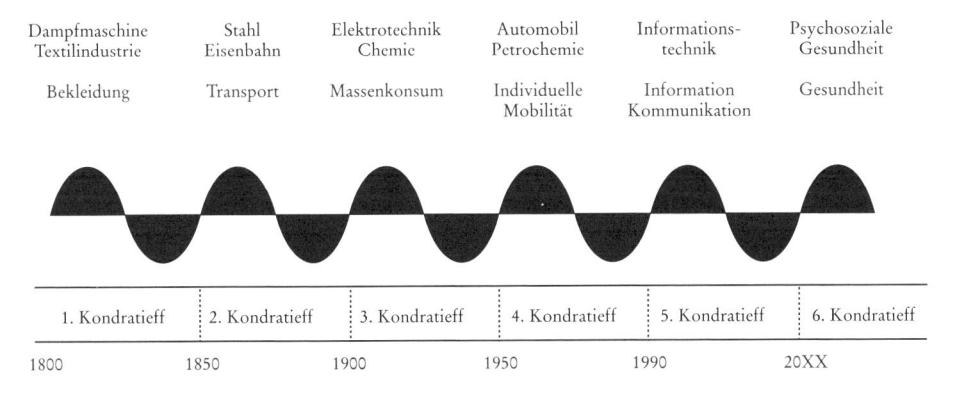

Dampfmaschine Textilindustrie	Stahl Eisenbahn	Elektrotechnik Chemie	Automobil Petrochemie	Informations- technik	Psychosoziale Gesundheit
Bekleidung	Transport	Massenkonsum	Individuelle Mobilität	Information Kommunikation	Gesundheit

| 1. Kondratieff | 2. Kondratieff | 3. Kondratieff | 4. Kondratieff | 5. Kondratieff | 6. Kondratieff |
| 1800 | 1850 | 1900 | 1950 | 1990 | 20XX |

Abbildung 7.10: Basisinnovationen und ihre wichtigsten Anwendungsfelder (aus: NEFIODOW 2000, 132)

7.8.3 Arbeitsschutz und Gesundheitsförderung

Hier wird die Position vertreten, dass Arbeitsschutz und Gesundheitsförderung gemeinsam Bestandteile eines betrieblichen Gesundheitsmanagements sein müssen. Insofern sind die auch in den Tabellen 7.9 und 7.10 enthaltenen Gegenüberstellungen akzentuierend zu verstehen und nicht einander ausschliessend. Immerhin heisst es ja auch in § 4 des Deutschen Arbeitsschutzgesetzes: «Massnahmen sind mit dem Ziel zu planen, Technik, Arbeitsorganisation, sonstige Arbeitsbedingungen, soziale Beziehungen und Einfluss der Umwelt auf den Arbeitsplatz zu verknüpfen» und dabei «gesicherte arbeitswissenschaftliche Erkenntnisse zu berücksichtigen».

Eine ganzheitliche Konzeption betrieblichen Gesundheitsmanagements mit einer Integration verhaltens- und verhältnisorientierter Massnahmen findet sich als Postulat übrigens auch in der Luxemburger Deklaration des Europäischen Netzwerks für betriebliche Gesundheitsförderung (vgl. Kasten 7.21, S. 546).

7.8.4 Gesundheitsförderung und Arbeitsgestaltung

Obwohl die Bedeutung der bedingungsbezogenen Interventionen, d.h. der Veränderung der Verhältnisse, insbesondere durch Massnahmen der Arbeitsgestaltung, neuerdings immer wieder betont wird, liegt der Schwerpunkt betrieblicher Gesundheitsförderungsaktivitäten nach wie vor bei den personbezogenen Interventionen, d.h. bei der Veränderung des Verhaltens (vgl. BREUCKER 2000; BUSCH 1998; BUSCH, HUBER & THEMESSL 1998; SCHWAGER & UDRIS 1998). So zeigt auch eine Analyse der Berichte von 101 österreichischen Unternehmen über ‹Modellprojekte› zur Gesundheitsförderung, «dass Maßnahmen, die auf einzelne Personen zielen, mehr als doppelt so häufig praktiziert werden (413 Maßnahmen) wie solche, die auf eine Verbesserung struktureller Rahmenbedingungen in den Betrieben ausgerichtet sind (168 Maßnahmen)» (BRANDL, KUGLER und VON ECKARDSTEIN 2008, 231).

Kasten 7.21: Die Luxemburger Deklaration – BGF-Leitlinien (1997)

1. Partizipation
Die gesamte Belegschaft muss einbezogen werden.

2. Integration
BGF muss bei allen wichtigen Entscheidungen und in allen Unternehmensbereichen berücksichtigt werden.

3. Projektmanagement
Alle Massnahmen und Programme müssen systematisch durchgeführt werden: Bedarfsanalyse, Prioritätensetzung, Planung, Ausführung, kontinuierliche Kontrolle und Bewertung der Ergebnisse.

4. Ganzheitlichkeit
BGF beinhaltet sowohl verhaltens- als auch verhältnisorientierte Massnahmen. Sie verbindet den Ansatz der Risikoreduktion mit dem des Ausbaus von Schutzfaktoren und Gesundheitspotenzialen.

Tatsächlich zeigen manche dieser verhaltensorientierten Interventionen ohne Änderung der Bedingungen nur geringfügige oder wenig nachhaltige Effekte. So bleiben etwa bei betrieblichen Stressmanagementtrainings «wesentliche Elemente von Stress am Arbeitsplatz ausgeklammert: Stressoren und eine mögliche Reduzierung von Stressoren werden vernachlässigt. Ferner

7.8 Betriebliche Gesundheitsförderung

Tabelle 7.9: Betrieblicher Arbeitsschutz und Betriebliche Gesundheitsförderung in idealtypischer Gegenüberstellung

	Betrieblicher Arbeitsschutz	**Betriebliche Gesundheitsförderung**
Betrachtung des Menschen als ...	... schutzbedürftiges Wesen → Defizitmodell → schwächenorientiert → pathogenetisches Grundverständnis	... autonom handelndes Subjekt → Potenzialmodell → stärkenorientiert → salutogenetisches Grundverständnis
Aufgaben/Ziele verhältnisorientiert	Vermeiden bzw. Beseitigen gesundheitsgefährdender Arbeitsbedingungen und Belastungen → Schutzperspektive → belastungsorientiert	Schaffen bzw. Erhalten gesundheitsförderlicher Arbeitsbedingungen und Kompetenzen → Entwicklungsperspektive → ressourcenorientiert
Aufgaben/Ziele verhaltensorientiert	Erkennen und adäquates Handeln in gefährlichen Situationen → Wahrnehmen von Gefahren	Erkennen und Nutzen von Handlungs- und Gestaltungsspielräumen → Wahrnehmen von Chancen

werden die Möglichkeiten von Stressmanagementinterventionen, die nicht das Individuum, sondern Merkmale des Arbeitsplatzes oder der Organisation betreffen ... weitgehend ignoriert» (BAMBERG und BUSCH 1996, 127).

Ähnliches gilt offenbar für die sogenannten Rückenschulen, die häufig nicht zu einer längerfristigen Beschwerdenminderung führen (LENHARDT, ELKELES und ROSENBROCK 1997). Auch hier gilt: «Vor allem durch struktur- oder verhältnisbezogene betriebliche Interventionsansätze lässt sich ein beträchtliches präventives Potenzial im Bereich der Rückenschmerzen und anderer Erkrankungen des Bewegungs- und Stützapparates erschliessen» (a.a.O., S. 135).

Wenn auch davon auszugehen ist, dass sich Verhaltens- und Verhältnisorientierung zumindest teilweise wechselseitig bedingen (vgl. dazu GREINER 1998), so gilt doch, dass «in der Sachlogik ... Verhaltensprävention der Verhältnisprävention stets nachgeordnet bleibt» (KLOTTER 1999, 43). Unabhängig davon sind die in der österreichischen Norm ÖNORM D 4000 für Anforderungen an Interventionen festgelegten Standards zu berücksichtigen wie etwa die Forderungen, dass eine Intervention «auf einer fundierten Theorie (d.h. auf wissenschaftlichen empirischen Kriterien) basieren», die Wirkung «empirisch überprüfbar» sowie «frei von negativen oder schädlichen Neben- und Folgewirkungen sein» muss (FACHNORMENAUSSCHUSS 2005, 3).

Eine Gegenüberstellung möglicher Massnahmen und Wirkungen findet sich in Tabelle 7.10.

Tabelle 7.10: Betriebliche Gesundheitsförderung: personbezogene und bedingungsbezogene Interventionen

	Betriebliche Gesundheitsförderung	
	Personbezogene Interventionen = **verhaltensorientiert**	**Bedingungsbezogene Interventionen** = **verhältnisorientiert**
bezogen auf	einzelne Personen → individuumsorientiert	Arbeitssysteme und Personengruppen → strukturorientiert
Beispiele für Massnahmen	Rückenschule, Stress-immunisierungstraining	vollständige Aufgaben, Gruppenarbeit, Arbeitszeitgestaltung
Wirkungsebene	individuelles Verhalten	organisationales, soziales und individuelles Verhalten
personbezogene Effekte	Gesundheit, Leistungsfähigkeit	positives Selbstwertgefühl, Kompetenz, Kohärenzerleben, Selbstwirksamkeit, Internale Kontrolle, Motivation, Gesundheit, Leistungsfähigkeit
wirtschaftliche Effekte	Reduzierung krankheitsbedingter Fehlzeiten	Verbesserung von Produktivität, Qualität, Flexibilität und Innovationsfähigkeit, geringere Fehlzeiten und Fluktuation
Effektdauer	kurz- bis mittelfristig	mittel- bis langfristig

Am Beispiel der *Muskel- und Skeletterkrankungen* lässt sich die Bedeutung betrieblicher Arbeitsgestaltung exemplarisch aufzeigen.[14] Diese Erkran-

---

[14] WIELAND und MEIERJÜRGEN (2005, 117) haben gezeigt, dass Muskel-Skelett-Erkrankungen mit zunehmendem Alter zunehmen: «Von 10.4% in der jüngsten Altersgruppe bis auf einen Anteil von 27.9% in der Gruppe der Ältesten (60–64 Jahre.)»

7.8 Betriebliche Gesundheitsförderung

kungsformen stehen in Deutschland an erster Stelle der Ursachen für krankheitsbedingte Fehltage (vgl. BAUA 2003; KÜSGENS, VETTER & YOLDAS 2002; THIEHOFF 2002; VETTER, DIETERICH & ACKER 2001). Gründe dafür sind einerseits in Bewegungsmangel und lang andauernder einseitiger körperlicher Belastung zu suchen, wie sie in zahlreichen Fällen, etwa bei Bildschirmarbeit, vorzufinden sind. Andererseits spielen in diesem Zusammenhang offensichtlich auch Merkmale wie Aufgabenvollständigkeit und Tätigkeitsspielraum eine bedeutsame Rolle, während etwa die sogenannten Rückenschulen – ohne eine Änderung der Verhältnisse, d.h. konkret der Arbeitsstrukturen – häufig nicht zu einer längerfristigen Beschwerdeminderung führen (LENHARDT, ELKELES & ROSENBROCK 1997).

Tatsächlich konnten LUNDBERG et al. (1994) in experimentellen Versuchsreihen Zusammenhänge zwischen Stress und muskulo-skeletalen Beschwerden bestätigen. Die Vermutung, dass Zeitdruck und Leistungsverdichtung mit einer deutlichen Erhöhung der bioelektrischen Aktivität der Schultermuskulatur einhergeht, wird auch durch die experimentellen Befunde von FRAUENDORF et al. (1995) gestützt. Nach den Untersuchungen von MAINTZ et al. (2000) in öffentlichen Verwaltungen gehören zu den Prädikatoren für die Zielgrösse «Schulter-Nacken-Schmerzen» geringe soziale Unterstützung, Monotonie, Zeitdruck und unzureichende Erholungspausen.[15] Und MELIN et al. (1999) fanden in einer Untersuchung von Beschäftigten, die in unterschiedlichen Produktionsstrukturen das gleiche Produkt montierten, bei der Arbeit in teilautonomen Gruppen im Vergleich zur partialisierten Arbeit von Beginn bis Ende der Schicht die günstigeren physiologischen Kennwerte und nach der Schicht die bessere Erholungsfähigkeit. PETER, GEISSLER und SIEGRIST (1998) schliesslich konnten in einem Unternehmen des Öffentlichen Personennahverkehrs zeigen, dass sogenannte Gratifikationskrisen (vgl. Abschnitt 7.8.6) mit einer eindeutigen Zunahme von Muskel-Skelett-Beschwerden, Magen-Darmstörungen sowie Symptomen von Müdigkeit und Schlafstörungen korreliert sind.

Hinweise wie diese zeigen, dass eine ungenügende Ausprägung der Merkmale persönlichkeitsförderlicher und Aufgabenorientierung bewirkender

---

[15] Aus diesen Untersuchungen geht im Übrigen hervor, dass weibliche Beschäftigte nicht nur bei repetitiven Tätigkeiten hohe Beschwerderaten angaben, sondern auch in der Tätigkeitsgruppe Sachbearbeitung doppelt so hohe Beschwerderaten wie die männlichen Beschäftigten in der gleichen Tätigkeitsgruppe.

Aufgabengestaltung im Umkehrschluss eine Gefährdung der Gesundheit bebedeuten kann. Dies gilt selbstverständlich nicht nur für die angesprochenen Muskel- und Skeletterkrankungen, sondern beispielsweise auch für den Umgang mit potenziellen betrieblichen Stressoren (vgl. ZAPF & SEMMER 2003). So findet sich schon bei ELKIN und ROSCH (1990) als erste der «strategies to reduce workplace stressors» die Angabe «redesign the task», im Folgenden dann auch «provide social support and feedback» (vgl. Tabelle 7.11). Und COOPER (1996) nennt unter den «aspects of primary prevention» in Bezug auf Stress als erstes «Job content and work scheduling». Schliesslich findet sich unter den Schlussfolgerungen und Empfehlungen des INSTITUTE FOR HEALTH AND PRODUCTIVE MANAGEMENT (2001) als erstes die Aufforderung «Develop healthy organisational cultures in which people experience greater personal control in how they do their work». Und bei SOCKOLL, KRAMER und BÖDEKER (2008, 32) heisst es: «Stressmanagementinterventionen, die sich ausschließlich auf den Einzelnen konzentrieren – ohne eine Reduzierung der Stress verursachenden Quellen – werden von begrenzter Wirkung sein ... Individuelle Stressinterventionen mindern zwar die Symptome, aber wirken sich meist nicht auf die Ursachen aus.»

In eigenen Untersuchungen konnten RICHTER und UHLIG (1998, 413) belegen, «daß das Erleben von Stress abhängig ist von der Aufgabengestaltung. Bei unvollständigen Aufgabenstrukturen ist das Erleben von Stress signifikant erhöht. Insbesondere für ältere Beschäftigte konnte gezeigt werden, dass eine Erweiterung des Arbeitsinhaltes auf der Dimension der sequentiell-zyklischen Vollständigkeit das Stresserleben entscheidend zu vermindern vermag».
Folgerichtig ist bei HACKER et al. (2005, 5) von einem branchen- und tätigkeitsübergreifenden Satz risikobehafteter Kombinationen die Rede, zu dem unzureichende Vollständigkeit der Aufgaben und mangelnde Vielfalt der Anforderungen ebenso gehören wie geringe Autonomie und fehlende Möglichkeiten der unterstützenden Kooperation, aber auch «widersprüchliche Aufträge ohne individuelle Lösungsmöglichkeiten» sowie Zeitdruck und qualitative Überforderung.
Innerhalb der Arbeitspsychologie besteht denn auch weitgehende Übereinstimmung dahingehend, dass die Konzepte, die ursprünglich vor allem mit der Intention, Arbeit persönlichkeitsförderlich zu gestalten formuliert worden waren, zugleich entscheidende Elemente betrieblicher Gesundheitsförderung und gesundheitsförderlicher Arbeitsgestaltung sind (ANTONI 2004, BAM-

7.8 Betriebliche Gesundheitsförderung

Tabelle 7.11: Möglichkeiten zur Stressreduktion

Strategies to reduce workplace stress (ELKIN & ROSCH, 1990)	Stress: Aspects of primary prevention (COOPER, 1996)	Conclusions and Recommendations (INSTITUTE FOR HEALTH AND PRODUCTIVE MANAGEMENT, 2001)
• Redesign the task	• Job content and work scheduling	Develop healthy organisational cultures in which people
• Redesign the work environment	• Physical working conditions	– experience greater personal control in how they do their work
• Establish flexible work schedules	• Employment terms and expectations of differing employee groups within the organization	– are rewarded for developing supportive rather than competitive relationships, and
• Encourage participative management	• Relationships at work	– are equipped with the skills to communicate effectively and manage differences among employees with high levels of trust and mutual respect
• Include the employee in career development	• Communication Systems and repeating arrangements	
• Analyse work roles and establish goals	• Supportive organizational climate	
• Provide social support and feedback		
• Build cohesive teams		

BERG, DUCKI & METZ 1998; DUCKI 2000; HACKER et al. 2000; OESTERREICH & VOLPERT 1999; RICHTER 1996; ULICH 2002, 2003; ULICH & WÜLSER 2004). Dementsprechend werden grosse Tätigkeitsspielräume, vollständige Aufgaben, hohe Anforderungen an eigenständiges Denken, Planen und Entscheiden, verbunden mit Möglichkeiten der Kommunikation und Kooperation, als wesentliche Merkmale gesundheitsgerechter Arbeitsgestaltung beschrieben (BAMBERG & METZ 1998; BÜSSING 1999b; DUCKI 2000; LEITNER 1999b; LÜDERS & PLEISS 1999; OESTERREICH 1999a).[16]

Zusammenhänge zwischen einzelnen Aufgabenmerkmalen und Krankenstand, aber auch Fluktuation und ökonomischen Erfolgsfaktoren, finden sich in einer neueren Untersuchung von DEGENER (2004) in kleinen und mittleren Unternehmen der IT-Branche (vgl. Tabelle 7.12).

Tabelle 7.12: Subjektives Erleben, ökonomischer Erfolg, Krankenstand und Fluktuation in 28 IT-Unternehmen mit 2856 Beschäftigten (Spearman-Rangkorrelationen – nach: Degener, 2004)

Erfolgskriterien	Gewinn	Umsatz	Wertschöpfung	Eigenkapitalrentabilität	Krankenstand	Fluktuation
Ganzheitlichkeit	.80	.78	.77	.78	−.82	−.82
Qualifikationsanforderungen	.74	.74	.78	.74	−.78	−.76
Qualifizierungspotenzial	.75	.73	.75	.73	−.76	−.75
Aufgabenvielfalt	.77	.78	.80	.77	−.80	−.80
Tätigkeitsspielraum	.73	.73	.77	.74	−.76	−.75
Partizipationsmöglichkeit	.72	.74	.73	.73	−.74	−.75

---

[16] Insofern war es durchaus folgerichtig, dass bei HACKER (1991) schon vor einiger Zeit von gesundheits- und persönlichkeitsfördernden Arbeitstätigkeiten die Rede war und dass RICHTER (1996, 109) postulierte: «Kern eines solchen auf Gesundheits- und Persönlichkeitsförderlichkeit ausgerichteten psychologischen Vorgehens ist die Gestaltung von Arbeitsaufgaben». Umgekehrt ist aber auch bemerkenswert, dass in einem Bericht über den Stand der Gesundheitspsychologie (HAISCH, 2000) der Betrieb als möglicher Ort der Gesundheitsförderung kaum und die Arbeitstätigkeit als potenziell gesundheitsstabilisierende oder gesundheitsfördernde Lebenstätigkeit überhaupt nicht erwähnt wird. Dies ist um so erstaunlicher, als Parallelen zwischen den Ansätzen der Gesundheitswissenschaft und der Arbeitswissenschaft nicht zu übersehen sind.

7.8 Betriebliche Gesundheitsförderung

Der Bericht des Bundesverbandes der Betriebskrankenkassen in Deutschland über den ‹Wettbewerbsvorteil Gesundheit› enthält eine konkrete Aussage über die mögliche Größenordnung einer Reduzierung von Muskel-Skelett-Beschwerden durch die Erweiterung von Handlungsspielräumen: «Durch größere Handlungsspielräume, zum Beispiel mehr Eigenverantwortlichkeit, ließen sich 21 Prozent der Arbeitsunfähigkeitsfälle aufgrund von Muskel- und Skeletterkrankungen verhindern» (BKK-BUNDESVERBAND 2008a, 11).

7.8.5 Die Bedeutung der Anforderungen

Während hohe Anforderungen als bedeutsame Quelle von Gesundheit beschrieben werden, werden hohe Belastungen, insbesondere in Form von Regulationshindernissen «als schädlich für die Gesundheit angesehen; sie sind zudem überflüssig, da sie der Erledigung der Arbeitsaufgabe im Wege sind» (LEITNER 1999b, 80).

Im Beitrag von OESTERREICH (1999a) findet sich eine auf fünf Konzepte bezogene Übersicht von Aussagen über die Bedeutung psychischer Anforderungen und psychischer Belastungen in Bezug auf verhältnisorientierte Beiträge zur Gesundheitsförderung (vgl. Tabelle 7.13, S. 554).

LÜDERS und PLEISS (1999, 218) ziehen daraus weitreichende Schlussfolgerungen: «Je höher die durch die Arbeitsaufgaben gestellten Anforderungen an eigenständiges Denken, Planen und Entscheiden, desto grösser ist das Vertrauen in die eigene Selbstwirksamkeit und desto aktiver ist die Freizeitgestaltung ... Je höher auf der anderen Seite die psychische Belastung in der Arbeit, desto mehr psychosomatische Beschwerden und Gefühle der Gereiztheit und Deprimiertheit treten auf, desto geringer ist die Lebenszufriedenheit und desto stärker sind Augenbeschwerden, allergische Beschwerden und manifeste Krankheiten ausgeprägt».
Von der BUNDESANSTALT FÜR ARBEITSSCHUTZ UND ARBEITSMEDIZIN (2001) vorgelegte Berechnungen machen deutlich, welche Einsparmöglichkeiten in der systematischen Berücksichtigung solcher Erkenntnisse liegen. «20.3 Mrd. DM direkte Kosten der Krankheitsbehandlung gehen hiernach 1998 auf ‹Arbeitsschwere/Lastenheben›, 18.1 Mrd. DM auf ‹geringen Handlungs-

Tabelle 7.13: Übersicht zu Aussagen über Richtungen der Verhältnisprävention durch Arbeitsgestaltung (aus OESTERREICH 1999a, S. 213)

	Konzept Anforderung/ Belastung	Demand/ Control- Modell	Belastungs- Beanspru- chungs- konzept	Konzept Vollständige Tätigkeit	Konzept Psychischer Stress
psychische Anforderungen	erhöhen	erhöhen	keine Aussage	erhöhen	erhöhen, um Belastungen zu mildern
psychische Belastungen	verringern	verringern, wenn Anforderungen gering; erhöhen, wenn Anforderungen hoch	verringern, wenn Überforderung; erhöhen, wenn Unterforderung	erhöhen von Anforderungen gleichbedeutend mit Verringerung von Belastungen	verringern

spielraum› und 10.5 Mrd. DM auf ‹geringe psychische Anforderungen› zurück. Diese Grössen beschreiben die Einsparmöglichkeiten für die Krankenkassen. Die indirekten Kosten – sie beschreiben die Einsparmöglichkeiten der Betriebe – belaufen sich annähernd auf die gleichen Summen; dies ist vergleichsweise wenig und unterschätzt, weil lediglich verlorene Produktivitätsjahre in Folge von Arbeitsunfähigkeit bei den indirekten Kosten berücksichtigt werden» (BAUA 2001, 1f.).

Im Umkehrschluss bestätigen diese Daten, dass die Vergrösserung von Handlungsspielräumen und die Erhöhung der psychischen Anforderungen nicht nur bedeutsame Elemente betrieblicher Gesundheitsförderung darstellen, sondern auch erhebliche Einsparmöglichkeiten beinhalten. Zugleich lässt sich begründet annehmen, dass solche verhältnisorientierten Massnahmen auch Verhaltensänderungen bewirken (vgl. Kasten 7.22).

Auch wenn Arbeitsanforderungen im Sinne hoher Denk- und Planungserfordernisse im Prinzip positiv einzuschätzen sind und u.a. mit positiven Lerneffekten und Erfahrungsgewinn (ZAPF und SEMMER 2004) verbunden bzw.

7.8 Betriebliche Gesundheitsförderung

Kasten 7.22: Veränderungen der Arbeitsbedingungen ermöglichen Veränderungen des Verhaltens (aus ULICH, 2003)

- «Hohe Anforderungen
- Vollständige Tätigkeiten
- Autonomie
- Kollektive Selbstregulation

sind *verhältnis*orientierte Merkmale persönlichkeits- und gesundheitsförderlicher Arbeitsgestaltung. Sie erzeugen bzw. ermöglichen zugleich Orientierungen und *Verhaltens*weisen, die die aus den Arbeitsbedingungen resultierenden Effekte stabilisieren oder sogar verstärken.

Änderungen der Verhältnisse führen aber vor allem dann zu persönlichkeits- und gesundheitsförderlicher Veränderung von Verhalten, wenn die Beschäftigten an der Veränderung der Arbeitsbedingungen massgeblich beteiligt werden.»

---

als gesundheitsförderlich einzustufen sind (OESTERREICH 1999a), sind ihre konkreten Wirkungen nicht unabhängig von Regulationsmöglichkeiten und verfügbaren Ressourcen. So hat MOLDASCHL (2005, 256) im Rahmen seines Konzepts der widersprüchlichen Arbeitsanforderungen fünf Diskrepanzen skizziert, aus denen psychische Belastungen resultieren:
«Zwischen Zielen und Ressourcen (z.B. ohne ausreichende Qualifizierung eine neue Anlage bedienen);
zwischen Zielen und Regeln (z.B. als Pflegekraft mangels Ärztepräsenz Spritzen geben müssen, ohne rechtlich autorisiert zu sein);
zwischen Regeln und Ressourcen (z.B. im Rahmen eines Null-Fehler-Konzepts jedes Teil prüfen müssen, ohne dafür Zeit zu haben);
zwischen Aufgabenzielen, oder zwischen expliziten Zielen und informellen Erwartungen (z.B. Kunden mit Freundlichkeit binden und sie dennoch über den Tisch ziehen);
und schliesslich zwischen Regeln.»

Der von HOCHSCHILD eingeführte Begriff ‹Emotionsarbeit› betrifft eine spezifische Form von Arbeitsanforderungen, die darin besteht, bei anderen Menschen (z.B. Kundinnen/ Kunden, Patientinnen/Patienten) positiv bewertete Gefühlszustände zu bewirken oder zu erhalten. Diese Anforderung gehört zu den zentralen Merkmalen personbezogener Dienstleistungen. Um solche positiven Emotionen bei anderen auszulösen oder aufrecht zu erhalten, müssen derartige Dienstleistungen erbringende Personen selbst positive Gefühle zeigen. Entspricht die eigene emotionale Situation dieser Anforderung nicht, ist also zur angemessenen Aufgabenerfüllung eine verstärkte Emotionsregulation erforderlich, so kann daraus eine erhebliche Belastung resultieren. Beispiele dafür finden sich bei den von HOCHSCHILD früher untersuchten Tätigkeiten von Flugbegleiterinnen und Flugbegleitern ebenso wie im Bereich ärztlicher oder pflegerischer Tätigkeit, bei in Call Centern Beschäftigten ebenso wie im Gastgewerbe, und nehmen mit der Ausdehnung personbezogener Dienstleistungen entsprechend zu. Im Kontext der ‹Psychologie dialogisch-interaktiver Erwerbsarbeit› bezeichnet HACKER (2009, 19) denn auch «Emotionen als Arbeitsgegenstand und Arbeitsmittel». Das Zeigen und Vermitteln von Gefühlen als berufliche Anforderung kann im Übrigen auch als spezifischer Aspekt kommunikativer Kompetenz interpretiert werden.

Natürlich gilt aber auch für Anforderungen, dass sie zu hoch oder zu komplex sein können, so dass quantitative oder qualitative Überforderung und daraus resultierender Krankenstand entstehen können. Die schon früher (ULICH 1972) geäusserte und von NEDEß und MEYER (2001) aufgenommene Annahme eines kurvilinearen Zusammenhangs zwischen dem Komplexitätsgrad von Tätigkeiten und dem Wirkungsgrad der Arbeit (vgl. Kapitel 4.4) weist demgegenüber darauf hin, dass das diesbezügliche Optimum keineswegs notwendigerweise dem möglichen Maximum entspricht.

Da diesbezüglich – aber auch bezüglich anderer relevanter Merkmale, wie z.B. der Erholungsfähigkeit – interindividuelle Unterschiede bestehen, ist gerade auch hier differenzielle Arbeitsgestaltung (vgl. dazu Abschnitt 4.5) angebracht.[17]

«In Verbindung mit der in den Leitlinien der betrieblichen Gesundheitsförderung erhobenen Forderung, Beschäftigte an der Gestaltung ihrer Arbeitssituation zu beteiligen, vermag die differenzielle Arbeitsgestaltung die salutogenen Potenziale der Arbeitstätigkeit für jeden einzelnen Beschäftigten zu erschliessen. Das ist zugleich eine der Schnittstellen zwischen bedingungs- und personenbezogenen gesundheitsförderlichen Interventionen» (BAMBERG

---

[17] Aufgrund ähnlicher Überlegungen – und eigener empirischer Untersuchungen auf der Basis des Person-Environment-Fit-Modells – waren CAPLAN et al. (1975, 82) zu einer ähnlichen Schlussfolgerung gelangt: «Was wir brauchen ist ein individualisiertes Programm zur Verbesserung der Person-Umwelt-Übereinstimmung» (CAPLAN et al. 1982, 248).

und METZ 1998, 192). Damit wird noch einmal deutlich, dass es sinnvoll und notwendig ist, die je konkreten Beziehungen zwischen erforderlicher Verhaltens- und Verhältnisänderung sorgfaltig zu analysieren, um daraus entsprechende Massnahmen abzuleiten. Dies gilt insbesondere auch in Hinblick auf die bereits erkennbaren und noch verstärkt zu erwartenden Tendenzen der Arbeitsverdichtung (VENDRAMIN und VALENDUC 2001) sowie der Segmentierung und Entgrenzung (vgl. dazu REICK und KASTNER 2001).[18]

7.8.6 Präsentismus

Verschiedene Unternehmen fokussieren seit einiger Zeit nicht mehr auf die Abwesenheit bzw. den ‹Krankenstand›, sondern auf die Anwesenheit und bezeichnen diese als ‹Gesundheitsstand›. Die Berücksichtigung der Gesundheitsquote bedeutet aber nur dann einen Fortschritt, wenn damit tatsächlich ein Umdenken in dem Sinne stattfindet, dass Gesundheitspotenziale der Mitarbeitenden ebenso wie der Arbeitsbedingungen erkannt und gestärkt und die Arbeitsbedingungen ernsthaft analysiert und bei Bedarf verändert werden. Tatsächlich wird in manchen Fällen aber wohl eher einem Präsentismus Vorschub geleistet. Mit dem Begriff Präsentismus wird der Sachverhalt beschrieben, dass Mitarbeitende zwar anwesend, aber infolge einer gesundheitlichen oder anderweitigen Beeinträchtigung nicht voll leistungsfähig sind. Eine hohe Anwesenheitsquote ist also kein hinreichender Beleg für einen guten Gesundheitszustand der Mitarbeitenden bzw. ein ‹gesundes› Unternehmen. Diese Tatsache wird nicht nur durch vielfältige Alltagserfahrung belegt, sondern auch durch Untersuchungen, die «ein hohes Ausmaß an Präsentismus in deutschen Unternehmen» aufzeigen (ZOK 2008, 141). Und folgt man BADURA, so wird «Präsentismus das zentrale Problem betrieblicher Gesundheitspolitik in alternden Gesellschaften darstellen» (BADURA 2010, 8). So gaben etwa in einer 2009 durchgeführten Erhebung des wissenschaftlichen Instituts der AOK von 2 000 gesetzlich krankenversicherten Arbeitnehmerinnen und Arbeitnehmern 71.2 Prozent an, in den letzten Mo-

---

[18] Diese Tendenzen machen zugleich die Notwendigkeit eines systematischen Gesundheitsassessments (ZINK und THUL. 1998; THUL und ZINK 1999; SKERIES und ZINK 2005) deutlich.

naten krank zur Arbeit gegangen zu sein. 29.9 Prozent gaben an, dies sogar gegen den Rat des Arztes getan zu haben. 70.2 Prozent gaben an, zur Genesung bis zum Wochenende gewartet zu haben (SCHMIDT und SCHRÖDER 2010, 95ff.).

Im Rahmen der Whitehall II Studie fanden KIVIMÄKI et al. (2005), dass diejenigen männlichen Beamten ohne Herzinfarkt in der Vorgeschichte, die während des sich über drei Jahre erstreckenden Untersuchungszeitraumes keine Fehlzeiten aufwiesen, ein doppelt so hohes Risiko hatten, einen Infarkt zu erleiden, wie die Beamten, die während dieser Zeit moderate Fehlzeitenquoten aufgewiesen hatten. KIVIMÄKI et al. (2005, 101f.) weisen allerdings auch auf Begrenzungen der Aussagekraft ihrer Untersuchung hin. Insofern kommt den Ergebnissen neuerer Untersuchungen aus Schweden (BERGSTRÖM et al. 2009) und Dänemark (HANSEN und ANDERSEN 2009) besondere Bedeutung zu.

So konnten HANSEN und ANDERSEN belegen, dass Arbeitnehmende, die mehr als sechs mal pro Jahr trotz eingeschränkter Gesundheit zur Arbeit gegangen waren, gegenüber anderen Arbeitnehmenden ein um 74% höheres Risiko aufwiesen, später länger als zwei Monate infolge Krankheit auszufallen (Kasten 7.23).

In diesem Zusammenhang ist das von SANDERSON und ANDREWS (2006, 63) mitgeteilte Untersuchungsergebnis bemerkenswert: «Depression and anxiety were more consistently associated with ‹presenteeism› (that is, lost productivity while at work) than with absenteeism.» Dazu kann u.U. «die fehlende Akzeptanz dieser Erkrankungen im Umfeld der Betroffenen» (JAHN 2010, 356) beitragen.

Mögliche Folgen des Präsentismus wurden inzwischen für verschiedene Gruppen von Beschäftigten beschrieben. So hat etwa PILETTE (2005a, 300) auf die «clear and present danger to productivity» insbesondere auch für den Bereich der Krankenpflege aufmerksam gemacht.

Bei der Beantwortung der Frage nach möglichen Ursachen für derartige Entwicklungen ist einerseits zu prüfen, inwieweit die trotz Beeinträchtigungen ihrer Leistungsfähigkeit ‹Präsenten› sich durch bestimmte Verhaltensintentionen oder Persönlichkeitsmerkmale auszeichnen (vgl. Kasten 7.24, S. 560).

Nach BRANDENBURG und NIEDER (2009, 16f.) sind «großes Arbeitsvolumen, Pflichtgefühl, Rücksicht auf Kollegen, Angst vor beruflichen Nachteilen, Loyalität gegenüber dem Arbeitgeber, Angst vor dem Verlust des

7.8 Betriebliche Gesundheitsförderung

> **Kasten 7.23:** Sick at work – a risk factor for long-term sickness absence at a later date? (aus: HANSEN und ANDERSEN 2009, 397)
>
> «**Background:** Little is known about the long-term consequences of sickness presence (ie, going to work despite ill-health), although one study suggests an association with coronary heart disease. This study examined the effect of sickness presence on future long-term sickness absence.
> **Methods:** Information from a random sample of 11 838 members of the Danish core workforce was collected from questionnaires, containing questions about work, family and attitudes towards sickness absence. Information on prospective sickness absence spells of at least 2 weeks was derived from an official register during a follow-up period of 1.5 years.
> **Results:** Sickness presence is associated with long-term sickness absence of at least 2 weeks' duration as well as with spells lasting at least 2 months. Participants who had gone to work ill more than six times in the year prior to baseline had a 74% higher risk of becoming sicklisted for more than 2 months, even when controlling for a wide range of potential confounders as well as baseline health status and previous long-term sickness absence. The association was consistent for most subgroups of employees reporting various symptoms, but either disappeared or became insignificant when analysing subgroups of employees with specific chronic diseases.
> **Conclusions:** Going to work ill repeatedly is associated with long-term sickness absence at a later date. For this reason, researchers and policymakers should consider this phenomenon more carefully when planning future studies of sickness absence or when laying out new policies.»

Arbeitsplatzes und die Bewertung der Krankheit als Bagatellerkrankung ... die Hauptbeweggründe dafür, dass man krank zur Arbeit geht.» Zwei Drittel der im Rahmen des Gesundheitsmonitors der Bertelsmann Stiftung Befragten gaben als Grund für den Präsentismus Pflichtgefühl an «und weil sonst Arbeit liegen bleibt» (BERTELSMANN STIFTUNG 2009). Nicht auszuschließen ist auch, dass die von MARTINS, PUNDT und NERDINGER (2009) in Anleh-

Kasten 7.24: Mögliche Gründe für Präsentismus

- Einen Arbeitsauftrag bzw. eine Arbeitsaufgabe zu Ende führen wollen
- Die Arbeitskolleginnen bzw. Arbeitskollegen nicht im Stich lassen wollen
- Auf die Zielgruppen der Tätigkeit bezogene Verantwortung wahrnehmen wollen
- Vorgesetzte nicht enttäuschen wollen
- Erlebter Wertschätzung gerecht werden wollen
- Eine Einschränkung der Leistungsfähigkeit vor sich selbst nicht zugeben bzw. sich selbst volle Leistungsfähigkeit beweisen wollen
- Nicht als ‹psychisch krank› gelten wollen
- Einer anderweitigen, z.B. familiären, Belastung entfliehen wollen
- Auf mit der Arbeit verbundene Kommunikationsmöglichkeiten nicht verzichten wollen
- Den Arbeitsplatz nicht verlieren wollen

nung an CROPLEY, MICHALIANOU und PRAVETTONI (2009) so genannte Rumination, d.h. das «Grübeln über das Unternehmen und seine Prozesse» außerhalb der eigentlichen Arbeitszeit (a.a.O., 120) zum Präsentismus beiträgt. Damit wird zugleich deutlich, dass die hier in Abschnitt 4.3.1 skizzierten Merkmale persönlichkeitsförderlicher Aufgabengestaltung (vgl. Tabelle 4.2) im Sinne nicht intendierter Nebenwirkungen u.U. auch zu Präsentismus veranlassen können. Schließlich können Fehlzeiten «unter bestimmten Bedingungen positive Auswirkungen auf Befinden und Gesundheit haben und insofern als ‹Coping› angesehen werden» (SEMMER, GREBNER und ELFERING 2010, 351). Dies könnte z.B. für die von PICKSHAUS und SPIEKER (2009, 290) so genannten ‹Beinahe-Erkrankungen› gelten. Andererseits ist jedoch zu prüfen, inwieweit identifizierbare gesellschaftliche Entwicklungen und betriebliche Vorgehensweisen wie etwa die Einführung der Anwesenheits- bzw. Gesundheitsquote den Präsentismus veranlassen oder zumindest unterstützen. Auch andere Faktoren wie überlange Arbeitszeiten, Schichtarbeit oder Zeitdruck können den Präsentismus begünstigen (BÖCKERMAN und LAUKKANEN 2010; HANSEN und ANDERSEN 2008, 2009). Dass die

Angst vor Arbeitsplatzverlust eine nicht zu vernachlässigende Rolle spielt, ist ebenfalls offensichtlich (SCHMIDT und SCHRÖDER 2010).
Hinsichtlich möglicher Wirkungen belegen die bisher vorliegenden Daten, dass Präsentismus zu einer Einschränkung der Leistungsfähigkeit der davon Betroffenen sowie zu vermehrter Fehlerhäufigkeit und Unfallgefahr führen kann (PILETTE 2005b; CHAPMAN 2005a; SCHULTZ und EDINGTON 2007; SCHULTZ, CHEN und EDINGTON 2009). Mehrfach wird auch darauf hingewiesen, dass Präsentismus in der Folgezeit sowohl Fehlzeitenquoten als auch Fehlzeitendauer erhöhen kann. Dieser Tatbestand ist in der Fehlzeitenforschung bisher kaum berücksichtigt worden. Einige Untersuchungsergebnisse weisen darauf hin, dass die Kosten von Präsentismus deutlich – nach einzelnen Untersuchungen um ein Mehrfaches – höher ausfallen können als die, die als Folge von Krankmeldungen entstehen (BIRON et al. 2006; EMPLOYERS HEALTH COALITION OF TAMPA 1999; GOETZEL et al. 2004; HEMP 2004; SCHULTZ et al. 2007, 2009).
Zur Erfassung von Präsentismus wurde von KOOPMAN et al. (2003) die ‹Stanford Presenteeism Scale› entwickelt, die u.a. von BAASE (2007) im Rahmen einer umfangreichen Erhebung bei der Dow Chemical Company eingesetzt wurde. Dass das Verfahren die Anforderungen erfüllt, die an Gütekriterien zu stellen sind, wurde in der Untersuchung von TURPIN et al. (2004) bestätigt.

7.8.7 Unternehmenskultur und Gesundheit

Vermehrt wurde in den letzten Jahren darauf hingewiesen, dass der Umgang mit betrieblicher Gesundheit letztlich eine Frage der Unternehmenskultur sei (z.B. BADURA & HEHLMANN 2003; EXPERTENKOMMISSION 2004). Bei BADURA und HEHLMANN (2003) findet sich eine zusammenfassende Gegenüberstellung von Merkmalen «gesunder» und «ungesunder» Organisationen (vgl. Tabelle 7.14).

Die Zusammenfassung der Merkmale gesunder und ungesunder Organisationen hat zweifellos einen hohen Anregungsgehalt. Nach Auffassung der Autoren (BADURA & HEHLMANN, 2003, 53) soll sie der «Standardentwicklung für eine gesundheitsförderliche, mitarbeiterorientierte Organisationsgestaltung» dienen.

Tabelle 7.14: Merkmale «gesunder» und «ungesunder» Organisationen. Zielgerichtete Zusammenfassung des Forschungsstandes (aus BADURA & HEHLMANN 2003, 54)

Merkmale	Gesunde Organisationen	Ungesunde Organisationen
Ausmass sozialer Ungleichheit (Bildung, Status, Einkommen)	moderat	hoch
Vorrat an gemeinsamen Überzeugungen, Werten, Regeln („Kultur")	gross	gering
Identifikation der Mitglieder mit übergeordneten Zielen und Regeln ihres sozialen Systems („Wir-Gefühl", „Commitment")	stark ausgeprägt	gering ausgeprägt
Vertrauen in Führung	hoch	gering
Ausmass persönlicher Beteiligung an systemischer Willensbildung, Entscheidungsfindung (Partizipation)	hoch	gering
Gegenseitiges Vertrauen, Zusammenhalt unter Mitgliedern	hoch	gering
Umfang sozialer Kontakte jenseits primärer Beziehungen	hoch	gering
Stabilität, Funktionsfähigkeit primärer Beziehungen (Familie, Arbeitsgruppe etc.)	hoch	gering
Soziale Kompetenz	stark ausgeprägt und verbreitet	gering ausgeprägt und verbreitet
Sinnstiftende Betätigung (Arbeit, Freizeit etc.)	stark verbreitet	weniger stark verbreitet

Einige der in Tabelle 7.12 aufgeführten Zusammenhänge können empirisch belegt werden (vgl. Kasten 7.25).

Die Bedeutung von Merkmalen der Unternehmenskultur und des Führungsverhaltens für die Gesundheit der Beschäftigten wird nicht zuletzt auch an den offensichtlich immer häufiger auftretenden *Gratifikationskrisen* erkennbar. Das Modell beruflicher Gratifikationskrisen (SIEGRIST 1996, 2002, 2009) geht über die unmittelbare Arbeitstätigkeit hinaus. Hier

7.8 Betriebliche Gesundheitsförderung

Kasten 7.25: Führungsbezogene Risikofaktoren in der IT-Branche (aus KLEMENS, WIELAND & KRAJEWSKI 2004, 5)

«Als hoher Risikofaktor für Burnout auf Seiten der Organisation zeigt sich das Fehlen von Partizipationsmöglichkeiten in der Arbeit. Beschäftigte, die an ihren Arbeitsplätzen nur geringe Möglichkeiten besitzen sich zu beteiligen und ihre Ideen einzubringen, haben demnach ein 3.5fach erhöhtes Risiko des ‹Ausbrennens› als Beschäftigte mit grossen Partizipationsmöglichkeiten. Ein belastendes Sozialklima bzw. ein belastendes Vorgesetztenverhalten vergrössert das Risiko um den Faktor 1.8 bzw. 1.5. Ähnlich verhält es sich mit den beiden nächsten Merkmalen: Eine geringe soziale Unterstützung durch den Vorgesetzten bedeutet ein 2.3fach, ein wenig ausgeprägter mitarbeiterorientierter Führungsstil ein 2.5fach erhöhtes Burnout-Risiko.»

---

wird angenommen, dass ein Ungleichgewicht zwischen beruflicher Verausgabung und als Gegenwert erhaltener Belohnung zu Stressreaktionen führen kann. Gratifikationen ergeben sich über die drei ‹Transmittersysteme› Geld, Wertschätzung und berufliche Statuskontrolle (Aufstiegschancen, Arbeitsplatzsicherheit und ausbildungsadäquate Beschäftigung). Als potenziell stressauslösend und krankheitsrelevant wird eine Kombination starker, lang anhaltender Verausgabung mit im Vergleich dazu bescheidenen Belohnungen angesehen. Die darin zum Ausdruck kommende mangelnde Reziprozität zwischen persönlichem Einsatz und erhaltenem Gegenwert kann als Gratifikationskrise erlebt werden und damit zu Risikofaktoren wie z.B. Bluthochdruck und zu kardiovaskulären Erkrankungen bis hin zur Mortalität führen (z.B. SIEGRIST 1996, 2004; BOSMA et al. 1998; MARMOT, THEORELL & SIEGRIST 2002). Die bisher vorliegenden Forschungsergebnisse zeigen auch, dass derartige Wirkungen weniger kurzfristig als vielmehr mittel- oder sogar langfristig in Erscheinung treten. Die bisher vorliegenden Forschungsergebnisse belegen die grundlegende Bedeutung dieses Modells, insbesondere auch hinsichtlich möglicher Langzeitwirkungen; dabei kommt den prospektiven Längsschnittstudien besondere Erklärungskraft zu (vgl. Tabelle 7.15, S. 564).

Tabelle 7.15: Zusammenhänge zwischen beruflichen Gratifikationskrisen und kardiovaskulären Risiken einschliesslich koronarer Herzkrankheit (KHK) (modifiziert nach SIEGRIST 2002 – nach SIEGRIST et al. 2004, 93)

Erstautor (Jahr der Veröffentlichung)	abhängige Variablen	unabhängige Variablen	odds ratio (Anmerkungen)
Siegrist (1990)	akuter Herzinfarkt, plötzlicher Herztod, subklinische KHK [koronare Herzkrankheit]	ERI und OC	zwischen 3.5 und 4.5
Lynch (1997)	Progression der Atherosklerose der Karotis	ERI*	signifikanter Haupteffekt (p = .04)
Bosma (1998)	neu aufgetretene KHK	ERI und OC*	2.2
Joksimovic et al. (1999)	Restenosierung von Herzkranzgefäßen nach PTCA	OC	2.8
Kuper (2002)	Angina pectoris, KHK (tödlich), Herzinfarkt (nicht-tödlich)	ERI* OC*	1.3 1.3
Kivimäki (2002)	Sterblichkeit an Erkrankungen des Herz-Kreislauf-Systems	ERI*	2.4

Anmerkungen:
ERI = effort-reward-imbalance (dt.: Verausgabungs-Belohnungs-Ungleichgewicht);
OC = overcommitment (dt.: berufliche Verausgabungsbereitschaft)
* =Annäherungs- (Proxy-)Maße an Originalskalen des Modells

7.8.8 Zum ökonomischen Nutzen betrieblicher Gesundheitsförderung

Zum ökonomischen Nutzen von Gesundheitsförderungsprogrammen existieren einige Metaanalysen und Übersichtsartikel, mehrheitlich zunächst aus den USA und Kanada, später auch aus Deutschland (vgl. z.B. HEANEY und GOETZEL 1997; PELLETIER 2001; ALDANA 2001; CHAPMAN 2005b; KRAMER und BÖDEKER 2008; SOCKOLL, KRAMER und BÖDEKER 2008). Die Metaanalyse von CHAPMAN (2005b) umfasst 56 Evaluationsstudien aus dem Zeitraum 1982 bis 2005. Einbezogen wurden Evaluationen umfangreicher

7.8 Betriebliche Gesundheitsförderung

Programme der betrieblichen Gesundheitsförderung. Hinsichtlich krankheitsbedingter Fehlzeiten fand CHAPMAN eine durchschnittliche Verringerung von 26.8% und eine Reduktion der Krankheitskosten um durchschnittlich 26.1%. In Bezug auf den Return on Investment berichtet CHAPMAN (2005b) einen ROY von insgesamt 1:6.3. Den Grund für diesen vergleichsweise hohen Wert, der sich durch den Einbezug insbesondere neuerer Studien ergab, sieht er in der zunehmenden Anwendung moderner Präventionsstrategien; dabei geht es z.B. um die verstärkte Anwendung theoriegestützter Programme und um den Einbezug individueller Coachingmaßnahmen. «The summary evidence is very strong for average reductions in sick leave, health plan costs, and workers' compensation and disability costs of slightly more than 25%» (CHAPMAN 2005b, 10).

Die Übersichtsstudien berichten insgesamt eine akzeptable Wirksamkeit und Wirtschaftlichkeit von Maßnahmen der Gesundheitsförderung. Dabei scheinen mehrfaktorielle Interventionen wirksamer und wirtschaftlicher zu sein als einfaktorielle Programme (PELLETIER 2001; SOCKOLL et al. 2008); zudem steht der Erfolg von Maßnahmen offensichtlich im Zusammenhang mit einer ausreichenden Dauer des Programms (HEANEY und GOETZEL 1997).

Im Rückblick auf ein Jahrzehnt Erfahrung mit betrieblicher Gesundheitsförderung in Kanada macht DOONER (1996) allerdings auch auf recht typische Widersprüche und Probleme aufmerksam. Bezeichnend dafür sind die folgenden drei – der insgesamt sechs – von ihm formulierten Schlussfolgerungen:

«... all key players agree that evaluation is important but no one wants to take the time to do it;
... enterprise do not have in-house expertise for carrying out complex evaluation methodologies;
... evaluations, for the most part, will be done by lay people who are unfamiliar with the field ...» (DOONER 1996, 31f.)

Manchenorts kann aber auch beobachtet werden, dass ein erwarteter ökonomischer Nutzen keineswegs das Hauptziel betrieblicher Gesundheitsförderung darstellt. Manche betrieblichen Entscheidungsträger betrachten Gesundheit und Wohlbefinden am Arbeitsplatz auch als eigenständiges Ziel. DOONER (1996, 31) kommt sogar zu folgendem Schluss: «For the most part, health and not profit is the real motivation for participation».

Vielfältige Erfahrung belegt schliesslich auch, dass verhältnisorientierte Interventionen hinsichtlich ihres ökonomischen Nutzens schwierig zu beurteilen sind, weil es sich hierbei um auf Arbeitsbedingungen bzw. Arbeitsinhalte bezogene komplexe Massnahmen handelt, die zudem häufig nicht als ‹Gesundheitsförderung› ausgewiesen werden.

Ein interessantes Beispiel für die Evaluation von BGF-Massnahmen findet sich in einem Forschungsvorhaben, das vom Institut für Technologie und Arbeit der Technischen Universität Kaiserslautern gemeinsam mit den Allgemeinen Ortskrankenkassen der Bundesländer Hessen, Niedersachsen und Rheinland-Pfalz durchgeführt wurde (SKERIES & ZINK 2004, 2005). Dabei wurden objektive Daten wie Fehlzeiten und Unfallzahlen ebenso erhoben wie Angaben über Befinden und Zufriedenheit (vgl. Kasten 7.26).

Die Anlehnung an das EFQM-Modell ist dadurch begründet, dass sich dieses konzeptionell gut mit den wichtigsten Prinzipien des betrieblichen Gesundheitsmanagements vereinbaren lässt (vgl. ZINK, THUL, HOFFMANN und FLECK 2009 sowie THUL 2010). Ausserdem erhöht die Anlehnung an ein Total-Quality-Modell die Akzeptanz in der Praxis und macht das betriebliche Gesundheitsmanagement für andere betriebliche Managementsysteme anschlussfähig (BREUCKER 2001).

Einen anderen Weg hat FRITZ (2005) gewählt, die auf der Basis des Quantifizierungskonzepts von SCHMIDT, HUNTER & PEARLMAN (1982) und des Motivationskonzepts von LOCKE & LATHAM (2004) ein eigenes Evaluationsinstrument entwickeln und in einem Unternehmen der Papierindustrie erfolgreich anwenden konnte. In eine ähnliche Richtung zielt der von HAMMES, WIELAND und WINIZUK (2009) vorgestellte Gesundheitsindex zur Diagnose des Gesundheitspotenzials von Unternehmen.

Insgesamt wird der gegenwärtige Erkenntnisstand hinsichtlich des überprüften ökonomischen Nutzens von Massnahmen der betrieblichen Gesundheitsförderung von LOWE (2003, 31) so zusammengefasst:

«Realistically, it is fair to say that comprehensive workplace wellness initiatives have a high potential to benefit both employees and the organization ... Regardless, some employers will unconvinced of the need for healthier workplaces.»

7.8 Betriebliche Gesundheitsförderung

Kasten 7.26: Beispiel für die Evaluation von BGF-Massnahmen (aus: SKERIES & ZINK 2005, 162f.)

«Zur Messung der Qualität betrieblicher Gesundheitsmanagementsysteme wurde ein Selbstbewertungsansatz auf Basis des EFQM-Modells für Business Excellence entwickelt (vgl. THUL und ZINK 1999). Dieser Ansatz ermöglicht einerseits die Berücksichtigung von Gesundheitsergebnissen, die durch das Gesundheitsmanagement beeinflusst wurden, wie z.B. die betriebliche Gesundheitssituation oder die Befindlichkeit der Mitarbeiter. Auf der anderen Seite ermöglicht dieses Instrument auch die Betrachtung von Voraussetzungen, die vom Unternehmen im Rahmen des Gesundheitsmanagements geschaffen und etabliert wurden, wie z.B. die Einbindung der Mitarbeiter oder der Umgang mit eingesetzten Ressourcen ...

Im Mittelpunkt der Untersuchungen stand ein Pool von vier Unternehmen, die erfolgreich ein Gesundheitsmanagement eingeführt haben ... Im Bereich der Voraussetzungen konnten vor allem in Bezug auf die Mitarbeiterorientierung sowie im Bereich der Strategie und Planung der Unternehmensführung grosse Verbesserungen erzielt werden. Bei den Ergebnissen ist vor allem die deutliche Verbesserung der Gesundheit bei Kunden und Lieferanten sowie die Steigerung der betrieblichen Gesundheitssituation festzuhalten ...
Besonders positiv ist ... die Entwicklung des Krankenstandes der AOK-versicherten Mitglieder der untersuchten Unternehmen aufgefallen. Mit einer Senkung von 16,05% des Krankenstandes der AOK-Mitglieder wird die ebenfalls sinkende Entwicklung der jeweiligen Branchen mit 4,91% deutlich übertroffen.»

Letzteres könnte sich ändern, wenn die Empfehlung der deutschen Expertengruppe ‹Zukunftsfähige betriebliche Gesundheitspolitik›, «Strukturen, Prozesse und Ergebnisse» der BGF in die Unternehmensbewertung und «die Neuformulierung der Richtlinien für die Kreditvergabe (Basel II)» einzubeziehen, realisiert würde (EXPERTENKOMMISSION 2004, 67).

Damit kein Missverständnis entsteht: Mit der Zuschreibung der unternehmerischen Verantwortung für die Vermeidung arbeitsbedingter Erkrankungen wir die Verantwortung der einzelnen Menschen, durch Lebensstil und Verhalten im Rahmen ihrer Möglichkeiten zum Erhalt und zur Förderung der eigenen Gesundheit – gegebenenfalls auch der der Familie – beizutragen, keineswegs in Frage gestellt. Dass viele auch dazu professioneller Unterstützung bedürfen, steht ebenfalls ausser Frage.

8. Kapitel

Rand- und Rahmenbedingungen

In diesem Kapitel werden einige Rand- bzw. Rahmenbedingungen behandelt, die in Bezug auf die inhaltliche Gestaltung der Arbeit bedeutsam sind. Die Darstellung beschränkt sich auf wenige ausgewählte Aspekte, denen gemeinsam ist, dass sie hohe Veränderungsrelevanz besitzen. Auf die Darstellung von Arbeitsumgebungsbedingungen wird hier verzichtet, obwohl sie selbstverständlich grosse Bedeutung für die Gesundheit, das Wohlbefinden und auch für die Entwicklungsmöglichkeiten von Menschen im Arbeitsprozess besitzen. Zu dieser Thematik finden sich zahlreiche Gesamt- und Einzeldarstellungen in der ergonomischen und arbeitsphysiologischen Literatur. In der arbeitspsychologischen Literatur finden sich zahlreiche wichtige Hinweise etwa bei HACKER und RICHTER (1980b) sowie bei FRIELING und SONNTAG (1999).

Die hier besprochenen Rahmenbedingungen beziehen sich auf die Bedeutung der Betriebs- bzw. Unternehmensgrösse für die Bewertung und Gestaltung psychologisch relevanter Arbeitsbedingungen, auf mögliche Zusammenhänge zwischen Technologie und Unternehmenskultur, auf arbeitspsychologisch relevante Fragen der Entlohnung und der Flexibilisierung der Arbeitszeit. Zu den Rahmenbedingungen, deren grundlegende Veränderung nicht mehr zu übersehen ist, gehört aber auch die Abnahme des Umfangs lebendiger menschlicher Arbeit im Kontext traditioneller Erwerbstätigkeit. Damit beschäftigt sich der letzte Abschnitt dieses Kapitels.

8.1 Grösse als Rahmenbedingung für Arbeitsgestaltung und Technikeinsatz

In allen deutschsprachigen Ländern ist die weit überwiegende Mehrzahl der Erwerbstätigen in kleinen und mittleren Betrieben bzw. Unternehmen (KMU) beschäftigt. Für die Mehrzahl der europäischen Länder und die Mehrzahl der Branchen gilt sogar, dass der relative Anteil der in KMU Beschäftigten zunimmt (HOTZ-HART 1990, LEICHT und STOCKMANN 1993). So hat sich z.B. in der Schweiz der Anteil der in Betrieben mit weniger als 100 Mitarbeitern beschäftigten Personen von 64 Prozent im Jahr 1965 auf 70,6 Prozent im Jahr 1990 erhöht. Das in der deutschsprachigen Industriesoziologie seit Beginn der achtziger Jahre deutlich erkennbare Interesse an Klein- und Mittelbetrieben hat seinen Niederschlag in einer Reihe bemerkenswerter – mehrheitlich qualitativ orientierter – Forschungsprojekte gefunden (vgl. z.B. MENDIUS, SENGENBERGER und WEIMER 1987, KOTTHOFF und REINDL 1990). Umso überraschender ist, dass sich in der deutschsprachigen arbeitswissenschaftlichen Literatur kaum Hinweise auf die Bedeutung der Betriebs- bzw. Unternehmensgrösse als Rahmenbedingung für spezifische Ausprägungen relevanter Einflussgrössen finden.[1] Wo sich solche Hinweise finden, verweisen sie zumeist auf englische oder amerikanische Untersuchungen. Die differenzierteste Darstellung findet sich bei WEINERT (1998). Das offensichtliche Forschungsdefizit ist vermutlich in erster Linie dadurch zu erklären, dass Arbeitsteilung und Entfremdung von der Arbeit sowie die daraus resultierenden Probleme vor allem in Zusammenhang mit der industriellen Massenproduktion auftraten und deshalb vor allem in Grossbetrieben dringend der Beantwortung bedurften.

Das derzeit an einigen Orten entstehende arbeitswissenschaftliche Interesse an Klein- und Mittelbetrieben ist möglicherweise in der Erkenntnis begründet, dass einerseits vermutete oder tatsächlich vorhandene positiv bewertete Arbeitstätigkeiten und Arbeitsstrukturen durch verfehlten Technikeinsatz zerstört werden können, dass aber andererseits im Zuge neuerer technologischer Entwicklungen gerade auch für kleine und mittlere Unternehmen neuartige Gestaltungsspielräume entstehen, deren adäquate Nutzung durch

---

[1] Ebenso überraschend ist allerdings, dass ein Buch mit dem Titel «Arbeitsorganisation in Klein- und Mittelbetrieben» (EISSING 1993) keinerlei Hinweise auf die Besonderheiten von KMU oder etwa auf Unterschiede zwischen kleineren, mittleren oder grossen Betrieben enthält und nur zusammenfasst, was auch für Grossbetriebe gilt.

arbeitswissenschaftliche, insbesondere auch arbeitspsychologische, Konzepte der Gestaltung von Arbeitstätigkeiten und Arbeitssystemen gefördert werden kann.

8.1.1 Das Dilemma der Grösse

Unter diesem Titel («The Dilemma of Size») haben die israelischen Psychologen NIV und BAR-ON (1992) Erfahrungen aus Kibbutzim in eine breitere Perspektive eingeordnet und aus der Industrie anderer Länder vorliegenden Erfahrungen gegenübergestellt. Sie verweisen u.a. auf die von ADAMS und BROCK (1986, 1988) vorgenommene Sichtung zahlreicher einschlägiger Studien, die zu dem Schluss führte, dass die den Grossbetrieben jahrzehntelang zugeschriebene wirtschaftliche Überlegenheit der wissenschaftlichen Überprüfung nicht standhalte. «Indeed, the terms ‹downsizing› or ‹downscaling› have turned in recent years from signs of failure to examples of sophisticated strategies» (NIV und BAR-ON 1992, 200).
Schon vorher hatten PETERS und WATERMAN (1983, 311) im Bericht über ihre Untersuchung amerikanischer Spitzenunternehmen als «geradezu verblüffend» bezeichnet, dass «die besseren Unternehmen ihre kleineren Werke, nicht die grösseren, für die effizientesten hielten» (a.a.O., 311f.).

Kurz darauf belegte auch eine österreichische Untersuchung, dass grosse Unternehmen «dann die höchste technische Effizienz haben, wenn sie kleinbetrieblich organisiert sind» (AIGINGER und TICHY 1985, 85). Solche Ergebnisse unterstützen die Vermutung, dass die Annahme einer mit der Grösse zunehmenden *betriebswirtschaftlichen Effizienz* offensichtlich fragwürdig geworden ist – wenn sie in der hier wiedergegebenen undifferenzierten Form überhaupt je gegolten hat. Der in den letzten Jahren beobachtbare – von der Organisationspsychologie, obwohl psychologisch höchst relevant, kaum systematisch behandelte – Trend zur produktorientierten Divisionalisierung und zur Einrichtung von Profit Centers kann als empirischer Beleg dafür gewertet werden.

Das ‹Dilemma der Grösse› ist aber nicht nur eine Frage der betriebswirtschaftlichen Effizienz, sondern auch eine Frage der *innovativen Effizienz*. Sowohl AIGINGER und TICHY (1985) als auch NIV und BAR-ON (1992) weisen darauf hin, dass die Innovationsfähigkeit kleinerer Unternehmen häufig unterschätzt wird und dass – entgegen weitverbreiteten Annahmen – der Anteil der KMU an verwertbaren Innovationen wesentlich grösser ist als ihr Anteil an den für Forschung und Entwicklung getätigten Ausgaben. Nach einer von ADAMS und BROCK zitierten Untersuchung der National Science Foundation über bedeutende technische Neuerungen, die zwischen 1953 und 1973 in den USA eingeführt worden waren, erbrachten die kleinsten studierten Unternehmen pro in Forschung und Entwicklung investierten Dollar viermal so viele bedeutende technische Innovationen wie die mittleren und vierundzwanzig mal so viele Innovationen wie die grössten Unternehmen.

Wenn auch die in diese Untersuchungen einbezogenen ‹kleinen› Unternehmen immer noch grösser sind als jene, die wir als KMU bezeichnen, wird aus den erwähnten Angaben doch deutlich, dass Grösse in diesem Zusammenhang weitgehend ein Mythos ist, mit fragwürdigen Folgen auch für die von ADAMS und BROCK sogenannte – aber nicht ausführlicher behandelte – *soziale Effizienz.*

8.1.2 Soziale Effekte der Grösse

Wenn im weiteren Sinne von sozialen, im engeren von arbeitspsychologischen, Effekten der Unternehmensgrösse die Rede ist, dann wird Grösse hier nur über die Anzahl der Beschäftigten definiert. Als Kleinunternehmen werden Betriebe mit weniger als 50 Beschäftigten bezeichnet, als mittlere Unternehmen solche mit 50 bis 499 Beschäftigten.

Andere Möglichkeiten der Definition von Grösse wären etwa die Höhe des Anlagevermögens, des Umsatzes oder der Bilanzsumme oder des Umfanges der Kapazität, operationalisiert z.B. über die Produktionskapazität der Maschinen, der Anzahl Betten im Spital, der Lagerfläche im Verteilzentrum etc. (vgl. KIMBERLEY 1976, KIESER und KUBICEK 1977).

VEEN (1984) und WEINERT (1998) berichten über eine grössere Anzahl widersprüchlicher Befunde, die verdeutlichen, dass eindeutige Wirkungen der Grösse nur dann zu erwarten sind, wenn die Unternehmen hinsichtlich anderer relevanter Merkmale, wie z.B. der eingesetzten Technologie, hinreichend vergleichbar sind. Folgt man dem Konzept von VEEN, so ist die Struktur einer Organisation unter anderem das Ergebnis von Bemühungen, die Ungewissheiten unter Kontrolle zu bringen, die aus der Grösse, der eingesetzten Technologie und der Umgebung der Organisation resultieren. Das heisst: mit zunehmender Grösse, höherer Komplexität der eingesetzten Technologie und stärkerer Umweltdynamik ist vermehrt mit Strukturen zu rechnen, in denen eine verstärkte Kontrolltendenz erkennbar wird.

Empirische Belege für diese Annahme finden sich etwa in den Untersuchungen der Aston-Gruppe. So fanden HICKSON, PUGH und PHEYSEY (1970) bei 31 Industriefirmen mit mehr als 250 Beschäftigten signifikant positive Korrelationen zwischen der Unternehmensgrösse, gemessen an der Anzahl Beschäftigter, einerseits und der Anzahl spezialisierter Arbeitsrollen (.83), der Anzahl standardisierter Abläufe (.65) und des Umfanges formalisierter Dokumentation (.67) andererseits, aber eine signifikant negative Korrelation zwischen der Grösse und dem Grad der Entscheidungszentralisierung (-.47) (vgl. auch PUGH et al. 1968, 1969).

Insbesondere die mit zunehmender Unternehmensgrösse zunehmende Stellenspezialisierung konnte durch eine Reihe von Untersuchungen belegt werden. Die Ergebnisse dieser Untersuchungen zeigen «nicht nur, dass die Beziehung zwischen Grösse und Spezialisierung für öffentliche Betriebe, Dienstleistungs- und Fertigungsunternehmungen ungefähr denselben funktionalen Verlauf nimmt, sondern auch, dass dieser Zusammenhang über verschiedene Länder hinweg ... durchaus vergleichbar ist» (KIESER und KUBICEK 1977, 228).

Die vergleichsweise geringere Spezialisierung in kleineren und mittleren Unternehmen stellt naturgemäss zugleich eine günstige Voraussetzung für die Einführung – oder: das Beibehalten – ganzheitlicher Aufgabenstrukturen dar. So sind denn auch nach den Angaben von MENDIUS, SENGENBERGER und WEIMER (1987) Klagen über Monotonie in kleineren Betrieben weniger häufig als in grösseren.

Umgekehrt ist nach den Angaben von PLEITNER (1981) und ROSENSTIEL (1983) die Arbeitszufriedenheit in kleineren Betrieben eher grösser. Dies betrifft in erster Linie die in kleineren Betrieben höhere Zufriedenheit mit Kollegen, Vorgesetzten und organisationalen Abläufen. Die engeren sozialen Beziehungen sowohl untereinander als auch zur Unternehmensleitung «und die damit verbundene Überschaubarkeit tragen wesentlich zur Motivation der Mitarbeiter und zur Attraktivität der Arbeitsplätze bei» (CURSCHELLAS und SATTES 1992, 15).

Gerade in kleinen Unternehmen wurde aber auch gefunden, dass die geringe Aufgabendifferenzierung u.U. eine zu hohe Komplexität erzeugt, aus der vor allem dann Überforderung resultieren kann, wenn der erforderlichen Qualifizierung durch Aus- und Weiterbildung zu wenig Aufmerksamkeit geschenkt wird (vgl. SMUV 1992, SATTES 1993).

Generell scheint für kleinere Unternehmen allerdings zu gelten, dass sie weniger Weiterbildungsmöglichkeiten anbieten als grössere und damit die Höherqualifizierung motivierter Mitarbeiter erschweren. «In KMU ist der Aufwand für Weiterbildung wesentlich geringer und Kleinbetriebe betrachten Weiterbildung eher als Reaktion auf die Einführung neuer Technologien denn als Bestandteil der Personalpolitik» (SATTES et al. 1992, 97; vgl. dazu auch HAFEN, KÜNZLER und FISCHER 2000). Dies wurde von STÖBE, CIRKEL und KLUSMANN (1993) auch für Handwerksbetriebe bestätigt. Hier wurde auch gefunden, dass Betriebe ohne Erstausbildung häufiger überhaupt keine Weiterbildung anbieten als Betriebe mit Erstausbildung. So legen Ergebnisse verschiedener Untersuchungen die Vermutung nahe, dass vor allem in kleineren, teilweise aber auch in mittleren Unternehmen «deren Unternehmer die Mitarbeiter oft eher als Problem denn als Potenzial betrachten» (MÜLLER-JENTSCH 1990, 8).

Einige der entscheidenden Probleme für die zukünftige Entwicklung von Klein- und Mittelbetrieben resultieren aus der technologischen Entwicklung. In diesem Zusammenhang stellt sich vor allem die Frage, ob die kleineren Unternehmen ihre neuerdings wieder vermehrt betonten Vorteile verlieren oder ob sie diese erhalten bzw. mit Hilfe sinnvoller Nutzung der neuen Technologien sogar ausbauen können. Schliesslich ist in kleinen und mittleren Betrieben «der Produktionsprozess der bestimmende Faktor» (STAEHLE 1989, 445).[2]

Für Arbeitstätigkeiten an CNC-gesteuerten Werkzeugmaschinen und Bearbeitungszentren konnten KONRADT und ZIMOLONG (1993) zeigen, dass in den von ihnen untersuchten KMU die qualifikatorischen Voraussetzungen für den Einsatz solcher technischer Arbeitssysteme durchaus vorhanden sind, aber der Ergänzung durch «qualifizierungsunterstützende Massnahmen, wie z.B. der Einsatz adaptierbarer Entscheidungshilfesysteme» zur Störfallanalyse und -behebung bedürfen (a.a.O., S. 78). Für andere Anwendungsbereiche lässt sich belegen, dass einfache technische Lösungen gerade für kleine Unternehmungen bisweilen erheblich mehr Vorteile bringen als aufwendige Technik, die häufig für Grossbetriebe entwickelt worden ist. Dies trifft insbesondere für PPS-Systeme zu, die für kleine und kleine mittlere Unternehmen oft völlig ungeeignet sind und deren Funktionen von – elek-

---

[2] «In grossen Unternehmungen wird dagegen der Einfluss der Technologie auf solche Strukturmerkmale beschränkt bleiben, die in direktem Zusammenhang mit dem Transformationsprozess stehen» (STAEHLE 1989, 445).

8.1 Grösse als Rahmenbedingung

tronischen oder nicht elektronischen – Plantafeln häufig ebenso gut wahrgenommen werden können. Das Wissen darüber ist allerdings häufig ebenso ungenügend wie das Wissen über die Gestaltungsmöglichkeiten von Technik (MODROW-THIEL, ROSSMANN und WÄCHTER 1993).

Im Übrigen zeigen die Untersuchungen von HILBERT und SPERLING (1990) ebenso wie eigene Untersuchungen (SATTES 1993, SATTES et al. 1994), dass kleine Betriebe neue Technologien nicht nur in geringerem Umfang und vor allem auch zeitlich später einführen als mittlere und vor allem grosse Unternehmen. «Offensichtlich planen sich Klein- und Mittelbetriebe nicht in neue Produktionstechnologie hinein, sondern sie wachsen hinein» (HILBERT und SPERLING 1990, 156). Beide Untersuchungen machen auch deutlich, dass das – insbesonere von betriebswirtschaftlicher Seite – postulierte planvolle strategische Vorgehen gerade bei kleinen Unternehmen eher die Ausnahme darstellt. SADOWSKI (1983, 55) sieht darin sogar einen Vorteil; er hält Betriebe dieser Grössenordnung für «schlecht beraten, wenn sie ‹Improvisation durch Organisation› oder ‹strategische Planungssysteme› ersetzen sollen». Vielmehr sollten sie «darum bemüht sein, durch ihre Qualifikationspolitik die Anpassung im Detail ungeplant lassen zu können». Das hiesse allerdings, dass die Chancen des Einsatzes neuer Technologien nur dann sinnvoll genutzt werden können, wenn der betrieblichen Qualifizierung und Weiterbildung gerade in kleineren Unternehmen wesentlich mehr Bedeutung zugemessen wird als dies bisher vielfach der Fall ist.

Tatsächlich konnten PATTERSON et al. (1998) in einer Längsschnittuntersuchung unter Einbezug von mehr als einhundert englischen KMU zeigen, dass Unterschiede in der Produktivität der Unternehmen bis zu 18%, Unterschiede im Gewinn bis zu 19% auf Unterschiede in Arbeitsgestaltung und Qualifizierungsmassnahmen zurückzuführen waren. Unterschiede in der Strategie oder in der Fokussierung auf Qualität, Technologie oder F&E tragen demgegenüber deutlich weniger zur Erklärung von Unterschieden in Produktivität und Gewinn bei.

8.1.3 Das Problem der Heterogenität

Wie aus mehreren Untersuchungen hervorgeht, nimmt die Streuung zwischen befriedigendem und unbefriedigendem Betriebsergebnis ebenso wie die Streuung zwischen positiv und negativ zu bewertenden Arbeitsbedin-

gungen mit abnehmender Betriebsgrösse offensichtlich zu (AIGINGER und TICHY 1985, MENDIUS et al. 1987, HILBERT und SPERLING 1990). Diese Tatsache widerspiegelt nicht nur die mit abnehmender Grösse der Betriebe zunehmende Heterogenität, sondern vermutlich auch die mit abnehmender Grösse zunehmende unmittelbare Bedeutung des Unternehmers bzw. Unternehmensleiters und seiner subjektiven Theorien. Wenn KOTTHOFF (1981, 116) Unternehmensleiter als «self-made-Theoretiker der Sozialbeziehungen im eigenen Haus» bezeichnet, so trifft dies für Leiter von KMU in besonderer Weise zu. «In KMU sind die Persönlichkeitsmerkmale, Werte und Ziele des Geschäftsleiters kulturbestimmend» (SATTES et al. 1992, 95).
Sowohl die enorme Heterogenität der Unternehmen als auch die Position des Unternehmensleiters als zentraler und omnipräsenter Akteur machen für die Gewinnung auch nur näherungsweise repräsentativer Aussagen über die Situation von KMU einen erheblichen Aufwand erforderlich, der sich methodisch in einer Kombination quantitativer und qualitativer Vorgehensweisen niederschlägt.

Zu den industriesoziologischen Untersuchungen, die dieser Forderung entsprechen, gehört die von HILBERT und SPERLING (1990). Die Autoren haben in der Region Paderborn eine standardisierte schriftliche Befragung vorgenommen und von 225 KMU verwertbare Antworten erhalten. Darüber hinaus haben sie in 28 Betrieben Fallstudien durchgeführt, die sich allerdings auf mehrstündige Interviews mit den jeweiligen Inhabern bzw. Geschäftsführern und Betriebsbegehungen beschränkten. Schliesslich führten sie Expertengespräche mit 15 Vertretern von Behörden, Verbänden etc. aus der Region und Gruppengespräche mit Betriebsräten.
Aufgrund der von den Autoren durchgeführten schriftlichen Erhebung lässt sich etwa feststellen, dass von den 63 beteiligten Kleinunternehmen aus den Branchen Maschinenbau, Elektrotechnik/Elektronik sowie Metallbe- und -verarbeitung 40 Prozent in Mikroelektronik und Computereinsatz auch für KMU ein grosses Entwicklungspotenzial sehen, 28 Prozent der Meinung sind, die darin liegenden Möglichkeiten würden eher überschätzt und 32 Prozent die Frage derzeit nicht für entscheidbar halten. Dass die Zahl derer, die die Möglichkeiten der Technik positiv bewerten, im Maschinenbau vergleichsweise geringer ist als in den beiden anderen Branchen, leuchtet ein.
Aus den Interviews mit den Unternehmensleitern werden interessante Ergebnisse zu anderen relevanten Fragestellungen gewonnen, wie z.B. zur Art der Nutzung der durchgängig hochbewerteten Flexibilität: «Zielt die verlangte

8.1 Grösse als Rahmenbedingung 577

Flexibilität in den Betrieben mit hohen Anteilen an berufsfachlichen Qualifikationen auf den vielseitigen Einsatz bei der Bewältigung der Kundenaufträge, so zielt die verlangte Flexibilität in den Betrieben mit geringeren Qualifikationen stärker auf die Fungibilität der Arbeitskräfte im betrieblichen Einsatz» (HILBERT und SPERLING 1990, 175). Mit dieser Aussage werden indirekt auch Rückschlüsse auf die, von den Autoren nicht konkret untersuchten, Aufgabenzuschnitte möglich.

Die eigenen Untersuchungen wurden ausgelöst durch die Feststellung des eingangs genannten arbeitswissenschaftlichen Forschungsdefizits (ULICH 1985). Die als Erkundungsstudie geplante erste Phase bestand aus Experteninterviews mit 50 Unternehmensleitern, um die Situation von KMU genauer kennenzulernen und daraus Forschungsfragen ableiten zu können. Aufgrund der so gewonnenen Erfahrungen wurde mit systematischen Erhebungen über Erfolgs- und Risikofaktoren von kleinen und mittleren Schweizer Unternehmen begonnen.[3]

In der zweiten Phase des Projekts wurden mehrtägige Fallstudien in 50 KMU aus drei verschiedenen Regionen durchgeführt (SATTES, SCHÄRER und GILARDI 1993). Aus der Vielzahl der gewonnenen Ergebnisse sollen hier nur vier erwähnt werden:

(1) Die Einschätzung der Mitarbeiter bezüglich der eigenen Entscheidungsmöglichkeiten korreliert signifikant negativ (-.45) mit der Betriebsgrösse.
(2) Eine mitarbeiterorientierte Führungsphilosophie des Unternehmensleiters korreliert signifikant positiv (.44) mit dem wirtschaftlichen Erfolg in kleinen und mittleren Unternehmen.
(3) Rechnereinsatz und Vernetzung korrelieren mit dem wirtschaftlichen Erfolg signifikant positiv (.59) nur bei mittleren Unternehmen; bei kleinen Unternehmen finden sich keine signifikanten Korrelationen zwischen Technikeinsatz und wirtschaftlichem Erfolg.
(4) Bei der Hälfte der Erfolgsfaktoren ergaben sich statistisch bedeutsame Unterschiede zwischen den Kleinunternehmen mit weniger als 50 Mitarbeitern und den mittleren Unternehmen.

---

[3] Dieses Projekt wurde vom Institut für Arbeitspsychologie der ETH Zürich gemeinsam mit dem Betriebswissenschaftlichen Institut und dem Institut für Automatik durchgeführt.

Zur Überprüfung der Repräsentativität der in der zweiten Projektphase gewonnenen Ergebnisse wurde in der dritten Phase an alle 5 300 KMU der Branchen Maschinen- und Fahrzeugbau, Elektrotechnik/Elektronik, Metallbe- und -verarbeitung in der Schweiz ein zehnseitiger Fragebogen versandt, der von 1 667 Betrieben beantwortet wurde. Tabelle 8.1 gibt Auskunft über die Verbreitung computerunterstützter Produktionsfunktionen in den Unternehmen mit mehr als 5 Beschäftigten.

Tabelle 8.1: Computerunterstützte Produktionsfunktionen – relative Häufigkeiten nach Grössenklassen, nach Angaben von 1 500 Unternehmen der schweizerischen Investitionsgüterindustrie (aus: SATTES, BRODBECK, LANG und DOMEISEN 1998)

	Betriebsgrössenklasse			
Produktions-funktion	6–20 n = 663	21–49 n = 422	50–99 n = 207	100–499 n = 208
PPS	23.2	46.2	66.7	85.6
CAD	40.4	56.6	68.1	85.6
CAP	21.6	33.6	45.9	62.0
CAM *	45.7	52.4	56.0	66.8
CAA *	7.7	12.8	19.3	26.4
CAQ	10.4	21.8	37.2	49.0
BDE	44.0	57.8	67.1	72.6

* CAM = Fertigung   CAA = Montage

Aus Tabelle 8.1 geht hervor, dass die Verbreitung computerunterstützter Produktionsfunktionen eine deutliche Abhängigkeit von der Betriebsgrösse aufweist. Dieses Ergebnis überrascht allenfalls in seiner Deutlichkeit. Bemerkenswert ist allerdings, dass mehr als die Hälfte der Betriebe mit mehr als 20 und weniger als 100 Beschäftigten über computerunterstützte PPS-, CAD- und CAM-Systeme verfügt.

Interessant ist im vorliegenden Zusammenhang schliesslich die Bestätigung eines aus anderen Untersuchungen bekannten Widerspruchs:
In der Rangreihe der für den Unternehmenserfolg wichtigsten Faktoren werden die ‹Humanressourcen› in allen Grössenklassen deutlich vor den Finanzressourcen und dem Einsatz neuer Technologien genannt, von den Betrieben mit weniger als 100 Beschäftigten nach Marketing und Produktqualität an dritter Stelle, von den Betrieben mit 100 und mehr Beschäftigten an zweiter Stelle nach dem Marketing, mit zu vernachlässigendem Abstand von der

8.1 Grösse als Rahmenbedingung 579

Produktqualität. Die den ‹Humanressourcen› für den Unternehmenserfolg zugeschriebene Bedeutung findet jedoch, vor allem in kleineren Unternehmen, keine Entsprechung im Angebot für ‹On-the-job-Training› und formaler innerbetrieblicher Weiterbildung.

Die naheliegende Vermutung, dass kleinere Unternehmen das mangelnde interne Weiterbildungsangebot durch vermehrtes Nutzen externer Weiterbildungsangebote wenigstens teilweise kompensieren, wird durch die vorliegenden Ergebnisse nicht bestätigt. Damit wird deutlich: der grössere Teil der kleinen und kleinen mittleren Unternehmen, die sich an dieser Erhebung beteiligt haben, ist durch eine Kultur gekennzeichnet, zu deren Merkmalen weniger die systematische Nutzung und Erweiterung menschlicher Qualifikationen als vielmehr der – mehr oder weniger gezielte – Einsatz neuer Technologien gehört.

Die Annahme, dass die Verknüpfung beider Merkmale – im Sinne des in Abschnitt 4.2.3 skizzierten MTO-Konzepts – die Wahrscheinlichkeit für den Unternehmenserfolg erhöht, wird durch die Gegenüberstellung der Extremquartile mehr oder weniger erfolgreicher Unternehmen unterstützt (vgl. Abbildung 8.1).

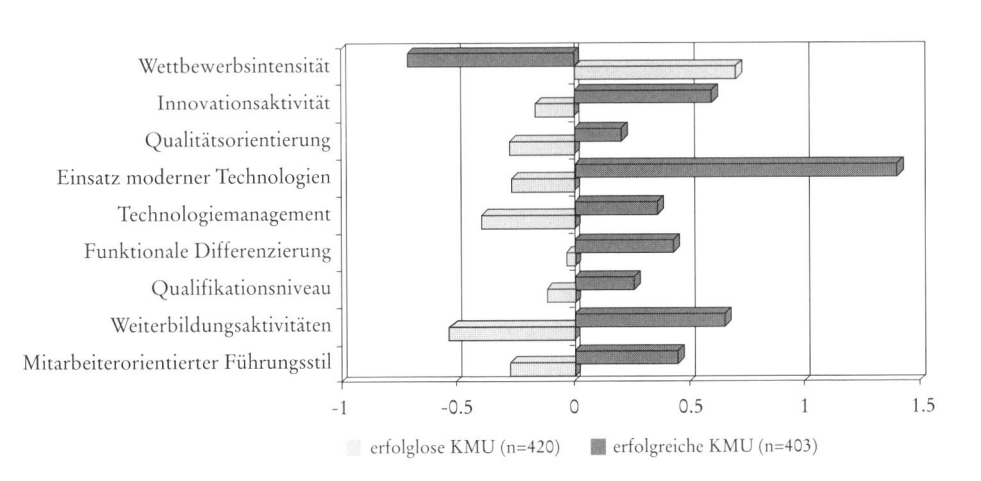

Abbildung 8.1: Einschätzung wichtiger Erfolgsfaktoren für mehr oder weniger erfolgreiche KMU – Extremquartile (aus: SATTES, BRODBECK, LANG und DOMEISEN 1998)

8.2 Die Bedeutung technologischer Veränderungen für die Unternehmenskultur

In seinem Beitrag über Unternehmenskultur als Problem von Managementlehre und Managementpraxis hat MALIK darauf hingewiesen, «dass die Befassung mit Unternehmenskultur wenig erbracht hat, was nicht seit langem Bestandteil einer guten Managementlehre war» (MALIK 1990, 28). Unter Hinweis auf Arbeiten von DRUCKER (z.B. 1954) und ULRICH (z.B. 1968) – die wesentliche Aspekte der Unternehmenskultur, wenn auch nicht unter diesem Begriff, längst beschrieben haben, aber in der gegenwärtigen Diskussion darüber praktisch nicht zur Kenntnis genommen werden – formuliert MALIK (1990, 27) eine so deutliche wie berechtigte Kritik: «Wer freilich nicht einmal den Stand dieser Lehre kennt, dem muss wohl alles neu und grossartig erscheinen, aber eben aufgrund eines Mangels an Vergleichsmöglichkeiten und klaren Standards; eben deshalb, weil er seine Hausaufgaben nicht gemacht hat.»

Als Beleg dafür, dass zentrale Aussagen über Unternehmenskultur fast drei Jahrzehnte vor dem Erscheinen des Buches von PETERS und WATERMAN (1982), das die Unternehmenskulturdiskussion mit ausgelöst hat, formuliert worden waren, zitiert MALIK einen Beitrag von PETERS (1985), in dem der Mitautor von «In Search of Excellence» diesen Sachverhalt ausdrücklich bestätigt (vgl. Kasten 8.1).

Kasten 8.1: Über den Neuigkeitswert zentraler Aussagen über Unternehmenskultur von PETERS und WATERMAN (1982) (aus: PETERS 1985)

«DRUCKER said everything. I had considered at least a little of what Bob Waterman and I had written in «In Search of Excellence» to be new but I had not read «The Practice of Management» until given the assignment to write this piece. To my amazement (perhaps dismay is the better word), I found everything we had written – in some corner or other – in «The Practice of Management». We are told ceaselessly that we «invented» the notion of the «value driven organization»; Drucker has a chapter forcefully arguing that the prime task of top management is the development of a simple statement of purpose derived from asking the all-too-often-unasked question: «What business are we in?» We surely

> felt that we were making a useful step forward in talking about ‹ownership of the job›. Drucker's major focus, it turns out, is not on MBO, but, as noted before, «management by objectives and self control». In other words, a prime reason for MBO is to provide the autonomy for a person, in any job, to fully develop. Drucker talks about employing the whole person. He talks of the inappropriateness of profit maximization and profit orientation as a superordinate objective, arguing instead that a focus on the customer is the only legitimate aspiration for business.
>
> Drucker also talks about the negative aspects of bureaucracy so many of them unintentional. He argues, even in the '50s, for fewer managerial layers. He rails against spans of control that are invariably too narrow. He dislikes even the word staff; he doesn't think it should exist. To Drucker every person (manager) in an organization should be directly contributing to the overall results; there is no room for sideline kibitzers. And on it goes. He said it all» (PETERS 1985, zitiert nach MALIK 1990, 24f.).

Auf dem Hintergrund dieser kritischen Anmerkungen beschränken sich die Ausführungen in diesem Abschnitt auf einige Überlegungen zur Bedeutung technologischer Veränderungen für die Unternehmenskultur.[4]

8.2.1 Elemente von Unternehmenskulturen

Unternehmenskulturen bestimmen weitgehend, wie Unternehmen von ihren Mitarbeitern wahrgenommen werden. Folgt man dem Konzept von SCHEIN (1985), so bilden grundlegende Annahmen («basic assumptions and beliefs») die Substanz der Unternehmenskultur. Diese Annahmen betreffen die Natur des Menschen, seines Verhaltens und seiner Beziehungen ebenso wie die Natur von Raum, Zeit und Wirklichkeit. Sie finden ihren Niederschlag in Werten («values»), die sich in Artefakten und Schöpfungen («artifacts and creations») objektivieren (vgl. Abbildung 8.2, S. 582).

---

[4] Für Zusammenhänge zwischen Technologie und Unternehmenskultur sind über die in diesem Abschnitt angestellten Überlegungen hinaus natürlich auch die in Kapitel 5 beschriebenen Entwicklungen bedeutsam.

582   8. Rand- und Rahmenbedingungen

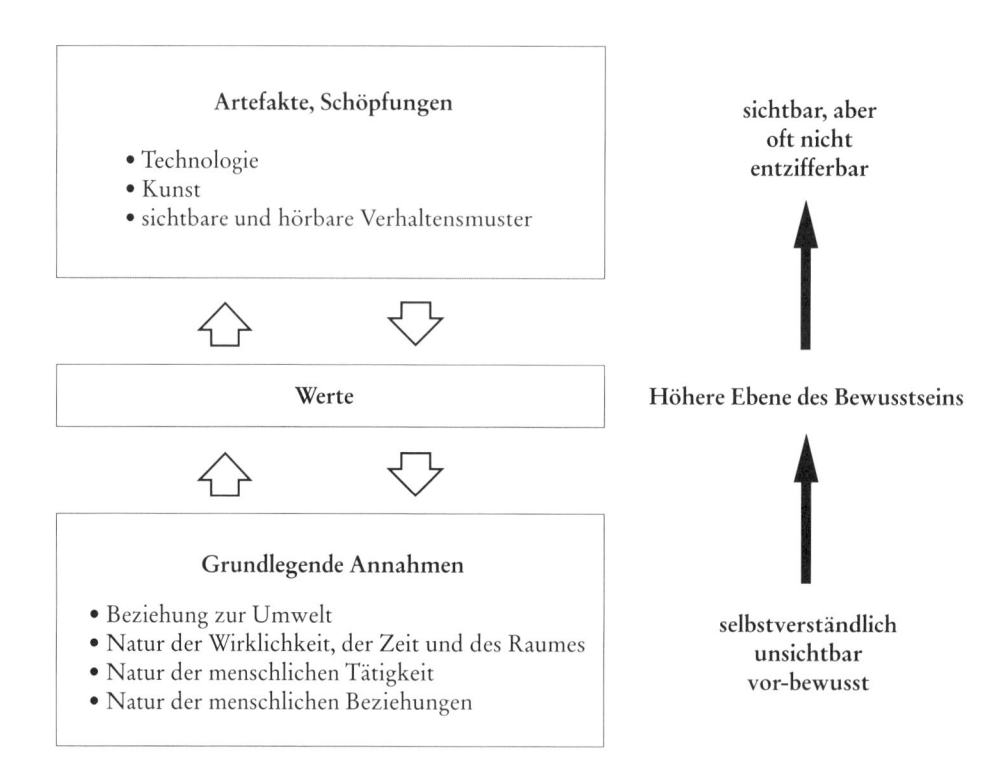

```
┌─────────────────────────────────────────┐
│         Artefakte, Schöpfungen          │         sichtbar, aber
│                                         │           oft nicht
│   • Technologie                         │          entzifferbar
│   • Kunst                               │
│   • sichtbare und hörbare Verhaltensmuster │               ↑
│                                         │
└─────────────────────────────────────────┘
              ⇧        ⇩
┌─────────────────────────────────────────┐
│                 Werte                   │    Höhere Ebene des Bewusstseins
└─────────────────────────────────────────┘
              ⇧        ⇩                                ↑
┌─────────────────────────────────────────┐
│         Grundlegende Annahmen           │
│                                         │         selbstverständlich
│   • Beziehung zur Umwelt                │             unsichtbar
│   • Natur der Wirklichkeit, der Zeit und des Raumes │   vor-bewusst
│   • Natur der menschlichen Tätigkeit    │
│   • Natur der menschlichen Beziehungen  │
└─────────────────────────────────────────┘
```

Abbildung 8.2: Ebenen der Unternehmenskultur und deren Interaktion (nach: SCHEIN 1985)

Unternehmenskulturen entstehen im Verlaufe von Jahren oder sogar Jahrzehnten «durch die allmähliche Verfestigung von bewährten Verhaltensweisen dominanter Organisationsmitglieder» (STAEHLE 1985, 532), zu denen vor allem Gründer und Angehörige des Topmanagements gerechnet werden. Inhalt der Unternehmenskultur sind z.B. übereinstimmende Werte, Ziele und Normen, die ihren Niederschlag etwa in organisationstypischen Symbolen und Ritualen, Sprachregelungen und Verhaltenscodices finden. Der Zugang zu Unternehmenskulturen erschliesst sich einerseits durch die Analyse solcher Manifestationen, andererseits – und dies wird in der einschlägigen Literatur kaum erwähnt – über die Analyse der Regeln für die Einstellung, Beschäftigung und gegebenenfalls Trennung von Mitarbeitern (ULICH 1990c).

Während SCHEIN davon ausgeht, dass die «basic assumptions and beliefs» praktisch von allen Organisationsmitgliedern geteilt werden, legen andere Arbeiten und eigene Erfahrungen die Annahme nahe, dass es innerhalb eines

8.2 Technologie und Unternehmenskultur

Unternehmens durchaus verschiedene – zum Teil sogar einander konträre – ‹Kulturen› geben kann. So hat LATTMANN (1981, 455f.) darauf aufmerksam gemacht, dass neben übereinstimmenden Werten, Zielen und Normen in einem Unternehmen «zugleich stets unterschiedliche Werte, Ziele und Normen» bestehen; diese «entspringen der Verschiedenheit der Anliegen ihrer Mitglieder und der ihnen zugewiesenen Rollen». AKTOUF (1985), der Untersuchungen in einer algerischen und einer kanadischen Brauerei – beide mit hohem Automatisierungsgrad – durchgeführt hat, berichtet von grundlegenden Unterschieden der «Vorstellungssysteme» und «Erlebniswelten» bei Arbeitern und bei Managern. «Der Hauptgrund dafür liegt unserer eigenen Erfahrung nach darin, dass die Manager ihre Vorstellungen sehr stark ausgehend von vorgefertigten technisch-ideologischen Systemen entwickeln, die vor allem dazu dienen, die Hierarchie innerhalb des Betriebs und ihre eigenen Privilegien zu rechtfertigen. Die Arbeiter dagegen ... bauen ihre Vorstellungen auf der Dialektik und der Diachronie des Vorgegebenen auf, aus den konkreten Elementen ihres Alltags» (AKTOUF 1985, 45).

Das Bestehen unterschiedlicher Kulturen innerhalb eines Unternehmens ist in der bisherigen Unternehmenskulturdiskussion generell zu wenig thematisiert worden. Dies ist umso erstaunlicher, als sich bereits bei MILLER (1959) und LORSCH und LAWRENCE (1965) deutliche Hinweise darauf finden. Während bei MILLER, der explizit ein soziotechnisches Konzept vertritt, der «subunit differentiation by technology, territory, and time» eine besondere Bedeutung zugeschrieben wird, spielen bei LORSCH und LAWRENCE die unterschiedlichen Funktionen die zentrale Rolle. Die Spezialisierung nach Funktionen führt offensichtlich zu unterschiedlichen Annahmen und Orientierungen; bei LORSCH und LAWRENCE finden sich dafür erste empirische Belege (vgl. Tabelle 8.2).

Tabelle 8.2: Dimensionen der funktionalen Differenzierung
(aus: LORSCH und LAWRENCE 1965)

Funktions-bereich	Grad der Strukturiertheit	Primäre Umweltorientierung	Primäre Zeitorientierung	Mitarbeiterorientierung
Forschung	niedrig	Wissenschaft	lang	permissiv
Verkauf	mittel	Markt	kurz	permissiv
Produktion	hoch	Fabrik	kurz	direktiv

Spätere Untersuchungen wie die von WIEBECKE (1989; vgl. auch WIEBECKE und TSCHIRKY 1987; WIEBECKE, TSCHIRKY und ULICH 1987) bestätigen beispielhaft die unterschiedlichen Umweltorientierungen und Zeitperspektiven von Forschern und Marketingmitarbeitern. WIEBECKE hat vergleichende Untersuchungen in den Bereichen R&D und Marketing in je einem Unternehmen der chemischen Industrie in der Schweiz und den USA durchgeführt. Seine Daten legen ebenso wie eigene Erfahrungen den Schluss nahe, dass Forschungsabteilungen und Marketingabteilungen verschiedener Unternehmungen eine einander u.U. ‹ähnlichere Kultur› aufweisen als die Forschungs- und die Marketingabteilung aus dem gleichen Unternehmen. Diese Ähnlichkeit betrifft einerseits die primäre Umwelt- und Zeitorientierung (vgl. Tab. 8.2), andererseits das Konzept von Wirklichkeit und Wahrheit (vgl. Kasten 8.2). Dabei spielt der je unterschiedliche Bezug zur Technik eine durchaus wichtige Rolle.

SCHEIN (1997) hat die Frage, weshalb Unternehmen so schlecht lernen, mit dem Hinweis auf den fehlenden Einklang der in Unternehmen typischerweise existierenden drei Kulturen beantwortet. Die Kultur der Arbeiter sei am schwierigsten zu beschreiben. «denn sie entsteht, örtlich begrenzt, im jeweiligen Unternehmen und seinen operativen Einheiten» (a.a.O., S. 65). Für die Kultur der Firmenchefs[5] gilt, stark vereinfacht, dass die im Unternehmen beschäftigten Menschen im wesentlichen als Kostenfaktoren betrachtet werden, während in der Technikerkultur Menschen vor allem Störfaktoren darstellen. Die «Sicht, Menschen als nicht personenhafte Ressourcen zu betrachten, die eher Probleme als Lösungen bringen, teilen die Angehörigen der Führungskräfte- mit denen der Technikerkultur. Beiden Gruppen gelten Menschen und die Beziehungen zwischen ihnen übereinstimmend als Mittel zu den Zwecken Effizienz und Produktivität, nicht als Zwecke in sich selbst» (a.a.O., S. 68).

---

[5] SCHEIN meint hier Firmenchefs, die auf dem Karriereweg in ihre Position gelangt sind. «Unternehmensgründer oder an die Spitze berufene Familienmitglieder haben andere Ansichten und oft einen breiteren Horizont» (a.a.O., S. 67).

Kasten 8.2: Kulturelle Unterschiede zwischen R&D und Marketing
(aus: WIEBECKE, TSCHIRKY und ULICH 1987)

Relationship to the environment
«R&D and marketing have different views about the relationship of the whole organization to the environment. R&D considers the technological and scientific relationship to the environment as crucial: The scientific and technical quality of its products justifies the existence of the whole firm, and the provision of technically useful products to the environment as the fundamental task of the organization ... Marketing however regards the firms role in the economical environment as most important: By supplying products that suit the market demand the financial means are obtained, and the organization survives through its commercial activities ...»

Time scales
«Marketing has a shorter time perspective than R&D, is today-oriented and focusing on the rapidly changing markets. Cooperating with R&D, marketing people are impatient and do not appreciate the long development time. Instead they change their opinion and loose enthusiasm for projects during development. On the other hand, R&D has a long term perspective and has to do long-term anticipation into the future. Interacting with marketing, scientists are perceived as lacking the sense of urgency and not caring about delays. They give the impression of working at a leisurely pace at projects they always want to continue, believing that everything will one day work out.»

Nature of reality
«R&D and marketing use different concepts of truth to determine the reality as a basis for decisions. On one hand, R&D uses experiments to determine the physical reality, resulting in the empirical proving or falsification of assumptions. The problems can be clearly defined, and to confirm the results extensive data collection is necessary. Marketing on the other hand is concerned with determining social reality. It deals with societal differences and changes, and has to cope with inseparable factors which can't be easily measured. In marketing's social reality, the value of information relates to the circumstances, and truth is determined by consensus» (WIEBECKE, TSCHIRKY und ULICH 1987).

8.2.2 Unternehmenskulturen und neue Technologien

Der Einfluss der Technologie auf Organisations- bzw. Unternehmenskulturen wird von Organisationspsychologen recht unterschiedlich eingeschätzt. Nach WEINERT (1987, 437) sind es «eher die Eigenschaften und Merkmale der Beschäftigten und nur in weit geringerem Masse die Art und Natur der äusseren Umwelt, die Technologie oder die Organisationsstruktur, die als grundlegende Determinanten des Organisationsverhaltens anzusehen sind». Im Unterschied dazu schreiben NEUBERGER und KOMPA (1987, 242) der eingesetzten Technologie, die bei der Diskussion über Unternehmenskultur üblicherweise «vergessen» werde, ausdrücklich eine fundamentale Bedeutung zu. Sie machen darauf aufmerksam, «welch tiefgreifende Einflüsse auf Arbeitshaltungen, Sozialbeziehungen und äussere Arbeitsgestaltung neue Büro- und Fertigungstechnologien haben: Anforderungen an Arbeits- und Führungskräfte, Strukturen der Organisation und Kommunikation, Planungs-, Ausführungs- und Kontrollverfahren ändern sich grundlegend und mit diesen (in unserer Terminologie) soziokulturellen Gestaltungen ändert sich die Unternehmenskultur. Jahrhundertealte Berufskulturen können durch neue Fertigungs- oder Herstellungsverfahren quasi über Nacht ausgelöscht werden (z.B. Handsatz durch Lichtsatz, Feinmechanik durch Elektronik, Metallbearbeitung durch NC- und CNC-Anlagen) oder ganz neue Bürokulturen (Bildschirmarbeitsplätze) werden geschaffen» (NEUBERGER und KOMPA, a.a.O.).

Auch SCHEIN (1985, 1991) weist ausdrücklich darauf hin, dass die Einführung neuer Technologien in einen Beruf, eine Organisation oder eine Gesellschaft als Problem kulturellen Wandels verstanden werden kann: «Occupations typically build their practices, values, and basic self-image around their underlying technology. Similarly, an organization that is successful because of its mastery of a given technology develops its self-image around that technology. If the technology changes in a substantial fashion, the organization or occupation not only must learn new practices but must redefine itself in more substantial ways that involve deep cultural assumptions» (SCHEIN 1985, 36). Dass die seit einiger Zeit zu beobachtenden Technologieschübe traditionell gewachsene Unternehmenskulturen in relativ kurzer Zeit in Frage stellen bzw. verändern können, wird von SCHEIN ebenfalls erkannt (vgl. Kasten 8.3).

8.2 Technologie und Unternehmenskultur

Kasten 8.3: Bedeutung neuer Technologien für einige Aspekte der Unternehmenskultur (aus: SCHEIN 1985)

«The clearest current examples are probably to be found in relation to automation, computers, and data processing technology. One of the strongest elements of an organizational culture is the status system that arises out of the traditional technology, a system often based on the possession of key items of information or critical skills. With the introduction of sophisticated computerized information systems and automation, it becomes painfully obvious that in many crucial areas the subordinate knows more than the boss, or that groups who previously had no power now have a great deal. People who are in power often anticipate such changes and realize that the best way to avoid the loss of their own power is to resist the new technology altogether. Even if the organizational logic of power redistribution is so convincing that some employees and managers can go along with the change, a second source of ‹cultural› resistance would be the uncertainty and anxiety associated with the transition itself. The period of transition very likely would involve some time when the very criteria of power and status would be so ambiguous that all people involved in the transition would be made uncomfortable, even the ones who would in the end benefit. If the new technology is to succeed, those advocating it must recognize from the outset that the resistance to it is not to the technology per se but to the cultural change implications of its introduction. Data-processing technology is usually brought in with the argument that the organization will become more efficient, and little attention is paid to the implications for power realignments. And even when such power issues are dealt with, too little attention is given to still another cultural factor – namely, that the new technology brings with it its own occupational culture. Only when change is under way do managers realize that with the new technology comes a whole new set of assumptions, values, and behavior patterns developed in the data-processing occupation» (SCHEIN 1985, 36f.).

Tatsächlich kann kaum ein Zweifel bestehen, dass insbesondere moderne Informations- und Kommunikationstechnologien die Organisationskulturen nachhaltig beeinflussen können. Aber: «... diese Effekte sind nicht ‹automatisch›, sondern hängen sowohl von der Art der Technologie als auch von der vorher bestehenden Kultur ab» (GROTE 1993, 78).

Die Befunde von PEDERSEN (1987), der «organizational cultures within the computing field» untersucht hat, zeigen, dass technologische Veränderungen zum Entstehen unterschiedlicher «assumptions» und «values» innerhalb eines Unternehmens beitragen können. Dieser Sachverhalt wird durch die Ergebnisse der Untersuchungen von GROTE und BAITSCH (1991) bestätigt.

«... rather than constituting a logically coherent system of assumptions, and consequently a cultural paradigm as Schein suggests, the present analysis indicates that the paradigms consist of a variety of apparently contradictory and inconsistent assumptions.
This implies that conflicting values and contrasting basic assumptions co-exist within a culture» (PEDERSEN 1987, 16).

In zwei der drei von PEDERSEN untersuchten Fälle aus der Computerindustrie fanden sich kulturelle Unterschiede, typischerweise zwischen Gruppen von Computerspezialisten und anderen Gruppen von Mitarbeitern. Dieses Ergebnis legt die Annahme nahe, dass die Ausbildung und/oder der Umgang mit bestimmten neueren Technologien Orientierungen bewirkt, die das Entstehen von Kulturen innerhalb eines Unternehmens begünstigen, die mit der in Jahren – oder Jahrzehnten – gewachsenen Unternehmenskultur nicht mehr übereinstimmen. Im Übrigen stimmt der Befund von PEDERSEN mit einem Hinweis von SCHEIN (1985, 37) überein: «The data-processing fraternity has its own vocabulary, its own norms, its own perspective on how the technology ought to be used, none of which may match the language, perspectives, and norms of the potential users of the system ...».

Ein Beispiel für strukturelle Veränderungen, die Auswirkungen auf Unternehmenskulturen bedeuten, findet sich in einer Bemerkung von WIRTH (1988, 30): «Die konventionelle, strikte Trennung zwischen Benutzern und Designern mag im Fall von Werkzeugen gerechtfertigt sein, die bloss einem Zweck dienen, etwa Autos oder Küchengeräten. Doch im Fall des Universalwerkzeuges Computer ist diese Trennung nicht nur unnötig, sie verhindert vielmehr die vollständige Nutzung der Leistungsfähigkeit des Computers.»

8.2.3   Desk sharing: die Veränderung vertrauter territorialer Muster

Die Nutzung elektronischer Arbeitsmittel zur flexiblen Nutzung von Gebäudeflächen führt in manchen Fällen zu offensichtlich nicht intendierten Ver-

8.2 Technologie und Unternehmenskultur

änderungen der Unternehmenskultur. Desk sharing meint, dass mehrere Personen sich eine Anzahl von Büroarbeitsplätzen teilen, keine von ihnen also mehr über einen ‹eigenen› Arbeitsplatz verfügt. Damit wird die Forderung nach einem eigenen Territorium – mit Möglichkeiten der persönlichen Gestaltung – aufgegeben. Bei ZINSER (2004a, 29) findet sich dafür die folgende Beschreibung: «Eine Büroform im eigentlichen Sinne existiert hier nicht mehr. Die Bürostruktur wandelt sich und erneuert sich ständig aus sich selbst heraus, zerstört sich selbst permanent und schafft sich wiederum neu. Die Teammitarbeiter verändern ihr Arbeitsumfeld situativ in Raumsituationen für Teamgespräche, Präsentationen, Projektarbeiten, Konzentrationsphasen etc. Und genau dies wird in der Zukunft im Vordergrund stehen. Es wird nicht nur an einem Projekt gearbeitet, sondern in mehreren Projekten und damit in Teams parallel. Als Konsequenz muss sich die Bürostruktur der Organisation anpassen, im Sinne von Schumpeters schöpferischer Zerstörung verändert sich das Büro fortlaufend.»

Gründe für die Einführung sind vor allem in der Reduzierung der Kosten für Büroflächen bzw. Arbeitsplätze zu erkennen. Dies gilt vor allem, wenn die Mitarbeiter ohnehin einen Teil ihrer Arbeitszeit ausserhalb des Betriebes, z.B. im Aussendienst, verbringen. Allerdings scheinen einige Unternehmen die Einführung von Desk sharing auch zu benutzen, um eine grössere Flexibilität der Beschäftigten zu forcieren. In einigen Fällen wird das Desk sharing in der Weise realisiert, dass die Beschäftigten beim Eintreffen im Betrieb die Nummer eines Arbeitsplatzes erhalten, der ‹irgendwo› sein kann und den sie dann mit dem, die wichtigsten Arbeitsunterlagen enthaltenden, Rollcontainer und ihrem Laptop für die Zeit ihrer Anwesenheit belegen und nach Beendigung der Arbeit wieder freimachen. In anderen Fällen wird dafür Sorge getragen, dass Teams bzw. Gruppen von Beschäftigten über ein gemeinsames Gruppenterritorium verfügen und die flexible Zuteilung von Arbeitsplätzen selbständig regeln. Damit sind – ähnlich wie bei der Telearbeit – sehr unterschiedlich zu bewertende Formen ortsungebundener Arbeit in der Realität vorfindbar. Eine Reihe interessanter, mehrheitlich positiv bewerteter Beispiele findet sich bei SCHWARB und VOLLMER (2002), bei ZINSER (2004b) sowie ZINSER und BOCH (2009) – (vgl. Kasten 8.4, S. 590).

Ähnlich wie bei der Telearbeit scheint aber auch hier diejenige Form, die mit den grösseren Nachteilen für die Beschäftigten verbunden ist, bisher die stärkere Verbreitung aufzuweisen.

> **Kasten 8.4:** Beispiel für Desksharing in der Schweiz (aus: SCHWARB und VOLLMER 2002, 60)
>
> «Bei Arthur Andersen Consulting in Zürich gibt es keine festen Schreibtische mehr. Im ‹nonterritorialen› Büro wird den Beraterinnen und Beratern über ein elektronisches System ein Arbeitsplatz zugewiesen. Dank des sogenannten Hotelings, dem Konzept, den Hauptsitz wie ein Hotel zu führen, konnten die Bürofläche auf fünf Quadratmeter pro Person und der Mietaufwand um 25% reduziert werden. Für 280 Mitarbeitende reichen nunmehr 120 Arbeitsplätze. Es stehen eine grosse Empfangshalle zur Verfügung und jede Menge spezielle Räumlichkeiten für verschiedene Zwecke: Sitzungszimmer in unterschiedlichen Grössen, offene und geschlossene Besprechungsräume und Einzelzellen. Zum ‹Hoteling›-Prinzip gehören auch diverse Dienste wie Wasch-, Bügel- oder Blumenlieferdienst, ja sogar Duschen für Mitarbeitende. Wenngleich bei Arthur Andersen Consulting die Kostenüberlegungen massgebend waren, wollte man mit der neuen Büroorganisation auch die Attraktivität des international tätigen Beratungsunternehmens erhöhen.»

Eine Bewertung des Desk sharing nach dem Kriterium der *Schädigungsfreiheit* lenkt die Aufmerksamkeit auf einige wenige Besonderheiten, die nicht auch für andere Formen von Büroarbeit gelten. «Zu denken ist beispielsweise an personspezifische ergonomische Einstellungen an Tischen und Stühlen, die bei Desk sharing Gefahr laufen könnten, einer vereinheitlichten ‹Designlinie› zum Opfer zu fallen» (VOLLMER 2002, 70). Zu achten ist aber etwa auch darauf, ob die nicht am ‹eigenen› Arbeitsplatz arbeitenden Personen vorwiegend oder ausschliesslich Laptops benutzen, bei denen Bildschirm und Tastatur nicht voneinander getrennt sind.

Nachteilige Folgen sind aber allem im Bereich *psychosozialer Beeinträchtigungen* zu erwarten (vgl. Kasten 8.5).

Folgt man VOLLMER (2002, 72) weiter, so sind die «Aufhebung territorialer Sicherheit und die Auflösung der personal repräsentierten Arbeitsumgebung ... die am häufigsten genannten Problembereiche bei der Einführung

8.2 Technologie und Unternehmenskultur

Kasten 8.5: Mögliche psychosoziale Beeinträchtigungen bei Desk sharing
(aus: VOLLMER 2002)

«Desk sharing berührt offenbar uralte Verhaltensmuster und ruft dementsprechend Reaktionen zur Regulation des Verhaltens hervor, die den Umgang mit dieser neuen Situation ermöglichen. In Konzepten zum räumlichen Verhalten spielen vor allem Konzepte der Privatheit, des persönlichen Raumes und des Territorialverhaltens eine Rolle .... Der persönliche Raum ist eine Art unsichtbare Grenze, die eine Person umgibt, dessen Kontrolle wesentlich zu einer intakten Kommunikation beiträgt ... Die Regulation der Offenheit bzw. des sich Abgrenzens gegenüber anderen ist ein dialektischer Prozess und auch in herkömmlichen Arbeitsumgebungen bedeutungsvoll. Allerdings kommt eine neue Dimension hinzu, wenn man es immer wieder mit neuen Mitarbeitenden zu tun hat, wie dies beim Desk sharing der Fall ist. Der Schutz des persönlichen Raumes wird persönlich und situationsspezifisch reguliert (SCHULZ-GAMBARD 1990) ... und kann beim Desk sharing erschwert werden, wenn man beispielsweise neben Personen arbeiten muss, zu denen man lieber eine andere Distanz hätte. Die Schwierigkeiten werden verstärkt, wenn hinzukommt, dass man die persönliche Sphäre nicht mehr ohne Weiteres durch physische Barrieren schützen kann, wenn man keinen ‹eigenen› Schreibtisch mehr hat. Das eigene Territorium ist ein Ort, mit dem sich Menschen, einzelne oder Gruppen, identifizieren, soziale Beziehungen innerhalb und zwischen verschiedenen Gruppen gestalten. Werden durch Desk sharing territoriale Abgrenzungen aufgehoben, sind neue Formen gefragt, wie Identität zu entwickeln und soziale Beziehungen zu gestalten seien. Einen ‹Platz› im Unternehmen ein zunehmen, den man auch seinen Kindern zeigen kann, stiftet Identität und Zugehörigkeitsgefühle, dessen sich Desk sharer nicht mehr so sicher sind, wie Erfahrungsberichte zeigen ...» (VOLLMER 2002, 71f.).

---

von Desk sharing». Das Entstehen gerade dieser Probleme kann aber mit einer auf Gruppenarbeitsstrukturen basierenden Zuweisung von Gruppenräumen, die die territoriale Sicherheit und die personal repräsentierte Arbeitsumgebung nicht prinzipiell in Frage stellen, verhindert oder doch in seinen Auswirkungen stark vermindert werden.

Unter dem Aspekt der *Persönlichkeitsförderlichkeit* stellt sich in erster Linie die Frage nach den Arbeitsaufgaben bzw. den Tätigkeiten, in die diese eingebettet sind. Die in Tabelle 4.2 aufgeführten Merkmale qualifikations- und motivationsförderlicher Aufgabengestaltung lassen ebenso wie die diesbezüglichen Ausführungen bei HACKER (1998) oder OESTERREICH und VOLPERT (1999) keine eindeutigen Schlussfolgerungen in Bezug auf das Desk sharing zu, da dieses offensichtlich mit der Ausführung inhaltlich sehr verschiedener Aufgaben verbunden sein kann. Indes hat vor allem HACKER (1998) darauf aufmerksam gemacht, dass auch die Ausführungsbedingungen – über die Entwicklung von Einstellungen – auf die Persönlichkeitsentwicklung einwirken können, und es kann angenommen werden, dass Desk sharing mit ständig wechselnder Arbeitsplatzzuweisung andere Einstellungen erzeugt oder verstärkt als Desk sharing mit der Möglichkeit bzw. dem Erfordernis kollektiver Selbstregulation auf gemeinsamen Gruppenterritorium.

Darauf angesprochen, dass das Desk sharing ohne Gruppenterritorium schliesslich auch ein Gefühl von ‹Heimatlosigkeit› hervorrufen könnte, erklärte vor einiger Zeit der Personalchef eines schweizerischen Unternehmens, dass er selbstverständlich damit rechne und auch für möglich halte, dass dies schliesslich in einem Gefühl der Gleichgültigkeit resultiere, für welches Unternehmen man arbeite. «Aber schliesslich habe ich den Auftrag, ... Millionen Franken einzusparen.»

8.2.4 Verunsicherung durch rasche Veränderungen

Zu den Merkmalen der Unternehmenskultur, die durch die eingesetzte Technologie mitbestimmt werden, gehört auch die Rationalität von Entscheidungsprozessen bzw. die Kalkulierbarkeit von Entscheidungen und deren Nachvollziehbarkeit durch die Mitarbeiter. Was damit gemeint ist, lässt sich durch die im Kasten 8.6 wiedergegebenen Diskussionsbeiträge veranschaulichen.

Die im Kasten wiedergegebenen Aussagen machen zugleich deutlich, dass die traditionellen betriebswirtschaftlichen Kenngrössen nicht mehr genügen, um hinreichende Entscheidungssicherheit zu vermitteln. LINDECKER hat darauf aufmerksam gemacht, dass es sich dabei um einen systematischen Effekt der Einführung rechnerunterstützter Produktionssysteme handelt. Als Folge einer vermehrten Ablösung von Handarbeitern durch Systemanalytiker und

8.2 Technologie und Unternehmenskultur

> **Kasten 8.6:** Verunsicherung des Managements – ein Gesprächsauszug
>
> An einer Sitzung mit leitenden Produktionsmitarbeitern namhafter schweizerischer Unternehmungen wurde u.a. über die Auswirkungen des Einsatzes neuer Technologien auf Arbeits- und Organisationsstrukturen gesprochen. Mit der folgenden Bemerkung gab einer der anwesenden Produktionschefs der Diskussion eine unerwartete Richtung: «Reden wir doch einmal Fraktur. Wir wissen doch gar nicht, was wir tun, weil wir nicht im voraus wissen, was herauskommt. Wir können uns ja an gar nichts halten. Da muss man doch oft entscheiden, ohne zu wissen, was richtig ist. Als ich seinerzeit ... einführte, da hat mir doch keiner sagen können, ob das richtig ist oder nicht». Ein zweiter Gesprächsteilnehmer meinte ergänzend: «Man weiss ja auch nie, was es kostet und was es bringt; es kommt schliesslich darauf an, wie man es rechnet». Ein dritter fügte hinzu: «... und übrigens alles, was mit C anfängt, kostet sowieso nur. Da soll mal einer kommen und mir das Gegenteil beweisen. Nehmen wir zum Beispiel CAD. Ich habe noch nie einen CAD-Arbeitsplatz gesehen, der nicht bloss gekostet hat». Zustimmung bei allen Teilnehmern. Ein vierter, der mit dem Bereich Personal zu tun hat, erklärte: «Aber weil wir keine Leute mehr bekommen, müssen wir heute so etwas anschaffen. Auch wenn wir erst später wissen, ob das überhaupt richtig war». Ein fünfter setzte hinzu: «Wir bauen Maschinen, die eigentlich niemand mehr beherrschen kann». Und einer äusserte dann noch. «Wir hatten die NC- und bald die DNC-Technologie. Und die hatten wir noch nicht einmal richtig im Griff; da kommt dann die neue C-Generation, und eigentlich kommt keiner mehr so recht mit. Aber wir müssen sie haben, das ist klar.»

-operateure «verlieren die sogenannten direkten Fertigungskosten zunehmend an betriebswirtschaftlicher Bedeutung und damit an Aussagekraft als Nachweis der Arbeitsproduktivität. Das klassische Instrument für die Messung und Berechnung der Wirtschaftlichkeit in der Produktion ist somit nichtssagend oder sogar irreführend geworden ...» (LINDECKER 1987, 28). Die hohen Investitionen in Menschen und Material lassen «den Anteil der variablen Kosten an den Gesamtkosten eines Unternehmens zur Bedeutungslosigkeit absinken» (a.a.O.).

Dass damit eine der zentralen traditionellen Messgrössen für betriebswirtschaftliche Kosten-Nutzen-Kalküle in Frage gestellt wird, ist offensichtlich. Die Bedeutung dieser Tatsache für die Bemühungen um Objektivierung von Investitions- und Allokationsentscheiden ist vermutlich noch viel zu wenigen wirklich bewusst. Andererseits gilt aber nach DRUCKER (1988), dass mit Hilfe von Datenverarbeitungssystemen Investitionsentscheidungen insofern wesentlich fundierter getroffen werden können, als diese Systeme das rasche Durchspielen und Abwägen von Alternativen ermöglichen. «What was once a budget exercise becomes an analysis of policy» (DRUCKER 1988, 46).

Dass derartige Notwendigkeiten oft auf eine bemerkenswerte Beharrungstendenz stossen, hat PETTIGREW (1973) empirisch eindrucksvoll belegt. Er wies – mit den Worten von PETERS und WATERMAN (1983, 30) – nach, «dass Unternehmen oft zehn Jahre lang an geradezu himmelschreiend falschen Vorstellungen von ihrer eigenen Welt festhalten, obwohl es erdrückende Beweise gibt, dass sich diese Welt geändert hat und sie das wohl auch tun sollten».

8.3 Arbeitsgestaltung und Entlohnungsproblematik

Der Gestaltung von Entgeltsystemen kommt nicht zuletzt deshalb besondere Bedeutung zu, weil das Entgelt neben der Sicherung der Existenz und der Aufrechterhaltung von Lebensstandards in vielen Fällen als sichtbarer Beleg für die einer Person entgegengebrachte Wertschätzung verstanden wird. Darüber hinaus sind unterschiedliche Formen des Entgelts auch relevant für Maßnahmen der Arbeitsgestaltung. Dies wird bei den Beschreibungen unterschiedlicher Entgeltformen wie Zeitlohn mit und ohne Leistungsbewertung, Akkordlohn, Prämienlohn etc. deutlich (vgl. SCHETTGEN 1996, FRIELING und SONNTAG 1999). Tatsächlich sind einige Bemühungen zur Neustrukturierung der Arbeit an der Lohnthematik gescheitert oder in ersten Ansätzen steckengeblieben. Dies zeigt z.B. ein von EMERY und THORSRUD (1982) mitgeteilter Fall, in dem die Ausdehnung eines äusserst erfolgreichen Projekts mit Gruppenarbeit in einem Zweigwerk auf das Hauptwerk u.a. mit der Begründung abgelehnt wurde, individuelle Akkorde seien für die Aufrechterhaltung der Produktivität erforderlich (vgl. Abschnitt 6.4). Einige Unternehmen, die die Bedeutung der Lohnproblematik in solchen Zusammenhängen rechtzeitig erkannt haben, haben anstelle eines Leistungslohnsystems ein Zeitlohnsystem eingeführt. Andere Unternehmen haben lernorientierte Lohnsysteme entwi-

8.3 Arbeitsgestaltung und Entlohnungsproblematik 595

ckelt, die die Qualifizierungsbereitschaft stimulieren und die erreichte Qualifikation honorieren. Solche Systeme sind der hauptsächliche Gegenstand der Ausführungen in diesem Abschnitt.

8.3.1 Qualifizierungshinderliche und qualifizierungsförderliche Lohnkonzepte

Herkömmliche Lohnsysteme lassen sich mit den in Kapitel 4 und Kapitel 5 beschriebenen Ansätzen einer Neustrukturierung der Arbeit oft nur schwer vereinbaren. Sie stehen Massnahmen der Arbeitsstrukturierung und qualifizierenden Arbeitsgestaltung sogar eher entgegen.

«Die heutigen Bedingungen der Entgeltdifferenzierung sind ein Anreiz für Arbeitsgestalter, systematisch Qualifikation im Betrieb zu entwerten. Das Prinzip muss um 180 Grad gewendet werden, nämlich nicht für zerstückelte, inhaltsarme Tätigkeit Teilqualifikation abzurufen und zu bezahlen, sondern für die ganzheitliche Qualifikation der Menschen entsprechend sinnvolle Tätigkeiten zu schaffen» (BIRKWALD 1982, 5.)
«Anderseits wird durch ein derartiges Lohnsystem der Handlungsspielraum auch von den subjektiven Bedingungen her eingeschränkt. Um einen hohen Zeitgrad zu erreichen bzw. um den Zeitgrad subjektiv zu optimieren, besteht für den einzelnen alles Interesse darin, in der Arbeit einen hohen Routinegrad zu erreichen. Anforderungen an eigene Entscheidungen und Dispositionen sowie anders- oder neuartige Tätigkeitselemente werden somit in der Regel auf Widerstand stossen, weil damit der eigene Zeitgrad gefährdet wird» (ALIOTH 1986b, 187).

Ein Lohnsystem, in dem die individuelle Leistung eine grosse Rolle spielt, ‹erzieht› einerseits dazu, vor allem auf den eigenen Vorteil bedacht zu sein und Zusammenarbeit mit ‹Schwächeren› zu vermeiden.[6] Zudem kann ein Leistungslohnsystem, in dem vor allem Quantität belohnt wird, zu Problemen im Umgang mit der Qualität führen. Der von OBERHOLZER-GEE und BOHNET (2000) beschriebene Fall von Sears Roebuck & Co zeigt, dass ein

---

[6] Letzteres kann natürlich auch als Folge eines Gruppenprämiensystems passieren, vor allem wenn der Leistungsanteil sehr hoch ist.

Leistungslohn u.U. sogar zu unnötigen Arbeiten – hier: Autoreparaturen – veranlassen kann.
Schließlich setzt ein Lohnsystem, das die individuelle Leistung bewertet, voraus, dass die Beschäftigten die Leistung durch eigenes Verhalten überhaupt beeinflussen können. Der beeinflussbare – und quantitativ eindeutig messbare und zurechenbare – Anteil hat aber mit zunehmender Automatisierung und elektronischer Steuerung abgenommen. Wenn man sich für die Einführung von Gruppenarbeit entschieden hat, wird der Versuch einer individuellen Leistungsbemessung ohnehin fragwürdig.
Bei DECI (1975), DECI, KOESTNER und RYAN (1999) und FREY (1997) finden sich ebenso wie bei FREY und OSTERLOH (1997, 2000) Hinweise auf die Möglichkeit einer ‹Verdrängung› intrinsischer Motivation als Folge quantitätsorientierter Entlohnungskonzepte. FREY (2000, 75) zieht aus ökonomischer Perspektive zusammenfassend die in Kasten 8.7 zitierten Schlussfolgerungen.

Kasten 8.7: Wirkungen variabler Leistungslöhne (aus: FREY 2000, 75)

«Die ökonomische Theorie befürwortet diese Form der Entlohnung aufgrund der Prinzipal-Agenten Theorie; in der Praxis wird sie im Management und auf anderen Hierarchiestufen immer mehr eingesetzt. Voraussetzung des pay for performance ist eine Anpassung der Entlohnung an die individuelle Leistung des Mitarbeitenden.
Wissenschaftliche Untersuchungen haben jedoch gezeigt, dass ein variabler Leistungslohn im Allgemeinen die Produktivität und die Gewinne einer Unternehmung nicht steigert. Eine leistungsfördernde Wirkung lässt sich nur bei einfachen, leicht messbaren Tätigkeiten finden. Unter anderen Bedingungen kann pay for performance sogar die Leistungsbereitschaft vermindern, weil eine Verdrängung der intrinsischen Motivation erzeugt wird.»

Ähnlich hat sich auch SPRENGER geäußert: «Mehr noch als zur Zeit der Niederschrift des Textes bin ich heute von einer negativen Beziehung zwischen extrinsischen (geldorientierten) Anreizen und intrinsisch motivierter Leistung überzeugt: Die Motivierung zerstört die Motivation» (SPRENGER 2007, 9).

8.3 Arbeitsgestaltung und Entlohnungsproblematik

FREY weist allerdings auch darauf hin, dass «verschiedene Typen von Mitarbeitenden ... unterschiedlich auf eine variable Leistungsentlohnung» reagieren. «Bei Einkommensmaximierern und Statusorientierten wird in der Regel die Leistung gesteigert. Loyale, formalistische und selbstbestimmte Personen reagieren hingegen eher negativ und büssen ihre intrinsische Arbeitsmotivation teilweise oder ganz ein» (a.a.O.).

In diesem Zusammenhang sind auch die so genannten Cafeteria-Systeme zu erwähnen. Sie stellen eine Möglichkeit dar, die unterschiedlichen Bedürfnisse von Mitarbeitenden zu berücksichtigen. Cafeteria-Systeme beinhalten ein Angebot zur Wahl zwischen einzelnen Entgeltbestandteilen wie z.B. zwischen einer Nachtarbeitszulage in Form von Geld oder zusätzlicher Freizeit, die innerhalb eines bestimmten Zeitrahmens bezogen werden muss oder angespart werden kann, z.B. für Langzeiturlaub oder Vorziehen des Rentenalters.

WAGNER (2004) schreibt den Cafeteria-Systemen «ein beträchtliches Anreizpotenzial» zu, weist aber auch darauf hin, dass es keine «allgemein gültige Cafeteria-Konzeption» gebe, da die Art der Ausgestaltung «stark durch unternehmensspezifische Rahmenbedingungen, wie z.B. Rechtsform, Branche, Mentalität und Tradition geprägt ist» (a.a.O., 638).

Die hier skizzierten Grenzen individualisierter leistungsorientierter Vergütungsformen stehen allerdings im Widerspruch zu der gleichzeitig zu beobachtenden Forderung nach der Einführung eben solcher Systeme in immer mehr Unternehmen und Institutionen.

Wenn es darum geht, durch ein Lohnsystem ausser der quantitativen Leistung vor allem auch Qualifikation und Flexibilität der Mitarbeiter zu fördern, dann muss ein solches System nicht nur belohnen, was jemand *tut*, sondern vor allem auch, was jemand *tun kann*. Ein derartiges Lohnsystem wird als *Polyvalenzlohnsystem* bezeichnet, weil darin der Grad der Einsetzbarkeit der Beschäftigten die zentrale Rolle spielt. In amerikanischen Unternehmen, in denen ähnliche Lohnformen entwickelt wurden, wird dieses Vorgehen als «Pay for knowledge» bezeichnet.

Historisch interessant sind in diesem Zusammenhang Entgeltformen, wie sie zur Zeit des ‹utopischen Sozialismus› die sogenannte ‹Nordamerikanische Phalanx› in der Fourieristischen Periode entwickelte: «Für notwendige, aber abstossende oder erschöpfende Arbeit wurde der höchste Lohnsatz bezahlt; für nützliche, doch weniger abstossende Arbeit war der

Lohn geringer, und die kleinste Vergütung erhielten diejenigen, die angenehme Beschäftigungen wählten» (HILLQUIT 1913; o.J., 89). So erhielten die ‹Ziegelarbeiter› mehr als die in der Landwirtschaft Beschäftigten, diese wiederum mehr als die Kellner und der Arzt. «Besondere Belohnungen» wurden für «Geschicklichkeit und Talent» ausgerichtet.

Das Eingruppierungsprinzip heisst also: *Bezahlung für abrufbare Qualifikation.* Dabei ist klar zu regeln, auf welchen Bereich bzw. welche Bereiche der betrieblichen Organisation sich dieses Prinzip erstreckt, ob also z.B. nur zur Erledigung der Gruppenaufgabe erforderliche Qualifikationen gemeint sind oder ob etwa jemand, der in einer Gruppe im Karosserierohbau beschäftigt ist, zusätzlich auch dafür honoriert wird, dass er aufgrund vorhandener Qualifikationen auch in der Lackiererei einsetzbar ist.

Wie ein solches Lohnsystem gestaltet sein kann, soll im Folgenden an Hand eines Beispiels gezeigt werden, das für ein schweizerisches Unternehmen entwickelt wurde. Der in Abbildung 8.3 schematisch dargestellte Lohnaufbau zeigt, dass sich der Grundlohn aus dem Normallohn und dem für die auf der «Könnenstreppe» erreichten Stufe festgelegten Betrag zusammensetzt.

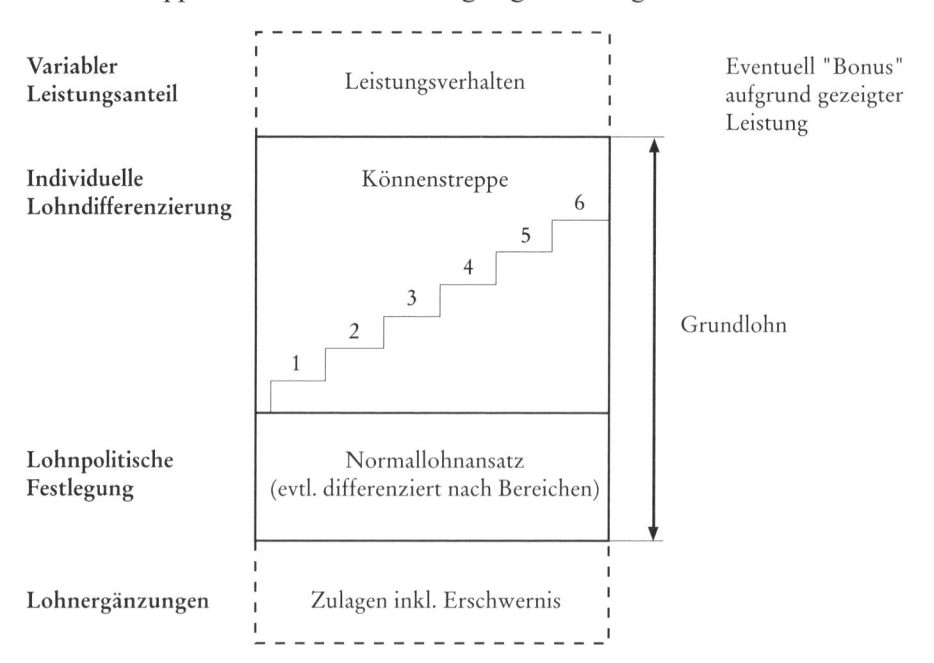

Die Darstellung kann nicht massstäblich interpretiert werden.

Abbildung 8.3: Beispiel für den Lohnaufbau in einem Polyvalenzlohnsystem
(aus: ALIOTH 1986b)

8.3 Arbeitsgestaltung und Entlohnungsproblematik 599

Die Möglichkeit, auch die quantitative Leistung durch einen Bonus zu entlohnen, ist durch ein Polyvalenzlohnsystem keineswegs ausgeschlossen. Bei allen Formen von Gruppenarbeit ist es allerdings sinnvoll, den Leistungsanteil gleichmässig auf alle Gruppenmitglieder zu verteilen, um damit auch die kollegiale Unterstützung in der Gruppe zu fördern. Andernfalls müsste auch für die individuelle Leistungszumessung ein Kontrollaufwand geleistet werden, der einen Teil der mit diesem System gewonnenen Vorteile wieder zunichte machen würde.

Dass in einem Polyvalenzlohnsystem auch Sozial- und Erschwerniszulagen einen Platz finden können, geht aus der Darstellung in Abbildung 8.3 ebenfalls hervor. Der zentrale Anteil der individuellen Lohndifferenzierung ergibt sich jedoch aus der Entwicklung bzw. dem Qualifikationsfortschritt auf der «Könnenstreppe». Wichtige Merkmale der daraus resultierenden Lohnabstufung sind im folgenden Kasten 8.8 dargestellt.

Ein Beispiel für die Festlegung der pro Stufe zu beherrschenden Anzahl von Arbeitsplätzen ist in Abbildung 8.4 wiedergegeben.

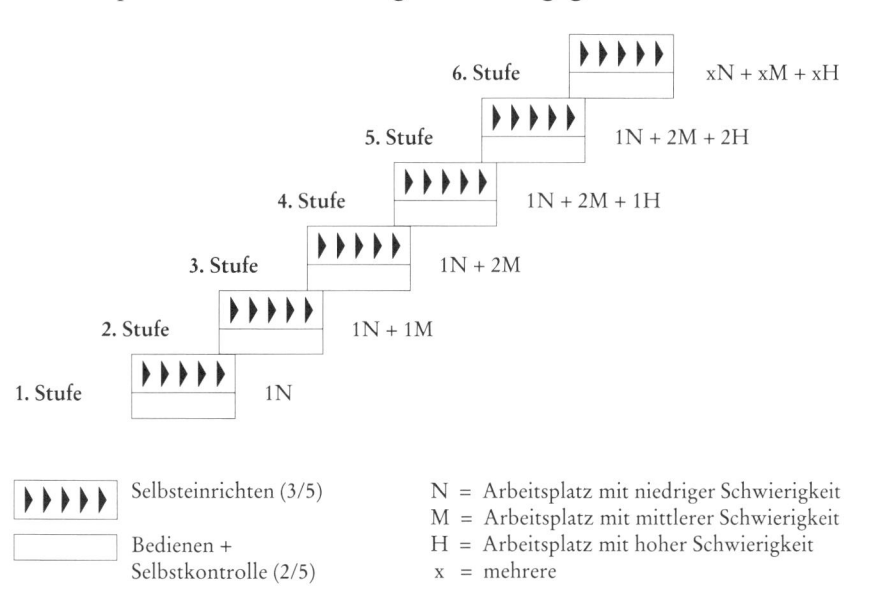

```
6. Stufe   ▶▶▶▶▶    xN + xM + xH
5. Stufe   ▶▶▶▶▶    1N + 2M + 2H
4. Stufe   ▶▶▶▶▶    1N + 2M + 1H
3. Stufe   ▶▶▶▶▶    1N + 2M
2. Stufe   ▶▶▶▶▶    1N + 1M
1. Stufe   ▶▶▶▶▶    1N
```

▶▶▶▶▶ Selbsteinrichten (3/5)   N = Arbeitsplatz mit niedriger Schwierigkeit
                                    M = Arbeitsplatz mit mittlerer Schwierigkeit
☐   Bedienen +   H = Arbeitsplatz mit hoher Schwierigkeit
        Selbstkontrolle (2/5)   x = mehrere

N.B. Die Pluszeichen sind wesentlich für die **Mehrfachqualifikation,** d.h. eine Stufe ist nur genommen, wenn alle in der Stufe geforderten Tätigkeiten beherrscht werden.

Abbildung 8.4: Beispiel für Anforderungen an die ‹Könnensstufen› in einem Polyvalenzlohnsystem (aus: ALIOTH 1986b)

Kasten 8.8: Beschreibung einer «Könnenstreppe» für ein Polyvalenzlohnsystem
(aus: ALIOTH 1986b)

«Die Könnenstreppe

1. Die Treppe hat 6 Stufen.
2. Das Treppenprinzip besteht darin, dass das Erreichen jeder einzelnen Stufe das Beherrschen der vorhergehenden Stufe miteinschliesst.
3. Jede Stufe ist unterteilt in ‹Bedienen und Selbstkontrolle› (=2/5) und ‹Selbsteinrichten› (=3/5). (Zum Beispiel: bei einem Betrag von 100.– pro Stufe: 40.– für Bedienen und Selbstkontrolle; 60.– für Selbsteinrichten).
4. Für eine flexible Handhabung des Treppenprinzips kann man bezüglich Bedienen und Selbstkontrolle bis zu maximal 2 Stufen voraus sein, wobei dann für die letzten beiden Stufen lediglich 2/5 ausbezahlt werden. Ohne Selbsteinrichten kann man damit aber höchstens zwei Stufen steigen.
5. Die Anforderungen je Könnensstufe werden durch eine Kombination von Schwierigkeitsgrad und Anzahl beherrschter Arbeitsplätze festgelegt. Bezüglich der Schwierigkeit werden die Arbeitsplätze in drei Klassen unterteilt: Hoch-Mittel-Niedrig (H-M-N). Um dem Ziel der Mehrfachqualifikation gerecht zu werden, muss darüber hinaus auch die Anzahl der zu beherrschenden Arbeitsplätze je Stufe festgelegt werden (siehe Abbildung 8.3).
6. Zwecks Transparenz sind in jedem Meisterbereich die Arbeitsplätze gemäss ihrer Klasse N, M oder H maschinenbezogen zu bezeichnen.
7. Als weitere Verfeinerung wäre es denkbar, das ‹Selbsteinrichten› zu unterteilen, etwa in 3 Unterstufen zu je $^1/_5$; damit könnte man dem Mehr oder Weniger an Selbständigkeit besser Rechnung tragen. Bis dahin ist das Können als ein Entweder-oder-Merkmal behandelt worden, wenn auch in zwei Schritten ‹Bedienen und Selbstkontrolle› sowie ‹Selbsteinrichten›. Der Vorteil der Entweder-oder-Lösung ist, dass man zu eindeutigen Beurteilungen bezüglich des Könnens des Mitarbeiters gezwungen ist, und dass der Lohnanreiz einen signifikanten Sprung darstellt» (ALIOTH 1986b, 190).

8.3 Arbeitsgestaltung und Entlohnungsproblematik

Für die Einführung eines Polyvalenzlohnsystems ist eine Reihe von zusätzlichen Festlegungen erforderlich. Einige davon sollen hier beispielhaft erwähnt werden:

(1) Für die Einteilung der Arbeitsplätze in Schwierigkeitsklassen können bisherige Ansätze der Arbeitsbewertung in entsprechend angepasster Form Verwendung finden.

(2) Für die Beurteilung des Könnens müssen einheitliche und überprüfbare Kriterien Verwendung finden.

(3) Es müssen Regeln formuliert werden, in denen festgelegt wird,
– wer beurteilt, wer was kann,
– ob und in welchen Abständen eine Überprüfung der Beurteilung vorgenommen werden soll,
– in welchen zeitlichen Abständen Höherstufungen möglich sein sollen.

(4) Bei der Festlegung für die Tätigkeit der Vorgesetzten und deren Bewertung muss der Qualifizierung der Mitarbeiter ein entsprechendes Gewicht beigemessen werden.

Das Entscheidende an dieser Art von Lohnsystemen ist, dass es sich dabei nicht mehr um vorwiegend leistungs- oder anwesenheitsorientierte, sondern um lernorientierte Lohnsysteme handelt, in denen Leistungskomponenten allerdings durchaus ihren Platz haben können.

8.3.2 Erfahrungen mit lernorientierten Lohnsystemen

GUPTA, JENKINS und CURINGTON (1986) berichteten über bemerkenswerte Auswirkungen von «Pay for knowledge»-Systemen in der amerikanischen Industrie. Die Autoren haben insgesamt 19 sorgfältig ausgewählte Unternehmen nach ihren Erfahrungen mit derartig lernorientierten Entlohnungssystemen befragt. Einige der im vorliegenden Zusammenhang bedeutsamen Ergebnisse sind in den Tabellen 8.3 bis 8.5 (S. 602–604) dargestellt.

Die in Tabelle 8.3 aufgeführten Ergebnisse lassen erkennen, dass nach den Erfahrungen der befragten Unternehmen die benutzten Pay-for-knowledge-

Systeme geeignet sind, Qualifikation, Motivation und Flexibilität der Beschäftigten zu fördern. Annähernd drei Viertel der befragten Unternehmen berichteten darüber hinaus über eine Erhöhung der Produktivität pro Arbeitsstunde und eine Verminderung der Stückkosten.

Tabelle 8.3: Ausmass, in dem ausgewählte Aspekte der Arbeit durch das Pay-for-knowledge-System gefördert wurden (nach: GUPTA, JENKINS und CURINGTON 1986)

Aspekte der Arbeit	not at all		to some extent		to a large extent		to a very great extent	Mittelwert
	(1)	(2)	(3)	(4)	(5)	(6)	(7)	
Improved employee satisfaction	0.0	0.0	10.5	26.3	47.4	5.3	10.5	4.8
Greater work-force flexibility	0.0	5.3	0.0	5.3	21.1	26.3	42.1	5.9
Labor cost reduction	10.5	15.8	26.3	0.0	26.3	5.3	15.8	3.9
Increased output per hour worked	0.0	15.8	10.5	15.8	36.8	10.5	10.5	4.5
Enhanced employee motivation	0.0	15.8	15.8	10.5	36.8	5.3	15.8	4.5
More employee commitment	0.0	10.5	15.8	15.8	36.8	0.0	21.1	4.6
Lower absenteeism	21.1	15.8	15.8	10.5	21.1	0.0	15.8	3.6
Fewer layoffs*	33.3	5.6	5.6	5.6	33.0	0.0	16.7	3.9
Reduced voluntary turnover	26.3	10.5	15.8	15.8	15.8	10.5	5.3	3.4
Better Labor-Management relationships**	23.5	5.9	11.8	5.9	23.5	23.5	5.9	3.9
Better employee-management relationships	10.5	5.3	10.5	21.1	10.5	21.1	21.1	4.6

N = 19   *N = 18   **N = 17

8.3 Arbeitsgestaltung und Entlohnungsproblematik

Antworten auf die Frage, auf welche Einflussgrössen die positiven Effekte des Pay-for-knowledge-Systems zurückzuführen seien, sind in Tabelle 8.4 zusammengestellt.

Tabelle 8.4: Einflussgrössen, die nach Angaben von 19 amerikanischen Unternehmen zum Erfolg des Pay-for-knowledge-Systems beitragen (nach: GUPTA, JENKINS und CURINGTON 1986)

Einflussgrössen	Mittelwert	Antwortmöglichkeiten
Emphasis on employee growth and development	5.6	1 = not at all
Local managerial commitment to the plan	5.6	3 = to some extent
Employee commitment	5.5	5 = to a large extent
Overall management philosophy of the organization	5.3	7 = to a very great extent
Ability to move employees from one job to another as needed	5.3	
Emphasis on employee training	5.2	
Employee selection procedures	5.2	
Employee participation in the administration of the plan*	5.1	

* N = 18

Interessant sind schliesslich auch die Zusammenhänge zwischen der Einführung von Pay-for-knowledge-Systemen und den Äusserungen über das Erfordernis von Spezialisten- und Vorgesetztenpositionen (vgl. Tab. 8.5, S. 604). Die Angaben in Tabelle 8.5 belegen die Vermutung, dass lernorientierte Lohnsysteme ein geeignetes Instrument zur Unterstützung von Konzepten

Tabelle 8.5: Angaben von 19 amerikanischen Unternehmen zur Notwendigkeit bestimmter Positionen für den Fall der Nicht-Anwendung von Pay-for-knowledge-Systemen (nach: GUPTA, JENKINS und CURINGTON 1986)

Mitarbeiter-Position	Considerably fewer (1)	Fewer (2)	About the same (3)	More (4)	Considerably more (5)	Mittelwert
Production	0.0	0.0	36.8	57.9	5.5	3.7
First-line Supervisors	0.0	0.0	36.8	57.9	5.3	3.7
Clerical	0.0	0.0	68.4	31.6	0.0	3.3
Skilled Trades	0.0	0.0	36.8	47.4	15.8	3.8
Administrative	0.0	5.3	68.4	26.3	0.0	3.2
Professional/Technical	0.0	0.0	83.3	16.7	0.0	3.2
Managerial	0.0	0.0	68.4	31.6	0.0	3.3

Frageformulierung: «Wenn Sie kein Pay-for-knowledge-System hätten, würden Sie dann mehr oder weniger oder gleichviele Mitarbeiter des folgenden Typs in Ihrer Belegschaft benötigen?»

der Aufgabenerweiterung darstellen, insbesondere wenn diese mit der Übernahme von Vorgesetzten- und Spezialistenfunktionen verbunden sind. Einige andere Ergebnisse stützen die Vermutung, dass derartige Systeme für einige Personengruppen interessanter sein können als für andere: «Thus, plant respondents validated the argument that social and interpersonal skills, motivation, and a desire for growth and development are critical characteristics for employees covered by pay-for-knowledge plans» (GUPTA, JENKINS und CURINGTON 1986, 121).

8.3 Arbeitsgestaltung und Entlohnungsproblematik

Solche Ergebnisse bedürfen allerdings – sofern sie nicht trivial sind – der sorgfältigen Überprüfung.
Da die Festlegung von Lohnsystemen zu den zentralen Verhandlungsgegenständen der sogenannten Sozialpartner gehört, ist schliesslich noch der Hinweis wichtig, dass sich unter den von GUPTA et al. befragten Unternehmen auch eine Reihe von «unionized pay-for-knowledge corporations» befand.

In der deutschen Industrie wurde mit dem – durch das in Abschnitt 10.3 beschriebene Projekt stimulierten – VW-Tarifvertrag zur Lohndifferenzierung (LODI) ein Schritt in die beschriebene Richtung gemacht (vgl. HILDEBRANDT 1981).

Inzwischen gibt es in Deutschland auch eine Reihe von Unternehmen, in denen – mit gewerkschaftlicher Zustimmung – Betriebsvereinbarungen über die Einführung derartiger lernorientierter Entlohnungssysteme abgeschlossen werden konnten. So heisst es z.B. in einer Betriebsvereinbarung zwischen Geschäftsführung und Betriebsrat einer deutschen Getriebe- und Zahnradfabrik über die Einführung eines neuen Entlohnungssystems: Die Festlegung der Lohneingruppierung «wird gemäss der vorhandenen und in die Arbeit der Gruppen eingebrachten Qualifikation des jeweiligen Mitarbeiters vorgenommen» (SCHLENKERMANN 1993). In der Leitlinie zur Durchführung der genannten Betriebsvereinbarung findet sich präzisierend das Prinzip «Je höher die Flexibilität – desto höher die Eingruppierung» und dessen Operationalisierung über Kenntnisse in den Tätigkeitsbereichen Bedienen und Messen, Werkzeugwechsel und Nachstellen, Instandhaltung und Kleinreparaturen, bezogen auf die Anzahl Maschinen innerhalb der Gruppe, auf die die Kenntnisse angewandt werden können. Für die von den Gruppen gewählten Gruppensprecher wird zusätzlich ein monatlicher Betrag gezahlt, der bei Abwahl bzw. Nichtwiederwahl entfällt und bei Abwesenheit auf Tagesbasis an den Stellvertreter übertragen wird. Schliesslich findet sich in der erwähnten Leitlinie ein interessanter Hinweis: «Die Flexibilitätsentlohnung bietet aufgrund ihrer klar definierten Kriterien Gerechtigkeit und Objektivität».
Die damit angesprochene Frage der Lohngerechtigkeit ist theoretisch wie praktisch naturgemäss von erheblichem Interesse.

8.3.3 Zur Frage der Lohngerechtigkeit

Aus verschiedenen Gründen kann man zu der Überzeugung gelangen, dass es eine objektive Lohngerechtigkeit nicht gibt. Dennoch ist die Frage, wovon das Erleben einer Arbeitssituation als «gerecht» oder «ungerecht» abhängt, selbstverständlich höchst bedeutsam. In diesem Zusammenhang ist das Konzept von ADAMS (1963, 1965), das als «Equity»- bzw. «Inequity-Theorie» bekannt geworden ist, von Interesse.

Merkwürdigerweise ist bei deutschsprachigen Übersetzungen dieser Begrifflichkeit häufig von Gleichheits- bzw. Ungleichheitstheorie oder von Ausgeglichenheit bzw. Unausgeglichenheit die Rede. Der psychologische Aussagegehalt des Konzepts von ADAMS betrifft aber offensichtlich in erster Linie die Wahrnehmung einer Situation als «gerecht» oder «ungerecht».

ADAMS ging im Anschluss an HOMANS (1958, 1961) davon aus, dass die Arbeitssituation im weitesten Sinne als Tauschverhältnis erlebt wird: Dafür, dass der Arbeitnehmer seine Arbeitskraft zur Verfügung stellt, erhält er vom Arbeitgeber eine Gegenleistung in Form von materiellen und/oder immateriellen Belohnungen.[7] Sofern das Verhältnis von Leistung und Gegenleistung als «gerecht» beurteilt wird, wird dies als Zustand psychischen Gleichgewichts erlebt, der Zufriedenheit bewirkt. Ob allerdings das Verhältnis von Aufwand und Ertrag subjektiv als «gerecht» oder «ungerecht» beurteilt wird, hängt entscheidend davon ab, wie die entsprechende Tauschbeziehung bei anderen – seien dies Bezugsgruppen oder einzelne Bezugspersonen – wahrgenommen wird. Zufriedenheit bzw. Unzufriedenheit mit der Situation sind demzufolge also auch das Ergebnis von Vergleichsprozessen, in deren Verlauf Vor- und Nachteile sowohl auf der Aufwands- als auch auf der Ertragsseite gegeneinander abgewogen werden. Ein Beispiel mag dies verdeutlichen (Kasten 8.9).

Nach ADAMS gibt es für derartige Vergleiche typische Kombinationen, wie sie in Tabelle 8.6 dargestellt sind.

Nach der Theorie von ADAMS führt erlebte Ungerechtigkeit ganz allgemein zu einem Spannungszustand, der nach Auflösung drängt. Dabei entsteht das Gefühl von Ungerechtigkeit nicht etwa nur, wenn jemand sich ‹unterbewertet› fühlt, sondern auch dann, wenn jemand sich ‹überbewertet› fühlt. Bei

---

[7] Diese Skizzierung macht übrigens deutlich, dass die Begriffe ‹Arbeitnehmer› und ‹Arbeitgeber› im psychologischen Sinne gerade umgekehrt verstanden werden können als wir es üblicherweise tun.

8.3 Arbeitsgestaltung und Entlohnungsproblematik

Kasten 8.9: Beispiel für einen Abwägungsprozess zur Beurteilung des Verhältnisses zwischen Aufwand und Ertrag
(in Anlehnung an BRUGGEMANN, GROSKURTH und ULICH 1975)

Ein wissenschaftlicher Mitarbeiter einer Hochschule vergleicht seine Arbeitssituation mit der von Studienkollegen, die mit ihm gemeinsam das Studium abgeschlossen haben, in der Wirtschaft angestellt sind und ein wesentlich höheres Salär beziehen als er selbst. Würde allein der materielle Aspekt die Beurteilung der Situation als ‹gerecht› oder ‹ungerecht› bestimmen, so wäre das Ergebnis eindeutig. Tatsächlich mag aber der wissenschaftliche Mitarbeiter eine Reihe von Vorteilen – wie z.B. grössere Selbständigkeit, interessantere Arbeit, mehr Freiheit in der Zeiteinteilung – auf der eigenen Ertragsseite ‹verbuchen›, gegen das höhere Salär seiner Studienkollegen ‹aufrechnen› und im Endergebnis schliesslich gleichwohl eine ‹gerechte› Tauschbeziehung feststellen.

Tabelle 8.6: Wahrnehmung von Gerechtigkeit bzw. Ungerechtigkeit als Ergebnis unterschiedlicher Differenzen zwischen Aufwand und Ertrag bei der urteilenden Person und der Bezugsperson (nach: ADAMS 1963)

Aufwand-Ertrag der urteilenden Person	Aufwand-Ertrag der Bezugsperson			
	niedrig-hoch	hoch-niedrig	niedrig-niedrig	hoch-hoch
niedrig-hoch	0	2	1	1
hoch-niedrig	2	0	1	1
niedrig-niedrig	1	1	0	0
hoch-hoch	1	1	0	0

Differenz 0:
Als gerecht wahrgenommenes Tauschverhältnis bedeutet Gleichgewicht und Zufriedenheit

Differenz 2:
Als sehr ungerecht wahrgenommenes Tauschverhältnis bedeutet Ungleichgewicht und erhebliche Unzufriedenheit

geringer Diskrepanz – in der Tabelle durch den Zahlenwert 1 markiert – wird durch mehr oder weniger bewusste gedankliche Manipulation versucht, die jeweiligen Vor- und Nachteile nochmals gegeneinander abzuwägen und so nach Möglichkeit die erlebte Diskrepanz zu minimieren. Ist dies nicht möglich oder ist die erlebte Diskrepanz zu gross (Zahlenwert 2 in der Tabelle), so muss nach einer ‹aktiven› Lösung gesucht werden, die entweder durch eine tatsächliche Veränderung der Situation oder durch psychologische Umstellung erfolgen kann. Von den insgesamt acht von ADAMS genannten Möglichkeiten seien hier die drei folgenden erwähnt:

- Verminderung des eigenen Einsatzes durch Leistungszurückhaltung – z.B. wenn jemand zu dem Schluss kommt, im Vergleich zu anderen für seinen Einsatz zu wenig Lohn zu erhalten.
- ‹Flucht aus dem Feld› durch Fehlzeiten oder Kündigung – z.B. wenn jemand keine Möglichkeit sieht, die von ihm als ‹ungerecht› erlebte Situation ändern zu können.
- Änderung der Bezugsgruppen – z.B. wenn jemand zu dem Schluss kommt, weder die Situation ändern noch kündigen zu können.

Die Mehrzahl der Untersuchungen zur Gültigkeit des Modells von ADAMS hat sich – was durchaus naheliegt – mit Fragen der Entlohnung bzw. Aspekten der Lohngerechtigkeit beschäftigt. Eine Reihe von Untersuchungen hat gezeigt, «dass die Ergebnisse im Allgemeinen das Modell nur bei Unterbezahlung und unter Stundenlohnbedingungen verifizieren. Das Modell wurde jedoch nicht überzeugend unterstützt bei Überbezahlung und unter Stücklohnbedingungen» (WEINERT 1998, 170). Für die beiden zuletzt genannten Fälle lassen sich plausible Begründungen finden, die den Rahmen des Konzepts von ADAMS nicht notwendigerweise sprengen.

Interessant sind in diesem Zusammenhang vor allem auch die von PRITCHARD (1969) angestellten Überlegungen: (1) könne man nicht in jedem Fall grundsätzlich bzw. a priori wissen, ob ein Aspekt der Austauschbeziehung – z.B. die Verantwortung – eher als Aufwand oder eher als Ertrag erlebt werde; (2) sei nicht klar, wodurch die Wahl bestimmter Personen oder Gruppen als Bezugspersonen oder Bezugsgruppen bestimmt werde; (3) sei mit interindividuellen Unterschieden im Gerechtigkeitsempfinden zu rechnen und (4) könne die Beurteilung einer Tauschsituation als ‹gerecht› oder ‹ungerecht› auch auf der Grundlage «interner Standards» erfolgen.

Die Besonderheit des Konzepts von ADAMS liegt also einerseits darin, dass er sich ökonomischer Modellvorstellungen bedient und die Arbeitssituation in

diesem Sinne als Tauschsituation begreift sowie andererseits darin, dass er die Bedeutung des sozialen Vergleichs für die Wahrnehmung und Beurteilung einer Situation als ‹gerecht› bzw. ‹ungerecht› hervorhebt. Daraus wird zum Teil auch erklärbar, weshalb die ‹relative› Lohnhöhe für die Einschätzung der eigenen Situation oft wichtiger zu sein scheint als die absolute Lohnhöhe.
Im Übrigen gewinnt bei der Beurteilung der Tauschsituation die Möglichkeit der Verfügung über die Zeit offenbar zunehmend an Bedeutung.

8.4 Zeitsouveränität und Teilzeitarbeit – Möglichkeiten einer Flexibilisierung von Arbeitszeiten

Seit einigen Jahren lässt sich in einer Reihe von Industrieländern beobachten, dass ein ständig grösser werdender Anteil von Beschäftigten ein zunehmendes Bedürfnis nach Verfügbarkeit über grössere Anteile der eigenen Lebenszeit entwickelt – und sich damit scheinbar der Kontrolle durch Arbeitgeber und Arbeitnehmerorganisationen zu entziehen droht. Zunehmend wird Zeit als nicht vermehrbare Ressource erlebt, «and workers want some choice in how and when to spend it» (OLMSTED 1983, 479).

8.4.1 Randbedingungen und Dimensionen der Zeitdiskussion

NACHREINER, JANßEN und SCHOMANN (2005) konnten die Daten der von der Europäischen Stiftung zur Verbesserung der Lebens und Arbeitsbedingungen in den 15 alten Mitgliedsländern durchgeführten Repräsentativerhebungen über die Arbeitsbedingungen einer Sekundäranalyse unterziehen. Dafür konnten Angaben von rund 21.000 befragten Personen zur *Dauer der wöchentlichen Arbeitszeit* und zu verschiedenen gesundheitlichen Beschwerden herangezogen werden. Die Autoren fanden für alle einbezogenen Beschwerden (Rücken-, Magen- und Herzbeschwerden, Schlafstörungen, ‹Stress› und allgemeine Ermüdung) einen «durchgehenden Zusammenhang: je länger die wöchentliche Arbeitszeit, desto häufiger sind die Beschwerden» (a.a.O., S. 339). Aufgrund ihrer ersten Analysen, die weiterer Spezifizierungen – z.B. nach Berufsgruppen – bedürfen, kommen sie zu dem Schluss, «dass eine generelle Ausdehnung der Arbeitszeit aus arbeitswissenschaftlicher Perspektive wegen des erhöhten Risikos gesundheitlicher Beeinträchtigungen nicht unbedenklich erscheint» (a.a.O., S. 340). Ausserdem halten sie es für «sinnvoll, auch die durch derartige erhöhte Beeinträchtigungen verursachten Kosten in die Wirtschaftlichkeitsüberlegungen einzubeziehen» (a.a.O.).

Der von NACHREINER (2002) schon früher berichtete Trend eines deutlich erhöhten Unfallrisikos bei längeren Arbeitszeiten «jenseits des Normalarbeitstages» (a.a.O., S. 9) könnte also «durchaus als Folge einer Fehlbeanspruchung durch zu lange Arbeitszeiten interpretiert werden. Die aus anderen Bereichen bekannte exponentielle funktionale Relation zwischen Dosis, Wirkungsdauer und Effekten gilt damit offensichtlich auch im Bereich des Unfallrisikos. Längere Arbeitszeiten erscheinen danach nicht besonders effizient. Die Verlängerung der Arbeitszeit über den Normalarbeitstag hinaus erscheint damit aus arbeitswissenschaftlicher Sicht nicht als effiziente Strategie zur Optimierung der Leistung. Forderungen nach weiterer Liberalisierung oder Flexibilisierung der Arbeitszeitregelungen sollten derartige Zusammenhänge zumindest in Erwägung ziehen» (a.a.O., S. 11).

Das wachsende Bedürfnis nach *Arbeitszeitverkürzung* und mehr *Zeitsouveranität* steht im Widerspruch zu einer Reihe von Prinzipien, die einer Flexibilisierung bzw. Individualisierung von Arbeitszeiten noch immer entgegenstehen (vgl. TERIET 1979, 1983). Im Einzelnen sind hier zu nennen:

- Das *Prinzip der Uniformität*. Damit ist die Einheitlichkeit der Arbeitszeitmuster angesprochen sowie der Trend zu generellen Lösungen, die individuelle Zeitmuster nicht zulassen.
- Das *Prinzip der Gleichzeitigkeit* führt dazu, dass möglichst alle Beschäftigten zu gleichen Zeiten arbeiten und auch zur gleichen Zeit frei haben.
- Das *Prinzip der Fremdbestimmung* ist mit den anderen Prinzipien eng verbunden und meint die Festlegung von Arbeitszeiten durch überbetriebliche Instanzen wie Tarif- bzw. Gesamtarbeitsverträge oder staatliche Regelungen. Damit verkoppelt ist schliesslich die von TERIET so genannte
- *Ritualisierung der Veränderungsmöglichkeiten*. Damit wird angesprochen, dass Veränderungen zumeist nur auf der Basis mühseliger und langwieriger Verhandlungen erreicht werden können. Teilnehmer solcher Verhandlungen berichten zuweilen von Ritualen nach der Art von «Kriegstänzen».

In der konkreten Diskussion über Arbeitszeitfragen muss im Übrigen unterschieden werden zwischen einer chronometrischen und einer chronologi-

8.4 Zeitsouveränität

schen Dimension (TERIET 1979). Die chronometrische Dimension meint die quantitative Ausdehnung der Arbeitszeit, während die chronologische Dimension die Ansiedlung der Arbeitszeit auf dem Zeitkontinuum meint. Die Zahl der Modelle flexibler Arbeitszeitgestaltung, die sich auf diese beiden Dimensionen beziehen, ist zu gross, als dass sie hier alle und in allen Einzelheiten dargestellt werden könnten (vgl. dazu die differenzierten und fachkundigen Beiträge von BAILLOD 1989). Bei BAILLOD (1986, 1989) findet sich auch ein Schema, in das sich die verschiedenen Flexibilisierungsmodelle gut einordnen lassen (vgl. Tabelle 8.7).

Tabelle 8.7: Arbeitszeitbezogene Problembereiche (aus: BAILLOD 1986)

	Tag	**Woche**	**Jahr**	**Leben**
Dauer	Normalarbeitstag	Länge der Wochenarbeitszeit	Ferien	Pensionierungsgrenze
	Teilzeitarbeit Überstunden Kurzarbeit			
Lage	Schicht- und Nachtarbeit	Sonntagsarbeit	Saisonarbeit	Lebensarbeitszeit
		Wochenendarbeit		
		verschobene Arbeitswoche		
Autonomie/ Mitbestimmung bei flexiblen Modellen	Gleitende Arbeitszeit	Bandbreitenmodell	Sabbaticals	Gleitender Einstieg ins Erwerbsleben
	Teilzeitarbeit usw.	Baukastensystem usw.		Gleitende Pensionierung
Intensität der Nutzung der Arbeitszeit	Pausenregelungen			

Unter dem Aspekt der ‹Sozialverträglichkeit› findet sich bei SEIFERT (1995, 22) der folgende Kriterienkatalog zur Bewertung von Arbeitszeitmodellen:

- Beschäftigungsniveau und -sicherheit
- Einkommen
- gesundheitliche Belastungen
- Anforderungen aus lebensgemeinschaftlichen Beziehungen
- Teilhabe am sozialen Leben
- Autonomiegrad

Es ist allerdings «nicht auszuschliessen, dass es bei dem Versuch, den Grad der Sozialverträglichkeit mit Hilfe dieser Kriterien zu bestimmen, nicht gelingt, Inkonsistenzen oder gar Widersprüchlichkeiten auszuräumen. Diese zu benennen und die jeweiligen Wirkungen aufzuzeigen, gehört aber ebenfalls zur Sozialverträglichkeitsprüfung und kann wichtige Anhaltspunkte für die Gestaltung der Arbeitszeit liefern» (SEIFERT 1995, 22).

8.4.2 Modelle der Arbeitszeitflexibilisierung

Die im Folgenden dargestellten Modelle werden mehrheitlich bereits seit Jahren diskutiert und – mit unterschiedlicher Unterstützung und Verbreitung – alle auch praktiziert.

REHN hat sich schon zu Anfang der siebziger Jahre im Rahmen einer Konferenz der OECD mit einem *Modell zur flexiblen Gestaltung der Lebensarbeitszeit* beschäftigt. Seine Ausgangshypothese lautete: «Die Menschen sind verschieden und haben unterschiedliche Bedürfnisse und Fähigkeiten in verschiedenen Perioden ihres Lebens; der Zugang zur Wahlfreiheit ist deshalb eine Bedingung für die effiziente Nutzung menschlicher Fähigkeiten» (REHN 1973, 327). Das Modell beinhaltet (1) eine teilweise Aufhebung des traditionellen linearen Lebensplanes mit der Einteilung in die drei strikt aufeinander folgenden Phasen der Ausbildung, der Erwerbstätigkeit und des Ruhestandes. So gibt es nach dem Konzept von REHN etwa die Möglichkeit, die Schulausbildung wie bislang üblich ohne Unterbrechung zu absolvieren – aber auch die Möglichkeit, die Schulausbildung durch vorübergehende Erwerbstätigkeit zu unterbrechen und später – mit besser fundierten Erfahrungen und günstigerer Motivation – zur Schule zurückzukehren. Das Modell beinhaltet (2) die Möglichkeit, vom jeweiligen Jahresurlaub die Hälfte anzusparen und nach einigen Jahren zu einem Langzeiturlaub zu akkumulieren. Schliesslich enthält dieses Konzept (3) die Möglichkeit, sich vorübergehend oder teilweise pensionieren zu lassen oder einen gleitenden Übergang in den Ruhestand zu rea-

8.4 Zeitsouveränität

lisieren. Für die Finanzierung von Ausbildung, Urlaub und Pensionierung ist ein System vorgesehen, in dem «Ziehungsrechte» je nach den auf einem individuellen Punktekonto gesammelten Ansprüchen bestehen.

Das von REHN entwickelte Modell einer flexiblen Lebensarbeitszeit enthält eine Reihe von Elementen, die wir seit einigen Jahren in den Regelungen einiger namhafter Unternehmen wiederfinden. Hier ist insbesondere an den *Trend zur Individualisierung des Übergangs in den Ruhestand* zu denken. So gilt in einer Anzahl deutscher Unternehmen seit einer Reihe von Jahren eine Regelung, derzufolge Arbeitnehmer, die das 60. Lebensjahr vollendet haben und dem Unternehmen mindestens zehn Jahre angehören, wählen können, ob sie bei vollem Salär nur noch die Hälfte der Arbeitszeit – also etwa 20 Wochenstunden – arbeiten oder bei Fortzahlung von 75 Prozent des Salärs von der Arbeit freigestellt werden wollen. Interessant ist in diesem Zusammenhang die Beobachtung, dass fast immer, wenn von einer Individualisierung des Übergangs in den Ruhestand die Rede ist, die Möglichkeit einer vorzeitigen Pensionierung gemeint ist, nicht aber ein freiwilliges – und entsprechend honoriertes – Hinausschieben der Pensionierungsgrenze.

Im Übrigen werden in verschiedenen Unternehmen unterschiedliche *Modelle der flexiblen Jahresarbeitszeit* praktiziert (vgl. BAILLOD et al. 1997). In diesem Zusammenhang werden auch unterschiedliche Möglichkeiten der Ansiedlung von Teilzeitarbeit diskutiert. Bei gleicher Jahresstundenzahl – als zunächst einzig feststehender Grösse – bieten sich hier Varianten an, die etwa bei halbem Beschäftigungsumfang von einer Ansiedlung der Arbeitszeit in der ersten oder zweiten Hälfte des Tages über die erste oder zweite Hälfte der Woche oder die erste oder zweite Hälfte des Monats bis zur ersten oder zweiten Hälfte des Jahres reichen. Dass auch die letztgenannte Möglichkeit nicht utopisch ist, geht aus einem Rundbrief eines Unternehmens an seine Mitarbeiterinnen und Mitarbeiter hervor, in dem diese aufgefordert werden, über ihre eigenen Teilzeitbedürfnisse nachzudenken. Diesem Rundbrief zufolge könnte – sofern die rechtlichen und organisatorischen Fragen hinreichend geklärt sind – «ein Mitarbeiter 6 Monate im Jahr voll arbeiten und 6 Monate gar nicht. In der Zeit, in der er arbeitet, bekäme er zwar nur ein halbes Monatsgehalt, in der Zeit, in der er seine Freizeit ‹im Stück› geniesst, aber auch. Und zusätzlich sind ihm Dinge wie Sozialversicherung, 13. und 14. Gehalt (natürlich anteilig) ...» ebenfalls sicher (BAT 1983, 7). Dieses Modell unterscheidet sich erheblich von anderen Modellen flexibler Jahresarbeitszeit, die unter dem Begriff der kapazitätsorientierten variablen

Arbeitszeit (KAPOVAZ) zusammengefasst werden und in denen Unternehmensbedürfnisse in besonderer Weise Berücksichtigung finden.

Ein weiteres Modell ist das der *Verminderung der wöchentlichen Arbeitstage im rollierenden System*. So bilden in einer Berliner Fabrik 25 Mitarbeiterinnen fünf Arbeitsgruppen, bestehend aus je fünf Frauen, von denen jeweils vier anwesend sind, während eine frei hat. Das sogenannte rollierende System besteht darin, dass eine Frau z.B. in der einen Woche am Montag, in der nächsten am Dienstag, in der übernächsten am Mittwoch usw. frei hat.

Bei weiteren Verkürzungen der Arbeitszeit kommt zu diesen Modellen natürlich das *Modell der wahlweisen Verteilung der Wochenarbeitszeit auf die Wochenarbeitstage* hinzu.

Auf das *Modell der gleitenden Arbeitszeit* mit Gleitzeit- und Kernzeitelementen muss in diesem Zusammenhang nicht besonders eingegangen werden, weil es weitherum bekannt und vielen aus eigener Erfahrung vertraut ist. Die psychologische Bedeutung der gleitenden Arbeitszeit ist allerdings häufig übersehen worden. Tatsächlich stellt sie nämlich den ersten Bruch mit den überkommenen Zeitordnungen dar. Darüber hinaus kam schon vor einigen Jahren eine im Auftrag der deutschen Kommission für wirtschaftlichen und sozialen Wandel erstellte Analyse zu dem Ergebnis, dass durch derartige Arbeitszeiten die Fähigkeit der freien Disposition über die Zeit gefördert werde, «so dass die variablen Arbeitszeiten gegenüber anderen, in ihrer Verteilung vorgegebenen, eine erhebliche Aktivierung und Selbstbestimmung nach sich ziehen» (KLEMP und KLEMP 1976, 98).

Ähnliche Folgen könnten vermutlich erwartet werden, wenn Prinzipien gleitender Arbeitszeit auf den Schichtbetrieb übertragen würden. So besteht das *Modell der flexiblen Schichtablösung* darin, etwa drei oder vier Schichtablösern die Gesamtverantwortung für die 24 Stunden eines Arbeitstages zu übertragen und ihnen zu ermöglichen, den Schichtabtausch und den Schichtwechsel je nach ihren Bedürfnissen – aber selbstverständlich im Rahmen geltenden Arbeitsrechts – zu regeln.

Ein wichtiges Flexibilisierungskonzept ist auch das *Job-Sharing*. Die Realisierung dieses Modells scheint in besonderer Weise geeignet zu sein, eine Lebensführung nach eigenen Wertmassstäben zu ermöglichen, ohne dass betriebliche Belange davon nachteilig berührt werden. Dies gilt aber nur dann, wenn eine Vertretungspflicht nicht festgeschrieben wird, weil dies im Extremfall zu einer Art Bereitschaftsdienst führen würde, der das Konzept der freien Verfügbarkeit über die Zeit wieder in Frage stellen würde.

8.4 Zeitsouveränität

Bei BAILLOD (2001) findet sich eine Gegenüberstellung von Vor- und Nachteilen von Jobsharing für Arbeitnehmerinnen und Arbeitnehmer und für Unternehmen (vgl. Tabelle 8.8).

Zu den von BAILLOD (2001) genannten Voraussetzungen für die erfolgreiche Realisierung von Jobsharing gehört die Teilbarkeit der Arbeitsaufgabe, eine entsprechende Motivation sowie hohe soziale und persönliche Kompetenzen der am Jobsharing Beteiligten und eine positive Grundstimmung zwischen den jeweiligen Jobsharing-Partnerinnen bzw. -Partnern.

Dass darüber hinaus gesellschaftliche Voraussetzungen wie eine positive Einstellung der Öffentlichkeit zu Arbeitszeitflexibilisierung und Teilzeitar-

Tabelle 8.8: Vor- und Nachteile von Jobsharing für Arbeitnehmerinnen und Arbeitnehmer und für Unternehmen (zusammengestellt aus: BAILLOD 2001, 294ff.)

	Mögliche Vorteile	**Mögliche Nachteile**
Arbeitnehmerinnen und Arbeitnehmer	Möglichkeit der Kombination von Erwerbs- und Familienarbeit	Geringere persönliche Profilierungsmöglichkeiten und Aufstiegschancen
	Möglichkeit der Kombination von Erwerbsarbeit und ausserberuflichen Tätigkeiten	Abhängigkeit vom Partner bzw. von der Partnerin und erhöhtes Konfliktpotenzial
	Möglichkeit eines gleitenden Ausstiegs aus dem Erwerbsleben bzw. eines gleitenden Einstiegs in das Erwerbsleben	(Informelle) Vertretungspflicht
	Verbesserte Möglichkeit von qualifizierter Teilzeitarbeit	Geringeres Einkommen
	Möglichkeit der Wahl von Aufgabenbestandteilen nach eigenen Fähigkeiten und Bedürfnissen	Intensivierung der Arbeit
	Möglichkeit der Rückkehr auf eine Vollzeitstelle nach Ablauf der Jobsharing-Periode	Einhaltung der Arbeitszeit
	Möglichkeit der Förderung der sozialen Kompetenzen	
	Möglichkeit der Wahl des eigenen Arbeitspartners bzw. der Arbeitspartnerin	

Unternehmen	Bewahrung von betrieblichem Know-how	Höhere Kosten für Personalrekrutierung, Einarbeitung, Arbeitsplatz und Sozialleistungen
	Verringerung von Fluktuationskosten	Erhöhte Führungsanforderungen
	Erweiterung des Erfahrungsschatzes, der Kompetenzen und der Ideen	Erfordernis der Umgestaltung von Arbeitsabläufen
	Verbesserte Stellvertretungsmöglichkeit bei Krankheit, Ferien usw.	Probleme bei Weiterbildungsveranstaltungen, Kongressen, Zusammenkünften usw.
	Erhöhte Motivation und Verbundenheit mit dem Unternehmen, weniger Fehlzeiten, weniger Überstunden, bessere Leistung	Probleme bei internen Kommunikationsschwierigkeiten
	Möglichkeit der Aufteilung von Führungspositionen	
	Möglichkeit der Einarbeitung eines Nachfolgers bzw. einer Nachfolgerin	
	Erhöhte Flexibilität der Arbeitszeit	
	Zusätzliches Reservepotenzial bei Spitzenbelastungen	
	Erhöhte Attraktivität auf dem Arbeitsmarkt	

beit sowie zur Förderung der Chancengleichheit ebenso gegeben sein müssen wie eine entsprechende Unterstützung durch die Sozialpartner, wird von BAILLOD ebenfalls betont (a.a.O., 302f.). Als eine besondere Chance der Einführung von Teilzeitarbeit und/oder Jobsharing für Führungskräfte sieht BAILLOD eine mögliche Abkehr von dem die gegenwärtige Arbeitskultur weitgehend bestimmenden ‹Präsenzdenken›.

Damit stellt sich noch einmal die Frage nach Konzepten für einen sinnvollen *Übergang von der Erwerbsarbeit in den ‹Ruhestand›*. Tatsächlich besteht eine solche Möglichkeit auch im Angebot von Teilzeitarbeit in den letzten Jahren der Erwerbstätigkeit. Eine Befragung von ‹Personalverantwortlichen› in 804 Schweizer Unternehmen (HÖPFLINGER, BECK, GROB und LÜTHI

8.4 Zeitsouveränität

2006) ergab, dass 79% der Befragten eine solche Maßnahme für wichtig und 80% auch für realisierbar halten; in 52% der Unternehmen wird sie bereits realisiert. «Formen der Teilzeitarbeit kurz vor dem Pensionsalter erlauben eine stärkere Flexibilisierung des Übergangs in die nachberufliche Lebensphase ...» (a.a.O., 90). Derartige Formen einer Teilzeitbeschäftigung können sinnvoll mit Mentoringkonzepten verknüpft werden, indem aus einem Unternehmen ‹hinauswachsende› ältere Beschäftigte ‹hineinwachsenden› Jüngeren ihre Erfahrungen systematisch weitergeben (vgl. Abschnitt 6.2). Davon würden schließlich alle – die Mentoren, die Mentees und nicht zuletzt die Unternehmen – erheblich profitieren.

Im Weiteren ist an dieser Stelle das schon im Konzept von REHN erwähnte *Modell des flexiblen Langzeiturlaubs* zu erwähnen. Hier geht es darum, dass Beschäftigte einen bestimmten Teil ihres Jahresurlaubs als Langzeiturlaub nehmen können. Eine derartige Regelung ist seit einiger Zeit in Schweden für alle Arbeitnehmer gesetzlich verankert. Sie sieht konkret so aus, dass der oder die Beschäftigte von den fünf Wochen Jahresurlaub jährlich eine Woche ansparen kann, dies allerdings nur über einen Zeitraum von fünf Jahren. Anschliessend kann dann ein Langzeiturlaub von zehn Wochen bezogen werden.

In diesem Zusammenhang sind auch die seit einiger Zeit vermehrt diskutierten *Zeitkonten* zu nennen. Neben den seit vielen Jahren bekannten Gleitzeit- und Überstundenkonten, die zumeist relativ kurzfristig – d.h. innerhalb weniger Wochen oder eines Jahres – ausgeglichen werden müssen, sind hier vor allem jene Ansparmodelle von Interesse, die tatsächliche Optionen für den Bezug der angesparten Freizeitguthaben – von einzelnen Freischichten bis zur früheren Beendigung der Erwerbsarbeit – bieten (vgl. dazu auch Kap. 9.4). SEIFERT weist auf mögliche positive Beschäftigungseffekte hin, die allerdings erst mit einer zeitlichen Verzögerung auftreten und die «von den jeweiligen Regelungsmodalitäten, der Spannweite der Ausgleichszeiträume sowie den Höchstgrenzen für Zeitguthaben» abhängen (SEIFERT 1998, 17).[8]

---

[8] Bei RINDERSPACHER (1998, 39ff.) findet sich eine hochinteressante Diskussion über frühe Vorläufer des Zeitkontenmodells. Daraus geht u.a. hervor, dass schon der britische Sozialreformer Robert OWEN (1771–1858) in seinen Betrieben anstelle der Geldwährung eine Zeitwährung einzuführen versuchte und dafür von Karl MARX kritisiert wurde.

Als Besonderheit sind hier auch einige Wahlmöglichkeiten zu nennen, die unter dem Begriff *Geld-Zeit-Option* zusammengefasst werden können (ULICH 1984b). Eine solche Wahlmöglichkeit könnte beispielsweise im Rahmen der regelmässigen Lohnvereinbarungen eingeführt werden und darin bestehen, dass die einzelnen Beschäftigten individuell darüber entscheiden, ob sie mehr Lohn bzw. Gehalt beziehen möchten oder anstelle dessen eine vergleichbare Arbeitszeitverkürzung. Weitere Wahlmöglichkeiten könnten im Rahmen der vielfältigen Zuschlagsysteme diskutiert werden. Tatsächlich scheint sich allmählich die Einsicht zu verbreiten, dass etwa besondere Belastungen nicht durch monetäre Zuschläge, sondern allein durch vermehrte Erholungszeiten ausgeglichen werden können. So kann man in einigen Betrieben – ganz oder teilweise – bereits zwischen der Schichtzulage und einem Zeitbonus wählen, der je nach Möglichkeit und Bedürfnis in verkürzte Arbeitszeit oder verlängerte Ferien umgesetzt werden kann.

Eine neuartige Konstruktion der Arbeitszeit stellt schliesslich die sogenannte *Vertrauensarbeitszeit* dar. Mit diesem Konzept sollen die Zeiterfassung abgeschafft und die Leistungen der Beschäftigten nicht mehr an ihrer Anwesenheitszeit, sondern allein an der Auftragserfüllung gemessen werden. Zielvereinbarungen und Ergebnisverantwortung werden als Führungs- und Steuerungselemente etabliert (FRÖHLICH 1999, ERLEWEIN 2000). Abhängig Beschäftigte sollen zu ‹unternehmerischen Mitarbeitern› werden. Mit diesem Konzept setzt sich eine Reihe von neueren Beiträgen, insbesondere von gewerkschaftlicher Seite, sehr kritisch auseinander (z.B. PETERS, SIEMENS und GLISSMANN 1999, GLISSMANN 2000, SCHMIDT 2000, IG METALL 2000, PICKSHAUS 2000, GLISSMANN und PETERS 2001). Darin wird etwa deutlich gemacht, dass die mit der neuen Maxime «Tut was ihr wollt, aber seid profitabel» (PETERS 2001, 36) deklarierte neue Autonomie möglicherweise ganz andere Effekte erzeugt als die ursprünglich mit den Konzepten vollständiger Tätigkeit und kollektiver Selbstregulation intendierten Wirkungen. Selbstmanagement ist hier verknüpft mit «Selbst-Ökonomisierung der Individuen und der Teams» (GLISSMANN 2000, 11). So stellt sich den Mitarbeitern in dieser Konstruktion womöglich die Frage, «ob sie ihre Profitabilität nicht steigern können, wenn sie auf die eine Kollegin und den anderen Kollegen verzichten und dieselbe Arbeit mit weniger Menschen erledigen» (PETERS 2001, 36). GLISSMANN (2001a) beschreibt folgerichtig «von-selbst-ablaufende Prozesse als Mechanismen sozialer Ausgrenzung», u.a. den Mechanismus des «peer-to-peer pressure». Ausserdem: Angst, die vereinbarte Leistung nicht zu erreichen wechselte womöglich ab mit dem Stolz auf den schliesslich erzielten Erfolg, auch wenn dieser nicht selten mit ausgedehnter Mehrarbeit erkauft wurde.

VOLPERT (2005, 298) bemerkt dazu: «Der Umstand, dass die Arbeitspersonen solche Belastungen ‹freiwillig› auf sich nehmen, sie also als unvermeidlich und mit ihrer Autonomie untrennbar verbunden ansehen, setzt nicht nur gesellschaftliche Schutzmechanismen, wie etwa Arbeitszeitbestimmungen, weithin außer Kraft, er kann auch subjektive Einsichten in die mit solchen Arbeitsbedingungen verbundenen Risiken, z.B. gesundheitlicher Art, verdrängen.»

Sowohl bei SCHMID (2000) als auch bei GLISSMANN (2001) finden sich denn auch individuelle Berichte von Beschäftigten, in denen mögliche Folgen derartiger *Entgrenzung* für die Gesundheit und zum Teil erhebliche Auswirkungen auf familiäre Zeitstrukturen beispielhaft beschrieben werden (vgl. dazu auch BACHER und SCHÖNBAUER 1993). Wo Konzepte wie die Vertrauensarbeitszeit realisiert werden, ist im Interesse der Gesundheit und der Lebensqualität der Beschäftigten deshalb strikt zu fordern, dass es sich dabei um *geregelte Autonomie* handelt, d.h. um Formen individuell oder kollektiv regulierter Zeitautonomie, die weder zur Selbstausbeutung verführen noch die nicht erwerbsbezogenen Lebenstätigkeiten systematisch benachteiligen.

8.4.3 Zur Frage der Wirtschaftlichkeit von Teilzeitarbeit

Zunächst ist festzustellen, dass Teilzeitarbeit nach wie vor überwiegend von erwerbstätigen Müttern ausgeübt wird, deren Partner einer Vollzeitbeschäftigung nachgeht. «... dadurch, dass häufig die Frauen mit einer Teilzeitbeschäftigung die Hauptlast der Koordination von erwerbsarbeitsbedingten und familiären Anforderungen übernehmen,» werden allerdings «geschlechtsspezifische Rollenmuster perpetuiert» (GROSS 1995, 141). Indessen ist es nicht nur ein geringeres Interesse vollbeschäftigter Männer an Teilzeitbeschäftigung, das die weitere Verbreitung so langsam vorankommen lässt. Vielmehr gibt es auch in Unternehmen vielfältige Vorbehalte, die sich nicht selten hinter einer vordergründigen wirtschaftlichen Argumentation verbergen. Deshalb ist hier die Frage nach dem Kenntnisstand bezüglich der Wirtschaftlichkeit von Teilzeitarbeit zu beantworten.

Mindestens seit Mitte der 80er Jahre wird die Frage nach Kosten und Nutzen unterschiedlicher Formen von Teilzeitarbeit gestellt. Ein Bericht des Geschäftsführers der Deutschen Unilever (LACKOWSKI 1984) resümiert die mehrjährigen Erfahrungen dieses Unternehmens mit Teilzeitarbeit wie folgt: Angenommen, zwei Teilzeitarbeitskräfte arbeiten vier Stunden täglich, so betragen die *Kosten* für Salär- und Personalnebenkosten im Vergleich zu einer acht Stunden beschäftigten – und als Referenzgrösse mit 100% eingesetzten – Vollzeitarbeitskraft 100,2%. Bei Einberechnung der Verwaltungs-, Büro- und Arbeitsplatzkosten erhöht sich der Aufwand auf 102,7%. Wenn für eine Teilzeitarbeitskraft ein zusätzlicher Arbeitsplatz geschaffen werden muss, steigen die Kosten auf 113%. Dieser Fall war seit der Einführung von Teilzeitarbeit bei Unilever allerdings nicht aufgetreten.

Den Kosten steht ein erheblicher *Nutzen* gegenüber. Dieser betrifft zunächst die *Fehlzeiten*, die bei Teilzeitkräften im Mittel halb so hoch waren wie bei den Vollzeitbeschäftigten; dabei gab es eine Streuung von 30 bis 85% niedrigeren Fehlzeiten in den verschiedenen Firmen der Unilever-Unternehmensgruppe. Die *Leistung pro Zeiteinheit*, d.h. die Produktivität, wird auf mindestens 10% höher geschätzt. Bemerkenswert ist der Umstand, dass solche Teilzeitbeschäftigten, die in das Berufsleben zurückkehren und sowohl ihre früheren Erfahrungen als auch ihr besonderes Interesse an Teilzeitarbeit mit einbringen, einen mehrheitlich noch höheren Leistungsgrad aufweisen. Im abschliessenden Fazit heisst es, «dass geringe Fehlzeiten und höhere Leistung die geringen Mehrkosten erheblich überkompensieren» (LACKOWSKI 1984, 156) und dass das Pauschalurteil «Teilzeitkräfte sind teurer» den konkreten betrieblichen Erfahrungen nicht standhält. Dass die ökonomischen Vorteile die Zusatzkosten deutlich überwiegen, wurde von KLIMECKI (1986) auch für das Jobsharing ausdrücklich bestätigt.

Die hier mitgeteilten Erfahrungen werden – auch für die Schweiz – durch eine Vielzahl konkreter Beispiele bestätigt. Dementsprechend beurteilen auch drei Viertel der Personalverantwortlichen von repräsentativ ausgewählten Schweizer Unternehmen in einer im Sommer 1996 durchgeführten Erhebung das Kosten-Nutzen-Verhältnis von Teilzeitarbeit als gut oder sehr gut. Geringfügig besser werden nur noch das flexible Pensionsalter und die Arbeit auf Abruf eingeschätzt (DAVATZ 1997).

Besondere Beachtung verdient in diesem Zusammenhang schliesslich die McKinsey-Studie ‹Teilen und Gewinnen›, die sich mit dem Potenzial einer

8.4 Zeitsouveränität

flexiblen Arbeitszeitverkürzung auseinandersetzt (McKINSEY 1994). Aufgrund der in diesem Rahmen durchgeführten Untersuchungen formulieren die Autoren drei Grundprinzipien für ihr Teilzeitkonzept: Flexibilität, abteilungsspezifische Lösungen, partieller Lohnausgleich; letzteres insbesondere, wenn Teilzeitarbeit eine Alternative zum teuren Personalabbau darstellt. Werden diese Bedingungen eingehalten, sind ein erhebliches Sinken der Stückkosten sowie eine Verbesserung von Betriebsklima und Attraktivität des Unternehmens die Folge. Für den Dienstleistungssektor wird ein bedeutsamer Nutzen von Teilzeitarbeit vor allem auch in den Möglichkeiten gesehen, Betriebs- und Öffnungszeiten zu verlängern, auf diese Weise kostspielige Geschäftsräume und Arbeitsplätze länger zu nutzen und die Zeiten für Kundenkontakte auszuweiten. «Ein Beispiel ist das erfolgreiche Night-Banking des amerikanischen Wertpapier-Hauses Merrill Lynch, das nicht zuletzt durch den verlängerten Kundenkontakt bis 22 Uhr erhebliche Wettbewerbsvorteile gewinnen konnte» (McKINSEY 1994, 13).

In diesem Zusammenhang ist die Rede von sogenannten Dämmerschichten, womit halbe Schichten vor bzw. nach der Tages-Vollzeitschicht gemeint sind. Abhängig von der Kapitalintensität «lassen sich über die Ausweitung der Betriebszeiten Produktivitätsgewinne von 10 bis 30%, bezogen auf die Personalkosten der in Teilzeit wechselnden Mitarbeiter, erzielen ...» (a.a.O.). Dies setzt allerdings voraus, dass die konkreten Anforderungen und möglichen Lösungen aufgaben- bzw. abteilungsspezifisch eruiert werden.

Der von den Autoren für den Fall des Übergangs von Vollzeit- auf Teilzeitbeschäftigung postulierte partielle Lohnausgleich soll für jede Form der Teilzeitarbeit eindeutig und nachvollziehbar begründet werden. «Während es sich bei den Regel-Teilzeitmodellen um Produktivitätszuschläge für die Mitarbeiter handelt, sind es bei den zyklischen Modellen Bereitschaftszahlungen, die flexible Anpassungen an betriebliche Auslastungsschwankungen honorieren. Bei den Schichtmodellen schliesslich sind situationsgerechte Betriebsnutzungszulagen zu definieren» (McKINSEY 1994, 20).
Schliesslich bestätigt die Schweizer McKinsey-Studie die Motivations-, Produktivitäts- und Auslastungseffekte individueller Teilzeitlösungen gerade auch für personalintensive Dienstleistungsunternehmen. Konkret konnte etwa für die Bank Bär gezeigt werden, dass mit einer Anpassung der Arbeitszeiten an die Tagesschwankungen der Aufträge «die Produktivität einzelner Mitarbeiter um bis zu 20% gesteigert werden kann» (McKINSEY 1996, 23).

Im Retailbereich von Wells Fargo, in dem bis zu 95% der Beschäftigten in Teilzeit arbeiten, liegt die Produktivität um 16% über dem kalifornischen Branchendurchschnitt (a.a.O., S. 24).

Zu den Ursachen für die in praktisch allen vorliegenden Untersuchungen und Berichten dargestellte höhere Produktivität von Teilzeit- im Vergleich zu Vollzeitbeschäftigten gehören neben verbesserter Motivation, geringeren Fehlzeiten, besserer Kapazitätsausnutzung, höherer Flexibilität nicht zuletzt auch physiologische Sachverhalte. Eine Verkürzung der täglichen Arbeitszeit kann insbesondere dann zu einer Verbesserung des Leistungsgrades führen, wenn es sich um Arbeitsaufgaben mit geringer Abwechslung und/oder hoher Konzentrationsnotwendigkeit handelt.
Dass Teilzeit schliesslich im Sinne der Beschäftigungswirksamkeit und der Schaffung neuer Möglichkeiten familialer Rollenteilung über die betrieblichen Vorteile hinausreichende Bedeutung haben kann, wird in zahlreichen Studien, auch auf europäischer Ebene, ausdrücklich erwähnt.

«Schliesslich lassen sich durch eine Aufteilung der Arbeitszeit auf mehrere Beschäftigte noch nicht ausgeschöpfte Produktivitätspotenziale aktivieren. Intelligente Formen der Teilzeitarbeit können bei entsprechender Organisation in den Betrieben ein zusätzliches Potenzial qualifizierter Arbeitskräfte erschliessen sowie zu grösserer Effizienz beitragen und damit ebenfalls die Nachfrage nach Arbeitskräften positiv beeinflussen» (KOMMISSION FÜR ZUKUNFTSFRAGEN 1997, 141).

Diese Stellungnahme der Kommission für Zukunftsfragen der Freistaaten Bayern und Sachsen vom November 1997 ist eine korrekte Zusammenfassung der vorliegenden Erfahrungen zum wirtschaftlichen Potenzial von Teilzeitarbeit. Von Interesse ist in diesem Zusammenhang natürlich auch, inwieweit die in einigen europäischen Ländern – neuerdings vor allem auch in Deutschland – eingeführten Altersteilzeitregelungen damit übereinstimmende Effekte bewirken.

8.4.4 Fazit

Modelle wie die hier skizzierten machen deutlich, dass es vielfältige Möglichkeiten gibt, den Bedürfnissen nach mehr Zeitsouveränität Rechnung zu tragen.

8.4 Zeitsouveränität

KNAUTH (2000) hat aber noch einmal deutlich gemacht, dass einige dieser Modelle vor allem wirtschaftlichen Ansprüchen genügen, anderen unter dem Aspekt der ‹Humanität› der Vorzug zu geben ist. Nur wenige Modelle, wie das der zeitautonomen Arbeitsgruppen oder Jahresarbeitszeiten mit der Möglichkeit, die Festlegung der eigenen Arbeitszeit weitgehend mitzubestimmen, werden dem Anspruch gerecht, humane und ökonomische Kriterien zugleich zu erfüllen.

Ein einfaches Modell zur Bewertung von Arbeitszeitmodellen wurde von BAILLOD (1997) vorgestellt (vgl. Tabelle 8.9).

Tabelle 8.9: Merkmale zur Bewertung von Arbeitszeitmodellen (aus: BAILLOD 1997)

Bewertungsbogen

Bewertungskriterien des Arbeitszeitmodells		Bewertung
Dauer der Arbeitszeit		
Lage der Arbeitszeit		
Autonomieorientierung	kurzfristige Einflussmöglichkeiten	
	langfristige Einflussmöglichkeiten	
Intensität der Nutzung		

Organisatorische und rechtliche Rahmenbedingungen	Bewertung
Unternehmenskultur	
Partizipationsmöglichkeiten	
Vertragliche Absicherung	

Bewertungsbereiche	Bewertung
Gesundheit	
Familie/Partnerschaft	
Teilnahme am sozialen Leben	
Kompetenzentwicklung	
Aufgabenerfüllung	
Beschäftigungswirkung	
Einkommen	

Bewertung:
++ sehr positiv
+ positiv (ein Vorteil gegenüber Normalarbeitszeit)
o weder besonders positiv noch negativ
– negativ (ein Nachteil gegenüber Normalarbeitszeit)
– – sehr negativ

In diesem Zusammenhang ist allerdings vor einer zu weitgehenden ‹Entkoppelung› von Menschen, die an gemeinsamen Aufgaben arbeiten, zu warnen. Zumindest für bestimmte Aufgabenbereiche scheint nämlich zu gelten, dass ein Mindestmass an Kommunikation Voraussetzung für kreative Leistung und Produktivität ist.

So kam schon die Studie von PELZ (1956) zu dem Ergebnis, dass in Forschungsinstitutionen hohe Grade an Autonomie nur dann mit hoher Leistung einhergehen, wenn eine hohe Kontaktdichte zwischen den Mitarbeitern und dem Projektleiter besteht. Eine Studie, die von der Universität Konstanz durchgeführt wurde und sich auf die Analyse von Daten aus mehr als eintausend Forschungsprojekten bezieht, stützt dieses Ergebnis mit der Feststellung, dass «mittlere bis hohe Grade an Autonomie in Verbindung mit regelmässigen gemeinsamen Gesprächen einen nachweislich positiven Effekt auf die Forschungsproduktivität der Mitarbeiter ausüben» (FISCH und DANIEL 1983, 68). Hohe Kontaktdichte und gemeinsame Gespräche setzen aber einen Mindestumfang an gemeinsamer Anwesenheit voraus.

Die im Zuge der Technisierung zunehmende Entkoppelung von Arbeits- und Betriebszeiten kann diese Entwicklung unterstützen, sofern damit nicht KAPOVAZ-Modelle eingeführt werden.[9] Im Übrigen ist es «durchaus denkbar und auch sinnvoll, Strategien zu entwickeln, die eine kollektive Regelung individueller Spielräume (gleitende Arbeitszeit, Jahresarbeitszeit, Verträge usw.) inklusive der wichtigen Rahmenbedingungen (tägliche und wöchentliche Höchstarbeitszeit, Überstundenregelung usw.) beinhalten» (BAILLOD 1989, 78). In einigen Ländern ist dies anders ohnehin kaum denkbar.

Ganz andere Dimensionen als die in diesem Abschnitt besprochenen gewinnt die Arbeitszeitdiskussion schliesslich im Zusammenhang mit dem Abnehmen des Umfangs menschlicher Arbeit in traditionellen Erwerbstätigkeiten.

---

[9] Damit sind Modelle kapazitätsorientierter variabler Arbeitszeit gemeint, bei denen die Verfügung über die betriebliche Anwesenheit der Beschäftigten ausschliesslich auf Arbeitgeberseite liegt. Zu Recht hat WUNDERLI (1979, 96) deshalb darauf hingewiesen, «dass die Diskussion über alternative Formen der Arbeitszeitgestaltung nicht unabhängig geführt werden sollte von der generellen Diskussion über alternative Arbeitsinhalte und alternative Arbeitsorganisation».

9. Kapitel

Zukunft der Arbeit – erweiterte Perspektive und spekulativer Ausblick

Über die Zukunft der Arbeit wird viel spekuliert und manch Erstaunliches feilgeboten. Da schreibt ein junger St. Galler Ökonom über die Zukunft der Arbeit und stellt eine «virtuelle Triade» vor, die «auf den Kernprozessen der Virtualisierung, Cyborgisierung und Bionisierung beruht». In diesem Zusammenhang ist dann auch die Rede von einer abnehmenden Bedeutung der «unmittelbaren, geografischen Nachbarschaft und der familiären Netzwerke» sowie von einer «schrittweisen Auflösung von althergebrachten gemeinschaftlichen Strukturen.» Als Alternative bzw. Ergänzung zur nicht-virtuellen Lebenswelt sollen dann «neue soziale Räume in virtuellen Welten» entstehen.

Schöne neue Arbeitswelt? Schöne neue Lebenswelt? Wer will so etwas eigentlich und wem soll das dienen? Wer will – und wer kann – sein Leben wirklich als ‹Patchworker› oder ‹Lebensunternehmerin› verbringen? Wer will – und wer kann – als ‹Infopreneur› zur ‹one-person-company› werden? Was wird aus all jenen Menschen, die sich aus welchen Gründen auch immer nicht qualifizieren konnten? Was ist mit dem psychologischen Vertrag zwischen den Menschen und den Unternehmen, den Menschen und den Institutionen der Gesellschaft?

Was den psychologischen Vertrag betrifft, sind im Verlauf der letzten zwei Jahrzehnte manchenorts allerdings deutliche Veränderungen zu registrieren; diese Entwicklung haben BLICKLE und SCHNEIDER (2010) in ihrer Gegenüberstellung des alten und des neuen psychologischen Kontrakts nachvollziehbar skizziert. Für den alten psychologischen Kontrakt vor den 1990er Jahren galt demzufolge, dass die Beschäftigten in der Regel «auf eine langfristige, stabile, kalkulierbare und sichere Tätigkeit in ihrer Organisation setzen konnten» (a.a.O., 436), die bei entsprechendem Engagement auch Entwicklungsmöglichkeiten und entsprechende Sicherungen beinhaltete. Diese Situation änderte sich seither für zahlreiche Menschen grundlegend und führte zu einer Art neuem psychologischen Kontrakt (vgl. Kasten 9.1). Die davon Betroffenen werden auch als ‹Arbeitskraftunternehmer› (VOß 2001; PONGRATZ und VOß 2003) bezeichnet.

Kasten 9.1: Neuer Psychologischer Kontrakt (aus: BLICKLE und SCHNEIDER 2010, 436)

«Heute ist die Anstellung in einer Organisation häufig zeitlich befristet und die Weiterbeschäftigung unsicher (DOSTAL, 2001). Die Art der Tätigkeiten variiert. Die Berufsbiografie gleicht oft einem Flickenteppich (LANG-VON-WINS, MOHR & ROSENSTIEL, 2004). Viele Personen haben schon sehr unterschiedliche Tätigkeiten ausgeführt, um ihren Lebensunterhalt zu verdienen. Unterbrechungen durch Zeiten der Arbeitslosigkeit sind nicht ungewöhnlich. Die Bezahlung hängt weniger von Alter, Geschlecht, Familienstand und der Dauer der Betriebszugehörigkeit ab, sondern mehr davon, über welches im Moment erfolgskritische Wissen die Beschäftigten verfügen. Die Weiterqualifizierung fällt zunehmend mehr in die Eigenverantwortung der Beschäftigten. Die Lebensrisiken müssen verstärkt eigenständig abgesichert werden (VOß, 1998).»

Damit wird die grundlegende Bedeutung der Erwerbsarbeit zunächst allerdings nicht in Frage gestellt.

Zur Erinnerung: In ihrem 1983 erschienenen Buch «Wieviel Arbeit braucht der Mensch?» hat Marie JAHODA über die Bedeutung der Erwerbstätigkeit für die menschliche Existenz in unserer Gesellschaft festgestellt, dass trotz aller Veränderungen ihrer Struktur in den letzten zwei Jahrhunderten zwei Funktionen der Erwerbstätigkeit praktisch unverändert geblieben seien: «Zum einen ist sie das Mittel, durch das die grosse Mehrheit der Menschen ihren Lebensunterhalt verdient; und zum anderen zwingt sie, als ein unbeabsichtigtes Nebenprodukt ihrer Organisationsform, denjenigen, die daran beteiligt sind, bestimmte Kategorien der Erfahrung auf. Nämlich: Sie gibt dem wach erlebten Tag eine Zeitstruktur; sie erweitert die Bandbreite der sozialen Beziehungen über die oft stark emotional besetzten Beziehungen zur Familie und zur unmittelbaren Nachbarschaft hinaus; mittels Arbeitsteilung demonstriert sie, dass die Ziele und Leistungen eines Kollektivs diejenigen des Individuums transzendieren; sie weist einen sozialen Status zu und klärt die persönliche Identität; sie verlangt eine regelmässige Aktivität» (JAHODA 1983, 136).[1]

Auch Sigmund FREUD hat – wenn auch nur in einer Fussnote – der Arbeitstätigkeit eine besondere Bedeutung zugeschrieben: «Keine andere Technik der Lebensführung bindet den einzelnen so fest an die Realität als die Betonung der Arbeit, die ihn wenigstens in ein Stück der Realität, in die menschliche Gemeinschaft sicher einfügt. Die Möglichkeit, ein starkes Ausmass libidinöser Komponenten, narzisstische, aggressive und selbst erotische, auf die Berufsarbeit und auf die mit ihr verknüpften menschlichen Beziehungen zu verschieben, leiht ihr einen Wert, der hinter ihrer Unerlässlichkeit zur Behauptung und Rechtfertigung der Existenz in der Gesellschaft nicht zurücksteht» (FREUD 1930; 1992, 78).

Zehn Jahre vorher hatten die Autoren des Reports «Work in America» (1973, 4f.) zur Bedeutung der Arbeitstätigkeit für die menschliche Lebensgestaltung festgestellt: «… work plays a crucial and perhaps unparalleled psychological role in the formation of self-esteem, identity and a sense of order … The workplace, generally, then, is one of the major foci of personal evaluation».

Wenn der Teilnahme am Erwerbsleben in unserer Gesellschaft eine so existenzielle Bedeutung zukommt: wie gehen wir dann um mit einem «Problem, das den Verantwortlichen noch kaum ins Bewusstsein gedrungen ist», mit der Möglichkeit nämlich, «dass uns die Arbeit ausgeht und wir in Zukunft mit hoher struktureller Arbeitslosigkeit leben müssen?» (SOMMER 1993, 1).

Hier interessiert zunächst, ob unsere Gesellschaft mit diesem Problem wirklich so kurzfristig konfrontiert wurde, dass für «die Verantwortlichen» keine Möglichkeit bestand, sich rechtzeitig und grundsätzlich damit auseinanderzusetzen.

---

[1] Marie JAHODA (1907–2001), eine österreichische Psychologin, die vor den Nationalsozialisten nach England emigrieren musste, ist die Hauptautorin der ‹klassischen› Studie über «Die Arbeitslosen von Marienthal» (JAHODA, LAZARSFELD & ZEISEL 1933), in die ein ganzes Dorf, dessen Bewohner während der Weltwirtschaftskrise 1930 alle arbeitslos waren, einbezogen wurde.

9.1 Zur historischen Entwicklung von Fragen und möglichen Antworten

Tatsächlich hat der französische Soziologe Georges FRIEDMANN in seinem Buch über «Die Zukunft der Arbeit» als Folge der abzusehenden technologischen Entwicklungen schon vor fünf Jahrzehnten konstatiert: «In einem rationell geplanten, den technischen Möglichkeiten entsprechenden Produktions- und Verarbeitungssystem ... wird der Anteil des Menschen im Produktionsprozess fortschreitend bis auf einige Stunden am Tag vermindert werden können» (FRIEDMANN 1953, 300).

Einige Jahre später stellt sich für FRIEDMANN (1959) «eine ernste Frage, auf die Freud als erster hingewiesen hat und die mit dem Fortschritt der Automation, schon heute und vor allem in den nächsten fünfzig Jahren, immer dringlicher wird.» Ausgehend davon, dass der Arbeit eine entscheidende Rolle für das psychische Gleichgewicht des Menschen, für seine Integration in die Gesellschaft und seine physische und psychische Gesundheit zukommt, fragt FRIEDMANN (1959, 176): «Werden nicht unter diesem Gesichtspunkt die Verringerung des Anteils der Arbeit am menschlichen Leben und das fortschreitende Verschwinden der ausführenden Arbeit im Zuge der Automation sehr gefährliche Auswirkungen haben? Können die Tätigkeiten ausserhalb der Arbeit und vor allem während der eigentlichen Freizeit die Arbeit ablösen und ihre psychologische Funktion übernehmen? Verbürgt die Verlagerung des Schwerpunktes von Aktivität und persönlichem Einsatz auf die Freizeit den gleichen Gewinn, nämlich psychologische Kräfte, die denen aus der beruflichen Arbeit vergleichbar wären? Was wird sich ereignen, wenn eine zunehmende Anzahl von Menschen nach und nach keine ‹Arbeit› im traditionellen Sinne mehr zu verrichten hat? Kann man von einer aktiven Freizeit dieselbe ausgleichende Rolle im menschlichen Leben und dieselbe Bedeutung für persönliche Entwicklung und Bildung erwarten?»

Zur gleichen Zeit hat auch Hannah ARENDT (1958; dtsch. Übers. 1967, 11 f.) festgestellt: «Was uns bevorsteht, ist die Aussicht auf eine Arbeitsgesellschaft, der die Arbeit ausgegangen ist, also die einzige Tätigkeit, auf die sie sich noch versteht».[2] Daran anschliessend stellt sie die – rhetorische – Frage: «Was könnte verhängnisvoller sein?»[3] Rund zehn Jahre später konstatiert der französische Philosoph André GORZ (1978; dtsch. Übers. 1980b,

---

[2] Hannah ARENDT (1906–1975), eine in Deutschland geborene Gesellschaftswissenschaftlerin, die 1933 zunächst nach Frankreich, dann in die USA emigrierte, lehrte später an Universitäten in Chicago und New York.

[3] JAHODA hat sich mit diesem Werk von Hannah ARENDT sehr kritisch auseinandergesetzt. Sie bescheinigt ihm zwar «andauernden Wert», betrachtet aber die von ARENDT vorgelegte Analyse der modernen Arbeitswelt als «einseitig und unvollständig» (JAHODA 1988, 26).

9.1 Historische Entwicklung von Fragen und Antworten 629

126) «das Ende der Epoche, in der die Arbeit Quelle allen Reichtums war.» Die Frage, die er anschliessend stellt, lautet indes ganz anders: «Wären nicht alle besser dran, wenn jeder nicht mehr Geld, sondern mehr Zeit hätte, um sich mehr um sein eigenes Leben und das der Gemeinschaft und seiner Kommune kümmern zu können?» (a.a.O., S. 131). Noch einmal zehn Jahre später legt GORZ (1988, korr. dtsch. Übers. 2010) dazu überaus interessante Vorschläge vor.

Wieder einige Jahre später – immerhin vor mehr als zwei Jahrzehnten – äussert der Direktor des New Yorker Instituts für Wirtschaftsanalysen und Nobelpreisträger für Wirtschaftswissenschaften, Wassily LEONTIEF, die Überzeugung, «dass wir bald vor der Wahl stehen werden zwischen einer Situation, in der ein Teil der Arbeitskräfte voll beschäftigt ist, während die übrigen ganz ohne Arbeit sein werden, oder einer Situation, in der die Beschäftigungsmöglichkeiten gleichmässig auf alle Angehörigen der erwerbstätigen Bevölkerung verteilt sind – was natürlich bedeutet, dass im Verlauf der Zeit die für die ‹notwendige› Arbeit aufgewendete Zeit immer kürzer wird ...» (LEONTIEF 1983, 10). In diesem Zusammenhang ist dann die Rede von einer Verkürzung der Arbeitszeit «auf drei oder vier Stunden täglich und drei oder vier Tage in der Woche ... neben längerem Urlaub und früherem Ruhestand».

Im gleichen Jahr heisst es in der Einführung zum Bericht an den Club of Rome «Der Weg ins 21. Jahrhundert»: «Wir werden bald über so viel Freizeit verfügen, dass daraus entweder ernste Probleme für unsere Lebensgestaltung erwachsen oder aber ungeheure Chancen für die Entfaltung unserer Persönlichkeit und unserer Lebensqualität ... Mit anderen Worten: Arbeit wird zwar auch weiter unerlässlich bleiben, ... jedoch ihren Charakter als zentrale Lebensäusserung und Grundbedürfnis des Menschen verlieren und gleichberechtigt neben anderen kulturellen Aktivitäten stehen, die sich erst noch herausbilden müssen» (PECCEI 1983, 13 f.). Im gleichen Band fordert der polnische Philosoph Adam SCHAFF (1983, 170 f.), «dass für eine nicht allzu ferne Zukunft alternative Lösungsvorschläge ausgearbeitet werden, wie wir Arbeit im herkömmlichen Sinn durch Beschäftigungen anderer Art ersetzen können, die geeignet sind, die sinngebende Funktion der Arbeit für das Leben des einzelnen zu übernehmen».

Zur gleichen Zeit äusserte DAHRENDORF (1983, 31) allerdings auch schon, dass «auf dem Weg zu einer Veränderung angesichts des Dilemmas der Arbeitsgesellschaft» von den staatlichen Instanzen, den politischen Parteien und den klassischen Grossorganisationen «sehr wenig» zu erwarten sei. Dies ist umso bemerkenswerter als zur gleichen Zeit von der Kommission der Europäischen Gemeinschaft Zukunftsszenarien – die sogenannten FAST-Szenarien (CCE 1983)[4] – vorgelegt worden waren und auch die Enquete-Kommission des Deutschen Bundestages über den Jugendprotest im demokratischen Staat einen Schlussbericht publiziert hatte, in dem es u.a. heisst: «Eine Prognose darüber, unter welchen Bedingungen und in welcher Form Arbeit in den nächsten Jahren organisiert wird, scheint kaum möglich. Wir können aber annehmen, dass durch den Fortgang der Technik und der Automation Erwerbsarbeit weiter zurückgehen wird ...» (DEUTSCHER BUNDESTAG 1983, 92).

Die oben gestellte Frage, ob unsere Gesellschaft mit dem Problem rapide abnehmender Möglichkeiten der Erwerbstätigkeit tatsächlich so kurzfristig konfrontiert worden ist, wie es jetzt bisweilen den Anschein hat, lässt sich also ziemlich eindeutig beantworten. Auch die Sozialwissenschaften dürften von dieser Entwicklung nicht völlig überrascht sein, liegt doch auch hier seit mehr als zwei Jahrzehnten eine durchaus differenzierte Auseinandersetzung über die «Strukturprobleme und Zukunftsperspektiven der Arbeitsgesellschaft» vor (OFFE 1984).

Auch in der Arbeitspsychologie, für die derartige Entwicklungen naturgemäss höchst bedeutsam sein müssen, gab es zu dieser Zeit vereinzelte Positionsbestimmungen und Versuche, Fragmente eines Szenarios für die Umverteilung von Erwerbsarbeit zu formulieren (vgl. Kasten 9.2).

Modellrechnungen, wie sie etwa von STRAHM (1987) für die schweizerische Wirtschaft angestellt wurden, unterstützen insbesondere die erste und die vierte Annahme (vgl. Tabelle 9.1, S. 633).

---

[4] Im Abschlussbericht (CEC 1988) werden fünf Szenarien dargestellt: (1) Uncertain Employment: No Choice and Adjustment in an Unstable World, (2) Employment for the Fittest – The Triumph of Competition, (3) A New Welfare State – Guaranteed Social Protection, (4) Guaranteed Income for All – Free Choice of Employment, (5) Jobs for All: The Return of Employment.
Ausgehend von den FAST-Szenarien entwickelte LUTZ (1984) drei eigene Szenarien, die er folgendermassen bezeichnete: (1) Das Durchwursteln, (2) Die hyperindustrielle Informationsgesellschaft, (3) die Gesellschaft des qualitativen Wachstums. Diese Szenarien haben ebenso wie die von GORZ (1980b, 1983) hohen Anregungsgehalt.

9.1 Historische Entwicklung von Fragen und Antworten

Kasten 9.2: Arbeit in der Zukunft – Fragmente zu einem Szenario (aus: ULICH 1984c)

«Das Szenario 21 – ein Szenario, das ins 21. Jahrhundert hineinreicht – besteht aus sechs Annahmen, die je für sich plausibel erscheinen, aber natürlich keine absolute Voraussagesicherheit beanspruchen können. Die *erste Annahme* betrifft die Entwicklung der Produktivität und besagt, dass die Produktivität in den nächsten zwei Jahrzehnten im Durchschnitt unserer Wirtschaft um zwei bis drei Prozent steigen wird. Diese Annahme stimmt mit etlichen Prognosen überein: so nimmt z.B. HOFMEISTER (1982) jährliche Produktivitätszuwachsraten von 4 bis 5 Prozent für den Fertigungsbereich und von etwa zwei Prozent für den Bürobereich an ... Offensichtlich ist, dass der Produktivitätszuwachs von Branche zu Branche verschieden ist; gesamthaft ist es aber nicht unsinnig, von einem durchschnittlichen Zuwachs der Produktivität von 50 bis 65 Prozent – oder mehr – innerhalb der nächsten zwanzig Jahre auszugehen.

Die *zweite Annahme* muss natürlich das Wachstum betreffen. Sich hier in vergleichbarer Weise festzulegen, ist nach Meinung renommierter Volkswirtschaftler ausserordentlich schwierig. Übereinstimmung scheint jedoch dahingehend zu bestehen, dass das Wachstum nicht mehr in dem uns aus den ersten Jahrzehnten nach dem zweiten Weltkrieg vertrauten Masse zunehmen wird. Vielmehr ist offenbar mit Wachstumsraten zu rechnen, die viel zu gering sind, um die steigende Produktivität bei sonst unveränderten Bedingungen ‹aufzunehmen›.

Die *dritte Annahme* besagt, dass die entstandene und möglicherweise zunehmende Divergenz zwischen Produktivität und Wachstum bei sonst unveränderten Bedingungen Freisetzungseffekte, und das heisst: zunehmende Arbeitslosigkeit zur Folge hat. Damit entsteht u.a. die Frage nach den Folgen einer Teilung der Gesellschaft in ‹Arbeitsbesitzer› und Arbeitslose. Ohne dieser Frage hier im Einzelnen nachzugehen, muss doch darauf hingewiesen werden, dass Arbeitslosigkeit für Menschen, die Arbeit haben wollen, u.U. schweres psychisches Leid oder sogar Erkrankung zur Folge haben kann ... und dass Arbeitslosigkeit schliesslich auch eine erhebliche volkswirtschaftliche Belastung darstellt ...

Die *vierte Annahme* geht davon aus, dass alle, die Arbeit haben wollen, auch Arbeit erhalten können sollen. Dieses Postulat wird auf längere Sicht gesehen vermutlich nur durch neue Formen der Umverteilung von

> Arbeit eingelöst werden können. Dies könnte in der Konsequenz heissen, dass in zwanzig Jahren im Durchschnitt möglicherweise nur noch 25 Stunden in der Woche gearbeitet wird und dass in Zukunft Produktivitätsfortschritt nicht mehr ohne Weiteres in Reallohnerhöhung weitergegeben wird, sondern in Freizeitvermehrung oder zumindest im Angebot einer Zeit-/Lohn-Option ... Die Streuung der tatsächlichen Arbeitszeiten – und ihre Ansiedlung in den unterschiedlichen Lebensphasen – dürfte wesentlich grösser sein als derzeit.
> Die *fünfte Annahme* legt nahe, dass mit der Verkürzung der Lohnarbeitszeit Arbeitstätigkeiten ausserhalb der Lohnarbeit an Bedeutung gewinnen werden. So ist z.B. denkbar, dass Bürger in ihren Quartieren bzw. Gemeinden bestimmte gesellschaftlich nützliche Tätigkeiten übernehmen, die bisher nicht, nur ungenügend und/oder von öffentlichen Institutionen wahrgenommen wurden, wie etwa die Fürsorge für alte oder kranke Menschen.
> Die *sechste Annahme* schliesslich ... geht davon aus, dass der rasche Wechsel von Produkten und Produktionsprozessen ein hohes Mass an Flexibilität erforderlich macht. Die benötigte Flexibilität betrifft sowohl die technologischen Ressourcen als auch die Humanressourcen. Um letztere weiter zu entwickeln und die entsprechenden Qualifikationen zu erhalten, wird es erforderlich sein, unseren traditionellen linearen Lebensplan mit der Aufteilung in die drei Phasen der Ausbildung, der Berufsausübung und des Ruhestandes zu revidieren» (ULICH 1984c, 102ff.).

STRAHM (1987, 74) weist darauf hin, dass diese Betrachtung natürlich «rein rechnerisch und schematisch» sei und dass sich die Entwicklung «irgendwo zwischen den beiden Modellen einpendeln» wird.[5]

Schliesslich hat LUTZ (1986), ausgehend von ähnlichen Modellrechnungen, ein fiktives Zeitbudget erstellt, in dem neben der Reduzierung der Zeit für die Erwerbstätigkeit vor allem die Verschiebungen in den Bereichen Eigenarbeit, Selbstversorgung, passive Unterhaltung, Weiterbildung und soziale Aktivitäten auffallen (vgl. Tabelle 9.2, S. 634).

---

[5] STRAHM hat sich im Übrigen zu einer in diesem Zusammenhang grundlegenden Frage unmissverständlich geäussert: «Die Aussage, Arbeitszeitverkürzungen ohne Reallohnsenkungen seien ‹untragbar› oder ‹schädlich›, ist ökonomisch falsch. Es kommt immer darauf an, ob die Arbeitszeitverkürzung mit dem Produktivitätsfortschritt finanziert werden kann oder nicht» (STRAHM 1987, 77). Das von SPITZLEY (1998) vorgestellte «Gedankenexperiment: Die 25-Stunden-Woche im Jahr 2020» entspricht genau diesen Überlegungen.

9.1 Historische Entwicklung von Fragen und Antworten

Tabelle 9.1: Zeitreihen für die Veränderung der Produktion bei gleichbleibender Arbeitszeit (I) bzw. der Arbeitszeit bei gleichbleibender Produktion (II) bei einer durchschnittlichen Produktivitätssteigerung von 2,5 Prozent pro Jahr von 1985 bis 2005 (aus: STRAHM 1987)

	Modell I: Arbeitszeit konstant Produktion in %	**Modell II:** Produktion konstant Arbeitszeit in Wochenstunden
1985	100	43
1986	102,5	41,9
1987	105	40,9
1988	107,6	39,9
2005	164	26

Der Autor weist ausdrücklich darauf hin, dass es sich bei den in Tabelle 9.2 aufgeführten Zeitangaben nur um Durchschnittswerte handelt, «denn mit zunehmender Eigenständigkeit und zunehmenden Gestaltungsfreiräumen steigt auch der Differenzierungsgrad» (LUTZ 1986, 67).

Für unsere Überlegungen ist es nicht entscheidend, ob die hier skizzierten Annahmen innerhalb von zehn, fünfzehn oder zwanzig Jahren Realität werden und ob die durchschnittliche wöchentliche Arbeitszeit schliesslich 24, 26 oder 28 Stunden beträgt. Entscheidend ist vielmehr, dass wir uns – und die nachfolgenden Generationen – auf die Möglichkeit vorbereiten müssen, dass die Erwerbstätigkeit zunächst rein quantitativ erheblich an Bedeutung verliert. Schon in den siebziger Jahren wurden deshalb Vorschläge erarbeitet, die darauf hinauslaufen, bezahlte Erwerbstätigkeit zu rationieren[6] (z.B. SACHS 1978) oder eine «Duale Ökonomie» einzuführen mit bezahlter Erwerbstätigkeit einerseits und gesellschaftlich nützlichen bzw. notwendigen Aktivitäten andererseits (z.B. ROBERTSON 1978, GORZ 1983).[7] Nach der

---

[6] Dabei soll in bestimmten Grenzen die Möglichkeit bestehen, dass jene, die mehr ‹arbeiten› wollen, jenen, die weniger arbeiten wollen, Bezugsrechte abkaufen können.
[7] Allerdings ist GORZ zu widersprechen, wenn er zum Schluss kommt, dass eine Vergrösserung des ‹Reiches der Freiheit› durch Verminderung des Umfanges der Erwerbstätigkeit (des ‹Reiches der Notwendigkeit›) eine Humanisierung der Arbeit nicht mehr vordringlich erscheinen lasse. Im Übrigen findet sich auch im Bericht der KOMMISSION FÜR ZUKUNFTSFRAGEN DER FREISTAATEN BAYERN UND SACHSEN (1997) ein differenziertes Konzept zur Einführung unterschiedlicher Formen von ‹Bürgerarbeit›.

Tabelle 9.2: Das durchschnittliche Zeitbudget in den Jahren 1986 und 2006
(aus: LUTZ 1986)

Tätigkeit	Annahme		Stundenzahl/Jahr	
	1986	2006	1986	2006
1 Schlafen	8 h/Tag	8 h/Tag	2920	2920
2 Essen, Geselligkeit	16 h/Wo.	20 h/Wo.	800	1000
3 Kindererziehung, Familie (soweit nicht in 2 enthalten)	5 h/AW	7 h/AW	250	330
4 Haushalt, Eigenarbeit, Hobby, Selbstversorgung	16 h/AW	26 h/AW	800	1200
5 Erwerbstätigkeit			1800	1000
6 Arbeitsweg	1,5 h/Tag	1 h an durchschnittlich weniger Tagen	370	190
7 Passive Unterhaltung	21 h/AW	9 h/AW	1030	420
8 Reisen/Ferien (ohne 1 & 2)	21 Tg/J	35 Tg/J	290	460
9 Weiterbildung, persönl. Weiterentwicklung	1 h/AW	7 h/AW	50	320
10 Kultur, Politik, soziale Unterhaltung (soweit nicht unter 4)	9 h/AW	19,5 h/AW	450	920
Total			8760	8760

h = Stunde   AW = Arbeitswoche   J = Jahr

Auffassung von TRIST (1981) sind gerade die letzteren eher anspruchsvoll und mit Chancen der Persönlichkeitsentwicklung verbunden.

GORZ hat in seine ‹dualistische Utopie› einen interessanten Vorschlag eingebracht: «Nach der obligatorischen Schulzeit werde jeder während fünf Jahren zwanzig Wochenstunden gesellschaftlicher Arbeit ableisten, die zu einem ungeschmälerten Einkommen berechtigten, und zugleich nach seiner Wahl studieren oder einen Beruf erlernen. Die gesellschaftliche Arbeit müsse in einem oder in mehreren der folgenden vier Sektoren abgeleistet werden: Landwirtschaft; Schwerindustrie und Bergwerk; Bau, öffentliche Arbeiten und Hygiene; Kranken-, Alten- und Kinderpflege.

Kein Student-Arbeiter ... werde gezwungen, mehr als drei Monate hintereinander schwere Arbeit wie die eines Strassenkehrers, Krankenpflegers, Hilfsarbeiters zu verrichten. Doch müsse jedermann bis zum 45. Lebensjahr solche Aufgaben mindestens zwölf Tage im Jahr erfüllen» (GORZ 1978; dtsch. Übers. 1980b, 159f.). Derartigen Überlegungen kommt auch deshalb eine besondere Bedeutung zu, weil mit der zunehmenden Individualisierung der Lebensstile die Bedeutung und Erfahrung sozialer Unterstützung und solidarischen Verhaltens immer schwerer vermittelbar wird. Andere Überlegungen gehen dahin, dass man sich durch Ausübung von Pflegetätigkeiten über eine zu definierende Zeit das Anrecht erwirbt, später gegebenenfalls selbst gepflegt zu werden.

Im Übrigen weist TRIST – wie vor ihm schon GORZ – darauf hin, dass die Übernahme solcher Tätigkeiten dazu führen kann, dass hoch arbeitsteilige Erwerbsarbeit leichter ertragen wird – dass sie aber gerade umgekehrt auch zu einer Verstärkung der Wünsche nach herausfordernder und interessanter Arbeit führen kann. Weitergehende Auswirkungen könnten eine Abnahme des zentralen Stellenwerts der Erwerbstätigkeit sowie der Karriere- und Statusambitionen sein.

9.2 Frühere Modelle und konkrete Beispiele

Um zu verdeutlichen, dass Fragen, wie sie hier gestellt werden und Antworten, wie sie hier gegeben werden, schon vor mehr als einem halben Jahrhundert benannt wurden, sollen hier zunächst noch einmal einige historische Entwicklungen nachgezeichnet werden, diesmal bezogen vor allem auf konkrete Antworten.

Auf dem Höhepunkt der Weltwirtschaftskrise beschrieb der britische Ökonom John Maynard KEYNES eine «neue Krankheit», die er als technologische Arbeitslosigkeit bezeichnete. «Das bedeutet Arbeitslosigkeit, weil unsere Entdeckung von Mitteln zur Ersparung von Arbeit schneller voranschreitet als unsere Fähigkeit, neue Verwendung für die Arbeit zu finden» (KEYNES 1930; 1956, 267). Bereits zu dieser Zeit forderten Gewerkschaften in den USA konkret die Umverteilung von Arbeit: dauerhafte Massenarbeitslosigkeit sollte dadurch vermieden werden, dass die Produktivitätszuwächse zu deutlichen Arbeitszeitverkürzungen benutzt werden.

Immerhin wurden damals in einer Reihe amerikanischer Unternehmen erste Erfahrungen mit einer 30-Stunden-Woche gemacht, die als eine der Möglichkeiten angesehen wurde, die vorhandene Arbeit auf eine grössere Anzahl von Menschen zu verteilen und damit zugleich die Kaufkraft der Konsumenten zu erhalten bzw. wieder zu erhöhen (Kasten 9.3). Auch der deutsche Industrielle Robert Bosch (1932) hat damals eine massive Reduzierung der

Kasten 9.3: Frühe Erfahrungen mit der 30-Stunden-Woche
(aus: RIFKIN 1996)

«Im Juli 1932 forderten die Gewerkschaften Präsident Hoover auf, eine Konferenz mit Arbeitnehmer- und Arbeitgebervertretern einzuberufen, die die 30-Stunden-Woche durchsetzen und so ‹Arbeit für Millionen unbeschäftigter Menschen schaffen› sollte (zit.n. BERGSON 1933, 7f.). Viele Unternehmer schlossen sich dem Appell an, da sie keine andere Möglichkeit sahen, um die Kaufkraft der Konsumenten wieder zu erhöhen. Einige grosse Unternehmen, darunter Kellog's, Sears Roebuck, Standard Oil und Hudson Motors, führten von sich aus die 30-Stunden-Woche ein, um ihre Beschäftigten halten zu können (HUNNICUT 1988, 148).

Am weitesten wagte sich Kellog's vor. W.K. Kellog, der Firmenbesitzer rechnete vor, dass «wir mit vier Sechs-Stunden-Schichten (...) anstelle von drei Acht-Stunden-Schichten dreihundert Familienvätern mehr Arbeit und Lohn geben können» (zit.n. HUNNICUT o.J., 9). Um das Lohnniveau und so die Kaufkraft der Beschäftigten zu erhalten, wurde das Mindesteinkommen der männlichen Arbeiter auf vier Dollar am Tag angehoben, die Stundenlöhne wurden um 12,5% erhöht (ebd.).

In den Erfahrungsberichten, die Kellog's in den folgenden Jahren veröffentlichte, hiess es, dass die verkürzten Schichten die Arbeitsfreude und die Leistungsfähigkeit der Beschäftigten erhöht hätten. In einer Studie von 1935 wurde aufgezählt, dass durch den Sechs-Stunden-Tag innerhalb von fünf Jahren die Gemeinkosten um 25% und die Stückkosten um 10% gesenkt werden konnten. Die Zahl der Arbeitsunfälle war um 40% zurückgegangen, «und gegenüber 1929 arbeiteten 39% mehr Beschäftigte bei Kellog's (zit.n.ebd., 22)» (RIFKIN 1996, 36f.).

9.2 Frühere Modelle

Arbeitszeiten – von 2400 auf 1800 oder weniger Jahresstunden – für nötig und möglich gehalten.

Bald nach dem Ende des zweiten Weltkrieges konstatiert der französische Soziologe Georges FRIEDMANN: «In einem rationell geplanten, den technischen Möglichkeiten entsprechenden Produktions- und Verarbeitungssystem ... wird der Anteil des Menschen im Produktionsprozess fortschreitend bis auf einige Stunden am Tag vermindert werden können» (FRIEDMANN 1953, 300). In der zweiten Hälfte der fünfziger Jahre stellt FRIEDMANN (1959, 176) zudem Fragen wie diese: «Können die Tätigkeiten ausserhalb der Arbeit und vor allem während der eigentlichen Freizeit die Arbeit ablösen und ihre psychologische Funktion übernehmen?»

In der ersten Hälfte der sechziger Jahre wird in den USA auch schon das Konzept eines vom Staat garantierten Einkommens zur Diskussion gestellt (FRIEDMAN 1962, THEOBALD 1963, 1966). Dabei handelt es sich um ein garantiertes Jahresmindesteinkommen, ausgehend von dem Postulat, «dass die traditionelle Verknüpfung von Einkommen und Arbeit aufgelöst werden müsse. Da immer mehr Arbeit von Maschinen erledigt werde, müsse den Menschen ein von der Erwerbsarbeit unabhängiges Einkommen garantiert werden. Nur so könne man ihnen ihren Lebensunterhalt und der Wirtschaft ihre Kaufkraft sichern» (RIFKIN 1996, 194).[8]

Bei THEOBALD findet sich dafür zunächst der Begriff «Due-income». Gemeint ist «an income sufficient to allow the individual to live with dignity whether or not he holds a conventional market-supported job; one of two fundamental requirements for realizing the potential of abundance» (THEOBALD 1963, 203). Dabei ist wichtig zu erfahren, was hier unter ‹Würde› verstanden wird. «Human dignity includes the freedom to make one's own decisions, the freedom to stand up for what one believes to be right, and the freedom to dissent» (THEOBALD 1963, 150). Das zweite grundlegende Erfordernis «for realizing the potential of abundance» ist «the availability of meaningful activity for each individual». Gemeint ist damit «any form of activity that appears meaningful and valuable to an individual and which is not soci-

---

[8] Immerhin setzte Präsident Johnson 1967 eine aus Unternehmern, Gewerkschaftern und Persönlichkeiten des öffentlichen Lebens bestehende Kommission ein, deren nach zwei Jahren vorgelegtes Ergebnis das Postulat eines garantierten Mindesteinkommens eindeutig unterstützte. Der darauf basierende ‹Family Assistance Plan› der Nixon-Administration wurde im Repräsentantenhaus im Jahre 1969 angenommen, vom Senat aber abgelehnt.

ally dysfunctional» (a.a.O). Für den Psychoanalytiker Erich FROMM, der sich in dem von THEOBALD herausgegebenen Buch ‹The Guaranteed Income› mit den psychologischen Aspekten des garantierten Mindesteinkommens beschäftigt hat, ist der wichtigste Grund für dessen Akzeptanz, «that it might drastically enhance the freedom of the individual» (FROMM 1966, 183).

Damit waren bis Mitte der sechziger Jahre für die Arbeitswissenschaft höchst bedeutsame Annahmen und Lösungsansätze formuliert worden wie
(1) die Annahme weiter abnehmender Erwerbsarbeit als Folge technologisch bedingter Produktivitätsschübe und weitergehender Substitution menschlicher Arbeit durch maschinelle Prozesse,
(2) die Möglichkeit der Umverteilung der vorhandenen Erwerbsarbeit durch Arbeitszeitverkürzung,
(3) die Möglichkeit der Sicherung einer menschenwürdigen Existenz durch ein, von Erwerbsarbeit unabhängiges, garantiertes Grundeinkommen bzw. eine negative Einkommenssteuer.

Auch nach Auffassung der Autoren des Berichts an den Club of Rome zur Frage «Wie wir arbeiten werden» – die ähnliche Überlegungen anstellen und die Aussicht auf ein Grundeinkommen für «zunehmend wahrscheinlicher» halten – «muss jede Form der Beschäftigungspolitik auf die Verfügbarkeit über einen essentiellen Mindestbetrag abzielen und darf dabei die Notwendigkeit, produktive Arbeitsplätze zu entwickeln, nicht ausser acht lassen. Das ist ein erster Schritt zur persönlichen Freiheit» (GIARINI und LIEDTKE 1998, 177).

Von besonderem Interesse ist in diesem Zusammenhang das gross angelegte SIME/DIME-Feldexperiment, mit dem in den Jahren 1971 bis 1979 in Seattle (Seattle Income Maintenance Experiment) und Denver (Denver Income Maintenance Experiment) die Auswirkungen einer negativen Einkommenssteuer auf den Umfang der Erwerbstätigkeit und die Stabilität der familialen Beziehungen untersucht wurde (HUNT 1985, 1991).[9] Die negative Einkommenssteuer (Negative Income Tax = NIT) wurde für einige Teilstichproben für die Dauer von drei Jahren, für andere für die Dauer von fünf Jahren garantiert. Einer weiteren Teilstichprobe wurde eine Garantie von zwanzig Jahren schliesslich abgekauft. Eine der, auch für die Arbeitspsychologie, grundlegenden Fragen lautete: Würde der Mensch, «wenn der Staat ihn mit einem Garantieeinkommen ausstattete, ... wie die Theorie vorhersagt, dann die rationale Wahl treffen, weniger zu arbeiten, da seine Freizeit ihn weniger kostete? Und wenn dem so wäre, wie-

---

[9] Ein ähnliches IME war auf Anregung des Office of Economic Opportunity während der Jahre 1968 bis 1972 in vier Städten der Staates New Jersey durchgeführt worden (KERSHAW and FAIR 1976).

9.2 Frühere Modelle

viel weniger würde er arbeiten? Oder würde er, aus dem einen oder anderen Grund, soviel arbeiten wie zuvor und somit zeigen, dass diese grundlegende Annahme über das wirtschaftliche Verhalten der Menschen falsch ist?» (HUNT 1991, 267f.) Da das Experiment in erster Linie der Erarbeitung von Grundlagen zur Armutsbekämpfung dienen sollte, waren in den Stichproben besser bezahlte – und damit mit einer gewissen Wahrscheinlichkeit inhaltlich anspruchsvollere – Beschäftigungen nicht vertreten. Immerhin zeigte sich für «Schwarze und Chicano-Männer», dass sie den Umfang ihrer Erwerbstätigkeit deutlicher reduzierten als «Weisse Männer. Vielleicht war das Nichtarbeiten für sie attraktiver, da sie schlechtere Arbeitsmöglichkeiten haben als weisse Männer» (HUNT 1991, 300). Zu den unerwarteten – und von einem Teil der Medien offenbar übertriebenen und in den Vordergrund gerückten – Ergebnissen gehört eine Zunahme der Scheidungsraten in den NIT-Familien. Eine der möglichen Erklärungen dafür ist, dass durch die negative Einkommenssteuer «Frauen in schlecht funktionierenden Lebensgemeinschaften ermöglicht wird, diesen zu entfliehen» (HUNT 1991, 302). Damit werden – hier ursprünglich nicht intendierte – mögliche emanzipatorische Effekte einer derartigen Massnahme deutlich.

In diesem Zusammenhang ist ein Hinweis von GORZ interessant, der darauf aufmerksam gemacht hat, dass auch eine Mindesteinkommensgarantie emanzipatorisch oder repressiv verstanden werden kann, «je nachdem, ob sie den Individuen neue Räume individueller und gesellschaftlicher Tätigkeit öffnet oder im Gegenteil nur der gesellschaftliche Lohn für ihre erzwungene Untätigkeit ist» (GORZ 1983, 66).

Unter dem Begriff «Grundeinkommen ohne Arbeit» hat die katholische Sozialakademie Oesterreichs das Mindesteinkommen als einen emanzipatorischen «Weg zu einer kommunikativen Gesellschaft» beschrieben (BÜCHELE und WOHLGENANNT 1985). Inwieweit garantierte Mindesteinkommen mit der Beteiligung an gesellschaftlich nützlichen Tätigkeiten oder Qualifizierungsmassnahmen gekoppelt sein sollen, wurde in verschiedenen Ländern diskutiert.

GORZ, der in früheren Arbeiten die Forderung eines minimalen Grundeinkommens mit der Pflicht zur Beteiligung an gesellschaftlich nützlichen Aktivitäten verbunden hatte, schliesst sich «nach langem Widerstand ... den Anhängern eines ausreichenden (nicht minimalen) Grundeinkommens an», das bedingungslos zu gewähren sei (GORZ 2000, 126).

SESSELMEIER, KLOPFLEISCH und SETZER (1996), die auch unterschiedliche Modelle der negativen Einkommenssteuer und deren historischen Ursprung knapp skizzieren, bescheinigen diesen schliesslich grundsätzlich positive Effekte in beschäftigungspolitischer Hinsicht.

9.3 Beschäftigungsorientierte Arbeitszeitmodelle

Wie TERIET (1995) zu Recht bemerkt, kann es dafür kein Universalmodell geben. Immerhin lässt sich aber zeigen, dass Unternehmen mit einem relevanten Know-how «sich bei der Realisierung beschäftigungsorientierter Arbeitszeitregelungen leichter getan haben oder tun, als jene ohne ein solches Grundlagenwissen» (TERIET 1995, 220).

Abgesehen von einem möglichst weitgehenden Abbau der Überstunden und der Umwandlung monetärer Überzeit-, Wochenend- und Schichtarbeitszuschläge in Freizeitguthaben – womit allein eine grosse Anzahl zusätzlicher Arbeitsplätze geschaffen werden könnten – bieten sich im vorliegenden Kontext sehr unterschiedliche Modelle an, von denen einige im Folgenden kurz skizziert werden sollen.

Das erste Modell lässt sich als *Lebensarbeitszeit mit Zeit-Konten* beschreiben. Dieses Modell ist vor allem durch Hewlett-Packard in Deutschland bekannt geworden, wird aber auch in anderen Unternehmen praktiziert.[10] Das Modell geht davon aus, dass ein Teil der vertraglich zu leistenden Arbeitsstunden nicht ausbezahlt, sondern als Freizeitguthaben angelegt wird. Angenommen, die tarifvertraglich vereinbarte Arbeitszeit beträgt 37 Wochenstunden, die vom Betrieb ‹benötigte› – und in einer Betriebsvereinbarung verabredete – Zeit 40 Wochenstunden. Die Differenz von 3 Wochenstunden gilt dann als Vorarbeitszeit und wird auf einem individuellen Freizeitkonto gutgeschrieben. Die Zeitgutschriften können nach eigenen Wünschen – aber vorheriger Absprache – als freie Stunden, halbe oder ganze freie Tage, Wochenend- oder Urlaubsverlängerung bezogen, aber auch für Langzeiturlaube (Sabbati-

---

[10] So wird es z.B. in der Verwaltung des Kantons Zürich als Option angeboten. Weniger weitreichende Zeitkontenregelungen sind inzwischen weit verbreitet. Nach den Angaben von GROSS, MUNZ und SEIFERT (2000) verfügen in Deutschland 37 Prozent der abhängig Beschäftigten über ein Arbeitszeitkonto.

[11] Auch in anderen Unternehmen der europäischen Automobilindustrie haben deutliche Reduzierungen der Arbeitszeiten – bei gleichzeitiger Ausdehnung der Betriebszeiten – stattgefunden. So arbeiten die Beschäftigten bei General Motors in Antwerpen seit 1988 an nur 170 Tagen im Jahr täglich 10 Stunden, während die Betriebszeit 20 Stunden beträgt. «Jedes Team arbeitet innerhalb von drei Wochen an 11 Tagen und hat innerhalb dieser drei Wochen 10 Tage Freizeit mit zwei Wochenenden von je drei Tagen» (DIELMANN 1995, 538f.). Vgl. dazu auch die Arbeitszeitmodelle für die BMW-Werke Regensburg und Wackersdorf (BIHL, BERGHAHN und THEUNERT 1995, THEUNERT 1995).

cals) bzw. einen vorzeitigen oder gleitenden Übergang in den Ruhestand angespart werden. Erfahrungen zeigen, dass die Zeitgutschriften in Abhängigkeit vom Lebensalter unterschiedlich genutzt werden (SCHULER 1993).

Das zweite Modell betrifft die erhebliche *Verkürzung der Arbeitszeit*. Das bekannteste Beispiel ist sicher die Verkürzung der wöchentlichen Arbeitszeit von 36 auf 28.8 Stunden, verbunden mit der Einführung der 4-Tage-Woche in den deutschen Werken der VW AG. Anstatt 30 000 Beschäftigte zu entlassen, einigten sich die Sozialpartner in nur fünf Verhandlungsrunden innerhalb von zwei Wochen auf dieses bahnbrechende Modell.[11] Dafür gab es verschiedene Gründe (vgl. Kasten 9.4)

Kasten 9.4: Arbeitszeitverkürzung anstatt Massenentlassung
(aus: PROMBERGER et al. 1996a)

«Gegen eine radikale Lösung des Beschäftigungsproblems durch Massenentlassungen sprachen eine Reihe von Gründen: Zum einen hätten betriebsbedingte Massenentlassungen einen eindeutigen Bruch mit der betriebspolitischen ‹political culture› der innerbetrieblichen Austauschbeziehungen bedeutet ... das gute Verhältnis zwischen Arbeitnehmervertretung und Management ist wiederholt als ein positiver Produktivitätsfaktor für das Unternehmen herausgestrichen worden. Massenentlassungen hätten den breiten Basiskonsens ... sicherlich in Frage gestellt – mit letztlich unkalkulierbaren Konfliktkosten für das Management.

Zweitens war absehbar, dass das Unternehmen über die notwendige Sozialauswahl bei Massenentlassungen mit einer Verschlechterung der Belegschaftsstruktur konfrontiert gewesen wäre; im Zuge einer solchen Massnahme hätte man mit relativer Sicherheit zahlreiche jüngere Beschäftigte verloren, die für den Erfolg einer zukunftsgerichteten Unternehmensstrategie besonders wichtig gewesen wären ...

Zusätzlich wäre auch diese Strategie, das Beschäftigungsproblem anzugehen, mit beträchtlichen Kosten verbunden gewesen. Legt man die bisherigen Standards zugrunde, wären bei der Entlassung von 30 000 Beschäftigten zunächst und kurzfristig Sozialplankosten in Milliardenhöhe angefallen, wohingegen der Entlastungseffekt erst mittelfristig spürbar geworden wäre» (PROMBERGER, ROSDÜCHER, SEIFERT & TRINCZEK 1996 a, 39).

Mit dieser Reduzierung der Arbeitszeit um 20 Prozent – bei einer Reduzierung des Jahreseinkommens um rund 15 Prozent – konnten «20 000 Beschäftigungsverhältnisse gesichert» werden (HARTZ 1996). Die mit der Arbeitszeitverkürzung verbundenen Lohnreduzierungen haben direkte Kosteneinsparungen von ca. eineinhalb Milliarden DM zur Folge. Zudem gaben viele Beschäftigte in den von PROMBERGER, ROSDÜCHER, SEIFERT & TRINCZEK im Frühjahr 1996 durchgeführten Belegschaftsbefragungen an, «dass die kürzeren Arbeitstage wesentlich weniger anstrengend seien, obwohl sich teilweise das Stundenpensum erhöht habe» (PROMBERGER et al. 1996a, 81). Die Autoren schliessen daraus, sicherlich zu Recht, dass aufgrund kürzerer Schichtzeiten ausgeruhtere Beschäftigte zu höherer Produktivität beitragen. Interessant ist schliesslich, dass die Zufriedenheit mit dieser Regelung in den unteren Lohngruppen grösser ist als in den oberen. Hier spielt die unterschiedliche Bedeutung der Arbeitsplatzsicherung vermutlich eine entscheidende Rolle. «Die Älteren, Höherqualifizierten sind trotz genereller Zustimmung weniger zufrieden als die Jüngeren. Und Frauen erkennen mehr Vorteile als Männer» (HARTZ 1996, 20).[12] Ergebnisse von Erhebungen an den Standorten Wolfsburg, Emden und Braunschweig zeigen, dass 52,8 % der befragten Beschäftigten «möchten, dass die Arbeitszeit bleibt, wie sie gegenwärtig ist» ... «46 % würden sich wieder längere Arbeitszeiten (und damit ein höheres Einkommen) wünschen» (PROMBERGER und TRINCZEK 1995, 4). Die restlichen 1,2 % würden eine weitere Verkürzung der Arbeitszeit begrüssen (vgl. im Einzelnen auch PROMBERGER et al. 1996b).

In der Fragebogenerhebung von PROMBERGER et al. (1997) gaben die Beschäftigten an, die zusätzlich gewonnene frei verfügbare Zeit vor allem für Familie, Haushalt und Freizeit zu nutzen. Vermehrte Eigenarbeit in Haus und Garten ist ein weiteres Betätigungsfeld, vor allem für die befragten Männer. Auch bei verstärkter Zuwendung zur Familie, bei der Kinder erwartungsgemäss eine besondere Rolle spielen, ist eine Überwindung der traditionellen geschlechtsspezifischen Arbeitsteilung im Haushalt noch kaum festzustellen. Die Autoren weisen in ihrer Zusammenfassung darauf hin,

---

[12] Der Zusammenhang von Einkommensverlust und Akzeptanz der Arbeitszeitverkürzung wird offenbar von anderen Einflussgrössen überlagert: «Am unteren Ende der Einkommensskala durch die hoch bewertete Beschäftigungssicherung, am oberen durch die negativ wahrgenommenen Folgen der 28.8-Stunden-Woche, und hier vor allem die höhere Leistungsverdichtung im Angestelltenbereich» (PROMBERGER et al. 1996b, 207).

9.3 Beschäftigungsorientierte Arbeitszeitmodelle

dass schliesslich auch nicht erwartet werden könne, dass tief verwurzelte Verhaltensmuster sich «quasi über Nacht» und automatisch aufgrund allein der neuen zeitlichen Rahmenbedingungen verändern (a.a.O., S. 199).

Am Beispiel der – nicht repräsentativen und rein qualitativen – Studie von JÜRGENS und REINECKE (1998) lässt sich darüber hinaus zeigen, welche psychologisch höchst bedeutsamen Wirkungen von einer so erheblichen Verkürzung der Arbeitszeit erwartet werden können, sofern diese verlässlich und die zeitliche Verortung kalkulierbar ist. Neben der belegbaren Beschäftigungswirkung und besseren Möglichkeiten der Kompensation der Schichtarbeitsfolgen durch längere Regenerationsphasen eröffnen sich hier auch Perspektiven für eine «andere» Gesellschaft: «Die Dominanz der Erwerbsarbeit könnte relativiert, Familien- und Erwerbsarbeit zwischen Frauen und Männern anders als bisher verteilt und der Gestaltungsspielraum für den privaten Lebensbereich insgesamt vergrössert werden» (JÜRGENS und REINECKE 1998, 215). In der Studie konnte gezeigt werden, dass eine über längere Zeit erlebbare, kalkulierbare Verkürzung der Arbeitszeit «die Vereinbarkeit von Familien- und Erwerbsleben deutlich erleichtert hat» (a.a.O.). Dabei ergeben sich, wie kaum anders zu erwarten, typenspezifische Muster. Für einige konnten aktivere Vaterrollen, für andere aber auch Ansätze zu veränderten Arbeitsteilungen zwischen den Geschlechtern belegt werden. Die (Wieder-)Einführung verlängerter Arbeitszeiten und die mangelnde Kalkulierbarkeit von Mehrarbeit durch deren kurzfristige Ankündigung können indes eine «Re-Traditionalisierung» der familialen Beziehungen bewirken (vgl. JÜRGENS 2000).

TERIET (1995, 222) hat in diesem Zusammenhang auf einen psychologisch interessanten Sachverhalt aufmerksam gemacht. Teilzeitarbeit – als erfolgversprechende Variante beschäftigungsorientierter Arbeitszeitregelungen – hat in vielen Unternehmen noch immer einen negativen Beigeschmack. «Ein VW-Mitarbeiter mit einer 28.8-Stundenwoche steht demgegenüber als ‹Vollzeitkraft› im Sinne des Tarifvertrages unangefochten da.»

Seit dem 1.1.1996 gilt darüber hinaus, dass Mehrarbeit grundsätzlich durch bezahlte Freistellungen abzugelten ist. Dafür ist im Tarifvertrag ein ‹Beschäftigungsscheck› vorgesehen (vgl. Kasten 9.5, S. 644).

In Deutschland gibt es aber nicht nur die spektakulären VW-Modelle, sondern z.B. auch einen tarifvertraglich abgesicherten Solidarpakt zur Beschäftigungsförderung in der niedersächsischen Metallindustrie, an dem sich im Rahmen eines Vereins zur Beschäftigungsförderung 19 Unternehmen beteili-

Kasten 9.5: Der Volkswagen-Beschäftigungsscheck (aus: HARTZ 1996)

«Bei dem ‹Volkswagen-Beschäftigungsscheck› handelt es sich um ein Zeit-Wertpapier. Die Verzinsung erfolgt durch Tariferhöhungen. Bei Entnahme von Freizeit mit dem ‹Volkswagen-Beschäftigungsscheck› wird für die Monatsvergütung immer der aktuelle Wert zum Zeitpunkt der Freizeitentnahme zugrunde gelegt. Das gilt auch für Beschäftigungsschecks, die Jahre zuvor ausgestellt wurden. Damit ist sichergestellt, dass der Beschäftigungsscheck keinem Wertverlust unterliegt» (HARTZ 1996, 127).

gen. Innerhalb von zwei Jahren haben mehr als eintausend Mitarbeiter ihre Arbeitszeit reduziert und damit die Einstellung von rund zweihundertundfünfzig Arbeitslosen ermöglicht (vgl. dazu STANGE 2001).

In der Schweiz hat das Modell zur Beschäftigungssicherung im Druckbereich der TA-Media, das wir mitentwickeln und begleiten konnten, ebenfalls belegt, dass mit einer Verkürzung der Arbeitszeit im konkreten Fall Entlassungen vermieden werden können (vgl. Tabelle 9.3).[13]

Tabelle 9.3: Beschäftigungssicherungsmodell für die Druckvorstufe der TA-Media

Geplanter Stellenabbau	17 von 168 Beschäftigten
Erforderliche Reduzierung der Arbeitszeit zur Vermeidung des Stellenabbaus	10 Prozent = von 40 auf 36 Wochenstunden
Lohneinbusse für die Beschäftigten	6,66 Prozent
Mögliche Formen der Arbeitszeitreduzierung	• 0.8 Stunden pro Tag • 4 Stunden pro Woche • 2 Wochen Zusatzferien plus jede 2. Woche 4.5 Stunden • 3 Wochen Zusatzferien plus jede 2. Woche 2 Stunden 50 Minuten • 4.5 Wochen Zusatzferien
Laufzeit der Vereinbarung mit Kündigungsschutz	1. Januar 1995 bis 31. Dezember 1996

9.3 Beschäftigungsorientierte Arbeitszeitmodelle

Die positiven Erfahrungen mit dem Beschäftigungsmodell haben bewirkt, dass den Beschäftigten ein Angebot zur Weiterführung gemacht wurde, nunmehr allerdings mit voller, d.h. proportionaler, Lohneinbusse. «Das Echo der Belegschaft auf dieses Angebot ist ausserordentlich gross: 27 Prozent der Mitarbeitenden haben sich für 1997 für ein 93,3-Prozent-Pensum entschieden, 15 Prozent für ein 90-Prozent-Pensum und 11 Prozent für Pensen zwischen 40 und 80 Prozent» (CONRAD 1997, 14). Damit bestätigt sich die aus den Erhebungen bei VW vorliegende Erkenntnis, dass die Erfahrung mit grösseren Freizeiträumen bei einem erheblichen Teil der Beschäftigten offensichtlich zu deren besonderer Wertschätzung führt.

Weniger bekannt geworden ist bisher das im Werk Grenoble von Hewlett-Packard praktizierte Modell der Vier-Tage-Woche mit einem kontinuierlichen Sieben-Tage-Betrieb (vgl. Kasten 9.6, S. 646).[14]

Das dritte Modell lässt sich am ehesten als *Stafettenmodell* bezeichnen. So enthält die Palette der von VW in Deutschland angebotenen Möglichkeiten der zeitlichen Strukturierung des Arbeitslebens seit dem 1.1.1996 zusätzlich eine «Stafette der Generationen»: Mit Zustimmung des Unternehmens können ältere Beschäftigte in drei Schritten – von 24 über 20 bis auf 18 Wochenstunden – in den Ruhestand ‹gleiten› und während dieser Zeit durch-

---

[13] Dass «eine Verringerung der durchschnittlichen Jahresarbeitszeit, vor allem in flexibler, reversibler und kostengünstiger Form über mehr Teilzeit und Verminderung der Überstunden» (KLAUDER 1997, 284) als Teil eines Massnahmenbündels generell zu mittelfristig deutlich steigender Beschäftigung beitragen kann, haben Simulationen des Instituts für Arbeitsmarkt- und Berufsforschung der Bundesanstalt für Arbeit in Deutschland belegt. Vgl. dazu ausführlich BARTH und ZIKA (1996) über ‹Volkswirtschaftliche Effekte einer Arbeitszeitverkürzung›, das ‹Berliner Memorandum› (SENATSVERWALTUNG 1997) und die Diskussion unterschiedlicher Modelle und darauf basierender Simulationen aus fünf europäischen Industriestaaten bei OWEN (1989), insbesondere in Kapitel 9.
SEIFERT (1997, 58) schätzt die Beschäftigungswirksamkeit aufgrund der Ergebnisse der vorliegenden Analysen «auf etwa die Hälfte bis zwei Drittel des rechnerischen Wertes der Arbeitszeitverkürzung». Und PROMBERGER et al. (1996a) weisen auf die Ergebnisse von Studien hin, die belegen, dass Arbeitszeitverkürzungen nach Art des VW-Musters gesamtfiskalisch kostengünstiger sind als allfällige Entlassungen.
[14] Über sehr positive Effekte der Einführung einer Vier-Tage-Woche in sechs Unternehmen in Deutschland hat RIEN (1972) bereits zu Beginn der siebziger Jahre (!) berichtet.

> **Kasten 9.6:** Die Vier-Tage-Woche im Werk Grenoble von Hewlett Packard
> (aus: RIFKIN 1996)
>
> «Die 250 Beschäftigten arbeiten jetzt 26 Stunden und 50 Minuten in der Nachtschicht, 33.5 Stunden in der Nachmittagsschicht und 34 Stunden und 40 Minuten in der Vormittagsschicht. Obwohl sie im Schnitt pro Woche sechs Stunden weniger als früher arbeiten, bekommen sie dieselben Gehälter wie zuvor. Das Management sieht die Mehrbezahlung als Ausgleich für die Flexibilisierung der Arbeitszeiten. Die Produktion der Grenobler Fabrik hat sich verdreifacht, da sie nun nicht mehr wie früher an zwei Tagen in der Woche stillsteht» (RIFKIN 1996, 169).

schnittlich 85 Prozent ihres Vollzeiteinkommens beziehen.[15] Umgekehrt werden bei VW Ausgebildete nach der Abschlussprüfung grundsätzlich übernommen, haben aber für zwei Jahre zunächst nur einen Anspruch auf 20, für die folgenden eineinhalb Jahre auf 24 Wochenarbeitsstunden. Nach den Angaben von PROMBERGER et al. (1996a, 69) schätzen betriebliche Experten, dass das zunächst in Kraft gesetzte Modell des sukzessiven ‹Hineinwachsens› der Ausgebildeten «seit 1995 etwa die Hälfte (ca. 1 400) aller ausgelernten Auszubildenden für kürzere oder längere Zeit» betroffen hat. Genauere Angaben in Bezug auf den Beschäftigungseffekt waren wegen fehlender Informationen über die Konkretisierung in den einzelnen Werken noch nicht möglich. «Eine Einschätzung erlaubt jedoch einen gewissen Einblick in die Grössenordnung, um die es dabei geht: Arbeiten 1 400 Beschäftigte ein Jahr lang nur 20 statt 28.8 Stunden pro Woche, so entspräche dies einem Beschäftigungs- bzw. Arbeitsplatzsicherungseffekt von rund 430 Vollzeitarbeitsplätzen (bei 28.8 Stunden/Woche) in einem ganzen Jahr» PROMBERGER et al., a.a.O.).

---

[15] Mit dem gleitenden Übergang in den Ruhestand kann nicht zuletzt der abrupte Lebensbruch vermieden werden, der in der Schweiz mit dem treffenden Begriff ‹Altersgouillotine› bezeichnet wird. In dieser Hinsicht ist auch der Trend zur Frühpensionierung – nach LEHR (1988, 34) für viele Menschen «ein Danaer-Geschenk» – keineswegs unbedenklich, vor allem wenn die frühere Pensionierung unfreiwillig erfolgt und als Kontrollverlust erlebt wird. Tatsächlich sind auch die bisher vorliegenden Erfahrungen mit dem gleitenden Übergang in den Ruhestand überwiegend positiv (DELSEN und REDAY-MULVEY 1996).

9.3 Beschäftigungsorientierte Arbeitszeitmodelle

Gerade für schweizerische Verhältnisse ist vorstellbar, dieses Modell mit einem Paten- oder Göttiprinzip zu verknüpfen und daraus eine neue Art von Generationenvertrag zu entwickeln. Konkrete Erfahrungen liegen dazu noch nicht vor.

Angeregt durch das Stafettenmodell von VW wird bei der schweizerischen Post ein Modell realisiert, das zu einer raschen und deutlichen Zunahme des eingestellten Lernpersonals führt. Für das Jahr 1998 wurden nach dem Konzept ‹Weiterbeschäftigung nach der Lehre zu 75% für 2 bis 3 Jahre› anstelle der für die Lehrberufe Postangestellte/r bzw. kaufmännische/r Angestellte/r budgetierten 369 Lehrlinge tatsächlich 416 Lehrlinge eingestellt. Das sind 47 Personen oder 13% mehr als ursprünglich geplant. Wenngleich das selbstgesteckte Ziel der Post höher lag, zeigt dieser Ansatz doch, dass es möglich ist, die Anzahl der Lehrstellen durch attraktive Modelle zu erhöhen. Interessant ist dieses Modell für junge Menschen offensichtlich, weil es ihnen einerseits nach Abschluss der Lehre eine sichere Anstellung bietet, diese Anstellung andererseits aber für zwei bis drei Jahre mit jährlich drei Monaten Freizeit verbunden ist. Der von den Gewerkschaften stammende Vorschlag, das Salär in dieser Zeit nicht auf die neun ‹Arbeitsmonate› zu verteilen, sondern gleichmässig auf alle zwölf Monate des Jahres, erscheint in diesem Zusammenhang durchaus sinnvoll.

Das vierte Modell umfasst eine Reihe von Ansätzen, deren Gemeinsamkeit darin besteht, dass sie eine Art *«Job Rotation»* vorsehen. So ist etwa in Dänemark mit dem 1. Januar 1994 ein sogenanntes Urlaubsgesetz in Kraft getreten, das jeder und jedem seit mindestens drei Jahren in einer festen Anstellung Beschäftigten das Recht auf ein Jahr bezahlter Freistellung von der Erwerbstätigkeit gibt. Die Finanzierung in Höhe von 80 % des Arbeitslosengeldes wird von der staatlichen Arbeitslosenkasse übernommen, sofern während dieser Zeit eine arbeitslose Person eingestellt wird. In der Zwischenzeit wurde das Gesetz dahingehend korrigiert, dass die freigestellten Personen sich während dieser Zeit an Aus- bzw. Weiterbildungsmassnahmen beteiligen müssen. Weitere Überlegungen betreffen ein «Vier-statt-drei»-Modell: Drei Erwerbstätige teilen ihre Vollzeitstellen mit einem bzw. einer Arbeitslosen; die drei Saläre und die monatliche Arbeitslosenentschädigung werden zu gleichen Teilen auf alle vier Personen, für die jeweils jede vierte Arbeitswoche frei ist, aufgeteilt (vgl. Kasten 9.7).

Bereits realisiert wird auch ein Modell, das rasch auf Interesse gestossen ist: nach jeweils acht Wochen Arbeitszeit setzt der/die Beschäftigte für eine Woche aus und erhält während dieser Zeit Arbeitslosenentschädigung.
Orientiert am Beispiel der Müllabfuhr in der dänischen Stadt Arhus, sammelte die schweizerische Post Erfahrungen mit dem von ihr so bezeichneten

> **Kasten 9.7:** «Vier-statt-drei»-Modell bei der Müllabfuhr in Arhus (aus: KEMPE 1996)
>
> «Bei der Müllabfuhr in Arhus wurde dieses Gesetz mit Zustimmung der Belegschaft so umgesetzt, dass die Beschäftigung um 25 Prozent gestiegen ist. So wurden die Müllwagenbesatzungen von drei auf vier Mann erhöht, wobei jeweils der vierte eine einwöchige Arbeitspause hat. Mit Hilfe der Lohnausgleichsregelung konnte, bei einem Zeitgewinn von 25 Prozent, der Nettolohn-Verlust auf 10 Prozent begrenzt werden – eine weitaus günstigere Bilanz als beim VW Modell (20 Prozent Zeitgewinn/ca. 16 Prozent Nettolohnverlust). Auch für die Arbeitgeber bietet das Urlaubsgesetz Vorteile, denn die Arbeitszeitverkürzung setzt sich voll in Lohnkostensenkung um» (KEMPE 1996, 231).

Solidaritätsmodell. Dieses sah vor, dass je drei bei der Post bereits beschäftigte Personen ihre Arbeitszeit um 25% reduzieren und eine vierte, zur Zeit erwerbslose Person in ihre Gruppe aufnehmen. Die Reduzierung der Arbeitszeit wurde so realisiert, dass jede der vier Personen – im Rotationsverfahren – jede vierte Woche ‹arbeitslos› war und für diese Zeit aus der Arbeitslosenversicherung entschädigt wurde. Das bedeutet, dass die Reduzierung der Arbeitszeit um 25 Prozent mit einer tatsächlichen Lohnverminderung von maximal 10 Prozent verbunden war, bei vorliegenden Unterstützungsverpflichtungen von 7 Prozent. Dies wurde möglich durch die Neufassung des Arbeitslosenversicherungsgesetzes (AVIG), das mit dem Artikel 110a einen eigentlichen ‹Pilot›-Artikel erhielt. Dieser soll erlauben, Pilotprojekte zu unterstützen, die dazu dienen, Erfahrungen mit neuen arbeitsmarktlichen Massnahmen zu gewinnen. Deshalb sind Umfang und Zeitraum der Realisierung der staatlich unterstützten Massnahmen jeweils begrenzt. Die Post hat sich dazu verpflichtet, die zusätzlich eingestellten Personen nach Ablauf der Pilotphase, d.h. nach 12 oder 18 Monaten, weiterzubeschäftigen oder an andere Arbeitgeber zu vermitteln. Obwohl die Erfahrungen mit diesem Modell eindeutig positiv zu bewerten sind (vgl. ULICH, PETER und DEGENER 2000, BAILLOD et al. 2000, PETER, PORTMANN und ULICH 2001), wurde das Projekt – wie übrigens auch das ‹Müllmänner-Modell› in Arhus – nach Abschluss der Pilotphase – zumindest vorläufig – nicht weitergeführt. Positive Erfahrungen mit dem Solidaritätsmodell konnten auch in Spitälern des Kantons Zürich gesammelt werden (PETER und STROHM 2001).

9.3 Beschäftigungsorientierte Arbeitszeitmodelle

In diesem Zusammenhang ist schliesslich auch das seit dem Jahr 1994 in Dänemark realisierte Modell des Bildungsurlaubs zu nennen. Ziel dieses Modells ist, im Sinne eines übergreifenden Arbeitsmarkt- und Bildungskonzepts die Reintegration Erwerbsloser und das Bildungsinteresse Erwerbstätiger gleichzeitig zu stimulieren. «Die Kombination von Bildungsurlaub plus Stellvertretung kommt dem Bedarf mittelständischer Betriebe entgegen, die Probleme haben, ihre Beschäftigten zur Qualifizierung freizustellen. Der Bildungsurlaub für sich genommen ... kann aber auch von Betrieben zur Überbrückung von Phasen mit schlechter Auftragslage sinnvoll genutzt werden oder zur Vorbereitung und Unterstützung einer neuen Arbeitsorganisation» (HÖCKER 2000, 109, vgl. auch HÖCKER 2001). WOLTER und KNUCHEL (1997) haben sich damit konstruktiv auseinandergesetzt und mögliche Formen der Ausgestaltung eines derartigen ‹Educational leave› für die Schweiz beschrieben.

Eine andere Form der systematischen Verknüpfung von Reduzierung der betrieblichen Arbeitszeit mit Ausbildungsmassnahmen konnte in einem Pilotprojekt der Baubranche in der Zentralschweiz realisiert werden (ULICH, PETER und DEGENER 2000, DEGENER 2001). Die Rahmenbedingungen dieses Projekts sind in Kasten 9.8 (S. 650) dargestellt.

Damit entspricht dieses Modell weitgehend dem von BERGMANN (2000) vorgetragenen Postulat, dass bei Verkürzungen der Arbeitszeit mit dem Ziel der Verteilung der Arbeit auf mehr Personen ein «Zeitzuschlag für Lernen» vorgesehen werden sollte.
Auch das Projekt ArbeitPlus – das von der Unternehmensleitung gemeinsam mit der Gewerkschaft Bau und Industrie entwickelt worden war – wurde aus Mitteln der Arbeitslosenversicherung auf der Grundlage des Pilotartikels im Arbeitslosenversicherungsgesetz unterstützt.

Dies gilt auch für das fünfte Modell, eine spezifische Form der *Altersteilzeit*. Beschäftigte im Bauhauptgewerbe, die 60 Jahre oder älter sind, können ihre Arbeitszeit bis zum Eintritt in den Ruhestand auf 50 Prozent reduzieren, bei einer Lohnminderung von 10 Prozent. 10 Prozent werden vom Arbeitgeber übernommen und 30 Prozent von der Arbeitslosenversicherung. Die Unternehmen müssen pro zwei Fälle von Altersteilzeit eine neue Lehrstelle schaffen oder pro vier Fälle von Altersteilzeit eine arbeitslose Person einstellen. Damit sich auch kleine Unternehmen daran beteiligen können, sind Poollösungen möglich.

Kasten 9.8: Rahmenbedingungen des Pilotprojektes ArbeitPlus in einem Bauunternehmen der Zentralschweiz

- anstatt 20% der Beschäftigten zu entlassen, wird die Gesamtarbeitszeit um maximal 20% reduziert
- die Lohnreduktion für die Beschäftigten beträgt 5%; weitere 5% werden vom Arbeitgeber und die restlichen 10% von der Arbeitslosenversicherung übernommen
- der Lohn bleibt in voller Höhe versichert
- in der durch die Reduktion der Arbeitzeit frei gewordenen Zeit nehmen die Beschäftigten an einer stufengerechten beruflichen Weiterbildung teil (ArbeitPlus)
- die Arbeitslosenversicherung trägt die Kosten für die Weiterbildungsmassnahmen
- es besteht ein unveränderter Ferienanspruch
- während das Pilotprojekt läuft, sind betriebsbedingte Kündigungen ausgeschlossen
- während der Projektdauer können und sollen die Teilnehmer jederzeit wieder vollumfänglich in den Arbeitsprozess integriert werden, wenn neu eingehende Aufträge dies ermöglichen
- das Pilotprojekt wird ein Jahr lang erprobt (01.01.98–31.12.98)

Altersteilzeitmodelle sind in den letzten Jahren in mehreren europäischen Staaten, auch in Deutschland, mit entsprechenden Gesetzgebungen und staatlicher Unterstützung bzw. tarifvertraglicher Regelung eingeführt worden.

Über ein spezifisches Altersteilzeitmodell, das bei der Bremer Strassenbahn AG sehr erfolgreich praktiziert wird, berichten KOHFELDT, RESCH und SPITZLEY (2001) unter dem an eine Generationenstafette erinnernden Titel ‹Beschäftigungsbrücken zwischen Alt und Jung als Positiv-Summen-Spiel›.

Eine staatliche Unterstützung mittels *Reduzierung der Sozialabgaben* bietet das sechste Modell. Am 11. Juni 1996 hat die französische Nationalversammlung ein Gesetz verabschiedet, das einen neuen Weg zur Beschäftigungssicherung und -erweiterung aufzeigen sollte. Unternehmen, die die Arbeitszeit ihrer Belegschaft um mindestens 10 Prozent reduzieren und

9.3 Beschäftigungsorientierte Arbeitszeitmodelle

dafür die Zahl der Beschäftigten um mindestens 10 Prozent erhöhen, müssen im ersten Jahr 50 Prozent und während der folgenden sechs Jahre je 30 bis 40 Prozent weniger Sozialabgaben leisten. Damit werden die Lohnnebenkosten in einem bemerkenswerten Umfang reduziert. Dies geht mit einer Umschichtung der Staatsausgaben einher, nach dem Prinzip: Es ist sinnvoller, Arbeit zu subventionieren anstatt Arbeitslosigkeit. Offenbar wurden die Möglichkeiten dieses Gesetzes – das nach seinem Verfasser auch ‹Gesetz Robien› genannt wird – von einer beachtlichen Anzahl Unternehmen unterschiedlichster Grössenklassen in Anspruch genommen. Wegen der Reduzierung der Sozialabgaben sind dabei die Verkürzungen der Arbeitszeit, zum Beispiel von 39 auf 32 Stunden, nicht notwendigerweise mit proportionalen Lohneinbussen verbunden.

Am 13. Juni 1998 verabschiedete die französische Nationalversammlung ein weiteres Gesetz – nach seiner Urheberin ‹Gesetz Aubry› genannt –, das das ‹Gesetz Robien› ablöste und für alle Unternehmen mit mehr als zwanzig Beschäftigten vorschrieb, ab Januar 2000 – für kleinere Unternehmen ab 2002 – die wöchentliche Arbeitszeit auf 35 Stunden zu reduzieren. Auch hier wird bei der Einstellung einer Mindestzahl zusätzlicher Personen oder weitergehender Reduzierungen der Arbeitszeit eine Reduzierung der Sozialabgaben gewährt.[16] Ergebnisse eines Vergleichs der Anwendung dieser Regelungen im Elsass mit Ansätzen beschäftigungsorientierter Arbeitszeitgestaltung in Südbaden finden sich bei SCHÜPBACH, ZÖLCH und SOLL (2001). Da nach wie vor wenig hinreichend gesicherte Erfahrung vorliegt, werden über die Auswirkungen der 35-Stunden-Woche noch immer sehr unterschiedliche Vermutungen angestellt.

Ähnliches galt lange Zeit auch für die Auswirkungen des holländischen Polder-Modells, das einerseits eine erhebliche Zunahme von Teilzeitbeschäftigungen ermöglichte, andererseits (DELSEN 2000) aber auch zu einem deutlichen Anwachsen ungesicherter Beschäftigungsverhältnisse geführt hat. So bescheinigt BECKER (2001) in seiner konstruktiv-kritischen Auseinandersetzung mit der oft zitierten und als nachahmenswert empfohlenen Entwicklung in den Niederlanden diesem Modell und seinen Auswirkungen einen hohen ‹Mythosgehalt›.

---

[16] Aus dem ‹Gesetz Robien› resultierende Vereinbarungen behalten ihre Gültigkeit bis zum festgelegten Vertragsende.

Kasten 9.9: Radikale Variante der Angebotskürzung (aus OFFE 1997)

«Das könnte im Einzelnen so aussehen: Jeder Bürger (nicht: jeder Arbeitnehmer) wird mit dem Rechtsanspruch ausgestattet, zu einem frei gewählten Zeitpunkt seines Arbeitslebens insgesamt 10 Jahre aus Erwerbstätigkeiten auszuscheiden und für diese Zeit ein steuerfinanziertes Einkommen in Höhe von 40 Prozent des Durchschnittseinkommens zu beziehen. Dieses ‹Sabbath-Konto› kann in beliebiger Stückelung in Anspruch genommen werden, sobald die Voraussetzungen einer abgeschlossenen Berufsausbildung oder ersatzweise einer dreijährigen versicherungspflichtigen Erwerbstätigkeit vorliegen. Anreize für eine bedachtsame Inanspruchnahme des beschränkten Kontos können dadurch gesetzt werden, dass eine Art negativer Zeit-Zins eingeführt wird: Die Abzüge vom Konto wären pro in Anspruch genommenes Jahr um so höher, je früher im Leben das Jahr in Anspruch genommen wird. Die Wirkungsweise wäre die, dass nicht nur Arbeitsplätze freigemacht und so der Angebotsüberhang am Arbeitsmarkt zu wesentlichen Teilen abgebaut würde, ohne dass es zu einer geschlechts- oder generationsspezifischen ‹Ausgliederung› käme. Es wäre ausserdem zu erwarten, dass das Sabbath-Konto nur von denen in Anspruch genommen würde, die sich für ihre individuelle Lebensplanung Tätigkeiten vornehmen, die sie der regulären Erwerbsarbeit vorziehen – und nur für den Zeitraum, für den das der Fall ist» (OFFE 1997, 242f.)

Andere Formen der Umschichtung von Staatsausgaben zum Zwecke der Existenz- und Beschäftigungssicherung sind mit Zukunftsentwürfen verbunden, in denen Erwerbsarbeit und andere Formen von Arbeit einen neuen Stellenwert erhalten. Ausgehend von der Zielvorstellung einer «Neuordnung des Arbeitslebens, die den Begriff der Arbeit nicht für bezahlte, betriebliche und kontrahierte Berufsarbeit reserviert, sondern ausweitet», hat OFFE (1997) – im Sinne eines gedanklichen Versuchs – eine «radikale Variante der Angebotskürzung» zur Diskussion gestellt (vgl. Kasten 9.9).

Mit diesen Hinweisen, die selbstverständlich keine Vollständigkeit beanspruchen, wird deutlich, dass Arbeitszeitpolitik – sofern sie einen Beitrag zur Beschäftigungssicherung leisten soll – sich von traditionellen Arbeitszeitmustern weitgehend trennen muss (vgl. Abschnitt 9.4). Dies kommt auch im Bericht an den Club of Rome ‹Wie wir arbeiten werden› zum Ausdruck, dessen Autoren (GIARINI und LIEDTKE 1998) ein Drei-Phasen-Modell vorschlagen mit unterschiedlichen Formen und Intensitäten wirtschaftlicher und sozialer Betätigung, durchmischt mit der Wahrnehmung von Bildungsangeboten sowie gleitenden Übergängen in das und aus dem Erwerbsleben. Das darauf basierende Mehrschichtenmodell stellt eine Kombination von Erwerbsarbeit, gemeinnützigen produktiven Tätigkeiten und «Tätigkeiten in Eigenleistung» dar, zu dessen Grundverständnis «Arbeit als Ausdruck der Persönlichkeit (‹wir sind, was wir tun›) und Würde» gehört (GIARINI und LIEDTKE 1998, 236).

In diesem Zusammenhang ist die Stellungnahme der beiden grossen christlichen Kirchen in Deutschland «Für eine Zukunft in Solidarität und Gerechtigkeit» (EKD und DBK 1997) bemerkenswert. Sie enthält einerseits ein klares Bekenntnis zum «Menschenrecht auf Arbeit» als unmittelbarem «Ausdruck der Menschenwürde» (S. 62), unterstützt andererseits ebenso eindeutig den Grundgedanken «vom Teilen der Erwerbsarbeit ... in der Diskussion um die Bekämpfung der Arbeitslosigkeit» (S. 70) und folgert schliesslich, dass es darauf ankomme, ‹die Dominanz der Erwerbsarbeit› zu überwinden und die verschiedenen Formen von Arbeit gesellschaftlich anzuerkennen und zu unterstützen» (S. 72). Hierzu sollten etwa auch jene Formen von ‹Eigenarbeit› gehören, wie sie z.B. von BERGMANN (1996, 1997) beschrieben werden. Wenn sich der Anteil der Erwerbstätigkeit für alle reduziert, nimmt schliesslich auch die Möglichkeit zu, dass Frauen vermehrt erwerbstätig werden, ein eigenes Einkommen erzielen und dadurch unabhängiger werden. Damit stellt sich das – in Zusammenhang mit Fragen der Arbeitszeitverkürzung und Umverteilung der Arbeit häufig angesprochene – Problem der demografischen Entwicklung anders dar als es vielfach diskutiert wird.

9.4 Von der erwerbsorientierten Arbeit zur gesellschaftlich nützlichen Tätigkeit

Wenn es denn richtig ist, dass die Arbeit eine grundlegende menschliche Lebensäusserung und neben der Spiel- und der Lerntätigkeit eine Grundform der Lebenstätigkeit des Menschen darstellt, dann muss jede grundlegende

Veränderung menschlicher Arbeitstätigkeit zur Veränderung des menschlichen Lebens überhaupt führen. Dies gilt vor allem dann, wenn wir annehmen, dass in den verschiedenen Lebensphasen unterschiedliche Tätigkeiten dominieren und dass die Arbeitstätigkeit in unserer Gesellschaft bisher und noch immer die in der Phase des Berufslebens dominierende Tätigkeitsform gewesen ist.

Deshalb beschäftigen sich Arbeitspsychologen (z.B. HACKER 1994, 1998, RESCH 2000, 2001, RICHTER 1997, 1999, ULICH 1988a, 2000) und Arbeitswissenschaftler anderer Provenienz (z.B. VOLKHOLZ 1994, SPITZLEY 1998, 2000), aber auch die Gesellschaft für Arbeitswissenschaft (GFA 2000) seit einiger Zeit ausser mit Fragen der Umverteilung von Arbeit auch mit Fragen der ‹Arbeitserzeugung›, d.h. der Erweiterung vorhandener bzw. der Schaffung neuer Möglichkeiten menschlicher Arbeit. Dabei kommt der Frage nach dem gesellschaftlichen Nutzen solcher neu zu schaffenden Arbeitstätigkeiten besondere Bedeutung zu.

Folgen wir RUBINSTEIN (1977, 108), so hängt die Eigenart der psychologischen Seite der Arbeitstätigkeit in erster Linie davon ab, dass die Arbeit ihrem objektiven, gesellschaftlichen Wesen nach eine Tätigkeit ist, die auf die Erzeugung eines gesellschaftlich nützlichen Produktes gerichtet ist. «Arbeiten heisst» – so RUBINSTEIN (1977, 709) im gleichen Zusammenhang – «sich in seinen Arbeitsprodukten objektivieren, sein eigenes Dasein bereichern und erweitern, Schöpfer und Gestalter sein».

Wir müssen hier nicht mehr prüfen, für welche heutzutage vorfindbaren Arbeitstätigkeiten wir die Formulierungen von RUBINSTEIN zu akzeptieren bereit sind. Wir müssen aber darüber nachzudenken beginnen, welche anderen (Arbeits-)Tätigkeiten als die traditionellen Erwerbstätigkeiten den in diesen Formulierungen enthaltenen Anforderungen genügen.[17]

«There will be more choices in lifestyles, more types of career path open. Allied to this is a reassessment of the household as a work field that reflects the changing roles of men and women in the domestic socio-technical system and the links of this system with outside employment. The divorce between home and work, which has been so complete in industrial societies, may be less complete in the postindustrial order» (TRIST 1981, 52).[18] In diesem Zusammenhang sind weitere arbeitspsychologische Beiträge zur Analyse und Bewertung

---

[17] Für die konkrete Analyse solcher Tätigkeiten bietet sich das von WEYERICH et al. (1992) vorgestellte Verfahren zur *Ermittlung von Alltagstätigkeiten (EVA)* an.
[18] Ein ähnlicher Hinweis findet sich bei SCHELBERT-SYFRIG (1985).

9.4 Von der Arbeit zur nützlichen Tätigkeit

von Reproduktionsarbeit, wie sie zuerst von RESCH (1991, 1999b) vorgelegt wurden, dringend erforderlich. «Hierzu gehört es, dass auch in der Haus- und Familienarbeit solche Aspekte konkret untersucht werden, die für die arbeitende Person bedeutsam sind und ihre Entwicklung mehr oder weniger fördern bzw. behindern» (RESCH und RUMMEL 1993, 65).

Der kulturelle Wandel, dessen Beginn wir seit einiger Zeit erleben, ist also nicht nur durch Technisierung und Globalisierung und die damit verbundenen – arbeitspsychologisch höchst bedeutsamen – Optionen für die Gestaltung von Arbeitstätigkeiten und Organisationsstrukturen gekennzeichnet. Vielmehr wird sich in seinem Verlauf auch der Stellenwert der Erwerbsarbeit im menschlichen Lebenszusammenhang vermutlich grundlegend ändern. Damit bedarf die von FRIEDMANN (1959) und JAHODA (1983) gestellte Frage nach den Möglichkeiten der Übernahme psychologischer Funktionen der Erwerbsarbeit durch andere (Arbeits-)Tätigkeiten dringend einer Antwort.

Einerseits hält JAHODA die Verkürzung der Arbeitszeit für den Fall weitergehender Substituierung menschlicher Arbeit durch neue Technologien für die «auf lange Sicht konstruktivste Massnahme»; sie meint sogar, die positiven psychologischen Wirkungen der Erwerbstätigkeit «würden sich auch in dem für dieses Jahrhundert unwahrscheinlichen Fall einstellen, dass die Arbeitszeit halbiert werden könnte, ohne dass der Lebensstandard gesenkt würde» (a.a.O., S. 160).
Andererseits stellt JAHODA – die übrigens auch Erwerbsarbeit von anderen Formen von Arbeit unterscheidet – aber auch die Frage, ob die in unserer Kultur durch Teilnahme am Erwerbsleben vermittelten Erfahrungskategorien kulturgebunden sind und ob es in anderen Kulturen allenfalls Äquivalente dafür gibt. Sie verweist in diesem Zusammenhang auf Ergebnisse anthropologischer Forschungen, die zeigen, dass in Gesellschaften, die Erwerbsarbeit in der bei uns üblichen Form nicht kennen, deren psychologische Funktionen «durch Rituale, religiöse und gemeinschaftliche Praktiken ersetzt» werden. Die Tatsache, dass in unterschiedlichen Gesellschaften durch so unterschiedliche Praktiken ähnliche Erfahrungskategorien vermittelt werden, stützt nach JAHODA «die Vorstellung, dass dauerhafte menschliche Bedürfnisse beteiligt sind, während sie gleichzeitig auf die Vielfalt von Institutionen hinweist, die solche Bedürfnisse befriedigen können » (a.a.O., S. 101).

HEINZE und KEUPP (1997) haben gezeigt, dass auch in unserer Gesellschaft anderen – eben nicht erwerbsbezogenen – Tätigkeiten wesentliche Bedeutung für die personale Identität zukommen kann (vgl. Kasten 9.10, S. 656).

> **Kasten 9.10:** Bedeutung von Erwerbs- und Nichterwerbsarbeit für die Identität (aus: HEINZE und KEUPP 1997).
>
> «Für Tätigkeiten innerhalb des Handlungsfeldes der Erwerbsarbeit, aber auch für solche ausserhalb, kann man eher ein gemeinsames Bündel miteinander verschränkter Erwartungen annehmen: Sie sollen die Person fordern, sie sollen Spass machen, kommunikative Möglichkeiten eröffnen, der eigenen Tätigkeit zurechenbare Produkte erbringen und soziale Anerkennung vermitteln. Diese Motivstränge beziehen sich auf grundlegende Bedeutungen individueller Identitätsarbeit. Sie sind nicht ontologisch an Erwerbsarbeit gebunden. Sie werden sich allerdings so lange mit diesem Fokus industriegesellschaftlicher Entwicklung verknüpfen, wie Erwerbsarbeit zentraler Baustein materieller Reproduktion und sozialer Sicherung bleibt. Erst mit der Schaffung von gesellschaftlichen Alternativen, kulturell neuen Optionen und der individuellen Erreichbakeit solcher Alternativen und Optionen werden sich in den individuellen Grundorientierungen neue Profile jenseits der Erwerbsarbeitsfixiertheit ausbilden können» (HEINZE und KEUPP 1997, 109f.)

Speziell sozialen Netzwerken werden Funktionen zugeschrieben, wie sie – zumindest teilweise – von JAHODA (1983) der Erwerbsarbeit zugeschrieben werden. Soziale Netzwerke seien Orte bzw. «Gelegenheitsstrukturen
- für die Vermittlung von Informationen und sozialer Konakte,
- für affektive, kognitive und materielle Unterstützungen,
- für die Organisation von Anerkennung und die Entwicklung von Identität,
- für soziale Kontrolle und
- für gruppenbezogenes Handeln und gemeinschaftliches, solidarisches Engagement»

(HEINZE und KEUPP 1997, 71).

Allerdings gelte auch, dass das in sozialen Netzwerken enthaltene «soziale Kapital ungleich verteilt ist» (a.a.O), wobei das Bildungsniveau eine zentrale Rolle spielt. Dieser Tatbestand ist bei der Entwicklung und Einführung von Modellen zur Umverteilung von Arbeit sorgsam zu berücksichtigen.

Noch grundsätzlicher ist allerdings die Frage, ob auch nur die Sicherung der materiellen Existenz weiterhin an Erwerbsarbeit gebunden bleiben kann oder

9.4 Von der Arbeit zur nützlichen Tätigkeit

soll. Als Alternative wird in jüngster Zeit vermehrt wieder ein erwerbsunabhängiges Grundeinkommen oder Bürgergeld diskutiert. GIARINI und LIEDTKE (1998) nennen in ihrem Bericht an den Club of Rome «Wie wir arbeiten werden» vielfältige Vorzüge einer solchen Lösung, mit der zugleich die staatlichen Sozialversicherungs- und Steuersysteme zusamengefasst und vereinfacht werden könnten: materielle Unabhängigkeit, insbesondere auch der Frauen von den Männern und der Arbeitnehmer von den Arbeitgebern, Steigerung der individuellen Risikobereitschaft und Innovationsfreudigkeit, Arbeitsmotivation anstatt materieller Anreize als Hauptkriterium bei der Stellenauswahl, leichtere Durchsetzung technologischer Veränderungen wegen der geringeren Notwendigkeit des Erhalts von Stellen und Förderung der Wahrnehmung gesellschaftlich nützlicher Tätigkeiten wie etwa die Sorge für die eigenen Eltern. Schliesslich könnten mehrere Personen ihre Grundeinkommen eine Zeit lang zusammenlegen und damit die Gründung eines gemeinsamen Unternehmens erleichtern.[19] Die Autoren halten die Aussicht auf die Etablierung eines derartigen Grundeinkommens für zunehmend wahrscheinlich und die Einführung einer negativen Einkommenssteuer für eine praktikable organisatorische Lösung (vgl. dazu auch DAHRENDORF 1992, HENGSBACH 1997, MITSCHKE 2000). Auf das bedingungslose Grundeinkommen bezogene grundlegende Auseinandersetzungen finden sich neuerdings bei NEUENDORFF, PETER und WOLF (2009) sowie WERNER und GÖHLER (2010).

Aus dem Vorwort zu der sehr differenzierten Publikation von MITSCHKE (2000) über mögliche Grundsicherungsmodelle für Österreich geht übrigens hervor, dass diese Fragestellung manchenorts offenbar für politisch sehr heikel gehalten wird. «Die vorliegende Arbeit geht auf einen Gutachtenauftrag aus dem Jahre 1998 zurück und wurde im Mai 1999 abgeschlossen. Aus nachvollziehbaren Erwägungen zur politischen Entwicklung durch die österreichischen Nationalratswahlen von Oktober 1999 wollen der Auftraggeber und die Expertengruppe, von der das in Abschnitt VIII untersuchte negativsteuerorientierte Grundsicherungsmodell für die Republik Österreich stammt, nicht genannt werden. Aus den gleichen Erwägungen hat sich die Veröffentlichung des Gutachtens, die ursprünglich vom Auftraggeber beabsichtigt war, verzögert» (MITSCHKE 2000,5).

Für manche überraschend hat sich erst kürzlich der Direktor des Hamburgischen Weltwirtschaftsinstituts zum Grundeinkommen positiv positioniert:

---

[19] Hinweise auf die als Folge eines Grundeinkommens grössere Unabhängigkeit der Arbeitnehmer von den Arbeitgebern und die daraus für diese resultierende Notwendigkeit, inhaltlich attraktive Arbeitsbedingungen zu schaffen, finden sich auch bei BÜCHELE und WOHLGENANNT (1985), SCHMID (1986), LALIVE D'EPINAY (1991) und ARN (2000).

«Für Deutschland zeigt sich, dass das Grundeinkommen den schwierigen Zielkonflikt zwischen ökonomischer Effizienz und sozialer Gerechtigkeit am kostengünstigsten beheben würde. Natürlich löst das Grundeinkommen nicht alle sozialpolitischen Probleme. Aber es macht viele Probleme einfacher lösbar. Vor allem öffnet es kommenden Generationen größere Handlungsfreiräume für eine eigenständige Gestaltung ihrer Lebensumstände als jede Alternative» (STRAUBHAAR 2010, 16).

Mit der Einführung eines Grundeinkommens bzw. Bürgergeldes werden die Dominanz der Erwerbsarbeit und die Marginalisierung anderer Lebenstätigkeiten in Frage gestellt.[20] Die Realisierung einer solchen Politik stellt «in Aussicht, dass auf Basis individueller Entscheidungen nützliche Tätigkeiten ausserhalb der Erwerbsarbeit wieder Anerkennung und Bedeutung bekommen» (SENGHAAS-KNOBLOCH (2000, 154).[21]

Wenn man – wie z.B. BECK (1997), BERGMANN (1997) oder GIARINI und LIEDTKE (1998) in je unterschiedlicher Form – für die zukünftige Entwicklung von einem Mehrschichtenmodell mit einer Kombination von Erwerbsarbeit, gemeinnützigen produktiven Tätigkeiten und Eigenarbeit ausgeht, dann stellt sich nicht zuletzt auch die Frage der Bewertung der gemeinnützigen Tätigkeiten. Da eine monetäre Bewertung nach ihrem Beitrag zu einer wie auch immer gearteten ökonomischen Wertschöpfung kaum in Betracht kommt und deshalb die Gefahr entsprechend geringer Wertschätzung und Attraktivität besteht, ist nach anderen Kriterien der Bewertung zu suchen. Hier sollte ein Konzept sozialer Wertschöpfung geeignet sein, derartige Tätigkeiten nach ihrem gesellschaftlichen Nutzen zu beurteilen. Diskussionen über ‹social audits› bzw. einen ‹Human Development Enterprise (HDE) Index› (STANDING 1996) lassen erkennen, dass ein solches Konzept – in be-

---

[20] Mit derartigen Fragen beschäftigt sich auch das 1986 gegründete Basic Income European Network (BIEN). Für ROSSI und SARTORIS (1996), die ein System der «Basisdeckung, welche jederzeit zumindest das sozial bestimmte Existenzminimum garantieren soll» für die Schweiz diskutiert und auch berechnet haben, stellt ein solches System eine Art «Kopernikanische Revolution» dar (a.a.O., S. 283).

[21] Dass damit weitere Fragen wie die nach der Höhe eines derartigen Grundeinkommens und eines gerechten Verhältnisses von Leistung und Gegenleistung entstehen, ist offensichtlich. Auch ist die Frage umstritten, ob ein Grundeinkommen an bestimmte Konditionen wie etwa die Beteiligung an ‹Bürgerarbeit› gebunden werden soll. Interessanterweise hat sich manchenorts anstelle der Tauschbeziehung Zeit gegen Geld bereits eine Tauschbeziehung Zeit gegen Zeit etabliert, so etwa in den von OFFE und HEINZE (1990) beschriebenen Kooperationsringen oder den in der Schweiz realisierten Tauschringen.

9.4 Von der Arbeit zur nützlichen Tätigkeit

wusster Analogie zur ökonomischen Wertschöpfung – auch für die Bewertung von Unternehmen in Betracht zu ziehen ist.

Beiträge zur sozialen Wertschöpfung können naturgemäss sehr unterschiedlicher Art sein, im kommunalen Bereich etwa die Übernahme personenbezogener Dienstleistungen, im Unternehmen die Schaffung zusätzlicher Ausbildungsplätze, aber auch der Verzicht auf Entlassungen auf Kosten des ‹shareholder value›.

Tatsächlich könnte gerade jetzt eine besondere Chance bestehen, unter reflektierter Nutzung der technologischen Möglichkeiten nicht nur inhumane Arbeitsbedingungen zu beseitigen, sondern zugleich grössere kulturelle Vielfalt zu erreichen und sich bei weiter reduzierten (Erwerbs-)Arbeitszeiten gesellschaftlich nützlichen (Arbeits-)Tätigkeiten ausserhalb der Erwerbsarbeit zuzuwenden. Schliesslich könnte – wie LÜBBE (1997) dies formuliert hat – Berufstätigkeit sogar in Konkurrenz zu vielen anderen sinnvollen und sinnstiftenden Lebenstätigkeiten treten. In diesem Zusammenhang könnten Konzepte der Bürgerarbeit, wie sie z.B. von BECK (1998) und MUTZ (1999, JANOWICZ, KLEMENT und MUTZ 2000), aber auch von der KOMMISSION FÜR ZUKUNFTSFRAGEN DER FREISTAATEN BAYERN UND SACHSEN (1997) diskutiert wurden, eine bedeutsame Rolle spielen.[22] Daraus können schliesslich grundlegend neue Formen einer Lebensbalance entstehen. Vielleicht kann auch «aus der Beschäftigungskrise ein neuer Zeitwohlstand erwachsen, mit neuen Möglichkeiten der Selbstverwirklichung, auch der selbstgewählten Eigenarbeit und der kommunitären Tätigkeiten» (SPITZLEY 1997, 13).[23] Dabei sind allerdings die Konsequenzen «einer Nichtbeachtung der Vielzahl gesicherter Längsschnittbefunde über den persönlichkeitsbildenden Einfluss des Inhalts langzeitig ausgeübter Arbeit» sorgsam zu berücksichtigen (RICHTER 1997, 19). Für die Arbeitspsychologie bedeutete eine solche Entwicklung, dass sie ihren Gegenstand in einen Bereich auszudehnen hätte, der von einigen Autoren als «autonome Arbeit» bezeichnet wurde. Die gedankliche Vorweg-

---

[22] Im Bericht der KOMMISSION FÜR ZUKUNFTSFRAGEN DER FREISTAATEN BAYERN UND SACHSEN (1997, 166) heisst es: mit der von der Kommission vorgeschlagenen Bürgerarbeit werde «der Übergang von einer Nur-Erwerbsarbeitsgesellschaft zu einer gemischten Tätigkeitsgesellschaft» eingeläutet.

[23] Für HINRICHS (1995, 93) bedeutet ‹Zeitwohlstand› nicht einfach, «viel Zeit zu haben», sondern vor allem auch, sich kontextuell sinnvolle Zeitstrecken ‹schneiden› zu können. Dabei spielen als Kriterien der Akzeptanz die Planbarkeit und die Möglichkeit, über die Zeitarrangements mitbestimmen zu können, eine bedeutsame Rolle (vgl. GARHAMMER 1995).

nahme solcher Entwicklungsmöglichkeiten ist schliesslich nicht nur legitimes, sondern auch notwendiges Anliegen einer Disziplin, die sich mit einer der grundlegenden menschlichen Lebenstätigkeiten beschäftigt.

10. Kapitel

Forschungsprojekte

Angeregt durch das Konzept von GREIF, HOLLING und NICHOLSON (1989) wird in diesem Kapitel über einige Forschungsprojekte berichtet, die in Bezug auf Fragestellung und Methodik verschiedene ‹Typen› anwendungsorientierter arbeitspsychologischer Forschung repräsentieren.

10.1 Experimentelle Untersuchungen zur Analyse der Mensch-Computer-Interaktion

Der deutsche NORMENAUSSCHUSS INFORMATIONSVERARBEITUNGSSYSTEME hat mit der DIN 66 234/Teil 8 einen Katalog zur Normierung von Grundsätzen der Dialoggestaltung vorgelegt, der im September 1987 verabschiedet wurde. In diesem Zusammenhang ist es nützlich, sich die empirische Basis dieses Normierungsvorhabens zu vergegenwärtigen (vgl. dazu auch ULICH 1988d, MOLL und ULICH 1988).

DZIDA, HERDA und ITZFELDT (1978) hatten rund zehn Jahre vorher eine Fragebogenerhebung durchgeführt, in deren Rahmen 594 Personen – je zur Hälfte Mitglieder der deutschen Gesellschaft für Informatik und der deutschen Sektion der Association for Computing Machinery – aufgefordert wurden, 100 Systemeigenschaften bezüglich ihrer Relevanz für die Benutzerfreundlichkeit auf einer siebenstufigen Skala einzuschätzen. Die Antwortquote betrug 39 Prozent, über die Struktur der Nichtantworter liegt keine Mitteilung vor. Aufgrund der erhaltenen Fragebogendaten wurde ein reduzierter Satz von 57 Systemeigenschaften einer Faktorenanalyse unterzogen.

Diese erbrachte eine 7-Faktoren-Lösung, die einen Varianzanteil von 44 Prozent erklärt.

In Zusammenhang mit der Überprüfung der externen Validität weisen die Autoren darauf hin, dass keiner der Faktoren Validität für alle untersuchten Subgruppen – gelegentliche vs. ständige Benutzer, erfahrene vs. weniger erfahrene Benutzer, Batch- vs. interaktive Benutzer – beanspruchen kann. Die Gültigkeit der 7-Faktoren-Lösung ist nach ihrer eigenen Bekundung nur für die Gruppe der 68 weniger Erfahrenen belegt.

In der Diskussion ihrer Ergebnisse bezeichnen DZIDA, HERDA und ITZFELDT ihren Beitrag durchaus angemessen als «framework». Sie weisen ausdrücklich darauf hin, dass man sich damit erst am Beginn der Erfassung von für die Benutzerfreundlichkeit relevanten Aspekten befinde und dass nunmehr sorgfältige, hypothesengeleitete Experimente erforderlich seien.[1]

10.1.1 Fragestellung und Methodik

In Übereinstimmung mit diesem Hinweis wurde am Institut für Arbeitspsychologie der ETH Zürich vor einigen Jahren begonnen, eine systematische Vorgehensweise zur Formulierung und Überprüfung von Kriterien der benutzerorientierten Dialoggestaltung zu verfolgen.

Den eigenen Bemühungen um eine Annäherung an die geforderte systematische Vorgehensweise wurde das in Abbildung 10.1 dargestellte sequentielle Schachteldesign zugrunde gelegt.

Die Überprüfung von allgemein- und arbeitspsychologischen Konzepten führte u.a. zu dem Schluss, dass für die Entwicklung eines Konzepts der Benutzungsfreundlichkeit Fragen der mentalen Repräsentation von Arbeitsaufgabe und Arbeitsmittel wegen ihrer handlungsregulierenden Funktion von entscheidender Bedeutung sind. Auch Ergebnisse aus der frühen Denkpsychologie – wie etwa das von Karl DUNCKER (1935) formulierte Prinzip der funktionalen Gebundenheit des Denkens – erwiesen sich als sehr bedeutsam. Ergebnisse erster Experimente mit der Simulation unterschiedlicher Dialogformen (ASCHWANDEN und ZIMMERMANN 1984) und erster betrieblicher Feldstudien (SPINAS 1985, SPINAS und MUSSMANN 1985) sowie eine Analyse

---

[1] Dem Normenentwurf DIN 66 234/Teil 8 haben bis zu seiner Verabschiedung aber offenbar keine anderen als die erwähnte Untersuchung zugrunde gelegen.

10.1 Mensch-Computer-Interaktion

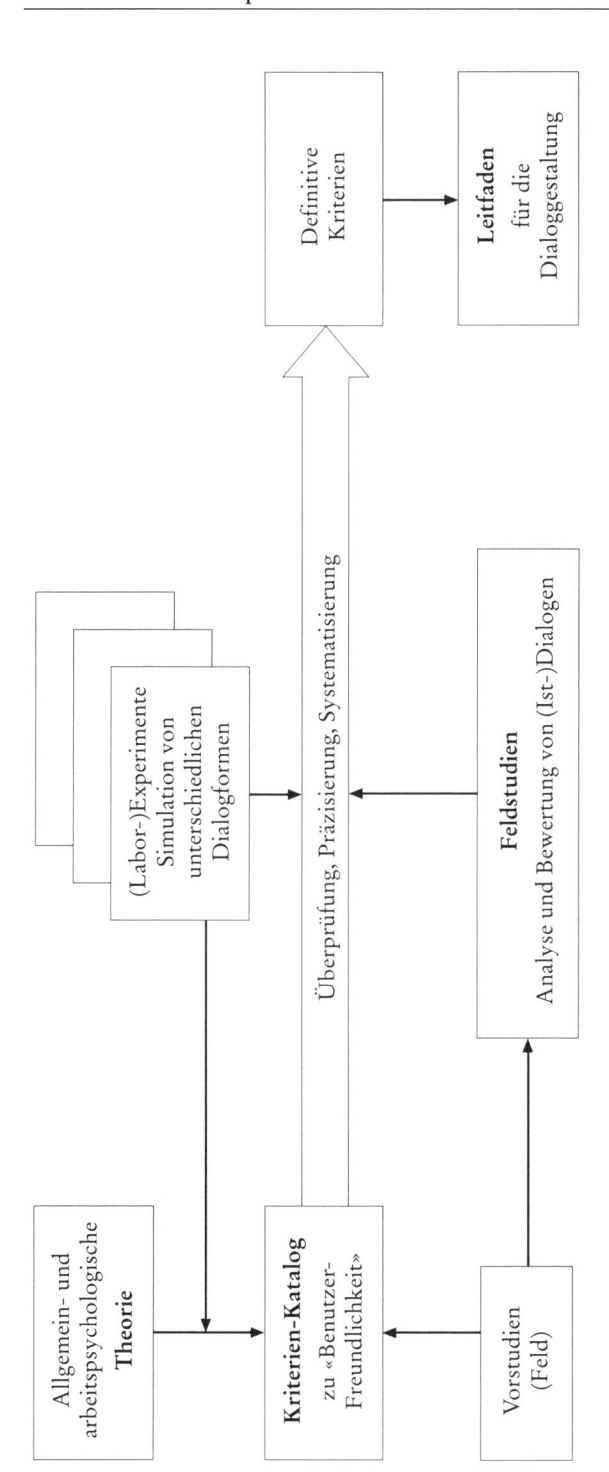

Abbildung 10.1: Sequentielles Schachteldesign zur Erarbeitung und Überprüfung von Kriterien benutzerorientierter Dialoggestaltung (aus: ULICH 1987) [2]

---
[2] Dieses Design wurde schliesslich zur Grundlage eines mehrjährigen Forschungsprojekts über benutzerorientierte Softwareentwicklung und Schnittstellengestaltung (vgl. SPINAS et al. 1990).

der im «Leitfaden zur Einführung und Gestaltung von Arbeit mit Bildschirmsystemen» (SPINAS, TROY und ULICH 1983) enthaltenen Checklisten führten schliesslich zur vorläufigen Formulierung von Kriterien für benutzerorientierte Dialoggestaltung (ULICH 1986). Dieser vorläufige Kriterienkatalog weist gewisse Übereinstimmungen mit den Ergebnissen von DZIDA et al. (1978) und mit den im DIN 66 234/Teil 8 wiedergegebenen Grundsätzen auf; allerdings sind auch Abweichungen nicht zu übersehen (vgl. Tabelle 10.1).

Tabelle 10.1: Vergleich von Kriterien für benutzerorientierte Dialoggestaltung

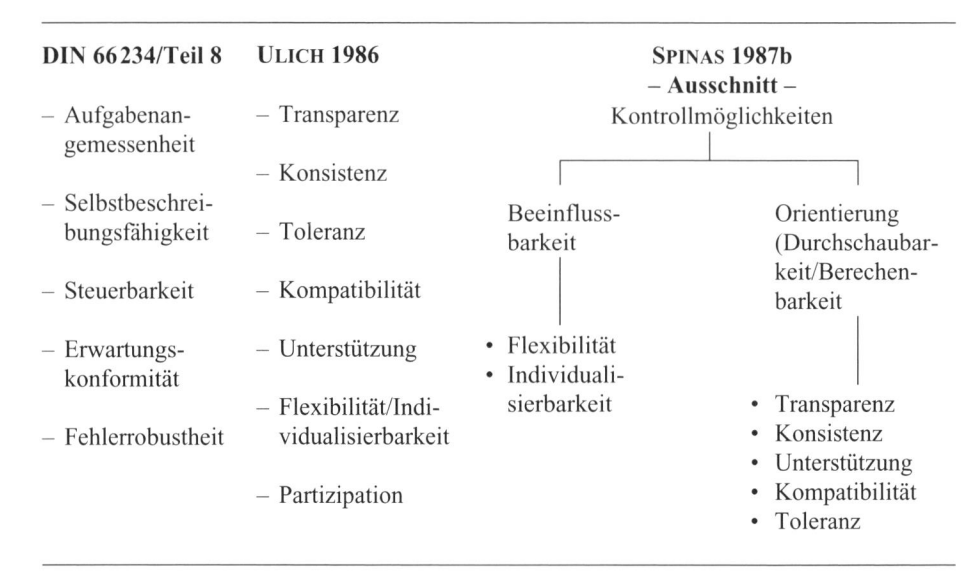

DIN 66234/Teil 8	ULICH 1986	SPINAS 1987b – Ausschnitt –	
		Kontrollmöglichkeiten	
– Aufgabenangemessenheit	– Transparenz		
	– Konsistenz		
– Selbstbeschreibungsfähigkeit	– Toleranz	Beeinflussbarkeit	Orientierung (Durchschaubarkeit/Berechenbarkeit
– Steuerbarkeit	– Kompatibilität		
– Erwartungskonformität	– Unterstützung	• Flexibilität • Individualisierbarkeit	
	– Flexibilität/Individualisierbarkeit		• Transparenz
– Fehlerrobustheit			• Konsistenz • Unterstützung
	– Partizipation		• Kompatibilität • Toleranz

Aufgrund weiterer Felduntersuchungen hat SPINAS (1986, 1987a) einen ersten Versuch unternommen, die vorläufig formulierten Kriterien zu strukturieren und in ein Gesamtkonzept von Benutzungsfreundlichkeit zu integrieren (Ausschnitt in Tabelle 10.1). Ein Ansatz, der zusätzliche Merkmale der Aufgabengestaltung einbezieht, wurde in Abschnitt 5.6.1 beschrieben (vgl. ULICH 1989c).

In der Verfolgung des sequentiellen Schachteldesigns wurden die Kriterien weiter operationalisiert und mit Hilfe weiterer Felduntersuchungen und Experimente überprüft, präzisiert und systematisiert (vgl. ULICH et al. 1991). Ein Beispiel für experimentelle Untersuchungen zum Kriterium Unterstützung wird in den folgenden Abschnitten berichtet.

10.1.2 Experimentelle Untersuchung der Benutzungsunterstützung durch ein Hilfesystem

Die Notwendigkeit der Benutzungsunterstützung durch Hilfesysteme ist aus vielfältiger Alltagserfahrung bekannt und unumstritten. Der tatsächliche Nutzen konkret angebotener Hilfen ist häufig aber sehr fragwürdig. So wurde etwa der Nutzen von – im System implementierten – Hilfemeldungen von Teilnehmern eines Schulungskurses für NC-Programmierer am Ende des Kurses schlechter eingeschätzt als zu dessen Beginn.

«Häufig wird die Helpfunktion erst dann betätigt, wenn das System dem Benutzer einen Fehler meldet. Häufig hat er schon vor der Eingabe oder Auswahl Entscheidungen getroffen, durch die er sein Ziel dann nicht mehr erreichen kann. Er hat in diesem Fall, beim Verlust der Orientierung, nicht nur ein unvollständiges Abbild von den Möglichkeiten der Eingabe, sondern auch von der Situation, in der er sich befindet» (MOLL 1987a, 185). Die Beschreibung macht deutlich, dass es in diesem Zusammenhang entscheidend darauf ankommt, die mentale Repräsentation, d.h. die Abbilder der Situation, der Arbeitsaufgaben und der Arbeitsmittel adäquat zu erfassen. Dass mentale Modelle nicht einfach erfragt werden können, liegt auf der Hand. Immerhin aber können Methoden der Befragung dazu benutzt werden, «das Verständnis wichtiger, für die Handhabung eines Software-Programms notwendiger Konzepte zu überprüfen» (MOLL 1987a, 184). Darüber hinaus sind vor allem Verhaltensdaten zu registrieren und spezifische Methoden zur Erfassung bewusster Kognitionen einzusetzen (vgl. Abbildung 10.2).

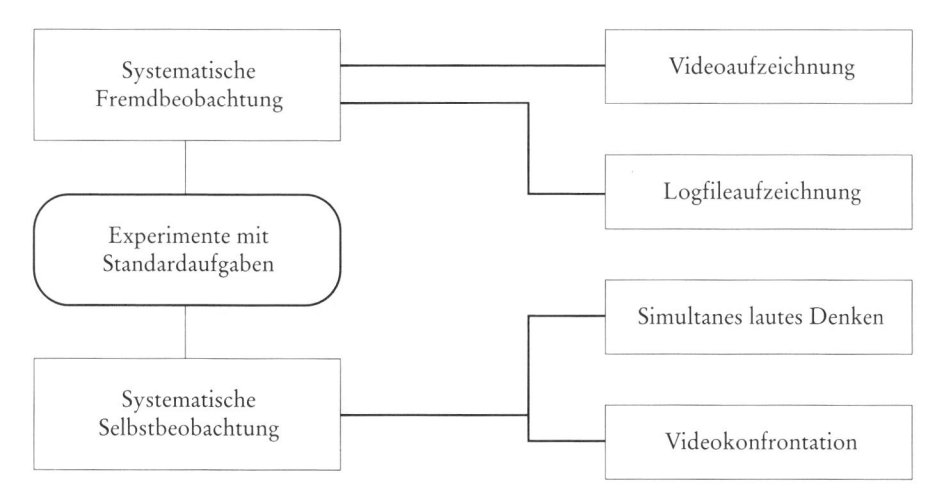

Abbildung 10.2: Vorgehen bei der Analyse interaktiver Softwaresysteme (aus: MOLL 1989)

Das in Abbildung 10.2 dargestellte Vorgehen lässt sich wie folgt beschreiben und begründen:
Damit Verhaltensdaten verschiedener Personen miteinander verglichen werden können, haben sie eine Standardaufgabe in vorgegebener Zeit zu lösen. Alle Eingaben in den Computer werden – ebenso wie die Meldungen und Fragen des Systems – über Logfiles automatisch registriert; damit werden alle Operationen des Benutzers – vor allem auch diejenigen, die ihm nicht ‹bewusst› sind – einer Analyse zugänglich. Die Versuchspartner werden ausserdem aufgefordert, beim Bearbeiten der Standardaufgabe ‹laut zu denken›. Die von DUNCKER (1935) für die Untersuchung von Denkprozessen entwickelte Methode des Lauten Denkens ermöglicht einen Zugang zu handlungsleitenden Kognitionen. In bestimmten Situationen, zum Beispiel bei besonderer Faszination oder Belastung durch die Aufgabenbearbeitung wird das laute Denken allerdings häufig eingestellt. Um derartige Situationen einwandfrei identifizieren und die Versuchspartner anschliessend damit konfrontieren zu können, ist es zusätzlich erforderlich, den gesamten Versuchsablauf mit Video aufzuzeichnen. Unmittelbar im Anschluss an die Aufgabenbearbeitung werden die Versuchspartner mit Videosequenzen solcher Stellen bzw. Phasen der Aufgabenbearbeitung konfrontiert, die vom Versuchsleiter als ‹kritisch› bewertet wurden. Im Rahmen dieser ‹Video-Selbstkonfrontation› (KALBERMATTEN 1982) werden die Versuchspartner aufgefordert, ihr Verhalten bei der Aufgabenbearbeitung zu erläutern bzw. zu interpretieren. Mit dieser Methode kann die «Selbstbeobachtung aus der frischen Erinnerung», die von ROHRACHER (1976, 84) als «die ergiebigste Methode der Psychologie» bezeichnet worden ist, systematisch unterstützt werden.
MOLL (1987, 1989) konnte überzeugend belegen, dass diese Methodenkombination die durch die Fragestellung gegebenen Anforderungen weitgehend erfüllt, während jede einzelne Methode für sich neben Vorzügen auch Mängel aufweist (vgl. Tabelle 10.2).[3]
In den Untersuchungen von MOLL (1987, 1989, MOLL und FISCHBACHER 1989, MOLL und SAUTER 1987), wurden an Schulungskursen für NC-Programmieren – für Werkzeugmacher ohne Computererfahrung – an 21 Programmierarbeitsplätzen Logfiles aufgezeichnet. Zur Unterstützung der Benutzer waren ein

---

[3] Eine gleichartige Methodenkombination benutzten auch HAMBORG und GREIF (1999) für die von ihnen entwickelte Heterarchische Aufgabenanalyse, die «die Gestaltung heterarchischer aufgabenorientierter und handlungsbezogener Benutzungsoberflächen von Softwaresystemen unterstützt» (a.a.O., S. 147).

10.1 Mensch-Computer-Interaktion

Online-Handbuch und ein kontextspezifisches Online-Hilfesystem verfügbar. Die Logfile-Auswertung erbrachte mehr als 500 Fehler und mehr als 300 Hilfeaufrufe. Die Häufigkeit des Anrufens der Unterstützungsfunktion in den einzelnen Bereichen des Programms sowie die Verteilung der Fehler innerhalb des Bereichs Geometrie sind in Tabelle 10.3 (S. 669) dargestellt.

Tabelle 10.2: Vor- und Nachteile einzelner Methoden der Analyse und Evaluation von Mensch-Computer-Interaktionen (aus: MOLL und SAUTER 1987)

Methode	Vorteile	Nachteile
On-Line Befragungen	– Das Verständnis wichtiger, für die Handhabung der Software notwendiger Konzepte wird überprüfbar – Dies erlaubt Gruppenbildungen anhand des Wissens über die Software – Subjektive Bewertungen von Hilfsinstrumenten (z.B. Help) sind erfragbar – Zeit für die Beantwortung jedes einzelnen Items ist registrierbar – Schnelle Auswertung möglich – Kostensparendes Instrument	– Es bleibt offen, ob vorhandenes Wissen auch angewendet wird – Trotz ungenauer Vorstellungen über die Möglichkeiten der Software kann diese funktional genutzt werden
Logfile-Aufzeichnungen	– Nicht bewusstseinsfähige und nicht bewusstseinspflichtige Operationen sind mit Zeitangabe registrierbar. Alle Eingaben des Benutzers und alle Fragen und Meldungen des Systems werden erfasst. – Nutzung der Systemmöglichkeiten und Freiheitsgrade durch den Benutzer ist überprüfbar – Fehlersituationen und Probleme des Benutzers sind identifizierbar	– Handlungsleitende Kognitionen bleiben unbekannt – Deshalb kann die Ursache für gleiche Benutzereingaben (z.B. Verschreiben, falsche Vorstellungen vom System, Ausprobieren) nicht festgestellt werden

Methode	Vorteile	Nachteile

Simultanes lautes Denken	– Handlungsleitende Kognitionen sind erfassbar. Verbalisierte Ziele, Erwartungen und Voraussagen des Benutzers können per Tonband aufgezeichnet werden	– Lautes Denken und reale Eingaben am Computer stimmen nicht immer überein
		– Die Verbalisierungsfähigkeit einzelner Vpn ist unterschiedlich
		– Der Grad der Bewusstseinsklarheit beeinflusst das laute Denken, das in Affekt- und Problemsituationen u.U. sogar eingestellt wird
		– Das laute Denken kann den Problemlöseprozess beeinflussen und folgende Auswirkungen haben:
		  – Steigerung der Konzentration
		  – Besseres Strukturieren der Aufgabe
		  – Bevorzugung einer «gründlichen Strategie»

Video-Konfrontation	– Problemlöseprozess am Computer wird nicht gestört – Betrachten des per Video aufgezeichneten Verhaltens am Computer verbessert die Erinnerung – Handlungsleitende Kognitionen sind rekonstruierbar	– Durch die Entwicklung einer Problemlösung kann es zu einer kognitiven Umstrukturierung kommen. Es kann Vpn schwerfallen, die Reihenfolge ihrer Kognitionen richtig wiederzugeben – Tendenz zur Rechtfertigung des Verhaltens

Aus der linken Spalte in Tabelle 10.3 lässt sich entnehmen, in welchen Bereichen des Programms wie häufig Unterstützung angefordert wird. Die mittlere Spalte zeigt am Beispiel des Bereiches Geometrie, auf welche konkreten Aufgaben sich die Unterstützungswünsche beziehen. Diese Informationen können aus der Analyse der Logfilesequenzen gewonnen werden. Die Ermittlung der in der rechten Spalte aufgeführten Fehlerursachen ist demgegenüber nur durch die Interpretation von Logfilemustern möglich. Schliesslich können aus Logfileanalysen auch wichtige Angaben über die Zielerreichung nach Anrufung von Hilfesystemen gewonnen werden. Hier zeigte sich: «Wenn die Benutzer beim Programmieren eines Spline in Problemsituationen gerieten

10.1 Mensch-Computer-Interaktion

und die Hilfefunktion aufriefen, konnten sie lediglich in 12% aller beobachteten Fälle eine Lösung ihres Problems entwickeln» (MOLL 1989, 112).
Für alle 246 Problemsituationen ergab sich, dass die Werkzeugmacher nur in 37% der untersuchten Fälle ihr Problem mit Hilfe des Unterstützungssystems tatsächlich lösen konnten. In 17% der Fälle fanden sie überhaupt keine Lösung (vgl. Tabelle 10.3).

Tabelle 10.3: Verteilung von 302 Anrufen der Unterstützungsfunktion auf verschiedene Dialogbereiche beim NC-Programmieren an 21 Programmierarbeitsplätzen und Verteilung der Fehler im Bereich Spline
(nach Angaben von MOLL 1987 und TRUFFER 1987)

Anrufe der Unterstützungsfunktion pro Bereich – relative Häufigkeiten (n = 302)*		Geometriefehler – absolute Häufigkeiten (n = 142)		Fehlerursachen beim Spline-Kreieren – absolute Häufigkeiten (n = 58)	
Reihenfolge festlegen und Bearbeiten	37				
Geometrieelemente und Technologiebefehle eingeben	32 →	Spline	58 →	Verständnis	40
		Linien	42	Pragmatik	10
Funktionstasten	9	Punkte	22	Erinnerung	4
Kreieren	5	Kreise	20	Syntax	2
Postprozessor Testlauf	5			Ablauf	2
Werkstück	5				
Andere Bereiche	7				

* 56 Hilfeanrufe zur Exploration des Systems, 246 Hilfeanrufe in Problemsituationen

Aufgrund welcher Überlegungen die Benutzer ihre Operationen am Computer durchführten, kann aufgrund von Logfiledaten allerdings nicht ausgesagt werden. Zu diesem Zweck hat sich die Videoselbstkonfrontation als besonders geeignet erwiesen. Erst die Kombination der automatisch aufgezeichneten Verhaltensdaten mit den über Aussagen zur Selbstbeobachtung zugänglichen Erfahrungen und Erlebnissen erlaubt also Feststellungen über die Vollständigkeit und Angemessenheit der inneren Modelle, die die Versuchs-

partner vom System haben. Erst daraus lassen sich auch konkrete Hinweise für die Entwicklung benutzeradäquater Unterstützungsfunktionen ableiten.
Aus der Analyse der Mitteilungen der Versuchspartner beim ‹lauten Denken› und vor allem während der Videokonfrontation konnte ermittelt werden, welche Teile des Dialogs die Werkzeugmacher nicht verstanden oder falsch verstanden und welche Dialogbereiche besondere Schwierigkeiten bereiteten. Insbesondere zeigte sich
- das Fehlen von Kenntnissen bezüglich der Teilziele, die für ein erfolgreiches Bearbeiten der Aufgabe erforderlich sind;
- der Mangel an dialogspezifischem und anwendungsbezogenem Hintergrundwissen, das notwendig ist, um die Meldungen des Systems verstehen und auf neue Situationen übertragen zu können;
- das Verlieren der Orientierung im Dialog, die für die Auslösung zielführender Aktionen Voraussetzung ist.

«Beim Orientierungsverlust wurde die Kontextbezogenheit des Hilfesystems häufig zur Falle für den Hilfe suchenden Benutzer. Hat sich dieser nämlich im Dialog verirrt, so bringt eine kontextspezifische Hilfe-Meldung eine unbrauchbare Information, die den Benutzer nur noch mehr verwirren kann» (MOLL und FISCHBACHER 1989a, 225).
Diese Ergebnisse veranlassten zur Entwicklung einer aufgabenorientierten Lern- und Arbeitshilfe, die wiederum experimentell evaluiert wurde.

10.1.3 Von der systemorientierten zur aufgabenorientierten Lern- und Arbeitshilfe

Aus der Analyse der Fehlermeldungen und den Selbstaussagen der Versuchspartner beim lauten Denken und während der Videokonfrontation wurde eine Reihe von – psychologisch sorgfältig begründeten – Gestaltungsvorschlägen für ein aufgabenorientiertes Unterstützungssystem abgeleitet, die in Tabelle 10.4 zusammengefasst sind.

Entsprechend den in der Tabelle formulierten Gestaltungsvorschlägen wurden Hilfemeldungen formuliert und in einem mehrstufigen Verfahren evaluiert, bevor sie programmiert und in das System implementiert wurden.
Für die experimentelle Überprüfung des neu entwickelten Unterstützungssystems wurden zwei Hypothesen formuliert (MOLL 1989, 69):

10.1 Mensch-Computer-Interaktion

Tabelle 10.4: Gestaltungsvorschläge zur Entwicklung einer aufgabenorientierten (AO) Lern- und Arbeitshilfe (aus: MOLL 1989)

« 1. Aufgabenorientierte Unterstützung sollte in das Anwendungsprogramm integriert sein, und Instruktionen sind im Problemkontext zu vermitteln.
2. Dem Benutzer sind auch bei zugeschaltetem Hilfesystem individuelle Vorgehensweisen zu ermöglichen.
3. Wenn der Benutzer ein Programm schreibt, das nicht der Aufgabe entspricht, soll er ein unmittelbares Feedback erhalten.
4. Mit zunehmendem Lernfortschritt kann das Feedback terminal werden.
5. Dem Benutzer sind Informationen zur Verfügung zu stellen, die sich auf die Primär- und die Sekundäraufgabe beziehen.
6. Hilfemeldungen sollen den aktiven Lernprozess fördern, den Benutzer zum Nachdenken anregen und problemorientiert sein.
7. Dem Benutzer sind operationale Hilfen zur Verfügung zu stellen, damit er jederzeit feststellen kann, wie und wo er seine Eingaben machen muss.
8. Der Benutzer soll Hintergrundinformationen abrufen können und erklärt bekommen, *warum* er bestimmte Operationen ausführen muss.
9. Die Ziel- und Teilzielbildung ist durch ein AO-Hilfesystem zu unterstützen.
10. Die Gründe der Interventionen eines Hilfesystems sind dem Benutzer zu erläutern.
11. Rechnergestützte Lern- und Arbeitshilfen sollten dem Benutzer heuristische Regeln zur selbständigen Problemlösung vermitteln.
12. Nach der Aufgabenbearbeitung ist dem Benutzer ein abschliessendes End-Feedback zur Verfügung zu stellen. Hier sind dem Benutzer folgende Fragen zu beantworten:
    1. Ist die Aufgabe vollständig und richtig gelöst, und was fehlt oder ist falsch (Ergebnis-Feedback)?
    2. Was in der Vorgehensweise war besonders gut, und was könnte verbessert werden (Ablauf-Feedback)?
13. Nach dem End-Feedback muss der Benutzer sofort in der Übungsaufgabe weiterarbeiten können» (zusammengefasst aus MOLL 1989, 133–158).

– Benutzer des NC-Programmiersystems können nach dem Lesen aufgabenorientierter Lern- und Arbeitshilfen häufiger ihre Probleme lösen als nach dem Lesen systemorientierter Lern- und Arbeitshilfen.
– Computernovizen rufen systemorientierte rechnergestützte Lern- und Arbeitshilfen seltener auf als aufgabenorientierte.

Beide Hypothesen werden durch die Ergebnisse zweier Versuchsreihen mit zusammen 15 Werkzeugmachern auf Schulungskursen für NC-Programmieren überzeugend gestützt (vgl. Abbildung 10.3, S. 672). Nach der ersten Versuchsreihe wurden einige Schwachstellen korrigiert. Besonders wertvolle Hinweise zur Verbesserung der Lern- und Arbeitshilfe wurden aus der Videokonfrontation gewonnen. «Viele Aussagen waren so konkret, dass sie sofort vom Informatiker verstanden wurden und in die Gestaltung des Tutors eingingen» (MOLL und FISCHBACHER 1989a, 231).

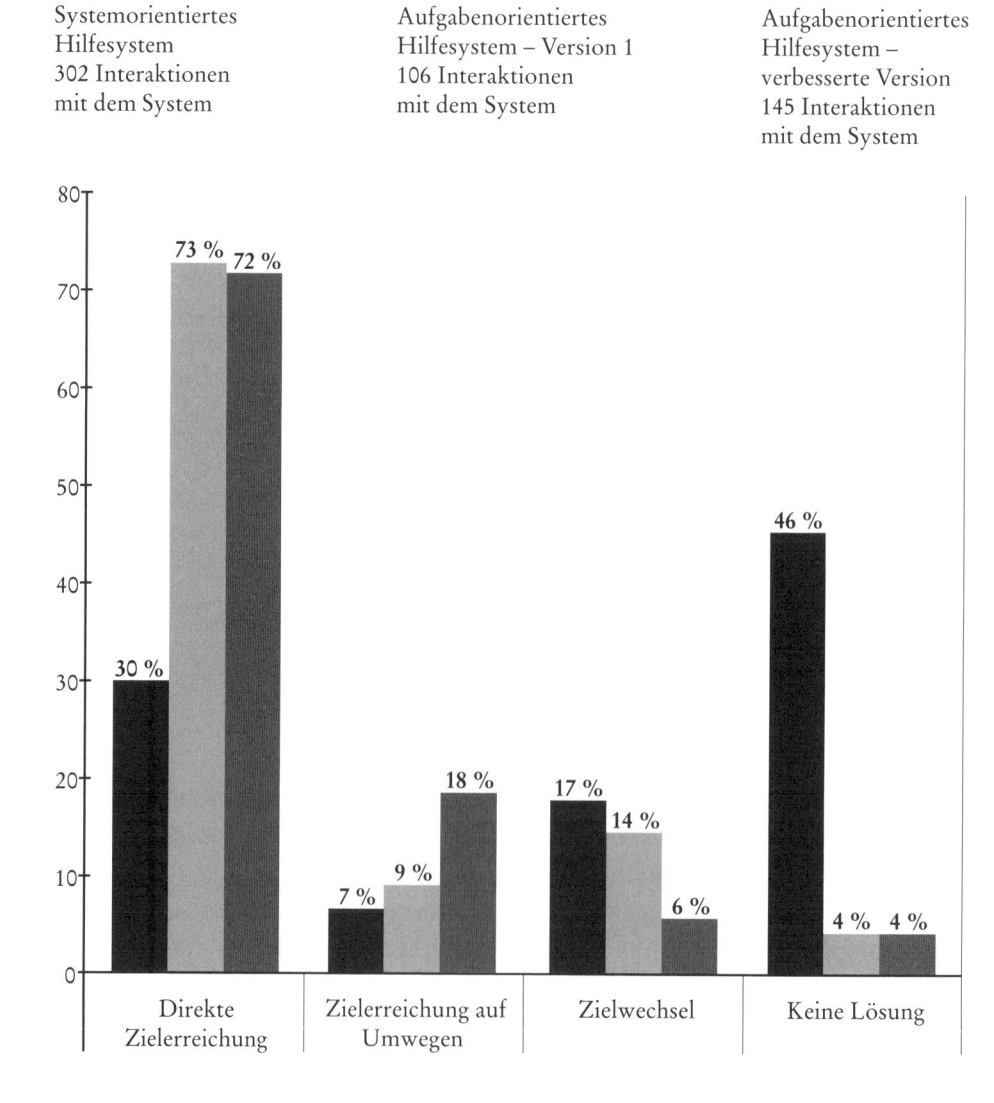

■ Systemorientiertes Hilfesystem
302 Interaktionen mit dem System

▨ Aufgabenorientiertes Hilfesystem – Version 1
106 Interaktionen mit dem System

▦ Aufgabenorientiertes Hilfesystem – verbesserte Version
145 Interaktionen mit dem System

	Direkte Zielerreichung	Zielerreichung auf Umwegen	Zielwechsel	Keine Lösung
Systemorientiertes Hilfesystem	30 %	7 %	17 %	46 %
Aufgabenorientiertes Hilfesystem – Version 1	73 %	9 %	14 %	4 %
Aufgabenorientiertes Hilfesystem – verbesserte Version	72 %	18 %	6 %	4 %

Abbildung 10.3: Vergleich des Nutzens systemorientierter Lern- und Arbeitshilfen mit aufgabenorientierten Lern- und Arbeitshilfen beim NC-Progammieren (nach Angaben von MOLL 1989)

Die Unterschiede der beiden aufgabenorientierten Versionen gegenüber dem systemorientierten Unterstützungssystem sind je für sich statistisch hochsignifikant ($p < 0.001$). Das Gleiche gilt für die Anzahl der aktiven Hilfeaufrufe. Aufgrund dieser Untersuchungsergebnisse wurde die neu entwickelte Lern- und Arbeitshilfe in das Programmiersystem implementiert.

10.2 Psychosoziale Aspekte der Zweischichtarbeit

Sieht man von einigen sehr frühen Untersuchungen (z.B. SMITH und VERNON 1928) ab, so kann man feststellen, dass Zweischichtarbeit im Rahmen der Schichtarbeitsforschung über lange Zeit kaum Beachtung gefunden hat. Die Schichtarbeitsforschung war über Jahrzehnte hinweg offenbar in erster Linie von der Dramatik der Nachtschicht fasziniert. Die Erklärung dafür erscheint relativ einfach. Einerseits erreicht die physiologische Leistungsbereitschaft des Menschen während der Nacht ihren Tiefpunkt. Andererseits steht Nachtarbeit offensichtlich im Widerspruch zu unseren allgemeinen Lebensgewohnheiten. So wurden im Zweischichtsystem beschäftigte Personen über Jahre hinweg vor allem als Kontrollgruppen in Untersuchungen über Nachtarbeit verwendet (z.B. ULICH 1957, GRAF, PIRTKIEN, RUTENFRANZ und ULICH 1958, ULICH und BAITSCH 1979) oder unter dem spezifischen Aspekt der Mehrfachbelastung berufstätiger Frauen untersucht (z.B. STEIN 1963, GROLL und HAIDER 1965, CERVINKA et al. 1980). Erst seit Beginn der achtziger Jahre wurde in den deutschsprachigen Ländern ein genuines Interesse an Fragen der Zweischichtarbeit erkennbar (BETSCHART et al. 1984, ERNST, DIEKMAN und NACHREINER 1984, FÜRSTENBERG, GLANZ und STEININGER 1989, FÜRSTENBERG, STEININGER und GLANZ 1984). Dies könnte einerseits damit zusammenhängen, dass von einer immer grösser werdenden Anzahl von Beschäftigten auch die Arbeit im Zweischichtsystem als nicht ohne Weiteres zumutbar angesehen wird. Andererseits – und nicht unabhängig von der erstgenannten Beobachtung – zeigten industrielle Unternehmen in der BRD zunehmendes Interesse an Fragen der Zweischichtarbeit. Dieses Interesse verdichtete sich bei einigen Unternehmen zur Bereitschaft, entsprechende Forschung zu finanzieren. In diesem Kontext hat der Lehrstuhl für Arbeits- und Organisationspsychologie (LAO) – später: Institut für Arbeitspsychologie (IfAP) – der ETH Zürich mit einem Unternehmen der deutschen Automobilindustrie ein Forschungsprojekt über psychosoziale Auswirkungen der Arbeit im Zweischichtsystem mit einer Laufzeit von drei Jahren vereinbart.

10.2.1 Fragestellung und Methodik

Für das Forschungsprojekt – vgl. dazu insgesamt BETSCHART (1986) sowie BETSCHART und ULICH (1986, 1989) – wurde die Untersuchung der folgenden Fragestellungen formuliert:

1. Psychosoziale Auswirkungen der Zweischichtarbeit im beruflichen und im privaten Lebensbereich
2. Akzeptanz der Zweischichtarbeit
3. Bewältigungsstrategien bei Zweischichtarbeitern ohne spezifische Beschwerden.

Auf der Basis der Ergebnisse der empirischen Erhebungen sollten folgende zusätzliche Fragestellungen bearbeitet werden:

4. Vorschläge zum Abbau nachteiliger psychosozialer Auswirkungen von Zweischichtarbeit
5. Überarbeitung der Checklisten zur menschengerechten Gestaltung von Schichtarbeit (ULICH und BAITSCH 1979) im Hinblick auf die spezifischen Bedingungen der Zweischichtarbeit in der Automobilindustrie.

Zur Differenzierung und Operationalisierung des sehr allgemein gefassten Konzepts der psychosozialen Auswirkungen wurden – aufgrund der bisherigen Ergebnisse der Schichtarbeitsforschung – fünf Bereiche unterschieden, in denen psychische und soziale Folgen von Zweischichtarbeit ihren Niederschlag finden könnten: Arbeit, Freizeit, Familie, gesellschaftliche Integration, Gesundheit. Diese Bereiche wurden in weitere Teilbereiche und konkrete Fragestellungen aufgegliedert (vgl. Tabelle 10.5).

Zur Untersuchung möglicher psychosozialer Auswirkungen von Zweischichtarbeit in den genannten Bereichen sollten gegenwärtig im Zweischichtsystem beschäftigte Personen sowohl mit Personen ohne Schichterfahrung als auch mit sogenannten «drop outs», d.h. ehemaligen Zweischichtarbeitern, verglichen werden.

Im Unterschied zu einer Vielzahl von Untersuchungen über Schichtarbeit wurde ein hypothesengeleitetes Vorgehen gewählt. Unter Berücksichtigung des Standes der Forschung erschien es sinnvoll, zweiseitige Nullhypothesen zu formulieren. Die für die fünf Untersuchungsbereiche formulierten Hypothesen lauteten demzufolge:

10.2 Psychosoziale Aspekte der Zweischichtarbeit

Tabelle 10.5: Untersuchungsbereiche für das Forschungsprojekt «Psychosoziale Auswirkungen von Zweischichtarbeit» (aus: BETSCHART und ULICH 1986, 1989)

Untersuchungsbereich	Teilbereich
Arbeit	– Arbeitsbelastungen – Tätigkeitsspielraum – Soziale Unterstützung – Bewältigungsstrategien – Arbeitszufriedenheit
Freizeit	– Art, Umfang und Bedeutung der Freizeittätigkeiten – Schlafdauer
Familie	– Kontakt und Zusammenarbeit mit der Partnerin – Kontakt zu den Kindern – Familiäre Integration
Gesellschaftliche Integration	– Kontakt mit Freunden und Bekannten – Gesellschaftliche Partizipation
Gesundheit	– Allgemeiner Gesundheitszustand – Körperliche Beschwerden – Psychosomatische Beschwerden – Schlafqualität – Gereiztheit und Depressivität – Gesundheitsverhalten

Niemalige, ehemalige und gegenwärtige Zweischichtarbeiter unterscheiden sich nicht bezüglich …
… ihrer subjektiven Wahrnehmung der Arbeitssituation
… ihres Freizeit- und Regenerationsverhaltens
… ihres Familienlebens
… ihrer gesellschaftlichen Integration
… ihres Gesundheitszustandes.

Entsprechende Nullhypothesen wurden auch für die einzelnen Teilbereiche formuliert.
Für die Durchführung der Untersuchung wurden vier Werke ausgewählt, die in Bezug auf die für die Personenwagen- und Nutzfahrzeugherstellung typischen Fertigungsbereiche als repräsentativ bezeichnet wurden. Bei der Be-

stimmung der Grundgesamtheit für die Auswahl der Stichproben wurde eine Eingrenzung auf männliche Beschäftigte vorgenommen, da diese 95 Prozent der in den vier Werken in Zweischichtarbeit beschäftigten Personen ausmachen.

Die Werksleitungen der vier Werke, deren Betriebsräte sowie der Gesamtbetriebsrat des Unternehmens wurden in, eigens zu diesem Zweck veranstalteten, Sitzungen vom Leiter des Forschungsprojekts informiert und um ihre Zustimmung gebeten. Nach zumeist sehr ausführlichen Diskussionen stimmten alle beteiligten Instanzen der Durchführung des Vorhabens zu, obwohl keine von ihnen Gelegenheit zum Einblick in die Erhebungsverfahren erhielt. Nach Abschluss des Projekts erhielten alle Instanzen den gleichen ausführlichen Abschlussbericht sowie dessen Kurzfassung.

Dem Stand der Forschung entsprechend wurde für die Projektdurchführung eine sequentielle Vorgehensweise gewählt mit drei aufeinander aufbauenden Untersuchungsphasen (vgl. Tabelle 10.6). In der Voruntersuchung (1. Untersuchungsphase) wurden eine Grobanalyse möglicher psychosozialer Auswirkungen von Zweischichtarbeit durchgeführt, erste Hinweise auf stressreduzierende Strategien bei Zweischichtarbeitern ohne spezifische Beschwerden gesammelt und das Untersuchungsmodell für die Hauptuntersuchung (3. Untersuchungsphase) erarbeitet. In der Vertiefungsstudie (2. Untersuchungsphase) wurden Ergebnisse der Voruntersuchung mit dort Befragten in Gruppengesprächen diskutiert, erste Vorschläge zum Abbau psychosozialer Auswirkungen erarbeitet und das Untersuchungsmodell für die folgende 3. Untersuchungsphase überprüft. In der Hauptuntersuchung wurden die drei Hauptfragestellungen in einer repräsentativen Erhebung untersucht, die Realisierbarkeit alternativer Schichtpläne geprüft und die Checkliste zur menschengerechten Gestaltung von Schichtarbeit an die besonderen Umstände der Arbeit in Zweischichtsystemen angepasst.

Der in der 3. Untersuchungsphase verwendete Fragebogen – auf dessen Auswertung sich die hier mitgeteilten Ergebnisse ausschliesslich beziehen – enthielt neben standardisierten Fragen mit vorgegebenen Antwortmöglichkeiten eine Anzahl offener Fragen und eine Reihe von bewährten Analyseverfahren wie den Fragebogen zur Subjektiven Arbeitsanalyse SAA (UDRIS und ALIOTH 1980) und die Freiburger Beschwerdenliste FBL (FAHRENBERG 1975).
Da es in dieser Phase um die Erhebung repräsentativer Angaben ging, musste die Stichprobenbestimmung mit besonderer Sorgfalt vorgenommen werden. Deshalb wurde einerseits eine repräsentative Stichprobe deutscher

10.2 Psychosoziale Aspekte der Zweischichtarbeit

Tabelle 10.6: Untersuchungsphasen, Erhebungsmethoden, Stichproben und Erkenntnisziele des Projekts «Psychosoziale Auswirkungen von Zweischichtarbeit» (nach BETSCHART und ULICH 1989)

Untersuchungsphasen/ Erhebungsmethoden	Stichproben				Erkenntnisziele
	ZSA	NSA	ESA	Andere	
1. Untersuchungsphase					
Interviews	175	45	18	70	möglichst vielfältige Informationen über Zweischichtarbeit
Zeitbudgetstudien	12	-	-	-	Überblick über Schichtarbeiter-Tagesverläufe
Gespräche mit Ehepartnerinnen	-	-	-	26	Informationen über allfällige familiäre Auswirkungen von Zweischichtarbeit
Gespräche mit Lehrern und Sozialarbeitern	-	-	-	3	Hinweise auf allfällige Benachteiligungen der Kinder von Zweischichtarbeitern
Arbeitsplatzbeobachtungen	18	-	-	-	Hinweise auf vorhandene Tätigkeitsspielräume
Analyse von Freizeitangeboten [1]	-	-	-	-	Hinweise auf die Berücksichtigung der spezifischen Bedürfnisse von Zweischichtarbeitern
2. Untersuchungsphase					
Gruppengespräche	61	-	-	-	Mögliche Massnahmen zur Lösung der in der ersten Untersuchungsphase genannten Probleme, insbesondere durch alternative Schichtplangestaltung
3. Untersuchungsphase					
Schriftliche Befragung	802	183	481	133 [2]	Repräsentative Angaben über psychosoziale Auswirkungen von Zweischichtarbeit
Zweitinterviews [3]	46	-	-	-	Hinweise auf Veränderungen seit der Erstbefragung

ZSA: Gegenwärtige Zweischichtarbeiter / NSA: Niemalige Zweischichtarbeiter / ESA: ehemalige Zweischichtarbeiter

[1] Analyse des innerbetrieblichen Fortbildungsangebots sowie der Freizeit- und Fortbildungsangebote von Volkshochschulen im Einzugsgebiet
[2] Ausländische Zweischichtarbeiter
[3] Zweischichtarbeiter, die zum Zeitpunkt der Erstinterviews weniger als 6 Monate Schichterfahrung hatten

Zweischichtarbeiter aus den vier Werken gezogen und durch eine – nichtrepräsentative – Stichprobe ausländischer Zweischichtarbeiter ergänzt. Andererseits wurden zwei Teilstichproben deutscher Zweischicht- und Nichtschichtarbeiter gezogen, parallelisiert nach vergleichbaren Arbeitsbedingungen. Dieses Vorgehen erwies sich deshalb als notwendig, weil die Arbeitsbedingungen für Schicht- und Nichtschichtarbeiter erfahrungsgemäss häufig ungleich sind. Kriterien der Parallelisierung waren Indikatoren für Belastung, Umgebungseinflüsse, Verantwortung und Können, die Bestandteil der betrieblichen Arbeitsbewertung waren. Wenn nachgewiesen wird, dass sich in der parallelisierten Stichprobe – entgegen der in der Hypothese formulierten Annahme – Zweischichtarbeiter von Nichtschichtarbeitern hinsichtlich der psychosozialen Auswirkungen unterscheiden und ihre Angaben mit den Angaben der Zweischichtarbeiter aus der repräsentativen Stichprobe übereinstimmen, dann sind die von diesen angegebenen Auswirkungen mit hoher Wahrscheinlichkeit auf das Merkmal Schichtarbeit zurückzuführen und nicht auf sonstige unterschiedliche Arbeitsbedingungen.

In allen vier Werken beteiligten sich mehr als 90 Prozent der angefragten Arbeiter an der Untersuchung.

10.2.2 Ergebnisse

Im hier vorliegenden Zusammenhang wird nur über einige ausgewählte Ergebnisse berichtet. Ausführlichere Darstellungen finden sich bei BETSCHART (1986a) sowie BETSCHART und ULICH (1986, 1989). Da nicht alle Befragten alle Fragen beantwortet haben, weisen die Angaben für das jeweilige N in den Tabellen 10.8 bis 10.12 geringfügige Abweichungen auf. Für den Untersuchungsbereich *Arbeit* sei hier auf einige Ergebnisse der subjektiven Arbeitsanalyse hingewiesen. Das SAA-Verfahren (vgl. Abschnitt 2.3.2) wurde in einer leicht verkürzten und modifizierten Form verwendet. Die Angaben der Befragten zu 36 der 41 Einzelitems des SAA wurden aufgrund einer Faktorenanalyse zu acht Indices zusammengefasst (vgl. Tabelle 10.7).

Bemerkenswert ist, dass die ehemaligen Schichtarbeiter für drei der vier Aspekte des Tätigkeitsspielraums die höchsten Indexmittelwerte aufweisen (vgl. Tabelle 10.8). Eine Ausnahme bildet der Indexmittelwert für Verantwortung: hier weisen die praktizierenden Schichtarbeiter einen höheren Wert auf als die beiden Vergleichsgruppen.

10.2 Psychosoziale Aspekte der Zweischichtarbeit

Tabelle 10.7: Indices der subjektiven Arbeitsanalyse SAA und Markieritems (aus: BETSCHART und ULICH 1986)

Indexbezeichnung	Markieritem*
Abwechslungsreichtum	«Diese Arbeit ist abwechslungsreich»
Qualifikation und Prestige	«Diese Arbeit hat ein hohes Ansehen»
Vorgesetztenkontakte	«Die Vorgesetzten sind zu streng»
Autonomie	«Man kann sein Arbeitstempo selbst bestimmen»
Quantitative Überforderung	«In meinem Arbeitsbereich müssten eigentlich mehr Leute beschäftigt werden, damit die Arbeit bewältigt werden kann»
Qualitative Überforderung	«Bei dieser Arbeit ist manches zu kompliziert»
Kontakte zu Arbeitskollegen	«Die Arbeitskollegen setzen sich für einen ein»
Verantwortung	«Man ist verantwortlich für die Gesundheit und Sicherheit der Arbeitskollegen»

* Als Markieritem wird diejenige Variable bezeichnet, die auf dem entsprechenden Faktor die höchste Ladung aufweist und deshalb zur Interpretation am ehesten geeignet ist.

Tabelle 10.8: Mittelwerte für die SAA-Indices des Tätigkeitsspielraums nach Angaben von 1245 Arbeitern aus der Automobilindustrie (aus: BETSCHART und ULICH 1986)

	ZSA	NSA	ESA	Signifikante Unterschiede
Abwechslungsreichtum	2.93	2.77	3.24	NSA/ESA:*** ESA/ZSA:***
Qualifikation und Prestige	2.79	2.64	2.89	NSA/ESA:** NSA/ZSA:*
Autonomie	2.62	2.62	2.78	ESA/ZSA:**
Verantwortung	3.54	3.25	3.51	NSA/ESA:* NSA/ZSA:**

Anmerkungen
* Irrtumswahrscheinlichkeit < 0.05
** Irrtumswahrscheinlichkeit < 0.01
*** Irrtumswahrscheinlichkeit < 0.001

Die in Tabelle 10.8 erkennbaren Unterschiede weisen vor allem auf einen von den Zweischichtarbeitern gegenüber den niemaligen Schichtarbeitern wahrgenommenen grösseren Tätigkeitsspielraum hin. Diese Wahrnehmung entspricht der Tatsache, dass Zweischichtarbeiter in der Spätschicht häufig Aufgaben übernehmen, die während der Tagarbeit in den Aufgabenbereich von Vorgesetzten fallen.

In Bezug auf die psychosozialen Auswirkungen ergeben sich Unterschiede für den Bereich der *Freizeitbeschäftigungen.* So fällt in Tabelle 10.9 auf, dass die gegenwärtigen Zweischichtarbeiter deutlich weniger häufig über ‹aktive› Freizeitbeschäftigungen berichten als die beiden anderen Gruppen.

Tabelle 10.9: Freizeitbeschäftigungen, die nach Angaben von 1254 Arbeitern in der Automobilindustrie «häufig» ausgeübt werden – Angaben in Prozent
(nach: BETSCHART und ULICH 1986)

Freizeitaktivitäten	gegenwärtige Schichtarbeiter* n = 772	n = 178	niemalige Schichtarbeiter n = 178	ehemalige Schichtarbeiter n = 304
	FS	SS		
Zeitung, Zeitschriften lesen	66.1	57.9	70.2	76.1
Radio/Musik hören	42.7	33.6	47.0	53.6
Im Garten arbeiten	32.9	20.9	43.3	52.3
Fernsehen	46.4	9.3	41.1	52.3
Sport treiben	28.2	11.2	36.9	49.0
Spazierengehen	27.1	9.8	39.7	45.6
Ausruhen	29.9	25.9	24.2	29.8
Auto, Motorrad waschen, reparieren	19.8	13.3	32.8	29.7
Hobby	14.8	7.8	17.2	25.2
Buch lesen	13.3	11.6	19.3	15.6

* FS = Frühschichtwoche
SS = Spätschichtwoche

10.2 Psychosoziale Aspekte der Zweischichtarbeit

Die Angaben in Tabelle 10.9 deuten darüber hinaus auf systematische Unterschiede im Freizeitverhalten der Zweischichtarbeiter in Abhängigkeit von der Schichtlage hin. Die Angaben für die Spätschicht weisen (1) deutlich geringere Häufigkeiten für *alle* Freizeitbeschäftigungen auf und machen (2) die Unterschiede bei den ‹aktiven› Freizeitbeschäftigungen gegenüber den beiden Vergleichsgruppen noch einmal deutlich. Von vielen Zweischichtarbeitern wird die Spätschichtwoche denn auch als «Schlafwoche» bezeichnet, in der man sonst vom Leben wenig habe. Dies schlägt sich auch im Umfang der angegebenen *sozialen und gesellschaftlichen Aktivitäten nieder* (vgl. Tabelle 10.10).

Tabelle 10.10: Soziale und gesellschaftliche Aktivitäten, die nach Angaben von 1266 Arbeitern in der Automobilindustrie «häufig» ausgeübt werden – Angaben in Prozent (nach: BETSCHART und ULICH 1986)

Soziale und gesellschaftliche Aktivitäten	gegenwärtige Schichtarbeiter* n = 783		niemalige Schichtarbeiter n = 179	ehemalige Schichtarbeiter n = 304
	FS	SS		
Sich mit Freunden und Verwandten treffen	22.7	3.7	22.3	24.0
Sportveranstaltungen besuchen	12.8	0.8	21.8	23.7
In einer Gruppe, einem Verein mitarbeiten	16.8	2.2	16.1	27.5
Sich politisch betätigen	0.9	0.4	2.8	2.6
Konzert, Theater oder Kino besuchen	3.8	0.1	3.3	2.0
Sich weiterbilden, Kurse besuchen	4.0	2.0	6.2	5.0

* FS = Frühschichtwoche
  SS = Spätschichtwoche

Angaben zum Bereich *Gesundheit* betreffen u.a. Fragen der Schlafquantität und -qualität (vgl. Tabelle 10.11, S. 682).

Tabelle 10.11: Beurteilung der Schlafdauer durch 1 240 Arbeiter aus der Automobilindustrie – Angaben in Prozent (nach: BETSCHART und ULICH 1986)

Beurteilung der Schlafdauer	gegenwärtige Schichtarbeiter* n = 776		niemalige Schichtarbeiter n = 170	ehemalige Schichtarbeiter n = 294
	FS	SS		
genug	24.9	54.8	41.2	37.1
es geht	42.9	35.3	45.3	52.7
eher zu wenig	32.2	9.9	13.5	10.2

* FS = Frühschichtwoche
SS = Spätschichtwoche

Die Angaben über die Schlafdauer machen einerseits die Bezeichnung der Spätschichtwoche als «Schlafwoche» nachvollziehbar, weisen andererseits auf – zumindest subjektiv erlebte – Schlafmängel in der Frühschichtwoche hin. Bezüglich der Schlafqualität werden von den gegenwärtigen Zweischichtarbeitern signifikant häufiger Einschlaf- und Durchschlafstörungen angegeben als von den beiden Vergleichsgruppen.

Im Übrigen finden sich in den Untersuchungsergebnissen interessante Beziehungen zwischen den Angaben über *familiäre und gesundheitliche Beeinträchtigungen* einerseits und den SAA-Indices für den Tätigkeitsspielraum in der Arbeit andererseits (vgl. Tabelle 10.12).

Die in Tabelle 10.12 dargestellten Unterschiede werden noch deutlicher, wenn der Umfang des Tätigkeitsspielraums nicht am Median geteilt wird, sondern Quartile gebildet und das erste und vierte Quartil miteinander verglichen werden. Auch die Bereitschaft zur Erprobung neuer Schichtpläne weist einen deutlichen Zusammenhang mit dem Tätigkeitsspielraum auf.

Die hier dargestellten und zahlreiche weitere Ergebnisse der Untersuchung deuten darauf hin, dass Zweischichtarbeit – im Gegensatz zu früher mehrfach publizierten Äusserungen – eine Reihe von psychosozialen und gesundheitlichen Beeinträchtigungen zur Folge haben kann. Die Befunde stimmen mit den von FÜRSTENBERG, STEININGER und GLANZ (1989) sowie von EHRENSTEIN, AMBS-SCHULZ, NAGEL und BRUNNHOFER (1989) erhobenen Daten gut überein.

10.2 Psychosoziale Aspekte der Zweischichtarbeit

Tabelle 10.12: Beziehungen zwischen familiären und gesundheitlichen Beeinträchtigungen einerseits und dem Tätigkeitsspielraum in der Arbeit andererseits aufgrund der Angaben von 691 Zweischichtarbeitern aus der Automobilindustrie – Angaben in Prozent (nach: BETSCHART und ULICH 1986)

Zu wenig Zeit für die Familie	Schichtarbeiter mit grösserem Tätigkeitsspielraum	mit kleinerem Tätigkeitsspielraum	Signifikanzniveau
zu wenig Zeit für Frau/Partnerin	28.6 (n = 241)	40.4 (n = 275)	**
zu wenig Zeit für Kinder	54.5 (n = 178)	65.3 (n = 196)	*

Ausgewählte gesundheitliche Beeinträchtigungen	Schichtarbeiter mit grösserem Tätigkeitsspielraum n = 293	mit kleinerem Tätigkeitsspielraum n = 398	Signifikanzniveau
Einschlafstörungen	52.2	63.1	**
– Gereiztheit	63.7	76.2	*
– Nervosität nach der Arbeit	50.9	59.0	**
Appetitmangel	17.7	25.1	**

Die Ergebnisse veranlassten nicht nur die Erarbeitung von alternativen Lösungen der Schichtplangestaltung, sondern unterstützten auch das Vorhaben der Erstellung von spezifischen Checklisten zur menschengerechten Gestaltung von Arbeit im Zweischichtbetrieb.

10.2.3 Checklisten zur menschengerechten Gestaltung von Zweischichtarbeit in der Automobilindustrie

Die vorliegenden Checklisten – die sich im Aufbau an den von ULICH und BAITSCH (1979) vorgelegten Checklisten zur Nachtarbeit orientieren – gehen vom derzeitigen Stand des Wissens aus und sind deshalb naturgemäss erweiterbar oder korrigierbar. Gesetzliche und tarifvertragliche Regelungen wurden nicht explizit berücksichtigt.

Checkliste 1 (Tabelle 10.13) enthält Massnahmen der zeitlichen Gestaltung von Zweischichtarbeit, Checkliste 2 (Tabelle 10.14) beschäftigt sich mit personbezogenen Massnahmen, Checkliste 3 (Tabelle 10.15) geht auf Massnahmen ein, die mit dem Arbeitsinhalt, der Arbeitsumgebung und ausserbetrieblichen Einflüssen zusammenhängen.

10.2 Psychosoziale Aspekte der Zweischichtarbeit

Tabelle 10.13: Checkliste für die Arbeitszeitgestaltung bei Zweischichtarbeit
(aus: BETSCHART 1986a)

Prüfkriterien und entsprechende Massnahmen	Erläuterungen und zusätzliche Massnahmen	Hinweise auf Konzepte und Untersuchungsergebnisse
Frühschichtbeginn? vor 6.00 Uhr − um 6.00 Uhr + um 6.30 oder 7.00 Uhr ++	ungefähre Angaben; abhängig von der für den Arbeitsweg benötigten Zeit	Akerstedt & Torsvall (1981), Ehrenstein et al. (1989)
Mehrarbeit? ja − nein ++	Zeitmangel der Schichtarbeiter für die Familie nicht unnötig vergrössern	Hahn (1985c), Haider et al. (1979), Prosa (1981)
Verkürzte Arbeitszeiten? ja ++ nein −	für ältere und langjährige Schichtarbeiter Teilzeitarbeit anbieten	Bielenski & Streich (1980), Schardt (1982), Staines & Pleck (1984)
Lohn-/Zeit-Option? ja ++ nein −	Wahlmöglichkeit für Schichtarbeiter zwischen Schichtzuschlag und Arbeitszeitverkürzung	Ulich (1984)
Wechselmöglichkeit auf Nichtschichtarbeit? ja ++ nein +	v.a. für ältere (z.B. ab 45) und langjährige (z.B. ab 10 Jahren) Schichtarbeiter	Akerstedt & Torsvall (1981), Hahn (1985a), Prosa (1981), Ulich & Baitsch (1979)
Vorzeitige Pensionierung möglich? ja ++ nein −	z.B. ab 60 Jahren ohne grössere Renteneinbusse	Betschart et al. (1984)
Uniformer Schichtplan für alle? ja + nein ++	verschiedene Schichtpläne anbieten und flexiblen Abtausch ermöglichen	McEwan Young (1980), Staines & Pleck (1984), Teriet (1977), Ulich (1984)

Anmerkungen. ++ ... zumutbarer Zustand, + ... vorübergehend zumutbarer Zustand, − ... unbefriedigender Zustand, Zustand möglichst schnell verändern.

Tabelle 10.14: Checkliste für personenbezogene Massnahmen bei Zweischichtarbeit
(aus: BETSCHART 1986a)

Prüfkriterien und entsprechende Massnahmen	Erläuterungen und zusätzliche Massnahmen	Hinweise auf Konzepte und Untersuchungsergebnisse
Personen mit familiärer Doppelbelastung? ja + nein + +	Personen mit Doppelbelastung verkürzte Arbeitszeiten ermöglichen	Cervinka et al. (1980), Ehrenstein et al. (1989), Stein (1963)
Alter? < 25 + 25–45 + + > 45 –	ungefähre Angaben; im Einzelfall Abweichung möglich	Akerstedt & Torsvall (1981), Hahn (1985 a), Ulich & Baitsch (1979)
Schichtspezifische Beeinträchtigungen vorliegend? ja – – nein + +	Ausschluss von Zweischichtarbeit bei Magen-Darm-, Herz-Kreislauf- und Stoffwechsel-Beschwerden sowie starker Nervosität und Depressionen	Hahn (1985a), Haider et al. (1979), Rutenfranz (1971), Ulich & Baitsch (1979)
Angebot von Vorsorgekuren? ja + + nein –	vor allem für ältere und langjährige Schichtarbeiter	Betschart et al. (1985)
Kantinenverpflegung in Früh- und Spätschicht? ja + + nein –	kurzer Weg zur Kantine; Angebot ausgewogener Kost	BIGA (1985), Cervinka et al. (1984), Hahn (1985c)
Information der Schichtarbeiter und deren Angehörigen über mögliche Folgen von Schichtarbeit und über Bewältigungsstrategien? ja + + nein –	Information über mögliche soziale, familiäre und gesundheitliche Folgen sowie über Möglichkeiten aktiver Gesundheitsprävention	Hahn (1985a), Haider et al. (1979), Ulich & Baitsch (1979)

Anmerkungen. + + ... zumutbarer Zustand, + ... vorübergehend zumutbarer Zustand, – ... unbefriedigender Zustand, Zustand möglichst schnell verändern, – – ... unzumutbarer Zustand, Beschäftigung in Zweischichtarbeit nicht möglich.

10.2 Psychosoziale Aspekte der Zweischichtarbeit

Tabelle 10.15: Checkliste für sonstige Massnahmen bei Zweischichtarbeit
(aus: BETSCHART 1986a)

Prüfkriterien und entsprechende Massnahmen		Erläuterungen und zusätzliche Massnahmen	Hinweise auf Konzepte und Untersuchungsergebnisse
Arbeit mit kleinem Tätigkeitsspielraum? ja nein	+ ++	Einführung von job rotation, job enrichment und teilautonomen Arbeitsgruppen	Betschart et al. (1985), Ulich (1983), Ulich & Baitsch (1979)
Arbeit unter belastenden Umgebungsbedingungen? ja nein	– ++	Reduktion dieser Belastungen (v.a. Lärm, Hitze und Schadstoffe)	Fürstenberg & Steininger (1989), Müller-Seitz (1979), Ulich & Baitsch (1979)
Innerbetriebliche Isolation der Schichtarbeiter? ja nein	+ ++	Gezielte Weiterbildungsangebote; evtl. Einführung spezialisierter betrieblicher Berater für Schichtarbeit	Betschart et al. (1985)
Freizeitangebote zu unüblichen Zeiten? ja nein	++ +	betriebliche und öffentliche Veranstaltungen auch vormittags und am Wochenende anbieten	Betschart et al. (1985), Ernst et al. (1984), Hahn (1985 b)
Berufstätigkeit des Ehepartners? ja nein	– ++	Berufstätigkeit des Ehepartners v.a. problematisch bei Gegenschicht	Hahn (1985 b), Staines & Pleck (1984), Ulich & Baitsch (1979)
Gute Wohnverhältnisse? ja nein	++ –	betriebliche Unterstützung bei der Beschaffung geeigneten Wohnraums	Hahn (1985 a), Haider et al. (1979), Ulich & Baitsch (1979)
Benötigte Zeit für Arbeitsweg? < 25 Min. 25–45 Min. > 45 Min.	++ + –	betriebliche und öffentliche Transportmittel bereitstellen	Haider et al. (1979), Fürstenberg & Steininger (1989)

Anmerkungen. ++ ... zumutbarer Zustand, + ... vorübergehend zumutbarer Zustand, – ... unbefriedigender Zustand, Zustand möglichst schnell verändern, – – ... unzumutbarer Zustand, Beschäftigung in Zweischichtarbeit nicht möglich.

10.3 Gruppenarbeit in der Motorenmontage

Seit der Entwicklung von Möglichkeiten der Fliessbandfertigung gilt die Automobilindustrie als besonders eindrückliches Beispiel für Arbeitsgestaltung im Sinne des tayloristischen Prinzips der ‹Trennung von Denken und Tun›. Nachteilige Auswirkungen derartiger Rationalisierungskonzepte wurden in diesem Industriezweig schliesslich auch besonders deutlich erkennbar. Steigende Fehlzeiten und Fluktuationsraten, Qualitätsverluste und wilde Streiks haben seit Beginn der siebziger Jahre zahlreiche Unternehmen der Autoindustrie zu Versuchen veranlasst, den nachteiligen Auswirkungen extrem arbeitsteiliger Produktion durch Aufgabenerweiterung und Arbeit in teilautonomen Gruppen zu begegnen. Besonders bekannt geworden sind die diesbezüglichen Beispiele aus der schwedischen Autoindustrie (vgl. AGURÉN, BREDBACKA, HANSSON, IHREGREN und KARLSSON 1984, ULICH 1983b, HESSE und OELKER 1986, JÜRGENS, MALSCH und DOHSE 1989, PONTUSSON 1990 – vgl. Abschnitte 1.3 und 4.4.3.1).

10.3.1 Der Projektrahmen

Das als Modell für die westdeutsche Autoindustrie konzipierte Projekt Gruppenarbeit in der Motorenmontage (BMFT 1980) erstreckte sich über einen Zeitraum von drei Jahren (1975–1977) und fand als erstes grosses Forschungsprojekt im Rahmen des vom Bundesministerium für Forschung und Technologie gemeinsam mit dem Bundesministerium für Arbeit und Sozialordnung durchgeführten Aktionsprogrammes ‹Humanisierung des Arbeitslebens› grosse öffentliche Beachtung.[4] Gegenstand des Projekts war ein Vergleich verschiedener Arbeitsstrukturen, unter denen eine neuentwickelte Form der Gruppenarbeit im Mittelpunkt des Interesses stand.

Das Projekt wurde im VW-Werk Salzgitter durchgeführt. Nach Auffassung der Werksleitung «sollten nach dessen Abschluss vorliegen:

– Entscheidungskataloge für den Einsatz neuer Arbeitsstrukturen
– Aussagen über Belastung und Beanspruchung der Mitarbeiter in den verschiedenen Arbeitsstrukturen,
– Programme für die Qualifizierung der Mitarbeiter,

---

[4] Eine Bilanz über «Drei Jahrzehnte Forschung und Praxis zur Humanisierung der Arbeit in Deutschland» findet sich bei FRICKE (2004).

10.3 Gruppenarbeit in der Motorenmontage

– Alternativlösungen für neue Arbeitssysteme in der Automobilindustrie» (GRANEL 1980, 18).

Nach dem Antrag der Volkswagenwerk AG sollten «die Fragen nach Humanität und Wirtschaftlichkeit gleichberechtigt» untersucht werden. An der Untersuchung der Humanaspekte waren das Institut für Arbeitswissenschaft der TH Darmstadt und der Lehrstuhl für Arbeits- und Betriebspsychologie (LAB) – später: Institut für Arbeitspsychologie (IfAP) – der ETH Zürich beteiligt. Die betriebswirtschaftliche Beurteilung wurde später dem Institut für Produktionstechnik und Automatisierung (IPA) der TU Stuttgart übertragen.

Dem Modellcharakter entsprechend wurde eine aufwendige Projektorganisation geschaffen. Im *Gesamtprojektausschuss* waren folgende Institutionen vertreten: (1) die VW-AG sowie die Werke Salzgitter, Kassel und Hannover; (2) die IG Metall sowie der Gesamtbetriebsrat und der Betriebsrat des Werkes Salzgitter; (3) die Forschungsinstitute der TH Darmstadt und der ETH Zürich. Die Zusammensetzung dieses Gremiums macht die Ansiedlung des Projekts im tarifpolitischen Raum erkennbar. Der *örtliche Projektausschuss Salzgitter* setzte sich aus Vertretern der Werksleitung und der betroffenen Abteilungen, des Betriebsrates und der Forschungsinstitute zusammen.

10.3.2 Die Rolle der Begleitforschung

Die Rolle der Forschungsinstitute wurde als ‹Begleitforschung› definiert. Für die arbeitspsychologische Begleitforschung waren folgende Aufgaben vorgesehen:

(1) Mehrfach wiederholte Erhebungen über Arbeitszufriedenheit und subjektive Beanspruchung in den zu vergleichenden Arbeitsstrukturen sowie an Kontrollgruppen innerhalb und ausserhalb des Werkes Salzgitter;
(2) Analysen von Gruppenstrukturen und Gruppenprozessen in den vorgesehenen Montagegruppen und
(3) Versuche zur Analyse und Optimierung von Anlernverfahren.

Tatsächlich änderte sich die Rolle der Arbeitspsychologen bereits innerhalb der ersten Monate, als der LAB aufgefordert wurde, «Leitaspekte» bzw. «Leitziele» für die Gruppenarbeit in der Motorenmontage zu formulieren (vgl. ULICH 1980b; hier als Anhang, S. 698ff.). Im Protokoll einer Sitzung des örtlichen Projektausschusses, die sich mit der Konzeption der neuen Arbeitsstruktur befasste, heisst es dazu: «Bei der Erarbeitung dieses Vorschlages wurden die Leitziele der Begleitforschung sowie die technischen Möglichkeiten berücksichtigt. Priorität hatte bei allen Überlegungen der Aspekt der Selbstregulation der Gruppe ... Der vorgelegte Vorschlag fand die Zustimmung aller Anwesenden ... Die weitere Festlegung sollte nur unter Einbeziehung der zukünftigen Gruppenmitglieder oder deren Vertreter erfolgen.» Dies hatte zur Konsequenz, dass zusätzlich zu den Mitgliedern des Betriebsrates gewählte Vertreter der Montagegruppen im örtlichen Projektausschuss Einsitz nahmen.

10.3.3 Die Gruppenarbeit

Für das Projekt Gruppenarbeit in der Motorenmontage wurden auf der Basis freiwilliger Meldungen vier Gruppen von je sieben Werkern gebildet, denen als komplexe Aufgabe die komplette Montage von Motoren, deren Prüfung im Einlaufstand sowie die Materialbereitstellung übertragen wurden. Die ebenfalls vorgesehene Übertragung der Nacharbeit konnte im Projektzeitraum nicht realisiert werden. Für die neue Arbeitsstruktur musste ein Montage-Carrier entwickelt werden, um die Komplettmontage des Motors und zugleich Unabhängigkeit von vorgegebenen Takten zu ermöglichen (vgl. Abbildung 10.4).

Jede Gruppe verfügte über vier Montageinseln, die alle notwendigen Werkzeuge und Montageteile enthielten (vgl. Abbildung 10.5, S. 692). Innerhalb der Montageinseln konnten zwei bis drei Werker gleichzeitig arbeiten. «Damit war den Gruppen für ihre eigene Arbeitsorganisation und Arbeitsteilung ein hohes Mass an Flexibilität möglich» (GRANEL 1980, 27).

Zur Schaffung optimaler Voraussetzungen für die gruppeninterne Verteilung und Rotation von Arbeitsrollen und -aufgaben sollten alle beteiligten Arbeiter lernen, Motoren selbständig zu montieren und im Einlaufstand zu fahren. Für die komplette Montage eines Motors werden etwa 35 Minuten benötigt; bei Einbezug des Einlaufstandes ergibt sich ein zeitlicher Aufgabenumfang von mehr als 80 Minuten im Vergleich zu individuellen Bearbeitungszeiten von ein bis zwei Minuten in der konventionellen Fliessband-

10.3 Gruppenarbeit in der Motorenmontage

Abbildung 10.4: Montage-Carrier für die Komplettmontage von Motoren im Volkswagenwerk Salzgitter

Abbildung 10.5: Montageinsel im VW-Werk Salzgitter

montage. Zehn Monate nach Projektbeginn wurde die Gruppenarbeit aufgenommen, obwohl die Frage der Entlohnung für die höherwertigen Aufgaben nicht geklärt war.

Die Tatsache, dass die Lohnfrage erst ein Jahr nach Aufnahme der Gruppenarbeit geklärt wurde, führte zu einer erheblichen Verunsicherung der Werker und zu einer Tendenz, komplette Motoren möglichst selbständig zu montieren, um durch die ständig wahrgenommene Vielfalt unterschiedlicher Aufgabenbestandteile in eine möglichst hohe Lohngruppe eingestuft zu werden.

Regelmässige, von einem Mitglied des LAB begleitete, Gruppengespräche während der Arbeitszeit dienten der Information, dem Meinungsaustausch, der Willensbildung und damit der Gruppenentwicklung.
Für die interne Koordination und die Vertretung nach aussen wurden, dem arbeitspsychologischen Konzept entsprechend, Gruppensprecher gewählt. Den für die Gruppenarbeit zur Verfügung stehenden Führungskräften wurde der Status von Beratern zugewiesen. «Ihr Verantwortungsbereich wurde so abgegrenzt, dass der notwendige Freiraum für die angestrebte Teilautonomie gegeben war» (GRANEL 1980, 29).

10.3 Gruppenarbeit in der Motorenmontage

In der publizierten Stellungnahme des Betriebsrates nach Abschluss des Projektes heisst es dazu: «Als besonders problematisch erwies sich die Einführung der Gruppensprecher, die die Interessen der Gruppen artikulieren sollten» (BETRIEBSRAT 1980, 62). Nachdem IG Metall und Betriebsrat das Gruppensprecher-Konzept während der ersten Projekthälfte mitgetragen hatten, distanzierten sie sich davon, als es in einer konkreten Frage – wöchentliche versus tägliche Leistungsvorgabe – zu unterschiedlichen Auffassungen zwischen Gruppensprechern und Betriebsrat kam. Im Interesse einer entsprechenden Anbindung wurde den Sprechern schliesslich die Funktion von gewerkschaftlichen Vertrauensleuten übertragen. Die betriebliche Führungsstruktur wurde wieder etabliert. Im gleichen Monat wurde vom Vertreter der IG Metall im Gesamtprojektausschuss unter Hinweis auf das Betriebsverfassungsgesetz der Satz publiziert: «In der Bundesrepublik Deutschland kann es keine teilautonomen Gruppen geben».

10.3.4 Ergebnisse der arbeitspsychologischen Untersuchungen

In die arbeitspsychologischen Erhebungen wurden sowohl die in der Gruppenmontage beschäftigten Werker als auch werksinterne Vergleichsgruppen (kontinuierlich laufendes Plattenband, getaktete Transfermontage) und Vergleichsgruppen aus anderen Werken einbezogen (vgl. BARTH, MUSTER, ULICH und UDRIS 1980). Für die wiederholte Erhebung der Arbeitsbeanspruchung wurde der Fragebogen zur Arbeitsbeanspruchung FAB (UDRIS 1980) verwendet,[5] für die Erhebung der Arbeitszufriedenheit die Kurzform des von BRUGGEMANN entwickelten Fragebogens zur Arbeitszufriedenheit AZ-K. Einstellungen zur Gruppe und Erfahrungen mit der Gruppenarbeit sowie deren Veränderungen wurden anlässlich der Gruppengespräche mit spezifischen Verfahren erfasst (vgl. BRUGGEMANN 1979, 1980). Die Analyse der Entwicklung von Montagestrategien erfolgte durch detaillierte Beobachtung und Protokollierung der Abfolge der Operationen (TRIEBE 1977, 1980). Zur systematischen Entwicklung eines Anlernverfahrens, das schliesslich in der Vorlage eines Selbststudienheftes mündete, wurde eine Analyse der äusseren Aufgabenstrukturen vorgenommen (MUSTER 1980).[6] Zur Bewertung

---

[5] Beim FAB (vgl. BARTH et al. 1980) handelt es sich um einen Vorläufer des in Kapitel 2 beschriebenen Verfahrens zur subjektiven Arbeitsanalyse (SAA).
[6] Das von MUSTER mit einer Gruppe von VW-Mitarbeitern erarbeitete Selbststudienheft wurde später ins Spanische übersetzt und für die Ausbildung in Lateinamerika verwendet.

alternativer Arbeitsformen in den Vergleichsgruppen wurden spezifische Befragungsverfahren entwickelt (KUHN und SPINAS 1979, 1980).
Zu den Ergebnissen ist zunächst festzustellen, dass alle beteiligten Werker nach knapp drei Monaten in der Lage waren, die Qualitätsanforderungen zu erfüllen. Die neue Tätigkeit wird als vergleichsweise anspruchsvoll, selbständige Entscheidungen erfordernd sowie gründlichere Ausbildung und fachliche Weiterbildung verlangend beschrieben. Das den objektiven Veränderungen entsprechende subjektive Erleben höher qualifizierter Arbeit findet seinen Niederschlag im Abbau des Erlebens qualitativer Unterforderung bei gleichzeitiger Vermehrung kognitiver und sozialer *Beanspruchungen*.

Damit erscheint plausibel, dass die neue Struktur weniger eine Verminderung der Gesamtbeanspruchung zur Folge hatte als eine Verlagerung von eher unerwünschten zu eher erwünschten Belastungswirkungen (vgl. auch ROHMERT und HAIDER 1980). Auch nach der Interpretation der Werksleitung «ergab sich bei der Gruppenarbeit die günstigste Beanspruchung. Daraus lässt sich die Schlussfolgerung ziehen, dass vor allem die Struktur der Belastung über die Beanspruchung entscheidet» (GRANEL 1980, 40). Schliesslich hat sich auch der Betriebsrat in einer unveröffentlichten Stellungnahme der positiven Gesamteinschätzung der hier beschriebenen Arbeitsstruktur ausdrücklich angeschlossen (ANKLAM 1979).[7]

Für die Entwicklung der *Arbeitszufriedenheit* ist entscheidend, dass die Gruppenarbeit – schon in der Vorbereitungsphase – eine erhebliche Steigerung des Anspruchsniveaus bewirkte, die eine einfache quantitative Veränderung der Zufriedenheit nicht erwarten liess. Tatsächlich weisen einige Ergebnisse darauf hin, dass bei den in der Gruppenmontage Beschäftigten eine ursprünglich verbreitete resignative Form der Zufriedenheit durch eine eher progressive (Un-)Zufriedenheit bzw. konstruktive Unzufriedenheit abgelöst wurde (vgl. Abschnitt 3.1).
Die Analyse der *Montagestrategien* schliesslich ergab, dass bei der untersuchten Tätigkeit objektive Freiheitsgrade bestehen, dass diese mit zunehmendem Lernfortschritt auch erkannt und genutzt werden und dass unter-

---

[7] Die Bitte des Betriebsrates, seine «ergebnisbezogene Stellungnahme» – die eine wesentlich positivere Einschätzung der Gruppenmontage und der Aktivitäten der Begleitforschung enthielt als die publizierte Stellungnahme – «noch in den integrierten Abschlussbericht aufzunehmen», wurde abgelehnt (!).

10.3 Gruppenarbeit in der Motorenmontage

> **Kasten 10.1:** Montagestrategien in der Komplettmontage (aus: TRIEBE 1977)
>
> Die Analyse von insgesamt 191 vollständigen Montageprotokollen ergab z.B., «dass zu Beginn der Beobachtungen die Strategien vor allem durch ein schrittweises Komplettieren des Motors gekennzeichnet waren, wobei jedes Teil nach dem Auflegen meist sofort auch geheftet, gegengezogen und auf Drehmoment angezogen (‹nachgeknickt›) wurde, bevor der Arbeiter sich dem nächsten Teil zuwandte. Das Vorgehen wirkte dadurch oft umständlich, der Überblick über den gesamten Montagevorgang und seine wechselseitigen Abhängigkeiten fehlte weitgehend. In späteren Phasen wurde dann unter anderem die möglichst ökonomische Werkzeugverwendung ein wichtiges, die Strategien charakterisierendes Merkmal: Verschiedenste Teile wurden zum Beispiel alle zunächst aufgelegt und geheftet, weil es daraufhin möglich war, sämtliche zugehörigen Schrauben unter Verwendung ein und desselben Schrauber-Einsatzes gegenzuziehen. Werkzeug wurde überdies nach Gebrauch nicht mehr, wie früher häufig, einfach weggelegt, sondern gezielt für seine spätere Verwendung schon an einen bestimmten Platz gelegt.
>
> Im weiteren zeitlichen Verlauf wurden vorausplanende Vorgehensweisen noch ausgeprägter sichtbar. Hierzu gehörte etwa der vermehrte Übergang zum Vormontieren und Bereitlegen einer Vielzahl von Teilen vor Beginn der eigentlichen Montage. Zum Teil planten einzelne Arbeiter auf diese Art sogar ihre ganze Schicht voraus, indem sie bei Arbeitsbeginn von bestimmten Teilen einen bis Schichtende reichenden Vorrat fertig vormontierten, bevor sie überhaupt mit der Montage des ersten Motors begannen» (TRIEBE 1977, 225).

schiedliche Vorgehensweisen ohne erkennbare Unterschiede in der Effizienz möglich sind (vgl. Kasten 10.1 und Abschnitt 4.5).

10.3.5 Einige Auswirkungen des Projekts

(1) Die Tatsache, dass eine Einigung über die *Lohnfrage* erst ein Jahr nach Aufnahme der Gruppenarbeit erzielt werden konnte, «wirkte sich sehr

lähmend auf den Projektverlauf aus» (GRANEL 1980, 38). Erst eine Änderung des Haustarifvertrages machte es möglich, «die Entlohnungsfragen bei Gruppenarbeit und wechselndem Einsatz in verschiedenwertigen Tätigkeiten so zu regeln, dass eine Bezahlung nach dem jeweils höchst bewerteten Arbeitsplatz sichergestellt wurde» (BETRIEBSRAT 1980, 64). Damit ist aus den Projekterfahrungen heraus ein *Anstoss für ein neues Lohnkonzept* entstanden, dass schliesslich im tariflich vereinbarten Lohndifferenzierungssystem (LODI) seinen Niederschlag gefunden hat.

(2) Nach Angaben der Volkswagenwerk AG lag die wirtschaftliche Einsatzmöglichkeit der Gruppenmontage bei einer maximalen Stückzahl von 500 Motoren pro Tag, bei einer Laufzeit von ca. 4 Jahren. Die betriebswirtschaftliche Analyse durch das IPA hatte ergeben, dass die Gruppenmontage bis zu ihrer damaligen Kapazitätsgrenze von 150 Motoren pro Tag wirtschaftlicher ist als die Vergleichsstrukturen Plattenband und Transfermontage. Darüber hinaus wurde festgestellt, «dass die realisierte Form der Gruppenmontage in dem Bereich kleiner und wechselnder Stückzahlen bis etwa 300–400 Stück/Tag als durchaus wirtschaftlich vertretbar angesehen werden kann» (ZIPPE, WELLER und SAUER 1980, 45). Zweifel an diesen Schlussfolgerungen haben zu ihrer Überprüfung veranlasst. «Denn der zugrundeliegende partialanalytische Fertigungskostenvergleich ist entgegen der in technischen Disziplinen verbreiteten Auffassung kein betriebswirtschaftlicher Vergleich. Er ist für unternehmenspolitische Entscheidungen, und um eine solche handelt es sich bei der Einführung neuer Arbeitsstrukturen, unzureichend» (STAUDT 1981, 877). Da hier erkennbar wurde, dass traditionelle betriebswirtschaftliche Kosten-Nutzen-Analysen einen Vergleich derart unterschiedlicher Arbeitsstrukturen nicht ohne Weiteres ermöglichen, wurde im Anschluss daran die Frage nach den *Möglichkeiten erweiterter Wirtschaftlichkeitsberechnungen* zum Gegenstand verschiedener Forschungsprojekte.

(3) Nach Beendigung des Projekts war zwar die Anzahl der Montagenester und der Montage-Carrier etwa verdreifacht worden; die ganzheitliche Aufgabe wurde jedoch – weil dies dem betrieblichen Rationalisierungskonzept eher entsprach – wieder unterteilt, wenn auch nicht so weitgehend wie früher. Fünf Jahre später forderte der Betriebsrat in Zusammenhang mit der bevorstehenden Automatisierung der Zylinderkopfmontage eine *Wiederaufnahme des Konzepts der Gruppenarbeit*: «Alle

10.3 Gruppenarbeit in der Motorenmontage

Arbeitnehmer der automatischen Zylinderkopfmontage sollten im Arbeitssystem ‹Anlagenführer› arbeiten und in Gruppenarbeit alle anfallenden Arbeiten abwechselnd gemeinsam übernehmen». Tatsächlich konnte durchgesetzt werden, dass an der neuen Anlage «nur noch ein qualifizierter Arbeitsinhalt, nämlich der Anlagenführer vorkommt. Alle anfallenden Arbeiten – Anlagenführen, Nacharbeiten und Material bereitstellen – bewältigt eine Gruppe von Anlagenführern im Wechsel» (MUSTER 1985, 21).

Damit ist – auch nach Einschätzung der IG-Metall – «die Idee von der Gruppenarbeit fünf Jahre nach Beendigung des HdA-Projektes im VW-Werk Salzgitter Wirklichkeit geworden». Dies macht zugleich eine bemerkenswerte Veränderung in der gewerkschaftlichen Beurteilung des Konzepts der Gruppenarbeit deutlich.

Seit April 1993 – fünfzehn Jahre nach Abschluss des hier beschriebenen Projekts – gilt im VW-Werk Salzgitter Gruppenarbeit als ‹flächendeckend› eingeführt.

Anhang zu 10.3.2
Leit-Aspekte für die vorbereitenden Arbeiten zur (experimentellen) Einführung von Montagegruppen (teilautonomen Arbeitsgruppen) im Volkswagenwerk Salzgitter

LEITASPEKTE	hierdurch kann gefördert werden ...
1. *Selbstregulation* der Gruppe bzw. optimaler Freiheitsspielraum der Gruppenmitglieder 1.1 bezüglich verschiedener Möglichkeiten, die Arbeit aufzuteilen (z.B. Einzelfertigung des ganzen Produkts vs. Mitwirkung sämtlicher Mitglieder bei jedem Produkt);	• job rotation • job enrichment • Quantität der Leistung • Qualität der Leistung • Leistungsabstimmung • Optimaler Wirkungsgrad • Interesse an der Arbeit • arbeitsbezogenes Lerninteresse • Arbeitszufriedenheit
1.2 bezüglich der zeitlichen Verteilung der Arbeit (keine Taktbindung; Ausweich- und Puffermöglichkeiten etc.);	• Monotonie- und Sättigungsreduktion • Reduktion einseitiger Beanspruchung • befähigungsentsprechende Anforderungen
1.3 bezüglich der Möglichkeit zur Übernahme qualitativ verschiedenartiger Tätigkeiten (z.B. Vorbereitungs-, Montage-, Prüf-, Nacharbeiten).	• Einbeziehung kognitiver Anforderungen in die Arbeit • Sinnvolle Aufgabenstellung • positiver Feedback (Erfolgserlebnisse)
1.3.1 Aus 1.3 ergibt sich die Notwendigkeit eines Anlernplatzes bzw. muss die Möglichkeit vorhanden sein, zusätzliche tätigkeitsrelevante Qualifikationen ohne Beeinträchtigung der Arbeit der übrigen Gruppenmitglieder zu erwerben.	• Kooperationsbereitschaft • Kooperationsvermögen • Kommunikationsbereitschaft • Kommunikationsvermögen • soziale Intelligenz • dispositive Fähigkeiten • Verhinderung vorzeitigen Intelligenzabbaus • Flexibilität • Selbständigkeit • Eigeninitiative • Eigenverantwortung
2. Optimale *Gruppengrösse* generell gilt: Sofern die den Gruppen vorgegebene technische Ausstattung abgrenzbare ‹Arbeitsplätze› erkennen lässt, muss deren Anzahl wesentlich grösser sein als die Anzahl der Gruppenmitglieder.	• job rotation • Kooperationsbereitschaft • Kommunikationsbereitschaft • Reduktion einseitiger Beanspruchung • Flexibilität

10.3 Gruppenarbeit in der Motorenmontage

LEITASPEKTE	hierdurch kann gefördert werden ...
3. Förderung der *Kommunikation* innerhalb der Gruppe inbesondere räumliche Voraussetzungen für Besprechungen der Gruppe über sie und ihre Arbeit betreffende Angelegenheiten.	• job enrichment • Qualität der Leistung • Leistungsabstimmung • arbeitsbezogenes Lerninteresse • Arbeitszufriedenheit • Kooperationsvermögen • Kommunikationsvermögen • soziale Intelligenz • dispositive Fähigkeiten • Flexibilität
4. Die Gruppe muss die Möglichkeit haben, selbst zu entscheiden, wie sie *Kompetenzen* und *Verantwortlichkeiten* organisiert, insbesondere 4.1 ob sie einen Führer bzw. Vorarbeiter für gruppeninterne Angelegenheiten haben will; 4.2 in welcher Weise sie sich nach aussen hin (zu den übrigen Instanzen des Werkes) vertritt.	• Interesse an der Arbeit • Interesse am Betrieb • organisatorische Fähigkeiten • Flexibilität • Selbständigkeit • Eigeninitiative • Eigenverantwortung
5. Die Gruppe braucht einen hinreichend grossen *Dispositionsspielraum* (auch in zeitlicher Hinsicht); alle hierfür wichtigen Informationen müssen der Gruppe in vollem Umfang und rechtzeitig zur Verfügung stehen (Informationspflicht).	• Quantität der Leistung • Qualität der Leistung • Leistungsabstimmung • optimaler Wirkungsgrad • Interesse an der Arbeit • arbeitsbezogenes Lerninteresse • Arbeitszufriedenheit • Einbeziehung kognitiver Anforderungen in die Arbeit • dispositive Fähigkeiten • Verhinderung vorzeitigen Intelligenzabbaus • Flexibilität • Eigenverantwortung
6. Die Gruppe muss die Möglichkeit haben, bei eventuell erforderlichen *Werkzeugmodifikationen, -neuanschaffungen, -neuentwicklungen* mitzuwirken.	• (wie bei 5.)

LEITASPEKTE	hierdurch kann gefördert werden ...
7. Die Gruppe muss die Möglichkeit haben, *neue Mitglieder* selbst auszuwählen.	• Leistungsabstimmung • soziale Intelligenz • Arbeitszufriedenheit
8. Die Gruppe muss die Möglichkeit haben, zur Auseinandersetzung mit allfälligen Spezialproblemen *Experten* ihrer Wahl beizuziehen.	• Interesse an der Arbeit • arbeitsbezogenes Lerninteresse • Arbeitszufriedenheit • befähigungsentsprechende Anforderungen • sinnvolle Aufgabenstellung • positiver Feedback • Kooperation und Kommunikation • dispositive Fähigkeiten • Flexibilität
9. Die *Entlohnung* der einzelnen Gruppenmitglieder sollte sich jeweils nach der Anzahl der vom einzelnen beherrschten relevanten Arbeitstätigkeiten (unabhängig von der tatsächlichen Ausführung) richten; d.h. sowohl Lernen als auch der Umfang, in dem der einzelne auf Fragen der Gruppenmitglieder sachkundig Auskunft geben kann, sind bei der Entlohnung zu berücksichtigen.	• job rotation • job enrichment • Qualität der Leistung • arbeitsbezogenes Lerninteresse • positiver Feedback • Kommunikationsvermögen • Kooperationsvermögen • Flexibilität • Selbständigkeit
10. Bei der Bildung von zwei unabhängigen Montagegruppen sollte *die Möglichkeit eines späteren Zusammengehens der beiden Gruppen* – sofern diese hierzu die Initiative ergreifen – nicht auf besondere technische Schwierigkeiten stossen; z.B. könnte eine spiegelbildliche räumliche Anordnung beider Gruppen in einer Halle derartige Möglichkeiten erleichtern.	• (erweiterte Möglichkeiten bezüglich der bei 1 genannten Punkte)

10.4 Gestaltung rechnerunterstützter Integrierter Produktionssysteme (GRIPS)

Im Frühjahr 1989 hatte der Schweizerische Bundesrat ein CIM-Aktionsprogramm lanciert, das mit der Einrichtung von sieben regionalen CIM-Bildungszentren und der Unterstützung strategisch bedeutsamer Forschungsvorhaben die Wettbewerbsfähigkeit der schweizerischen Wirtschaft fördern sollte. Die diesbezügliche Botschaft des Bundesrates machte deutlich, dass es sich bei diesem Programm, das sich insbesondere an kleine und mittlere Unternehmen (KMU) richtete, keineswegs um ein reines Technologieförderungsprogramm handeln sollte (Kasten 10.2).

Kasten 10.2: Auszug aus der CIM-Botschaft des Schweizerischen Bundesrates (1989)

«CIM wird gemeinhin als informatikgestütztes Integrationsinstrument verstanden. Diese rein ingenieurtechnische Betrachtungsweise verkörpert aber nur einen Teilaspekt. Erfahrungen bei der Einführung von CIM zeigen, dass die angestrebten Vorteile sich vor allem dann realisieren lassen, wenn die betriebliche Integration aus einer ganzheitlichen Sicht angegangen wird. Mensch, Technik und Arbeitsorganisation müssen zu neuen Konzepten zusammengeführt werden. Werden ingenieurtechnische Lösungen isoliert verfolgt, wird die Arbeitsorganisation ausgespart oder nur als abgeleitetes Problem der Technik behandelt, können kostspielige CIM-Ruinen die Folge sein» (SCHWEIZERISCHER BUNDESRAT 1989, 125).

Im Bericht des Bundesrates über die ersten zwei Jahre des CIM-Aktionsprogramms wird diese Position noch einmal ausdrücklich bestätigt: «Der Gedanke eines ganzheitlichen Ansatzes bei der Einführung integrierter Produktionskonzepte steht im Mittelpunkt des CIM-Aktionsprogramms und ist ausdrücklicher Auftrag von Bundesrat und Parlament» (SCHWEIZERISCHER BUNDESRAT 1992, 10).

Zur Unterstützung der Entwicklung und Diffusion des genannten «ganzheitlichen Ansatzes» wurde eine ‹Zentrale Arbeitsgruppe Mensch, Technik,

Organisation> etabliert; zur Erarbeitung der konzeptuellen und empirischen Grundlagen wurde dem Institut für Arbeitspsychologie der ETH Zürich die Durchführung eines Projektes «Gestaltung rechnerunterstützter integrierter Produktionssysteme» (GRIPS) ermöglicht.

10.4.1 Fragestellung und Methodik

Ziel des GRIPS-Projekts war die Erarbeitung und empirische Fundierung arbeitspsychologischer Konzepte zur Gestaltung rechnerunterstützter integrierter Produktionssysteme. Dem Vorhaben lag die Annahme zugrunde, dass arbeitsorientierte Gestaltungskonzepte (vgl. Abschnitt 5.2.1) sowohl zu menschengerechter Arbeit als auch zu wirtschaftlicher Effizienz beitragen und damit technikorientierten Gestaltungskonzepten bei komplexen Produktionsaufgaben prinzipiell überlegen sind.

Das GRIPS-Projekt war als sequentielles Programm mit drei aufeinander aufbauenden, Untersuchungsphasen konzipiert (vgl. Tabelle 10.16).

Tabelle 10.16: Phasen, Ziele, Methoden und Stichproben des Projektes GRIPS

Phasen	Untersuchungsziele	Methoden	Stichproben
GRIPS I	Erfassung des Einsatzes rechnergestützter Produktionsfunktionen und deren Vernetzung	Fragebogenerhebung	679 Unternehmen der Investitionsgüterindustrie
	Identifizierung von Zielen, Zielerreichung und Problemen beim Einsatz rechenergestützter Produktionsfunktionen		238 Unternehmen der Prozessindustrie
	Grobeinschätzung des Produktionskonzepts auf der Dimension ‹arbeits›- versus ‹technik›-orientiert		
GRIPS II	Identifizierung und hypothesengeleiteter Vergleich arbeits- bzw. technikorientierter Produktionsstrukturen haftlichen Effizienz	Fallstudien mit – Dokumentenanalysen – Betriebsbegehungen – Experteninterviews	60 Unternehmen der Investitionsgüterindustrie

10.4 Gestaltung rechnerunterstützter Integrierter Produktionssysteme

	Untersuchungsziele	Methoden	Stichproben
GRIPS III	Paarvergleich von Unternehmen mit arbeits- bzw. technikorientierten Produktionsstrukturen bzgl. Merkmalen der – Aufgabengestaltung – Mensch-Maschine-Funktionsteilung – Qualifikationsstrukturen – Belastungsstrukturen – Wahrnehmung der Beschäftigten – wirtschaftlichen Effizienz	MTO-Analyse mit – Dokumentenanalysen – Experteninterviews – Auftragsdurchlaufanalysen – Soziotechnischen Analysen – Ganzschichtbeobachtungen – Tätigkeitsanalysen – VERA-/RHIA/KABA-Analysen – Fragebogen SALSA etc. – Betriebswirtschaftlichen Analysen	12 Unternehmen der Investitionsgüterindustrie

Im Rahmen der ersten Phase des GRIPS-Projekts wurden – auf der Basis einer Quotenauswahl nach Beschäftigtenzahl der Unternehmen – insgesamt 2695 Unternehmen der Investitionsgüterindustrie und 855 Unternehmen der Prozessindustrie angeschrieben. Der Rücklauf der Fragebogen betrug 25 Prozent bzw. 28 Prozent. Die Branchenverteilungen der antwortenden Unternehmen entsprechen der Betriebsstatistik der eidgenössischen Betriebszählung. Hingegen sind bei den Grössenklassen die Unternehmen mit weniger als 20 Beschäftigten untervertreten, diejenigen mit 50 und mehr Beschäftigten übervertreten; allein in der Grössenklasse 20 bis 49 Beschäftigte entspricht der Anteil der antwortenden Unternehmen dem der Betriebszählung. Das bedeutet, dass die Ergebnisse keinen Anspruch auf Repräsentativität erheben können.

Rund siebzig Prozent der antwortenden Unternehmen erklärten zugleich ihre Bereitschaft, sich an der zweiten Phase des GRIPS-Projekts zu beteiligen. Diese wurde aus aufwandsökonomischen Gründen und, weil ‹CIM› in der Prozessindustrie eine andere Rolle spielt als in der Investitionsgüterindustrie, auf letztere beschränkt. Die Auswahl der Unternehmen für die zweite Phase erfolgte – mit dem Ziel einer möglichst breiten Streuung – aufgrund der im Fragebogen enthaltenen Angaben zur Betriebsgrösse und zu den Produktionsbedingungen (vgl. Tabelle 10.17, S. 704).

Tabelle 10.17: Prozentuale Verteilung struktureller Merkmale der an GRIPS I (n=679) und GRIPS II (n=60) beteiligten Unternehmen der schweizerischen Investitionsgüterindustrie

Anzahl Beschäftigte			Erzeugnisstruktur			Fertigungsart		
	GRIPS I	GRIPS II		GRIPS I	GRIPS II		GRIPS I	GRIPS II
6–19	15	2	Mehrteilig mit komplexer Struktur	42	55	Einmalfertigung	5	12
20–49	21	12	Mehrteilig mit einfacher Struktur	39	33	Einzel- und Kleinserien	53	60
50–99	22	23						
100–499	35	46				Serienfertigung	27	27
500 und mehr	7	17	Einteilig	19	12	Massenfertigung	5	1

In Abbildung 10.6 sind die Untersuchungsdimensionen und Variablen für die Fallstudien der zweiten Phase exemplarisch wiedergegeben.

Der in der zweiten Phase für die Datenerhebung zu leistende Aufwand betrug im Mittel vier Persontage pro Betrieb.

Aufgrund der Ergebnisse der Fallstudien wurde der Versuch unternommen, Unternehmen für den Paarvergleich der dritten Phase des GRIPS-Projekts auszuwählen. Dabei sollte es sich um Unternehmen mit vergleichbarer Grösse und vergleichbarem Produktespektrum handeln, von denen jeweils das eine eine arbeitsorientierte, das andere eine technikorientierte Produktionskonzeption aufwies. Tatsächlich erwies sich die angestrebte ‹reine› Paarbildung als schwierig, sodass bei der Auswahl der 12 Unternehmen für die dritte GRIPS-Phase Kompromisse eingegangen werden mussten. In diesen Unternehmen wurden Mehr-Ebenen-Analysen nach dem in Abschnitt 2.1.2 beschriebenen Konzept durchgeführt (vgl. Tabelle 2.3, S. 88). Je nach Grösse der Unternehmen und Komplexität der zu analysierenden Strukturen und Prozesse betrug der Aufwand für die Datenerhebung zwanzig bis vierzig Persontage pro Unternehmen.

10.4 Gestaltung rechnerunterstützter Integrierter Produktionssysteme

Produktionsbedingungen
– Marktsituation
– Produktkomplexität
– Kundenorientierung

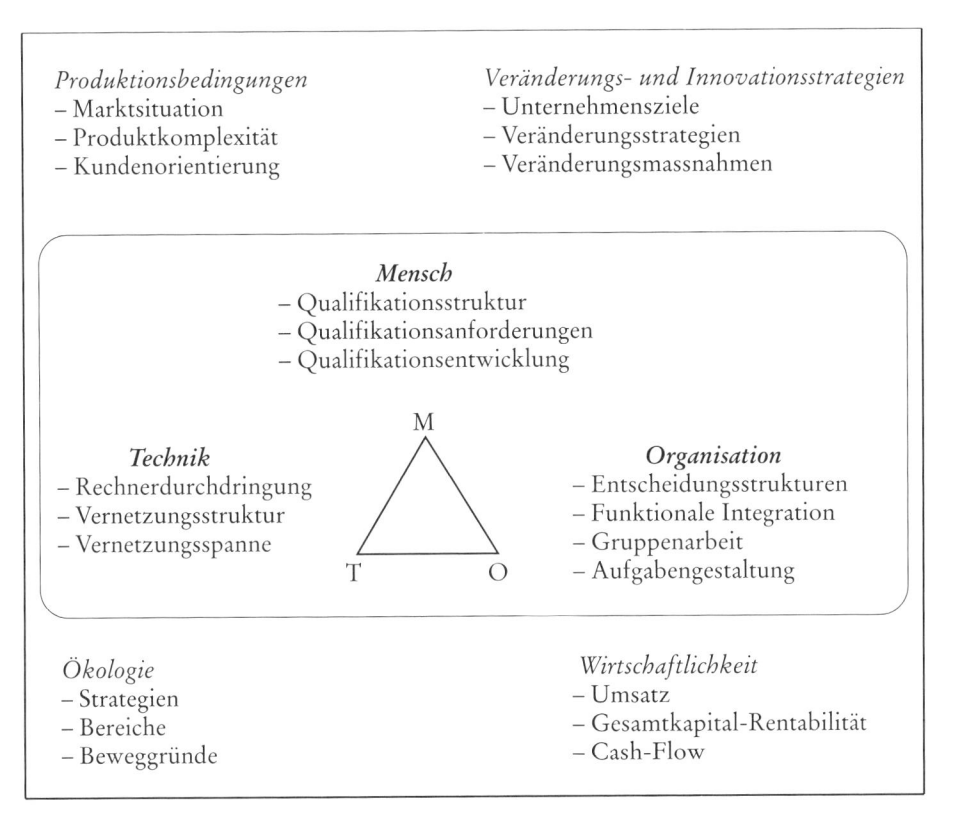

Veränderungs- und Innovationsstrategien
– Unternehmensziele
– Veränderungsstrategien
– Veränderungsmassnahmen

Mensch
– Qualifikationsstruktur
– Qualifikationsanforderungen
– Qualifikationsentwicklung

Technik
– Rechnerdurchdringung
– Vernetzungsstruktur
– Vernetzungsspanne

Organisation
– Entscheidungsstrukturen
– Funktionale Integration
– Gruppenarbeit
– Aufgabengestaltung

Ökologie
– Strategien
– Bereiche
– Beweggründe

Wirtschaftlichkeit
– Umsatz
– Gesamtkapital-Rentabilität
– Cash-Flow

Abbildung 10.6: Untersuchungsdimensionen und Variablen für die Fallstudien der zweiten Phase des Projektes GRIPS (aus: STROHM et al. 1993b).

10.4.2 Ergebnisse

Ergebnisse des Projekts ‹Gestaltung rechnerunterstützter integrierter Produktionssysteme› haben ihren Niederschlag in rund dreissig Publikationen und vier Dissertationen gefunden.[8]

---

[8] Ergebnisse der ersten Phase finden sich u.a. bei MOLL (1991), SCHILLING und KUARK (1991), ULICH und SCHÜPBACH (1991) sowie STROHM (1991), Ergebnisse der zweiten Phase bei LEDER und LOUIS (1993) sowie STROHM, KUARK und SCHILLING (1993). Das Methodeninventar für die MTO-Analyse der dritten Phase und vier der zwölf Fallstudien finden sich in STROHM und ULICH (1997), drei weitere Fallstudien bei STROHM (1996).

Die Ergebnisse der Fragebogenerhebung zeigen zunächst eine relativ hohe Verbreitung von Einzelmodulen rechnerunterstützter Produktionssysteme. So haben nach ihren Angaben zum Zeitpunkt der Erhebung im Winter 1990/91 deutlich mehr als die Hälfte der Unternehmen Rechnersysteme zur Produktionsplanung und -steuerung (PPS), zur Unterstützung der Arbeitsvorbereitung (CAP) und in der Fertigung (CAM) vollständig oder teilweise realisiert. In annähernd der Hälfte der Unternehmen war der Einsatz von Rechnern für die Betriebsdatenerfassung (BDE) und in der Konstruktion (CAD) vollständig oder teilweise realisiert (vgl. Tabelle 10.18).

Tabelle 10.18: Verbreitung rechnerunterstützter Produktionsfunktionen nach Angaben der an GRIPS I (n=679) und GRIPS II (n=60) beteiligten Unternehmen der schweizerischen Investitionsgüterindustrie (Relative Häufigkeiten)

Rechnerunterstützte Produktionsfunktionen	Vollständig/teilweise realisiert		Informationstechnische Vernetzung	Vollständig/ teilweise realisiert	
	GRIPS I	GRIPS II		GRIPS I	GRIPS II
PPS	63	90	PPS-CAP	19	20
CAM	58	88	PPS-CAM	16	16
CAP	56	93	CAD-CAM	15	27
BDE	48	79	CAP-CAM	13	29
CAD	46	77	PPS-CAD	12	20
CAQ	15	41	CAD-CAP	9	20
CAA	10	18	PPS-CAQ	5	9
			CAM-CAQ	5	11
			CAD-CAQ	4	4
			CAP-CAQ	4	6

Nicht nur die Rechnerunterstützung einzelner Produktionsfunktionen, sondern auch deren Vernetzung war zu diesem Zeitpunkt im internationalen Vergleich relativ weit fortgeschritten (vgl. SCHULTZ-WILD et al. 1989). Bei den an der Erhebung beteiligten Unternehmen aus der Prozessindustrie war die Verbreitung von Rechnern in den Bereichen PPS, CAP, CAM und CAD deutlich geringer als bei den Unternehmen der Investitionsgüterindustrie (vgl. MOLL 1991). Demgegenüber ergaben sich für den Rechnereinsatz in der Qualitätssicherung und die Vernetzungen einzelner Produktionsfunktionen deutlich höhere Werte.

10.4 Gestaltung rechnerunterstützter Integrierter Produktionssysteme

Zu den wegen ihrer Bedeutung wiederholt zitierten – hier auszugsweise und durch die Daten der GRIPS II-Phase ergänzten – Ergebnissen der Fragebogenerhebung gehört die Gegenüberstellung der von den Unternehmen mit dem Rechnereinsatz verbundenen Ziele und deren Erreichung (Tabelle 10.19).

Tabelle 10.19: Mit dem Rechnereinsatz in der Produktion verbundene Ziele und Zielerreichung nach Angaben der an GRIPS I (n=679) und GRIPS II (n=60) beteiligten Unternehmen der schweizerischen Investitionsgüterindustrie

Ziele	Prozentualer Anteil der Unternehmen, die die Ziele als ‹sehr wichtig› einschätzen		Prozentualer Anteil dieser Unternehmen, die die Ziele als ‹erreicht› einschätzen	
	GRIPS I	GRIPS II	GRIPS I	GRIPS II
Steigerung der Termintreue	68	64	29	47
Verringerung der Durchlaufzeiten	65	68	27	33
Erhöhung der Flexibilität am Markt	51	48	27	46
Reduzierung der Lagerbestände	48	54	14	44
Verbesserung der Kalkulationsgrundlagen	40	52	41	48
Erhöhung der innerbetrieblichen Flexibilität	39	46	28	48

Aus Tabelle 10.19 ergibt sich, dass keines der von den Unternehmen als sehr wichtig eingestuften Ziele auch nur von der Hälfte der Antwortenden als erreicht angesehen wurde. Die Ursachen dafür lassen sich indirekt aus den Angaben über die Probleme beim Einsatz von Rechnern in der Produktion erschliessen (Tabelle 10.20).

Tabelle 10.20: Häufigste Probleme beim Einsatz rechnerunterstützter Produktionssysteme nach Angaben von 349 Unternehmen der schweizerischen Investitionsgüterindustrie (nach: STROHM, KUARK und SCHILLING 1993).

Problembereich	Anzahl Nennungen in Prozent
Technik	66
Qualifikation der Beschäftigten	55
Arbeitsorganisation	49
Akzeptanz und Motivation	30
Personalwirtschaft	23
Wirtschaftlichkeit	21

Mögliche Erklärungen für die Probleme mit der Technik, der Qualifikation und der Arbeitsorganisation wurden in Abschnit 5.4.1 bereits angesprochen. «Eine weitere Erklärung für die geringe Zielerreichung beim Einsatz rechnerunterstützter integrierter Produktionssysteme findet sich in den Arbeitsstrukturen, die mit dem Rechnereinsatz unterstützt oder geschaffen werden. In der Mehrzahl der Betriebe sind zumindest in der rechnerunterstützten Fertigung technikorientierte Strukturen im Sinne starker Arbeitsteilung vorzufinden. Nur 4 % der in diese Auswertung einbezogenen Betriebe sind ... durch arbeitsorientierte Strukturen gekennzeichnet» (STROHM, KUARK und SCHILLING 1993, 138f.).[9]

Diese Interpretation wird durch Ergebnisse der zweiten Phase des GRIPS-Projekts unterstützt (Tabelle 10.21).

Tabelle 10.21: Erreichung von Zielen durch Rechnereinsatz und Merkmale arbeitsorientierter Produktionsstrukturen nach Angaben von 53 Unternehmen der GRIPS II-Stichprobe (Spearman Rangkorrelationen aus: STROHM et al. 1993b).

Zielerreichung durch Rechnereinsatz	Arbeitsorientierung des Gesamtsystems	Dezentralisierung	Funktionale Integration	Selbstregulation in Gruppen	Qualifizierte Produktionsarbeit
Steigerung der Termintreue	.23	.17	.16	**.29***	.06
Fehlerfreie Fertigungsunterlagen	.24	.15	**.33***	.26	.04
Verfolgung des Materialflusses	**.32***	.20	.12	**.34***	.18
Motivierung der Mitarbeiter	.29	–.02	.11	**.39****	.20
Erhöhung der innerbetrieblichen Flexibilität	.17	.26	**.27***	–.07	.07
Anschluss an technologische Entwicklungen nicht verpassen	**.42****	.08	.23	**.33***	**.37****

* $p < 0.05$ ** $p < 0.01$

---

[9] Als Hauptmerkmale arbeitsorientierter Produktionssysteme wurden Dezentralisierung auf der Unternehmensebene, funktionale Integration auf der Ebene der Organisationseinheiten, Selbstregulation auf der Gruppenebene und qualifizierte Produktionsarbeit auf der Ebene des Individuums angenommen (vgl. Abschnitt 5.4.3).

10.4 Gestaltung rechnerunterstützter Integrierter Produktionssysteme

Aufgrund der in der zweiten Phase des GRIPS-Projektes gesammelten Erfahrungen wurde das Konzept für die Mehrebenenanalyse (MTO-Analyse) entwickelt, die in der dritten Phase zur Anwendung gelangen sollte (vgl. Abschnitt 2.1.2). Diese Analyse bedeutete einen hohen personellen Aufwand. So ist bei einer MTO-Analyse, wie in Abschnitt 2.1.2 dargestellt, alleine für die Erhebung der betrieblichen Daten mit einem Zeitaufwand von 20 bis 40 Persontagen zu rechnen. Dieser Aufwand wird verständlich, wenn man sich die sieben Schritte der MTO-Analyse und die jeweils eingesetzten Vorgehensweisen und Verfahren vergegenwärtigt (vgl. Tabelle 2.4. auf Seite 94). Der personelle Aufwand betrifft aber nicht nur die Erhebung, sondern auch die Auswertung der Daten und ihre Aufbereitung für die Rückmeldung im Unternehmen sowie gegebenenfalls die Ableitung von Entwicklungsperspektiven und konkreten Gestaltungsvorschlägen (vgl. Kasten 10.3).

Kasten 10.3: Beispiele für Entwicklungsperspektiven und Gestaltungsvorschläge aufgrund der MTO-Analysen im Projekt GRIPS III (Auszüge aus: STROHM und ULICH 1997).

Fallstudie A
«Dem Unternehmen wurde eine Entwicklungsperspektive aufgezeigt, die auf eine soziotechnische Optimierung der Arbeitsstrukturen und -abläufe abzielt. Dabei soll über eine Dezentralisierung und über Massnahmen zur funktionalen Integration die Voraussetzung für lokale Selbstregulation und die Gestaltung von qualifizierten Arbeitstätigkeiten geschaffen werden.
Ein mögliches Organisationskonzept für den Bereich Mechanische Baugruppen ... sieht eine Auflösung der AVOR vor. Die Funktionen der AVOR werden in sogenannte Vertriebsinseln, in eine Konstruktionsinsel und in sogenannte Verfahrensinseln integriert. Die Integration der Machbarkeitsprüfung, der Kalkulation, der Variantenkonstruktion sowie der gesamten kaufmännischen Auftragsplanung und -überwachung in marktorientierte Vertriebsinseln würde für diese Arbeitssysteme eine ganzheitliche Primäraufgabe sichern und die Gestaltung einer Konstruktionsinsel ermöglichen, in der u.a. eine stark kundenorientierte Konstruktionsarbeit vorgenommen werden könnte ... Dieses Organisationskonzept würde auch eine organisierte Zusammenarbeit zwischen Konstruktionsinsel und Werkzeugbau im Sinne überlappender Arbeitssysteme vorsehen» (STROHM 1997c, 344).

Fallstudie B
«Die Analyse der einzelnen Arbeitssysteme zeigt ..., dass bei einem derart hohen Anteil von Eilaufträgen und bei der Störanfälligkeit der Betriebsmittel in den Giessereien die einzelnen Arbeitssysteme einen grossen Bedarf an lokaler Regulierung von Schwankungen und Störungen bei gleichzeitig hoher Abhängigkeit gegenüber anderen Arbeitssystemen und geringer Polyvalenz aufweisen, ohne dass die Möglichkeit gegeben wäre, diesen Problemen wirksam zu begegnen ....
Die funktionale Arbeitsteilung zwischen den Organisationseinheiten muss überdacht werden. Eine Zusammenfassung von Metalldruckguss und Schlosserei, ähnlich wie sie in der Abteilung Thermoplaste realisiert ist, scheint in diesem Zusammenhang angezeigt; ebenso sind die Zusammenlegung von Konstruktion und Werkzeugbau und die Integration der Disposition in die Produktion anzustreben. In den Produktionsabteilungen muss die Aus- und Weiterbildung aller Beschäftigten einen sehr viel höheren Stellenwert erhalten, um die Arbeitsteilung reduzieren zu können und langfristig die Flexibilität der Beschäftigten zu erhöhen» (TROXLER 1997, 369).

Fallstudie C
«Sowohl im Team Kabel als auch im Team Prüfen können Teilaufgaben, die bislang nur vom Teamleiter wahrgenommen wurden – z.B. Aufgabenverteilung, Prüfplan- und Prüfprogrammerstellung, Störungsbeseitigung – durch Qualifizierungsmassnahmen auch vermehrt den Beschäftigten übertragen werden, wodurch die Polyvalenz der Beschäftigten und somit auch die Flexibilität steigen würden. Die Feinplanung, die im Team Kabel gemeinsam durch die Beschäftigten und den Teamleiter vorgenommen wird, bildet einen geeigneten Anknüpfungspunkt hierfür. Für das Team Kubisch und das Team Rotation drängt sich aufgrund der Stellvertretungsproblematik die Steigerung der Polyvalenz der Beschäftigten auf. ... Auf der Ebene der individuellen Arbeitstätigkeiten sind geringe Einstufungen vorwiegend auf die Abtrennung von Prüfaufgaben und die Konzentration von dispositiven Teilaufgaben in den Aufgabenzuschnitten der Teamleiter zurückzuführen. Eine Erhöhung der Denk- und Planungserfordernisse bzw. des Entscheidungsspielraums ist durch eine Integration dieser Aufgabenteile anzustreben ... Lern- und Weiterentwicklungsmöglichkeiten sowie interessante Aufgaben haben bei den Beschäftigten einen hohen Stellenwert» (PARDO ESCHER 1997b, 398).

10.4 Gestaltung rechnerunterstützter Integrierter Produktionssysteme

Fallstudie D
«Das Arbeitssystem Endmontage ist vor allem durch seine grosse Abhängigkeit von anderen Arbeitssystemen und den Zulieferern gekennzeichnet. Dieser Abhängigkeit wird bereits durch Massnahmen entgegengewirkt wie z.B. der Möglichkeit, eigenständig fehlende Teile zu bestellen oder direkt Kontakt mit entsprechenden Stellen aufzunehmen. Dies sind Ansätze, die den Dispositionsspielraum erhöhen können und somit weiter verfolgt werden sollten. Es wäre zudem sinnvoll, wenn die Arbeitsvorbereitung überhaupt keine detailliertere zeitliche Planung für dieses Arbeitssystem vornähme. Ein grosses Problem in diesem Arbeitssystem ist die hohe Belastung der Mitarbeiter durch grossen Zeitdruck ... Diese Situation spitzt sich besonders zu, wenn mehrere Mitarbeiter wegen Inbetriebnahmen oder Reparaturen ausser Haus sind. Eine Möglichkeit, hier Abhilfe zu schaffen, besteht in einer Erhöhung der Mitarbeiterzahl. Dies wird bereits in Ansätzen durch einen Austausch mit Mitarbeitern aus der Werkzeugmontage praktiziert» (LEDER 1997, 423).

Für die Rückmeldung gilt, dass alle Beschäftigten des analysierten Unternehmens bzw. der analysierten Unternehmensbereiche die identische Information erhalten. Dies kann z.B. in Belegschaftsversammlungen erfolgen. Im Rahmen des GRIPS-Projekts und der inzwischen durchgeführten Folgeprojekte wurde den Beschäftigtenvertretungen – Betriebskommissionen, Betriebsräten – überdies der gleiche Ergebnisfoliensatz übergeben wie der Geschäftsleitung.

10.4.3 Weitere Folgen

Die Aktivitäten und Ergebnisse des GRIPS-Projekts hatten eine Reihe von Folgen, von denen einige hier erwähnt werden sollen.
(1) Die Bemühungen, im schweizerischen CIM-Aktionsprogramm die primär technikorientierte Konzeption, die – trotz der Botschaft des Bundesrates – zu Beginn in vielen Unternehmen und Ausbildungsstätten vorherrschte, durch eine arbeitsorientierte Konzeption zu ersetzen, wurde durch die Entwicklung einer ‹MTO-Philosophie› deutlich unterstützt. Dies wurde dadurch erleichtert, dass die Möglichkeit bestand, Mitarbeiter aus allen CIM-Bildungszentren und einigen Ingenieurschulen für die MTO-Analyse auszubilden und an den Analysen der dritten GRIPS-Phase zu beteiligen.

(2) Den Arbeiten des an der ETH Zürich – im Gefolge des CIM-Aktionsprogramms und im Sinne eines Sonderforschungsbereichs – im Jahre 1991 gegründeten Zentrums für Integrierte Produktionssysteme (ZIP) wurde nach intensiven Diskussionen ebenfalls das MTO-Konzept zugrunde gelegt (ULICH 1999b).[10]

(3) Im letzten Jahr des CIM-Aktionsprogramms wurde ein Projekt begonnen mit dem Ziel, ein schweizerisches MTO-Netzwerk zu etablieren. Dieses Netzwerk ist seit dem Herbst 1996 arbeitsfähig. Mitglieder sind Personen und Institutionen aus den drei Hauptsprachgebieten der Schweiz, sodass auch Projekte übernommen werden können, die ein gesamtschweizerisches Engagement erforderlich machen. Beispiele dafür sind etwa das im Rahmen des Forschungsbereiches P & M (siehe unter (4)) angesiedelte Projekt ‹Méthodes d'organisation et de production allégées (best practices) et leur application aux PME suisses› oder die Erstellung einer Expertise zu den ‹Standards of perfomance› bei der schweizerischen Post. Beide Projekte erforderten empirische Erhebungen in allen Landesteilen der Schweiz.

(4) Nach dem Abschluss des CIM-Aktionsprogramms wurde als weiteres nationales Programm ein Forschungsbereich ‹Produktions- und Managementkonzepte› (P & M) etabliert. Diesem Programm wurde von Beginn an die MTO-Konzeption zugrundegelegt. Wie beim CIM-Aktionsprogramm werden auch hier die eingehenden Forschungsgesuche u.a. danach beurteilt, ob sie mit dieser Konzeption übereinstimmen oder möglicherweise in Widerspruch dazu stehen. Das Gleiche gilt für die schweizerischen Beiträge zum internationalen Programm ‹Intelligent Manufacturing Systems› (IMS).

(5) Von der gewerblich-industriellen Berufsschule des Kantons Bern wurde gegen Ende des CIM-Aktionspramms ein Ausbildungskonzept ‹MTO für Berufsschulen› erarbeitet. Vier weitere Berufsschulen und die Lehrwerkstätten der Stadt Bern konnten inzwischen für die Umsetzung im Rahmen neuer bzw. neu konzipierter technischer Berufslehren wie Polymechaniker oder Konstrukteur gewonnen werden. Bei der Diskussion über die Erweiterung bzw. Integration vorhandener und die Etablierung neuer Studiengänge an den im Aufbau begriffenen neuen Fachhochschulen in der Schweiz spielt das MTO-Konzept ebenfalls eine Rolle.

---

[10] Zum Zentrum für Integrierte Produktionssysteme, das seine Arbeiten Ende 1998 abgeschlossen hat (ZIP 1999), gehörten Forschungsgruppen aus den Instituten für Arbeitspsychologie, für Konstruktion und Bauweisen, für Robotik, für Umformtechnik, für Werkzeugmaschinen und Fertigung sowie dem Betriebswissenschaftlichen Institut. Das ZIP wurde von Beginn an vom Fachvertreter für Arbeitspsychologie geleitet.

10.5 Ansätze zur Optimierung der ärztlichen Tätigkeit im Spital – zugleich ein Beispiel für die Verknüpfung von Beratung und Forschung

In seinem Beitrag «Zum Grundlagenwissenschaftsproblem der A&O-Psychologie» stellt Theo HERRMANN (1993, 173) fest, dass bei im einzelnen unterschiedlichen Positionen und Lösungsvorschlägen weitgehender Konsens darüber zu bestehen scheine, dass die Arbeits- und Organisationspsychologie in den von ihr bearbeiteten Bereichen «sozusagen in jeder Weise tätig ist ...: Diese psychologische Subdisziplin manifestiert sowohl nicht-forschende Praxis als auch anwendungsorientiertes bzw. technologisches Forschungshandeln. Und sie betreibt innerhalb ihres Bereiches und sogar – soweit die grundlagenwissenschaftlichen ‹Theoretiker› es nicht tun (vgl. GROTE und ULICH in diesem Band) ausserhalb ihres Bereichs Grundlagenforschung».

Im gleichen Band will HACKER (1993, 267) Arbeits- und Organisationspsychologie verstanden wissen als «die gesamte Psychologie, betrieben für den Lebensbereich Arbeit, die gleichzeitig grundlagenorientierte, theoretisch relevante und interventiv-praktische Problemlösungen umfasst». Schliesslich biete der Lebensbereich Arbeit «Anlass und Raum für psychologische Theoriebildung und Grundlagengewinnung zum Psychischen ebenso wie zum anwendenden Theorie- und Erkenntniseinsatz» (a.a.O., S. 268).

Eine der Fragen, die sich in diesem Zusammenhang stellen, ist die, ob in der gleichen Institution oder gar von denselben Personen auf professionellem Niveau sowohl Forschungsfragen bearbeitet als auch Beratungsleistungen erbracht werden können. Ein ermutigendes Beispiel dafür, dass dies offenbar möglich ist, findet sich in der Person von Kurt LEWIN, in der Folge LEWINS aber auch bei Fred EMERY oder Einar THORSRUD (EMERY und THORSRUD 1976, 1982). «Das Beispiel LEWINS bestärkt den Glauben an die Vereinbarkeit von methodischer Reflexion, theoretischer Analyse und empirischer Erhebung und mahnt zur Überwindung der Trennung von in sich gekehrtem Gelehrtentum und nach aussen gewandter Weltverbesserung» (SCHÖNPFLUG 1992, 9).

10.5.1. Keine Beratung ohne Forschung – das eigene Selbstverständnis

Die erste eigene Erfahrung mit Forschung im Rahmen von Interventions- und Beratungsvorhaben reicht zurück in die Anfänge des deutschen Regierungsprogramms ‹Humanisierung der Arbeit›, in dessen Rahmen uns – einer Forschungsgruppe der ETH Zürich – die ‹arbeitspsychologische Begleitforschung› des Projekts ‹Gruppenarbeit in der Motorenmontage› im VW-Werk Salzgitter übertragen worden war (vgl. Abschnitt 10.3). Im gleichen Zeitraum begleiteten wir als externe Berater die Einführung von Gruppenarbeit in einem schweizerischen Warenverteilzentrum (ALIOTH, MARTIN und ULICH 1976). Diese Erfahrungen sowie der Austausch vielfältiger anderweitiger Erfahrungen im Rahmen des International Council for the Quality of Working Life waren Anlass, für das eigene Institut die weitere Beteiligung an Interventions- und Beratungsvorhaben anzustreben, um so den Bezug zur Lebenswirklichkeit erwerbstätiger Menschen zu erhalten. Gleichzeitig sollte aber das Prinzip ‹keine Beratung ohne Forschung› gelten.[11]

Das Postulat ‹keine Beratung ohne Forschung› gilt nunmehr auch für die eigene Tätigkeit im neu gegründeten Institut für Arbeitsforschung und Organisationsberatung (iafob). Hier gilt, was G. PETER (2001, 12) so formuliert hat: «Beratungserfahrungen sollen neue Forschungsfragestellungen generieren und neuartige Verbundprojekte ermöglichen, Forschungsergebnisse ermöglichen neue Beratungsinhalte und -formen ...».

Die Arbeit des iafob basiert auf den folgenden Prinzipien:
- Erforschung und Umsetzung von Gestaltungskonzepten, die einer humanen, wirtschaftlichen und nachhaltigen Arbeits- und Organisationsgestaltung Rechnung tragen
- Forschung und Beratung auf der Grundlage des Mensch-Technik-Organisation-Ansatzes
- Forschung und Beratung auf der Basis von reflektierten, humanorientierten Handlungsgrundsätzen
- Interdisziplinäre Forschungs- und Beratungsarbeit
- Forschungs- und Beratungsarbeit auch über netzwerkorientierte Kooperationen.

---

[11] Dies konnte dazu führen, dass Fragestellungen, die im Feld nicht einfach beantwortbar waren, ins Labor mit der dort möglichen experimentellen Bedingungsvariation zurückgeführt wurden.
In einem Fall wurde eigens zu diesem Zweck eine industrielle Montageanlage beschafft, an der entsprechende Tätigkeiten unter strikter experimenteller Bedingungsvariation und -kontrolle ausgeführt werden konnten.

10.5 Ansätze zur Optimierung der ärztlichen Tätigkeit im Spital

Die oben erwähnten Handlungsgrundsätze sind in Kasten 10.4 zusammenfassend wiedergegeben.

Kasten 10.4: Handlungsgrundsätze für Forschung und Beratung des Instituts für Arbeitsforschung und Organisationsberatung (iafob) Zürich

Forschungsbezogene Handlungsgrundsätze
- Forschung, die der Gewinnung weiterführender Erkenntnisse für eine humane und nachhaltige Arbeits- und Organisationsgestaltung dient
- Forschung mit einem interdisziplinären Charakter
- Forschung, die einen Vorlaufcharakter aufweist
- Finanzierung von Forschungsvorhaben auch aus Ressourcen der Beratung
- Forschung als gewichtiger Teil der Arbeit des Instituts.

Beratungs- und gestaltungsbezogene Handlungsgrundsätze
- Gestaltung nur mit vorangehender gründlicher Analyse und Bewertung
- Veränderung nur unter Berücksichtigung der Kriterien einer humanen Arbeitsgestaltung
- Gestaltung mit dem Ziel, Beiträge zur Beschäftigungssicherung zu leisten
- Aktuelle, offene und präzise Information der Beschäftigten
- Einbezug einer repräsentativen Vertretung der Beschäftigten
- Technisch-organisatorische Veränderungen nur in Verbindung mit entsprechenden Ausbildungsmassnahmen
- Technisch-organisatorische Veränderungen nur in Verbindung mit einer Überprüfung der Anstellungsbedingungen (Arbeitzeit, Lohnsystem etc.)
- Vertrauliche Behandlung der von der Unternehmung als vertraulich bezeichneten Informationen
- Bearbeitung komplexer Projekte in interdisziplinären Teams
- Keine Beratung ohne konzeptionelle und methodische Reflexion des Beratungsprozesses und dessen Ergebnissen im Einzelfall.

Ein Beispiel für Forschung innerhalb eines Beratungsprojektes wird im Folgenden überblickartig dargestellt (vgl. dazu auch S. PETER 2001, ULICH 2001, 2010b). Dabei handelt es sich um ein Projekt zur Optimierung der ärztlichen Tätigkeit im Spital.

10.5.2 Art der Tätigkeit und Rahmenbedingungen: ein Problemaufriss

Bei der *Arbeitstätigkeit* von Ärztinnen und Ärzten handelt es sich um personenbezogene Dienstleistungen. Dabei geht es um «dialogisch-interaktive Tätigkeiten» mit dem «Arbeitsgegenstand Mensch» (HACKER 2009). Das heißt, das ‹Produkt› der Dienstleistungen ist auf Menschen bezogen und entwickelt sich aus der Interaktion und Kooperation mit ihnen (vgl. RESCH 1999; RIEDER 2005; WÜLSER 2008). Patientinnen und Patienten agieren als «Ko-Akteure in einer komplexen Beziehung», deren Rolle in Bezug auf Qualität und Erfolg ebenso wichtig ist wie die der Dienstleistenden selbst (BÜSSING und GLASER 2003, 133). Das heißt, dass die «Arzt-Patient-Beziehung» sowohl eine Ressource als auch eine besondere Quelle von Belastungen und Fehlbeanspruchungen darstellen kann (BRUCKS 2003, 62).

Zu den positiv zu bewertenden *Rahmenbedingungen* der Tätigkeit von Ärztinnen und Ärzten im Krankenhaus gehören (1) deren hohes Ansehen, (2) die positiven Rollenerwartungen und (3) die hohen Anforderungen (ULICH 2010b). Für die hohen Anforderungen gilt allerdings, dass sie nur dann positiv zu bewerten sind, wenn sie mit großen Handlungsspielräumen einhergehen. Auch die positiven Rollenerwartungen können mit nachteiligen Folgen verbunden sein (Kasten 10.5).
Damit wird deutlich, dass die Internalisierung der hohen Erwartungen nicht nur für das ärztliche Personal problematische Einstellungen provozieren, sondern auch für Patientinnen und Patienten unerwünschte Wirkungen haben kann.

Bei Ärztinnen und Ärzten handelt es sich im Übrigen um eine ‹krisenfeste› Berufsgruppe, deren materielle Existenz üblicherweise nicht durch Erwerbslosigkeit bedroht ist. Damit entfällt für beide Gruppen eine höchst bedeutsame Belastungskonstellation (vgl. dazu MOHR 2010).
Häufig auftretende *Belastungsfaktoren* sind Regulationsüberforderungen z.B. durch überlange Arbeitszeiten, Zeitdruck oder zu geringe Distanzie-

10.5 Ansätze zur Optimierung der ärztlichen Tätigkeit im Spital

---

Kasten 10.5: Rollenerwartungen von Ärzten (aus: GLASER und HÖGE 2005, 60)

«Hohe Rollenerwartungen, wie sie im gesellschaftlichen Leitbild des ‹guten Arztes› zum Ausdruck kommen, kollidieren im Berufsalltag nicht selten mit den begrenzten eigenen Möglichkeiten. Solche Rollenerwartungen werden von vielen Ärzten internalisiert. So zeigt eine Studie von SEXTON, THOMAS und HELMREICH (2000) «... dass 60% der Ärzte von sich glauben, dass sie auch müde und unter Stress noch effektiv arbeiten können. Bei chirurgischen Chefärzten lag die Quote sogar bei 70%. Zum Vergleich: Piloten gelangen nur zu ca. 26% zu dieser Einschätzung.»

---

rungsmöglichkeiten sowie Regulationshindernisse in Form von Arbeitsunterbrechungen (HERSCHBACH 1991; PETER und ULICH 2003; ULICH und WÜLSER 2010).

TROJAN, FÜLLEKRUG und NICKEL (2008, 188) verweisen auf mögliche negative Folgen überlanger Arbeitszeiten «für die Eigengefährdung der Ärzte, für die Patientengefährdung (z.B. bei Anästhesien, Operationen und Notfalleinsätzen) sowie für eine allgemein verminderte Qualität und gestörte Prozesse am Krankenhaus ...» Sie weisen aber auch auf Interventionsstudien hin, deren Ergebnisse belegen, «dass medizinische Fehler durch verringerte Arbeitszeiten deutlich verringert werden können (LOCKLEY et al. 2004; LANDRIGAN 2004).» In diesem Zusammenhang ist der von FÜLLEKRUG (2008) genannte Vorschlag zur Bewertung von Arbeitszeiten nach ihrer Lage von erheblichem praktischen Interesse (vgl. Kasten 10.6).

Kasten 10.6: Vorschlag zur Bewertung von Arbeitszeiten nach ihrer Lage (aus: FÜLLEKRUG 2008, 48)

«Zur Lösung solcher Fragen würde die Faktorisierung ungünstiger Arbeitszeiten eine Lösung sein, die in Schweden bereits praktiziert wird. Danach beträgt der Freizeitausgleich für Nachtarbeitszeiten und Wochenenden das 2.0-fache, für die Zeit von 21.00 Uhr bis 24.00 Uhr z.B. das 1.5-fache. Da die meisten Ärzte in Schweden den Frei-

> zeitausgleich der (mit hohen Steuern belegten) finanziellen Vergütung vorziehen, liegt die durchschnittliche ärztliche Arbeitszeit an schwedischen Krankenhäusern deutlich unter 40h/Woche, d.h., wer viel zu ungünstigen Zeiten arbeiten muss, muss insgesamt weniger arbeiten.»

TROJAN, FÜLLEKRUG und NICKEL (2008, 188) machen schließlich auch darauf aufmerksam, dass die – insbesondere aus der Dauer und der Lage der Arbeitszeiten resultierenden – Schwierigkeiten der Life Domain Balance dazu führen, dass viele hochqualifizierte Ärzte auf Kinder verzichten, nach alternativen Berufsfeldern suchen oder ins Ausland abwandern. Offensichtlich besteht hier also eine für die weitere Entwicklung des Gesundheitswesens sehr bedeutsame Thematik.

10.5.3 Forschung und Beratung – ein Beispiel für eine mögliche Verknüpfung

Ziel des von einem schweizerischen Kantonsspital, dessen Kliniken zugleich Universitätskliniken mit entsprechendem Aus- und Weiterbildungsauftrag sind, geplanten Projekts ist «die Erarbeitung von Massnahmen zur Entlastung der Assistenz- und OberärztInnen und dadurch Einhaltung der 55-Stunden-Woche». Im Einzelnen sind in der Projektausschreibung die folgenden Aufgaben definiert:
- Einholen von Verbesserungsvorschlägen bei Assistenz- und OberärztInnen
- Identifizieren von vermeidbaren Leerläufen
- Straffung und Optimierung von Abläufen (Patienten-, Stations-, OPS-Abläufe) innerhalb und zwischen den Kliniken/Bereichen und den Berufsgruppen
- Überprüfung der Strukturen
- Überprüfung und Umverteilung der Aufgabenteilungen (z.B. Entlastung des ärztlichen Personals durch Umverteilung von Aufgaben auf nichtärztliches Personal)
- Erarbeiten eines Massnahmenkatalogs und Umsetzungsplans nach Leistungseinheit inkl. Terminvorgaben
- Ermitteln allfälliger zusätzlicher Personalressourcen
- Überprüfung von Einschränkungen beim Leistungsangebot.

10.5 Ansätze zur Optimierung der ärztlichen Tätigkeit im Spital

10.5.3.1 Methodisches Vorgehen und ausgewählte Ergebnisse

Bei den Verhandlungen über das Beratungsmandat wurde verdeutlicht, dass die Bearbeitung der Aufgabenstellung eine sorgfältige Analyse der Arbeitsbedingungen und deren Auswirkungen voraussetzen. In Tabelle 10.22 sind die zu diesem Zweck geplanten und durchgeführten Untersuchungen aufgeführt.

Tabelle 10.22: Erhebungsmethoden, Inhalte und Stichproben der Analyse von Arbeitsbedingungen, -erleben und -wirkungen in einem schweizerischen Kantonsspital

Fragebogenerhebung	Experteninterviews	Tätigkeitsbeobachtungen	
		qualitativ	quantitativ
Inhalt			
• Arbeitszeitbedingungen	• Informationen über Organisationseinheiten	• Bewertung der Arbeitsaufgabe	• Zeitanteile verschiedener
• Arbeitsbezogene Wertvorstellungen	• Tätigkeit und Rolle der AA und OA	• Bewertung der Organisations-	• Tätigkeits- kategorien
• Zufriedenheit mit der Arbeit	• Erfolgsfaktoren	einheit	• Tätigkeits- ablaufprofile
• Subjektives Erleben der Arbeit	• Stolpersteine		
• Lebensbezogene Wertvorstellungen	• Lösungsvorschläge	⇒ Tiefen- struktur	⇒ Oberflächen- struktur
• Erlebte Beanspruchungen			
Anzahl			
• verteilte Fragebögen 424	AA 10	16 Arbeitstage bzw. Dienste	10 Arbeits- tage bzw.
• ausgefüllte Fragebögen 279	OA 8 Schnittstellen 11 Klinikleitungen 10 Bereichsleitungen 7 Direktion 4		Dienste

Der Zeitaufwand für das Ausfüllen eines Fragebogens betrug etwa 60 Minuten. In Verbindung mit den ausserordentlich hohen zeitlichen Beanspruchungen der Ärztinnen und Ärzte kann der Rücklauf von 66 Prozent auswertbar ausgefüllter Fragebogen als befriedigend bezeichnet werden. Die Dauer der Experteninterviews betrug im Mittel ein bis eineinhalb Stunden. Die Aussagen wurden auf Band aufgenommen und anschliessend inhaltsanalytisch ausgewertet.

Die Tätigkeitsbeobachtungen umfassten jeweils komplette Dienste, die von Beginn bis Ende – im Extremfall bis zu 36 Stunden – begleitet wurden. Die *quantitativ orientierten Beobachtungen*, die mit Hilfe von Handcomputern registriert wurden, dienten der Ermittlung der Oberflächenstruktur der Tätigkeiten. Sie resultierten in Tätigkeitsprofilen, aus denen die zeitliche Lage und die Dauer der Teiltätigkeiten sowie die Wiederholhäufigkeit, die Unterbrechungen, die Wartezeiten und die Pausen ersichtlich sind. Die *qualitativ orientierten Beobachtungen* dienten der Annäherung an die Tiefenstruktur der Tätigkeit. Sie bezogen sich auf die Merkmale Ganzheitlichkeit der Aufgaben, Autonomie, Gestaltbarkeit der Arbeitsbedingungen, Durchschaubarkeit und Vorhersehbarkeit der Abläufe, Möglichkeiten sozialer Interaktion, Regulationshindernisse und Zeitdruck.

Die qualitativ orientierten Beobachtungen sollten zudem eine Grundlage für die Bewertung der Organisationseinheiten bilden. Dabei wurden die folgenden Kategorien unterschieden: Unabhängigkeit der Organisationseinheit, Aufgabenzusammenhang innerhalb der Organisationseinheit, Einheit von Produkt und Organisation, Polyvalenz der Beschäftigten, Qualität der Schnittstellen, Zielgerichtetheit der Redundanzen.

Zu den *Ergebnissen* ist zunächst festzustellen, dass die von den Assistenz-Ärztinnen und Ärzten (AA) angegebene mittlere wöchentliche Arbeitszeit von 63 Stunden mit den Ergebnissen einer früheren Erhebung mittels Aufschreibung über mehrere Tage sehr gut übereinstimmt. Das Gleiche gilt für die Angaben der Oberärztinnen und -ärzte (OA) mit 68 Wochenarbeitsstunden sowie für die Wochenarbeitszeiten in der Chirurgie mit mehr als 70 Stunden.

AA und OA ist im Übrigen gemeinsam, dass interessante Aufgaben, ein gutes Verhältnis zu ArbeitskollegInnen und die Möglichkeit, neue Dinge zu lernen, die drei wichtigsten arbeitsbezogenen Werte darstellen. Bezüglich dieser Merkmale wird im Mittel auch eine vergleichsweise gute Übereinstimmung mit der Realität des Kantonsspitals erlebt (vgl. Abbildung 10.7).

10.5 Ansätze zur Optimierung der ärztlichen Tätigkeit im Spital

	sehr unwichtig / unzufrieden			sehr wichtig / zufrieden
	1	2	3	4	5

- interessante Aufgaben (**)
- gutes Verhältnis zu Arbeitskolleginnen (**)
- Möglichkeit, neue Dinge zu lernen (**)
- berufliche Zukunftsperspektiven (**)
- eine Kultur der Offenheit und Toleranz (**)
- verständnisvoller Vorgesetzter (*)
- Mitsprache bei wichtigen Dingen (**)
- angemessenes Feedback über eigene Leistung (**)
- persönlicher Erfolg (**)
- im Team arbeiten (**)
- stimulierende Unternehmenskultur (**)
- viel Verantwortung
- Autonomie über eigene Zeit (**)
- gute Bezahlung, guter Lohn (**)
- moderne Infrastruktur (**)
- gute Aufstiegsmöglichkeiten (**)
- sicherer, krisenfester Arbeitsplatz (**)
- gute Umgebungsbedingungen (**)
- klare Führung (**)
- Arbeit, die Freizeit nicht allzusehr beeinträchtigt (**)
- hohes Ansehen innerhalb des KBS
- gutes Image des Arbeitgebers
- flexible Arbeitszeiten (**)
- kurzer Arbeitsweg (**)
- leistungsorientierte Entlöhnung (**)
- interne Veränderungen (**)
- wenig statusbezogene Unterschiede
- mit verschiedenen KollegInnen arbeiten (**)
- viel Transparenz über Finanz-/Leistungsdaten (**)
- zeitweise zu Hause arbeiten können (**)
- beruflich reisen können
- mit Team ausserhalb arbeiten können
- keine zu grosse Belastung / Beanspruchung (**)

*p<0.05
**p<0.01

Zufriedenheit

Wichtigkeit

Abbildung 10.7: Arbeitsbezogene Wertvorstellungen (=Soll) und Zufriedenheit mit der Erfüllung im Arbeitsalltag (=Ist) nach Angaben von 279 Assistenz- und Oberärztinnen und -ärzten in einem Schweizerischen Kantonsspital

Unter den insgesamt 33 erfragten Merkmalen zur Erfassung der Arbeitswerte finden sich die grössten erlebten Defizite – das sind die Differenzen zwischen den Sollwerten (Wichtigkeit) und den Ist-Werten (Zufriedenheit) in Abbildung 10.7 – bei den folgenden sieben Merkmalen:

(1) Berufliche Zukunftsperspektiven
(2) Angemessenes Feedback über die eigene Leistung
(3) Mitsprache bei wichtigen Dingen
(4) Autonomie über die eigene Zeit
(5) Kultur der Offenheit und Toleranz
(6) Arbeit, die die Freizeit nicht all zu sehr beeinträchtigt
(7) Stimulierende Unternehmenskultur.

Bei den ebenfalls erfragten Defiziten im Leben ausserhalb der Arbeit stehen Aspekte der Freizeit, der Familie und der Gesundheit an erster Stelle.

Unter den verschiedenen *Beanspruchungen* spielen die mit Hilfe des BHD-Inventars (HACKER und REINHOLD 1998) erfassten Kategorien ‹emotionale Erschöpfung› und ‹Klientenaversion› im vorliegenden Zusammenhang eine besondere Rolle (vgl. Tabelle 10.23).

Tabelle 10.23: Anteil kritischer Antworten für emotionale Erschöpfung und Klientenaversion bei 266 Ärztinnen und Ärzten eines schweizerischen Kantonsspitals

	Emotionale Erschöpfung	Klientenaversion
AA* (n=184)	43%	22%
OA** (n=82)	27 %	11 %

*AA: Assistenzärztinnen und -ärzte   ** OA: Oberärztinnen und -ärzte

Zu den theoretisch wie praktisch bedeutsamen Erkentnisgewinnen dieses Teils der Analyse gehören die korrelativen Zusammenhänge zwischen den erlebten Defiziten und den erwähnten Beanspruchungsformen (vgl. Tabelle 10.24).

10.5 Ansätze zur Optimierung der ärztlichen Tätigkeit im Spital

Tabelle 10.24: Zusammenhänge zwischen Person-, Arbeits- und Beanspruchungsmerkmalen bei Assistenz- und Oberärztinnen und -ärzten eines schweizerischen Kantonsspitals (n=266, Spearman Korrelationen)

	Beschäftigungsgrad	Arbeitszeit	Wunsch nach Reduktion	Arbeitsintensität	Defizite in der Arbeit	Emotionale Erschöpfung	Klientenaversion	Defizite im Leben
Beschäftigungsgrad								
Arbeitszeit	.10							
Wunsch nach Reduktion (1=nein, 2=ja)	.11	.01						
Arbeitsintensität	-.04	.18*	.07					
Defizite in der Arbeit	.07	.09	.13*	.06				
Emotionale Erschöpfung	.15*	.16*	.27**	.28**	.41**			
Klientenaversion	.09	.10	.11	.13*	.25**	.60**		
Defizite im Leben	.13*	.13*	.08	.18*	.34**	.50**	.27**	

* $p<0.05$, ** $p<0.01$

Weitere Ergebnisse zeigen statistisch hoch signifikante Korrelationen in der Grössenordnung .25 bis .39 zwischen Unterforderung, quantitativer und qualitativer Überforderung, fehlender sozialer Unterstützung und belastendem Verhalten von Vorgesetzten einerseits und kritischen Antworten zu emotionaler Erschöpfung bzw. Klientenaversion andererseits. «Zusätzlich bestätigt sich in Anlehnung an Leiters Prozessmodell, dass der arbeits*zeit*bezogene Defizitfaktor sowie die erlebten Belastungen in einem Zusammenhang mit Klientenaversion stehen, wobei dieser Zusammenhang über emotionale Erschöpfung moderiert wird» (PETER 2004, 186).

Die quantitativen Beobachtungen ergaben für alle begleiteten Assistenzärztinnen und -ärzte ein einheitliches Muster, das gekennzeichnet ist durch Ganzheitlichkeit der Aufgaben, Durchschaubarkeit der Abläufe und Möglichkeiten sozialer Interaktion, aber auch durch mangelnde Autonomie, mangelnde Gestaltbarkeit der Arbeitsbedingungen und vielfältige Regulationshindernisse. Ein typisches Auswertungsbeispiel ist in Abbildung 10.8 dargestellt.

Die Ergebnisse der Analyse wurden allen Beteiligten, d.h. den Assistenz- und Oberärztinnen und -ärzten, dem kantonalen Verband der Assistenz- und Oberärzte, den Chefärzten, der Spitalleitung und der zuständigen Regierungsinstanz in identischer Form zugänglich gemacht. An einer von der Spitalleitung organisierten Pressekonferenz wurden sie auch öffentlich vorgestellt.

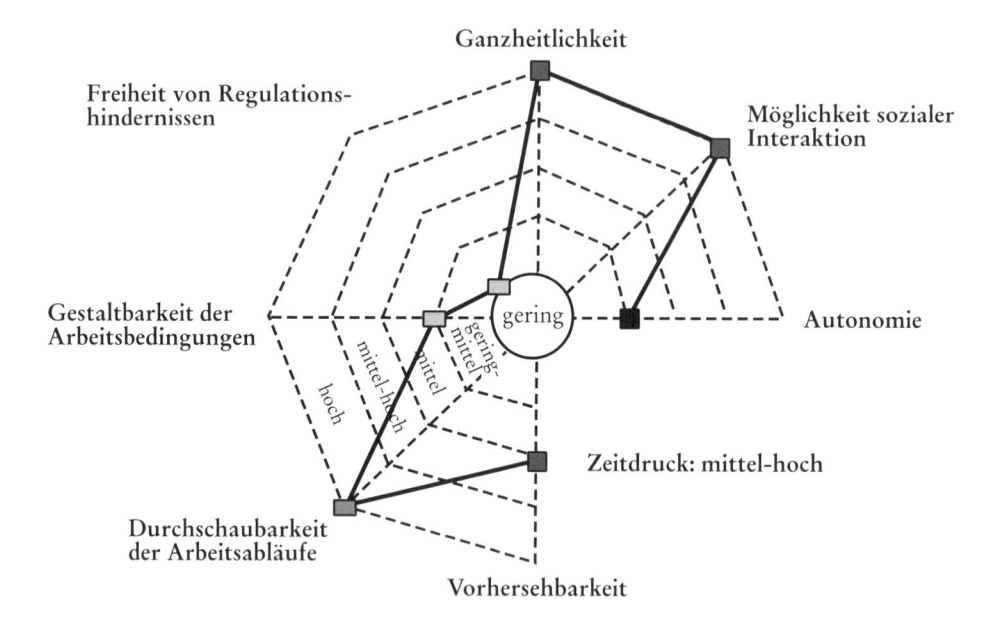

Abbildung 10.8: Beispiel für die Bewertung der Tätigkeit eines Assistenzarztes aufgrund einer Ganzschichtbeobachtung (Beobachtungsdauer 13.0 h)

Wie aus Abbildung 10.8 erkennbar wird, gehören zu den Merkmalen der ärztlichen Tätigkeit im Krankenhaus insbesondere auch die häufig erwähnten, aber – vermutlich wegen des damit verbundenen Aufwands – eher selten untersuchten Regulationsbehinderungen durch Arbeitsunterbrechungen, arbeitsablaufbedingte Wartezeiten und Regulationshindernisse.

Tabelle 10.25 zeigt – aus einer späteren Untersuchung – ein Beispiel für die aufgrund von Ganzschichtbeobachtungen ermittelte Häufigkeit derartiger Behinderungen in der Klinik für Neurochirurgie in einem schweizerischen Universitätsspital.

Tabelle 10.25: Anzahl der Regulationsbehinderungen bei Assistenz- und Oberärztinnen und -ärzten in einem schweizerischen Universitätsspital pro beobachtete Schicht (n = 10) * (nach WÜLSER, OSTENDORP, SIBILIA und ULICH 2007)

	OA	OA	OA	OA	OA	AA	AA	AA	AA	UA
Unterbrechungen durch Piepser	12	4	3	11	13	11	10	5	31	2
Arbeitsablaufbedingte Wartezeiten	5	8	4	12	11	10	4	15	20	9
Regulations- hindernisse	3	6	5	6	14	10	13	1	9	5
Regulations- überforderungen	0	0	1	0	0	3	0	0	0	0
Anzahl Störungen	20	18	13	29	38	34	27	21	60	16

*AA: Assistenzärztinnen und -ärzte; OA: Oberärztinnen und -ärzte; UA: Unterarzt

10.5.3.2 Konsequenzen für das Projekt

Die oben dargestellten Ergebnisse, insbesondere die arbeitswertbezogenen Defizite und deren Korrelation mit kritischen Antworten zu emotionaler Erschöpfung und Patientenaversion, sowie hier nicht dargestellte Ergebnisse aus den Interviews und den Beobachtungen veranlassten die Spitalleitung und die Steuerungsgruppe, das Projekt erheblich auszuweiten und in drei Teilprojekte zu gliedern.

Das erste Teilprojekt beschäftigt sich mit bereichsübergreifenden Massnahmen, insbesondere der Erarbeitung von Richtlinien für die Anstellungsverhältnisse und Arbeitsbedingungen der AA und OA. Eine entsprechende Vereinbarung zwischen der zuständigen Regierungsinstanz, der Spitalleitung und dem kantonalen Verband der AA und OA wurde inzwischen abgeschlossen. Darin ist auch eine Festlegung der wöchentlichen Arbeitszeiten im Sinne des ursprünglichen Projektauftrages enthalten.[12]

---

[12] Eine vom kantonalen Verband der AA und OA, von mehr als 11 000 Personen unterzeichnete Petition, die sich ausdrücklich auch auf die Ergebnisse unserer Analyse bezieht, fordert von der Regierung u.a. eine weitergehende Festlegung der Höchstarbeitszeit auf 50 Wochenstunden.

Im zweiten Teilprojekt wurden in vier Modellkliniken zusätzliche Erhebungen vorgenommen, das Leistungsangebot überprüft, aufgrund der nunmehr vorhandenen Datenbasis der Stellenbedarf zur Erreichung des Zieles ‹55-Stundenwoche› ermittelt, das neue Berufsbild ‹Patienten-Administrationsmanager› (PAM)[13] entwickelt (Kasten 10.7), die bewilligten Stellen besetzt und mit der Umsetzung der Massnahmen begonnen. Verantwortlich sind für jede der Modellkliniken ein oder zwei als ‹interne Change agents› wirkende Assistenz- bzw. Oberärztinnen oder -ärzte, die jeweils von einer Mitarbeiterin des iafob als ‹externer Change agent› begleitet werden. Nach Ablauf von etwa sechs Monaten, in denen nach einem Stichprobenplan systematische Zeiterfassungen mittels Palm pilot erfolgt, wurde eine Evaluation der Wirkung der Massnahmen vorgenommen. Daraus und aus zusätzlichen klinikspezifischen Erhebungen wird ein Plan für die Verteilung einer begrenzten Anzahl zusätzlicher Stellen auf die übrigen Kliniken des Spitals erstellt und dort – je nach Ergebnis der Evaluation – mit der Umsetzung entsprechender Massnahmen begonnen. Bei der Ausdehnung des Projekts haben die bisherigen internen Change agents eine Betreuungsfunktion übernehmen, mit einer auslaufenden Supervision durch das iafob.

Kasten 10.7: Aufgaben und Anforderungen des neuen Berufsbildes «Patienten-Administrations-Manager/in» (PAM) in einem schweizerischen Kantonsspital (verkürzt aus PETER & ULICH, 2003b, S. 19f.)

Aufgabengruppe 1   Patientenbezogene Administration
Den *Eintritt* betreffend
- Falleröffnung: Patientin/Patienten im Computer erfassen
- Ordner für KG anlegen
- Vollständigkeit der Unterlagen sichern
- externe Berichte bestellen
- Information über Eintritte an AA (Notfall)
- Piepser hüten

---

[13] Der PAM soll das ärztliche Personal – aber auch das Pflegepersonal – von einem Teil der administrativen Aufgaben entlasten. Bei den quantitativ orientierten Beobachtungen waren Zeitanteile von 9 bis 26 Prozent für administrative Tätigkeitsanteile an den beobachteten Arbeitstagen registriert worden.

10.5 Ansätze zur Optimierung der ärztlichen Tätigkeit im Spital

Den *Aufenthalt* im Spital betreffend
- vermisste Röntgenbilder suchen und beschaffen
- Beschaffen neuer Befunde und Befunde ablegen
- Unterlagen für Untersuchungen bereitlegen und Untersuchungen anmelden
- Transporte organisieren
- Röntgenbilder beschriften und versorgen
- Standard-OP-Berichte kopieren und OP-Kurzberichte printen
- Sprechstunden organisieren und betreuen
- Telefonate mit Angehörigen und Arzt organisieren

Den *Austritt* betreffend
- Operations- und Austrittsberichte an Sprechstunden weiterleiten
- Nachkontrollen anmelden
- Kontaktpersonen angeben
- Versicherungsadministration
- KG-Ordnerversorgen (Austritt)

Aufgabengruppe 2   Lehre und Forschung: Unterstützung für AA
- Datenerfassung wissenschaftlicher Arbeiten
- Bereitstellen von KG für wissenschaftliche Arbeiten
- Bestellung wissenschaftlicher Publikationen
- bei wissenschaftlichen Untersuchungen Administration und Nachkontrolle organisieren
- Unterlagen für Lehrveranstaltungen
- Einweisung der Studierenden

Aufgabengruppe 3   Allgemeine Administration
- Büromaterial beschaffen und verwalten
- Piepserliste führen und defekte Piepser reparieren lassen
- Reparaturaufträge weiterleiten
- Apero für neue Ärztinnen und Ärzte organisieren

Aus den Aufgaben abgeleitetes Anforderungsprofil

Ausbildung
- medizinisch-technische Berufslehre oder
- Pflegeberufslehre oder
- Bürolehre/Handelsschule (2 Jahre) und medizinische Grundkenntnisse

Weitere Fachkompetenz
- Berufserfahrung
- medizinische Grundkenntnisse
- EDV-Kenntnisse
- mündliche Sprachkenntnisse (zwei Sprachen aus D, F, E, I, Sp)
- Planung und Organisation der Arbeit

Sozial- und Selbstkompetenz
- Kommunikations- und Konfliktfähigkeit
- Belastbarkeit
- Selbständigkeit

Das dritte Teilprojekt befasst sich mit dem Einsatz bzw. der Verbesserung von technischen Arbeitsmitteln zur Unterstützung der ärztlichen Tätigkeit, z.B. zum Abbau von Redundanzen bei der Bewirtschaftung von Krankengeschichten durch elektronische Unterstützung und Vernetzung.

Die nach sechs Monaten vorgenommene Evaluation in den Modellkliniken (PETER & ULICH, 2003b) ergab – nach Einschätzung der einbezogenen AA und OA – eine Reduktion der wöchentlichen Arbeitszeiten in unterschiedlichen Grössenordnungen: in der Dermatologie und der Radiologie um 4 bis 5 Stunden, in der Allgemeinchirurgie um mehr als 8 Stunden; in der medizinischen Klinik konnten derartige Effekte innerhalb dieses Zeitraums noch nicht beobachtet werden. Die Arbeit der PAM und die dadurch erlebte Entlastung wurden schon nach relativ kurzer Zeit mehrheitlich positiv erlebt. Die kritischen Werte für emotionale Erschöpfung reduzierten sich deutlich, für die Klientenaversion ergaben sich keine einheitlichen Entwicklungen. Allerdings ist auch nicht zu erwarten, dass über längere Zeiträume entstandene aversive Tendenzen sich in relativ kurzer Zeit auflösen.

10.5.3.3 Kriterien für den Projekterfolg

Gütekriterien für den Erfolg der Beratung können in diesem Fall etwa sein:
- Schaffung zusätzlicher Stellen in medizinischen und administrativen Bereichen
- belegbare Reduzierung der Arbeitszeit im angestrebten Umfang
- Erhöhung des Anteils medizinischer Dienstleistungen in der reduzierten Arbeitszeit

- belegbarer Abbau von emotionaler Erschöpfung und Klientenaversion
- für das iafob: Vergabe vergleichbarer Aufträge durch andere Spitäler.

Gütekriterien für den Nutzen der Forschung können z.B. sein:
- methodisch kontrolliertes Gewinnen von Erkenntnissen darüber, wie der spezifische Realitätsbereich ‹funktioniert› (vgl. HERRMANN 1993)
- gezieltes Einbringen der Forschungsergebnisse in den Beratungsprozess
- Generierung neuer Forschungsfragestellungen aus den gewonnenen Erkenntnissen
- hypothesengeleitete Untersuchung der neuen Forschungsfragen in neuen Beratungsprojekten
- für MitarbeiterInnen des iafob: Gewinnen der empirischen Datenbasis für das Erstellen von Lizentiats-, Diplom- oder Doktorarbeiten.

10.5.4 Konsequenzen für die Forschung

Zu den wissenschaftlichen Erkenntnissen, die aus dem Projekt gewonnen werden konnten, gehörten insbesondere die oben beschriebenen korrelativen Zusammenhänge zwischen arbeitswertbezogenen Defiziten und kritischen Antworten für emotionale Erschöpfung und Klientenaversion. In der Arbeit von PETER (2003) wurden diese und weitere mögliche Zusammenhänge weitergehenden Analysen unterzogen und mit entsprechenden Ergebnissen aus anderen Spitälern und Unternehmen anderer Art verglichen.

In einem weiteren Kantonsspital, mit dem aufgrund des hier besprochenen Projekts ebenfalls ein Beratungsvertrag abgeschlossen wurde, wurden die gleichen Verfahren eingesetzt. Da dieses Spital in der französischsprachigen Schweiz angesiedelt ist, wurde als Forschungsfrage hier zudem geprüft, ob aufgrund unterschiedlicher Kulturen möglicherweise anders geartete Arbeitswerte existieren, auf diese Weise geringere oder andere Defizite entstehen und die Zusammenhänge zwischen diesen und den oben geschilderten Beanspruchungsreaktionen sich verändern.

In einem Spitalzentrum, mit dem aufgrund des hier diskutierten Projekts ebenfalls ein Beratungsvertrag abgeschlossen wurde, wurde die Anwendung des Untersuchungsinventars auf das Pflegepersonal ausgedehnt. Zusätzlich wurde hier ein Verfahren zur Ermittlung der erlebten Selbstwirksamkeit eingesetzt und als Forschungsfrage u.a. geprüft, inwieweit unterschiedliches Erleben von Selbstwirksamkeit die Beziehungen zwischen allfälligen Defiziten im oben beschriebenen Sinne und den kritischen Antworten zu emotionaler Erschöpfung und Klientenaversion moderiert (vgl. dazu PETER und ULICH 2002).

10.5.5 Fazit

Das hier skizzierte Projekt darf insgesamt und hinsichtlich der angestrebten Reduzierung der Arbeitszeiten und der Fehlbeanspruchungen als erfolgreich bezeichnet werden. Beleg dafür sind nicht zuletzt die seither erfolgten und explizit darauf bezogenen Anfragen anderer Krankenhäuser (vgl. PETER, ULICH und INVERSINI 2008). Zu den entscheidenden *Erfolgsfaktoren* gehörte einerseits die Gründlichkeit der Analyse und hier insbesondere die Durchführung der aufwändigen Tätigkeitsbeobachtungen, deren Ergebnisse weniger als die der schriftlichen und mündlichen Befragungen in Frage gestellt werden konnten. Ein weiterer bedeutsamer Erfolgsfaktor war die Zusammensetzung der Steuerungsgruppe, in der einerseits im Sinne einer Beteiligungsorientierung alle beteiligten und betroffenen Gruppen vertreten waren und die andererseits von einem auch unter seinen Kollegen sehr angesehenen Chefarzt als dem eigentlichen *Machtpromotor* geleitet wurde.

Bezüglich der Ergebnisse ist die grundsätzliche Frage offengeblieben, ob die Übernahme von bisher von Ärztinnen und Ärzten wahrgenommenen Funktionen durch Patientenadministrationsmanager/innen im weiteren Zeitverlauf möglicherweise dazu geführt hat, dass die Ärztinnen und Ärzte sich noch vermehrt den Patientinnen und Patienten zuwenden ‹mussten›. Damit ist zugleich die Frage gestellt, inwieweit die so genannten ‹nicht-ärztlichen› Aufgaben Anteile von Erholungselementen enthalten, die bei einer Neugestaltung der ärztlichen Tätigkeit substituiert werden sollten. Dieser und weiteren Fragen sollte in einer weiteren Evaluation nachgegangen werden, die nach einem Wechsel in der Spitalleitung allerdings nicht mehr zu Stande kam.

Aus dem skizzierten Beispiel sollte im Übrigen erkennbar werden, dass innerhalb von Beratungsprojekten von denselben Personen auch Forschungsfragen sinnvoll bearbeitet werden können und dass die so gewonnenen Forschungsergebnisse den Verlauf eines Beratungsprojekts u.U. erheblich verändern können. Zusätzlich sollte erkennbar werden, dass die in einem Beratungsprojekt gewonnenen Forschungsergebnisse sowohl zur Gewinnung neuer Beratungsprojekte als auch zur Generierung neuer Forschungsfragen beitragen können.

10.6 Arbeitsbedingungen, Belastungen und Ressourcen von Lehrkräften

Zweck der Analyse, über deren Ergebnisse hier berichtet wird, war die systematische Erfassung von Arbeitsbedingungen, Belastungen und Ressourcen der Lehrkräfte und Schulleitungen mit dem Ziel der empirisch begründbaren Erarbeitung von Massnahmen zur Verbesserung ihrer Arbeitssituation. Auftraggeber war das Erziehungsdepartement des Kantons Basel-Stadt.

10.6.1 Methodisches Vorgehen und ausgewählte Ergebnisse

Der komplexen Fragestellung entsprechend wurden verschiedene Untersuchungsmethoden eingesetzt: *Fragebogen,* die an alle Lehrkräfte und Schulleitungen versandt wurden, *Gruppen- und Einzelinterviews* mit ausgewählten Lehrkräften, Schulhausleiterinnen bzw. Schulhausleitern und Rektorinnen bzw. Rektoren, *Tätigkeitsbeobachtungen* bei Lehrkräften und Schulhausleiterinnen bzw. Schulhausleitern. In Tabelle 10.26 werden die Untersuchungsinstrumente, die damit erhobenen Inhalte sowie der jeweilige Umfang ihres Einsatzes in der Analyse ausführlicher dargestellt.

Tabelle 10.26: Untersuchungsmethoden, Inhalte und Stichproben der Lehrkräfte-Analyse (aus ULICH, INVERSINI & WÜLSER 2002)

Fragebogenerhebung	Experteninterviews	Tätigkeitsbeobachtungen	
		quantitativ	qualitativ
Inhalt			
Arbeitsbezogene Wertvorstellungen	Allgemeine Arbeitsbedingungen	Arbeitsabläufe	Bewertung der Arbeitsaufgabe
Subjektives Erleben der Arbeit: Anforderungen, Belastungen und Ressourcen	Aufgaben Arbeitsbezogene Belastungen und Beanspruchungen	Aufgabenspektrum und Zeitanteile verschiedener Tätigkeitskategorien	→Tiefenstruktur
Zufriedenheit mit der Arbeit	Kooperation und Kommunikation	→ Oberflächenstruktur	

Fragebogenerhebung	Experteninterviews	Tätigkeitsbeobachtungen	
		quantitativ	qualitativ
Belastungen bei der Arbeit	Arbeitsmittel und Räumlichkeiten		
Erlebte Beanspruchungen	Individuelle, soziale und organisationale Ressourcen		
Körperliche und psychische Beschwerden			
	Probleme, Störungen		
Erlebte Selbstwirksamkeit	Verbesserungsvorschläge		
Distanzierungsfähigkeit und Verausgabungsbereitschaft	Information über die Organisation des jeweiligen Schultyps		
Delegationsvorschläge			
Verbesserungsbereiche			

Adressat/innen

Alle Lehrkräfte und Schulleitungen	Lehrkräfte, Schulhausleiter/innen und -vorsteher/innen, Rektor/innen und Konrektor/innen	Lehrkräfte und Schulhausleiter/innen bzw. vorsteher/innen	Lehrkräfte und Schulhausleiter/innen bzw. vorsteher/innen

Anzahl

Versandte Fragebögen 3029	Gruppeninterviews Lehrkräfte Anzahl Gruppen: 22	Lehrkräfte: je 1 Arbeitstag bis zum Verlassen der Schule 8	Lehrkräfte: je 1 Arbeitstag bis zum Verlassen der Schule 5
Ausgefüllte Fragebögen 1578	Einzelinterviews Schulhausleiter/innen 7		Schulhausleiter/innen: je 1 Arbeitstag bis zumVerlassen der Schule 2
	Gruppen- oder Einzelinterviews Rektor/innen Anzahl Gruppen bzw. Einzelpersonen: 13		Selbstbeobachtungen an 3 aufeinanderfolgenden, von den Lehrkräften selbst gewählten Tagen 6

10.6 Arbeitsbedingungen, Belastungen und Ressourcen von Lehrkräften

Der *Rücklauf* verwertbar ausgefüllter Fragebogen betrug 51 Prozent. Eine Prüfung nach Alter, Geschlecht und Teilzeit- bzw. Vollzeitanstellung ergab, dass die Antwortenden hinsichtlich dieser Merkmale mit den insgesamt angeschriebenen Personen übereinstimmen. Wir können also davon ausgehen, dass die Ergebnisse der Erhebung ein repräsentatives Abbild der Realität liefern. Bei der folgenden Ergebnisdarstellung wird auf eine Differenzierung nach Schultypen ebenso verzichtet wie auf die Mitteilung der Interview- und Beobachtungsdaten (vgl. dazu ULICH, INVERSINI & WÜLSER 2002).

Von den insgesamt 32 erfragten arbeitsbezogenen Werten wurden von Lehrkräften und Schulhausleiterinnen bzw. -leitern im Durchschnitt über alle Schultypen hinweg die folgenden zehn Werte als die wichtigsten genannt:
- eine Kultur der Offenheit und Toleranz
- ein gutes Verhältnis zu den Arbeitskolleginnen bzw. Arbeitskollegen
- interessante Aufgaben
- verständnisvolle Vorgesetzte
- die Möglichkeit, Neues zu lernen
- eine klare Führung
- Mitsprache bzw. Mitbestimmung in wichtigen Angelegenheiten
- gute Umgebungsbedingungen
- stimulierende Schulkultur
- gute Bezahlung

Die grössten Defizite, d.h. die grössten Differenzen zwischen der Bedeutsamkeit eines Wertes und der Zufriedenheit mit der im Alltag diesbezüglich erlebten Realität, finden sich für alle befragten Funktionsgruppen bei den Werten «Kultur der Offenheit und Toleranz» und «klare Führung», für Lehrkräfte und Schulhausleiter/innen ausserdem beim Wert «Mitsprache bei wichtigen Dingen». Die geringsten Defizite finden sich für Lehrkräfte und Schulhausleiter/innen bei den Werten «interessante Aufgaben», «gutes Verhältnis zu Kolleg/innen» und der «Möglichkeit, neue Dinge zu lernen». Positiv bewertet wird die eigene Arbeit von der Gruppe aller Lehrkräfte und Schulhausleiter/innen im Durchschnitt vor allem hinsichtlich der Qualifikationsanforderungen und der Verantwortung sowie der Anforderungsvielfalt und des vorhandenen Tätigkeitsspielraums. Bei der erlebten sozialen Unterstützung rangieren die Lebenspartnerinnen bzw. Lebenspartner vor den Vorgesetzten und den Arbeitskolleginnen bzw. -kollegen. Von den Vorgesetzten fühlen sich Lehrkräfte und Schulhausleiter/innen zu 17% gering bis sehr gering, zu 31% einigermassen, zu 38% ziemlich gut und zu 13% sehr gut unterstützt. Durch die Arbeitskolleginnen bzw. -kollegen wird die Unterstützung zu 5% als gering bis sehr gering, zu 24% als einigermassen, zu 48% als ziemlich gut und zu 22% als sehr gut wahrgenommen.

Im Vergleich der *Funktionen* zeigt sich, dass die Rektorinnen und Rektoren gesamthaft die Qualifikationsanforderungen sowie den Bereich der organisationalen Ressourcen als besser erleben als die Lehrkräfte und Schulhausleiter/innen, das gilt insbesondere für den wahrgenommenen Tätigkeitsspielraum und für Partizipationsmöglichkeiten. So berichten sämtliche Rektorinnen und Rektoren mittlere bis gute Partizipationsmöglichkeiten sowie einen grossen bis sehr grossen Tätigkeitsspielraum.

Die Mehrzahl der erfragten Belastungen wird über alle Schultypen hinweg vom grössten Teil der Lehrkräfte und Schulhausleiter/innen als gering bis mittel empfunden. Allerdings geben 29% der Lehrkräfte und 38% der Schulhausleiter/innen starke bis sehr starke Belastung durch mengenmässige Überforderung an.

Von insgesamt 42 erfragten spezifischen Belastungsbedingungen nennen sowohl Lehrkräfte als auch Schulhausleiter/innen über alle Schultypen hinweg – in unterschiedlicher Reihenfolge – die folgenden als die wichtigsten:

- Verhalten schwieriger Schüler/innen
- Heterogenität der Klasse
- administrative Pflichten
- ausserunterrichtliche Verpflichtungen
- berufliches Image und Prestige
- Koordination von beruflichen und ausserberuflichen Verpflichtungen
- Zeitdruck bei der Arbeit
- Klassenstärke
- Neuerungen, Veränderungen im Schulsystem

Übereinstimmend berichten die Lehrkräfte aller Schultypen die vier erstgenannten Aspekte als die belastendsten: Insgesamt berichten 71% aller Lehrkräfte eher starke bis sehr starke Belastung durch das Verhalten schwieriger Schüler/innen, 55% fühlen sich stark bis sehr stark belastet durch die Heterogenität der Klasse, 54% durch ausserunterrichtliche Pflichten und 53% durch administrative Pflichten.

Durchschnittlich knapp 30% sowohl der Lehrkräfte als auch der Schulhausleiter/innen weisen kritische Werte für *emotionale Erschöpfung* auf.

10.6 Arbeitsbedingungen, Belastungen und Ressourcen von Lehrkräften

Für *Klientenaversion*[14] liegt das Ausmass kritischer Werte für alle Lehrkräfte und Schulhausleiter/innen bei rund 21%. Schultypspezifisch haben mit 29.2% die Lehrkräfte und Schulhausleiter/innen der Weiterbildungsschule II den höchsten Anteil, den niedrigsten Anteil die Berufsschulen mit 12.2%. Die im Folgenden beschriebenen Zusammenhänge mit anderen Ergebnissen gelten für Lehrkräfte und Schulhausleiter/innen über alle Schultypen hinweg (vgl. Tabelle 10.27).

Tabelle 10.27: Beeinträchtigungsbezogene Zusammenhänge zwischen Ergebnissen der Fragebogenerhebung an Schulen des Kantons Basel-Stadt (Spearman-Korrelationen; n=1517 Lehrkräfte und Schulhausleiter/innen) (nach ULICH, INVERSINI & WÜLSER 2002)

	Quantitative Überforderung	Inhaltliche Überforderung	Belastendes Sozialklima	Berufliche Selbstwirksamkeit
Emotionale Erschöpfung	.62	.45	.34	−.53
Klientenaversion	.35	.39	.30	−.41

Alle Korrelationen sind hochsignifikant: $p < 0.001$

Bedeutsame Zusammenhänge zeigten sich für die Defizite im Bereich Kultur und Führung.[15] Diese korrelieren mit belastendem Sozialklima und belastendem Vorgesetztenverhalten. Das bedeutet, dass bei berichteten kulturellen Defiziten der genannten Art ebenfalls ein belastendes Sozialklima und belastendes Vorgesetztenverhalten angegeben wurde. In einem negativen Zusammenhang stehen die Defizite im Bereich Kultur und Führung mit Partizipationsmöglichkeiten, mitarbeiterorientiertem Vorgesetztenverhalten und sozialer Unterstützung durch Vorgesetzte. Das heisst, dass z.B. hohe Defizite in Kultur und Führung mit gering ausgeprägten Partizipationsmöglichkeiten verbunden sind.

---

[14] In dem der schulinternen und vor allem -externen Öffentlichkeit vorgelegten Bericht wurde der Fachterminus «Klientenaversion» durch den Begriff «Eingeschränkte Zuwendungsbereitschaft» ersetzt (ULICH, INVERSINI & WÜLSER 2002). Diese Benennung schien aufgrund der Formulierungen der die betreffende Skala bildenden Items noch verantwortbar.

[15] Zu den Defiziten im Bereich Kultur und Führung gehören z.B. «klare Führung», «Mitsprache bei wichtigen Dingen», «Kultur der Offenheit und Toleranz» u.a.

Deutlich erkennbar sind Zusammenhänge zwischen emotionaler Erschöpfung einerseits und Merkmalen wie mengenmässiger bzw. inhaltlicher Überforderung, hoher Verausgabungsbereitschaft und geringer Distanzierungsfähigkeit sowie geringer beruflicher Selbstwirksamkeit andererseits. Dass emotionale Erschöpfung und beeinträchtigte Zuwendungsbereitschaft miteinander zusammenhängen, wird ebenfalls deutlich.
Beeinträchtigte Zuwendungsbereitschaft steht in einem Zusammenhang mit mengenmässiger und inhaltlicher Überforderung sowie geringer beruflicher Selbstwirksamkeit.
Weitere bedeutsame Zusammenhänge zeigen sich zwischen mengenmässiger Überforderung einerseits und geringer Distanzierungsfähigkeit, hoher Verausgabungsbereitschaft sowie geringer beruflicher Selbstwirksamkeit andererseits.

10.6.2 Konsequenzen für den Alltag

Aufgrund der vorgelegten Ergebnisse wurde eine Reihe von Arbeitsgruppen etabliert, deren Auftrag darin bestand, Konsequenzen im Hinblick auf eine Verbesserung der Arbeitssituation der Lehrkräfte zu erarbeiten und hinsichtlich ihrer Auswirkungen auf Belastungen und Beanspruchungen zu prüfen (vgl. Abbildung 10.9). Der Projektname «Help our teachers» («hot») wurde von einer bereits vor der Analysephase gestarteten Aktion übernommen.

Die von den Arbeitsgruppen erarbeiteten Vorschläge wurden von der Steuergruppe priorisiert und auf Finanzierbarkeit geprüft. Hier werden beispielhaft einige der beschlossenen und bereits umgesetzten Massnahmen aufgezeigt. So wurde aus dem von der Arbeitsgruppe «schwierige Schülerinnen und Schüler» vorgelegten Katalog die Einrichtung von Kriseninterventionsstellen (KIS) mit angemessener professioneller Besetzung beschlossen und umgesetzt. In einer Mitteilung des Erziehungsdepartements, Ressort Schulen, vom 29.8.2003 heisst es dazu: «Die KIS kann Schülerinnen und Schüler für eine begrenzte Zeit aufnehmen und die Situation in den Klassen rasch verbessern. An der Orientierungsschule wird zudem in den Schulhäusern ein ‹Hausarztmodell› eingerichtet: Fachpersonen stehen den Lehrkräften im Umgang mit schwierigen Schülerinnen und Schülern im Schulhaus zur Seite und übernehmen bei Bedarf die Koordination mit externen Hilfsstellen».
Aus den Vorschlägen der Arbeitsgruppe «Weiterbildung» wurde das Angebot von Weiterbildungsmodulen zum Thema Gesundheit auf den Weg ge-

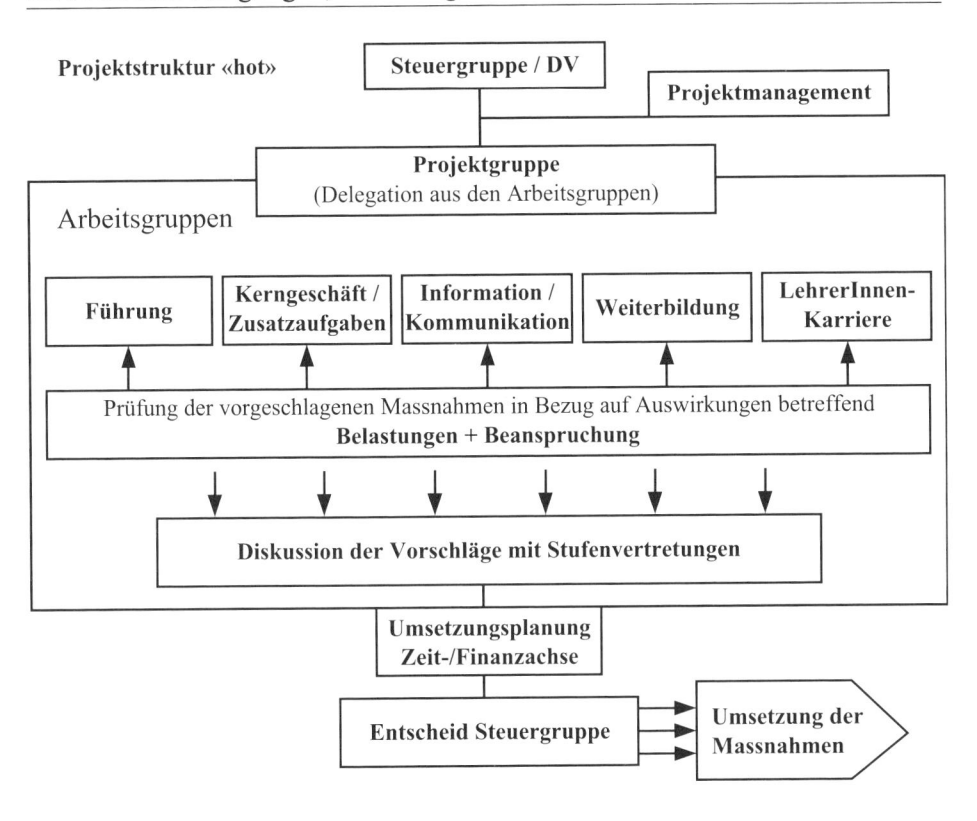

10.6 Arbeitsbedingungen, Belastungen und Ressourcen von Lehrkräften

Abbildung 10.9: Struktur des Projekts «hot» des Kantons Basel-Stadt

bracht. Die Vorlage der Arbeitsgruppe «Kerngeschäft und Zusatzaufgaben» führte zur Schaffung eines sogenannten Entlastungslektionendachs (ELD), über das die Schulen bei besonderen Belastungen einzelner Lehrkräfte verfügen können. Über das ELD wird der Umfang an Entlastungen und Entschädigungen festgelegt, die für Arbeiten zur Verfügung gestellt werden, die die Lehrkräfte zusätzlich zum Unterricht und den mit dem Unterricht unmittelbar verbundenen Aufgaben erledigen.

Schultypisch wurden u.a. Massnahmen zur Entlastung der Schulhausleiterinnen und -leiter der Primarschulen, der verstärkte Einsatz ambulanter Heilpädagogik in den Kleinklassen und die Einrichtung von Quartierräumen für die Kindergärten beschlossen. Die Ergebnisse der im Jahr 2004 durchgeführten Evaluation zeigen, dass von den eingeleiteten Massnahmen nur vergleichsweise wenig Gebrauch gemacht wurde, dass aber durchgängig «Nutzer/innen die Veränderungen positiver einschätzen als Nicht-Nutzer/innen» (PETER 2005, 25). Darüber hinaus gilt: die interessierenden «Defizit-, Zufriedenheits- und Beanspruchungsvariablen weisen zum Zeitpunkt der Evaluationsbefragung positivere Werte auf als bei der ersten Befragung 2001» (a.a.O.).

Lehrerinnen-/Lehrer-Karriere

Nicht geklärt werden konnte bisher die Frage der Einführung von Sabbaticals für Lehrkräfte. Auch die Diskussion über die Lehrerinnen- bzw. Lehrer-Karriere ist keineswegs abgeschlossen. Dahinter verbirgt sich die von der Projektbegleitung eingebrachte grundsätzliche Frage, ob es sich beim Beruf einer Lehrkraft notwendigerweise um einen «Lebensberuf» handelt und ob möglicherweise bereits die Ausbildung in Zukunft so anzulegen ist, dass sie bessere Optionen auch für andere Perspektiven mit dauerndem oder temporärem Umstieg in andere Berufsfelder vermittelt. Aufgrund der Ergebnisse seiner eigenen Untersuchungen ist SCHAARSCHMIDT (2004) zu einem ähnlichen Schluss gelangt (vgl. Kasten 10.8).

Kasten 10.8: Überlegungen zur Lehrkräftekarriere (aus: SCHAARSCHMIDT 2004, 149)

«Es ist u.E. auch geboten, den Lehrern in verstärktem Maße Möglichkeiten des zeitweiligen beruflichen Ausstiegs oder – mehr noch – des beruflichen Umstiegs einzuräumen. Für viele Berufe ist es inzwischen selbstverständlich, dass sie nicht ein Arbeitsleben lang ausgeübt werden können. Auch für den Lehrerberuf muss darüber nachgedacht werden, wie qualifikationsgerechte berufliche Alternativen aussehen könnten. Z.B. dürften sich einschlägige Möglichkeiten aus dem sich abzeichnenden weiteren Ausbau von Humandienstleistungen für verschiedenste Bereiche der Gesellschaft ergeben. Mit der Verfügbarkeit über Alternativen würde sich die Zahl der wegen Dienstunfähigkeit frühzeitig Ausscheidenden deutlich verringern lassen, liegt hier in der Regel doch keine allgemeine Arbeitsunfähigkeit vor, sondern das Unvermögen, den spezifischen psychischen Anforderungen im Schulalltag weiterhin zu genügen».

Aufgrund der Ergebnisse der im Kanton Basel-Stadt durchgeführten Analysen wurde eine *weitere Analyse* in einem eher ländlichen Kanton durchge-

10.6 Arbeitsbedingungen, Belastungen und Ressourcen von Lehrkräften

führt. Auftraggeber war das Amt für Volksschule und Kindergarten im Kanton Thurgau. Die Untersuchung, als erste Erhebung im Rahmen einer Längsschnittstudie mit zweimaliger Wiederholung im Abstand von je zwei Jahren konzipiert, wurde gemeinsam mit der Forschungsstelle der neu errichteten Pädagogischen Hochschule Thurgau durchgeführt (ULICH, TRACHSLER, WÜLSER & INVERSINI 2003). Aus Vergleichsgründen und weil sich die Vorgehensweise bewährt hatte, wurde das gleiche Methodenkonzept wie in Basel – mit einigen zusätzlichen Skalen in der schriftlichen Befragung – zugrunde gelegt. An der Fragebogenerhebung beteiligten sich 1309 Lehrkräfte. Die Ergebnisse weichen von denen im Stadtkanton nicht grundsätzlich ab. Die höchsten Raten für emotionale Erschöpfung wurden mit 32% in der Primarschule gefunden, deutlich weniger im Kindergarten (25%) und in der integrierten Oberstufe (22%). Regelklassenlehrkräfte lieferten mit 31% deutlich mehr Hinweise auf emotionale Erschöpfung als Fachlehrkräfte (22%). Einige Zusammenhänge zwischen Teilergebnissen der Untersuchung sind in Tabelle 10.28 dargestellt.

Tabelle 10.28: Zusammenhänge zwischen tätigkeitsbezogenen Merkmalen, emotionaler Erschöpfung, Arbeitsfreude und Selbstwirksamkeitsüberzeugungen (n=1269 Lehrkräfte des Kantons Thurgau) (aus ULICH, TRACHSLER, WÜLSER & INVERSINI 2003)

	Tätigkeitsspezifische Ressourcen		Organisationale Ressourcen		Soziale Ressourcen		Soziale Belastungen	Tätigkeitsspezifische Belastungen			
	Ganzheitlichkeit	Anforderungsvielfalt	Partizipationsmöglichkeiten	Anerkennung	Positives Sozialklima	Soziale Unterstützung Kollegen/Kolleginnen	Belastendes Sozialklima	Mengenmässige Überforderung	Inhaltliche Überforderung	Emotionale Dissonanz	Arbeitsunterbrechungen
Emotionale Erschöpfung	–.31	–.19	–.26	–.27	–.20	–.22	.35	.53	.49	.48	.35
Arbeitsfreude	.38	.37	.23	.33	.19	.18	–.20	–.23	–.27	–.31	–.12
Individuelle Selbstwirksamkeit	.40	.37	.23	.22	.15	.11	–.22	–.29	–.52	–.32	–.15
Kollektive Selbstwirksamkeit	.23	.15	.44	.34	.51	.49	–.39	–.14	–.17	–.14	–.13

Alle Korrelationen sind hochsignifikant: $p < 0.001$

Von WÜLSER (2006; NIDO, WÜLSER, ULICH und MENDES 2010) durchgeführte Pfadanalysen weisen auf interessante Zusammenhänge zwischen spezifischen Belastungen und Fehlbeanspruchungen hin (vgl. Kasten 10.9).

Kasten 10.9: Zusammenhänge zwischen Belastungen und Fehlbeanspruchungen bei 1309 Lehrkräften an schweizerischen Schulen (nach Angaben von WÜLSER 2006)

«Pfadanalytische Auswertungen zeigten deutliche Zusammenhänge zwischen *allgemeinen,* aus der *Tätigkeit und den Arbeitsbedingungen resultierenden* Belastungen wie z.B. Zeitdruck und qualitative Überforderung sowie den mittelfristigen Beanspruchungsfolgen emotionale Erschöpfung und Schüler/-innenaversion; etwas weniger deutlich fielen die Zusammenhänge zwischen diesen Belastungen und der Tendenz, sich von Schülerinnen und Schülern zu distanzieren, aus (…). Auf *organisationaler Ebene* zeigte sich, dass Gratifikationskrisen, verstanden als Ungleichgewicht zwischen beruflicher Verausgabung und als Gegenwert dafür erhaltener organisationaler und führungsbezogener Belohnungen bzw. Gratifikationen (SIEGRIST 1996, 2002), starke Bezüge zu Erschöpfung und Aversionsgefühlen aufwiesen. Schliesslich waren auch *Personenmerkmale* wie Distanzierungsfähigkeit und Verausgabungsbereitschaft mit Fehlbeanspruchungen verbunden. Ebenfalls deutliche, zum Teil sogar höhere, Fehlbeanspruchungen zeigten sich im Zusammenhang mit *spezifisch unterrichtsbezogenen Belastungen* wie emotionale Dissonanz, Unterbrechungen durch Schülerinnen und Schüler sowie mangelnder Reziprozität, d.h. dem Gefühl eines Ungleichgewichts zwischen Investitionen in die Arbeit mit Schülerinnen und Schülern und daraus resultierender Gratifikationen bzw. Belohnungen. Im Zusammenhang mit einer ganzen Reihe von spezifischen Belastungen wurden zudem unterrichtbezogene Belastungen wie das Verhalten schwieriger Schüler und Klassenmerkmale wie heterogene Klassen als vergleichsweise stärkste Belastungen eingeschätzt. In Bezug auf die Rolle des Unterrichts als Primäraufgabe der Lehrkräfte deutet vieles darauf hin, dass sich hier einerseits grosse Belastungspotenziale zeigen. Andererseits zeigen zusätzliche Interviewauswertungen, dass der Unterricht auch viele Möglichkeiten für positive Erfahrungen birgt, z.B. aufgrund positiver Beziehungen zu Kindern und Jugendlichen (ULICH, TRACHSLER,

10.6 Arbeitsbedingungen, Belastungen und Ressourcen von Lehrkräften

> WÜLSER & INVERSINI 2003). Dementsprechend möchten Lehrkräfte, fragt man sie nach Möglichkeiten der Entlastung von Aufgaben, i.d.R. keine unterrichtsnahen Aufgaben abgeben, sondern v.a. Aufgaben, die keinen direkten Unterrichtsbezug aufweisen, obwohl mit diesen möglicherweise entlastende Wirkungen verbunden sind. Die vertiefte Klärung dieses scheinbaren Widerspruchs bedarf einerseits weiterer Forschung. Andererseits scheint auf der Basis der vorliegenden Befunde die Vermutung zulässig, dass er eine besondere Herausforderung für die zukünftige Gestaltung von Lehrkräftetätigkeiten darstellt» (WÜLSER 2006, ohne Seitenangabe).

Nach der Vorlage des Berichtes mit den Untersuchungsergebnissen (ULICH, TRACHSLER, WÜLSER & INVERSINI 2003) wurde mit der Diskussion über die einzuleitenden Massnahmen begonnen. Ausserdem wurde beschlossen, eine gleichartige Untersuchung über Arbeitsbedingungen, Belastungen und Ressourcen bei den Mitgliedern der Schulbehörden durchzuführen mit einer Wiederholung nach Ablauf von zwei Jahren. Diese Untersuchung wurde im Sommer 2004 durchgeführt (ULICH, TRACHSLER, INVERSINI, WÜLSER und DANGEL 2005), die zweite Erhebung im Herbst 2006 (TRACHSLER, NIDO, BRÜGGEN, WÜLSER, ULICH und VOSER (2007). Eine weitere Erhebung über Arbeitsbedingungen, Belastungen und Ressourcen von Lehrkräften und Schulleitungen wurde im Kanton Aargau durchgeführt (NIDO, ACKERMANN, ULICH, TRACHSLER und BRÜGGEN 2008). Insgesamt haben sich an den Fragebogenerhebungen in drei Kantonen – bei einem Rücklauf zwischen 45 und 60 Prozent – 5 082 Lehrkräfte beteiligt. Zusätzlich waren 122 Gruppeninterviews und 38 Tätigkeitsbeobachtungen – vom Dienstantritt bis zum Verlassen der Schule – durchgeführt worden. Die Ergebnisse waren verschiedentlich Anlass für Restrukturierungen, liessen immer wieder aber auch die Frage aufkommen, inwieweit eine eigentliche ‹Professionalisierung› der Organisation Schule (WÜLSER 2008; INVERSINI, ULICH und WÜLSER 2008; PAULUS und SCHUMACHER 2008; SCHÜPBACH 2008) erforderlich ist und auch angenommen wird. Die Beantwortung dieser Frage ist um so bedeutsamer, als – wie HEYE (2008, 38) feststellt – für den Beruf von Lehrkräften «keine verbindliche Arbeitsanalyse» existiert, «mit der die Aufgaben und Tätigkeiten, ihre psychischen, physischen und sozialen Umfeld- und Ausführungsbedingungen sowie die Organisationsmerkmale in den verschiedenen Schularten identifiziert werden könnten.»

Literaturverzeichnis

ABELE, A.E., STIEF, M. & ANDRÄ, M.S. (2000). Zur ökonomischen Erfassung beruflicher Selbstwirksamkeitserwartungen – Neukonstruktion einer BSW Skala. *Zeitschrift für Arbeits- und Organisationspsychologie*, 18 (3), 145–151.

ABHOLZ, H.-H., HILDEBRANDT, E., OCHS, P., ROSENBROCK, R., SPITZLEY, H., STEBANI, J. & WOTSCHAK, W. (1981). Von den Grenzen der Ergonomie und den Möglichkeiten der Arbeitswissenschaft. *Zeitschrift für Arbeitswissenschaft* 35, 193–199.

ABRAHAM, E. (1993). Arbeitstätigkeit, Lebenslauf und Pensionierung. Münster: Waxmann.

ABRAHAM, E. & HOEFELMAYR-FISCHER, K.E. (1982). Auswirkungen der früheren Arbeitstätigkeit auf den Ruhestand. *Zeitschrift für Sozialisationsforschung und Erziehungssoziologie* 2, 53–72.

ACKERMANN, D. (1986). Untersuchungen zum individualisierten Computerdialog: Einfluss des Operativen Abbildsystems auf Handlungs- und Gestaltungsspielraum und die Arbeitseffizienz. In G. DIRLICH, C. FRESKA, U. SCHWATLO & K. WIMMER (Hrsg.). Kognitive Aspekte der Mensch-Computer-Interaktion (S. 95–110). Berlin: Springer.

Ackermann, D. (1987). Handlungsspielraum, mentale Repräsentation und Handlungsregulation am Beispiel der Mensch-Computer-Interaktion. Dissertation, Universität Bern.

ACKERMANN, D. & ULICH, E. (1987). On the question of possibilities and consequences of individualization of human-computer interaction. In M. FRESE, E. ULICH & W. DZIDA (Eds.). Psychological Issues of Human-Computer-Interaction in the Workplace (pp. 131–145). Amsterdam: North-Holland.

ADAMS, J.S. (1963). Toward an understanding of inequity. *Journal of Abnormal and Social Psychology* 67, 422–436.

ADAMS, J.S. (1965). Inequity in social exchange. In L. BERKOWITZ (Ed.). Advances in Experimental Social Psychology Vol. 2. (pp. 267–299). New York: Academic Press.

ADAMS, W. & BROCK, J.W. (1986). The Bigness Complex: Industry, Labour and Government in the American Economy. New York: Pantheon.

ADAMS, W. & BROCK, J.W. (1988). Warum Grossfirmen träge werden. Unternehmensgrösse und Effizienz. Landsberg: Moderne Industrie.

ADENAUER, S. (1992). Besonderheiten der japanischen Arbeitswelt. *Angewandte Arbeitswissenschaft*, H. 131, 27–43.

ADENAUER, S. (2004). Die (Re-)Integration leistungsgewandelter Mitarbeiter in den Arbeitsprozess. *Angewandte Arbeitswissenschaft* 181, 1–18.

AEBLI, H. (1980). Denken: das Ordnen des Tuns. Stuttgart: Klett-Cotta.

AGURÉN, S., BREDBACKA, C., HANSSON, R., IHREGREN, K. & KARLSSON, K. (1984). Volvo Kalmar Revisited: Ten years of Experience. Stockholm: Balder.

AGURÉN, S. & EDGREN, J. (1980). New Factories. Stockholm: Swedish Employers Federation.

AIGINGER, K. & TICHY, G. (1985). Die Grösse der Kleinen. Wien: Signum.

AKTOUF, O. (1985). Wie Manager und Arbeiter sich selbst und einander in Organisationen sehen. *Organisationsentwicklung* 4, Heft 4, 27–50.

ALDANA, S. (2001). Financial Impact of Health Promotion Programs: A Comprehensive Review of the Literature. *American Journal of Health Promotion* 15 (5), 296–320.

ALDERFER, C.P. (1969). An empirical test of a new theory of human needs. *Organizational Behavior and Human Performance* 4, 142–175.

ALIOTH, A. (1980). Entwicklung und Einführung alternativer Arbeitsformen. Schriften zur Arbeitspsychologie (Hrsg. E. ULICH). Band 27. Bern: Huber.

ALIOTH, A. (1986a). Technik – kein Sachzwang. In W. DUELL & F. FREI (Hrsg.). Arbeit gestalten – Mitarbeiter beteiligen. Eine Heuristik qualifizierender Arbeitsgestaltung (S. 195–202). Schriftenreihe Humanisierung des Arbeitslebens, Band 27. Frankfurt a.M.: Campus.

ALIOTH, A. (1986b). Lohn und Lernen. In W. DUELL & F. FREI (Hrsg.). Arbeit gestalten – Mitarbeiter beteiligen. Eine Heuristik qualifizierender Arbeitsgestaltung (S. 183–194). Schriftenreihe Humanisierung des Arbeitslebens, Band 27. Frankfurt a.M.: Campus.

ALIOTH, A., MARTIN, E. & ULICH, E. (1976). Semi-autonomous work groups in warehousing. Proceedings of the 6th Congress of the International Ergonomics Association (pp. 187–191). Washington.

ALIOTH, A. & ULICH, E. (1981). Gruppenarbeit und Mitbestimmung. In F. STOLL (Hrsg.). Die Psychologie des 20. Jahrhunderts, Band 12: Anwendungen im Berufsleben (S. 863–885). Zürich: Kindler.

ALLERS, R. & SCHEMINZKY, F. (1926). Über Aktionsströme der Muskeln bei motorischen Vorstellungen und verwandten Vorgängen. *Pflügers Archiv für die gesamte Physiologie* 212, 169–182.

ALTMANN, N. (1992). Japanische Arbeitspolitik – eine Herausforderung? In HANS-BÖCKLER-STIFTUNG/INDUSTRIEGEWERKSCHAFT METALL (Hrsg.). Lean Production – Kern einer neuen Unternehmenskultur und einer innovativen und sozialen Arbeitsorganisation? (S. 24–34). Baden-Baden: Nomos.

ANDRISANI, P.J. & ABELES, R. (1976). Locus of control and work experience: cohort and race differences. Paper presented to the annual meeting of the American Psychological Association. Washington.

ANDRISANI, P.J. & NESTEL, G. (1976). Internal-external control as contributor to and outcome of work-experience. *Journal of Applied Psychology* 61, 156–165.

ANKLAM, R. (1979). Ergebnisbezogene Stellungnahme des Betriebsrates der Volkswagenwerk AG – Werk Salzgitter – zum integrierten Abschlussbericht über das Projekt «Vergleich von Arbeitsstrukturen in der Aggregatefertigung». Salzgitter, unveröffentlicht.

ANTCZAK, J. (1991). «Volvo»-Konzept der Berliner Bank AG. *Banking & Finance* 4, 36–38.

ANTONI, C.H. (1990). Qualitätszirkel als Modell partizipativer Gruppenarbeit. Schriften zur Arbeitspsychologie (Hrsg. E. ULICH). Band 49. Bern: Huber.

ANTONI, C.H. (1994). Gruppenarbeit – mehr als ein Konzept. Darstellung und Vergleich unterschiedlicher Formen der Gruppenarbeit. In C. ANTONI (Hrsg.). Gruppenarbeit in Unternehmen. Konzepte, Erfahrungen, Perspektiven (S. 19–48). Weinheim: Psychologie Verlags Union.

ANTONI, C.H. (1995). Gruppenarbeit in Deutschland – eine Bestandesaufnahme. In K. ZINK (Hrsg.). Erfolgreiche Konzepte zur Gruppenarbeit – aus Erfahrungen lernen (S. 24–37). Neuwied: Luchterhand

ANTONI, C.H. (1997). Soziale und ökonomische Effekte der Einführung teilautonomer Arbeitsgruppen. Eine quasi-experimentelle Langzeitstudie. *Zeitschrift für Arbeits- und Organisationspsychologie* 41, 131–142.

ANTONI, C.H. (1999). Konzepte der Mitarbeiterbeteiligung: Delegation und Partizipation. In C. GRAF HOYOS & D. FREY (Hrsg.). Arbeits- und Organisationspsychologie. Ein Lehrbuch (S. 569–583). Weinheim: Psychologie Verlags Union.

ANTONI, C.H. (2004). Organisationsbezogene Gesundheitsinterventionen. Beispiel Gruppenarbeit. In G. STEFFGEN (Hrsg.). Betriebliche Gesundheitsförderung. Problembezogene psychologische Interventionen (S. 85–105). Göttingen: Hogrefe.

ANTONI, C.H. & BUNGARD, W. (1989). Beanspruchung und Belastung. In E. ROTH (Hrsg.). Organisationspsychologie (S. 431–458). Enzyklopädie der Psychologie, Themenbereich D, Serie III, Band 3. Göttingen: Hogrefe.

ANTONOVSKY, A. (1979). Health, Stress and Coping. San Francisco: Jossey-Bass.

ANTONOVSKY, A. (1987). Unraveling the Mystery of Health. How People Manage Stress and Stay Well. San Francisco: Jossey-Bass.

APPLEBAUM, E. & BLATT, R. (1994). The New American Workplace. Ithaka: IRL Press.

ARENDT, H. (1958). The Human Condition. Chicago: University of Chicago Press. Deutsche Übersetzung (1967). Vita activa oder vom Tätigen Leben. München: Piper.

ARGYRIS, C. (1959). The individual and organization: an empirical test. *Administrative Science Quarterly* 4, 145–167.

ARGYRIS, C. (1964). Integrating the Individual and the Organization. New York: Wiley.
ARN, C. (2000). HausArbeitsEthik. Strukturelle Probleme und Handlungsmöglichkeiten rund um die Haus- und Familienarbeit in sozialethischer Perspektive. Chur: Rüegger.
ASCH, S.E. (1957). Social Psychology. New York: Prentice Hall.
ASCHWANDEN, C. & ZIMMERMANN, M. (1984). Flexibilität in der Arbeit am Bildschirm. Lizentiatsarbeit. Zürich: Universität/ETH.
ASCHWANDEN, C. & ZIMMERMANN, M. (1985). Software gestalten heisst auch Arbeit gestalten. In H.G. KLOPIC, R. MARTY & E.H. ROTHAUSER (Hrsg.). Arbeitsplatzrechner in der Unternehmung (S. 227–247). Stuttgart: Teubner.
ASHER, J.J. (1963). Towards a neofield theory of problem solving. *Journal of General Psychology* 68, 3–8.
ASSEN, A. VAN & HERTOG, F. DEN (1984). Job design: From job rotation to organizational design. In P. DRENTH, H. THIERRY, P. WILLEMS & C. DE WOLFF (Eds.). Handbook of Work and Organizational Psychology, Vol. 2 (pp. 889–919). Chichester: Wiley.
AUGUSTINE, N.R. (1983). Augustine's Law. New York: American Institute of Aeronautics and Astronautics.

BAARSS, A., HACKER, W., HARTMANN, W., IWANOWA, A., RICHTER, P. & WOLFF, S. (1981). Psychologische Arbeitsanalysen zur Erfassung der Persönlichkeitsförderlichkeit von Arbeitsinhalten. In F. FREI & E. ULICH (Hrsg.). Beiträge zur psychologischen Arbeitsanalyse (S. 127–164). Schriften zur Arbeitspsychologie, Band 31. Bern: Huber.
BAASE, C.M. (2007). Auswirkungen chronischer Krankheiten auf Arbeitsproduktivität und Absentismus und daraus resultierende Kosten für die Betriebe. In B. BADURA, H. SCHELLSCHMIDT & CH. VETTER (Hrsg.). Fehlzeiten-Report 2006 (S. 45–59). Berlin/Heidelberg: Springer.
BABBAGE, CH. (1835). On the Economy of Machinery and Manufactures. London: Knight.
BACHER N. & SCHÖNBAUER U. (1993). Berufsverläufe im gesellschaftlichen Wandel. Wien: Bundesarbeitskammer.
BACKHAUS, K. & GRUNER, K. (1994). Epidemie des Zeitwettbewerbs. In: K. BACKHAUS & H. BONUS (Hrsg.). Die Beschleunigungsfalle oder der Triumph der Schildkröte (S. 19–46). Stuttgart: Schäffer-Poeschel.
BADURA, B. (2010). Wege aus der Krise. In B. BADURA, H. SCHRÖDER, J. KLOSE & K. MACCO (Hrsg.). Fehlzeiten-Report 2009. Arbeit und Psyche: Belastungen reduzieren – Wohlbefinden fördern (S. 3–12). Berlin/Heidelberg: Springer.
BADURA, B. & HEHLMANN, T. (Hrsg.) (2003). Betriebliche Gesundheitspolitik. Der Weg zur gesunden Organisation. Berlin: Springer.
BADURA, B., MÜNCH, E. & RITTER, W. (1999). Partnerschaftliche Unternehmenskultur und betriebliche Gesundheitspolitik. 3. Auflage. Gütersloh: Bertelsmann Stiftung.

BÄRTSCH, B. & RÖSSLER, W. (2008). Supported Employment. Der Weg zurück in den ersten Arbeitsmarkt. Psychiatrische Universitätsklinik Zürich, Forschungsbereich Klinische und Soziale Psychiatrie. Verfügbar unter: https://www.unizh.ch/puk-west/de/aktuell/resultate.pdf (18.7.2008).

BAETHGE, M. (1993). Arbeitsgestaltung, neue Ansprüche an die Arbeit und die unsichere Zukunft des Facharbeiters. In E. FRIELING & U. REUTHER (Hrsg.). Das lernende Unternehmen (S. 143–153). Hochheim: Neres.

BAILEY, R.W. (1982). Human Performance Engineering: a Guide for System Designers. Englewood Cliffs: Prentice Hall.

BAILLOD, J. (1986). Arbeitszeit. Humanisierung der Arbeit durch Arbeitszeit-Gestaltung. Unterägeri/Stuttgart: W&H/Poeschel.

BAILLOD, J. (1989). Arbeitszeitgestaltung – Chance zur Verbesserung der Arbeitswelt. In J. BAILLOD, T. HOLENWEGER, K. LEY & P. SAXENHOFER (Hrsg.). Handbuch Arbeitszeit (S. 71–78). Zürich: vdf Hochschulverlag AG an der ETH Zürich.

BAILLOD, J. (1997). Bewertung flexibler Arbeitszeitsysteme. In Zeitenwende Arbeitszeit (S. 29–76). Schriftenreihe Mensch – Technik – Organisation (Hrsg. E. ULICH), Band 17. Zürich: vdf Hochschulverlag AG an der ETH Zürich.

BAILLOD, J., DAVATZ, F., LUCHSINGER, C., STAMATIADIS, M. & ULICH, E. (1997). Zeitenwende Arbeitszeit. Schriftenreihe Mensch – Technik – Organisation (Hrsg. E. ULICH). Band 17. Zürich: vdf Hochschulverlag AG an der ETH Zürich.

BAILYN, L. (1989). Toward the perfect workplace? *Communications of the ACM* 32, 460–471.

BAINBRIGDE, L. (1983). Ironies of automation. *Automatica* 10, 775–779.

BAITSCH, C. (1985). Kompetenzentwicklung und partizipative Arbeitsgestaltung. Europäische Hochschulschriften. Reihe VI, Psychologie, Band 162. Frankfurt a.M.: Lang.

BAITSCH, C. (1993). Was bewegt Organisationen? Selbstorganisation aus psychologischer Perspektive. Frankfurt a.M.: Campus.

BAITSCH, C. (1998). Lernen im Prozess der Arbeit – zum Stand der internationalen Forschung. In ARBEITSGEMEINSCHAFT QUALIFIKATIONS-ENTWICKLUNGS-MANAGEMENT (Hrsg.). Kompetenzentwicklung '98. Forschungsstand und Forschungsperspektiven (S. 269–337). Münster: Waxmann.

BAITSCH, C. & FREI, F. (1980). Qualifizierung in der Arbeitstätigkeit. Schriften zur Arbeitspsychologie (Hrsg. E. ULICH). Band 30. Bern: Huber.

BAITSCH, C., KATZ, C., SPINAS, P. & ULICH, E. (1989). Computerunterstützte Büroarbeit. Ein Leitfaden für Organisation und Gestaltung. Zürich: vdf Hochschulverlag.

BAITSCH, C. & SCHILLING, A. (1990). Zum Umgang mit identitätsbedrohender Arbeit. *Psychosozial* 43, 26–39.

BALLON, R. (1983). Mündliche Mitteilung. Tokyo: Sophia University.

BAMBERG, E. (1989). Freizeit Und Familie. In S. GREIF, H. HOLLING & N. NICHOLOSON

(Hrsg.). Arbeits- und Organisationspsychologie. Internationales Handbuch in Schlüsselbegriffen (S. 231–234). München: Psychologie Verlags Union.

BAMBERG, E. & BUSCH, C. (1996). Betriebliche Gesundheitsförderung durch Stressmanagementtraining: Eine Metaanalyse (quasi-)experimenteller Studien. *Zeitschrift für Arbeits- und Organisationspsychologie* 49, 127–127.

BAMBERG, E. & DUCKI, A. & METZ, A.-M. (Hrsg.) (1998). Handbuch betriebliche Gesundheitsförderung. Arbeits- und organisationspsychologische Methoden und Konzepte. Göttingen: Verlag für Angewandte Psychologie.

BAMBERG, E. & METZ, A.-M. (1998). Intervention. In E. BAMBERG, A. DUCKI & A.-M. METZ (Hrsg.). Handbuch Betriebliche Gesundheitsförderung. Arbeits- und organisationspsychologische Methoden und Konzepte (S. 177–209). Göttingen: Verlag für Angewandte Psychologie.

BAMMÉ, A., BAUMGARTNER, P. & GROSSMANN, R. (1985). Initiative für ein Lernen in Arbeitskreisen. Linz: Interuniversitäres Forschungsinstitut für Fernstudien der österreichischen Universitäten.

BARNES, L.B. (1960). Organizational Systems and Engineering Groups: a Comparative Study of Two Technical Groups in Industry. Boston: Division of Research, Harvard Business School.

BARTENSCHLAGER, H.P., LAUENSTEIN, TH., NICOLAISEN, P., SCHIELE, G., VOGEL, P. & VOLKHOLZ, V. (1982). Industrierobotereinsatz – Stand und Entwicklungstendenzen. Schriftenreihe Humanisierung des Arbeitslebens, Band 23. Düsseldorf: VDI-Verlag.

BARTENWERFER, H. (1957). Über die Auswirkungen einförmiger Arbeitsvorgänge: Untersuchungen zum Monotonieproblem. Marburger Sitzungsberichte, Band 80. Marburg: Elwert.

BARTENWERFER, H. (1961). Psychische Beanspruchung. In A. MAYER & B. HERWIG (Hrsg.). Betriebspsychologie (S. 168–209). Handbuch der Psychologie, Band 9. Göttingen: Hogrefe.

BARTENWERFER, H. (1970). Psychische Beanspruchung und Ermüdung. In A. MAYER & B. HERWIG (Hrsg.). Betriebspsychologie (S. 168–209). Handbuch der Psychologie, Band 9, 2. Auflage, Göttingen: Hogrefe.

BARTH, A. & ZIKA, G. (1996). Volkswirtschaftliche Effekte einer Arbeitszeitverkürzung. Eine Simulationsstudie für Westdeutschland mit dem makroökonometrischen Modell SYSIFO. *Mitteilungen aus der Arbeitsmarkt- und Berufsforschung* 29, 179–202.

BARTH, H.R., MUSTER, M., ULICH, E. & UDRIS, I. (1980). Arbeits- und sozialpsychologische Untersuchungen von Arbeitsstrukturen im Bereich der Aggregatefertigung der Volkswagen AG. BMFT-Forschungsbericht HA-80–016 und HA 80–017.

BARTUSSEK, R. (1992). Teilautonome Arbeitsgruppen in der Leiterplattenproduktion. Vortrag an der IIR-Tagung Teamarbeit in der Produktion. München.

BAT: TREFF. *Zeitschrift für die Mitarbeiter der BAT* Nr. 3, September 1983.

Literaturverzeichnis

BAUMGARTNER, C. & UDRIS, I. (2006). Das «Zürcher Modell» der Arbeitszufriedenheit. – «still going strong». In L. FISCHER (Hrsg.). Arbeitszufriedenheit. Konzepte und empirische Befunde. 2. Auflage (S. 111–134). Göttingen: Hogrefe.

BAUMGARTNER, M. & UDRIS, I. (2005). Call Center ist nicht gleich Call Center. *Arbeit* 14, H. 1, 3–77.

BECHER, R. & FREY, D. (1989). Stress und Herzinfarkt. In S. GREIF, H. HOLLING & N. NICHOLSON (Hrsg.). Arbeits- und Organisationspsychologie. Internationales Handbuch in Schlüsselbegriffen (S. 440–445). München: Psychologie Verlags Union.

BECK, U. (1997). Erwerbsarbeit durch Bürgerarbeit. In KOMMISSION FÜR ZUKUNFSFRAGEN DER FREISTAATEN SACHSEN UND BAYERN. Erwerbstätigkeit und Arbeitslosigkeit in Deutschland. Teil III: Massnahmen zur Verbesserung der Beschäftigungslage (S. 146–168). Bonn. Institut für Wirtschaft und Gesellschaft.

BECK, U. (1998). Die Seele der Demokratie. Wie wir Bürgerarbeit statt Arbeitslosigkeit finanzieren können. *Gewerkschaftliche Monatshefte* 49, 330–355.

BECKER, U. (2001). Ein liberal-korporatistisches Musterland? Beschäftigungs- und Sozialstaatsentwicklung in den Niederlanden. In E. ULICH (Hrsg.). Beschäftigungswirksame Arbeitszeitmodelle. (S. 213–250). Schriftenreihe Mensch – Technik – Organisation (Hrsg. E. ULICH). Band 29. Zürich: vdf Hochschulverlag AG an der ETH Zürich.

BEEK, H.G. VAN (1964). The influence of assembly line organization on output, quality and morale. *Occupational Psychology* 38, 161–172.

BEEKUN, R.I. (1989). Assessing the effectiveness of sociotechnical interventions: antidote or fad? *Human Relations* 42, 877–897.

BEERMANN, B. (2010). Nacht- und Schichtarbeit. In B. BADURA, H. SCHRÖDER, J. KLOSE & K. MACCO (Hrsg.). Fehlzeiten-Report 2009. Arbeit und Psyche: Belastungen reduzieren – Wohlbefinden fördern (S. 71–82). Berlin/Heidelberg: Springer.

BEHER, K., LIEBIG, R. & RAUSCHENBACH, T. (1998). Das Ehrenamt in empirischen Studien – ein sekundäranalytischer Vergleich. Schriftenreihe des Bundesministeriums für Familie, Senioren, Frauen und Jugend, Band 163. Stuttgart: Kohlhammer.

BEHRENS, J. (2004). Betriebliche Strategien und demographische Folgen. Die komprimierte Berufsphase. *Arbeit* 13, 248–263.

BENDA, H. VON (1990). Information und Kommunikation im Büro. In C. GRAF HOYOS & B. ZIMOLONG (Hrsg.). Ingenieurpsychologie (S. 479–510). Enzyklopädie der Psychologie, Themenbereich D, Serie III, Band 2. Göttingen: Hogrefe.

BENDERS, J., HUIJGEN, F., PEKRUHL, U. & O'KELLY, K. (1999). Useful but Unused – Group Work in Europe. Luxembourg: Office for Official Publications of the European Communities.

BENZ-OVERHAGE, K., BRUMLOP, E., FREYBERG, T. VON & ZISSIS, P. (1981). Der Einsatz von Computer-Technologien in der Fertigungstechnik und Möglichkeiten der Arbeitsgestaltung. In: Technologieentwicklung, Rationalisierung und Humanisierung. *Beiträge zur Arbeitsmarkt- und Berufsforschung,* Heft 53, 39–68.

BERGER, S., DERTOUZOS, M.L., LESTER, R.K., SOLOW, R.M. & THUROW, L. (1989). Toward a new industrial America. *Scientific American* 260, No. 6, 39–47.

BERGGREN, C. (1991). Von Ford zu Volvo. Automobilherstellung in Schweden. Berlin: Springer.

BERGGREN, C. (1993). Volvo Uddevalla – a dream plant for dealers? An evaluation of the economic performance of Volvo's unique assembly plant 1989–1992. Stockholm: Royal Institute of Technology, Department of Work Science.

BERGGREN, C. (1995). The fate of the branch plants – performance versus power. In A. SANDBERG (Ed.). Enriching Production. Perspectives on Volvo's Uddevalla plant as an alternative to lean production (pp. 105–126). Aldershot: Avebury.

BERGGREN, C., BJÖRKMAN, T. & HOLLANDER, E. (1991). Are they unbeatable? Report from a field trip to study transplants, the japanese owned autoplants in North America. Stockholm: The Royal Institute of Technology.

BERGHOLZ, W. (2010). Die ergonomische Gestaltung der template-basierten CAD-Konstruktion. «Nicht so viel Technik wie möglich, sondern nur wie nötig.» Dissertation, Universität Innsbruck.

BERGIUS, R. (1964). Produktives Denken (Problemlösen). In R. BERGIUS (Hrsg.). Lernen und Denken (S. 519–563). Handbuch der Psychologie, Band 1, 2. Halbband. Göttingen: Hogrefe.

BERGMANN, B. (1994). Zur Lernförderung im Arbeitsprozess aus psychologischer Sicht. In B. BERGMANN & P. RICHTER (Hrsg.). Die Handlungsregulationstheorie. Von der Praxis einer Theorie (S. 117–135). Göttingen: Hogrefe.

BERGMANN, B. (1996). Lernen im Prozess der Arbeit. In Kompetenzentwicklung '96. Strukturwandel und Trends in der betrieblichen Weiterbildung (S. 153–162). Münster: Waxmann.

BERGMANN, B. (1999) Training für den Arbeitsprozess. Entwicklung und Evaluation aufgaben- und zielgruppenspezifischer Trainingsprogramme. Schriftenreihe Mensch – Technik – Organisation (Hrsg. E. ULICH). Band 21. Zürich: vdf Hochschulverlag AG an der ETH Zürich.

BERGMANN, B. (2000). Kompetenzentwicklung im Arbeitsprozess. *Zeitschrift für Arbeitswissenschaft* 54, 139–144.

BERGMANN, B., EISFELDT, D., PRESCHER, C. & SEERINGER, Ch. (2006). Innovationen – eine Bestandsaufnahme bei Erwerbstätigen. *Zeitschrift für Arbeitswissenschaft* 60, 17–26.

BERGMANN, F. (1996). Arbeitslosigkeit durch Automatisierung – Neue Arbeitszeitmodelle. In Arbeitswelten (Hrsg. B. PRIDDAT). Band 1 (S. 139–154). Marburg: Metropolis.

BERGMANN, F. (1997). Die neue Arbeit. *Gewerkschaftliche Monatshefte* 48, 524–534.

BERGSON, R. (1993). Work Sharing in Industry: History, Methods and Extent of the Movement in the United States, 1929–1933. Unpublished Dissertation, University of Pennsylvania (zitiert nach Rifkin 1996).

BERGSTRÖM, G., BODIN, L., HAGBERG, J., ARONSSON, G. & JOSEPHSON, M. (2009). Sickness Presenteeism Today, Sickness Absenteeism Tomorrow? A Prospective Study on Sickness Presenteeism and Future Sickness Absenteeism. *Journal of Occupational and Environmental Medicine* 51, 6, 629–638.

BERKOWITZ, E. & GREEN, R.E. (1965). Changes in intellect with age. V. Differential changes as functions of time interval and original score. *Journal of Genetic Psychology* 53, 179–192.

BERNARD, H. (2005). Lernen am Arbeitsplatz fördern – wie geht das? In Bericht über den 51. Kongress der Gesellschaft für Arbeitswissenschaft «Personalmanagement und Arbeitsgestaltung» (S. 97–100). Dortmund: GfA-Press.

BERSET M., SEMMER, N. K., ELFERING, A., AMSTAD, F. & JACOBSHAGEN, N. (2009). Work characteristics as predictors of physiological recovery on weekends. *Scandinavian Journal of Work and Environmental Health* 35 (3), 188–192.

BERTALANFFY, L. VON (1950). The theory of open systems in physics and biology. *Science* 111, 23–29.

BERTELSMANN STIFTUNG (2009). Fast jeder zweite Beschäftigte geht krank zur Arbeit. Pressemeldung vom 9.9.2009. Gütersloh: Bertelsmann Stiftung.

BERUF UND FAMILIE GGMBH (2003). Audit Beruf und Familie. Frankfurt a.M.: Beruf und Familie gemeinnützige GmbH.

BESSANT, J. (1991). Managing Advanced Manufacturing Technology. The Challenge of the Fifth Wave. Oxford: NCC Blackwell.

BETRIEBSRAT, VW-Werk Salzgitter (1980). Stellungnahme zum Projekt Vergleich von Arbeitsstrukturen in der Aggregatefertigung. In BUNDESMINISTER FÜR FORSCHUNG UND TECHNOLOGIE (Hrsg.). Gruppenarbeit in der Motorenmontage (S. 55–66). Schriftenreihe Humanisierung des Arbeitslebens, Band 3. Frankfurt a.M.: Campus.

BETSCHART, H. (1986a). Untersuchungen zur Zweischichtarbeit. Dissertation, Universität Bern.

BETSCHART, H. (1986b). Psychosocial impairments of doubleday workers and possible corrective measures. In G. DEBUS & H.-W. SCHROIFF (Eds.). The Psychology of Work and Organization (pp. 191–198). Amsterdam: Elsevier.

BETSCHART, H., ODERSKY, T., SCHEFER-HELD, M., SPRAVE, P. & ULICH, E. (1984). Psychosoziale Auswirkungen der Arbeit im Zweischichtsystem. In: Arbeit in moderner Technik. Referate der 26. Fachtagung zur arbeits- und betriebspsychologischen Fortbildung (S. 367–383). Duisburg: Sektion Arbeits- und Betriebspsychologie im Berufsverband Deutscher Psychologen.

BETSCHART, H. & ULICH E. (1986). Psychosoziale Auswirkungen der Arbeit im Zweischichtsystem. Forschungsbericht. Zürich: ETH.

BETSCHART, H. & ULICH E. (1989). Psychosoziale Aspekte der Zweischichtarbeit. In H. BETSCHART (Hrsg.). Zweischichtarbeit (S. 117–164). Schriften zur Arbeitspsychologie (Hrsg. E. ULICH). Band 47. Bern: Huber.

BETTELHEIM, B. (1987). Ein Leben für Kinder: Erziehung in unserer Zeit. 4. Auflage. Stuttgart: Deutsche Verlagsanstalt.

BICHSEL, M., FJELD, M. HRDLICZKA, V., LAUCHE, K. & VOORHORST, F. (1999). Built-it- Feasible. In ZENTRUM FÜR INTEGRIERTE PRODUKTIONSSYSTEME DER ETH ZÜRICH (Hrsg.). Optimierung der Produkt- und Prozessentwicklung (S. 33–49). Zürich: vdf Hochschulverlag AG an der ETH Zürich.

BIHL, G., BERGHAHN, A. & THEUNERT, M. (1995). Das Arbeitszeitmodell BMW-Werk Regensburg. In D. WAGNER (Hrsg.). Arbeitszeitmodelle. Flexibilisierung und Individualisierung der Arbeitszeit (S. 183–205). Göttingen: Verlag für Angewandte Psychologie.

BINKELMANN P., BRACZYK, H.-J. & SELTZ, R. (Hrsg.) (1993). Entwicklung der Gruppenarbeit in Deutschland. Frankfurt a.M.: Campus.

BIRBAUMER, N. (1975). Physiologische Psychologie. Berlin: Springer.

BIRKWALD, R. (1982). Geisterschicht, eine Lösung des Schichtproblems? *afa-Informationen* 32, 3–13.

BIRON, C., BRUN, J.-P., IVERS, H. & COOPER, C.L. (2006). At work but ill: psychosocial work environment and well-being determinants of presenteeism propensity. *Journal of Public Mental Health* 5 (4), 26–37.

BKK BUNDESVERBAND (2008a). Wettbewerbsvorteil Gesundheit. Kosten arbeitsbedingter Erkrankungen und Frühberentung in Deutschland. Essen: BKK Bundesverband.

BKK BUNDESVERBAND (2008b). Gesundheitsreport 2008. Seelische Krankheiten prägen das Krankheitsgeschehen. Essen: BKK Bundesverband.

BLANKE, K., EHLING, M. & SCHWARZ, N. (1996). Zeit im Blickfeld – Ergebnisse einer repräsentativen Zeitbudgeterhebung. Schriftenreihe des Bundesministeriums für Familie, Senioren, Frauen und Jugend, Band 121. Stuttgart: Kohlhammer.

BLAUNER, R. (1964). Alienation and Freedom. Chicago: University of Chicago Press.

BLICKLE, G. & SCHNEIDER, P.B. (2010). Anpassungs- und Veränderungsbereitschaft. In U. KLEINBECK & K.-H. SCHMIDT (Hrsg.). Arbeitspsychologie (S. 431–470). Enzyklopädie der Psychologie, Themenbereich D, Serie III, Band 1. Göttingen: Hogrefe.

BLUM, M.L. & NAYLOR, J.C. (1968). Industrial Psychology. New York: Harper & Row.

BLUMBERG, M. (1988). Towards a new theory of job design. In W. KARWOWSKI, H.R. PARSAEI & M.R. WILHELM (Eds.). Ergonomics of Hybrid Automated Systems I (pp. 53–59). Amsterdam: Elsevier.

BLUMENFELD, W. (1928). Versuch einer Theorie der Übungsvorgänge. *Psychotechnische Zeitschrift* 3, 30–34.

BLUMENFELD, W. (1932). Über die Fraktionierung der Arbeit und ihre Beziehung zur Theorie der Handlung. In Bericht über den XII. Kongress der Deutschen Gesellschaft für Psychologie (S. 291–294). Jena.

BÖCKERMAN, P. & LAUKKANEN, E. (2010). What makes you work while you are sick? Evidence from a survey of workers. *European Journal of Public Health* 20 (1), 23–46.

BÖDEKER, W. (2008). Die Reduktion von Psychischen und Verhaltensstörungen ist das Präventionsziel der Gesetzlichen Krankenkassen. In BKK BUNDESVERBAND (Hrsg.). Gesundheitsreport 2008: Seelische Krankheiten prägen das Krankheitsgeschehen (S. 15–16). Essen: BKK Bundesverband.

BÖDEKER, W., FRIEDEL, H., RÖTTGER, C. & SCHRÖER, A. (2002). Kosten arbeitsbedingter Erkrankungen. Schriftenreihe der Bundesanstalt für Arbeitsschutz und Arbeitsmedizin – Forschung – Fb 946. Dortmund/Berlin: BAuA.

BÖHLE, F. (1989a). Körper und Wissen – Veränderungen in der soziokulturellen Bedeutung körperlicher Arbeit. *Soziale Welt* 40, 497–512.

BÖHLE, F. (1989b). Sinnliche Wahrnehmung und Erfahrungswissen im modernen Arbeitsprozess. Mitteilungen 1 (S. 43–53). München: Sonderforschungsbereich 333 der Universität.

BÖHLE, F. & MILKAU, B. (1988). Vom Handrad zum Bildschirm. Frankfurt a.M.: Campus.

BÖHLE, F. & ROSE, H. (1992). Technik und Erfahrung. Arbeit in hochautomatisierten Systemen. Frankfurt a.M.: Campus

BOFFO, M., FIX-STERZ, J., SCHNEIDER, R. & WENGEL, J. (1988). Arbeitsschutzaspekte der CNC-Technik und des CAD-Einsatzes. In G. PETERS (Hrsg.). Arbeitsschutz, Gesundheit und neue Technologien (S. 13–33). Opladen: Westdeutscher Verlag.

BOLM, U. (1981). Koronare Risikoberufe – Ergebnisse einer bundesweiten Fall-Kontrollstudie auf der Basis von Sozialversicherungsdaten. Dissertation, Universität Marburg.

BOLTE, A. (1993). Planung durch Erfahrung. Arbeitsplanung und Programmerstellung als erfahrungsgeleitete Tätigkeiten von Facharbeitern mit CNC-Werkzeugmaschinen. Kassel: Institut für Arbeitswissenschaft.

BORG, I. (2006). Arbeitswerte, Arbeitszufriedenheit und ihre Beziehungen. In L. FISCHER (Hrsg.). Arbeitszufriedenheit. Konzepte und empirische Befunde. 2. Auflage (S. 61–79). Göttingen: Hogrefe.

BORNEMANN, E. (1938). Die Wirkungen der zwangsläufigen Arbeit mit übersteigertem Tempo. *Zeitschrift für angewandte Psychologie und Charakterkunde* 54, 144–263.

BOSCH, G. (2000). Neue Lernkulturen und Arbeitnehmerinteressen. In ARBEITSGEMEINSCHAFT QUALIFIKATIONS-ENTWICKLUNGS-MANAGEMENT (Hrsg.). Kompetenzentwicklung 2000 (S. 227–270). Münster: Waxmann.

BOSCH, G. & SCHIEF, S. (2005). Ältere Beschäftigte in Europa: Neue Formen sozialer Ungleichheit. *WSI-Mitteilungen* 58, 32–39.

BOSCH, R. (1932). Die Verhinderung künftiger Krisen der Weltwirtschaft. Abgedruckt in: Sei Mensch und ehre Menschenwürde. Aufsätze, Reden und Gedanken von Robert Bosch (1950). Bosch Schriftenreihe, Folge 1. Stuttgart: Archiv Robert Bosch.

BOSMA, H., PETER, R., SIEGRIST, J. & MARMOT, M. (1998). Two Alternative Job Stress Models and the Risk of Coronary Heart Disease. *American Journal of Public Health* 88 (1), 68–74.

BRANDENBURG, U. & FREIBOTH, M. (2002). Gruppenarbeit bei der Produktion von Kraftfahrzeugen. In J. KONIETZKO & H. DUPUIS (Hrsg.). Handbuch der Arbeitsmedizin, 31. Ergänzungslieferung (S. 1–29). Landsberg: Ecomed.

BRANDENBURG, U. & NIEDER, P. (2009). Betriebliches Fehlzeiten-Management. Instrumente und Praxisbeispiele für erfolgreiches Anwesenheits- und Vertrauensmanagement. 2. Auflage. Wiesbaden: Gabler.

BRANDL, J., KUGLER, A. & VON ECKARDSTEIN, D. (2008). Betriebliche Gesundheitsförderung in der Praxis. Wie vorbildlich sind Vorzeigebetriebe? *Zeitschrift Führung und Organisation* 77 (4), 228–234.

BRATER, M. & BÜCHELE, U. (1993). Entwicklungsschritte für Gruppenarbeit in der Mengensachbearbeitung. Ein Leitfaden am Beispiel des Inlandzahlungsverkehrs der Vereins- und Westbank Hamburg. München: Hampp.

BRAUN, C.-F. VON (1994). Der Innovationskrieg. München: Hanser.

BREUCKER, G. (2000) (Ed.). Towards Better Health at Work. Successful European Strategies. Bremerhaven: Wirtschaftsverlag NW.

BRIGHT, J.R. (1958). Automation and Management. Division of Research, Graduate School of Business Administration. Boston: Harvard University.

BRÖDNER, P. (1985). Fabrik 2000. Alternative Entwicklungspfade in die Zukunft der Fabrik. Berlin: Edition Sigma Bohn.

BRÖDNER, P. (1991). Maschinenbau in Japan. *Technische Rundschau* 83 (37), 54–62.

BRÖDNER, P. & KÖTTER, W. (1999) (Hrsg.). Frischer Wind in der Fabrik. Spielregeln und Leitbilder von Veränderungsprozessen. Berlin: Springer.

BROUSSEAU, K.R. (1976). Effects of Job Experience on Personality. A Theoretical and Empirical Investigation. New Haven: Yale University Press.

BROUSSEAU, K.R. (1983). Towards a dynamic model of job-person relationship: findings, research, questions, and implications for work system design. *Academy of Management Review* 8, 1, 33–45.

BRUCKS, U. (1998). Arbeitspsychologie personenbezogener Dienstleistungen. Schriften zur Arbeitspsychologie (Hrsg. E. ULICH). Band 56. Bern: Huber.

BRUCKS, U. (2003). Die Gestaltung der Arzt-Patient-Beziehung als ärztliche Aufgabe. In E. ULICH (Hrsg.). Arbeitspsychologie in Krankenhaus und Arztpraxis (S. 59–73). Schriften zur Arbeitspsychologie, Band 61. Bern: Huber.

BRUGGEMANN, A. (1974). Zur Unterscheidung verschiedener Formen von «Arbeitszufriedenheit». *Arbeit und Leistung* 28, 281–284.
BRUGGEMANN, A. (1979). Erfahrungen mit wichtigen Variablen und einigen Effekten beruflicher Sozialisation in einem Projekt zur «Humanisierung des Arbeitslebens». In P. GROSKURTH (Hrsg.). Arbeit und Persönlichkeit (S. 146–175). Reinbek: Rowohlt.
BRUGGEMANN, A. (1980). Zur Entwicklung von Einstellungen und sozialem Verhalten in den untersuchten teilautonomen Gruppen. BMFT-Forschungsbericht HA 80–018. In BUNDESMINISTER FÜR FORSCHUNG UND TECHNOLOGIE (Hrsg.) (1980). Gruppenarbeit in der Motorenmontage. Schriftenreihe Humanisierung des Arbeitslebens, Band 3. Frankfurt a.M.: Campus.
BRUGGEMANN, A., GROSKURTH, P. & ULICH, E. (1975). Arbeitszufriedenheit. Schriften zur Arbeitspsychologie (Hrsg. E. ULICH). Band 17. Bern: Huber.
BÜCHELE, H. & WOHLGENANNT, L. (1985). Grundeinkommen ohne Arbeit. Wien: Europaverlag.
BÜDENBENDER, W. & SCHELLER, T. (1987). Flexible Fertigungssysteme in der Praxis. *VDI Zeitschrift* 129, H. 10, 22–28.
BÜHLMANN, J. & SCHMID, B. (1999). Unbezahlt – aber trotzdem Arbeit. Zeitaufwand für Haus- und Familienarbeit, Ehrenamt, Freiwilligenarbeit und Nachbarschaftshilfe. Sozialberichterstattung. Bern: Bundesamt für Statistik.
BÜSSING, A. (1992a). Organisationsstruktur, Tätigkeit und Individuum. Untersuchungen am Beispiel der Pflegetätigkeit. Bern: Huber.
BÜSSING, A. (1992b). Ausbrennen und Ausgebranntsein: Theoretische Konzepte und empirische Beispiele zum Phänomen «Burnout». In I. UDRIS (Hrsg.). Arbeit und Gesundheit. *Psychosozial* 15, Heft IV, 42–50.
BÜSSING, A. (1998). Teleworking and quality of life. In P. JACKSON & J. VAN DER WIELEN (Eds.). From Telecommuting to the Virtual Organisation (pp. 78–97). London: Routledge.
BÜSSING, A. (1999a). Telearbeit. In C. GRAF HOYOS & D. FREY (Hrsg.). Arbeits- und Organisationspsychologie. Ein Lehrbuch (S. 225–236). Weinheim: Psychologie Verlags Union.
BÜSSING, A. (1999b). Psychopathologie der Arbeit. In C. GRAF HOYOS & D. FREY (Hrsg.). Arbeits- und Organisationspsychologie. Ein Lehrbuch (S. 200–211). Weinheim: Psychologie Verlags Union.
BÜSSING, A. & AUMANN, S. (1996). Sozialverträglichkeit von Telearbeit. Berichte aus dem Lehrstuhl für Psychologie, Nr. 35. München: Technische Universität.
BÜSSING, A. & AUMANN, S. (1996). Telearbeit aus arbeitspsychologischer Sicht. Untersuchung von Telearbeit anhand von Kriterien humaner Arbeit. *Arbeit* 5, 133–153.
BÜSSING, A. & AUMANN, S. (1996). Telearbeit und Arbeitszeitgestaltung. *WSI-Mitteilungen* 49, 450–458.

BÜSSING, A. & AUMANN, S. (1996). Telearbeit und das Verhältnis von Betrieb, Familie und Freizeit: Eine Bestandsaufnahme. *Zeitschrift für Arbeitswissenschaft* 50, 225–232.

BÜSSING, A. & AUMANN, S. (1997). Telezentren – die bessere Form der Telearbeit. *Zeitschrift für Arbeitswissenschaft* 51, 240–250.

BÜSSING, A. & AUMANN, S. (1997). Telezentren im bayerischen Raum. Organisationsanalyse von kollektiver Telearbeit in Telezentren. Bericht Nr. 38. München: Lehrstuhl für Psychologie der Technischen Universität.

BÜSSING, A. & BROOME, P. (1999). Telearbeit. Zeitflexibel in die Informationsgesellschaft. In A. BÜSSING & H. SEIFERT (Hrsg.). Die «Stechuhr» hat ausgedient (S. 99–126). Berlin: Edition Sigma.

BÜSSING, A., DRODOFSKY, A. & HEGENDÖRFER, K. (2003). Telearbeit und Qualität des Arbeitslebens. Ein Leitfaden zur Analyse, Bewertung und Gestaltung. Göttingen: Hogrefe.

BÜSSING, A. & GLASER, J. (1998). Das Tätigkeits- und Arbeitsanalyseverfahren für das Krankenhaus – Selbstbeobachtungsversion (TAA-KH-S). Göttingen: Verlag für Angewandte Psychologie.

BÜSSING, A. & GLASER, J. (1999). TAA-KH: Tätigkeits- und Arbeitsanalyseverfahren für das Krankenhaus. In H. DUNCKEL (Hrsg.). Handbuch psychologischer Arbeitsanalyseverfahren (S. 465–494). Schriftenreihe Mensch – Technik – Organisation (Hrsg. E. ULICH). Band 14. Zürich: vdf Hochschulverlag AG an der ETH Zürich.

BÜSSING, A. & GLASER, J. (2003). Interaktionsarbeit in der personenbezogenen Dienstleistung. In A. BÜSSING & J. GLASER (Hrsg.). Dienstleistungsqualität und Qualität des Arbeitslebens im Krankenhaus (S. 131–148). Göttingen: Hogrefe.

BÜSSING, A. & KONRADT, U. (2006). Telearbeit. In B. ZIMOLONG & U. KONRADT (Hrsg.). Ingenieurpsychologie. Enzyklopädie der Psychologie, Themenbereich D, Serie III, Band 2 (S. 871–906). Göttingen: Hogrefe.

BULLINGER, H.-J. (1993). Human Computer Interaction and lean production: The Shop Floor Example. Paper presented to the HCI International '93. 5th International Conference on Human-Computer Interaction, Orlando, Florida, August 8–13.

BUNDESANSTALT FÜR ARBEITSSCHUTZ UND ARBEITSMEDIZIN (BAUA) (2001). Kosten arbeitsbedingter Erkrankungen. Kurzmitteilung vom 26.9.2001.

BUNDESANSTALT FÜR ARBEITSSCHUTZ UND ARBEITSMEDIZIN (BAUA) (2003). Gesundheitsschutz in Zahlen 2001. Dortmund: BAUA.

BUNDESMINISTERIUM FÜR FAMILIE, SENIOREN, FRAUEN UND JUGEND (2003). Betriebswirtschaftliche Effekte familienfreundlicher Massnahmen. Bonn: BMFSFJ.

BUNGARD, W. (Hrsg.) (1992). Qualitätszirkel in der Arbeitswelt. Beiträge zur Organisationspsychologie (Hrsg. H. SCHULER). Band 7. Göttingen: Verlag für Angewandte Psychologie.

BUNGARD, W. & ANTONI, C. (1993). Gruppenorientierte Interventionstechniken. In H. SCHULER (Hrsg.). Lehrbuch Organisationspsychologie (S. 377–404). Bern: Huber.

BUNGARD, W. & HOFMANN, K. (1995). Innovationsmanagement in der Automobilindustrie. Mitarbeiterorientierte Gestaltung von Modellwechseln. Arbeits- und Organisationspsychologie in Forschung und Praxis (Hrsg. W. BUNGARD). Band 3. Weinheim: Psychologie Verlags Union.

BUNGARD, W. & JÖNS, I. (1997). Gruppenarbeit in Deutschland – Eine Zwischenbilanz. *Zeitschrift für Arbeits- und Organisationspsychologie* 41, 104–119.

BURKARDT, F. (1962). Stand der Unfallerforschung und praktische Schlussfolgerungen. *Arbeitswissenschaft* 1, 11–14.

BURKARDT, F. (1970). Arbeitssicherheit. In A. MAYER & B. HERWIG (Hrsg.). Betriebspsychologie (S. 385–415). Handbuch der Psychologie, Band 9. 2. Auflage. Göttingen: Hogrefe.

BUSCH, C. (1998). Stressmanagement und betriebliche Gesundheitsförderung. In E. BAMBERG, A. DUCKI & A.-M. METZ (Hrsg.). Handbuch betriebliche Gesundheitsförderung. Arbeits- und organisationspsychologische Methoden und Konzepte (S. 97–110). Göttingen: Verlag für Angewandte Psychologie.

BUSCH, C., HUBER, E. & THEMESSL, M. (1998). Zum Stand betrieblicher Gesundheitsförderung in Österreich. In E. BAMBERG, A. DUCKI & A.-M. METZ (Hrsg.). Handbuch betriebliche Gesundheitsförderung. Arbeits- und organisationspsychologische Methoden und Konzepte (S. 445–453). Göttingen: Verlag für Angewandte Psychologie.

CAMBERT, L.I. (1984). Robots as key-equipment in a highly mechanized body plant in the Volvo Car Corporation, Gothenburg. In N. MARTENSSON (Ed.). Proceedings of the 14th International Symposium on Industrial Robot Technology (Gothenburg 1984) (pp. 167–174). Amsterdam: North-Holland.

CAMPBELL, A., KEEN, C., NORMAN, G. & OAKSHOTT, R. (1977). Worker-Owners: The Mondragon achievement. London: Anglo-German Foundation for the Study of Industrial Society.

CAMPBELL CLARK, S. (2000). Work/family border theory: A new theory of work/family balance. *Human Relations*, 53, 747–770.

CAPLAN, R., COBB, S., FRENCH, J., HARRISON, R. van & PINNEAU, S. (1975). Job Demands and Worker Health. HEW Publication No. (NIOSH) (pp. 75–160). Deutsche Übersetzung (1982) (Hrsg. I. UDRIS). Arbeit und Gesundheit. Schriften für Arbeitspsychologie, Band 35. Bern: Huber.

CERVINKA, R., HAIDER, M., HLOCH, T., KOLLER, M. & KUNDI, M. (1980). Psychosoziale Belastung und physiologische Beanspruchung bei Frauen im Zusammenhang mit einem Zweischichtsystem. In W. BRENNER, J. RUTENFRANZ, E. BAUMGARTNER & M. HAIDER (Hrsg.). Arbeitsbedingte Gesundheitsschäden – Fiktion oder Wirklichkeit (S. 157–164). Stuttgart: Gentner.

CHAMPOUX, J.E. (1978). Perceptions of work and nonwork. A reexamination of compensatory and spillover models. *Sociology of Work and Occupations* 5, 402–422.

CHAMPY, J. (1995). Reengineering Management: the Mandate for a New Leadership. New York: Harper & Row.

CHAPMAN, L.S. (2005a). Presenteeism and its role in worksite health promotion. *American Journal of Health Promotion* 19 (49), Suppl. 1–8.

CHAPMAN, L.S. (2005b). Meta-evaluation of Worksite Health Promotion Economic Return Studies. 2005 Update. The Art of Health Promotion, Juli/August, 1–11.

CHERNS, A. (1976). The principles of organizational design. *Human Relations* 29, 783–792.

CHERNS, A. (1989). Die Tavistock-Untersuchungen und ihre Auswirkungen. In S. GREIF, H. HOLLING & N. NICHOLSON (Hrsg.). Arbeits- und Organisationspsychologie. Internationales Handbuch in Schlüsselbegriffen (S. 483–488). München: Psychologie Verlags Union.

CHIGNELL, M.H., LOEWENTHAL, A. & HANCOCK, P.A. (1985). Intelligent interface design. In IEEE Proceedings of the Intern. Conference on Cybernetics and Society, (pp. 620–623).

CHRISTENSEN, J.M. (1976). Ergonomics: where have we been and where are we going: II. *Ergonomics* 19, 287–300.

CLARK, P.A. (1972). Organizational Design. London: Tavistock.

CLAUSS, G., KULKA, H., LOMPSCHER, J., RÖSLER, H.-D., TIMPE, K.-P. & VORWERG, G. (Hrsg.) (1976). Wörterbuch der Psychologie. Leipzig: Bibliographisches Institut.

CLEGG, C. (1988). Appropriate technology for manufacturing: some management issues. *Applied Ergonomics* 19, 25–34.

CLEGG, C. & CORBETT, M. (1987). Research and development into «Humanizing» advanced manufacturing technology. In T. WALL, C. CLEGG & N. KEMP (Eds.). The Human Side of Advanced Manufacturing Technology (pp. 173–195). Chichester: Wiley.

COBB, S. & KASL, S.V. (1977). Termination: the consequences of job loss. U.S. Department of Health, Education and Welfare. NIOSH Research Report No. 76–1261.

COCH, L. & FRENCH, J.R.P. (1948). Overcoming resistance to change. *Human Relations* 1, 512–532. Reprinted in D. CARTWRIGHT & A. ZANDER (Eds.). Group Dynamics (pp. 257–279). Evanston, Ill.: Row Peterson.

COLIN, I. (1990). Gestaltungsmassnahmen zur Erhöhung von Sicherheit und Zuverlässigkeit. In C. GRAF HOYOS & B. ZIMOLONG (Hrsg.). Ingenieurpsychologie (S. 346–362). Enzyklopädie der Psychologie, Themenbereich D, Serie III, Band 2. Göttingen: Hogrefe.

COMMISSION DE COMMUNAUTÉS EUROPÉENNES (1983). Le programme FAST, résultats et recommandations, version préliminaire. Brüssel: CCE.

COMMISSION OF THE EUROPEAN COMMUNITIES (1988). The FAST II Programme. Results and Recommendations. Volume 1 and 2. Brussels: CEC.

COMMISSION OF THE EUROPEAN COMMUNITIES (CEC) (1989). Science, Technology and Societies: European Priorities. Results and Recommandations of the FAST II Programme, a Summary Report. Brussels: CEC, Directorate-General Science, Research and Development.

CONRAD, H. (1992). Erfahrungen der Berliner Bank mit teilautonomen Teams. Interner Bericht. Zürich: Institut für Arbeitspsychologie der ETH.

CONRAD, H. (1997). Arbeitszeitmodell bringt doppelten Vorteil. Keine Kündigungen und mehr Freizeit dank innovativem Personalentscheid. Geschäftsbericht 1996 der TA-Media (14). Zürich: TA-Media.

CONRAD, H. & KISTLER, H. (1994). Umfassendere Betreuung von Bankkunden dank vielseitigeren Mitarbeitern. *i.o. Management* 63, 3, 25–29.

COOLEY, M. (1983). Auswirkungen der Informationstechnologie auf den Arbeitsprozess: Das Beispiel CAD. *Psychosozial* 18, 70–89.

COOPER, C. (1996). Identifying and managing stress at work. In BUNDESANSTALT FÜR ARBEITSMEDIZIN (Ed.). Occupational Health and Safety Aspects of Stress at Modern Workplaces (pp. 110–119). Schriftenreihe der Bundesanstalt für Arbeitsmedizin, Tagungsbericht 11. Berlin: Bundesanstalt für Arbeitsmedizin.

CORBETT, M. (1985). Prospective work design of a human-centred CNC-lathe. *Behaviour and Information Technology* 4, 201–214.

CORBETT, M. (1987). Computer-aided manufacturing and the design of shopfloor jobs: towards a new research perspective in occupational psychology. In M. FRESE, E. ULICH & W. DZIDA (Eds.). Psychological Issues of Human-Computer Interaction in the Workplace (pp. 23–40). Amsterdam: North Holland.

COPLEY, F.B. (1923). Frederick Winslow Taylor. Father of Scientific Management. Vol. I. New York: Harper.

CROPLEY, M., MICHALIANOU, G. & PRAVETTONI, G. (2009). Differences in postwork rumination with implications for health and illness. Paper presented at the 14th European Congress of Work and Organizational Psychology, Santiago de Compostela, Spain, May 13–16.

CSÍKSZENTMIHÁLYI, M. (1975). Beyond Boredom and Anxiety. The Experience of Play in Work and Games. San Francisco: Jossey Bass. Deutsche Übersetzung (1985). Das Flow-Erlebnis. Stuttgart: Klett.

CUMMINGS, T. & BLUMBERG, M. (1987). Advanced manufacturing technology and work design. In T. WALL, C. CLEGG & N. KEMP (Eds.). The Human Side of Advanced Manufacturing Technology (pp. 37–60). Chichester: Wiley.

CURSCHELLAS, R. & SATTES, I. (1992). Polyprojekt Effizienz und Effektivität in Schweizer KMU. Ergebnisse der Literaturstudien. Interner Projektbericht. Zürich: Institut für Arbeitspsychologie der ETH.

CZAJA, S.J. (1987). Human factors in office automation. In G. SALVENDY (Ed.). Handbook of Human Factors (pp. 1587–1616). New York: Wiley.

DAHMER, H.-J. & WEHNER, T. (1992). Sicherheitsbedürfnisse und Handlungskompetenzen in betrieblichen Verbesserungsvorschlägen. In T. WEHNER (Hrsg.). Sicherheit als Fehlerfreundlichkeit (S. 141–166). Opladen: Westdeutscher Verlag.

DAHRENDORF, R. (1983). Arbeit und Tätigkeit – Wandlungen der Arbeitsgesellschaft. In H. AFHELDT & P.G. ROGGE (Hrsg.). Geht uns die Arbeit aus? (S. 23–35). Stuttgart: Poller; Frauenfeld: Huber.

DAHRENDORF, R. (1992). Der moderne soziale Konflikt. München. Piper.

D'AMBROGIO, F., SCHÖNSLEBEN, P. & ULICH, E. (1993). Inter CIM – ein Projekt mit dem CIM-Bildungszentrum Tessin. Interne Materialsammlung. Zürich: ETH.

DAUMENLANG, K. & DREESMANN, H. (1989). Arbeit und Freizeit. In E. ROTH (Hrsg.). Organisationspsychologie (S. 143–154). Enzyklopädie der Psychologie, Themenbereich D, Serie III, Band 3. Göttingen: Hogrefe.

DAVATZ, F. (1997). Verbreitung von Arbeitszeitmodellen in der Schweiz. In Zeitenwende Arbeitszeit (S. 207–231). Schriftenreihe Mensch – Technik – Organisation (Hrsg. E. ULICH). Band 17. Zürich: vdf Hochschulverlag AG an der ETH Zürich.

DAVIS, L.E. & CHERNS, A.B. (Eds.) (1975). The Quality of Working Life. Vol. I and II. New York: Free Press.

DAVIS, L.E. & TAYLOR, J.C. (1972). Introduction. In L. DAVIS & J.C. TAYLOR (Eds.). Design of Jobs (pp. 9–20). Harmondsworth: Penguin.

DEBITZ, U. & SCHULZE, F. (2002). Gesundheitsförderliche Arbeitsgestaltung. In P. RICHTER & U. DEBITZ (Hrsg.). Tagungsband zum III. Arbeits- und Organisationspsychologischen Workshop der Technischen Universität Dresden «Effektive Organisation im Call Center» (S. 11–41). Dresden: Technische Universität.

DECI, E. (1975). Intrinsic Motivation. New York: Plenum.

DECI, E., KOESTNER, R. & RYAN, R.M. (1999). A Meta-Analytic Review of Experiments Examining the Effects of Extrinsic Rewards on Intrinsic Motivation. *Psychological Review* 125, 627–668.

DEGENER, M. (2001). Beschäftigungswirksame Arbeitszeitgestaltung mit Weiterbildungskomponente in einem schweizerischen Unternehmen der Baubranche. In E. ULICH (Hrsg.). Beschäftigungswirksame Arbeitszeitmodelle. (S. 109–128). Schriftenreihe Mensch – Technik – Organisation (Hrsg. E. ULICH). Band 29. Zürich: vdf Hochschulverlag AG an der ETH Zürich.

DEGENER, M. (2004). Unternehmenserfolg und soziale Verantwortung. Frankfurt a.M.: Lang.

DELSEN, L. (2000). Das niederländische Bündnis für Arbeit und seine Wirkungen. *Arbeit* 9, 119–132.

DELSEN, L. & REDAY-MULVEY, G. (1996). Gradual Retirement in the OECD-Countries. Aldershot: Avebury Books.

DEMMER, B., GOHDE, H.-E. & KÖTTER, W. (1991). Prüfsteine zur Planung von Fertigungsinseln: Komplettbearbeitung in eigener Regie. *Technische Rundschau* 83, H. 4, S. 18–26.

DEUTSCH, C. (1995). In der Falle. *Wirtschaftswoche* 49, Nr. 23, 83–86.

DEUTSCHER BUNDESTAG (1983). Schlussbericht der Enquete-Kommission «Jugendprotest im demokratischen Staat» (Hrsg. M. WISSMANN & R. HAUCK). Bonn: Deutscher Bundestag.

DEUTSCHES INSTITUT FÜR NORMUNG (2004). DIN EN ISO 6385. Grundsätze der Ergonomie für die Gestaltung von Arbeitssystemen. Berlin: Beuth.

DEUTSCHES INSTITUT FÜR NORMUNG (2006). Ergonomie der Mensch-System-Interaktion Teil 110: Grundsätze der Dialoggestaltung. Berlin: Beuth.

DEUTSCHES INSTITUT FÜR NORMUNG (2008). DIN EN 614-2. Sicherheit von Maschinen – Ergonomische Gestaltungsgrundsätze, Teil 2: Wechselwirkungen zwischen der Gestaltung von Maschinen und den Arbeitsaufgaben. Deutsche Fassung EN 614-2:2000+A1. Berlin: Beuth.

DICK, R. VAN, SCHNITGER, C., SCHWARTZMANN-BUCHELT, C. & WAGNER, U. (2001). Der Job Diagnostic Survey im Bildungsbereich: Eine Überprüfung der Gültigkeit des Job Characteristics Model bei Lehrerinnen und Lehrern, Hochschulangehörigen und Erzieherinnen mit berufsspezifischen Weiterentwicklungen des JDS. *Zeitschrift für Arbeits- und Organisationspsychologie* 45, 74–92.

DIELMANN, K. (1995). Arbeitszeitflexibilisierung in der westeuropäischen Metallindustrie. In R. MARR (Hrsg.). Arbeitszeitmanagement. Grundlagen und Perspektiven der Gestaltung flexibler Arbeitszeitsysteme (S. 529–540). 2. Auflage. Berlin: Schmidt.

DÖBELE-BERGER, C. & SCHWELLACH, G. (1987). Untersuchung programmierbarer Softwaresysteme anhand tätigkeitsbezogener und qualifikatorischer Kriterien der Software-Ergonomie. In W. SCHÖNPFLUG & M. WITTSTOCK (Hrsg.). Software-Ergonomie '87: Nützen Informationssysteme dem Benutzer? (S. 428–439). Berichte des German Chapter of the ACM, Band 29. Stuttgart: Teubner.

DOI, T. (1982). Amae. Freiheit in Geborgenheit. Frankfurt a.M.: Suhrkamp.

DOONER, B. (1996). Looking back on a decade of Progress: Workplace Health Promotion in Canada. In G. BREUCKER & A. SCHRÖER (Eds.). International Experiences in Workplace Health Promotion (pp. 25–39). Essen: BKK Bundesverband.

DORSCH, F. (1963). Geschichte und Probleme der angewandten Psychologie. Bern: Huber.

DOSTAL, W. (1985). Telearbeit. Anmerkungen zur Arbeitsmarktrelevanz dezentraler Informationstätigkeit. *Mitteilungen aus der Arbeitsmarkt- und Berufsforschung,* Nr. 4, 467–480.

DOSTAL, W. (1995). Die Informatisierung der Arbeitswelt. *Mitteilungen aus der Arbeitsmarkt- und Berufsforschung* 28, 527–543.

DOSTAL, W. (2001). Neue Beschäftigungsverhältnisse und Arbeitsmarkt. In H. REICHHOLD, A. LÖHR & G. BLICKLE (Hrsg.). Wirtschaftsbürger oder Marktopfer (S. 63–84). München: Hampp.

DRENTH, P.J.D. & GROENENDIJK, B. (1984). Work and organizational psychology in crosscultural perspective. In P.J.D. DRENTH, H. THIERRY, P.J. WILLEMS & C.J. DE WOLFF (Eds.). Handbook of Work and Organizational Psychology, Vol. 2 (pp. 1197–1229). Chichester: Wiley.

DRUCKER, P. (1954). The Practice of Management. New York: Harper. Deutsche Übersetzung (1956). Die Praxis des Management. Düsseldorf: Econ.

DRUCKER, P. (1988). The coming of the new organization. *Harvard Business Review,* 66, 2, 45–53.

DUCKI, A. (2000). Diagnose gesundheitsförderlicher Arbeit. Schriftenreihe Mensch – Technik – Organisation (Hrsg. E. ULICH). Band 25. Zürich: vdf Hochschulverlag AG an der ETH Zürich.

DÜKER, H. (1929). Psychologische Untersuchungen über die Arbeit am laufenden Band. *Industrielle Psychotechnik* 6, 214–224.

DUELL, W. (1983). Partizipative Arbeitsgestaltung: Bedingungen erfolgreicher Intervention. *Psychosozial,* Band 20, 71–90.

DUELL, W. (1986). Allgemeine Heuristik qualifizierender Arbeitsgestaltung und Problemeinordnung. In W. DUELL & F. FREI (Hrsg.). Arbeit gestalten – Mitarbeiter beteiligen. Eine Heuristik qualifizierender Arbeitsgestaltung (S. 27–42). Schriftenreihe Humanisierung des Arbeitslebens, Band 27. Frankfurt a.M.: Campus.

DUELL, W. (1988a). Industrieroboter. Eine Studie über die Einführung von Industrierobotern in der Schweiz und ihre sozialen Auswirkungen. Zürich: Institut für Arbeitspsychologie der ETH.

DUELL, W. (1988b). Gründe für die Einführung und Auswirkungen des Einsatzes von Industrierobotern. Zürich: Institut für Arbeitspsychologie der ETH.

DUELL, W. & FREI, F. (1986a). Leitfaden für qualifizierende Arbeitsgestaltung. Köln: TÜV Rheinland.

DUELL, W. & FREI, F. (Hrsg.) (1986b). Arbeit gestalten – Mitarbeiter beteiligen. Schriftenreihe Humanisierung des Arbeitslebens, Band 27. Frankfurt a.M.: Campus.

DÜRRENBERGER, G. & JAEGER, C. (1993). Dezentrale Arbeitsplätze – eine Investition in Basels Zukunft. Basel: Helbing und Lichtenhahn.

DUMAZEDIER, J. (1960). Current problems of the sociology of leisure. *International Social Science Journal* 12, 522–531.

DUMAZEDIER, J. & LATOUCHE, N. (1962). Work and leisure in French society. *Industrial Relations* 1, 2, 13–30.

DUMKE, A. (2008). Stress im Call Center. Eine stressbezogene Arbeitsanalyse. Saarbrücken: VDM.

DUNCAN, C.D. (1981). Training for fault diagnosis in industrial process plant. In J. RASMUSSEN & W. B. ROUSE (Eds.). Human Detection and Diagnosis of System Failures (pp. 553–573). New York: Plenum Press.

DUNCKEL, H. (1985). Mehrfachbelastungen am Arbeitsplatz und psychosoziale Gesundheit. Frankfurt a.M.: Lang.

DUNCKEL, H. (1989). Arbeitspsychologische Kriterien zur Beurteilung und Gestaltung von Arbeitsaufgaben in Zusammenhang mit EDV-Systemen. In S. MAASS & H. OBERQUELLE (Hrsg.). Software-Ergonomie '89, Aufgabenorientierte Systemgestaltung und Funktionalität (S. 69–79). Stuttgart: Teubner.

DUNCKEL, H. (Hrsg.) (1999a). Handbuch psychologischer Arbeitsanalyseverfahren. Schriftenreihe Mensch – Technik – Organisation (Hrsg. E. ULICH). Band 14. Zürich: vdf Hochschulverlag AG an der ETH Zürich.

DUNCKEL, H. (1999b). Leitfaden zur kontrastiven Aufgabenanalyse (KABA). In H. DUNCKEL (Hrsg.). Handbuch psychologischer Arbeitsanalyseverfahren (S. 231–254). Schriftenreihe Mensch – Technik – Organisation (Hrsg. E. ULICH). Band 14. Zürich: vdf Hochschulverlag AG an der ETH Zürich.

DUNCKEL, H. & PLEISS, C. (Hrsg.) (2007). Kontrastive Aufgabenanalyse. Grundlagen, Entwicklungen und Anwendungserfahrungen. Schriftenreihe Mensch – Technik – Organisation, Band 41. Zürich: vdf Hochschulverlag AG an der ETH Zürich.

DUNCKEL, H. & RESCH, M.G. (2004). Arbeitsbezogene psychische Belastungen. In G. STEFFGEN (Hrsg.). Betriebliche Gesundheitsförderung (S. 37–61). Göttingen: Hogrefe.

DUNCKEL, H. & RESCH, M.G. (2010). Arbeitsanalyse. In U. KLEINBECK & K.-H. SCHMIDT (Hrsg.). Arbeitspsychologie. Enzyklopädie der Psychologie, Themenbereich D, Serie III, Band 1. (S. 1111–1158). Göttingen: Hogrefe.

DUNCKEL, H. & SEMMER, N. (1987). Stressbezogene Arbeitsanalyse: Ein Instrument zur Abschätzung von Belastungsschwerpunkten in Industriebetrieben. In K. SONNTAG (Hrsg.). Arbeitsanalyse und Technikentwicklung (S. 163–177). Köln: Bachem.

DUNCKEL, H. & VOLPERT, W. (1990). A guide for contrastive task analysis in clerical and administrative work. In P. RICHTER & W. HACKER (Eds.). Mental Work and Automation (pp. 61–67). Dresden: Technische Universität.

DUNCKEL, H., VOLPERT, W., ZÖLCH, M., KREUTNER, U., PLEISS, C. & HENNES, K. (1993). Kontrastive Aufgabenanalyse im Büro. Schriftenreihe Mensch – Technik – Organisation (Hrsg. E. ULICH). Band 5. Zürich: vdf Hochschulverlag; Stuttgart: Teubner.

DUNKEL, W. & RIEDER, K. (2004). Interaktionsarbeit zwischen Konflikt und Kooperation. In W. DUNKEL & G.G. VOSS (Hrsg.). Dienstleistung als Interaktion. Beiträge aus einem Forschungsprojekt Altenpflege – Deutsche Bahn – Call Center (S. 211–226). München: Hampp.

DUNCKER, K. (1935). Zur Psychologie des produktiven Denkens. Berlin: Springer.
DUNKLER, O., MITCHELL, C.M., GOVINDARAJ, T. & AMMONS, J.C. (1988). The effectiveness of supervisory control strategies in scheduling flexible manufacturing systems. *IEEE Transactions on Systems, Man, and Cybernetics,* Vol. 18, No. 2, 223–237.
DYMERSKY, W.J. (1956). Vorgestellte Handlungsvollzüge als Mittel zur Wiederherstellung und Festigung von Fertigkeiten. *Fähigkeiten und Fertigkeiten* 16, 12–26.
DZIDA, W. (2004). Applying international usability standards. In A. TUCKER (Hrsg.). The Computer Science Handbook (pp. 51,1–51,20). Boca Raton: CRC.
DZIDA, W., HERDA, S. & ITZFELDT, W.D. (1978). User-perceived quality of interactive systems. *IEEE Transactions on Software Engineering* 4, 270–276.
DZIDA, W. & WANDKE, H. (2006). Software-Ergonomie. Gestalten und Bewerten interaktiver Systeme. In B. ZIMOLONG & U. KONRADT (Hrsg.). Ingenieurpsychologie. Enzyklopädie der Psychologie, Themenbereich D, Serie III, Band 2 (S. 462–494). Göttingen: Hogrefe.

EBERLEH, E., KORFFMACHER, W. & STREITZ, N. (1987). Denken oder Handeln? Zur Wirkung von Dialogkomplexität und Handlungsspielraum auf die mentale Belastung. In W. SCHÖNPFLUG & M. WITTSTOCK (Hrsg.). Software-Ergonomie '87: Nützen Informationssysteme dem Benutzer? (S. 317–326). Berichte des German Chapter of the ACM, Band 29. Stuttgart: Teubner.
EFIMOFF, W.W. & ZIBAKOWA, E. (1926). Ermüdungsmessungen und Pausenregelung im Dienste der Arbeitsrationalisierung. I. Steigerung der Arbeitsleistung durch Einführung von Kurzpausen bei Metallbearbeitung. *Industrielle Psychotechnik* 3, 46–50.
EHLING, M. & BIHLER, W. (1996). Methodische Anlage der Zeitbudgeterhebung. In K. BLANKE, M. EHLING & N. SCHWARZ (Hrsg.). Zeit im Blickfeld – Ergebnisse einer repräsentativen Zeitbudgeterhebung (S. 237–274). Schriftenreihe des Bundesministeriums für Familie, Senioren, Frauen und Jugend, Band 121. Stuttgart: Kohlhammer.
EHLING, M. & SCHWARZ, N. (1996). Zeit im Blickfeld – «Highlights» der Studie. In K. BLANKE, M. EHLING & N. SCHWARZ (Hrsg.). Zeit im Blickfeld – Ergebnisse einer repräsentativen Zeitbudgeterhebung (S. 5–13). Schriftenreihe des Bundesministeriums für Familie, Senioren, Frauen und Jugend, Band 121. Stuttgart: Kohlhammer.
EHRENSTEIN, W., AMBS-SCHULZ, M., NAGEL, U. & BRUNNHOFER, B. (1989). Chronobiologische, soziale und gesundheitliche Auswirkungen industrieller Zweischichtarbeit. In H. BETSCHART (Hrsg.). Zweischichtarbeit (S. 11–82). Schriften zur Arbeitspsychologie (Hrsg. E. ULICH). Band 47, Bern: Huber.
EHRLENSPIEL, K. (1995). Integrierte Produktentwicklung. Methoden für Prozessorganisation, Produktentwicklung und Konstruktion. München: Hanser.
EIBEL, K., IWANOWA, A., JIMÉNEZ, P., KALLUS, W., KORUNKA, C. & KUBICEK, B. (2009). Die Qualität des Arbeitslebens von älteren ArbeitnehmerInnen. Eine Studie der Bundesarbeitskammer. Wien: BAK.

EIDENMÜLLER, B. (1987). Auswirkungen neuer Technologien auf die Arbeitsorganisation. *Fortschrittliche Betriebsführung und Industrial Engineering* 36, H. 1, 4–8.

EIDENMÜLLER, B. (1990). CIM aus der Sicht der Hersteller. In GOTTLIEB-DUTTWEILER-INSTITUT (Hrsg.). Computer Integrated Manufacturing – Herausforderung von Mensch und Technik (S. 1–18), Tagungsband. Rüschlikon: GDI-Verlag.

EIDGENÖSSISCHE KOORDINATIONSKOMMMISSION FÜR FAMILIENFRAGEN (EKFF) (2004). Schlussfolgerungen, Grundsätze und Empfehlungen der EKFF. In EKFF (Hrsg.). Zeit für Familien. Beiträge zur Vereinbarkeit von Familien- und Erwerbsalltag aus familienpolitischer Sicht (S. 129–141). Bern: EKFF.

EISSING, G. (1993). Arbeitsorganisation in Klein- und Mittelbetrieben. Köln: Bachem.

ELIASBERG, W. (1926a). Richtungen und Entwicklungen der Arbeitswissenschaft mit besonderer Berücksichtigung der Psychopathologie und Psychotherapie der abhängigen Arbeit. *Zeitschrift für die gesamte Neurologie und Psychiatrie* 102, 250–281.

ELIASBERG, W. (1926b). Richtungen und Entwicklungstendenzen in der Arbeitswissenschaft. *Archiv für Sozialwissenschaft und Sozialpolitik* 55, 66–101 und 687–732.

ELKIN, A.J. & ROSCH, P.J. (1990). Promoting mental health at the workplace: The prevention side of stress management. *Occupational Medicine: State of the Art Review,* 5, 739–754.

ELLEGÅRD, K. (1993). The creation of a new production at the Volvo automobile assembly plant in Uddevalla, Sweden. Gothenburg: Gothenburg University, Department of Human and Economic Geography.

ELLIOTT, J.D. (1953). Increasing office productivity through job enlargement. American Management Association: *Office Management Series* 134, 3–15.

ELSSNER, G. (1972). Erlernen motorischer Arbeitshandlungen auf der Grundlage von Sprechimpulsen – dargestellt an einer Anlernmethodik für das Aufstellen von Kuoxamseide in einem Kunstseidenwerk. In W. SKELL (Hrsg.). Psychologische Analysen von Denkleistungen in der Produktion (S. 173–189). Berlin: Deutscher Verlag der Wissenschaften.

EMBREY, D.E., HUMPHREYS, P., ROSA, E.A., KIRWAN, B. & REA, K. (1984). SLIM-MAUD: An Approach to assessing human error probabilities using structured expert judgement. Washington: US Nuclear Regulatory Commission.

EMERY, F.E. (1959). Characteristics of Sociotechnical Systems. London: Tavistock document no. 527.

EMERY, F.E. (1967). Analytical Model for Socio-technical Systems. Address to the International Conference on Sociotechnical Systems, Lincoln. Abgedruckt in F.E. EMERY (Ed.). The Emergence of a New Paradigm of Work (pp. 95–106). Canberra: Australian National University Press.

EMERY, F.E. & EMERY, M. (1974). Participative Design: Work and Community Life. Canberra: Centre for Continuing Education. Reprinted in F.E. EMERY & E. THORSRUD (1976), Democracy at Work (pp. 158–177). Leiden: Martinus Nijhoff.

EMERY, F.E. & EMERY, M. (1982). Eine partizipative Methode zur Demokratisierung am Arbeitsplatz. In F.E. EMERY & E. THORSRUD (Hrsg.). Industrielle Demokratie (S. 184–205). Schriften zur Arbeitspsychologie (Hrsg. E. ULICH). Band 25. Bern: Huber.

EMERY, F.E. & THORSRUD, E. (1969). Form and Content in Industrial Democracy. London: Tavistock.

EMERY, F.E. & THORSRUD, E. (1976). Democracy at Work. International Series on the Quality of Working Life (Ed. Hans van Beinum). Vol. 2. Leiden: Martinus Nijhoff.

EMERY, F.E. & THORSRUD, E. (1982). Industrielle Demokratie. Schriften zur Arbeitspsychologie (Hrsg. E. ULICH). Band 25. Bern: Huber.

EMERY, F.E. & TRIST, E.L. (1960a). Socio-technical Systems. In F.E. EMERY (Ed.). Systems Thinking. Harmondsworth: Penguin.

EMERY, F.E. & TRIST, E.L. (1960b). Socio-technical systems. In C.W. CHURCHMAN & M. VERHULST (Eds.). Management Science, Models and Techniques, Vol. 2 (pp. 83–97). Oxford: Pergamon.

ENDERLEIN, H. & GAYDE, R. (1991). Computerunterstütztes Training von teilautonomen Arbeitsgruppen in der Montage. *Fertigungstechnik und Betrieb* 41 (5), 298–300.

ENDRES, E. & WEHNER, T. (1993a). Vom plötzlichen Boom der Gruppenarbeit in deutsche Automobilfabriken. *Harburger Beiträge zur Psychologie und Soziologie der Arbeit*, Nr. 2.

ENDRES, E. & WEHNER, T. (1993b). Kooperation – die Wiederentdeckung einer Schlüsselkategorie. In J. HOWALDT & H. MINSSEN (Hrsg.). Lean, leaner …? Die Veränderung des Arbeitsmanagements zwischen Humanisierung und Rationalisierung (S. 201–222). Dortmund: Montania.

ENDRES, E. & WEHNER, T. (Hrsg.) (1996). Zwischenbetriebliche Kooperation. Die Gestaltung von Lieferbeziehungen. Arbeits- und Organisationspsychologie in Forschung und Praxis (Hrsg. W. BUNGARD), Band 8. Weinheim: Psychologie Verlags Union.

ERLEWEIN, M. (2000). Vertrauensarbeitszeit – die Lösung aller Arbeitszeitprobleme? *Angewandte Arbeitswissenschaft* Nr. 164, 53–60.

ERMANSKI, J. (1929). Theorie und Praxis der Rationalisierung (Übersetzung der russischen Originalausgabe von 1925). Wien: Verlag für Literatur und Politik.

ERNST, G., DIEKMAN, A. & NACHREINER, F. (1984). Schichtarbeit ohne Nachtarbeit – Schichtarbeit ohne Risiko? *Zeitschrift für Arbeitswissenschaft* 38, 92–95.

ERPENBECK, J. & HEYSE, V. (1996). Berufliche Weiterbildung und berufliche Kompetenzentwicklung. In ARBEITSGEMEINSCHAFT QUALIFIKATIONS-ENTWICKLUNGS-MANAGEMENT (Hrsg.). Kompetenzentwicklung '96 (S. 15–152). Münster: Waxmann.

EPOC RESEARCH GROUP (1997). New Forms of Work Organisation. Can Europe Realise ist Potential? Results of a Survey of Direct Employee Partizipation. Luxembourg: Office for Official Publications of the European Communities.

EUROPEAN FOUNDATION FOR THE IMPROVEMENT OF LIVING AND WORKING CONDITIONS (2007). Managing musculoskeletal disorders. Dublin: Eurofound.

EUROPEAN FOUNDATION FOR QUALITY MANAGEMENT (1994). Selbstbewertung anhand des Europäischen Modells für umfassendes Qualitätsmanagement (TQM) 1995: Richtlinien für die Identifizierung und Behandlung von Fragen zum umfassenden Qualitätsmanagement. Brüssel: EFQM.

EUROPEAN NETWORK WORKPLACE HEALTH PROMOTION (ENWHP) (2001). Statement of the European Network Health Promotion (ENWHP) to the EC's Communication on the Health Strategy and the Proposal for adopting a Programme of Community Action in the Field of Public Health. *WHP-Net-News*, 8, 3–4.

EVERDING, A. (1995). Eine goldene Brücke zwischen Kunst und Technik. GEP-Vorlesung (2.2.1995). Zürich: ETH.

EXPERTENKOMMISSION DER BERTELSMANN STIFTUNG UND DER HANS-BÖCKLER-STIFTUNG. (2004). Zukunftsfähige betriebliche Gesundheitspolitik. Gütersloh: Bertelsmann Stiftung.

FACHNORMENAUSSCHUSS 249 PROZESSE UND DIENSTLEISTUNGEN DER PERSONALENTWICKLUNG (2005). ÖNORM D 4000. Anforderungen an Prozesse und Methoden in der Personalauswahl und -entwicklung. Wien: Österreichisches Normungsinstitut.

FAHRENBERG, J. (1975). Die Freiburger Beschwerdenliste FBL. *Zeitschrift für Klinische Psychologie* 4, 79–100.

FETSCHER, I. (1987). Die Zukunft der Arbeit. In REGENBOGENFRAKTION IM EUROPÄISCHEN PARLAMENT (Hrsg.). Von der Arbeits- zur Kulturgesellschaft? Soziale und kulturelle Folgen der Arbeitszeitverkürzung. Brüssel: Manuskript.

FISCH, R. & DANIEL, H.D. (1983). Determinanten des Erfolgs universitärer Forschungsprojekte – eine empirische Untersuchung forschungshemmender und -fördernder Faktoren. 1. Die Form der Projektorganisation als Determinante für Leistung und Zufriedenheit der Mitarbeiter. Universität Konstanz, Zwischenbericht.

FISCHBACH, D. & NOTZ, G. (1980). Ein Versuch, die psychologische Handlungstheorie auf Lernprozesse in der beruflichen Bildung anzuwenden. In W. VOLPERT (Hrsg.). Beiträge zur psychologischen Handlungstheorie (S. 210–225). Schriften zur Arbeitspsychologie (Hrsg. E. ULICH). Band 28. Bern: Huber.

FISCHER, A. (1925). Die psychischen Wirkungen der menschlichen Umwelt. In J. RIEDEL (Hrsg.). Arbeitskunde (S. 151–175). Berlin: Teubner.

FISCHER, L. (1989). Strukturen der Arbeitszufriedenheit. Göttingen: Hogrefe.

FISCHER, L. (Hrsg.) (2006). Arbeitszufriedenheit. Konzepte und empirische Befunde. 2. vollständig überarbeitete und erweiterte Auflage. Göttingen: Hogrefe.

FITTS, P.M. (1951). Human Engineering for an Effective Air-Navigation and Traffic Control System. Washington: National Research Council.

FLANDERS, A. (1965). Industrial Relations: What is wrong with the System? Zitiert nach HOTZ-HART 1989.

FOLLET, M.P. (1918). The New State: Group Organisation, the Solution for Popular Government. New York: Longmans, Green.

FOLLET, M.P. (1924). Creative Experience. New York: Longmans, Green.

FORD, H. (1922). My Life and Work. New York: Page.

FORD, N. (1969). Motivation through the Work itself. New York: American Management Association.

FRANKENBERGER, E. (1997). Arbeitsteilige Produktentwicklung. Empirische Untersuchung und Empfehlungen zur Gruppenarbeit in der Konstruktion. Fortschrittberichte VDI, Reihe 1, Band 291. Düsseldorf: VDI-Verlag.

FRANKENHAEUSER, M. & GARDELL, B. (1976). Underload and overload in working life: Outline of a multidisciplinary approach. *Journal of Human Stress* 2, 35–46.

FRAUENDORF, H., CAFFIER, G., KAUL, G. & WAWRZINOSZEK, M. (1995). Modelluntersuchungen zur Erfassung und Bewertung der Wirkung kombinierter physischer und psychischer Belastungen auf Funktionen des Herz-Kreislauf-Systems. Schriftenreihe der Bundesanstalt für Arbeitsmedizin und Arbeitsschutz Bf HK 051. Bremerhaven: Wirtschaftsverlag NW.

FREI, F. (1979). Arbeit als Lernprozess und Qualifizierungschance. *Psychosozial* 2, Heft 1, 7–21.

FREI, F. (1981). Psychologische Arbeitsanalyse – eine Einführung zum Thema. In F. FREI & E. ULICH (Hrsg.). Beiträge zur psychologischen Arbeitsanalyse (S. 11–36) Schriften zur Arbeitspsychologie, Band 31. Bern: Huber.

FREI, F. (1993). Partizipation und Selbstregulation bei CIM: das «Baugruppenprojekt» bei Alcatel STR. In G. CYRANEK & E. ULICH (Hrsg.). CIM – Herausforderung an Mensch, Technik, Organisation (S. 321–338). Schriftenreihe Mensch – Technik – Organisation (Hrsg. E. ULICH). Band 1. Zürich: vdf Hochschulverlag AG an der ETH Zürich; Stuttgart: Teubner.

FREI, F., DUELL, W. & BAITSCH, C. (1984). Arbeit und Kompetenzentwicklung. Theoretische Konzepte zur Psychologie arbeitsimmanenter Qualifizierung. Schriften zur Arbeitspsychologie (Hrsg. E. ULICH). Band 39. Bern: Huber.

FREI, F., HUGENTOBLER, M., ALIOTH, A., DUELL, W. & RUCH, L. (1993). Die kompetente Organisation. Zürich: Verlage der Fachvereine; Stuttgart: Schäffer-Poeschel.

FREIBOTH, M. (1997). Gruppenarbeit. In E. FRIELING (Hrsg.). Automobilmontage in Europa (S. 191–237). Frankfurt a.M.: Campus.
FRESE, M. (1977). Psychische Störungen bei Arbeitern. Salzburg: Müller.
FRESE, M. (1978). Partialisierte Handlung und Kontrolle: Zwei Themen der industriellen Psychopathologie. In M. FRESE, S. GREIF & N. SEMMER (Hrsg.). Industrielle Psychopathologie (S. 159–183). Schriften zur Arbeitspsychologie (Hrsg. E. ULICH). Band 23. Bern: Huber.
FRESE, M. (1979). Partialisierte Handlung und Kontrolle: Zwei Themen der industriellen Psychopathologie. In M. FRESE, S. GREIF & N. SEMMER (Hrsg.). Industrielle Psychopathologie (S. 159–183). Schriften zur Arbeitspsychologie (Hrsg. E. ULICH). Band 23. Bern: Huber.
FRESE, M. (1989a). Kontrolle und Tätigkeitsspielraum. In S. GREIF, H. HOLLING & N. NICHOLSON (Hrsg.). Arbeits- und Organisationspsychologie. Internationales Handbuch in Schlüsselbegriffen (S. 275–279). München: Psychologie Verlags Union.
FRESE, M. (1989b). Theoretical models of control and health. In S.L. SAUTER, J.J. HURRELL & C.L. COOPER (Eds.). Job Control and Worker Health (pp. 107–128). New York: Wiley.
FRESE, M. (1990). Arbeit und Emotion. Ein Essay. In F. FREI & I. UDRIS (Hrsg.). Das Bild der Arbeit (S. 285–301). Bern: Huber.
FRESE, M. & BRODBECK, F. (1989). Computer in Büro und Verwaltung. Heidelberg: Springer.
FRESE, M., GREIF, S. & SEMMER, N. (Hrsg.) (1978). Industrielle Psychopathologie. Schriften zur Arbeitspsychologie, Band 23. Bern, Huber.
FRESE, M. & MOHR, G. (1979). Die psychopathologischen Folgen des Entzugs von Arbeit: Der Fall Arbeitslosigkeit. In M. FRESE, S. GREIF & N. SEMMER (Hrsg.). Industrielle Psychopathologie (S. 282–338). Schriften zur Arbeitspsychologie (Hrsg. E. ULICH). Band 23. Bern: Huber.
FRESE, M. & SEMMER, N. (1991). Stressfolgen in Abhängigkeit von Moderatorvariablen: der Einfluss von Kontrolle und sozialer Unterstützung. In S. GREIF, E. BAMBERG & N. SEMMER (Hrsg.). Psychischer Stress am Arbeitsplatz (S. 135–153). Göttingen: Hogrefe.
FRESE, M. & ZAPF, D. (1987). Eine Skala zur Erfassung sozialer Stressoren am Arbeitsplatz. *Zeitschrift für Arbeitswissenschaft* 41, 134–141.
FRESE, M. & ZAPF, D. (Hrsg.) (1991). Fehler bei der Arbeit mit dem Computer. Schriften zur Arbeitspsychologie (Hrsg. E. ULICH). Band 52. Bern: Huber.
FRESE, M. & ZAPF, D. (1996). Action as the core of work psychology: a German approach. In H.C. TRIANDIS, M.D. DUNNETTE & I.M. HOUGH (Eds.). Handbook of Industrial and Organizational Psychology (pp. 271–340). Palo Alto: Consulting Psychologists Press.
FREUD, S. (1930). Das Unbehagen in der Kultur. Abgedruckt in: Abriss der Psychoanalyse – Das Unbehagen in der Kultur. Frankfurt a.M.: Fischer, 1992.

FREY, B.S. (1997). Markt und Motivation: Wie ökonomische Anreize die (Arbeits-)moral verdrängen. München: Vahlen.
FREY, B.S. (2002). Wie beeinflusst Lohn die Motivation? In B.S. FREY & M. OSTERLOH (Hrsg.). Managing Motivation (S. 73–106). 2. Auflage. Wiesbaden: Gabler.
FREY, B.S. & OSTERLOH, M. (1997). Sanktionen oder Seelenmassage? Motivationale Grundlagen der Unternehmensführung. *Die Betriebswirtschaft* 57, 307–321.
FREY, B.S. & OSTERLOH, M. (2000). Motivation – der zwiespältige Produktionsfaktor. In B.S. FREY & M. OSTERLOH (Hrsg.). Managing Motivation (S. 19–42). Wiesbaden: Gabler.
FREY, D., KUMPF, M., OCHSMANN, R., ROST-SCHAUDE, E. & SAUER, C. (1977). Theorie der kognitiven Kontrolle. Bericht über den 30. Kongress der Deutschen Gesellschaft für Psychologie, Band 1 (S. 105–107). Göttingen: Hogrefe.
FREY, J.P. (1920). Die wissenschaftliche Betriebsführung und die Arbeiterschaft. Eine öffentliche Untersuchung der Betriebe mit Taylor-System in den Vereinigten Staaten von Nordamerika. Leipzig: Lindner.
FRICKE, W. (2004). Drei Jahrzehnte Forschung und Praxis zur Humanisierung der Arbeit in Deutschland – eine Bilanz. In W.G. WEBER, P.-P. PASQUALONI & C. BURTSCHER (Hrsg.). Wirtschaft, Demokratie und soziale Verantwortung (S. 144–168). Göttingen: Vandenhoeck und Ruprecht.
FRICKE, W. (2009). Interorganisationale Partizipation und Innovation: Einführung in die nordische Arbeitsforschung. *Wirtschaftspsychologie* 11 (4), 32–42.
FRIEDMAN, M. (1962). Capitalism and Freedom. Chicago. Deutsche Übersetzung (1976). Kapitalismus und Freiheit. München: Deutscher Taschenbuch Verlag.
FRIEDMANN, G. (1946). Problèmes Humains du Machinisme Industriel. Paris: Gallimard.
FRIEDMANN, G. (1952) Der Mensch in der mechanisierten Produktion. Köln: Bund-Verlag.
FRIEDMANN, G. (1953). Zukunft der Arbeit. Köln: Bund-Verlag.
FRIEDMANN, G. (1959). Grenzen der Arbeitsteilung. Frankfurt a.M.: Europäische Verlagsanstalt.
FRIEDRICH, J. & RÖDIGER, K.H. (Hrsg.) (1991). Computergestützte Gruppenarbeit. (CSCW). Berichte des German Chapter of the ACM, Band 34. Stuttgart: Teubner.
FRIEDRICH, P. (1993). Technische Veränderungstätigkeit. Ein integrativer Ansatz zur Entwicklung von Tätigkeitsspielräumen und Technik. In G. CYRANEK & E. ULICH (Hrsg.). CIM – Herausforderung an Mensch, Technik, Organisation (S. 167–194). Schriftenreihe Mensch – Technik – Organisation (Hrsg. E. ULICH). Band 1. Zürich: vdf Hochschulverlag; Stuttgart: Teubner.
FRIELING, E. (1988). Workshop «Arbeits- und Organisationspsychologische Aspekte neuer Technologien». In K. ZINK (Hrsg.). Arbeitswissenschaft und neue Technologien (S. 141–144). Eschborn: Rationalisierungskuratorium der Deutschen Wirtschaft.
FRIELING, E. (1997). Automobil-Montage in Europa. Frankfurt a.M.: Campus.

FRIELING, E. (1999a). TAI: Tätigkeits-Analyse-Inventar. In H. DUNCKEL (Hrsg.). Handbuch psychologischer Arbeitsanalyseverfahren (S. 495–514). Schriftenreihe Mensch – Technik – Organisation (Hrsg. E. ULICH). Band 14. Zürich: vdf Hochschulverlag AG an der ETH Zürich AG.

FRIELING, E. (1999b). Arbeitsanalyse und Arbeitsgestaltung. In C. GRAF HOYOS & D. FREY (Hrsg.). Arbeits- und Organisationspsychologie. Ein Lehrbuch (S. 468–487). Weinheim: Psychologie Verlags Union.

FRIELING, E. & ARBEITSGRUPPE (2004). Wandel der Arbeitswelt. Handlungsbedarf und Massnahmen zur Förderung der betrieblichen Gesundheitspolitik. In BERTELSMANN STIFTUNG, HANS-BÖCKLER-STIFTUNG (Hrsg.). Zukunftsfähige betriebliche Gesundheitspolitik. Ergebnisse der Arbeitsgruppen. Gütersloh: Bertelsmann Stiftung.

FRIELING, E., FACAOARU, C., BENEDIX, J., PFAUS H. & SONNTAG, K. (1993). TAI: Tätigkeitsanalyseinventar. Landsberg: Ecomed.

FRIELING, E. & FREIBOTH, M. (1997). Klassifikation von Gruppenarbeit und Auswirkungen auf subjektive und objektive Merkmale der Arbeit. *Zeitschrift für Arbeits- und Organisationspsychologie* 41, 120–130.

FRIELING, E. & FREIBOTH, M. (1998). Gruppenfertigung in der Automobilindustrie – internationaler Vergleich von Gruppenarbeit in der Montage. In E.H. WITTE (Hrsg.). Sozialpsychologie der Gruppenleistung (S. 10–40). Lengerich: Pabst.

FRIELING, E., KANNHEISER, W., FACAOARU, C., WÖCHERL, H. & DÜRHOLT, E. (1984). Entwicklung eines theoriegeleiteten, standardisierten verhaltenswissenschaftlichen Verfahrens zur Tätigkeitsanalyse (TAI). Abschlussbericht zum Forschungsvorhaben 01 HA 029. Bundesministerium für Forschung und Technologie, Projektträger «Humanisierung des Arbeitslebens».

FRIELING, E. & SONNTAG, K. (1999). Lehrbuch Arbeitspsychologie. 2. Auflage. Bern: Huber.

FRIELING, E., BERNARD, H., BIGALK, D. & MÜLLER, R.F. (2006). Lernen durch Arbeit. Entwicklung eines Verfahrens zur Bestimmung der Lernmöglichkeiten am Arbeitsplatz. Münster: Waxmann.

FRITSCHE, B., HACKER, W., IWANOWA, A. & RICHTER, P. (1994). Tätigkeitsbewertungssystem (TBS). Schriftenreihe Mensch – Technik – Organisation (Hrsg. E. ULICH). Band 7. Zürich: vdf Hochschulverlag; Stuttgart: Teubner.

FRITZ, S. (2005). Ökonomischer Nutzen «weicher» Kennzahlen. (Geld-)Wert von Arbeitszufriedenheit und Gesundheit. Schriftenreihe Mensch – Technik – Organisation (Hrsg. E. ULICH). Band 38. Zürich: vdf Hochschulverlag AG an der ETH Zürich AG.

FRITZE, A., KRATTIGER, B. & GÖTZ E. (2004). Studie zum Schweizerischen Sozialzeitausweis. Olten: Fachhochschule Nordwestschweiz.

FRÖHLICH, K.-P. (1999). Vertrauensgleitzeit: Wie sie bei der Siemens AG gehandhabt wird. *Arbeit und Arbeitsrecht* 54, 159–161.

FROMM, E. (1966). The psychological aspects of the guaranteed income. In R. THEOBALD (Ed.). The Guaranteed Income (pp. 183–193). New York: Doubleday.

FROSCH, R.A. (1983). Hybrids: the best of both worlds. *IEEE-Spectrum* 20, No. 9, 30–31.

FUCHS, T. (2009). Stellschrauben der Arbeitszufriedenheit. In L. SCHRÖDER & H.-J. URBAN (Hrsg.). Gute Arbeit (S. 208–220). Frankfurt a.M.: Bund-Verlag.

FÜLLEKRUG, B. (2008). Arbeitszeitkonforme und prozessorientierte Dienstmodelle für Ärzte an einem Universitätsklinikum: Das deutsche Krankenhaus vor dem Paradigmenwechsel. In S. NICKEL, B. FÜLLEKRUG & A. TROJAN (Hrsg.). Arbeitszeitgestaltung im ärztlichen Dienst und Funktionsdienst des Krankenhauses. Herausforderungen, Modelle, Erfahrungen (S. 5–66). München: Hampp.

FÜRSTENBERG, F., GLANZ, A. & STEININGER, S. (1989). Soziale Beanspruchung bei Wechselschichtarbeit. In H. BETSCHART (Hrsg.). Zweischichtarbeit (S. 83–116). Schriften zur Arbeitspsychologie (Hrsg. E. ULICH). Band 47. Bern: Huber.

FÜRSTENBERG, F., STEININGER, S. & GLANZ, A. (1984). Soziale Beanspruchung bei Wechselschichtarbeit im 2-Schicht-Betrieb. *Zeitschrift für Arbeitswissenschaft* 38, 222–226.

FUJINO, K., TERASHIMA, T., AZUMA, M., TSUCHIYA, N. & KUBO, K. (1986). The near future office environment in the C & C era – C & C Satellite Office. *NEC Research & Development,* 4, 1–7.

FUNKE, P., KRIEG, T., GRÖSSER, G. & WEITZ, K. (1996). Von Pilotprojekten zu flächendeckender Gruppenarbeit. Erfahrungen der Betriebsräte im Werk Gaggenau der Mercedes Benz AG. In R. BAHNMÜLLER & R. SALM (Hrsg.). Intelligenter, nicht härter arbeiten? Gruppenarbeit und betriebliche Gestaltungspolitik (S. 81–111). Hamburg: VSA-Verlag.

GALPERIN, P.J. (1966). Die geistige Handlung als Grundlage für die Bildung von Gedanken und Vorstellungen. In P.J. GALPERIN & A. LEONTJEW (Hrsg.). Probleme der Lerntheorie (S. 33–49). Berlin: Volk und Wissen.

GARDELL, B. (1971). Alienation and mental health in the modern industrial environment. In L. LEVI (Ed.). Society, Stress and Desease, Vol. I (pp. 148–180). Oxford: University Press.

GARHAMMER, M. (1994). Balanceakt Zeit. Auswirkungen von flexiblen Arbeitszeiten auf Alltag, Freizeit und Familie. Berlin: Edition Sigma.

GARHAMMER, M. (1995). Changes in working hours in Germany. The resulting impact on every day life. *Time & Society* 4, 167–203.

GARHAMMER, M. (1997). Teleheimarbeit und Telecommuting: ein deutsch-amerikanischer Vergleich über kulturelle Bedingungen und soziale Auswirkungen einer neuen Arbeitsform. *Zeitschrift für Arbeitswissenschaft* 51, 232–239.

GASKIN, K., SMITH, J.D. & PAULWITZ I. (Hrsg.) (1996). Ein neues bürgerschaftliches Europa: Eine Untersuchung zur Verbreitung und Rolle von Volunteering in zehn Ländern. Freiburg: Lambertus.

GAUDERON, E. (1987). Mit der Gruppentechnologie zu neuen Arbeitsformen. Bericht über die AWF-Fachtagung «Fertigungsinseln – Fertigungsstruktur mit Zukunft». Bad Soden.

GEBAUER, K.-P., MAIER, P. & VOSSLOH, M. (1988). Statistische Fehlerursachen und Schadensanalyse an CNC-Werkzeugmaschinen. Unveröffentlichter Projektbericht. Darmstadt: Institut für spanende Technologie und Werkzeugmaschinen.

GEBERT, D. (1981). Belastung und Beanspruchung in Organisationen. Ergebnisse der Stressforschung. Stuttgart: Poeschel.

GEBERT, D. & ROSENSTIEL, L. VON (1981). Organisationspsychologie. Stuttgart: Kohlhammer.

GEBERT, D. & STEINKAMP, T. (1990). Innovativität und Produktivität durch betriebliche Weiterbildung. Stuttgart: Poeschel.

GERLMAIER, A., BÖCKER, M. & KASTNER, M. (2001). Betriebliches Belastungs- und Ressourcenmanagement im Call Center – Ein Ansatz der Organisationsentwicklung. In M. KASTNER, K. KIPFMÜLLER, W. QUAAS, KH. SONNTAG & R. WIELAND (Hrsg.). Gesundheit und Sicherheit in Arbeits- und Organisationsformen der Zukunft (S. 303–326). Bremerhaven: Wirtschaftsverlag NW.

GESAMTMETALL (1989). Mensch und Arbeit. Köln: Edition Agrippa.

GESELLSCHAFT FÜR ARBEITSWISSENSCHAFT (2000). Die Zukunft der Arbeit erforschen. Ein Memorandum der Gesellschaft für Arbeitswissenschaft e.V. zum Strukturwandel der Arbeit. Dortmund: GfA.

GIARINI, O. & LIEDTKE, P.M. (1998). Wie wir arbeiten werden. Der neue Bericht an den Club of Rome. Hamburg: Hoffmann & Campe.

GIESE, F. (1927). Methoden der Wirtschaftspsychologie. In E. ABDERHALDEN (Hrsg.). Handbuch der biologischen Arbeitsmethoden, Abt. VIc, Band 2. Berlin: Urban & Schwarzenberg.

GILBRETH, F.B. (1911). Motion Study. New York: van Nostrand.

GINTO, J. (2007). Der «dritte Weg» von Mondragon. NW-Gespräch von W. Spieler mit J. Ginto. *Neue Wege* 101, 319–327.

GLASER, J. & HÖGE, T. (2005). Spezifische Anforderungen und Belastungen personenbezogener Krankenhausarbeit. In B. BADURA, H. SCHELLSCHMIDT & CH. VETTER (Hrsg.). Fehlzeiten-Report 2004. Gesundheitsmanagement in Krankenhäusern und Pflegeeinrichtungen (S. 51–64). Berlin/Heidelberg: Springer.

GLASER, W.R. & GLASER, M. (1995). Telearbeit in der Praxis. Psychologische Erfahrungen mit ausserbetrieblichen Arbeitsstätten bei der IBM Deutschland. Berlin: Luchterhand.

GLASS, D. & SINGER, J.E. (1972). Urban Stress. New York: Academic Press.

GLISSMANN, W. (2000). Ökonomisierung der «Ressource Ich» – Die Instrumentalisierung des Denkens in der neuen Arbeitsorganisation. *Denkanstösse – IG Metaller in der IBM*, Mai, 5–24.

GLISSMANN, W. (2001a). Mechanismen sozialer Ausgrenzung. In W. GLISSMANN & K. PETERS (Hrsg.). Mehr Druck durch mehr Freiheit. Die neue Autonomie in der Arbeit und ihre paradoxen Folgen (S. 60–80). Hamburg: VSA.

GLISSMANN, W. (2001b). Ökonomik der Masslosigkeit. In W. GLISSMANN & K. PETERS (Hrsg.). Mehr Druck durch mehr Freiheit. Die neue Autonomie in der Arbeit und ihre paradoxen Folgen (S. 129–142). Hamburg: VSA.

GLISSMANN, W. & PETERS, K. (2001). Mehr Druck durch mehr Freiheit. Die neue Autonomie in der Arbeit und ihre paradoxen Folgen. Hamburg: VSA.

GÖLDNER, R., RUDOW, B., NEUBAUER, W., KRÜGER, W. & PAETH, L. (2006). Arbeit und Gesundheit für leistungsgewandelte Mitarbeiter. Erfahrungen aus der Automobilindustrie. *Arbeitsmedizin, Sozialmedizin, Umweltmedizin* 41 (12), 566–573.

GÖTZ, E. (2005) Was man kann, steht im Sozialzeitausweis. Forschungsbericht 2004 (S. 90–91). Olten: Fachhochschule Nordwestschweiz.

GOETZEL, R., LONG, S. OZMINKOWSKI, R., HAWKINS, K., WANG, S. & LYNCH, W. (2004). Health, absence, disability, and presenteeism cost estimates of certain physical and mental health conditions affecting U.S. employers. *J Occupational and Environmental Medicine* 46 (4), 398–412.

GOHDE, H.-E. & KÖTTER, W. (1990). Gruppenarbeit in Fertigungsinseln – nur Schönheitsfehler oder mehr? *Technische Rundschau* 82, 66–69.

GOLDMANN, M. & RICHTER, G. (1991). Beruf und Familie: endlich vereinbar? Teleheimarbeit von Frauen. Dortmund: Montania.

GOODMAN, P.S. (1979). Assessing Organizational Change: The Rushton Quality of Work Experience. New York: Wiley-Interscience.

GOODMAN, P.S., DEVADAS, R. & HUGHSON, T.L. (1990). Groups and Productivity: Analyzing the Effectiveness of Self-Managing Teams. In J.P. CAMPBELL & R.J. CAMPBELL (Eds.). Productivity in Organizations (pp. 295–327). San Francisco: Jossey-Bass.

GORZ, A. (1980a). Abschied vom Proletariat. Frankfurt a.M.: Europäische Verlagsanstalt.

GORZ, A. (1980b). Das goldene Zeitalter der Arbeitslosigkeit. (Französisches Original 1978). Anhang zu: Abschied vom Proletariat. Frankfurt: Europäische Verlagsanstalt.

GORZ, A. (1983). Wege ins Paradies. Berlin: Rotbuch Verlag.

GORZ, A. (2000). Arbeit zwischen Misere und Utopie. Edition zweite Moderne (Hrsg. U. BECK). Frankfurt a.M.: Suhrkamp.

GORZ, A. (2010). Kritik der ökonomischen Vernunft. Sinnfragen am Ende der Arbeitsgesellschaft. Durchgesehene und korrigierte Übersetzung von: Métamorphoses du travail. Critique de la raison économique (1988). Zürich: Rotpunktverlag.

GOTTSCHALCH, H. (1986). Methoden der Ausbildung für Arbeit mit Informationstechniken am Beispiel von CADCAM-Lehrgängen für technische Zeichner. *CADCAM-Werkstattberichte* Nr. 8, Kiel.

GRAF, O. (1922). Über lohnendste Arbeitspausen bei geistiger Arbeit. *Psychologische Arbeiten* 7, 548–611.

GRAF, O. (1927). Die Arbeitspause in Theorie und Praxis, *Psychologische Arbeiten* 9, 563–681.

GRAF, O. (1930). Untersuchungen über die Wirkung zwangsläufiger zeitlicher Regelung von Arbeitsvorgängen. I. *Arbeitsphysiologie* 2, 575–636.

GRAF, O. (1954). Studien über Fließarbeitsprobleme an einer praxisnahen Experimentieranlage. Köln, Opladen: Westdeutscher Verlag.

GRAF, O. (1956). Sicherheit durch Freizeit und Pause. Verhandlungen der Deutschen Gesellschaft für Arbeitsschutz 4 (S. 256–268). Darmstadt: Steinkopff.

GRAF, O. (1961). Arbeitszeit und Arbeitspausen. In A. MAYER & B. HERWIG (Hrsg.). Betriebspsychologie (S. 95–117). Handbuch der Psychologie, Band 9. Göttingen: Hogrefe.

GRAF, O., PIRTKIEN, R., RUTENFRANZ, J. & ULICH, E. (1958). Nervöse Belastung im Betrieb. 1. Teil: Nachtarbeit und nervöse Belastung. Forschungsbericht Nr. 530 des Wirtsch.- u. Verkehrsmin. Nordrhein-Westfalen. Köln-Opladen: Westdeutscher Verlag.

GRAF, O., RUTENFRANZ, J. & ULICH, E. (1956). Nervöse Belastung bei industrieller Arbeit unter Zeitdruck. Forschungsberichte des Landes Nordrhein-Westfalen Nr. 1425. Köln, Opladen: Westdeutscher Verlag.

GRAHAM, L. (1993). Inside a Japanese transplant. *Work and Occupations* 20, 147–173.

GRAHAM, P. (Ed.) (1995). Mary Parker Follett – Prophet of Management. A Celebration of Writings from 1920s. Boston: Harvard Business School.

GRANEL, M. (1980). Zusammengefasster Abschlussbericht der Volkswagenwerk AG zum Forschungsvorhaben Vergleich von Arbeitsstrukturen in der Aggregatefertigung. In BUNDESMINISTER FÜR FORSCHUNG UND TECHNOLOGIE (Hrsg.). Gruppenarbeit in der Motorenmontage (S. 13–54). Schriftenreihe Humanisierung des Arbeitslebens, Band 3. Frankfurt a.M.: Campus.

GREBNER, S., SEMMER, N., LO FASO, L., GUT, S., KÄLIN, W. & ELFERING, A. (2003). Working conditions, well-being and job-related attitudes among call centre agents. *European Journal of Work and Organizational Psychology* 12, 341–365.

GREENBERG, C.I. (1979). Toward an integration of ecological psychology and industrial psychology: undermanning theory, organization size, and job enrichment. *Environmental Psychology and Nonverbal Behaviour* 3, 228–242.

GREIF, S. (1978). Intelligenzabbau und Dequalifizierung durch Industriearbeit? IN M. FRESE, S. GREIF & N. SEMMER (Hrsg.). Industrielle Psychopathologie (S. 232–256). Schriften zur Arbeitspsychologie (Hrsg. E. ULICH). Band 23. Bern: Huber.

GREIF, S. (1983a). Konzepte der Organisationspsychologie. Schriften zur Arbeitspsychologie (Hrsg. E. Ulich). Band 38. Bern: Huber.

GREIF, S. (1983b). Stress und Gesundheit. Ein Bericht über Forschungen zur Belastung am Arbeitsplatz. *Zeitschrift für Sozialisationsforschung und Erziehungssoziologie* 3, 41–53.

GREIF, S. (1989). Stress. In S. GREIF, H. HOLLING & N. NICHOLSON (Hrsg.). Arbeits- und Organisationspsychologie. Internationales Handbuch in Schlüsselbegriffen (S. 432–439). München: Psychologie Verlags Union.

GREIF, S. (1994a). Handlungstheorie und Selbsttheorie und Selbstorganisationstheorie – Kontroversen und Gemeinsamkeiten. In B. BERGMANN & P. RICHTER (Hrsg.). Die Handlungsregulationstheorie. Von der Praxis einer Theorie (S. 89–114). Göttingen: Hogrefe.

GREIF, S. (1994b). Fehlertraining und Komplexität beim Softwaredesign. *Zeitschrift für Arbeitswissenschaft* 48, 44–53.

GREIF, S., BAMBERG, E., DUNCKEL, H., FRESE, M. et al. (1983). Psychischer Stress am Arbeitsplatz – Hemmende und fördernde Bedingungen für humanere Arbeitsplätze. Forschungsbericht Nr. 01 VD 177-ZA-TAP 0016. Bonn: Bundesministerium für Forschung und Technologie, Projektträger «Humanisierung des Arbeitslebens».

GREIF, S., BAMBERG, E. & SEMMER, N. (Hrsg.) (1991). Psychischer Stress am Arbeitsplatz. Göttingen: Hogrefe.

GREIF, S. & GEDIGA, G. (1987). A critique of one-best-way models in humancomputer-interaction. In M. FRESE, E. ULICH & W. DZIDA (Eds.). Psychological Issues of Human-Computer Interaction in the Work Place (pp. 357–377). Amsterdam: North-Holland.

GREIF, S., HOLLING, H. & NICHOLSON, N. (Hrsg.) (1989). Arbeits- und Organisationspsychologie. Internationales Handbuch in Schlüsselbegriffen. München: Psychologie Verlags Union.

GREIF, S. & KURTZ, H.-J. (1989). Ausbildung, Training und Qualifizierung. In S. GREIF, H. HOLLING & N. NICHOLSON (Hrsg.). Arbeits- und Organisationspsychologie. Internationales Handbuch in Schlüsselbegriffen (S. 149–161). München: Psychologie Verlags Union.

GREINER, B. (1998). Der Gesundheitsbegriff. In E. BAMBERG, A. DUCKI & A.-M. METZ (Hrsg.). Handbuch Betriebliche Gesundheitsförderung. Arbeits- und organisationspsychologische Methoden und Konzepte (S. 39–55). Göttingen: Verlag für Angewandte Psychologie.

GREINER, B., LEITNER, K., WEBER, W.-G., HENNES, K. & VOLPERT, W. (1987). RHIA – ein Verfahren zur Erfassung psychischer Belastung. In K. SONNTAG (Hrsg.). Arbeitsanalyse und Technikentwicklung (S. 145–161). Köln: Bachem.

GREINERT, L. (1993). CIM in der betrieblichen Praxis. In G. CYRANEK & E. ULICH (Hrsg.). CIM – Herausforderung an Mensch, Technik, Organisation (S. 277–291). Schriftenreihe Mensch – Technik – Organisation (Hrsg. E. ULICH). Band 1. Zürich: vdf Hochschulverlag; Stuttgart: Teubner.

GREUTMANN, T. & ACKERMANN, D. (1989). Zielkonflikte bei Software-Gestaltungskriterien. IN S. MAASS & H. OBERQUELLE (Hrsg.). Software-Ergonomie '89: Aufgabenorientierte Systemgestaltung und Funktionalität (S. 144–152). Stuttgart: Teubner.

GRIFFITHS, J. & ZIGLIO, E. (1999). Health and Work: Concluding Remarks. In J.E. FERRIE, J. GRIFFITHS, M.G. MARMOT & E. ZIGLIO (Eds.). Labour Market Changes and Job Insecurity: A Challenge for Social Welfare and Health Promotion (pp. 241–250). WHO Regional Publications, European Series, No. 81.

GRIMMER, W. & FISCHER, L. (1998). Die Einführung von Gruppenarbeit bei einem mittelständischen Automobilzuliefer-Unternehmen – Das Problem der Gruppeneffekte. In E.H. WITTE (Hrsg.). Sozialpsychologie der Gruppenleistung (S. 41–71). Lengerich: Pabst.

GROB, R. (1985). Flexibilität in der Fertigung. Berlin: Springer.

GROB, R. (1992). Teilautonome Arbeitsgruppen. Bilanz der Erfahrungen in der Siemens AG. *Angewandte Arbeitswissenschaft* Nr. 134, 1–31.

GROB, R. & HAFFNER, H. (1982). Planungsleitlinien Arbeitsstrukturierung. Berlin/München: Siemens AG.

GROLL, E. & HAIDER, M. (1965). Belastungsunterschiede bei Arbeiterinnen in Früh- und Spätschicht. *Internationale Zeitschrift für angewandte Physiologie* 21, 305–312.

GROSS, H. (1995). Sozialverträgliche Arbeitszeiten aus der Sicht der Beschäftigten. In A. BÜSSING & H. SEIFERT (Hrsg.). Sozialverträgliche Arbeitszeitgestaltung (S. 135–147). München: Hampp.

GROSS, H., MUNZ, E. & SEIFERT, H. (2000). Verbreitung und Struktur von Arbeitzeitkonten. *Arbeit* 9, 217–229.

GROTE, G. (1993). Schneller, besser, anders kommunizieren? Die vielen Gesichter der Büro-Kommunikation. Schriftenreihe Mensch – Technik – Organisation (Hrsg. E. ULICH). Band 2. Zürich: vdf Hochschulverlag; Stuttgart: Teubner.

GROTE, G. (1994). A participatory approach to the complementary design of highly automated work systems. In G. BRADLEY & H.W. HENDRICK (Eds.). Human Factors in Organizational Design and Management – IV. Amsterdam: Elsevier.

GROTE, G. (1997a). Autonomie und Kontrolle. Zur Gestaltung automatisierter und risikoreicher Arbeitssysteme. Schriftenreihe Mensch – Technik – Organisation (Hrsg. E. ULICH). Band 16. Zürich: vdf Hochschulverlag AG an der ETH Zürich AG.

GROTE, G. (1997b). Der Technik einen Schritt voraus? Zur komplementären Gestaltung automatisierter Arbeitssysteme. In I. UDRIS (Hrsg.). Arbeitspsychologie für morgen. Herausforderungen und Perspektiven (S. 143–172). Heidelberg: Asanger.

GROTE, G. (2009). Management of Uncertainty. Theory and Application in the Design of Systems and Organizations. Dordrecht: Springer.

GROTE, G. & BAITSCH, C. (1989). New chances for job design and organizational choice through office communication systems. In K. FUCHS-KITTOWSKI & C. HARTMANN

(Eds.). Proceedings of the International IFIP-HUB-Conference on Information System, Work and Organization Design, Working Group 2 (pp. 11–20). Berlin: Humboldt-Universität.

GROTE, G. & BAITSCH, C. (1991). Reciprocal effects between organizational culture and the implementation of an office communication system: a case study. *Behaviour and Information Technology* 10, 207–218.

GROTE, G. & KÜNZLER, C. (1993). Sicherheit in soziotechnischen Systemen. Polyprojekt Risiko und Sicherheit technischer Systeme. Bericht 05/93. Zürich: ETH.

GROTE, G. & KÜNZLER, C. (1994). Safety culture and its reflections in job and organizational design: total safety management. In G. APOSTOLAKIS (Ed.). Proceedings of the Conference PSAM II, San Diego. New York: Plenum Press.

GROTE, G. & KÜNZLER, C. (1996). Sicherheitskultur, Arbeitsorganisation und Technikeinsatz. Schriftenreihe Polyprojekt Risiko und Sicherheit. Dokumente Nr. 11. Zürich: vdf Hochschulverlag AG an der ETH Zürich AG.

GROTE, G. & KÜNZLER, C. (1996). Safety culture and its reflections in job and organizational design: Total Safety Management. *International Journal of Environment and Pollution* 6, 618–631.

GROTE, G. & UDRIS, I. (1991). Arbeit und Persönlichkeit: Auf der Suche nach einem differentiell-dynamischen Verhältnis. In I. UDRIS & G. GROTE (Hrsg.). Psychologie und Arbeit (S. 142–159). Weinheim: Psychologie Verlags Union.

GROTE, G. & ULICH, E. (1993). Die Untersuchung von Wechselwirkungen zwischen Person und Arbeit: Arbeitspsychologische Grundlagenforschung oder angewandte Persönlichkeitspsychologie? In W. BUNGARD & T. HERRMANN (Hrsg.). Arbeits- und Organisationspsychologie im Spannungsfeld zwischen Grundlagenorientierung und Anwendung (S. 103–125). Schriften zur Arbeitspsychologie (Hrsg. E. ULICH). Band 54. Bern: Huber.

GROTE, G., WÄFLER, T. & WEIK, S. (1997). Komplementäre Analyse und Gestaltung von Produktionsaufgaben. In O. STROHM & E. ULICH (Hrsg.). Unternehmen arbeitspsychologisch bewerten (S. 259–280). Schriftenreihe Mensch – Technik – Oganisation (Hrsg. E. ULICH). Band 10. Zürich: vdf Hochschulverlag AG an der ETH Zürich.

GROTE, G., WÄFLER, T., RYSER, C., WEIK, S., ZÖLCH, M. & WINDISCHER, A. (1999). Wie sich Mensch und Technik sinnvoll ergänzen. Die Analyse automatisierter Produktionssysteme mit KOMPASS. Schriftenreihe Mensch – Technik – Organisation (Hrsg. E. ULICH). Band 19. Zürich: vdf Hochschulverlag AG an der ETH Zürich.

GROTE, G., WÄFLER, T. & WEIK, S. (1997). KOMPASS: Eine Methode für die komplementäre Analyse und Gestaltung von Produktionsaufgaben in automatisierten Arbeitssystemen. In O. STROHM & E. ULICH (Hrsg.). Unternehmen arbeitspsychologisch bewerten (S. 259–280). Schriftenreihe Mensch – Technik – Organisation (Hrsg. E. ULICH). Band 10. Zürich: vdf Hochschulverlag AG an der ETH Zürich.

GROTE, G., WEIK, S., WÄFLER, T. & ZÖLCH, M. (1995). Criteria for the complementary allocation of functions in automated work systems and their use in simultanous engineering projects. *International Journal of Industrial Ergonomics* 16, 267–382.

GROTE, G., WEIK, S., WÄFLER, T., ZÖLCH, M. & RYSER C. (1999). KOMPASS. Komplementäre Analyse und Gestaltung von Produktionsaufgaben in soziotechnischen Systemen. In H. DUNCKEL (Hrsg.). Handbuch psychologischer Arbeitsanalyseverfahren (S. 255–284). Schriftenreihe Mensch – Technik – Organisation (Hrsg. E. ULICH), Band 14. Zürich: vdf Hochschulverlag AG an der ETH Zürich.

GROTE, G., ZÖLCH, M., LOUIS, E. & WEIK, S. (1993). Komplementäre Analyse von Produktionsaufgaben in soziotechnischen Systemen (KOMPASS). Zürich: Institut für Arbeitspsychologie der ETH.

GUBSER, A. (1968). Monotonie im Industriebetrieb. Schriften zur Arbeitspsychologie (Hrsg. H. BIÄSCH). Band 11. Bern: Huber.

GÜNTERT S.T. & WEHNER, T. (2005). Wie motivierend ist frei-gemeinnützige Arbeit? In GESELLSCHAFT FÜR ARBEITSWISSENSCHAFT (Hrsg.). Personalmanagement und Arbeitsgestaltung. Bericht zum 51. Kongress der Gesellschaft für Arbeitswissenschaft (S. 121–124). Dortmund: GfA Press.

GUITERREZ-JOHNSON, A.G. & WHYTE, W.F. (1977) The Mondragon system of worker cooperatives. *Industrial and Labor Relations Review* 31, 18–30.

GULOWSEN, J. (1971). Selvstyrte Arbeitsgrupper. Oslo: Tanum.

GULOWSEN, J. (1972). A measure of work group autonomy. In L.E. DAVIS & J.C. TAYLOR (Eds.). Design of Jobs (pp. 374–390). Harmondsworth: Penguin.

GUPTA, N., JENKINS, G.D. & CURINGTON, W.P. (1986). Paying for Knowledge. Myths and Realities. *National Productivity Review* 5, 107–123.

GYLLENHAMMAR, P.G. (1977). People at Work. Reading, Mass.: Addison-Wesley.

HABERMAS, J. (1958). Soziologische Notizen zum Verhältnis von Arbeit und Freizeit. In G. FUNKE (Hrsg.). Konkrete Vernunft. Festschrift für E. Rothacker (S. 219–231). Bonn: Bouvier.

HACKER, W. (1973). Arbeits- und ingenieurpsychologische Beiträge zur sozialistischen Rationalisierung der Volkswirtschaft. In W. HACKER, K.-P. TIMPE & M. VORWERG (Hrsg.). Arbeits-, ingenieur- und sozialpsychologische Beiträge zur sozialistischen Rationalisierung (S. 11–26). Berlin: Deutscher Verlag der Wissenschaften.

HACKER, W. (1976). Zu Wechselbeziehungen zwischen Arbeitsbedingungen und der Persönlichkeitsentwicklung. *Pädagogik* 31 (Beiheft 1), 28–34.

HACKER, W. (1978). Allgemeine Arbeits- und Ingenieurpsychologie. Schriften zur Arbeitspsychologie (Hrsg. E. ULICH). Band 20. Bern: Huber.

HACKER, W. (1986a). Arbeitspsychologie. Schriften zur Arbeitspsychologie (Hrsg. E. ULICH). Band 41. Bern: Huber.

HACKER, W. (1986b). Vorwort des Herausgebers. In J. NEUBERT & R. TOMCZYK (Hrsg.). Gruppenverfahren der Arbeitsanalyse und Arbeitsgestaltung (S. 11-14). Spezielle Arbeits- und Ingenieurpsychologie in Einzeldarstellungen (Hrsg. W. HACKER), Ergänzungsband 1. Berlin: Deutscher Verlag der Wissenschaften.

HACKER, W. (1987). Software-Ergonomie: Gestalten rechnergestützter Arbeit? In W. SCHÖNPFLUG & M. WITTSTOCK (Hrsg.). Software Ergonomie '87: Nützen Informationssysteme dem Benutzer? (S. 31-54). Stuttgart: Teubner.

HACKER, W. (1988). Arbeitspsychologische Erfordernisse und Lösungen für das Projektieren/Gestalten von Arbeitstätigkeiten und -bedingungen in CAD/CAM Prozessen. *Wissenschaftliche Zeitschrift der Technischen Universität Magdeburg* 32, H. 5, 107-111.

HACKER, W. (1989). Monotonie. In S. GREIF, H. HOLLING & N. NICHOLSON (Hrsg.). Arbeits- und Organisationspsychologie. Internationales Handbuch in Schlüsselbegriffen (S. 329-332). München: Psychologie Verlags Union.

HACKER, W. (1991). Aspekte einer gesundheitsstabilisierenden und -fördernden Arbeitsgestaltung. *Zeitschrift für Arbeits- und Organisationspsychologie* 35, 48-51.

HACKER, W. (1992). Expertenkönnen. Erkennen und Vermitteln. Arbeit und Technik: Praxisorientierte Beiträge aus Psychologie und Informatik (Hrsg. M. FRESE & H. OBERQUELLE). Band 2. Göttingen: Verlag für Angewandte Psychologie.

HACKER, W. (1993). Methodische Impulse aus dem Spannungsfeld zwischen grundlagenwissenschaftlicher Orientierung und angewandter Forschung – Das Beispiel Anforderungsanalyse. In W. BUNGARD & T. HERMANN (Hrsg.). Arbeits- und Organisationspsychologie im Spannungsfeld zwischen Grundlagenorientierung und Anwendung (S. 267-283). Schriften zur Arbeitspsychologie (Hrsg. E. ULICH). Band 54. Bern: Huber.

HACKER, W. (1994). Einführungsreferat zum Workshop «Möglichkeiten der Arbeitserzeugung» am 12. Februar 1994. Dresden: Institut für Allgemeine Psychologie und Methodenlehre der Technischen Universität.

HACKER, W. (1995a). Arbeitstätigkeitsanalyse. Analyse und Bewertung psychischer Arbeitsanforderungen. Heidelberg: Asanger.

HACKER, W. (1995b). Konstruieren als Handeln – Bild : Begriff = Zeichnen : Denken? In Psychologie des Konstruierens. Forschungsberichte, Band 22. Institut für Allgemeine Psychologie und Methoden der Psychologie. Dresden: Technische Universität.

HACKER, W. (1996a). Entwickeln und Konstruieren als Denktätigkeit – zu einer Arbeitswissenschaft geistiger Erwerbstätigkeit. *Zeitschrift für Arbeitswissenschaft* 50, 111-116.

HACKER, W. (1996b). Erwerbsarbeit der Zukunft – Zukunft der Erwerbsarbeit: Zusammenfassende arbeitswissenschaftliche Aspekte und weiterführende Aufgaben. In W. HACKER (Hrsg.). Erwerbsarbeit der Zukunft – auch für «Ältere»? (S. 175-193). Schriftenreihe

Mensch – Technik – Organisation, Band 9. Zürich: vdf Hochschulverlag AG an der ETH Zürich.

HACKER, W. (1998). Allgemeine Arbeitspsychologie. Psychische Regulation von Arbeitstätigkeiten. Schriften zur Arbeitspsychologie (Hrsg. E. ULICH). Band 58. Bern: Huber.

HACKER, W. (2003). Psychische Regulation von Arbeitstätigkeiten – (Was) gibt es Neues? Einige konzeptionelle Entwicklungen. Dresden: Technische Universität, Institut für Psychologie I, Arbeitsgruppe Wissen – Denken – Handeln. Projektberichte, Heft 19.

HACKER, W. (2004). Leistungs- und Lernfähigkeiten älterer Menschen. In M. VON CRANACH, H.-D. SCHNEIDER, R. WINKLER & E. ULICH (Hrsg.). Ältere Menschen im Unternehmen. Chancen, Risiken, Modelle (S. 163–172). Bern: Haupt.

HACKER, W. (2005). Allgemeine Arbeitspsychologie. Psychische Regulation von Wissens-, Denk- und körperlicher Arbeit. Schriften zur Arbeitspsychologie, 2. vollständig überarbeitete und erweiterte Auflage, Band 64. Bern: Huber.

HACKER, W. (2009). Arbeitsgegenstand Mensch: Psychologie dialogisch-interaktiver Erwerbsarbeit. Ein Lehrbuch. Lengerich: Pabst.

HACKER, W., FRITSCHE, B., RICHTER, P. & IWANOWA, A. (1995). Tätigkeitsbewertungssystem (TBS). Verfahren zur Analyse, Bewertung und Gestaltung von Arbeitstätigkeiten. Schriftenreihe Mensch – Technik – Organisation (Hrsg. E. ULICH). Band 7. Zürich: vdf Hochschulverlag AG an der ETH Zürich; Stuttgart: Teubner.

HACKER, W., IWANOWA, A. & RICHTER, P. (1983). Tätigkeits-Bewertungs-System. Berlin: Psychodiagnostisches Zentrum an der Humboldt-Universität.

HACKER, W. & MACHER, F. (1978). Effektivitätssteigernde und persönlichkeitsfördernde projektierende und korrigierende Gestaltung von Arbeitstätigkeiten. In F. MACHER (Hrsg.). Theorie und Praxis der Arbeitswissenschaften. Dresden: Technische Universität, Sektion Arbeitswissenschaft.

HACKER, W. & MATERN, B. (1980). Methoden zum Ermitteln tätigkeitsregulierender kognitiver Prozesse und Repräsentationen bei industriellen Arbeitstätigkeiten. In W. VOLPERT (Hrsg.). Beiträge zur psychologischen Handlungstheorie (S. 29–49). Schriften zur Arbeitspsychologie (Hrsg. E. ULICH), Band 28. Bern: Huber.

HACKER, W. & REINHOLD, S. (1998). Beanspruchungsanalysen bei Pflegetätigkeiten zur Ableitung arbeitsorganisatorischer Verbesserungsmöglichkeiten. *Zeitschrift für Arbeitswissenschaft* 52, 7–14.

HACKER, W. & REINHOLD, S. (1999). Beanspruchungsscreening bei Humandienstleistungen (BHD-System). Frankfurt a.M.: Swets Test Services.

HACKER, W. & RICHTER, P. (1980a). Psychologische Bewertung von Arbeitsgestaltungsmassnahmen – Ziele und Bewertungsmaßstäbe. Spezielle Arbeits- und Ingenieurpsychologie in Einzeldarstellungen (Hrsg. W. HACKER). Lehrtext 1. Berlin: Deutscher Verlag der Wissenschaften.

HACKER, W. & RICHTER, P. (1980b). Psychische Fehlbeanspruchung: Psychische Ermüdung, Monotonie, Sättigung und Stress. Spezielle Arbeits- und Ingenieurpsychologie in Einzeldarstellungen (Hrsg. W. HACKER). Lehrtext 2. Berlin: Deutscher Verlag der Wissenschaften.

HACKER, W. & SACHSE, P. (1995). Konstruieren als Denktätigkeit. In Psychologie des Konstruierens. Forschungsberichte, Band 22. Institut für Allgemeine Psychologie und Methoden der Psychologie. Dresden: Technische Universität.

HACKER, W. & SACHSE. P. (2005). Entwurfstätigkeiten und ihre psychologischen Unterstützungsmöglichkeiten. In U. KONRADT & B. ZIMOLONG (Hrsg.). Enzyklopädie der Psychologie, Serie III, Band 2: Ingenieurpsychologie. Göttingen: Hogrefe.

HACKER, W., SCHRODA, F., RIEMER, S. & ISHIG, A. (2000). Forschungsprojekt Gesundheitsfördernde Arbeitsprozessgestaltung. Projektberichte, Heft 2. Dresden: Institut für Allgemeine Psychologie, Biopsychologie und Methoden der Psychologie der Technischen Universität.

HACKER, W. & SKELL, W. (1993). Lernen in der Arbeit. Berlin: Bundesinstitut für Berufsbildung.

HACKER, W. & VAIC, H. (1973). Psychologische Analyse interindividueller Leistungsdifferenzen als eine Grundlage von Rationalisierungsbeiträgen. In W. HACKER, W. QUAAS, H. RAUM & H.-J. SCHULZ (Hrsg.). Psychologische Arbeitsuntersuchung (S. 109–131). Berlin: Deutscher Verlag der Wissenschaften.

HACKER, W., VON DER WETH, R., ISHIG, A. & G. LUHN (2005). Nutzung von Erfahrungswissen in der Arbeitsgestaltung – Aufgabenbezogener Informationsaustausch bei hochautomatisierten Technologien. *Zeitschrift für Arbeitswissenschaft* 59, 53–60.

HACKMAN, J.R. (1969). Nature of the task as a determiner of job behavior. *Personnel Psychology* 22, 435–444.

HACKMAN, J.R. (1970). Tasks and task performance in research on stress. In J.E. MCGRATH (Ed.). Social and Psychological Factors in Stress (pp. 202–237). New York: Holt, Rinehart & Winston.

HACKMAN, J.R. (Ed.) (1990). Groups That Work (And Those That Don't). San Francisco: Jossey-Bass.

HACKMAN, J.R. & LAWLER, E.E. (1971). Employee reactions to job characteristics. *Journal of Applied Psychology* 55, 269–286.

HACKMAN, J.R. & OLDHAM, G.R. (1975). Development of the Job Diagnostic Survey. *Journal of Applied Psychology* 60, 159–170.

HACKMAN, J.R. & OLDHAM, G.R. (1976). Motivation through the design of work: test of a theory. *Organizational Behaviour and Human Performance* 16, 250–279.

HACKMAN, J.R. & OLDHAM, G.R. (1980). Work Redesign. Reading, Ma.: Addison-Wesley.

HÄFELI, K., KRAFT, U. & SCHALLBERGER, U. (1988). Berufsausbildung und Persönlichkeitsentwicklung. Schriften zur Arbeitspsychologie (Hrsg. E. ULICH). Band 44. Bern: Huber.

HAFEN, U., KÜNZLER, G. & FISCHER, D. (2000). Erfolgreich restrukturieren in KMU. Werkzeuge und Beispiele für eine nachhaltige Veränderung. 2. Auflage. Forschungsberichte für die Unternehmenspraxis (Hrsg. P. SCHÖNSLEBEN). Band 8. Zürich: vdf Hochschulverlag AG an der ETH Zürich.

HAIDER, M. (1962). Ermüdung, Beanspruchung und Leistung. Wien: Deuticke.

HAISCH, J. (2000). Gesundheitspsychologie. In J. STRAUB, A. KOCHINKA & H. WERBIK (Hrsg.). Psychologie in der Praxis. Anwendungs- und Berufsfelder einer modernen Wissenschaft (S. 561–580). München: Deutscher Taschenbuch Verlag.

HAMBORG, K.-C. & GREIF, S. (1999). Heterarchische Aufgabenanalyse (HAA). In H. DUNCKEL (Hrsg). Handbuch psychologischer Arbeitsanalyseverfahren (S. 147–177). Schriftenreihe Mensch – Technik – Organisation (Hrsg. E. ULICH). Band 14. Zürich: vdf Hochschulverlag AG an der ETH Zürich.

HAMBORG, K.-C. & SCHWEPPENHÄUSSER, A. (1991). Expertise: Arbeits- und Softwaregestaltung. Manuskripte, Nr. 64. Düsseldorf: Hans-Böckler-Stiftung.

HAMMER, M. & CHAMPY, J. (1993). Reengineering the Corporation. New York. Deutsche Übersetzung (1994). Business Reengineering. Frankfurt a.M.: Campus.

HAMMER, M. & STANTON, S. (1995). The Reengineering Revolution: a Handbook. New York: Harper Business.

HAMMES, M., WIELAND, R. & WINIZUK, S. (2009). Wuppertaler Gesundheitsindex für Unternehmen (WGU). *Zeitschrift für Arbeitswissenschaft* 63, 303–314.

HAMMOND, J., KOUBEK, R. & HARVEY, C. (2001). Distributed collaboration for engineering design: a review and reappraisal. *Human Factors and Ergonomics in Manufacturing* 11, 35–52.

HANCOCK, P.A., CHIGNELL, M.H. & LOEWENTHAL, A. (1985). An adaptive human-machine system. *IEEE Proceedings of the Intern. Conference on Cybernetics and Society,* 627–630.

HANHART, D. (1964). Arbeiter in der Freizeit. Bern: Huber.

HANSEN, C.D. & ANDERSEN, J.H. (2008). Going ill to work – What personal circumstancess, attitudes and work-related factors are associated with sickness presenreeism? *Social Science and Medicine* 67, 956–964.

HANSEN, C.D. & ANDERSEN, J.H. (2009). Sick at work – a risk factor for long-term sickness absence at a later date? *Journal of Epidemiology and Community Health* 63, 397–402.

HARTZ, P. (1996). Das atmende Unternehmen. Frankfurt a.M.: Campus.

HAVIGHURST, R.J. & FEIGENBAUM, K. (1959). Leisure and life style. *American Journal of Sociology* 64, 396–404.

HEANEY, C.A. & GOETZEL, R.Z. (1997). A Review of Health-related Out-comes of Multicomponent Worksite Health Promotion Programs. *American Journal of Health Promotion* 11 (4), 290–307.

HEBEISEN, W. (1999). F.W. Taylor und der Taylorismus. Über das Wirken und die Lehre Taylors und die Kritik am Taylorismus. Schriftenreihe Mensch – Technik – Organisation (Hrsg. E. ULICH). Band 24. Zürich: vdf Hochschulverlag AG an der ETH Zürich.

HECKER, K. & GRUNWALD, W. (1981). Über die Beziehung zwischen Arbeits- und Freizeitzufriedenheit. *Soziale Welt* 32, 353–368.

HECKHAUSEN, H. (1977). Motiv und Motivation. In T. HERRMANN, P.R. HOFSTÄTTER, H.P. HUBER & F.E. WEINERT (Hrsg.). Handbuch psychologischer Grundbegriffe (S. 296–313). München: Kösel.

HECKHAUSEN, H. (1980). Motivation und Handeln. Berlin: Springer.

HEIJL, P. (1983). Kybernetik 2. Ordnung. Selbstorganisation und Biologismusverdacht. *Die Unternehmung* 37, 41–62.

HEIJL, P. (1984). Towards a theory of social systems: self-organization and self-maintenance, self reference and syn-reference. In H. ULRICH & G. PROBST (Eds.). Self-Organization and Management of Social Systems (pp. 60–78). Berlin: Springer.

HEIL, K. (2000). Gruppenarbeit bei hochmechanisierter Holzernte – Erste Erfahrungen bei THÜRINGENFORST. *Forst und Holz* 55, 263–264.

HEINZE, R. & KEUPP, H. (1997). Gesellschaftliche Bedeutung von Tätigkeiten außerhalb der Erwerbsarbeit. Gutachten für die «Kommission für Zukunftsfragen» der Freistaaten Bayern und Sachsen. München: Institut für Praxisforschung und Projektberatung.

HELLER, F. (1989). The underutilization of competence in British management. In B.J. FALLON, H.P. PFISTER & J. BREBNER (Eds.). Advances in Industrial Organizational Psychology (pp. 47–51). Proceedings of the XXIV. International Congress of Psychology, Sydney 1988, Vol. 5. Amsterdam: Elsevier.

HELLPACH, W. (1922). Sozialpsychologische Analyse des betriebstechnischen Tatbestandes «Gruppenfabrikation». In R. LANG & W. HELLPACH (Hrsg.). Gruppenfabrikation (S. 5–186). Berlin: Springer.

HELLPACH, W. (1928). Prägung. Zwölf Abhandlungen aus Lehre und Leben der Erziehung. Leipzig: Quelle & Meyer.

HEMP, P. (2004). Presenteeism: At Work – But Out of It. *Harvard Business Review* 82 (10), 49–58.

HENGSBACH, F. (1997). Ein neuer Gesellschaftsvertrag in den Zeiten der Globalisierung. In: Jahrbuch Arbeit und Technik 1997 (Hrsg. W. FRICKE). (S. 182–195). Bonn: Dietz.

HERBST, P. (1962). Autonomous Group Functioning. London: Tavistock.

HERBST, P. (1975). The product of work is people. In L.E. DAVIS & A.B. CHERNS (Eds.). The Quality of Working Life, Vol. 1: Problems, Prospects and the State of the Art (pp. 439–442). New York: Free Press.

HERCZEG, M. (1986). Modulare anwendungsneutrale Benutzerschnittstellen. In G. FISCHER & R. GUNZENHÄUSER (Hrsg.). Methoden und Werkzeuge zur Gestaltung benutzergerechter Computersysteme (S. 73–100). Berlin: de Gruyter.

HERRICK, N. & MACCOBY, M. (1975). Humanizing work: a priority goal of the 1970s. In L.E. DAVIS & A. CHERNS (Eds.). The Quality of Working Life. Vol. I: Problems, Prospects and the State of the Art (pp. 63–77). New York: The Free Press.

HERRMANN, G., NAUMANN, W. & HACKER, W. (1973). Studie zur Wirkung unterschiedlicher kognitiver Strategien auf Leistung und Belastung – dargestellt an Bedientätigkeiten. In W. HACKER, K.-P. TIMPE & M. VORWERG (Hrsg.). Arbeits-, ingenieur- und sozialpsychologische Beiträge zur sozialistischen Rationalisierung (S. 115–120). Berlin: Deutscher Verlag der Wissenschaften.

HERRMANN, T. (1976). Lehrbuch der empirischen Persönlichkeitsforschung. Göttingen: Hogrefe.

HERRMANN, T. (1993). Zum Grundlagenwissenschaftsproblem der A&O-Psychologie. In W. BUNGARD & T. HERRMANN (Hrsg.). Arbeits- und Organisationspsychologie im Spannungsfeld zwischen Grundlagenorientierung und Anwendung (S. 167–191). Schriften zur Arbeitspsychologie (Hrsg. E. ULICH). Band 54. Bern: Huber.

HERSCHBACH, P. (1991). Psychische Belastung von Ärzten und Pflegekräften. Weinheim: VCH.

HERTOG, F. DEN (1978). Arbeitsstrukturierung. Schriften zur Arbeitspsychologie (Hrsg. E. ULICH). Band 21. Bern: Huber.

HERZBERG, F. (1968a). One more time: How do you motivate employees? *Harvard Business Review* 46, 53–62.

HERZBERG, F. (1968b). Work and the Nature of Man. London: Staples Press.

HERZBERG, F., MAUSNER, B. & SNYDERMAN, B. (1959). The Motivation to Work. New York: Wiley.

HESSE, R. & OELKER, K. (1986). Zukunftsorientiertes Montagesystem mit automatischen Flurförderzeugen. *REFA-Nachrichten* 39, H. 6, 5–15.

HICKSON, D.J., PUGH, D.S. & PHEYSEY, D.C. (1970). Organization structure: is technology the key? *Personal Management* 2 (2), 21–26.

HIGH LEVEL GROUP (2004). Facing the Challenge. The Lisbon strategy for growth and employment. Luxemburg: Office for Official Publication of the European Communities.

HILBERT, J. & SPERLING, H.J. (1990). Die kleine Fabrik. Beschäftigung, Technik, Arbeitsbeziehungen. Schriftenreihe Industrielle Beziehungen (Hrsg. W. MÜLLER-JENTSCH). Band 2. München: Hampp.

HILDEBRANDT, E. (1981). Der VW-Tarifvertrag zur Lohndifferenzierung. Berlin: Wissenschaftszentrum.

HILL, P. (1971). Towards a New Philosophy of Management. London: Gower.

HILLQUIT, M. (1913). Der utopische Sozialismus und die kommunistischen Versuche in den Vereinigten Staaten Nordamerikas. In K. KAUTSKY (Hrsg.). Vorläufer des neueren Sozialismus. 3. Auflage. Berlin: J.A.W. Dietz Nachf. Abgedruckt unter dem Titel «Utopische Kommunen in USA» in Packpapier, Nr. 8 (o.J.). Münster: Packpapier Versand.

HINRICHS, K. (1995). Arbeitnehmerpräferenzen, betriebliche Interessen und Beschäftigungswirkungen. In R. MARR (Hrsg.). Arbeitszeitmanagement. Grundlagen und Perspektiven der Gestaltung flexibler Arbeitszeitsysteme (S. 77–99). 2. Auflage. Berlin: Schmidt.

HOCHSCHILD, A. (1979). Emotion work, feeling rules and social structure. *American Journal of Sociology* 85, 551–557.

HÖCKER, H. (2000). Öffentlich geförderte Personal- und Organisationsentwicklung als beschäftigungswirksames Instrument – Aspekte des dänischen Jobrotationsmodells. *Zeitschrift für Arbeitswissenschaft* 54, 106–116.

HÖCKER, H. (2001). Arbeitsumverteilung, Qualifizierung, Organisationsentwicklung und Jobrotation in Dänemark. In E. ULICH (Hrsg.). Beschäftigungswirksame Arbeitszeitmodelle. (S. 165–212). Schriftenreihe Mensch – Technik – Organisation (Hrsg. E. ULICH). Band 29. Zürich: vdf Hochschulverlag AG an der ETH Zürich.

HÖPFLINGER, F., BECK, A., GROB, M. & LÜTHI, A. (2006). Arbeit und Karriere: Wie es nach 50 weitergeht. Eine Befragung von Personalverantwortlichen in 804 Schweizer Unternehmen. Zürich: Avenir Suisse.

HOFF, E.H. (1986). Arbeit, Freizeit und Persönlichkeit. Schriften zur Arbeitspsychologie (Hrsg. E. ULICH). Band 42. Bern: Huber.

HOFF, E.-H. (1990). Kontrolle und Moral – Problematische Produkte im Urteil von Arbeitern. In F. FREI & I. UDRIS (Hrsg.). Das Bild der Arbeit (S. 91–106). Bern: Huber.

HOFF, E.H. & HÖRRMANN-LECHER, U. (1992). Vorstellungsmuster zum Verhältnis von Arbeit und Freizeit in unterschiedlichen Berufsbiographien. *Zeitschrift für Arbeits- und Organisationspsychologie* 36, 55–62.

HOFF, E.-H., LEMPERT, W. & LAPPE, L. (1991). Persönlichkeitsentwicklung in Facharbeiterbiographien. Schriften zur Arbeitspsychologie (Hrsg. E. ULICH). Band 50. Bern: Huber.

HOFMEISTER, E. (1982). Mikroelektronik und Arbeitsplätze. In K. MEYER-ABICH & U. STEGER (Hrsg.). Mikroelektronik und Dezentralisierung (S. 111–114). Angewandte Informationsforschung (Hrsg. E. STAUDT). Band 4. Berlin: Schmidt.

HOFSTEDE, G. (1980a). Kultur und Organisation. In E. GROCHLA (Hrsg.). Handwörterbuch der Organisation. 2. Auflage (S. 1168–1182). Stuttgart: Poeschel.

HOFSTEDE, G. (1980b). Culture's Consequences. Beverly Hills: Sage.

HOFSTEDE, G. (1983). The cultural relativity of organizational practices and theories. *Journal of International Business Studies* 14, 75–89.

HOFSTEDE, G. (1997). Cultures and Organizations. Software of the Mind. New York: McGraw-Hill

HOFSTEDE, G., NEUIJEN, B., OHAYV, D. & SANDERS, G. (1990). Measuring organizational cultures: a quantitative and qualitative study across twenty cases. *Administrative Science Quarterly* 35, 286–316.

HOLLNAGEL, E. (1990). Die Komplexität von Mensch-Maschine-Systemen. In C. GRAF HOYOS & B. ZIMOLONG (Hrsg.). Ingenieurpsychologie (S. 31–54). Enzyklopädie der Psychologie, Themenbereich D, Serie III, Band 2. Göttingen: Hogrefe.

HOLTI, R. & STERN, E. (1986). Distance working, origins – diffusion – prospects. Publication No. EUR 10692 EN. Brussels: Commission of the European Communities.

HOMANS, G.C. (1950). The Human Group. New York: Routledge & Kegan Paul.

HOMANS, G.C. (1958). Social behavior as exchange. *American Journal of Sociology* 63, 597–606.

HOMANS, G.C. (1961). Social Behavior: Its Elementary Forms. New York: Harcourt, Brace & World in the United States. *International Labour Review* 122, 479–492.

HORNBERGER, S. & WEISHEIT, J. (1999). Telearbeit und Vereinbarkeit von Beruf und Familie. In A. BÜSSING & H. SEIFERT (Hrsg.). Die «Stechuhr» hat ausgedient (S. 127–145). Berlin: Edition Sigma.

HORT, J. (1978). Fall II: Neue Formen der Arbeitsstrukturierung in der Administration. In: Humanisierung des Arbeitslebens (S. 1–11). Rüschlikon: GDI-Verlag.

HOTZ-HART, B. (1989). Modernisierung von Unternehmen und Industrien bei unterschiedlichen industriellen Beziehungen. Bern: Haupt.

HOTZ-HART, B. (1990). Development in the reorganisation of the Swiss economy: The small and medium-sized enterprise structure as an opportunity and a threat. International Institute for Labour studies. Discussion papers, DP/27/1990.

HOUSE, J.S. & WELLS, J.A. (1978). Occupational stress, social support and health. U.S. Department of Health, Education and Welfare. NIOSH Research Report No. 78–140.

HOYOS, C. GRAF (1980). Psychologische Unfall- und Sicherheitsforschung. Stuttgart: Kohlhammer.

HOYOS, C. GRAF (1987). Verhalten in gefährlichen Arbeitssituationen. In U. KLEINBECK & J. RUTENFRANZ (Hrsg.). Arbeitspsychologie (S. 577–627). Enzyklopädie der Psychologie, Themenbereich D, Serie III, Band 1. Göttingen: Hogrefe.

HOYOS, C. GRAF & RUPPERT, F. (1993). Der Fragebogen zur Sicherheitsdiagnose FSD. Schriften zur Arbeitspsychologie (Hrsg. E. ULICH). Band 53. Bern: Huber.

HULIN, C. (1976). Individuelle Unterschiede. In J. MAHER (Hrsg.). Job Enrichment (S. 176–213). Zürich: Moderne Industrie.

HULIN, E. & BLOOD, M.R. (1968). Job enlargement, individual differences and worker response. *Psychological Bulletin* 69, 41–55.

HUNNICUT, B. (1988). Work without End: Abandoning Shorter Hours for the Right to Work. Philadelphia (zitiert nach Rifkin 1996).

HUNNICUT, B. (o.J.). The Death of Kellog's Six-Hour-Day. University of Iowa (zitiert nach Rifkin 1996).

HUNT, M. (1985). Profiles of Social Research. The Scientific Study of Social Interactions. New York: Russell Sage Foundation. Dtsch. Übers. (1991): Die Praxis der Sozialforschung. Reportagen aus dem Alltag einer Wissenschaft. Frankfurt a.M.: Campus.

HUTCHINSON, S.P. & KINNIE, N.J. (2000). Evolving High Commitment Management and the Experience of the RAC Call Center. *Human Resource Management Journal* 10 (l), 63–78.

IG METALL (2000). Vertrauensarbeitszeit. Reich der Freiheit oder moderne Selbstausbeutung? Grüne Reihe Diskussionsbeiträge zur Tarifarbeit im Betrieb, Nr. 6. Frankfurt a.M.: IG Metall, Abteilung Tarifpolitik.

ILLING, F. (1960). Über eine Untersuchung von Ursachen interindividueller Leistungsunterschiede beim Kreuzspulen von Kunstseide. *Arbeitsökonomik und Arbeitsschutz* (zit. n. NEUBERT 1972).

ILMARINEN, J.E. (2004). Älter werdende Arbeitnehmer und Arbeitnehmerinnen. In M. VON CRANACH, H.-D. SCHNEIDER, R. WINKLER & E. ULICH (Hrsg.). Ältere Menschen im Unternehmen. Chancen, Risiken, Modelle (S. 29–47). Bern: Haupt.

ILMARINEN, J. & TEMPEL, J. (2002). Arbeitsfähigkeit 2010. Was können wir tun, damit Sie gesund bleiben? Herausgegeben von M. GIESERT im Auftrag des DGB-Bildungswerk e.V. Hamburg: VSA-Verlag.

INTERNATIONAL COUNCIL FOR THE QUALITY OF WORKING LIFE (1979). Working on the Quality of Working Life: Developments in Europe. Boston: Martinus Nijhoff.

INTERNATIONAL INSTITUTE OF APPLIED SYSTEMS ANALYSIS (1981). Lessons from Major Accidents: A Comparison of the Three Mile Island Nuclear Overheat and the North Sea Platform Bravo Blowout. IIASA Executive Report No. 6. Laxenburg, Austria.

INVERSINI, S., ULICH, E. & WÜLSER, M. (2008). In A. KRAUSE, H. SCHÜPBACH, E. ULICH & M. WÜLSER (Hrsg.). Arbeitsort Schule. Organisations- und arbeitspsychologische Perspektiven (S. 159–184). Wiesbaden: Gabler.

ISHIG, A., LOOKS, P. & HACKER, W. (2010). Durchführung eines Trainings zum Moderator des Aufgabenbezogenen Informationsaustausches. In F. PIETZCKER & P. LOOKS (Hrsg.). Der Aufgabenbezogene Informationsaustausch – zeitweilige partizipative Gruppenarbeit zur Problemlösung (S. 143–173). Schriftenreihe Mensch – Technik – Organisation, Band 45. Zürich: vdf Hochschulverlag AG an der ETH Zürich.

ISIC, A., DORMANN, C. & ZAPF, D. (1999). Belastungen und Ressourcen an Call Center Arbeitsplätzen. *Zeitschrift für Arbeitswissenschaft* 53, 202–208.

IWANOWA, A. (1981). Untersuchungen zur inneren Struktur und Validität eines Tätigkeitsbewertungssystems. Dissertation, Technische Universität Dresden.

IWANOWA, A. & HACKER, W. (1984). Das Tätigkeitsbewertungssystem. Psychologie und Praxis. *Zeitschrift für Arbeits- und Organisationspsychologie* 28, 57–66.

JACKSON, P. & WIELEN, J. VAN DER (Eds.) (1998). Teleworking: International Perspectives – From Telecommuting to the Virtual Organization. London: Routledge.

JACOBI, U., LULLIES, V. & WELTZ, F. (1980). Textverarbeitung im Büro. Alternativen der Arbeitsgestaltung. Frankfurt a.M.: Campus.

JACOBSON, E. (1932). Electrophysiology of mental activities. *American Journal of Psychology* 44, 677–694.

JAEGER, C., BIERI, L. & DÜRRENBERGER, G. (1987). Telearbeit – von der Fiktion zur Innovation. Reihe Arbeitswelt (Hrsg. A. ALIOTH). Band 4. Zürich: vdf Hochschulverlag.

JAEGER, S. & STAEUBLE, S. (1981). Die Psychotechnik und ihre gesellschaftlichen Entwicklungsbedingungen. In F. STOLL (Hrsg.). Die Psychologie des 20. Jahrhunderts, Band XII «Anwendungen im Berufsleben» (S. 53–94). Zürich: Kindler.

JAHN, F. (2010). Absentismus und Präsentismus – zwei Seiten einer Medaille. In D. WINDEMUTH, D. JUNG & O. PETERMANN (Hrsg.). Praxishandbuch psychische Belastungen (S. 355–363). Wiesbaden: Universum Verlag.

JAHODA, M. (1983). Wieviel Arbeit braucht der Mensch? Arbeit und Arbeitslosigkeit im 20. Jahrhundert. Weinheim: Beltz.

JAHODA, M. (1988). Wirklich Ende der Arbeitsgesellschaft? In L. ROSENMAYR & F. KOLLAND (Hrsg.). Arbeit – Freizeit – Lebenszeit (S. 21–27). Opladen: Westdeutscher Verlag.

JAHODA, M., LAZARSFELD, P. & ZEISEL, H. (1933). Die Arbeitslosen von Marienthal. Ein soziographischer Versuch über die Wirkungen langandauernder Arbeitslosigkeit. Leipzig: Hirzel. Neu herausgegeben 1975. Frankfurt a.M.: Suhrkamp.

JANOWICZ, C., KLEMENT, C. & MUTZ, G. (2000). Corporate volunteering – neue Formen des bürgerlichen Engagements in der Tätigkeitsgesellschaft. *Berliner Debatte INITIAL* 11, 17–26.

JANSSEN, D. & NACHREINER, F. (2004). Flexible Arbeitszeiten. Bremerhaven: Wirtschaftsverlag NW.

JANSSEN, D. & NACHREINER, F. (2005). Auswirkungen flexibler Arbeitszeiten in Abhängigkeit von ihrer Vorhersehbarkeit. In GESELLSCHAFT FÜR ARBEITSWISSENSCHAFT (Hrsg.). Personalmanagement und Arbeitsgestaltung. Bericht zum 51. Kongress der Gesellschaft für Arbeitswissenschaft (S. 305–308). Dortmund: GfA-Press.

JAQUES, E. (1951). The Changing Culture of a Factory. London: Tavistock.

JAQUES, E. (1956). The Measurement of Responsibility. London: Tavistock.

JAUFMANN, D. (1997). Die japanische Arbeitswelt aus der Sicht der Arbeitnehmer. *Gewerkschaftliche Monatshefte* 48, 487–496.

JIMÉNEZ, P. (2006). Arbeitszufriedenheit als Mittlervariable in homöostatischen Feedbackprozessen. Eine kybernetische Perspektive. In L. FISCHER (Hrsg.). Arbeitszufriedenheit. Konzepte und empirische Befunde (S. 160–186). 2. Auflage. Göttingen: Hogrefe.

JOHANNSEN, G. (1990). Fahrzeugführung. In C. GRAF HOYOS & B. ZIMOLONG (Hrsg.). Ingenieurpsychologie (S. 426–454). Enzyklopädie der Psychologie, Themenbereich D, Serie III, Band 2. Göttingen: Hogrefe.

JORDAN, D. (1994). Karrieremobilität in Japan. Bonn/Tokyo: Deutsches Institut für Japanstudien.

JORDAN, N. (1963). Allocation of functions between man and machines in automated systems. *Journal of Applied Psychology* 47, 161–165.

JORISSEN, H.D. (1990). Der Mensch in der Produktion – unverzichtbar. *VDI-Z Entwicklung, Konstruktion, Produktion* 132, Nr. 7, 3.

JÜRGENS, K. (2000). Das Modell Volkswagen – Beschäftigte auf dem Weg in die atmende Fabrik. *Zeitschrift für Arbeitswissenschaft* 54, 89–96.

JÜRGENS, K. (2001). Volkswagen – Exportschlager in Sachen Arbeitszeit? In E. ULICH (Hrsg.). Beschäftigungswirksame Arbeitszeitmodelle (S. 41–63). Schriftenreihe Mensch – Technik – Organisation (Hrsg. E. ULICH). Band 29. Zürich: vdf Hochschulverlag AG an der ETH Zürich.

JÜRGENS, K. & REINECKE, K. (1998). Zwischen Volks- und Kinderwagen. Auswirkungen der 28,8-Stunden-Woche bei der VW AG auf die familiale Lebensführung von Industriearbeitern. Berlin: Edition Sigma.

JÜRGENS, U. (1993). Mythos und Realität von Lean Production in Japan. *Fortschrittliche Betriebsführung* 42, 18–23.

JÜRGENS, U., MALSCH, T. & DOHSE, K. (1989). Moderne Zeiten in der Automobilfabrik. Berlin: Springer.

JUNG, E. (1993). Politische Bildung in Arbeit und Beruf. Europäische Hochschulschriften, Reihe XI, Vol. 554. Frankfurt a.M.: Lang.

JURCZYK, K. (2008). Vereinbarkeit von Beruf und Familie heute – mehr Risiken als Chancen? *Impulse*. Newsletter zur Gesundheitsförderung 3, S. 3–4.

KALBERMATTEN, U. (1982). The Self-Confrontation Interview. Research Reports No. 3. Bern: Psychologisches Institut der Universität.

KALLEBERG, A.L. & MOODY, J.W. (1994). Human resource management and organizational performance. *American Behavioral Scientist* 37, 948–962.

KALLUS, K.W. & UHLIG, Th. (2001). Erholungsforschung: Neue Perspektiven zum Verständnis von Stress. In R.K. SILBEREISEN & M. REITZLE (Hrsg.). Psychologie 2000. Bericht über den 42. Kongress der Deutschen Gesellschaft für Psychologie in Jena, 2000 (S. 364–379). Lengerich: Pabst.

KANNHEISER, W. (1987). Neuere Techniken und organisatorische Bedingungen. In K. SONNTAG (Hrsg.). Arbeitsanalyse und Technikentwicklung (S. 69–85). Köln: Bachem.

KANNHEISER, W. (1990). Methoden der Ingenieurpsychologie. In C. GRAF HOYOS & B. ZIMOLONG (Hrsg.). Ingenieurpsychologie (S. 55–91). Enzyklopädie der Psychologie; Themenbereich D, Serie III, Band 2. Göttingen: Hogrefe.

KANNHEISER, W. (1992). Arbeit und Emotion. München: Quintessenz.

KANTOWITZ, B.H. & SORKIN, R.D. (1987). Allocation of functions. In G. SALVENDY (Ed.). Handbook of Human Factors (pp. 355–369). New York: Wiley.

KARASEK, R.A. (1979). Job demands, job decision latitude and mental strain: implications for job redesign. *Administrative Science Quarterly* 24, 285–308.

KARASEK, R.A. (1990). Lower health risk with increased job control among white collar workers. *Journal of Organizational Behavior* 11, 171–185.

KARSTEN, A. (1928). Psychische Sättigung. *Psychologische Forschung.* 142–158.

KASTENHOLZ, E., LIDÉN, E., MÜHLSIEGL, R. & LEWARK, S. (2000). Vom Konzept zur Umsetzung – das Forschungs- und Entwicklungsprogramm «Teilautonome Gruppen in der Waldarbeit». *Forsttechnische Informationen* 65, 66–70.

KATZ, C. (1992). Psychologische Gestaltung von Büroarbeit. In INSTITUT FÜR ARBEITSPSYCHOLOGIE (Hrsg.). Arbeitspsychologie an der ETH Zürich 1972–1992, eine Zwischenbilanz (S. 71–77). Zürich: Institut für Arbeitspsychologie der ETH.

KATZ, C. & DUELL, W. (1990). Individuelle Telearbeit für Männer: Chance für neue Geschlechtsrollen. In F. FREI & I. UDRIS (Hrsg.). Das Bild der Arbeit (S. 302–314). Bern: Huber.

KATZ, C., RUCH, L., BETSCHART, H. & ULICH, E. (1987). Arbeit im Büro von morgen. Technologie, Organisation, Arbeitsinhalte und Qualifikationsanforderungen. Zürich: Verlag des Schweizerischen Kaufmännischen Verbandes.

KATZ, D. & KAHN, R.L. (1966). The Social Psychology of Organizations. New York: Wiley.

KATZ, R. (1982). The effects of group longevity on project communication and performance. *Administrative Science Quarterly* 27, 81–104.

KATZ, R. & ALLEN, T.J. (1982). Investigating the Not Invented Here (NIH) Syndrome: a look at the performance, tenure and communication patterns of 50 R&D project groups. *R & D Management* 12, 7–19.

KAUFMANN, I., PORNSCHLEGEL, H. & UDRIS, I. (1982). Arbeitsbelastung und Beanspruchung. In L. ZIMMERMANN (Hrsg.). Humane Arbeit – Leitfaden für Arbeitnehmer, Band 5: Belastungen und Stress bei der Arbeit (S. 13–48). Reinbek: Rowohlt.

KELLER, G. (1990). Das Fähnlein der sieben Aufrechten. Stuttgart: Reclam.

KELLER, S. & REUTER, W. (1993). CNCplus – High Tech für den Facharbeiter. *Technische Rundschau* 85, H. 37, 58–61.

KEMPE, M. (1996). Nachwort. In J. RIFKIN. Das Ende der Arbeit und ihre Zukunft (S. 221–244). Frankfurt a.M.: Campus.

KERN, H. & SCHUMANN, M. (1970a). Soziale Voraussetzungen und Folgen des technischen Wandels. In RATIONALISIERUNGSKURATORIUM DER DEUTSCHEN WIRTSCHAFT (Hrsg.). Wirtschaftliche und soziale Aspekte des technischen Wandels in der Bundesrepublik Deutschland, Band I (S. 277–352). Frankfurt a.M.: Europäische Verlagsanstalt.

KERN, H. & SCHUMANN, M. (1970b). Industriearbeit und Arbeiterbewusstsein. Frankfurt a.M.: Europäische Verlagsanstalt.

KERNEN, H. & MEIER, G. (2008). Achtung Burnout! Leistungsfähig und gesund durch Ressourcenmanagement (2. Auflage von «Arbeit als Ressource»). Bern: Haupt.

KERSHAW, D. & FAIR, J. (1976). The New Jersey Income-Maintenance Experiment. Vol. 1. New York: Academic Press.

KETCHUM, G. (1975). A case study of diffusion. In L.E. DAVIS & A.B. CHERNS (Eds.). The Quality of Working Life, Vol. 2 (pp. 138–163). New York: Free Press.

KEYNES, J.M. (1956). Wirtschaftliche Möglichkeiten für unsere Enkelkinder. Deutsche Übersetzung eines 1930 in Nation und Athenäum erschienenen Beitrages. In J.M. KEYNES (1956). Politik und Wirtschaft, Männer und Probleme (S. 263–272). Tübingen: Mohr.

KIESELBACH, T. (1983). Die individuellen und sozialen Kosten von Arbeitslosigkeit. Bremer Beiträge zur Psychologie, Heft 23.

KIESELBACH, T. (2001). Sozialer Konvoi und nachhaltige Beschäftigungsfähigkeit: Perspektiven eines zukünftigen Umgangs mit beruflichen Transitionen. In J. ZEMPEL, J. BACHER & K. MOSER (Hrsg.). Erwerbslosigkeit (S. 381–396). Opladen: Leske und Budrich.

KIESELBACH, T. & KLINK, F. (1997). Interventionen bei Arbeitsplatzverlust und Arbeitslosigkeit. In L. VON ROSENSTIEL, C.M. HOCKEL & W. MOLT (Hrsg.). Handbuch der Angewandten Psychologie, Kap. V, 6.4 (S. 1–16). München: Ecomed.

KIESELBACH, T., WINEFIELD, A.H., BOYD, C. & ANDERSON, S. (Hrsg.) (2006). Unemployment and Health. International and Interdisciplinary Perspectives. Bowen Hills: Australian Academic Press.

KIESER, A. & KUBICEK, H. (1977). Organisation. Berlin: de Gruyter.

KIL, M., LEFFELSEND, S. & METZ-GÖCKEL, H. (2000). Zum Einsatz einer revidierten und erweiterten Fassung des Job Diagnostic Survey im Dienstleistungs- und Verwaltungssektor. *Zeitschrift für Arbeits- und Organisationspsychologie* 44, 115–128.

KIMBERLEY, J.R. (1976). Organizational size and the structuralist perspective: a review, critique and proposal. *Administrative Science Quarterly* 21, 571–957.

KINDERVATER, J. (1980). Zwischen Wollen und Können. *Handling* 11, 9–11.

KIRCHMEYER, C. (1992). Nonwork participation and work attitudes: a test of scarcity vs expansion models of personal resources. *Human Relations* 45, 775–795.

KIRSCH, C. (1993). Die Autonomie von Arbeitsgruppen und Qualitätszirkeln in japanischen Produktionsbetrieben. Zürich: Institut für Arbeitspsychologie der ETH.

KIRSCH, C. (1997). Analyse von Gruppenarbeit in der Fertigung schweizerischer und japanischer Arbeitsgruppen. Unveröffentlichte Dissertation, Universität Potsdam.

KISS, U. & SACHSE, J. (1982). Ergebnisse der Analyse zeitlicher Strukturen von Arbeitstätigkeiten an technologischen Einheiten. Dresden: Technische Universität, Sektion Arbeitswissenschaften: Preprint, 22–12–82.

KIVIMÄKI, M., FERRIE, J.E., SHILEY, M.J., VAHTERA, J. & MARMOT, M. (2004). Organisational justice and change in justice as predictors of employee health: the Whitehall II study. *Journal of Epidemiology and Community Health* 58, 931–937.

KIVIMÄKI, M., HEAD, J., FERRIE, J.E., HEMINGWAY, H., SHIPLEY, J., VAHTERA, J. & MARMOT, M.G. (2005). Working While Ill as a Risk Factor for Serious Coronary Events: The Whitehall II Study. *American Journal of Public Health* 95, 98–102.

KLAUDER, W. (1997). Der Arbeitsmarkt ab dem Jahr 2000 – Chancen und Probleme. *Report Psychologie* 22, 275–285.

KLEINBECK, U. (1987). Gestaltung von Motivationsbedingungen der Arbeit. In U. KLEINBECK & J. RUTENFRANZ (Hrsg.). Arbeitspsychologie (S. 440–492). Enzyklopädie der Psychologie, Themenbereich D, Serie III, Band 1. Göttingen: Hogrefe.

KLEINBECK, U. (1996). Arbeitsmotivation. Entstehung, Wirkung und Förderung. Grundlagentexte Psychologie (Hrsg. M. SADER). München: Juventa.

KLEINBECK, U. & SCHMIDT, K.H. (Hrsg.) (1987). Arbeitspsychologie. Enzyklopädie der Psychologie, Themenbereich D, Serie III, Band 1. Göttingen: Hogrefe.

KLEMENS, S., WIELAND, R. & KRAJEWSKI, J. (2004). Fähigkeits- und führungsbezogene Risikofaktoren in der IT-Branche. In Dokumentation des 50. Arbeitswissenschaftlichen Kongresses vom 24. bis 26. März 2004 in Zürich. Dortmund: GfA-Press.

KLEMP, A.K. & KLEMP, J. (1976). Arbeitszeitverteilung und Freizeitgestaltung. Schriften der Kommission für wirtschaftlichen und sozialen Wandel, Band 39. Göttingen: Schwartz.

KLIMECKI, R.G. (1986). Job Sharing, Ein Managementkonzept zur Dezentralisierung der Arbeitsorganisation. St. Gallen: Hochschule für Wirtschafts- und Sozialwissenschaften.

KLINGENBERG, H. & KRÄNZLE, H.-P. (1987). Humanisierung bringt Gewinn. Band 2: Fertigung und Fertigungssteuerung. Eschborn: Rationalisierungskuratorium der Deutschen Wirtschaft.

KLOTTER, C. (1999). Historische und aktuelle Entwicklungen der Prävention und Gesundheitsförderung – Warum Verhaltensprävention nicht ausreicht. In R. OESTERREICH & W. VOLPERT (Hrsg.). Psychologie gesundheitsgerechter Arbeitsbedingungen. (S. 23–61). Schriften zur Arbeitspsychologie (Hrsg. E. ULICH). Band 59. Bern: Huber.

KNAUTH, P. (2000). Innovative Arbeitszeitgestaltung: Wirtschaftlichkeit und Humanität? *Zeitschrift für Arbeitswissenschaft* 54, 292–299.

KÖHL, E., ESSER, U. & KEMMNER, A. (1989). Die CIM-gerechte Organisation lässt auf sich warten. *Technische Rundschau* 81, H. 10, 14–22.

KÖHL, E., ESSER U., KEMMNER, A. & FÖRSTER, H.-U. (1989). CIM zwischen Anspruch und Wirklichkeit – Erfahrungen, Trends und Perspektiven. Eschborn: RKW; Köln: TÜV Rheinland.

KÖHLER, C., BEHR, M.V., HIRSCH-KREINSEN, H., LUTZ, B., NUBER, C. & SCHULTZ-WILD, R. (1989). Alternativen der Gestaltung von Arbeits- und Personalstrukturen bei rechnerintegrierter Fertigung. In INSTITUT FÜR SOZIALWISSENSCHAFTLICHE FORSCHUNG (Hrsg.). Strategische Optionen der Organisations- und Personalentwicklung bei CIM (S. 3–60). Forschungsbericht KfK-PFT 148. Karlsruhe: Projektträgerschaft Fertigungstechnik.

KÖHLER, O. (1927). Über den Gruppenwirkungsgrad der menschlichen Körperarbeit. *Industrielle Psychotechnik* 4, 209.

KÖHLER, W. (1917). Intelligenzprüfungen an Menschenaffen. (Neuauflage 1973). Berlin: Springer.

KÖNIG, W. (1990). Prozess- und Werkzeugüberwachung als Bestandteil moderner Produktionssysteme. In: Sicherung des spanabhebenden Bearbeitungsprozesses. Tagungsband zur Abschlußpräsentation des Verbundprojektes (S. 3–13). Karlsruhe: Kernforschungszentrum, Projektträger Fertigungstechnik.

KÖTTER, W. (1993). Auf dem Weg zur ÜBERMORGEN AG: Gesamtbetriebliche Aufgabenintegration als CIM-Strategie. In G. CYRANEK & E. ULICH (Hrsg.). CIM – Herausforderung an Mensch, Technik, Organisation (S. 219–229). Schriftenreihe Mensch – Technik – Organisation (Hrsg. E. ULICH). Band 1. Zürich: vdf Hochschulverlag; Stuttgart: Teubner.

KÖTTER, W. & VOLPERT, W. (1993). Arbeitsgestaltung als Arbeitsaufgabe – ein arbeitspsychologischer Beitrag zu einer Theorie der Gestaltung von Arbeit und Technik. *Zeitschrift für Arbeitswissenschaft* 47, 129–140.

KOHFELDT, A, RESCH, H. & SPITZLEY, H. (2001). Beschäftigungsbrücken zwischen Alt und Jung als Positiv-Summen-Spiel. In E. ULICH (Hrsg.). Beschäftigungswirksame Arbeitszeitmodelle. (S. 65–74). Schriftenreihe Mensch – Technik – Organisation (Hrsg. E. Ulich). Band 29. Zürich: vdf Hochschulverlag AG an der ETH Zürich.

KOHN, M.L. (1985). Arbeit und Persönlichkeit: ungelöste Probleme der Forschung. In E.-H. HOFF, L. LAPPE & W. LEMPERT (Hrsg.). Arbeitsbiographie und Persönlichkeitsentwicklung (S. 41–73). Schriften zur Arbeitspsychologie (Hrsg. E. ULICH). Band 40. Bern: Huber.

KOHN, M.L. & SCHOOLER, C. (1973). Occupational experience and psychological functioning. *American Sociological Review* 38, 97–118.

KOHN, M.L. & SCHOOLER, C. (1982). Job conditions and personality. *American Sociological Review* 87, 1257–1286.

KOHN, M.L. & SCHOOLER, C. (1983). Work and Personality. An inquiry into the impact of Social Stratification. Norwood, N.J.: Ablex.

KOJIMA, T. (1995). Die zweite Lean Revolution. Landsberg: Moderne Industrie.

KOLODNY, H., LIU, M., STYMNE, B. & DENIS, H. (1996). New technology and the emerging organizational paradigm. *Human Relations* 49, 1457–1487.

KOMMISSION FÜR ZUKUNFTSFRAGEN DER FREISTAATEN BAYERN UND SACHSEN (1997). Erwerbstätigkeit und Arbeitslosigkeit in Deutschland. Teil III: Maßnahmen zur Verbesserung der Beschäftigungslage. Bonn: Institut für Wirtschaft und Gesellschaft.

KONDRATIEFF, N. (1926). Die langen Wellen der Konjunktur. Archiv für Sozialwissenschaft und Sozialpolitik 56, 573–609.

KONRADT, U. (1992). Analyse von Strategien bei der Störungsdiagnose in der flexibel automatisierten Fertigung. Bochum: Brockmeyer.

KONRADT, U. (2010). Mensch-Computer-Interaktion. In U. KLEINBECK & K.H. SCHMIDT (Hrsg.). Arbeitspsychologie (S. 749–783). Enzyklopädie der Psychologie, Themenbereich D, Serie III, Band 1. Göttingen: Hogrefe.

KONRADT, U. & DRISIS, L. (Hrsg.) (1993). Software-Ergonomie in der Gruppenarbeit. Neue Informationstechnologien und flexible Arbeitssysteme, Band 5. Opladen: Leske und Budrich.

KONRADT, U. & WILM, A. (1999). Gesundheitsförderung an Telearbeitsplätzen: Durchführung von Gesundheitszirkeln. *Zeitschrift für Gesundheitswissenschaft* 7, 267–285.

KONRADT, U. & ZIMOLONG, B. (1993). Arbeitstätigkeiten, Qualifikationsanforderungen und Organisationsformen an CNC-gesteuerten Werkzeugmaschinen und Bearbeitungszentren. *Zeitschrift für Arbeitswissenschaft* 47, 71–78.

KOOPMAN, C., PELLETIER, K.R., MURRAY, J.F., SHARDA, C.E., BERGER, M.L., TURPIN, R.S., HACKLEMAN, P., GIBSON, P., HOLMES, D.M. & BENDEL, T. (2003). Stanford Presenteeism Scale: Health Status and Employee Productivity. *Journal of Occupational and Environmental Medicine* 44, 14–20.

KORNDÖRFER, V. (1985). Qualifikationsanforderungen und Qualifizierung beim Einsatz von Industrierobotern. In K. SONNTAG (Hrsg.). Neue Produktionstechniken und qualifizierte Arbeit (S. 117–137). Köln: Bachem.

KORNHAUSER, A. (1965). Mental Health of the Industrial Worker: a Detroit Study. New York: Wiley.

KOSSAKOWSKI, A. (1977). Zu einigen theoretischen Aspekten der psychischen Tätigkeitsregulation. In A. KOSSAKOWSKI, E.F. KÖPPLER, H. LUDWIG & G. STANNIEDER (Hrsg.). Entwicklung der Handlungsregulation in der kollektiven Tätigkeit (S. 15–39). Berlin: Deutscher Verlag der Wissenschaften.

KOTTHOFF, H. (1981). Betriebsräte und betriebliche Herrschaft. Eine Typologie von Partizipationsmustern im Industriebetrieb. Frankfurt a.M.: Campus.

KOTTHOFF, H. & REINDL, J. (1990). Die soziale Welt kleiner Betriebe. Göttingen: Schwartz.

KOZLOWSKI, S., CHAO, G., SMITH, E. & HEDLUND, J. (1993). Organisational downsizing: Strategies, interventions, and research implications. *International Review of Industrial and Organizational Psychology* 8, 263–332.

KRAEPELIN, E. (1896). Der psychologische Versuch in der Psychiatrie. In E. KRAEPELIN (Hrsg.). *Psychologische Arbeiten,* Band 1, 1–91.

KRAEPELIN, E. (1902). Die Arbeitskurve. *Wundt's Philosophische Studien* 19, 459–507.

KRAEPELIN, E. (1903). Über Ermüdungsmessungen. *Archiv für die Gesamte Psychologie* 1, 9–30.

KRAISS, K.-F. (1989a). Autoritäts- und Aufgabenverteilung Mensch-Rechner in Leitwarten. In GOTTLIEB-DAIMLER- UND KARL-BENZ-STIFTUNG (Hrsg.). 2. Internationales Kolloquium Leitwarten (S. 55–67). Köln: TÜV Rheinland.

KRAISS, K.-F. (1989b). Adaptive User Interfaces in Man Machine Systems. Werthoven (FRG): Research Institute for Human Engineering.

KRAISS, K.-F. (1990). Entscheidungshilfen in hochautomatisierten Systemen. In C. GRAF HOYOS & B. ZIMOLONG (Hrsg.). Ingenieurpsychologie (S. 455–478). Enzyklopädie der Psychologie, Themenbereich D, Serie III, Band 2. Göttingen: Hogrefe.

KRAJEWSKI, J. & WIELAND, R. (2003). Silent Room – die andere Mittagspause im Call Center. *Wirtschaftspsychologie aktuell* 4, 50–53.

KRAJEWSKI, J. & WIELAND, R. (2006). Tiefenentspannungsbasierte Restauration von Beanspruchungszuständen im Arbeits-Erholungszyklus. *Wuppertaler Beiträge zur Arbeits- und Organisationspsychologie* 1, 81–84.

KRAMER I. & BÖDEKER W. (2008). Return on Investment im Kontext der betrieblichen Gesundheitsförderung und Prävention. Die Berechnung des prospektiven Return on Investment: eine Analyse von ökonomischen Modellen. iga-Report 16.

KRAUSE, A., SCHÜPBACH, H., ULICH, E. & WÜLSER, M. (Hrsg.) (2008). Arbeitsort Schule. Organisations- und arbeitspsychologische Perspektiven. Wiesbaden: Gabler.

KRAUSE, E. (1933). Leistungssteigerung durch Arbeitswechsel. *Industrielle Psychotechnik* 10, 97–106.

KREIMEIER, D. (1986). Planungshilfsmittel für die Disposition in teilautonomen Arbeitsgruppen. *Technische Rundschau* 78, H. 3, 29–33.

KRENZLER, G. (1927). Arbeit und Arbeitsfreude. Unveröffentlichte Dissertation, Universität Freiburg.

KROEMER, H. (1968). Die technischen Grundlagen der Automatisierung. In W. ROHMERT (Hrsg.). Arbeitswissenschaft und Automatisierung (S. 7–16). Schriftenreihe Arbeitswissenschaft und Praxis, Band 5. Berlin: Beuth.

KROGOLL, T. (1991). Aufgabenorientiertes Lernen für die Arbeit. *Berufsbildung* 45, H. 11/12, 451–454.

KROGOLL, T. & POHL, W. (1988). CLAUS – ein Lernkonzept für CNC. *Technische Rundschau* 80, H. 12, 18–22.

KROGOLL, T., POHL, W. & WANNER, C. (1988). CNC-Grundlagenausbildung mit dem Konzept CLAUS. Schriftenreihe Humanisierung des Arbeitslebens, Band 94. Frankfurt a.M.: Campus.

KRUSE, A. & PACKEBUSCH, L. (2006). Alter(n)sgerechte Arbeitsgestaltung. In B. ZIMOLONG & U. KONRADT (Hrsg.). Enzyklopädie der Psychologie, Band Ingenieurpsychologie (S. 425–458). Göttingen: Hogrefe.

KUARK, J.K. (1988). Der Informationsaustausch zwischen Operateuren und einer Fertigungsanlage. Nachdiplomarbeit in Mechatronics. Zürich: Institut für Arbeitspsychologie der ETH.

KUARK, J.K. & SCHÜPBACH, H. (1991). Benutzer brauchen Unterstützung und nicht Bevormundung. Systeme zur Fehlerfrüherkennung, Teil 3. *Technische Rundschau* 83, H. 19, 62–68.

KÜLP, B. & MÜLLER, R. (1973). Alternative Verwendungsmöglichkeiten wachsender Freizeit. Schriften der Kommission für wirtschaftlichen und sozialen Wandel, Band 4. Göttingen: Schwartz.

KÜNZLER, C. (2002). Kompetenzförderliche Sicherheitskultur. Ganzheitliche Gestaltung risikoreicher Arbeitssysteme. Schriftenreihe Mensch – Technik – Organisation, Band 36. Zürich: vdf Hochschulverlag AG an der ETH Zürich.

KÜNZLER, C. & GROTE G. (1996). Sicherheitskultur in soziotechnischen Systemen. In G. GROTE & C. KÜNZLER (Hrsg.). Theorie und Praxis der Sicherheitskultur (S. 37–51). Schriftenreihe Polyprojekt Risiko und Sicherheit, Dokumente Nr. 16. Zürich: vdf Hochschulverlag AG an der ETH Zürich.

KÜSGENS, L., VETTER, C. & YOLDAS, B. (2002). Krankheitsbedingte Fehlzeiten in der deutschen Wirtschaft. In B. BADURA, M. LITSCH & C. VETTER (Hrsg.). Fehlzeiten-Report 2001 (S. 257–461). Berlin: Springer.

KUHLMANN, M. (1996). Erfahrungen mit neuen Arbeitsformen in der Automobilindustrie. In R. BAHNMÜLLER & R. SALM (Hrsg.). Intelligenter, nicht härter arbeiten? Gruppenarbeit und betriebliche Gestaltungspolitik (S. 112–139). Hamburg: VSA-Verlag.

KUHN, K. (1996). Zum Stand der betrieblichen Gesundheitsförderung. In U. BRANDENBURG, K. KUHN, B. MARSCHALL & C. VERKOYEN (Hrsg.). Gesundheitsförderung im Betrieb (S. 131–148). Schriftenreihe der Bundesanstalt für Arbeitsschutz, Tagungsbericht Tb74. Bremerhaven: Wirtschaftsverlag NW.

KUHN, K. (2000). Die volkswirtschaftliche Bedeutung von Gesundheitsmanagement. In U. BRANDENBURG, P. NIEDER & B. SUSEN (Hrsg.). Gesundheitsmanagement im Unternehmen. Grundlagen, Konzepte und Evaluation (S. 95–107). Weinheim: Juventa.

KUHN, K. (2003). Rückkehrgespräche statt Gesundheitszirkel – wohin steuert die betriebliche Gesundheitsförderung. Verfügbar unter: http://www.arbeitundgesundheit.de/archiv/betrgf 22000.html (28.11.2003).

KUHN, R. & SPINAS, P. (1979). Einstellungen von Fliessbandarbeitern zu Neuen Formen der Arbeitsgestaltung (NFA). *Zeitschrift für Arbeitswissenschaft* 33, 15–22.

KUHN, R. & SPINAS, P. (1980). Determinanten der Einstellung zu Neuen Formen der Arbeitsgestaltung. BMFT-Forschungsbericht HA 80–020.

LACHER, M. (2000). Gruppenarbeit in der Automobilindustrie – Zwischen Teilautonomie und Neuorientierung. *Arbeit* 9, 133–141.

LACHER, M. (2001). Standardisierung und Gruppenarbeit – ein Gegensatz? *Angewandte Arbeitswissenschaft* 167, 16–29.

LACKOWSKI, A. (1984). Fallstudie 43: Teilzeitarbeit – ein Weg zur Flexibilisierung der Arbeitszeit. In Arbeitszeitverkürzung (S. 143–160). Schriften zur Unternehmensführung (Hrsg. H. JACOB). Band 31. Wiesbaden: Gabler.

LADEMANN, J., MERTESACKER, H. & GEBHARDT, B. (2006). Psychische Erkrankungen im Fokus der Gesundheitsreporte der Krankenkassen. *Psychotherapeutenjournal* 2, 123–129.

LALIVE D'EPINAY, C. (1991). Die Schweizer und ihre Arbeit. Von Gewissheiten der Vergangenheit zu Fragen der Zukunft. Schriftenreihe Arbeitswelt (Hrsg. A. ALIOTH). Band 9. Zürich: vdf Hochschulverlag.

LANDRIGAN, C.P., ROTHSCHILD, J.M. et al. (2004). Effects of Reducing Interns' Work Hours on Serious Medical errors in Intensive Care Units. *The New England Journal of Medicine* 351 (18), 1838–1848.

LANDSBERGIS, P.A., CAHILL, J. & SCHNALL, P. (1999). The Impact of Lean Production and Related New Systems of Work Organization on Worker Health. *Journal of Occupational Health Psychology* 4 (2), 108–130.

LANG, R. & HELLPACH, W. (1922). Gruppenfabrikation. Sozialpsychologische Forschungen des Instituts für Sozialpsychologie an der Technischen Hochschule Karlsruhe, Band I. Berlin: Springer.

LANG-VON-WINS, T., MOHR, G. & VON ROSENSTIEL, L. (2004). Kritische Laufbahnübergänge: Erwerbslosigkeit, Wiedereingliederung und Übergang in den Ruhestand. In H. SCHULER (Hrsg.). Organisationspsychologie – Grundlagen und Personalpsychologie (S. 1113–1189). Enzyklopädie der Psychologie, Themenbereich D, Serie III, Band 3. Göttingen: Hogrefe.

LANTERMANN, E.D. (1991). Zwischen den Fronten? Arbeit und Autonomie der Persönlichkeit. In I. UDRIS & G. GROTE (Hrsg.). Psychologie und Arbeit (S.74–92). Weinheim: Psychologie Verlags Union.

LATNIAK, E. (1999). Erfahrungen mit dem betrieblichen Einsatz arbeitswissenschaftlicher Analyseinstrumente. *Arbeit* 8, 179–196.

LATTMANN, C. (1981). Die verhaltenswissenschaftlichen Grundlagen der Führung des Mitarbeiters. Bern: Haupt.

LAUCHE, K., VERBECK, A. & WEBER, W.G. (1999). Multifunktionale Teams in der Produkt- und Prozessentwicklung. In ZENTRUM FÜR INTEGRIERTE PRODUKTIONSSYSTEME DER ETH ZÜRICH (Hrsg.). Optimierung der Produkt- und Prozessentwicklung (S. 101–118). Zürich: vdf Hochschulverlag AG an der ETH Zürich.

LAUNHARDT, H. (1989). Unveröffentlichte Projektunterlage. Verbundprojekt «Sicherung des spanabhebenden Bearbeitungsprozesses». Zitiert nach SCHÜPBACH (1990b).

LAURIG, W. (1982). Grundzüge der Ergonomie. 2. Auflage. Köln: Beuth.

LAY, G. (1986). Wege aus der Sackgasse der Arbeitsteilung. *Technische Rundschau* 78, H. 34, 12–17.

LAY, G. (1993). Schlankheitskur mit Schönheitsfehlern. Lean Production – Wirkung und Nebenwirkung. *Technische Rundschau* 85, H. 5, 36–39.

LAY, G., KINKEL, S. & JÄGER, A. (2009): Stellhebel für mehr Produktivität. Benchmarking identifiziert Potenziale zur Steigerung der Produktivität. In *Mitteilungen aus der ISI-Erhebung zur Modernisierung der Produktion*, Nr. 48, Karlsruhe.

LAZARUS, R.S. (1966). Psychological Stress and the Coping Process. New York: McGraw-Hill.

LAZARUS, R.S. & FOLKMAN, S. (1984). Stress, Appraisal and Coping. New York: Springer.

LAZARUS, R.S. & LAUNIER, R. (1978). Stress-related transactions between person and environment. In L. PERVIN & M. LEWIS (Eds.). Perspectives in Interactional Psychology (pp. 287–327). New York: Plenum. Deutsche Übersetzung (1981): Stressbezogene Transaktionen zwischen Person und Umwelt. In J.R. NITSCH (Hrsg.). Stress (S. 213–259). Bern: Huber.

LEDER, L. (1996). Arbeits- und organisationspsychologische Aspekte des Simulationseinsatzes. Unveröffentlichte Dissertation, Universität Potsdam.

LEDER, L. (1997). Fallstudie D: Ein Betrieb aus dem Anlagen- und Werkzeugbau. In O. STROHM & E. ULICH (Hrsg.). Unternehmen arbeitspsychologisch bewerten (S. 399–424). Schriftenreihe Mensch – Technik – Organisation (Hrsg. E. ULICH). Band 10. Zürich: vdf Hochschulverlag AG an der ETH Zürich.

LEDER, L. & LOUIS, E. (1993). Zum Stellenwert von Qualifikation und Ökologie in Unternehmen mit rechnerunterstützten integrierten Produktionssystemen. In G. CYRANEK & E. ULICH (Hrsg.). CIM – Herausforderung an Mensch, Technik, Organisation (S. 141–151). Schriftenreihe Mensch – Technik – Organisation (Hrsg. E. ULICH). Band 1. Zürich: vdf Hochschulverlag; Stuttgart: Teubner.

LEHMANN, G. (1962). Praktische Arbeitsphysiologie. 2. Auflage. Stuttgart: Thieme.

LEHMANN, G. & SCHMIDTKE, H. (1961). Probleme der Lohnfindung. In G. LEHMANN (Hrsg.). Arbeitsphysiologie (S. 857–894). Handbuch der gesamten Arbeitsmedizin, Band 1. München: Urban & Schwarzenberg.

LEHNER, F. (1991). Anthropocentric Production Systems. The European Response to Advanced Manufacturing and Globalisation. APS Research Papers, Vol. 4. Bruxelles: Commission of the European Communities, Programme FAST.

LEHNER, F. (1997). Arbeitsorganisation, Innovation und Beschäftigung. In E. FRIELING, H. MARTIN & F. TIKAL (Hrsg.). Neue Ansätze für innovative Produktionsprozesse (S. 2–10). Kassel: Kassel University Press; Zürich: vdf Hochschulverlag AG an der ETH Zürich.

LEHR, U. (1988). Arbeit als Lebenssinn auch im Alter. Positionen einer differentiellen Gerontologie. In L. ROSENMAYR & F. KOLLAND (Hrsg.). Arbeit – Freizeit – Lebenszeit (S. 29–45). Opladen: Westdeutscher Verlag.

LEICHT, R. & STOCKMANN, R. (1993). Die Kleinen ganz gross? *Soziale Welt* 44, 243–274.

LEINERT, S., RÖMER, A. & SACHSE, P. (1999). Externe Unterstützung der Problemanalyse bei entwerfenden Tätigkeiten. *Zeitschrift für Sprache & Kognition* 18, 30–38.

LEITNER, K. (1999a). Psychologische Belastung in der Büroarbeit. Berlin: Mensch & Buch.

LEITNER, K. (1999b). Kriterien und Befunde zu gesundheitsgerechter Arbeit – Was schädigt, was fördert die Gesundheit? In R. OESTERREICH & W. VOLPERT (Hrsg.). Psychologie gesundheitsgerechter Arbeitsbedingungen (S. 63–139). Schriften zur Arbeitspsychologie (Hrsg. E. ULICH). Band 59. Bern: Huber.

LEITNER, K., LÜDERS, E., GREINER, B., DUCKI, A., NIEDERMEIER, R., VOLPERT, W. unter Mitarbeit von OESTERREICH, R., RESCH M.G. & PLEISS, C. (1993). Analyse psychischer Anforderungen und Belastungen in der Büroarbeit. Das RHIA/VERA-Büroverfahren. Handbuch und Manual. Göttingen: Hogrefe.

LEITNER, K. & OESTERREICH, R. (2010). Analyse psychischer Anforderungen und Belastungen in der Büroarbeit. Das RHIA/VERA-Büro-Verfahren. In W. SARGES, H. WOTTAWA & CH. ROOS (Hrsg.). Handbuch wirtschaftspsychologischer Testverfahren, Band II: Organisationspsychologische Instrumente. Lengerich: Pabst.

LEITNER, K. & RESCH, M.G. (2005). Do the effects of job stressors on health persist over time? A longitudinal study with observational measures. *Journal of Occupational Health Psychology*, 10 (1), 18–30.

LEITNER, K., VOLPERT, W., GREINER, B., WEBER, W.G. & HENNES, K., unter Mitarbeit von R. OESTERREICH, M. RESCH & T. KROGOLL (1987). Analyse psychischer Belastung in der Arbeit. Das RHIA-Verfahren. Handbuch sowie Manual mit Antwortblättern. Köln: Verlag TÜV Rheinland.

LENHARDT, U., ELKELES, T. & ROSENBROCK, R. (1997). Betriebsproblem Rückenschmerz. Eine gesundheitswissenschaftliche Bestandsaufnahme zu Verursachung, Verbreitung und Verhütung. Weinheim: Juventa.

LENHARDT, U., ERTEL, M. & MORSCHHÄUSER, M. (2010). Psychische Arbeitsbelastungen in Deutschland: Schwerpunkte – Trends – betriebliche Umgangsweisen. *WSI-Mitteilungen* 63 (7), 335–342.

LENNARTZ, K.D. & ROSE, H. (1992). Flexibel fertigen auf der Basis erfahrungsgeleiteter Arbeit. *VDI-Z* 134, H. 5, 46–54.

LEONI, T. & MAHRINGER, H. (2008). Fehlzeiten-Report 2008. Krankheits- und unfallbedingte Fehlzeiten in Österreich. Wien: Österreichisches Institut für Wirtschaftsforschung.

LEONTJEW, A.N. (1977). Tätigkeit, Bewusstsein, Persönlichkeit. Stuttgart: Klett.

LEONTJEW, A.N. (1979). Tätigkeit, Bewusstsein, Persönlichkeit. Berlin: Volk und Wissen.

LEONTIEF, W. (1983). Den technologischen Schock dämpfen. Interview der *IAO-Nachrichten* 19, No. 4.

LEVI, L. (2002). Würze des Lebens oder Gifthauch des Todes? Magazin Ausgabe 5 – Stress lass nach (S. 11–13). Bilbao: Europäische Agentur für Sicherheit und Gesundheitsschutz am Arbeitsplatz.

LEVINE, J. & BUTLER, J. (1953). Lecture vs. group decision in changing behavior. In D. CARTWRIGHT & A. ZANDER (Eds.). Group Dynamics (pp. 280–286). Evanston, Ill.: Row Peterson.

LEWARK, S., STRÖMQUIST, L., KASTENHOLZ, E. & MEIER, D. (1996). Mit teilautonomen Gruppen zu höherer Effizienz und Qualität der Waldarbeit? *Forsttechnische Informationen* 48, 109–115.

LEWIN, K. (1920). Die Sozialisierung des Taylor-Systems. *Schriftenreihe Praktischer Sozialismus* 4, 3–36.

LEWIN, K. (1926). Untersuchungen zur Handlungs- und Affektpsychologie. *Psychologische Forschung* 7, 295–385.

LEWIN, K. (1928). Die Bedeutung der «psychischen Sättigung» für einige Probleme der Psychotechnik. *Psychotechnische Zeitschrift* 3, 182–188.

LEWIN, K. (1947a). Frontiers in group dynamics I. Concept, method and reality in social science: social equilibria and social change. *Human Relations* 1, 5–41.

LEWIN, K. (1947b). Frontiers in group dynamics II. Channels of group life: social planning and action research. *Human Relations* 1, 142–153.

LEWIN, K. (1953). Studies in group decision. In D. CARTWRIGHT & A. ZANDER (Eds.). Group Dynamics (pp. 287–301). Evanston, Ill.: Row Peterson.

LEWIN, K. (1982). Werkausgabe. Herausgegeben von C.F. GRAUMANN. Band 4: Feldtheorie. Bern: Huber.

LEWIN, K. & RUPP, H. (1928). Untersuchungen zur Textilindustrie. *Psychotechnische Zeitschrift* 3, 8–23 und 51–63.

LICHTE, R. (1989). Modernisierung der Produktionstechnik und soziale Differenzierung. Thesen zur Eisen- und Stahlindustrie (ESI). In L. PRIES, R. SCHMIDT & R. TRINCZEK (Hrsg.). Trends betrieblicher Produktionsmodernisierung. Chancen und Risiken für Industriearbeit. Expertenberichte aus sieben Branchen (S. 383–388). Opladen: Westdeutscher Verlag.

LIKERT, R. (1961). New Patterns of Management. New York: McGraw-Hill. Deutsche Übersetzung (1972): Neue Ansätze der Unternehmensführung. Bern: Haupt.

LINDECKER, J. (1987). Die neuen Herausforderungen in der Fertigungstechnik. *Technische Rundschau* 79, Heft 49, 22–33.

LINDSAY, P. & KNOX, W.E. (1984). Continuity and change in work values among young adults: a longitudinal study. *American Journal of Sociology* 89, 918–931.

LIPMANN, O. (1932). Lehrbuch der Arbeitswissenschaft. Jena: Fischer.

LIU, M., DENIS, H., KOLODNY, H. & STYMNE, B. (1990). Organization design for technological change. *Human Relations* 43, 7–22.

LOCKE, E.A. (1976). The nature and causes of job satisfaction. In M.D. DUNNETTE (Ed.). Handbook of Industrial and Organizational Psychology (pp. 1297–1349). Chicago: Rand McNally.

LOCKE, E.A. & LATHAM, G.P. (2004). What should we do about motivation theory? Six recommendations for the twenty-first century. *Academy of Management Review* 29, 3, 388–403.

LOCKLEY, S.W., CRONIN, J.W. et al. (2004). Effects of Reducing Interns' Weekley Work Hours on Sleep and Attentional Failures. *The New England Journal of Medicine* 351 (18), 1829–1837.

LORSCH, J.W. & LAWRENCE, P.R. (1965). Organizing for product innovation. *Harvard Business Review* 1, 109–122.

LOWE, G. (2003). Healthy Workplaces and Productivity: A Discussion Paper. Prepared for the Economic Analysis and Evaluation Division, Health Canada. Minister of Public Works und Government Services Canada 2003.

LUCZAK, H. (1987). Psychophysiologische Methoden zur Erfassung psychophysischer Beanspruchungszustände. In U. KLEINBECK & J. RUTENFRANZ (Hrsg.). Arbeitspsychologie (S. 185–259). Enzyklopädie der Psychologie, Themenbereich D, Serie III, Band 1. Göttingen: Hogrefe.

LÜBBE, H. (1997). Europäische Arbeitsphilosophie. Vortrag am 43. Kongress der Gesellschaft für Arbeitswissenschaft, Dortmund, 12.–14.3.1997.

LÜDERS, E. (1999). Analyse psychischer Belastungen in der Arbeit: Das RHIA-Verfahren. In H. DUNCKEL (Hrsg.). Handbuch psychologischer Arbeitsanalyseverfahren (S. 365–395). Schriftenreihe Mensch – Technik – Organisation (Hrsg. E. ULICH). Band 14. Zürich: vdf Hochschulverlag AG an der ETH Zürich.

LÜDERS, E. & PLEISS, C. (1999). Werkzeuge gesundheitsgerechter Arbeitsgestaltung – von der Analyse zur Praxis. In R. OESTERREICH & W. VOLPERT (Hrsg.). Psychologie gesundheitsgerechter Arbeitsbedingungen (S. 219–283). Schriften zur Arbeitspsychologie (Hrsg. E. ULICH). Band 59. Bern: Huber.

LÜDERS, E. & RESCH, M. (2000). Gruppenbild mit Dame? Frauen in kooperativen Arbeitsstrukturen. In J. NORDHAUSE-JANZ & U. PEKRUHL (Hrsg.). Arbeiten in neuen Strukturen? Partizipation, Kooperation, Autonomie und Gruppenarbeit in Deutschland (S. 69–101). München: Hampp.

LÜDERS, E., RESCH, M. & WEYERICH, A. (1992). Auswirkungen psychischer Anforderungen und Belastungen in der Erwerbsarbeit auf das ausserbetriebliche Handeln. *Zeitschrift für Arbeits- und Organisationspsychologie* 36, 92–97.

LUNDBERG, G.A., KOMAROVSKY, M. & MCINERY, M.A. (1934). Leisure. A Suburban Study. New York: Columbia University Press.

LUNDBERG, U. (1996). Work, stress and musculoskeletal disorders. In P. ULLSPERGER, M. ERTEL & G. FREUDE (Hrsg.). Occupational Health and Safety Aspects of Stress at Modern Workplaces (S. 66–78). Schriftenreihe der Bundesanstalt für Arbeitsmedizin, Tagungsbericht 11. Bremerhaven: Wirtschaftsverlag.

LUNDBERG, U., KADEFORS, R., MELIN, B., PALMERUD, G., HASSMEN, P., ENGSTRÖM, M. & ELFSBERG DOHNS, I. (1994). Psychophysiological stress and EMG activity of the trapezius muscle. *International Journal of Behavorial Medicine* 1, 354–370.
LUTZ, B. & MOLDASCHL, M. (1989). Expertensysteme und industrielle Facharbeit. Frankfurt a.M.: Campus.
LUTZ, C. (1984). Westeuropa auf dem Weg in die Informationsgesellschaft. Rüschlikon: GDI.
LUTZ, C. (1986). Die Kommunikationsgesellschaft. Rüschlikon: GDI.
LYSINSKI, E. (1923). Psychologie des Betriebes. Berlin: Industrieverlag Spaeth und Linde.

MACCOBY, M. (1989). Warum wir arbeiten. Motivation als Führungsaufgabe. Frankfurt a.M.: Campus.
MACLEOD, G. (1997). From Mondragon to America. Sydney: University College of Cape Breton Press.
MACY, B.A. & IZUMI, H. (1993). Organizational change, design, and work innovation: a meta-analysis of 131 North American field studies – 1961–1991. *Research in Organizational Change and Development* 7, 235–313.
MACY, B.A., HURTS, C.C., IZUMI, H., NORTON, L.W. & SMITH, R.R. (1986). Meta-Analysis of United States Empirical Organizational Change and Work Innovation Field Experiments: Methodology and Preliminary Results. Paper presented at the 46th Annual Meeting of the National Academy of Management. Chicago, August 1986.
MAINTZ, G., ULLSPERGER, P., JUNGHANNS, G. & ERTEL, M. (2000). Psychische Arbeitsbelastung und Prävention von Muskel-Skeletterkrankungen. In LANDESINSTITUT FÜR ARBEITSSCHUTZ UND ARBEITSMEDIZIN POTSDAM (Hrsg.). Tagungsband «Gemeinsam gegen Muskel- und Skeletterkrankungen» (S. 52–57). Multiplikatoren-Kolloquium. Potsdam: Landesinstitut für Arbeitsssschutz und Arbeitsmedizin.
MALIK, F. (1990). Die Unternehmenskultur als Problem von Managementlehre und Managementpraxis. In CH. LATTMANN (Hrsg.). Die Unternehmenskultur (S. 21–39). Heidelberg: Physica.
MAN, H. DE (1927). Der Kampf um die Arbeitsfreude. Jena: Diederichs.
MANKIN, D. (1978). Towards a Post-Industrial Psychology. New York: Wiley.
MANSELL, J. (1980). Dealing with Some Obstacles to Innovation in the Workplace. Toronto: Ontario Quality of Working Life Centre, Occasional Paper No. 1.
MARBE, K. (1926). Praktische Psychologie der Unfälle und Betriebsschäden. München: Oldenbourg.
MARDBERG, B., LUNDBERG, U. & FRANKENHAEUSER, M. (1991). The total workload of male and female white-collar workers: construction of a questionnaire and scoring system. *Scandinavian Journal of Psychology* 32, 233–239.
MARMOT, M., THEORELL, T. & SIEGRIST, J. (2002). Work and Coronary Heart Disease. In S. STANSFELD & M. MARMOT (Eds.). Stress and the heart. Psychosocial pathways to coronary heart disease (pp. 50–71). London: BMJ Books.

MARTI, K. (1986). Flexible Fertigung – wohin? *Management Zeitschrift i.o.* 55, H. 1, 34–36.
MARTIN, E., UDRIS, I., ACKERMANN, U. & OEGERLI, K. (1980). Monotonie in der Industrie. Schriften zur Arbeitspsychologie (Hrsg. E. ULICH). Band 29. Bern: Huber.
MARTIN, H. & ROSE, H. (1990). Erfahrungswissen sichern statt ausschalten. *Technische Rundschau* 82, H. 12, 34–41.
MARTIN, P., WIDMER, H.-J. & LIPPOLD, M. (1986). Ergonomische Gestaltung der Hard- und Software von CAD-Systemen. Kassel: Brüder Grimm.
MARTIN, T., ULICH, E. & WARNECKE, H.-J. (1988). Angemessene Automation für flexible Fertigung. Teil 1: *Werkstattstechnik* 78, 17–23; Teil 2: *Werkstattstechnik* 78, 119–122.
MARTINS, E., PUNDT, A. & NERDINGER, F.W. (2009). Wenn Mitarbeiter nur noch an ihre Arbeit denken: die Schattenseite der Beteiligungskultur? *Wirtschaftspsychologie* 4, 119–121.
MASCHEWSKI, W. (1982). Zur empirischen Einlösbarkeit komplexer sozialwissenschaftlicher Belastungskonzepte. In K.H. ABHOLZ (Hrsg.). Risikofaktorenmedizin – Konzept und Kontroverse (S. 77–86). Berlin: de Gruyter.
MASLOW, A. (1954). Motivation and Personality. New York: Harper & Row.
MASLOW, A. (1965). Eupsychian Management. A Journal. Homewood, Ill.: Irwin Dorsey.
MASLOW, A. (1976). Psychologie des Seins. München: Kindler.
MATERN, B. (1982). Beitrag der Psychologie für die Gestaltung von Trainingsverfahren in der Industrie. *Probleme und Ergebnisse der Psychologie* 80, 51–68.
MATERN, B. (1983). Psychologische Arbeitsanalyse. Spezielle Arbeits- und Ingenieurpsychologie (Hrsg. W. HACKER). Lehrtext 3. Berlin: Deutscher Verlag der Wissenschaften.
MATERN, B., FECHNER, P., LEHMANN, B. & UEBEL, H. (1978). Zur Qualität psychischer Regulationsgrundlagen bei Tätigkeiten des Anlagenfahrens. *Probleme und Ergebnisse der Psychologie* 78, 5–16.
MATERN, B. & HACKER, W. (1986). Erlernen von Arbeitsverfahren. *Psychologie für die Praxis* 1, 25–38.
MAYO, E. (1930). The human effect of mechanization. *Papers and Proceedings of the 42nd Annual Meeting of the American Economic Association.* Vol. XX, Nr. 1, 156–176.
MAYO, E. (1933). Human Problems of an Industrial Civilization. New York: Macmillan.
MCGREGOR, D. (1960). The Human Side of Enterprise. New York: McGraw-Hill. Deutsche Übersetzung (1970): Der Mensch im Unternehmen. Düsseldorf: Econ.
MCKINSEY (1994). Teilen und Gewinnen. Das Potential der flexiblen Arbeitszeitverkürzung. München: McKinsey.
MCKINSEY (1996). Gemeinsam gestalten, Gemeinsam gewinnen. Zürich: McKinsey.
MEISSNER, M. (1971). The long arm of the job: a study of work and leisure. *Industrial Relations* 10, 239–260.
MELIN, B., LUNDBERG, U., SÖDERLUND, J. & GRANQVIST, M. (1999). Psychological and physiological stress reactions of male and female assembly workers: a comparison bet-

ween two different forms of work organization. *Journal of Organizational Behavior* 20, 47–61.

MENDIUS, G., SENGENBERGER, W. & WEIMER, S. (1987). Arbeitskräfteprobleme und Humanisierungspotentiale in Kleinbetrieben. Schriftenreihe Humanisierung des Arbeitslebens (Hrsg. DFVLR/Projektträgerschaft). Band 82. Frankfurt a.M.: Campus.

METZ, A.-M., ROTHE, H.-J. & DEGENER, M. (2001). Belastungsprofile von Beschäftigten in Call Centers. *Zeitschrift für Arbeits- und Organisationspsychologie* 45, 124–135.

MICKLER, O., PELULL, W., WOBBE-OHLENBURG, W., KALMBACH, P., KASISKE, R. & MANSKE, F. (1981). Industrieroboter. Bedingungen und soziale Folgen des Einsatzes neuer Technologien in der Automobilproduktion. Schriftenreihe Humanisierung des Arbeitslebens, Band 13. Frankfurt a.M.: Campus.

MIEG, H.A. & WEHNER, T. (2002). Frei-gemeinnützige Arbeit. Eine Analyse aus Sicht der Arbeits- und Organisationspsychologie. *Harburger Beiträge zur Psychologie und Soziologie der Arbeit*, Nr. 33.

MILLER, E.J. (1959). Technology, territory, and time. *Human Relations* 12, 243–272.

MILLER, E.J. (1975). Sociotechnical systems in weaving, 1953–1970: a followup study. *Human Relations* 28, 349–386.

MITSCHKE, J. (2000). Grundsicherungsmodelle – Ziele, Gestaltung, Wirkungen und Finanzbedarf. Baden-Baden: Nomos.

MITTENECKER, E. (1962). Methoden und Ergebnisse der psychologischen Unfallforschung. Wien: Deuticke.

MODROW-THIEL, B., ROSSMANN, G. & WÄCHTER, H. (1993). Chancen und Barrieren menschengerechter Arbeit in Klein- und Mittelbetrieben. München: Hampp.

MOEDE, W. (1920). Einzel- und Gruppenarbeit. *Zeitschrift für praktische Psychologie* 2, 71–81 und 109–115.

MOEDE, W. (1930). Lehrbuch der Psychotechnik. Berlin: Springer.

MOEDE, W. (1944). Verkehrspsychologie. In N. ACH (Hrsg.). Praktische Psychologie (S. 276–305). Lehrbuch der Psychologie, Band 3, Bamberg: Büchner.

MÖHWALD, U. & ÖLSCHLEGER, H.-D. (1996). Werte- und Einstellungswandel in der japanischen Gesellschaft im Spiegel der Demoskopie. In E. JANSSEN, U. MÖHWALD & H.-D. ÖLSCHLEGER (Hrsg.). Gesellschaften im Umbruch? (S. 121–147). München: Iudicium.

MOHR, G. (2010). Erwerbslosigkeit. In U. KLEINBECK & K.H. SCHMIDT (Hrsg.). Arbeitspsychologie. Enzyklopädie der Psychologie, Themenbereich D, Serie III, Band 1. (S. 471–519). Göttingen: Hogrefe.

MOLDASCHL, M. (2005). Ressourcenorientierte Analyse von Belastung und Bewältigung in der Arbeit. In M. MOLDASCHL (Hrsg.). Immaterielle Ressourcen (S. 243–280). München: Hampp.

MOLDASCHL, M. & WEBER, W.G. (1998). The 'three waves' of industrial group work: historical reflections on current research on group work. *Human Relations* 51, 347–388.

MOLL, T. (1987a). Über Methoden zur Analyse und Evaluation interaktiver Computersysteme. In K.-P. FÄHNRICH (Hrsg.). Software-Ergonomie. State of the Art, Band 5 (S. 179–190). München: Oldenbourg.

MOLL, T. (1987b). On methods of analysis of mental models and the evaluation of interactive computer systems. In M. FRESE, E. ULICH & W. DZIDA (Eds.). Psychological Issues of Human-Computer-Interaction in the Work Place (pp. 403–417). Amsterdam: North-Holland.

MOLL, T. (1989). Unterstützung von Softwarebenutzern: aufgaben- versus systemorientierte Lern- und Arbeitshilfen. Dissertation, Universität Bern.

MOLL, T. (1991). Prozessindustrie setzt auf Qualität und Planung. *Technische Rundschau* 83, H. 31, 40–41.

MOLL, T. & FISCHBACHER, U. (1989a). Über die Verbesserung der Benutzerunterstützung durch ein Online-Tutorial. In S. MAASS & H. OBERQUELLE (Hrsg.). Software-Ergonomie '89: Aufgabenorientierte Systemgestaltung und Funktionalität (S. 223–232). Stuttgart: Teubner.

MOLL, T. & FISCHBACHER, U. (1989b). Online assistance: The development of a help-system and an online tutorial. In G. SALVENDY & M.J. SMITH (Eds.). Designing and Using Human-Computer Interfaces and Knowledge Based Systems (pp. 97–104). Amsterdam: Elsevier.

MOLL, T. & SAUTER, R. (1987). Über den Gebrauch eines kontext-spezifischen Helpsystems. In W. SCHÖPFLUG & M. WITTSTOCK (Hrsg.). Nützen Informationssysteme dem Benutzer? (S. 408–416). Berichte des German Chapter of the ACM, Band 29. Stuttgart: Teubner.

MOLL, T. & ULICH, E. (1988). Einige methodische Fragen in der Analyse von Mensch-Computer-Interaktionen. *Zeitschrift für Arbeitswissenschaft* 42, 70–76.

MORF, M. (1990). The Work/Life Dichotomy. New York: Quorum.

MORF, M. & ALEXANDER, P. (1984). The Electronic Cottage. State-of-the Art-Paper. Office for Research in High Technology Education, University of Tennessee. December 1984.

MORTIMER, J.T. & LORENCE, J. (1979). Occupational experience and the self-concept. A longitudinal study. *Social Psychology Quarterly* 42, 307–323.

MOSKOWITZ, M. & LEVERING, R. (2003). 10 great companies to work for in Europe: Mondragon. *Fortune*, January 7.

MÜLLER-JENTSCH, W. (1990). Vorwort des Herausgebers. In J. HILBERT & H.J. SPERLING (Hrsg.). Die kleine Fabrik (S. 7–8). Schriftenreihe Industrielle Beziehungen (Hrsg. W. MÜLLER-JENTSCH). Band 2. München: Hampp.

MÜNSTERBERG, H. (1912). Psychologie und Wirtschaftsleben. Leipzig: Barth.

MÜNSTERBERG, H. (1914). Grundzüge der Psychotechnik. Leipzig: Barth.

MUSTER, M. (1980). Bericht zum Training in der Arbeitsstruktur Gruppenmontage. In: BARTH, H.-R. et al. (Hrsg.). 1980, 141–212.

MUSTER, M. (1985). Gruppenarbeit in der automatischen Montage. *Der Gewerkschafter* 33, 20–22.

MUTZ, G. (1999). Strukturen einer neuen Arbeitsgesellschaft. *Das Parlament* B 9/99, Beilage aus Politik und Zeitgeschichte, 3–11.

MYERS, J.B. (1986). Veränderungsbereit statt bürokratisch: sich selbst steuernde Teams bei der Shenandoah Life. *Organisationsentwicklung* 2, 45–53.

MYERS, M.S. (1970). Every Employee a Manager. More Meaningful Work through Job Enrichment. New York: McGraw-Hill.

NACHREINER, F. (1984). Psychologische Probleme der Arbeitszeit – Schichtarbeit und ihre psychosozialen Konsequenzen. *Universitas*, 39, 349–356.

NACHREINER, F. (2002). Arbeitszeit und Unfallrisiko. In R. TRIMPOP, B. ZIMOLONG & A. KALVERAM (Hrsg.). Psychologie der Arbeitssicherheit und Gesundheit. Neue Welten – Alte Welten. 11. Workshop (S. 5–16). Heidelberg: Asanger.

NACHREINER, F., JANSSEN, D. & SCHOMANN, C. (2005). Arbeitszeit und Gesundheit – zu gesundheitlichen Effekten längerer Wochenarbeitszeiten. In GESELLSCHAFT FÜR ARBEITSWISSENSCHAFT (Hrsg.). Personalmanagement und Arbeitsgestaltung (S. 337–340). Bericht zum 51. Kongress der Gesellschaft für Arbeitswissenschaft. Dortmund: GfA.

NACHREINER, F. & SCHÜTTE, M. (2005). DIN EN ISO 10075-3 – eine Ergonomie-Norm mit Anforderungen an Verfahren zur Messung psychischer Belastung, Beanspruchung und ihrer Folgen. *Zeitschrift für Arbeits- und Organisationspsychologie* 49, 154–160.

NACHREINER, F., WUCHERPFENNIG, D., ERNST, G. & RUTENFRANZ, J. (1976). Zur Bevorzugung unterschiedlicher vorgegebener Arbeitsstrukturen durch Fliessbandarbeiter. *Zeitschrift für Arbeitswissenschaft* 30, 193–203.

NADLER, A. & FISHER, J.D. (1986). The role of threat to self-esteem and perceived control in recipients reaction to help: theory development and empirical validation. In L. BERKOWITZ (Ed.). Advances in Experimental Social Psychology, Vol. 19, (pp. 81–122). San Diego: Academic Press.

NAEGELE, G. (2004). Verrentungspolitik und Herausforderungen des demografischen Wandels in der Arbeitswelt. Das Beispiel Deutschland. In M. VON CRANACH, H.-D. SCHNEIDER, R. WINKLER & E. ULICH (Hrsg.). Ältere Menschen im Unternehmen. Chancen, Risiken, Modelle (S. 189–219). Bern: Haupt.

NAKABAYASHI, S., TERAMOTO, N., KAWAKITA, K., SHIMODA, M. & KOBO, K. (1986). C & C Satellite Office and network. *NEC Research & Development,* 4, 8–18.

NATIONAL TRANSPORTATION SAFETY BOARD (1983). Marine Accident Report: Capsizing and Linking of the U.S. Mobile Offshore Drilling Unit OCEAN RANGER. Washington, N.J.S.B. (zitiert nach MACCOBY 1989).

NEDESS, CH. & MEYER, S. (2001). Quo vadis Gruppenarbeit? *Angewandte Arbeitswissenschaft* 167, 1–15.

NEFIODOW, L. (2000). Der sechste Kondratieff. 4. Auflage. Sankt Augustin: RheinSieg.

NEUBERGER, O. (1974). Theorien der Arbeitszufriedenheit. Stuttgart: Kohlhammer.

NEUBERGER, O. (1985). Arbeit. In O. NEUBERGER (Hrsg.). Basistexte Personalwesen. Band 5. Stuttgart: Enke.

NEUBERGER, O. & ALLERBECK, M. (1978). Messung und Analyse von Arbeitszufriedenheit. Schriften zur Arbeitspsychologie (Hrsg. E. ULICH). Band 26. Bern: Huber.

NEUBERGER, O. & KOMPA, A. (1987). Wir, die Firma. Weinheim/Basel: Beltz.

NEUBERT, J. (1972). Intellektuelle Prozesse in ihrem Einfluss auf die Genese von Tätigkeitsstrukturen – dargestellt am Beispiel der Fertigung von Drehteilen. In W. SKELL (Hrsg.). Psychologische Analysen von Denkleistungen in der Produktion (S. 101–172). Berlin: Deutscher Verlag der Wissenschaften.

NEUBERT, J. (1980). Aufgabenorientierter Informationsaustausch und individueller Lerngewinn. In W. HACKER & H. RAUM (Hrsg.). Optimierung von kognitiven Arbeitsanforderungen (S. 252–258). Schriften zur Arbeitspsychologie (Hrsg. E. ULICH). Band 32. Bern: Huber.

NEUBERT, J. (1986). Gruppenprozeduren als Innovationsstrategie für Gestaltungslösungen. In: Optimierung geistiger Arbeitstätigkeiten. Referate des V. Dresdner Symposiums zur Arbeits- und Ingenieurpsychologie (S. 113–118). Band 1. Dresden: Technische Universität.

NEUBERT, J. (2010). Nachwort. In F. PIETZCKER & P. LOOKS (Hrsg.). Der Aufgabenbezogene Informationsaustausch – zeitweilige partizipative Gruppenarbeit zur Problemlösung (S. 75–177). Schriftenreihe Mensch – Technik – Organisation, Band 45. Zürich: vdf Hochschulverlag AG an der ETH Zürich.

NEUBERT, J. & TOMCZYK, R. (1981). Aufgabenorientierter Informationsaustausch als Methode der Gestaltung rationeller Arbeitsverfahren. Dissertation (B) und (A); Technische Universität Dresden.

NEUBERT, J. & TOMCZYK, R. (1986). Gruppenverfahren der Arbeitsanalyse und Arbeitsgestaltung. Spezielle Arbeits- und Ingenieurpsychologie in Einzeldarstellungen (Hrsg. W. HACKER). Ergänzungsband 1. Berlin: Deutscher Verlag der Wissenschaften.

NEUENDORFF, H., PETER, G. & WOLF F.O. (Hrsg.) (2009). Arbeit und Freiheit im Widerspruch? Bedingungsloses Grundeinkommen – ein Modell im Meinungsstreit. Hamburg: VSA.

NEULOH, O. (1964). Sozialisation und Schichtarbeit. *Soziale Welt* 15, 50–70.

NIBEL, H. (1987). Subjektive Arbeitsanalyse: Stimmungsbild oder Situationsdiagnose? Diplomarbeit, Universität Tübingen/ETH Zürich (Institut für Arbeitspsychologie der ETH).

NIDO, M., ACKERMANN, K., ULICH, E., TRACHSLER, E. & BRÜGGEN, S. (2008). Arbeitsbedingungen, Belastungen und Ressourcen von Lehrpersonen und Schulleitungen im Kanton Aargau 2008. Ergebnisband und Materialband. Aarau: Departement Bildung, Kultur und Sport.

NIDO, M., WÜLSER, M., ULICH E. & MENDES, M. (2010). Fehlbeanspruchungen bei Humandienstleistungen. Zur Arbeitssituation von ärztlichem Personal und Lehrkräften. In T. RIGOTTI, S. KOREK, & K. OTTO (Hrsg.). Gesund mit und ohne Arbeit (S. 175–188). Lengerich: Pabst.

NILSSON, L. (1995). The Uddevalla plant. Why did it succeed with a holistic approach and why did it come to an end? In A. SANDBERG (Ed.). Enriching Production (pp. 75–86). Avebury: Aldershot.

NIPPA, M. & REICHWALD, R. (1990). Theoretische Grundüberlegungen zur Verkürzung der Durchlaufzeit in der industriellen Entwicklung. In R. REICHWALD & H.J. SCHMELZER (Hrsg.). Durchlaufzeiten in der Entwicklung (S. 65–114). München: Oldenbourg.

NITSCH, J. & UDRIS, I. (1976). Beanspruchung im Sport (Einführung). In J.R. NITSCH & I. UDRIS (Hrsg.). Beanspruchung im Sport (S. 11–14). Schriftenreihe Training und Beanspruchung (Hrsg. E. ULICH). Band 4. Bad Homburg: Limpert.

NITSCH, J. & VOLPERT, W. (1971). Rationalisierung und Beanspruchung – Industrieuntersuchung. In W. ROHMERT, J. RUTENFRANZ & E. ULICH. Das Anlernen sensumotorischer Fertigkeiten (S. 42–71). RATIONALISIERUNGSKURATORIUM DER DEUTSCHEN WIRTSCHAFT (Hrsg.). Wirtschaftliche und soziale Aspekte des technologischen Wandels in der Bundesrepublik Deutschland, Band 7. Frankfurt a.M.: Europäische Verlagsanstalt.

NITSCHE, L. & RICHTER, P. (2003). Tätigkeiten ausserhalb der Erwerbsarbeit. Evaluation des TAURIS-Projektes. Münster: LIT.

NIV, A. & BAR-ON, D. (1992). The Dilemma of Size from a System Learning Perspective: The Case of the Kibbutz. Contemporary Studies in Applied Behavioral Science (Ed. J.A. LEVY). Vol. 6. Greenwich, Connecticut: Jai Press.

NOMURA, M. (1992). Abschied vom Toyotismus bei Toyota? In HANS-BÖCKLER-STIFTUNG/ INDUSTRIEGEWERKSCHAFT METALL (Hrsg.). Lean Production – Kern einer neuen Unternehmenskultur und einer innovativen und sozialen Arbeitsorganisation? (S. 55–63). Baden-Baden: Nomos.

NORDHAUSE-JANZ, J. & PEKRUHL, U. (2000). Managementmoden oder Zukunftskonzepte? Zur Entwicklung von Arbeitsstrukturen und von Gruppenarbeit in Deutschland. In J. NORDHAUSE-JANZ & U. PEKRUHL (Hrsg.). Arbeiten in neuen Strukturen? Partizipation, Kooperation, Autonomie und Gruppenarbeit in Deutschland (S. 13–68). München: Hampp.

NORMENAUSSCHUSS INFORMATIONSVERARBEITUNGSSYSTEME (1988). DIN 66234/Teil 8 Bildschirmarbeitsplätze. Grundsätze ergonomischer Dialoggestaltung. Berlin: Beuth.

NOTZ, G. (2000). Der Dritte Sektor und die geschlechtshierarchische Arbeitsteilung. *Widersprüche* 20, 57–70.

OBERHOLZER-GEE, F. & BOHNERT, I. (2000). Leistungslohn als Motivations- und Selektionsinstrument. In B.S. FREY & M. OSTERLOH (Hrsg.). Managing Motivation (S. 135–159). Wiesbaden: Gabler.

OBERQUELLE, H. (Hrsg.) (1991). Kooperative Arbeit und Computerunterstützung. Arbeit und Technik (Hrsg. M. FRESE & H. OBERQUELLE). Band 1. Göttingen: Verlag für Angewandte Psychologie.

OEHLKE, P. (2000). Eine arbeitspolitische Positionsbestimmung in europäischer Perspektive. Zur wachsenden Bedeutung europäischer Förderaktivitäten. *SWI-Mitteilungen* 53,157–167.

OESTERREICH, R. (1981). Handlungsregulation und Kontrolle. München: Urban und Schwarzenberg.

OESTERREICH, R. (1984). Zur Analyse von Planungs- und Denkprozessen in der Produktion. Das Arbeitsanalyseinstrument VERA. *Diagnostica* 30, 216–234.

OESTERREICH, R. (1987). Handlungsregulationstheorie. Kurseinheit im Kurs «Handlungspsychologie». Hagen: Fernuniversität.

OESTERREICH, R. (1999a). Konzepte zu Arbeitsbedingungen und Gesundheit. Fünf Erklärungsmodelle im Vergleich. In R. OESTERREICH & W. VOLPERT (Hrsg.). Psychologie gesundheitsgerechter Arbeitsbedingungen. Konzepte, Ergebnisse und Werkzeuge zur Arbeitsgestaltung (S. 141–215). Schriften zur Arbeitspsychologie, Band 59. Huber: Bern.

OESTERREICH, R. (1999b). VERA: Verfahren zur Ermittlung von Regulationserfordernissen. In H. DUNCKEL (Hrsg.). Handbuch psychologischer Arbeitsanalyseverfahren (S. 539–557). Schriftenreihe Mensch – Technik – Organisation (Hrsg. E. ULICH). Band 14. Zürich: vdf Hochschulverlag AG an der ETH Zürich.

OESTERREICH, R. (2005). Standards für Untersuchungsinstrumente zu psychischer Belastung und Beanspruchung in der ISO 10075-3 und Standards in der Wissenschaft. *Zeitschrift für Arbeits- und Organisationspsychologie* 49, 149–153.

OESTERREICH, R. & GEISSLER, H. (2002). Objective psychological stress factors – model and measurement. In C. WEIKERT, E. TORKELSON & J. PRYCE (Hrsg.). Occupational health psychology. Empowerment, participation and health at work (S. 140–143). Nottingham: I-WHO Publications.

OESTERREICH, R. & GEISSLER, H. (2003). Anhang II: Objective Psychological Stress Factors – Model and Measurement. In M. RESCH, H. DUNCKEL, R. OESTERREICH, K. LEITNER, E. ULICH, W. WEBER & H. GEISSLER (Hrsg.). Objektive Stress Analyse (OSA) (S. 6–9). Projektskizze März 2003.

OESTERREICH, R., LEITNER, K. & RESCH M. (2000). Analyse psychischer Anforderungen und Belastungen in der Produktion. Das Verfahren RHIA/VERA-Produktion. Handbuch und Manual. Göttingen: Hogrefe.

OESTERREICH, R. & VOLPERT, W. (1987). Handlungstheoretisch orientierte Arbeitsanalyse. In U. KLEINBECK & J. RUTENFRANZ (Hrsg.). Arbeitspsychologie (S. 43–73). Enzyklopädie der Psychologie, Themenbereich D, Serie III, Band 1. Göttingen: Hogrefe.

OESTERREICH, R. & VOLPERT, W. (Hrsg.) (1991). VERA Version 2. Teil I: Handbuch, Teil II: Manual. Berlin: Institut für Humanwissenschaft in Arbeit und Ausbildung der Technischen Universität.

OESTERREICH, R. & VOLPERT, W. (Hrsg.) (1999). Psychologie gesundheitsgerechter Arbeitsbedingungen. Konzepte, Ergebnisse und Werkzeuge zur Arbeitsgestaltung. Schriften zur Arbeitspsychologie (Hrsg. E. ULICH). Band 59. Bern: Huber.

OFFE, C. (1984) (Hrsg.). «Arbeitsgesellschaft»: Strukturprobleme und Zukunftsperspektiven. Frankfurt a.M.: Campus.

OFFE, C. (1997). Was tun mit dem «Überangebot» an Arbeitskraft? *Gewerkschaftliche Monatshefte* 48, 239–243.

OFFE, C. & HEINZE, R.G. (1990). Organisierte Eigenarbeit. Das Modell Kooperationsring Frankfurt a.M.: Campus.

OLMSTED, B. (1983). Changing times: the use of reduced work time options in the United States. *International Labour Review* 122, 479–492.

OLSON, M.H. & PRIMPS, S.B. (1984). Working at home with computers: Work and nonwork issues. *Journal of Social Issues* 40, 97–112.

ORENDI, B. (1982). Überlegungen zu einem psychologischen Stresskonzept. Dissertation, Universität Bern.

ORENDI, B. (1990). Sozialzeit statt Arbeitszeit und Freizeit? In F. FREI & I. UDRIS (Hrsg.). Das Bild der Arbeit (S. 329–340). Bern: Huber.

ORENDI, B. & ULICH, E. (1979). Arbeitspapier zum Zwischenbericht, 1.9.1979. Forschungsprojekt S 23: Arbeitsorganisation – menschengerechte Arbeitswelt. Wien: Technische Universität.

OSCHANIN, D.A. (1976). Dynamisches operatives Abbild und konzeptionelles Modell. *Probleme und Ergebnisse der Psychologie,* Heft 59, 37–48.

OVSIANKINA, M. (1928). Die Wiederaufnahme unterbrochener Handlungen. *Psychologische Forschung* 11, 302–379.

OWEN, J.D. (1989). Reduced Working Hours. Cure for Unemployment or Economic Burden? Baltimore: The Johns Hopkins University Press.

OWENS, W.A. (1953). Age and mental abilities: a longitudinal study. *Genetic Psychology Monographs* 48, 3–54.

OWENS, W.A. (1966). Age and mental abilities: a second follow-up. *Journal of Educational Psychology* 57, 311–325.

PAETAU, M. (1984). Arbeitswissenschaftliche Bewertung der Mensch-Maschine-Kommunikation auf dem Prüfstand. *Office Management* 32, 1198–1203.

PAETAU, M. & PIEPER, M. (1985). Differentiell-dynamische Gestaltung der Mensch-Maschine-Kommunikation. In H.J. BULLINGER (Hrsg.). Software-Ergonomie '85: Mensch-Computer-Interaktion (S. 316–324). Berichte des German Chapter of the ACM, Band 24. Stuttgart: Teubner.

PAPERT, S. (1982). Mindstorms. Kinder, Computer und Neues Lernen. Basel: Birkhäuser.

PARKER, S.K. & WALL, T.D. (1998). Job and work design: Organizing work to promote well-being and effectiveness. San Francisco: Sage.

PARKER, S.K., WALL, T.D. & CORDERY, J.L. (2001). Future work design research and practice: Towards an elaborated model of work design. *Journal of Occupational and Organizational Psychology* 74, 413–440.

PARDO ESCHER, O. (1997a). Methodische Grundlagen der MTO-Analyse. In O. STROHM & E. ULICH (Hrsg.). Unternehmen arbeitspsychologisch bewerten (S. 39–69). Schriftenreihe Mensch – Technik – Organisation (Hrsg. E. ULICH). Band 10. Zürich: vdf Hochschulverlag AG an der ETH Zürich.

PARDO ESCHER, O. (1997b). Fallstudie C: Ein Zulieferbetrieb für mechanische Bearbeitung und Elektrofertigung. In O. STROHM & E. ULICH (Hrsg.). Unternehmen arbeitspsychologisch bewerten (S. 371–398). Schriftenreihe Mensch – Technik – Organisation (Hrsg. E. ULICH). Band 10. Zürich: vdf Hochschulverlag AG an der ETH Zürich.

PARDO ESCHER, O., LEDER, L. & TROXLER, P. (1997). Analyse und Bewertung auf der Ebene des Unternehmens. In O. STROHM & E. ULICH (Hrsg.). Unternehmen arbeitspsychologisch bewerten (S. 71–106). Schriftenreihe Mensch – Technik – Organisation (Hrsg. E. ULICH). Band 10. Zürich: vdf Hochschulverlag AG an der ETH Zürich.

PATTERSON, M.G., WEST, M.A., LAWTHOM, R. & NICKELL, S. (1998). Impact of People Management Practices on Business Performance. Issues in People Management, No. 22. 2nd ed. London: IPD House.

PAUL, P.J., ROBERTSON, K.B. & HERZBERG, F. (1969). Job enrichment pays off. *Harvard Business Review* 47, 61–78.

PAULUS, P. & SCHUMACHER L. (2008). Gute gesunde Schule – Lehrergesundheit als zentrale Ressource. In A. KRAUSE, H. SCHÜPBACH, E. ULICH & M. WÜLSER (Hrsg.). Arbeitsort Schule. Organisations- und arbeitspsychologische Perspektiven (S. 133–158). Wiesbaden: Gabler.

PECCEI, A. (1983). Einführung. In: Der Weg ins 21. Jahrhundert (S. 7–20). Berichte an den Club of Rome. München: Molden/Seewald.

Literaturverzeichnis

PEDERSEN, J.S. (1987). Organizational Cultures within the Computing Field. Reflections on Schein's Model of Culture. CHIPS Working Paper 1987–2. Copenhagen: Institute of Organisation and Industrial Sociology/Institute of Industrial Research and Social Development, Copenhagen School of Economics and Social Science.

PEKRUHL, U. (2000). Macht Gruppenarbeit glücklich? Arbeitsstrukturen, Belastungssituation und Arbeitszufriedenheit von Beschäftigten. In J. NORDHAUSE-JANZ & U. PEKRUHL (Hrsg.). Arbeiten in neuen Strukturen? Partizipation, Kooperation, Autonomie und Gruppenarbeit in Deutschland (S. 173–201). München: Hampp.

PEKRUN, R. & FRESE, M. (1992). Emotions in work and achievement. In C.L. COOPER & I.T. ROBERTSON (Eds.). *International Review of Industrial and Organisational Psychology,* Vol. 7, 153–200.

PELLETIER, K.R. (2001). A Review and Analysis of the Clinical- and Cost-effectiveness Studies of Comprehensive Health Promotion and Disease Management Programs at the Worksite: 1998–2000 Update. *American Journal of Health Promotion,* 16 (2), 107–116.

PELZ, D. (1956). Some social factors related to performance in a research organisation. *Administrative Science Quarterly* 1, 310–325.

PERROW, C. (1989). Normale Katastrophen. Die unvermeidbaren Risiken der Grosstechnik. Reihe Campus, Band 1028. Frankfurt a.M.: Campus.

PETER, G. (2001). Einführung I. In W.R. HEINZ, H. KOTTHOFF, & G. PETER (Hrsg.). Beratung ohne Forschung – Forschung ohne Beratung? (S. 9–17). Dortmunder Beiträge zur Sozial- und Gesellschaftspolitik (Hrsg. G. NAEGELE & G. PETER). Band 32. Münster: LIT.

PETER, R., GEISSLER, H. & SIEGRIST, J. (1998). Associations of effort-reward imbalance at work and reported symptoms in different groups of male and female public transport workers. *Stress medicine* 14, 175–182.

PETER, S. (2001). Sociotechnical Systems Design in Hospitals. Paper presented at the 9th Conference on Human-Computer Interaction (HCI International 2001). New Orleans, Louisiana.

PETER, S. (2003). Werteorientierte Arbeitsgestaltung am Beispiel von Arbeitszeiten: Struktur und Konsequenzen arbeits- und lebensbezogener Werte im Kontext unterschiedlicher Arbeitsbedingungen. Dissertation, Universität Potsdam.

PETER, S. (2004). Nicht-erfüllte Werte, emotional erschöpfte Ärztinnen und Ärzte: kann differentielle Arbeitsgestaltung zur Minderung der Arbeitszeitproblematik beitragen? *Zeitschrift für Arbeitswissenschaft* 58, 178–187.

PETER, S. & C. DANGEL (2005). Massnahmenevaluation Projekt «hot». Gesamtbericht. Interner Bericht. Zürich: Institut für Arbeitsforschung und Organisationsberatung der ETH.

PETER, S., PORTMANN, N. & ULICH, E. (2001). Beschäftigungswirksame Arbeitszeitmodelle – Evaluation des Solidaritätsmodells bei der Post. In E. ULICH (Hrsg.). Beschäftigungswirksame Arbeitszeitmodelle. (S. 87–108). Schriftenreihe Mensch – Technik – Organisation (Hrsg. E. ULICH). Band 29. Zürich: vdf Hochschulverlag AG an der ETH Zürich.

PETER, S. & STROHM, O. (2001). Beschäftigungswirksame Arbeitszeitmodelle – Erfahrungen aus dem Gesundheitsbereich. In E. ULICH (Hrsg.). Beschäftigungswirksame Arbeitszeitmodelle. (S. 129–164). Schriftenreihe Mensch – Technik – Organisation (Hrsg. E. ULICH). Band 29. Zürich: vdf Hochschulverlag AG an der ETH Zürich.

PETER, S. & ULICH, E. (2003). Analyse der Arbeitssituation von Assistenz- und Oberärztinnen und -ärzten: Erfahrungen aus zwei Projekten. In E. ULICH (Hrsg.). Arbeitspsychologie in Krankenhaus und Arztpraxis. Bern: Huber.

PETER, S., ULICH, E. & INVERSINI, S. (2008). Analyse und Optimierung der Arbeits(zeit)situation von Assistenz- und Oberärztinnen und -ärzten: Erfahrungen aus zwei Projekten. In IAFOB (Hrsg.). Unternehmensgestaltung im Spannungsfeld von Stabilität und Wandel (S. 257–273). Zürich: vdf Hochschulverlag AG an der ETH Zürich.

PETERS, K. (2001). Die neue Autonomie in der Arbeit. In W. GLISSMANN & K. PETERS (Hrsg.). Mehr Druck durch mehr Freiheit. Die neue Autonomie in der Arbeit und ihre paradoxen Folgen (S. 18–40). Hamburg: VSA.

PETERS, K., SIEMENS, S. & GLISSMANN, W. (1999). Meine Zeit ist mein Leben. Neue betriebspolitische Erfahrungen zur Arbeitszeit. *Denkanstösse – IG Metaller in der IBM.* Sonderheft. Frankfurt a.M.: IG Metall Vorstand.

PETERS, T.J. (1985). The other half of the message. *New Management* 2, 14–17.

PETERS, T.J. & WATERMAN, R.H. (1982). In Search of Excellence, New York: Harper & Row. Deutsche Übersetzung (1983). Auf der Suche nach Spitzenleistungen. Landsberg: Moderne Industrie.

PETTIGREW, A. (1973). The Politics of Organizational Decision Making. London: Tavistock.

PFAFF, H. (1989). Stressbewältigung und soziale Unterstützung. Zur sozialen Regulierung individuellen Wohlbefindens. Weinheim: Deutscher Studien Verlag.

PICKSHAUS, K. (2000). Der Arbeit wieder ein Mass geben. In R. WIELAND & K. SCHERRER (Hrsg.). Arbeitswelten von morgen (S. 86–93). Wiesbaden: Westdeutscher Verlag.

PICKSHAUS, K. & SPIEKER, H. (2009). Beschäftigungsfähigkeit entwickeln und erhalten – Ansprüche aus gewerkschaftlicher Sicht. *Zeitschrift für Arbeitswissenschaft* 63, 285–290.

PIETZCKER, F. & LOOKS, P. (Hrsg.) (2010). Der Aufgabenbezogene Informationsaustausch – zeitweilige partizipative Gruppenarbeit zur Problemlösung. Schriftenreihe Mensch – Technik – Organisation, Band 45. Zürich: vdf Hochschulverlag AG an der ETH Zürich.

PILETTE, P.C. (2005b). Presenteeism & Productivity: Two Reasons Employee Assistance Programs Make Good Business Cents. *Annals of the American Psychotherapy Association*, Vol. 8.

PILETTE P.C. (2005a). Presenteeism in nursing: a clear and present danger to Productivity. *Journal of Nursing Administration* 35 (6), 300–303.

PIORE, M.J. & SABEL, C.F. (1985). Das Ende der Massenproduktion. Studie über die Requalifizierung der Arbeit und die Rückkehr der Ökonomie in die Gesellschaft. Berlin: Wagenbach.

PLATH, H.-E. (1980). Tätigkeitsanforderungen und Beanspruchungsfolgen bei Arbeitsmitteln unterschiedlicher Technisierungsstufen und verschiedenen Graden innerbetrieblicher Arbeitsteilung. In W. HACKER & H. RAUM (Hrsg.). Optimierung von kognitiven Arbeitsanforderungen (S. 144–155). Schriften zur Arbeitspsychologie (Hrsg. E. ULICH). Band 32. Bern: Huber.

PLATH, H.-E. & RICHTER, P. (1978). Der BMS I-Erfassungsbogen – ein Verfahren zur skalierten Erfassung erlebter Beanspruchungsfolgen. *Probleme und Ergebnisse der Psychologie* 65, 45–85.

PLATH, H.-E. & RICHTER, P. (1984). Ermüdung, Monotonie, Sättigung, Stress (BMS II). Verfahren zur skalierten Erfassung erlebter Beanspruchungsfolgen. Berlin: Psychodiagnostisches Zentrum an der Humboldt-Universität.

PLEITNER, H. (1981). Die Arbeitszufriedenheit von Unternehmern und Mitarbeitern in gewerblichen Betrieben. Berlin: Duncker und Humblot.

POFFENBERGER, A.T. (1927). Applied Psychology. Its Principles and Methods. New York: Appleton.

POHLANDT, A. (1996). Hilfsmittel zur Gestaltung von produktiven und sozialverträglichen Arbeitsaufgaben und -organisationsformen. In W. HACKER (Hrsg.). Erwerbsarbeit der Zukunft – auch für «Ältere»? (S. 43–58). Schriftenreihe Mensch – Technik – Organisation (Hrsg. E. ULICH). Band 9. Zürich: vdf Hochschulverlag AG an der ETH Zürich.

POHLANDT, A., HACKER, W. & RICHTER, P. (1999). Tätigkeitsbewertungssystem (TBS). In H. DUNCKEL (Hrsg.). Handbuch psychologischer Arbeitsanalyseverfahren (S. 515–538). Schriftenreihe Mensch – Technik – Organisation (Hrsg. E. ULICH). Band 14. Zürich: vdf Hochschulverlag AG an der ETH Zürich.

POHLANDT, A., JORDAN, P., REHNISCH, G. & RICHTER, P. (1996). REBA – ein rechnergestüztes Verfahren für die psychologische Arbeitsbewertung und -gestaltung. *Zeitschrift für Arbeits- und Organisationspsychologie* 40, 63–74.

POHLANDT, A., RICHTER, P., JORDAN, P. & SCHULZE, F. (1999). Rechnergestütztes Dialogverfahren zur psychologischen Bewertung von Arbeitsinhalten (REBA). In H. DUNCKEL (Hrsg.). Handbuch psychologischer Arbeitsanalyseverfahren (S. 341–363). Schriftenreihe Mensch – Technik – Organisation (Hrsg. E. ULICH). Band 14. Zürich: vdf Hochschulverlag AG an der ETH Zürich.

PONGRATZ, H.J. & VOSS, G.G. (2003). Arbeitskraftunternehmer – Erwerbsorientierungen in entgrenzten Arbeitsformen. Berlin: Edition Sigma.

PONTUSSON, J. (1990). The politics of new technology and job redesign: a comparison of Volvo and British Leyland. *Economic and Industrial Democracy* 11, 311–336.

PRITCHARD, R.D. (1969). Equity theory: a review and critique. *Organizational Behavior and Human Performance* 4, 176–211.
PROMBERGER, M., ROSDÜCHER, J., SEIFERT, H. & TRINCZEK, R. (1996a). Beschäftigungssicherung durch Arbeitszeitverkürzung. Berlin: Edition Sigma.
PROMBERGER, M., ROSDÜCHER, J., SEIFERT, H. & TRINCZEK, R. (1996b). Akzeptanzprobleme beschäftigungssichernder Arbeitszeitverkürzungen. Empirische Evidenz zweier Beschäftigungsbefragungen bei der Volkswagen AG und der Ruhrkohle AG. *Mitteilungen aus der Arbeitsmarkt- und Berufsforschung* 29, 203–218.
PROMBERGER, M., ROSDÜCHER, J., SEIFERT, H. & TRINCZEK, R. (1997). Weniger Geld, kürzere Arbeitzeit, sichere Jobs? Soziale und ökonomische Folgen beschäftigungssichernder Arbeitzeitverkürzungen. Berlin: Edition Sigma.
PROMBERGER, M. & TRINCZEK, R. (1995). Beschäftigtenbefragung bei der VW AG zur 28,8h-Woche. Ergebnisse einer ersten Grobauswertung. Erlangen-Nürnberg: Institut für Soziologie der Universität.
PUGH, D.S., HICKSON, D.J. & HININGS, C.R. (1969). An empirical taxonomy of structures of work organizations. *Administrative Science Quarterly* 14, 115–126.
PUGH, D.S., HICKSON, D.J., HININGS, C.R. & TURNER, C. (1968). Dimensions of organization structure. *Administrative Science Quarterly* 13, 65–105.
PUGH, D.S., HICKSON, D.J., HININGS, C.R. & TURNER, C. (1969). The context of organization structures. *Administrative Science Quarterly* 14, 91–115.

QUAAS, W. (1965). Die Untersuchung inter- und intraindividueller Leistungsdifferenzen, dargestellt am Beispiel des Schärens von Kupferkunstseide. *Probleme und Ergebnisse der Psychologie* 15, 7–38.
QUAAS, W. (1976). Unterschiede in der kognitiven Aufgabenbewältigung als Ursache bei Arbeitstätigkeiten. In W. HACKER (Hrsg.). Psychische Regulation von Arbeitstätigkeiten (S. 142–151). Berlin: Deutscher Verlag der Wissenschaften.
QUINN, J.B. (1985). Innovationsmanagement: Das kontrollierte Chaos. *Harvardmanager* 7, H. 4, 24–32.

RAEITHEL, A. (1989). Kommunikation als gegenständliche Tätigkeit. In C. KNOBLOCH (Hrsg.). Kognition und Kommunikation (S. 29–70). Münster: Nodus.
RAEITHEL, A. (1991). Zur Ethnographie der kooperativen Arbeit. In H. OBERQUELLE (Hrsg.). Kooperative Arbeit und Computerunterstützung (S. 99–111). Göttingen: Verlag für Angewandte Psychologie.
RAFFERTY, J. & TAPSELL, J. (2001). Self-managed work teams and manufacturing strategies: cultural influences in the search for team effectiveness and competitive advantage. *Human Factors and Ergonomics in Manufacturing* 11, 19–34.

RASMUSSEN, J. (1983). Skills, rules, knowledge, signals, signs, and other distinctions in human performance models. *IEEE Transactions on Systems, Man and Cybernetics* 3, 257–266.

RAT DER EVANGELISCHEN KIRCHE IN DEUTSCHLAND und DEUTSCHE BISCHOFSKONFERENZ (1997). Für eine Zukunft in Solidarität und Gerechtigkeit. Gemeinsame Texte, Nr. 9. Hannover: EKD; Bonn: Deutsche Bischofskonferenz.

RATHKE, CH. (1987). Adaptierbare Benutzerschnittstellen. In W. SCHÖNPFLUG & M. WITTSTOCK (Hrsg.). Software-Ergonomie '87: Nützen Informationssysteme dem Benutzer? (S. 121–135). Berichte des German Chapter of the ACM, Band 29. Stuttgart: Teubner.

RAUM, H. (1984). Zum Prinzip des alternativen Informationsangebots. *Zeitschrift für Arbeits- und Organisationspsychologie* 28, 149–154.

RAUM, H. (1986). Alternative information presentation as a contribution to user related dialogue design. In F. KLIX & H. WANDKE (Eds.). Man-Computer-Interaction Research. MACINTER, I. (pp. 339–348). Amsterdam: North-Holland.

RAUTERBERG, M. (1990). Promotionsskizze. Zürich: Institut für Arbeitspsychologie der ETH.

RAUTERBERG, M. (1995). Ein Konzept zur Quantifizierung software-ergonomischer Richtlinien. Zürich: Institut für Arbeitspsychologie der ETH.

REASON, J. (1991). Human Error. New York: Cambridge University Press.

RECKTENWALD, H.C. (1976). Adam Smith. Sein Leben und Werk. München: C.H. Beck'sche Verlagsbuchhandlung.

REHN, G. (1973). Die Gesellschaft der freien Wahl. In Beiträge zu einer Theorie der Sozialpolitik (S. 317–351). Berlin: Duncker und Humblot.

REICK, CH. & KASTNER, M. (2001). Formen und Ausprägungen neuer Arbeits- und Organisationsformen. In M. KASTNER, K. KIPFMÜLLER, W. QUAAS, K. SONNTAG & R. WIELAND (Hrsg.). Gesundheit und Sicherheit in Arbeits- und Organisationsformen der Zukunft (S. 9–24). Werkstattberichte 29. Bremerhaven: Wirtschaftsverlag NW.

RESCH, M. (1991). Haushalt und Familie: der zweite Arbeitsplatz. Analyse der Reproduktionsarbeit in Haushalt und Familie auf Grundlage der Handlungsregulationstheorie. Schriften zur Arbeitspsychologie (Hrsg. E. ULICH). Band 51. Bern: Huber.

RESCH, M. (1992). Arbeitsplatz Haushalt und Familie: ein handlungstheoretischer Untersuchungsansatz. *Zeitschrift für Arbeitswissenschaft* 46, 169–174.

RESCH, M. (1999a). Verfahren zur Analyse von Arbeit im Haushalt (AVAH). In H. DUNCKEL (Hrsg.). Handbuch psychologischer Arbeitsanalyseverfahren (S. 55–81). Schriftenreihe Mensch – Technik – Organisation (Hrsg. E. ULICH). Band 14. Zürich: vdf Hochschulverlag AG an der ETH Zürich.

RESCH, M. (1999b). Arbeitsanalyse im Haushalt. Erhebung und Bewertung von Tätigkeiten ausserhalb der Erwerbsarbeit mit dem AVAH-Verfahren. Schriftenreihe Mensch – Technik – Organisation (Hrsg. E. ULICH). Band 20. Zürich: vdf Hochschulverlag AG an der ETH Zürich.

RESCH, M. (2000). Veränderungen des Verhältnisses von Erwerbsarbeit und unbezahlter Arbeit: mehr Autonomie und neuer Sinn? *Zeitschrift für Arbeitswissenschaft* 54, 76–82.

RESCH, M. (2001). Kürzer arbeiten – anders leben? In E. ULICH (Hrsg.). Beschäftigungswirksame Arbeitszeitmodelle (S. 23–40). Schriftenreihe Mensch – Technik – Organisation, Band 29. Zürich: vdf Hochschulverlag AG an der ETH Zürich.

RESCH, M. (2002). Beruf, Familie und noch mehr – kann das gesund sein? Vortrag an der Impulstagung «Frauen handeln gesund» (1.3.2002). Zürich: Manuskript.

RESCH, M. (2003a). Analyse psychischer Belastungen. Verfahren und ihre Anwendung im Arbeits- und Gesundheitsschutz. Schriftenreihe Praxis der Arbeits- und Organisationspsychologie (Hrsg. E. BAMBERG, G. MOHR & M. RUMMEL). Band 1. Bern: Huber.

RESCH, M. (2003b). Work-Life Balance – neue Wege der Vereinbarkeit von Berufs- und Privatleben: In GESELLSCHAFT FÜR ARBEITSWISSENSCHAFT (Hrsg.). Kooperation und Arbeit in vernetzten Welten (S. 1–8). Stuttgart: Ergonomia.

RESCH, M. (2007). Erfahrungen mit dem KABA-Leitfaden im Gesundheitswesen. In H. DUNCKEL & C. PLEISS (Hrsg.). Kontrastive Aufgabenanalyse. Grundlagen, Entwicklungen und Anwendungserfahrungen (S. 147–165). Schriftenreihe Mensch – Technik – Organisation, Band 41. Zürich: vdf Hochschulverlag AG an der ETH Zürich.

RESCH, M., BAMBERG, E. & MOHR, E. (1997). Von der Erwerbsspsychologie zur Arbeitspsychologie. In I. UDRIS (Hrsg.). Arbeitspsychologie für morgen – Herausforderungen und Perspektiven (S. 37–52). Heidelberg: Asanger.

RESCH, M. & HAGGE, M. (2003). Ärztegesundheit – ein lange vernachlässigtes Thema. In E. ULICH (Hrsg.). Arbeitspsychologie in Krankenhaus und Arztpraxis (S. 37–57). Schriften zur Arbeitspsychologie, Band 61. Bern: Huber

RESCH, M. & LEITNER, K. (2010). Wenn Stressfolgen chronisch werden: die AIDA-Längsschnittstudie. In T. RIGOTTI, S. KOREK & K. OTTO (Hrsg.). Gesund mit und ohne Arbeit (S. 17–34). Lengerich: Pabst.

RESCH, M. & RUMMEL, M. (1993). Entwicklungsförderliche Arbeitsbedingungen und weiblicher Lebenszusammenhang. In G. MOHR (Hrsg.). Ausgezählt (S. 49–65). Weinheim: Deutscher Studienverlag.

RICE, A.K. (1958). Productivity and Social Organization: The Ahmedabad Experiment. London: Tavistock.

RICHARDSON, A. (1967). Mental practice: a review and discussion. *Research Quarterly* 38, 95–107, 263–273.

RICHTER, G. & HACKER, W. (2003). Tätigkeitsbewertungssystem – Geistige Arbeit für Arbeitsplatzinhaber. Schriftenreihe Mensch – Technik – Organisation, Band 35. Zürich: vdf Hochschulverlag AG an der ETH Zürich.

RICHTER, P. (1993). Kompetenz im höheren Lebensalter – Arbeitsinhalt und Alterspläne. In I. UDRIS (Hrsg.). Arbeit und Gesundheit. *Psychosozial* 15, H IV, 33–41.

RICHTER, P. (1996). Beitrag der Arbeitspsychologie zur Gesundheitsförderung im Betrieb. In U. BRANDENBURG, K. KUHN, B. MARSCHALL & C. VERKOYEN (Hrsg.). Gesundheitsförderung im Betrieb (107–119). Schriftenreihe der Bundesanstalt für Arbeitsschutz, Tagungsbericht 74. Bremerhaven: Wirtschaftsverlag NW.

RICHTER, P. (1997). Arbeit und Nicht-Arbeit: Eine notwendige Perspektivenerweiterung in der Arbeitspsychologie. In I. UDRIS (Hrsg.). Arbeitspsychologie für morgen – Herausforderungen und Perspektiven (S. 17–36). Heidelberg: Asanger.

RICHTER, P. (1999). Quo vadis – Arbeitspsychologie? – 10 Jahre danach. In C. GRAF HOYOS & D. FREY (Hrsg.). Arbeits- und Organisationspsychologie. Ein Lehrbuch (S. 695–704). Weinheim: Psychologie Verlags Union.

RICHTER, P. (2006). Arbeitslose zwischen Gemeinnutz und Ehrenamt – Psychologische Erfahrungen mit TAURIS und Aktion 55 für die Gestaltung produktiver Tätigkeiten ausserhalb der Erwerbsarbeit. In S. MÜHLPFORDT & P. RICHTER (Hrsg.). Ehrenamt und Erwerbsarbeit (S. 94–108). München: Hampp.

RICHTER, P., HEIMKE, K. & MALESSA, A. (1988). Tätigkeitspsychologische Bewertung und Gestaltung von Arbeitsaufgaben. *Zeitschrift für Arbeits- und Organisationspsychologie* 32, 13–21.

RICHTER, P. & NITSCHE, I. (2002). Langzeiterwerbslosigkeit und Gesundheit – Stabilisierende Effekte durch Tätigkeiten außerhalb der Erwerbsarbeit. *Zentralblatt für Arbeitsmedizin* 52, 194–199.

RICHTER, P. & UHLIG, K. (1998). Psychische Belastungen und Ressourcen in der Arbeit und Herz-Kreislauf-Erkrankungen – Ansätze für eine betriebliche Prävention. In E. BAMBERG, A. DUCKI & A.-M. METZ (Hrsg.). Handbuch Betriebliche Gesundheitsförderung. Arbeits- und organisationspsychologische Methoden und Konzepte (S. 407–422). Göttingen: Verlag für Angewandte Psychologie.

RICHTER, P. & WARDANJAN, B. (2000). Die Lernhaltigkeit der Arbeitsaufgabe – Entwicklung und Erprobung eines Fragebogens zu lernrelevanten Merkmalen der Arbeitsaufgabe (FLMA). *Zeitschrift für Arbeitswissenschaft* 54, 175–183.

RICHTER, W. (1931). Leistungssteigerung in der Blankschraubenfabrikation durch Einführung von Zwangspausen. *Industrielle Psychotechnik* 8, 129–146.

RIEDER, K. (2003). Dialogische Dienstleistungsarbeit in der Krankenpflege: Konzepte für die Analyse von Belastungen und Anforderungen. In E. ULICH (Hrsg.). Arbeitspsychologie in Krankenhaus und Arztpraxis (S. 151–167). Schriften zur Arbeitspsychologie, Band 61. Bern: Huber.

RIEDER, K. (2005). Ko-Produktion im Krankenhaus: Entwicklung eines Verfahrens zur Analyse der Handlungsbedingungen von Patientinnen und Patienten. *Zeitschrift für Arbeitswissenschaft* 59, 2, 111–119.

RIEN, M. (1972). 4-Tage-Woche. Bern: Scherz.

RIFKIN, J. (1996). Das Ende der Arbeit und ihre Zukunft. 2. Auflage. Frankfurt a.M.: Campus.

RIMANN, M. & UDRIS, I. (1993). Belastungen und Gesundheitsressourcen im Berufs- und Privatleben. Eine quantitative Studie. Forschungsprojekt SALUTE: Personale und organisationale Ressourcen der Salutogenese, Bericht 3. Zürich: Institut für Arbeitspsychologie der ETH.

RIMANN, M. & UDRIS, I. (1997). Subjektive Arbeitsanalyse: der Fragebogen SALSA. In O. STROHM & E. ULICH (Hrsg.). Unternehmen arbeitspsychologisch bewerten (S. 281–298). Schriftenreihe Mensch – Technik – Organisation (Hrsg. E. ULICH). Band 10. Zürich: vdf Hochschulverlag AG an der ETH Zürich.

RINDERSPACHER, J. (1998). Das Zeitkonto als Zeitproblem. Überlegungen zur Haltbarkeit von Langzeitkonten. In CH. KLENNER & H. SEIFERT (Hrsg.). Zeitkonten – Arbeiten à la carte? (S. 27–52). Hamburg: VSA.

RISO, S. (2007). Die Auswirkungen des Wandels in der Arbeitswelt auf das wiederholte Auftreten von Muskel- und Skelett-Erkrankungen. *Magazine* 10, 3–7.

RIXGENS, P. (2008). Neue Herausforderungen für das betriebliche Gesundheitsmanagement. In BERTELSMANN STIFTUNG (Hrsg.). Psychische Erkrankungen im Vormarsch (S. 2–8). Gütersloh: Bertelsmann.

ROBERTSON, J. (1978). The Sane Alternative. St. Paul: Riverbasin.

RÖDIGER, K.-H. (1988a). Das Arbeitsanalyseverfahren VERA/B in der Softwareentwicklung. In E. NULLMEIER & K.H. RÖDIGER (Hrsg.). Dialogsysteme in der Arbeitswelt (S. 185–204). Mannheim: Wissenschaftsverlag.

RÖDIGER, K.-H. (1988b). Gestaltungspotential und Optionscharakter. In F. RAUNER (Hrsg.). «Gestalten» – eine neue gesellschaftliche Praxis (S. 71–81). Bonn: Neue Gesellschaft.

RÖDIGER, K.-H., ALBERTS, H.-C., ARNASCHUS, W., JADASCH, P., OTTO, O., RUNGE, H., SCHÖNFELD, I., STRONSKI, B., SZCZEPANEK, U. & WATTENBERG, N. (1992). Planning support for decentralized order processing in production islands. In P. BRÖDNER & W. KARWOWSKI (Eds.). Ergonomics of Hybrid Systems III (pp. 183–188). Amsterdam: Elsevier.

RÖSSLER, W. (2008). Integration von psychisch Behinderten. «Zuerst platzieren, dann trainieren» – ein Erfolgsmodell. *Panorama* 3, 10–11.

ROETHLISBERGER, F. & DICKSON, W. (1939). Management and the Worker. Cambridge, Mass.: Harvard University Press.

ROHMERT, W. (1960). Zur Theorie der Erholungspausen bei dynamischer Arbeit. *Internationale Zeitschrift für angewandte Physiologie einschliesslich Arbeitsphysiologie* 18, 191–212.

ROHMERT, W. (1961). Rationalisierung durch Pausengestaltung bei Muskelarbeit. *Zentralblatt für Arbeitswissenschaft* 15, 87–92.

ROHMERT, W. (1972). Aufgaben und Inhalt der Arbeitswissenschaft. *Die berufsbildende Schule* 24, 3–14.

ROHMERT, W. & HAIDER, E. (1980). Integrale Darstellung der Problematik, Methoden und Ergebnisse – ergonomische Untersuchungen zur Arbeitsstrukturierung im Volkswagenwerk Salzgitter. In BUNDESMINISTER FÜR FORSCHUNG UND TECHNOLOGIE (Hrsg.). Gruppenarbeit in der Motorenmontage (S. 67–96). Schriftenreihe Humanisierung des Arbeitslebens, Band 3. Frankfurt a.M.: Campus.

ROHMERT, W. & RUTENFRANZ, J. (1975). Arbeitswissenschaftliche Beurteilung der Belastung und Beanspruchung an unterschiedlichen industriellen Arbeitsplätzen. Forschungsbericht. Bonn: Bundesministerium für Arbeit und Sozialordnung.

ROHMERT, W., RUTENFRANZ, J. & ULICH E. (1971). Das Anlernen sensumotorischer Fertigkeiten. Frankfurt a.M.: Europäische Verlagsanstalt.

ROHRACHER, H. (1976). Einführung in die Psychologie. 11. Auflage. München: Urban und Schwarzenberg.

ROSE, H. (1990). Ressource Mensch in der Produktion. *VDI-Z* 132, H. 12, 12–16.

ROSE, H. (1992). Erfahrungsgeleitete Arbeit als Innovationskonzept für Arbeitsgestaltung und Technikentwicklung. *Arbeitswissenschaft* 46, 145–149.

ROSE, H. & MACHER, E. (1993). Erfahrungswissen in der Prozessindustrie. *Technische Rundschau* 85, H. 17, 44–48.

ROSENSTIEL, L. VON (1980). Organisationspsychologie. In C. GRAF HOYOS, W. KROEBERRIEL & B. STRÜMPEL (Hrsg.). Grundbegriffe der Wirtschaftspsychologie (S. 41–57). München: Kösel. 2. Auflage, München: Psychologie Verlags Union.

ROSENSTIEL, L. VON (1983). Betriebsklima geht jeden an. München: Bayerisches Staatsministerium für Arbeit und Sozialordnung.

ROSENSTIEL, L. VON (1992). Grundlagen der Organisationspsychologie. 3. Auflage. Stuttgart: Schäffer-Poeschel.

ROSENSTOCK, E. (1922). Werkstattaussiedlung. Untersuchungen über den Lebensraum des Industriearbeiters. Sozialpsychologische Forschungen des Instituts für Sozialpsychologie an der Technischen Hochschule Karlsruhe, Band 2. Berlin: Springer.

ROSSI, M. & SARTORIS, E. (1996). Solidarität neu denken. Wirtschaftliche Veränderungen, Krise der sozialen Sicherheit und Reformmodelle. Zürich: Seismo.

RUBINSTEIN, S.L. (1958). Grundlagen der Allgemeinen Psychologie. Berlin: Volk und Wissen. (Russische Originalausgabe 1946).

RUBINSTEIN, S.L. (1977). Das Denken und die Wege seiner Erforschung. 6. Auflage. Berlin: Deutscher Verlag der Wissenschaften. (Russische Originalausgabe: 1958).

RUCH, L. & TROY, N. (1986). Textverarbeitung im Sekretariat. Traditionelle Sekretariatsarbeit und die Anwendung neuer Technik im Vergleich. Schriftenreihe Arbeitswelt (Hrsg. A. ALIOTH), Band 2. Zürich: vdf Hochschulverlag.

RUDOLPH, E. (1986). Verfahren zur objektiven Analyse, Bewertung und Gestaltung von Arbeitstätigkeiten mit überwiegend geistigen Anforderungen. Dissertation, Technische Universität Dresden.

RUDOLPH, E., SCHÖNFELDER, E., HACKER, W. (1987). Tätigkeitsbewertungssystem für Geistige Arbeit. Berlin: Psychodiagnostisches Zentrum an der Humboldt-Universität.

RUDOLPH, E., SCHÖNFELDER, E. & HACKER, W. (1988). Verfahren zur objektiven Analyse, Bewertung und Gestaltung geistiger Arbeitstätigkeiten mit und ohne Rechnerunterstützung (TBS-GA). Berlin: Psychodiagnostisches Zentrum an der Humboldt-Universität.

RUDOW, B., NEUBAUER, W., KRÜGER, W., BÜRMANN, C. & PAETH, L. (2007). Die betriebliche Integration leistungsgewandelter Mitarbeiter – Ein Arbeits- und Personalprojekt aus der Automobilindustrie. *Arbeit* 16 (2), 118–132.

RÜEGSEGGER, R. (1986). Die Geschichte der Angewandten Psychologie. Ein internationaler Vergleich am Beispiel der Entwicklung in Zürich. Bern: Huber.

RÜHLE, R. (1979). Inhalte, Methoden und Effekte der Analyse und Vermittlung operativer Abbilder bei Bedientätigkeiten der Mehrstellenarbeit. Dissertation, Technische Universität Dresden.

RÜSSEL, A. (1961). Arbeitspsychologie. Bern: Huber.

RUPP, H. (1928, 1929). Die Aufgaben der psychotechnischen Arbeits-Rationalisierung. *Psychotechnische Zeitschrift* 3, 165–182 und 4, 17–19.

SACHS, I. (1978). Development and Maldevelopment. Canadian Institute for Public Affairs: Annual Conference, Keynote Address.

SACHSE, P. (2002). Idea materialis: Entwurfsdenken und Darstellungshandeln: Über die allmähliche Verfertigung der Gedanken beim Skizzieren und Modellieren. Berlin: Logos.

SACHSE, P. (2006). Denken im Handeln und durch das Handeln. In P. SACHSE & W.G. WEBER (Hrsg.). Zur Psychologie der Tätigkeit (S. 29–43). Schriften zur Arbeitspsychologie, Band 64. Bern: Huber.

SACHSE, P. & HACKER, W. (1995). Early low-cost prototyping: Zur Funktion von Modellen im konstruktiven Entwicklungsprozess. Forschungsberichte, Band 19. Institut für Allgemeine Psychologie und Methoden der Psychologie. Dresden: Technische Universität.

SACHSE, P. & HACKER, W. (2009). External procedures of engineering designers in design problem solving – Reasons and kinds. Technische Universität Dresden, Arbeitsgruppe «Wissen – Denken – Handeln», Projektberichte, H. 62, S. 29–46.

SACHSE, P., HACKER, W., LEINERT, S. & RIEMER, S. (1999). Prototyping als Unterstützungsmöglichkeit des Denkens und Handelns beim Konstruieren. *Zeitschrift für Arbeits- und Organisationspsychologie* 43, 71–82.

SACHSE, P., HACKER, W. & ULICH, E. (Hrsg.) (2008). Quellen der Arbeitspsychologie. Ausgewählte historische Texte. Schriften zur Arbeitspsychologie, Band 65. Bern: Huber.

SACHSE, P. & LEINERT, S. (1999). Early Rapid Prototyping. In ZENTRUM FÜR INTEGRIERTE PRODUKTIONSSYSTEME DER ETH ZÜRICH (Hrsg.). Optimierung der Produkt- und Prozessentwicklung (S. 119–134). Zürich: vdf Hochschulverlag AG an der ETH Zürich.

SACHSE, P., LEINERT, S. & HACKER, W. (2001). Unterstützung des Entwurfsdenkens. *Zeitschrift für Arbeitswissenschaft* 54, 24–31.

SACHSE, P., LEINERT, S., SUNDIN, M. & HACKER, W. (1999). Funktionen des Prototyping im Konstruktionsprozess. *Zeitschrift für Arbeitswissenschaft* 53, 225–236.

SADER, M. (1976). Psychologie der Gruppe. München: Juventa.

SADOWSKI, D. (1983). Planungsdefizite und Akademikerbedarf in kleinen und mittleren Unternehmen. In W. WEBER (Hrsg.). Betriebliche Aus- und Weiterbildung. Ergebnisse der betrieblichen Bildungsforschung (S. 53–56). Paderborn: Schöningh.

SANDBERG, A. (1993). Volvo am Scheideweg. *Arbeit* 2, H. 2, 175–189.

SANDBERG, T. (1982). Work Organization and Autonomous Work Groups. Lund: Liber Förlag.

SANDERSON, K. & ANDREWS, G. (2006). Common mental disorders on the workforce: recent findings from descriptive and social epidimiology. *Canadian Journal of Psychiatry* 51 (2), 63–75.

SATTES, I. (1993). Erfolgs- und Risikofaktoren von Klein- und Mittelbetrieben. Interner Bericht. Zürich: Institut für Arbeitspsychologie der ETH.

SATTES, I., BRODBECK, H., LANG, H.-C. & DOMEISEN, H. (Hrsg.) (1998). Erfolg in kleinen und mittleren Unternehmen. Ein Leitfaden für die Führung und Organisation in KMU. Schriftenreihe Mensch – Technik – Organisation (Hrsg. E. ULICH). Band 8. 2. Auflage. Zürich: vdf Hochschulverlag AG an der ETH Zürich.

SATTES, I., CONRAD, H., GILARDI, S., SCHÄRER, U. & ULICH, E. (1994). Ergebnisse einer KMU-Befragung über Erfolgs- und Risikofaktoren in drei Branchen der schweizerischen Industrie. Interne Materialsammlung. Zürich: Institut für Arbeitspsychologie der ETH.

SATTES, I., SCHÄRER, U., CONRAD, H. & CURSCHELLAS, R. (1992). Arbeitspsychologische Forschung in kleinen und mittleren Unternehmen. In: Arbeitspsychologie an der Eidgenössischen Technischen Hochschule Zürich 1972–1992 (S. 93–103). Zürich: Institut für Arbeitspsychologie der ETH.

SATTES, I., SCHÄRER, U. & GILARDI, S. (1993). Erfolg in kleinen und mittleren Unternehmen – der Einfluss von Humanressourcen und neuen Technologien. Interner Projektbericht. Zürich: Institut für Arbeitspsychologie der ETH.

SAVAGE, C.M. (1990). 5th Generation Management: Integrating Enterprises through Human Networking. Bedford, MA.: Digital Press.

SAVAGE, C.M. & APPLETON, D. (1988). CIM and Fifth Generation Technology. Dearborn: CASA/SME Technical Council.

SAWALOWA, J.D., LOMOW, B.F. & PONOMARENKO, W.A. (1971). Das Prinzip des aktiven Operateurs und die Funktionsbilanz zwischen Mensch und Maschine (russisch). Zitiert nach HACKER, 1986.

SCHAAB, B.J. (1980). Die betrieblichen Aufgabenbereiche der Fachkräfte für Arbeitssicherheit. Bundesanstalt für Arbeitsschutz und Unfallforschung. Forschungsbericht Nr. 237. Bremerhaven: Wirtschaftsverlag.

SCHAARSCHMIDT, U. (2004). Potsdamer Lehrerstudie – ein erstes Fazit. In U. SCHAARSCHMIDT (Hrsg.). Halbtagsjobber? Psychische Gesundheit im Lehrerberuf – Analyse eines veränderungsbedürftigen Zustandes (S. 141–156). Weinheim: Beltz.

SCHÄFER, D. & SCHWARZ, N. (1996). Der Wert der unbezahlten Arbeit der privaten Haushalte – Das Satellitensystem Haushaltsproduktion. In K. BLANKE, M. EHLING & N. SCHWARZ (Hrsg.). Zeit im Blickfeld – Ergebnisse einer repräsentativen Zeitbudgeterhebung (S. 15–69). Schriftenreihe des Bundesministeriums für Familie, Senioren, Frauen und Jugend, Band 121. Stuttgart: Kohlhammer.

SCHAFF, A. (1983). Die Auswirkungen der mikroelektronischen Revolution auf die Gesellschaft. In: Der Weg ins 21. Jahrhundert (S. 163–171). Berichte an den Club of Rome. München: Molden/Seewald.

SCHALLBERGER, U., KRAFT, U. & HÄFELI, K. (1988). Schlussbetrachtungen. In K. HÄFELI, U. KRAFT & U. SCHALLBERGER: Berufsausbildung und Persönlichkeitsentwicklung (S. 203–220). Schriften zur Arbeitspsychologie (Hrsg. E. ULICH). Band 44. Bern: Huber.

SCHAPER, N. (2000). Arbeitsplatznahe Kompetenzentwicklung durch einen aufgabenorientierten Informationsaustausch in der Chemieindustrie. *Zeitschrift für Arbeitswissenschaft* 54, 199–210.

SCHEER, A.-W. (1990). CIM. Der computergesteuerte Industriebetrieb. 4. Auflage. Berlin: Springer.

SCHEER, A.-W. (1995). Business process reengineering – von der Theorie zur Praxis. Vortrag an der Tagung Business Process Reengineering in Theorie und Praxis (24.10.1995). Bern: Ingenieurschule.

SCHEIN, E.H. (1980). Organizational Psychology. 3rd ed. Englewood Cliffs, N.J.: Prentice-Hall.

SCHEIN, E.H. (1985). Organizational Culture and Leadership. A Dynamic View. San Francisco: Jossey-Bass.

SCHEIN, E.H. (1991). Organisationskultur: ein neues theoretisches Konzept? In E. DÜLFER (Hrsg.). Organisationskultur (S. 23–37). 2. Auflage. Stuttgart: Schäffer-Poeschel.

SCHEIN, E.H. (1997). Wenn das Lernen in Unternehmen wirklich gelingen soll. *Harvard Business Manager* 19, 61–72.
SCHELBERT-SYFRIG, H. (1985). Arbeitswelt im Umbruch: ein Überblick. In H. SIEGENTHALER (Hrsg.). Neue Technologien und Arbeitswelt. *Wirtschaft und Recht* 37, H. 2/3, 147–159.
SCHELSKY, H. (1957). Die skeptische Generation. Düsseldorf: Diederichs.
SCHERRER, K. (2000). Dauerarbeitsplatz Call Center: Gesundheitsförderliche Arbeitsgestaltung senkt Fluktuation und Krankenstand. In B. BADURA, M. LITSCH & C. VETTER (Hrsg.). Fehlzeiten Report 2000 (S. 61–79). Berlin: Springer.
SCHERRER, K. (2001). Kommunikationsarbeit im Call Center: Umfassende Arbeitsgestaltung fördert Gesundheit und Produktivität. In M. KASTNER, W. KIPFMÜLLER, W. QUAAS, KH. SONNTAG & R. WIELAND (Hrsg.). Gesundheit und Sicherheit in Arbeits- und Organisationsformen der Zukunft (S. 169–189). Werkstattberichte aus Wissenschaft + Technik, Wb 21. Bremerhaven: Wirtschaftsverlag NW.
SCHERRER, K. (2002). Kommunikationsarbeit im Teleservice: Beanspruchung und emotionale Regulation bei Call Center-Dienstleistungen. Dissertation, Universität Wuppertal.
SCHERRER, K. & WIELAND, R. (1999). Belastung und Beanspruchung bei der Arbeit im Call Center: Erste Ergebnisse einer Interviewstudie und arbeitspsychologischen Belastungsanalyse. In M. KASTNER (Hrsg.). Gesundheit und Sicherheit in neuen Arbeits- und Organisationsformen (S. 221–232). Herdecke: Maori.
SCHETTGEN, P. (1996). Arbeit, Leistung, Lohn. Analyse und Bewertungsmethoden aus sozioökonomischer Perspektive. Stuttgart: Enke.
SCHEUCH, E.K. (1972). Soziologie der Freizeit. In R. KÖNIG (Hrsg.). Handbuch der empirischen Sozialforschung, Band II (S. 280–312). Stuttgart: Enke.
SCHILLING, A. (1988). Subjektive Arbeitsanalysen in einem Flexiblen Bearbeitungssystem. Interner Bericht. Zürich: Institut für Arbeitspsychologie der ETH.
SCHILLING, A. (1989). Der Konstrukteur als Arbeitsgestalter. *Technische Rundschau* 81, H. 37, 36–40.
SCHILLING, A. & KUARK, J.K. (1991). Investitionsgüterindustrie – auf dem Sprung zur Vernetzung. *Technische Rundschau* 83, H. 29/30, 28–32.
SCHLEICHER, R. (1973). Die Intelligenzleistung Erwachsener in Abhängigkeit vom Niveau der beruflichen Tätigkeit. *Probleme und Ergebnisse der Psychologie* 44, 25–55.
SCHLENKERMANN, D. (1993a). Gesamthafte Unternehmens- und Führungsstrukturen – Voraussetzung für eine geänderte Entlohnungsform. Beitrag zur IIR-Konferenz «Entgeltsysteme». Frankfurt a.M.: Institute for International Research.
SCHLENKERMANN, D. (1993b). Wir machen's besser. Erfahrungen mit Gruppenarbeit im Rahmen einer visionären Unternehmensführung. *Fortschrittliche Betriebsführung* 42, 1, 8–13.

SCHMAL, A. & NIEHAUS, M. (2004). Betriebliche Massnahmen zur Integration von Mitarbeiter/innen mit Handicap. In G. STEFFGEN (Hrsg.). Betriebliche Gesundheitsförderung (S. 223–238). Göttingen: Hogrefe.

SCHMELZER, H.J. (1990). Steigerung der Effektivität und Effizienz durch Verkürzung von Entwicklungszeiten. In R. REICHWALD & H.J. SCHMELZER (Hrsg.). Durchlaufzeiten in der Entwicklung (S. 27–63). München: Oldenbourg.

SCHMID, B.E. (2009). Beteiligungsorientierung in Unternehmen. Eine Studie zum Einfluss von partizipativen Strukturen und Verfahren auf die psychologische Bindung von Unternehmensmitgliedern. Innsbruck: University Press.

SCHMID, T. (Hrsg.) (1986). Befreiung von falscher Arbeit. Berlin: Wagenbach.

SCHMIDT, A. (2000). Mit Haut und Haaren: Die Instrumentalisierung der Gefühle in der neuen Arbeitsorganisation. *Denkanstösse – IG Metaller in der IBM,* Mai, 25–42.

SCHMIDT, F.L., HUNTER, J.L. & PEARLMAN K. (1982). Assessing the economic impact of personnel programs on workforce productivity. *Personnel Psychology* 35, 333–347.

SCHMIDT, J. & SCHRÖDER, H. (2010). Präsentismus – Krank zur Arbeit aus Angst vor Arbeitsplatzverlust. In B. BADURA, H. SCHRÖDER, J. KLOSE & K. MACCO (Hrsg.). Fehlzeiten-Report 2009. Arbeit und Psyche: Belastungen reduzieren – Wohlbefinden fördern (S. 93–100). Berlin/Heidelberg: Springer.

SCHMIDT, K.-H. (2010). Leistungsbeurteilung, Leistungsfeedback und Feedbackwirkungen. In U. KLEINBECK & K.-H. SCHMIDT (Hrsg.). Arbeitspsychologie. Enzyklopädie der Psychologie, Themenbereich D, Serie III, Band 1. (S. 139–176). Göttingen: Hogrefe.

SCHMIDT, K.-H. & KLEINBECK, U. (1999). Job Diagnostic Survey (JDS – Deutsche Fassung). In H. DUNCKEL (Hrsg.). Handbuch psychologischer Arbeitsanalyseverfahren (S. 205–230). Schriftenreihe Mensch – Technik – Organisation (Hrsg. E. ULICH). Band 14. Zürich: vdf Hochschulverlag AG an der ETH Zürich.

SCHMIDT, K.-H., KLEINBECK, U., OTTMANN, W. & SEIDEL, B. (1985). Der Job Diagnostic Survey (JDS). *Zeitschrift für Arbeits- und Organisationspsychologie* 29, 162–172.

SCHMIDT, K.-H., KLEINBECK, U. & ROHMERT, W. (1981). Die Wirkung von Merkmalen der Arbeitssituation und Persönlichkeitsvariablen auf die Arbeitszufriedenheit und andere motivationsbezogene Einstellungsvariablen. *Zeitschrift für Experimentelle und Angewandte Psychologie* 28, 465–485.

SCHMITZ-SCHERZER, R. (1974). Probleme der Freizeitpsychologie. In R. SCHMITZ-SCHERZER (Hrsg.). Freizeit (S. 123–132). Frankfurt a.M.: Akademische Verlagsgesellschaft.

SCHMOLLER G. (1920). Grundriss der Allgemeinen Volkswirtschaftslehre. Erster Teil. Leipzig: Barth.

SCHMOOK, R. & KONRADT U. (2001). Telearbeit, Freizeit und Familie – Analyse der Zeitbudgets und der erlebten Beanspruchung. *Zeitschrift für Familienforschung.*

SCHNAUBER, H. (1979). Arbeitswissenschaft. Braunschweig: Vieweg.

SCHNEIDER, H.-D. (1975). Kleingruppenforschung. Stuttgart: Teubner.
SCHÖNPFLUG, W. (1987). Beanspruchung und Belastung bei der Arbeit. In U. KLEINBECK & J. RUTENFRANZ (Hrsg.). Arbeitspsychologie (S. 130–184). Enzyklopädie der Psychologie, Themenbereich D, Serie III, Band 1. Göttingen: Hogrefe.
SCHÖNPFLUG, W. (1992). Vorwort. In W. SCHÖNPFLUG (Hrsg.). Kurt Lewin – Person, Werk, Umfeld (S. 9–11). Beiträge zur Geschichte der Psychologie (Hrsg. H. LÜCK). Band 5. Frankfurt a.M.: Lang.
SCHÖNSLEBEN, P. (1995). Logistik-Standardsoftware – Thesen und Standpunkte. *i.o. management* 64, 78–82.
SCHOLL, W. (2004). Innovation und Information. Wie in Unternehmen neues Wissen produziert wird. Göttingen: Hogrefe.
SCHOOLER, C., MULATU, M.S. & GATES, G. (1999). The continuing effects of substantively complex work on the intellectual functioning of older workers. *Psychology and Aging* 14, 483–506.
SCHOTT, T. (2005). Determinanten der Ausgliederung und Ansatzpunkte einer zielorientierten Beratung zur Rückkehr zur Arbeit nach einer schweren Herzerkrankung. In T. SCHOTT (Hrsg.). Eingliedern statt ausmustern. Möglichkeiten und Strategien zur Sicherung der Erwerbstätigkeit älterer Arbeitnehmer (S. 151–164). Weinheim: Juventa.
SCHRICK, G. (1990). Produktionsplanungs- und Steuerungssysteme (PPS-Systeme) aus arbeitswissenschaftlicher Sicht. Kassel: Verlag Gesamthochschule Kassel, Fachgebiet Arbeitswissenschaft.
SCHRODER, H.M. (1978). Die Bedeutsamkeit von Komplexität. In H. MANDL & G.L. HUBER (Hrsg.). Kognitive Komplexität (S. 35–50). Göttingen: Hogrefe.
SCHRÖDER, H., SCHIEL, S. & AUST, F. (2004). Nichtteilnahme an beruflicher Weiterbildung: Motive, Beweggründe, Hindernisse. Schriftenreihe der Expertenkommission Finanzierung Lebenslangen Lernens, Band 5. Bielefeld: Bertelsmann
SCHRÖER, A. & SOCHERT, R. (1989). Der betriebliche Gesundheitsbericht als Instrument der Gesundheitsförderung – ein Gesundheitsförderungsmodell der Betrieblichen Krankenversicherung. In U. BRANDENBURG, H. KOLLMEIER, K. KUHN, B. MARSCHALL & P. OEHLKE (Hrsg.). Prävention und Gesundheitsförderung im Betrieb. Erfolge – Defizite – künftige Strategien (S. 121–126). Schriftenreihe der Bundesanstalt für Arbeitsschutz, Tagungsbericht 51. Bremerhaven: Wirtschaftsverlag NW.
SCHÜPBACH, H. (1988a). Analyse ausgewählter Arbeitssysteme und deren Gestaltung. In PROJEKTTRÄGER FERTIGUNGSTECHNIK DES BMFT (Hrsg.). Tagungsband zur Zwischenpräsentation des Verbundprojektes «Sicherung des spanabhebenden Bearbeitungsprozesses» (S. 45–65). Karlsruhe: Projektträger Fertigungstechnik.
SCHÜPBACH, H. (1988b). Forschungsprojekt Arbeitspsychologische Gestaltung sensorüberwachter mechanischer Fertigung, Sachstandsbericht Nr. 5. Zürich: Institut für Arbeitspsychologie der ETH.

SCHÜPBACH, H. (1989). Innerbetrieblicher Umgang mit Umweltrisiken. Expertise für das Wissenschaftszentrum Berlin für Sozialforschung, Forschungsabteilung für Normbildung und Umwelt. Zürich: Institut für Arbeitspsychologie der ETH.

SCHÜPBACH, H. (1990a). Menschliche Regulation und/oder technische Regelung-Prozesslenkung in rechnergestützten Fertigungssystemen. In F. FREI & I. UDRIS (Hrsg.). Das Bild der Arbeit (S. 172–189). Bern: Huber.

SCHÜPBACH, H. (1990b). Ergebnisse der arbeitspsychologischen Begleituntersuchungen. In: Sicherung des spanabhebenden Bearbeitungsprozesses. Tagungsband zur Abschlusspräsentation des Verbundprojekts (S. 222–234 u.a.). Karlsruhe: Kernforschungszentrum, Projektträger Fertigungstechnik.

SCHÜPBACH, H. (1991). Operateure in der Sandwichposition. Systeme zur Fehlerfrüherkennung in der Fertigung Teil 1. *Technische Rundschau* 83, H. 15, 70–74.

SCHÜPBACH, H. (1993). Analyse und Bewertung von Arbeitstätigkeiten. In H. SCHULER (Hrsg.). Lehrbuch Organisationspsychologie (S. 167–187). Bern: Huber.

SCHÜPBACH, H. (1994). Prozessregulation in rechnerunterstützten Fertigungssystemen. Schriftenreihe Mensch – Technik – Organisation (Hrsg. E. ULICH). Band 4. Zürich: vdf Hochschulverlag; Stuttgart: Teubner.

SCHÜPBACH, H. (2008). Schulen als soziotechnische Systeme – Versuch einer Konzeptualisierung. In A. KRAUSE, H. SCHÜPBACH, E. ULICH & M. WÜLSER (Hrsg.). Arbeitsort Schule. Organisations- und arbeitspsychologische Perspektiven (S. 21–46). Wiesbaden: Gabler.

SCHÜPBACH, H. & KUARK, J.K. (1991). Arbeitsgestaltung für die Prozessüberwachung. Systeme zur Fehlerfrüherkennung in der Fertigung, Teil 2. *Technische Rundschau* 83, H. 18, 52–56.

SCHÜPBACH, H. & MAJUMDAR, M. (2003). Psychologische Organisationsdiagnose in der Arztpraxis. In E. ULICH (Hrsg.). Arbeitspsychologie in Krankenhaus und Arztpraxis (S. 381–397). Bern: Huber.

SCHÜPBACH, H., STROHM, O., TROXLER, P. & ULICH, E. (1997). Analyse und Bewertung von Auftragsdurchläufen. In O. STROHM & E. ULICH (Hrsg.). Unternehmen arbeitspsychologisch bewerten (S. 107–134). Schriftenreihe Mensch – Technik – Organisation (Hrsg. E. ULICH). Band 10. Zürich: vdf Hochschulverlag AG an der ETH Zürich.

SCHÜPBACH, H. & ZÖLCH, M. (2004). Analyse und Bewertung von Arbeitstätigkeiten und Arbeitssystemen. In H. SCHULER (Hrsg.). Lehrbuch Organisationspsychologie. 3. vollständig überarbeitete und ergänzte Auflage (S. 197–220). Bern: Huber.

SCHÜPBACH, H., ZÖLCH, M. & SOLL, K. (2001). Arbeitszeitverkürzung und Arbeitszeitgestaltung – Gesetzliche Rahmenbedingungen und betriebliche Projekte in Frankreich. In E. ULICH (Hrsg.). Beschäftigungswirksame Arbeitszeitmodelle. (S. 251–286). Schriftenreihe Mensch – Technik – Organisation (Hrsg. E. ULICH). Band 29. Zürich: vdf Hochschulverlag AG an der ETH Zürich.

SCHULER, F. (1993). Arbeitszeit bei der Hewlett-Packard GmbH – Strategie und betriebliche Erfahrungen. In R. MARR (Hrsg.). Arbeitszeitmanagement (S. 256–263), 2. Auflage. Berlin: Schmidt.

SCHULTETUS, W. (2000). Arbeitsgestaltung zur Förderung der Gesundheit und der Wettbewerbsstärke. *Angewandte Arbeitswissenschaft* Nr. 163, 1–19.

SCHULTZ, A., CHEN, C. & EDINGTON, D. (2009). The cost and impact of health conditions on presenteeism to employers: a review of the literature. *Pharmacoeconomics* 27 (5), 365–378.

SCHULTZ, A. & EDINGTON, D. (2007). Employee Health and Presenteeism: A Systematic Review. *Journal of Occupational Rehabilitation* 17 (3), 547–579.

SCHULZ-WILD, R., NUBER, C., REHBERG, F. & SCHMIERL, K. (1989). An der Schwelle zu CIM. Strategien, Verbreitung, Auswirkungen. Köln: TÜV Rheinland.

SCHUMANN, M. & GERST, D. (1997). Innovative Arbeitspolitik – Ein Fallbeispiel. Gruppenarbeit in der Mercedes-Benz AG. *Zeitschrift für Arbeits- und Organisationspsychologie* 41, 143–156.

SCHWAGER, T. & UDRIS, I. (1998). Gesundheitsförderung in Schweizer Betrieben. In E. BAMBERG, A. DUCKI & METZ, A.-M. (Hrsg.). Handbuch betriebliche Gesundheitsförderung. Arbeits- und organisationspsychologische Methoden und Konzepte (S. 437–444). Göttingen: Verlag für Angewandte Psychologie.

SCHWARB, T. & VOLLMER A. (2002). Desksharing – ein neues Element flexibler Büroorganisation. In L. REY (Hrsg.). Mobile Arbeit in der Schweiz (S. 55–68). Schriftenreihe Mensch – Technik – Organsation (Hrsg. E. ULICH). Band 28. Zürich: vdf Hochschulverlag AG an der ETH Zürich.

SCHWARZ, N. (1996). Ehrenamtliche Tätigkeiten und soziale Hilfeleistungen. In K. BLANKE, M. EHLING & N. SCHWARZ (Hrsg.). Zeit im Blickfeld – Ergebnisse einer repräsentativen Zeitbudgeterhebung (S. 169–178). Schriftenreihe des Bundesministeriums für Familie, Senioren, Frauen und Jugend, Band 121. Stuttgart: Kohlhammer.

SCHWARZ, N. & WIRTH, N. (1996). Netzwerkhilfe als Teil der Haushaltsproduktion. In K. BLANKE, M. EHLING & N. SCHWARZ (Hrsg.). Zeit im Blickfeld – Ergebnisse einer repräsentativen Zeitbudgeterhebung (S. 141–167). Schriftenreihe des Bundesministeriums für Familie, Senioren, Frauen und Jugend, Band 121. Stuttgart: Kohlhammer.

SCHWARZER, R. (1993). Defensiver und funktionaler Optimismus als Bedingungen für Gesundheitsverhalten, *Zeitschrift für Gesundheitspsychologie* 1, 7–31.

SCHWEER, R. & MEIER, A. (2007). Die prospektive Implementation von gesunden und erfolgreichen Prozessen sowie deren nachhaltige Verfolgung im Kommunikationscenter der Stadtsparkasse Hannover. Verfügbar unter: http://www.ccall.de/download_dat/projekt_sparkasse.pdf

SCHWEITZER, G. (1995). Möglichkeiten der Robotik. *Die Schweizer Industrie* H. 1, 40–41.

SCHWEITZER, G. (1999). What do we expect from intelligent robots? IEEE/RSJ International Conference on Intelligent Robots and Systems IROS '99. Invited Plenary Paper. Kyongjú, Korea. October 17–21.

SCHWEIZERISCHER BUNDESRAT (1989). Botschaft über Sondermassnahmen zugunsten der beruflichen und akademischen Weiterbildung und zur Förderung neuer Technologien im Fertigungsbereich (CIM). Bern: Eidgenössische Drucksachen- und Materialzentrale.

SCHWEIZERISCHER BUNDESRAT (1992). Bericht über die Sondermassnahmen zur Förderung neuer Technologien im Fertigungsbereich (CIM-Aktionsprogramm) 1990/91. Bern: Eidgenössische Drucksachen- und Materialzentrale.

SEIFERT, H. (1995). Kriterien für eine sozialverträgliche Arbeitzeitgestaltung. In A. BÜSSING & H. SEIFERT (Hrsg.). Sozialverträgliche Arbeitszeitgestaltung (S. 15–30). München: Hampp.

SEIFERT, H. (1997). Überlegungen zu qualifikationsorientierten Arbeitszeitverkürzungen. *WSI-Mitteilungen* 50, Sonderheft «Wieviel Markt verträgt eine zivile Gesellschaft?», 57–63.

SEIFERT, H. (1998). Modellwechsel durch Arbeitszeitkonten. In CH. KLENNER & H. SEIFERT (Hrsg.). Zeitkonten – Arbeiten à la carte? (S. 9–26). Hamburg: VSA.

SEILER, T.B. (1978). Überlegungen zu einer kognitionstheoretischen Fundierung des Konstrukts der kognitiven Komplexität. In H. MANDL & G.L. HUBER (Hrsg.). Kognitive Komplexität (S. 111–139). Göttingen: Hogrefe.

SELYE, H. (1950). Stress. Montreal: Acta.

SEMMER, N. (1984). Stressbezogene Tätigkeitsanalyse. Psychologische Untersuchungen zur Analyse von Stress am Arbeitsplatz. Weinheim: Beltz.

SEMMER, N. (1988). Stress. In R. ASANGER & G. WENNINGER (Hrsg.). Handwörterbuch der Psychologie (S. 744–752). 4. Auflage. München: Psychologie Verlags Union.

SEMMER, N. (1990). Stress und Kontrollverlust. In F. FREI & I. UDRIS (Hrsg.). Das Bild der Arbeit (S. 190–207). Bern: Huber.

SEMMER, N., GREBNER, S. & ELFERING, A. (2010). «Psychische Kosten» von Arbeit: Beanspruchung und Erholung, Leistung und Gesundheit. In U. KLEINBECK & K.-H. SCHMIDT (Hrsg.). Arbeitspsychologie. Enzyklopädie der Psychologie, Themenbereich D, Serie III, Band 1. (S. 325–370). Göttingen: Hogrefe.

SEMMER, N., JACOBSHAGEN, N. & MEIER, L. (2006). Arbeit und (mangelnde) Wertschätzung. *Wirtschaftspsychologie* 8, 2/3, 87–95.

SEMMER, N., MCGRATH, J. & BEEHR, T. (2005). Conceptual issues in research on stress and health. In C.L. COOPER (Hrsg.). Handbook of stress and health (S. 1–43). New York: CRC Press.

SEMMER, N. & MOHR, G. (2001). Arbeit und Gesundheit: Konzepte und Ergebnisse der arbeitspsychologischen Stressforschung. *Psychologische Rundschau* 52, 150–158.

SEMMER, N. & RICHTER, P. (2004). Leistungsfähigkeit, Leistungsbereitschaft und Belastbarkeit älterer Menschen. Befunde und Konsequenzen. In M. von CRANACH, H.-D. SCHNEIDER, R. WINKLER & E. ULICH (Hrsg.). Ältere Menschen im Unternehmen. Chancen, Risiken, Modelle (S. 95–116). Bern: Haupt.

SEMMER, N. & UDRIS, I. (1993). Bedeutung und Wirkung von Arbeit. In H. SCHULER (Hrsg.) Lehrbuch Organisationspsychologie (S. 133–165). Bern: Huber.

SEMMER, N. & UDRIS, I. (1995). Bedeutung und Wirkung von Arbeit. In H. SCHULER (Hrsg.). Lehrbuch Organisationspsychologie (S. 133–165). 2. Auflage. Bern: Huber.

SEMMER, N. & UDRIS, I. (2004). Bedeutung und Wirkung von Arbeit. In H. SCHULER (Hrsg.). Lehrbuch Organisationspsychologie. 3. vollständig überarbeitete und ergänzte Auflage (S. 157–195). Bern: Huber.

SEMMER, N., ZAPF, D. & DUNCKEL, H. (1999). Instrument zur stressbezogenen Tätigkeitsanalyse (ISTA). In H. DUNCKEL (Hrsg.). Handbuch psychologischer Arbeitsanalyseverfahren (S. 179–204). Schriftenreihe Mensch – Technik – Organisation (Hrsg. E. ULICH). Band 14. Zürich: vdf Hochschulverlag AG an der ETH Zürich.

SENATSVERWALTUNG FÜR ARBEIT, BERUFLICHE BILDUNG UND FRAUEN (1997): Berliner Memorandum Innovation, Beschäftigung, Wachstum und Wettbewerb. Strategien zur Halbierung der Arbeitslosigkeit. Berlin: Senatsverwaltung für Arbeit, Berufliche Bildung und Frauen.

SENDERS, J.W. (1980). Wer ist wirklich schuld am menschlichen Versagen? *Psychologie heute* 7, H. 8, 73–78.

SENGHAAS-KNOBLOCH, E. (2000). Von der Arbeits- zur Tätigkeitsgesellschaft? Dimensionen einer aktuellen Debatte. In W. HEINZ, H. KOTTHOFF & G. PETER (Hrsg.). Soziale Räume, global players, lokale Ökonomien – Auf dem Weg in die innovative Tätigkeitsgesellschaft? (S. 136–162). Dortmunder Beiträge zur Sozial- und Gesellschaftspolitik (Hrsg. G. NAEGELE & G. PETER). Band 29. Münster: LIT.

SESSELMEIER, W., KLOPFLEISCH, R. & SETZER, R. (1996). Mehr Beschäftigung durch eine Negative Einkommensteuer. Sozioökonomische Schriften (Hrsg. B. RÜRUP). Band 10. Frankfurt a.M.: Lang.

SEXTON, J.B., THOMAS, E.J. & HELMREICH, R.L. (2000). Error, stress, and teamwork in medicine and aviation: cross sectional surveys. *British Medical Journal* 320, 745–749.

SEY, A. (2001). Gruppenarbeit in Japan. Stereotyp und Wirklichkeit. München: Hampp.

SEYMOUR, W.D. (1954). Industrial Training for Manual Operations. London: Pitman.

SEYMOUR, W.D. (1960). Verkürzung der Anlernzeit. Berlin: Beuth.

SEYMOUR, W.D. (1966). Industrial Skills. London: Pitman.

SHERIDAN, T.B. (1987). Supervisory control. In G. SALVENDY (Ed.). Handbook of Human Factors (pp. 1243–1268). New York: Wiley.

SHERIF, M. & SHERIF, C. (1969). Social Psychology. New York: Harper & Row.

SHIMIZU, K. (1995). Humanization of the production system and work at Toyota Motor Co and Toyota Motor Kyushu. In A. SANDBERG (Ed.). Enriching Production. Perspectives on Volvo's Uddevalla Plant as an Alternative to Lean Production (pp. 383–425). Aldershot: Avebury.

SIEGRIST, J. (1982). Stress und koronare Herzkrankheiten. *Psychosozial* 1, 29–39.

SIEGRIST, J. (1996). Soziale Krisen und Gesundheit. Reihe Gesundheitspsychologie (Hrsg. W. KROHNE, P. NETTER, L. SCHMIDT & R. SCHWARZER). Band 5. Göttingen: Hogrefe.

SIEGRIST, J. (2002). Effort-reward Imbalance at Work and Health. In P.L. PERREWE & D.C. GANSTER (Eds.). Research in Occupational Stress and Well Being, Historical and Current Perspectives on Stress and Health, Vol. 2 (pp. 261–291). New York: JAI-Elsevier.

SIEGRIST, J. (2009). Gratifikationskrisen als psychosoziale Herausforderungen. *Arbeitsmedizin, Sozialmedizin, Umweltmedizin* 44, 574–579.

SIEGRIST, J., DITTMANN, K.H., RITTNER, K. & WEBER, I. (1980). Soziale Belastungen und Herzinfarkt. Stuttgart: Enke.

SIEGRIST, J. et al. (Arbeitsgruppe 2) (2004). Gesundheitliche Folgen und Herausforderungen. Expertenkommission «Betriebliche Gesundheitspolitik». Ergebnisse der Arbeitsgruppen. Gütersloh: Bertelsmann Stiftung; Düsseldorf: Hans-Böckler-Stiftung.

SIMON, H. (2007). Hidden Champions des 21. Jahrhunderts. Die Erfolgsstrategien unbekannter Weltmarktführer. Frankfurt a.M.: Campus.

SIMONSON, E. & HEBESTREIT, H. (1930). Zum Verhalten des Wirkungsgrades bei körperlicher Arbeit. 7. Mitteilung: Zur Physiologie des Energieumsatzes. *Pflügers Archiv für die gesamte Physiologie* 225, 498–531.

SKELL, W. (Hrsg.) (1972). Psychologische Analysen von Denkleistungen in der Produktion. Berlin: Deutscher Verlag der Wissenschaften.

SKELL, W. (1980). Erfahrungen mit Selbstinstruktionstraining beim Erwerb kognitiver Regulationsgrundlagen. In W. VOLPERT (Hrsg.). Beiträge zur psychologischen Handlungstheorie (S. 50–70). Schriften zur Arbeitspsychologie (Hrsg. E. ULICH). Band 28. Bern: Huber.

SKERIES, S.C. & ZINK, K.J. (2004). Evaluation in der Gesundheitsförderung. In GESELLSCHAFT FÜR ARBEITSWISSENSCHAFT (Hrsg.). Arbeit + Gesundheit in effizienten Arbeitssystemen (S. 51–54). Dortmund: GfA-Press.

SKERIES, S.C. & ZINK K.J. (2005). Evaluation betrieblicher Gesundheitsmanagementsysteme. In GESELLSCHAFT FÜR ARBEITSWISSENSCHAFT (Hrsg.). Personalmanagement und Arbeitsgestaltung. Bericht zum 51. Kongress der Gesellschaft für Arbeitswissenschaft (S. 161–164). Dortmund: GfA-Press.

SLESINA, W. (2005). Ansatzpunkte aus der Rehaforschung, um die Rückkehr zur Arbeit zu erleichtern. In T. SCHOTT (Hrsg.). Eingliedern statt ausmustern. Möglichkeiten und Strategien zur Sicherung der Erwerbstätigkeit älterer Arbeitnehmer (S. 67–81). Weinheim: Juventa.

SMIESKOL, H. (1973). Die Rolle des ideomotorischen Trainings beim Erlernen sportlicher Bewegungsfertigkeiten. Eine Übersicht über den Stand der Forschung in der UdSSR. In: Beiträge zum Mentalen Training (S. 149–173). Training und Beanspruchung (Hrsg. E. ULICH). Band 3. Frankfurt a.M.: Limpert.

SMILLIE, R.J. & AYOUB, M.A. (1976). Accident causation theories: a simulation approach. *Journal of Occupational Accidents* 1, 47–68.

SMITH, A. (1776). An Inquiry into the Nature and Causes of the Wealth of Nations. London: Strahan and Cadell.

SMITH, M. & VERNON, M.D. (1928). A study of the two shift system in certain factories. Industrial Fatigue Research Board, Report No. 47.

SMUV (Hrsg.) (1992). Klein- und Mittelunternehmen: Innovativ und wirtschaftlich durch Übersichtlichkeit. Werkstattbericht 1. Bern: Gewerkschaft Industrie, Gewerbe, Dienstleistungen (SMUV).

SOCKOLL, I., KRAMER, I. & BÖDEKER, W. (2008). Wirksamkeit und Nutzen betrieblicher Gesundheitsförderung und Prävention. Zusammenstellung der wissenschaftlichen Evidenz 2000 bis 2006. IGA-Report 13. Verfügbar unter: http://www.iga-info.de/fileadmin/texte/iga_report_13.pdf (19.7.2008).

SOMMER, T. (1993). Die Krise holt den Westen ein. *Die Zeit* 48, Nr. 15.

SONNENTAG, S. (1996). Work Group Factors and Individual Well-being. In M. WEST (Ed.). Handbook of Work Group Psychology (pp. 345–367). Chichester: Wiley.

SONNTAG, K. (1986). Auswirkungen neuer Produktionstechniken auf die Personalentwicklung. *Personalwirtschaft* 8, 301–310.

SONNTAG, K. (1989). Trainingsforschung in der Arbeitspsychologie. Schriften zur Arbeitspsychologie (Hrsg. E. ULICH). Band 48. Bern: Huber.

SONNTAG, K. (1996). Lernen im Unternehmen. Effiziente Organisation durch Lernkultur. München: Beck'sche Verlagsbuchhandlung.

SONNTAG, K., HEUN, D. & BENEDIX, J. (1987). Analyse von Tätigkeitsstrukturen und Bewertung der Qualifikationsanforderungen an CNC-Werkzeugmaschinen. In K. SONNTAG (Hrsg.). Arbeitsanalyse und Technikentwicklung (S. 89–108). Köln: Bachem.

SPATH, D. (2004). Technologietrends: Auswirkungen auf den arbeitenden Menschen. Vortrag am Fachkolloquium «Arbeitswelten von morgen: Mensch, Organisation und Technik im Wandel». Dortmund: Bundesanstalt für Arbeitsschutz und Arbeitsmedizin.

SPECKER, A. (1999). Gegenständliches CAD. In ZENTRUM FÜR INTEGRIERTE PRODUKTIONSSYSTEME DER ETH ZÜRICH (Hrsg.). Optimierung der Produkt- und Prozessentwicklung (S. 51–65). Zürich: vdf Hochschulverlag AG an der ETH Zürich.

SPESCHA, P. (1981). Arbeit – Freizeit – Sozialzeit. Bern: Lang.

SPINAS, P. (1985). Bildschirmeinsatz und Benutzerfreundlichkeit der Dialoggestaltung aus der Sicht von Angestellten. In H.-J. BULLINGER (Hrsg.). Menschen, Arbeit, Neue Technologien (S. 397–413). Berlin: Springer.

SPINAS, P. (1986). VDU-Work and user-friendly man-computer-interaction: analysis of dialogue structures. In L. NORROS & M. VARTIAINEN (Eds.). Psychological Aspects of the Technological and Organizational Change in Work (pp. 157–175). Helsinki: Yliopistopaino.

SPINAS, P. (1987a). Arbeitspsychologische Aspekte der Benutzerfreundlichkeit von Bildschirmsystemen. Dissertation, Universität Bern.

SPINAS, P. (1987b). Zur Benutzerfreundlichkeit von Bildschirmsystemen. In W. SCHÖNPFLUG & M. WITTSTOCK (Hrsg.). Nützen Informationssysteme dem Benutzer? (S. 241–250). Berichte des German Chapter of the ACM, Band 29. Stuttgart: Teubner.

SPINAS, P. & MUSSMANN, C. (1985). Arbeitspsychologische Analyse und Bewertung unterschiedlicher Formen des Bildschirmeinsatzes im Bürobereich. Vortrag am 32. Kongress der Gesellschaft für Arbeitswissenschaft. Wien.

SPINAS, P., RAUTERBERG, M., STROHM, O., WAEBER, D. & ULICH, E. (Hrsg.). (1990). Projektberichte zum Forschungsprojekt Benutzerorientierte Softwaresysteme und Schnittstellengestaltung (BOSS). Zürich: Institut für Arbeitspsychologie der ETH.

SPINAS, P., TROY, N. & ULICH, E. (1983). Leitfaden zur Einführung und Gestaltung von Arbeit mit Bildschirmsystemen. München: CW-Publikationen, Zürich: Industrielle Organisation.

SPITZLEY, H. (1997). Höchste Zeit für neue Zeiten? Grenzen und Möglichkeiten beschäftigungsorientierter Arbeitszeitgestaltung in Betrieb und Gesellschaft. Vortrag am 43. Kongress der Gesellschaft für Arbeitswissenschaft, Dortmund, 12.–14.3.1997.

SPITZLEY, H. (1998). Arbeitszeit und plurale Ökonomie – Handlungsoptionen in einer solidarischen Gesellschaft. In W. BIERTER & U. VON WINTERFELD (Hrsg.). Zukunft der Arbeit – welcher Arbeit? (S. 159–191). Basel: Birkhäuser.

SPITZLEY, H. (2000). Beschäftigungsorientierte Arbeitszeitgestaltung als Positiv-Summen-Spiel. *Zeitschrift für Arbeitswissenschaft* 54, 67–75.

SPRINGER, R. (1999a). Rückkehr zum Taylorismus? Arbeitspolitik in der Automobilindustrie am Scheideweg. Frankfurt a.M.: Campus.

SPRINGER, R. (1999b). Von der teilautonomen zur standardisierten Gruppenarbeit – Arbeitspolitische Perspektiven in der Automobilindustrie. *WSI-Mitteilungen* 42, 309–321.

STAEHLE, W.H. (1989). Management. 4. Auflage. München: Vahlen.

STANDING, G. (1996). The «Human Development Enterprise». Geneva: International Labor Office.

STANGE, J. (2001). Teilzeit, damit Arbeitslose Arbeit finden. In E. ULICH (Hrsg.). Beschäftigungswirksame Arbeitszeitmodelle. (S. 75–86). Schriftenreihe Mensch – Technik – Organisation (Hrsg. E. ULICH). Band 29. Zürich: vdf Hochschulverlag AG an der ETH Zürich.

STATISTISCHES BUNDESAMT (Hrsg.) (1995a). Die Zeitverwendung der Bevölkerung. Methode und erste Ergebnisse des Zeitbudgeterhebung 1991/1992. Wiesbaden: Statistisches Bundesamt.

STATISTISCHES BUNDESAMT (Hrsg.) (1995b). Statistisches Jahrbuch für die Bundesrepublik. Stuttgart: Metzler Poeschel.

STAUDT, E. (1982). Entkopplung im Mensch-Maschine-System durch neue Technologien als Grundlage einer Flexibilisierung von Arbeitsverhältnissen. In K. MEYER-ABICH & U. STEGER (Hrsg.). Mikroelektronik und Dezentralisierung (S. 53–68). Angewandte Innovationsforschung (Hrsg. E. STAUDT). Band 4. Berlin: Schmidt.

STAUDT, E. (1981). Betriebswirtschaftliche Beurteilung neuer Arbeitsformen. *Zeitschrift für Betriebswirtschaft* 51, 871–891.

STAUDT, E. & HÜSCH, H.W. (1984). Einfluss der künstlichen Intelligenz auf Betriebsstruktur und Rationalisierung. *Technische Rundschau* 76, Nr. 48, 18–21.

STEERS, R. (1984). Introduction to Organizational Behavior. 2nd Ed. Glenview, Ill.: Scott, Foresman and Company.

STEIN, A. (1963). Zur Frage der Belastung berufstätiger Frauen durch Nacht- und Schichtarbeit. Dissertation, Universität München.

STENGEL, M. (1988). Freizeit: Zu einer Motivationspsychologie des Freizeithandelns. In D. FREY, C. GRAF HOYOS & D. STAHLBERG (Hrsg.). Angewandte Psychologie (S. 561–584). München: Psychologie Verlags Union.

STERN, E. (1903). Angewandte Psychologie. Leipzig: Teubner.

STERN, E. (1921). Angewandte Psychologie. Leipzig: Teubner.

STERN, W. (1921). Richtlinien für die Methodik der psychologischen Praxis. Beiheft Nr. 29 zur *Zeitschrift für Angewandte Psychologie,* 1–16.

STÖBE, S., CIRKEL, M., KLUSMANN, D. (1993). Personalpolitik – Ausbildung – Weiterbildung in den Handwerksbetrieben in Bottrop-Gelsenkirchen-Gladbeck. Ergebnisse einer Betriebsbefragung. IAT DS 03. Gelsenkirchen: Institut Arbeit und Technik.

STRAHM, R. (1987). Wirtschaftsbuch Schweiz. Zürich: Ex Libris.

STRASSER, H. (1988). Arbeitsphysiologische(-medizinische) Aspekte neuer Technologien. In K.J. ZINK (Hrsg.). Arbeitswissenschaft und neue Technologien (203–234). Eschborn: Rationalisierungskuratorium der Deutschen Wirtschaft.

STRAUBHAAR, T. (2010). Ein Grundeinkommen für alle. Süddeutsche Zeitung, Nr. 31 vom 8. Februar 2010, S. 16.

STROHM, O. (1991). CIM in der schweizerischen Investitionsgüterindustrie – Arbeitsteilung und Technikeinsatz. *Technische Rundschau* 83, H. 32, 36–39.

STROHM, O. (1994). Gestaltung rechnerunterstützter integrierter Produktionssysteme. Beitrag zum Kolloquium im Wintersemester 1993/94. Zürich: Zentrum für Integrierte Produktionssysteme der ETH.

STROHM, O. (1996). Produktionsplanung und -steuerung im Industrieunternehmen aus arbeitspsychologischer Sicht. Arbeits- versus technikorientierte Gestaltungskonzepte.

Schriftenreihe Mensch – Technik – Organisation (Hrsg. E. ULICH). Band 15. Zürich: vdf Hochschulverlag AG an der ETH Zürich.

STROHM, O. (1997a). Analyse und Bewertung von Arbeitssystemen. In O. STROHM & E. ULICH (Hrsg.). Unternehmen arbeitspsychologisch bewerten (S. 135–166). Schriftenreihe Mensch – Technik – Organisation (Hrsg. E. ULICH). Band 10. Zürich: vdf Hochschulverlag AG an der ETH Zürich.

STROHM, O. (1997b). Analyse und Bewertung der soziotechnischen Geschichte. In O. STROHM & E. ULICH (Hrsg.). Unternehmen arbeitspsychologisch bewerten (S. 299–320). Schriftenreihe Mensch – Technik – Organisation (Hrsg. E. ULICH). Band 10. Zürich: vdf Hochschulverlag AG an der ETH Zürich.

STROHM, O. (1997c). Fallstudie A: Ein spezialisierter Zulieferer- und Werkzeugproduktionsbetrieb. In O. STROHM & E. ULICH (Hrsg.). Unternehmen arbeitspsychologisch bewerten (S. 323–345). Schriftenreihe Mensch – Technik – Organisation (Hrsg. E. ULICH). Band 10. Zürich: vdf Hochschulverlag AG an der ETH Zürich.

STROHM, O., KIRSCH, C., KUARK, J.K., LEDER, L., LOUIS, E., PARDO, O., SCHILLING, A. & ULICH, E. (1993a). Computer aided manufacturing systems: work psychological aspects. Proceedings of the European Conference on Computer Science, Communications and Society: A Technical and Cultural Challenge (pp. 221–238). Bern.

STROHM, O., KIRSCH, C., KUARK, J.K., LEDER, L., LOUIS, E., PARDO, O., SCHILLING, A. & ULICH, E. (1993b). Bericht zur zweiten Phase des Forschungsprojektes «Gestaltung rechnerunterstützter integrierter Produktionssysteme (GRIPS)». Zürich: Institut für Arbeitspsychologie der ETH.

STROHM, O., KUARK, J.K. & SCHILLING, A. (1993). Integrierte Produktion: Arbeitspsychologische Konzepte und empirische Befunde. In G. CYRANEK & E. ULICH (Hrsg.). CIM – Herausforderung an Mensch, Technik, Organisation (S. 129–140). Schriftenreihe Mensch – Technik – Organisation (Hrsg. E. ULICH). Band 1. Zürich: vdf Hochschulverlag; Stuttgart: Teubner.

STROHM, O., TROXLER, P. & ULICH, E. (1993). Restrukturierung der rechnerunterstützten Produktion. Fallbeispiel aus einem Forschungs- und Beratungsprojekt. Zürich: Institut für Arbeitspsychologie der ETH.

STROHM, O. & ULICH, E. (Hrsg.) (1997). Unternehmen arbeitspsychologisch bewerten. Ein Mehrebenenansatz unter besonderer Berücksichtigung von Mensch, Technik und Organisation. Schriftenreihe Mensch – Technik – Organisation (Hrsg. E. ULICH). Band 10. Zürich: vdf Hochschulverlag AG an der ETH Zürich.

STROHM, O. & ULICH, E. (1999). MTO-Analyse: Ganzheitliche Betriebsanalyse unter Berücksichtigung von Mensch, Technik, Organisation. In H. DUNCKEL (Hrsg.). Handbuch psychologischer Arbeitsanalyseverfahren (S. 319–340). Schriftenreihe Mensch – Technik – Organisation (Hrsg. E. ULICH). Band 14. Zürich: vdf Hochschulverlag AG an der ETH Zürich.

STUBBE, H. & TINÉ, W. (1977). Zum Interesse ungelernter Arbeiterinnen an neuen Formen der Arbeitsgestaltung. *Psychologie und Praxis* 21, 78–86.

SUSMAN, G. (1970). The impact of automation on work group autonomy and task specialisation. *Human Relations* 23, 567–577.

SUSMAN, G. (1976). Autonomy at Work: a Socio-technical Analysis of Participative Management. New York: Praeger.

SYDOW, H. & TIMPE, K.-P. (1984). Entwicklung und Einsatz von Industrierobotern als psychologische Aufgabenstellung. *Wissenschaftliche Zeitschrift der Humboldt-Universität zu Berlin*, Math.-Nat.R. XXXIII, 6, 615–622.

SYDOW, J. (1985). Der soziotechnische Ansatz der Arbeits- und Organisationsgestaltung. Frankfurt a.M.: Campus.

TANNENBAUM, A. (1966). Social Psychology of the Work Organization. Belmont, Calif.: Wadsworth Publishing.

TAUBERT, S. & KRAJEWSKI, J. (2006). Das Pausen-Konzept SilentRoom^R – Ein wirksames Tool für das Human Resource Management. *Wuppertaler Beiträge zur Arbeits- und Organisationspsychologie* 1, 75–80.

TAYLOR, F.W. (1911). The Principles of Scientific Management. New York: Harper & Row.

TAYLOR, F.W. (1913). Die Grundsätze wissenschaftlicher Betriebsführung. München: Oldenbourg.

TAYLOR, F.W. (1977). Die Grundsätze wissenschaftlicher Betriebsführung. Neu herausgegeben und eingeleitet von W. VOLPERT & R. VAHRENKAMP. Weinheim: Beltz.

TECHNISCHE RUNDSCHAU (Hrsg.) (1993). CNC-Steuerungen. Bern: Hallwag.

TEISSING, F. & MAASS, S. (2007). KABA im Call-Center. In H. DUNCKEL & C. PLEISS (Hrsg.). Kontrastive Aufgabenanalyse. Grundlagen, Entwicklungen und Anwendungserfahrungen (S. 167–185). Schriftenreihe Mensch – Technik – Organisation, Band 41. Zürich: vdf Hochschulverlag AG an der ETH Zürich.

TEMME, G. & TRÄNKLE, U. (1996). Arbeitsemotionen. Ein vernachlässigter Aspekt in der Arbeitszufriedenheitsforschung. *Arbeit* 5, 275–297.

TERIET, B. (1979). Freie Arbeitszeitregelungen als Chance für Unternehmen und Mitarbeiter. IN GOTTLIEB-DUTTWEILER-INSTITUT (Hrsg.). Freie Arbeitszeit. Rüschlikon: GDI.

TERIET, B. (1983). Flexible Arbeitszeitmodelle – Trends, Probleme und Erfahrungen. *REFA-Nachrichten* 36, H. 2, 22–26.

TERIET, B. (1995). Beschäftigungsorientierte Arbeitszeitregelungen. In Wege aus der Arbeitslosigkeit (S. 213–229). Beihefte der Konjunkturpolitik. *Zeitschrift für angewandte Wirtschaftsforschung,* Heft 43. Berlin: Duncker & Humbolt.

THE EUROPEAN WORK AND TECHNOLOGY CONSORTIUM (1998). Work Organisation, Competitiveness, Employment. The European Approach. Brussels: European Commission, Directorate-General for Employment, Industrial Relations and Social Affairs. Unit V/D.3.

THE EUROPEAN WORK AND TECHNOLOGY CONSORTIUM (2000). Work Organisation, Competitiveness, Employment. The European Approach. Brussels: European Commission, Directorate-General for Employment, Industrial Relations and Social Affairs, Unit V/D.3.

THE EMPLOYERS HEALTH COALITION OF TAMPA, FLORIDA (1999). Healthy People – Productive Community. Tampa.

THEERKORN, U. (1991). Ein Betrieb denkt um. Berlin: Springer.

THEERKORN, U. & LINGEMANN, H.-F. (1987). Kleinbetriebe unter einem Dach: Produzieren nach dem Inselbetrieb. In Bericht über die AWF-Fachtagung «Fertigungsinseln – Fertigungsstruktur mit Zukunft». Bad Soden.

THEOBALD, R. (1963). Free Men and Free Markets. New York: Potter.

THEOBALD, R. (Ed.) (1966). The Guaranteed Income: Next Step in Socioeconomic Evolution? New York: Doubleday.

THEORELL, T. (1986). Stress at work and myocardial infarction. *Postgraduate Medical Journal* 62, 791–795.

THEUNERT, M. (1995). Das Regensburger Modell von BMW: Ein neuer Weg für Schichtarbeit und Gleitzeit. In A. BÜSSING & H. SEIFERT (Hrsg.). Sozialverträgliche Arbeitszeitgestaltung (S. 235–242). München: Hampp.

THIEHOFF, R. (2002). Wirtschaftliche Bewertung der Arbeitsunfähigkeit durch muskuloskelettale Erkrankungen. *Der Orthopäde*, 10, 949–956.

THIEHOFF, R. (2004). Wirtschaftlichkeit des betrieblichen Gesundheitsmanagements – Zum Return on Investment der Balance zwischen Lebens- und Arbeitswelt. In M. MEIFERT & M. KESTING (Hrsg.). Gesundheitsmanagement im Unternehmen. Konzepte – Praxis – Perspektiven (S. 57–77). Berlin: Springer.

THUL, M.J. (2010). Qualitäts- und Betriebliches Gesundheitsmanagement: Integration, Ergänzung oder Gegensatz? In G. FALLER (Hrsg.). Lehrbuch Betriebliche Gesundheitsförderung (S. 198–209), Bern: Huber.

THUL, M.J. & ZINK K.J. (1999). Konzepte und Instrumente eines integrativen betrieblichen Gesundheitsmanagements. *Zentralblatt für Arbeitsmedizin, Arbeitsschutz und Ergonomie* 49, 274–284.

TIMPE, K.-P. (1984). Psychologie und Technik. *Zeitschrift für Psychologie* 192, 245–265.

TIMPE, K.-P. (1986). Psychological principles for allocation of functions in man-robot-system. In F. KLIX & H. WANDKE (Eds.). Man-Computer Interaction Research. MACINTER, I. (pp. 429–437). Amsterdam: North-Holland.

TOKARSKI, W. (1979). Aspekte des Arbeitserlebens als Faktoren des Freizeiterlebens. Frankfurt a.M.: Lang.

TOMASKO, R.M. (1993). Rethinking the Corporation: The Architecture of Change. New York: Amacom.

TOMASZEWSKI, T. (1978). Tätigkeit und Bewusstsein. Weinheim: Beltz.

TOMASZEWSKI, T. (1981). Struktur, Funktion und Steuerungsmechanismen menschlicher Tätigkeit. In T. TOMASZEWSKI (Hrsg.). Zur Psychologie der Tätigkeit (S. 11–33). Berlin: Deutscher Verlag der Wissenschaften.

TOMCZYK, R. (1980). Kollektive Ermittlung und Vermittlung von Regulationsgrundlagen – Umrisse eines neuen Weges. In W. HACKER & H. RAUM (Hrsg.). Optimierung von kognitiven Arbeitsanforderungen (S. 134–136). Schriften zur Arbeitspsychologie (Hrsg. E. ULICH). Band 32. Bern: Huber.

TRACHSLER, E., NIDO, M., BRÜGGEN, S., WÜLSER, M., ULICH, E. & VOSER, S. (2007). Arbeitsbedingungen, Belastungen und Ressourcen in der Thurgauer Volksschule – Teilstudie Schulbehörden. Ergebnisse der zweiten Erhebung / Materialien zur zweiten Erhebung. Forschungsbericht 07 der Pädagogischen Hochschule Thurgau.

TRAUTWEIN-KALMS, W. & GERLACH, W. (1980). Gewerkschaften und Humanisierung der Arbeit. Schriftenreihe Humanisierung des Arbeitslebens, Band 5. Frankfurt a.M.: Campus.

TREIER, M. (2001). Zu Belastungs- und Beanspruchungsmomenten der Teleheimarbeit unter besonderer Berücksichtigung der Selbst- und Familienregulation. Hamburg: Kovac.

TRIEBE, J.K. (1973). Über den Einfluss von Variablen des kognitiven Stils auf das mentale Training einer sensumotorischen Fertigkeit. In E. ULICH (Hrsg.). Beiträge zum Mentalen Training (S. 11–51). Frankfurt a.M.: Limpert.

TRIEBE, J.K. (1977). Entwicklung von Handlungsstrategien in der Arbeit. *Zeitschrift für Arbeitswissenschaft* 31, 221–228.

TRIEBE, J.K. (1980). Untersuchungen zum Lernprozess während des Erwerbs der Grundqualifikation (Montage eines kompletten Motors). Arbeits- und sozialpsychologische Untersuchungen von Arbeitsstrukturen im Bereich der Aggregatefertigung der Volkswagenwerk AG. Bonn: BMFT 1980, HA 80–019.

TRIEBE, J.K. (1981). Aspekte beruflichen Handelns und Lernens. Dissertation, Universität Bern.

TRIEBE, J.K. & ULICH, E. (1977). Eignungsdiagnostische Zukunftsperspektiven: Möglichkeiten einer Neuorientierung. In J.K. TRIEBE & E. ULICH (Hrsg.). Beiträge zur Eignungsdiagnostik (S. 241–273). Schriften zur Arbeitspsychologie, Band 19. Bern: Huber.

TRIEBE, J.K., WITTSTOCK, M. & SCHIELE, F. (1987). Arbeitswissenschaftliche Grundlagen der Software-Ergonomie. Schriftenreihe der Bundesanstalt für Arbeitsschutz, Sonderschrift S 24. Bremerhaven: Neue Wissenschaft.

TRIEBE, J.K. & WUNDERLI, R. (1976). Die Bedeutung verschiedener Trainingsmethoden für industrielle Anlernverfahren. *Zeitschrift für Arbeitswissenschaft* 30, 114–118.

TRIST, E.L. (1973). Aspects of the transition to post-industrialism. In F.E. EMERY & E.L. TRIST (Eds.). Towards a Social Ecology (pp. 81–210) London: Plenum.

TRIST, E.L. (1981). The Evolution of Sociotechnical Systems. Issues in the Quality of Working Life, Occasional Papers No. 2. Toronto: Ontario Quality of Working Life Centre.

TRIST, E.L. & BAMFORTH, K. (1951). Some social and psychological consequences of the longwall method of coalgetting. *Human Relations* 4, 3–38.

TRIST, E.L., HIGGIN, G.W., MURRAY, H. & POLLOCK, A.B. (1963). Organizational Choice: Capabilities of Groups at the Coal Face Underchanging Technologies. London: Tavistock.

TRIST, E.L., SUSMAN, G. & BROWN, G.R. (1977). An experiment in autonomous working in an american underground coal mine. *Human Relations* 30, 201–236.

TROJAN, A., FÜLLEKRUG, B. & NICKEL, S. (2008). Arbeiten im Krankenhaus: Probleme und Handlungsoptionen im Überblick. In S. NICKEL, B. FÜLLEKRUG & A. TROJAN (Hrsg.). Arbeitszeitgestaltung im ärztlichen Dienst und Funktionsdienst des Krankenhauses. Herausforderungen, Modelle, Erfahrungen (S. 183–192). München: Hampp

TROMMSDORF, G. (1996). Werte und Wertewandel im kulturellen Kontext aus psychologischer Sicht. In E. JANSSEN, U. MÖHWALD & H.D. ÖLSCHLEGER (Hrsg.). Gesellschaften im Umbruch? Aspekte des Wertewandels in Deutschland, Japan und Osteuropa (S. 13–40). München: Iudicium.

TROXLER, P. (1997). Fallstudie B: Ein spezialisierter Teilehersteller. In O. STROHM & E. ULICH (Hrsg.). Unternehmen arbeitspsychologisch bewerten (S. 347–369). Schriftenreihe Mensch, Technik, Organisation (Hrsg. E. ULICH). Band 10. Zürich: vdf Hochschulverlag AG an der ETH Zürich.

TROY, N., BAITSCH, C. & KATZ, C. (1986). Bürocomputer – Chance für die Organisationsgestaltung? Schriftenreihe Arbeitswelt (Hrsg. A. ALIOTH). Band 3. Zürich: vdf Hochschulverlag.

TRUFFER, M. (1987). Benutzerfehler und Softwaregestaltung. Evaluation und Vergleich zweier Versionen eines NC-Programmiersystems. Diplomarbeit, Universität Bern/ETH Zürich.

TSCHAN, F. (2000). Produktivität in Kleingruppen. Was machen produktive Gruppen anders oder besser? Bern: Huber.

TSCHAN, F. & SEMMER, N. (2001). Wenn alle dasselbe denken: Geteilte mentale Modelle und Leistung in der Teamarbeit. In R. FISCH, D. BECK & B. ENGLICH (Hrsg.). Projektgruppen in Organisationen. Praktische Erfahrungen und Erträge der Forschung (S. 217–235). Göttingen: Verlag für Angewandte Psychologie.

TSCHEBYSCHEWA, W.W. (1968). Einige Besonderheiten des Denkens in Arbeitstätigkeiten – nach sowjetischen Ergebnissen. In W. HACKER, W. SKELL & W. STRAUB (Hrsg.). Arbeitspsychologie und wissenschaftlich-technische Revolution (S. 129–138). Berlin: Deutscher Verlag der Wissenschaften.

TSUCHIYA, N., NAKAZAWA, K., KAJIKI, M., GOKAN, T. & BARADA, M. (1986). A control and management system for the C & C Satellite Office. *NEC Research & Development*, 4, 19–23.

TURNER, A.N. & LAWRENCE, P. (1965). Industrial Jobs and the Worker: an Investigation of Response to Task Attributes. Boston. Harvard University Press.

TURPIN, R., OZMINKOWSKI, R., SHARDA, C., COLLINS, J., BERGER, M., BILLOTTI, G., BAASE, C., OLSON, M. & NICHOLSON, S. (2004). Reliability and Validity of the Stanford Presenteeism Scale. *Journal of Occupational and Environmental Medicine* 46 (11), 1123–1133.

TUSHMAN, M.L. & KATZ, R. (1980). External communication and project performance: an investigation into the role of gatekeepers. *Management Science* 26, 1071–1085.

UDRIS, I. (1980). Fragebogen zur Einschätzung der Arbeitsbeanspruchung (FAB). In H. BARTH, M. MUSTER & E. ULICH unter Mitarbeit von I. UDRIS: Arbeits- und sozialpsychologische Untersuchungen von Arbeitsstrukturen im Bereich der Aggregatefertigung der Volkswagen AG, Anhangband zu Band 1 (S. 157–189). Forschungsbericht BMFT-FBHA 80–017. Zürich: Lehrstuhl für Arbeits- und Betriebspsychologie der ETH.

UDRIS, I. (1981). Redefinition als Problem der Arbeitsanalyse. In F. FREI & E. ULICH (Hrsg.). Beiträge zur psychologischen Arbeitsanalyse (S. 283–302). Schriften zur Arbeitspsychologie, Band 31. Bern: Huber.

UDRIS, I. (1982). Soziale Unterstützung: Hilfe gegen Stress? *Psychosozial* 5, 78–91.

UDRIS, I. (1984). Psychologische Stressforschung in Organisationen. Konzeptionelle, methodische und empirische Probleme und Lösungsansätze. Unveröffentlichtes Manuskript. Zürich: ETH.

UDRIS, I. (1987). Soziale Unterstützung, Stress in der Arbeit und Gesundheit. In H. KEUPP & B. RÖHRLE (Hrsg.). Soziale Netzwerke (S. 123–138). Frankfurt a.M.: Campus.

UDRIS, I. (1989). Soziale Unterstützung. In S. GREIF, H. HOLLING & N. NICHOLSON (Hrsg.). Arbeits- und Organisationspsychologie. Internationales Handbuch in Schlüsselbegriffen (S. 421–425). München: Psychologie Verlags Union.

UDRIS, I. & ALIOTH, A. (1980). Fragebogen zur «subjektiven Arbeitsanalyse» (SAA). In E. MARTIN, I. UDRIS, U. ACKERMANN & K. OEGERLI: Monotonie in der Industrie (S. 61–68 und 204–207). Schriften zur Arbeitspsychologie (Hrsg. E. ULICH). Band 29. Bern: Huber.

UDRIS, I. & FRESE, M. (1988). Belastung, Stress, Beanspruchung und ihre Folgen. In D. FREY, C. GRAF HOYOS & D. STAHLBERG (Hrsg.). Angewandte Psychologie (S. 427–447). München: Psychologie Verlags Union.

UDRIS, I. & FRESE, M. (1999). Belastung und Beanspruchung. In C. GRAF HOYOS & D. FREY (Hrsg.). Arbeits- und Organisationspsychologie. Ein Lehrbuch (S. 429–445). Weinheim: Psychologie Verlags Union.

UDRIS, I. & RIMANN, M. (1999). SAA und SALSA: Zwei Fragebögen zur subjektiven Arbeitsanalyse. In H. DUNCKEL (Hrsg.). Handbuch psychologischer Arbeitsanalyseverfahren (S. 397–419). Schriftenreihe Mensch – Technik – Organisation (Hrsg. E. ULICH). Band 14. Zürich: vdf Hochschulverlag AG an der ETH Zürich.

UDRIS, I., WÄLTI, H. & FELLMANN, U. (1983). Belastung und Beanspruchung des SRG-Personals. Eine arbeitspsychologische Untersuchung in der Region DRS. Forschungsbericht. Zürich: Institut für Arbeitspsychologie der ETH.

ULICH, E. (1956). Gruppenbildung am Fliessband. *Psychologische Rundschau* 7, 260–269.

ULICH, E. (1957). Zur Frage der Belastung des arbeitenden Menschen durch Nacht- und Schichtarbeit. *Psychologische Rundschau* 8, 42–61.

ULICH, E. (1960). Unterforderung als arbeitspsychologisches Problem. *Psychologie und Praxis* 4, 156–161.

ULICH, E. (1961). Unfallursachenforschung. In A. MAYER & B. HERWIG (Hrsg.). Betriebspsychologie (S. 276–290). Handbuch der Psychologie, Band 9. Göttingen: Hogrefe.

ULICH, E. (1965). Untersuchungen über sensumotorisches Lernen. In H. HECKHAUSEN (Hrsg.). Bericht über den 24. Kongress der Deutschen Gesellschaft für Psychologie, (S. 363–367). Wien 1964. Göttingen: Hogrefe.

ULICH, E. (1964). Schicht- und Nachtarbeit im Betrieb. Köln und Opladen: Westdeutscher Verlag.

ULICH, E. (1967). Über verschiedene Methoden des Lernens sensumotorischer Fertigkeiten. *Arbeitswissenschaft* 6, 48–50.

ULICH, E. (1972). Arbeitswechsel und Aufgabenerweiterung. *REFA-Nachrichten* 25, 265–275.

ULICH, E. (1976). Über mögliche Auswirkungen von Arbeitsstrukturierung auf Zufriedenheit und Beanspruchung. *Fortschrittliche Betriebsführung* 25, 343–345.

ULICH, E. (1978a). Über mögliche Zusammenhänge zwischen Arbeitstätigkeit und Persönlichkeitsentwicklung. *Psychosozial* 1, 44–63.

ULICH, E. (1978b). Über das Prinzip der differentiellen Arbeitsgestaltung. *Industrielle Organisation* 47, 566–568.

ULICH, E. (1980a). Psychologische Aspekte der Arbeit mit elektronischen Datenverarbeitungssystemen. *Schweizerische Technische Zeitschrift* 75, 66–68.

ULICH, E. (1980b). Bericht über die arbeits- und sozialpsychologische Begleitforschung. In BUNDESMINISTER FÜR FORSCHUNG UND TECHNOLOGIE (Hrsg.). Gruppenarbeit in der Motorenmontage (S. 97–142). Schriftenreihe Humanisierung des Arbeitslebens. Band 3. Frankfurt a.M.: Campus.

ULICH, E. (1980c). Subjektive Tätigkeitsanalyse als Voraussetzung autonomieorientierter Arbeitsgestaltung. In F. & E. ULICH (Hrsg.). Beiträge zur psychologischen Arbeitsanalyse (S. 327–347). Schriften zur Arbeitspsychologie, Band 31. Bern: Huber.

ULICH, E. (1981). Möglichkeiten autonomieorientierter Arbeitsgestaltung. In M. FRESE (Hrsg.). Stress im Büro (S. 159–178). Schriften zur Arbeitspsychologie (Hrsg. E. ULICH). Band 34. Bern: Huber.

ULICH, E. (1983a). Rationalisierung – wo bleibt der Mensch? *Planung und Produktion* 31, H. 6, 19–22.

ULICH, E. (1983b). Alternative Arbeitsstrukturen – dargestellt am Beispiel der Automobilindustrie. *Zeitschrift für Arbeits- und Organisationspsychologie* 27, 70–78.
ULICH, E. (1983c). Differentielle Arbeitsgestaltung – ein Diskussionsbeitrag. *Zeitschrift für Arbeitswissenschaft* 37, 12–15.
ULICH, E. (1983d). Präventive Intervention im Betrieb: Vorgehensweisen zur Veränderung der Arbeitssituation. *Psychosozial,* Heft 20, 48–70.
ULICH, E. (1984a). Psychologie der Arbeit. In: Management Enzyklopädie, Band 7 (S. 914–929). Landsberg: Moderne Industrie.
ULICH, E. (1984b). Konzepte der Arbeitszeitflexibilisierung. *gdi impuls* 1, 33–40.
ULICH, E. (1984c). Arbeit in der Zukunft – Szenario 21. *Psychosozial,* Band 22, 98–107.
ULICH, E. (1985). Technologische Entwicklung und neue Arbeitsformen. In SCHWEIZERISCHE VOLKSBANK (Hrsg.). Unternehmung 2000. Führungsaufgaben in Klein- und Mittelbetrieben (S. 47–54). Bern: Schweizerische Volksbank.
ULICH, E. (1986). Aspekte der Benutzerfreundlichkeit. In W. REMMELE & M. SOMMER (Hrsg.). Arbeitsplätze morgen (S. 102–121). Berichte des German Chapter of the ACM, Band 27. Stuttgart: Teubner.
ULICH, E. (1987). Individual differences in human-computer interaction: concepts and research findings. In G. SALVENDY (Ed.). Cognitive Engineering in the Design of Human-computer Interaction and Expert Systems (pp. 29–36). Amsterdam: Elsevier.
ULICH, E. (1988a): Quo vadis – Arbeitspsychologie? In D. FREY, C. GRAF HOYOS & D. STAHLBERG (Hrsg.). Angewandte Psychologie. Ein Lehrbuch (S. 668–669). München/Weinheim: Psychologie Verlags Union.
ULICH, E. (1988b). Arbeits- und organisationspsychologische Aspekte. In H. BALZERT, H.-U. HOPPE, R. OPPERMANN, H. PESCHKE, G. ROHR & N. STREITZ (Hrsg.). Einführung in die Software-Ergonomie (S. 49–66). Berlin: de Gruyter.
ULICH, E. (1988c). Überlegungen zur Aufhebung der Ortsgebundenheit von Arbeit. *Psychosozial* 33, 83–91.
ULICH, E. (1988d). Arbeits- und organisationspsychologische Aspekte neuer Technologien. In K. ZINK (Hrsg.). Arbeitswissenschaft und neue Technologien (S. 117–140). Eschborn: Rationalisierungskuratorium der Deutschen Wirtschaft.
ULICH, E. (1989a). Historische Positionen. In S. GREIF, H. HOLLING & N. NICHOLSON (Hrsg.). Arbeits- und Organisationspsychologie. Internationales Handbuch in Schlüsselbegriffen (S. 19–32). München: Psychologie Verlags Union.
ULICH, E. (1989b). Arbeitspsychologische Konzepte der Aufgabengestaltung. In S. MAAS & H. OBERQUELLE (Hrsg.). Software-Ergonomie '89: Aufgabenorientierte Systemgestaltung und Funktionalität (S. 51–65). Stuttgart: Teubner.
ULICH, E. (1989c). Regarding computers as tools and the consequences for human-centered work design. Paper presented at the 3rd International Conference on Human-Computer Interaction. Boston.

ULICH, E. (1990a). Individualisierung und differentielle Arbeitsgestaltung. In C. GRAF HOYOS & B. ZIMOLONG (Hrsg.). Ingenieurpsychologie (S. 511–535). Enzyklopädie der Psychologie. Themenbereich D, Serie III, Band 2. Göttingen: Hogrefe.

ULICH, E. (1990b). Arbeitspsychologische Konzepte für den Einsatz rechnergestützter Fertigungssysteme. In: Sicherung des spanabhebenden Bearbeitungsprozesses. Tagungsband zur Abschlusspräsentation des Verbundprojekts (S. 15–18). Karlsruhe: Kernforschungszentrum, Projektträger Fertigungstechnik.

ULICH, E. (1990c). Technik und Unternehmenskultur. In CH. LATTMANN (Hrsg.). Die Unternehmenskultur (S. 81–105). Heidelberg: Physica.

ULICH, E. (1993). CIM – eine integrative Gestaltungsaufgabe im Spannungsfeld von Mensch, Technik und Organisation. In G. CYRANEK & E. ULICH (Hrsg.). CIM – Herausforderung an Mensch, Technik, Organisation (S. 29–43). Schriftenreihe Mensch – Technik – Organisation (Hrsg. E. ULICH). Band 1. Zürich: vdf Hochschulverlag; Stuttgart: Teubner.

ULICH, E. (1994). Arbeitsgruppen und Kriterien zur Bestimmung ihrer Autonomie – ein Versuch. In B. BERGMANN & P. RICHTER (Hrsg.). Die Handlungsregulationstheorie (S. 218–232). Göttingen: Hogrefe.

ULICH, E. (1997). Mensch, Technik, Organisation: ein europäisches Produktionskonzept. In O. STROHM & E. ULICH (Hrsg.). Unternehmen arbeitspsychologisch bewerten (S. 5–17). Schriftenreihe Mensch – Technik – Organisation. Band 10. Zürich: vdf Hochschulverlag AG an der ETH Zürich.

ULICH, E. (1999a). Lern- und Entwicklungspotentiale in der Arbeit – Beiträge der Arbeits- und Organisationspsychologie. In KH. SONNTAG (Hrsg.). Personalentwicklung in Organisationen (S. 123–153). 2. Auflage. Göttingen: Hogrefe.

ULICH, E. (1999b). Vorwort & Das Zentrum für Integrierte Produktionssysteme im Rückblick. In ZENTRUM FÜR INTEGRIERTE PRODUKTIONSSYSTEME (ZIP) der ETH Zürich (Hrsg.). Optimierung der Produkt- und Prozessentwicklung (S. VII–IX und 159–160). Zürich: vdf Hochschulverlag AG an der ETH Zürich.

ULICH, E. (2000a). Beschäftigungswirksame Arbeitszeitmodelle. *Zeitschrift für Arbeitswissenschaft* 54, 83–88.

ULICH, E. (2000b). Arbeitspsychologie – Herkunft und Zukunft. *Zeitschrift für Psychologie* 208, 431–452.

ULICH, E. (2001). Keine Beratung ohne Forschung – nur ein Postulat? In W.R. HEINZ, H. KOTTHOFF & G. PETER (Hrsg.). Beratung ohne Forschung – Forschung ohne Beratung? (S. 95–109). Dortmunder Beiträge zur Sozial- und Gesellschaftspolitik (Hrsg. G. NAEGELE & G. PETER), Band 32. Münster: LIT.

ULICH, E. (2002). Arbeitsgestaltung und Gesundheitsmanagement. In Bericht über den 48. Kongress der Gesellschaft für Arbeitswissenschaft (S. 107–109). Dortmund: GfA-Press.

ULICH, E. (2003). Betriebliche Gesundheitsförderung: Beitrag zum qualitativen Wachstum. Vortrag an der Nationalen Gesundheitstagung «Arbeitsbedingungen und Gesundheit». Aarau, 18.9.2003.

ULICH, E. (2005). Gruppenarbeit in der Autoindustrie: Ein Blick zurück – als Denkanstoss. In K. JONAS, G. KEILHOFER & J. SCHALLER (Hrsg.). Human Ressource Management im Automobilbau. Konzepte und Erfahrungen (S. 179–198). Schriften zur Arbeitspsychologie, Band 63. Bern: Huber.

ULICH, E. (2008). Psychische Gesundheit am Arbeitsplatz. In BERUFSVERBAND DEUTSCHER PSYCHOLOGINNEN UND PSYCHOLOGEN (Hrsg.). Psychische Gesundheit am Arbeitsplatz in Deutschland (S. 8–15). Berlin: BDP.

ULICH, E. (2009). Zurück in die Zukunft der Arbeit – Anmerkungen zu Geschichte und Konzepten industrieller Demokratie. In W.G. WEBER & T. HÖGE (Hrsg.). Demokratie und Partizipation in Organisationen. *Wirtschaftspsychologie* 4, 9–18.

ULICH, E. (2010a). Aufgabengestaltung. In U. KLEINBECK & K.-H.SCHMIDT (Hrsg.). Arbeitspsychologie. Enzyklopädie der Psychologie, Themenbereich D, Serie III, Band 1. (S. 581–622). Göttingen: Hogrefe.

ULICH, E. (2010b). Arbeit und Befinden von Ärzten und Prinzipien gesundheitsorientierter Arbeitsgestaltung im Krankenhaus. In P. ANGERER & F.W. SCHWARTZ (Hrsg.). Arbeitsbedingungen und Befinden von Ärztinnen und Ärzten (S. 345–358). Köln: Deutscher Ärzte-Verlag.

ULICH, E. & BAITSCH, C. (1979). Schicht- und Nachtarbeit im Betrieb. Probleme und Lösungsansätze. 2. Auflage. Rüschlikon: GDI-Verlag.

ULICH, E. & BAITSCH, C. (1987). Arbeitsstrukturierung. In U. KLEINBECK & J. RUTENFRANZ (Hrsg.). Arbeitspsychologie (S. 493–531). Enzyklopädie der Psychologie, Themenbereich D, Serie III, Band 1. Göttingen: Hogrefe.

ULICH, E., BAITSCH, C. & ALIOTH, A. (1987). Führung und Organisation. *Die Orientierung* Nr. 81. 2. Auflage. Bern: Schweizerische Volksbank.

ULICH, E., CONRAD-BETSCHART, H. & BAITSCH, C. (1989). Arbeitsform mit Zukunft: ganzheitlich-flexibel statt arbeitsteilig. Bern: Lang.

ULICH, E. & FREI, F. (1986). Industrial robots: Threat or aid to the humanisation of work? In T. LUPTON (Ed.). Human Factors. Man, Machine and New Technology (pp. 109–119). Kempston, UK: IFS (Publications) Ltd.; Berlin: Springer.

ULICH, E., FREI, F. & BAITSCH, C. (1980). Zum Begriff der persönlichkeitsförderlichen Arbeitsgestaltung. *Zeitschrift für Arbeitswissenschaft* 34, 211–213.

ULICH, E., GROSKURTH, P. & BRUGGEMANN, A. (1973). Neue Formen der Arbeitsgestaltung. Frankfurt a.M.: Europäische Verlagsanstalt.

ULICH, E., INVERSINI, S. & WÜLSER, M. (2002). Arbeitsbedingungen, Belastungen und Ressourcen der Lehrkräfte des Kantons Basel-Stadt. Basel: Erziehungsdepartement des Kantons Basel-Stadt.

ULICH, E., KUARK, J., SCHILLING, A., SCHÜPBACH, H. & STROHM, O. (1992). GRIPS: eine Bestandesaufnahme über CIM in der Schweiz. In BUNDESAMT FÜR KONJUNKTURFRAGEN (Hrsg.). Positionen und Perspektiven (S. 16–21). Bern: Eidgenössisches Volkswirtschaftsdepartement.

ULICH, E., PETER, S. & DEGENER, M. (2000). Beschäftigungsorientierte Arbeitszeitmodelle in der Schweiz. *Zeitschrift für Arbeitswissenschaft* 54, 117–125.

ULICH, E., RAUTERBERG, M., MOLL, T., GREUTMANN, T. & STROHM, O. (1991). Taskorientation and user-oriented dialog design. *International Journal of Human-Interaction* 3, 117–144.

ULICH, E. & SCHÜPBACH, H. (1991). CIM in der Schweiz – Konzepte und Analysen (Teil 1). Im Spannungsfeld von Mensch, Technik und Organisation. *Technische Rundschau* 83, H. 28, 52–56.

ULICH, E., SCHÜPBACH, H., SCHILLING, A. & KUARK, J.K. (1990). Concepts and procedures of work psychology for the analysis, evaluation and design of advanced manufacturing systems: a case study. *International Journal of Industrial Ergonomics* 5, 47–57.

ULICH, E. & STRASSER, P. (2010). Präsentismus. *Journal Psychologie des Alltagshandelns* 3 (1), 51–56.

ULICH, E., TRACHSLER, E., INVERSINI, S., WÜLSER, M. & DANGEL, C. (2005). Arbeitsbedingungen, Belastungen und Ressourcen in der Thurgauer Volksschule – Teilstudie Schulbehörden. Ergebnisse der ersten Teilstudie. Frauenfeld: Amt für Volksschule und Kindergarten/Kreuzlingen und Pädagogische Hochschule Thurgau.

ULICH, E., TRACHSLER, E., WÜLSER, M. & INVERSINI, S. (2003). Arbeitsbedingungen, Belastungen und Ressourcen der Thurgauer Volksschullehrkräfte angesichts der laufenden Bildungsoffensive. Frauenfeld: Amt für Volksschule und Kindergarten.

ULICH, E. & TRIEBE, J.K. (1981). Sensumotorisches Training. In H. SCHMIDTKE (Hrsg.). Handbuch der Ergonomie (S. 1–15). München: Hanser.

ULICH, E. & ULICH, H. (1977). Über einige Zusammenhänge zwischen Arbeitsgestaltung und Freizeitverhalten. In TH. LEUENBERGER & K.-H. RUFFMANN (Hrsg.). Bürokratie, Motor oder Bremse der Entwicklung (S. 209–277). Bern: Lang.

ULICH, E. & WEBER, W.G. (1996). Dimensions, criteria and evaluation of work group autonomy. In M. WEST (Ed.). Handbook of Work Group Psychology (pp. 247–282). Chichester: Wiley.

ULICH, E. & WIESE, B. (2011). Life Domain Balance. Konzepte zur Verbesserung der Lebensqualität. Wiesbaden: Gabler.

ULICH, E. & WÜLSER, M. (2004). Gesundheitsmanagement in Unternehmen. Arbeitspsychologische Perspektiven. Wiesbaden: Gabler.

ULICH, E. & WÜLSER, M. (2010). Gesundheitsmanagement in Unternehmen. Arbeitspsychologische Perspektiven. 4. erweiterte Auflage. Wiesbaden: Gabler.

Literaturverzeichnis

ULRICH, H. (1968). Die Unternehmung als produktives soziales System. Bern: Haupt.

URBAN, G. (1988). Arbeitsschutz und Arbeitsgestaltung beim Einsatz von Industrierobotern. In G. PETER (Hrsg.). Arbeitsschutz, Gesundheit und neue Technologien (S. 34–48). Opladen: Westdeutscher Verlag.

VAJNA, S., PESCHGES, K.-J., JÖNS, I., KIRCHNER, B., NONNENMACHER, U. & POTH, H. (1989). Beschreibung eines neutralen und interdisziplinären CIM-Modells. Forschungsvorhaben «CIM und computerunterstützte interaktive Medien» – Zwischenbericht.

VARTIAINEN, M. (2007). Distributed And Mobile Workplaces. In M. VARTIAINEN, M. HAKONEN, S. KOIVISTO, P. MANNONEN, M. NIEMINEN V. RUOHOMÄKI & A. VARTOLA (Hrsg.). Distributed and Mobile Work, Places, People and Technology (S. 13–85). Helsinki: University Press.

VEEN, P. (1984). Characteristics of organizations. In P.J.D. DRENTH, H. THIERRY, P.J. WILLEMS & C.J. DE WOLFF (Eds.). Handbook of Work and Organizational Psychology, Vol. 2 (pp. 677–711). Chichester: Wiley.

VENDRAMIN, P. & VALENDUC, G. (2001). Information technologies and intensification of work – some results of the FLEXCOT-projekt. *TA-Datenbank-Nachrichten* 10, 83–86.

VERBAND DES PERSONALS DER ÖFFENTLICHEN DIENSTE (VPOD) (1990). Einführung neuer Technologie in Büro und Verwaltung. Zürich: VPOD.

VEREIN DEUTSCHER INGENIEURE (VDI) (1989). Handlungsempfehlung «Sozialverträgliche Gestaltung von Automatisierungsvorhaben». Düsseldorf: VDI-Verlag.

VERNON, H.M., BEDFORD, T. & WYATT, S. (1924). Two contributions to the study of rest pauses in industry. Industrial Fatigue Research Board, Report No. 25.

VERNON, P.E. (1947). The variation of intelligence with occupation, age and locality. *British Journal of Psychology* 1, 52–63.

VETTER, C., DIETERICH, C. & ACKER, C. (2001). Krankheitsbedingte Fehlzeiten in der deutschen Wirtschaft. In B. BADURA, M. LITSCH & C. VETTER (Hrsg.). Fehlzeiten Report 2000. Zukünftige Arbeitswelten: Gesundheitsschutz und Gesundheitsmanagement (S. 277–515). Berlin: Springer.

VOLKHOLZ, V. (1994). Diskussionsbeitäge zum Workshop «Möglichkeiten der Arbeiterzeugung» am 12. Februar 1994. Dresden: Institut für Allgemeine Psychologie und Methodenlehre der Technischen Universität.

VOLLMER, A. (2002). Heimatlos oder überall zu Hause? Desksharing aus arbeitspsychologischer Sicht. In L. REY (Hrsg.). Mobile Arbeit in der Schweiz. (S. 69–75). Schriftenreihe Mensch – Technik – Organisation (Hrsg. E. ULICH). Band 28. Zürich: vdf Hochschulverlag AG an der ETH Zürich.

VOLPERT, W. (1971). Sensumotorisches Lernen. Frankfurt a.M.: Limpert.

VOLPERT, W. (1974). Handlungsstrukturanalyse als Beitrag zur Qualifikationsforschung. Köln: Pahl-Rugenstein.

VOLPERT, W. (1975). Die Lohnarbeitswissenschaft und die Psychologie der Arbeitstätigkeit. In P. GROSKURTH & W. VOLPERT: Lohnarbeitspsychologie (S. 11–196). Frankfurt a.M.: Fischer.

VOLPERT, W. (1979). Der Zusammenhang zwischen Arbeit und Persönlichkeit aus handlungspsychologischer Sicht. In P. GROSKURTH (Hrsg.). Arbeit und Persönlichkeit (S. 21–46). Reinbek: Rowohlt.

VOLPERT, W. (1983a). Der Zusammenhang von Arbeit und Persönlichkeit. In J. ALBERTZ (Hrsg.). Technik und menschliche Existenz (S. 81–92). Wiesbaden: Freie Akademie.

VOLPERT, W. (1983b). Sensumotorisches Lernen. Zur Theorie des Trainings in Industrie und Sport. Frankfurt a.M.: Fachbuchhandlung für Psychologie. 4. Auflage (Reprints Psychologie).

VOLPERT, W. (1985). Zauberlehrlinge. Die gefährliche Liebe zum Computer. Weinheim: Beltz.

VOLPERT, W. (1987). Psychische Regulation von Arbeitstätigkeiten. In U. KLEINBECK & J. RUTENFRANZ (Hrsg.). Arbeitspsychologie (S. 1–42). Enzyklopädie der Psychologie, Themenbereich D, Serie III, Band 1. Göttingen: Hogrefe.

VOLPERT, W. (1990). Welche Arbeit ist gut für den Menschen? Notizen zum Thema Menschenbild und Arbeitsgestaltung. In F. FREI & I. UDRIS (Hrsg.). Das Bild der Arbeit (S. 23–40). Bern: Huber.

VOLPERT, W. (1994a). Wider die Maschinenmodelle des Handelns: Aufsätze zur Handlungsregulationstheorie. Lengerich: Pabst.

VOLPERT, W. (1994b). Die Spielräume der Menschen erhalten und ihre Fähigkeiten fördern – Gedanken zu einer sanften KI-Forschung. In G. CYRANEK & W. COY (Hrsg.). Die maschinelle Kunst des Denkens – Perspektiven und Grenzen der künstlichen Intelligenz (S. 199–213). Braunschweig: Vieweg.

VOLPERT, W. (1999). Wie wir handeln – was wir können. Ein Disput als Einführung in die Handlungspsychologie. 2. Auflage. Sottrum: Artefact.

VOLPERT, W. (2005). Arbeitsgestaltung und Arbeitsorganisation. In F. RAUNER (Hrsg.). Handbuch Berufsbildungsforschung (S. 294–299). Bielefeld: Bertelsmann.

VOLPERT, W., OESTERREICH, R., GABLENZ-KOLAKOVIC, S., KROGOLL, T. & RESCH, M. (1983). Verfahren zur Ermittlung von Regulationserfordernissen in der Arbeitstätigkeit (VERA). Analyse von Planungs- und Denkprozessen in der industriellen Produktion. Köln: Verlag TÜV Rheinland.

VOß, G.G. (1998). Die Entgrenzung von Arbeit und Arbeitskraft. Eine subjektorientierte Interpretation des Wandels der Arbeit. *Mitteilungen aus der Arbeitsmarkt- und Berufsforschung* 98, 473–487.

VOß, G.G. (2001). Der Arbeitskraftunternehmer. Ein neuer Typus von Arbeitskraft und seine sozialen Folgen. In H. REICHHOLD, A. LÖHR & G. BLICKLE (Hrsg.). Wirtschaftsbürger oder Marktopfer (S. 15–32). München: Hampp.

WÄFLER, T., GROTE, G., RYSER, C., WEIK, S. & WINDISCHER, A. (1999). Wie sich Mensch und Maschine sinnvoll ergänzen. Die Gestaltung automatisierter Produktionssysteme mit KOMPASS. Schriftenreihe Mensch – Technik – Organisation (Hrsg. E. ULICH). Band 18. Zürich: vdf Hochschulverlag AG an der ETH Zürich.

WAGNER, D. (2004). Cafeteria-Systeme. In E. GAUGLER, W.A. OECHSLER & W. WEBER (Hrsg.). Handwörterbuch des Personalwesens (S. 631–639). Stuttgart: Schäffer-Poeschel.

WALKER, C.R. (1950). The problem of the repetitive job. *Harvard Business Review* 28, 54–58.

WALTER-BUSCH, E. (1989). Das Auge der Firma. Stuttgart: Enke.

WALTON, R.E. (1972). How to counter alienation in the plant. *Harvard Business Review* 50, 6, 70–81.

WALTON, R.E. (1977). Work innovation at Topeka: After six years. *Journal of Applied Behavioral Science* 13, 3, 422–434.

WALTON, R.E. (1982a). Social Choice in the Development of Advanced Information Technology. Boston: Harvard Graduate School of Business Administration, HBS 82-18.

WALTON, R.E. (1982b). The Topeka work system: optimistic visions, pessimistic hypotheses, and reality. In R. ZAGER & M.P. ROSOW (Eds.). The Innovative Organization: Productivity Programs in Action (pp. 260–287). Elmsford, N.Y.: Pergamon.

WANG, Z.-M. (1997). Effective team management and cooperative decisions in Chinese organizations. In C. COOPER & D.M. ROUSSEAU (Eds.). Trends in Organizational Behavior, Vol. 4 (pp. 61–71). Chichester: Wiley.

WARNECKE, H.-J. (1992). Die Fraktale Fabrik. Berlin: Springer.

WARNECKE, H.-J. & HÜSER, M. (1992). Lean Production – eine kritische Würdigung. *Angewandte Arbeitswissenschaft*, H. 1, 131, 1–26.

WARNECKE, H.-J. & KOHL, W. (1979). Höherqualifizierung in neuen Arbeitsstrukturen. *Zeitschrift für Arbeitswissenschaft* 33, 69–75.

WARR, P. (1984). Work and unemployment. In P.J.D. DRENTH, H. THIERRY, P.J. WILLEMS & C.J. DE WOLFF (Eds.). Handbook of Work and Organizational Psychology (pp. 413–443). Chichester: Wiley.

WARR, P. (1994). A conceptual framework for the study of work and mental health. *Work and Stress* 8, 84–97.

WARR, P. (1995). In what circumstances does Job performance vary with age? In J.M. PEIRO, F. ORIETO, J.L. MELIA & O. LUQE (Eds.). Work and Organizations Psychology: Contribution of the nineties (pp. 1–13). London: Taylor & Francis.

WARR, P. (2001). Age and work behavior: physical attributes, cognitive abilities, knowledge, personality traits and motives. *International Review of Industrial and Organizational Psychology*, 16, 1–36.

WATERSON, P.E., OLDER GRAY, M.T. & CLEGG, CH.W. (2002). A sociotechnical method for designing work systems. *Human Factors* 44, 376–391.

WEBER, A. (2005). Reintegration nach Langzeitarbeitsunfähigkeit – wer kehrt wann und warum zurück? Ergebnisse einer sechs Länder-Studie. In T. SCHOTT (Hrsg.). Eingliedern statt ausmustern. Möglichkeiten und Strategien zur Sicherung der Erwerbstätigkeit älterer Arbeitnehmer (S. 55–66). Weinheim: Juventa.

WEBER, M. (1927). Zitiert nach RÜEGSEGGER (1986).

WEBER, W.G. (1993). Auswirkungen der «Lean Production» auf die Produktionsarbeit und humane Alternativen aus arbeitspsychologischer Sicht. In G. CYRANEK & E. ULICH (Hrsg.). CIM – Herausforderung an Mensch, Technik, Organisation (S. 357–381). Schriftenreihe Mensch – Technik – Organisation (Hrsg. E. ULICH). Band 1. Zürich: vdf Hochschulverlag; Stuttgart: Teubner.

WEBER, W.G. (1994). Autonome und restriktive Gruppenarbeit in der Produktion – Anmerkungen zu einer arbeitspsychologischen Unterscheidung. Zürich: Institut für Arbeitspsychologie der ETH.

WEBER, W.G. (1997). Analyse von Gruppenarbeit. Kollektive Handlungsregulation in soziotechnischen Systemen. Schriften zur Arbeitspsychologie (Hrsg. E. ULICH). Band 57. Bern: Huber.

WEBER, W.G. (1997). Handlungsregulation in soziotechnischen Systemen – ein theoretisch-methodologischer Integrationsvorschlag zur Analyse von Gruppenarbeit und Gruppenkohäsion. In I. UDRIS (Hrsg.). Arbeitspsychologie für morgen. Herausforderungen und Perspektiven (S. 173–207). Heidelberg: Asanger.

WEBER, W.G. (1999). Kollektive Handlungsregulation, kooperative Handlungsbereitschaften und gemeinsame Vergegenständlichungen in industriellen Arbeitsgruppen. *Zeitschrift für Arbeits- und Organisationspsychologie* 43, 202–215.

WEBER, W.G. (2000). Organizational conditions fostering prosocial work orientations in teams. In M. VARTIAINEN, F. AVALLONE & N. ANDERSON (Eds.). Innovative Theories, Tools and Practices in Work and Organizational Psychology (pp. 75–96). Seattle: Hogrefe & Huber.

WEBER, W.G., KIRSCH, C. & ULICH, E. (1997). Analyse und Bewertung von Arbeitsgruppen. In O. STROHM & E. ULICH (Hrsg.). Unternehmen arbeitspsychologisch bewerten (S. 167–199). Schriftenreihe Mensch – Technik – Organisation (Hrsg. E. ULICH). Band 10. Zürich: vdf Hochschulverlag AG an der ETH Zürich.

Weber, W.G. & Leder, L. (1994). Fällt der Facharbeiter durchs CAD/NC-Netz? Arbeitsorientierter CAD/CAM-Einsatz. *Technische Rundschau* 86, H. 3, 20–22, H. 7, 22–26.

WEBER, W.G. & OESTERREICH, R. (1992). Leitfaden zur Verbesserung der Arbeitsbedingungen an CNC-Maschinen. PROJEKTTRÄGER ARBEIT UND TECHNIK (Hrsg.). Schriftenreihe Forschung Fb 646. Bremerhaven: Wirtschaftsverlag NW.

WEBER, W.G., OESTERREICH, R., ZÖLCH, M. & LEDER, L. (1994). Arbeit an CNC-Werkzeugmaschinen. Ein arbeitswissenschaftlicher Leitfaden für die Praxis. Schriftenreihe

Mensch – Technik – Organisation (Hrsg. E. ULICH). Band 6. Zürich: vdf Hochschulverlag; Stuttgart: Teubner.

WEBER, W.G., PASQUALONI, P.-P. & BURTSCHER, C. (Hrsg.) (2004). Wirtschaft, Demokratie und Soziale Verantwortung – Kontinuitäten und Brüche. Reihe Psychologie und Beruf, Band 2. Göttingen: Vandenhoeck & Ruprecht.

WEBER, W.G. & ULICH, E. (1993). Psychological criteria for the evaluation of different forms of group work in advanced manufacturing systems. In M.J. SMITH & G. SALVENDY (Eds.). Human-Computer Interaction: Application and Case Studies (pp. 26–31). Amsterdam: Elsevier.

WEBER, W.G., UNTERRAINER, C. & SCHMID, B. (2009). Organizational Democracy, Sociomoral Atmosphere, and Prosocial and Community-Related Value Orientations of Employees. *Journal of Organizational Behavior* [Preview: DOI: 10.1002/job.615, 23 pages].

WEBER, W.G. & WEHNER, T. (Hrsg.) (2001). Erfahrungsorientierte Handlungsorganisation. Arbeitswissenschaftliche Ergebnisse zur computergestützten Facharbeit im Diskurs. Schriftenreihe Mensch – Technik – Organisation (Hrsg. E. ULICH). Band 30. Zürich: vdf Hochschulverlag AG an der ETH Zürich.

WEHNER, T. (1984). Im Schatten des Fehlers. Einige methodisch bedeutsame Arbeiten zur Fehlerforschung. Bremer Beiträge zur Psychologie, H. 34. Bremen: Universität.

WEHNER, T. (1992). Fehlerfreie Sicherheit – weniger als ein günstiger Störfall. In T. WEHNER (Hrsg.). Sicherheit als Fehlerfreundlichkeit (S. 14–33). Opladen: Westdeutscher Verlag.

WEHNER, T., ENDRES, E. & CLASES, C. (1996). Hospitationen als Gestaltungs- und Lernfelder zwischenbetrieblicher Kooperationsbeziehungen. In E. ENDRES & T. WEHNER (Hrsg.). Zwischenbetriebliche Kooperation (S. 87–104). Arbeits- und Organisationspsychologie in Forschung und Praxis (Hrsg. W. BUNGARD). Band 8. Weinheim: Psychologie Verlags Union.

WEHNER, T. MIEG, H. & GÜNTERT, S. (2006). Frei-gemeinnützige Arbeit – Einschätzungen und Befunde aus arbeits- und organisationspsychologischer Perspektive. In S. MÜHLPFORDT & P. RICHTER (Hrsg.). Ehrenamt und Erwerbsarbeit (S. 19–39). München: Hampp.

WEHNER, T. & RAUCH, K.-P. (1994). Evaluation von Gruppenarbeit in der Automobilindustrie. *Arbeit* 3, 132–149.

WEHNER, T. & STADLER, M. (1989). Fehler und Fehlhandlungen. In S. GREIF, H. HOLLING & N. NICHOLSON (Hrsg.). Arbeits- und Organisationspsychologie. Internationales Handbuch in Schlüsselbegriffen (S. 219–222). München: Psychologie Verlags Union.

WEHNER, T., VOGT, S. & STADLER, M. (1984). Task-specific EMG-characteristics during mental training. *Psychological Research* 46, 389–410.

WEHNER, T. & WAIBEL, M. (1996). Erfahrungen als Bindeglied zwischen Handlungsfehleranalyse und Expertenforschung – Eine Studie am Schiffsimulator. In J. NITSCH & H. ALLMER (Hrsg.). Handeln im Sport – zwischen Rationalität und Intuition. (S. 115–139). Köln: bps.

WEHNER, T. & WAIBEL, M. (1997). Erfahrungsbegebenheiten und Wissensaustausch als Innovationspotentiale des Handelns. Die Analyse betrieblicher Verbesserungsvorschläge. In I. UDRIS (Hrsg.). Arbeitspsychologie für morgen (S. 72–100). Heidelberg: Asanger.

WEIBEL, A. (2009). Leistungsvariable Vergütung ist mit Vorsicht zu geniessen. *HR-Today* 9, 09, 24–25.

WEIK, S. (1993). «Complementary» instead of technology-centred system design – remarks on the problem of function allocation from a work psychological point of view. Interner Bericht. Zürich: Institut für Arbeitspsychologie der ETH.

WEINERT, A.B. (1987). Wirtschafts- und Organisationspsychologie. In D. FREY & S. GREIF (Hrsg.). Sozialpsychologie. Ein Handbuch in Schlüsselbegriffen (S. 557–566). 2. Auflage. München: Psychologie Verlags Union.

WEINERT, A.B. (1998). Organisationspsychologie. Ein Lehrbuch. 4. Auflage. Weinheim: Psychologie Verlags Union.

WENNINGER, G. (1988). Arbeitsschutz. In D. FREY, C. GRAF HOYOS & D. STAHLBERG (Hrsg.). Angewandte Psychologie. Ein Lehrbuch (S. 147–168). München: Psychologie Verlags Union.

WERNER, G. & GÖHLER, A. (2010). 1000 Euro für jeden. Freiheit, Gleichheit, Grundeinkommen. Berlin: Econ.

WETH, R. VON DER (1988). Konstruktionstätigkeiten und Problemlösen. In E. FRIELING & H. KLEIN (Hrsg.). Rechnerunterstützte Konstruktion (S. 32–39). Schriften zur Arbeitspsychologie (Hrsg. E. ULICH). Band 46. Bern: Huber.

WETH, R. VON DER (1994). Konstruieren: Heuristische Kompetenz, Erfahrung und individuelles Vorgehen. *Zeitschrift für Arbeits- und Organisationspsychologie* 38, 102–111.

WEYERICH, A., LÜDERS, E., OESTERREICH, R. & RESCH, M.G. (1992). Ermittlung von Alltagstätigkeiten. Das EVA-Verfahren. Forschungen zum Handeln in Arbeit und Alltag (Hrsg. R. OESTERREICH & W. VOLPERT). Band 4. Berlin: Technische Universität.

WHITNEY, D.E. (1989). Mit multifunktionalen Teams die Fertigungskosten halbieren. *Harvard Manager* 11, H. 1, 106–113.

WHYTE, F.W. (1991). Preface. In W.F. WHYTE & K.K. WHYTE (Hrsg.). Making Mondragon (xiii–xiv). Ithaca/London: ILR Press.

WHYTE, W.F. & WHYTE K.K. (Hrsg.) (1991). Making Mondragon. 2. Auflage. Ithaca/London: ILR Press.

WIDDEL, H. (1990). Steuerung und Überwachung industrieller Prozesse. In C. GRAF HOYOS & B. ZIMOLONG (Hrsg.). Ingenieurpsychologie (S. 396–425). Enzyklopädie der Psychologie, Themenbereich D, Serie III, Band 2. Göttingen: Hogrefe.

WIEBECKE, G. (1989). Das Interface zwischen F & E und Marketing: Kulturelle Unterschiede und die bereichsübergreifende Kommunikation. Dissertation, ETH Zürich.

WIEBECKE, G. & TSCHIRKY, H. (1987). Interface zwischen Forschung + Entwicklung und Marketing. *io Management Zeitschrift* 56, 1, 23–26.

WIEBECKE, G., TSCHIRKY, H. & ULICH, E. (1987). Cultural differences at the R&D-Marketing Interface: explaining interdivisional communication barriers. *Proceedings of the 1987 IEEE-Conference on Management and Technology* (Atlanta), 94–102.

WIEG, H.A. & WEHNER, T. (2002). Frei-gemeinnützige Arbeit. Eine Analyse aus Sicht der Arbeits- und Organisationspsychologie. *Harburger Beiträge zur Psychologie und Soziologie der Arbeit*, Nr. 33.

WIELAND, R. (2000). Arbeits- und Organisationsformen der Zukunft. In R. WIELAND & K. SCHERRER (Hrsg.). Arbeitswelten von morgen (S. 17–39). Wiesbaden: Westdeutscher Verlag.

WIELAND, R. (2003). Arbeitsgestaltung und Kompetenzentwicklung. Vortrag auf dem 8. Landauer Symposium «Handlungs- und Selbstregulation im Beruf». Universität Koblenz-Landau. 20.–21.3.2003.

WIELAND, R. (2006). Gesundheitsförderliche Arbeitsgestaltung – Ziele, Konzepte und Massnahmen. *Wuppertaler Beiträge zur Arbeits- und Organisationspsychologie*, Heft 1, 2–47.

WIELAND, R. (2009). Psychische Gesundheit und psychische Belastungen. Barmer Gesundheitsreport 2009. Wuppertal: Barmer Ersatzkasse.

WIELAND, R. (2010). Gestaltung gesundheitsförderlicher Arbeitsbedingungen. In U. KLEINBECK & K.-H. SCHMIDT (Hrsg.). Arbeitspsychologie. Enzyklopädie der Psychologie, Themenbereich D, Serie III, Band 1 (S. 869–919). Göttingen: Hogrefe.

WIELAND, R. & HAMMES, M. (2010). Gesundheitskompetenz – gesellschaftliche Ressource der Zukunft? *BARMER GEK Gesundheitsreport 2010,* Teil 2. Wuppertal: BARMER GEK.

WIELAND, R., KLEMENS, S., SCHERRER, K. & TIMM, E. unter Mitarbeit von KRAJEWSKI, J. (2004). Moderne IT-Arbeitswelt gestalten – Anforderungen, Belastungen und Ressourcen in der IT-Branche (Veröffentlichungen zum Betrieblichen Gesundheitsmanagement der TK, Band 4). Hamburg/Wuppertal: Techniker Krankenkasse und Transfer- und Kooperationsstelle für Arbeitsgestaltung an der Bergischen Universität Wuppertal.

WIELAND, R. & KRAJEWSKI, J. (2002). Psychische Belastung und Qualifizierung in neuen Arbeitsformen I: Zeitarbeit. *Wuppertaler Psychologische Berichte*, Heft 1.

WIELAND, R. & MEIERJÜRGEN, R. (2005). Vom Gesundheitsreport zur gesunden Organisation – Krankheitsbedingte Fehlzeitenanalyse als Grundlage betrieblicher Gesundheitsförderung. In GESELLSCHAFT FÜR ARBEITSWISSENSCHAFT (Hrsg.). Personalmanagement und Arbeitsgestaltung. Bericht zum 51. Kongress der Gesellschaft für Arbeitswissenschaft (S. 169–172). Dortmund: GfA-Press.

WIELAND, R., METZ, A.-M. & RICHTER, P. (2001). Call Center auf dem arbeitspsychologischen Prüfstand. Teil 1: Verfahren, Tätigkeitsmerkmale und erste Ergebnisse zur psychischen Belastung. Dresden: Verwaltungsberufsgenossenschaft.

WIELAND, R., METZ, A.-M. & RICHTER, P. (2002). Call Center auf dem arbeitspsychologischen Prüfstand, Teil 2: Arbeitsgestaltung, Belastung, Beanspruchung und Ressourcen. Hamburg: Verwaltungsberufsgenossenschaft.

WIELAND-ECKELMANN, R. (1992). Kognition, Emotion und psychische Beanspruchung. Göttingen: Hogrefe.

WIELAND-ECKELMANN, R., BAGGEN, R., SASSMANNSHAUSEN, A., SCHWARZ, R., SCHMITZ, U., ADEMMER, C. & ROSE, M. (1996). Gestaltung beanspruchungsoptimaler Bildschirmarbeit. Grundlagen und Verfahren für die Praxis (Schlussbericht). Schriftenreihe der Bundesanstalt für Arbeitsmedizin (Forschung Fb 12.002). Bremerhaven: Wirtschaftsverlag NW.

WIELAND-ECKELMANN, R., SASSMANNSHAUSEN, A., ROSE, M. & SCHWARZ, R. (1999). Synthetische Beanspruchungs- und Arbeitsanalyse (SynBA-GA). In H. DUNCKEL (Hrsg.). Handbuch psychologischer Arbeitsanalyseverfahren (S. 421–463). Schriftenreihe Mensch – Technik – Organisation (Hrsg. E. ULICH). Band 14. Zürich: vdf Hochschulverlag AG an der ETH Zürich.

WILPERT, B. (1989). Menschenbild, Einstellungen, Normen und Werte. In E. ROTH (Hrsg.). Organisationspsychologie (S. 155–185). Enzyklopädie der Psychologie, Themenbereich D, Serie III, Band 3. Göttingen: Hogrefe.

WILPERT, B. & KLUMB, P. (1991). Störfall in Biblis. *Zeitschrift für Arbeitswissenschaft* 45, 51–54.

WILSON, A.T.M. & TRIST, E.L. (1951). The Bolsover System of Continuous Mining. Tavistock Institute of Human Relations. Document No. 290.

WINKER, G. (Hrsg.) (2001). Telearbeit und Lebensqualität. Zur Vereinbarkeit von Beruf und Familie. Frankfurt a.M.: Campus.

WIPPLER, R. (1970). Leisure behavior, multivariate approach. *Sociologica Nederlandica* 6, 51–65. Deutsche Übersetzung (1974): Freizeitverhalten: ein multivariater Ansatz. In R. SCHMITZSCHERZER (Hrsg.). Freizeit (S. 91–107). Frankfurt a.M.: Akademische Verlagsgesellschaft.

WIRTH, W. (1988). Integration ist nur mit gemeinsamer Basis möglich. *Computerworld*, Focus No. 2., 3. Oktober 88.

WITTE, W. (1974). Untersuchungen zur Behinderung des Denkens durch Anschauung. *Psychologische Beiträge* 16, 277–287.

WITTE, W. (1976). Ist all das, was man umgangssprachlich Handeln nennt, Verhalten spezifischer Art? In: A. THOMAS (Hrsg.). Psychologie der Handlung und Bewegung (S. 23–55). Meisenheim: Hain.

WOLTER, S.C. & KNUCHEL, B. (1997). Bildung für Erwerbstätige – Arbeit für Arbeitslose. *Die Volkswirtschaft* 70, H. 5, 22–28.

WOMACK, J.P. (1996). Neues von Hammer und Champy. *Harvard Business Manager* 18, 15–17.

WOMACK, J., JONES, D.T. & ROOS, D. (1990). The Machine that Changed the World. New York: Macmillan. Deutsche Übersetzung. (1991). Die zweite Revolution in der Autoindustrie. Frankfurt a.M.: Campus.
WORK IN AMERICA (1973). Report of a Special Task Force to the Secretary of Health, Education and Welfare. Cambridge, Mass.
WORTHY, J.C. (1950). Organizational structure and employee morale. *American Sociological Review* 15, 169–179.
WÜLSER, M. (2006). Fehlbeanspruchungen bei personenbezogenen Dienstleistungstätigkeiten. Eine Mehr Stichproben Analyse zur Entstehung von emotionaler Erschöpfung, Aversionsgefühlen und Distanzierung sowie eine vertiefte Betrachtung der Lehrkräftetätigkeit. Dissertation, Universität Potsdam.
WÜLSER, M. (2008). Begrenzte Responsivität und Fehlbeanspruchungen bei Lehrkräften. In A. KRAUSE, H. SCHÜPBACH, E. ULICH & M. WÜLSER (Hrsg.). Arbeitsort Schule. Organisations- und arbeitspsychologische Perspektiven (S. 101–131). Wiesbaden: Gabler.
WÜLSER, M. (2008). Burnout bei Lehrkräften: «Professionalisierung» der Organisation als Ansatz für Prävention? In IAFOB (Hrsg.). Unternehmensgestaltung im Spannungsfeld von Stabilität und Wandel (S. 363–379). Zürich: vdf Hochschulverlag AG an der ETH Zürich.
WÜLSER, M., INVERSINI, S. & ULICH, E. (2007). Lokale Schulbehörden in der Schweiz: ein Beispiel für gemeinnützige Arbeit. In P. RICHTER, R. RAU & S. MÜHLPFORDT (Hrsg.). Arbeit und Gesundheit. Zum aktuellen Stand in einem Forschungs- und Praxisfeld (S. 379–398). Lengerich: Pabst.
WÜLSER, M., OSTENDORP, C., SIBILIA, A. & ULICH, E. (2007). Analyse der Arbeitsbedingungen, Belastungen und Ressourcen in der Klinik für Neurochirurgie in einem schweizerischen Universitätsspital. Interner Bericht. Zürich: Institut für Arbeitsforschung und Organisationsberatung.
WUNDERLI, R. (1978). Psychoregulativ akzentuierte Trainingsmethoden. Felduntersuchung zum Einsatz von observativem, mentalem und verbalem Training in einer Lehrwerkstatt. *Zeitschrift für Arbeitswissenschaft* 32, 106–111.
WUNDERLI, R. (1979). Alternative Formen der Arbeitszeitgestaltung. *Psychosozial* 1, 76–99.

ZAPF, D. (1991). Stressbezogene Arbeitsanalyse bei der Arbeit mit unterschiedlichen Bürosoftwaresystemen. *Zeitschrift für Arbeits- und Organisationspsychologie* 35, 2–14.
ZAPF, D. & SEMMER, N. (2004). Stress und Gesundheit in Organisationen. In H. SCHULER (Hrsg.). Organisationspsychologie – Grundlagen und Personalpsychologie (S. 1007–1112). Enzyklopädie der Psychologie, Themenbereich D, Serie III, Band 3. Göttingen: Hogrefe.
ZEIGARNIK, B. (1927). Das Behalten erledigter und unerledigter Handlungen. *Psychologische Forschung* 9, 1–85.

ZELLER, R. (1990). Stand der Technik, Störgrössenanalyse. In: Sicherung des spanabhebenden Bearbeitungsprozesses. Tagungsband zur Abschlusspräsentation des Verbundprojekts (S. 19–26). Karlsruhe: Kernforschungszentrum, Projektträger Fertigungstechnik.

ZENTRUM FÜR INTEGRIERTE PRODUKTIONSSYSTEME (ZIP) der ETH Zürich (Hrsg.) (1999). Optimierung der Produkt- und Prozessentwicklung. Zürich: vdf Hochschulverlag AG an der ETH Zürich.

ZIERAU, J. (2000). Genderperspektive – Freiwilligenarbeit, ehrenamtliche Tätigkeit und bürgerschaftliches Engagement bei Männern und Frauen. In B. VON ROSENBLADT (Hrsg.). Freiwilliges Engagement in Deutschland (S. 136–145), Stuttgart: Kohlhammer.

ZIMOLONG, B. (1989). Arbeitssicherheit. In S. GREIF, H. HOLLING & N. NICHOLSON (Hrsg.). Arbeits- und Organisationspsychologie. Internationales Handbuch in Schlüsselbegriffen (S. 126–131). München: Psychologie Verlags Union.

ZIMOLONG, B. (1990). Fehler und Zuverlässigkeit. In C. GRAF HOYOS & B. ZIMOLONG (Hrsg.). Ingenieurpsychologie (S. 314–345). Enzyklopädie der Psychologie, Themenbereich D, Serie III, Band 2. Göttingen: Hogrefe.

ZINK, K. (1978). Zur Begründung einer zielgruppenspezifischen Organisationsentwicklung. *Zeitschrift für Arbeitswissenschaft* 32, 42–48.

ZINK, K. (1995a). TQM als integratives Managementkonzept. Das Europäische Qualitätsmodell und seine Umsetzung. München: Hanser.

ZINK, K. (1995b). Gruppenarbeit als Baustein innovativer Managementkonzepte. In K. ZINK (Hrsg.). Erfolgreiche Konzepte zur Gruppenarbeit – aus Erfahrungen lernen (S. 3–21). Neuwied: Luchterhand.

ZINK, K. (Hrsg.) (1995c). Erfolgreiche Konzepte zur Gruppenarbeit – aus Erfahrungen lernen. Human Resource Management für Theorie und Praxis. Neuwied: Luchterhand.

ZINK, K. (2004). TQM als integratives Managementkonzept. Das EFQM Excellence Modell und seine Umsetzung. 2. vollständig überarbeitete und erweiterte Auflage. München: Hanser.

ZINK, K. & THUL, M. (1998). Gesundheitsassessment – ein methodischer Ansatz zur Bewertung von Gesundheitsförderungsmassnahmen. In R. MÜLLER & H. ROSENBROCK (Hrsg.). Betriebliches Gesundheitsmanagement, Arbeitsschutz und Gesundheitsförderung – Bilanz und Perspektiven (S. 327–348). St. Augustin: Asgard.

ZINK, K., THUL, M., HOFFMANN, J. & FLECK, A. (2009). Integratives Betriebliches Gesundheitsmanagement – ein Kooperationsprojekt des Instituts für Technologie und Arbeit und der AOK – Die Gesundheitskasse in Hessen. In B. BADURA, H. SCHRÖDER & CH. VETTER (Hrsg.). Fehlzeiten-Report 2008 (S. 171–186). Berlin/Heidelberg: Springer.

ZINSER, S. (2004a). Flexible Arbeitswelten: Trends, Auswirkungen und Machbarkeit. In S. ZINSER (Hrsg.). Flexible Arbeitswelten. Handlungsfelder, Erfahrungen und Praxisbeispiele aus dem Flexible-Office-Netzwerk. (S. 17–36). Schriftenreihe Mensch – Technik – Organisation (Hrsg. E. ULICH). Band 36. Zürich: vdf Hochschulverlag AG an der ETH Zürich.

ZINSER, S. (Hrsg.) (2004b). Flexible Arbeitswelten. Handlungsfelder, Erfahrungen und Praxisbeispiele aus dem Flexible-Office-Netzwerk. Schriftenreihe Mensch – Technik – Organisation (Hrsg. E. ULICH). Band 36. Zürich: vdf Hochschulverlag AG an der ETH Zürich.

ZINSER, S. & BOCH, D. (Hrsg.) (2007). Flexible Arbeitswelten. So geht's. DO's and DON'ts aus dem Flexible-Office-Netzwerk. Schriften zur Arbeitspsychologie, Band 42. Zürich: vdf Hochschulverlag AG an der ETH Zürich.

ZIPPE, B.-H., WELLER, B. & SAUER, H. (1980). Betriebswirtschaftlicher Vergleich bestehender Arbeitsstrukturen im Bereich Aggregatefertigung im Werk Salzgitter der Volkswagenwerk AG. BMFT-Forschungsbericht HA 80–021.

ZÖLCH, M. (1997a). Analyse und Bewertung von Bürotätigkeiten: Die kontrastive Aufgabenanalyse (KABA). In O. STROHM & E. ULICH (Hrsg.). Unternehmen arbeitspsychologisch bewerten (S. 222–244). Schriftenreihe Mensch – Technik – Organisation (Hrsg. E. ULICH) Band 10. Zürich: vdf Hochschulverlag AG an der ETH Zürich.

ZÖLCH, M. (1997b). Aktivitäten der Handlungsverschränkung. Theorie und Praxis der Werkstattsteuerung in der gruppenorientierten Fertigung. Unveröffentlichte Dissertation, Universität Potsdam.

ZÖLCH, M. (2001). Zeitliche Koordination in der Produktion. Aktivitäten der Handlungsverschränkung. Schriften zur Arbeitspsychologie (Hrsg. E. ULICH). Band 60. Bern: Huber.

ZÖLCH, M. (2007). Der Einsatz des KABA-Verfahrens bei Tätigkeiten der Werkstattsteuerung. In H. DUNCKEL & C. PLEISS (Hrsg.). Kontrastive Aufgabenanalyse. Grundlagen, Entwicklungen und Anwendungserfahrungen (S. 187–214). Schriftenreihe Mensch – Technik – Organisation, Band 41. Zürich: vdf Hochschulverlag AG an der ETH Zürich.

ZÖLCH, M. & DUNCKEL, H. (1991). Erste Ergebnisse des Einsatzes der «Kontrastiven Aufgabenanalyse». In E. ULICH & D. ACKERMANN (Hrsg.). Software-Ergonomie '91, «Benutzerorientierte Software-Entwicklung» (S. 363–372). Berichte des German Chapter of the ACM, Band 33. Stuttgart: Teubner.

ZOK, K. (2008). Krank zur Arbeit: Einstellungen und Verhalten von Frauen und Männern beim Umgang mit Krankheit am Arbeitsplatz. In B. BADURA, H. SCHRÖDER & Ch. VETTER (Hrsg.). Fehlzeiten-Report 2007. Arbeit Geschlecht und Gesundheit (S. 121–144). Berlin/Heidelberg: Springer.

ZÜLCH, G. & STARRINGER, M. (1984). Differentielle Arbeitsgestaltung in Fertigungen für elektronische Flachbaugruppen. *Zeitschrift für Arbeitswissenschaft* 38, 211–216.

Personenregister

Abeles, R. 501
Abholz, H.-H. 296
Abraham, E. 522ff.
Acker, C. 549
Ackermann, D. 295, 397
Adams, J.S. 600ff.
Adams, W. 571f.
Adenauer, S. 308, 508
Aebli, H. 424
Agurén, S. 238, 465, 688
Aiginger, K. 571, 576
Aktouf, O. 583
Aldana, S. 564
Alderfer, C.P. 46
Alexander, P. 406f., 410, 412
Alioth, A. 91, 112ff., 198, 201, 205, 221, 223, 238, 448, 451f., 469f., 595, 598ff., 676, 714
Allen, T.J. 276ff., 281
Allerbeck, M. 146
Allers, R. 433
Altmann, N. 354
Ambs-Schulz, M. 682
Ammons, J.C. 333
Andersen, J.H. 560
Andrews, G. 558
Andrisani, P.J. 501f.
Anklam, R. 694
Antczak, J. 263
Antoni, C.H. 226ff., 231, 238f., 282, 288f., 485, 550
Antonovsky, A. 114, 495
Applebaum, E. 283

Appleton, D. 352, 373
Arendt, H. 628
Argyris, C. 45, 49f., 519
Arn, C. 657
Asch, S.E. 203
Aschwanden, C. 295, 662
Asher, J.J. 279, 446
Assen, A. van 385
Augustine, N.R. 467
Aumann, S. 405, 412, 414
Ayoub, M.A. 380ff.
Azuma, M. 414

Baarss, A. 155
Babbage, Ch. 13
Backhaus, K. 275f.
Badura, B. 539, 557, 561f.
Baethge, M. 258
Bailey, R.W. 332
Baillod, J. 611, 613, 615f., 623f., 648
Bailyn, L. 408
Bainbridge, L. 387
Baitsch, C. 185f., 199, 238f., 292, 299, 320, 394, 412, 441f., 445, 447f., 451, 463, 470f., 501, 505f., 513, 520f., 530, 588, 673f., 684ff.
Ballon, R. 306
Bamberg, E. 173, 475, 492, 547, 552, 556
Bamforth, K.W. 54, 64, 85, 192f., 198f.

Bammé, A. 62
Barnes, L.B. 46
Bar-on, D. 571
Bartenschlager, H.P. 338f., 341, 343f.
Bartenwerfer, H. 129, 481, 483
Barth, A. 645
Barth, H.R. 693
Bartussek, R. 257f.
Baumgartner, M. 146, 419
Baumgartner, P. 62
Becher, R. 489
Beck, A. 616
Beck, U. 658f.
Becker, U. 651
Bedford, T. 478, 480
Beek, H.G. van 216
Beekun, R.I. 304
Beher, K. 174
Behrens, J. 509f.
Benda, H. von 331
Benders, J. 289f.
Benz-Overhage, K. 339, 342f.
Berger, S. 376
Berggren, C. 244ff., 282, 358
Berghahn, A. 640
Bergius, R. 446
Bergmann, B. 292, 438ff., 445, 512, 649
Bergmann, F. 653, 658
Bergson, R. 636
Berkowitz, E. 498
Bertalanffy, L. von 198
Bessant, J. 376
Betschart, H. 113, 239, 404, 673ff., 677ff., 685ff.
Bettelheim, B. 408
Bichsel, M. 269
Bieri, L. 412
Bihl, G. 640
Bihler, W. 174
Binkelmann, P. 238, 283
Birbaumer, N. 498
Birkwald, R. 595
Biron, C. 561
Björkman, T. 358
Blanke, K. 174

Blatt, R. 283
Blauner, R. 61, 112
Blickle, G. 625f.
Blood, M.R. 57
Blum, M.L. 291
Blumberg, M. 202, 231, 311ff.
Blumenfeld, W. 31, 296, 395
Boch, D. 589
Böcker, M. 417
Böckermann, P. 560
Bödeker, W. 539f., 550, 564
Boffo, M. 320
Böhle, F. 326ff., 330, 473
Bolm, U. 490
Bolte, A. 330
Borg, I. 143
Bornemann, E. 484
Bosch, G. 64, 265, 512
Bosch, R. 636
Bosma, H. 563f.
Braczyk, H.-J. 238, 283
Brandenburg, U. 246, 558
Brater, M. 264
Braun, C.-F. von 275
Bredbacka, C. 688
Breucker, G. 546, 566
Bright, J.R. 61
Brock, J.W. 571f.
Brodbeck, F. 394, 397, 427
Brodbeck, H. 578f.
Brödner, P. 9, 283, 318, 321f., 359
Broome, P. 409
Brousseau, K.R. 312, 335, 501f.
Brown, G.R. 195, 385
Brubaker, T.L. 356
Brucks, U. 139, 716
Bruggemann, A. 93, 143ff., 213, 238, 286, 484, 504, 513, 524, 607, 693
Brumlop, E. 339
Brunnhofer, B. 682
Büchele, H. 174, 639, 657
Büchele, U. 264
Büdenbender, W. 328
Bühlmann, J. 177
Bullinger, H.-J. 231
Bungard, W. 226f., 231, 245, 281, 485

Burkardt, F.   378ff.
Burke, R.J.   356
Burtscher, C.   52
Busch, C.   546f.
Büssing, A.   85, 139, 404f., 409ff., 414, 482, 552, 716
Butler, J.   442

Cahill, J.   355
Cambert, L.I.   348f.
Campbell Clark, S.   552f.
Campbell-Jamison, F.K.   356
Caplan, R.   556
Cervinka, R.   673, 686
Champoux, J.E.   518
Champy, J.   361
Chao, G.   355
Chapman, L.S.   561
Chen, C.   561
Cherns, A.   193, 195, 197, 205, 238, 286
Chignell, M.H.   333, 335
Christensen, J.M.   292, 295
Cirkel, M.   574
Clark, P.A.   462
Clases, C.   281
Clauss, G.   481
Clegg, C.   323, 325, 333, 438
Cobb, S.   491
Coch, L.   442
Colin, I.   381
Conrad, H.   262ff., 645
Conrad-Betschart, H.   239
Cooley, M.   326
Cooper, C.   356, 550f.
Copley, F.B.   15
Corbett, M.   323, 333
Cox, T.   356
Cropley, M.   560
Csikszentmihalyi, M.   148
Cummings, T.   231, 311ff.
Curington, W.P.   601ff.
Curran   273
Curschellas, R.   573
Czaja, S.J.   323

D'Ambrogio, F.   376
Dahmer, H.-J.   499
Dahrendorf, R.   629, 657
Dangel, C.   181, 741
Daniel, H.D.   624
Daumenlang, K.   515f.
Davatz, F.   620
Davis, L.E.   52f., 238
Debitz, U.   420f.
Deci, E.   596
Degener, M.   417, 552, 648f.
Delsen, L.   646, 651
Demmer, B.   227, 368
Denis, H.   316
Deutsch, C.   276
Devadas, R.   286
Dick, R.van   112
Dickson, W.   40, 42
Diekman, A.   673
Dielmann, K.   640
Dieterich, C.   549
Dittmann, K.H.   489
Döbele-Berger, C.   398
Dohse, K.   317, 688
Doi, T.   307f.
Dolezalek, C.M.   61
Domeisen, H.   578f.
Dooner, B.   565
Dormann, C.   417
Dorsch, F.   39
Dostal, W.   403ff., 626
Dreesmann, H.   515f.
Drenth, P.J.D.   306
Drisis, L.   403
Drucker, P.   580f., 594
Ducki, A.   551f.
Duell, W.   100f., 103, 105, 107, 161f., 185f., 342f., 405, 441ff., 448, 451, 505
Düker, H.   34, 483
Dumazedier, J.   514, 519
Dumke, A.   417, 420
Duncan, C.D.   392
Dunckel, H.   66, 68, 97, 124, 133ff., 137ff., 168ff., 331, 472, 474
Duncker, K.   267, 279, 392, 662, 666

Dunkel, W. 140
Dunkler, O. 333
Dürrenberger, G. 405, 412
Dymersky, W.J. 431
Dzida, W. 395, 661f., 664

Eberleh, E. 398
Edgren, J. 238, 465
Edington, D. 561
Efimoff, W.W. 33
Ehling, M. 174
Ehrenstein, W. 682
Ehrlenspiel, K. 271
Eidenmüller, B. 325, 350, 372f.
Eijnatten, F.M. van 285
Eissing, G. 570
Eliasberg, W. 29f.
Elkeles, T. 547, 549
Elkin, A.J. 550f.
Ellegård, K. 358
Elliott, J.D. 214
Elssner, G. 431
Embrey, D.E. 389
Emery, F.E. 51, 54, 64, 79, 84ff., 192, 197f., 203ff., 212, 217, 221f., 238, 286, 395, 446ff., 452, 466f., 469, 594f., 713
Emery, M. 205, 446ff., 452
Enderlein, H. 436
Endres, E. 225, 281, 330, 376
Erlewein, M. 618
Ermanski, J. 476
Ernst, G. 673, 678
Erpenbeck, J. 439
Esser, U. 373f.
Everding, A. 362

Fahrenberg, J. 676
Fair, J. 638
Fayol, H. 305
Feigenbaum, K. 515
Fellmann, U. 488f.
Fetscher, I. 183
Fisch, R. 624
Fischbach, D. 434

Fischbacher, U. 666, 670, 672
Fischer, A. 40
Fischer, D. 574
Fischer, L. 143, 288
Fisher, J.D. 492
Fitts, P.M. 332
Fix-Sterz, J. 320
Flanders, A. 236
Fleck, A. 566
Folkman, S. 487
Follett, M.P. 15
Ford, H. 11, 27
Ford, N. 216
Frankenberger, E. 280
Frankenhaeuser, M. 475, 482
Frauendorf, H. 549
Frei, F. 65, 68, 185f., 238, 254ff., 299, 347, 402, 428, 440ff., 448, 505
Freiboth, M. 236, 245ff., 288f., 489
French, J.R.P. 442
Frese, M. 29, 134, 148, 192, 204, 327, 392, 394, 427, 437, 485f., 488, 491f.
Freud, S. 627f.
Frey, B. 596f.
Frey, D. 488f.
Frey, J.P. 11ff.
Freyberg, T.von 339
Friedmann, G. 20, 40, 42f., 61, 147, 212, 628, 637, 655
Friedrich, J. 403
Friedrich, P. 371
Frieling, E. 15, 85f., 138, 186, 236, 245, 288f., 293, 407, 474, 489, 512, 529, 537, 569, 594
Fritsche, B. 155, 167
Fritz, S. 566
Fritze, A. 184
Fröhlich, K.-P. 618
Fromm, E. 638
Frosch, R.A. 335
Fujino, K. 414, 416
Funke, P. 247
Fürstenberg, F. 673, 682, 687

Personenregister

Galperin, P.J. 431
Gardell, B. 112, 482
Garhammer, M. 404, 407f., 659
Gaskin, K. 179
Gauderon, E. 249
Gayde, R. 436
Gebauer, K.-P. 335, 337
Gebert, D. 146, 280, 485
Gediga, G. 397
Geissler, H. 97f., 549
Gerlach, W. 339
Gerlmaier, A. 417
Gerst, D. 288
Giarini, O. 416, 638, 653, 657f.
Giese, F. 19, 39
Gilardi, S. 577
Gilbreth, F.B. 10, 65
Glanz, A. 673, 682
Glaser, J. 139, 716f.
Glaser, M. 408
Glaser, W.R. 408
Glass, D. 488
Glissmann, W. 618f.
Goetzel, R.Z. 561, 564f.
Gohde, H.-E. 122, 227, 368
Goldmann, M. 408, 412
Göldner, R. 508
Goodman, P.S. 286f., 385
Gorz, A. 516, 628ff., 633ff., 639
Gottschalch, H. 267
Götz, E. 184
Govindaraj, T. 333
Graf, O. 33, 35, 225, 478ff., 673
Graham, L. 358
Graham, P. 15
Granel, M. 284, 466, 689f., 692, 694, 696
Green, R.E. 498
Greenberg, C.I. 222
Greenglass, E.R. 356
Greif, S. 29, 49, 135, 397, 427, 438, 470, 486ff., 499ff., 503, 661, 666
Greiner, B. 126f., 129, 373, 547
Greinert, L. 373
Greutmann, T. 397
Griffiths, A. 356
Griffiths, J. 543

Grimmer, W. 288
Grob, M. 616
Grob, R. 230, 296, 303, 360
Groenendijk, B. 306
Groll, E. 673
Groskurth, P. 143f., 213, 238, 286, 607
Gross, H. 619, 640
Grösser, G. 247
Grossmann, R. 62
Grote, G. 86, 92, 171f., 204f., 320, 331, 333f., 386, 393, 495, 588, 713
Gruner, K. 275f.
Grunwald, W. 518
Gubser, A. 129, 484
Gulowsen, J. 228ff., 236
Güntert, S.T. 179, 182
Gupta, N. 601ff.
Gyllenhammar, P.G. 235

Habermas, J. 524
Hacker, W. 7, 24, 55, 64, 68, 70, 74, 76ff., 85, 96f., 111, 129, 139, 148, 150ff., 163f., 166f., 173, 182, 187, 201f., 211, 217ff., 226f., 265f., 268f., 271, 276, 280, 296, 332, 378, 387, 389, 391f., 399, 424ff., 428ff., 435, 437f., 471, 474, 482, 487ff., 495, 497, 510ff., 519, 550ff., 556, 569, 592, 654, 713, 716, 722
Hackman, J.R. 64, 68, 78, 107ff., 179, 205, 238, 283, 287f., 312
Häfeli, K. 503
Hafen, U. 574
Haffner, H. 296, 360
Haider, E. 284, 466, 694
Haider, M. 531, 673
Haisch, J. 552
Hamborg, K.-C. 400, 666
Hammer, M. 361f.
Hammond, J. 404
Hancock, P.A. 333
Hanhart, D. 517
Hansen, C.D. 560
Hansson, R. 688
Hartz, P. 642, 644

Harvey, C. 404
Havighurst, R.J. 515
Heaney, C.A. 564f.
Hebeisen, W. 15
Hebestreit, H. 476
Hecker, K. 518
Heckhausen, H. 148, 385, 445
Hedlund, J. 355
Hehlmann, T. 539, 561f.
Heijl, P. 360
Heil, K. 238
Heimke, K. 492
Heinze, R. 174, 655f., 658
Heller, F. 325
Hellpach, W. 23ff., 27ff., 38, 40, 217f.
Hengsbach, F. 657
Herbst, P. 54, 198, 228, 495
Herczeg, M. 398
Herda, S. 661f.
Herrick, N. 54
Herrmann, G. 425f.
Herrmann, T. 295, 713, 729
Hertog, F. den 55, 385
Herzberg, F. 45, 47ff., 212ff., 222
Hesse, R. 688
Heyse, V. 439
Hickson, D.J. 573
Higgin, G.W. 194, 385
Hilbert, J. 575ff.
Hildebrandt, E. 605
Hill, P. 79
Hillquit, M. 598
Hinrichs, K. 659
Höcker, H. 649
Hoefelmayr-Fischer, K.E. 522ff.
Hoff, E.-H. 140, 435, 501, 517f., 523
Hoffmann, J. 566
Hofmann, K. 281
Hofmeister, E. 631
Hofstede, G. 304ff.
Hollander, E. 358
Holling, H. 661
Hollnagel, E. 388
Holti, R. 405, 412
Homans, G.C. 44, 606

Höpflinger, F. 616
Hornberger, S. 408f.
Hörrmann-Lecher, U. 517
Hort, J. 461f.
Hotz-Hart, B. 236f., 570
House, J.S. 491
Hoyos, C. Graf 378, 380ff.
Huber, E. 546
Hughson, T.L. 286
Huijgen, F. 290
Hulin, C. 56
Hulin, E. 57
Hunnicut, B. 636
Hunt, M. 638f.
Hunter, J.L. 566
Hüsch, H.W. 61
Hüser, M. 360
Hutchinson, S.P. 419

Ihregren, K. 688
Illing, F. 424
Ilmarinen, J.E. 509
Inversini, S. 181f., 730f., 733, 735, 739, 741
Ishig, A. 437f.
Isic, A. 417
Itzfeldt, W.D. 661f.
Iwanowa, A. 155ff., 167
Izumi, H. 283

Jackson, P. 410
Jacobi, U. 320
Jacobshagen, N. 151
Jacobson, E. 433
Jaeger, C. 405, 412
Jaeger, S. 19, 30
Jahoda, M. 495, 515, 626ff., 655f.
Janowicz, C. 659
Janßen, D. 543, 609
Jaques, E. 204
Jaufmann, D. 308
Jenkins, G.D. 601ff.
Jiménez, P. 143
Johannsen, G. 388
Jones, D.T. 223f., 245, 309, 354, 357ff.

Personenregister

Jöns, I. 245
Jordan, D. 308
Jordan, N. 333
Jordan, P. 172
Jorissen, H.D. 372
Jung, E. 450
Jurczyk, K. 528, 530
Jürgens, U. 317, 358, 361, 688
Jürgens, K. 528, 643

Kabanoff, B. 518
Kahn, R.L. 44
Kalbermatten, U. 666
Kalleberg, A.L. 283
Kannheiser, W. 138, 327, 332
Kantowitz, B.H. 333
Karasek, R.A. 490f.
Karlsson, K. 688
Karsten, A. 482
Kasl, S.V. 491
Kastenholz, E. 238
Kastner, M. 417, 543, 557
Katz, C. 199, 262, 394, 404f.
Katz, D. 44
Katz, R. 276ff., 281
Kaufmann, I. 472
Keller, G. 433
Keller, S. 330
Kemmner, A. 373f.
Kempe, M. 648
Kern, H. 61f.
Kershaw, D. 638
Ketchum, G. 385
Keupp, H. 174, 655f.
Keynes, J.M. 635
Kieselbach, T. 181, 495
Kieser, A. 320, 572f.
Kil, M. 179
Kimberley, J.R. 572
Kindervater, J. 465f.
Kinnie, N.J. 419
Kirchhöfer, D. 530
Kirchmeyer, C. 524
Kirsch, C. 92, 122, 125, 232, 265, 289, 308
Kiss, U. 343

Kistler, H. 264
Kivimäki, M. 356
Klauder, W. 645
Kleinbeck, U. 7, 108f., 111f., 296, 445
Klemens, S. 417, 563
Klement, C. 659
Klemp, A.K. 614
Klemp, J. 614
Klimecki, R.G. 620
Klingenberg, H. 253f.
Klink, F. 181
Klopfleisch, R. 639
Klotter, C. 547
Klumb, P. 392
Klusmann, D. 574
Knauth, P. 623
Knox, W.E. 501
Knuchel, B. 649
Kohfeldt, A. 650
Köhl, E. 373f., 376
Kohl, W. 433
Köhler, C. 336f.
Köhler, O. 40
Köhler, W. 392
Kohn, M.L. 501ff.
Kojima, T. 309
Kolodny, H. 315f.
Komarovsky, M. 515
Kompa, A. 586
Kondratieff, N. 544
König, W. 328
Konradt, U. 326, 395, 402ff., 410, 574
Korffmacher, W. 398
Kornhauser, A. 519
Kossakowski, A. 444
Kötter, W. 122, 192, 227, 283, 368, 375
Kotthoff, H. 570, 576
Koubek, R. 404
Kozlowski, S. 355
Kraepelin, E. 475f.
Kraft, U. 503
Kraiss, K.-F. 172, 335, 388
Krajewski, J. 417, 420, 530, 563
Kränzle, H.-P. 253f.

Krattiger, B. 184
Krause, E. 33f.
Kreimeier, D. 248
Krenzler, G. 148
Krieg, T. 247
Kroemer, H. 61
Krogoll, T. 435f.
Kruse, A. 512
Kuark, J.K. 80, 83, 115, 328, 350f., 705, 707f.
Kubicek, H. 320, 572f.
Kubo, K. 414
Kuhn, K. 508
Kuhn, R. 444, 694
Külp, B. 515
Künzler, C. 386, 390, 393, 574
Kurtz, H.-J. 438
Küsgens, L. 549

Lacher, M. 246
Lackowski, A. 620
Lalive D'Epinay, C. 657
Landsbergis, P.A. 355
Lang, K. 357
Lang, H.-C. 578f.
Lang, R. 23, 25, 27f., 40
Lantermann, E.D. 495
Lappe, L. 435
Latham, G.P. 566
Latniak, E. 95
Latouche, N. 519
Lattmann, C. 583
Lauche, K. 272
Laukkanen, E. 560
Launhardt, H. 402
Launier, R. 473, 486
Laurig, W. 141f.
Lawler, E.E. 108, 205
Lawrence, P.R. 57, 112, 583
Lay, G. 266, 321, 355
Lazarsfeld, P. 627
Lazarus, R.S. 473, 486f.
Leder, L. 87, 272, 329f., 352, 371, 705, 711
Leffelsend, S. 179

Lehmann, G. 477
Lehner, F. 237, 440f.
Lehr, U. 646
Leicht, R. 570
Leinert, S. 269
Leitner, K. 97, 121f., 127ff., 474, 489, 552f.
Lempert, W. 435
Lenhardt, U. 547, 549
Lenin, W.I. 467
Lennartz, K.D. 329
Leontief, W. 629
Leontjew, A.N. 185ff., 281, 328, 504
Levi, L. 542
Levine, J. 442
Lewark, S. 238
Lewin, K. 20ff., 31f., 34, 38, 44, 54, 64, 68, 186, 227, 392ff., 424, 442, 481f., 713
Lichte, R. 386
Liebig, R. 174
Liedtke, P.M. 416, 638, 653, 657f.
Likert, R. 44, 252
Lindecker, J. 592f.
Lindsay, P. 501
Lingemann, H.-F. 249f., 252ff.
Lipmann, O. 30, 36ff., 147f., 292, 295
Lippold, M. 267
Liu, M. 316
Locke, E.A. 143, 566
Loewenthal, A. 335
Lomow, B.F. 388f.
Lorence, J. 501f.
Lorsch, J.W. 583
Louis, E. 171, 352, 705
Lowe, G. 566
Lübbe, H. 659
Luczak, H. 474
Lüders, E. 126, 285, 522, 552f.
Luhn, G. 437
Lullies, V. 320
Lundberg, G.A. 515
Lundberg, U. 284f., 475, 549
Lüthi, A. 616

Lutz, B.   326ff.
Lutz, C.   630, 632ff.
Lysinski, E.   14, 148, 464

Maccoby, M.   54, 387
Macher, E.   330
Macher, F.   55
MacLeod, G.   52
Macy, B.A.   283, 286
Maier, P.   337
Maintz, G.   549
Malessa, A.   492
Malik, F.   580f.
Malsch, T.   317, 688
Man, H.de   147
Mankin, D.   10, 40
Mansell, J.   195, 286
Marbe, K.   377
Mardberg, B.   475
Marmot, M.   563
Marti, K.   270
Martin, E.   113, 128, 221, 451, 481, 486, 714
Martin, H.   328
Martin, P.   267
Martin, T.   350
Martins, E.   559
Marx, K.   617
Maschewski, W.   489
Maslow, A.   45f., 49f., 145
Matern, B.   68ff., 74ff., 85, 96, 108, 110, 427, 432f., 450
Mausner, B.   47, 213
Mayo, E.   40, 44, 56
McGregor, D.   44, 46, 456, 468ff.
McInery, M.A.   515
Meierjürgen, R.   548
Meissner, M.   521
Melin, B.   549
Mendius, G.   570, 573, 576
Metz, A.-M.   417, 419, 551f., 557
Metz-Göckel, H.   179
Meyer, S.   246, 292, 556
Michalianou, G.   560
Mickler, O.   342f.

Mieg, H.A.   177ff., 182
Milkau, B.   326f.
Miller, E.J.   196, 583
Mitchell, C.M.   333
Mitschke, J.   657
Mittenecker, E.   378
Modey, J.W.   283
Modrow-Thiel, B.   575
Moede, W.   18, 30, 40, 377
Mohlin, P.-E.   245
Mohr, E.   173, 475
Mohr, G.   355, 491, 626, 716
Möhwald, U.   308
Moldaschl, M.   238, 289, 326ff., 555
Moll, T.   661, 665ff., 669ff., 705f.
Morf, M.   376, 406f., 410, 412
Mortimer, J.T.   501
Mulatu, M.S.   510
Müller, R.   512, 515
Müller-Jentsch, W. 574
Münsterberg, H.   15ff., 20, 38, 146, 484f.
Munz, E.   640
Murray, H.   194, 385
Mussmann, C.   662
Muster, M.   693, 697
Mutz, G.   659
Myers, J.B.   260f.
Myers, M.S.   216

Nachreiner, F.   107, 442, 531, 543, 609f., 673
Nadler, A.   492
Naegele, G.   508
Nagel, U.   682
Nakabayashi, S.   415
Naumann, W.   425f.
Naylor, J.C.   291f.
Nedeß, Ch.   246, 292, 556
Nefiodow, L.   544f.
Nerdinger, F.W.   559
Nestel, G.   501f.
Neuberger, O.   48, 146, 213, 586
Neubert, J.   423, 436ff., 449f.

Neuijen, B. 305
Neuloh, O. 531
Neumann, J. 432
Nibel, H. 114
Nicholson, N. 661
Nieder, P. 558
Niehaus, M. 508
Nilsson, L. 244
Nippa, M. 272, 274
Nitsch, J.R. 112, 474
Nitsche, L. 180f.
Niv, A. 571
Nomura, M. 354
Nordhause-Janz, J. 285
Notz, G. 177, 434
Nuber, C. 315, 364

O'Kelly, K. 290
Oates, G. 510
Oberquelle, H. 403
Oehlke, P. 285
Oelker, K. 688
Oesterreich, R. 86, 97f., 117f., 120ff., 132f., 175, 228, 233, 327, 371, 474, 488, 551ff., 592
Offe, C. 630, 652, 658
Ohayv, D. 305
Ohl, K. 357
Oldham, G.R. 64, 107ff., 179, 205, 312
Olmsted, B. 609
Ölschleger, H.-D. 308
Olson, M.H. 408
Orendi, B. 173, 176f., 184, 494, 515f.
Oschanin, D.A. 266f.
Osterloh, M. 596
Owen, J.D. 654
Owen, R. 617
Owens, W.A. 498

Packebusch, L. 512
Paetau, M. 398
Papert, S. 464f.

Pardo Escher, O. 87, 710
Pasqualoni, P.-P. 52
Patterson, M.G. 575
Paul, P.J. 216
Paulus, P. 741
Pearlman, K. 566
Peccei, A. 629
Pedersen, J.S. 588
Pekruhl, U. 285, 290
Pekrun, R. 437
Pelletier, K.R. 564f.
Pelz, D. 624
Pentti, J. 356
Perrow, C. 389f.
Peter, G. 657, 714
Peter, R. 549
Peter, S. 648, 716f., 723, 726, 728ff., 737
Peters, K. 618
Peters, T.J. 571, 580f., 594
Pettigrew, A. 594
Pfaff, H. 492
Pfeiffer, W. 357
Pheysey, D.C. 573
Picabia, F. 362
Pickshaus, K. 560, 618
Pieper, M. 398
Pilette, P.C. 561
Piore, M.J. 376
Pirtkien, R. 673
Plath, H.-E. 338, 485, 489
Pleiss, C. 168ff., 552f.
Pleitner, H. 573
Poffenberger, A.T. 39
Pohl, W. 435f.
Pohlandt, A. 155, 172
Pollock, A.B. 194, 385
Ponomarenko, W.A. 388f.
Pontusson, J. 688
Poppelreuter, W. 19
Pornschlegel, H. 472
Portmann, N. 648
Pravettoni, G. 560
Primps, S.B. 408
Pritchard, R.D. 608
Probst, T.M. 356

Promberger, M.   641f., 645f.
Pugh, D.S.   573
Pundt, A.   559

Quaas, W.   424
Quinn, J.B.   279f.

Raeithel, A.   281
Rafferty, J.   289
Rasmussen, J.   392
Rathke, Ch.   398
Rauch, K.-P.   245
Raum, H.   398f.
Rauschenbach, T.   174
Rauterberg, M.   187f., 397
Reason, J.   392
Recktenwald, H.C.   497
Reday-Mulvey, G.   646
Rehberg, F.   315, 364
Rehn, G.   612f., 617
Rehnisch, G.   172
Reichwald, R.   272, 274
Reick, Ch.   543, 557
Reindl, J.   570
Reinecke, K.   643
Reinertsen, D.   273
Resch, H.   650
Resch, M.   68, 97, 124, 130, 132f., 139, 169, 173, 175f., 182f., 285, 474f., 489, 522, 525, 533, 654f., 716
Resch, M.E.   138
Reuter, W.   330
Rice, A.K.   54, 64, 192, 195ff., 200, 203, 217, 221f., 286, 304
Richardson, A.   432
Richter, G.   408, 412
Richter, P.   78, 97, 129, 148, 150ff., 166f., 172f., 180ff., 211, 217, 402, 417, 419, 440, 471, 474, 485, 487ff., 492, 509f., 523, 550f., 569, 654, 659
Richter, W.   33
Rieder, K.   140, 716
Rien, M.   645
Ries, W.   511

Rifkin, J.   636f., 646
Rimann, M.   92, 114, 116, 182, 495
Rinderspacher, J.   617
Rittner, K.   489
Robertson, J.   633
Robertson, K.B.   216
Rödiger, K.-H.   122, 363, 400, 403
Roethlisberger, F.   40, 42
Rohmert, W.   109, 111, 141f., 150, 154, 284, 427, 432f., 466, 471, 476, 694
Rohracher, H.   666
Römer, A.   269
Roos, D.   223f., 245, 309, 354, 357ff.
Rosch, P.J.   550f.
Rosdücher, J.   641f.
Rose, H.   326, 328ff., 473
Rosenbrock, R.   547, 548
Rosenstiel, L. von   7, 146, 226, 573, 626
Rosenstock, E.   28
Rossi, M.   658
Rössler, W.   508
Rossmann, G.   575
Rothe, H.-J.   417
Rubinstein, S.L.   47, 151, 293, 446f. 654
Ruch, L.   113, 404
Rudolph, E.   163f., 166, 492, 494
Rudow, B.   508
Rüegsegger, R.   16, 19
Rühle, R.   427
Rummel, M.   655
Rupp, H.   30ff., 34, 36, 38, 68, 392, 424
Ruppert, F.   380
Rüssel, A.   148, 377, 483
Rutenfranz, J.   111, 225, 427, 432f., 471, 473, 686

Sabel, C.F.   376
Sachs, I.   633
Sachse, J.   343
Sachse, P.   7, 268f., 271, 276

Sader, M. 226
Sadowski, D. 575
Sandberg, A. 244f.
Sandberg, T. 238
Sanders, G. 305
Sanderson, K. 558
Sartoris, E. 658
Sattes, I. 573ff.
Sauer, J. 511
Sauer, H. 696
Sauter, R. 666f.
Savage, C.M. 352, 372f.
Sawalowa, J.D. 388f.
Schaab, B.J. 384
Schaarschmidt, U. 738
Schäfer, D. 175
Schaff, A. 629
Schallberger, U. 503
Schaper, N. 437
Schärer, U. 577
Scheer, A.-W. 361, 365f.
Schein, E.H. 10, 43, 57f., 79, 467, 581f., 584, 586ff.
Schelbert-Syfrig, H. 654
Scheller, T. 328
Schelsky, H. 514f., 518
Scheminzky, F. 433
Scherrer, K. 417, 419
Scheuch, E.K. 516
Schief, S. 512
Schiele, F. 394, 398f.
Schilling, A. 80, 113, 115, 317, 350f., 521, 705, 707
Schleicher, R. 500
Schlenkermann, D. 605
Schlesinger, T. 30
Schmal, A. 508
Schmelzer, H.J. 273f.
Schmid, B. 177
Schmid, T. 657
Schmidt, A. 618
Schmidt, F.L. 566
Schmidt, J. 558, 561
Schmidt, K.-H. 7, 108f., 111f., 218
Schmidtke, H. 477
Schmierl, K. 315, 364

Schmitz-Scherzer, R. 518
Schmoller, G. 22
Schmook, R. 404
Schnall, P. 355
Schnauber, H. 141
Schneider, H.-D. 225
Schneider, P.B. 625f.
Schneider, R. 320
Scholl, W. 281
Scholz, H. 479
Schönfelder, E. 155, 163f., 166
Schönpflug, W. 471, 474f., 489, 713
Schönsleben, P. 316, 376
Schooler, C. 501ff., 510
Schott, T. 508
Schrick, G. 364
Schröder, H. 512, 558, 561
Schroder, H.M. 299, 488, 498
Schuler, F. 641
Schultetus, W. 361
Schultz, A. 561
Schultz-Wild, R. 315, 364, 373, 376, 706
Schulz-Gambard, J. 591
Schulze, F. 172, 420f.
Schumacher, L. 741
Schumann, M. 61f., 288
Schüpbach, H. 65ff., 80, 83, 85, 90, 95, 99f., 115, 158f., 198f., 328, 350, 365ff., 375, 385, 387f., 391, 402, 441, 651, 705, 741
Schwager, T. 546
Schwarb, T. 589f.
Schwarz, N. 174f.
Schwarzer, R. 492
Schweitzer, G. 344, 349
Schwellach, G. 398
Schweppenhäusser, A. 400
Seifert, H. 611f., 617, 640ff., 645
Seiler, T.B. 498
Seltz, R. 238, 283
Selye, H. 488
Semmer, N. 29, 133ff., 137, 146, 188, 211, 292, 355, 396, 417, 474, 487ff., 492, 495f., 509f., 550, 554, 560

Senders, J.W.   381
Sengenberger, W.   570, 573
Senghaas-Knobloch, E.   658
Sesselmeier, W.   639
Setzer, R.   639
Sey, A.   356f.
Seymour, W.D.   434
Sheridan, T.B.   172
Sherif, C.   226
Sherif, M.   226
Shimizu, K.   310
Siegrist, J.   489ff., 562ff., 740
Siemens, S.   618
Simon, H.   266, 353
Simonson, E.   476
Singer, J.E.   488
Skell, W.   427, 429ff.
Skeries, S.C.   557, 566f.
Slesina, W.   508
Smieskol, H.   432
Smillie, R.J.   380ff.
Smith, A.   497
Smith, E.   355
Smith, M.   673
Snyderman, B.   47, 212
Soll, K.   651
Solow, R.M.   376
Sommer, T.   627
Sonnentag, S.   288
Sonntag, K.   15, 86, 138, 186, 236, 407, 427, 474, 594
Sorkin, R.D.   333
Spath, D.   247
Specker, A.   269
Sperling, H.J.   575ff.
Spescha, P.   176, 515f.
Spinas, P.   199, 394, 396, 444, 662ff., 694
Spitzley, H.   632, 650, 654, 659
Stadler, M.   391f., 433
Staehle, W.H.   574, 582
Staeuble, S.   19, 30
Standing, G.   203, 658
Stange, J.   644
Stanton, S.   362
Starringer, M.   300ff.

Staudt, E.   61f., 696
Steers, R.   385
Stein, A.   673
Steininger, S.   673, 682, 687
Steinkamp, T.   280
Stengel, M.   517
Stern, E.   13, 148, 405, 412
Stern, W.   18, 30
Stöbe, S.   574
Stockmann, R.   570
Strahm, R.   630, 632f.
Strasser, H.   473
Streitz, N.   398
Strohm, O.   85f., 88f., 93ff., 120, 170, 230, 232, 350f., 368ff., 648, 705, 707ff.
Stubbe, H.   442
Stymne, B.   316
Susman, G.   187, 195, 200, 228, 231, 385
Sydow, H.   161, 338, 342ff.
Sydow, J.   198, 315

Tannenbaum, A.   44
Tapsell, J.   289
Taylor, F.W.   8ff., 14, 15, 18, 27, 42, 56, 61, 66
Taylor, J.C.   52ff.
Temme, G.   147f.
Tempel, J.   509
Terashima, T.   414
Teriet, B.   610f., 640, 643, 685
Theerkorn, U.   249f., 252f.
Themessl, M.   546
Theobald, R.   637f.
Theorell, T.   492, 563
Theunert, M.   640
Thiehoff, R.   537, 541, 549
Thomson, L.   356
Thorsrud, E.   50f., 54, 205, 212, 221f., 238, 286, 466f., 469, 594f., 713
Thul, M.   557, 566f.
Tiby   273
Tichy, G.   571, 576
Timm, E.   417

Timpe, K.-P.   59f., 161, 338, 342ff.
Tiné, W.   442
Tokarski, W.   520
Tomasko, R.M.   356f.
Tomaszewski, T.   24, 217f., 434
Tomczyk, R.   437, 448ff.
Trachsler, E.   180f., 739ff.
Tränkle, U.   147f.
Trautwein-Kalms, W.   339
Treier, M.   404, 407ff.
Triebe, J.K.   294, 394, 398f., 427, 431f., 693, 695
Trinczek, R.   642
Trist, E.L.   54, 64, 85, 192ff., 198f., 205, 221, 286, 385f., 524, 634f., 654
Trommsdorf, G.   306
Troxler, P.   87, 90, 368, 710
Troy, N.   113, 319, 394, 664
Truffer, M.   696
Tschan, F.   225, 292
Tschebyschewa, W.W.   424
Tschirky, H.   584f.
Tsuchiya, N.   414, 416
Turner, A.N.   57, 112
Tushman, M.L.   279

Udris, I.   78, 92, 112ff., 116, 146, 182, 419, 457, 472, 474, 485f., 488f., 492, 495f., 546, 676, 693
Uhlig, K.   217, 274, 550
Ulich, E.   7, 52, 64, 80, 85f., 88, 90, 92, 95f., 113, 115, 122, 125f., 143f., 151, 154, 173, 180, 182, 187, 199, 213, 218, 221, 223, 225, 228, 231ff., 238f., 283ff., 288, 291, 294ff., 299, 315, 323, 347f., 350, 356, 368, 375ff., 394ff., 402ff., 427, 429, 432f., 445, 448, 451, 469f., 474, 482, 488, 495, 501, 504ff., 508, 512f., 517f., 524f., 530, 533, 538, 551, 555f., 577, 582, 584f., 607, 618, 631f., 648f., 654, 661, 664, 673ff., 677ff., 690, 693, 705, 709, 712ff., 716f., 725f., 728, 730f., 733, 735, 739ff.

Ulich, H.   517f.
Ulrich, H.   580
Urban, G.   339ff., 345f.

Vahrenkamp, R.   9
Vahtera, J.   356
Vaic, H.   424f.
Vajna, S.   372
Valenduc, G.   557
Veen, P.   572
Vendramin, P.   557
Verbeck, A.   272
Vernon, H.M.   478, 480
Vernon, M.D.   673
Vernon, P.E.   498
Vetter, C.   549
Vogt, S.   433
Volkholz, V.   654
Vollmer, A.   589ff.
Volpert, W.   7, 9, 24, 42, 64, 112f., 119, 121, 126, 152, 168, 175, 187, 192, 202, 217f., 228, 233, 281, 327, 392, 427, 432, 434, 551, 592, 619
Voß, G.G.   530, 626
Vossloh, M.   337

Wächter, H.   575
Wäfler, T.   86, 92, 171f., 331
Waibel, M.   280, 326
Walker, C.R.   214
Walter-Busch, E.   43
Wälti, H.   488f.
Walton, R.E.   321f., 385f., 524
Wang, Z.-M.   310
Wanner, C.   435f.
Wardanjan, B.   402, 440
Warnecke, H.-J.   331, 350, 357, 360, 375, 433
Warr, P.   292, 495, 510
Waterman, R.H.   571, 580, 594
Weber, A.   508
Weber, I.   489
Weber, M   39, 304

Personenregister

Weber, W.G. 52, 92, 95, 122ff., 221, 228, 232, 238, 272, 281, 283, 289, 326, 328, 330, 360, 370f.
Wehner, T. 177ff., 182, 225, 245, 280f., 326, 328, 330, 376, 391f., 433, 499
Weik, S. 92, 171, 333
Weimer, S. 570, 573
Weinert, A.B. 40, 49f., 108, 570, 572, 586, 607
Weisheit, J. 408f.
Weiss, E. 357
Weitz, K. 247
Weller, B. 696
Wells, J.A. 491
Weltz, F. 320
Wengel, J. 320
Wenninger, G. 384f.
Weth, R.von der 267f., 276
Weyerich, A. 522, 654
Whitney, D.E. 265f., 271, 367
Widdel, H. 387, 389, 392
Widmer, H.-J. 267
Wiebecke, G. 584f.
Wieland, R. 292, 417ff., 474, 530, 539, 548, 563, 566
Wieland-Eckelmann, R. 173, 395, 397, 474
Wielen, J. van der 410
Wilm, A. 408
Wilpert, B. 371, 392
Wilson, A.T.M. 221
Wippler, R. 520
Wirth, N. 174
Wirth, W. 588
Witte, W. 39, 269
Wittstock, M. 394, 398f.
Wohlgenannt, L. 174, 639, 657
Wolter, S.C. 649
Womack, J.P. 223f., 245, 309, 354, 357ff.
Worrall, L. 356
Worthy, J.C. 214
Wülser, M. 181f., 356, 474, 508, 533, 551, 716f., 725, 731, 733, 735, 739ff.

Wunderli, R. 427, 431, 433, 624
Wyatt, S. 478, 480

Yoldas, B. 549

Zapf, D. 133f., 137, 152, 192, 392, 417, 474, 550, 554
Zeisel, H. 627
Zeller, R. 337
Zibakowa, E. 33
Zierau, J.A. 177
Ziglio, E. 543
Zika, G. 645
Zimmermann, M. 295, 662
Zimolong, B. 378, 381, 385, 389, 391, 574
Zink, K.J. 143, 239, 289, 294, 297, 557, 566f.
Zinser, S. 589
Zippe, B.-H. 696
Zissis, P. 339
Zölch, M. 92, 95, 169ff., 220, 330, 371, 442, 651
Zülch, G. 300ff.

Stichwortregister

absenteeism   602
Abwesenheit   110
Abwesenheitsrate   194
adaptierbare
    Benutzerschnittstellen   398
adaptive Systeme   398
AIDA-Studie   130
Akkorde   594f.
Akkordlohn   196, 385
AKO   140
aktiv-motorisches Training   432f.
Allokationsstrategie   333
    dynamische –   333
Alltagstätigkeiten   175
Altern   511
    menschgemachtes –   511
Altersabbau   509
Altersdiskriminierung   498
Altersteilzeit   649
Analyse der soziotechnischen
    Geschichte   88
Analyse von Arbeitsgruppen   88
Analyse von Arbeitssystemen   88
Analyse von Auftragsdurchläufen   88
Analyseverfahren   129
    bedingungsbezogenes –   129
Anforderungen   116, 135, 390, 425,
    496, 498, 500, 550ff., 600, 716
    kognitive –   425
    Vielfalt der –   550
    widersprüchliche –   390
Anforderungsvielfalt   74, 96, 98, 100,
    108ff., 164, 179, 206, 292, 312, 346,
    733
Anlernmethoden   433
    psychoregulative –   433

Anreize   597
    extrinsische –   597
Anreizsysteme   8, 11, 44, 55
    finanzielle –   44
    individuelle –   8, 11
Anspruchsniveau   145f., 444
Arbeit   20f., 45f., 174, 176, 178, 441,
    471, 530, 542, 549, 589, 634
    – als Re-Integration   506
    – auf Abruf   542
    – und Kompetenzentwicklung   441
    Entgrenzung der –   530
    gemeinnützige –   176, 178
    gesellschaftliche –   634
    Humanisierung der –   45f.
    ortsungebundene –   589
    partialisierte –   549
    unbezahlte –   174
        Wert der –   174
    Wirkungen von –   471
    zwei Gesichter der –   20f.
Arbeit und Persönlichkeit   501
    Längsschnittstudien   501
Arbeit im Haushalt   139, 174
    Verfahren zur Analyse von –   139, 174
arbeitsablaufbedingte Wartezeiten
    282, 724
Arbeitsanalyse   66f., 88, 112, 120, 133,
    173, 449f.
    autonomieorientierte –   66f.
    bedingungsbezogene psychologische–
    120
    funktionsorientierte –   66f.
    kollektive –   449f.
    personenbezogene –   88
    stressbezogene –   133

subjektive – 112, 114
synthetische – 173
Arbeitsanforderungen 180, 327, 545
   widersprüchliche – 327
Arbeitsaufgaben 117f., 128, 147, 246, 363, 440, 523
   anforderungsarme – 523
   ganzheitliche – 246, 363
   Lernhaltigkeit – 440
   Vollständigkeit der – 147
Arbeitsaufträge 78
   Redefinition 78
Arbeitsauftrags- und Bedingungsanalyse 70
arbeitsbedingte Erkrankungen 535, 538
   Kosten 535, 538
arbeitsbedingtes Voraltern 508
Arbeitserfahrung 504, 513
arbeitsfreie Zeit 514
Arbeitsfreude 37, 146ff., 636, 739
Arbeitsgestaltung 64, 92, 126, 152ff., 158, 188ff., 214, 216, 293, 295f., 299ff., 323ff., 335, 344, 358, 360, 398, 423, 435, 440f., 442ff., 447, 462, 492, 505, 509ff., 512, 524, 545, 555f.
   alternsgerechte – 509f.
   autonomieorientierte – 435, 462, 492, 505
   differentielle – 293, 296, 299ff., 335, 360, 398, 447, 556
   dynamische – 216, 296, 398f.
   Einheit von – und Qualifizierung 440
   flexible – 295
   gesundheitsförderliche – 555
   Gesundheitsförderung und – 545
   gesundheitsgerechte – 126, 552
   korrektive – 189f.
   lern- und gesundheitsförderliche – 510
   lernförderliche – 512
   persönlichkeitsförderliche – 64, 152ff., 158, 188, 214, 358, 423, 443, 510f., 524, 555
   präventive – 189f.
   prospektive – 189f., 344
   qualifizierende – 92, 358, 442, 444
   Qualifizierung durch – 440f.
   Strategien der – 188, 190
   Technikgestaltung versus – 323ff.
Arbeitsgestaltungsmassnahmen 149
   psychologische Bewertung von – 149
Arbeitsgruppen 50, 86, 194, 222f., 227, 230, 238ff., 288ff., 524, 623, 688
   Analyse von – 86
   Selbstregulation in – 282
   teilautonome – 50, 194, 222f., 227, 230, 238ff., 288ff., 524, 688
   zeitautonome – 623
arbeitsimmanente Qualifizierung 441
Arbeitslosigkeit 491, 495, 627, 631, 635, 651, 653
   technologische – 635
Arbeitsmoral 194
Arbeitspausen 20, 40
Arbeitspsychologie 7, 38
Arbeitsschutz 545, 547
Arbeitssicherheit 377f., 384f., 391
Arbeitssituation 608
   – als Tauschsituation 609
Arbeitsstudie 97
Arbeitssysteme 85, 88, 90ff., 198, 196
   – als soziotechnische Systeme 85, 198
   Analyse der – 88, 90ff.
   primäre – 198, 200
      Strukturmerkmale 200
Arbeitstätigkeit 57f, 65, 108, 141ff., 154, 173, 179, 185, 211, 494, 496ff., 501, 514
   – und Freizeitverhalten 514
   – und intellektuelle Leistungsfähigkeit 497
   – und Persönlichkeits- entwicklung 496, 501
   – und Persönlichkeitsmerkmale 496f.
   Analyse von – 65
   Bewertung von – 141ff.
   Definition humaner – 154
   Ganzheitlichkeit 501
   gemeinnützige – 179
   Gestaltung von – 185
   Individualisierung von – 57f.
   Motivationspotential der – 108
   nicht erwerbsbezogene – 173
   vollständige – 211
   Vollständigkeit von – 494

Stichwortregister

Arbeitsteilung   11, 18f., 28, 61f., 74,
    321, 642f., 711
Arbeitsunfähigkeit   539, 541, 554
    Produktionsausfall   554
Arbeitsunterbrechungen   129, 724
Arbeitsunzufriedenheit   145f., 212
    konstruktive –   146
Arbeitsverdichtung   557
Arbeitszeit   354, 526, 528ff., 543, 560,
    609ff., 614, 621f., 632, 641ff., 649,
    651, 655, 716f.
    chronologische Dimension   611
    chronometrische Dimension   611
    Dauer der –   609
    Flexibilisierung von –   529f., 543, 609
    gleitende –   614
    Individualisierung von –   610
    Planbarkeit der –   528
    lebensfreundliche –   526
    Prinzip der Fremdbestimmung   610
    Prinzip der Gleichzeitigkeit   610
    Prinzip der Uniformität   610
    Ritualisierung der
    Veränderungsmöglichkeiten   610
    überlange –   354, 560, 716f.
    Verkürzung der –   610, 612, 614,
    621f., 632, 641ff., 649, 651, 655
Arbeitszeitflexibilisierung   529, 612
    Lebensarbeitszeit   612
Arbeitszeitgestaltung   611
    flexible –   611
Arbeitszeitmodelle   611f., 623, 634ff.
    beschäftigungsorientierte –   634ff.
    Bewertung von –   611f., 623
Arbeitszeitverkürzung   524, 622,
    641ff., 649
Arbeitszufriedenheit   92, 143ff., 286,
    444, 505, 573, 693f.
    Formen der –   92, 145ff., 286, 693f.
    progressive –   145
    Pseudo-   145
    resignative –   145f., 444
Ärzte   716f.
    Rollenerwartungen der –   716f.
Aufgabe   23f., 38, 86, 108f., 175, 179,
    181, 197, 200f., 207f., 217f., 221, 226,
    228, 321, 359, 549f., 696, 720

Bedeutsamkeit der –   108f.
ganzheitliche –   197, 200, 359, 696
Ganzheitlichkeit der –   108f., 181,
200, 217, 720
gemeinsame –   200, 221, 226
Primat der –   86, 201
vollständige –   24, 38, 179, 217,
321, 549f.
Merkmale –   23f., 207f., 218
Vollständigkeit der –   217, 228, 549f.
Aufgabenanalyse   168
    kontrastive –   168
Aufgabenangemessenheit   401
Aufgabenbewältigung   424
    kognitive –   424
Aufgabenerweiterung   213ff., 286,
    298f., 312, 432, 604, 689
Aufgabengestaltung   74, 412, 416, 446,
    474, 560, 592
    Merkmale der –   592
    persönlichkeitsförderliche –   560
    qualifikations- und
    motivationsförderliche –   592
    Softwareentwicklung als –   400
    Softwaregestaltung als –   403
Aufgabenmerkmale   110
    Anforderungsvielfalt   110
    Autonomie   110
    Bedeutsamkeit   110
    Ganzheitlichkeit   110
Aufgabenorientierung   201, 203, 205,
    221ff., 282, 395, 549
aufgabenorientierter
    Informationsaustausch   167, 437
Aufgabenstruktur   573
    ganzheitliche –   573
Aufgabenverteilung   333, 400
    – zwischen Mensch und
    Rechner   400
    komplementäre –   333
Aufgabenvielfalt   285
Aufgabenvollständigkeit   117
Auftrag   550
    widersprüchlicher –   550
Auftragsanalyse   68, 71, 77, 96
Auftragsdurchlauf   88, 90
    Analyse von –   88

Auftragsdurchlaufanalyse 90
Ausführbarkeit 141f., 150
Automatisierung 28, 61f., 246, 256, 262, 303, 305f., 387f., 596
　Ironien der – 387
Autonomie 8, 37f., 109f., 179, 204ff., 228ff., 241, 246, 282, 292, 296, 358, 406, 410, 461, 475, 550, 618f. 624, 720ff.
　geregelte – 619
　kollektive – 228
　Kriterien für – 229
Autonomiekriterien 228
　Guttman-Skala – 228
Autonomieprofil 234
Autorität 172
AVAH 139, 175

Babbage-Prinzip 13
Beanspruchung 126, 303, 471ff., 481, 485f., 491, 688f., 694, 722, 736
Beanspruchungsanalyse 173
　synthetische – 173
Beanspruchungsfolgen 472
Beanspruchungsoptimierung 399
Bedeutsamkeit der Aufgabe 108f.
Bedingungsanalyse 68, 70, 74ff., 84f., 130
bedingungsbezogene Analyse von Schlüsseltätigkeiten 88
bedingungsbezogene Intervention 545, 548
Bedürfnisse 45f., 56ff.
　– nach Selbstverwirklichung 46
　– nach Wertschätzung 45
　physiologische – 45
　Sicherheits- 45
　soziale – 45
Beeinträchtigung 151, 397, 504
　psychosomatische – 504
　psychosoziale – 151, 407
Beeinträchtigungslosigkeit 77, 150f., 166, 342
Belastung 124, 126ff., 132, 137, 154, 180, 182, 189, 339f., 356, 384, 406, 414, 417, 420, 426, 466, 471ff., 481, 485, 489f., 49, 520, 537, 540, 549, 553ff., 694, 731, 734, 737, 740f.
　gesundheitliche – 612
　körperliche – 540
　psychische – 540
Belastungs-Beanspruchungs-Konzept 475
Belastungswirkungen 33
Belohnungssysteme 467
benutzergesteuerte Dialoge 395
　Kriterien für die Gestaltung – 395
benutzerorientierte
　Dialoggestaltung 394, 662
　Kriterien für – 664
benutzerorientierter Dialog 395
Benutzerschnittstellen 398
　adaptierbare – 398
Benutzungsfreundlichkeit 394, 400
Beobachtung 404, 719f., 723ff.
Beobachtungsinterview 70, 88, 92, 96, 103, 132, 134, 156, 168, 233
Beschleunigungsfalle 275f.
betriebliche Gesundheitsförderung 533, 541, 545ff.
　ökonomischer Nutzen – 565
betrieblicher Arbeitsschutz 547
Bewertung geistiger Arbeit 163
Bewertung von
　Arbeitstätigkeiten 141ff.
　Beeinträchtigungslosigkeit 151
　Persönlichkeitsförderlichkeit 151
　Schädigungsfreiheit 151
　Zumutbarkeit 151
Bewertungsebenen 142, 150
　Ausführbarkeit 142
　Erträglichkeit 142
　Zufriedenheit 142
　Zumutbarkeit 142
Bewertungskriterien 171f.
　KOMPASS – 171f.
Bezahlung für abrufbare Qualifikation 598
Beziehungen zwischen Arbeitstätigkeit und Freizeitverhalten 517ff.
　Autonomiehypothese 517
　empirische Untersuchungen 519
　Generalisationshypothese 518f.
　Interaktions-Hypothese 517

Kompensationshypothese 518f.
Kongruenzhypothese 517ff.
Neutralitätshypothese 517ff.
Segmentierungshypothese 517ff.
BGF-Massnahmen 566f.
    Evaluation von – 566.
blood pressure 544
Bluthochdruck 563
Bürgerarbeit 633, 658f.
Burnout 418, 482, 563
Büroarbeitstätigkeiten 170
    KABA-Bewertungen von – 170
Business Process Reengineering 353, 355, 361f.

Cafeteria-Systeme 597
Call Center 417ff.
Call-Center-Tätigkeiten 420
    Gestaltung von – 420
Carry-over-Hypothese 522
CIM 360f., 371ff., 375f., 701, 703, 711f.
CIM-Konzepte 286
CNCplus-Maschine 330
complex man 8, 60, 62
Computer Integrated Manufacturing 360, 371

Dämmerschichten 621
Defizitmotive 46
Denken mit der Hand 268
    Konstruktionszeichnungen 269
    materialechte Modelle 269
    Prototypen 269
Denkleistungen 423
depressive Verstimmungen 542
Design-Optionen 334
    Entwicklung und Bewertung von –334
Desk sharing 588ff.
    Bewertung – 590
    psychosoziale Beeinträchtigung –590f.
    Schädigungsfreiheit 590
    Territorium 561
Determinismus 315
    technologischer – 315
Dezentralisierung 316, 363, 411
DGB-Index 146

Gute Arbeit 146
Diagnosegruppe 536ff.
    psychische und Verhaltensstörungen 536, 538
Dialoggestaltung 394ff., 401, 661f., 664
    benutzerorientierte – 394f., 664
    Kriterien der – 396
    Kriterien für benutzerorientierte – 662, 664
    Merkmale benutzerorientierter – 395
Dialogschnittstelle 393
Dienstleistungsarbeit 139
    Analyse von – 139
differenzielle Arbeitsgestaltung 293, 300, 303, 335, 360, 363, 398, 447, 556
    elektronische Flachbaugruppen 300
differenzieller Ansatz 299
Dilemma der Grösse 571
    soziale Effekte 572
Disuse-Hypothese 498
Dokumentenanalyse 70, 88, 233
Durchlaufzeiten 247ff., 252f., 256, 258, 290, 303, 336, 364
dynamische Allokationsstrategie 333
dynamische Arbeitsgestaltung 399

economic man 7, 10, 63
economies of scale 316
economies of scope 316
EFQM 143
EFQM-Modell 566
ehrenamtliche Tätigkeiten 174f.
Eigenarbeit 642, 653, 658f.
Einheit von Arbeitsgestaltung und Qualifizierung 440
Elemententraining 434
emotionale Erschöpfung 722f., 728ff., 734ff., 739f.
Emotionsarbeit 556
Entfaltungsbedürfnisse 312
Entgrenzung 530, 543, 557, 619
    – der Arbeit 530
Entlohnung 569, 594, 608, 692, 700
Entlohnungsform 385
Entlohnungsproblematik 594
Entlohnungssystem 87, 288, 442, 603, 605

lernorientiertes – 87, 603, 605
Entscheidungsspielraum 187f., 710
Entwicklung 315
　technologische – 315
Entwicklungen der Technik 59ff.
Entwicklungsaufgaben 273f.
　Typen von – 273f.
Entwicklungsmöglichkeiten 205f., 410
Entwicklungspfade der
　Arbeitspsychologie 7, 38
Entwicklungszeiten 275
Equity-Theorie 606
Erfahrungswissen 271, 326ff., 335,
　352, 505
Erholung 20, 476
Erholungsfähigkeit 549, 556
Erholungspausen 480, 549
Erholungszeiten 618
Ermüdung 16, 19f., 33, 148, 172, 285,
　475ff., 481f., 485, 609
erweiterte
　Wirtschaftlichkeitsberechnung 696
Erwerbsarbeit 173, 496, 630, 638, 655f.
　abnehmende – 638
　Bedeutung von – 656
　bezahlte – 174
　Funktionen der – 496
　Stellenwert der – 655
　Umverteilung von – 630
　Wegezeiten für – 174
Erwerbstätigkeit 612ff., 627
　Bedeutung der – 627
　Funktionen der – 598
European Working Conditions
　Survey 129, 541
Experteninterview 70, 88, 91, 702f., 719
Expertensystem 388
extrinsische Anreize 597

FAB 457, 693
Familie 675
Familie und Beruf 408ff.
　Vereinbarkeit von – 408f.
Familienregulation 408f., 526
FBL 676
Feedback 205, 218f., 288, 312, 382,
　671, 721f.

Fehlbeanspruchung 474, 740
Fehlererfahrungen 391
fehlerfreundliche Systeme 391
Fehlertoleranz 402
Fehlzeiten 214, 254, 290, 299, 384,
　448, 548, 558, 560, 566, 608, 620,
　622, 688
Feldversuche 34
Fertigungsinsel 247f., 317f., 363,
　371, 374
　teilautonome – 247f.
Fertigungssysteme 321, 325, 365,
　371, 393
　flexible – 321, 371
　rechnerunterstützte – 325, 365
Fertigungstiefe 266f., 360
Fix-Vario-Prinzip 296f.
flexibel 259
Flexibilisierung 543, 569
　– der Arbeitszeit 569
Flexibilisierungsmodelle 611
Flexibilität 57, 172, 176, 187, 231,
　244, 249, 258, 274, 282, 300, 374,
　448, 503, 576f., 597, 602, 605, 621f.,
　690, 710
flexible Arbeitszeitgestaltung 611
flexible Fertigungssysteme 321, 371
flexible Jahresarbeitszeit 613
flexible Schichtablösung 614
flexibler Langzeiturlaub 617
Fliessbandanlagen 61
Fliessbandarbeit 34, 44
Fliessbandfertigung 688
Flow-Erleben 148
Fluktuation 110, 153, 214, 241, 298f.,
　384, 419, 532, 522
Forschung und Entwicklung 276
　denkförderliche Strukturen 276
Fragebogen 693, 731f.
Freiheitsgrade 70, 76f., 97, 156,
　163ff., 187f., 294, 386
　– für Zielbildungen 156
　objektive – 77
　subjektive – 77
Freiwilligenarbeit 177, 182ff.
Freizeit 22, 409, 496, 513ff., 524, 597,
　613, 628, 644, 722

Stichwortregister 881

Freizeitverhalten 471, 514, 516ff.,
    523f., 526
  kompensatorisches – 520f.
  restriktives – 520
  soziale Isolation 521f.
  technische Zwänge 521
funktionale Integration 90, 171, 232,
    245, 258, 317, 361, 365, 368f., 375f.,
    467, 708f.

ganzheitliche Aufgabenstruktur 573
Ganzheitlichkeit 74, 171, 179, 205ff.,
    410, 546, 724
Ganzheitlichkeit der Aufgabe 110, 181,
    216f., 720, 723
Ganzschichtbeobachtung 88, 92, 97f.,
    101, 105, 703, 724
garantiertes Mindesteinkommen 637ff.
Gatekeeper-Funktion 279
Geld-Zeit-Option 618
gemeinnützige Arbeit 176, 178
gemeinnützige Arbeitstätigkeit 179
gemeinnützige Tätigkeiten 653, 658
Gerechtigkeit 606
geregelte Autonomie 619
Gestaltungsansätze 393
  arbeitsorientierte – 393
Gestaltungskonzepte 324ff., 327, 335,
    363, 371, 385, 388, 702
  arbeitsorientierte – 324ff., 335,
    363, 371, 385, 388, 702
  technikorientierte – 324ff., 327,
    335, 363, 388, 702
Gestaltungsspielraum 187f.
Gesundheit 40, 66, 421, 471, 510, 530,
    534, 541ff., 550, 553, 619, 674f., 722,
    736
gesundheitliche
  Beeinträchtigungen 682f.
gesundheitliche Belastungen 612
gesundheitliche Schädigung 499
Gesundheitsförderung 533, 545,
    550, 556
  – und Arbeitsgestaltung 545
  betriebliche – 533, 550, 556
  ökonomischer Nutzen von – 564
Gesundheitsmanagement 567

Gesundheitszustand 504
Gleichförmigkeit 483f.
gleitende Arbeitszeit 614
Gratifikationskrisen 549, 562ff., 740
  kardiovaskuläre Risiken 564
Grenzaufgaben 222
Grenzregulation 171, 201
Grundeinkommen 638ff., 657f.
Gruppen 8, 194, 238, 250, 259, 283,
    286, 290, 298, 300, 349, 369, 385,
    436, 464, 466ff., 494, 549, 688
  teilautonome 8, 194, 238, 250, 259,
    283, 286, 290, 298, 300, 349, 369,
    385, 436, 464, 466ff., 494, 549, 688
Gruppenanreizsysteme 8, 43
Gruppenarbeit 15, 44, 124, 221,
    223ff., 239f., 246, 259, 262, 289f.,
    308, 362, 442, 485, 595f., 688, 690,
    692ff., 714
  – im Konstruktionsbereich 265f.
  – im Zahlungsverkehr 262f.
  Formen der – 289
    europäische – 289
    japanische – 289
    skandinavische – 289
  japanisches Konzept 308
  kollektive Handlungsregulation bei
    – 122
  Modell der – 290
    japanisches – 290
    skandinavisches – 290
  standardisierte – 245
  struktur-konservative – 246
  teilautonome – 245
Gruppenarbeitsstrukturen 285
  geschlechtsspezifische Unterschiede
    285
Gruppenaufgaben 221
Gruppenautonomie 221, 308
Gruppenfabrikation 23, 25, 27, 217
Gruppenmontage 466
  teilautonome – 466
Gruppenprämien 466
Gruppenprämiensystem 196, 596
Gruppensprecher 349, 605, 692f.
Gruppentechnologie 25, 247, 317
Gruppenterritorium 589, 592

Gruppenzugehörigkeit 276ff.
　Dauer der – 276ff.

Handlungen 24, 217
　vollständige – 24, 217
Handlungsbereitschaft 445
Handlungskompetenz 112, 401, 496, 522
Handlungsregulation 122, 283, 331
　Handlungsregulationstheorie 175
　kollektive – 122, 247, 283
Handlungsspielraum 113, 117, 134ff., 187f., 204, 386, 418f., 492, 521, 523, 543f.
Handlungsverschränkung 220, 330, 421
Hausarbeit 176
Haushaltsarbeit 175
hauswirtschaftliche Tätigkeit 174
Hawthorne-Effekt 196
Hawthorne-Experimente 197
Hawthorne-Studien 40ff.
Herz-Kreislauf-Mortalität 492
Hilflosigkeit 488, 491
Homo flexibiliensis 530
Homo oeconomicus 7
Hoxie-Kommission 11, 13
Human-Relations-Konzept 39ff.
Humanisierung der Arbeit 44ff.
Hybriddialog 395
Hygienefaktoren 48, 213, 216

increased psychiatric morbidity 544
Individualisierbarkeit 397, 402
Individualisierung 57f., 395
　– von Arbeitstätigkeiten 56f.
Individualismus 305f.
individuelle Akkorde 466, 594f.
individuelle Lohndifferenzierung 599
Industrial Relations 236f.
industrielle Demokratie 50
Industrieroboter 321, 338ff., 345, 348
　Bewertung – 339, 341
Informationsaustausch 167, 437
　aufgabenbezogener – 438
　aufgabenorientierter – 167, 437
innere Modelle 428
Innovation 571f.,
Innovationsfähigkeit 571

Innovationsprozess 276
Innovationsverhalten 280
　heterogene Denkkollektive 280
Innovationszyklus 276
innovatives Verhalten 280
Integration 90, 171, 232, 245, 258, 317, 361, 365, 368f., 375f., 467, 708f.
　funktionale – 90, 171, 232, 245, 258, 317, 361, 365, 368f., 375f., 467, 708f.
Intensivierung der Arbeit 542
　Angst vor Arbeitslosigkeit 542
Interaktion 205f.
　Möglichkeiten der sozialen – 206, 720, 723f.
　soziale – 205f.
Interaktionsmöglichkeit 74
interkulturelle Unterschiede 304f.
internale Kontrolle 548
Intervention 545ff., 556
　bedingungsbezogene – 545, 548, 556
　personenbezogene – 545, 548, 556
　verhaltensorientierte – 546
intrinsische Motivation 108, 110, 282, 271, 597
　Verdrängung 596
Ironien der Automatisierung 387
ISTA 133, 135, 137

Jahresarbeitszeit 613, 623f.
　flexible – 613
Job Characteristics Model 107, 109
Job Diagnostic Survey 107, 109, 112, 179
Job Enlargement 213f.
Job Enrichment 48, 56, 213ff., 216, 222
Job-Sharing 436, 614ff., 620
　Vor- und Nachteile 615
joint optimization 64, 200
Just-in-Time 355, 360

KABA 168f., 171f., 703
KABA-Bewertungen von
　Büroarbeitstätigkeiten 170
KABA-Leitfaden 168, 170
KABA-Verfahren 86, 92, 95, 152, 168
KAPOVAZ 614, 624

Stichwortregister

kardiovaskuläre Erkrankungen 563
Kernaufgabe 122ff., 227
KHK-Mortalität 490
kleine und mittlere Unternehmen 570, 574ff.
   Erfolgs- und Risikofaktoren von – 577
Kleingruppenforschung 225
Klientenaversion 722f., 728ff., 735
KMU 570, 574ff.
   Erfolgsfaktoren 577
Ko-Produktion 140
   Verfahren zur Analyse von – 140
kognitives Stressmodell 493
kollektive Arbeitsanalyse 449f.
kollektive Vergegenständlichung 92
Kollektivismus 305f.
Kommunikationstraining 457
KOMPASS 92, 171f., 331
   Bewertungskriterien 171
Kompetenz 439, 502, 504, 506
   Selbstoptimierung von – 439
   soziale – 502
Kompetenzentwicklung 430f., 439, 441, 463, 498, 504f.
   Arbeit und – 439
   Bedeutung von Sprache und Sprechen für – 430f.
Kondratieffzyklen 544f.
Könnensstufen 599
   Anforderungen 599
Könnenstreppe 600
Konstrukteurstätigkeit 266
Konstruktionsinsel 368
Konstruktionstätigkeit 268f.
   Freihandskizzen 268
   materielle Modelle 268
Konstruktionsteam 265, 267, 272, 318
   multifunktionales – 265, 267, 272, 318
Kontaktdichte 618
Kontentfaktoren 47, 213f.
Kontextfaktoren 47f., 214, 216
Kontingenzmodell 311
   Bedürfnis nach persönlicher Entfaltung 312
   Bedürfnis nach sozialen Beziehungen 312
   technische Ungewissheit 311
   technische Verkoppelung 311
   Umweltdynamik 311
kontrastive Aufgabenanalyse in Büro und Verwaltung 168
Kontrolle 31, 49, 188, 195, 197, 203ff., 214, 296, 299, 306, 323f., 395ff., 488ff., 494, 498, 504, 609
   – im Mensch-Maschine-System 324
   internale – 548
Kontrollierbarkeit 490
Kontrollkonzept 488
Kontrollverlust 31, 488f., 491
Konvergenz 91, 370
   technisch-organisatorische – 91, 370
Konzepte 376
   arbeitsorientierte – 376
   technikorientierte – 376
Kopplung 172
koronare Herzkrankheiten 490
körperliche Arbeitsbelastung 540
Kosten 540
Krankenstand 264, 492, 494, 552, 556f., 567
Krankheit 194, 290
kritische Lebensereignisse 491
kulturelle Unterschiede 304f., 585
   – zwischen R&D und Marketing 585
Kurzpausen 33, 420, 478ff.

Laboratoriumsversuche 34
Langeweile 476, 481f., 486, 488
Langzeiturlaub 617, 640
   flexibler – 617
lautes Denken 665f., 668, 670
Lean management 15, 355, 359, 361
Lean production 358ff., 361
Lebensarbeitszeit 613, 640
lebensfreundliche Arbeitszeiten 526
leftover-Strategie 333
Lehrkräfte 731
   Arbeitsbedingungen von – 731
   Belastungen von – 731
   Ressourcen von – 731
Leistungsabstimmung 299
Leistungslohn 596
Leistungszurückhaltung 41, 608

Lern- und Entwicklungsmöglichkeiten 205f.
Lernen   435, 438
   selbstgesteuertes –   435, 438
Lernförderlichkeit   400f.
Lernförderlichkeitsinventar   512
Lernmöglichkeit   74, 205f., 406, 440, 512
lernorientierte Entlohnungssysteme 87, 605
lernorientierte Lohnsysteme 596, 601, 603
Lernprozesse   474
life domain balance   524f., 532, 718
Lohn   259, 265
Lohndifferenzierung   599
   individuelle –   599
Lohnformen   595
   Kontrollfunktion –   595
Lohngerechtigkeit   606
Lohnkonzepte   282, 595
   qualifizierungsförderliche –   595
   qualifizierungshinderliche –   595
Lohnsysteme   196, 596, 601, 603
   lernorientierte –   596, 601, 603
lokale Selbstregulation   364, 375
long-term degenerative disease   544

MABA-MABA-Listen   332
Machtdistanz   305
Magen-Darmstörungen   549
Marketing   585
   kulturelle Unterschiede zwischen R&D und –   585
maskuline Werte   305
Matrixgruppe mit Robotereinsatz   347
Mehr-Ebenen-Analyse   85, 95
Mehrfachbelastung   472
Mensch   705
Mensch-Computer-Interaktion 397, 661, 667
   interindividuelle Differenzen   397
Mensch-Maschine-Funktionsteilung   70, 74, 81, 86, 92, 172, 199, 203, 232, 322, 324, 326, 331f., 335, 338, 385, 392
   persönlichkeitsförderliche –   172
Mensch-Maschine-Interaktion 31, 81, 199

Mensch-Maschine-Schnittstelle   335
Mensch-Maschine-System   62, 75, 171f., 186, 324
   Autoritätsverteilung   172
   Bewertungskriterien   171
   Flexibilität   172
   Kopplung   172
   Prozesstransparenz   172
Mensch-Rechner-Dialoge   393
Menschenbilder   8, 53, 55, 57, 63ff., 139, 456, 468ff.
   complex man   8, 60, 63
   economic man   7, 10, 63
   selfactualizing man   8, 45, 54, 63
   social man   8, 43, 63
menschgemachtes Altern   511
mentale Modelle   387
mentales Training   429ff.
Mentoringkonzepte   617
Mentorsystem   436f.
Methoden   34
   Befragung   34
Mindesteinkommen   637ff.
   garantiertes –   637
Mischarbeit   33
Mischtätigkeit   421, 485
Möglichkeiten der sozialen Interaktion 206, 720, 723f.
monetäre Zuschläge   618
Mondragon   50, 52
Monotonie   16f., 31, 33, 41, 129, 172, 205, 342, 346, 421, 471, 476, 481ff., 488, 549, 573
Monotonieresistenz   484
Motiv   185
Motivation   45, 108ff., 288, 300, 461, 467, 548, 573, 596f., 615
   hohe intrinsische –   109
   intrinsische –   108f., 282, 596
Motivationspotenzial der Arbeitstätigkeit   108, 111
Motivationspotenzial der freiwilligen Arbeitstätigkeit   179
Motivationsstufen   29
Motivatoren   47, 213f.
   Wachstumsmotive   47
MTO   705, 711f.

Stichwortregister

MTO-Analyse   85ff., 91, 94f., 703, 709, 711
MTO-Konzept   86, 202f., 344, 579, 712
Müdigkeit   483, 549
Müdigkeitsgefühl   476, 479, 482
multifunktionale
    Konstruktionsteams   265
multifunktionale Teams   367
Muskel-Skelett-Beschwerden   128, 541, 549, 553
Muskel-Skelett-Erkrankungen   284, 538, 541, 548, 550, 553

Nachbarschaftsbüro   405, 407
Nachtarbeit   531, 673
negative Einkommensteuer   638f., 657
neue Technologien   586f.
    Unternehmenskulturen und –   586
Norm EN 614-2   207f., 323
Not Invented Here Syndrom   276

Objektpsychotechnik   19, 39
observatives Training   429, 432f.
one best way   11, 292ff., 357
one man – one task   194
ÖNORM D 4000   547
operatives Abbild   428, 450
operatives Abbildsystem   266, 428
Optimierung der ärztlichen
    Tätigkeit   713
Organisation   561, 705
    gesunde –   561f.
    ungesunde –   561f.
Organisationseinheit   370
    unabhängige –   370
ortsungebundene Arbeit   589

partialisierte Arbeit   549
Partialisierung   499
Partizipation   51f., 521f., 546
Partizipativentlöhnung   248
Patienten-Administrationsmanager   730
Pausen   478
    Kurzpausen   33, 478ff.
Pay for knowledge   261, 597
Pay-for-knowledge-System   601, 603f.

personenbezogene Intervention   546, 548
persönlicher Sinn   328
Persönlichkeitsentwicklung   495
    Arbeitstätigkeit und –   495
Persönlichkeitsförderlichkeit   77, 122, 151f., 154, 158, 160f., 166, 176, 180, 214, 339, 342, 399, 410, 450, 485, 552, 592
Persönlichkeitsmerkmal   496f., 505
    Arbeitstätigkeit und –   496f., 505
physiologische Bedürfnisse   45
Planbarkeit   528f., 537, 659
Planungsinsel   368
Polyvalenz   249, 339, 347, 370, 710, 720
    – der Beschäftigten   91
Polyvalenzlohnsystem   243, 597ff.
PPS   93, 363f., 706
PPS-System   316, 352, 364f., 574, 578
Präsentismus   557ff.
    Folgen des –   558
    Gründe für –   560
prekäre
    Beschäftigungsverhältnisse   542
    gesundheitliche Auswirkungen   542
Primäraufgabe   199f., 740
primäres Arbeitssystem   200
    Strukturmerkmale   200
Primat der Aufgabe   86, 201
Primat der Technik   337
Prinzip des aktiven Operateurs   388
Prinzipien der Schnittstellen- und
    Dialoggestaltung   401
private Haushalte   174
    Wertschöpfung der –   174
problems with sleeping   544
Produktionsinseln   317
Produktionsplanung und
    -steuerung   232
Produktionsplanungs- und
    -steuerungssysteme   363
Produktionsstrukturen   369
    arbeitsorientierte –   369
Produktionssysteme   237f., 322, 330, 350ff.
    anthropozentrische –   237f., 322
    rechnerunterstützte –   330, 350ff.
Produktlebenszeit   275

Produktlebenszyklus 275f.
progressive Unzufriedenheit 505, 694
progressive Zufriedenheit 505, 694
Projekt TAURIS 180f.
Prozessdistanz 325
Prozessnähe 325
Prozesssteuerung 325
Prozesstransparenz 172, 329
Prozessüberwachung 326
Pseudoarbeitszufriedenheit 145
psychische Arbeitsbelastung 540
    Kosten 540
psychische Sättigung 31, 38, 481ff.
psychische und
    Verhaltensstörung 536ff.
psychologische Tätigkeitsanalyse 68,
    77f., 84, 96f.
psychologischer Erfolg 49
psychoregulatives
    Trainingsverfahren 433
psychosomatische
    Beeinträchtigungen 504
psychosomatische Beschwerden 137,
    422, 457, 472f., 489, 553, 675
psychosoziale Beeinträchtigungen 407
Psychotechnik 8, 16, 18ff., 30, 39, 481
    Objektpsychotechnik 19, 39
    Subjektpsychotechnik 19, 39

Qualifikation 261, 343, 352f., 372ff.,
    416, 444, 448, 500, 577, 595, 597f.,
    602, 605
    abrufbare – 598
    Polarisierung der – 343
Qualifikationsanforderungen 342, 406
Qualifikationserosion 327f.
qualifizierte Produktionsarbeit 363, 369ff.
Qualifizierung 91, 201, 250, 253, 282,
    353, 375, 423, 427, 439ff., 463, 575,
    601, 649, 688
    – durch Arbeitsgestaltung 440
    arbeitsimmanente – 440f., 463
    Bedeutung von Sprache und Sprechen
    für – 430f.
    Einheit von Arbeitsgestaltung
    und – 439
Qualifizierungsbarrieren 445

Qualifizierungsbereitschaft 442, 444f.,
    447, 595
Qualifizierungsmassnahmen 13, 254, 381
Qualifizierungsmöglichkeit 442
Qualitätszirkel 220, 226, 286
QWERTZ 464f.

R&D 585
    kulturelle Unterschiede zwischen –
    und Marketing 585
REBA 172
rechnerunterstützte
    Fertigungssysteme 365
rechnerunterstützte Integrierte
    Produktionssysteme 701
rechnerunterstützte
    Produktionssysteme 330, 350ff.
Redefinition 78, 452
    sekundäre – 452
Regionalentwicklung 412
Regionalstrukturen 416
    Optimierung von – 416
Regulation 201, 430
    – von Schwankungen und
    Störungen 201
    sensumotorische – 430
Regulationsanforderungen 133
Regulationsbehinderung 126ff., 418, 725
    Analyse von – 126
Regulationserfordernisse 116ff., 135,
    152, 522
    – für Büroarbeit 121
    kollektive – 123
    Verfahren zur Ermittlung von
    – 116, 119, 152
    Zehn-Stufen-Modell der – 121
Regulationsgrundlagen 426f.
    Vermittlung kognitiver – 426f.
Regulationshindernisse 127ff., 132,
    135, 553, 717, 720, 723f.
Regulationsüberforderungen 127ff.,
    129, 133, 716
Regulationsunterforderung 133
Regulierbarkeit 206
    stressfreie – 206
resignative Arbeitszufriedenheit 145f.,
    444

resignative Zufriedenheit   484, 505
Ressourcen   491, 731
Retaylorisierung   64, 265
– im Einzelhandel   265
RHIA   92, 95, 126, 130ff., 169
RHIA-VERA-Büro   132
RHIA-Verfahren   86, 92, 95
RHIA-VERA-Produktion   132
Roboter   160
Robotereinsatz   100f., 103, 105, 160ff., 338ff., 363
  Matrixgruppe mit –   347
Robotersystem   346
  menschengerechte Gestaltung   346
Ruhestand   612f., 616, 641, 645, 649
  Übergang in den –   612, 616, 641
Ruhestandsaktivitäten   522f., 526
Ruhestandspläne   523

SAA   92, 112ff., 456, 676, 678f., 693
Saisonarbeit   542
SALSA   92, 95, 114, 116, 703
Salutogenese   495
Salutogenetische Subjektive Arbeitsanalyse   114
Satellitenbüro   405, 412, 415f.
  Arbeit im –   412
Sättigung   31, 38, 172, 205, 481ff., 485
  psychische –   31, 38, 482f.
Schädigungsfreiheit   151, 339, 341, 407, 590
Schädigungslosigkeit   150f.
Schichtablösung   614
  flexible –   614
Schichtarbeit   341, 490, 531f., 543
  Empfehlungen zur –   532
  gastrointestinale Beschwerden   543
  Schlafstörungen –   543
Schlafstörungen   543
Schlüsseltätigkeit   87f., 92
  bedingungsbezogene Analyse von –   88, 92
Schnittstellengestaltung   401
Schwankungen und Störungen   200f.
  Regulation   201
  Selbstregulation von –   200f.
Scientific Management   8

Segmentierung   543, 557
– der Belegschaften   543
betriebliche –   543
Sekundäraufgaben   200f.
sekundäre Redefinition   452
Selbstähnlichkeit   360
Selbstbeobachtung   35, 666, 669
selbstgesteuertes Lernen   435, 438
Selbstkontrolle   55
Selbstoptimierung von Kompetenzen   439
Selbstorganisation   426
Selbstregulation   38, 62, 66, 90, 112, 193f., 197, 200f., 205, 222f., 227, 231, 236, 243, 246, 265, 288, 308, 364, 368, 371, 417, 435, 450, 467, 492, 494, 506, 524, 551, 592, 618, 690, 698, 708f.
– im Dienstleistungsbereich   265
– in Arbeitsgruppen   288
– von Schwankungen und Störungen   200f.
emotionale –   417
Funktionen der –   492
funktionierende –   494
kollektive –   222f.
lokale –   364, 375
Selbstversuche   35
Selbstverwirklichung   8, 45ff., 56, 58
  Bedürfnis nach –   56, 58
Selbstwertgefühl   48, 507, 548
Selbstwirksamkeit   553, 729f., 732, 735f., 739
selfactualizing man   45, 55, 63
sensumotorische Regulation   430
Sicherheit   195
Sicherheitsarbeit   385f., 393
  soziotechnische Konzeption für –   386
Sicherheitsbedürfnisse   45
Sicherheitsbewusstsein   384
sicherheitsfördernde Massnahmen   380
Sicherheitskultur   390
  kompetenzförderliche –   390
Sicherheitsprävention   380
SilentRoom^R 420
Simultaneous Engineering   265, 272

Sinnhaftigkeit 206, 410
social man 8, 43
Software-Ergonomie 398, 400f.
Softwareentwicklung als
 Aufgabengestaltung 400
Softwaregestaltung als
 Aufgabengestaltung 403
Solidaritätsmodell 648
soziale Bedürfnisse 46, 312f.
soziale Interaktion 205f., 720, 723f.
 Möglichkeiten der – 206
soziale Kompetenz 492
soziale Unterstützung 98, 193, 221,
 473, 491f., 549, 563, 635, 723
soziales Teilsystem 199f.
Sozialzeit 175f., 515f.
Sozialzeitausweis 183f.
soziotechnische Analyse 79f., 84f., 95
soziotechnische Geschichte 88, 93
 Analyse der – 88
soziotechnische Systemgestaltung 79,
 192, 195, 200, 202, 243, 349
soziotechnisches Konzept 583
soziotechnisches System 63, 192,
 198ff., 312
Spezialisierung 573
STA 447f.
Stafettenmodell 645, 647
Störungsbeseitigung 325
Strategien 426
 kognitive – 426
Stress 133, 172, 282, 358, 389, 407,
 465f., 485ff., 541f., 546ff.
Stressmodell 473, 486, 493
 kognitives – 493
 transaktionales – 486
stressfreie Regulierbarkeit 206, 358
Stressimmunisierungstraining 548
Stressmanagementtraining 546
Stressprävention 399
Stressreduktion 551
Strukturen 279
 denkförderliche – 279
Strukturwirksamkeit 232, 266
 betriebliche Funktionen 232
subjektive Arbeitsanalyse 112ff.
subjektive Tätigkeitsanalyse 167,

444ff., 451ff., 463
 praktisches Beispiel 451
Subjektposition der Arbeitenden 54,
 445
Subjektpsychotechnik 19, 39
Supported Employment 506f.
Survivor-Syndrom 355
SynBA 173
synthetische Beanspruchungs- und
 Arbeitsanalyse 173
Systemgestaltung 64, 79, 192, 195,
 200, 202, 311, 349
 soziotechnische – 64, 79, 192, 195,
 200, 202, 311, 349

TAA-KH 139
Tagesrhythmik 476
TAI 138f.
Tätigkeiten 24, 156, 174f., 217, 219f.,
 291f., 332, 370, 379, 511, 555, 618,
 632, 639, 653, 658
 ehrenamtliche – 174f.
 evolvierend-vollständige – 219f.
 gemeinnützige – 653, 658
 gesellschaftlich nützliche – 632,
 639, 653
 hauswirtschaftliche – 174
 Komplexitätsgrad der – 291f., 556
 riskante – 379
 vollständige – 24, 217, 219f., 332,
 370, 511, 555, 618
 evolvierend – 219f.
 Vollständigkeit von – 156, 219
 hierarchische – 219
 sequentielle – 219
Tätigkeitsanalyse 34, 38, 68, 78, 84ff.,
 167, 442, 444ff., 451ff., 438ff., 463
 arbeitspsychologische – 34
 psychologische – 38, 68, 78, 84ff.
 subjektive – 167, 442, 444ff.,
 451ff., 438ff., 463
Tätigkeitsanalyseinventar 138
Tätigkeitsbeobachtung 96, 100, 719f.,
 730ff.
Tätigkeitsbewertungssystem 155f.,
 163, 167
 – für geistige Arbeit 163

Stichwortregister

– für geistige Arbeitstätigkeiten   155
Tätigkeitsspielraum   54, 116, 187f.,
  204, 267, 371, 385, 400, 417, 420,
  530, 549, 551, 678ff., 682f., 733f.
  objektiver –   267
TAURIS   180f.
Taylorismus   8ff., 14f., 22, 29, 38, 54, 265
TBS   155, 167
TBS-GA   163, 165f.
  Anwendungsbereiche des –   164
TBS-K   155
TBS-L   155
TBS-O   167f.
TBS-Profil   158f., 165
TBS-S   167f.
TBS-Skalengruppen   157
Teams   367
  multifunktionale –   367
Technik   59, 705
  Entwicklung der –   59
  Primat der –   337
Technik als Gestaltungsaufgabe   350
Technikentwicklung   60
  Stufen der –   60
Technikgestaltung versus
  Arbeitsgestaltung   324
technikorientierte versus arbeitsorientierte
  Gestaltungskonzepte   323
technisch-organisatorische
  Konvergenz   91, 370
technische Störfälle   387
  organisationale Ursachen   387
technische Ungewissheit   311ff.
technische Verkopplung   311ff.
technisches Teilsystem   199f.
Technologie   62, 315f., 571, 586f.
  – als Option   62, 315f.
  – und Unternehmenskultur   571
  neue –   586f.
Technologiemanagement   579
technologische Entwicklung   315
technologischer Determinismus   315
teilautonome Arbeitsgruppen   50, 194,
  222f., 227, 230, 238ff., 288ff., 524, 688
  – im Dienstleistungsbereich   259
  – in der Baugruppenmontage   255
  – in der Elektronikproduktion   254

– in der Fahrzeugmontage   239, 243
– in der Leiterplattenproduktion   257
– in der Teilefertigung   247
teilautonome Fertigungsinsel   248
teilautonome Gruppen   8, 194, 238,
  250, 259, 283, 286, 290, 298, 300,
  349, 369, 385, 436, 464, 466ff., 494,
  549, 688
  – im Bereich der Waldarbeit   238
  Belastungsstrukturen   284
teilautonome Gruppenmontage   466ff.
Teilzeit   621, 644
Teilzeitarbeit   609, 613, 620ff., 643
  Kosten und Nutzen von –   620f.
Telearbeit   403ff., 409ff., 416, 530,
  533, 589
  Bewertung individueller –   406
  Bewertung kollektiver –   414
  Formen von –   405
  individuelle –   406
  kollektive –   414
  Vor- und Nachteile –   410f.
Telearbeitszentrum   405, 412, 416
Teleheimarbeit   404f., 407ff.
Tendenz zum problemlosen Feld   446
Theorie X   468ff.
Theorie Y   470f.
Total Quality Management   386
Total Safety Management   386
Training   431ff.
  aktiv-motorisches –   432f.
  mentales –   431ff.
  observatives –   432f.
  – psychomotorischer Fertigkeiten   431
Trainingsmethoden   429, 431
  mentales Training   429
  motorisches Training   429
  observatives Training   429
  psychoregulative –   431
Trainingsverfahren   433
  psychoregulatives –   433
transaktionales Stressmodell   486
Transparenz   112

Überforderung   112, 127, 150, 210,
  298, 457, 461, 488, 550, 556, 573, 679,
  723, 734ff.

inhaltliche –   735, 736
mengenmässige –   734, 736
qualitative –   112, 150, 488, 550, 556, 679, 723
quantitative –   112, 150, 457, 461, 488, 556, 679, 723, 735
Übergang in den Ruhestand   612f.
Überwachungssysteme   328
  sensorgestützte –   328
Umweltdynamik   313f., 573
Umweltkomplexitätsmodell   498
Umweltvereinfachungsmodell   498
unabhängige Organisationseinheit   370
Unabhängigkeit   171, 370
unbezahlte Arbeit   174
  Wert der –   174
Unfälle   192, 194, 356, 377f.
  Beinahe-   378
Unfällerpersönlichkeit   377
Unfallschwerpunktanalyse   378
Unfallschwerpunkte   378
Unfallursachenanalyse   378
Unfallverhütung   380
Unfallverhütungsmassnahmen   378
Ungerechtigkeit   606f.
Ungewissheit   305
Unterbrechungen   128
Unterforderung   112, 150, 153, 210, 219, 249, 461, 482, 486, 488, 694, 723
  qualitative –   112, 150, 153, 249, 461, 482, 486, 488, 694
  quantitative –   150, 486, 488
Unternehmen   570, 577, 579
  kleine und mittlere –   570, 574ff.
Unternehmensgrösse   569f.
Unternehmenskultur   561, 569, 580ff., 586, 589, 592
  – und Gesundheit   561
  – und neue Technologien   586
  Ebenen der –   582
  Elemente von –   581
  technologische Veränderungen   581
  unterschiedliche Kulturen innerhalb eines Unternehmens   583
Unterstützung   98, 115, 193, 221, 491f., 551, 563, 635, 723
  soziale –   98, 115, 193, 221, 491f., 551, 563, 635, 723
Unzufriedenheit   505
  progressive –   505

Variantenvielfalt   247f.
VERA   116ff., 121ff., 132f., 141, 169
VERA-KHR   92, 122, 124f.
VERA-Verfahren   86, 92, 95
Veränderungen   592
Veränderungsbereitschaft   423
Vereinbarkeit von Berufsarbeit und Familienleben   408
Vereinbarkeit von Familie und Beruf   408f.
Vergegenständlichungen   92, 281f.
  gemeinsame –   281f.
  kollektive –   92
verhaltensorientierte Intervention   546
Verknüpfung von Automatisierung und Arbeitsstrukturierung   344
Vermittlung kognitiver Regulationsgrundlagen   426
Vertrauensarbeitszeit   618
Vertriebsinsel   368, 709
Verunsicherung   592f.
  – des Managements   593
  – durch rasche Veränderungen   592
Verwaltungsinsel   252
Videokonfrontation   670f.
Vielfalt der Anforderungen   550
Vier-statt-drei-Modell   647f.
Viertagewoche   527, 621
Vigilanz   481f., 488
vollständige Aufgaben   24, 38, 179, 217, 321, 549f.
  Merkmale –   207f., 218
vollständige Tätigkeiten   555
Vollständigkeit   217, 228, 549f.
  – von Aufgaben   217, 228, 549f.
Voraltern   508
  arbeitsbedingtes –   508

Wachstumsmotive   46
Wechselschicht   531
Weiterbildung   573f., 579, 737
Werkstattaussiedlung   28
Werkstattsteuerung   363f.

widersprüchliche Anforderung 390
widersprüchlicher Auftrag 550
Widerstand gegen Veränderungen 374, 464
Wirkungen von Arbeit 471
Wirtschaftlichkeitsberechnung 696
  erweiterte – 696
Wissensaustausch 280
  überbetrieblicher – 280
Wissensmanagement 437
Wohlbefinden 486, 534, 569
work/family border theory 525f.
work life balance 524f., 528f., 533
Wunscharbeitsplatz 455, 458

Zeitarbeit 530, 537
Zeitbudgetstudien 404
Zeitdruck 129, 136, 356, 417, 458, 549f., 560, 716, 720
Zeitelastizität 206
Zeitkonten 617, 640
Zeitlohn 594
Zeitsouveränität 182, 609, 623
Zeitspielraum 169
Zentralisierung 59ff., 316
Zufriedenheit 141ff., 212f., 216, 484, 505, 573, 606f.
  Formen von – 216
  progressive – 505
  resignative – 484, 505
Zukunft der Arbeit 625, 628
Zumutbarkeit 141f., 151, 343
Zwei-Faktoren-Theorie 47
Zweischichtarbeit 673ff.
  Akzeptanz der – 674
  Checklisten – 674, 683ff.
  psychosoziale Auswirkungen 674, 676f.